Rainer A. Bast. Die Philosophische Bibliothek.

Geschichte und Bibliographie
einer philosophischen Textreihe
seit 1868.

MEINER

Sonderausgabe anläßlich des Jubiläums des 125jährigen Bestehens der Philosophischen Bibliothek im Jahre 1993.

Die Deutsche Bibliothek – CIP-Einheitsaufnahme

Bast, Rainer A.: Die Philosophische Bibliothek : Geschichte und Bibliographie einer philosophischen Textreihe seit 1868 / Rainer A. Bast. – Sonderausg. anläßlich des Jub. des 125jährigen Bestehens der Philosophischen Bibliothek im Jahre 1993. – Hamburg : Meiner, 1993. ISBN 3-7873-1121-1
NE: HST

 – Satz: Rheingold Satz, Mainz-Kastel. Druck: Strauß, Hirschberg. Gedruckt auf alterungsbeständigem säurefreiem Werkdruckpapier. Einband: Lüderitz & Bauer, Berlin. Printed in Germany.

Zum Geleit

Die Absicht des Verlages, 1968 zum 100. Geburtstag der Philosophischen Bibliothek als Festgabe eine Bibliographie dieser ältesten Reihe philosophischer Texte zu veröffentlichen, ließ sich seinerzeit nicht verwirklichen; eine knapp gehaltene Zeittafel ›Hundert Jahre Philosophische Bibliothek‹ mußte damals genügen.

In den folgenden Jahren wuchs die Sammlung rasch auf das nahezu Dreifache ihres im Jubiläumsjahr 1968 bestehenden Umfangs. Gleichzeitig wurde die wissenschaftliche, kulturhistorische, philosophische und nicht zuletzt buchhandelsgeschichtliche Notwendigkeit einer umfassenden Darstellung und Bibliographie der ›Philosophischen Bibliothek‹ immer deutlicher. 1979 gelang es dann, Herrn Rainer A. Bast, der anläßlich eigener philosophisch-bibliographischer Arbeiten auf erhebliche Schwierigkeiten beim Auffinden verschiedener älterer Hegel-Ausgaben der ›Philosophischen Bibliothek‹ gestoßen war, für ein vollständiges und systematisch angelegtes Verzeichnis aller seit Gründung der Reihe erschienener Bände zu gewinnen.

Die Arbeit nahm einen Umfang an, wie ihn niemand erwartet hätte. Die Beschäftigung mit diversen Einzel- und Gesamtausgaben, verbesserten und ergänzten Neueditionen vormals in anderer Gestalt herausgegebener Texte, zweisprachigen Ausgaben, Neuübersetzungen, veränderten Nachdrucken, kritischen Editionen in den verschiedenen Phasen ihrer Entstehung und Weiterentwicklung usf. ließ ein Werk entstehen, das die lebendige Geschichte und Gegenwart dieser Reihe nachzeichnet, deren Wirkung auf die Ausbildung philosophischen Denkens in den letzten 125 Jahren unbestritten sein dürfte.

Anläßlich des diesjährigen Jubiläums der ›Philosophischen Bibliothek‹ möchte der Verlag all denen, die sich dieser Reihe verbunden fühlen und an ihrem stetigen Erfolg mitwirken – sei es als Editor, Herausgeber, Übersetzer, als Bibliothekar, Buchhändler, Rezensent oder als Leser – Dank sagen. Nur durch das Zusammenwirken aller Beteiligten, durch gemeinsame, zum Teil über Jahrzehnte andauernde Arbeit und strikt der Sache dienendes Engagement konnte der Wiederaufbau der in Folge des Zweiten Weltkrieges nur bruchstückhaft verfügbaren Reihe und ihr Ausbau zum gegenwärtigen Stand gelingen. Wenn die ›Philosophische Bibliothek‹ heute die umfassendste Sammlung klassischer philosophischer Texte überhaupt genannt werden darf, so ist dies das Verdienst *aller,* die dazu beitrugen. Philosophie bleibt eine immerwährende Aufgabe. Der Verlag wird dazu auch weiterhin das Seine tun.

Hamburg, im Januar 1993 *R. M. M. M.*

Inhalt

Vorwort

Ein wesentliches Moment der Entwicklung von Wissenschaft sowie der Sicherung ihrer Rationalität und Überprüfbarkeit ist die Kommunikation mit Anderen und die damit entstehende Pluralität. Deren zentrales Mittel ist – zumindest in der Wissenschaft der Neuzeit – die Publikation, die Veröffentlichung von Gang und Ergebnis wissenschaftlicher Überlegung. In den wesentlich durch Text konstituierten Geistes- bzw. Kulturwissenschaften ist solche Öffentlichmachung von besonderer Bedeutung. Im Verlaufe der Jahrhunderte – vor allem nach Erfindung des Buchdrucks Mitte des 15. Jahrhunderts – änderten und spezialisierten sich Mittel und Art der Veröffentlichung zunehmend, und mit der geschichtlichen Dimension wurden sie selbst zu Phänomenen menschlichen Lebens, deren Beschreibung lohnt. Wenn und so lange sich menschlicher Geist in Text mitteilt, – und wird er das nicht immer tun? – werden Mittel und Art dieser Vermittlung nicht nur über Wissenschaft, sondern auch über den Menschen selbst etwas aussagen und ein Gegenstand wissenschaftlicher Überlegung sein. Das gilt für die antiken und mittelalterlichen Handschriften ebenso wie für das Buch der Neuzeit und wird auch für das Zeitalter der elektronischen Medien gelten. Das ist bekannt vor allem für die gedruckte Vermittlung von Text in den Geistes- und Kulturwissenschaften. Der sozusagen selbstreferentielle Charakter geisteswissenschaftlicher Textvermittlung läßt am ehesten jenes Phänomen geschichtlicher Vermittlungsmedien entstehen, deren intellektuelle wie physische (z. B. buchhafte), ja sogar auch ökonomische Aspekte nicht gänzlich isoliert voneinander zu sein scheinen. Wie sehr Literatur und Geisteswissenschaft in concreto z. B. von Verlegern abhängig sind, braucht hier nicht dargetan zu werden.

Gegenstand des vorliegenden Werkes ist die Beschreibung und Nachzeichnung eines im traditionellen (d. h. die Geisteswissenschaften seit Jahrhunderten bestimmenden) Bereich von Autor – (Herausgeber –) Verlag – Buch angesiedelten und darin institutionalisierten Mediums: einer Buchreihe. Als Publikationsgattung wird sie zum eigenen und für die Forschung interessanten Phänomen, wenn sich die durch Thema (Reihentitel), Programm und Verlag bedingte ›Geschlossenheit‹ mit innerer Konstanz zu geschichtlicher Dimension verbindet.[1] Die ›Philosophische Bibliothek‹ (im folg.: PhB) als die älteste philosophische Textreihe überhaupt bietet ideale Voraussetzungen für eine solche Untersuchung: Diese *Text*reihe erhebt den Anspruch, nicht beliebige – wenn-

[1] Vgl. dazu R. A. Bast: Zum Begriff der Buchserie, 1989. (Die vollständigen bibliographischen Angaben der zitierten oder genannten Werke gibt Kap. 1.6.)

gleich interessante – Ergebnisse sekundärer oder tertiärer Verstehensprozesse als sogenannte Sekundärliteratur zu präsentieren, sondern in ihrem Rang als »Hauptwerke der Philosophie alter und neuer Zeit«[2] anerkannte Werke einem größtmöglichen Publikum zugänglich zu machen; als *philosophische* Textreihe ist sie in der angedeuteten Vermittlungs- und Publikationssituation angesiedelt; mit ihrer durchgängigen, *122jährigen Geschichte* bietet sie die zumindest äußere Kontinuität, die den Untersuchungsgegenstand vor dem Vorbehalt und Argument allzu einfacher historischer Zufälligkeit schützt.

Die PhB wird in drei Teilen dargestellt. Der erste Teil, die monographische Abhandlung zu ihrer Geschichte, charakterisiert zunächst den Begründer und ersten Herausgeber der Reihe, den Juristen, Philosophen und Politiker Julius Hermann von Kirchmann (1802–1884). Ferner werden die sechs Verlage, die die PhB durchlief, für sich vorgestellt. Die die PhB prägende Konzeption und ihr erstes Programm werden nach allen wesentlichen Momenten hin ausgefaltet und durch die Einbeziehung der die Reihe vor 1900 bestimmenden, ›vom realistischen Standpunkt‹ aus verfaßten Erläuterungen und Übersetzungen Kirchmanns verdeutlicht. Eine an den Verlagen orientierte Darstellung geht der 120jährigen Entwicklung der PhB nach und zeigt sechs Phasen auf. Ein eigenes Kapitel sammelt verschiedenartigste buchkundliche Phänomene dieser Reihe (verlags- und buchgeschichtlicher sowie bibliographischer Art). Umfassende Literaturverzeichnisse ergänzen die monographische Abhandlung. Diese korrigiert nicht nur zahlreiche, in der Literatur bestehende Irrtümer und Ungenauigkeiten,[3] sondern bringt auch genuines Material zur deutschen Buch-, Verlags- und materialen Philosophiegeschichte. So werden von den sechs PhB-Verlagen fünf, bisher literarisch nicht oder kaum greifbare Verlage erstmalig beschrieben. Die diachrone wie synchrone Darstellung bringt ebenso detailliertes Material zur ›alten‹, d. h. Kirchmannschen PhB vor 1900 wie eine Fülle buchkundlicher Phänomene eines herstellungspraktisch vermutlich fast singulären Umgangs mit Ausgaben in den ersten beiden Jahrzehnten unseres Jahrhunderts,[4] – Phänomene, die sich erst in der Kontinuität einer Buchreihe

[2] So lautete der Untertitel der PhB vor 1900.

[3] So liest man in Fr. Schulzes bekanntem und geschätztem Buch ›Der deutsche Buchhandel und die geistigen Strömungen der letzten hundert Jahre‹ (1925, S. 235), die PhB sei »bei Heymann in Berlin gegründet« worden. Der erste PhB-Verlag war aber nicht Carl Heymann, sondern L. Heimann. Oder: In einer Dissertation über J. H. v. Kirchmann und Friedrich Ueberweg wird behauptet, Kirchmann habe die PhB »im Auftrage der Dürr'schen Buchhandlung« gegründet und »bereits im Jahre 1869« sei »die Bibliothek auf 65 Bände angewachsen« (H. Berger: Wege zum Realismus und die Philosophie der Gegenwart, 1959, S. 31). Als die Dürr'sche Buchhandlung 1900 die PhB übernahm, war Kirchmann jedoch schon 16 Jahre tot, und Ende 1869 lagen in der PhB nicht 65, sondern 23 Bände vor.

[4] Dabei wird u. a. durch exzessive Herstellung von Titelauflagen, Sammelausga-

(zudem einer 122jährigen Textreihe) prägnant darstellen lassen. Im Beibehalten wie Fortentwickeln ihrer konstitutiven Elemente zeigt diese Reihe eine bemerkenswerte Entwicklung; und in ihrer wechselvollen Geschichte mit Höhen und Tiefen spiegelt sich deutsche Verlagsgeschichte in anschaulicher Weise.

Im zweiten Teil (Bibliographie) werden alle von 1868 bis zum 30. Juni 1985 erschienenen, insgesamt 1679 Ausgaben[5] in einer eigens entwickelten Beschreibungsformalität verzeichnet, und zwar diplomatisch und mit Besitznachweisen der vorgelegenen Buchexemplare. Die Bibliographie hat zunächst den Zweck der umfassenden und detaillierten Materialsammlung; viele Ausgaben werden erstmalig bibliographisch nachgewiesen und in zahlreichen Fällen bisher unbekannte Daten und Fakten beigebracht. Die bibliographische Sicherung der PhB-Ausgaben in vorliegender Form erscheint aber auch insofern sinnvoll und notwendig, weil die bibliothekarische Verzeichnung solcher Ausgaben ihnen meist nicht gerecht werden kann. Zwar sind alle bibliothekarischen Regelwerke auch bibliographische, keineswegs jedoch umgekehrt. Die ebenso häufige wie unselige Vermengung von bibliothekarischen und bibliographischen Regelwerken wie Literaturverzeichnissen geschieht zum Schaden beider. Der Unterschied zwischen bibliographisch nichtbibliothekarischen und bibliothekarischen Regelwerken ist nicht die Formalität – sie besitzen beide, weil sie Eindeutigkeit garantieren müssen –, sondern deren Rang und Zweck: Alte und neue *bibliothekarische* (Katalogisierungs-) Regelwerke orientieren sich in erster Linie und hauptsächlich an der mit formalen, weitestgehend gattungsunspezifischen Kriterien operierenden Stellenzuweisung eines sich in einer großen Buchmenge befindenden Einzelbuches und seines Wiederauffindens mittels einer durch klare Formalkriterien bestimmten und deshalb vielen Benutzern (unterschiedlichsten Kenntnis-, Bildungs- und Interessenstandes) plausiblen, d. h. von ihnen noch handhabbaren Kasuistik.[6] *Bibliographisch nichtbibliothekarische* Regelwerke dagegen orientieren sich in erster Linie an der *Beschreibung* der Ausgabe bzw. des Buches, was meist durch ein Thema der Bibliographie und die vergleichsweise geringe Titelzahl ebenso

ben mit einzeln lieferbaren Titelblättern der bibliographische Begriff der ›Ausgabe‹ z. B. bis zur praktischen Unbrauchbarkeit relativiert.

[5] Die Zahl setzt sich wie folgt zusammen: PhB: 1558 Ausgaben; Neue PhB: 2 Ausgaben; Feldausgaben der PhB: 15 Ausgaben; Taschenausgaben der PhB: 104 Ausgaben. Zahlreiche Ausgaben neben der PhB belegt auch der erste Teil des Werkes.

[6] Dabei korreliert der Mengen- und Komplexitätsakkumulation der immer differenzierter und internationaler werdenden Literaturproduktion eine Komplexitätsakkumulation der bibliothekarischen Regelwerke, die in dem Bemühen, dem zu katalogisierenden Material gerecht zu werden, nicht selten durch – teils in Systemzwang motivierter – konsequente Regelhaftigkeit sich in praktischen Benutzungsunsinn verrennt.

motiviert wie erleichtert wird. Auch die neueren, großen Buchbestandserschließungsprojekte sind entweder bibliothekarischer Natur bzw. verfolgen (auch) bibliothekarische Zwecke oder wenden sich Beständen zu, die als selten und gefährdet gelten und im Sinne der heutigen buchbezogenen Forschung ›interessant‹ sind, – zu denen aber das wissenschaftliche Gebrauchsbuch der Zeit von ca. 1870 bis 1980 bisher jedenfalls nicht gehört. Es kommt hinzu, daß personalbibliographische Verzeichnungen von PhB-Ausgaben – wenn wir sie denn hätten – die geschlossene und einheitlich durchgeführte wie detaillierte Verzeichnung aller PhB-Ausgaben nicht ersetzen können, wenn man – wie hier angestrebt – eine bedeutende Textreihe als eigenes Phänomen faßbar machen will. Die innerhalb des Autoren- und Titelalphabets chronologische Verzeichnung macht die Entwicklung wichtiger PhB-Ausgaben (wie z. B. Kants ›Kritik der reinen Vernunft‹ oder Spinozas ›Ethik‹) deutlich. Mit der diplomatischen Wiedergabe von Titelseiten- und weiterem, bibliographisch wichtigem Text sowie der Mitteilung aller bibliographisch erforderlichen Daten soll das Regelwerk der Bibliographie die an sie und das zu erfassende Material gestellten Ansprüche erfüllen. Die bibliokritische Kommentierung ergänzt die Ausgabenbeschreibungen. Die Angabe von Besitznachweisen der vorgelegenen Buchexemplare dient dem praktischen (auch z. B. bibliothekarischen) Komfort ebenso wie der Überprüfbarkeit der Verzeichnung und verleiht der Bibliographie auch Katalogcharakter.

Im dritten Teil erschließen ausführliche Register das umfangreiche Material nach prägnanten Aspekten.

Vorliegendes Werk bemüht sich, keinen wesentlichen Aspekt der PhB außer Acht zu lassen; gleichwohl soll nicht verschwiegen werden, daß mit dieser Arbeit auch in ihrem vom Meiner-Verlag großzügigst gewährten Rahmen nicht jede Frage eine unmittelbare Antwort findet. Ziel war es, alles erreichbare Material in sachgerechter Weise zu präsentieren und damit solche Antworten überhaupt erst zu ermöglichen. So mußte sich die Bibliographie in der Hauptsache auf die bibliographischen Daten beschränken; philologische Bemerkungen sind zwar nicht ausgeschlossen; eine durchgängige, philologischkritische Kommentierung der Ausgaben konnte aber – angesichts des Umfangs dieser Reihe – hier nicht Aufgabe des Bibliographen sein und muß späteren Personalbibliographien vorbehalten bleiben. Im ersten Teil des Werkes konnte der Frage nach dem mittelbaren und unmittelbaren Einfluß der PhB auf die philosophische Forschung nicht nachgegangen werden. Daß aber die zu billigsten Preisen käufliche Kant-Ausgabe Kirchmanns – deren 1. Auflage der ›Kritik der reinen Vernunft‹ in einem halben Jahr in 2500 Exemplaren verkauft war! – breitere Volksschichten mit Kant in Berührung brachte und Einfluß auch auf die Breitenwirkung des Neukantianismus nahm; daß Georg Lassons Hegel-Editionen einen entscheidenden Anteil an der Hegel-Renaissance hatten; daß die deutsche Ausgabe der Schriften des Nikolaus von Kues oder die Brentano-Ausgabe die Rezeption dieser Philosophen nachhaltig förderten: das ist, wenn schon nicht immer und überall bekannt und bewußt, so doch unmittelbar plausibel; dem konnte hier aber nicht eigens nachgegangen werden: Das hätte den Rahmen dieser Arbeit gesprengt und muß für gesonderte Untersuchungen zurückgestellt werden. Eduard Spranger schreibt 1953 in der Festschrift für Felix Meiner zu dem »Grenzrain von Wissenschaft und Wirtschaftswelt«:

»Die reinen Gelehrten und Denker wissen wohl immer noch zu wenig von *dieser* ›Soziologie des Wissens‹, daß es nur die halbe Leistung ist, Gehaltvolles gedacht und geschrieben zu haben. Die Brücke in die Welt muß doch erst geschlagen werden von denen, die den Wert erfassen, zugleich aber verstehen, wie man dem Geist in einer merkantilen Welt Bahn bricht, und die es auszuhalten bereit sind, wenn ein anonymes Publikum nicht mitgeht.

Wir Lehrer der Philosophie sind in den letzten Jahren über solche Zusammenhänge sehr eindringlich belehrt worden. Wenn wir zwischen 1940 und 1950 über einen philosophischen Klassiker Übungen veranstalten wollten und die betreffende Nummer der ›Philosophischen Bibliothek‹ nicht mehr vorhanden oder nicht erreichbar war – dann *ging* die Sache eben nicht, und das bißchen Wissen in unserem Kopf half wenig. Wir mußten oft zu weniger Wichtigem greifen.«[7]

1918 schreibt Felix Meiner zum 50. Geburtstag der PhB: »Es wäre eine reizvolle Aufgabe, die Wechselbeziehungen zwischen der Entwicklung der ›Philosophischen Bibliothek‹ und der deutschen Kultur im einzelnen zu verfolgen.«[8] Es ist zu bezweifeln, ob ein solches Unternehmen überhaupt jemals gelingen könnte. Hier jedenfalls soll das heute noch greifbare[9] Material bereitgestellt werden, um einzelne Spezialuntersuchungen zu ermöglichen, – wenn auch nicht notwendigerweise ausschließlich zur PhB. Denn diese Reihe bietet durch ihre Konzeption und die gegen den fünfmaligen Verlagswechsel behauptete Kontinuität ihrer Geschichte nicht nur eine Fülle überaus interessanter und vielfältiger Phänomene bibliographischer, buch-, verlagsgeschichtlicher und buchkundlicher Art, sondern ebenso für eine materiale Philosophiegeschichte.

Als die Arbeiten am vorliegenden Werk vor nunmehr genau zehn Jahren begannen, waren deren Dimensionen weder für den Verlag noch für den Autor absehbar, – gottseidank möchte man rückblickend sagen: beide hätten es dann wohl nicht in Angriff genommen.[10] Daß es zu diesem Buch kam, ist an erster

[7] Felix Meiner zum 70. Geburtstag, 1953, S. 20 f.

[8] Jubiläums-Doppelblatt ›Philosophische Bibliothek 1868–1918‹. Felix Meiner fährt fort: »Ihr soll in friedlichen Zeiten nähergetreten werden.« Und in einer Anmerkung dazu heißt es: »Für jede Mitteilung über Material zur Geschichte der ›Philosophischen Bibliothek‹ werde ich sehr dankbar sein.«

[9] Das meiste Material ist – oft unwiederbringlich und unersetzbar – im Zweiten Weltkrieg verlorengegangen, so auch das gesamte Verlagsarchiv incl. aller Herstellungs- und Kalkulationsbücher des Felix Meiner Verlages (durch die Bombardierung Leipzigs am 3./4. Dezember 1943).

[10] Siehe R. A. Bast: Zur Bibliographie der Philosophischen Bibliothek, 1983.

Stelle dem Felix Meiner Verlag, vor allem den Herren Richard und Manfred Meiner zu danken, die das Projekt mit großer Geduld und allen denkbaren Hilfestellungen begleiteten und der Publikation einen großzügigen Rahmen gewährten.

Zahlreiche Bibliotheken haben das Projekt – nicht selten in unbürokratischer Weise – unterstützt, vor allem die Universitätsbibliotheken Trier und Düsseldorf, die Stadtbibliothek Trier sowie die Universitätsbibliothek Erlangen-Nürnberg, die Stadtbibliothek Mainz und die Herren Dr. Stefan Ertz und Dr. Wolfgang Schmitz von der Universitäts- und Stadtbibliothek Köln. Auch die Bibliotheken und Archive der DDR waren zu mannigfacher Hilfe bereit, vor allem die Deutsche Bücherei in Leipzig sowie Herr Dr. Herz vom Universitätsarchiv der Friedrich-Schiller-Universität Jena.

Für die Erlaubnis zur Publikation von Handschriften und Briefen sowie zur Wiedergabe von Titelseiten danke ich der Staats- und Universitätsbibliothek Bremen, der Universitätsbibliothek Erlangen-Nürnberg sowie der Bayerischen Staatsbibliothek München.

Professor Dr. Norbert Henrichs stellte Geräte und Programme seiner Forschungsabteilung für philosophische Information und Dokumentation der Heinrich-Heine-Universität Düsseldorf zur Verfügung, sein Mitarbeiter Hans Dieter Nellißen erstellte mit großem Engagement per Computer die Register; beiden sei ebenso gedankt wie dem Leiter des Philosophischen Instituts der Heinrich-Heine-Universität Düsseldorf, Herrn Professor Dr. Oswald Schwemmer, der mir freie Hand für die Arbeiten an diesem Projekt ließ, sowie Frau Hildegard Smets von der Firma Rheingold-Satz in Mainz-Kastel und Herrn Adolf Beland vom Felix Meiner Verlag, die die Satzarbeiten mit Geduld und großer Sachkenntnis bewerkstelligten. Wertvolle Hinweise und Hilfen habe ich zu danken Herrn Hans-Peter Dürr-Auster vom Verlag Dürrsche Buchhandlung in Bonn, Herrn Walther Gose, Trier, Frau Ilse von Kirchmann, Uttenreuth, den Herren Pastor Dr. Wichmann von Meding von der Schleiermacher-Forschungsstelle der Christian-Albrechts-Universität Kiel, Gerhard Rönick von der Weiss'schen Universitätsbuchhandlung in Heidelberg, Heinz Sarkowski vom Springer-Verlag in Heidelberg, Dietrich Bode vom Reclam-Verlag in Stuttgart, Günter Schilling vom Scientia-Verlag in Aalen, Hermann Staub vom Historischen Archiv des Börsenvereins des Deutschen Buchhandels e. V. in Frankfurt am Main sowie Herrn Michael Stoffregen vom Staatsarchiv der Freien und Hansestadt Hamburg. Danken möchte ich auch denen, die mir im Privaten mittelbar dabei halfen, dieses Buch fertigzustellen.

Für Hinweise, Ergänzungen und Korrekturen zu Text und Bibliographie bin ich dankbar.

Rainer A. Bast

Verzeichnis der Abkürzungen und Siglen

Neben den allgemein gängigen Abkürzungen und Siglen (wie z. B.: ›betr.‹, ›ca‹, ›etc.‹, ›folg.‹, ›u. a.‹) sind in Text und Bibliographie folg. Abkürzungen und Siglen verwendet:

Anz.	Anzeige(n)
Aufl.	Auflage(n)
Ausg.	Ausgabe(n)
Bd	Band
Bde	Bände
Bdn	Bänden
Bds	Bandes
bds	beidseitig (mit Flexionsendung)
Bl.	Blatt, Blattes, Blätter
ebs.	ebenso
Erl.	Erläuterung(en)
Ex.	Exemplar
Exe	Exemplare
Exn	Exemplaren
Exs	Exemplars
FA	Feldausgaben der PhB
hrsg.	herausgegeben (mit Flexionsendung)
Hrsg.	Herausgeber(s)
jw.	jeweils
Nr	Nummer
Nrn	Nummern
PhB	Philosophische Bibliothek
S.	Seite(n)
TA	Taschenausgaben der PhB
Tl	Teil
Tle	Teile
Tln	Teilen
Tls	Teiles
Vlg	Verlag
Vlgs	Verlags
vorh.	vorher, vorherig (mit Flexionsendung)
Vorl.	Vorlesung(en)
WW	Werke
Z.	Zeile(n)

Zu den Bibliothekssiglen der Besitznachweise siehe Kap. 2.2. Abgekürzte, bibliographische Notationen von Bibliographien und Katalogen sind in Kap. 1.6.3 nachzusehen.

Die Wiedergabe ausgewählter Titelblätter, Ankündigungstexte, Anzeigen u. a. erfolgt – bis auf die Wiedergabe von zwei Börsenblattanzeigen (S. 73, 138) und der PhB-Signete (S. 185) – in Kap. 1.7 in der Reihenfolge der im Text bezifferten Abbildungshinweise.

1. Zur Geschichte der »Philosophischen Bibliothek«

1.1 Der Begründer und erste Herausgeber: Julius Hermann von Kirchmann

Die PhB wurde 1868 von Julius Hermann von Kirchmann gegründet. Bis zu seinem Tode 1884, d. h. 16 Jahre lang, hat er die PhB aktiv gestaltet; und bis 1900 trägt sie ausschließlich die Züge, die er ihr gegeben hat. In den 16 Jahren der PhB-Herausgeberschaft schrieb Kirchmann für die PhB zwei Monographien,[1] 58 PhB-Bände gab er heraus, 28 Erläuterungsbände von ihm erschienen separat.[2] Kirchmann übersetzte Werke von Aristoteles, Descartes, Hume, Kant, Leibniz, Locke, Platon, Spinoza und – außerhalb der PhB – von Comte[3] und Hobbes[4].

Kirchmann war als Jurist, Politiker und (philosophischer) Schriftsteller eine herausragende und bekannte Persönlichkeit seiner Zeit[5] und ist bis heute unvergessen.[6] Er wurde am 5. November 1802 im sächsischen, 1815 an Preußen gefallenen Schafstädt bei Merseburg (heute Bezirk Halle) als drittes Kind des kursächsischen Offiziers, späteren preußischen und 1790 geadelten Majors Eberhard August von Kirchmann geboren.[7] In Merseburg bestand er die

[1] 52.32 und 52.33. (Diese Ausg.-Siglen stehen hier für PhB-Ausg., die unter diesen Kennungen in Kap. 2.3 verzeichnet stehen.)

[2] 52.1–31; andere Erläuterungen erschienen nicht separat, siehe dazu Kap. 1.3.3.

[3] A. Comte: Die positive Philosophie, 1883.

[4] Th. Hobbes: Abhandlung über den Bürger, 1873.

[5] H. Hattenhauer (Die geisteswissenschaftlichen Grundlagen des deutschen Rechts, 1980, S. 194) spricht von Kirchmann als einem »der imponierendsten Richter des Jahrhunderts, einem leidenschaftlichen Politiker der freisinnigen Partei und einem philosophischen Kopf von Format«.

[6] Zum folg. vgl. ADB, Bd 51, S. 167–177 (von Th. Sternberg); NBD, Bd 11, S. 654 f. (von Fr. Holz); W. Hülle: Julius Hermann von Kirchmann und kein Ende, 1984; den ungezeichneten (höchstwahrscheinlich von Adolf Lasson stammenden) Nachruf auf S. V–VII in der 4. Aufl. von Kirchmanns ›Die Lehre vom Wissen‹ (1886); E. von Kirchmann: Kirchmann, 1985; E. Döhring: Geschichte der deutschen Rechtspflege seit 1500, 1953, S. 410; E. Landsberg: Geschichte der deutschen Rechtswissenschaft, 3. Abt., 2. Halbbd, 1910, Text S. 737–743, Noten S. 317–319; Th. Sternberg: J. H. v. Kirchmann und seine Kritik der Rechtswissenschaft, 1908.

Verf. vorl. Werkes wird in absehbarer Zeit einen Bd zu Kirchmann (mit Bibliographie) herausgeben, der eine bis heute fortgeführte Genealogie der Familie Kirchmann enthält.

[7] Zur Genealogie Kirchmanns siehe u. a.: Neues allgemeines Deutsches Adels-Lexicon, Bd 5, 1864, S. 112; Genealogisches Taschenbuch der Adeligen Häuser, Bd 16, 1891, S. 335 f., 620 f. sowie Bd 17, 1892, S. 179–180; Adelslexicon, Bd 6, 1987, S. 241. Siehe auch oben Anm. 6.

Reifeprüfung mit Auszeichnung, studierte Rechtswissenschaft an den Universitäten Leipzig und Halle und durchlief den obligatorischen juristischen Vorbereitungsdienst, den er am 12. Januar 1829 mit Ablegung des dritten Staatsexamens und der Ernennung zum Oberlandesgerichts-Assessor in Naumburg abschloß. Am 1. Dezember 1833 wurde er Strafrichter in Halle und im folgenden Frühjahr heiratete er die »schöne und geistreiche«[8] Henriette Butte (1811–1880), eine »treffliche hochbegabte Gemahlin«[9] und eine »Weltdame von völlig aristokratischen Allüren und eine schöne Frau«,[10] Tochter des Kameralisten, Nationalökonomen und als Schriftsteller »fast ungenießbaren«[11] Wilhelm Butte (1772–1833). Der Ehe Kirchmanns mit Henriette Butte entsprangen zwei Töchter, deren eine, Luise, später den Musikkritiker und Komponisten Ludwig Hartmann (1836–1910)[12] heiratete. Am 5. Dezember 1834 wurde Kirchmann Direktor des Königlichen Stadt- und Landgerichts und Kreisjustizrat in Querfurt, 1839 in Torgau. 1844 erhielt er den Roten Adlerorden für seine Verdienste um das Justizwesen; u. a. hatte er im größten Teil der Provinz Sachsen die Einführung des Grundbuches erwirkt. 1846 wurde Kirchmann zum (leitenden) Staatsanwalt der neuen Strafverfolgungsbehörde beim Kriminalgericht in Berlin berufen, 1848 beim Kammergericht. Trotz seiner Arbeitslast veröffentlichte Kirchmann 1847 Erläuterungen zum Preußischen Zivilprozeßgesetz und hielt Vorträge in der Berliner ›Juristischen Gesellschaft‹. Einer davon lautete im Jahre 1847: ›Die Werthlosigkeit der Jurisprudenz als Wissenschaft‹. Er war von großer Wirkung, wurde 1848 auch gedruckt und erlebte im selben Jahr drei Auflagen (bei Julius Springer in Berlin).[13] Da der Vortrag bis heute seine Aktualität und Wirkung nicht verloren hat und die Persönlichkeit Kirchmanns zu beleuchten vermag, soll er hier skizziert werden.

In diesem spektakulären Vortrag, dessen These schon der Titel ausdrückt, versucht Kirchmann nachzuweisen, daß die Jurisprudenz sowohl »des Einflusses auf die Wirklichkeit und das Leben der Völker entbehre, wie ein solcher jeder Wissenschaft zukomme und gebühre«, als auch »als Wissenschaft werthlos«, ja gar keine Wissenschaft sei und »nicht den wahren Begriff derselben« erreiche (5)[14], und zwar aus fünf Gründen: 1. Im Gegensatz zu anderen Wissenschaften verändert sich der Gegenstand der Jurisprudenz (das natürliche Recht und seine gesellschaftliche

[8] Sternberg in ADB, Bd 51, S. 167.

[9] E. Pappenheim in: Lasson/Meineke, J. H. v. Kirchmann als Philosoph, 1885, S. 191.

[10] Sternberg: J. H. v. Kirchmann, 1908, S. 5.

[11] ADB, Bd 3, S. 654.

[12] Siehe Kurzgefaßtes Tonkünstler-Lexikon, 1936, S. 231.

[13] Siehe Kayser, Bd 11, S. 551a. Weitere Editionen sind hier im Lit.-Verz. in Kap. 1.6.2 verzeichnet.

[14] Zitate und Seitenangaben im folg. nach der Erstaufl.

Wirklichkeit) ständig; daraus folgt: die Jurisprudenz »kommt bei der fortschreitenden Entwickelung immer zu spät, niemals kann sie die Gegenwart erreichen« (13). Aus diesem »Grundübel« folgen weitere Übel der Jurisprudenz: 2. Sie stellt »sich dem Fortschritt des Rechts gern feindlich« entgegen (14); diese sich aus dem Gegenstand der Rechtswissenschaft ergebende konservative Tendenz hat diese »schon öfter verleitet, über das vergangene Recht das der Gegenwart völlig zu vergessen« (15), woraus Kirchmann eine Attacke gegen die historische (Rechts-)Schule vor allem Friedrich Karl von Savignys (1779–1861) und seiner Programmschrift ›Vom Beruf unserer Zeit für Gesetzgebung und Rechtswissenschaft‹ (1814) ableitet:[15] Die Rechtswissenschaft sei »mit einem ungeheuern Ballast, dem Studium der Vergangenheit, beladen. *Die Gegenwart ist allein berechtigt.* Die Vergangenheit ist todt; sie hat nur Werth, wenn sie das Mittel ist, die Gegenwart zu verstehen und zu beherrschen« (16).[16] 3. Es zeigt sich, daß im Gegensatz zu den Gegenständen anderer Wissenschaften »das Recht nicht blos im Wissen, sondern auch im Fühlen ist, daß ihr Gegenstand nicht blos im Kopfe, sondern auch in der Brust des Menschen seinen Sitz hat« (17); das Gefühl aber »ist nie und nirgends ein Criterium der Wahrheit« (18), d. h. der echten Wissenschaft. 4. Anders als bei den Gesetzen anderer Wissenschaften zwingen sich die positiven Gesetze des Rechts dem natürlichen Recht ohne Ansehen der Wahrheit auf. »Während in allen andern Regionen das Wissen das Sein unberührt läßt [...], wird im Rechte durch das positive Gesetz das Umgekehrte erzwungen. Das Wissen, selbst das falsche und mangelhafte überwältigt das Sein« (20). Weil das (natürliche) Recht fortschreitet, das positive Gesetz aber starr ist, wird sogar die Wahrheit des positiven Gesetzes mit der Zeit zur Unwahrheit. Kirchmann behauptet schließlich 5., die Jurisprudenz zerstöre durch ihre Arbeit ihren eigenen Gegenstand: »Das Volk verliert [mit der Zeit unter dem Joch der positiven Gesetze] die Kenntniß seines [natürlichen] Rechts und seine Anhänglichkeit an dasselbe; es wird der ausschließende Besitz eines besondern Standes« (32), der Juristen nämlich. »Die Wissenschaft, ihres natürlichen Bodens dadurch entbehrend, geräth nur zu leicht auf die Abwege der Sophisterei, der unpraktischen Grübeleien; Subtilitäten ohne Ende kommen hervor, Auswüchse aller Art, woran die juristische Literatur so reich ist« (32 f.).

Kirchmanns Bilanz ist entsprechend negativ, ja »niederschlagend und betrübend« (44); ihre Formulierungen sind von kaum zu überbietender Schärfe: Das Recht sei

[15] Vgl. dazu W. Hülle, a. a. O., S. 748. Auf S. 21 des Vortrages sagt Kirchmann expressis verbis gegen von Savigny: »*keine* Zeit hat den Beruf zur Gesetzgebung in diesem Sinne« (des positiven Gesetzes). 1865 heißt es dann z. B. bei C. J. Seitz: »wir haben unsre historisch-romantische Periode im Rechte durchlebt, wir bedürfen nun einer realistischen!« (Das praktische Bedürfniß der Rechtsreform gegenüber der historischen Schule, 1865).

[16] S. 41: Aber die Wissenschaft (die Jurisprudenz) hat die Gegenwart noch niemals verstanden.

[17] Schon S. 16 f. heißt es: »Es ist zu verführerisch, ein Feld anzubauen, wo die große Masse nicht nachfolgen kann.«

[18] was Kirchmann nicht hindert, S. 39 von mehreren Fällen zu sprechen, »wo die Faulheit und der Leichtsinn des Einzelrichters soweit gediehen war, daß die Rechtspflege völlig stillstand«.

der Jurisprudenz ewig voraus (22), es gebe einen Widerspruch zwischen Recht und Wissenschaft (37), weshalb die Jurisprudenz seit Bacons Zeiten zumindest keine Fortschritte, eher Rückschritte gemacht habe (10), wofür freilich nicht die Juristen verantwortlich seien, sondern der Gegenstand der Jurisprudenz selbst (11);[18] die Rechtspflege sei durch die Wissenschaft zum Glücksspiel geworden (34), und es gebe genügend Belege für die Behauptung, »daß nur der Irrthum, das Mangelhafte aller Art der Gegenstand ist, dem die Jurisprudenz sich beinahe ausschließlich zuwendet und leider, zuzuwenden gezwungen ist; ein Geschäft, so widerwärtiger Art, daß man sich wundern muß, noch so viele dazu willig zu finden« (30). Deshalb sei die Nation der wissenschaftlichen Juristen überdrüssig (37). Und es finden sich in diesem Vortrag jene berühmten, auch dem heutigen Nicht-Juristen bekannten Sätze: »Die Juristen sind durch das positive Gesetz zu Würmern geworden, die nur von dem faulen Holze leben; [...] drei berichtigende Worte des Gesetzgebers und ganze Bibliotheken werden zu Makulatur« (23).

Kirchmanns Empfehlung, »das [natürliche] Recht wieder in sein Recht einzusetzen« (36), ist ebenso radikal wie seine Kritik: Man müsse nicht nur die Advokaten, sondern auch die gelehrten Richter abschaffen (35); die Rechtspflege müsse – in ›Criminalsachen‹ und ›Civilsachen‹ – dem Volke zurückgegeben werden (37 f.); an die Stelle ›dicker Gesetzbücher, staubiger Kommentare‹ (37 f.) sollen wenige, leitende Grundsätze treten (38); an die Stelle des »mit aller Pracht der Gelehrsamkeit und Gesetzkenntniß angethanen, die Fälle haarscharf scheidenden jungen Assessor« (37) tritt nach Kirchmanns Willen der Patrimonalrichter, »der einige Zeit sein Amt verwaltet und dabei auf dem Dorfe oder in einer kleinen Stadt gelebt hat, gelangt sehr bald in jenen glücklichen, seinen Eingesessenen so erwünschten Zustand, wo er allen gelehrten Kram vergessen hat und die Hauptquelle seiner Entscheidungen nur noch in seiner Brust findet, in seinem, auf gleicher Stufe mit seinen Eingesessenen stehenden Rechtsgefühle« (36 f.). Die Unsicherheit selbst des gelehrten Richters (34) ersetzt der ›gesunde Sinn des Volkes‹ (38).

Bei solch radikalen, ja revolutionären Worten muß man sich vergegenwärtigen, daß sie vom leitenden Staatsanwalt des Kriminalgerichtes in Berlin stammen, daß hier die Jurisprudenz »von einem ihrer eigenen Priester vom Throne der Wissenschaft gestürzt« wird, wie ein Zeitgenosse bemerkt,[19] und sie werfen ein deutliches Licht auch auf die Persönlichkeit Kirchmanns. Dem Vortrag war eine enorme Wirkung beschieden. Hatte er aber zunächst »lauten, ungezügelten Beifall«[20] erhalten, so regten sich schon am nächsten Tag kritische Stimmen.[21] Und bald nach Erscheinen des gedruckten Vortrags er-

[19] C. Retslag: Apologie der Jurisprudenz, 1848, Vorwort S. 3.

[20] Sternberg: J. H. v. Kirchmann, 1908, S. 11.

[21] Sternberg (a. a. O., S. 12) schildert dies so: »auch staunte mancher, froh, zu sehen, wie sich hier einer hergab, zu sagen, was er selbst oft heimlich gedacht, aber nie ausgesprochen, um nicht für dumm oder schlecht gehalten zu werden – so läßt der Beifall sich erklären. Am nächsten Morgen Kopfschütteln: Geflüster in den Couloirs und Bureaus; Mißbilligung auch bei denen, die am lautesten applaudiert hatten; dabei stoßweise Äußerungen der Bewunderung, Versuche zu erklären, wie

schienen drei monographische Widerlegungen.[22] Der Kriminalist Ludwig von Jagemann (1805–1853) dagegen, seit 1843 Ministerialrat im Justizministerium und Leiter der Strafanstalten, 1847–49 Generalauditeur im Kriegsministerium – durchaus ein ›Praktiker‹ also –, schrieb 1849 in der von ihm begründeten Zeitschrift ›Der Gerichtssaal. Zeitschrift für volksthümliches Recht‹ (S. 146, 149 f.), Kirchmann müsse, »sobald man das Uebertriebene seines etwas zu lebhaften Ausfalles hinweg denkt, die Anerkennung zu Theil werden, daß er mit eben so viel Klarheit, als Unbefangenheit eine Reihe sehr wesentlicher Mängel unserer Rechtswissenschaft aufgedeckt und unwiderleglich nachgewiesen hat, daß diese an Haupt und Gliedern eine gründliche Umgestaltung erleiden muß.« Kirchmanns Vortrag sei »nichts weniger, als eine gehaltlose Diatribe, sondern voll der treffendsten Bemerkungen.« Es sei »nicht die Wahrheitswidrigkeit, nicht ein Vorurtheil [...], wodurch die Kirchmann'sche Schrift Blößen darbietet, sondern ihre Extravaganz in den Behauptungen und Beweisführungen.« In bezug auf die unpersönlichen, ›sachlichen‹ Folgen des Vortrags stellt Hans Hattenhauer fest, Kirchmanns Anklage gegen den Gesetzespositivismus habe zum Gegenteil dessen geführt, was er intendierte.[23]

man sich hatte überrumpeln lassen können. In der Tagespresse ein Widerhall des Jubels; kein tönender – den rufen juristische Dinge nicht wach – aber doch ein Widerhall.«

Der Berliner Stadtgerichtsrat a. D. Meineke sagt 1885, der Vortrag habe »damals sowohl in den juristischen practischen, wie gelehrten Kreisen ein großes Staunen und mehrfache Entgegnungen« hervorgerufen und Adolph A. Rudorff, Professor des römischen Rechts an der Berliner Universität, habe ihm und seinem Vater gegenüber »in großer Erregtheit« von diesem Vortrag gesprochen (Lasson/Meineke, a. a. O., S. 153 f.).

[22] A. Schönstedt: Die Bedeutung der Jurisprudenz als Wissenschaft, 1848 (diese Untersuchung wird in der Literatur meist nicht erwähnt); C. Retslag, a. a. O.; (Anonymus:) Kritik der Schrift des Staatsanwalts v. Kirchmann über die Wertlosigkeit der Jurisprudenz als Wissenschaft, 1848 (es wurde Adolph A. Rudorff als Verfasser vermutet); F. J. Stahl: Rechtswissenschaft oder Volksbewußtsein? 1848 (vgl. dazu H. Hattenhauer, a. a. O., S. 197 ff.); Sternberg, a. a. O., S. 12, nennt die Abhandlung Retslags »eine widerwärtig gewundene hegelianische Phrasenschlange«, die Abhandlung Rudorffs »ein ungeschlachter Exorzismus«; Stahl dagegen erfaße »die Sache mit klassisch-überlegener Ruhe«. – G. Neeße begrüßt 1938 in seiner Einleitung zum Kirchmann'schen Text (S. 11), »daß ein liberalistischer Politiker im Rechte Gedanken äußerte, die sich im Endergebnis gegen den Liberalismus auswirken mußten«, d. h. für Neeße auch: gegen den Positivismus. Dem von Kirchmann geschilderten »unüberbrückbaren Gegensatz von Jurisprudenz und Volksrecht« (S. 13) erwachse »erst in der Gegenwart [...] in der nationalsozialistischen Weltanschauung die Möglichkeit, die Jurisprudenz in einer völkischen Rechtswissenschaft zu überwinden.« (S. 17)

[23] Die geistesgeschichtlichen Grundlagen ..., 1908, S. 196 f.

In der Rechtswissenschaft[24] ist Kirchmann alleine wegen dieser »allzuberühmten Broschüre«,[25] des zum geflügelten Wort avancierten Diktums von den »drei berichtigenden Worten des Gesetzgebers« und seiner »auf der Grundlage eines strengen, an den Ideen der englischen Philosophie orientierten Empirismus«[26] aufgestellten These bis heute unvergessen; von größerer Bedeutung für die heutige Rechtswissenschaft ist er jedoch nicht;[27] Erik Wolf meint sogar, dieser Vortrag sei »wohl hauptsächlich durch den geschickt gewählten Titel berühmt«[28] geworden, und der Satz von den drei berichtigenden Worten des Gesetzgebers werde »bis heute immer noch mit einer gewissen Beharrlichkeit zitiert.«[29]

Für K. Larenz dagegen, der wie andere auf die Doppeldeutigkeit der These von der Wertlosigkeit der Rechtswissenschaft hinweist, geht von Kirchmanns Vortrag auch heute noch »eine starke Betroffenheit aus, der wir uns nicht entziehen wollen«; »so leicht die vordergründigen Argumente Kirchmanns auch zu widerlegen sind, es bleibt ein Stachel, eine Herausforderung, der wir uns stellen wollen.«[30] Aber die »Vorwürfe Kirchmanns, die eine Reaktion auf die mehr oder weniger nur der Vergangenheit zugewandte historische Rechtsschule darstellen, treffen die heutige Situation gewiß nicht mehr.«[31] Damals aber »zeigte der Widerhall, den er [der Vortrag] erfuhr, daß dieser Protest eines Praktikers gegen eine allzu selbstgefällige Theorie einem verbreiteten Unbehagen Ausdruck gegeben hatte.«[32] H. Sendler, der Kirchmanns Rede einen »angriffslustigen, brillant und bisweilen boshaft formulierten, scharf pointierten und pointenreichen, von Leidenschaft durchdrungenen Vortrag« nennt,[33] zweifelt, »ob der Satz Kirchmanns [von den drei berichtigenden

[24] Sternberg (J. H. v. Kirchmann, 1908, S. 19 f.): »[...] daß Kirchmann, obwohl ein hervorragender Beamter, ein ausgezeichneter Richter, überhaupt als Praktiker ohne Tadel, und obwohl er sogar sich für befugt halten durfte, über juristische Gegenstände Schriften zu veröffentlichen, sich zu einem wissenschaftsmäßigen Studium der juristischen Literatur niemals hat entschließen können. Er hat in dieser Hinsicht ganz und gar die Konsequenzen der in dem Vortrage entwickelten Ansichten gezogen."

[25] J. Binder: Der Wissenschaftscharakter der Rechtswissenschaft, 1920, S. 321.

[26] H. Coing: Der juristische Systembegriff bei Rudolf Ihering, 1969, S. 154.

[27] Es mag vielleicht bezeichnend sein, daß Kirchmann in rechtsgeschichtlich-biographischen Werken kaum einen eigenen Artikel erhält, – wenn er auch mit seinem berühmten Vortrag oft Erwähnung findet. So z. B. in Kleinheyer/Schröder: Deutsche Juristen aus fünf Jahrhunderten, 1983, oder bei E. Wolf: Große Rechtsdenker der deutschen Geistesgeschichte, 1963.

[28] E. Wolf: Große Rechtsdenker, 1963, S. 625.

[29] E. Wolf: Fragwürdigkeit und Notwendigkeit der Rechtswissenschaft, 1953, S. 13.

[30] K. Larenz: Über die Unentbehrlichkeit der Jurisprudenz als Wissenschaft, 1966, S. 8 f.

[31] A. a. O., S. 15.

[32] K. Larenz: Methodenlehre der Rechtswissenschaft, 1979, S. 47.

[33] H. Sendler: Zur Makulaturproduktion des Gesetzgebers, 1984, S. 754. E. Döhring (a. a. O., S. 349) spricht im Gegenteil von Kirchmanns »nüchternen, völlig realistischen Ausführungen«.

Worten des Gesetzgebers] [...] jemals mehr war als ein boshaft-witziges Aperçú ohne allzu großen Wahrheitsgehalt, ob er nicht vielmehr allenfalls nur sehr partiell gilt und Differenzierungen nicht nur erträgt, sondern fordert.«[34] Sendler hält Kirchmanns Ausweg, »daß man sich nämlich auf das ›natürliche Recht‹ besinnen solle – was immer das sein mag –,« für einen »Irrweg«, weil er »im Grunde nicht mehr bot als ›Metaphysik‹, weil er das ›natürliche‹ Recht, wie es im Volk lebt, als ›wahres‹ Recht preist«.[35]

Sternberg hält Kirchmanns These durch seinen Vortrag für nicht erwiesen,[36] nicht weil er antijuristisch aus Motiven romantisch-genialer Weltanschauung heraus gewesen sei,[37] sondern weil er die Jurisprudenz am falschen Wissenschaftsideal der exakten Naturwissenschaft und am »Positivismus mit seiner naturalistischen Sachlichkeit«[38] messe und seine durchaus berechtigte *subjektive* Kritik – die durch die Unvereinbarkeit seines an »einer harten, einseitigen, extremen Sachlichkeit« und einem Desinteresse am Persönlichen[39] orientierten Strebens mit der persönlichen Lebenserfüllung und Befriedigung in der Juristerei, durch die Unfähigkeit des am exakten Wissenschaftsideal orientierten Richters Kirchmann, in der Juristerei aufzugehen, entsteht[40] – für eine *objektive* zu halten.[41] Die von Kirchmann empfohlene wissenschaftsfreie Volksjustiz sieht Sternberg in ihren praktischen Beispielen in Baden als »einfach erschreckend«.[42]

Landsberg, der den Vortrag »ein nicht zu übersehendes Wetterzeichen für das Heraufziehen eines schweren Gewitters« nennt,[43] meint aber zu diesem zentralen Punkt in Kirchmanns Vortrag: »Um eine Eingebung des Augenblicks, um eine Ausstrahlung der politischen Atmosphäre jener Tage mag es sich handeln, wenn Kirchmann natürliches und populäres Recht, Volksbewußtsein und Wahrheit identifiziert und für Laiengerichtsbarkeit in weitestgehendem Maße eintritt; an dergleichen hat er selbst auf die Dauer nicht festgehalten«.[44] Gerade die »schärfstzugeschliffenen« Vorwürfe Kirchmanns seien eher gegen die historische Rechtsschule Savignys als gegen die Rechtswissenschaft überhaupt gerichtet, was Kirchmann selbst später auch zugegeben habe.[45]

In zwei Punkten stimmen die meisten Kommentatoren überein: Kirchmanns Vortrag eilte der Zeit voraus; gleichwohl ist seine Kritik auf die neueren Rechtsverhältnisse nicht mehr applizierbar. Sternberg schreibt, eines habe Kirchmann »so wenig wie Savigny bemerkt, daß der Grund, der uns zwingt, mit der Alleinherrschaft und später auch mit der Vorherrschaft des Gesetzesrechts eine [sic] Ende zu ma-

[34] A. a. O., S. 762.
[35] A. a. O., S. 763.
[36] Sternberg: J. H. v. Kirchmann, 1908, S. 28.
[37] Sternberg, a. a. O., S. 13 ff.
[38] Sternberg, a. a. O., S. 17; siehe auch unten.
[39] Sternberg, a. a. O., S. 18.
[40] Sternberg, a. a. O., S. 17, 25.
[41] Sternberg, a. a. O., S. 13.
[42] Sternberg, a. a. O., S. 28 ff.
[43] E. Landsberg, a. a. O., Text, S. 743.
[44] A. a. O., S. 740.
[45] A. a. O., S. 740/741.

chen, wesentlich in der modernen Entwicklung gelegen ist, der Entwicklung, deren vergrößerte Geschwindigkeit und deren beständig gesteigerte Beschleunigung vor allem die Mannigfaltigkeit der Rechtsfragen zur Unerschöpflichkeit hinaufgetrieben hat.«[46]

Mit dem Vortrag ›Die Wertlosigkeit der Jurisprudenz als Wissenschaft‹ setzt sich der 45jährige als »einer der geistreichsten Priester der Rechtswissenschaft«[47] in einen Widerspruch zur staatsrelevanten Rechtsdoktrin, der vom Staat bzw. seinen (auch vermeintlichen) ›Repräsentanten‹ als Auseinandersetzung begriffen wird, die in mehreren Etappen nach 20 Jahren mit der Entlassung Kirchmanns aus dem Staatsdienst endet.[48]

Zum ersten massiven Konflikt kam es im Mai 1848 anläßlich des Strafverfahrens gegen einen Haupträdelsführer und relegierten 19jährigen Studenten namens Schlöffel einer Berliner Straßendemonstration. Kirchmann persönlich vertrat die Anklage, beantragte im Hinblick auf das jugendliche Alter des Angeklagten und um keinen Märtyrer zu schaffen aber nur sechs Wochen Gefängnis, was bei seinen demokratischen Gesinnungsfreunden wie beim Staatsministerium auf Verärgerung stieß,[49] das ihn dann auch am 7. Juli 1848 durch Beförderung in die Privinz abschob: Er wurde Vizepräsident des Oberlandesgerichtes (ab 1849: Appellationsgerichts) im oberschlesischen (heute polnischen) Ratibor.[50] Nach der Märzrevolution war Kirchmann in die preußische Nationalversammlung gewählt worden; dieses Mandat verlor er nun und fiel auch bei der Nachwahl in Berlin durch, errang seinen Sitz aber nach einigen Wochen bei einer Nachwahl in Tilsit wieder, wo er als Mitglied des Linken Zentrums – im Protest gegen den Beschluß des Königs, die Versammlung von der Metropole Berlin nach dem ruhigen Brandenburg zu verlegen – als Berichterstatter einer Kommission der Nationalversammlung empfahl, den Steuerverweigerungsbeschluß zu fassen. In der Nationalversammlung warf er auch dem Justizminister Simons einen Anschlag auf die Pressefreiheit vor und gehörte der Abordnung an, die dem König am 2. November 1848 eine Adresse

[46] Sternberg: Einführung in die Rechtswissenschaft, 1. Teil, 1927, S. 154. – Weiterführende Erkenntnisse kann man vielleicht erwarten durch den noch weitestgehend ungesichteten Nachlaß von Friedrich G. Nagelmann, siehe: Das wahre Verfassungsrecht, 1984.

[47] J. E. Kuntze: Der Wendepunkt der Rechtswissenschaft, 1856, S. 5.

[48] Zu den Dienstverfahren gegen Kirchmann, die im folg. skizziert sind, siehe vor allem W. Wallmann: Einflußnahme der Exekutive auf die Justiz im 19. Jh., 1968; W. Schütz: Einwirkungen des preußischen Justizministers auf die Rechtspflege, 1970; U. L. Kötschau: Richterdisziplinierung in der preußischen Reaktionszeit, 1976.

[49] Das Gericht verurteilte Schlöffel schliesslich zu sechs Monaten Festungshaft. Er fällt im Juni 1849 im Badischen Aufstand bei Waghäusel.

[50] Vgl. dazu J. D. F. Temme: Erinnerungen, 1883, S. 281–284.

gegen das Ministerium Brandenburg-Manteuffel überbrachte.[51] Auch der Zweiten Kammer des neugewählten Landtages gehörte Kirchmann bis zu ihrer Auflösung im April 1849 an.

Laut Sternberg[52] gab Kirchmann »damals seine Ersparnisse hin, um den minder bemittelten Parteifreunden das weitere Leben in Berlin zu ermöglichen«; seine politische und soziale Haltung führte ihn »zum vollständigen Bruch mit seinen Verwandten und stellte ihn in den heftigsten Gegensatz zu der Mehrheit seiner Collegen.«[53]

Kirchmanns Lage verschärfte sich, als der badische Unterstaatssekretär Friedrich Daniel Bassermann (1811–1855) Ende 1848 in der reaktionären Berliner ›Kreuzzeitung‹ angebliche, scharf antimonarchische Äußerungen Kirchmanns publik machte.[54] Kirchmann dementierte diese im ›Staatsanzeiger‹; Bassermann beharrte aber darauf, daß diese Äußerungen von Kirchmann stammten. Zwar sah das Ministerium in diesem Falle noch keine Möglichkeit, sich des unbequemen Richters zu entledigen (sie sollte bald folgen); Kirchmanns berufliches Ansehen litt dadurch jedoch erheblich: Seine Kollegen in Ratibor baten das Ministerium (allerdings noch vergeblich) um Versetzung Kirchmanns; Offiziere und Beamte mieden ihn.

Drei Dienststrafverfahren beendeten dann aber Kirchmanns juristische Karriere. Im Hochverratsprozeß gegen den bekannten Grafen Oskar von Reichenbach-Goschütz (1815–1893) wegen Teilnahme am Stuttgarter Rumpfparlament hatte das Appellationsgericht in Ratibor unter Vorsitz Kirchmanns in

[51] Am 8.11.1848 war das Ministerium mit dem Präsidenten Friedrich Wilhelm Graf von Brandenburg (1792–1850) und seinem Innenminister Otto Theodor Freiherr von Manteuffel (1805–1882) neugebildet worden. Ein Bild der Deputation – mit Kirchmann – findet man in H. Blum: Die deutsche Revolution 1848–49, 1897, vor S. 357.

Zur Deputation gehörte auch der bekannte Arzt und Politiker Johann Jacoby (1805–1877), der dem König beim Hinausgehen die berühmten Worte nachrief: »Das ist das Unglück der Könige, daß sie die Wahrheit nicht hören wollen!« (H. Blum, a. a. O., S. 356).

Zu dem Politiker Kirchmann siehe E. Schmidt-Weißenfels: Preussische Landtagsmänner, 1862, S. 47–57 (zu dieser nicht fehlerfreien Darstellung vgl. W. Dilthey 1862 in: ders., Zur Geistesgeschichte des 19. Jahrhunderts, 1985, S. 132–134).

[52] ADB, Bd 51, S. 171.

[53] ADB, Bd 51, S. 169.

[54] Näheres bei Sternberg (ADB, Bd 51, S. 169 f.) und Hülle, a. a. O., S. 750. Die Äußerungen Bassermanns in der ›Neuen Preußischen Zeitung‹ (Kreuzzeitung) stammen nicht von 1849, wie in der Literatur oft zu finden, sondern vom November 1848, wie aus Sternberg: J. H. v. Kirchmann, 1908, S. 49 f., zu ersehen sowie aus dem durch die Äußerungen Bassermanns veranlaßten Immediatsgesuchs an den König vom ritterschaftlichen Landschaftskollegium von Ratibor vom 8.12.1848, wo um Versetzung Kirchmanns gebeten wird. (Das Gesuch ist abgedruckt bei L. Kötschau, a. a. O., S. 30.)

zweiter Instanz die Beschwerde der Staatsanwaltschaft gegen die Einstellung des Verfahrens abgewiesen. Obwohl rechtlich nicht möglich, legte der Oberstaatsanwalt beim Obertribunal in Berlin Beschwerde ein, das dann auch die obergerichtliche Entscheidung aufhob und das Kreisgericht in Oppeln anwies, den Grafen zu verhaften. Dies geschah zwar, doch legte der Beschuldigte erneut Beschwerde beim Appellationsgericht in Ratibor ein, das seine frühere Entscheidung aufrecht erhielt, den Grafen freiließ[55] und dem Berliner Obertribunal Amtsmißbrauch vorwarf. Es kam zu einem Dienststrafverfahren gegen die Mitglieder des Strafsenats des Ratiborer Appellationsgerichts, dessen Räte mit Geldbußen und Kirchmann mit dreimonatiger Dienstenthebung, Halbierung des Gehalts und Suspension von allen Funktionen des Vizepräsidenten bestraft wurden.[56]

1854 veröffentlichte Kirchmann in der liberalen ›National-Zeitung‹ anonym einen Bericht über seine Reise nach Konstantinopel, in dem er sich in einem einzigen Satz, und dies auch nur indirekt, erneut zur demokratischen Gesinnung bekannte;[57] das reaktionäre Innenministerium Manteuffel ließ daraufhin ein zweites Dienststrafverfahren wegen Loyalitätspflichtverletzung einleiten, die mit einer ›Vermahnung‹ Kirchmanns und dem Übereinkommen endete, daß der unabsetzbare Richter einen fünfjährigen Urlaub bei Gewährung des vollen Gehaltes mit der Bedingung erhalte, sich aller politischen, vor allem antimonarchischen Agitation zu enthalten und seinen Wohnsitz weder in Berlin noch in Königsberg zu nehmen;[58] Kirchmann erwarb daraufhin ein zweites Landgut in der Nähe von Dresden. Man gewährte ihm sogar die Verdoppelung des Urlaubs, die er aber nicht vollständig in Anspruch nahm: Am 10. Juni 1863 trat er seinen Dienst in Ratibor wieder an, nachdem man ihm alle Rechte seines Amtes wieder übertragen hatte und er vorher als Vertreter

[55] der nach England floh und später nationalliberaler Abgeordneter in Berlin war.

[56] Der ganze Vorfall fand auch in der Presse großen Widerhall. So berichtet z. B. die Leipziger ›Illustrirte Zeitung‹ intensiv darüber (und zwar in Bd 14, N. F. Bd 2, Nr 342 vom 19.1.1850, S. 43; Nr 343 vom 26.1.1850, S. 58; Nr 345 vom 9.2.1850, S. 158; Nr 360 vom 25.5.1850, S. 327; Nr 362 vom 8.6.1850, S. 363; Bd 15, N. F. Bd 3, Nr 367 vo m 13.7.1850, S. 30; Nr 371 vom 10.8.1850, S. 95; Nr 374 vom 31.8.1850, S. 142).

[57] »Ehrlich und fest schüttelte er mir die Hand und mit einem Händedruck sagten wir uns schweigend, daß wir noch heute kein Wort, keinen Schritt von dem bereuten, was wir seit 1848 gesprochen und gethan.« (Zitiert nach Sternberg: J. H. v. Kirchmann, 1908, S. 54).

[58] Im anonymen Nachruf auf Kirchmann in der 4. Aufl. seiner ›Lehre vom Wissen‹ (1886) heißt es dagegen: Kirchmann »erbat unter dem Anerbieten, auf seine Kosten einen Stellvertreter bestellen zu lassen, einen mehrjährigen Urlaub und erhielt denselben.« (S. VI)

Breslaus für die im Herbst 1861 gegründete neue (linksliberale) Deutsche Fortschrittspartei ins Abgeordnetenhaus gewählt worden war.

Im September 1865 brachte die ›Breslauer Zeitung‹ sieben antimonarchistische und regierungsfeindliche Artikel, als deren Autor der Justizminister Graf Leopold zur Lippe-Biesterfeld (1815–1889) Kirchmann vermutete, der jedoch seine vermeintliche Verfasserschaft widerlegen konnte, woraufhin man zwei Jahre alte, zwar kritische Artikel von Kirchmann heranzog, die aber dennoch keine Handhabe für weitere Ermittlungen boten.

Eine solche Handhabe lieferte dann aber ein Vortrag, den Kirchmann am 4. Februar 1866 im Berliner Arbeiterverein hielt. Der Vortrag trug den Titel ›Über den Communismus der Natur‹.[59]

Kirchmann beginnt: »Meine Herren! Communismus ist ein verpöntes Wort; ein vorsichtiger Mann wendet sich weg, wo er es hört, oder hält sich die Ohren zu. Die Natur ist indeß nicht so ängstlich; sie fürchtet nicht blos das *Wort* nicht, sie hat auch die *Sache* selbst bereits in einer Weise verwirklicht, daß die äußersten Forderungen Baboeufs[60] und seiner Anhänger dagegen nur als ein Kinderspiel erscheinen. [...] Communismus heißt auf deutsch: Gemeinschaftlichkeit. Der Communismus will das Prinzip der *Gleichheit* aller Menschen in der möglichst vollständigen Weise verwirklichen.« (3)[61] Kirchmann unterscheidet die Gleichheit des Rechts, die Gleichheit der Mittel und Kräfte und die Gleichheit der Genußmittel. Sieht der Sozialismus die beiden ersten Arten der Gleichheit als gesellschaftliche Ziele an, so macht der radikalere und konsequentere Kommunismus auch die dritte Art der Gleichheit als Ziel geltend. Sozialismus und Kommunismus sind aber »so gut wie gar nicht aus der Theorie herausgetreten« (6) und haben kein Vertrauen in der Gesellschaft, im Gegensatz zum Genossenschaftssystem, das sich *innerhalb* des in Deutschland herrschenden Systems »des Privateigenthums, der Sonderung der wirthschaftlichen Stände in Unternehmer, Kapitalisten, Grundeigentümer und Arbeiter, [...] der Konkurrenz, des Kapital-Zinses und des Arbeitslohnes« (10) etabliert und schon erste Erfolge für die Arbeiter erzielt hat. Den größten *sittlichen* Folgen des Genossenschaftssystems, welches »den deutschen Arbeiter und damit das deutsche Volk binnen wenigen Generationen auch zu einem Grade politischer Freiheit und Einheit führen wird, wie sie kein anderes Volk in Europa dann besitzen wird« (8), steht die beschränkte Kraft der *wirtschaftlichen* Folgen dieses Systems gegenüber, das kein »Wunder-Elixier« (7) und »Universalheilmittel« sei, sondern »nur ein *ergänzendes* Glied in der langen Kette wirthschaftlicher Formen« »in dem herrschenden System« bleiben werde, weil »ihm in der menschlichen Natur das Prinzip der Ichheit, der vereinzelten Selbständigkeit und Freiheit mit gleicher Macht gegenüber« steht (8). Aber »weder die Arbeiter noch die Wissenschaft dürfen sich durch solche Lage der

[59] Erschienen 1866 in Berlin bei Hasselberg. Diese Druckfassung des Vortrages wird in der Literatur oft falsch zitiert als: ›Über den Communismus *in* der Natur‹.

[60] François Noël Babeuf (geb. 1760, 1797 hingerichtet), genannt Gracchus, war ein französischer Revolutionär, der die Idee einer ›Republik der Gleichen‹ ohne Privateigentum entwickelte.

[61] Zitate und Seitenangaben im folg. nach der Erstaufl.

Dinge entmuthigen lassen« (11), denn die Natur als »ärgste Communistin« (30) hat eine »communistische Tendenz«, die in drei Gesetzen »ihr Bestreben, allen Menschen ein gleiches Maaß von Glück zu gewähren, im hohen Grade« bekundet (11):

1. communistisches Gesetz der Natur ist »die gleiche Geltung ihrer Kräfte für alle Menschen«, »für Jedermann ohne Ansehen der Person« (12), wie das Pflanzenwachstum, Krankheit oder Tod.

2.: Gesetz der Ausgleichung zwischen äußerer Ursache des Glücks und der inneren Empfänglichkeit dafür (welches Gesetz nach Kirchmann auch die Kommunisten übersehen): Glück ist nicht nur von *äußeren* Ursachen abhängig, sondern auch von innerer Glücks-Empfänglichkeit. »Das Glück ist erst das Produkt aus *beiden* Faktoren, und dies Produkt kann nicht zunehmen, wenn der eine Faktor um so viel sinkt, als der andere steigt.« (14)[62] Das »Gesetz der Abstumpfung« (14) bewirkt, daß auch eine Anhäufung äußerer Güter das innere, eigentliche Glück nicht zu steigern vermag. Mit diesem zweiten communistischen Gesetz »hat die Natur die Ungleichheit, in der sie die Anlagen und natürlichen Kräfte unter die Einzelnen vertheilt hat, wieder ausgeglichen.« (16/17)

3. Gesetz, »daß der Genuß von den äußeren Folgen desselben trennbar ist« (18). Dieser ja eher als Möglichkeit und Forderung denn als Gesetz anzusehende Tatbestand führt für Kirchmann dann zu der Forderung: »In keiner Ehe eines Arbeiters mehr als zwei lebende Kinder.« (19)[63] Über mehrere Seiten legt Kirchmann dar, daß, wenn »es einer der obersten Sätze der Volkswirthschaftslehre ist, daß der Durchschnittslohn der Arbeit sich nach der Zahl der Arbeiter zu dem Arbeit suchenden Capitale bestimmt«, so auch »der Schluß unabweislich [ist], daß jede Verminderung in der Zahl der Arbeiter den Arbeitslohn erhöht, wenn das Capital sich dabei in der alten Höhe erhält oder gar im Zunehmen begriffen ist.« (22)[64] Vor allem »in den alten Ländern von Mittel- und West-Europa« sei dies »die erste Bedingung zur Verbesserung der Lage der Arbeiter« (23) und »der einzig praktische Weg zur Verwirklichung der Forderungen, welche alle Kenner wirthschaftlicher Gesetze, alle wahren Freunde des Arbeiterstandes an denselben gestellt haben.« (26)

Für dieses 3. Gesetz argumentiert Kirchmann nicht nur wirtschaftlich, sondern auch moralisch. Der auf die Forderung nach der Zwei-Kind-Ehe des Arbeiters (19) folgenden »Unruhe« im Publikum begegnet er auch mit Hinweisen auf Sitte und Moral: Diese hätten bei allen menschlichen Trieben (wie z. B. Essen, Trinken, Klei-

[62] Kirchmanns Beispiele sind von z. T. bemerkenswerter Schärfe (siehe S. 13 f.). Als ein Beispiel von Naivitäts-Optimismus muß es einem freilich vorkommen, wenn Kirchmann die Situation »eines Reichen, der durch Banquerott, durch Unglücksfälle sein Vermögen verloren hat«, beschreibt: »Die ärmlichere Wohnung, die gesündere Lebensweise, die regere Thätigkeit, das engere Beisammenleben der Familie haben ihn von einer Unzahl Sorgen befreit und eine Quelle von Glück aufgeschlossen, von dem er früher in seinem Reichthum sich nichts hatte träumen lassen.« (16) Oder: »Ließe sich das Glück, der Genuß des Arbeiters und seines reichen Fabrikherrn in die zwei Schalen einer Waage legen, ich fürchte, die Schale des Herrn würde von der des Arbeiters in die Höhe geschnellt werden.« (15)

[63] Daß also »die äußerliche Folge der Kindererzeugung sich von dem Genusse selbst abtrennen« lasse (25).

[64] Zu dieser Theorie siehe auch hier Anm. 68.

dung nach – modischen – Schönheitsidealen) »eine Regelung und Reinigung vollzogen«, – bis auf den Geschlechtstrieb: »Die Moral hat noch jetzt keine andere Hülfe, als *außerhalb* der Ehe den geschlechtlichen Genuß völlig zu verbieten; *innerhalb* der Ehe aber denselben zügellos sich selbst zu überlassen.« (23) Auch »nicht die Frau, sondern die zahlreiche Nachkommenschaft ist es, welche in jetziger Zeit die meisten Männer von der Ehe zurückhält und sie der Unsittlichkeit in die Arme treibt«. (26/27)[65] Und nach eindringlicher Schilderung der (ausschließlich) negativen Folgen der Viel-Kinder-Ehe sagt Kirchmann: »Wenn so eine verständige Regelung des Triebes schon unmittelbar für die Eltern und Kinder von den segensreichsten Folgen begleitet ist; so treten für die späteren Generationen noch die Wohltaten hinzu, welche aus dem steigenden Arbeitslohne für den Arbeiter hervorgehen«, denn es sei »vermöge des oben dargelegten Gesetzes, das Steigen des Arbeitslohnes und das Fallen des Kapitalzinses die unausbleibliche und unaufhaltsame Folge.« (28)[66]

Kirchmann war sich der Sprengkraft seiner Forderung bzw. seiner These durchaus bewußt. Im Vortrag selbst sagt er, gegen die Forderung der Beschränkung der Kinderzahl von Arbeiterehen erhebe sich »leicht ein Schrei der Entrüstung, ein Gelächter des Hohnes und Spottes; ja solche Forderung wird für unsittlich, für grausam, für unmöglich erklärt«. (23) Aber Kirchmanns Hinweis darauf, die Moral habe »bis jetzt nichts gethan, um in dieser wichtigen Frage gesündere Ansichten zur Geltung zu bringen« (23), beeindruckte die Behörden nicht. Sein ›drittes communistisches Gesetz der Natur‹ brachte ihm – erneut – eine Anklage ein:[67] Am 27. April 1866 wurde eine Disziplinaruntersuchung gegen ihn eingeleitet, von der er erst am 12. Mai amtlich unterrichtet wurde, obgleich im März und April schon die Zeitungen darüber berichtet hatten. Neben dem ersten Anklagepunkt, der Vortrag habe »unsittliche und verwerfliche Ausführungen enthalten«, die »mit der Haltung eines Königlichen Beamten, des Präsidenten eines Appellationsgerichtes [. . .] durchaus unverträglich« seien,[68] wurden als zweiter Anklagepunkt die schon erwähn-

[65] Eine offenkundig merkwürdige Argumentation, insofern der Mann ja doch zumindest die halbe ›Schuld‹ an der »zahlreichen Nachkommenschaft« trägt.

[66] Kirchmann betont auf derselben Seite, auch er wisse, »daß eine liebende Mutter trotz aller Noth keines ihrer Kinder verlieren mag; allein nicht um dieses Verlieren handelt es sich, sondern um das Nicht-geboren-werden.« Überraschenderweise fährt Kirchmann aber dann fort: »Jedermann fühlt, daß zwei gesunde Kinder für die Eltern ein reicherer Schatz von Freude sind, als eine große Zahl verkümmerter [!], wo der Tod mit seinen Schrecken das wieder gut machen muß [!], was die vernünftige Vorsicht gar nicht hätte eintreten lassen sollen.«

[67] Dazu veröffentlichte Kirchmann 1867 bei Julius Springer ein 102 Seiten starkes Büchlein: ›Aktenstücke zur Amtsentsetzung des Königl. Preuss. Appellationsgerichts-Vizepräsidenten von Kirchmann‹.

[68] Aktenstücke, S. 9 und 18.

In seiner Verteidigungsrede unterscheidet Kirchmann »zwischen der Frage über die *wissenschaftliche Wahrheit* der von mir entwickelten Sätze und der Frage, ob durch die Art und Form des Vortrages die Sittlichkeit verletzt worden ist. Die erste

ten, früheren Zeitungsartikel von 1863/64 und 1865 aufgenommen. Kirchmann wurde sofort vom Dienst suspendiert und erhielt ab 1. Juni 1866 nur noch die Hälfte des Gehaltes; nach einem von der Staatsanwaltschaft schikanös geführten Verfahren[69] entschied das Königliche Ober-Tribunal in Berlin am 23. Februar 1867: »daß der Angeschuldigte: Vice-Präsident v. Kirchmann wegen Verletzung seiner Amtspflichten durch sein außeramtliches Verhalten aus seinem Dienste als Vice-Präsident des Königl. Appellationsgerichts zu Ratibor zu entlassen, ihm auch die durch dies Verfahren verursachten Kosten aufzulegen«[70] incl. des Verlusts aller Pensionsansprüche.[71] Kirchmann verließ den Gerichtssaal mit den Worten: »Sie können mich verurteilen, aber nicht richten.«[72] Damit hatte sich die Regierung eines der unbequemsten, aber auch hervorragendsten Richter entledigt. Er stand in seinem Schicksal freilich nicht allein, – im doppelten Sinne: Nicht wenigen erging es ebenso;[73] und ein Auf-

Frage liegt offenbar außerhalb des Gebietes einer richterlichen Entscheidung und ich nehme an, daß auch der hohe Gerichtshofe nicht die Absicht hat, hier darüber zu entscheiden.« (Aktenstücke, S. 40) Kirchmann verweist darauf, daß seine Theorien »gegenwärtig von den berühmtesten Männern der Volkswirtschaftslehre [...] als die allein richtigen anerkannt sind« (a. a. O., S. 41) und nennt David Riccardo (1772–1823), Jean Baptiste Say (1767–1832), Jean Charles Léonard Simonde de Sismondi (1773–1842), Wilhelm Roscher (1817–1894), John Stuart Mill (1806–1873) und Pierre Joseph Proudhon (1809–1865). Unerwähnt läßt Kirchmann Thomas Robert Malthus (1766–1834), dessen ›Malthusisches Gesetz‹ bzw. ›Malthusianismus‹ in Giovanni Boteros (1533/44–1617) ›Della ragion di stato‹ (1589) einen Vorläufer hat.

Sternberg (ADB, Bd 51, S. 172) sieht in dem Vortrag Kirchmanns »eine Zusammenstellung der quietiven Recepte eines gedankenlos optimistischen Liberalismus, es könnte Kirchmann's Andenken nicht schaden, hätte er ihn nicht gehalten.«

69 Siehe bes. Aktenstücke, S. 6 und – nach dem Urteil – S. 8.

70 Aktenstücke, S. 71.

71 Aktenstücke, S. 89.

72 Zitiert nach Sternberg: J. H. v. Kirchmann, 1908, S. 64. Die 2. Aufl. enthält auf dem Titelblatt den geklammerten Zusatz: »Wegen dieses Vortrages ist der Verfasser seines Amtes als Vice-Präsident des Appellationsgerichts zu Ratibor unter Verlust aller Pensionsansprüche disciplinarisch entsetzt worden.« Die 3. Aufl. des Vortrags ist (laut Titelblatt) »vermehrt durch einen Auszug aus der vom Verfasser vor dem Disciplinar-Senat des Obertribunals zu Berlin gehaltenen Vertheidigungsrede.«

73 Durchaus nicht zustimmen können wir Döhring, wenn er schreibt (a. a. O., S. 48): Die Richter waren gerade um die Mitte des 19. Jhs »vorwiegend fortschrittlich gesinnt. Eine Zeitlang stellten sie sogar die führenden Männer der liberalen Bewegung. Viele von ihnen haben sich damals im politischen Kampf um die Rechte des Volkes verzehrt und dabei die beruflichen Aussichten ihrer politischen Überzeugung aufgeopfert. [...] Die Richter waren damals fast ausschließlich liberal gesinnt. Bisweilen neigten sie sogar dem linken Flügel der Liberalen zu. Doch standen sie alle noch auf dem Boden des Staates und traten teilweise sogar für die Monarchie

ruf politischer Freunde soll eine Nationalspende von (fast unglaublichen) 90 000 Talern erbracht haben, die er aber ablehnte. Glückliche Börsengeschäfte erlaubten ihm jedoch einen sorglosen Lebensabend.

Nach seiner Dienstentlassung übersiedelt Kirchmann von Breslau nach Berlin.[74] Sein Mandat behält er zunächst, verliert es jedoch 1877, weil er sich im Kulturkampf als Protestant auf die katholische Seite schlägt und gegen die Maigesetze und deren Verschärfung stimmt; hierzu veröffentlicht er drei Schriften.[75]

Seinen Dienstruhestand nutzt der 65jährige intensiv. Er beteiligt sich am Zustandekommen des Norddeutschen und späteren Reichs-Strafgesetzbuches und veröffentlicht einen Kommentar dazu;[76] er pflegt gesellschaftliche Aktivitäten, u. a. mit den Politikern Franz Wilhelm Ziegler (1842–1876) und Ludwig Windthorst (1812–1891), den Philosophen Adolf Lasson (1832–1917) und Eduard von Hartmann (1842–1906) und Künstlern wie Richard Wagner (1813–1883), dessen Musik er besonders liebte; er musiziert selbst sehr viel;[77] als Reiseschriftsteller veröffentlicht er 1882 sein drittes Büchlein.[78]

Seine besondere Vorliebe galt jedoch der Philosophie, der er sich nach der Dienstentlassung intensiv widmen konnte. Schon drei Jahre vorher (1864) hatte der immerhin 62jährige Kirchmann eine ›Philosophie des Wissens‹ publiziert, von der Eduard von Hartmann sogar sagt, ihr verdanke er »reiche Anregung und Belehrung« und meint, »dass dieses Werk in philosophischen Kreisen bei weitem nicht die Beachtung gefunden hat, die es verdient.«[79] 1865 erscheint ›der philosophische Versuch‹ ›Über die Unsterblichkeit‹, 1868 die ›Lehre vom Wissen‹ und die ›Ästhetik auf realistischer Grundlage‹, 1869 ›Die

ein.« Döhring nennt Eduard Lasker (1829–1884), J. D. H. Temme (1798–1881), J. H. von Kirchmann, Lothar Bucher (1817–1892) und Karl Twesten (1820–1870). Siehe auch A. Wagner: Der Kampf der Justiz gegen die Verwaltung in Preußen, 1936, und die in Anm. 48 genannten Titel.

Vgl. dazu auch Temmes ›Erinnerungen‹, 1883, S. 281 ff.

[74] Nach H. Berger: Wege zum Realismus, 1959, S. 26, erfolgt dieser Wohnungswechsel schon 1863.

[75] Der Culturkampf und seine Bedenken, 1875; Die parlamentarischen Formen in der evangelischen Kirche, 1878; Die Reform der evangelischen Kirche in Lehre und Verfassung, 1876.

[76] der 1870 erschien, mit Nachträgen von 1871. 1847 hatte Kirchmann schon Erläuterungen zur preußischen Zivilprozeßordnung von 1846 publiziert.

[77] Sternberg (J. H. v. Kirchmann, 1908, S. 51) schreibt: »er pflegte 6–7 Stunden am Tage Klavier zu spielen«! Eine für die Zeit der Arbeit an der PhB (1867 ff.) kaum glaubhafte Aussage.

[78] ›Zeitfragen und Abenteuer‹, darin: ›Im Winter auf Sylt‹; vorher waren schon ›Nach Constantinopel und Brussa‹ (1855) und ›Erinnerungen aus Italien‹ (1865) erschienen.

[79] Ergänzungsband zur ersten bis neunten Auflage der Philosophie des Unbewußten, 1889. Vorwort zur zehnten Aufl., S. XII.

Grundbegriffe des Rechts und der Moral‹, 1877 der ›Katechismus der Philosophie‹ (der auch ins Italienische übersetzt wurde[80]); es erscheinen von Kirchmann auch nicht wenige Aufsätze – z. B. ›Die Bedeutung der Philosophie‹ (1876) – und mehr als acht Vorträge, darunter der Vortrag ›Über das Prinzip des Realismus‹, den er 1875 vor der Berliner ›Philosophischen Gesellschaft‹[81] gehalten hatte,[82] in die er auf Vorschlag des Berliner Professors Friedrich Adolf Märcker (1804–1889) und des Hegelianers Karl Ludwig Michelet (1801–1893)[83] am 16. Juni 1872 als Mitglied aufgenommen worden war; seit Ende 1877 führte er in der Nachfolge des Kunsthistorikers Max Schasler (1810–1903) – er gab die Kunstzeitschrift ›Dioskuren‹ heraus – sogar ihren Vorsitz.[84] Kirchmanns einflußreichste Leistung war aber zweifellos die im Oktober 1868 beginnende Herausgabe der PhB, von der Adolf Lasson 1885 sagte, Kirchmann selbst habe »den Plan dieses großen Unternehmens erdacht.«[85]

In seinen philosophischen Schriften wie auch in seinen ›Erläuterungen‹ in der PhB vertritt Kirchmann einen Realismus – er selbst nennt ihn einen »mo-

80 Kirchmann, Giulio Ermanno: La teorica del sapere, 1871.

81 Eine 1843 gegründete Vereinigung von Schülern und Anhängern Hegels. Siehe J. Müller: Die wiss. Vereine und Gesellschaften Deutschlands im neunzehnten Jahrhundert, Bd 1, 1965, S. 37–39 und 617 f., sowie Heft 10 und 11 der ›Verhandlungen der Philosophischen Gesellschaft zu Berlin‹, 1878, mit Michelets Bericht und (bei Müller nicht angegeben): Der Gedanke 9, 1884, S. 1–17 (mit Briefwechsel Kirchmann – Michelet).

82 Kirchmanns Vortrag ist der zweite einer Trilogie von Standpunkt-Vorträgen als Diskussionsbeiträgen: Im Oktober 1874 hatte Friedrich Fredericks über ›Die Principien des kritischen Idealismus‹ gesprochen, im März 1875 Michelet ›Ueber Idealismus und Realismus‹.

83 Siehe Lasson/Meineke, a. a. O., S. 152.

83 Siehe Lasson/Meineke, a. a. O., S. 152.

84 Das ist insofern bemerkenswert, als diese Gesellschaft einen »stark ausgeprägten Hegelianismus« vertrat und Kirchmann zeitlebens entschiedener Gegner Hegels war. Kirchmann war nicht nur der erste ›Nichthegelianer‹ als Vorsitzender, sondern sogar kompromißloser Realist (siehe Lasson/Meineke, a. a. O., S. 152, 193 f.). Die Gesellschaft hatte 1872 unter schweren Kämpfen ihre Ziele geändert; vgl. dazu auch die Mitteilung in: Philosophische Monatshefte 8, 1872/73, S. 95 f. (bei Müller nicht angegeben).

Am 13.11.1877 schreibt Kirchmann an den Philosophen Hans Vaihinger (1852–1933): »Die phil. Gesellschaft ist noch am Leben; ich bin wider meinen Willen zum Vorsitzenden gewählt, da Schasler ausgeschieden ist.« (Staats- und Universitätsbibliothek Bremen: Vaihinger-Nachlaß AUT XXII 5 g Nr 3).

85 Lasson/Meineke, a. a. O., S. 149. Auch in dem – höchstwahrscheinlich von Adolf Lasson verfaßten – anonymen Nekrolog in der 4. Aufl. von Kirchmanns ›Die Lehre vom Wissen‹ heißt es von Kirchmanns PhB, deren Plan sei Kirchmanns »eigenstes Werk« gewesen. In Verlagsprospekten zur PhB ist dagegen die Rede davon, daß es gelungen sei, »Herrn von Kirchmann [...] zur Redaction dieser Bibliothek zu gewinnen.« (Siehe dazu hier S. 137.)

dernen«[86] oder »reinen«[87] – der als »naiver« oder »gemischter«[88] vom z. B. erkenntnistheoretischen Realismus Friedrich Ueberwegs (1826–1871), dem tranzendentalen Realismus Eduard von Hartmanns oder dem kritischen Realismus Oswald Külpes (1862–1915) und Emil Lasks (1875–1915) z. T. weit entfernt ist. Die verschiedenen Richtungen des Realismus und ihre Benennungen sind gerade in bezug auf das 19. Jh. sehr unterschiedlich. So nennt E. v. Hartmann den Kirchmann'schen Realismus einen ›naiven‹, ›erkenntnistheoretischen‹ und gar einen ›transzendentalen‹;[89] M. Brasch nennt ihn einen ›empirischen‹,[90] Adolf Lasson einen ›sensualistischen‹;[91] der Mediziner B. Rawitz versteht Kirchmanns Philosophie als ›sympathischen erkenntnistheoretischen Realismus‹,[92] A. Drews als ›materialistischen Sensualismus‹.[93]

Das Grundprinzip des Kirchmann'schen Realismus, das als oberstes im eigentlichen Sinne nicht mehr beweisbar und kein inhaltliches ist, sondern sich auf die Wissens*form* bezieht, besteht in den beiden Sätzen: Das Wahrgenommene ist; der Widerspruch ist nicht. Im Zentrum dieses Realismus stehen damit die Begriffe Wahrnehmen – auf das alles Denken, auch alle Philosophie, letztlich zurückkommen muß – und Denken sowie Sein und Wissen und ihr (jeweiliges) Verhältnis zueinander; Wahrheit ist die Identität des *Inhalts* von Sein und Wissen bei Verschiedenheit seiner Form in beidem. Im Bereich der Ethik vertritt Kirchmann die konfliktreiche These, daß es kein Naturrecht und keine natürliche Moral gebe. Philosophie ist für ihn »die Wissenschaft von den höchsten Begriffen und Gesetzen des Seins und des Wissens«,[94] sogar eine »Erfahrungswissenschaft«[95] – weil die Wahrnehmung im Zentrum auch

[86] Z. B. in 14.2.1, Vorwort S. VI und XI; 52.22.1, S. 18.

[87] Z. B. 52.15.1, S. VI.

[88] als ›gemischter‹, insofern es sich um einen Idealrealismus handelt, »indem er einerseits die Objectivität des Wahrnehmungsinhaltes behauptet, anderseits den sogen. Beziehungsbegriffen nur subjective Geltung beimisst. Mit dem einen Fuss steht er also auf realistischem, mit dem andern auf idealistischem Boden« (E. L. Fischer: Die Grundfragen der Erkenntnistheorie, 1887, S. 325 f.). Wird Kirchmanns Realismus (wie auch bei L. Stein: Die philosophischen Strömungen der Gegenwart, 1908, S. 198) als Idealrealismus bezeichnet, sollte man ihn aber vom naiven Realismus unterscheiden, wie bei F. Erhardt: Metaphysik, Bd 1: Erkenntnistheorie, 1894, S. 47 ff.

[89] E. v. Hartmann: J. H. v. Kirchmann's erkenntnistheoretischer Realismus, 1875, S. 62; ders.: Kritische Grundlegung des transzendentalen Realismus, 1914, S. VII.

[90] M. Brasch: Die Philosophie der Gegenwart, 1888, S. 591–610.

[91] A. Lasson: System der Rechtsphilosophie, 1882, S. 108.

[92] B. Rawitz: Der Mensch, 1912, S. 7.

[93] A. Drews: Eduard von Hartmanns philosophisches System im Grundriß, 1906, S. 757.

[94] Kirchmann: Die Bedeutung der Philosophie, 1876, S. 98.

[95] Kirchmann: Das Denken nach realistischer Auffassung, 1868, S. 467.

der Philosophie steht – und die »Unterlage«[96] für die besonderen Wissenschaften, die zur Philosophie »keine feste, scharf gezogene Grenze«[97] haben; ihr wesentlicher Unterschied liegt in der Voraussetzungslosigkeit der Philosophie;[98] verbunden werden Philosophie und besondere Wissenschaften durch die vergleichenden Wissenschaften.[99]

Trotz der unbestreitbar großen persönlichen Leistung Kirchmanns, einen solchen ›naiven Realismus‹ in seinen Grundzügen entworfen zu haben, ist ihm – auch und gerade die zeitgenössische – fachliche Anerkennung versagt geblieben, woran freilich nicht nur die unübersehbaren Schwächen dieser Philosophie ihren Anteil haben, sondern auch die Tatsache, daß er nicht zu den (akademischen) Zunft-, d. h. Berufsphilosophen gehörte.[100] Harte Urteile über Kirchmanns Philosophie sind nicht selten.[101] Julius Bergmann (1840–1904), Philosophie-Professor in Königsberg und Marburg, war der Ansicht, im Vergleich zu Eduard von Hartmanns ›Philosophie des Unbewußten‹ habe Kirch-

[96] Kirchmann: Die Bedeutung der Philosophie, S. 102.

[97] A. a. O., S. 103.

[98] A. a. O., S. 99 f. und Kirchmann: Das Denken nach realistischer Auffassung, S. 467.

[99] Kirchmann: Die Bedeutung der Philosophie, S. 103 (dieser Vortrag ist auch ins Italienische übersetzt worden: Kirchmann, Giulio Ermanno: Della importanza delle filosofia, 1878). Näher kann hier auf Kirchmanns Philosophie nicht eingegangen werden. Neben den bisher erwähnten Schriften Kirchmanns siehe vor allem E. v. Hartmann: J. H. v. Kirchmann's erkenntnistheoretischer Realismus, 1875; Lasson/Meineke, a. a. O.; E. L. Fischer: Die Grundfragen der Erkenntnistheorie, 1887, 2. Abschnitt, 3. Kap.; Th. Sternberg: J. H. v. Kirchmann und seine Kritik der Rechtswissenschaft, 1908; J. Bergmann: Der Realismus von Kirchmanns, 1868/69; H. Berger, a. a. O.; M. Brasch, a. a. O.

[100] Lasson/Meineke (a. a. O., S. 145) schreiben: »Kirchmann hat als Philosoph niemals zur Zunft, zu den officiell approbierten Vertretern der Wissenschaft gehört; er betrieb das Philosophieren nicht wie ein äusseres Werk, sondern wie eine freie Kunst. Das muss man wohl im Auge behalten, wenn man seine Thätigkeit richtig würdigen will. Er hat niemals gegen die Zunft geeifert, niemals von den beamteten Lehrern der Philosophie geringschätzig gedacht oder geredet, wie es wohl die Unbesonnenen oder von gehässiger Leidenschaft Getriebenen thun, besonders dann wenn ihnen selbst aus diesem oder jenem Grunde der Zugang zur Zunft verschlossen bleibt; aber er hatte das lebendige Gefühl, für sich seinen Mann zu stehen und unmittelbar auf das weitere Publicum aller an den Fragen der philosophischen Wissenschaft lebendigen Anteil Nehmenden zu wirken.«

Eduard von Hartmann war einer der Wenigen, die Kirchmanns philosophische Leistung würdigten, – freilich gehörte er auch selbst nicht zu den Zunftphilosophen.

[101] Auch von Nicht-Zunftphilosophen muß sich Kirchmann »sinnloses Wortgeklingel«, »grobe Denkfehler« und ›inhaltsleeres, oberflächliches Gerede‹ vorwerfen lassen, wie von dem Medizin-Professor Bernhard Rawitz (a. a. O., S. 13, 40, 59, 63, 81, 84 ff., 87).

mann »sich in seiner ganzen Weltansicht isolirt«, unzweifelhaft sei Hartmanns »Sinn freier, reicht sein Blick tiefer als der von Kirchmann's, und ist weit geeigneter, Leser und Anhänger zu finden, als die Trockenheit jenes, wenn sie auch an Präcision bedeutend hinter derselben zurücksteht.«[102] Dieser moderaten Kritik stehen auch einige, wenige positive Urteile gegenüber, wie die von Hartmann (siehe oben S. 17) oder des Juristen und Soziologen Ludwig Gumplowicz (1838–1909), Vertreter des Sozialdarwinismus und einer ›realistischen Weltauffassung‹. Der würdigt Kirchmanns Definition des Staates (als »die Verbindung zwischen Fürst und Volk«) als nüchtern, realistisch und – gegenüber »dem Schwulst der Organiker« – wohltuend (Gumplowicz sieht Kirchmann und Max von Seydel [1846–1901] als zwei Repräsentanten der ›realistischen Staatslehre‹[103]), obgleich er zugeben muß, daß diese Definition doch »etwas zu enge« ist und »auf Republiken schon nicht mehr« paßt.[104] Bei der Auffindung der sittlichen Prinzipien hat Kirchmann in seiner »ausgezeichneten Untersuchung« ›Die Grundbegriffe des Rechts und der Moral‹ nach Gumplowicz' Urteil »von den neuern Philosophen [...] das Bedeutendste geleistet.«[105] Und in einer ungezeichneten Rezension der Kirchmann'schen Schrift ›Über die Unsterblichkeit‹ heißt es:[106] »Wir haben es mit der Arbeit eines Dilettanten zu thun, der aber an allerdings barocker Originalität, an Schärfe und Klarheit der Gedanken und einfacher Kraft der Sprache manche, ja viele Philosophen von Fach beschämt.« 1875 schreibt Eduard von Hartmann am Schluß des Vorwortes seiner Abhandlung ›J. H. v. Kirchmann's erkenntnistheoretischer Realismus‹: »Schliesslich kann ich denjenigen Zunftphilosophen gegenüber, welche sich etwa über meine eingehende Berücksichtigung der Kirchmann'schen Philosophie deshalb wundern sollten, weil dieselbe als unzünftige der gewöhnlichen Mittel des Schulemachens entbehre und darum auch von geringerem äusseren Einfluss sein müsse, den Hinweis darauf nicht unterdrücken, dass Hrn. v. K.'s ›philosophische Bibliothek‹ und mit ihr deren erster Band (seine ›Lehre vom Wissen‹) in vielen Tausenden von Exemplaren unter einem lernbegierigen Publicum verbreitet ist, und dass die kritischen Anmerkungen, mit welchen er, öfters gerade nicht zum Vortheil ungestörter Lectüre, die wichtigsten und gelesensten philosophischen Classiker ausgestattet hat, insgesammt als eine allmähliche, aber hartnäckige und wirksame Propaganda für seinen Ideenkreis zu betrachten sind, so dass auch der äussere Einfluss seines

[102] J. Bergmann: Rezension von Eduard von Hartmann, Philosophie des Unbewußten (1869), 1869, S. 406. Die Rezension ist mit »J. B.« unterzeichnet; daß es sich dabei um Julius Bergmann, den Herausgeber der ›Philosophischen Monatshefte‹, handelt, ist aus E. v. Hartmanns Entgegnung mit J. Bergmanns Erwiderungen in ›Philosophische Monatshefte‹ 4, 1869/70, 1. Heft, S. 38–64, bes. S. 41, zu ersehen.

[103] Philosophisches Staatsrecht, 1877, S. 19, 194.

[104] A. a. O., S. 18 f.

[105] A. a. O., S. 113 f.

[106] In: Literarisches Centralblatt für Deutschland, Nr 6 vom 6.2.1866, Sp. 131.

philosophischen Standpunktes keineswegs unterschätzt werden darf.« So sehr Kirchmann aber auch »als Herausgeber der Philos. Bibliothek [...] sicher im Angedenken der Nachwelt fortleben« wird, wie Lasson/Meineke schon 1885 schreiben:[107] daß »Kirchmann eine interessante Gestalt in der philosophischen Literatur Deutschlands bleiben« wird, wie dieselben a. a. O. sagen, wird man heute nicht mehr unbedingt so sehen können.

J. H. von Kirchmann starb am 20. Oktober 1884, zwei Wochen vor seinem 82. Geburtstag an den mittelbaren Folgen einer Lungenentzündung, die der 81jährige sich bei einer allzuschweren Wanderung in den Schweizer Bergen zugezogen hatte.[108]

Alle, die Kirchmann persönlich kannten, beschreiben ihn als starke, unerschrockene Persönlichkeit, »ein schlanker, feingebauter Mann von höchstens mittlerer Größe«[109] mit »außerordentlicher theoretischer Bildung« und »allumfassender Litteraturkenntniß«,[110] von außergewöhnlicher Sprachbegabung[111] und »analytischem Scharfsinn«,[112] gastfreundlich, gesellig und musikalisch, »ein vornehmer und liebenswürdiger Mensch«.[113] Er »besaß feste und sichere, höchst gewinnende Formen; er war uneigennützig und anspruchslos, sein Ehrgeiz nur aufs Wirken, nie aufs Glänzen bedacht und stets vom straffen

107 J. H. v. Kirchmann als Philosoph, 1885, S. 150 f.

108 Schon im Okt. 1883 schreibt Kirchmann in der Vorrede zum 2. Bd von Comtes ›Die positive Philosophie (im Auszug von Jules Rig)‹: »Dieser zweite und letzte Theil des Comte-Rig'schen Werkes erscheint etwas später, als es ursprünglich geplant war. Die Ursache lag in einer schweren Krankheit, welche den Unterzeichneten in den Monaten August und September d. J. auf einer Reise in der Schweiz in Samanden im Engadin befiel und an welcher er unter den schwierigsten äusseren Verhältnissen, 150 Meilen von der Heimath, in überfüllten und unruhigen Hotels zu leiden hatte.«

109 Sternberg in ADB, Bd 51, S. 173. Auf drei Porträts, die im NDB-Artikel von Fr. Holz nicht genannt sind, sei noch hingewiesen: Ein Porträt von 1848 befindet sich als Frontispiz in Sternbergs Monographie: J. H. v. Kirchmann und seine Kritik der Rechtswissenschaft, 1908 (das Porträt verdankt Sternberg Kirchmanns Tochter Anna, siehe a. a. O., S. XIII). Ein Porträt von 1862 sieht man in der Leipziger ›Illustrirten Zeitung‹ Nr 1000 vom 30.8.1862, S. 149. Kirchmann ist auch als Mitglied der Deputation vom 2.11.1848 abgebildet, siehe hier Anm. 51.

110 Sternberg: ADB, Bd 51, S. 171. In seiner Monographie ›J. H. v. Kirchmann‹ (1908) schreibt Sternberg dagegen, an Kirchmann sei »die wissenschaftliche Bildung und Begabung dasjenige, was man noch am ehesten preisgeben kann, denn obwohl solid und gut angelegt, war sie [...] eine durchaus begrenzte.« (S. 26 f.)

111 »Seine volle Kenntniß der lateinischen, griechischen, französischen, englischen und italienischen Sprache gestatteten ihm, die fremden Autoren leicht und schnell zu übersetzen« (Sternberg: ADB, Bd 51, S. 173).

112 Sternberg: ADB, Bd 51, S. 176.

113 im anonymen Nekrolog in der 4. Aufl. der ›Lehre vom Wissen‹ (1886) S. VII.

Pflichtgefühl eingegrenzt«;[114] »viel eher pedantisch als genial, viel mehr methodisch als intuitiv veranlagt und [er] hegte weit größere Sympathie für das Tüchtige als für das Interessante.«[115] Th. Sternberg sieht Kirchmanns Verdienste in der Verbindung des Liberalismus mit der Originalität und praktischen Nüchternheit politischen Denkens, d. h. in der Entwicklung eines realpolitischen Liberalismus und damit als Begründer einer Tradition[116] sowie in seinen späteren Jahren, neben Bismarck, als »Schöpfer und bisher allein der Aesthetiker der realpolitischen Rede.«[117] Hart dagegen das Urteil von Werner von Siemens (1816–1892), des großen deutschen Industriellen und Firmengründers, der auch im Hause Kirchmanns verkehrte;[118] er schreibt über ihn: »Er ist eine interessante Persönlichkeit, wenn auch sein volksbeglückender Liberalismus wohl mehr aus Eitelkeit und Ehrgeiz wie aus Ueberzeugung und Menschenliebe stammt.«[119]

Kirchmanns Schicksal sieht Sternberg als Beispiel für »Preußens historische Schwäche«: der richtige Mann zur falschen Zeit und an der falschen Stelle; »der preußische Musterbeamte im Kampf mit den preußischen Institutionen«,[120] der die Jurisprudenz am (höchsten) Wissenschaftsideal der Naturwissenschaft messe und dabei ebenso notwendigermaßen wie erstaunt feststellte, daß die Jurisprudenz diesem Ideal nicht standhält.[121] Letzteres wird man durchaus bezweifeln[122] und eher Rudolf Wiethölter zustimmen können, der

[114] Sternberg: J. H. v. Kirchmann, 1908, S. 4.

[115] A. a. O., S. 16.

[116] A. a. O., S. VI f.

[117] Sternberg: ADB, Bd 51, S. 170 und ders.: J. H. v. Kirchmann, 1908, S. 46 f. Im Vortrag von 1847 bittet Kirchmann im Vorwort des Leser, »das Oratorische des Ausdrucks« zu entschuldigen.

[118] Das bezeugen einige Briefe von Siemens. Dieser schreibt z. B. in einem (unpublizierten) Brief vom 8.8.1852 an seine Braut Mathilde von Berlin nach Königsberg: »Heute abend soll ich der Kusine helfen, den Präsidenten Kirchmann zu unterhalten, welcher sich auf der Durchreise zum Thee bei ihr eingeladen hat.« In einem Brief vom 13.2.1854 an seine Frau Mathilde von Ratibor nach Berlin heißt es: »Heute Abend, d. i. jetzt gleich, werde ich bei Frau von Kirchmann Tee trinken.« (Der Brief ist teilweise publiziert mit der zitierten Stelle in: Aus einem reichen Leben, 1953, S. 84). Und in einem (unpublizierten) Brief vom 12.7.1862 von Berlin an seine Frau schreibt Siemens: »[...] so möchte ich die Familie Kirchmann einladen [...]«

[119] In dem (in der vorh. Anm. zitierten) Brief vom 8.8.1852.

[120] Sternberg: J. H. v. Kirchmann, 1908, S. XII f.

[121] A. a. O., S. 19, auch S. 21.

[122] Sternberg schreibt: »Kirchmann ist der geborene exakt-wissenschaftliche Forscher und darum [!] auch der geborene Jurist« und habe mit der Juristerei »von zwei Lebensaufgaben, für die er gleichmäßig geschaffen war, diejenige« gewählt, »die ihm das Lebensglück, wie er es sich dachte, versperren mußte.« (J. H. v. Kirchmann, 1908, S. 25) Diese Argumentation ist freilich durch das »darum« wider-

Kirchmann, den »Philosophen als wahren Rechtslehrer«, als Beispielfall für »Aneignung von Geschichte, diese nicht als ›Prophetie rückwärts‹, sondern als ›Lehre‹ vergangener Wahr-Nehmungen«[123] sieht. Unter dem Urteilsmaßstab einer »Wahrnehmung von Recht als Recht« sei Kirchmann »glanzvoll zu ›habilitieren‹«: »Er hat seinerseits Maßstäbe gesetzt und sich daran gehalten, die sich noch heute sehen lassen können, als wiederholbare Wahrnehmungen unsere Erfahrungen und als nachgeholte Wahrnehmungen unsere Erinnerungen mitzubestimmen verdienen.«[124] Ein Mann, »der eine Einheit von ›rechtlichen‹ Regel-Wahrnehmungen und Anwendungs-Handlungen philosophisch begründet und darin als ›Rechtswissenschaft‹ ausweisbar sehen wollte«[125] und dieses Ideal mit unkorrumpierbarer Maximentreue[126] und kritischer Lebendigkeit verknüpfte, mußte wohl im Preußen der Reaktionszeit und der Neuen Ära Wilhelms I. als Jurist scheitern.

sprüchlich; S. 22 a. a. O. schreibt Sternberg: Kirchmann »war antijuristisch wie die sachlich-positiven Vertreter der exacten Wissenschaft und doch [!] selbst ein tüchtiger Jurist.« Auch daß Kirchmann »nicht unjuristisch und nicht einseitig wissenschaftlich veranlagt war«, wie Sternberg a. a. O. S. 21 sagt, deckt sich mit Sternbergs erstzitierter Behauptung nicht.

123 Julius Hermann von Kirchmann (1802–1884), 1988, S. 44.

124 A. a. O., S. 46.

125 A. a. O., S. 57.

126 Siehe auch einen Brief Kirchmanns an Eduard Lasker (1829–1884) vom 18.2.1865: »Ich beabsichtige eine Interpellation an den Justizminister über den Skandal, mit dem man bei den Bewerbungen um Richterstellen die politische Gesinnung der Kandidaten und ihr Verhalten bei den politischen Wahlen ermittelt und zur Hauptsache ihrer Beförderung macht. Dazu brauche ich vor allem *bestimmte, zuverlässige* Angaben über einzelne Vorfälle und erbitte mir Ihre Hilfe in Mitteilung solcher Fälle. Ich werde die höchste Diskretion beobachten, keine Namen nennen sowie auch keinen Umstand, bei dem die Person erkannt werden kann, überhaupt jede mir auferlegte Diskretion beobachten. Ich denke, unter dieser Bedingung werden Sie mir mancherlei mitteilen können. Auch stehe ich zu mündlicher Rücksprache bereit. Ich bin meist bis 11 Uhr zu Hause und mittags im Abgeordnetenhause. (Alles im Vertrauen.)« (Deutscher Liberalismus im Zeitalter Bismarcks, Bd 1, 1925, S. 240.)

1.2 Die Verlage

1.2.1 L. Heimann, 1868–1872

Der Verlag ›L. Heimann‹ wurde am 1. April 1867 als »Sortiments- und Antiquariats-Buchhandlung« in Berlin, Wilhelms-Straße 91, gegründet.[1] Die Anzeige im ›Börsenblatt‹ lautet:[2]

»Berlin, 1. März 1867.

P. P.

Hierdurch beehre ich mich Ihnen anzuzeigen, dass ich am 1. April d. J. in hiesiger Stadt eine

Sortiments- und Antiquariats-
Buchhandlung

unter der Firma:

L. Heimann

errichten werde.

Ich beabsichtige, meine Thätigkeit hauptsächlich dem Vertriebe gediegener Lieferungswerke zu widmen.

Meinen Bedarf werde ich selbst wählen und bis auf Weiteres nur gegen baar beziehen; dagegen sind mir Prospecte und Probehefte von geeigneten Artikeln, sowie Antiquar-Kataloge in mehrfacher Anzahl sehr erwünscht.

Herr H. Haessel in Leipzig hat die Güte gehabt, meine Commissionen zu übernehmen;

[1] Neben der auf S. 138 wiedergegebenen Börsenblatt-Anzeige auch im Adressbuch für den Deutschen Buchhandel 30, 1868, Abt. I, S. 102; 31, 1869, Abt. I, S. 104.

[2] Börsenblatt für den Deutschen Buchhandel (im folg. abgekürzt: Bbl.) 34, Nr 68 vom 21.3.1867, S. 731, Nr 7068 des Anzeigenblattes.

derselbe ist in den Stand gesetzt, Baarverlangtes pünktlich einzulösen.[3]

Mein Unternehmen Ihrem geneigten Wohlwollen bestens empfehlend, zeichne ich

hochachtungsvoll und ergebenst

Ludwig Heimann.

Geschäfts-Local: Wilhelms-Str. 91.«

Am 1. Mai 1870 gründet Ludwig Heimann mit J. L. Hömssen in Berlin das Barsortiment ›Hömssen & Heimann‹, ebenfalls in der Wilhelms-Straße 91 (mit Haessel als Leipziger Kommissionär).[4] Seit 1870 verzeichnet das ›Adressbuch für den Deutschen Buchhandel‹[5] den Verlag L. Heimann auch nur noch als Buchhandlung.[6] 1871 zieht der Verlag innerhalb der Wilhelms-Straße von Haus Nr 91 in Haus Nr 84 um.[7] Von 1870 bis 1872 ist er als Mitglied des Berliner Verleger-Vereins[8] und des Börsenvereins verzeichnet.[9]

Zum 1. Juli 1872 kauft Erich Koschny den Verlag, der ihn als ›L. Heimann's Verlag (Erich Koschny)‹ fortführt; 1874 übersiedelt Erich Koschny nach Leip-

[3] Vgl. dazu Heimanns Anzeige im Bbl. 37, Nr 22 vom 28.1.1870, S. 303, Anzeige Nr 2964.

[4] Bbl. 37, Nr 117 vom 24.5.1870, S. 1749, Anzeige Nr 16007.

[5] Im folg. abgekürzt: Adreßbuch

[6] Adreßbuch 32, 1870, Abt. I, S. 109; 33, 1871, Abt. I, S. 112; 34, 1872, Abt. I, S. 111.

[7] Adreßbuch 34, 1872, Abt. I, S. 111; daß der Verlag schon 1871 umgezogen ist, belegen die Erscheinungsvermerke. Im Jan. 1871 befand sich der Verlag noch in Haus Nr 91, wie eine Anzeige im ›Literarischen Centralblatt für Deutschland‹ (Nr 3 vom 21.1.1871, Sp. 69 f.) beweist. In den vier Jahren zwischen 1871 und 1874 zieht L. Heimann's Verlag in Berlin viermal um, dreimal innerhalb der Wilhelm-Straße. Diese Straße war einer der Berliner Zentren des Buch- und Verlagswesens. Im ›Hilfsbuch für den Berliner Buchhandel 1892‹ z. B. sind insgesamt 61 Firmen in dieser Straße verzeichnet. In der Hausnr 91 befindet sich 1892 die am 15.9.1889 gegründete Buch- und Antiquariatshandlung Georg Lissa, in der Hausnr 134 die Verlags-, Sortiments- und Exportbuchhandlung Siegfried Frankl, die Buchbinderei Ludwig Hömssen (mit einem J. L. Hömssen hatte Heimann ja ein Barsortiment gegründet) und das Photographische Atelier P. Schutzmann.

Auch das Geschäftshaus der Buchhändler-Bestellanstalt und Sitz der Korporation der Berliner Buchhändler lag »auf dem Hinterland« zwischen Wilhelmstr. 46/47 und Mauerstr. 80 (laut Anzeige auf S. 35 des ›Hilfsbuches für den Berliner Buchhandel 1892‹).

[8] Adreßbuch 32, 1870, Abt. V, S. 155 f.; 33, 1871, Abt. V, S. 156; 34, 1872, Abt. V, S. 161 f.

[9] Adreßbuch, jeweils Verzeichnung des Verlages in Abt. I.

zig und firmiert seit dem 15. September 1874 als ›Erich Koschny (L. Heimann's Verlag)‹. Näheres dazu unten S. 38 ff.

Eineinhalb Jahre nachdem Heimann seinen Verlag mit der PhB an Koschny verkauft hat, macht er erneut einen Verlag in Berlin auf: Am 1. Januar 1874 gründet er in der Nostizstraße 4 die ›Verlagsbuchhandlung Ludwig Heimann‹ mit Kessler als Leipziger Kommissionär.[10] Die Anzeige im Börsenblatt lautet:[11]

»Berlin, den 1. Januar 1874.

P. P.

Hierdurch mache ich Ihnen die ergebene Anzeige, daß ich am hiesigen Orte mit dem heutigen Tage wiederum eine Verlagsbuchhandlung unter der Firma

Ludwig Heimann

errichtet habe, und ersuche ich Sie, mich mit dem Vertrauen, das Sie mir früher schenkten, auch für meine neuen Unternehmungen zu beehren.

Herr Keßler in Leipzig hatte die Güte, die Commissionen für mich zu übernehmen.

Hochachtungsvoll
Ludwig Heimann.
Nostizstr. 4.«

1875 befindet sich der Verlag in Berlin in der Derfflinger-Straße 16,[12] 1876 in der Taubenstraße 10,[13] 1877–1879 in der Mohrenstraße 53.[14] 1879 erlischt dieser Verlag ›Ludwig Heimann‹.[15] Er war während der ganzen Zeit Mitglied des Börsenvereins.[16]

Vom 1. Januar bis 14. September 1874 hat es demnach in Berlin zwei Verlage mit dem Namen Heimann gegeben, deren Firmentitel sich nur durch den ausgeschriebenen Vornamen beim einen Verlag und dem Klammerzusatz ›Erich Koschny‹ beim anderen Verlag unterscheiden.

10 Neben der im folg. wiedergegebenen Bbl.-Anzeige auch im Adreßbuch 36, 1874, S. XII (Zusätze und Veränderungen während des Drucks, vor Abt. I).

11 Bbl. 41, Nr 14 vom 19.1.1874, S. 196, Anzeige Nr 2068.

12 Adreßbuch 37, 1875, Abt. I, S. 120.

13 Adreßbuch 38, 1876, Abt. I, S. 127.

14 Adreßbuch 39, 1877, Abt. I, S. 128.

15 Adreßbuch 42, 1880, Abt. V, S. 166 heißt es in der ›Vollständigen Uebersicht der erloschenen und veränderten Handlungs-Firmen, sowie andere allgemeine Geschäftsnotizen‹ lediglich: »Heimann, Ludwig, Verlh. in Berlin erloschen 1879.«

16 Nach Adreßbuch, jeweils Verzeichnung des Verlags in Abt. I.

Die beiden genannten Heimann-Verlage sind nicht zu verwechseln 1. mit dem 1815 gegründeten Carl Heymann's Verlag[17] – den es bis heute gibt –, 2. der 1858 in Breslau gegründeten Buchhandlung Julius Heymann und 3. dem 1849 gegründeten Verlagsgeschäft Theodor Heymann, alle in Berlin, sowie 4. der 1878 gegründeten und seit 1. März 1883 unter dem Namen ›J. Wilh. Heimann‹ firmierenden Kolportage-Buchhandlung in Budapest,[18] die sich am 1.9.1886 mit der Sortiments- und Kolportage-Buchhandlung Franz Schenk zur Firma Schenk & Heimann in Budapest vereinigt.[19] 5. Am 1. April 1894 übernimmt ein H. Heimann[20] die im August 1892 gegründete Buch-, Kunst- und Musikalienhandlung ›Carl Rohr‹ in Mülheim (Ruhr), die ab der Übernahme als Buch-, Kunst- und Musikalienhandlung H. Heimann firmiert. H. Heimann stirbt aber schon am 29. Juli 1895 im 27. Lebensjahr. Die Firma geht danach in den Besitz seiner Witwe Elisabeth Heimann, geb. Göhrich über.[21] Ein Hugo Heimann (1859–1950) war seit 1890 Alleinbesitzer der Verlagsbuchhandlung ›J. Guttentag (D. Collin)‹ – ab 1. Oktober 1890 wieder als ›J. Guttentag, Verlagsbuchhandlung‹ firmierend – in der Wilhelmstr.119/120 in Berlin (in derselben Straße, in der L. Heimann seinen Verlag hatte).[22]

Bei der Buchhandlung Ludwig Julius Heymann, die sich 1872/73 zur Verlags-Buchhandlung,[23] 1882 zur ›Verlags- und Grosso-Sortiments-Buchandlung‹[24] und am 1.2.1883 zur ›Geographisch-artistischen Anstalt‹[25] verändert, heißt es im Adreßbuch von 1870 bis 1877 jeweils (in verschiedenen Formulierungen; im folg. die Formulierung von 1870 und 1871): »Bitte nun endlich einmal die Verwechslungen mit

[17] »Der juridische Theil dieses Verlags kommt käuflich 27. April 1871 an Dr. Otto Loewenstein, welcher denselben unter der alten Firma fortsetzt. Den ganzen übrigen Theil des C. Heymann'schen Verlags führt der frühere Besitzer unter der Firma Julius Imme's Verlag in B[erlin] fort.« (Adreßbuch 34, 1872, Abt. IV, S. 140).

[18] Adreßbuch 45, 1883, *Nachtrag*, Abt. I, S. 4; 46, 1884, Abt. I, S. 152 und Abt. IV, S. 204; 47, 1885, Abt. I, S. 152; 48, 1886, Abt. I, S. 159.

[19] Adreßbuch 49, 1887, Abt. I, S. 363 und Abt. IV, S. 245.

[20] Es handelt sich um den Buchhändler Johann Hermann Heimann, der am 1.12.1868 in Langenholthausen als Sohn des Landwirts Wilhelm Heimann und seiner Frau Christine, geb. Kruse, geboren wurde.

[21] Adreßbuch 58, 1896, Abt. IV, S. 274 (Nekrolog); Abt. IV, S. 256 sowie Abt. I, S. 214.

[22] Alle Angaben nach verschiedenen Jgn des Adreßbuches, z. T. nach einem Artikel zu Hugo Heimann in NDB, Bd 8, S. 272 f.; dem ›Vorwort‹ im ›Verlags-Katalog von J. Guttentag‹, 1893; R. Schmidt: Deutsche Buchhändler. Deutsche Buchdrukker, 1979, S. 350–352 sowie Hugo Heimann: Vom tätigen Leben, 1949.

Der Name Heimann taucht von 1863 bis 1885 nochmals im Verlagswesen auf: Ein Adolph Heimann führte als Prokurist – vermutlich nach dem Tode des Besitzers – für dessen Witwe Emilie Erras, die die Firma seit dem 28.9.1862 besaß, die 1846 gegründete Buch- und Antiquariatshandlung Wilhelm Erras in Frankfurt am Main; in den frühen 70er Jahren tritt ein Moritz Heimann hinzu.

[23] Adreßbuch 35, 1873, Abt. I, S. 123.

[24] Adreßbuch 45, 1883, Abt. I, S. 161.

[25] Adreßbuch 46, 1884, Abt. I, S. 161.

Carl Heymann's Verlag, Theodor Heymann und insbesondere [!] mit L. Heimann, Wilhelmsstrasse 91, zu vermeiden,«[26] Wie berechtigt dieser Hinweis auch später noch ist, zeigt eine Bemerkung von Friedrich Schulze; der schreibt 1925 noch, die PhB sei »1868 von Julius v. Kirchmann bei Heymann in Berlin gegründet« worden.[27] Kirchmann publizierte freilich in Carl Heymann's Verlag: 1847 erscheint dort sein Kommentar ›Das preussische Zivilprozeßgesetz vom 21.7.1846‹.

Die Programme der beiden Heimann-Verlage sind sehr unterschiedlich: War der erste Verlag (L. Heimann; 1.4.1867 – 30.6.1872) philosophisch oder zumindest geisteswissenschaftlich ausgerichtet, so findet man im zweiten Verlag (Ludwig Heimann; 1.1.1874 – 1879) Titel zum Kaufmännischen und zum Versicherungswesen: So erscheinen hier von 1874 bis 1876 die ersten drei – und einzigen – Jahrgänge der wöchentlich publizierten ›Neuen Handels-Zeitschrift für die Interessen des Handels und der Industrie. Organ des Verbandes deutscher Kaufmännischer Vereine‹.[28] Ludwig Heimann ist sogar ihr Redakteur; 1876/77 erscheint in diesem zweiten Heimann-Verlag auch der 1. Jahrgang der wöchentlich publizierten ›Allgemeinen Versicherungs-Presse. Organ für die Interessen der Assekuranz‹.[29] Redakteure sind L. Dombrowsky und Ludwig Heimann.

Aufkommenden Zweifeln an der Identität beider Personen Ludwig Heimann – der Name Heimann ist, vor allem in Berlin, nicht selten[30] – kann zweifach begegnet werden: Zunächst ist darauf hinzuweisen, daß Heimann in der Anzeige zur zweiten Verlagsgründung schreibt, er habe »wiederum« eine

[26] Adreßbuch 32, 1870, Abt. I, S. 115; 33, 1871, Abt. I, S. 118. – Daß sich von einer zur anderen Generation der Name ›Heymann‹ zu ›Heimann‹ ändern kann, belegen die NDB mit J. Fr. C. Heimann (sein Vater hieß noch Heymann; NDB, Bd 8, S. 271) oder die ›Chronikblätter der Familien Heymann und Heimann aus Burgschwalbach . . . und anderen nassauischen Ortschaften‹, Nr 1, Frühling 1950 ff.

[27] F. Schulze: Der deutsche Buchhandel und die geistigen Strömungen der letzten hundert Jahre, 1925, S. 235.

[28] Siehe Heinsius, Bd 15/I (1868–1874), S. 676a und 16/I (1875–1879), S. 544b (zusammen in GV1700–1910, Bd 55, S. 238b und 239a).

In Kayser, Bd 19 (1871–1876), S. 514a (= GV1700–1910, Bd 55, S. 240b) heißt sie ›Neue Handels-Zeitung . . .‹.

Heimann wirbt im Adreßbuch 37, 1875 (Abt. I, S. 120), und 38, 1876 (Abt. I, S. 127), für diese Zeitschrift unter dem Titel ›Neue Handels-Zeitschrift . . .‹; im Adreßbuch 38, 1876, ist sie nicht nur Organ des Verbandes deutscher kaufmännischer Vereine, sondern auch des Brandenburgischen Provinzialvereins für Handel und Gewerbe.

[29] Siehe Heinsius, Bd 16/II (1875–1879), S. 665a (=GV1700–1910, Bd 151, S. 15b) und Kayser, Bd 20 (1871–1876), S. 648a (fehlt im GV1700–1910, Bd 151). Der Vermerk »Nicht weiter erschienen« von Heinsius ist nicht richtig: Die Zeitschrift ist in der ›Zeitschriftendatenbank‹ mit 1.1876/77 – 47.1922 nachgewiesen.

[30] 1989 sind allein im Berliner Telephonbuch rund 130 Teilnehmer mit dem Namen Heimann verzeichnet.

Verlagsbuchhandlung errichtet; zudem spricht er von einem »Vertrauen, das Sie mir früher schenkten«.

Ein weiterer Beleg für die Identität beider Personen bildet der 1882 in Berlin erschienene ›Bericht über das 25jährige Stiftungsfest des ›Krebs‹, Verein jüngerer Buchhändler in Berlin, am 4. und 5. November 1882‹ (Berlin: Verlag des ›Krebs‹ 1882). Er stammt von einem L. Heimann. Hier schreibt Heimann auf S. 9: »Nachdem die Gemüther sich nach diesem aufregenden Intermezzo beruhigt hatten, erhob *L. Heimann* seine Stimme, um in launiger Weise von alten Tagen im Krebs zu erzählen, da der Verein wegen mangelnder Theilnahme ganz einzugehen drohte, wie er aber endlich nach vielfachen Bemühungen zum großen Theil durch das bewährte Finanzgenie Freund Berger wieder auf die Beine gekommen sei.« Bei diesem 25jährigen Stiftungsfest wurde den Anwesenden auch eine Vereinschronik überreicht:[31] ›Fünfundzwanzig Jahre Krebs-Geschichte. Eine Jubiläums-Festgabe. Zusammengestellt von Eduard Langer‹ (Berlin: Verlag des ›Krebs‹ 1882). Langer schreibt auf S. 40: »Aus der ersten Hälfte von 1867 wäre zu bemerken, daß sich *L. Heimann* um diese Zeit etablirte ...« Es handelt sich bei diesem Mitglied des ›Krebs‹ also gewiß um den von uns gesuchten PhB-Verleger.[32] Langer verzeichnet in einem Anhang die Namen aller, auch ehemaliger Mitglieder des ›Krebs‹. Auf S. 8 dieser Liste findet sich L. Heimann; in der Rubrik ›Während der Mitgliedschaft thätig im Hause:‹ heißt es; »L. Gerschel's Verl., L. Heimann«; als »Dauer der Mitgliedschaft« wird 1864–1871 verzeichnet: Daraus kann man entnehmen, daß Ludwig Heimann von 1864 bis zum Frühjahr 1867 im Verlag L. Gerschel tätig war.

Die Verlags-Buchhandlung Louis Gerschel in Berlin wurde am 1. September 1858 gegründet. Sie ist im Adreßbuch von Jg 28, 1866, an verzeichnet mit der Adresse Wilhelmsstraße 86 in Berlin und – seit dem 16. November 1864 (dem Jahr des Eintritts von Ludwig Heimann in den Gerschel-Verlag) – mit den Besitzern Dr. Julius Harrwitz, Julius Gossmann (von Ferdinand Dümmlers Verlagshandlung), Robert Oppenheim und Gustav Gossmann[33] (und dem Kommissionär Haessel in Leipzig[34] und Lechner in Wien).[35] Seit dem 20. April 1869 ist Gustav Gossmann Allein-

[31] L. Heimann: Bericht ..., 1882, S. 13.

[32] Eine administrative oder sonstige Funktion hatte Heimann in diesem am 7.11.1857 gegründeten Verein nicht. Sein Name taucht in der Vereins-Verzeichnung des Adreßbuchs (jeweils in Abt. V) jedenfalls nicht auf.

[33] Oppenheim und Gustav Gossmann werden gleichzeitig Teilhaber in Ferdinand Dümmlers Verlagsbuchhandlung (Adreßbuch 27, 1865, Abt. IV, S. 102), siehe unten.

[34] Dem Kommissionär auch des ersten Heimann-Verlages.

[35] Angezeigt sind diese Veränderungen zuerst im Adreßbuch 27, 1865, Abt. IV, S. 106. In Abt. I, S. 77, ist der Verlag Louis Gerschel noch mit Oranienburg-Str. 27 und ohne die vier neuen Besitzer verzeichnet. Im Adreßbuch 28, 1866, sind sie

besitzer des Verlages Louis Gerschel:[36] Julius Gossmann und Dr. Julius Harrwitz waren schon seit dem 16.11.1864 Associés in Ferdinand Dümmlers Verlagsbuchhandlung in Berlin (die ihren Sitz wie Gerschel im selben Haus in der Wilhelmstraße 86 hat[37])[38]. Robert Oppenheim gründet – ebenfalls im selben Haus! – zum 20. April 1869 eine Verlagsbuchhandlung.[39] Von 1875[40] bis 1886[41] befindet sich die Verlagsbuchhandlung Louis Gerschel in Berlin in der Wilhelmstraße 32. Sie erlosch im Oktober 1885, und der Verlag ging an mehrere Firmen über,[42] nachdem schon am 26.3.1885 ein Teil des Verlages an andere Firmen verkauft worden war.[43]

Weiterhin gibt Langer in seiner Aufstellung Ludwig Heimanns »gegenwärtigen Aufenthalt und Lebensstellung« mit »Redacteur in Berlin« an. Tatsächlich kann man Ludwig Heimann um diese Zeit (1882) als Redakteur in Berlin nachweisen: Er redigiert Jg 1, 1877, bis Jg 15, 1891, der ›Deutschen Uhrmacher-Zeitung‹, die in Berlin bei W. H. Kühl erscheint.[44] Sein Name findet sich aber nicht in der Zeitung selbst, sondern nur in Bibliographien.[45].

Dieser Redakteur und ehemalige Verleger Ludwig Heimann hatte einen am 19. Mai 1872 in Berlin geborenen Sohn Max Heimann, der in Berlin Medizin studierte und am 5. Juni 1896 an der Friedrich-Wilhelms-Universität in Berlin zum Dr. med. promovierte.[46]

dann auch in Abt. I, S. 79 verzeichnet; ebenso in: 29, 1867, Abt. I, S. 78; 30, 1868, Abt. I, S. 81; 31, 1869, Abt. I, S. 82.

36 Adreßbuch 32, 1870, Abt. I, S. 87; 33, 1871, Abt. I, S. 89; 34, 1872, Abt. I, S. 89; 35, 1873, Abt. I, S. 92; 36, 1874, Abt. I, S. 95.

37 und nicht zu verwechseln ist mit ›Ferdinand Dümmler's Buchhandlung (W. Grube)‹ in Berlin, Charlottenstr. 29 (Adreßbuch 32, 1870, Abt. I, S. 55).

38 Adreßbuch 27, 1865, Abt. IV, S. 106.

39 Adreßbuch 32, 1870, Abt. I, S. 201 und Abt. IV, S. 131.

40 Adreßbuch 37, 1875, Abt. I, S. 96.

41 Adreßbuch 48, 1886, Abt. I, S. 127.

42 Adreßbuch 49, 1887, Abt. IV, S. 243.

43 Adreßbuch 48, 1886, Abt. IV, S. 228.

44 Siehe Heinsius, Bd 16/II (1875–1879), S. 637b; Bd 17/II (1880–1884), S. 764b; Bd 18/II (1885–1888), S. 730a; Bd 19/II (1889–1892), S. 617b (zusammen in: GV1700–1910, Bd 148, S. 292a). Kayser, Bd 22 (1877–1882), S. 730b; Bd 24 (1883–1886), S. 534b; Bd 26 (1887–1890), S. 618a; Bd 28 (1891–1894), S. 786a (fehlen im GV1700–1910). Bd 1 der ›Deutschen Uhrmacher-Zeitung‹ ist in Kayser, Bd 20 (1871–1876), nicht nachgewiesen. Heinsius verzeichnet auch Jg 1, 1877, beim Verlag W. H. Kühl in Berlin; dieser ist aber erst am 1.2.1878 gegründet worden. Die ›Zeitschriftendatenbank‹ (die die Zeitschrift mit 1.1877–67.1943 nachweist) nennt als Verlag ›Stäckel‹; dieser ist im Zeitraum 1877–1898 im Adreßbuch jedoch nicht nachzuweisen.

45 Vgl. unten die ›Zeitschrift für Versicherungswesen‹.

46 Dem der Dissertation (›Ueber einen Fall von Endocarditis mitralis traumatica [...]‹) beigefügten Lebenslauf entnommen.

In Kürschners Deutschem Literatur-Kalender ist Ludwig Heimann von Jg 10, 1888, bis Jg. 22, 1900, verzeichnet.[47] Danach ist er am 10.2.1835 in Hirschberg (Schlesien) geboren.[48] In allen diesen Verzeichnungen wird er als Redakteur der ›Zeitschrift für Versicherungswesen‹ aufgeführt.

Diese Zeitschrift erschien 1877–1878 in Berlin mit ihrem 1. und 2. Jg als ›Deutsches Vereinsblatt für Versicherungswesen‹. Mit dem 3. Jg, 1879, erschien sie (bis Jg 47, 1924, bei E. S. Mittler & Sohn) in Berlin als ›Zeitschrift für Versicherungswesen‹. Diese ist im Heinsius Bd 16/II – 19/II[49] mit J. Neumann als Herausgeber, sowie im Kayser Bd 22–32 (jeweils ab Jg 1 [!], 1879) nachgewiesen;[50] in letzterem wird in Bd 30, S. 1074a, J. Neumann als Herausgeber, in Bd 32, S. 1104b, J. Neumann als Herausgeber *und* Redakteur genannt.

In den Jgn 11, 1887, bis 17, 1893, und 21, 1897, bis 22, 1898, findet sich der Name L. Heimann aber nicht: Auf S. 1 jeder Nr wird J. Neumann als Herausgeber genannt; auf der letzten Seite am unteren Seitenende (unter einer Leiste) jeder Nr heißt es zusätzlich jeweils: »Redacteur J. Neumann in Berlin ...«. Daß L. Heimann Redakteur der ›Zeitschrift für Versicherungswesen‹ war – wie in Kürschners Deutschem Literatur-Kalender behauptet –, kann also weder bestätigt noch ausgeschlossen werden.[51]

Weiteres zu Ludwig Heimann war nicht zu ermitteln, auch nicht sein Todesdatum.[52] Eine verwandschaftliche Beziehung zu dem bekannten Verleger Hugo Heimann,[53] oder zu dem Schriftsteller und Lektor des S. Fischer Verlages Moritz Heimann (1868–1925)[54] konnte nicht nachgewiesen werden. Als si-

47 10, 1888: »Volkswirthsch. Red. d. Zeitschr. f. Versicher.-Wesen. Berlin, Gneisenaustr. 108 [...]«;

11, 1889: »Volkswirthsch., Red. d. Zeitschr. f. Versicher.-Wesen [...]«

12, 1890, bis 15, 1893: »Red. d. ›Zeitschr. f. Versicher.-Wesen [...]«

16, 1894, bis 22, 1900: »[...] Berlin NW, Melanchthonstr. 22 [...]«

48 Ab Jg 14, 1892, ist Heimann mit »( )« verzeichnet, d. h. »daß die Aufforderung um Einsendung von Angaben für den im letzten Jahrgang enthaltenen Artikel unbeantwortet blieb« (Deutscher Litteratur Kalender auf das Jahr 1892, S. 2).

49 Heinsius, Bd 16/II (1875–1879), S. 803a; Bd 17/II (1880–1884), S. 955b; Bd 18/II (1885–1888), S. 929b; Bd 19/II (1889–1892), S. 773a.

50 Kayser, Bd 22 (1877–1882), S. 982a; Bd 24 (1883–1886), S. 684a; Bd 26 (1887–1890), S. 790a; Bd 28 (1891–1894), S. 985a; Bd 30 (1895–1898), S. 1074a; Bd 32 (1899–1902), S. 1104b.

51 Vgl. oben den Fall bei der ›Deutschen Uhrmacher-Zeitung‹.

52 Recherchen in Berlin blieben ohne Erfolg. In der zweiten Festschrift des ›Krebs‹ (›Weitere 25 Jahre Krebsgeschichte 1883–1907‹, 1907) taucht sein Name nicht mehr auf.

53 Siehe oben S. 28.

54 Siehe NDB, Bd 8, S. 273; Lowenthal: Juden in Preußen, 1982, S. 87 f.

cher kann aber gelten, daß er Jude war,[55] – wie sein Sohn Max,[56] Hugo und Moritz oder andere Heimanns.[57]

Die zweite Stütze des *Verlagsprogramms* von L. Heimann war neben der ›Philosophischen Bibliothek‹ die *›Historisch-politische Bibliothek‹*, die eine – schon durch den Titel deutliche – ähnliche Konzeption wie die PhB hatte: ›Historisch-politische Bibliothek oder Sammlung von Hauptwerken aus dem Gebiete der Geschichte und Politik alter und neuer Zeit‹:[58]

»Die historisch-politische Bibliothek stellt es sich zur Aufgabe, eine Sammlung von klassischen Meisterwerken auf dem Gebiete der Geschichte und Politik aus alter und neuer Zeit, die uns in ihren Darstellungen in das innerste geistige Leben der Nationen hinein führen, und die trotz ihrer Klassicität nicht die ihnen gebührende allgemeine Verbreitung im gebildeten Publikum gefunden haben, theils weil die bisherigen Ausgaben unzugänglich oder zu theuer, theils weil es geradezu an neuen Uebersetzungen fehlte, in guten billigen Ausgaben zu bringen. Die Wahl der Autoren, die zunächst zur Aufnahme kommen, zeigt am besten die Tendenz, die dem Unternehmen zu Grunde liegt. Zunächst erscheint Buckle's Geschichte der Civilisation in England, übersetzt von Dr. J. H. Ritter, in ca. 20 Lieferungen, jenes berühmte Werk, von dessen Erscheinen an eine neue Epoche in der Geschichtsschreibung datiert; ferner Winckelmann's Geschichte der Kunst des Alterthums, nach der ersten Ausgabe von 1764 wieder abgedruckt und mit Biographie Winckelmann's und Vorwort von Dr. Julius Lessing versehen, in 6 Lieferungen. Hieran sollen sich

[55] Auch Georg Heimann (1858–1906), ein Berliner Arzt und bedeutender Medizinalstatistiker (siehe NDB, Bd 8, S. 271 f. und Kürschners Deutschen Literatur-Kalender 14, 1892) bekennt sich in seinem Dissertations-Lebenslauf zur »jüdischen Confession« (med. Diss., Berlin 1882: ›Über Gehirnerscheinungen bei Ileotyphus‹) ebenso wie ein Hans Heimann (geb. in Berlin am 19.8.1879 »als Sohn des Kaufmanns Albert Heimann«; med. Diss., Kiel 1905: ›Über einige neue Apparate zur Bestimmung der Helligkeit auf Arbeitsplätzen‹) und ein weiterer Georg Heimann aus Glatz (geb. am 23.7.1872; med. Diss., Berlin 1896: ›Beitrag zur operativen Behandlung der Hautwassersucht‹).

[56] In seinem Dissertations-Lebenslauf bekennt auch er sich zur »mosaischen Konfession«.

[57] Siehe auch: S. Wininger: Große Jüdische National-Biographie, Bd 3, 1928, S. 31–33, Bd 7, 1936, S. 63; Lowenthal: Juden in Preußen, 1982, S. 87 f.; W. Tetzlaff: 2000 Kurzbiographien bedeutender deutscher Juden des 20. Jahrhunderts, 1982, S. 131 f.; J. Walk: Kurzbiographien zur Geschichte der Juden 1918–1945, 1988, S. 144 f.; NDB, Bd 8, S. 269–73.

Daß natürlich nicht alle Heimanns Juden waren, belegt der schon genannte Mülheimer Buchhändler Hermann Heimann, der katholisch war, – im Gegensatz zu den meisten anderen Mülheimer Heimann-Familien.

[58] Sie ist nicht zu verwechseln mit ähnlichen Titeln: Eine ›Historisch-politische Zeitschrift‹ gab es mit Bd 1, 1832, und Bd 2, 1833/36, und von Bd 1, 1860, bis Bd 4, 1861. ›Historisch-politische Blätter für das katholische Deutschland‹ erschienen von Bd 1, 1838, bis Bd 171, 1923, eine ›Historisch-politische Bücherei‹ von Bd 1, 1919, bis Bd 5, 1924.

zunächst Machiavelli's Abhandlungen über Livius, sodann die Politischen Hauptschriften von Milton und Ausgewählte Gespräche von Ulrich von Hutten anschliessen. Weitere Empfehlung dieser klassischen Meisterwerke, für alle Zeiten geschrieben, ist hier nicht nöthig. Jeder Gebildete muss sie gelesen haben, und Jedem wird durch die vorliegende ungemein billige Ausgabe Gelegenheit gegeben, sie sich anzuschaffen. Die angezeigten Werke kommen noch in diesem Jahr zur Beendigung, und sollen erst dann, um die Abonnenten in den baldigen Besitz der angefangenen Werke zu bringen, neue Autoren aufgenommen werden. Einzelne Hefte werden, sofern sie nicht ein in sich abgeschlossenes Ganze bilden, nicht abgegeben, hingegen werden Abonnements auf einzelne Werke wie auf die ganze Bibliothek in jeder Buchhandlung angenommen.

Preis jeder Lieferung 5 Sgr. = 18 Kr. S. W.

Berlin, im April 1869.

Die Verlagshandlung.«[59]

Diese Textreihe, die im Gegensatz zur PhB keinen Herausgeber hat, wird später mit der PhB an andere Verlage weitergegeben. Im Gegensatz zur PhB bietet diese Reihe bibliographische Schwierigkeiten dadurch, daß in Bibliographien[60] und Verlagsanzeigen[61] nur eine Lieferungszählung, nicht (auch) ihre Bandzählung mitgeteilt wird. Dies hat seinen Grund vielleicht darin, daß die Bandzählung dieser Reihe nicht fortlaufend ist: Die Bandnummern 1, 6 und 7 sind an jeweils zwei, die Bandnummer 15 sogar an drei verschiedene Werke vergeben. Folgende Bandnummern konnten durch Autopsie ermittelt werden:[62]

Bd 1 (= Lieferung 11, 16, 48):
Hutten, Ulrich: Ausgewählte Gespräche und Briefe. Übersetzt und mit einer Einleitung versehen von Otto Stäckel. 1869.

Bd 1 (= Lieferung 1, 3, 5, 7, 9, 10, 13, 15, 17, 18, 20, 24–26, 28, 30, 32, 35, 36):
Buckle, Henry Thomas: Geschichte der Civilisation in England. Übersetzt von Immanuel Heinrich Ritter. 5 Bde. (1869).
2., unveränderte Aufl. in 2 Teilen, Leipzig: Dürr'sche Buchhandlung 1900.

[59] Die Anzeige findet sich z. B. eingebunden in Ex. 29 der Ausg. 33.2.1.

[60] Z. B. im GV1700–1910, Bd 15, S. 133 f. Dort ist die Verzeichnung von Heinsius, Bd 15/I, S. 170, und Bd 16/I, S. 144, wiedergegeben, die Verzeichnung von Kayser, Bd 17, S. 103, sowie Bd 19, S. 131, und Bd 21, S. 145, dagegen nicht. Auch bei Kayser findet sich keine Bdzählung.

[61] Z. B. im Literarischen Centralblatt für Deutschland 1870, Sp. 79 f. und 1871, Sp. 71 oder im Bbl. 39, Nr 271 vom 19.11.1872, S. 4375, Anzeige Nr 42268.

[62] Neben einer Sammelrezension der Lieferungen 1–45 im Literarischen Centralblatt für Deutschland 1871, Sp. 979–981, gibt es zwei Rezensionen im selben Organ, die im folg. mit angegeben sind.

Die im folg. aufgeführten Bde sind – wenn nicht anders angegeben – bei Heimann in Berlin erschienen.

Bd 2 (= Lieferung 2, 4, 6, 8, 23, 39):
Winckelmann, Johann Joachim:[63] Geschichte der Kunst des Alterthums, nebst einer Auswahl seiner kleineren Schriften. Mit einer Biographie Winckelmann's und einer Einleitung versehen von Julius Lessing. 1870.

1882 hat Georg Weiß eine »Zweite Auflage« herausgebracht.

Die Dürr'sche Buchhandlung veranstaltete später eine Titelaufl. der 2. Aufl., die aber nicht mehr innerhalb der ›Histor.-polit. Bibliothek‹ erschien.

Bd 4 (= Lieferung 12, 14, 19):
Fichte, Johann Gottlieb: Reden an die deutsche Nation. Abdruck der ersten Ausgabe vom Jahre 1808. Mit einer Einleitung versehen von Ernst Kuhn. 1869.[64]

Bd 6 (= Lieferung 21, 22):
Humboldt, Wilhelm von: Abhandlungen über Geschichte und Politik. Mit einer Einleitung versehen von L.B. Förster. 1869.

Bd 6 (= Lieferung 27):
Luther, Martin: Sendschreiben: An den christlichen Adel deutscher Nation. Auf Grund einer genauen Revision des Worttextes nach der vermehrten wittenberger [sic] Original-Ausgabe Luther's von 1520 mit Erläuterungen und einer Einleitung hrsg. von Ernst Kuhn. 1870.

Bd 7 (= Lieferung 31, 43):
Severinus von Monzambano (d. i. Samuel von Pufendorf): Ueber die Verfassung des deutschen Reiches. Uebersetzt und mit einer Einführung versehen von Harry Breßlau. 1870.

Bd 7 (= Lieferung 33):
Machiavelli, Niccolo: Der Fürst. Uebersetzt von W. Grüzmacher. 1870.

Bd 8 (= Lieferung 38, 40):
Beccaria, Cesare: Ueber Verbrechen und Strafen nebst Anmerkungen und einem Anhange: Graf Röderer, Ueber die Abschaffung der Todesstrafe. Uebersetzt und mit einem Vorwort und Beccaria's Biographie versehen von H. Waldeck. 1870.

Bd 9 (= Lieferung 34, 37):
Friedrich II.: Antimachiavel, nebst zwei kleineren politischen Aufsätzen. Aus dem Französischen übersetzt und mit einer Einleitung versehen von L. B. Förster. 1870.

Bd 11 (= Lieferung 41, 42, 46, 47):
Machiavelli, Niccolo: Uebersetzt von W. Grüzmacher. 1870.

Die Dürr'sche Buchhandlung veranstaltete später eine rückdatierte Titelaufl. mit Jahresangabe 1871.

Bd 13 (= Lieferung 44):
Mirabeau, Gabriel Victor Riquetti, Graf von:[65] Anklage gegen die Agiotage,

[63] Im Heinsius, Bd 15/I, S. 170 (=GV1700–1910, Bd 15, S. 133) sind die Vornamen fälschlich mit »Hans Joach.« angegeben.

[64] Die Fichte-Bibliographie von Baumgartner/Jacobs verzeichnet fälschlich 1869–70.

[65] Der Name lautet korrekt: Honoré Gabriel Riqueti, Graf von Mirabeau.

erhoben beim Könige und den Notablen. Nach dem französischen Originale von Max Freiherrn von Rast. 1870.

Bd 14 (= Lieferung 50, 51):

Dante Alighieri: Ueber die Monarchie. Uebersetzt und mit einer Einleitung versehen von Oskar Hubatsch. Berlin: Heimann (Erich Koschny) 1872.

Bd 15 (= Lieferung 53–66):

Lecky, William Edward Hartpole: Geschichte des Geistes der Aufklärung in Europa, seiner Entstehung und seines Einflusses. Volks-Ausgabe nach der vierten Auflage des englischen Originals. Übersetzt von Immanuel Heinrich Ritter. Berlin: Heimann (Erich Koschny) 1874.

Eine »2. Ausgabe« (Titelaufl.) erschien in Heidelberg: Georg Weiß 1886.[66]

Rezension im Literarischen Centralblatt für Deutschland 1874, Sp. 940.

Bd 15 (= Lieferung 52):

Schuler-Libloy, Friedrich: Altgermanische Bilder und die Zeit[67] Karls des Großen. Drei Vorträge. Berlin: Heimann (Erich Koschny) 1873.

Bd 15 (= Lieferung 72, 73):

Schuler-Libloy, Friedrich: Der Socialismus und die Internationale nach ihren hervorragendsten Erscheinungen in Literatur und Leben. Drei Vorträge. Leipzig: Erich Koschny (L. Heimann) 1875.

Keine Bandnr. konnte von folg. Werken der ›Histor.-polit. Bibliothek‹ ermittelt werden:

Milton, John: Politische Hauptschriften. Uebersetzt und mit Anmerkungen versehen von Wilhelm Bernhardi.

Bd 1: Berlin 1874. (= Lieferung 29, 45, 49, 68–71)

Bd 2: Leipzig 1876. (= Lieferung 74–80)

Bd 3: Leipzig 1876. (= Lieferung 81, 82, 86–90)[68]

Lopez, José F.: Vertheidigung der Regierung und der Civilehe-Rechte von Santa-Fé gegen den Bischof von Paraná. Mit Bewilligung des Verfassers nach der vierten Auflage aus dem Spanischen bearbeitet von W. Waldeck. Berlin: Heimann (E. Koschny) 1874. (= Lieferung 67)

Hume, David: Nationalökonomische Abhandlungen. Übersetzt von H. Niedermüller. Leipzig: Koschny 1877. (= Lieferung 83–85)[69]

[66] Im Gesammt-Verlags-Katalog (Russell) heißt es sowohl bei Georg Weiss (Bd 16, Sp. 2543) wie auch bei Salinger (Bd 16, Sp. 723) fälschlich: »1886«.

[67] In GV1700–1910, Bd 15, S. 134, heißt es fälschlich: »[...] Bilder aus der Zeit [...]«

[68] Von 6 überprüften Exn – in den Bibliotheken (nach Bibliothekssiglen:) 5, 38, 51, 62, 260 und 294 – besitzt keines ein Reihentitelblatt; dem Ex. aus 5 wie auch beim Ex. 260, d. h. der 1. Lieferung des Werkes, sind noch die Verlagsbroschuren mit eingebunden. Im Mikrofiche-Zentralkatalog 1800–1975 des Hochschulbibliothekszentrums des Landes Nordrhein-Westfalen ist dieses Werk von 260 fälschlich als Bd 29 der ›Histor.-polit. Bibliothek‹ ausgewiesen; 29 aber ist lediglich die Nr des 1. *Heftes* von Bd 1.

Rezension des Werkes im Literarischen Centralblatt für Deutschland 1874, Sp. 1589 f.

[69] Von den 4 überprüften Exn – aus den Bibliotheken (nach Bibliothekssiglen:)

Neben den beiden ›Bibliotheken‹ erschienen im Verlag L. Heimann u. a. noch folgende Werke:[70]

Aristoteles: [Siehe hier S. 119.]

Contzen, Heinrich: Die National-Oekonomie, ein politisches Bedürfniss unserer Zeit. Bd 1. 2. Aufl. 1872.

Die Deutsche Reichsverfassung nach dem Westphälischen Frieden. Drei Schriften von R. P. Chemnitz, Samuel von Pufendorf und G. W. Leibniz. Übersetzt von Harry Bresslau. (ca 1869).[71]

Dühring, Eugen: Kritische Geschichte der Philosophie von ihren Anfängen bis zur Gegenwart. 1869.
Rezension von Conrad Hermann in: Philosophische Monatshefte 3, 1869, S. 480–489.

–: Die Schicksale meiner socialen Denkschrift für das preußische Staatsministerium. Zugleich ein Beitrag zur Geschichte des Autorrechts und der Gesetzesanwendung. 1868.

Franz, Otto:[72] Gajus Grakchus. Trauerspiel. 1869.

–: Der Messias. Eine Triologie: Teil 1: Jesus von Nazareth. 1869. – Teil 2: Judas Ischarioth. 1869. – Teil 3: Die Zerstörung Jerusalems. 1869.

Gehrke, Albert: Isolde. Tragödie in drei Akten. 1869.

Gensichen, Otto Franz: Danton. Trauerspiel. 1870.

–: De Niobidarum compositione. 1869. (Diss.)

Hofferichter, Theodor: Vom Himmel zur Erde. 1871.

Hüffer, Franz: Der Trobador Guillem de Cabestanh. 1869.

Kirchmann, Julius Hermann von: Über den Communismus der Natur. 2. Aufl. o. J. (1872).

Mendel, Hermann: Giacomo Meyerbeer. Eine Biographie. 1868.

–: Otto Nicolai. Eine Biographie. 2. Aufl. 1868.

Musikalisches Conversations-Lexicon. Eine Encyklopädie der gesammten musikalischen Wissenschaften. Für Gebildete aller Stände, unter Mitwirkung der literarischen Commission des Berliner Tonkünstlervereins [...] bearbeitet und hrsg. von Hermann Mendel. Bd 1. 1867.[73]

38, 294, 352 und 361 – hatte keines ein Reihentitelblatt; gleichwohl ist der Bd im Heinsius unter der Reihe verzeichnet.

70 Die Werke-Auflistung wird hier gegeben, da für die Produktion des Verlages L. Heimann neben den beiden Reihen keine summarische Wiedergabe (z. B. in einem Verlagskatalog oder größeren Verlagsprospekt) gefunden werden konnte. Verlagsanzeigen Heimanns finden sich u. a. im Literarischen Centralblatt für Deutschland, Nr 3 vom 8.1.1870, Sp. 77–80, Nr 10 vom 26.2.1870, Sp. 263 f., Nr 46 vom 5.11.1870, Sp. 1247 und Nr 3 vom 21.1.1871, Sp. 69–72.

71 Der Bd konnte bibliographisch nicht nachgewiesen werden. Er findet sich angegeben in einer Verlagsanzeige zur ›Histor.-polit. Bibliothek‹.

72 Pseudonym von Otto Franz Gensichen, vgl. die Vita in seiner unten angegebenen Diss.

73 Bd 2–11 und der Ergänzungsbd erschienen im Verlag von R. Oppenheim in Berlin.

Das Nothgewerbegesetz und sein Einfluß auf die bestehende Gewerbegesetzgebung. 1868.[74]

Quäbicker, Richard: Kritisch-philosophische Untersuchungen. Heft 1: Kants und Herbarts metaphysische Grundansichten über das Wesen der Seele. 1870.

Rezension von Friedrich Harms in: Philosophische Monatshefte 7, 1871/72, S. 115–132.

Rothenbücher, Adolph: Das System der Pythagoreer nach den Angaben des Aristoteles. 1867.

1.2.2 Erich Koschny, 1872–1881

»Erich Koschny ist am 30. Juni 1846 zu Teltow bei Berlin geboren. Gleich nach der Geburt wurde er verwaist; als er 3 Monate alt war, siedelten seine Pflegeeltern, welche deutscher Herkunft waren, mit ihm in die Nähe von Warschau über und er wurde bis zum Alter von 14 Jahren in Polen erzogen. Nachdem er darauf noch ein Jahr bei einem Prediger in Mertschütz (Kreis Liegnitz) in Schlesien in Pension gewesen, erlernte er den Buchhandel in Hirschberg und Schweidnitz und conditionirte dann in einem unruhigen Wanderleben in verschiedenen norddeutschen Städten, u. a. in Lübeck und Hamburg.«[1] 1869 ist Koschny Prokurist bei der 1844 gegründeten Buch-, Kunst- und Musikalienhandlung Carl Oppermann in Goldberg (Mecklenburg) mit einer Filiale in Lübz[2] (die zum 1. Oktober 1870 an Carl Schnelle verkauft wurde, der die Firma unter eigenem Namen weiterführte[3]). 1871 ist Erich Koschny im Adreßbuch nicht nachgewiesen.

Zum 1. Juli 1872 kauft er den L. Heimann Verlag in Berlin[4] und firmiert seitdem als ›L. Heimann's Verlag (Erich Koschny)‹:[5]

[74] Diese Textsammlung (vgl. die Anzeige im Bbl. 35, Nr 203 vom 2.9.1868, S. 2352, Anzeige Nr 22794) entstammt jenem Sachgebiet, das der spätere, zweite Heimann-Verlag in den Vordergrund stellt.

[1] Nekrolog zu Erich Koschny in: Philosophische Monatshefte 11, 1875, S. 483.

[2] Adreßbuch 32, 1870, Abt. I, S. 201 und 327.

[3] Adreßbuch 33, 1871, Abt. IV, S. 140 und Abt. I, S. 251.

[4] E. Dühring: Sache, Leben und Feinde, 1882, S. 372, schreibt: »Diesem [Erich Koschny] hielt sein Schwiegervater, ein gewisser Lommel, von vornherein finanziell das ganze Verlagsgeschäft, welches er für ihn gekauft hatte.«

[5] Adreßbuch 35, 1873, Abt. IV, S. 145: »Heimann, L., in Berlin kommt käuflich Juli 1872 mit sämmtl. Act. an Erich Koschny, welcher das Geschäft unter der Firma L. Heimann's Verlag (Erich Koschny) in B. fortführt.«

In: Verlagsveränderungen im deutschen Buchhandel 1900–1932, 1933, S. 28, heißt es unkorrekt: »Heimann, L., Berlin. Der philosoph. Verlag ging an Felix Meiner, Leipzig, über.« Ähnlich DBV, Bd 6/2, 1924, Abt. ›Erloschene und veränderte Firmen der Jahre 1915–1924‹, S. 1957.

»Berlin, im Juli 1872.

P. P.

Hierdurch erlaube ich mir Ihnen ergebenst anzuzeigen, dass ich von Herrn L. Heimann in Berlin dessen Verlagsgeschäft mit sämmtlichen Activa käuflich erworben habe*) und unter der Firma

L. Heimann's Verlag
(Erich Koschny)

fortführen werde.

Freundschaftliche Beziehungen zu Herrn Bernhard Hermann in Leipzig haben mich veranlasst, demselben meine Commissionen zu übergeben.

Hochachtungsvoll
Erich Koschny.

*) Bestätige ich hiermit.
L. Heimann.«[6]

Am 1. Oktober 1872 verlegt Koschny das Geschäftslokal innerhalb der Wilhelmstraße von Haus 84 in Haus 134,[7] 1874 von dort in die Kurfürstenstraße 31; er führt nun neben der Bezeichnung ›Verlag‹ zusätzlich die Bezeichnung ›Verl.-Buchh.‹.[8] 1874 übersiedelt er von Berlin nach Leipzig in die Lindenstraße 9 und firmiert seit dem 15. September 1874 als ›Erich Koschny (L. Heimann's Verlag)‹:[9]

[6] Bbl. 39, Nr 176 vom 31.7.1872, S. 2798 f., Anzeige Nr 27268.

[7] Bbl. 39, Nr 236 vom 9.10.1872, S. 3736, Anzeige Nr 36281.

[8] Adreßbuch 36, 1874, Abt. I, S. 118.

[9] Adreßbuch 37, 1875, Abt. I, S. 166 und Abt. IV, S. 111; 38, 1876, Abt. I, S. 175.

»Erich Koschny
(L. Heimann's Verlag)
in Berlin.
Verlag der Philosoph. Bibliothek
Verlag der Histor.-Polit. Bibliothek.

Hierdurch erlaube ich mir Ihnen ergebenst anzuzeigen, dass ich am 15. September d. J. mein Verlagsgeschäft
von Berlin

nach Leipzig, Lindenstr. 9.

verlege. – Meinen Verlag Ihrem ferneren Wohlwollen empfehlend, zeichne

Hochachtend
Erich Koschny
(L. Heimann's Verlag).«[10]

1873 und 1874 ist der Verlag Koschny als Mitglied des Berliner Verleger-Vereins[11] und von 1872 bis 1876 als Mitglied des Börsenvereins nachgewiesen.[12] Von 1874 bis 1881 ist Erich Koschny auch Mitglied des Leipziger Buchhändlervereins verzeichnet.[13]

1873 heiratet Koschny[14] Bertha Helene Flora Lommel aus Striegau. Sie führt mit ihrem Verwandten Gotthard Karl Lommel[15] nach dem unerwarteten

[10] Bbl. 41, Nr 202 vom 1.9.1874, S. 3162, Anzeige Nr 32916. Nekrolog zu Erich Koschny, a. a. O., S. 483: »Im Jahre 1873 verheirathete er sich zu Striegau, nachdem er das Verlagsgeschäft von L. Heimann in Berlin übernommen hatte. Nach einjährigem Aufenthalt in Berlin verlegte er sein Geschäft nach Leipzig, um dasselbe von dem Mittelpunkt des deutschen Buchhandels aus energischer betreiben zu können.«

[11] Adreßbuch 35, 1873, Abt. V, S. 169; 36, 1874, Abt. V, S. 129. Mitglied des Leipziger Verleger-Vereins war der Verlag jedoch nicht.

[12] Nach Adreßbuch, jeweils bei der Verzeichnung des Verlags in Abt. I. Vermutlich erlosch die Börsenmitgliedschaft mit Koschnys Tod.

[13] Siehe C. B. Lorck: Geschichte des Vereins der Buchhändler zu Leipzig, 1883, S. 192.

[14] Nekrolog zu Erich Koschny, a. a. O., S. 483, siehe hier Anm. 10.

[15] In ›Sache, Leben und Feinde‹, 1882, S. 375, schreibt Dühring: »Sie [Bertha Helene Flora Koschny, geb. Lommel] und ihr Vater dirigirten von ihrem Wohnorte Strigau aus jede kleinste Verlagsangelegenheit.«

Daß es sich bei dem Prokuristen Karl Gotthard Lommel wohl nicht um Koschnys Schwiegervater handelt, ergibt sich aus dem Text in der 3. Aufl. der ›Geschichte

Tod Erich Koschnys am 25. September 1875[16] den Verlag weiter[17] bis zu seinem Erlöschen am 1. Januar 1882.[18]

In ungünstigem Lichte erscheint die Witwe Erich Koschnys in zwei Berichten des zu seiner Zeit sehr bekannten Philosophen und Volkswirtschaftlers (Karl) Eugen Dühring (1833–1921). In der 1878 in Fues's Verlag (R. Reisland) in Leipzig erschienenen 3., teilweise umgearbeiteten Auflage seiner ›Kritischen Geschichte der Philosophie von ihren Anfängen bis zur Gegenwart‹ gibt er nach einem Hinweis in der Vorrede auf S. 538–543 ›Aufklärung über das Vergehen der früheren Verlagshandlung und ihres Druckers‹. Auch in seinem Werk ›Sache, Leben und Feinde‹ (1882) schildert Dühring den Streit und juristischen Prozeß, den er gegen den Verlag Koschny wegen des vertragswidrigen Drucks und Verkaufs von 300 Exemplaren der 2. Auflage seiner ›Kritischen Geschichte der Philosophie‹ führte, und von dem er sagt, es gehöre »dieser Fall zu den grössten Hemmungen und zu den schärfsten Conflicten, mit denen ich je zu schaffen gehabt habe« (S. 372). Auf 22 Seiten (S.

der Philosophie‹; dort spricht Dühring von Erich Koschnys Schwiegervater als von dem »früheren Buchbinder und Fabricant L. [vermutlich: Louis] Lommel in Striegau« (S. 538). »Man wird es mir daher nicht verdenken, wenn ich nach alledem nicht Lust hatte, dem erwähnten Lommel, der sogar ein Millionär sein soll, meinerseits etwas zu schenken. Er ist zwar nicht dem Namen aber der That nach der Inhaber des Leipziger Geschäfts, welches er ursprünglich für seinen Schwiegersohn Koschny kaufte und auf welches er nach dessen Tode nun seine Tochter in das Handelsregister eintragen liess, um das Geschäft, wie er mir selbst 1876 bei Gelegenheit meiner Auseinandersetzungsverhandlungen schriftlich mitgeteilt hat, für seinen Sohn zu reserviren. Er ist thatsächlich der finanzielle Erhalter und auch der specielle Aufsichtsführer des Geschäfts.« (a. a. O., S. 542)

In mehreren Anfragen an polnische Behörden wurde mir zur Familie Koschny nur noch mitgeteilt: Erich und Flora Koschny hatten einen am 18.4.1876 gestorbenen Sohn Ernst; eine Erna Lommel, Tochter von Louis Lommel, starb am 28.10.1882; Friedenke Schmidt, geb. Lommel, Schwester von Louis Lommel, starb am 2.2.1885.

16 Adreßbuch 38, 1876, Abt. IV im ›Nekrolog 1875/76‹, S. 159. Nekrolog zu Erich Koschny, a. a. O., S. 483: »Da er seit lange nervös leidend war, hoffte er auch, die Leipziger Luft werde seinem Gesundheitszustande zuträglicher sein. Indess verschlimmerte sich sein Leiden bald; seit Januar 1875 hielt er sich deshalb in Thüringen und die Sommermonate bei seinem Schwiegervater in Striegau auf, wo er am 25. September unerwartet starb.«

17 Adreßbuch 39, 1877, Abt. I, S. 175 und 392; ... 42, 1880, Abt. I, S. 193 und 432; 43, 1881, Abt. I, S. 201 und 447.

18 Adreßbuch 44, 1882, Abt. IV, S. 202. In A. Erlecke: Die Besitz- und Firmenveränderungen ... 1750–1885, 1886, S. 62, heißt es zu Koschnys Verlag: »1882 an Geo. Weiss in Heidelberg. – Die staats- und forstwirthschaftl. Schriften an E. L. Morgenstern in Leipzig.« Auf S. 48 heißt es zu L. Heimann aber: »Seit 1872 Erich Koschny (L. Heimann's Verlag) in Leipzig, 1883 [!] an Geo. Weiss in Heidelberg.« Letzteres Datum ist nicht richtig. In: Verlagsveränderungen im deutschen Buchhandel 1900–1932, 1933, S. 38, heißt es lapidar – und unkorrekt: »Koschny, E., Leipzig, jetzt: F. Meiner.« Siehe S. 47 mit Anm. 15 und S. 155 mit Anm. 10.

371–393) berichtet er über diesen, sich vom Herbst 1876 bis zum Spätsommer 1881 (!) hinziehenden Prozeß durch drei Instanzen.

Neben der PhB und der ›Histor.-polit. Bibliothek‹ (siehe oben) erschienen bei Koschny u. a. noch folg. Werke:[19]

Adamson, Robert: Über Kant's Philosophie. Unter Mitwirkung des Verfassers übersetzt von C. Schaarschmidt. 1880.

Bratuschek, Ernst: Summi in philosophia honores. 1876. (Separatdruck aus: Philosophische Monatshefte 12, 1876, S. 241–318).

Contzen, Heinrich: Die National-Oekonomie, ein politisches Bedürfniss unserer Zeit. Bd 1. 2. Aufl. 1872.
Die 1. Aufl. erschien in Leipzig: Priber 1868.
Bd 2: 1873.

–: Neue Studien über Kultur, Volkswirthschaft und Politik im Mittelalter. Theil I: Geschichte der volkswirthschaftlichen Literatur im Mittelalter unter Berücksichtigung der mittelalterlichen Staatslehre. Zweite, vermehrte Aufl. 1872.

–: Forstliche Zeitfragen. 2. vermehrte Aufl. 1872.

Ginsberg, Hugo: Die Ethik des Spinoza. 1875.

–: Lebens- und Charakterbild Baruch Spinoza's nach den vorhandenen Quellen entworfen. 1876.

Helmuth, [Paul?]: Deutsche Hiebe. 12 Sonette. 1874[20]

Hume, David: Nationalökonomische Abhandlungen. Übersetzt von H. Niedermüller. 1877.

Kirchmann, Julius Hermann von: Über das Prinzip des Realismus. Ein Vortrag. 1875.

–: Über die Wahrscheinlichkeit. Ein Vortrag. 1878.

Knauer, Gustav: Das Facit aus E. v. Hartmann's Philosophie des Unbewussten. 1873.

–: Seele und Geist und das Phantom der Ichlichkeit. Kritische Abhandlungen. 1880.

Landau, Leo Raphael: Der Gottesbegriff und das geistige Princip, oder Die Philosophie und die Religion der Zukunft. 1876.

Medem, Rudolf: Grundzüge einer exakten Psychologie. Bd 1: Die Mechanik der Empfindungen, gegründet auf die Lehre von den Wellenbewegungen. 1876.

Neuhaeuser, J.: Aristoteles' Lehre von dem sinnlichen Erkenntnisvermögen und seinen Organen. 1878.[21]

[19] In der ehemaligen Bibliothek des Börsenvereins der Deutschen Buchhändler zu Leipzig, die nun von der Deutschen Bücherei Leipzig verwahrt wird, fanden sich drei Verlagskataloge von Koschny (jeweils: ›Verlags-Katalog von Erich Koschny in Leipzig‹) von 1875, 1878 und 1880, die jeweils aufgebaut sind: Gesammtverlag, Philosophische Bibliothek (A: Verzeichniss nach dem Alphabet der Autoren; B: Verzeichniss nach der Reihenfolge der bis jetzt erschienenen Hefte; C: Verzeichniss der bis jetzt erschienenen Bände), Historisch-politische Bibliothek.

[20] Der Titel konnte bibliographisch nicht ermittelt werden.

[21] Georg Weiss stellte später seine Titelaufl. her, siehe GV1700–1910, Bd 102, S. 369.

[22] Georg Weiss stellte später eine Titelaufl. her, siehe GV1700–1910, Bd 110, S. 235.

Noack, Ludwig: Philosophie-geschichtliches Lexikon. Historisch-biographisches Handwörterbuch zur Geschichte der Philosophie. 1879.

Philosophische Monatshefte 11, 1875, bis 17, 1881. (siehe dazu auch unten)

Popper, Josef: Das Recht zu leben und die Pflicht zu sterben. Socialphilosophische Betrachtungen anknüpfend an die Bedeutung Voltaire's für die neuere Zeit. Zu seinem 100. Todestage. 1878.[22]

Renan, Ernst: Philosophische Dialoge und Fragmente. Mit Genehmigung des Verfassers übersetzt von Konrad von Zdekauer. 1877.

–: Spinoza. Rede, am 21. Februar 1877 bei dessen zweihundertjähriger Todesfeier gehalten im Haag. Autorisierte Übersetzung von C. Schaarschmidt. 1879.

Rosenkranz, Karl: Neue Studien. Bd 1–2: 1875; Bd 3: 1877; Bd 4: 1878.

–: Von Magdeburg bis Königsberg. 1873. Jubiläums-Ausgabe 1878.

Rothschild: Spinoza. Zur Rechtfertigung seiner Philosophie und Zeit. Eine Denkschrift zum 200jährigen Todestage. 1877.

Schmitz-Dumont, O.: Zeit und Raum in ihren denknothwendigen Bestimmungen, abgeleitet aus dem Satz des Widerspruchs. 1875.

Schuler-Libloy, Friedrich: Abriß der europäischen Staats- und Rechtsgeschichte. 1873.

Spinoza, Benedict von: [siehe hier S. 119]

Verhandlungen der Philosophischen Gesellschaft zu Berlin. Heft 1, 1875, bis Heft 19, 1881.

Völkel, A.: Das Vernünftige und Bewußte in der Natur und die Weltanschauung der Zukunft. 1878.
Titelaufl. Heidelberg: Georg Weiß o. J.

Vogel, Otto: Häckel und die monistische Weltanschauung. 1877. (Separatdruck aus: Verhandlungen der Philosophischen Gesellschaft zu Berlin)

Wekerle, L. v.: Zeitgerechte Reform der Filosofie. Ein Zukunftsprogramm. 1876.

(Wikner, Carl Pontus:) Einheit und Vielheit. Eine philosophische Untersuchung. Aus dem Schwedischen (von Birger Trolle). 1875.

–: Können wir etwas von Gott wissen? Ein Beitrag zur Erkenntnisslehre. Aus dem Schwedischen (von Birger Trolle). 1875.

Wollny, Franz: Über Freiheit und Charakter des Menschen. Eine philosophische Betrachtung. 1876.

Neben den von L. Heimann übernommenen Werken verkaufte Koschny laut Verlagsanzeige auch aus anderen Verlagen übernommene Werke, wie z. B.:

Contzen, Heinrich: Geschichte der volkswirthschaftlichen Literatur im Mittelalter. 2 Bde. Leipzig: Priber 1869.

Landau, Leo Raphael: Das Dasein Gottes und der Materialismus. In zwei Gesprächen und acht Erläuterungen. Wien: Hölder 1873.

–: Die Grenzen der menschlichen Erkenntniss und die religiösen Ideen. Leipzig: Weber 1868.

–: Die Principien des Rechts und die Todesstrafe. Pest: Verlag des Athenäum 1871.

–: Versuch einer Theorie über die Bestandtheile der Materie und die Ableitung der Naturkräfte aus einer einzigen Quelle. Pest 1871 (Aigner).

1.2.3 Georg Weiss, 1882–1891

Die Firma Erich Koschny (L. Heimann's Verlag) erlosch am 1. Januar 1882 und »geht am gleichen Tage an G. Weiss in Heidelberg über, welcher denselben mit dem seinigen vereinigt«[1] und nun der Verlag der PhB ist:[2]

»Heidelberg, November 1881.

P. P.

Hierdurch beehre ich mich Ihnen anzuzeigen, daß ich das Verlagsgeschäft des

Herrn Erich Koschny
(L. Heimann's Verlag) in Leipzig

mit allen Activen käuflich erworben habe*) und bis Ende d. J. unter der alten Firma, vom 1. Januar 1882 an aber unter meiner eigenen Firma fortführen werde.

Vom 1. Januar 1882 an sind also alle Bestellungen auf den E. Koschny'schen Verlag an mich zu richten.

Hochachtungsvollst

G. Weiß.

*) Bestätigt
Frau Flora Koschny, geb. Lommel.«

Die lange Geschichte dieser Verlagshandlung kann hier nur skizziert werden; sie kompliziert sich zudem durch das mehrfache Neben- und Nacheinander von Verlag und Sortimentsbuchhandlung. Letztere besteht heute noch in Heidelberg.[3]

[1] Adreßbuch 44, 1882, Abt. IV, S. 202. Auch Gesammt-Verlags-Katalog (Russell), Bd VII/2, 1883, Sp. 1797; in Bd XVI/2, 1893, Sp. 719, heißt es : »Der gesammte Verlag von Erich Koschny (L. Heimann's Verlag) in Leipzig ging im November 1881 an mich über.« In: Verlagsveränderungen im deutschen Buchhandel 1900–1932, 1933, heißt es auf S. 38 unkorrekt: »Koschny, E., Leipzig, jetzt: F. Meiner.«

[2] Die folg. Anzeige findet sich gleichlautend dreimal im Bbl. 48: Nr 279 vom 3.12.1881, S. 5551, Anzeige Nr 59708; Nr 281 vom 6.12.1881, S. 5595, Anzeige Nr 60186; Nr 287 vom 13.12.1881, S. 5722, Anzeige Nr 61470.

[3] Viele Daten dazu verdanke ich der freundlichen Hilfsbereitschaft von Herrn Gerhard Rönick.

Die Handlung führt ihre Gründung auf das Jahr 1593 zurück: In diesem Jahr gründete Peter Kopf aus Hanau in Frankfurt am Main einen Verlag, der über verschiedene Stationen 1679 in den Besitz der Familie Knoch kommt, die 1735 eine Filiale in Mannheim gründet. J. G. Eßlinger, Schwiegersohn des letzten Knoch, gibt 1765 diese Filiale Friedrich Christian Schwan (1733–1815) als Mitgift zur Heirat seiner Tochter. 1794 verkauft Schwan die Buchhandlung an den Buchhändler Götz. Im Zuge der Wiederbelebung der Heidelberger Universität errichtet die Firma 1804 eine Filiale in Heidelberg, die 1821 an den Geschäftsführer Karl Groos übergeht, dessen Witwe sie 1845 an ihren Sohn übergibt; sie firmiert nun als ›Julius Groos'sche Universitäts-Buchhandlung‹. Am 1. Januar 1852 wird sie von Adolph Emmerling gekauft und firmiert seit dem 1. Januar 1858 als ›Universitäts-, Buch- und Kunsthandlung Adolph Emmerling‹ in Heidelberg.[4] Am 1. Juli 1859 geht der Sortimentshandel an Georg Weiß über,[5] der die Firma als ›Adolph Emmerling'sche Universitätsbuchhandlung (G. Weiss)‹ in Heidelberg weiterführt. (Adolph *Emmerling* gründet am selben Tag, dem 1. Juli 1859, unter seinem Namen einen Verlag;) Georg *Weiss'* ›Adolph Emmerling'sche Universitätsbuchhandlung‹ firmiert dann seit 1862 als ›Universitäts-Buchhandlung Georg Weiss‹ mit Börsenmitgliedschaft und mit Volckmar als Leipziger und Oetinger als Stuttgarter Kommissionär.[6] Georg Weiß nahm im Laufe der Zeit dann wohl auch selbst Titel in Verlag, ohne daß er die Firmenbezeichnung änderte.

Am 5. Mai 1882 trennen sich bei Georg Weiß Verlag und Sortimentshandlung: Letztere »kommt käuflich 5. Mai 1882 ohne Akt. u. Pass., aber mit den Lieferungen vom 1. Jan. 1882 an und den Disponenden von Ostermesse 1882 an Friedrich Essmann, welcher das Geschäft unter der Firma Georg Weiss'sche Univbh. (Friedrich Essmann) in H[eidelberg] weiterführt. Der Verlag wird vom seitherigen Besitzer unter der alten Firma weiter debitiert.«[7] Die *Verlags*-Buchhandlung Georg Weiss in Heidelberg gilt nun als am 1.7.1859 gegründet, die Georg Weiss'sche *Universitäts*-Buchhandlung (Friedrich Essmann) in Heidelberg als 1804 gegründet unter dem genannten Firmentitel seit dem 5. Mai 1882.[8]

Friedrich Essmann ist seit dem 20. Juli 1876 auch Besitzer der am 1.12.1862 gegründeten W. E. Hepple'schen Buch-, Kunst-, Musik- und Antiquariatshandlung

[4] Adreßbuch 21, 1859, Abt. I, S. 43 und Abt. IV, S. 71.

[5] Georg Weiß wird erstmals in dem im Nov. 1859 aufgestellten Heidelberger Adreßbuch für 1860 u. 1861 genannt. Im Adreßbuch von 1858 fehlt sein Name noch.

[6] Siehe u. a. Adreßbuch 23, 1861, Abt. I, S. 46; 29, 1867, Abt. I, S. 267; 44, 1882, Abt. I, S. 404. Gesammt-Verlags-Katalog, Bd V, 1882, Sp. 915–920 (mit Verlagsprogramm).

[7] Adreßbuch 45, 1883, Abt. IV, S. 218. Siehe auch a. a. O., Abt. I, S. 416. Die *Verlags*-Buchhandlung Georg Weiss – unser PhB-Verlag – ist im Adreßbuch verzeichnet: 44, 1884, Abt. I, S. 423; 47, 1885, Abt. I, S. 430; 48, 1886, Abt. I, S. 450; 49, 1887, Abt. I, S. 461; 50, 1888, Abt. I, S. 482.

Die 1859 von Georg Weiß gekaufte Sortimentshandlung, der er im Laufe der Zeit einen Verlag angliederte, verkauft er 1882 also wieder und behält den Verlag.

[8] Adreßbuch 45, 1883, Abt. I, S. 416.

in Bamberg[9] und der gleichen, am 1.9.1881 gegründeten Firma – mit demselben Titel – in Fürth.10 Die Firma in *Bamberg* ging am 1.5.1882 an Ernst Frensdorff über und firmiert nun unter ›W. E. Hepple'sche Buchhandlung (Ernst Frensdorff)‹.[11] Friedrich Essmanns Fürther Firma ›W. E. Hepple'sche Buchhandlung‹ »kommt käuflich 2. Juli 1887 ohne Akt. u. Pass. an A. Schmittner, der dieselbe unter seinem Namen als selbständige Firma fortsetzt.«[12]

Die ›Georg Weiss'sche Universitäts-Buchhandlung (Friedrich Essmann)‹ in Heidelberg kommt dann »käuflich 1. Aug. 1883 mit den Lieferungen in Jahresrechnung vom 1. Jan. 1883 an u. den Disponenden der O.-M. 1883 an Georg Windeck, welcher das Geschäft unter der Firma Weiss'sche U[niversitäts]-B[uchhandlung] (Georg Windeck) in H[eidelberg] weiterführt.«[13] Am 4.5.1885 kommt sie in den Besitz von Carl Burow aus Gera, wodurch sich aber nur der Klammerzusatz im Firmentitel ändert.[14] Am 31.5.1887 firmiert die Buchhandlung dann als Carl Burow, vorm. Georg Weiss'sche Universitäts-Buchhandlung in Heidelberg. Zum 1. Oktober 1888 geht die Firma an Theodor Groos (gest. am 29.7.1900). Am 1. Januar 1900 übernimmt Eduard Faust (1869–1952) die Buchhandlung, ab 1952 dessen Tochter Margarete Faust (geb. am 15.3.1904), die die Firma zum 1. Juli 1976 an Eva Rönick (geb. Kindt; geb. am 7.4.1935) verkauft. Ab dem 1. Januar 1987 ist ihr Mann Gerhard Rönick (geb. 5.3.1928) – mit seinem Sohn Mathias als Prokuristen – Inhaber der ›Weiss'schen Universitätsbuchhandlung‹ am Universitätsplatz 8 in Heidelberg.

Der *Verlag* Georg Weiss ist in Kürschners Deutschem Literatur-Kalender von Jg 6, 1884, bis zum Jg 23, 1901, im Verlagsregister mit der Adresse Heidelberg, Plöckstraße 77 verzeichnet. Ab Jg 24, 1902, ist er angegeben mit Cassel, Cölnerstraße 64a (ab Jg 25, 1903: Cölnerstraße 64b) und mit den Verlagsgebieten Schöne Lit., Volksschr., Pädagogik, Dichtung.

Der Verlag Georg Weiss ist von Firmen, die auch den Nachnamen Weiss tragen, wohl zu unterscheiden, u. a. von der am 1. Januar 1843 gegründeten und seit 21. Dezember 1880 im Besitz von Rulemann Jahn befindlichen ›Friedrich Weiss'schen Buchhandlung‹ und dem Separat-Conto sowie Verlag ›Friedrich Weiss Nachf. (Hugo Söderström)‹ in Grünberg (Schlesien).

Am 1. Oktober 1901 übersiedelt Georg Weiß mit dem Verlag nach Kassel in die Kölnische Straße. Gleichzeitig wird »ein Teil des Verlags« von der

9 Siehe u. a. Adreßbuch 44, 1882, Abt. I, S. 151.

10 Vgl. ebd.

11 Adreßbuch 45, 1883, Abt. I, S. 156 und 46, 1884, Abt. I, S. 157 heißt es jeweils bei der Firmenaufführung im Inserat: »Die Handlung ging am 1. Mai 1882 an Herrn Ernst Frensdorff ohne Passiven über, weshalb Forderungen aus 1881 und den Vorjahren an den früheren Besitzer Herrn Friedrich Essmann, Firma: G. Weiss, Universitätsbuchhandlung in Heidelberg, zu richten sind!« Dies belegt auch die Identität von Friedrich Essmann bei Hepple und bei der Univ.-Buchh. Georg Weiss in Heidelberg. Im (am 28.4.1884 ausgegebenen) Nachtrag zum Jg 46, 1884, S. 12, heißt es: »Streiche S. 157 im Inserat unter NB: G. Weiss, Universitätsbuchh. in Heidelberg u. setze: W. E. Hepple'sche Buchh. in Fürth.«

12 Adreßbuch 50, 1888, Abt. IV, S. 265.

13 Adreßbuch 46, 1884, Abt. IV, S. 229.

14 Adreßbuch 48, 1886, Abt. IV, S. 244 und 49, 1887, Abt. I, S. 461.

vorm. Weiss'schen Universitäts-Buchhandlung in Heidelberg übernommen.[15] Nach dem Tode von Georg Weiß am 5. Februar 1904[16] in Kassel ging der gesamte Verlag am 1. Juli 1904 an die Firma Franz Leichter in Ohlau über.[17] (Leichter hatte am 1. Mai 1888 die im April 1874 gegründete Firma Friedrich Drabisch in Ohlau »ohne Akt. u. Pass.« übernommen.[18])

Georg Weiß wurde am 31. Oktober 1833 in Kassel geboren.[19] Aus seiner

[15] Adreßbuch 64, 1902, Abt. IV, S. 297. In: Verlagsveränderungen im deutschen Buchhandel 1900–1932, 1933, heißt es S. 88 zu Georg Weiß' Verlag: »Heidelberg, dann Kassel, ging etwa 1901 an Franz Leichter, Ohlau über. – Der philosophische Verlag ging an F. Meiner, Leipzig, über.« Der zweite Satz – gleichlautend auch im DBV, Bd 6/2, 1924, Abt. ›Erloschene und veränderte Firmen der Jahre 1915–1924‹, S. 1975 – ist nicht richtig: der Felix Meiner Verlag wurde erst am 1. April 1911 gegründet.

[16] So nach dem Stadtarchiv in Kassel, dem Adreßbuch 67, 1905, Nekrolog S. XIX, Bbl. 71, Nr 32 vom 9.2.1904, S. 1320 und J. Minor (Saar: Sämtliche Schriften in zwölf Bänden, Bd 2, 1908, S. 7); A. Bettelheim (Ferdinand von Saars Leben und Schaffen, 1908, S. 177) spricht – wohl irrtümlich – von 1903.

[17] Adreßbuch 67, 1905, Abt. III, S. 255.

[18] Siehe Adreßbuch 51, 1889, Abt. IV, S. 274 und Abt. I, S. 276.

[19] Die folg. Genealogie enthält nur Daten, die ohne große Mühe ermittelt werden konnten. Georg Weiß findet sich in dieser Genealogie in der IV. Generation unter Nr (10). Fast alle aufgeführten Personen waren ev.-luth. Konfession.

I	(1) Christian Friedrich Weiß, Bürger u. Hosen- u. Handschuhmacher *s. (2), (3)*	
II	(2) Marie Catharine Weiß, *ca 1756, †3.1.1809, ledig	(3) Hieronymus Weiß, *9.6.1760 Kassel, †24.12.1830 ebd., Bürger u. Handschuhmachermeister ∞ I. ? *s. 4 (evtl.)* ∞ II. Dorothee Marie Sauer, *ca 1778/79, †30.11.1846, Tochter d. Kasseler Bürgers u. Bierbrauers Johann Justus Sauer *s. (5) (6), evtl. (4)*
III	(4) Johannes Weiß, *12.9.1791 Kassel, †16.9.1838, Bürger u. Handschuhmachermeister ∞ Marie Dorothee Henriette Müller [Ehe blieb kinderlos]	(5) Johann Georg Weiß, *28.10.1797 Kassel, †27.2.1866 ebd., ev.-luth., Bürger u. Kaufmann ∞ Marie Charlotte Petronella Meyer, *5.3.1806, †6.5.1879 Kassel, ev.-ref. *s. (7), (8), (9), (10), (11), (12)* (6) Anne Christine Weiß, †15.12.1808 i. Alter v. 2 Jahren, 2 Monaten u. 4 Tagen

Fortsetzung Fußnote 19:

IV

(7) Johann Carl Weiß, *4.3.1824 Kassel, †8.6.1839

(8) Johann Theodor Weiß, *11.1. 1826 Kassel, †9.12.1887 ebd., Bürger u. Kaufmann

⚭ (Kassel 5.8.1854) Marie Sophie Dorothea Friedericke Grimmel, *18.4.1833 Kassel, †3.10.1905 ebd., Tochter d. Bürgers u. Kaufmanns Engelbert Friedrich Grimmel u. s. Ehefrau Catharine Elisabeth, geb. Brede (?)

s. (13), (14), (15), (16), (17)

(9) Johann Georg Friedrich Weiß, *6.3.1829 Kassel, lebte als Bürger u. Kaufmann in Frankfurt/Main

(10) Georg Christian Weiß, *31.10. 1833 Kassel, †5.2.1904 ebd., Verlagsbuchhändler

⚭ Helene Pauline Kampf (Kempff?), *15.1.1836 Elberfeld

s. (18)

(11) Victoria Pauline Annette Christine Margarethe Weiß, *20.10.1838 Kassel, †19.4.1903 ebd.

⚭ (Kassel 31.8.1859) Heinrich Bernhard Philipp Fürchtegott Schirmer, *13.12.1829 Eiterhagen, †24.9.1900 Kassel, Bürger u. Bankier, Sohn d. Pfarrers zu Waldau Karl Friedrich Fürchtegott Schirmer u. s. Ehefrau Marie Dorothee Margarethe, geb. Kersting

s. (19), (20), (21)

(12) Johann Conrad Justus Weiß, *5.2.1827 Kassel, †30.12.1830 ebd.

V

(13) Johann Georg Richard Weiß, *27.7.1855 Kassel

(14) Johann Friedrich Karl Weiß, *13.12.1859 Kassel

(15) Marie Louise Friedericke Weiß, *23.9.1863 Kassel

(16) Emma Franziska Elisabeth Weiß, *31.1.1858 Kassel

⚭ (Kassel 3.4.1878) Carl Friedrich Simon Frieß, *24.1.1845 Merxhaus (Gelnhausen), Rechtsanwalt u. Notar, Sohn d. Kammerrates Ludwig Adolf Alexander Frieß u. s. Ehefrau Marie Josepha Elisabeth, geb. Mai

(17) Pauline Marie Clara Weiß, *21.6.1866

⚭ (Kassel 28.5.1892) Maximilian Rochus Hans Franz Friedrich Dubrow, *1.5.1863 Frankfurt/Oder, Kaiserl. Bankass. in Hamburg, Sohn d. Johann Friedrich Dubrow u. s. Ehefrau Juliane Albertine, geb. Nickel

(18) Elisabeth Emilie Julie Weiß, *17.6.1873 Heidelberg, †ledig 21.1. 1968 Heidelberg

(19) Elisabeth Marie Charlotte Fürchtegott Schirmer, *16.9.1860 Kassel

(20) Louise Anna Fürchtegott Schirmer, *23.11.1861 Kassel

(21) Georg Heinrich Carl Fürchtegott Schirmer, *30.8.1867 Kassel, †17.8.1936 ebd., Bankier

⚭ I. Berta Elisabeth Kampf, *12.8. 1865 Hilden, †20.6.1918 Göttingen, beerd. 24.6.1918 Kassel

s. (22), (23)

⚭ II. Emilie Schäfer

Ehe mit Helene Pauline, geb. Kampf,[20] entstammt eine 1873 in Heidelberg geborene Tochter Elisabeth Emilie Julie,[21] die nach einem mehrmonatigen Aufenthalt in Kassel am 22. März 1921 nach Heidelberg zurückkehrt.

Bei Georg Weiß genoß die PhB nicht mehr die Aufmerksamkeit, die sie bei Heimann und Koschny erhalten hatte (siehe dazu Kap. 1.4.3); sein Verlagsprogramm ist mit philosophischen – z. B. den ›Philosophischen Monatsheften‹[22] (siehe unten) –, juristischen, naturwissenschaftlichen und literarischen Titeln auch deutlich breiter als bei den früheren PhB-Verlagen. So verlegt Georg Weiß bis zur Löschung des Verlages alle Werke des österreichischen, spätrealistischen Schriftstellers Ferdinand von Saar.[23] Anton Bettelheim schreibt in seiner Biographie Saars (S. 38 f.): »Nachdem J. J. Weber, Brockhaus, Costenoble, Hoffmann und Campe fast demütig gehaltene Verlagsanträge des Manuskriptes von Heinrich IV.[24] abgewiesen hatten, mußte es Saar als Glücksstern erscheinen, daß er in Stephan Milows Verleger einen Verleger fand, der überhaupt mit sich verhandeln ließ. Ein Verwandter der Braut Milows, v. Reichlin-Meldegg, war Professor in Heidelberg; dieser Mittelsmann hatte Milow auf dessen Frage einen Heidelberger Sortimenter genannt, der in bescheidenem Umfang auch als Verleger tätig war: Georg Weiß.« Ob der Umfang des Verlagsprogramms von Weiß angesichts der im Gesammt-Verlags-Katalog aufgeführten Titel als »bescheiden« bezeichnet werden kann, ist fraglich; vielleicht betrifft dieses Votum auch die früheren Jahre. An gleicher Stelle spricht Bettelheim auch von »der bedächtigen Art des kleinen Weißischen Verlages.«

VI (22) Heinz Georg Wilhelm Fürchtegott Schirmer, ∗2.9.1893 Kassel ⚭ (Kassel 8.1.1921) Karla Agnes Cäcilie Strohmeyer, ∗22.8.1897 Saalfeld, Tochter d. Oberbaurats Otto Strohmeyer u. s. Ehefrau Lilly, geb. Brehm

(23) Gertrud Emilie Pauline Fürchtegott Schirmer, ∗6.1.1895 Kassel

[20] Sie ist vermutlich nicht in Kassel gestorben (vielleicht schon in Heidelberg), da Georg Weiß 1901 ohne seine Frau von Heidelberg nach Kassel kam.

[21] Nach den Kasseler Akten hat sie stets den Vornamen Else, ohne weitere Vornamen. A. Bettelheim (a. a. O.) nennt sie Elise, J. Minor (a. a. O.) Emilie.

[22] für die Weiß auch im Bbl. wirbt, z. B. Bbl. 49, Nr 8 vom 11.1.1882, S. 139, Anzeige Nr 1331.

[23] »Mit dem Verleger Weiß ringt er buchstäblich um den Verkauf eines jeden Buches.« Detlef Haberland in der Einführung zu dem Ausstellungskatalog ›Ferdinand von Saar 1833–1906‹, 1984, S. 5. Auf S. 8 heißt es dort: »Zeitlebens blieb Saar bei seinem Verleger in Heidelberg, obwohl ihr Verhältnis wegen des schlechten Absatzes seiner Bücher oft gespannt war. Ein geplanter Wechsel zu Cotta gelang nicht.«

[24] Ein Drama von F. von Saar, das 1865 bei Weiß erschien.

1898 schreibt Saar, Georg Weiß sei »zäh wie Leder« – bei den Absatzzahlen der Saar'schen Werke kein Wunder.[25] J. Minor schreibt 1908, Saar hätten sich »unüberwindliche innere und äußere Hindernisse« entgegengestellt.

»Vor allem das vierzigjährige Verhältnis zu seinem Verleger Georg Weiß in Heidelberg, das aus einem rein geschäftlichen allmählich zu einem freundschaftlichen geworden war. Weiß war es gewesen, der den jungen Dramatiker, nachdem er sich bei den angesehensten Verlegern einen Korb nach dem andern geholt hatte, unter annehmbaren Bedingungen in die Öffentlichkeit eingeführt hatte; und jahrzehntelang hat er ihm ohne erheblichen Gewinn seine Kraft und seine Zeit gewidmet. Nicht ohne Rührung kann man heute den Briefwechsel des Dichters mit seinem Verleger lesen, der uns ganz anders geartete und gewöhnte Moderne in der beiderseitigen Uneigennützigkeit, in der Schonung der gegenteiligen Interessen und in der Zufriedenheit mit dem kärglichsten Gewinn an längst vergangene Zeiten erinnert. Ein Ehrenmann vom Scheitel bis zur Sohle, ein deutscher Buchhändler von gutem, altem Schlage, bei jedem kleinsten Schritt ein peinlich genauer Berechner nicht bloß des eigenen, sondern auch des fremden Vorteils und Nutzens, kein Reklamefreund aber ein innerlich überzeugter buchhändlerischer Vertreter des lange unbekannten Dichters, dessen Verlag er zeitlebens als eine Ehrensache betrachtete, hat Weiß unter ganz veränderten Verhältnissen, in der Zeit flinkeren Geschäftsbetriebes und vorlauterer Geschäftsgebarung für den Dichter, der aus dem gleichen Stoffe war, natürlich ebensowenig wie für sich selber goldene Schätze anhäufen können. Beide gaben sich mit dem geringen, innerhalb der beiden letzten Jahrzehnte aber doch stetig zunehmenden Ertrag zufrieden, den die Saarischen Schriften, kein glänzender, aber ein solider Artikel, alljährlich abwarfen. Beide hatten es im Laufe der Jahre als ganz selbstverständlich betrachtet, daß bei den gangbaren Novellen der Verleger, bei den minder verkäuflichen Dramen aber zur Hälfte auch der Dichter die Kosten des Druckes und des Verlages zu tragen hätte und daß dann bei der jährlichen Abrechnung der Gewinn unter ihnen geteilt würde. Nur in einem Punkte gingen ihre Ansichten und ihre Wünsche auseinander. Während der Verleger, als die Zeit des Ruhmes und der Ernte für den Dichter gekommen schien, wohl eine Gesamtausgabe der Novellen und der Gedichte ins Auge faßte, über die Dramen aber Stillschweigen beobachtete, war es dem Dichter gerade um diese Schmerzens- und Lieblingskinder seiner Muse zu tun, er hoffte gerade mittels der Lyrik und der Novellen in einer Gesamtausgabe auch die Dramen zum Siege zu führen. Und so sah er sich dann, während sein Verhältnis zu dem Verleger aus dem geschäftlichen zu einem persönlichen, aus gegenseitiger Hochschätzung bis zur Freundschaft gediehen war, nun in die schmerzliche Nothwendigkeit versetzt, seine Blicke nach auswärts zu richten und dem Freunde, der ihm Zeit und Arbeit gewidmet und auch manches kleine Opfer gebracht hatte, seinen liebsten und auf belletristischem Gebiete angesehensten Artikel gerade in dem Augenblick aus den Händen zu winden, wo er nach vielen dürren Jahren endlich anfing ein fruchtbarer zu werden.«[26]

Neben der PhB und den anderen, von Heimann und Koschny übernommenen Werken verlegte Weiß u. a. noch folg. Titel:[27]

[25] F. von Saar: Briefwechsel mit Abraham Altmann, 1984, S. 204 und 185.

[26] F. von Saar: Sämtliche Werke in zwölf Bänden, Bd 2, 1908, S. 5 f.

[27] Über das 1893 Lieferbare des Verlages Georg Weiß unterrichtet der Gesammt-

Aristoteles: Peri hermeneias librum pro restituendo totius philosophiae fundamento interpretatus est Fr. Michaelis. 1886.
Bischoff, Heinrich: Heinrich Hansjakob, der Schwarzwälder Dorfdichter, Kassel 1904.
Breunig, Eugen: Der Kaufmann. Handbuch der wichtigsten Bestimmungen des Handels- und Wechselrechts, prakt. Anleitung zur kaufmänn. Buchführung und zur Handelskorrespondenz. Verkehr mit Post und Bahn. 1901.
Comte, Auguste: [Siehe hier S. 147]
Druskowitz, H.: Eugen Dühring. Eine Studie. 1888.
–: Moderne Versuche eines Religionsersatzes. 1886.
–: Zur Begründung einer überreligiösen Weltanschauung. 1889.
Eucken, Rudolf: Beiträge zur Geschichte der neueren Philosophie. 1886.
Frei, Fritz: Willa von Waldkirch. Eine Erzählung. 1900.
Funk, Georg: Arbeiterversicherungsgesetze für das deutsche Reich. 1900. 2. Aufl. 1903.
Gerhard, Carl: Kant's Lehre von der Freiheit. Ein Beitrag zur Lösung des Problems der Willensfreiheit. 1885.
Grung, Franz: Das Problem der Gewißheit. Grundzüge einer Erkenntnistheorie. 1886.
Hansjakob, Heinrich: Aus meiner Studienzeit. Erinnerungen. 1885.
–: Ausgewählte Schriften. Volksausgabe. 8 Bde. 2./3. Aufl. 1895–97.
–: Dürre Blätter. 2 Bde. 1889–90.
–: In den Niederlanden. Reise-Erinnerungen. 1881.
–: Schneeballen. 1892.
–: Wilde Kirschen. 1888.
Harpf, Adolph: Die Ethik des Protagoras und deren zweifache Moralbegründung kritisch untersucht. 1884.
Jäsche, Emanuel: Das Grundgesetz der Wissenschaft. 1886. [Leipzig: G. Fock]
Kirchmann, Julius Hermann von: Über den Communismus der Natur. 3. Aufl. 1882.
Kirchner, Friedrich: Die deutsche Nationalliteratur des 19. Jahrhunderts. 1893/94. 2. Aufl. 1903.
Kleist, Hugo von: Plotinische Studien. 1883.
Koeber, Raph. von: Die Philosophie Arthur Schopenhauers. 1888.
Lipps, Theodor: Psychologische Studien. 1885.
Merz, Johannes Theodor: Leibniz. Aus dem Englischen. 1886.
Meyer, Wolfgang Alexander: Hypatia von Alexandrien. Ein Beitrag zur Geschichte des Neuplatonismus. 1886.

Verlags-Katalog, Bd XVI/2, 1893, Sp. 719–726, aber mit zwei Einschränkungen: 1. Zu Beginn der Übersicht heißt es: »Der gesammte Verlag von Erich Koschny (L. Heimann's Verlag) in Leipzig ging im November 1881 an mich über; doch sind aus diesem Verlag im nachstehenden Verzeichnis nur diejenigen Werke aufgeführt, welche entweder in neuen Auflagen bei mir erschienen, oder nach Verkauf meines philos.-histor. Verlages an Dr. R. Salinger in Berlin noch in meinem Besitz verblieben sind.« 2. Das Verzeichnis enthält das Lieferbare nur mit Jahresangabe. Übernahmen und Titelaufl. sind deshalb nicht (direkt) zu erkennen.

Michelis, Fr.: Die naturwissenschaftliche Unhaltbarkeit der Darwinischen Hypothese. Vortrag. 1885.
Milow, Stephan (d. i. Stephan von Millenkovich): Auf der Scholle. 2. Aufl. 1873.
–: Aus dem Süden. 1889.
–: Fallende Blätter. Kassel 1903.
–: Gedichte. Eingeführt und mit einer Vorrede versehen von Karl Alexander von Reichlin-Meldegg. 1865. 2. Aufl. 1867.
–: In der Sonnenwende. 1877.
–: Ein Lied von der Menschheit. 1869.
–: Verlorenes Glück. 1866.
–: Zwei Novellen. 1872.
Oncken, Wilhelm: Isokrates und Athen. 1862.
Plümacher, O.: Der Pessimismus in Vergangenheit und Gegenwart. Geschichtliches und Kritisches. 1884.
Rüttenauer, Benno: Heilige. Legenden und Historien. 1895. Titelaufl. 1901.
–: Unmoderne Geschichten. 1894. 2. Aufl. 1901.
Saar, Ferdinand von: Herbstreigen. Drei Novellen. 1897.
–: Kaiser Heinrich IV. Ein deutsches Trauerspiel. 2 Bde. 1865–67.
–: Novellen aus Österreich. 2. Aufl. 1894.
–: Thassilo, Tragödie in fünf Akten. 1886.
Schramm-Macdonald, (Karl) Hugo: Der Weg zum Erfolg durch eigene Kraft. Neue Titelausg. 1900. 3. Aufl. 1903.
–: Der Weg zum Wohlstand. 1892 (1899). 4. Aufl. 1902.
–: Bruno Judeich: Erreichte Ziele. Erg.-Bd zu ›Der Weg zum Erfolg durch eigene Kraft‹. 1900.
Sichart, Ernst: Über Rückfälligkeit der Verbrecher und über die Mittel zu deren Bekämpfung. Ansichten und Erfahrungen eines Praktikers über Strafgesetzgebung, Straf-Rechtspflege und Strafvollzug. 1881.
Spinoza, Benedict von: Die unvollendeten lateinischen Abhandlungen Spinoza's. Mit einer Einleitung hrsg. von Hugo Ginsberg. 1882.

Am 15. Juli 1891 geht die PhB dann an den Philosophisch-historischen Verlag Dr. R. Salinger in Berlin über.

1.2.4 Philos.-histor. Verlag Dr. R. Salinger, 1891–1899

Der Philos.-histor. Verlag Dr. Salinger wurde im Juli 1891 in Berlin in der Steinmetzstraße 21 gegründet.[1] Er übernahm gleichzeitig vom Heidelberger Verlag Georg Weiss den philosophischen und historischen Verlag.[2]

[1] Adreßbuch 54, 1892, Abt. I, S. 537 und 662; Abt. IV, S. 226. In den Jgn 54, 1892, und 55, 1893, des Adreßbuches ist der Verlag Salinger aufgeführt unter: ›Verlag, Philosophisch-Historischer, Dr. R. Salinger‹; entsprechend taucht Salingers Name im Adreßbuch auch auf im ›Verzeichnis der Handlungsbesitzer, welche mit ihren Geschäftsfirmen nicht übereinstimmende Namen führen, sowie der Mitbesit-

»Hierdurch beehre ich mich Ihnen mitzuteilen, dass ich meinen *Philosophischen und historischen Verlag* an Herrn Dr. *R. Salinger* in Berlin, der ihn unter der Firma

Philosophisch-historischer Verlag
Dr. R. Salinger.
Berlin W., Steinmetzstraße 21

fortführen wird, abgetreten habe.

Die Disponenden und Sendungen in Rechnung 1891 hat Herr Dr. R. Salinger übernommen.

Hochachtungsvoll

Heidelberg, Juli 1891.

Georg Weiss, Verlag.«

Richard Salinger wurde am 1. März 1859 in Berlin geboren und im mosaischen Glauben unterwiesen, wie es im (lat. verfaßten) Dissertations-Lebenslauf heißt. 1868 kam er ins Graue Kloster in Berlin. Sein »carissimus optimus« Vater starb, als er 14 Jahre alt war.[3] Nach dem Abitur ging er 1876 an die Universität Leipzig, kehrte aber schon 1877 nach Berlin zurück, wo er an der dortigen Universität Philosophie und Philologie studierte. 1881 promovierte er mit einer Arbeit über ›Spinozas Lehre von der Selbsterhaltung‹; zu den drei

zer, Teilhaber, Bevollmächtigten und Prokuristen‹. Ab Jg 56, 1894, ist der Verlag im Adreßbuch dann unter ›Salinger‹ zu finden.

2 Adreßbuch 54, 1892, Abt. IV, S. 252 (unter ›Weiss‹).

Die nachfolg. Anzeige findet sich zweimal gleichlautend unter Nr 29099 im Bbl. 58, Nr 173 vom 29.7.1891, S. 4353 und Nr 179 vom 5.8.1891, S. 4477.

3 Genealogische Daten zu Richard Salinger konnten nicht ermittelt werden. Der Name ›Salinger‹ ist in Berlin ähnlich häufig gewesen wie ›Heimann‹, und wie bei Heimann handelt es sich meist um Juden (siehe hier S. 32 f. mit Anm. 54–57), wobei auffallend viele Salinger Mediziner waren.

Von 1888 bis Anfang 1892 war ein Martin Salinger Mitbesitzer der am 1.11.1888 gegründeten Antiquariats- und Sortiments-Buchhandlung ›Mirauer & Salinger‹ in der Taubenstr. 42 in Berlin W. 8 (Adreßbuch 51, 1889, Abt. I, S. 317, Abt. IV, S. 258). Martin Salinger war am 14.6.1852 zu Schönfliess i. Neumark als Sohn eines Arztes geboren und starb am 12.2.1892 (Erster Jahresbericht vom 28.10.1892 der Korporation der Berliner Buchhändler, S. 13; Adreßbuch 54, 1892, Abt. IV, Nekrolog, S. 255; Bbl. 59, Nr 37 vom 15.2.1892, S. 912), womit die Firma in den Alleinbesitz von Max Mirauer kam (Adreßbuch 54, 1892, Abt. IV, S. 242). 1914 war ein Richard Saling [sic!] Geschäftsführer der am 16.6.1864 gegründeten Kunstverlag Carl Brack & Keller G.m.b.H. in Berlin SW 68 (Adreßbuch 76, 1914, Abt. I, S. 62).

Opponenten der am 24. Juni stattgefundenen Promotions-Disputation gehörte auch Georg Simmel (1858–1918), bei dessen Promotions-Disputation am 25.2.1881 auch der cand. phil. Richard Salinger teilnahm. Über seinen weiteren Lebenslauf berichtet ein Nachruf in der Vossischen Zeitung vom 29. Juli 1926. Merkwürdigerweise ist dort die immerhin fast zehnjährige Verlegerzeit Salingers verschwiegen.

»Unser langjähriges Redaktionsmitglied, der Mitarbeiter des wissenschaftlichen Teils unseres Feuilletons, Dr. Richard Salinger, ist gestern mittag nach einer schweren Operation im Alter von 67 Jahren gestorben.

Die meisten wissen von ihm nur, was sie von ihm gelesen haben. Aber bei nur Wenigem aus seiner Feder ließ er wissen, daß es von ihm war. Mit Richard Salinger ist einer der gelehrtesten Männer aus dem Berlin der letzten Jahrzehnte dahingegangen.

Als Sohn aus wohlhabendem Hause war er am 1. März 1859 geboren und in einer Umwelt von Kaufleuten und Wissenschaftlern groß geworden. Er studierte Philosophie, aber er studierte nicht eines Berufes, sondern des Studierens wegen. Fast sämtliche großen Geister aller Wissensgebiete aus den siebziger und Anfang der achtziger Jahre zählten zu seinen Lehrern. ›Spinozas Lehre von der Selbsterhaltung‹ war 1881 seine Doktorarbeit.

In den folgenden Jahren finden wir ihn als Hilfsarbeiter von Boeckh im Statistischen Amt der Stadt Berlin. Er ist hier Volkswirt und Mathematiker, schreibt über Witwen-Rententafeln und dergleichen. Einige Jahre später ist er Privatsekretär von Gerson von Bleichröder. Er kehrt zur Statistik zurück und arbeitet im Internationalen Statistischen Büro in Rom, beschäftigt sich weiter mit allen Zweigen der Geisteswissenschaften, kehrt nach Deutschland zurück, lebt als Privatgelehrter, ständig viel Wissen in sich aufnehmend, nur spärlich davon wieder ausgebend. 1903 erscheint seine Schrift ›über den Weltschmerz in der Poesie‹, 1906 über ›Kant und Zenon‹.

Inzwischen haben sich seine wirtschaftlichen Verhältnisse so gestaltet, daß er schreiben muß. Willig findet er für seine kleinen, feinen Aufsätze Aufnahme in der Redaktion der ›Vossischen Zeitung‹. Als 1906 früh und unerwartet Dr. Wolf Becher starb, der alle Angelegenheiten des akademischen Lebens und die Personalien der Akademiker für die ›Vossische Zeitung‹ bearbeitet hatte, wurde Richard Salinger ständiges Mitglied der Redaktion. In den vergangenen 20 Jahren ist kaum eine Nummer erschienen, die nicht irgendeinen Beitrag von ihm enthielt. Es blieb ihm nur wenig Zeit für freie Arbeiten, wie zum Beispiel die 1910 erschienene über das Wahrheitsproblem. Er strebte nie nach außenhin zu glänzen, sträubte sich, daß seine Aufsätze mit seinem Namen gezeichnet wurden. Es kam ihm stets nur auf den inneren Wert der Leistung an. Wie hochwertig aber seine schriftstellerischen Leistungen waren, mag das eine Beispiel zeigen, daß bei der Hundertjahrfeier der Breslauer Universität der Rektor in seiner Festrede einen ganzen Abschnitt aus dem Aufsatz übernommen hatte, den Salinger kurz vorher zur Feier des Tages für die Sonntagsbeilage der ›Vossischen Zeitung‹ geschrieben hatte.

Salinger war unbeweibt. Er lebte ein einsames Leben zwischen seinen Büchern, die seine Welt bedeuteten. Während des Krieges hat er nur nach Markenmengen gelebt. Es bedurfte nur des Anstoßes einer plötzlichen schweren Erkrankung, um seine Widerstandsfähigkeit gänzlich zu brechen.

Klein ist der Kreis derer, die ihm nahegestanden haben. Aber umso größer ist deren Schmerz. Tiefe Trauer erfüllt Redaktion und Verlag der ›Vossischen Zeitung‹ um diesen Mitarbeiter von höchstem geistigen und höchstem sittlichen Wert.«[4]

In Jg 22, 1900, und 23, 1901, ist er in Kürschners Deutschem Literatur-Kalender als Verleger und mit der Adresse Berlin W, Steinmetzstraße 27 – der Verlagsadresse – zu finden. Von Jg 24, 1902, bis Jg 39, 1917, ist er nicht mehr im Kürschner verzeichnet, taucht aber im Jg 40, 1922, wieder auf, als Redakteur der Vossischen Zeitung mit der Adresse Berlin W 62, Wormser Straße 10, wo auch die Mutter Georg Simmels wohnte und dieser in den Jahren 1891 und 1894 seine Post erhielt, auch Arno Holz (1863–1929) hat seit 1893 dort gewohnt.[5] Salinger hat auch eine Reihe philosophischer Aufsätze verfaßt. Kürchner verzeichnet ihn in den Jgn 40, 1922, bis 43, 1926. Er starb am 28. Juli 1926.

1949 erinnert sich Paul Fechter (1880–1958) an den »alten Doktor Salinger, der mit mir das Feuilleton der Vossischen Zeitung redigierte.«[6] Fechter schreibt, Salinger gehörte »von der Wissenschaft her« zu den »Orthodoxen« »Vossischer Vornehmheit«, »der die akademische Rubrik Kunst, Wissenschaft, Literatur bearbeitete. Ein sorgfältiger, im Grunde warmherziger, aber mißvergnügter Mann, gewissenhaft, nur ohne Heiterkeit, der eigentlich immer etwas brauchte, was er verneinen oder über das er sich ärgern konnte. Er hatte eine ausgezeichnete Personalkenntnis und ein vorzügliches Gedächtnis, und ganz im Untergrund saß sogar ein Mann, der gelegentlich vital und laut ausbrechen konnte, ehe wieder die Wolkendecke des Mißvergnügens sich über ihn legte. Er gehörte zum Feuilleton im engeren Sinn.«[7]

Salinger übernahm von Georg Weiß nicht den ganzen Verlag, sondern nur den historischen und philosophischen Teil, vor allem die PhB, die ›Histor.-polit. Bibliothek‹ und die ›Philosophischen Monatshefte‹. Schon sehr bald kam es zwischen Georg Weiß und Richard Salinger aber zu Streitigkeiten, um die sogar prozessiert wurde und die ›Philosophischen Monatshefte‹ – vielleicht waren sie gar der Anlaß – in »eine unangnehme Krise« brachten, wie Paul Natorp (1854–1924) in einem Brief vom 27.8.1892 formuliert.[8]

Auch die *›Philosophischen Monatshefte‹* haben ähnlich oft den Verlag gewechselt wie die PhB, und 18 Jahre lang erschienen sie in denselben Verlagen wie die PhB, was aber nicht daran liegt, daß sie an die PhB gebunden gewesen wären; vielmehr übergaben die PhB-Verlage vor 1900 bei ihrem Erlöschen bzw. Verkauf ihr gesam-

[4] Nachruf zu R. Salinger in: Vossische Zeitung (Berlin), Nr 180 vom 29.7.1926, Beilage ›Das Unterhaltungsblatt‹ Nr 175, S. 2.

[5] K. Voß: Reiseführer für Literaturfreunde Berlin, 1980, S. 277.

[6] P. Fechter: Menschen und Zeiten, 1949, S. 55.

[7] P. Fechter: An der Wende der Zeit, 1949, S. 32.

[8] Siehe H. Holzhey: Cohen und Natorp, Bd 1, 1986, S. 31; siehe auch Bd 2, 1986, S. 216 f.

tes philosophisches Programm, darunter eben auch die PhB und die ›Philosophischen Monatshefte‹ an den jeweiligen Folgeverlag.[9]

Bd 1 der ›Philosophischen Monatshefte‹, hrsg. von Julius Bergmann, erschien 1868 in der (1713 gegründeten) Nicolaischen Verlagsbuchhandlung in Berlin; die ›Monatshefte‹ wechselten mit Bd 3, 1869, zum (1868 gegründeten) Verlag Otto Loewenstein in Berlin.[10] Mit Bd 8, 1872/73, kamen der Bibliothekar an der Universitätsbibliothek Berlin, Ferdinand Ascherson (1832–1904),[11] und Ernst (Carl Ludwig) Bratuschek (1837–1883) als Mitherausgeber hinzu;[12] die Zeitschrift wechselte mit demselben Bd zu dem (am 15.1.1870 gegründeten) Verlag F. Henschel in Berlin.[13] Ab Bd 11, 1875, erschienen die ›Monatshefte‹ bei Erich Koschny (L. Heimann's Verlag) in Leipzig mit Bratuschek als Alleinherausgeber »unter Mitwirkung« von Ascherson und Bergmann. Mit Bd 13, 1877, wechselt die Herausgeberschaft zu Carl Schaarschmidt (1822–1908).[14] Ab Bd 18, 1882, erschien die Zeitschrift bei Georg Weiß in Heidelberg.[15] Paul Natorp trat in Bd 23, 1887, als Mitherausgeber hinzu;

[9] Zeitweise (bei Koschny) erhielten die Abonnenten der ›Philosophische Monatshefte‹ die gedruckten ›Verhandlungen der Philosophischen Gesellschaft zu Berlin‹ – in der auch einige Vorträge Kirchmanns erschienen – gratis (laut Vorderumschlag).

[10] Besitzer war – nach dem Adreßbuch – Dr. Otto (Siegfried Adolf) Löwenstein, nicht zu verwechseln mit der 1868 in Berlin (und 1871 in Leipzig) gegründeten Loewenstein'schen Verlagshandlung, die im Besitz von Dr. Heinrich Oscar Loewenstein war.

[11] Siehe K. Bader: Lexikon deutscher Bibliothekare, 1925, S. 6; dort ist die genannte Mitherausgeberschaft aber nicht mitgeteilt.

[12] Heft 1 enthält denn auch einen von Ernst Bratuschek unterzeichneten ›Prospect‹ vom 1.5.1872.

[13] Von Bd 1–8, 1868–1872/73, werden jeweils 2 Bde zu einer Jgszählung zusammengefaßt, also zu 4 Jgn.

[14] In Bd 12, 1876, schreibt E. Bratuschek in einem 25zeiligen ›Schlusswort‹ auf S. 488: »Die von mir redigirten letzten vier Jahrgänge der Philosophischen Monatshefte sind unter sehr ungünstigen äusseren Verhältnissen herausgegeben. Der Tod zweier Verleger und die viermalige Veränderung des Druckortes waren von nachtheiligem Einfluss auf die Geschäftsführung, und der Erfolg der Zeitschrift wurde wesentlich dadurch beeinträchtigt, dass die Beiträge für dieselbe bisher nicht honorirt werden konnten. Ich bemerke dabei ausdrücklich, dass auch die Redactionsgeschäfte ohne Honorar geleistet worden sind. Unter diesen Verhältnissen ist es unmöglich gewesen, unser Programm vollständig zu verwirklichen. [...] und lege [...] die Redaction dieser Zeitschrift hiermit nieder.« Zu den ›Philosophischen Monatsheften und ihrer Nachfolgezeitschrift teilt H. Holzhey 1986 in seinem Werk ›Cohen und Natorp‹ interessante Interna mit (bes. Bd 1, S. 30 ff.).

[15] Auf der Rückseite des hinteren Umschlags des (einen einzigen und letzten) Heftes des Bd 17 der ›Philos. Monatshefte‹ heißt es: »Nachdem die Verlagshandlung des Herrn Koschny in den Besitz des Unterzeichneten übergegangen ist und unter der Firma: Georg Weiss in Heidelberg weitergeführt werden wird, werden auch die Philosophischen Monatshefte vom XVIII. Bande an in gleichem Verlage forterscheinen. Die Monatshefte werden unter der Redaction des Herrn Professor Schaarschmidt in Bonn in unveränderter Weise fortgesetzt, abgesehen von dem durch den

ab Bd 24, 1888, war Natorp Alleinherausgeber. 1892 wechselte sie mit Bd 28 zum Philos.-histor. Verlag Dr. R. Salinger.[16]

Der letzte Bd: 30, 1894, erschien beim (1819 gegründeten) Verlag von Georg Reimer in Berlin. Nachfolge-Zeitschrift der ›Philosophischen Monatshefte‹ war das ebenfalls von Natorp herausgegebene und bei Georg Reimer in Berlin mit Bd 1, 1895, erscheinende ›Archiv für systematische Philosophie‹ als 2. Abteilung des von Ludwig Stein (1859–1930) und Natorp herausgegebenen ›Archivs für Philosophie‹.[17] Letzter Bd des ›Archivs für systematische Philosophie‹ war schließlich Bd 28, 1923/24; es wurde mit Bd 29, 1925/26 als ›Archiv für systematische Philosophie und Soziologie‹ (Berlin) weitergeführt.

Salinger war weder Mitglied im Börsenverein, noch im Berliner Verlegerverein, noch in der Korporation der Berliner Buchhändler.

Am 3. Februar 1900 wurde der Verlag an die Dürr'sche Buchhandlung in Leipzig verkauft.[18] Im Adreßbuch ist der Verlag zum letzten Male vollständig in Jg 62, 1900 (Abt. I, S. 481), aufgeführt; in Jg 63, 1901, ist er gar nicht mehr verzeichnet, findet sich aber ab Jg 64, 1902, noch mehr als fünf Jahre lang im Adreßbuch in geklammerter Kurznennung.[19]

Verlagsübergang bedingten Wechsel. G. Weiss.« Der Text wird auf dem hinteren Umschlag von Heft 1–2 (*ein* Heft!) des Bd 18, 1882, wiederholt, obgleich sowohl das Jahrgangstitelblatt wie auch der Umschlag des 1. Heftes schon den Erscheinungsvermerk von Georg Weiss tragen. Die Bibliographie ›Periodica philosophia‹ von Hogrebe/Kamp/König verzeichnet Bd 18, 1882, fälschlich noch mit dem Verlag Erich Koschny.

Im Bd 17, 1891, – dem letzten Jahr der ›Monatshefte‹ bei Georg Weiss – bietet Weiss auf der Innenseite des hinteren Umschlags die früheren Bände der ›Monatshefte‹ mit erheblichem Preisnachlaß an. Erich Koschny tat in seinem letzten Jg, 1881 (Vorderseite des hinteren Umschlags von Heft 6) das gleiche, suchte aber gleichzeitig von Bd 9, 1875, Heft 8–10 zu *kaufen*.

16 Auf S. [640] (der letzten Seite) des Bd 27, 1891, der noch bei Weiss in Heidelberg erschien, heißt es: »Mittheilung. Nachdem der historische und philosophische Verlag von Georg Weiss in Heidelberg in den Besitz des Unterzeichneten übergegangen ist und unter der Firma Philosophisch-Historischer Verlag Dr. R. Salinger, Berlin, W., Steinmetzstrasse 21 weitergeführt wird, werden auch die Philosophischen Monatshefte vom 28. Bande an in gleichem Verlage forterscheinen. Alle für die Expedition der Philosophischen Monatshefte bestimmten Sendungen bitte ich daher von jetzt ab an die vorgenannte Firma zu richten. Dr. R. Salinger.«

17 Die 1. Abt. bildete das ›Archiv für Geschichte der Philosophie‹. Siehe dazu das Stemma in Hogrebe/Kamp/König: Periodica philosophica, 1972, S. 718.

18 Adreßbuch 64, 1902, Abt. IV, S. 290. In: Verlagsveränderungen im deutschen Buchhandel 1900–1932, 1933, heißt es S. 59 zu Salinger: »Um 1900 erloschen. Verlag ging teils an F. Meiner, Leipzig, teils an Dürr'sche Bh., Leipzig, über.« Letzteres ist nicht richtig; siehe hier mit Anm. 15 auf S. 47 und S. 155 mit Anm. 10.

Der Anzeigentext des Verkaufs ist hier auf S. 59 wiedergegeben.

19 Im Adreßbuch 64, 1902, heißt es zu Beginn von Abt. I dazu: »Die in ( ) stehenden Handlungen sind entweder in Konkurs oder erloschen, werden aber in dieser

Die wichtigste Publikation in Salingers Verlag – für die er im Adreßbuch von Jg 58, 1896, bis Jg 62, 1900, auch wirbt – ist wohl die von Max Reinhard Kauffmann (1868–1896) begründete ›Zeitschrift für immanente Philosophie‹, deren 1. Band er 1896 unter Mitwirkung von Wilhelm Schuppe (1836–1913) und Richard von Schubert-Soldern (geb. 1852) herausgab. Die Zeitschrift war gegen die »mechanistische Weltanschauung« der Naturwissenschaften gerichtet, antimetaphysisch und auf dem Boden eines ›immanenten Monismus‹.[20] Kauffmann starb aber schon 28jährig am 9. Juli 1896;[21] die Zeitschrift wurde ab Band 2, 1897,[22] vom Wilhelm Schuppe allein herausgegeben; sie ging nach Bd 4, 1899, ein.

Über das Verlagsprogramm unterrichtet Russells Gesammt-Verlags-Katalog;[23] die meisten der dort verzeichneten, lieferbaren Titel sind allerdings Übernahmen aus anderen Verlagen; eigene Verlagsproduktionen sind z. B.:

Ex Malis minima. Reflexionen zur Prostitutionsfrage von einem Universitätslehrer. 1891.

Melanchthon, Philipp: [Siehe hier S. 120]

Niemann, August: der Junggesell oder Treuherziger Bericht von den älteste Fährnissen, so da einer nachdenklichen Heirathslustigen begegnet. 1894.

–: Karma und Nirwana. 1894.

–: Manas. Gedanken über das Seelenleben unserer Zeit. 1894.

Stern, L. William: Die Analogie im volkstümlichen Denken. Eine psychologische Untersuchung. 1893.

1.2.5 Dürr'sche Buchhandlung, 1900–1911[1]

Die Dürr'sche Buchhandlung übernahm den Verlag Dr. R. Salinger, und damit auch die PhB, am 3. Februar 1900:[2]

Abth. noch aufgeführt, weil der Verlag derselben vom Leipziger Kommissionär bis auf weiteres unter der alten Firma ausgeliefert wird.« Bei Salinger handelte es sich um Volckmar als Leipziger Kommissionär.

[20] Vgl. die ›Einführung‹ Kauffmanns in Bd 1, 1896, S. 1–10.

[21] Nachrufe von Schubert-Soldern und Franz Eulenberg in Bd 1 dieser Zeitschrift, S. 375–386.

[22] Auch Bd 3 erschien 1897.

[23] Ergänzungsbd XVI/2, 1893, Sp. 2543–2556.

[1] Wenn in der Bibliographie oder in anderen Teilen des vorl. Werkes (der Kürze wegen) nur von ›Dürr‹ die Rede ist, so ist immer der Verlag Dürr'sche Buchhandlung, nicht der Verlag Alphons Dürr gemeint.

[2] Die nachfolg. Anzeige erschien gleichlautend zweimal unter Nr 6956 im Bbl. 67, Nr 31 vom 7.2.1900, S. 1068 und Nr 32 vom 8.2.1900, S. 1107. Der Verkauf von Salingers Verlag ist auch angezeigt im Adreßbuch 63, 1901, Abt. IV, S. 287, wo es heißt: »mit Ausnahme der vier *Niemeyer*'schen Schriften.« Richtig muß es – wie in

»Hierdurch zeigen wir an, dass der gesamte philosophische und historisch-politische Verlag von Dr. R. Salinger in Berlin mit alleiniger Ausnahme der 4 Niemannschen Schriften durch Kauf*) in unseren Besitz überging.

Die nötige Ergänzung der »Philosophischen Bibliothek« befindet sich im Druck.

Leipzig, den 3. Februar 1900.

Dürr'sche Buchhandlung.

---

*) Wird bestätigt.

Dr. R. Salinger.«

Der Verlag hat eine sehr lange und interessante Geschichte, die im folg. nur skizziert werden kann.[3]

Am 9. Mai 1652 unterzeichnet Christophorus Cellarius (dt.: Christoph Keller; ca. 1620–1663) einen Vertrag, mit dem er die Druckerei von Friedrich Lankisch (1618–1669) pachtet. 1656 gründet Cellarius dann eine eigene Druckerei.[4] 1677 erwirbt sie Elias Fiebig, nach dessen Tod am 29.3.1680 seine Witwe Katharina, geb. Höckerin (1649–1719), die bis zu ihrer zweiten Heirat mit Justus Reinhold (1648–1696) die Druckerei weiterführte; auch nach dem Tod ihres zweiten Mannes mußte sie die Druckerei mithilfe von Faktoren, d. h. sachkundigen Betriebsleitern, die sie

der Bbl.-Anzeige – heißen: ›Niemann'schen Schriften‹. Gemeint sind Werke von August Niemann (1839–1919), drei der vier genannten Schriften Niemanns sind eigene Verlagsproduktionen (hier auf S. 58 verzeichnet); bei der vierten Schrift handelt es sich (nach einer Werbung auf dem hinteren Umschlag von ›Karma und Nirwana‹) um den in 3. (Titel-)Aufl. im Berliner Verlag Breitkreuz 1892 erschienenen Roman ›Die Emancipirte‹, den Salinger dann wohl übernahm.

Daß die PhB erst 1909 zu Dürr kam, wie in ›Die Dürr'sche Buchhandlung im letzten Vierteljahrhundert‹ (1931, S. 9) zu lesen, ist nicht richtig; es handelt sich offensichtlich um einen Druckfehler.

[3] Zum Folg. siehe: Zweihundertundfünfzig Jahre einer Leipziger Buchdruckerei und Buchhandlung, 1906, S. 5–13; R. Schmidt: Deutsche Buchhändler. Deutsche Buchdrucker, 1979, S. 566–568 (unter ›Köhl‹), S. 1087 f.; Die Dürr'sche Buchhandlung im letzten Vierteljahrhundert, 1931; A. Meiner: 275 Jahre Dürr'sche Buchhandlung, 1931; dies.: 300 Jahre Dürr'sche Buchhandlung, 1952; 300 Jahre Verlag Dürr'sche Buchhandlung 1652–1952, 1952; 300 Jahre Verlag Dürr'sche Buchhandlung, 1952; 325 Jahre Verlag Dürr'sche Buchhandlung 1652–1977, 1977.

[4] Der genannte Pachtvertrag wurde erst im Zweiten Weltkrieg im Leipziger Ratsarchiv aufgefunden; erst seit dieser Zeit gilt 1652 als Gründungsdatum. Das vorher angenommene Gründungsjahr 1656 findet sich auch auf den früher liegenden Verlagssigneten der Dürr'schen Buchhandlung (siehe hier Anm. 35 auf S. 64).

einstellte, betreiben. Nach dem Tod von Katharina Reinhold wurde das Geschäft von zwei Faktoren fortgeführt. 1729 wurde Friedrich Köhl (1703–1771) Faktor von Reinholds Druckerei und Verlag; 1731 heiratete er die Firmenerbin, Maria Katharina Kuraß, und führte nun die Firma. 1760 heiratete die Tochter Köhls, Maria Katharina Köhl (gest. 1812) Christian Philipp Dürr (1726–1803). Dieser entstammt aber einer Familie, die zu der Familie Dürr, die später (1858) in die Dürr'sche Buchhandlung eintritt, »wahrscheinlich in gar keiner verwandtschaftlichen Beziehung steht.«[5] War Christian Philipp Dürr schon vor seiner Heirat Faktor der Köhl'schen Druckerei, so wurde er 1762 oder 1763 Geschäftsteilhaber (Gesellschafter) bei der Firma seines Schwiegervaters,[6] nach dessen Tod er 1772 Alleininhaber der Firma ist. Er hat aber nur die Druckerei weiterbetrieben, nicht auch den Verlag.[7] 1791 nahm er seinen Sohn Friedrich Christian Dürr (1766–1841) als Geschäftsteilhaber in seine Druckerei.[8] Nach dem Tod des Vaters führt Friedrich Christian – da seit Mai 1792 Bürger der Stadt Leipzig – die Druckerei fort, nun aber mit seinem Namen. 1807 begründete er auch einen Verlag unter demselben Namen, einen »Verlag für die Schule und für das Haus.«[9] 1824 wurde Dürr durch ein Augenleiden gezwungen, seine Druckerei erheblich zu verkleinern, »zu einer bloßen Gehilfin des Verlags«.[10] 1796 heiratete er Johanna Henriette Juliane Staritz (1777–1825). Da diese Ehe kinderlos blieb, erbte nach seinem Tod sein Schwager (Christian Kilian) Wilhelm Staritz (1782–1852) Druckerei und Verlag. Fr. Chr. Dürr hatte den 16 Jahre Jüngeren als Faktor in seiner Druckerei angestellt und half ihm 1816 sogar beim Erwerb der seit 1650 bestehenden Wittigauischen Druckerei in Leipzig, die Staritz zur Universitäts-Buchdruckerei erhob. 1817 heiratete Staritz die Tochter des angesehenen Dresdner Hofbuchdruckers C. C. Meinhold, Marianne Meinhold (1791–1851); sie gebar ihm vier Kinder, die aber alle früh starben. Wilhelm Staritz gab seiner ererbten Firma 1841 den Namen ›Dürr'sche Buchhandlung‹.[11] 1906 schreibt

[5] Zweihundertundfünfzig Jahre . . ., 1906, S. 69.

[6] Ernst Kroker weist nach, daß das von der Dürr'schen Buchhandlung bis 1905 als Gründungsjahr genannte Jahr 1755 falsch ist (Zweihundertundfünfzig Jahre . . ., 1906, S. 65 f., 73 f.).

[7] Ernst Kroker (a. a. O., S. 79 f.) widerlegt andere Behauptungen.

[8] Friedrich Christian hatte zwei Schwestern: Marie Christiane und Friederike Sophie (1770–1843); letztere heiratete 1797 Karl Christoph Traugott Tauchnitz (1761–1836), der 1796 eine eigene Druckerei gegründet hatte. Aus dieser Ehe ging Karl Christian Philipp Tauchnitz (1798–1884) hervor.

[9] Zweihundertundfünfzig Jahre . . ., 1906, S. 104.

[10] A. a. O., S. 109; siehe auch dort S. 91 und 102.

[11] Ernst Kroker schreibt (Zweihundertundfünfzig Jahre . . ., 1906, S. 112): »Wie mußte die neue Firma lauten? Hätte Staritz ein halbes Jahrhundert später gelebt, so wäre er wahrscheinlich auf die Firma ›Friedrich Christian Dürr Nachfolger‹ verfallen, aber gegen solche Mißbildungen war das Sprachgefühl damals noch empfindlich, und unsern Vätern erschien die deutsche Sprache auch gar nicht so arm, daß sie ihnen nicht die Möglichkeit gegeben hätte, das, was sie sagen wollten, auch richtig zu sagen. Wollten sie einer Handlung den Namen ihres Gründers auch noch nach dessen Tod in der Firma erhalten, so setzten sie einfach den Namen im Genetiv davor, oder sie bildeten davon das Adjektiv. So waren die Firmen Dyksche Buchhandlung, Cottaische Buchhandlung, Weidmanns Erben und Reich, nach Reichs

Kroker: »Die Firma ›Dürr'sche Buchhandlung‹ ist also viel jünger, als wir bisher angenommen haben, und wir waren in einem Irrtum, als wir glaubten, im Jahre 1905 das einhundertundfünfzigjährige Jubiläum unserer Firma feiern zu dürfen. Aber die Geschichte der Dürr'schen Buchhandlung reicht um ein ganzes Jahrhundert weiter zurück, als wir bisher geglaubt haben, so daß wir heuer, im Jahre 1906, das zweihundertundfünfzigjährige Jubiläum unserer Handlung feiern dürfen. Denn wenn wir die Geschichte der Dürr'schen Buchhandlung überblicken wollen, so sollen wir doch nicht an der Firma ›Dürr'sche Buchhandlung‹, also an etwas Äußerlichem, haften bleiben, sondern es gilt, den Ursprung und die Schicksale der Handlung und ihrer Eigentümer zu verfolgen. Die Handlung bleibt dieselbe, wenn auch die Firma wechselt.«[12]

Im Mai/Juni 1852 verkaufte Staritz die Dürr'sche Buchhandlung an (Karl Otto) Alexander Edelmann (1828–1887), einen Arztsohn, der Jura studiert hatte und nach der Übernahme der Dürr'schen Buchhandlung im Mai 1853 Auguste Pauline Marie Stock heiratete. Im November 1853 erwarb Edelmann auch die Universitäts-Druckerei von Staritz und nahm seinen Schwiegervater Karl August Theodor Stock als Teilhaber in die Dürr'sche Buchhandlung, später auch in die Firma ›Alexander Edelmann, Universitäts-Buchdruckerei‹ und ›Alexander Edelmann, Universitäts-Buchhändler‹. Letztere hatte Edelmann 1855 als Verlag für rein wissenschaftliche Werke neben der Dürr'schen Buchhandlung gegründet.[13]

»Hätte die Dürr'sche Buchhandlung unter Staritz eine Zeit des Stillstandes erlebt, so begann unter Edelmann neues Leben. Freilich betätigte sich die Kraft des jetzigen Inhabers in anderer Richtung, als in der von dem Gründer der Verlagsbuchhandlung eingeschlagenen. Edelmann vernachlässigte den Schulbücherverlag zwar nicht, ja er vermehrte ihn noch durch die Aufnahme einiger neuer Werke; aber von lebhaftem Interesse für die Wissenschaft und die schöne Literatur erfüllt, bevorzugte er belletristische und wissenschaftliche Werke, und in den beiden nächsten Jahrzehnten wanderte die Dürr'sche Buchhandlung auf diesem Wege weiter.«[14]

Der Verlagskatalog von 1858 verzeichnet aber auch sechs Werke, deren Rechte schon am 7.7.1699 von der Witwe Reinholds erworben wurden![15]

Tod die Weidmannsche Buchhandlung entstanden, und ebenso pietätvoll und sprachlich richtig wahrte Staritz der Verlagsbuchhandlung seines Schwagers dessen Namen in der Firma ›Dürr'sche Buchhandlung‹. Diese Firma war überhaupt erst nach Dürrs Tode möglich.« Auch a. a. O., S. 90. Seit 1841 ist die Dürr'sche Buchhandlung auch Mitglied des Leipziger Buchhändler-Vereins. Siehe C. B. Lorck: Geschichte des Vereins der Buchhändler zu Leipzig, 1883, S. 186.

12 Zweihundertundfünfzig Jahre ..., 1906, S. 66.

13 Hier erschienen theologische, juristische, medizinische und philologische Werke (siehe: Zweihundertundfünfzig Jahre ..., 1906, S. 122). Adreßbuch 21, 1859, Abt. I, S. 40 und 33, 1871, Abt. I, S. 59 als ›Universitäts-Buchhandlung und Universitäts-Buchdruckerei‹.

14 Zweihundertundfünfzig Jahre ..., 1906, S. 119.

15 A. a. O., S. 60.

Am 15. Oktober 1858 schied Theodor Stock als Teilhaber aus der Dürr'schen Buchhandlung und den beiden anderen Firmen aus; seine Stelle nahm als Associé Otto (Friedrich) Dürr (1832–1905) ein;[16] in die Firma ›Alexander Edelmann, Universitäts-Buchdruckerei‹ trat er nur als stiller Teilhaber ein (was erst 1862 öffentlich angezeigt wurde).

Otto Dürr bildete mit seinem älteren Bruder Alphons (Friedrich) Dürr (siehe unten) die siebente Generation einer aus Gera stammenden, über Neustadt/Orla, Pegau nach Leipzig übersiedelten Familie, die mit der Familie Dürr aus Marienberg, die den Verlag bis 1841 besaß, aller Wahrscheinlichkeit nach in keiner verwandtschaftlichen Beziehung steht.

Alphons Dürr (1828–1908)[17] arbeitete seit 1847 in der am 1. Januar 1843 gegründeten Carl Twietmeyer's Buchhandlung für ausländische Literatur, die er nach Twietmeyers Tod 1852 am 21. Februar 1853 übernimmt und die seit dem 1. Dezember 1854 auch unter seinem Namen firmiert.[18] 1868 firmiert sie als ›Verlagshandlung und Commissionsgeschäft ausländischer Literatur‹.[19]

Im Januar 1870 trennt die Firma das ausländische Sortiment vom Verlag und behält für beide Branchen die alte Firma bei.[20] Alphons Dürr ist nun im Adreßbuch – mit demselben Gründungsdatum und derselben Adresse – zweimal aufgeführt, einmal als ›Commissionsgeschäft für ausländische Literatur‹ und einmal als ›Verlags-

16 A. a. O., S. 188 f. Siehe Adreßbuch 21, 1859, Abt. I, S. 39 und Abt. IV, S. 70 (O. F. Dürr löst Theodor Stock als Teilhaber ab), sowie z. B. Adreßbuch 29, 1867, Abt. I, S. 48 und S. 285.

17 Zu Alphons Dürr siehe NDB, Bd 4, S. 173 f.; Die Buchhandlung Alphons Dürr in Leipzig, 1903, sowie – in der NDB nicht angegeben –: K. F. Pfau: Biographisches Lexikon des Deutschen Buchhandels der Gegenwart, 1890, S. 101 f.; C. B. Lorck: Die Druckkunst und der Buchhandel in Leipzig, 1879, S. 73–76; R. Schmidt: Deutsche Buchhändler. Deutsche Buchdrucker, 1979, S. 194 f.; Bbl. 75, Nr 17 vom 22.1.1908, S. 873 f. und Nr 81 vom 7.4.1908, S. 4002.

18 Der Königliche Hofbuchhändler Alexander Duncker (1813–1897) in Berlin »betrieb neben seinem 1837 gegründeten Verlag seit 1842 auch ein ausländisches Sortimentsgeschäft unter der am 1.1.1843 errichteten Firma ›A. Duncker's Separat-Conto‹, das sich hauptsächlich mit der Einführung französischer wissenschaftlicher Litteratur befasste.« Dieses Geschäft leitete Carl Julius Twietmeyer (1820–1852), der das Geschäft am 1.1.1848 von Duncker übernahm; am 4. Februar 1848 übersiedelte Twietmeyer nach Leipzig. Alphons Friedrich Dürr übernahm das Geschäft von Twietmeyers Witwe inoffiziell schon am 1.7.1852 (Twietmeyer war am 9. Mai gestorben), offiziell am 21.2.1853 und firmierte als ›C. Twietmeyer's Buchhandlung Alphons Dürr‹. (Die Buchhandlung Alphons Dürr in Leipzig, 1903, S. 1 f.).

Eine Kurzbeschreibung der Firma Alphons Dürr bis 1879 befindet sich in C. B. Lorck: Die Druckkunst und der Buchhandel in Leipzig, 1879, S. 73–76; und R. Schmidt: Deutsche Buchhändler. Deutsche Buchdrucker, 1979, S. 194 f. Siehe auch die Mitteilungen im Bbl. (Fundstellen in vorh. Anm.).

19 Adreßbuch 30, 1868, Abt. I, S. 50.

20 Adreßbuch 32, 1870, Abt. IV, S. 130.

buchhandlung‹. Zum 1.1.1873 verkauft Alphons Dürr sein ausländisches Sortimentsgeschäft an den ältesten Sohn Carl Twietmeyers, Alexander Twietmeyer, der die Firma unter dem Namen Twietmeyer fortführt.[21] Seit 1873 ist Alphons Dürr – wie die Dürr'sche Buchhandlung schon viele Jahre vorher – auch Mitglied des Leipziger Verleger-Vereins.[22] Alphons Dürr nimmt zum 1. Juli 1879 seinen Sohn Dr. phil. Alphons Emil Friedrich Dürr (1855–1913)[23] als Teilhaber in seinen Verlag auf.[24] Am 1. Juli 1883 geht der Verlag der Firma ›J. H. Richter‹ in Dresden (mit Ausnahme von ›Hoff, A. L. Richter‹) an Alphons Dürr über.[25]

1911 erlischt der Verlag Alphons Dürr: Er geht zum 11.3.1911 komplett an ›Hegel & Schade‹ in Leipzig, Bayerschestr. 12, über.[26] Nachdem ihre Besitzer Karl Hegel und Paul Schade aus der Firma ausgeschieden sind, geht sie zum 1.4.1914 »käuflich mit Akt. u. Pass.« in den Besitz von Else Dürr – der Witwe von Johannes Dürr (siehe unten) –, d. h. in den Besitz der Dürr'schen Buchhandlung über, sie firmiert weiterhin als ›Hegel & Schade‹, hat ihren Sitz aber nun in der Querstraße 14 (im Hause der Dürr'schen Buchhandlung); Prokurist ist Curt Joseph Haussmann.[27] Am 1.10.1918 wird Johann-Friedrich Dürr Mitinhaber von ›Hegel & Schade‹.

»Unter Edelmanns und Dürrs gemeinschaftlicher Arbeit errang die Druckerei größere Erfolge, als die Buchhandlung,« bes. »durch die Pflege des künstlerischen Illustrationsdruckes.«[28] 1861 verheiratete Otto Dürr sich mit Cora Mothes (geb. 1842), die ihm sieben Kinder gebar, von denen aber zwei schon früh verstarben.

Ostern 1867 zieht die Dürr'sche Buchhandlung – mit der Buchhandlung Alexander Edelmann – von der Poststraße 17 in die Querstraße 30,[29] wo sich schon die Verlagshandlung Alphons Dürr befindet. Am 15. Oktober 1878 lösten Edelmann und Dürr ihre zwanzigjährige Geschäftsverbindung: Otto Dürr übernahm die Druckerei Edelmanns[30] und die Dürr'sche Buchhandlung, Edelmann war nun Alleinbesitzer seines Verlages. Mit seinem Sohn (Carl Ferdinand) Victor Edelmann gründete Alexander Edelmann die neue Firma ›Alexander Edelmann, Universitäts-Buchhändler und Universitäts-Buchdrucker‹; diese zieht 1878/79 in den Grimmaischen Steinweg 3 um.[31] 1885 ziehen die

[21] Adreßbuch 36, 1874, Abt. IV, S. 103 und Abt. I, S. 314.

[22] Adreßbuch 35, 1873, Abt. V, S. 174 f.

[23] Porträt im Leipziger Kalender 11, 1914, S. 322.

[24] Adreßbuch 42, 1880, Abt. I, S. 73 und Abt. IV, S. 162.

[25] Gesammt-Verlags-Katalog, Bd XVI/2, 1886, Sp. 1893 f.

[26] Adreßbuch 76, 1914, Abt. III, S. 6 und Abt. I, S. 221.

[27] Adreßbuch 77, 1915, Abt. III, S. 8 und Abt. I, S. 226.

[28] Adreßbuch 29, 1867, Abt. I, S. 49.

[29] Adreßbuch-Belege siehe Anm. 16.

[30] Sie firmiert nun als Buchdruckerei Otto Dürr. Im Adreßbuch 43, 1881, Abt. I, S. 77, wirbt Otto Dürr dafür.

[31] Am 16.5.1887 stirbt C. O. A. Edelmann im 59. Lebensjahr in Konnewitz (?) bei Leipzig (Adreßbuch 50, 1880, Abt. IV, Nekrolog, S. 283). C. F. V. Edelmann ist seitdem Alleinbesitzer der Firma Alexander Edelmann (Adreßbuch 50, 1880, Abt. I, S. 91).

Dürr'sche Buchhandlung und die Verlagsbuchhandlung Alphons Dürr gemeinsam in die Querstraße 14 um.[32]

Am 1. Januar 1890 tritt Otto Dürrs viertes Kind, Johannes (Friedrich) Dürr (1867–1910), einer »der tätigsten und fleißigsten« Landtagsabgeordneten,[33] als Teilhaber in die Dürr'sche Buchhandlung ein.[34] Er ließ auch ein Verlagssignet anfertigen, das bis 1906 in Gebrauch blieb.[35] Im September 1890 heiratet er Elisabeth (Else) Pauline Bertha Gontard (1867–1944).[36]

Am 17. Januar 1903 kaufen Otto Dürr und sein Sohn Johannes Friedrich den 1840 gegründeten und seit 10. Juni 1862 unter Ed(uard) Peter's, vormals Ferd. Beyer's Buchhandlung in Braunsberg, seit 15.9.1868 als Ed. Peter's Verlag in Leipzig firmierende »angesehene Leipziger pädagogische Verlagsfirma Ed. Peter's Verlag«; damit »standen die vereinigten Geschäfte [Dürrs] fortan unter den pädagogischen Verlagsbuchhandlungen Deutschlands mit an erster Stelle.«[37]

Nach dem Tod von Johannes (Friedrich) Dürr 1910 erhielt der seit Mai 1893 im Verlag tätige Curt Haussmann (gest. am 29.1.1950) Prokura und führte den Verlag.[38] Seit 1. Januar 1912 war Johannes (Friedrich) Dürrs Witwe

[32] Adreßbuch 48, 1886, Abt. I, S. 82 f.

[33] Leipziger Kalender 9, 1912, S. 306. Vgl. auch Bbl. 76, Nr 247 vom 23.10.1909, S. 12668.

[34] Auch nach Adreßbuch 53, 1891, Abt. IV, S. 220.

[35] Zweihundertundfünfzig Jahre ..., 1906, S. 206. Danach ist dieses Signet von 1890 bis »Ende des Jahres 1905 ständig in Gebrauch geblieben«. Daß das Signet aber auch noch 1906 verwendet wurde, belegt z. B. die Ausg. 7.2.4, die von 1906 datiert, aber noch das alte Verlagssignet trägt. (Im unteren Schriftband des älteren Signets steht die Jahreszahl 1807, dann 1755 – zu dieser Jahresangabe siehe hier Anm. 6 –, seit Anfang des Jahres 1905 dann 1656). Alle Dürr'schen Titelaufl. (siehe dazu hier S. 152 und 189 ff.) tragen noch das ältere Verlagssignet; dieses ist zu sehen in Abb. 8 und 9 auf Seite 248, das neue, seit 1906 verwendete Signet in Abb. 10 auf S. 249.

[36] Dies ist die zweite Verbindung der Familie Dürr mit der Familie Gontard: Johannes Dürrs Onkel (der Bruder seines Vaters) Alphons (Friedrich) Dürr heiratete 1859 in zweiter Ehe Marie Anna Henriette Gontard (1837–1898). – Elisabeth P. B. Gontard war deren älteste Nichte. – Die Familie Gontard ist literarisch durch Goethes ›Lili‹ und Hölderlins ›Diotima‹ bekannt.

[37] Adreßbuch 66, 1904, Abt. I, S. 316 und R. Schmidt: Deutsche Buchhändler. Deutsche Buchdrucker, 1979, S. 1088 (daraus auch die Zitate). Zur Geschichte von Peter's Verlag gibt das Adreßbuch in den 60er und späteren Jgn unterschiedliche Angaben.

[38] Johannes-Friedrich Dürr (siehe unten) schreibt in der Festschrift ›300 Jahre Verlag Dürrsche Buchhandlung 1652–1952‹ auf S. 21 im Hinblick auf die Zeit nach seines Vaters (Johannes Friedrich Dürr) Tod: »Nach mancherlei schwierigen juristischen Auseinandersetzungen hat es mütterliche Liebe und Tatkraft durchgesetzt, daß sie das Erbe ihrem Sohne gleichen Namens, Johannes-Friedrich Dürr, d. h. mir selbst, erhalten konnte. Ein Glück, daß ihr des Mannes treuester Mentor und Bera-

Else Dürr alleinige Inhaberin der Dürr'schen Buchhandlung, – »leider auch nur erst nach käuflicher Abtrennung mehrerer Verlagsabteilungen«:[39] Zum 1. April 1911 ging die Firma Ed. Peter's Verlag an Ed. Nahmmacher, Leipzig, die Kommissionsabteilung an die Firma Bernhard Hermann, Leipzig – mit Ausnahme der bei der Dürr'schen Buchhandlung verbleibenden Auslieferung der PhB für Felix Meiner – und die philosopische Abteilung (bes. mit der PhB) an den neugegründeten Felix Meiner Verlag.[40]

Die am 15. März 1919 gegründete Wirtschaftlich-politische Bücherei von Dürr & Weber GmbH in Gaschwitz bei Leipzig firmiert seit dem 18. November 1919 als Dürr & Weber[41] und zieht zum 2. März 1920 auch nach Leipzig in die Querstraße 14,[42] wo die Dürr'sche Buchhandlung und Alphons Dürr seit 1885 schon ihren Sitz haben; zum gleichen Tag ist Johannes-Friedrich Dürr nicht mehr Geschäftsführer, Dr. Curt Hofmann wird Prokura erteilt,[43] die am 9. Juli 1920 erlischt, weil er zum Geschäftsführer bestellt wurde.[44] Nach Horst Weber und Walter Cramer wird im März 1920 Frl. Dr. Paula Schnirch und Frl. Hedwig Hamann Ges.-Prokura erteilt.[45] Geschäftsführer sind 1923 Dr. jur. Curt Hofmann und seit 1. Dezember 1921[46] Karl Richard Plötner, Ges.-Prokuristen sind Paula Schnirch und Hedwig Hamann. Im Juli 1923 zieht die Firma mit den Geschäftsführern Paul Krebs und Paul Scholz in die Dessauerstraße 35 nach Berlin,[47] 1927 befindet sie sich in der Wilhelmstraße 8 (in derselben Straße, in der auch L. Heimann seinen ersten Verlagssitz hatte) mit Wilhelm Klee und Paul Scholz als Geschäftsführern. Seit dem 1. August 1927 befindet sich Dürr & Weber wieder in der Querstraße 14 in Leipzig; nun sind Else und Johannes Friedrich Dürr als Inhaber ausgewiesen mit »Verlagsdirektor« C. J. Haussmann.

Am 1. Januar 1919 übernahm Johannes-Friedrich Dürr jr (1893–1957), der Sohn Johannes Friedrich Dürrs, die Verlagsleitung bei Dürr.[48] In der Zeit des Zweiten Weltkrieges konnte der Verlag bis 1944 am Leben erhalten werden, doch schließlich »erfolgte nach ernsten Zerwürfnissen mit den parteiamtlichen Prüfungskommissionen die obrigkeitliche Schließung.«[49] Nach Kriegsende übersiedelte die Familie in die Lüneburger Heide, wo man am 18. Dezember 1946 die Lizenz für das Sor-

ter in Verlagssachen, der seit 3. Mai 1893 im Verlag mittätige Curt Haussmann als selbstloser Berater und Mitarbeiter zur Seite stand.«

39 300 Jahre Dürr'sche Buchhandlung 1652–1952, 1952, S. 21.

40 Siehe Anm. 5 auf S. 68 und die Abb. auf S. 73.

41 Bbl. 86, Nr 273 vom 11.12.1919, S. 1121. Dazu wie auch zur Zeit 1907–1930 siehe: Die Dürr'sche Buchhandlung im letzten Vierteljahrhundert, 1931.

42 Bbl. 87, Nr 59 vom 12.3.1920, S. 247.

43 ebd.

44 Bbl. 87, Nr 159 vom 20.7.1920, S. 822.

45 Bbl. 88, Nr 179 vom 3.8.1921, S. 1156 und Nr 58 vom 10.3.1921, S. 299.

46 Bbl. 88, Nr 292 vom 15.12.1921, S. 1805.

47 Bbl. 90, Nr 166 vom 19.7.1923, S. 1021.

48 Nach Bbl. 85, Nr 264 vom 14.11.1918, S. 682, tritt er schon am 1.10.1918 als Teilhaber in die Firma ein.

49 300 Jahre Verlag Dürr'sche Buchhandlung 1652–1952, 1952, S. 24.

timent, am 8. Oktober 1948 die für den Verlag erhielt, der dann nach Bonn verlegt wurde, wo er heute noch als Verlag Dürr'sche Buchhandlung KG besteht. Nach dem Tod von Johannes-Friedrich Dürr jr 1957 übernahmen seine Witwe Martina Dürr und seine Tochter Rosmarie als Kommanditisten und deren Mann Heinz-Walter Auster (1921–77) als Komplementär und Verlagsleiter die Firma; 1973 schieden Martina Dürr und ihre Tochter Rosmarie Dürr-Auster als Kommanditisten aus; Heinz-Walter Auster führte den Verlag bis zu seinem Tod 1977 als Einzelfirma. Hans-Peter Dürr-Auster – Sohn von Rosmarie Dürr und Heinz-Walter Auster – ist seit August 1976 mit Prokura in der Firma tätig und führt die Geschäfte nach dem Tode seines Vaters mit Generalvollmacht für seine Mutter. Am 1. September 1987 wurde die Firma erneut in eine KG umgewandelt, deren mehrheitliche Kapitalanteile beim Komplementär Hans-Peter Dürr-Auster, die Minderheit bei seiner Mutter liegen.[50] – Am 1. Januar 1984 erwarb Hans-Peter Dürr-Auster den 1957 gegründeten ›Verlag für Sprachmethodik‹ von Hermann Kessler mit seiner Produktion ›Deutsch als Fremdsprache‹, der seitdem als ›Hermann Kessler Verlag für Sprachmethodik‹ firmiert.

50 Da die genealogischen Daten im NDB-Artikel vergleichsweise sparsam ausgefallen sind, sind die hier genannten Namen der Familie Dürr in einer (verkürzten) Genealogie zusammengefaßt (nur die Generationen V und VI sind vollständig aufgeführt, wofür ich Herrn Hans-Peter Dürr-Auster herzlich danke).

Nähere genealogische Angaben für die Zeit vor 1930 sind enthalten in: Die Buchhandlung Alphons Dürr in Leipzig, 1903; Zweihundertundfünfzig Jahre ..., 1906; Die Dürr'sche Buchhandlung im letzten Vierteljahrhundert, 1931; 300 Jahre Verlag Dürr'sche Buchhandlung 1652–1952, 1952; J. Hohlfeld: Leipziger Geschlechter, Bd 3: Die reformierte Bevölkerung Leipzigs 1700–1875, 1939.

Die Familie Dürr ist auch verschwägert mit den Leipziger Verlegerfamilien Meiner (siehe hier Anm. 3 auf S. 68) und Weber. Die Ehegattin von Horst Weber, Inhaber des Verlags J. J. Weber, Marianne Weber, geb. Cramer, ist eine Schwester von Martina Dürr, geb. Cramer, Ehegattin von Johannes-Friedrich Dürr jr.

I (1) Friedrich Dürr, ∗10.11.1796, †6.4.1875, Tuchhändler i. Leipzig, Sohn d. Dr. med. Friedrich Gottlob Dürr aus Pegau

⚭ (23.7.1826) Franziska Therese Rousset, ∗3.1.1804, †21.11.1874, 2. Tochter d. Philipp Wilhelm Rousset, Kaufmann i. Leipzig

4 Kinder, u. a. (2) u. (3)

II (2) Alphons Friedrich Dürr, ∗21.1.1828, †4.6.1908

⚭ I. (3 [oder: 5.] 9.1854) Helene Emilie de Villers, ∗13.9.[oder:10.] 1833, †24.8.1855, Tochter d. Francois Xavier de Villers aus Boulay (Lothr.), Prof. a. d. Ritterakadem. Dresden, (1770–1846) *s. (4)*

⚭ II. (16.2.1859) Marie Anna Henriette Gontard, ∗2.9.1837, †30.11.1898, Tochter d. Friedrich Alex-

(3) Otto Friedrich Dürr, ∗29.1.1832, †12.1.1905

⚭ Cora Mothes, ∗25.6.1842

7 Kinder, u. a. (5)

ander Gontard (1810–1849), Seidenwarenhändler i. Leipzig
5 Kinder

III (4) Dr. phil. Alphons Emil Friedrich Dürr, ∗15.8.1855, †23.9.1913
⚭ I. (Marburg 15.7.1879) Louise Charlotte Elisabeth Keßler, ∗24.7.1852
⚭ II.
5 Kinder

(5) Johannes Friedrich Dürr, ∗20.11.1867, †9.10.1910
⚭ (27.9.1890) Elisabeth [Else] Pauline Bertha Gontard, ∗28.8.1867, †27.1.1944
4 Kinder, u. a. (6)

IV (6) Johannes-Friedrich Dürr jr, ∗27.1.1893 Leipzig, †16.5.1957 Bad Godesberg
⚭ (17.5.1919) Martina Cramer, ∗3.8.1898
s. (7), (8), (9)

V (7) Johannes Friedrich Wilhelm Dürr, ∗1.3.1920, †gefallen 17.8.1944

(8) Wolfgang Alphons Dürr, ∗25.11.1922, †gefallen 6.7.1942

(9) Rosmarie Else Dürr, ∗18.4.1927
⚭ (24.6.1950) Heinz-Walter Auster, ∗19.2.1921 Markushof/Westpr., †16.5.1977
s. (10), (11), (12)

VI (10) Hans-Peter Dürr-Auster, ∗14.3.1951 Bonn
⚭ (26.7.1974) Angelika Hülshoff, ∗14.8.1951 Essen
s. (13), (14), (15)

(11) Claus Detlef Wolfgang Dürr-Auster, ∗7.9.1952 Bonn
⚭ (24.4.1987) Gisela Otto, ∗16.4.1953
1 Kind

(12) Editha Ulrike Gertraude Dürr-Auster, ∗19.1.1955 Bonn
⚭ (23.9.1978) Gerhard Pichl, ∗3.12.1947
2 Kinder

VII (13) Sonja Carola Corinna, ∗15.8.1977 Bonn
(14) Natalie Janine Béatrice, ∗5.7.1979 Bonn
(15) Thilo Maximilian, ∗22.4.1984 Bonn

1.2.6 Felix Meiner Verlag, seit 1911[1]

Felix Meiner wurde am 25. März 1883 als zweiter Sohn in zweiter Ehe des Leipziger Kaufmanns Carl Emil Meiner (1837–1911) in Leipzig geboren. Sein Halbbruder (einziges Kind aus der ersten Ehe seines Vaters) war Arthur Mei-

[1] Die folg. Ausführungen sind auf das Nötigste beschränkt, da genauere und weiterführende Mitteilungen incl. Literaturangaben zu finden sind in zwei Artikeln (zu Arthur und Felix Meiner) in NDB, Bd 16, sowie bei R. A. Bast: Die Buchhändler-Familie Meiner (mit Genealogien der Familien Meiner und Merseburger), 1991.

ner (1865–1952),[2] einer der bedeutendsten deutschen Verleger (Mitbegründer der Deutschen Bücherei in Leipzig. Erster Vorsitzender des Deutschen Verlegervereins 1910–16 und 1917/18 sowie Erster Vorsteher des Börsenvereins der Deutschen Buchhändler 1918–24).[3]

Felix Meiner studierte von 1903 an in Innsbruck, Wien, Leipzig und München Volkswirtschaft und promovierte 1907 mit der bei dem bekannten deutschen Nationalökonomen Lujo Brentano (1844–1931) – Bruder des Philosophen Franz Brentano (1838–1917), dessen Werke seit 1921 im Felix Meiner Verlag erscheinen[4] – verfaßten Dissertation ›Grundrente und Wohnungsfrage in Plauen i.V.‹. Nach einer intensiven buchhändlerischen Ausbildung in Leipzig, London und New York gründete er am 1. April 1911 in Leipzig den Felix Meiner Verlag mit den Hauptgebieten Philosophie, Rechts-, Staats- und später Wirtschaftswissenschaften[5] (siehe die Anzeige auf S. 73).

Felix Meiner erwarb 1911 und später ganze Abteilungen und einzelne Werke verschiedener Verlage. Die wichtigsten Erwerbungen sind zweifellos

Auch der Jubiläums-Verlagskatalog vom Febr. 1986: ›Klassische Werke philosophischer Tradition. Fünfundsiebzig Jahre Felix Meiner Verlag. Kurze Chronologie und Gesamtkatalog‹ bringt für die Geschichte des Verlages wichtige Daten. Eine 1982 als ›Hausarbeit zur Prüfung für den höheren Bibliotheksdienst‹ an der Flachhochschule für Bibliotheks- und Dokumentationswesen in Köln angefertigte Arbeit über den Meiner-Verlag ist u. a. voller Fehler und muß als nicht zitabel gelten.

[2] Siehe den Artikel zu Arthur Meiner in NDB, Bd 16, und R. A. Bast: Die Buchhändler-Familie Meiner, 1991.

[3] Arthur Meiner war auch mit der Buchhändler-Familie Dürr verwandt: Seine Mutter Clara Wilhelmine Kretschmann (1837–1877) war eine Cousine von Alphons und Otto Friedrich Dürr: Arthur Meiners Großmutter mütterlicherseits, Charlotte Wilhelmine Rousset (1802–1879), war eine Schwester von Franziska Therese Rousset (1804–1874), die mit Friedrich Dürr (1796–1875) die Ehe einging, aus der vier Kinder hervorgingen, darunter die beiden oben genannten Verleger (siehe hier S. 66, Anm. 50 und J. Hohlfeld: Leipziger Geschlechter, Bd 1, 1933, S. 25).

[4] Die aus nachkriegsbedingten Gründen mit Zustimmung von Felix Meiner im Francke Verlag, Bern, erschienenen Brentano-Ausg. (in Ausstattung und Format den Bänden der PhB entsprechend) wurden 1977 vom Meiner-Verlag in die PhB übernommen. Siehe auch hier S. 162 mit Anm. 47.

[5] Bbl. 78, Nr 76 vom 1.4.1911, S. 4096. In der ›Wöchentlichen Übersicht über geschäftliche Einrichtungen und Veränderungen‹ des Bbl. ist Meiners Verlagsgründung in Liste 14 von 1911 verzeichnet: Bbl. 78, Nr 79 vom 5.4.1911, S. 4255.

Die Anzeige der Dürr'schen Buchhandlung, auf die in der Meiner-Anzeige im ersten Satz verwiesen wird, befindet sich auf der selben Seite des Bbl. wie die Meiner-Anzeige. Die Dürr'sche Buchhandlung teilt darin mit, daß sie vier Verlagsgruppen an andere Verlage abtritt, darunter auch: »2. An Herrn Dr. Felix Meiner, Leipzig, Gruppe der Philosophie einschliesslich Philosophische Bibliothek.« Die Anzeige der Dürr'schen Buchhandlung schließt mit dem Satz: »Die Auslieferung der Philosophischen Gruppe werden wir für Rechnung des Herrn Dr. Felix Meiner weiter besorgen.« (Siehe die Abb. auf S. 73.)

(im Herbst 1911) die philosophische Abteilung des in Leipzig von 1907 bis 1917 bestehenden Fritz Eckardt Verlages,[6] darunter bes. die von Eckardt als ›Werke der klassischen deutschen Philosophie‹ präsentierten Werkeausgaben von Fichte, Hegel, Schelling und Schleiermacher, die bis auf die Ausgabe Hegels[7] in die PhB eingegliedert wurden – und vor allem die »Gruppe der Philosophie einschliesslich Philosophische Bibliothek«[8] der Dürr'schen Buchhandlung.

Schon nach wenigen Jahren hatte der weltoffene, (auch politisch) engagierte und mutige Felix Meiner seinen Verlag an die Spitze der wissenschaftlichen Fachverlage Deutschlands geführt, der auch während der Zeit der nationalsozialistischen Herrschaft seine internationale Reputation behielt. Am 4. Dezember 1943 vernichtete ein Feuer infolge eines Bombenangriffs auf Leipzig das Verlagshaus, Archiv und Bestände fast restlos. Nach dem Zusammenbruch des ›Dritten Reichs‹ erhielt Felix Meiner am 8. Februar 1947 zwar eine Verlagslizenz der sowjetischen Militärregierung, mußte aber im Oktober 1951 aus politischen und wirtschaftlichen Gründen nach Hamburg fliehen, wo der Verlag neugegründet wurde,[9] während der Leipziger Verlag in Liquidation trat.[10]

Die Festschrift ›Felix Meiner zum 70. Geburtstag‹ (1953) zeugt mit ihren Beiträgen – u. a. von Hans-Georg Gadamer, Karl Jaspers, Theodor Litt, Albert Schweitzer, Eduard Spranger, Max Tau – vom Rang des Verlegers Felix Meiner.

Nach dem Ende des Zweiten Weltkrieges wußte niemand, wie es mit dem deutschen Buchhandel weitergehen würde. Welche Folgerungen waren aus der Teilung Deutschlands in vier Besatzungszonen zu ziehen, durch die gerade wissenschaftliche Verlage, die ihre Wirkungsmöglichkeiten im gesamten deutschen Sprachgebiet (und im Ausland) sahen, betroffen wurden? Die schon

[6] Siehe dazu R. A. Bast: Verlag und Verleger Fritz Eckardt und die Künstlervereinigung ›Werdandi-Bund‹, 1990.

[7] Bis 1911 war in dieser Werkeausg. Hegels nur 1 Bd erschienen, nämlich 1909 die ›Phänomenologie des Geistes‹; siehe dazu auch 36.19.1.

[8] Anzeige der Dürr'schen Buchhandlung in Bbl. 78, Nr 76 vom 1.4.1911, S. 4096. Siehe hier Anm. 5 und die Abb. auf S. 73.

[9] Anzeige der Neugründung im Bbl. (Frankfurter Ausgabe) 8, Nr 10 vom 1.2.1952, S. 203.

[10] Im Zusammenhang mit der Liquidation des Felix Meiner Verlages kam es zu Vorfällen, die den Verbleib der PhB beim Felix Meiner Verlag gefährdeten und die in einem von Richard Meiner am 5.11.1963 verfaßten ›Memorandum über das Verhältnis Akademie-Verlag, Berlin – Felix Meiner Verlag, Hamburg‹ dargestellt sind. Das ›Memorandum‹ ist im Anhang zu Kap. 1.4.6, Nr 5, S. 179–181wiedergegeben, wofür ich Herrn Richard Meiner herzlich danke. Auf einer Besprechung am 8.11.1963 in den Geschäftsräumen des Meiner-Verlages in Hamburg gelang es, den Dissenz beizulegen und anschließend zu einer engen und kollegialen Zusammenarbeit mit gegenseitigen Lizenzvergaben zu kommen.

sehr früh erkennbar werdenden Differenzen aller Art zwischen den drei westlichen und der sowjetischen Besatzungsmacht ließen viele vorausschauende Verleger nach Möglichkeiten suchen, wenigstens ›einen Fuß im Westen zu haben‹, um auch bei noch schwieriger werdenden Verhältnissen ihre Arbeit fortsetzen zu können; denn für in der sowjetischen Besatzungszone lizensierte Verleger galten strengste Zensurbestimmungen, die eine freie verlegerische Betätigung unmöglich machten.[11] Nicht zuletzt unter diesen Gesichtspunkten hatte der am 8. April 1918 als drittes Kind Felix Meiners geborene Richard Meiner im Herbst 1947 eine britische Verlagslizenz beantragt, die ihm im März 1948 in Hamburg auch erteilt wurde. Da befürchtet werden mußte, daß im Gegenzug zur Eigentumsbeschlagnahme von Bewohnern der Westzone in der Ostzone auch Eigentum von Bewohnern der Ostzone in den Westzonen beschlagnahmt werden könnte, erhielten zwei Bände der deutschen Cusanus-Ausgabe in der PhB 1948 und 1949 für die für die Westzonen vorgesehenen Auflagenteile Titelblätter des Richard Meiner Verlages, jedoch mit Angabe der PhB-Nr.[12] Noch 1948 gründete Richard Meiner die ›Neue Philosophische Bibliothek‹, in der jene Texte erscheinen sollten, bei denen eine Genehmigung der sowjetzonalen Behörden für den Leipziger Verlag als fraglich oder aussichtslos gelten konnte. In dieser ›Neuen PhB‹ sind jedoch nur zwei Bände erschienen, die hier in Bibliographie 2.4 verzeichnet sind. Felix Meiner hatte auch bereits vorsorglich im Juli 1948 für den Fall einer Enteignung oder sonstiger, die letzte Substanz des Verlages angreifender Beschränkungen seiner weiteren Tätigkeit entsprechende Rechtsübertragungen für die gesamten Rechte des Leipziger Verlages an den Richard Meiner Verlag vorgenommen, die jedoch durch die Neugründung des Felix Meiner Verlages 1951 in Hamburg nicht in Anspruch genommen zu werden brauchten. Auch die PhB konnte nunmehr wieder in der gewohnten Form erscheinen.

Der Neuaufbau der PhB wurde in engster Zusammenarbeit zwischen Felix und Richard Meiner, der gleichzeitig als Prokurist im väterlichen Verlag tätig war, durchgeführt. Nach dem Ausscheiden Felix Meiners zum 1. Januar 1964 wurden die beiden Verlage unter dem traditionsreichen Namen Felix Meiner zusammengelegt. Anläßlich seines 65. Geburtstages wurde Richard Meiner

[11] Die sowjetischen Behörden verweigerten Druckgenehmigungen; erlittene Kriegsschäden mußten als Einkommen versteuert werden! »Jedes Manuskript und jede Neuauflage mußten zur Prüfung beim ›Kulturellen Beirat‹ vorgelegt werden, und es erhielten auch von an sich als erwünscht bezeichneten und grundsätzlich genehmigten Vorhaben nur solche Papier zugeteilt, die die kulturpolitischen Tendenzen der Sowjetregierung betont förderten. Nicht einmal für Neuauflagen der dringend verlangten Grundwerke der Philosophie eines Hegel gab es auf normalem Wege Papier.« Felix Meiner in: Johannes Hoffmeister zum Gedächtnis, 1955, S. 52.

[12] Siehe hier 72.6.3 und 72.10.1.

mit einer bemerkenswerten Festschrift geehrt.[13] 1978 trat Richard Meiners zweites Kind, der 1952 in Hamburg geborene Manfred Meiner, in den Verlag ein; 1981 wird er bei der Verlagsumgründung in eine GmbH als Gesellschafter in die Firma aufgenommen und zum Geschäftsführer berufen. Zum 1. Januar 1988 übernahm er die Kapitalmehrheit, um damit den reibungslosen Übergang in die dritte Generation des Familienunternehmens sicherzustellen.

Mit der PhB in direktem oder nur mittelbarem Zusammenhang stehen sechs weitere Reihen des Meiner-Verlages, die die PhB z. T. »nach verschiedenen Richtungen zu ergänzen bestimmt sind.«[14] Auch im Titel als Nebenreihe zur PhB präsentieren sich die ›*Feldausgaben der PhB*‹, die später in die (noch heute bestehenden) ›Taschenausgaben der PhB‹ übergingen und die hier in Kap. 2.5 und 2.6 der Bibliographie verzeichnet sind. Die ›Feldausgaben der PhB‹ gründete Felix Meiner 1917‹:[15] »Den Bedürfnissen des Heeres nach gehaltvoller Li-

[13] Ceterum censeo . . ., 1983.

[14] So in Verlagskatalogen bis incl. Aug. 1917.

[15] Bis heute gibt es keine monographische, umfassende Darstellung der Feldbzw. Kriegsausg. und ihres Umfeldes. Über die Lektüre der Frontsoldaten informiert I. Ehringhaus: Die Lektüre unserer Frontsoldaten im Weltkrieg, 1941. Nur über die Feldpost des Ersten Weltkrieges handelt K. Schracke: Geschichte der deutschen Feldpost im Kriege, 1921; über die Feldpost bis 1937 unterrichtet F. Stuhlmann: Die Deutsche Feldpost in Geschichte und Tätigkeit, 1939

Diese ›Feldausgaben der PhB‹ sind nicht zu verwechseln mit Meiners ›*Feldpostausgaben*‹, in denen laut Verlagsanzeige (incl. einiger Übernahmen aus anderen Verlagen) erschienen sind (bibliographisch nicht als Reihe nachzuweisen):

Apel, Max: Haeckels Weltanschauung. Berlin-Schöneberg: Verlag Die Hilfe 1908; 2., durchgesehene Aufl. 1910.

Bergmann, Ernst: Deutsche Führer zur Humanität. Drei Vorlesungen. 1915.

Braun, Otto: Philosophie und Schule. Kunst und Schule. 191?

Darwin. Seine Bedeutung im Ringen um Weltanschauung und Lebenswert. Aufsätze von Wilhelm Bölsche, Eduard David, Friedrich Naumann u. a. Berlin-Schöneberg: Verlag Die Hilfe 1909.

Eucken, Rudolf: Bilder aus Welt- und Menschenleben. Feldpostausgabe aus ›Gesammelte Aufsätze‹. 2., durchgesehene Aufl. 1917; 3. Aufl. 1918.

–: Moral und Lebensanschauung. Feldpostausgabe aus ›Gesammelte Aufsätze‹. 2., durchgesehene und um ein Schlußwort für unsere Feldgrauen vermehrte Aufl. 1917.

Falckenberg, Richard: Kant und das Jahrhundert. Leipzig: Dürr'sche Buchhandlung 1907.

Falkenfeld, Hellmuth: Wort und Seele. Eine Untersuchung über die Gesetze in der Dichtung. 1913.

Joël, Karl: Die philosophische Krisis der Gegenwart. Rektoratsrede. 1914.

Kinkel, Walter: Der Humanitätsgedanke. Leipzig: Eckardt 1908.

Richter, Raoul: Nietzscheaufsätze. 1917.

Vorländer, Karl: Sittliche Strenge und sittliche Schönheit. 1917.

teratur kleineren Umfanges suchte der Verlag nachzukommen durch Gründung der Sammlung ›Feldausgaben der Philosophischen Bibliothek‹, die zunächst unter Benutzung älterer Bestände herausgegeben wurde. Der Erfolg dieser Sammlung gibt Veranlassung, sie auch in Friedenszeiten unter dem Titel ›Taschenausgaben‹ weiterzuführen. [...] Die neueste Folge der Hefte enthält bereits eine Anzahl Werke, die bisher in der Philosophischen Bibliothek nicht enthalten, zum Teil überhaupt nicht in deutscher Sprache zugänglich waren.«[16] In einer Kurzrezension in der ›Deutschen Literaturzeitung‹ heißt es 1918:[17]

»Von den Einrichtungen, die die oberste Heeresleitung getroffen hat, um unsern Feldgrauen den schweren Kriegs- und Heeresdienst zu erleichtern, werden die Akademiker unter ihnen gewiß die Auffrischungskurse besonders willkommen geheißen haben, die ihnen die Möglichkeit gewähren, wieder einmal zu ihren Friedensbeschäftigungen zurückzukehren. Eine Schwierigkeit für den Akademiker, im Felde während der Ruhestellung sich ab und zu seinem Studium wieder zuzuwenden, ist der Mangel an ihm zugänglicher Literatur. Es ist deshalb ein guter Gedanke des Meiner'schen Verlages, aus seiner wohlbewährten ›Philosophischen Bibliothek‹ Sonderausgaben als Feldausgaben in handlicher Form zu veranstalten.«

Und in der ›Zeitschrift für Bücherfreunde‹ heißt es 1919 sogar:[18]

»Ob wohl bei einem andern der kriegsführenden Völker die Werke der großen Denker in solchen Feldausgaben erschienen sind? Und ob sie dann wohl heute schon zum Teil vergriffen wären, wie diese klug gewählten und gut ausgestatteten Bändchen aus der großen, mehr als 170 Bände zählenden Philosophischen Bibliothek? Schiller, Herder, W.v. Humboldt, Kant, Lessing, Hegel, Goethe, Leibniz und Plato sind in der kleinen Reihe bereits vertreten durch Schriften, die bei geringem Umfang dem Denker wertvollsten Stoff darbieten. Mit freudigem Stolz darf auf dieses äußerlich anspruchslose Erzeugnis des deutschen Buchhandels hingewiesen werden.«

Von 1917 bis Kriegsende 1918 erschienen in dieser Reihe (bzw. Unterreihe der PhB) kleinere Texte von neun Autoren in 15 Heften. Diese zwischen 20 und 114 Seiten umfassenden Hefte[19] entstanden zunächst dadurch, daß entweder aus einem PhB-Band die ausgewählten Textstücke nachgedruckt oder aus vorhandenen Rohbogen-Beständen entnommen wurden; begann der ausgewählte Text auf einer rechten Seite, wurde ein neugedrucktes Titelblatt vorge-

[16] Felix Meiner in dem mit »27. Juni 1919« datierten Text ›Zur Verlagschronik 1914–1919‹. (Der Text ist mit Auslassungen hier auf S. 172–175 wiedergegeben.)

[17] Jg 39, Nr 3 vom 19.1.1918, Sp. 68.

[18] N. F. Jg 10, 2. Hälfte, 1919, Sp. 433.

[19] Heft 10 (Schiller: Über die ästhetische Erziehung des Menschen) hat 114 Seiten Umfang, Heft 9 (Lessing: Religionsphilosophie und theologische Streitschriften) 20 Seiten; Heft 4 (Kant: Idee einer allg. Geschichte in weltbürgerl. Absicht) hat 20 Seiten Umfang, Heft 14 (Leibniz: Die Vernunftprinzipien der Natur und der Gnade. Die Monadologie) 34 Seiten.

Verlag der Dürr'schen Buchhandlg., Leipzig.

Zur gef. Kenntnisnahme!

Folgende Gruppen unseres Verlages haben wir mit allen Vorräten und Rechten abgetreten:

1. An die Firma O. R. Reisland, Leipzig.

Gruppe Lehrbücher für höhere Schulen:

Berndt-Granz-Grobe, Deutsches Lesebuch.
Bork-Crantz-Haentzschel, Mathematischer Leitfaden.
Bork-Nath, Mathematische Hauptsätze für Gymnasien.
— — do. für Realgymnasien.
Böttger, Ebene Geometrie.
— Grundzüge der Geometrie.
— Stereometrie.
Böttger-Hartenstein, Trigonometrie.
Clemen, Einführung in die Heilsgeschichte.
— Abriss der Glaubenslehre.
— Abriss der Kirchengeschichte.
Deutsches Lesebuch für Realschulen und verwandte Lehranstalten.
Eichler, Griechisches Übungsbuch zur Formenlehre.
— Griech. Übungsbuch zur Syntax.
Fischer, Bürgerkunde.
Fischer-Pöhler, Französische und englische Lieder.
Friedenberg-Pöhler, Liedersammlung für Realschulen.
Fritzsche, Vorschule der Philosophie.
Gercken, Grundzüge der darstellenden Geometrie.
Goldacker-Hofmann-Kreussler, Leitfaden für den Religionsunterricht. Ausgabe A., B., C., D. nebst Anhang.
Hofmann, Für Feste und Fahrten.
Kaemmel, Bürgerkunde für Sachsen.
Ketzer, Schulgeographie.
— Grammatischer Anhang.
Koch-Bork, Flottenlesebuch.
Leitfaden für den Geschichtsunterricht.
Meyer-Nagel, Deutsches Lesebuch. Ausg. A, B und C.
Müller, Dr. Rudolf, Auslese aus Arndts Prosaschriften.
Pfalz, Die Geschichte in ihren Grundzügen.
Schöpke, Sprachstoffe.
Schöpke-Scheibner-Gassmeyer, Lehrgang der französischen Sprache nebst Schlüssel.
Schulze-Pahl, Mathematische Aufgaben. Ausgabe für Gymnasien nebst Lösungen.
— do. für Realgymnasien nebst Lösungen.
— do. für höhere Mädchenschulen.
Steuding, Deutsches Lesebuch für sächsische Gymnasien.
— Hilfsbuch für den deutschen Unterricht.

2. An Herrn Dr. Felix Meiner, Leipzig.
Gruppe der Philosophie einschliesslich Philosophische Bibliothek.

3. An Herrn Ed. Nahmmacher, Leipzig.
Die Firma Ed. Peter's Verlag.

4. An die Firma Bernhard Hermann, Leipzig.
Die Kommissionsabteilung.

Die zur Ostermesse zur Verrechnung gelangenden Beträge sind noch mit uns zu verrechnen.

Die Auslieferung der Philosophischen Gruppe werden wir für Rechnung des Herrn Dr. Felix Meiner weiter besorgen.

Leipzig, den 1. April 1911.

Dürr'sche Buchhandlung.

Unter Hinweis auf obige Anzeige der Dürrschen Buchhandlung erlaube ich mir mitzuteilen, dass ich am heutigen Tage unter der Firma

Felix Meiner

eine Verlagsbuchhandlung gegründet habe, die sich hauptsächlich die Pflege der sozialwissenschaftlichen, historischen und philosophischen Wissenschaften zur Aufgabe machen wird. Als Grundstock erwarb ich von der Dürr'schen Buchhandlung in Leipzig deren philosophische Abteilung, speziell die bekannte „Philosophische Bibliothek“. Ich werde nach besten Kräften bemüht sein, diese in der alten, bewährten Weise fortzuführen und zu erweitern, und bitte um weitere freundliche Verwendung.

Meine Mitgliedschaft beim Verein der Buchhändler zu Leipzig und beim Börsenverein der Deutschen Buchhändler habe ich angemeldet.

Kataloge meines Verlages stehen auf Wunsch in beliebiger Anzahl zur Verfügung. Wegen besonderer Verwendung bitte ich, sich mit mir in Verbindung setzen zu wollen.

Meine Auslieferung übertrug ich der Dürrschen Buchhandlung.

Hochachtungsvoll

Dr. Felix Meiner.

bunden; begann hingegen der Text auf einer linken Seite (die vorstehende rechte Seite war mit anderem Text bedruckt), wurde dieses 1 Bl. gesondert nachgedruckt und dabei der alte Text auf der Vorderseite gegen den neuen Hefttitel ersetzt (wie z. B. bei FA4.1). Hin und wieder wurden bei aus Rohbogen entnommenen Teilen eine Anfangs- oder Schlußseite ganz oder in Teilen überklebt, wenn diese noch Text enthielt(en), die nicht zu dem ausgewählten gehörte(n).[20]

Die Hefte der ›Feldausgaben‹ mit dem Format 18,5 × 12,5 cm hatten meist Umschläge aus dem gleichen Papier wie der Buchblock; der Vorderumschlag trug (meist) dieselbe Titelei wie die Titelseite; diese wie der Umschlag trugen unten jeweils ein Kriegsausfuhrzeichen (ein Signet des Völkerschlachtdenkmals). Die Herkunft des Textes einer ›Feldausgabe‹ aus einem PhB-Band ist auf der Impressumseite (Rückseite des Titelblattes) oder – wenn dort schon der Text beginnt – auf der Titelseite selbst angegeben.

Die ›Feldausgaben der PhB‹ waren so erfolgreich, daß sie nach dem Krieg als *›Taschenausgaben der PhB‹* fortgeführt wurden,[21] »um dem Überhandnehmen der seichten philosophischen Tagesliteratur ein Gegengewicht zu bieten und auch die wirtschaftlich Schwachen für ernste philosophische Lektüre zu gewinnen.« Von den vorhandenen 15 Heften der ›Feldausgaben‹ wurden entweder neue Exemplare mit ›Taschenausgaben‹-Titelei gedruckt, oder bei noch vorhandenen Exemplaren dieser 15 Hefte wurde das ›Feldausgaben‹-Titelblatt durch ein neues ersetzt (womit quasi eine Titelauflage entstand).[22] Die ›Taschenausgaben‹ nahmen dann wohl die Zielsetzung der eingestellten Reihe ›Meiners Volksausgaben‹ auf, wie der Text eines Prospektes vom April 1922 zeigt:

»Die Sammlung entstand im Kriege aus dem Verlangen des Schützengrabens nach gehaltvollem, anregendem Lesestoff. Der Gedanke einer handlichen Bibliothek kleinerer selbständiger Aufsätze und in sich abgeschlossener Teile größerer philosophischer Werke schien dem Verlage aber wertvoll genug, auch in die Friedenszeit hinübergerettet zu werden, in diese für uns Deutsche so hoffnungslos trübe Gegenwart. Schon haben die Hefte Anklang bei der aufstrebenden Volkshochschulbewegung gefunden; für die Bestrebungen der Lehrerschaft nach philosophischer Durchdringung des Unterrichts, für den ›Konzentrationsgedanken‹ im Unterricht bieten sie die gewünschte Grundlage. Anregung für jeden, der sich trotz des Druk-

[20] So ist z. B. in Ex. 101 von Ausg. FA2.1 der Kopftext auf der 1. Textseite der Ausg. (S. 195) überklebt; in Ex. 12 von Ausg. FA2.2 sind auf S. 507 die ersten 15 Zeilen überklebt; in Ex. 12 von FA9.1 ist der nicht mehr zu der betr. Schrift gehörende Text auf der letzten Seite (S. 158) überklebt. So wurde auch noch bei den ›Taschenausgaben‹ verfahren, allerdings bei ›Feld-‹ und ›Taschenausgaben‹ weder in allen entsprechenden Fällen, noch bei allen Exn einer Ausg.

[21] Vgl. das obige Zitat aus dem ›Verlagsbericht 1914–1919‹. Zu den ›Taschenausgaben‹ siehe auch den Vortext zur Bibliographie 2.6, S. 809–811.

[22] Siehe z. B. TA11.12, TA11.17, TA12.1, TA17.3.

kes der Tagesarbeit hinausgehoben fühlen möchte in eine höhere Sphäre, für jeden, der dem Sinn dieses Lebens nachgrübelt, wollen sie bieten und anleiten zum Studium der unvergänglichen Werke der großen, in der ›Philosophischen Bibliothek‹ dargebotenen Denker aller Zeiten.«

Im PhB-Verlagskatalog vom April 1927 heißt es auf S. 22 zu den ›Taschenausgaben‹:

»Zum Unterricht in philosophischer Propädeutik. Das hat der Lehrer der Philosophie mit dem Künstler gemein, daß er Bevormundung nicht verträgt. Die eigene Individualität und die seiner Schüler muß ihn bei der Wahl des Weges leiten. Nur in den seltensten Fällen wird er daher die von einem Fremden literarischen und philosophischen Geschmack zusammengestellte Auswahl von Textfragmenten in ›Anthropologien‹ oder ›Philosophischen Lesebüchern‹ verwenden können. Allen unnützen und kostspieligen Ballast vermeidet er bei der Benutzung der Sammlung ›Taschenausgaben der Philosophischen Bibliothek‹.«

1921 heißt es in einem Werbetext für die ›Taschenausgaben‹ (mit demselben Text wird auch noch 1929 geworben):

»Die Sammlung steht im Dienste der Volksbildung (Volkshochschulbewegung, philosophisch-propädeutischer Unterricht, philosophische Seminarien und Arbeitsgemeinschaften, Volksbüchereien etc.). Sie enthält kleinere selbständige Aufsätze und in sich abgeschlossene Teile aus den Werken der philosophischen Klassiker in geschmackvoller Ausstattung zu außerordentlich niedrigen Preisen. Wer sich über den Druck des Tages hinausgehoben fühlen will in die reine Sphäre klassischen philosophischen Geistes, findet hier reiche Anregung und Belehrung.«

Im PhB-Verlagskatalog vom September 1924 schreibt Felix Meiner:

»Um dem Überhandnehmen der seichten philosophischen Tagesliteratur ein Gegengewicht zu bieten und auch die wirtschaftlich Schwachen für ernste philosophische Lektüre zu gewinnen, hat der Verlag die ›Taschenausgaben der Philosophischen Bibliothek‹ ins Leben gerufen, neben welche die Sammlung ›Dokumente der Menschlichkeit‹[23] trat [...] Hier [bei den ›Taschenausgaben‹] werden charakteristische und leicht verständliche kurze Texte, kleinere selbständige Aufsätze, Auswahlen geboten, die auch in Seminaren und Volkshochschulkursen und im propädeutischen Unterricht unserer Lehranstalten gern verwendet werden.«

Von ›Meiners Volksausgaben‹ wurden alle drei Bände ca 1919 in die ›Taschenausgaben‹ übernommen; die 1914 nur in ›Meiners Volksausgaben‹ erschienene Edition von Kants ›Ausgewählten kleinen Schriften‹ (als Heft 24 der TA) wie auch die schon der PhB entnommenen beiden anderen Bände (Des-

23 »Die Sammlung bietet unter Weglassen des heute Unwichtigen die Werke der geistigen Pioniere der Zivilisation, der Evangelisten freien Menschentums. Allen Gebildeten und Bildungshungrigen, insbesondere den Leitern und Hörern der Volkshochschulen, willkommen.« (PhB-Verlagskatalog vom April 1927, S. 24). Die Reihe übernahm Meiner mit 20 Bdn vom Münchner Dreiländer-Verlag. Sie ist verzeichnet im DBV, Bd 4, S. 551 f. und Bd 7, S. 718 (= GV1911–65, Bd 28, S. 245).

cartes' ›Meditationen‹ als Heft 21, Humes ›Untersuchung über den menschlichen Verstand‹ als Heft 23 der TA).

Bis 1948 erschienen 69 Titel (= Heft-Nummern) von 20 Autoren.[24] Nach 1949 wurden nur noch von zwei Ausgaben unveränderte Neudrucke hergestellt:

Heft 36: Hegel, Vom Wissenschaftlichen Erkennen (letzter Neudruck von 1968; TA5.10)
Heft 24: Kant, Ausgewählte kleine Schriften (Neudrucke 1978 und 1988; TA11.7).[25]

War Heft 36 letztmalig im Verlagskatalog von 1979/80 angezeigt (die Ausgabe ist vergriffen und wird nicht mehr neu aufgelegt), so erinnert heute nur noch Heft TA24 an diese einstmals erfolgreiche Reihe.

Von 1917 bis 1978 erschienen von den 69 Titeln insgesamt 104 Ausgaben (incl. aller Auflagen, aber ohne bloße unveränderte Nachdrucke).

Die ›Taschenausgaben‹ erschienen also auch im Zweiten Weltkrieg, hatten aber wohl weder den Erfolg wie die ›Feldausgaben‹ im Ersten Weltkrieg noch wie die ›Feldausgaben‹ anderer Verlage: Waren im Ersten Weltkrieg innerhalb von knapp zwei Jahren immerhin 15 Hefte, d. h. 15 neue Ausgaben erschienen, so erschienen von 1939 bis 1945 lediglich neun Hefte, davon nur zwei Neuausgaben.[26]

Nicht alle 69 Hefte der ›Taschenausgaben‹ waren ›Sonderausgaben‹ aus vorhandenen PhB-Ausgaben. Sechs Ausgaben brachten Texte, die in der PhB nicht greifbar waren. Diese Hefte waren somit eigens für die ›Taschenausgaben‹ veranstaltete Editionen. 1919 erschienen vier solcher Ausgaben, 1924 nochmals zwei:

	hier
Humboldt: Über d. deutsche Verfassung	TA7.6
Hume: Von d. ersten Grundsätzen d. Regierung. Absolutismus und Freiheit. Die Politik: eine Wissenschaft	TA8.3
–: Von d. Freiheit d. Presse. Von d. Unabhängigkeit d. Parlaments. Von d. Parteien überhaupt	TA8.4
Lotze: Der Instinkt	TA14.7–8
–: Über Bedingungen d. Kunstschönheit	TA14.13
–: Über d. Begriff d. Schönheit	TA14.14

[24] Vgl. Register 3.4.1 und 3.4.2.

[25] In der Aufl. von 1965 (TA11.6) heißt es zu Beginn einer Editionsbemerkung des Verlages auf Bl. 2a: »Das vorliegende Heft hat sich an Pädagogischen Akademien, in Volkshochschulkursen und im Philosophieunterricht an Höheren Schulen so bewährt, daß der Verlag glaubte, seine inhaltliche Zusammensetzung bei der jetzigen Neuauflage nicht verändern zu sollen.«

[26] Lotze: Die Ideenwelt. Apriorismus und Empirismus (TA14.6); Platon: Gesetze. Buch X (TA15.1).

Bei gleichem Format wie die ›Feldausgaben‹ erhielten die ›Taschenausgaben‹ (anders als die ›Feldausgaben‹) eine steife, meist dunkelbraune oder -grüne Kartonage »mit künstlerischer Titelumrahmung«[27] eines aufgeklebten Titelschildchens in oft greller Farbe; bei den Ausgaben der 40er Jahre ist die Kartonage hellbraun ohne aufgeklebtes Schildchen auf dem Vorderdeckel (die Titelei ist aufgedruckt). Der Umfang der ›Taschenausgaben‹ schwankt zwischen 19 und 223 Seiten,[28] hält sich in der überwiegenden Mehrzahl der Hefte aber unterhalb von 100 Seiten.

Bis 1945 lassen sich fünf Hauptformen der Titelblattgestaltung feststellen.[29] Alle ›Feld-‹ und ›Taschenausgaben‹ tragen kein Erscheinungsjahr; sind die ›Feldausgaben‹ aber alle in DBV (unter dem Titel der ›Taschenausgaben‹) datiert aufgenommen, so ist dies bei den ›Taschenausgaben‹ nur bei einem geringen Teil der 104 Hefte der Fall; die Datierung ist in nicht wenigen Fällen schwierig bzw. problematisch.[29]

Auch die Reihe ›*Bibliotheca Philosophorum*‹ ist im eigentlichen Sinne eine Neben- bzw. Parallelreihe zur PhB und nimmt wieder auf, was Heimann und Koschny begonnen hatten:[30] neben der deutschen Übersetzung fremdsprachiger Texte diese auch in ihrer Originalsprache zugänglich zu machen. In einem Werbetext heißt es dazu: »Diese neue Sammlung entspricht Wünschen, die immer wieder aus philosophischen Kreisen laut wurden. Fehlten doch bisher vollständig auf dem Büchermarkt leicht zugängliche Ausgaben der philosophischen Hauptwerke im Urtext, die billigen Preis mit absoluter textlicher Korrektheit vereinigten. Dem soll durch die neue Sammlung abgeholfen werden, die im Format und im Anschluß an die ›Philosophische Bibliothek‹ erscheint.«[31] Als Ausdruck dieses Zusammenhanges mit der PhB tragen alle Bände außer Band 1 auf der Titelseite ein abgewandeltes PhB-Signet ›BPh‹.[32]

Für die ganze Reihe kann gelten, was der Herausgeber im Vorwort zu Band 2 der Reihe (siehe unten) schreibt: »Diese Ausgabe Leibnizscher Schriften will wie die

[27] So im oben schon zitierten Prospekt vom April 1922. Siehe Abb. 33 auf S. 268.

[28] Humes ›Untersuchung über den menschlichen Verstand‹ – aus ›Meiners Volksausgaben‹ bzw. der PhB übernommen – ist mit ihren 223 Seiten eine Ausnahme; Aristoteles: Lust und Glückseligkeit als Ziele des Menschen (TA1.2) hat 19 Seiten; ›Taschenausgaben‹ mit weniger als 30 Seiten gibt es nicht wenige.

[29] Siehe hier S. 809 f.

[30] Siehe hier S. 118 ff.

[31] Text auf der Rückseite des hinteren Umschlags des PhB-Katalogs vom Jan. 1914 sowie auf dem Vorsatz des Bd 4 der Reihe. Auf der Vorderseite des hinteren Umschlags heißt es zu dieser Reihe: »Hier sollen fremdsprachliche philosophische Texte in billiger Form, aber in textkritisch mustergültigen Ausgaben dem Studium zugänglich gemacht, und damit eine lange schmerzlich vermißte Grundlage für Seminarübungen und das Privatstudium bereitgestellt werden.«

[32] Abb. des Signets in Abb. 11 auf S. 249. Bd 1 der BPh trägt das Signet nur auf dem Umschlag.

ganze Sammlung [...] dem Bedürfnis derer dienen, die, ohne gleich wissenschaftliche Abhandlungen über die betreffenden Autoren schreiben zu wollen und ohne daher zur Beschaffung der ebenso unhandlichen wie kostspieligen großen Editionen genötigt oder auch in der Lage zu sein, doch, sei es aus historischen, sei es aus sachlichen Gründen, die philosophischen Meister der Vergangenheit lesen und zwar im Original lesen und wieder lesen wollen und daher weder mit Übersetzungen noch den kurzfristig entliehenen Exemplaren der öffentlichen Bibliotheken auskommen können. Dies sind vor allem, wenngleich, wie wir hoffen dürfen, nicht nur, die Studenten, die aus Gründen des akademischen Unterrichts ursprachliche und im eigenen Besitz befindliche Texte verlangen; besonders fußt der Seminarbetrieb auf solchen Texten, dem die gegenwärtige Ausgabe also in erster Linie dienen will. Der Forscher wird natürlich stets auf die großen Editionen zurückgreifen müssen, wenn wir uns auch schmeicheln zu können glauben, daß auch sogar ihm diese kleine Ausgabe zum sehr erwünschten Rüstzeug werden wird. Darnach ist also zuerst und vor allem die größte Bequemlichkeit und die größte Billigkeit von dieser Ausgabe zu fordern; sodann aber auch die größte ›Richtigkeit‹, sowohl was die Auswahl, wie was den eigentlichen Text angeht.«

In nur zwei Jahren, von 1913 bis 1915, erscheinen neun Bände:

I: Descartes, René: Meditationes de prima philosophia. Curavit Artur Buchenau. 1913. IV. 68 S.

II: Leibniz, Gottfried Wilhelm: Ausgewählte Philosophische Schriften. Im Originaltext hrsg. von Hermann Schmalenbach. Erstes Bändchen. 1914. XX, 164 S.

III: –. Zweites Bändchen. 1915. [Auf dem Umschlag: 1914]. XVIII, 224 S.

IV: Berkeley, George: The Principles of Human Knowledge. Ed. by Thomas Joseph Mc Cormack. 1913. XV, 128 S.

V: –: Three Dialogues Between Hylas und Philonous. (Ed. by Thomas Joseph Mc Cormack). 1913. VI, 136 S.

VI: Hobbes, Thomas: The Metaphysical System of Hobbes in Twelve Chapters From Elements of Philosophy Concerning Body, Together With Briever Extracts From Human Nature and Leviathan. Selected by Mary Whiton Calkins. 1913. XXV, 187 S.

VII: Hume, David: An Enquiry Concerning Human Understanding And Selections from a Treatise of Human Nature. With Hume's Autobiography and a Letter from Adam Smith. Ed. by (Thomas) Joseph Mc Cormack and Mary Whiton Calkins. 1913. XXVIII, 267 S.

VIII: –: An Enquiry Concerning the Principles of Morals. Reprinted from the Edition of 1777. 1913. V, 169 S.

IX: Locke, John: Essay Concerning Human Understanding. Books II and IV (With Omissions). Selected by Mary Whiton Calkins. 1913. LVII, 348 S.

Ein weiterer, schon 1907 in der Dürr'schen Buchhandlung erschienener und 1911 von Meiner übernommener Descartes-Band: ›Regulae ad directionem ingenii. Nach der Original-Ausgabe von 1701 hrsg. von Artur Buchenau‹ wurde merkwürdigerweise nicht in diese Reihe mit übernommen. In Verlagsanzeigen[33] werden auch ältere, noch bei Koschny, Weiss und Salinger erschie-

[33] Z. B. auf Bl. 2a des Exs 61 der Ausg. 3.9.4.

nene Titel unter den Reihentitel der ›Bibliotheca Philosophorum‹ subsumiert.[34]

1914 gründete Meiner eine weitere Reihe: *›Meiners Volksausgaben‹*, in der aber nur drei Bände erschienen, – alle noch im selben Jahr:

I: Kant, Immanuel: Ausgewählte kleine Schriften. Für den Schulgebrauch und zum Selbststudium mit einer ausführlichen Einleitung in die Kantische Philosophie und in das philosophische Denken überhaupt. Hrsg. von Hermann Hegenwald. 1914. LVI, 125 S., 1 Bl.

II: Descartes, René: Meditationen über die Grundlagen der Philosophie. Übersetzt von Arthur Buchenau. 1914. 1 Bl., 78 S., 1 Bl.

III: Hume, David: Eine Untersuchung über den menschlichen Verstand. Hrsg. von Raoul Richter. o. J. [1914]. VIII, 223 S.

Nur Band 1 war eine Edition eigens für diese neue Reihe: Band 2 und 3 sind nichts anderes als PhB-Ausgaben mit neuem Titelblatt und unter anderem Reihentitel. Die Reihe ist in dieser Form neben der PhB wenig plausibel. Sie sollte vermutlich die in ihr erscheinenden Denker, aber auch den Verlagsnamen, etwas popularisieren helfen. Der Beginn des Ersten Weltkrieges beendete diesen Versuch, während die eigentliche Zielsetzung von ›Volksausgaben‹ »für den Schulgebrauch« – wie es im Untertitel zu Band 1 heißt – dann 1919 in den ›Taschenausgaben der PhB‹ wieder aufgenommen wurde.

Als Nebenreihe zur PhB geben sich auch die *›Lehrbücher der PhB‹* aus. Dabei handelt es sich aber nicht im eigentlichen Sinne um eine Reihe. Vielmehr hat Felix Meiner in Verlagskatalogen von 1910/11 bis ca 1929 unter diesem Titel jene Veröffentlichungen aus seinem Gesamtverlag zusammengestellt, die seiner Meinung nach Lehrbuchcharakter tragen. Bei dieser eher als Katalogrubrum zu bezeichnenden Reihe handelt es sich weder um Bände der PhB noch um Publikationen unter diesem Gesamttitel, sondern um eine zu Werbe- und Katalogzwecken eingerichtete Zusammenstellung verschiedener, auch der PhB und der Reihe ›Wissen und Forschen‹ zugehöriger Bände. Entsprechend taucht der Titel ›Lehrbücher der PhB‹ weder in den betreffenden Büchern selbst, noch in Bibliographien auf, sondern – soweit bekannt – nur in den Verlagskatalogen.

Von 1910/11 bis ca 1929 wurden nach und nach insgesamt 12 Titel in 22 Bänden unter dieses Rubrum gestellt:

Clauberg, Karl Wilhelm; Dubislav, Walter: Systematisches Wörterbuch der Philosophie. 1923. VII, 565 S., 1 Bl.

Croce, Benedetto: Grundriß der Ästhetik. Vier Vorlesungen. Autorisierte deutsche Ausgabe von Theodor Poppe. 1913. 2 Bl., 85 S., 1 Bl. (= Wissen und Forschen; 5)

[34] Wie Melanchthons ›Ethik‹ in der ältesten Fassung oder die von H. Ginsberg hrsg. ›Opera philosophica‹ Spinozas (siehe hier S. 119 f.).

Döring, August: Grundlinien der Logik als einer Methodenlehre universeller sachlicher Ordnung unsrer Vorstellungen. Ein Versuch, die Logik auf neuer Grundlage zu gestalten. 1912. XII, 181 S., 1 Bl.

Lehmann, Rudolf: Lehrbuch der philosophischen Propaedeutik. Fünfte Aufl. 1922. VIII, 178 S., 3 Bl.

Messer, August: Einführung in die Erkenntnistheorie. o. J. [1911]. VI, 199 S. (=PhB 118) (hier 69.1.2)

–: Einführung in die Erkenntnistheorie. Zweite, umgearb. Aufl. 1921. IV, 212 S. (=Wissen und Forschen; 11)

–: Einführung in die Erkenntnistheorie. Dritte, umgearb. Aufl. 1927. VII, 270 S., 1 Bl. (=Wissen und Forschen; 11)

–: Psychologie. Vierte, um einen Anhang erweiterte Aufl. 1928. XII, 423 S., 2 Bl.

Noack, Ludwig: Philosophie-geschichtliches Lexikon. Historisch-biographisches Handwörterbuch zur Geschichte der Philosophie. (Leipzig: Koschny 1879). XXI, 936 S.
(Das Buch taucht schon in den ersten Verlagskatalogen von Meiner 1910/11 auf, allerdings nicht im Rahmen der ›Lehrbücher der PhB‹; in deren Rahmen wird das Buch in den Katalogen von 1913 bis zum Dezember 1922 aufgeführt. In Katalogen vom September 1921 und Dezember 1922 heißt es: »Durch Nachdruck mehrerer Lieferungen konnten noch eine geringe Anzahl von dem wertvollen Werk vollständig gemacht werden.«)

Odebrecht, Rudolf: Kleines philosophisches Wörterbuch. Erklärung der Grundbegriffe der Philosophie. Dritte, durchgesehene Aufl. o. J. [1919]. 86 S., 1 Bl.

–: Kleines philosophisches Wörterbuch. Erklärung der Grundbegriffe der Philosophie. Vierte, durchgesehene Aufl. o. J. [1919]. 86 S., 1 Bl.

–: Kleines philosophisches Wörterbuch. Erklärung der Grundbegriffe der Philosophie. Fünfte Aufl. o. J. [1922]. 86 S., 1 Bl.

–: Kleines philosophisches Wörterbuch. Erklärung der Grundbegriffe der Philosophie. Sechste Aufl. 1929. 86 S., 5 Bl.

Schönfelder, Walter: Einführung in die Philosophie. 1929. 124 S., 2 Bl.

Vorländer, Karl: Geschichte der Philosophie. 3. Aufl. 2 Bde. 1911. (= PhB 105–108) (hier 100.1.4, 100.2.4)

–: Geschichte der Philosophie, 4. Aufl. 2 Bde. 1913 (= PhB 105–106) (hier 100.1.5, 100.2.5)

–: Geschichte der Philosophie. 5. Aufl. 2 Bde. 1919.

–: Geschichte der Philosophie. 6. Aufl. 2 Bde. 1921.

–: Geschichte der Philosophie. Siebente Aufl. 2 Bde. 1927.

Witasek, Stephan: Grundlinien der Psychologie. o. J. [1911]. VIII, 392 S. (= PhB 115) (hier 101.1.2)

–: Grundlinien der Psychologie. Zweite unveränderte Ausgabe. 1923. VIII, 392 S. (= Wissen und Forschen; 11)

(Kirchner's) Wörterbuch der philosophischen Grundbegriffe. Sechste Aufl. Dritte Neubearbeitung von Carl Michaëlis. 1911. VII, 1124 S. (= PhB 67) (hier 102.1.7)

Stehen die ›Lehrbücher der PhB‹ nur mittelbar im Zusammenhang mit der PhB, so gilt dies ebenso für die ›*Philosophischen Zeitfragen*‹:

»Die Gegenwartskultur ist der Gefahr ausgesetzt, zu verkümmern. Eines der bedenklichsten Symptome ist die Art, wie einschneidende Fragen der politischen und sozialen Reform heute fast nur noch von Gesichtspunkten augenblicklicher Interessen beurteilt und in Szene gesetzt werden. Uns fehlt die besonnene, tiefe Kultur früherer Zeiten.

Diese wieder zu erzeugen und durch Einbettung von Tagesproblemen in den ruhigen Strom des philosopischen Denkens jener Verflachung ein Hindernis zu bereiten, haben sich die ›Philosophischen Zeitfragen‹ zur Aufgabe gemacht. Sie werden Verbindungen anknüpfen mit überragenden Persönlichkeiten der Vergangenheit und werden zeigen, wie sich die Streitfragen des Augenblicks im Lichte philosophischer Besinnung ausnehmen. – Nicht durch historisch-politische Kleinarbeit soll dieses Ziel erreicht werden; vielmehr soll ein gewisser Verzicht auf allzu gelehrten Ballast, eine freiere künstlerische Darstellung, jedoch nicht auf Kosten der Objektivität, den ›Zeitfragen‹ eine breite Wirkung ermöglichen.«[35] Und im PhB-Katalog vom Februar 1920, in dem die Reihen ›Hauptwerke der Philosophie in originalgetreuen Neudrucken‹, die ›Bibliotheca Philosophorum‹, ›Wissen und Forschen‹, die ›Philosophischen Zeitfragen‹ und die ›Taschenausgaben der PhB‹ als »Ergänzung« zur PhB (!) ausgegeben werden, liest man: »Die Streitfragen des Augenblicks im Lichte philosophischer Besinnung darzustellen, Verbindungen anzuknüpfen mit überragenden Denkern der Vergangenheit und deren Lösungen für die Behandlung der Gegenwartsfragen nutzbar zu machen, ist das Ziel dieser Sammlung.«

In den ›Philosophischen Zeitfragen‹ erschienen von 1919 bis 1923 zehn Bände ohne Zählung:

Boschan, Richard: Der Streit um die Freiheit der Meere im Zeitalter des Hugo Grotius. 1919. 59 S.

Gebhardt, Carl: Der demokratische Gedanke. 1920. 61 S.

Goedekemeyer, Albert: Die Idee vom ewigen Frieden. 1920. 77 S.

Hasse, Karl Paul: Der kommunistische Gedanke in der Philosophie. 1919. III, 92 S.; 2., vermehrte Aufl. 1923. IV, 96 S.

Joël, Karl: Die philosophische Krisis der Gegenwart. Rektoratsrede. 2. Aufl. 1919. 65 S.

Oesterreich, Traugott: Die Staatsidee des neuen Deutschland. Prolegomena zu einer neuen Staatsphilosophie. o. J. [1919]. 33 S.

Spranger, Eduard: Völkerbund und Rechtsgedanke. Rede. 1919. 26 S.

Stölzle, Remigius: Charles Darwins Stellung zum Gottesglauben. 1922. 36 S.

Volkelt, Johannes: Religion und Schule. 1919. 64 S.

Vorländer, Karl: Kant und der Gedanke des Völkerbundes. Mit einem Anhang: Kant und Wilson. 1919. 85 S.

In mittelbarem Zusammenhang mit der PhB stehen zwei weitere Reihen des Meiner-Verlages: ›Wissen und Forschen‹ und ›Hauptwerke der Philosophie in originalgetreuen Neudrucken‹. ›*Wissen und Forschen. Schriften zur Einführung in die Philosophie*‹ wollen »an Stelle der Erläuterungsschriften des Begründers der

[35] Text auf der Innenseite des Vorderumschlags von Johannes Volkelt: Religion und Schule, 1919.

›Phil. Bibl.‹ J. H. v. Kirchmanns, die heute 1913 von allen Schulen der Philosophie als einseitig und überholt abgelehnt werden«, »der ständigen Nachfrage des Publikums nach Erläuterungen der philosophischen Klassiker und nach Einführungen in die Grundprobleme der Philosophie entgegenkommen. Frei von jeder Einseitigkeit und unter Anerkennung der Verschiedenheit der philosophischen Richtungen in der Gegenwart soll hier ein Sammelpunkt geboten werden für alle Bestrebungen, die von wissenschaftlichem Boden aus, in allgemeinverständlicher Sprache in das weite Gebiet philosophischer Lektüre und philosophischer Forschung einzuführen beabsichtigen.«[36] Diese Reihe wandte sich »an die jüngeren Semester unter den Studenten«, eine Reihe, die – »in enger Beziehung« zur PhB – »mit pädagogischem Geschick, klarer Systematik, einfacher Diktion und unter Vermeidung jedes gelehrten Apparates sowohl einzelne philosophische Probleme behandelt als auch synoptisch in ganze Studiengebiete einführte.«[37]

Von 1913 bis 1933 erschienen in dieser Reihe, die in den Verlagskatalogen ab September 1921 eine die PhB »ergänzende Sammlung« genannt wird, 24 Bände, wovon zwei Bände in 2. Auflage aus der PhB, in der sie in 1. Auflage erschienen waren, übernommen wurden.[38]

Ab Band 7 wurde das Format geändert: »Die Hefte erscheinen jetzt in dem bekannten handlichen Format der ›Philosophischen Bibliothek‹.«[39]

1: Buchenau, Artur: Kants Lehre vom kategorischen Imperativ. Eine Einführung in die Grundfragen der Kantischen Ethik. 1913. IX, 125 S.

2: Hegenwald, Hermann: Gegenwartsphilosophie und christliche Religion. Eine kurze Erörterung der philosophischen und religionsphilosophischen Hauptprobleme der Gegenwart, besonders im Anschluss an Vaihinger, Rehmke, Eucken. 1913. IX, 96 S.

3: Buchenau, Artur: Grundprobleme der Kritik der reinen Vernunft. Zugleich eine Einführung in den kritischen Idealismus. 1914. VI, 194 S.

4: Liebert, Arthur: Wie ist kritische Philosophie überhaupt möglich? Ein Beitrag zur systematischen Phänomenologie der Philosophie. 1919. XVII, 228 S.; 2., ergänzte Aufl. 1923. XXII, 256 S.

5: Croce, Benedetto: Grundriss der Ästhetik. Vier Vorlesungen. Autorisierte Ausgabe von Theodor Poppe. 1913. IV, 85 S.

6: Geyser, Josef: Die Seele. Ihr Verhältnis zum Bewußtsein und zum Leibe. 1914. VI, 117 S.

[36] PhB-Katalog vom Sept. 1913, hinterer Umschlag.

[37] Ludgerus Adam in: Felix Meiner zum 70. Geburtstag, 1953, S. 43 f.

[38] DBV, Bd 14, S. 1508 (= GV1911–65, Bd 146, S. 174) führt unter dem Meiner'schen Reihentitel ›Wissen und Forschen‹ fälschlich auch zwei Titel aus der bei G. Braun in Karlsruhe erschienenen Reihe ›Wissen und Wirken‹ auf (Bd 44: Rudolf Harms: Kulturbedeutung und Kulturgefahren des Films, 1927; Bd 45: Karl Nötzel: Die russische Leistung, 1927).

[39] Aus einer Verlagsanzeige (z. B. auf dem vorderen Vorsatz des Exs 294 der Ausg. 43.5.7).

7: Hall, Stanley: Die Begründer der Modernen Psychologie (Lotze, Fechner, Helmholtz, Wundt). Übersetzt und mit Anmerkungen versehen von Raymund Schmidt. Durch ein Vorwort eingeführt von Max Brahn. 1914. XXVIII, 392 S.
8: Sternberg, Kurt: Einführung in die Philosophie vom Standpunkte des Kritizismus. 1919. XIII, 291 S.
9: Buchenau, Artur: Pestalozzis Sozialphilosophie. Eine Darstellung auf Grund der ›Nachforschungen über den Gang der Natur in der Entwicklung des Menschengeschlechts‹. 1919. VII, 183 S.
10: Störring, Gustav: Die sittlichen Forderungen und die Frage ihrer Gültigkeit. 1919 [Auf dem Umschlag: 1920]. VII, 136 S.
11: Messer, August: Einführung in die Erkenntnistheorie. 2., umgearb. Aufl. 1921. IV, 212 S.; 3., umgearb. Aufl. 1927. VII, 270 S. (Die 1. Aufl. erschien im Rahmen der PhB, hier 69.1).
12: Braun, Otto: Geschichtsphilosophie. Eine Einführung. 1921. VIII, 127 S.
13: Weichelt, Hans: Zarathustra-Kommentar. Zweite, neubearb. Aufl. 1922. VI. 366 S. (Die 1. Aufl. u.d.T.: Friedrich Nietzsche. Also sprach Zarathustra. Erklärt und gewürdigt. Leipzig: Dürr'sche Buchhandlung 1910. Die Ausg. wurde 1911 von Meiner übernommen.)
14: Witasek, Stephan: Grundlinien der Psychologie. Zweite, unveränderte Ausg. 1923. VIII, 392 S. (Die 1. Aufl. erschien im Rahmen der PhB, hier 101.1)
15: Tumarkin, Anna: Prolegomena zu einer wissenschaftlichen Psychologie. 1923. VIII, 166 S.
16: Apel, Max: Kommentar zu Kants Prolegomena. Eine Einführung in die kritische Philosophie. Zweite, vervollständigte Aufl. 1923. XI, 236 S. (1. Aufl. Berlin-Schöneberg: Verlag Die Hilfe 1908. X, 224 S.; wurde von Felix Meiner übernommen und im PhB-Verlagskatalog von 1915 angeboten).
17: Hessen, Johannes: Die Kategorienlehre Eduard von Hartmanns und ihre Bedeutung für die Philosophie der Gegenwart. 1924. III, 140 S.
18: Reyer, Wilhelm: Einführung in die Phänomenologie. 1926. X, 465 S.
19: Weigelin, Ernst: Einführung in die Moral- und Rechtsphilosophie. Grundzüge einer Wirklichkeitsethik. 1927. VIII, 202 S.
20: Messer, August: Einführung in die Psychologie und die psychologischen Richtungen der Gegenwart. 1927. VI, 172 S.; 2., verb. und erweit. Aufl. 1931. VIII, 182 S.
21: Bayer, Karl Th.: Die Grundprobleme der Astrologie. 1927. XII, 183 S.
22: Messer, August: Kommentar zu Kants ethischen und religionsphilosophischen Hauptschriften. 1929. VII, 196 S.
23: –: Einführung in die Philosophie der Pädagogik. 1931. VI, 198 S.
24: Fahrion, Karl: Einleitung in die Metaphysik auf Grund ihrer Geschichte. 1933. VII, 113 S.

Die Reihe ›*Hauptwerke der Philosophie in originalgetreuen Neudrucken*‹[40] – im Verlagskatalog vom September 1915 mit der ›Bibliotheca Philosophorum‹ als mit der PhB »verwandte Sammlung« bezeichnet – »soll Werke in sich aufnehmen,

[40] Bei Bd 6 und 7 lautet der Reihentitel: ›... in originalgetreuem Neudruck‹.

die noch frisch sind und lebendige Wirkung auf die Gegenwart auszuüben berufen sind, deren vollständiger Neusatz wegen ihres großen Umfanges oder wegen ihrer schwierigen Satzart jedoch unlohnend wäre. Das neue photomechanische Verfahren (Manuldruck), in welchem die Bände hergestellt werden und dessen Resultate vom Buchdruck kaum zu unterscheiden sind, ermöglicht zudem einzelne Korrekturen und Verbesserungen. Den Bänden werden – soweit die Originale solche nicht enthalten – Register und erforderlichenfalls auch kritischer Apparat und Einführungen beigegeben werden.«[41] »Die Sammlung wird in geschmackvoller äußerer Form, die sich dem Stil der Entstehungszeit anschließt«, erscheinen.[42] Von 1913 bis 1915 erschienen sieben Bände in unterschiedlichem Format:[43]

I: Lotze, Hermann: Geschichte der Aesthetik in Deutschland. Auf Veranlassung und mit Unterstützung Seiner Majestät des Königs von Bayern Maximilian II. hrsg. durch die Historische Commission bei der Königl. Academie der Wissenschaften. 1913. VIII, 689 S. [Manuldruck der Ausg. München 1868].

II: Fries, Jakob Friedrich: Philosophische Rechtslehre und Kritik aller positiven Gesetzgebung. Mit Beleuchtung der gewöhnlichen Fehler in der Bearbeitung des Naturrechts. Mit einem Namen- und Sachregister neu hrsg. von der Jakob Friedrich Fries-Gesellschaft. 1914. XX, 179, 6 S. [Manuldruck der Ausg. Jena: Mauke 1803].

III: Schelling, Friedrich Wilhelm Joseph von: Briefe über Dogmatismus und Kritizismus. Hrsg. und eingeleitet von Otto Braun. 1914. 93 S.

IV: Bolzano, Bernard: Werke. Mit Unterstützung der Gesellschaft zur Förderung deutscher Wissenschaft, Kunst und Literatur in Böhmen und der Kant-Gesellschaft unter Mitwirkung der Philosophischen Gesellschaft an der Universität zu Wien hrsg. von Alois Höfler. I. Wissenschaftslehre in vier Bänden. Versuch einer ausführlichen und größtentheils neuen Darstellung der Logik mit steter Rücksicht auf deren bisherige Bearbeiter. Hrsg. von mehren seiner Freunde. Mit einer Vorrede des J. Ch. Heinroth. 1. Band. 1914. XVI, 574 S. [Manuldruck der Ausg. Sulzbach: Seidel'sche Buchhandlung 1837].

V: Fries, Jakob Friedrich: System der Logik. Ein Handbuch für Lehrer und zum Selbstgebrauch. 3. verbesserte Aufl. Durchgesehen und mit gänzlich neubearbeitetem Namen- und Sachregister hrsg. von der Jakob Friedrich Fries-Gesellschaft. 1914. XX, 454, 12 S. [Manuldruck der Ausg. Heidelberg: Winter 1837].

VI: Fichte, Johann Gottlieb: Über den Begriff des wahrhaften Krieges. (Anschließend: Rede an seine Zuhörer bei Abbrechung der Vorlesungen am 19. Februar 1813). 1914. VI, 87 S.

VII: Bolzano, Bernard: ... II. Wissenschaftslehre in vier Bänden. ... Hrsg. von mehren seiner Freunde. 2. Band. 1915. [Auf dem Umschlag: 1914]. VIII, 568, 11 S. [Manuldruck der Ausg. Sulzbach: Seidel'sche Buchhandlung 1837].

41 In Verlagskatalogen vom Sept. 1913 bis incl. Aug. 1917.

42 Verlagskatalog vom Aug. 1917, S. 23.

43 Die beiden Titel von Fries, Bd II und V, gehen später an den Göttinger Verlag ›Öffentliches Leben‹.

1.3 Konzeption und erstes Programm. Kirchmanns Übersetzungen und Erläuterungen vom ›realistischen Standpunkt‹

Das Programm der PhB in ihren beiden ersten Jahrzehnten läßt sich aus dem vollständigen Reihentitel (mit Herausgeberzusatz), den als Abb. 22 f. auf S. 252–256 wiedergegebenen zwei Prospekten, der ersten Anzeige der PhB (s. S. 138) sowie der Vorrede aus Kirchmanns ›Die Lehre vom Wissen‹ (Abb. 29 auf S. 265–267) in sieben Punkten zusammenfassen. Bis heute bestimmen die Punkte 2 und 4–6 auch weiterhin maßgeblich die Konzeption der Reihe.

1. Als *Adressat* der PhB wird *das »gebildete Publikum im Allgemeinen«* angegeben.[1]
2. Die PhB will, wie der Reihen-Untertitel sagt, die *»Hauptwerke* der Philosophie alter und neuer Zeit«, d. h. sie will *Textausgaben,* ›Primärschriften‹ also, herausgeben.
3. Allen Texten sollen *Erläuterungen* und *Lebensbeschreibungen* beigegeben werden.
4. Fremdsprachige Texte sollen in *deutschen Übersetzungen* vorgelegt werden.
5. Die Textausgaben sollen den *philologisch »correctesten Text«* bringen; gleichwohl soll die Sammlung
6. *billig,* d. h. für jedermann erschwinglich sein, bei *guter Buch-Ausstattung.*
7. Die Sammlung soll in *wöchentlichen Heften* erscheinen, die Interessierten kontinuierlich mit philosophischen Hauptwerken versorgen und schließlich eine im realen Sinne ›philosophische Bibliothek‹ aufbauen.

Von Anbeginn wurden diese Programmpunkte von der Kritik und den Lesern auch gewürdigt.

So auch von Hermann Ulrici (1806–1884). Philosophie-Professor in Halle, 1875 in einer Sammelrezension von fünf PhB-Bänden;[2] diese belegen für ihn »den rüstigen Fortgang des verdienstlichen Unternehmens, das einer Empfehlung kaum noch bedarf. Es zeichnet sich nicht nur aus durch die billigen Preise, die es setzt, sondern auch durch das, was es bietet. Die Auswahl der Schriften, welche bis jetzt erschie-

[1] »[...] grössern Theile des gebildeten Publikums, für welches die phil. Bibliothek zunächst bestimmt ist, [...]« (52.20.1, Vorwort S. VII). »Die philosophische Bibliothek will die Hauptwerke der Philosophie dem gebildeten Publikum zugänglich machen« (52.15.1 Vorwort S. VII). Die ›Erläuterungen‹ sind »nicht für den Kenner geschrieben, sondern für jene Zahl gebildeter Männer und Jünglinge, welche sich für Hauptwerke interesiren« (3.6.1, Vorwort S. X). 1909 schreibt P. Lorentz im Vorwort zu seiner Ausg. ›Lessings Philosophie‹ (57.2.1): »Die vorliegende Ausgabe seiner [Lessings] philosophischen Schriften ist daher für den weiteren Kreis der der höhern Bildung Angehörigen bestimmt, die mit Bewußtsein an den Aufgaben der Zeit mitarbeiten wollen.«

[2] In: Zeitschrift für Philosophie und philosophische Kritik 67, 1875, S. 157.

nen, zeugt von Sachkenntniß und richtigem Urtheil; die Lebensbeschreibungen bekunden eine gründliche Kenntniß der Geschichte der Philosophie; die Uebersetzungen sind im Allgemeinen lobenswerth, soweit wie möglich wortgetreu – denn bei wissenschaftlichen Werken kommt es auf Eleganz und stylistische Feinheit der Uebertragung nicht an, – ohne doch der deutschen Sprache Gewalt anzuthun. Auch die Erläuterungen sind meist am rechten Platze angebracht und treffen meist das Richtige«. Ganz ähnlich äußern sich der Würzburger Philosophie-Professor Franz Hoffmann (1804–1881) oder der Berliner Philosophie-Professor Adolf Lasson (1832–1917).[3]

1.3.1 ›Gebildetes Publikum im allgemeinen‹

Der erste Programmpunkt[4] führt unmittelbar zu der Frage, unter welchen gesellschaftlichen, kulturellen und ökonomischen Bedingungen ein käufliches ›Kulturgut‹ wie das philosophische Buch ›Erfolg‹ haben kann, was hier ›Erfolg‹ heißt und wie sich diese Größen in den 60er bis 80er Jahren des 19. Jahrhunderts zueinander verhielten. Diese Zusammenhänge zu erörtern, ist nicht Aufgabe des vorliegenden Werks. Hier sei nur darauf hingewiesen, daß die ausgehenden 60er wie die 70er Jahre des 19. Jahrhunderts eine für den Buchhandel günstige Zeit waren. Durch die industrielle Revolution, die Gewerkschaftsbewegung, das sich stark verändernde, aufstrebende Schul- und Bildungswesen, im letzten Drittel des Jahrhunderts auch durch ein vielgestaltiges Fortbildungs- und Fachschulwesen und z. B. die Frauenbewegung entstand eine potentielle Leserschicht in Form einer bildungspflichtigen wie bildungsbereiten und -hungrigen Gesellschaft. Das zeigen u. a. Zahl, Art und Absatz der Bildungs- und literarischen Zeitschriften ab etwa der 50er Jahre sowie der Revuen und Rundschauen ab dem Ende der 60er Jahre. All dies ist in hunderten von wissenschaftlichen Arbeiten untersucht worden und braucht hier also nicht dargetan zu werden. Von den gesellschaftlichen Veränderungen profitierte der Buchhandel, der sie ökonomisch umsetzte und sich als Organon umfassender Kulturfortschritte – zumindest in ihrem quantitativen und distributiven Aspekt – erwies.

In mehreren Jahrzehnten konsolidiert (1825 war der Börsenverein der Deutschen Buchhändler gegründet worden, am 3. Januar 1834 hatte das ›Börsenblatt für den Deutschen Buchhandel‹ zu erscheinen begonnen), bot sich dem deutschen Buchhandel durch das Verlagsrechtsgesetz seine historische Chance (genau im Gründungsjahr des ersten PhB-Verlages), – und er nutzte sie, begleitet von anderen Gesetzen: 1856 war durch Bundesbeschluß das Erlöschen der Verlagsrechte aller vor

[3] F. Hoffmann: Philosophische Schriften, Bd 5, 1878, S. 259; A. Lasson: J. v. Kirchmann's Philosophische Bibliothek, 1889, S. 253.

[4] Im folg. werden die ersten 6 Programmpunkte nacheinander besprochen. Der 7. Programmpunkt ist in Kap. 1.5.3 dargestellt.

dem 9. November 1837 verstorbenen Autoren auf den 9. November 1867 festgelegt worden (soweit nicht besondere Vertragsbedingungen bestanden). Das bedeutete, daß ab dem 9. November 1867 auch die Klassiker für jeden Verlag frei waren. Eine Flut von Ausgaben erschien ab diesem Datum, von denen drei Reihen zu erwähnen sind: Gustav Hempels (1819–1877) ›National-Bibliothek sämmtlicher deutschen Classiker‹, ab 1868, und die noch heute bestehende, von Anton Philipp Reclam (1807–1896) begründete ›Universal-Bibliothek‹, die am 15. November 1867 mit Goethes ›Faust‹ als Nr 1 der Reihe startete und in ihrem ersten Jahr 35 Bändchen herausbrachte. Am 12. November 1867 meldete das Bibliographische Institut im ›Börsenblatt‹ in der Rubrik ›Fertige Bücher‹, daß das erste Heft von Goethes Werken als 1. Lieferung der ›Bibliothek der deutschen Nationalliteratur‹ am Stichtag, dem 9. November, erschienen sei.[5] Der Verlag Cotta litt mit am meisten unter dem Erlöschen der Klassikerrechte und gründete erst 1882 mit den Gebrüdern Kröner die ›Bibliothek der Weltliteratur‹.[6]

Ab 1867 erscheint das ›Börsenblatt‹ werktäglich, und die »Ostermeß-Abrechnung 1866 war die formell letzte gewesen, bei der das althergebrachte persönliche Meßabrechnungsgeschäft in Anwendung kam. [. . .] Die Jahre 1867 und 1868 aber, an deren Schwelle auf der Buchhändlermesse zu Leipzig mit den letzten Zuständen alter Zeit endgültig aufgeräumt wurde und die Verhältnisse geschaffen wurden, wie wir sie im wesentlichen heute noch kennen, brachten Ereignisse, von denen schon die Zeitgenossen sagten: daß mit ihnen ›der alte Buchhandel begraben‹ werde«.[7]

1870 wird im Norddeutschen Bund das ›Gesetz betreffend das Urheberrecht an Schriftwerken, Abbildungen, musikalischen Kompositionen und dramatischen Werken‹ erlassen. 1871 wird es Reichsgesetz und bildet die Grundlage der heutigen Urheberrechtsgesetzgebung.

Nachdem in einigen Landesteilen schon die Gewerbefreiheit eingeführt worden war, folgt für den Norddeutschen Bund am 1. Januar 1867 das Freizügigkeitsgesetz, am 8. Juli 1868 das Notgewerbegesetz für den stehenden Gewerbebetrieb und am 21. Juni 1869 dann die Gewerbeordnung, wodurch Konzession, Prüfung und Kautionsforderung entfallen;[8] 1872 wird die Gewerbefreiheit durch die Reichsgewerbe-

[5] Emil Strauß, damals Gehilfe bei C. H. Schröder in Berlin, schrieb: »Der Buchhandel bringt viel Neues und Prachtvolles auf den diesjährigen Weihnachtstisch und zum ersten Male auch für die wenig bemittelten Leute; es ist wirklich erfreulich, in welch ungeahnten Massen die Klassiker gekauft werden. Wir selbst beziehen Schiller, Goethe, Lessing immer hundertweise und verkaufen sie durch bloßes Ausstellen im Fenster. Mehrere Verleger solch billiger Ausgaben haben in wenigen Tagen Auflagen von 500000 Exemplaren verkauft.« Zitiert nach F. Schulze: Der deutsche Buchhandel . . ., 1925, S. 210 f.

[6] Siehe auch J. Goldfriedrich: Geschichte des deutschen Buchhandels, Bd 4, 1913, S. 470 ff.

[7] Ebd.

[8] So bestimmte beispielsweise das ›Gesetz über die Presse‹ vom 12.5.1851, daß Buchhändler und Buchdrucker vor einer Prüfungskommission ihre Befähigung zur selbständigen Ausübung ihres Berufes nachweisen müssen. L. Heimann gründete seinen Verlag am 1.4.1867, war also noch ein ›geprüfter‹ Buchhändler ›alten Schlags‹.

ordnung auf das gesamte Reichsgebiet ausgedehnt, wodurch nicht wenige Buchhändler chaotische Zustände befürchteten, die aber nicht eintraten.

Diese wie andere Gesetze hatten maßgeblichen Anteil an dem 1867 beginnenden, kontinuierlichen Aufstieg des Gesamtbuchhandels.

Fraglos beruht auch der enorme Anfangserfolg der PhB darauf, daß sich dieses »gebildete Publikum im allgemeinen«, d. h. das gebildete Bürgertum, allererst bildete und in diesem in der Tat ein »über die Kreise der Gelehrten hinaus«[9] »neu erwachendes Interesse«[10] für philosophische Bildung erkennbar war. Die Frage, ob und in welcher Weise die PhB auf die damalige philosophische Situation[11] – sei es die akademische Universitäts-Philosophie, sei es das allgemeinkulturell philosophische Klima – reagierte oder gar eine solche Situation mitschuf, ist hier nicht zu untersuchen. Problematisch wäre z. B., daß das von Verlag und Herausgeber angesprochene Publikum zwar das »gebildete Publikum überhaupt« sein soll; dies sagt ja doch zunächst wenig über die tatsächlichen Käufer oder gar Leser. Immerhin heißt es, die PhB sei »weniger [!] für den Fachgelehrten, als für das gebildete Publikum überhaupt«,[12] sie sei »zunächst [!] für das gebildete Publikum im Allgemeinen bestimmt«,[13] – womit auch die Übersetzungen ins Deutsche und die Erläuterungen begründet werden. Am Ende des vierseitigen Prospectus wird mitgeteilt, die Verlagshandlung glaubte mit ihrem Angebot, erstmals »zu einem bisher ungewohnt billigen Preise« »streng wissenschaftliche [!] Werke« zu liefern – was ja doch mehr ist als ein bloß »correctester Text« – und »im Interesse der Gelehrten [!] zu handeln, indem sie ihnen die Anschaffung der zum Studium nothwendigen Werke erleichtere«, – was das Argument für die deutschen Übersetzungen relativiert. Das *Ziel* der PhB ist deutlich: Die PhB ist gedacht für jeden, »dem es wirklich Ernst mit seiner *Geistesbildung* ist, der vor der ernsten, aber schönen Arbeit des *Selbstdenkens* nicht zurückscheut, und dem jenes oberflächliche Halbwissen nicht genügt, das mit innerer Hohlheit und phrasenhafter Breite sich leider noch oft genug breit macht.«[14] Kirchmann sieht sich 1867 am

[9] Aus dem vierseitigen Prospectus, hier Abb. 23 auf S. 253–256.

[10] Aus Kirchmanns Vorrede zu seiner ›Lehre vom Wissen‹; der vierseitige Prospectus spricht von der »geistigen Regsamkeit, die sich jetzt allenthalben auf philosophischem Gebiete zeigt, die über die Kreise der Gelehrten hinaus anfängt, die Menge der Gebildeten überhaupt zu ergreifen«, spricht dann aber wenig treffend von einem »neu erwachten Forscherdrang«.

[11] Einen für die PhB interessanten Einblick in das zeitgeschichtliche Ambiente gibt Kirchmann selbst in seiner Schrift ›Der Culturkampf in Preußen und seine Bedenken‹, die im Jahr ihres Erscheinens 1875 drei Aufl. erlebte.

[12] In Kirchmanns Vorrede zu seiner ›Lehre vom Wissen‹, hier S. 265.

[13] Einblättriger Prospekt (hier Abb. 22 auf S. 252) und erste Anzeige der PhB im Bbl. (hier S. 138).

[14] Letzte Seite des vierseitigen Prospectus (hier Abb. 23/4 auf S. 256). Hervorhebungen von R. A. B.

»Wendepunkt«[15] einer durch die Hegel'sche Philosophie verursachten ›Kluft zwischen Philosophie und Publikum‹, an deren Beseitigung er durch die PhB mitwirken will.[16] So soll »das Unternehmen dazu beitragen, philosophisches Studium ein *nationales Bildungsmoment* werden zu lassen und hierdurch der Philosophie, dieser Wissenschaft aller Wissenschaften, zu ihrem alten, nie vergehenden Rechte zu verhelfen.«[17] Dazu kann festgehalten werden:

1. Die PhB kam bei ihrer Gründung und in ihrem ersten Jahrzehnt den Bedürfnissen eines größeren Publikums entgegen.

2. Es bestand ein Interesse an den »Hauptwerken der Philosophie alter und neuer Zeit«, d. h. an philosophischen Haupttexten, die bisher – wenn überhaupt – nur in teuren, abgelegenen Ausgaben, z. T. auch nur fremdsprachig zu haben waren.

3. Die PhB hatte mit (1.) billigem Preis, (2.) kleinem, d. h. handlichen Format, (3.) Übersetzungen und (4.) meist ausführlichen Erläuterungen nicht die Gelehrten- und Spezialisten-Kreise, sondern das »gebildete Publikum im allgemeinen« im Auge. Im Juni 1869 kann Kirchmann im Vorwort zu Kants ›Anthropologie in pragmatischer Hinsicht‹ mit Freude berichten, daß die erste Auflage der ›Kritik der reinen Vernunft‹ mit 2500 Exemplaren nach nur sechs Monaten ausverkauft sei. »Es ist ein höchsterfreuliches Zeichen, wie gern das grössere Publikum sich mit Kant's Philosophie zu beschäftigen bereit ist, wenn ihr dieselbe in einer leichten und billigen Form« mit Erläuterungen zugänglich gemacht werde; erst durch die PhB, ihre »bequeme und billige Form«, beginne die deutsche Nation, Kants Philosophie kennenzulernen.[18]

4. Folglich ist der Erfolg der PhB wohl auch nicht allein dem rein philosophischen Interesse zuzuschreiben (wie Kirchmann prognostiziert bzw. gehofft hatte), sondern auch einem allgemeineren ›Bildungshunger‹.

5. Die PhB wird – gerade mit ihren großen Erfolgsbänden – auch damals schon an den Repräsentations- und Ersatzkulturströmungen partizipiert haben: Daß die erwähnten 2500 Exemplare von Kants ›Kritik der reinen Vernunft‹ – einem gewiß schwierigen Werk – alle (oder auch nur: zum größten Teil) tatsächlich gelesen wurden, darf man bezweifeln. Daß schließlich z. B. der Erfolg der PhB-Kant-Ausgaben auf den Neukantianismus zurückzuführen sei, ist ebenso schwierig zu belegen wie Kirchmanns Ansicht, erst durch die PhB beginne die deutsche Nation, Kants Philosophie kennenzulernen.[19]

Carl Grapengiesser, der Kirchmanns Erläuterungen zu Kant hart kritisiert (siehe dazu unten), spricht in seiner Monographie zu Kant 1870 vom Verdienst der Kirchmann'schen »neuen, billigen Ausgabe der Kritiken Kant's«[20] und – ähnlich Kirch-

[15] Seite 2 des vierseitigen Prospectus (hier S. 254).

[16] Kirchmanns Vorrede zu seiner ›Lehre vom Wissen‹.

[17] Ende des Textes des vierseitigen Prospectus; Hervorhebung von R. A. B.

[18] Zitiert hier auf S. 144.

[19] Siehe dazu auch hier S. 143 f.

[20] C. Grapengiesser: Kant's Lehre von Raum und Zeit 1870, S. 93.

mann – vom »Eifer«, dem »Vermögen« und der »Lust«, »selbständig zu denken«,[21] glaubt aber nicht wie Kirchmann daran, daß Kants ›Kritik der reinen Vernunft‹ »für die gegenwärtige Bildung« (1870) »nicht mehr die Schwierigkeiten, wie vor achtzig Jahren«, hat.[22] Grapengiesser meint: »Glück auf, wenn dem also wäre! Aber, ich glaube, man täuscht sich dabei doch. Es scheint, als meine man, die allgemeine Bildung sei jetzt so weit fortgeschritten, dass die philosophischen Lehren Eingang, Aufnahme und Verständnis finden in dem weiteren Kreise der Gebildeten, ja, dass es vielleicht geschehen könne, gleich den Naturforschern, die aller Orten sich rühmlich bemühen, in populären Vorträgen die Resultate ihrer Forschungen und ihrer Wissenschaft unter das Volk zu bringen, auch in ebenso populären Darstellungen die philosophischen Wahrheiten der grösseren Menge mitzutheilen. Wenigstens dem Kirchmann'schen Unternehmen scheint eine solche Erwartung zu Grunde zu liegen. Aber man hofft wohl zu viel; dazu scheint mir die Zeit noch gar fern zu sein.«[23] Erst auf dem Boden der Kantischen Philosophie, »jener reinen, lauteren Quelle philosophischer Erkenntnisse, aus der sie Alle, Alle geschöpft haben und schöpfen, die Schüler und nicht weniger die Gegner«[24] der Kritischen Philosophie und unter Führung »von Kant's grösstem und treuesten Schüler Fries«[25] und »Fries' grösstem Schüler Apelt«[26] würden die Philosophierenden »tüchtig werden, auch im grösseren Kreise der Gebildeten wahres Interesse an der Philosophie neu zu erwecken, das Selbstdenken zu fördern und in rechter Weise die Antwort zu geben auf die ewige Frage der Menschheit: Was ist Wahrheit?«[27]

1.3.2 ›Hauptwerke der Philosophie‹, Textausgaben

Mit dem ersten Programmpunkt eng verbunden ist der zweite: ›Hauptwerke der Philosophie alter und neuer Zeit‹ zu präsentieren. Wenn der Adressat der PhB in erster Linie das ›gebildete Publikum überhaupt‹ ist, kommt den beiden im Wort ›Hauptwerk‹ liegenden Aspekten besondere Bedeutung zu: sowohl der Auswahl der Titel – vor allem der *Haupt*werke der Philosophie – als auch der Entscheidung nur für *Text*ausgaben der Philosophie, Primärschriften also.

Zur *Auswahl der Titel* gibt es nur wenige direkte Äußerungen Kirchmanns. In seinen Bewertungen der in die PhB aufgenommenen Texte sind solche Be-

21 A. a. O., S. 92, 93/94; vgl. den Text des vierseitigen Prospectus (oben S. 88 zitiert).

22 So Kirchmann im Vorwort zu 52.15.1; bei Grapengiesser a. a. O., S. 93, zitiert.

23 A. a. O., S. 93.

24 A. a. O., S. 92.

25 A. a. O., S. 94. Jakob Friedrich Fries (1773–1843) war Grapengiessers philosophischer Lehrer.

26 A. a. O., S. 94. Ernst Friedrich Apelt (1812–1859) gilt als mit Grapengiesser gut bekannt.

27 A. a. O., S. 95.

gründungen jedoch implizite enthalten.[1] Ein wesentliches und selbstverständliches Kriterium war offensichtlich die Einschätzung eines Textes als philosophischen. So bringt die PhB folgerichtig z. B. von Descartes und Leibniz nur die ›*philosophischen* Werke‹.[2] Wo dies nicht völlig sicher scheint bzw. vorausgesetzt werden kann, begründet Kirchmann die Aufnahme des Textes in die PhB, wenn auch z. T. sehr knapp. So beginnt beispielsweise das Vorwort zu Grotius' ›Drei Bücher über das Recht des Krieges und Friedens‹ (1869; hier 33.1.1): »Hugo Grotius wurde durch sein Werk: Ueber das Recht des Krieges und Friedens der Begründer des modernen Naturrechts; die Aufnahme dieses Werkes in die philosophische Bibliothek wird deshalb keiner weiteren Rechtfertigung bedürfen.« Und das Vorwort zu Cicero's ›Über das höchste Gut und Übel‹ (1874; hier 14.14.1) beginnt: »Cicero war kein Philosoph; wie kommen da, wird man fragen, seine Schriften in diese Sammlung der Hauptwerke der Philosophie?« Kirchmanns Antwort: »Die Werke Ciceros sind, abgesehen von dem ziemlich gleichzeitigen Lehrgedicht des Lucrez über die Natur der Dinge im Sinne Epikurs, die ersten und die ältesten, welche uns eine zusammenhängende Darstellung der Lehrgebäude dieser vier großen Philosophenschulen bieten«: der nacharistotelischen griechischen Philosophen, der Peripatetischen Schule sowie der Stoiker und Epikureer. Für Kirchmann gehören daher die Werke Ciceros »unmittelbar zu den werthvollsten philosophischen Quellen des Alterthums, und damit wird auch ihre Aufnahme in die philosophische Bibliothek gerechtfertigt sein. [...] Von diesem Gesichtspunkt aus wird hoffentlich den Lesern der phil. Bibl. die Aufnahme dieser Schriften Cicero's willkommen sein. [...] Das Studium dieser Philosophie kann nicht genug empfohlen werden.« Aber man findet gelegentlich, auch nach 1900, kritische Bemerkungen zur Auswahl der Titel. So meint der Religionsphilosoph Rudolf Otto (1869–1937) 1909 zu der im selben Jahr erschienenen Ausgabe von Schleiermachers ›Weihnachtsfeier‹ (hier 88.14.1): »Ob dies Werkchen Schleiermachers just in eine philosophische Bibliothek gehört, mag fraglich sein.«[3]

Der Reihenuntertitel der PhB spricht von einer ›Sammlung der Hauptwerke der Philosophie alter und neuer Zeit‹; ist die ›mittlere Zeit‹, das Mittelalter also, ausgespart? Zunächst kann man den Untertitel auch lesen als ›Philosophie alter *bis* neuer Zeit‹. So sagt Kirchmann in der Vorrede zu seiner ›Lehre vom Wissen‹ (S. VII), es sei »auch [...] die Absicht, einige Hauptwerke aus der Zeit der Scholastiker aufzunehmen.« Gleichwohl ist die mittelalterliche Philosophie in der PhB in ihrem ersten Halbjahrhundert nur durch Johannes Scotus Eriugenas ›Über die Einteilung der Natur‹ (hier 48.1–2; Biographie von Ludwig Noack, hier 73.1) vertreten. Kirchmann begründet das an abgelegener Stelle ebenso lapidar, wie er dieses Desiderat aufheben zu können glaubt: Im

[1] Siehe dazu unten.

[2] Deutlich formuliert z. B. im Vorwort zu 21.2.1.

[3] Deutsche Literaturzeitung 30, Nr 32 vom 7.8.1909, Sp. 1999.

Vorwort zu Leibniz' ›Kleineren, philosophisch wichtigeren Schriften‹ (1879; hier 56.7.1) schreibt er: »Da die meisten Leser der Philosophischen Bibliothek sich nicht leicht zum unmittelbaren Studium der Schriften von Albert dem Grossen, von Abälard, von Roscellin, von Thomas von Aquin, von Duns Scotus, von Wilhelm von Occam und Andern entschliessen werden, so sind die Erläuterungen zu dieser Disputation [von Leibniz] benutzt worden, um die Leser wenigstens mit den philosophischen Grundgedanken jener grossen Männer bekannt zu machen und die eigenthümliche deductive Weise der bei ihnen herrschenden Beweisführung darzulegen.« Erst 1920 erscheint ein Auszug aus Thomas von Aquin (›Die Philosophie des Thomas von Aquin‹; 98.3.1). Aber auch später noch fällt das weitgehende Desiderat des Mittelalters in der PhB auf[4] oder wird schlicht als konzeptionell bedingt angesehen.[5]

Bei Kant war es »ursprünglich die Absicht, in die philosophische Bibliothek nur die drei Hauptwerke«, d. h. die drei Kritiken, aufzunehmen; doch hätten »diese Werke in der hier gebotenen Form einen so unerwartet schnellen Absatz gefunden,«[6] daß schließlich eine Gesamtausgabe Kants in der PhB zustande kam, in die aus Vollständigkeitsgründen auch die »völlig veraltete« ›Physische Geographie‹, die »mit der Philosophie nichts zu thun hat«, und die vier lateinischen Dissertationen Kants aufgenommen wurden.[7] Ähnlich erging es Kirchmann wohl mit Spinozas Werken: Die 1. Auflage der ›Ethik‹ erschien im ersten Jahr der PhB und war nach einem Jahr vergriffen; 1869 und 1870 erscheinen je ein Werk Spinozas, 1871 sogar drei, 1874 schon die 2. Auflage der ›Kurzgefaßten Abhandlung von Gott, dem Menschen und seinem Glück‹; von diesen Spinoza-Schriften findet sich keine in der Ankündigung des vierseitigen Prospectus.[8] Auf Kirchmanns Versprechen (in der Vorrede seiner ›Lehre vom Wissen‹, S. VII), »überhaupt in der Auswahl der Werke die sich kundgebenden Wünsche des Publikums zu berücksichtigen«, reagieren einige Rezensenten mit konkreten Vorschlägen.[9]

Franz Hoffmann beispielsweise findet 1878, in die PhB könnten »noch mehrere Hauptwerke von Platon und Aristoteles aufgenommen werden.[10] Die Stoiker und

[4] So B. Jansen 1928 in den ›Stimmen der Zeit‹ (Bd 115, S. 314 f.), der auch aus einem Brief Felix Meiners dazu an ihn zitiert.

[5] So von dem Wiener Philosophie-Professor Erich Heintel im ›Wiener Jahrbuch für Philosophie‹ 2, 1969, S. 279 und 283.

[6] 50.2.1, Vorwort.

[7] 50.28.1, Vorwort. Siehe dazu auch hier S. 143 ff.

[8] Hier Abb. 23 auf S. 253–256.

[9] Siehe dazu auch hier S. 140 mit Anm. 16.

[10] 1878 war von Platon nur der ›Staat‹ (1870) publiziert; erst 1880 erschienen das ›Gastmahl‹ und der ›Theaitet‹, 1882 der ›Parmenides‹. Diese vier Ausg. hatte Dürr in 2., beim ›Staat‹ sogar in 3. Aufl. bzw. als Titelaufl. wieder herausgebracht. Erst Felix Meiner kommt das Verdienst zu, jene Platon-Ausg. herausgebracht zu haben, die dann 1920 zu einer Ausg. ›Sämtliche Dialoge‹ Platons zusammengefaßt wurden:

Neuplatoniker sollten mit zweckmässiger Einschränkung berücksichtigt werden. [...] Von den mittelalterlichen Philosophen sollten jedenfalls Thomas von Aquin und Duns Scotus so wie Meister Eckhart nicht unvertreten bleiben. Da der Unterschied der Theosophen und der Philosophen Genanntem doch nur ein fliessender ist, so sollten die sogenannten Theosophen, natürlich nur die hervorragendsten, nicht ausgeschlossen bleiben. Unter allen Umständen sollte Nicolaus Cusanus, die Brücke vom Mittelalter zur Neuzeit, nicht fehlen. Die philosophischen Schriften des Leibniz müssten sämmtlich aufgenommen werden. Herder und Lessing sollten berücksichtigt werden, nicht weniger Hamann und Jacobi. Von J. G. Fichte, Schleiermacher und Hegel wird wohl ohnehin noch Mehreres zur Aufnahme bestimmt sein. Schelling und Herbart können nicht, wenn nicht eben noch rechtliche Hindernisse im Wege stehen, übergangen werden. Als die bedeutendsten Philosophen neben den zuletzt genannten sind unstreitig Baader und Krause zu bezeichnen. Schopenhauer braucht nicht empfohlen zu werden. Ein solches Original in seiner Pracht kann sich eine philosophische Bibliothek nicht gut entgehen lassen.« [11] Adolf Lasson klagt 1889: »Noch sind manche der ersten Namen in der Philosophischen Bibliothek gar nicht, andere nur mit vereinzelten Schriften vertreten, und viele Werke, die man gern in den Händen möglichst vieler sähe, fehlen.« D.h. für ihn: »Von Plato sollte doch mindestens Phaedrus, Philebus, Phaedo, Gorgias, die Gesetze, von Aristoteles die Rhetorik, die Physik und die Schriften zur Zoologie in eine derartige Sammlung aufgenommen werden, auch wenn Vollständigkeit nicht angestrebt wird. Theophrast, Seneca, Epiktet, Marc Aurel, Lucrez wird jedermann ungern vermissen, ebenso von Cicero mindestens die Schrift ›Von den Pflichten‹, von Plotin die Abhandlung über das Schöne. Von den Neueren würden, um nur einiges zu nennen, Shaftesbury, Schelling, von J.G. Fichte ›Die Bestimmung des Menschen‹ und die ›Anweisung zum seligen Leben‹, eine wünschenswerthe Ergänzung bilden«,[12] – eine unter dem Gesichtspunkt, daß die PhB die *Haupt*werke der Philosophie vereinigen soll, wohl eigenartige Vorschlagsliste, zumal auch hier das Mittelalter fehlt.

Für Ulrici jedenfalls zeugt 1875 »die Auswahl der Schriften, welche bis jetzt erschienen, [...] von Sachkenntniß und richtigem Urtheil.«[13]

Noch zu Lebzeiten Kirchmanns sind dann – mit Ausnahme des Mittelalters, das erst in den 80er Jahren des 20. Jahrhunderts stärker Aufnahme findet – alle Epochen der Philosophie von Platon bis Hegel vertreten. Felix Meiner erweitert die PhB nach ihrer Übernahme 1911 bald durch Aufnahme von

1912, ein Jahr nach Verlagsgründung und Übernahme der PhB, erschienen mit dem von K. Hildebrandt hrsg. ›Gastmahl‹ und mit dem von O. Apelt hrsg. ›Philebos‹ die ersten Bde dieser neuen Platon-Ausg.

Anders als bei Platon waren von Aristoteles bis 1878 immerhin schon die ›Poetik‹ (1869; 2. Aufl. schon 1875), die ›Metaphysik‹ und ›Über die Seele‹ (beide 1871), die ›Nikomachische Ethik‹ (1876) sowie die ersten vier Schriften des ›Organon‹ (1876–78) erschienen. Die meisten von Hoffmann genannten Autoren kamen erst später oder gar nicht in die PhB.

11 F. Hoffmann: Philosophische Schriften, Bd 5, 1878, S. 263.

12 A. Lasson: J. v. Kirchmann's Philosophische Bibliothek, 1889, S. 256 f.

13 Ulrici: Rezension von 5 PhB-Ausg., 1875, S. 157.

Texten Thomas von Aquins und Nikolaus von Kues'; ferner findet die erste Hälfte des 19. Jahrhunderts Berücksichtigung: Karl Christian Friedrich Krause, Johann Friedrich Herbart oder Auguste Comte, aber auch die zweite Hälfte des 19. Jahrhunderts mit Rudolf Hermann Lotze und Franz Brentano.

Die – zumindest wohl in der Anfangsphase der PhB mitschwingende – Vorstellung eines in der Sache begründeten Abschlusses der PhB – deutlich z. B. in Urteilen über die PhB[14] – wirft dann auch die Frage auf, in welcher *Reihenfolge* die Bände erscheinen. Ein Rezensent findet schon 1869 »das verwirrende Springen von einem Denker zum andern mißlich.«[15] Kirchmanns Antwort schon im Beginn der PhB ist klar: Für ihn »erscheint für eine solche Sammlung philosophischer Werke eine systematische oder chronologische Ordnung nicht nothwendig«; er begründet das pragmatisch: »Der Gebildete hat zu einem umfassenden Studium der Philosophie in der Regel weder Lust noch Zeit; vielmehr beginnt er gern mit dem, was seinem Denken und Fühlen am nächsten steht, oder dessen in seinem Kreise am meisten Erwähnung geschieht. Ein solcher, zum grossen Theil zufälliger Anfang hat auch keine Bedenken; denn nur so können die Schwierigkeiten, welche die Philosophie dem Anfänger bietet, am leichtesten überwunden werden, und sachlich verträgt es keine Wissenschaft mehr wie die Philosophie, an irgend einem beliebigen Punkte mit ihr anzufangen.«[16] Franz Hoffmann scheinen diese Gründe »nicht recht stichhaltig« und befürwortet eine chronologische Ordnung, zeigt aber Verständnis für Kirchmanns Lösung.[17]

Ob es sich bis 1900 – bis dahin gibt es in den PhB-Bänden eine eigene Reihentitelseite mit vollständigem Reihenhaupt- und -untertitel – bei allen verlegten Texten tatsächlich um *Haupt*werke, d. h. »die grossen Werke der Philosophie«[18] handelt, mag im Einzelfall strittig sein, wie z. B. bei Sextus Empiricus' 1877 erschienenen ›Pyrrhonëischen Grundzügen‹, vor allem im Hinblick auf eine Gesamtauswahl einer als abgeschlossen vorstellbaren ›Philosophischen Bibliothek der Hauptwerke der Philosophie‹. Bei Werken, die nicht unbedingt von jedermann zu den ›Hauptwerken‹ der Philosophie gezählt werden, gibt Kirchmann hin und wieder eine Begründung. Schleiermachers ›Monologen‹ z. B. gibt es in der PhB, weil Kirchmann in ihnen den von ihm selbst ver-

[14] Z. B. bei Hoffmann: Philosophische Schriften, Bd 5, 1878, S. 262 und Lasson: J. v. Kirchmann's Philosophische Bibliothek, 1889, S. 256, und noch 1908 bei Th. Sternberg (J. H. v. Kirchmann und seine Kritik der Rechtswissenschaft, S. 66): »Da sowohl die Fertigstellung der großen Ausgaben der Akademien wie die Publikation wohlfeiler Abdrücke in den Reklamschen, Meyerschen, Hendelschen Sammlungen noch arg im Rückstand ist, ist die Rolle der ›philosophischen Bibliothek‹ für absehbare Zeit noch nicht ausgespielt.«

[15] In: Blätter für literarische Unterhaltung, Nr 4 vom 21.1.1869, S. 63.

[16] 52.33.1, Vorrede S. VII.

[17] Hoffmann: Philosophische Schriften, Bd 5, 1878, S. 259 f. und 262 unten.

[18] 52.33.1, Vorrede S. VII.

tretenen Realismus in ersten Keimen dargelegt findet.[19] Bei Bacons ›Neuem Organon‹ (1870; hier 5.1.1) wird eine solche Auswahl-Begründung nicht gegeben, – im Gegensatz wiederum zu einem der Hauptwerke der Philosophie: Die Aufnahme von Berkeleys ›Abhandlung über die Prinzipien der menschlichen Erkenntnis‹ (1869; hier 7.2.1) in die PhB wird damit begründet, daß Berkeley »einen der möglichen und relativ berechtigten philosophischen Standpunkte mit Entschiedenheit vertritt, mit unübertroffener Klarheit begründet und mit vollster Strenge und Consequenzen entwickelt, als eins der classischen Documente moderner Speculation [...]« (Vorrede).

Hin und wieder findet man bemerkenswerte Urteile.[20] Im Vorwort zu Aristoteles' ›Zweiten Analytiken‹ (1877; hier 3.10.1) z. B. schreibt Kirchmann: »So ist das Resultat, was man heutzutage aus dem Studium dieser Schrift des Aristoteles gewinnt, wenig lohnend.« Für den Herausgeber eines Werkes gewiß ein seltenes Urteil.[21]

In der Konzeption der PhB als einer Sammlung der Hauptwerke liegt auch, daß nur *Text*ausgaben, d. h. ›Primärschriften‹, erscheinen sollen. In Kirchmanns Vorrede zu seiner ›Lehre vom Wissen‹ heißt es, daß »seit dem Zurücktreten der Hegel'schen Philosophie mit ihren unfassbaren Begriffen und dunkler Darstellungsweise unter den Gebildeten sich allmählich wieder ein Interesse für die Philosophie überhaupt zu regen beginnt, und dass man dabei sich nicht mit Kompendien oder geschichtlichen Darstellungen abfertigen lässt, sondern unmittelbar nach den Quellen selbst verlangt.« Im Vorwort zu Platons ›Staat‹ (1870; hier 77.24.1) findet Kirchmann es besser, »wenn der Leser sich gleich zu dem Autor unmittelbar wendet, als wenn er erst durch fremde

[19] »Wenn auch die Monologen Schleiermacher's nicht zu den Hauptwerken der Philosophie gerechnet werden können, für welche die philosophische Bibliothek zunächst bestimmt ist, so bezeichnen sie doch im Verein mit den ziemlich gleichzeitig erschienenen Reden Schleiermacher's über die Religion die beginnende Reaktion gegen den damals in der Philosophie allmächtig herrschenden Idealismus. Indem Schleiermacher in diesen zwei Werken zuerst den Werth und die Bedeutung des Gefühls und der Individualität gegenüber dem Allgemeinen des Denkens zur Geltung brachte, legte er damit, wenn auch ohne es sich selbst klar zu machen, die ersten Keime für einen Realismus innerhalb der Philosophie, der seitdem allmählig, wenn auch schüchtern und lückenhaft, weiter vorgeschritten ist, und dessen Vollendung daher noch die Aufgabe der Zukunft bleibt. In Erwägung dessen verdienen seine Monologen gewiss einen Platz in dieser Sammlung [...]«.

[20] Siehe auch unten S. 101 f. und 107 f.

[21] Auch im Vorwort der nicht in der PhB erschienenen, aber von Kirchmann hrsg. Hobbes'schen ›Abhandlung über den Bürger‹ sieht Kirchmann den »noch heute gültigen Werth dieses Werkes von Hobbes nicht in seinen letzten Ergebnissen, sondern in der Methode und in den Wegen, auf denen er zu denselben gelangt ist.« Aber diese Methode sei so falsch, daß »selbst ein so scharfsinniger und bedeutender Mann wie Hobbes die Wahrheit verfehlen mußte.« So ist auch hier das Ergebnis des Studiums dieses Werkes »freilich nur ein negatives Resultat« (S. VI f.)

Brillen sehen lernen und hunderterlei Dinge sich merken soll, für welche das Interesse nur bei der Lektüre des Werkes selbst erwachen kann, oder auf die es überhaupt dabei nicht ankommt.« Für Leibniz' Philosophie stellt er fest, mit der PhB sei »die beste Gelegenheit geboten, sich aus den Quellen selbst die genaue Kenntniss derselben zu verschaffen.«[22] Bei der ›Ethik‹ Spinozas empfiehlt er, »trotz der Schwierigkeiten des Anfangs in dem Studium des Werkes selbst auszuhalten und nicht zu schnell nach fremden Hilfsmitteln zu greifen.«[23]

Diese Argumente leuchten durchaus ein, werden aber durch die ›Erläuterungen‹ z. T. konterkariert. Man wird es Kirchmann zubilligen müssen, daß er eine kleine monographische Abhandlung ›Die Lehre vom Wissen als Einleitung in das Studium philosophischer Werke‹ (hier 52.33.1) als Band 1 der PhB 1868 erscheinen ließ. Unmißverständlich schreibt er in der Vorrede: »Eine solche [Einleitung] ist für den Laien unumgänglich nöthig, wenn er nicht mit den grössten Schwierigkeiten bei dem Lesen dieser Werke [der PhB] kämpfen soll oder mit einem Haufen verworrener und oberflächlicher Begriffe sich begnügen will, die ebenso schnell wieder verschwinden, wie sie in die Seele eingetreten sind.« Der Wert dieser Abhandlung als ›Einleitung in die PhB‹ ist jedoch fragwürdig; die Leser dieses Bändchens werden deutlich mit Kirchmanns eigenem philosophischen Standpunkt und damit vertraut gemacht, was sie in den ›Erläuterungen‹ erwartet. Daß ein Jahr später eine Schrift Kirchmanns: ›Die Grundbegriffe des Rechts und der Moral als Einleitung in das Studium rechtsphilosophischer Werke‹ (hier 52.32.1) erscheint, ist jedoch wohl eher dem früheren juristischen Beruf Kirchmanns als einer in der Konzeption der PhB liegenden Notwendigkeit oder Zweckmäßigkeit zuzuschreiben.[24] Im weiteren Verlauf der PhB nehmen diese, der Konzeption bzw. dem Programm nicht entsprechenden, ja sogar zuwiderlaufenden Bände zu: 1876 erscheint von Ludwig Noack eine Monographie über Johannes Scotus Eriugena (hier 73.1.1), nachdem Noack 1870 und 1874 dessen Schrift ›Über die Einteilung der Natur‹ in zwei Bänden herausgegeben hatte (hier 48.1–2). 1886 erscheint die erste Auflage des ›Wörterbuches der philosophischen Grundbegriffe‹ (hier 102.1.1) von Friedrich Kirchner (1848–1900), dessen 6. und letzte Auflage (in der Bearbeitung von Carl Michaëlis) 1911 herauskam; es wird 1944 von Johannes Hoffmeisters (1907–1955) Wörterbuch abgelöst (hier 102.1.8).

Zwischen 1903 und 1930 erscheinen dann zehn solcher Bände:[25]

[22] 56.11.1, Vorwort S. V.

[23] 52.30.1, Vorwort.

[24] Kirchmann begründet den Bd im Vorwort: »Die Erläuterungen zu den Werken der Rechtsphilosophie und des Naturrechts, welche die ›Philosophische Bibliothek‹ zu bringen hat, können nicht kurz und dabei verständlich gehalten werden, wenn ihnen nicht eine Einleitung vorausgeht, in welcher die ethischen Grundbegriffe im Zusammenhange dargelegt sind.«

[25] Bei zwei weiteren Bändchen handelt es sich ebenfalls um keine Textausg., doch liegt der Fall hier anders: 1920 erscheinen von Apelt als PhB 181 ›Vorwort und

1903: Karl Vorländer: Geschichte der Philosophie. 2 Bde. (hier 100.1–2); ab der 6. Aufl. 1921 erschien das Werk nicht mehr im Rahmen der PhB.
1907: Hermann Cohen: Kommentar zu Immanuel Kants Kritik der reinen Vernunft. (hier 16.1.1).
1908: Stephan Witasek: Grundlinien der Psychologie. (hier 101.1.1); die 2. Aufl. erschien nicht mehr im Rahmen der PhB.
1909: August Messer: Einführung in die Erkenntnistheorie. (hier 69.1.1); ab der 2. Aufl. erschien das Werk nicht mehr im Rahmen der PhB.
1910: Wolffsche Begriffsbestimmungen: Ein Hilfsbüchlein zum Studium Kants. Mit Einleitung und Register zusammengestellt von J. Baumann. (hier 103.2.1).
1911: Karl Vorländer: Immanuel Kants Leben. (hier 100.3.1).
1920: Georg Lasson: Hegel als Geschichtsphilosoph. (hier 55.2.1).
1929: Heinrich Ratke: Handlexikon zu Kants Kritik der reinen Vernunft. (hier 81.1.1).
1930: Georg Lasson: Einführung in Hegels Religionsphilosophie. (hier 55.1.1).

1918 schreibt Felix Meiner, in der PhB sollten ehemals »auch Schriften zur Einführung in die Philosophie im allgemeinen gebracht werden.«[26] Zurückzuführen ist dieser Gedanke, da der Verlag Heimann oder Kirchmann solche allgemeinen Einführungen[27] nicht erwähnen, vermutlich auf Bemühungen der Dürr'schen Buchhandlung, wie aus dem Vorwort von Stephan Witasek zu seinen 1908 erschienenen ›Grundlinien der Psychologie‹ hervorgeht. »Der äussere Anlass zur Abfassung des vorliegenden Buches war eine Aufforderung des Herrn Verlegers. Seinem Plane, der ›Philosophischen Bibliothek‹ kurze und in jedem Sinne möglichst leicht zugängliche, dabei aber doch streng wissenschaftliche Gesamtdarstellungen des heutigen Standes der einzelnen philosophischen Disziplinen anzugliedern, durfte ich mich für mein Teil gerne dienstbar machen.«[28] Felix Meiner verfolgte derartige Pläne nicht mehr, sondern erklärte in dem bereits erwähnten Text von 1918: »Die einführenden Schriften, in denen der subjektive Standpunkt des Verfassers notwendigerweise stärker hervortritt, wurden einer besonderen Sammlung ›Wissen und Forschen‹[29] überwiesen.« So kamen nach 1930 keine neuen Bände dieser Art

Einleitung zur Gesamtausgabe von Platons Dialogen‹ (hier 2.2) und als PhB 182 der ›Platon-Index‹ (hier 2.1).

[26] In einem Doppelblatt zum 50jährigen Bestehen der PhB.

[27] Die von Kirchmann verfaßte und als Bd 1 der PhB hrsg. ›Lehre vom Wissen als Einleitung in das Studium philosophischer Werke‹ erfüllte für Kirchmann den Zweck einer allgemeinen Einführung.

[28] Bezeichnenderweise meint der Grazer Philosophie-Professor Eduard Martinak (1859–1943) 1910 zu eben diesem Buch, daß es »dem Programme des Verlages [!] der ›Philosophischen Bibliothek‹ in denkbar bester Weise entspricht« (Deutsche Literaturzeitung 31, Nr 27 vom 2.7.1910, Sp. 1688); es entspricht dem Programm des pädagogischen *Verlages* der PhB, nicht dem Programm der PhB selbst.

[29] Siehe hier S. 81 ff.

mehr in die PhB. 1931 heißt es in einer Bemerkung zur Bandzählung auf der Impressumseite von Elyots ›Buch vom Führer‹: »Da sich die PhB darauf beschränken soll, eine Sammlung klassischer Texte zu sein [...]«. Auch ist hier zu unterscheiden zwischen den der Konzeption der Reihe nicht entsprechenden ›Sekundärschriften‹ im eigentlichen Sinne (›allgemeine Einführungen‹) und anderen Veröffentlichungen, die zwar keine Hauptwerk-Texte sind, aber die Konzeption der PhB dennoch nicht gefährden, wie die Briefeditionen zu Kant und Hegel. Nach 1945 sind die Briefeditionen, das Hoffmeister'sche Wörterbuch, Vorländers kleine Kant-Biographie, Ratkes Kant-Lexikon sowie der Band ›Hegel in Berichten seiner Zeitgenossen‹ die einzigen Bände der PhB, die keine Primärtexte sind.

Die Beschränkung auf *Hauptwerke* der Philosophie bezieht sich also auf die Philosophie*geschichte.*

Mit dem Programm vereinbar ist eine andere Publikationsform: die Sammlung. Sie wurde 1870–71 in die PhB eingeführt mit Kants ›Kleineren Schriften zur Ethik und Religionsphilosophie‹ und ›Kleineren Schriften zur Logik und Metaphysik‹ (1870) sowie Spinozas ›Briefwechsel‹ (1871). Selten und mit der alten Konzeption der PhB weniger vereinbar erscheint eine Art der Sammlung, in der in Auszügen Äußerungen eines Autors zu einem Thema – hier: der Philosophie zusammengestellt sind. Zwischen 1902 und 1923 erschienen sechs solcher Bände:

1902: Schillers philosophische Schriften und Gedichte. (Auswahl). Zur Einführung in seine Weltanschauung. Mit ausführlicher Einleitung hrsg. von E. Kühnemann. (hier 87.1).

1905: Goethes Philosophie aus seinen Werken. Hrsg. von M. Heynacher. (hier 32.1).

1906: Herders Philosophie. Ausgewählte Denkmäler aus der Werdezeit der neuen deutschen Bildung. Hrsg. von H. Stephan. (hier 38.1).

1909: Lessings Philosophie. Denkmäler aus der Zeit des Kampfes zwischen Aufklärung und Humanität in der deutschen Geistesbildung. Hrsg. von P. Lorentz. (hier 57.2).

1910: Wilhelm von Humboldts ausgewählte philosophische Schriften. Hrsg. von J. Schubert. (hier 42.1).

1923: Christopher Jacob Boström: Grundlinien eines philosophischen Systems. In deutscher Übersetzung mit Einleitung und Anhang, hrsg. von R. Geijer und H. Gerloff. (hier 9.1.1).

Die von 1902 bis 1910 erschienenen Bände bilden den – gescheiterten – Versuch der Dürr'schen Buchhandlung (als Schulbuchverlag), die PhB auch für die Schulen dienstbar zu machen.[30]

[30] Siehe dazu auch hier S. 131.

1.3.3 Erläuterungen und Lebensbeschreibungen

Für die Konzeption der PhB vor 1900 ist ein wesentliches Moment die Beigabe von *Erläuterungen.* Wenn das ›gebildete Publikum‹, d. h. der ›philosophische Laie‹, wie es bei Kirchmann auch heißt, »sich nicht mit Kompendien oder geschichtlichen Darstellungen abfertigen lässt, sondern unmittelbar nach den Quellen selbst verlangt« und mit diesen zum großen Teil doch schwierigen Texten konfrontiert wird, sind »sachliche Erläuterungen zum leichteren Verständniss derselben« (Vorrede in ›Die Lehre vom Wissen‹) unabdingbar. Entsprechend ist dieses Konzeptionskriterium auch im Reihen-Untertitel verankert.[1]

Spricht der vierseitige PhB-Prospectus (hier Abb. 23) davon, daß diese Erläuterungen »in besonderen Heften erscheinen« werden, so heißt es in der Vorrede zu ›Die Lehre vom Wissen‹, daß sie »je nach den einzelnen Werken, entweder in Noten unmittelbar unter dem Text gegeben werden, oder, wo sie umfangreicher sind, ein selbständiges Heft für sich bilden, um den Gedankengang des Textes nicht auf zu lange zu unterbrechen.« Tatsächlich können diese Erläuterungen an *drei* verschiedenen Stellen plaziert sein: 1. Sie stehen als Fußnoten jeweils unter dem Haupttext.[2] 2. Sie sind in einem eigenen Band gesammelt[3] (wobei diese Erläuterungsbände bis zu vier Jahren später als der Text erscheinen[4]). Entgegen Kirchmanns Ankündigung in der Vorrede seiner ›Lehre vom Wissen‹ können sie aber auch am Schluß eines Textbandes gesammelt stehen.[5] Die Erläuterungen stammen immer vom Herausgeber bzw. Übersetzer des jeweiligen Werkes und sind von bloßen ›Anmerkungen‹ zu unterscheiden.[6] Was den Umfang betrifft, sollen sie sich »in einem bescheidenen Maasse [...] halten«,[7] zumal sie nur »Erläuterungen der schwierigsten Stellen« (vierseitiger Prospectus) sein sollen. Gleichwohl sollen sie »doch dem Leser

[1] Nicht selten wird der Hinweis auf die Erläuterungen auf der Haupttitelseite wiederholt (z. B. heißt es: »Uebersetzt und erläutert«, 3.9.1; oder: »Herausgegeben und erläutert«, 50.25.1; oder der Reihen-Untertitel wird wiederholt: 50.18.1). Bei Aristoteles' ›Sophistischen Widerlegungen‹ heißt es sogar auf der Haupttitelseite »Uebersetzt und erläutert« und auf der Reihentitelseite nach der Nennung des Texttitels zusätzlich noch: »mit Erläuterungen«.

[2] Z. B. 21.2.1, 33.1–2, 33.2.1, 33.3.1, 77.8.1, 88.10.1

[3] Z. B. 39.1, 52.1–31, 75.1, 83.1, 85.1

[4] Z. B. 50.3.1 (1870) und 50.9.1 (1871) - 52.13.1 (1875); 50.20.1 (1869) - 52.17.1 (1872); 50.24.1 (1869) - 52.18.1 (1873); 95.6.3 (1877) - 75.1.1 (1881); siehe auch hier S. 200 mit Anm. 24 sowie S. 205.

[5] Z. B. 11.1.1, 29.30.1, 88.8.1. Im Vorwort zu Kants ›Kritik der praktischen Vernunft‹ spricht Kirchmann von Erläuterungen, »welche, dem Plane dieser Sammlung gemäss [!], in einem besonderen Hefte nachfolgen«.

[6] In 88.10.1 z. B. gibt es Anmerkungen *und* Erläuterungen.

[7] Kirchmann in 52.15.1, Vorwort S. VII. P. Gedan schreibt 1905 (50.23.3, S. IV):

überall den Blick in die Tiefen der jedesmaligen Fragen eröffnen.«[8] Nicht selten sind sie aber aus verschiedenen, speziellen Gründen[9] »ausführlicher gehalten worden, als es der Gegenstand sonst erfordert hätte«[10] oder »als es sonst im Plane der philosophischen Bibliothek gelegen haben würde«[11] – wie Kirchmann gesteht –, womit sie dann eine ›allgemeine Einleitung‹ zu dem betreffenden Werk überflüssig machen,[12] zumal, wenn sie sich – was nicht selten der Fall ist – zu Kommentaren (fast) jedes Absatzes auswachsen (wie z. B. bei Spinozas ›Ethik‹). In einigen Fällen sind die Erläuterungen in der zweiten Auflage »theilweise umgearbeitet worden, um den Sinn klarer und verständlicher zu machen, theils mit Zusätzen versehen worden, um die starken und schwachen Seiten des Werkes hervortreten zu lassen.«[13]

Nach Kirchmann soll in den Erläuterungen »vor Allem angestrebt werden, das Verständniss des Sinnes zu vermitteln; doch wird auch die Kritik nicht ganz ausgeschlossen bleiben, da das volle Verständniss nur durch Gegenüberstellung der verschiedenen Ansichten erreicht werden kann« (Vorrede in der ›Lehre vom Wissen‹). Damit unterscheiden sich die ›Erläuterungen‹ von vornherein von dem, was man heute unter einem Kommentar versteht. Kirchmanns Standpunkt, mit dem der des jeweiligen philosophischen Textes in den Erläuterungen verglichen und ihm gegenübergestellt wird, kann man als einen *naiven Realismus* bezeichnen. Diesem ist Kirchmann durchgängig verpflichtet, ihn propagiert und verteidigt er in allen seinen Schriften. So ist ›Die Lehre vom Wissen‹ ebenso von diesem Standpunkt aus geschrieben (Vorrede S. VI) wie sein ›Katechismus der Philosophie‹.[14] Seine Schrift ›Die Grundbegriffe des Rechts und der Moral‹ »ruht auf den Prinzipien des Realismus« (Vorwort) ebenso wie seine ›Aesthetik auf realistischer Grundlage‹ (1868) und alle anderen Schriften.

Auch seine Erläuterungen werden von diesem Standpunkt aus gegeben, wie Kirchmann immer wieder offen bekennt.[15] Andere Herausgeber der PhB fol-

»Erläuterungen oder Berichtigungen des Textes nach dem jetzigen Stande der Wissenschaft sind den Anmerkungen nur in beschränkter Zahl beigegeben worden, entsprechend der Tendenz der ›Philosophischen Bibliothek‹.«

8 Kirchmann in 52.32.1, Vorwort.

9 Z. B. »da ein gründliches Verständniss der Schrift ohnedem nicht möglich ist« (3.9.1, Vorwort S. XI) oder »da die Begriffe und die Methode in Spinoza's Ethik dem Vorstellen der Gegenwart fern liegen« (52.30.1, Vorwort S. V).

10 3.10.1, Vorwort S. XIII; 52.11.1, Vorwort S. V; 52.20.1, Vorwort S. VIII. Siehe auch die Belege in Anm. 9.

11 95.2.1, Vorwort S. V.

12 77.24.1, Vorwort S. VII.

13 43.5.2, Vorwort zur zweiten Ausg.

14 Leipzig 1877, S. VI f.; 3. Aufl. 1888, S. V f.

15 Von den zahlreichen Fällen seien hier nur als Beispiel genannt: 3.16.1, 52.11.1, 52.12.1, 52.15.1, 52.18.1, 52.32.1, 77.24.1, 77.25.1.

gen diesem Beispiel, wie z. B. Arthur Jung bei Platons ›Gastmahl‹.[16] In der Vorrede zu Giordano Brunos ›Von der Ursache, dem Prinzip und dem Einen‹ (1872, hier 11.1.1) schreibt Adolf Lasson, er habe sich »bemüht, alles dasjenige zu erläutern, was der aufmerksame und philosophisch gebildete Leser der Erklärung bedürftig finden könnte«; bei Bruno aber scheine »es nicht geeignet, seinen Gedankengang im einzelnen vom modernen Bewusstsein aus kritisch zu controliren. Aber wo er auf die Lehrsätze früherer Philosophen zurückgreift, sie zur Bestätigung seiner Doctrin heranziehend oder auch sie von seinem Standpunkte aus bestreitend, habe ich die Berührungspunkte oder Gegensätze in's Licht zu stellen versucht.« Auch Ueberweg hat Berkeleys ›Abhandlung über die Prinzipien der menschlichen Erkenntnis‹ (1869; hier 7.2.1) »kritische Bemerkungen beigefügt, die zu selbständigem Nachdenken über die erörterten Probleme den Leser anregen mögen, wie auch Erläuterungen, welche besonders die historischen Beziehungen nachweisen« (Vorrede).

Diese Vorgehensweise bei Erläuterungen findet z. T. überraschende Begründungen: In Aristoteles' Philosophie sieht Kirchmann »die beiden Hauptrichtungen, in welche die Philosophie seit ihrem Beginn sich gespalten hat, vollständig [!] vorgebildet«, Realismus und Idealismus nämlich;[17] zu Kants ›Grundlegung zur Metaphysik der Sitten‹ hätten Hegel und Schopenhauer schon zwei eingehende Kritiken vorgelegt, es könne »nur förderlich sein [. . .], wenn zu jenen Kritiken noch eine dritte vom realistischen Standpunkte hinzukommt.«[18] Auch Spinozas ›Ethik‹, Kants ›Kritik der reinen Vernunft‹ und Aristoteles' ›Drei Bücher über die Seele‹ seien vom realistischen Standpunkt aus beurteilt, weil eine *solche* Kritik bisher fehle.[19] Ähnlich bei der ›Bewertung‹ der betreffenden Texte: Schleiermachers ›Monologen‹ könnten zwar nicht zu den Hauptwerken der Philosophie gerechnet werden, doch lege er in dieser Schrift »die ersten Keime für einen Realismus innerhalb der Philosophie«;[20] Descartes' ›Meditationes‹ (unter dem Titel ›Untersuchungen über die Grundlagen der Philosophie‹ herausgegeben) gehöre »für die Anhänger des philosophischen Realismus zu den interessantesten« Texten, denn sie zeige, »wie gefährlich es ist, die realistische Methode mit den Begriffen des Idealismus ver

16 Im Vorwort schreibt Jung auf S. 3: »Die Erläuterungen glaubte ich für die Leser der Philosophischen Bibliothek am passendsten von dem Standpunkte des Realismus zu geben, wie er von dem Herausgeber derselben, Herrn v. Kirchmann, mit grosser Klarheit und Entschiedenheit vertreten wird.«

17 3.12.1, Vorwort S. XVII.

18 51.11.1, Vorwort S. V.

19 3.16.1, Vorwort S. IX; 52.30.1, Vorwort S. VII. Im Vorwort zu 52.15.1 schreibt Kirchmann: »Alle andern Auffassungen haben sich bereits in der Beurtheilung der Hauptwerke Kant's versucht; eine Kritik vom Standpunkte des reinen Realismus hat daher mindestens den Vorzug der Neuheit«!

20 88.8.1, Vorwort S. V.

mengen, oder durch sie auch nur ergänzen zu wollen.«[21] Im Vorwort zu David Humes ›Untersuchung in Betreff des menschlichen Verstandes‹ (1869; hier 43.5.1) schreibt Kirchmann: »Leser, welche den realistischen Ansichten beipflichten, [...] werden mit Vergnügen bemerken, dass Hume beinahe auf demselben Boden steht, und dass es nur die Bescheidenheit ist, welche diesen bedeutenden Mann seine Lehre Skeptizismus statt Realismus nennen liess.« Aristoteles' ›Politik‹ sei »eine Bestätigung jener philosophisch-realistischen Lehre von der Natur des Sittlichen«, wie Kirchmann selbst sie »ausführlicher entwickelt habe.[22] Bacons Philosophie stehe »dem Realismus der Gegenwart in den Grundgedanken sehr nahe, so war die Erläuterung des Werkes vom realistischen Standpunkt aus gewissermassen selbstverständlich.«[23] Im Kirchmannschen Vorwort zu Platons ›Parmenides‹ (1882; hier 77.17.1) lesen wir u. a.: »Tritt der Leser mit dem hier gegebenen Schlüssel[24] an die Auflösung der in diesem Dialog dargelegten Widersprüche heran, so fällt auf einmal der Schleier, welcher den Blick in seinem kunstvollen Bau und das Verständniss seiner Ausführungen gehindert hat« (S. XL f.); und in der ›Erläuterung‹ auf S. 4 findet sich das erstaunliche Urteil: »Eine Prüfung des Dialogs nach realistischen Prinzipien kann dem grossen Lobe nicht beistimmen, welches trotz mannigfacher Gegensätze beinahe von allen Philosophen und Gelehrten diesem Dialog gespendet worden ist.« Im Vorwort zu Ciceros ›Drei Bücher über die Natur der Götter‹ (1874; hier 14.5.1) bekennt Kirchmann: Ein »Ergebniss, was sich aus der Geschichte der griechischen Religionsphilosophie ergiebt, ist eine Bestätigung der Fundamentalsätze des Realismus«. Auch sei »vielleicht [...] kein System mehr als das des Realismus geeignet, den Sinn der alten Systeme, die dem heutigen Leser oft höchst sonderbar und dunkel erscheinen müssen, zu erfassen, ihre Vorzüge und ihre Schwächen zu erkennen und zu ersehen, wie weit die einzelnen Schulen der Wahrheit sich genähert haben [!] und was sie am weitern Vordringen zu ihr gehindert hat.«[25] Indem die »Prüfung« von Platons ›Theaitet‹ (1880; hier 77.25.1, Vorwort S. VI) »auf realistischen Unterlagen geschieht«, konnten nach Kirchmanns Überzeugung »eingehender und überzeugender, als von einer anderen principiellen Grundlage aus, die Schwächen der platonischen Erkenntnisslehre dargelegt und gezeigt werden, wie die Dunkelheiten und Schwierigkeiten dieses Dialogs wesentlich aus der eigenen Unklarheit Plato's in Bezug auf die erkenntnisstheoretischen Principien hervorgehen, und wie die Lehre des Realismus mehr wie irgend eine andere Lehre vermag, diese Unklarheiten und Mängel bloszulegen und deren

[21] 21.6.2, Vorwort zur zweiten Aufl., S. 6.

[22] 3.15.1, Vorwort S. XII.

[23] 5.1.1, Vorwort S. VI.

[24] »Beurtheilung dieses Dialogs von realistischen Principien aus« (Vorwort a. a. O., S. XII).

[25] 14.3

Ursache aufzuzeigen.« Die Erläuterungen zu einer Leibniz-Disputation sind zu einer philosophiegeschichtlichen Kurzlektion ausgebaut: »Da die meisten Leser der Philosophischen Bibliothek sich nicht leicht zum unmittelbaren Studium der Schriften von Albert dem Grossen, von Abälard, von Roscellin, von Thomas von Aquino, von Duns Scotus, von Wilhelm von Occam und Andern entschliessen werden, so sind die Erläuterungen zu dieser Disputation benutzt worden, um die Leser wenigstens mit den philosophischen Grundgedanken jener grossen Männer bekannt zu machen und die eigenthümliche deductive Weise der bei ihnen herrschenden Beweisführung darzulegen.«[26]

Die Erläuterungen haben also ein zweifaches Ziel: Sie sollen 1. das *Verständnis des Sinnes* des Textes vermitteln (»Darlegung des Sinnes der einzelnen Sätze«[27]) und 2. eine *Kritik* des Textes geben (»Inhalt und [. . .] Wahrheit der darin [in den einzelnen Sätzen] gebotenen Begriffe und Gesetze«[28]).[29] Genauer über die »Grundsätze im Allgemeinen« der Erläuterungen spricht Kirchmann in seinen ›Erläuterungen zu Kant's Schriften zur Naturphilosophie‹ (1877, hier 52.20.1 Vorwort); diese gäben zunächst die *äußern Anlässe* der Schrift, ihre Abfassungszeit und Kants »Verhältnisse« an; »dann ist der *innere Zusammenhang*, in dem jede dieser Schriften mit dem geistigen Entwickelungsgange Kant's steht [. . .] dargelegt worden.« »Hieran schliessen sich die *Erklärungen der schwierigen Begriffe und Stellen* dieser Schriften, und mit diesen ist dann auch eine *formelle und materielle Kritik* ihres Inhaltes verbunden« (Hervorhebungen von R. A. B.).[30] Im Vorwort zu seinen ›Erläuterungen zu Benedict von Spi-

25 14.4.1, Vorwort S. VIII.

26 56.7.1, Vorwort S. VII f.

27 52.15.1, Vorwort S. V f.

28 Ebd.

29 Ueberweg spricht in seiner Vorrede zu 7.2.1 von »erläuternden und prüfenden Anmerkungen«. Vgl. auch das obige Zitat aus derselben Vorrede Ueberwegs.

»[. . .] dass es doppelt geboten erscheint, die Hauptwerke Kant's nach jeder Richtung hin theils zu erläutern, theils zu prüfen« (Kirchmann in 52.18.1, Vorwort S. VI). Auch die Erläuterungen zu Hobbes' ›Abhandlung über den Bürger‹, die 1873 bei Brockhaus außerhalb der PhB von Kirchmann herausgegeben wurden, sind »theils erklärender, theils kritischer Natur« (Vorwort S. VI), ebenso wie die zu Platons ›Staat‹ (77.24.1, Vorwort S. VI).

Bei den ›Erläuterungen zu Kant's Religion innerhalb der Grenzen der bloßen Vernunft‹ kam es für Kirchmann aber »weniger darauf an, das Verständniss des Buches zu vermitteln, da sein unmittelbarer Sinn meist klar zu Tage liegt, als die schwachen Seiten der Auffassung darzulegen und dem einseitigen moralischen Gesichtspunkt die Tiefe und Bedeutung des religiösen Gefühles entgegenzuhalten, womit dann von selbst Vorwürfe fallen, welche Kant, durch die damalige Zeitrichtung verleitet, gegen Religion und Kirche erhoben hat. Mit einem Worte, es ist der Versuch gemacht worden, die wissenschaftliche Schwäche aller Reformversuche innerhalb der Religion auch in dem Werke Kant's darzulegen.« (52.19.1, Vorrede S. XV).

30 Ähnlich im Vorwort zu 52.13.1: »insbesondere sind neben den sachlichen und kritischen Erläuterungen« – bei Ueberweg: »erläuternde und prüfende Anmerkun-

noza's Ethik‹ (1871; hier 52.30.1), auf das Kirchmann in bezug auf die Erläuterungs-Grundsätze öfters verweist, unterscheidet er drei Arten einer solchen Kritik:

»Sie kann sich *formal* oder immanent halten, indem sie die Prinzipien oder die Methode des Werkes gelten lässt und nur prüft, ob die Ausführung danach folgerichtig und erschöpfend geschehen ist. Die Kritik kann aber auch eine *materiale* werden, wenn sie sich auf die Wahrheit dieser Prinzipien richtet und untersucht, ob die benutzten Mittel und Methoden geeignet sind, die Wahrheit zu erreichen. Die Kritik wird endlich *spekulativ,* wenn sie den gewöhnlichen Begriff der Wahrheit aufgiebt und diese selbst in das Werden und die Entwickelung hineinzieht. Einer solchen Kritik gilt schon jede logische Kategorie als wahr in Bezug auf die ihr vorgehenden und als unwahr in Bezug auf die ihr nachfolgenden Begriffe. Diese Auffassung überträgt sie auf die im Lauf der Zeit hervorgetretenen philosophischen Systeme; sie gelten ihr nur als ein Moment in der Entwicklung der Wahrheit selbst, die ihr ein Werdendes ist.«

Die dritte Form der Kritik, die spekulative, ist von Kirchmann weder bei Spinozas ›Ethik‹ noch sonst geübt worden, »weil nach realistischer Auffassung die Wahrheit, als die Uebereinstimmung des Wissens mit dem Sein, ewig und unveränderlich ist.«[31]

Die von Kirchmann geübte formale und materiale Kritik geht auch und gerade deshalb von einem Standpunkt – dem Realismus – aus, weil nach Kirchmanns Überzeugung »nur durch Gegenüberstellung entgegengesetzter Ansichten der Sinn von [. . .] Sätzen voll dargelegt werden kann.«[32]

Es könne »vielleicht kleinlich erscheinen, wenn die Kritik sich vorwiegend an Einzelheiten hängt und es von einem entgegengesetzten Standpunkte aus angreift; eine umfassende und in sich zusammenhängende Kritik, wie sie z. B. Kuno Fischer in seiner Geschichte der neueren Philosophie (II. Ausgabe 1865) bietet, erscheint dem wissenschaftlichen Standpunkt angemessener. Allein vielfache Erfahrungen und Zuschriften haben den Unterzeichneten überzeugt, dass das träge, blos passive Aufnehmen und das voreilige Beistimmen zu den Ansichten eines philosophischen Werkes nur zu leicht bei Lesern sich einstellt, die in ihren Ansichten sich nicht schon durch längeres Studium befestigt haben. Dabei wird nicht blos das eigene Urtheil eingeschläfert, sondern es wird auch das Eindringen in die Tiefe des Werkes selbst gehindert. Dem kann nicht durch lange selbständige Abhandlungen abgeholfen werden, da diesen die Leser meist in gleicher Passivität wie dem Hauptwerke nachfolgen; sondern nur durch eine Opposition, die auf der Stelle dem einzelnen Gedanken entgegentritt, die schwache Seite aufdeckt, so die volle Bedeutung der Frage zum Bewusstsein bringt und nöthigt, das passive Nachfolgen aufzugeben und sich kritisch zu verhalten.«[33]

gen« – »auch die äussern Anlässe zu diesen Schriften [. . .] angegeben und das Verhältniss derselben zu dem innern Entwickelungsgang Kant's [. . .] hervorgehoben worden.«

31 52.30.1, Vorwort S. VI.

32 52.30.1, Vorwort S. V.

33 21.2.1, Vorwort S. VII.

Der Leser sei nur »durch Darlegung der entgegengesetzten Auffassungen in den Stand gesetzt [...], sich selbst zu entscheiden [...] Selbst wenn der Leser auf der Seite des Autors verharren sollte, kann solcher Angriff vom entgegengesetzten Standpunkte aus seine Ueberzeugung nur klären. Es genügt nicht, vor dem Gegner die Augen zu schliessen und sich seines eignen Besitzes in gemüthlicher Abgeschlossenheit zu erfreuen; man muss dem Gegner in das Auge sehen und ihm zeigen können, wo die Stelle ist, an der er verwundbar ist und die Wahrheit verlassen hat.«[34] Die Erläuterungen sollen »mehr anregen, als den Lesern eine bestimmte Ansicht aufnöthigen.«[35] Die Erläuterungen zu Kant's ›Kritik der reinen Vernunft‹ (1869; hier 52.15.1) z. B. sollen »dem Leser das Verständniss des Werkes nur erleichtern und ihn befähigen, den Inhalt desselben im eigenen Denken weiter zu verfolgen« (Vorwort).

Im Vorwort zu Kants ›Anthropologie in pragmatischer Hinsicht‹ (1869; hier 50.2.14) verweist Kirchmann mit Freude und Stolz auf den starken Absatz der ›Kritik der reinen Vernunft‹, die schon eine zweite Auflage nötig gemacht hat. Er fährt dann fort: »Es ist dies ein höchst erfreuliches Zeichen, wie gern das grössere gebildete Publikum sich mit Kant's Philosophie zu beschäftigen bereit ist, wenn ihr dieselbe in einer leichten und billigen Form zugänglich gemacht wird, und wenn durch fortlaufende Erläuterungen auch der ungeübte Leser angeleitet wird, in den Kern des Vortrages einzudringen und durch die Gegenüberstellung entgegengesetzter Ansichten ein selbständiges Urtheil sich zu bilden. Es ist in dieser Beziehung ein grosser Unterschied, ob ein Leser nur den Gedanken des Schriftstellers, ich möchte sagen, gehorsam zu folgen braucht, oder ob er hie und da in diesem schlaffen, rein nachfolgendem Denken gehemmt wird und durch entgegengesetzte Ausführungen zur eigenen Prüfung genöthigt wird. Nur der letzte Weg führt zur wahren geistigen Besitznahme eines philosophischen Werkes. Es ist dabei gar nicht nöthig, dass der Leser den in den kritischen Erläuterungen entwickelten Ansichten beitrete; er mag dem Autor trotz solcher Kritik beistimmen, oder eine eigene dritte Ansicht sich bilden; immer wird erst durch einen solchen geistigen Kampf, in den er selbst mit verwickelt wird, die wahre Herrschaft über den gebotenen Stoff gewonnen.«

»Nur ein solcher Gegensatz verschiedener Meinungen treibt den Leser zur genauern und eindringenden Prüfung der vorliegenden Fragen und lässt ihn die Bedeutung derselben tiefer erfassen. Dies ist der Hauptzweck, welcher bei dieser Kritik im Auge behalten worden ist; weit weniger geht sie darauf aus, den Leser zu den Ansichten des Herausgebers zu bekehren; er mag trotzdem immer dem Autor beistimmen; aber er soll es mit vollem Bewusstsein der Bedeutung der Sätze thun, denen er beistimmt, und mit Kenntniss der Schwierigkeiten, welche ihnen anhaften, und der Bedenken, welche ihnen entgegengestellt werden können.«[36]

Kirchmanns ›Grundbegriffe des Rechts und der Moral‹ ruhen zwar auf den Prinzipien des Realismus; dennoch sind hier »auch die Prinzipien der übrigen Systeme daneben überall angedeutet worden, um dem Leser wenigstens einen

[34] 88.10.1, Vorrede S. XV f.

[35] 3.6.1, Vorwort S. X.

[36] 60.3.2, Vorwort S. VII.

Ueberblick über das Vorhandene zu gewähren und ihm sein freies Urteil zu erhalten«; in den »Erläuterungen zu den Werken der Rechtsphilosophie und des Naturrechts« sieht er dann die weitere Gelegenheit, »durch Gegenüberstellung der verschiedenen Auffassungen das [in seinen ›Grundbegriffen des Rechts und der Moral‹] Fehlende zu ergänzen und so dem Leser die Gelegenheit zum eigenen sicheren Urtheil zu gewähren.«[37] Es soll »dem Leser durch unparteiische Gegenüberstellung der verschiedenen Ansichten die Freiheit des Urteils möglichst bewahrt« werden; bei den »kritischen Bemerkungen« ist »viel weniger darauf abgesehen, den Leser zu den Ansichten des Herausgebers zu bekehren, als ihn zum eigenen Nachdenken und Prüfen durch Gegenüberstellung verschiedener Auffassungen anzuregen; denn jeder wird aus Erfahrung wissen, wie nur auf diesem Wege das volle Verständnis eines philosophischen Werkes gewonnen werden kann.«[38] Dieser voraussetzende Anspruch Kirchmanns an die hermeneutische Erfahrung seiner Leser widerspricht freilich einer ganz anderen Einschätzung seines Publikums, dem »weniger geübten Leser«,[39] dem »Ungeübten«[40] und dem Gebildeten, aber philosophischen »Laien«.[41] Im Vorwort zu Aristoteles' ›Kategorien und Hermeneutica‹ (1876; hier 3.6.1) sagt Kirchmann von seinen Erläuterungen, sie seien »nicht für den Kenner geschrieben, sondern für jene Zahl gebildeter Männer und Jünglinge,[42] welche sich für Philosophie interessiren, aber noch nicht so weit darin vorgeschritten sind, um sich allein über die Schwierigkeiten der Schrift hinweg zu helfen und um die feinen philosophischen Andeutungen zu verstehen und zu würdigen«.

Daß die Erläuterungen »viel weniger« darauf ausgehen, »den Leser zu den Ansichten des Herausgebers zu bekehren«, muß man jedoch bezweifeln; daß sie *auch* bekehren wollen, ist ja impliziert. Nicht nur wird die Philosophie des jeweiligen Autors vom realistischen Standpunkt aus kritisiert; Kirchmann geht sogar so weit, durch seine Erläuterungen zu den verschiedensten Texten die Wahrheit seines Realismus positiv zu erweisen. So legen die Erläuterungen zu Kant's ›Religion innerhalb der Grenzen der blossen Vernunft‹ (1869; hier 52.19.1, Vorwort) das Schwergewicht mehr auf die Kritik Kants als auf Vermittlung des Textsinnes; es sei »der Versuch gemacht worden, die wissenschaftliche Schwäche aller Reformversuche innerhalb der Religion auch in dem Werke Kant's darzulegen.« Aus den Erläuterungen zu Platons ›Theaitet‹ (1880; hier 77.25.1, Vorwort S. VIII) ergibt sich nach Kirchmanns Worten

37 52.32.1; beide Zitate aus dem Vorwort.

38 77.24.1, Vorwort.

39 60.3.1, Vorwort.

40 52.21.1, Vorwort S. VIII.

41 Siehe 52.33.1, Vorrede.

42 Bei dem fortschrittlichen Kirchmann fällt auf, daß hier das weibliche Geschlecht ganz unerwähnt bleibt.

auch, »dass die Erkenntnisstheorie des heutigen Realismus sich von all den Mängeln frei hält.« Und im Vorwort zur zweiten Auflage seiner ›Lehre vom Wissen‹ (1871; hier 52.33.2) erklärt Kirchmann, daß anhand dieser Einleitung in die PhB »auch die Quelle der mancherlei Abwege und Irrthümer aufgefunden und gezeigt werden kann, wie die von dem Realismus dargelegten Prinzipien der Wahrheit zu allen Zeiten wirksam gewesen und selbst von den extremsten Richtungen zwar entstellt, aber nie unterdrückt oder durch andere haltbar ersetzt werden können.« An anderer Stelle schreibt Kirchmann z. B., es sei »kein philosophisches Werk so wie die Ethik Spinozas geeignet [...], die Grundsätze des Realismus durch Gegenüberstellung klar zu machen.«[43] Hier hat sich das Ziel der Erläuterungen umgekehrt: Nicht mehr soll der Text durch Gegenüberstellung zum Realismus klar gemacht werden; vielmehr wird die ›Ethik‹ Spinozas als Folie für Kirchmanns Realismus benutzt. Angesichts dessen erscheint Kirchmann unglaubwürdig, wenn er sagt, die Erläuterungen hätten »sich in einem bescheidenen Maasse zu halten und sich vor jenen Werken selbst nicht vorzudrängen.«[44]

Kirchmanns Stolz über seine Erläuterungen ist deutlich spürbar. So schreibt er im Vorwort zu Aristoteles' ›Ersten Analytiken‹ (1877; hier 3.9.1), er könne »wohl behaupten, dass in ihnen ein Commentar zu der Schrift geboten ist, wie er in dieser Vollständigkeit und kritischen Strenge weder im Alterthum noch in der Neuzeit, den des Waitz nicht ausgenommen, geliefert worden ist. [...] so dass mit Sicherheit behauptet werden kann, dass nunmehr auch nicht der kleinste Satz [!] in der Schrift sich finden wird, der nicht seine volle [!] Erläuterung in dem Commentar erhalten hätte, so weit Aristoteles sie nicht bereits selbst gegeben hat.« Durch die »geometrische Verzeichnung der Schlüsse« sei ein »besonderer höchst anschaulicher Beweis« »erlangt worden, der an Gewissheit und Klarheit den des Aristoteles weit übertrifft, wie die geehrten Leser bei Benutzung der Erläuterungen leicht bemerken werden.« »Unterzeichneter glaubt auf die Weise diese, an sich nicht leicht verständliche Schrift des Aristoteles so deutlich und fasslich gemacht zu haben, dass jeder Satz darin sein volles Licht erhält.« In den Erläuterungen zu Benedict von Spinozas ›Bearbeitung der Prinzipien der Philosophie des René Descartes (1871; hier 52.28.1) sagt Kirchmann: »Man sieht, wie klar und verständlich diese an sich so dunkle Stelle der Ethik wird, wenn man die realistische Lehre ihr unterlegt [...]« (S. 98). 1877 schreibt Kirchmann in seinen Erläuterungen zu Kant's ›Vermischten Schriften und Briefwechsel‹ (hier 52.21.1): »Mit diesem Bande sind die Erläuterungen der sämmtlichen Schriften Kant's beschlossen. Es war eine mühsame und anstrengende Arbeit, aber der Unterzeichnete hat sie gern unternommen [...]«. Und nach mehrfacher Klage über die Schwierigkeiten von Aristoteles' ›Zweiten Analytiken‹ bekennt Kirchmann im Hinblick auf seine Erläuterun-

[43] 52.30.1, Vorwort.

[44] 52.15.1, Vorwort S. VII.

gen, daß er »sich dieser im Ganzen wenig angenehmen Arbeit unterzogen« habe, »weil für einen Leser, welcher sich eingehender mit Philosophie beschäftigen will, die genaue Kenntniss dieser Schriften [...] durchaus nöthig ist«, auch wenn er das »Resultat« »heutzutage« für »wenig lohnend« hält.[45] Im Vorwort zu Hobbe's ›Abhandlung über den Bürger‹ (außerhalb der PhB) meint Kirchmann zu seinen ›kritischen Erläuterungen‹ selbstbewußt: »Es gehört schon eine große Sicherheit und Uebung im philosophischen Denken dazu, um die Schwächen eines fremden, aber doch folgerichtig gehaltenen Gedankenganges zu bemerken.«

Es kann nicht verwundern, daß solche Erläuterungen zu Platon,[46] Kant und anderen ›vom realistischen Standpunkt‹ aus, wie überhaupt der ständige Hinweis auf Kirchmanns Realismus auf Kritik stieß. Der massivste Angriff kommt von Carl Grapengiesser.[47] Schon 1870 hatte er sich in einer Spezialmonogra-

[45] 3.10.1, Vorwort S. XII f.

[46] Auch der Oberlehrer Dr. Arthur Jung resümiert in einer Schlußbemerkung zu Platons ›Gastmahl‹ (S. 108): »Von realistischem Standpunkt haben sich bedeutende Einwendungen gegen unser Gespräch erheben lassen.«

[47] Grapengiessers Identität konnte nicht festgestellt werden. Sicher ist jedoch, daß er (mit Ernst Hallier, Heinrich Schmid, Ernst Siegmund Mirbt, Karl Hermann Scheidler, Mathias Jakob Schleiden, F. von Calker, Eduard Oscar Schmidt) zum Schülerkreis von Jakob Friedrich Fries gehört. Nach E. L. Th. Henkes Fries-Biographie (S. 242) war er ein Hamburger Lehrer und Erzieher sowie Freund von Ernst Friedrich Apelt (1812–1859). (Hans Schröders ›Lexikon der Hamburgischen Schriftsteller bis zur Gegenwart‹ verzeichnet in Bd 2, 1854, S. 562–564, einen Christian Andreas Hieronymus und einen Johann Christian Grapengiesser.) Das Hamburger Staatsarchiv konnte ihn aber weder in Adreßbüchern, noch in Aufenthaltsprotokollen und Lehrerverzeichnissen nachweisen. 1871 jedenfalls befindet sich der promovierte Grapengiesser in Jena: Auf eine Rezension seiner Schrift ›Kant's Lehre von Raum und Zeit‹ (Jena 1870) durch J. Bergmann in den ›Philosophischen Monatsheften‹ 5, 1870, antwortet Grapengiesser in der ›Zeitschrift für Philosophie und philosophische Kritik‹ 59, 1871, mit einem fast 14seitigen ›Antikritischen Wort an Herrn Dr. J. Bergmann in Berlin‹ in Briefart, das er mit »Jena, im Juni 1871« datiert. Bei einer Veröffentlichung von 1874–1875 (Die transcendentale Deduktion. In: Zeitschrift für Philosophie und philosophische Kritik 65, 1874, und 66, 1875) figuriert er als »Prof. Dr. C. Grapengiesser«. 1880 erscheint unter dem Namen C. Grapengiesser: ›Sprüche aus dem Leben und für das Leben‹; die Widmung an »Seine Hoheit Georg II., Herzog zu Sachsen-Meiningen« ist mit »Professor Dr. Grapengiesser« unterzeichnet. Auch in zeitgenössischen Schulprogrammen aus Jena konnte Grapengiesser nicht nachgewiesen werden.

Möglicherweise ist Carl Grapengiesser identisch mit einem Christian Grapengiesser, dem in den 70er Jahren vom Herzog zu Sachsen-Meiningen »in Anerkennung seiner philosophischen Schriften« der Professoren-Titel verliehen wurde. Später errichtete seine Witwe Josephine Grapengiesser, geb. Schege, von Hamburg aus zu Gunsten der Universität Jena zur Förderung philosophischer Studien eine ›Christian-Grapengießer-Stiftung‹, die von 1894 bis 1929 bestand. Bei diesem Christian

graphie zu Kant gegen Kirchmanns These von einem neuerwachten philosophischen Interesse in weiteren Kreisen der Gebildeten gewandt;[48] hier schon heißt es, Kirchmann habe »seiner Ausgabe der Kritiken Kant's Erläuterungen beigefügt, über die, nachdem ich nur einige betrachtet habe, doch zu der sicheren Ueberzeugung gekommen bin, dass auch ihnen ein Missverstehen und Missdeuten der Lehre Kant's zu Grunde liegt, und dass diese sogenannten Erläuterungen, statt zum Verständniss Kant's zu führen, die Gedanken der weniger selbständig Denkenden nur verwirren können.«[49] 1871 veröffentlicht Grapengiesser dann eine 251 Seiten starke ›Erklärung und Vertheidigung von Kant's Kritik der reinen Vernunft wider die ›sogenannten‹ Erläuterungen des Herrn J. H. v. Kirchmann‹, die er – laut Untertitel – auch als »eine Bekämpfung des modernen Realismus in der Philosophie« versteht. Das Buch soll also nicht nur eine Kritik der Kirchmann'schen Erläuterungen zu Kants Kritik der reinen Vernunft sein, sondern auch einen Dienst leisten »Allen, welche nach einem wahren Verständniss der Lehren Kant's Verlangen tragen« (Vorwort S. VII). Grapengiessers Polemik ist dabei von kaum zu überbietender Schärfe. Er beginnt mit »einigen allgemeinen Bemerkungen« über Kirchmanns ›Philosophie des Wissens‹. Den »Werth eines philosophischen Systems« bemißt Grapengiesser nach den beiden Kriterien 1. »einer richtigen innern Selbstbeobachtung« und 2. »einer gesunden Logik« (S. 2). Hinsichtlich beider Kriterien erscheint Grapengiesser Kirchmanns ›Philosophie des Wissens‹ »im höchsten Grade mangelhaft« (S. 2); sie leidet nämlich an »einer oberflächlichen und irrigen Selbstbeobachtung, und ebenso an einer durchaus verwerflichen Logik«

Grapengiesser kann es sich nur um Christian Andreas Hieronymus Grapengiesser (geb. am 9.8.1810 in Hamburg; gest. am 2.5.1883 ebd.) handeln, der in dem genannten Schröder'schen Lexikon, Bd 2, S. 562, verzeichnet ist (seine Gattin wird hier nicht – wie im Universitätsarchiv Jena – als Josephine Schege, sondern als Therese Josephine Sohege angegeben, – beim Nachnamen in einem der beiden Fälle sicherlich ein Lese-/Druckfehler).

Hermann Ulrici (1806–1884), lange Zeit Mitherausgeber und teils Alleinherausgeber der ›Zeitschrift für Philosophie und philosophische Kritik‹ schreibt in einer Rezension der Grapengiesser'schen Schrift ›Kant's Kritik der Vernunft und deren Fortbildung durch J. F. Fries‹ (Jena 1882) in der genannten Zeitschrift Bd 82, 1883, S. 94: »Ich habe längere Zeit gezweifelt, ob ich nicht auch diese neueste Schrift des schreibseligen Hrn. Verf., wiewohl sie speciell gegen mich gerichtet ist, ignoriren solle. Denn ihren Kern bilden dieselben Erörterungen, Voraussetzungen, Reflexionen und kritischen Bemerkungen, durch welche wiederholentlich Hr. Prof. Grapengießer zu zeigen gesucht, daß Fries allein den großen Kant nicht nur richtig verstanden, sondern auch seine Fehler und Mängel verbessert habe, – Erörterungen, deren beständiges Einerlei mich veranlaßt hatte, ihnen die immer wieder beanspruchte Aufnahme in diese meine philosophische Zeitschrift zu versagen.«

[48] Siehe hier S. 89 f.

[49] Kant's Lehre von Raum und Zeit, 1870, S. 94.

(S. 6)[50] und »stellt eine durchaus unbrauchbare Erkenntnisstheorie auf« (S. 12). Im Vorwort kritisiert Grapengiesser an Kirchmanns Erläuterungen, daß diese nicht eigentlich Erläuterungen, sondern »zu einer völlig wegwerfenden Kritik geworden« seien (S. VI) und beklagt Kirchmanns »oft unwürdige, ja zuweilen – ich kann es wahrlich nicht anders nennen – unverschämte Weise, in der über die lange und tief durchdachten Lehren des unzweifelhaft grössten Denkers unsers Volkes abgeurtheilt wird, als wären sie Exercitien eines unwissenden Knaben« (S. VII). Wer Kirchmanns Kant-Erläuterungen liest, wird Grapengiessers Urteil nicht für völlig verfehlt halten.

Nach der Einleitung wird auf 245 Seiten jede Erläuterung Kirchmanns einzeln einer meist eingehenden Kritik unterzogen, die selbst wieder eindeutig einem ›Standpunkt‹ verpflichtet ist, nämlich dem Jakob Friedrich Fries' (1771–1843), auf den öfters hingewiesen wird.[51] Grapengiesser nennt Kirchmanns Erläuterungen u. a. »sinnlos«,[52] »nichtig«,[53] »unverständig«,[54] »irrthümlich«,[55] »unbegreiflich [. . .] um nicht ein strengeres aber verdientes Wort zu gebrauchen«[56] und »Unsinn«.[57] Er spricht von »wunderlichem Missverstand«,[58] von »Mangel an Einsicht und Verständniss«;[59] Kirchmann habe »weder Kant noch die Sache recht verstanden«,[60] bes. z. B. nicht den für Kant grundlegenden Unterschied zwischen Sinnesanschauung und reiner Anschauung. Die harte Kritik wirkt heute nicht selten ungewollt komisch.[61] Hin und wieder befindet Grapengiesser sich auch »in der überraschend angenehmen Lage, mit Herrn v. K. in der Hauptsache übereinzustimmen«,[62] so z. B. wenn er (mit Fries) eine

[50] Auch a. a. O., S. 12 (Nr 1), 194 (Nr 107), 246 (Nr 116).

[51] S. 120 (Nr 79) heißt es z. B.: »Nur Fries hat Kant's transcendentalen Idealismus richtig verstanden, und noch besser begründet als Kant selbst.« Siehe auch a. a. O., z. B. S. 9 und 11.

[52] S. 17, Nr 4.

[53] S. 14, Nr 2.

[54] S. 112, Nr 78.

[55] S. 158, Nr 105.

[56] S. 181, Nr 104.

[57] S. 251.

[58] S. 10, Nr 1.

[59] S. 124, Nr 80.

[60] S. 19, Nr 7.

[61] Z. B. heißt es in Nr 9 auf S. 23: Kirchmann »triumphirt: ›Nichts eignet sich besser zu ihrer (nämlich der Beweise Kant's) Widerlegung, als der Umstand, dass aus Kant's Annnahme gar nicht erklärt werden kann, weshalb *alle* Menschen einem bestimmten Dinge an sich, z. B. einer Billardkugel, die gleiche Kugelgestalt und Grösse zutheilen.‹ – Ich erwiedere: Nichts eignet sich besser zum Beweise, dass Herr v. K. von Kant's Lehre nichts versteht, als eben diese seine Behauptung.« S. 32, Nr 17, liest man: »Aber wir entgegnen: Bange machen gilt nicht!« »Der Schreckschuss des Herrn v. K. ist also nur ein blinder Schuss, eitel Dunst, der nichts trifft.«

[62] S. 162, Nr 98.

von Kirchmann festgestellte Schwachstelle Kants bestätigt, – freilich ist auch dann der Irrtum Kants »ein ganz anderer« als der von Kirchmann beigebrachte.[63]

Grapengiesser resümiert, »dass jene ›sogenannten‹ Erläuterungen in Wahrheit nichts Anderes seien als Missverständnisse, Entstellungen und Verfälschungen der Lehre Kant's« (S. VIII). »So ist der Realismus des Herrn von Kirchmann, des neuesten Erläuterers der Philosophie Kant's, das armseligste und dürftigste aller philosophischen Systeme« (S. 251).

Eine Rezension dieser Grapengiesser'schen Arbeit im ›Literarischen Centralblatt für Deutschland‹ (1872. Sp. 849) nennt die Arbeit »sehr brauchbar«, wenn auch nach Meinung des ungenannten Rezensenten »Grapengießer's Darstellung häufig den Ton objectiver wissenschaftlicher Erörterung vermissen« lasse.

Auch an anderer Stelle spricht Grapengiesser von dem »baaren Unsinn v. Kirchmann's« und ironisch von den »grossen Philosophen von Kirchmann und von Hartmann«; sie hätten »den elendsten Unsinn in die Kant'schen Lehren hineinerläutert und hineininterpretiert, und dann der Welt kund gethan [...], der alte Kant habe doch ganz unsinniges Zeug gelehrt«,[64] und »die Richtung, die in letzter Zeit sich mehr und mehr hervordrängt und sich moderner Realismus nennt, meint, unter dem Beifall der Menge und mit dem Ruhme der Popularität, eben diese Lehre [Kants] gänzlich umstoßen zu können.«[65]

Im Januar 1873 geht Kirchmann im Vorwort seiner ›Erläuterungen zu Kant's Prolegomenen‹ (1873; hier 52.18.1) auf Grapengiessers Buch ein.

Unter Nennung von Titel und Autor schreibt Kirchmann, obgleich er »diese Schrift mit Aufmerksamkeit und Sorgfalt gelesen« habe (!), sei »er doch durch sie in seinen Ansichten, wie sie in den Erläuterungen zur Kritik d. r. V. ausgesprochen sind, nicht zweifelhaft geworden. Zum grössten Theile bewegt sich diese Gegenschrift in der einfachen Wiederholung der Gedanken Kant's und der Versicherung, dass sie nach den ihnen von Fries zu Theil gewordenen Verbesserungen die Wahrheit enthalten. Die dann folgenden Angriffe gegen die Erläuterungen des Unterzeichneten sind wesentlich daraus hervorgegangen, dass der Gegner aus seinen, der Lehre Kant's entnommenen Ueberzeugungen nicht heraus kam, und deshalb auch einer ernstern Prüfung der Grundgedanken des Realismus, wie sie in B[and] I. der phil. Bibl. niedergelegt worden sind, sich nicht unterziehen mag. So weit die beiderseitigen Differenzen die Grundprinzipien der Erkenntniss betreffen, lässt sich darüber nicht streiten, und gerade aus dieser Differenz entspringen die meisten Angriffe des Gegners. Ein geringerer Theil ist die Folge von Missverständnissen, woran der Unterzeichnete vielleicht in sofern die Schuld trägt, als der knapp zugemessene

[63] S. 9.

[64] Grapengiesser: J. Kant's Kritik der Vernunft und deren Fortbildung durch J. F. Fries, 1882, S. VII und 15.

[65] Grapengiesser: Kant's transcendentaler Idealismus und E. v. Hartmann's Ding an sich. In: Zeitschrift für Philosophie und philosophische Kritik 61, 1872, S. 191.

Raum ihn zu einer möglichst gedrängten und bündigen Darstellung seiner Gedanken nöthigte; allein er setzte dabei Leser voraus, welche die realistische in B[and] I. der phil. Bibl. dargelegte Grundlage der Erläuterungen wenigstens sorgfältig gelesen und erwogen hatten, so dass ein abgekürzter Ausdruck von diesen weniger missverstanden werden konnte.«

Schon im Januar 1872 hatte Kirchmann gesagt, er sei »noch immer der Ueberzeugung, dass nur unter Benutzung einer solchen Kritik [vom Realismus aus] der weniger geübte Leser den Sinn eines philosophischen Werkes voll erfassen und verstehen kann.«[66] Und im Oktober 1877 bekennt er, er sei auch »noch jetzt überzeugt [...], dass nur mit Hülfe eines sachlichen und kritischen Commentars das tiefere Verständniss der Lehre Kant's von dem Ungeübten gewonnen werden kann.«[67]

Schließlich schreibt er noch 1880 – gewiß im Hinblick auf die zeitgenössische Kritik an seinen Standpunkt-›Erläuterungen‹ – in der letzten Anmerkung in Platons ›Theaitet‹ (hier 77.25.1; S. 170): »Wenn dabei der philosophische Realismus zu Grunde gelegt worden ist, so soll damit keineswegs dieses philosophische System als die ausschliessliche Wahrheit behauptet werden, aber dieses System ist, wie die Durchsicht der Erläuterungen ergeben wird, theils mehr, wie jedes andere im Stande, in die Gedanken des betreffenden Werkes einzudringen, und sie am verständlichsten in deutscher Sprache wiederzugeben, theils die Mängel und Schwächen des Werkes auch für diejenigen darzulegen, welche den realistischen Ansichten noch nicht zugeneigt sind. Ueberhaupt können die grossen Werke, welche in die Philosophische Bibliothek aufgenommen sind, für das gebildete Publikum, für welches sie bestimmt sind, nicht ohne irgend eine Kritik demselben übergeben werden, denn nur dadurch wird der Leser genöthigt, nicht blos gläubig dem Autor zu folgen, sondern auch dessen Aussprüche zu prüfen. Nur durch eine solche hinzutretende Prüfung, wozu die hier gebotene Kritik den Antrieb bieten soll, kann überhaupt ein Fortschritt in der philosophischen Bildung erreicht werden. Sicherlich werden alle Leser, welche in diesem Sinne die hier beigefügten Erläuterungen benutzen, den guten Erfolg für ihre Fortschritte in der Philosophie bald gewahr werden.«

Neben Grapengiesser hat auch die andere zeitgenössische Kritik Einwände gegen Kirchmanns ›Erläuterungen‹.

So heißt es z. B. in den ›Blättern für literarische Unterhaltung‹, die Erläuterungen forderten »häufig den Widerspruch heraus«,[68] sie seien »mit der Selbstproduction eigener Anschauungen versetzt«[69] und erschlössen das betr. Werk »nicht ohne daß die philosophische Grundanschauung des Verfassers sich gewissermaßen zum Regulativ für den geistigen Proceß machte, der in der Aneignung aller dieser philosophischen Lehren aus den verschiedensten Zeitaltern der Menschheit besteht.«[70]

[66] 60.3.1, Vorwort.

[67] 52.21.1, Vorwort S. VIII.

[68] Nr 49 vom 5.12.1872, S. 782.

[69] Nr 16 vom 15.4.1869, S. 255.

[70] Nr 3 vom 13.1.1870, S. 47.

In einer Rezension bzw. Anzeige der Kirchmann'schen ›Erläuterungen zu Kant's Schriften zur Naturphilosophie‹ (1877; hier 52.20.1) im ›Literarischen Centralblatt für Deutschland‹ 1878 heißt es:[71] »Eine den Text begleitende Erklärung soll unseres Erachtens den Leser in den Stand setzen, das volle Verständniß des Textes selbst zu gewinnen; sie soll aber nicht die Ansichten des Philosophen von einem bestimmten Standpuncte aus kritisieren, und sie braucht sich ebenso wenig bei den verschiedenen den positiven Erfahrungswissenschaften angehörenden Fragen über alles das zu verbreiten, was man heute darüber lehrt.«

Hermann Ulrici meint,[72] »die Erläuterungen sind meist am rechten Platze angebracht und treffen meist das Richtige; ausgezeichnet z. B. sind die Erläuterungen von Schaarschmidt zu Leibniz's Nouveaux essays sur l'entendent humain. Herr v. Kirchmann dagegen begeht den Fehler, daß er die fremden, von der Gegenwart oft weit abliegenden Werke aus seiner eigenen Philosophie heraus zu erklären sucht. Dadurch werden seine Erläuterungen zu Kritiken, die, wenn sie vom Standpunkt eines andern Systems aus urtheilen, erst selbst der Erläuterung und Begründung bedürfen. Herr v. Kirchmann kann nicht erwarten noch verlangen, daß alle Leser der Bibliothek seine Schriften kennen und seinen philosophischen Ansichten beipflichten.«

Friedrich Kirchner (1848–1900), Begründer des erstmals 1886 in der PhB erschienenen ›Wörterbuchs der philosophischen Grundbegriffe‹, will 1884 »nicht leugnen, daß seine [Kirchmanns] Erläuterungen nicht immer den betreffenden Philosophen ganz gerecht geworden sind. Besonders trat dies bei den Idealisten (Spinoza, Plato, Schleiermacher, Hegel) hervor.«[73]

Friedrich Michael Schiele, später Lektor für die PhB in der Dürr'schen Buchhandlung, schreibt 1900, durch Kirchmanns »starren Wahrheitsbegriff« gebe es in seinen Erläuterungen in der Beurteilung der Lehren des jeweiligen Philosophen nur das Entweder-Oder des Richtig oder Falsch. »Auf diese Weise ist der Leser oft gezwungen, sich zwischen den Gedanken etwa eines Kant und Kirchmanns zu entscheiden. Wer nun einigermaßen im philosophischen Denken geübt ist, wird auch bei Widerspruch gegen den Kommentar aus dem Abwägen der entgegenstehenden Urteile Gewinn davon tragen. So sind z. B. die religionsphilosophischen Gedanken Kirchmanns [...] in seinen Erläuterungen zu Kants ›Religion innerhalb der bloßen Vernunft‹ mit großer Klarheit in fortlaufendem Widerspruche zu Kant entwickelt. Und die Förderung, die sie der Religionsforschung geben, sichert gewiß dem kleinen Hefte einen bleibenden Wert. Aber für Diejenigen, denen die philosophische Bibliothek eigentlich dienen will, bringt doch solche materielle Kritik nicht nur wenig Gewinn, sondern sie kann ihnen zu einem recht bedenklichen Hindernis werden. Lernt doch auf diese Weise der Anfänger oder der Laie jeden Philosophen nur durch die Kirchmannsche Brille ansehen. Ihren Zweck, die Klassiker der Philosophie wirklich zu erläutern, würden die Kommentare besser erfüllen, wenn Kant vom Standpunkte Kants, Spinoza von dem Spinozas aus erklärt würde und die materielle Kritik überhaupt mehr zurückträte.«[74]

[71] Nr 24 vom 15.6.1878, Sp. 786 f.

[72] In: Zeitschrift für Philosophie und philosophische Kritik 67, 1875, S. 157.

[73] F. Kirchner: Julius von Kirchmann, 1884, S. 464.

[74] F. M. Schiele: Kirchmann und seine Philosophische Bibliothek, 1900, Sp. 1137.

Vernichtend ist das Urteil von Günter Hoffmann-Loerzer 1975 zu Kirchmanns Erläuterungen zu Grotius: »Für die Grotiusrezeption in Deutschland war v. Kirchmann ein schwerer Rückschlag – nicht nur wegen seiner fehlerhaften und unvollständigen Übersetzung, sondern in gleicher Weise durch den einseitigen Kommentar nach den Maßstäben der v. Kirchmannschen Philosophie; Grotius hätte kaum einen inadaequateren Interpreten finden können.«[75]

Auch von späteren Band-Herausgebern – vor allem Kants – hat es herbe Kritik an Kirchmanns ›Erläuterungen‹ gegeben. Walter Kinkel z. B. meint 1920: »Die ›Erläuterungen‹ v. Kirchmanns sind nach meinem Urteile eher geeignet, das Verständnis des Werkes zu erschweren als zu erleichtern.«[76] Bei seiner Edition der Kantischen ›Kritik der Urteilskraft‹ (hier 15.19.3, Vorwort) legte Karl Vorländer das Hauptaugenmerk »auf die inhaltliche Seite, insbesondere auf eine brauchbare Hilfe für den philosophischen Anfänger [...]. Dazu schienen mir nun v. Kirchmanns Erläuterungen möglichst wenig geeignet. Sie sind der Hauptsache nach nicht sowohl sachliche ›Erläuterungen‹, als Angriffe auf die Kantischen Sätze von dem Standpunkte seiner eigenen, längst verschollenen Ästhetik auf realistischer Grundlage (Berlin 1866) aus. Überdies sind sie von einem so abfälligen, dem meinen so diametral entgegengesetzten Urteile über Kants Leistung eingegeben, daß ich dasselbe weit abweisen muß. Wer wie Kirchmann von Kants Ästhetik sagen kann, sie besitze »für die Gegenwart nur noch einen literarisch-historischen Wert« (Vorwort S. VII), ja, sie könne »dem unparteiischen Beurteiler nur als ein Rückschritt gegen seine Vorgänger, selbst Baumgarten eingeschlossen (!), gelten« (ebd. S. VI), und ähnlich von dem teleologischen Teile des Buches urteilt, der hätte sich von der Herausgabe der Kritik der Urteilskraft, mindestens aber von 92 Seiten ›Erläuterungen‹ zu ihr, besser ferngehalten«. Ähnlich Eugen Rolfes (1852–1931), der in der PhB Aristoteles und Thomas von Aquin herausgab; er schreibt 1901 in einer Rezension der zweiten Auflage von Platons ›Staat‹, die (wie die erste Auflage) die Schleiermacher'sche Übersetzung mit Kirchmanns Erläuterungen verband: Mit dem Lob für die Wahl der Schleiermacher'schen Übersetzung sei »leider [...] das ganze Verdienst v. Kirchmann's [...] auch schon ausgesprochen. Die Erläuterungen, die er der Uebersetzung beifügt, hatte er, um der Sache willen muß es gesagt sein, besser für sich behalten. [...] Vom Standpunkte seines Realismus aus schulmeistert er mit überlegener Miene unseren Philosophen, wie sich das in gleicher Weise auch Aristoteles gefallen lassen muss.« Man sehe, daß Kirchmann »nicht imstande ist, einem Schriftsteller wie Plato irgendwie gerecht zu werden.«[77]

[75] G. Hoffmann-Loerzer: Zur Wirkungsgeschichte des Naturrechts in Deutschland, 1975, S. 310.

[76] 50.20.6, Vorwort.

[77] In: Philosophisches Jahrbuch 14, 1901, S. 423, 425.

Bei der »durchgreifenden Erneuerung der Philosophischen Bibliothek« schreibt sogar der Verlag (die Dürr'sche Buchhandlung) im Vorwort zur 5. Auflage von Humes ›Untersuchung über den menschlichen Verstand‹ (hier 43.5.5): »Dafür, dass die Kirchmann'schen Erläuterungen fortgefallen sind, glauben wir des allgemeinen Einverständnisses sicher zu sein.« Raoul Richter meint in der Einleitung zu Berkeleys ›Drei Dialogen zwischen Hylas und Philonous‹ (hier 7.4.1): »Die Anmerkungen sollen demnach lediglich die Übersetzung unterstützen und dadurch das Verständnis des Berkeley'schen Werkes in deutscher Sprache erleichtern. Von einer Kritik der Berkeley'schen Ideen dagegen sehen sie völlig ab. Diese Art, im Vorübergehen Kritik zu üben ist grade an einem Werk wie dem vorliegenden besonders unangebracht.« Adolf Busse war 1911 »von vornherein klar, daß den Erläuterungen Kirchmanns eine völlig andere Form gegeben werden mußte. Denn wir sind in dem Verständnis der aristotelischen Philosophie und besonders des vorliegenden Werkes noch nicht weit genug, um die Ausführungen von einem modernen, mit mehr oder weniger Willkür gewählten Standpunkt zu kritisieren, [...]«.[78] Alexius Meinong (1853–1920) glaubt »auf Besprechung der die Uebersetzung begleitenden ›Erläuterungen‹ [...] verzichten zu sollen. Es wäre ja da vor Allem nöthig, sich mit Kirchmanns ›Realismus‹ auseinanderzusetzen, wozu bei diesem Buche[79] sicher die ungeeignetste Gelegenheit wäre; ausserdem sind dem Referenten die ›Erläuterungen‹ überhaupt von jeher weder als ein wichtiger noch als ein besonders glücklich gerathener Theil des ganzen Unternehmens erschienen. Gute Texte, correcte Uebersetzungen zu liefern, das ist die Hauptaufgabe der ›Philosophischen Bibliothek‹, darauf sollte der Herausgeber vor Allem seine Aufmerksamkeit richten.«[80]

Vom heutigen Wissenschafts- und Editionsstandard aus gesehen wirken Kirchmanns Erläuterungen obsolet. Vor allem die allgegenwärtige Standpunktverteidigung Kirchmanns, das ständige, bis zum Überdruß penetrierte Einbringen des Realismus verwundert.[81] Positiv ist die Offenheit, mit der

[78] 3.16.3, Vorrede.

[79] Humes ›Untersuchung in Betreff des menschlichen Verstandes‹.

[80] Philosophische Monatshefte 12, 1876, S. 397–400.

[81] Ebenso die ständige Verweisung Kirchmanns auf seine eigenen (teils monographischen) Abhandlungen, vor allem der ›Lehre vom Wissen‹, den ›Grundbegriffen des Rechts und der Moral‹, der ›Philosophie des Wissens‹ und der ›Aesthetik auf realistischer Grundlage‹, die meist als »B I«, »B XI« (für: [Philosophische] Bibliothek, Bd 1 bzw. 11), »Ph. d. W.«, »Aesthet.« die Erläuterungen überschwemmen (so auch in den Erläuterungen Arthur Jungs zu 77.8.1). In den Vorworten zu den Erläuterungen zu Kants ›Kritik der reinen Vernunft‹ und zu Spinozas ›Ethik‹ z. B. sagt Kirchmann ausdrücklich, daß hierbei »die Kenntniss der Lehre vom Wissen vorausgesetzt« und »für wichtigere Begriffe auf die Lehre vom Wissen Bezug genommen« sei.

Kirchmann sich dazu bekennt.[82] Der einhelligen Ablehnung aus akademischen und wissenschaftlichen Kreisen steht freilich ein faktischer, zumindest: *Verkaufs*-Erfolg dieser Übersetzungen und Erläuterungen gegenüber, der Kirchmann ein eigenes Recht gibt. So schreibt er denn auch im Vorwort zu Spinozas ›Theologisch-politischer Abhandlung‹, bei den Erläuterungen habe er die bisherigen Grundsätze beibehalten, »und zwar umsomehr, da der schnelle Absatz der ersten, sehr starken Auflage der Erläuterungen zur Ethik zeigt, dass diese Weise der Erläuterung bei dem Publikum Anklang gefunden hat.«[83]

Die für die Konzeption der alten, Kirchmann'schen PhB wesentlichen Erläuterungen blieben ein zentrales Konzeptionskriterium bis 1900 bzw. (wenn man berücksichtigt, daß nach Kirchmanns Tod keine Textausgaben mehr erschienen:) bis 1884. Die Dürr'sche Buchhandlung stellte zwar von allen separaten Erläuterungsbänden unter Verwendung der alten Buchblöcke Titelauflagen her;[84] aber dieser Konzeptionsteil der PhB galt wohl schon bei Dürr ebenso veraltet wie die Kirchmann'schen Erläuterungen selbst.[85] Die beiden letzten Titelauflagen einzelner Erläuterungsbände Kirchmanns erschienen 1911 bei Felix Meiner, der letzte Sammelband mit Kirchmann-Erläuterungen aber immerhin noch 1920/22,[86] zu erklären wohl dadurch, daß es zum Aristotelischen Organon überhaupt wenig brauchbare Literatur gab; signifikant anders bei Kant, zu dessen ›Kritik der reinen Vernunft‹ 1907 ein Kommentar von Cohen und 1929 ein Handlexikon von Ratke erschien. Als Ausnahme muß man wohl die noch 1912 separat als Bd 140b erschienenen Erläuterungen von Eugen Hirschberg zu d'Alemberts ›Einleitung in die französische Enzyklopädie von 1751‹ verstehen.

Nach dem Wegfall der ›Erläuterungen‹ als Kommentar bleiben noch die ›*Anmerkungen*‹ zum Text erhalten. Diese aber sind den einzelnen Editionen »nur in beschränkter Zahl beigegeben worden, entsprechend der Tendenz der ›Philosophischen Bibliothek‹.«[87] Sie »sollen im wesentlichen nur der ersten Orientierung und der Einführung in die geschichtlichen und sachlichen Vorbedingungen des [betr. philosophischen] Systems«[88] bzw. »nur der Erläuterung der einzelnen Stellen dienen«;[89] sie wollen »lediglich die Übersetzung unterstützen«[90] und »enthalten nur das zum Verständnis notwendigste [...]

[82] Bes. deutlich z. B. im Vorwort zu 77.25.1.
[83] 95.9.1, Vorwort S. VI.
[84] Siehe dazu hier S. 152 und 190 ff.
[85] Bei Felix Meiner siehe dazu hier S. 155 f.
[86] Siehe hier S. 130 und 157.
[87] 50.23.3, Vorwort S. IV.
[88] 56.5.1, Vorrede S. V.
[89] 7.6.1, Einleitung S. XXIV.
[90] 7.4.1, Einleitung S. VI.

Material.«[91] Selbst wenn die Anmerkungen mehr als dies bieten, sind sie »weit entfernt, einen vollen Kommentar geben zu wollen. Sie sind vor allem bestimmt, die Aufmerksamkeit auf die philosophisch wichtigen Punkte hinzulenken.«[92]

Mit den Erläuterungen konzeptionell verwandt und im Reihen-Untertitel genannt sind die *Lebensbeschreibungen,* die man aber bei weitem nicht bei allen Autoren findet. Solche »kurzen Schilderungen des Lebens und der Schriften« der betr. Philosophen[93] findet man z. B. in Schleiermachers ›Monologen‹, Leibniz' ›Neuen Abhandlungen über den menschlichen Verstand‹, Kants ›Kritik der reinen Vernunft‹, Berkeleys ›Abhandlung über die Prinzipien der menschlichen Erkenntnis‹ oder Platons ›Staat‹; bei Descartes' ›Abhandlung über die Methode‹ (1870) ist die Lebensbeschreibung sogar in den Hauptsachtitel aufgenommen. Die Lebensbeschreibung des Johannes Scotus Eriugena von L. Noack ist 1876 als eigener PhB-Band 66 erschienen; 1911 erhielt Kant eine separate Biographie durch Karl Vorländer, die die Kirchmann'sche Lebensbeschreibung Kants in dessen 1868 erschienener ›Kritik der reinen Vernunft‹ ersetzt.[94] Der von Adolf Lasson 1872 herausgegebene Band 53, Giordano Brunos ›Von der Ursache, dem Prinzip und dem Einen‹ (1872) enthält eine *allgemeine ›Einleitung‹*. Für diese ›Einleitungen‹ (Vorworte) gilt das gleiche wie für die ›Erläuterungen‹. Der Philologie-Professor Hugo von Kleist (1848–1923) z. B. findet bei den Kirchmann'schen Einleitungen zu Aristoteles' ›Topik‹ und ›Sophistischen Widerlegungen‹, sie enthielten »neben manchen treffenden Bemerkungen doch auch Mancherlei, was entschieden Widerspruch, ja Befremden erregen muß.«[95]

An anderen Stellen ist das Fehlen einer solchen Lebensbeschreibung bzw. allgemeinen Einleitung begründet. So schreibt Kirchmann im Vorwort zu Platons ›Staat‹ (1870), eine allgemeine Einleitung sei »auch hier nicht vorausgeschickt worden, da der Unterzeichnete daran festhält, daß es besser ist, wenn der Leser sich gleich zu dem Autor unmittelbar wendet. [...] Das zum Verständnis unumgänglich Nötige konnte auch ohne solche Einleitung in den betreffenden Erläuterungen kurz bemerkt werden.« Für Leibniz' ›Theodizee‹ verweist Kirchmann auf die »kurze Darstellung des Leibniz'schen Systems in Ueberwegs ›Geschichte der Philosophie‹«.[96]

[91] 63.1.1, Vorwort S. 4.

[92] 77.25.3, Vorwort S. IV.

[93] 52.33.1, Vorrede S. VII.

[94] Auf der Haupttitelseite heißt es: »Herausgegeben, erläutert und mit einer Lebensbeschreibung Kant's versehen von J. H. v. Kirchmann«, womit der Reihen-Untertitel nur wiederholt wird.

[95] Philosophische Monatshefte 19, 1883, S. 620.

[96] 56.11.1, Vorwort.

1.3.4 Deutsche Übersetzungen

Zu den wesentlichen Kriterien der PhB gehört es bis heute, daß sie die Texte in deutscher Sprache, fremdsprachige Originaltexte also in Übersetzungen bringt, was sich bei der Kirchmann'schen PhB aus ihrem Adressaten, dem ›gebildeten Publikum im allgemeinen‹, ergab. Bis auf eine Ausnahme liefern in der Tat alle PhB-Bände Texte in deutscher Sprache, von Platon bis Comte, darunter einige Erstübersetzungen ins Deutsche, wie Spinozas ›Kurzgefaßte Abhandlung von Gott, dem Menschen und seinem Glück‹, 1869 als PhB 18 von Carl Schaarschmidt übersetzt. Berkeleys ›Treatise Concerning Human Understanding‹, 1869 von F. Ueberweg als PhB 12: ›Abhandlung über die Prinzipien der menschlichen Erkenntnis‹ übersetzt (1956 von A. Klemmt als PhB 20 neu herausgegeben) war die erste Übersetzung aus dem Englischen überhaupt: Descartes' ›Principia philosophiae‹ übersetzte Kirchmann 1870 in Band 26/II; Marsilio Ficinos 1914 von K. P. Haase übersetzter Dialog ›Commentarium in Convivium Platonis de amore‹ (›Über die Liebe‹, PhB 154); A. Comtes 1915 von F. Sebrecht übersetzter ›Discours sur l'Esprit positif‹ (›Abhandlung über den Geist des Positivismus‹, PhB 155); Hobbes' 1915–17 von M. Frischeisen-Köhler übersetzte ›Elementa philosophica de cive‹ (›Grundzüge der Philosophie‹, PhB 157–158) oder Augustinus' 1923 von Johannes Hessen als PhB 183 übersetzte Schrift ›De beata vita‹ (›Vom seligen Leben‹, PhB 183). Ein einziger Band bringt Texte in nichtdeutscher Originalsprache: 1878 gibt Kirchmann als PhB 76/II Kants ›Vier lateinische Dissertationen‹ heraus (in deutschen Übersetzungen waren sie vorher schon in PhB 33 und 49 erschienen[1], eine überraschende Ausnahme, die im Vorwort des Bandes nicht begründet wird. Sie sind aber wohl aus demselben Grunde in die PhB aufgenommen wie die »völlig veraltete« ›Physische Geographie‹ Kants:[2] um »einzelnen Liebhabern« in einer vollständigen Kant-Ausgabe auch diese Texte bieten zu können.[3] Ein weiterer, rein fremdsprachiger Band ist noch PhB 262c, Descartes' ›Regulae‹ (1973), der allerdings aus der zweisprachigen Ausgabe entnommen wurde und insofern einen Sonderfall darstellt.

Daß der fremdsprachige Originaltext für das Publikum der PhB interessant sein kann – zumal der ›Fachgelehrte‹ nicht ausgeschlossen bleiben soll[4] –, gilt für die alte wie die heutige PhB, wobei Notwendigkeit und Bedarf für solche Texte heute fraglos größer ist als damals. Bei Felix Meiner entspricht man diesem Bedarf nach 1945 mit zweisprachigen Ausgaben in der PhB.[5]

[1] Siehe 50.29, 50.12.1, 50.14.

[2] Siehe das Vorwort des Hrsg. in 50.23.1.

[3] Siehe das Vorwort des Hrsg. in 50.28.1.

[4] Die Lehre vom Wissen, Vorrede S. VI (hier S. 88 und 265).

[5] Z. B. 78, 84.1, 1.1.2–3, 3.2.7–8, 3.3.7–8 oder (von Bdn, die nach dem Redaktionsschluß der Bibliographie erschienen sind) Thomas von Aquin: Über den Lehrer

Dem erheblich kleineren Bedarf vor 120 Jahren versuchte man seit 1870 – wenn auch in bescheidenem Maße – außerhalb der PhB nachzukommen, zunächst mit:

Aristotelis ars poetica. Ad fidem potissimum codicis antiquissimi A^c (Parisiensis 1741), edidit Fridericus Ueberweg. Berlin: Heimann 1870.
Später stellt die Dürr'sche Buchhandlung zwischen 1900 und 1906 eine rückdatierte Titelaufl. mit Jahresangabe 1875 her.

Koschny brachte 1875 Spinozas ›Ethik‹ im Originaltext heraus; das Vorwort Hugo Ginsbergs beginnt: »Wie die von Ueberweg, zu dessen Uebersetzung der Poetik des Aristoteles gelieferte Ausgabe des Urtextes dieser Schrift, so ist auch die vorliegende Ausgabe des Urtextes der Ethik des Spinoza veranlasst durch den Wunsch vieler Besitzer der in der philosophischen Bibliothek erschienenen Uebersetzung der Ethik diese Uebersetzung mit dem Urtexte vergleichen zu können.« Eine Fortsetzung dieser Editionen der lateinischen Originaltexte war geplant, schien aber nicht sicher.[6] Schließlich erschienen doch vier Bände, die aber wohl erst nachträglich unter den Titel einer Spinoza-Werkeausgabe gestellt wurden:

Spinozae opera philosophica. Edidit Hugo Ginsberg:

Vol. I: Die Ethik des Spinoza im Urtexte. Hrsg. und mit einer Einleitung über dessen Leben, Schriften und Lehre versehen von Hugo Ginsberg. Leipzig: Koschny 1874. 1875 gab es einen Nachdruck dieser Ausg.

Vol. II: Der Briefwechsel des Spinoza im Urtexte. Hrsg. und mit einer Einleitung über dessen Leben, Schriften und Lehre versehen von Hugo Ginsberg. Angehängt ist: La vie de B. de Spinosa, par Jean Colerus. Leipzig: Koschny 1876.

Vol. III: Der theologisch-politische Tractat Spinoza's. Mit einer Einleitung hrsg. von Hugo Ginsberg. Leipzig: Koschny 1877.

Vol. IV: Die unvollendeten lateinischen Abhandlungen Spinoza's. Mit einer Einleitung hrsg. von Hugo Ginsberg. Heidelberg: Weiss 1882.

1893 erschien ein weiterer ›Urtext‹ von einem in der PhB (bis dahin) nicht vertretenen Autor:

(De magistro), 1988, PhB 412; Gorgias von Leontinoi: Reden, Fragmente und Testimonien, 1988, PhB 404.

[6] Der Schluß der Vorrede lautet: »Die gegenwärtigen äussern Schwierigkeiten bei Veröffentlichungen durch den Druck mögen es erklären, wenn vorläufig nur das Hauptwerk des Spinoza erscheint. Sollte es einem Bedürfniss entsprechen, so ist Herr Koschny nicht abgeneigt, auch die übrigen Schriften – mit Ausnahme der hebräischen Grammatik – folgen zu lassen und behält sich der Herausgeber für diesen Fall vor noch näher auf die Lehre Spinozas zurückzukommen. Mit Rücksicht auf eine zu veranstaltende Gesamtausgabe ist auch die ganze Vorrede des Herausgebers der Opera posthuma – mit Ausschluss der auf die hebräische Grammatik bezüglichen Stelle vor dem Texte der Ethik abgedruckt.«

Die aelteste Fassung von Melanchthons Ethik. Zum ersten Mal hrsg. von Hermann Heineck. Berlin: Philos.-histor. Verlag Dr. R. Salinger 1893.[7]

Später versuchte Felix Meiner, das Desiderat der Originaltexte durch eine eigene Reihe zu beseitigen: Von 1913 bis 1915 erscheinen neun Bände der ›Bibliotheca Philosophorum‹.[8]

Bei den Übersetzungen der alten, Kirchmann'schen PhB ist generell »die Schönheit und Eleganz der Form gegen die Treue in der Wiedergabe des Inhalts und der Gedanken [...] zurückgestellt«,[9] die »schöne Form der Treue und Verständlichkeit« geopfert worden.[10] »Wort- und sinngetreue Übersetzung [...], wie sie die Natur der deutschen Sprache nur gestattet,«[11] dem Original »in strenger Treue« folgend, »die Erhaltung der Gedanken in ihrer ursprünglichen Form«,[12] – das ist das Kirchmann'sche Übersetzungsideal. Im Vorwort zu Bacons ›Neuem Organon‹ (hier 5.1.1) schreibt Kirchmann: »Eine gute Uebersetzung hat [...] diese Form nicht blos zu schonen, sondern deren knorrige und harte Weise so weit als möglich in das Deutsche zu übernehmen.« Denn »eine gute Uebersetzung muß nicht bloss das Gute, sondern auch das Mangelhafte des Originals möglichst getreu wiedergeben«; es ist des Übersetzers »erste Pflicht, dem Werk bei der Uebertragung in das Deutsche seine volle Eigenthümlichkeit im guten wie im schlimmen Sinne zu erhalten, so weit es der Geist der deutschen Sprache überhaupt gestattet.«[13] Im Vorwort zu Band 1 von Lockes ›Versuch über den menschlichen Verstand‹ (hier 60.3.1) gibt Kirchmann zu, daß seine eigene, neue Übersetzung »vielleicht weniger leicht lesbar wie die von Tennemann« sei; »indess ist dies nur die Folge ihrer grössern Treue und Anschmiegung an das Original, die selbst da festgehalten worden ist, wo jenes so schwerfällig wird, dass auch die Uebersetzung darunter zu leiden hatte. Bei einem philosophischen Werke von so grosser Bedeutung, wie das vorliegende, kommt es vor Allem darauf an, die Gedanken des Verfassers in ihrer reinen Ursprünglichkeit dem Leser zu bieten, und diese geht verloren, auch wenn der Uebersetzer sich nur erlaubt, den schwerfälligen Stil des Originals zu verbessern und dessen Weitschweifigkeit zu verkürzen.«

[7] Es handelt sich um eine durch einen 6seitigen ›Kritischen Anhang‹ erweiterte Separatausg. aus Heft 3/4, S. 129–177, des Bd 29, 1893, der ›Philosophischen Monatshefte‹.

[8] Siehe dazu hier S. 77 ff.

[9] 14.2.1, Vorwort S. VI.

[10] 14.4.1, Vorwort S. VIII.

[11] 21.2.1, Vorwort S. VI.

[12] 33.1.1, Vorwort S. VI.

[13] 95.6.1, Vorwort. An gleicher Stelle geht Kirchmann auch etwas näher auf die Übersetzung ein und behauptet, »Spinoza's Ethik bietet dem Uebersetzer mehr Schwierigkeiten, als irgend ein anderes philosophisches Werk alter oder neuer Zeit.«

Auch kommt es schon mal vor, daß die Übersetzung »nicht so fließend und leicht [hat] gehalten werden können, als der Unterzeichnete [Kirchmann] gern gewollt hätte; mindestens ein Theil der Schuld trifft indess hierbei Hume selbst.«[14] Ähnliches gilt für Spinozas ›Ethik‹.[15]

Hermann Ulrici gehört zu den Wenigen, die die Kirchmann'schen Übersetzungen ihren Zielen entsprechend positiv würdigen.[16]

Nicht in jedem Falle gibt Kirchmann eine eigene Übersetzung. Bei Platons ›Staat‹ verweist er im Vorwort darauf, daß »bereits mehrere deutsche Uebersetzungen vorhanden« seien, und »dass die erste von Schleiermacher noch von keiner späteren übertroffen sein dürfte, und dass es auch heute schwer sein möchte, etwas Besseres zu liefern«. »Es schien deshalb gerathen, statt einer neuen Uebersetzung von zweifelhaftem Erfolge die bereits anerkannte von Schleiermacher für die Philosophische Bibliothek zu benutzen«, freilich mit »Verbesserungen« Kirchmanns.

Für Kirchmanns Übersetzungsideal (der möglichsten Worttreue) gilt das Gleiche wie für seine ›Erläuterungen‹: Auch sie gehen vom ›realistischen Standpunkt‹ aus. In gewohnter Offenheit gesteht Kirchmann, es »gestaltet sich für einen Uebersetzer, welcher der realistischen Richtung in der Philosophie zugethan ist, der Ausdruck vielfach anders und vielleicht bestimmter, als ohne dem.«[17] Und so sind denn z. B. bei der Übersetzung von Ciceros ›Lehre der Akademie‹ »die deutschen Worte benutzt worden, welche in der modernen realistischen Philosophie sich allmählich dafür festgestellt haben.«[18]

Auch Kirchmanns Übersetzungen[19] werden fast ausschließlich mit kompromißloser Ablehnung bedacht. Artur Buchenau z. B. beabsichtigte für die Neuausgabe der Cartesischen ›Meditationen‹[20] »zunächst nur eine Umarbeitung der v. Kirchmann'schen Übersetzung vom Jahre 1882. Es erwies sich indessen als notwendig, von der Kirchmannschen Vorarbeit völlig abzusehen und einen ganz neuen Text zu schaffen.«[21] Ebenso erging es Adolf Busse bei Aristoteles' ›De anima‹[22] und Raoul Richter bei Humes ›Untersuchung über den menschlichen Verstand‹, der der Kirchmann'schen Übersetzung »Prinzipienlosigkeit in philosophischer« und »glatte Trivialisierung in formeller Beziehung« vor-

[14] 43.5.1, Vorwort S. V.

[15] 95.6.1, Vorwort S. VI.

[16] In: Zeitschrift für Philosophie und philosophische Kritik 67, 1875, S. 157.

[17] 14.4.1, Vorwort S. VIII.

[18] 14.2.1, Vorwort S. VI.

[19] Auch C. Schaarschmidt gibt von Spinozas ›Kurzer Abhandlung von Gott, dem Menschen und dessen Glück‹ nach eigenem Bekunden eine Übersetzung, »welche sich möglichst wörtlich dem besseren holländischen Text anschliesst.« (95.7.1, Vorwort S. VII).

[20] 21.6.7, Vorrede zur 4. Aufl.

[21] Buchenau 1904 ähnlich in 21.6.5, Vorrede.

[22] 3.16.3, Vorrede S. VI.

wirft.[23] Auch Karl Vorländer konnte von der Kirchmann'schen Übersetzung der beiden großen lateinischen Dissertationen von 1755 und 1770 »kaum einen Satz unverändert lassen, da dieselbe vielfach nicht bloß sehr hölzern, sondern auch direkt fehlerhaft war.«[24] Otto Apelts Übersetzung von Platons ›Theaitet‹ hat »mit der Kirchmannschen nichts gemein.«[25] Carl Gebhardt findet Kirchmanns Spinoza-Übersetzung »mehr willkürlich als frei«,[26] wenig sorgfältig[27] und zwar »flüssiger als die Auerbachsche Übersetzung, doch ohne die genügende Zuverlässigkeit«;[28] nach Otto Baensch kann sie »trotz mancher treffenden Wendung im einzelnen [...] mit ihren Vorgängerinnen nicht in einer Linie genannt werden, da sie den Text auf gar zu freie Weise behandelt und die strenge Terminologie des Originals nicht im geringsten zum Ausdruck bringt.«[29]

Damit ist eben das kritisiert, was auch Kirchmann verwarf, und für eben das eingetreten, dem auch Kirchmann – verbal – beipflichtet. Bei Baensch z. B. war für die Übersetzung von Spinozas ›Ethik‹ »das hauptsächliche Bestreben [...] darauf gerichtet, die Terminologie möglichst gleichmäßig festzuhalten, und ich habe, um dies zu erreichen, hin und wider auf die Glätte der sprachlichen Form verzichten müssen. Mag es sonst auch richtig sein, daß sklavische Wörtlichkeit der Übersetzung den Autor oft geradezu verfälscht, für Spinoza gilt das Umgekehrte.«[30] Kirchmanns Spinoza-Übersetzungen werden jedenfalls noch 1947–48 für eine Spinoza-Anthologie verwendet.[31] Georg Klaus und Manfred Buhr verwenden zwei Kant-Übersetzungen Kirchmanns noch 1961.[32]

Negativ urteilt auch Franz Susemihl 1882 im Hinblick auf die Kirchmann'sche Übersetzung von Aristoteles' ›Politik‹, – freilich in eigener Sache und wohl auch gekränkt. Kirchmanns Grotius-Übersetzung von 1869 nennt Günter Hoffmann-Loerzer »unvollständig, fehlerhaft und einseitig kommentiert« und fügt gar hinzu: »Für die Grotiusrezeption in Deutschland war v. Kirchmann ein schwerer Rückschlag.«[33] Th. Schultze äußert sich in der Vorbemerkung seiner bei Reclam erschienenen Übersetzung von Lockes ›Versuch

[23] 43.5.9, Vorwort S. VIII.
[24] 50.10.4, Vorwort S. VII f.
[25] 77.25.6, Vorwort S. V.
[26] 95.2.4, Einleitung S. XXX.
[27] 95.9.4, Einleitung S. XXXI.
[28] 95.4.4, Einleitung S. XXXIV.
[29] 95.6.2, Vorwort S. VI.
[30] A. a. O., S. VI f.
[31] Benedictus Spinoza: Das Endliche und Unendliche, 1947; [2. Aufl.:] 1948.
[32] Kant: Frühschriften, 1961. Darin ›Kurzgefaßte Darstellung einiger Betrachtungen über das Feuer‹: S. 407–24; ›Über die Vereinigung von Metaphysik und Geometrie in ihrer Anwendung auf die Naturphilosophie‹: S. 455–65.
[33] Zur Wirkungsgeschichte des Naturrechts in Deutschland, 1975, S. 309 f.

über den menschlichen Verstand‹ zu der Kirchmann'schen Übersetzung desselben Werkes. Diese »enthält eine wahrhaft unglaubliche Menge von Flüchtigkeitsfehlern zum Teil lächerlich grober Art; außerdem aber hat ihr Verfasser – von kleineren Mängeln der Genauigkeit und des Stiles abgesehen – Lokkes eigentümlichen Periodenbau durchweg aufgelöst und zerstört, ohne auf die Erhaltung des logischen Zusammenhangs der einzelnen Sätze untereinander Bedacht zu nehmen, und hat dem an sich zwar löblichen Bestreben, den Gebrauch von Fremdwörtern möglichst zu vermeiden, in einem das Verständnis wesentlich beeinträchtigenden Maße nachgegeben.«[34] Ebenfalls sehr negativ ist das Urteil Alexius Meinongs über die 2. Auflage der Kirchmann'schen Übersetzung von Humes ›Untersuchung in Betreff des menschlichen Verstandes‹.[35] Meinong ist der Ansicht, daß die PhB »einem wirklichen Bedürfnisse entsprach und entspricht.« »Ohne Frage bekundet es ebensoviel Ausdauer als Thatkraft, dass er [Kirchmann] so fast die ganze Arbeitslast auf *seine* Schultern genommen hat, aber es wäre ein ganz unerhörter Ausnahmsfall, wenn sich die Folgen einer solchen Ueberbürdung nicht da und dort in der Qualität der Arbeit in störender Weise geltend machten.« Bei der Übersetzung konstatiert Meinong »ganz erhebliche Versehen«, »eine heillose Verwirrung in der Terminologie«; ein Satz sei »ganz unfaßbar« und auf einer Seite gebe »die Uebersetzung das gerade Gegentheil von dem, was Hume sagen will«; »kleinere Ungenauigkeiten in der Wiedergabe des englischen Textes, oder ganz unmotivierte Abweichungen sind wohl auf jeder Seite zu verzeichnen«; neben schweren Übersetzungsfehlern bemerkt Meinong auch einige Druckfehler, die in der vorgelegenen 2., verbesserten Auflage *hinzukamen*. Damit erreiche Kirchmann »genau das Gegentheil von dem, was die ›Philosophische Bibliothek‹ jederzeit angestrebt hat.«

1.3.5 ›Correctester Text‹

Auch mit dem »correctesten Texte‹ ist es bei der alten, Kirchmann'schen Bibliothek nach späteren Urteilen nicht weit her, – z. B. bei Kant, bei dem Kirchmann nur einen einfachen Abdruck der (zweiten) Hartenstein'schen Ausgabe gibt, den Walter Kinkel »kritiklos« nennt.[1] 1881 kritisiert Alexius Meinong in einer Rezension,[2] daß auch die 5. Auflage von Kants ›Kritik der reinen Vernunft‹ (hier 50.18.5) nur den Hartenstein'schen Text gebe und die unterdessen erschienenen textkritischen Arbeiten Benno Erdmanns nicht berücksichtige. Kirchmann habe »ungestört die alten Fehler in seine neue Auf-

[34] John Locke: Über den menschlichen Verstand, 1897, Bd 1, S. 3.
[35] Philosophische Monatshefte 12, 1876, S. 397–400.
[1] 50.20.6, Vorwort.
[2] In: Zeitschrift für die österreichischen Gymnasien 32, 1881, S. 925–27.

lage herübergenommen«. »Die Sorglosigkeit, die sich der Herausgeber zu Schulden kommen liess, wiegt um so schwerer, da es sich um eine Ausgabe handelt, die naturgemäss zunächst von Studierenden benutzt wird.« Karl Vorländer schreibt: Die Hartenstein'sche Ausgabe »mag für ihre Zeit verdienstlich gewesen sein: an dem Massstabe moderner Textkritik gemessen, kann sie nur als durchaus rückständig bezeichnet werden.« Er sehe »die Notwendigkeit einer radikalen Umgestaltung.«[3] F. M. Schiele z. B. verwirft bei Neuausgaben von Schleiermacher den Kirchmann'schen Text und greift auf frühere zurück.[4] Das verwundert nicht bei einem Herausgeber Kirchmann, der zur »Frage nach der zeitlichen Reihe der Schriften« Spinozas meint: »nur der Ueberfluss an Zeit und Gelehrsamkeit kann dahin führen, dergleichen Fragen mit einer peinlichen Gewissenhaftigkeit zu erörtern.«[5]

Erst in der Dürr'schen Buchhandlung und dank des für die PhB zuständigen Lektors Schiele[6] wird bei der Neugestaltung der PhB dem »correctesten Texte« tatsächlich volle Aufmerksamkeit gewidmet, – deutlich vor allem bei Vorländers Kant- und Georg Lassons Hegel-Ausgaben. In neuerer Zeit, bei Felix Meiner, entsprechen die Ausgaben in Text, Einleitung, Anmerkungen, Bibliographie und Register auch strengen Editionsmaßstäben.[7]

1.3.6 ›Billigkeit der Sammlung‹: Preise und Ausstattung

Mit dem ersten Programmpunkt verknüpft ist auch der sechste, der zu den wesentlichen Kriterien der PhB gehört und – bis heute – am Erfolg dieser Reihe maßgeblich Anteil hat: daß die PhB-Ausgaben *billig,* d. h. für jedermann erschwinglich sind, dennoch aber *»in eleganter Ausstattung«* vorgelegt werden.[1] Im vierseitigen Prospectus schreibt der Verleger, schon die ersten Werke würden »zeigen, dass in Bezug auf Billigkeit und Eleganz der Ausstattung das Möglichste geleistet worden ist«, und Kirchmann fügt in der Vorrede seiner ›Lehre vom Wissen‹ hinzu: »zumal, wenn man erwägt, dass es sich hier keineswegs blos um den mechanischen Wiederabdruck vorhandener Bücher handelt, sondern um neue, selbständige und wissenschaftliche Bearbeitungen«, – was ja nicht bei allen PhB-Ausgaben der Fall ist.

Daß die PhB solche »streng wissenschaftlichen Werke zu einem bisher ungewohnt billigen Preise«[2] und mit guter Ausstattung brachte, ist denn auch al-

[3] 50.19.3, Vorwort.
[4] 88.7.1, Vorbemerkung; 88.8.3, Vorwort S. IV.
[5] 95.2.1, Vorwort S. VII.
[6] Siehe hier S. 149 ff. sowie 154.
[7] Siehe dazu auch hier S. 134 f., 157, 169 f.
[1] Prospectus vom Sept. 1868, hier Abb. 22 auf S. 252.
[2] Vierseitiger Prospectus vom Okt. 1868, hier Abb. 23 auf S. 253–256.

lenthalben beachtet und gewürdigt worden. Adolf Lasson, selbst (mit der 1872 erschienenen Schrift Brunos ›Von der Ursache, dem Prinzip und dem Einen‹) Herausgeber in der PhB, sieht den Erfolg sogar »in erster Linie« in buchhändlerischen Dingen begründet:

»Leichteste Zugänglichkeit und weiteste Verbreitung für die hauptsächlichsten Werke der großen Philosophen aus allen Epochen, – das war das Ziel, das sich die Begründer der ›Philosophischen Bibliothek‹ dereinst vorgesteckt hatten. Dazu gehörte ein sorgfältiger und zierlicher, mindestens für das Auge bequemer Neudruck der deutschen Werke, – der fremdsprachlichen in geeigneter Uebersetzung, – ein billiger Preis, ein bequemes Format, knappe, aber ausreichende Erläuterungen, um die Schwierigkeiten der Lektüre zu erleichtern und den Gewinn aus ihr auch minder Vorbereiteten zu sichern. Im ganzen und großen wird man rühmen dürfen, daß diese Bedingungen in den mehr als dreihundert erschienenen Heften des Unternehmens in vorzüglicher Weise oder doch ausreichend erfüllt worden sind. Jedenfalls ist die buchhändlerische Ausstattung, Format, Papier, Druck, derart, daß sie kaum etwas zu wünschen übrig läßt, und der Preis im Verhältnis dazu ein sehr niedriger. Diese Eigenschaften sind es denn auch wohl in erster Linie, die den Erfolg einer Anzahl von Bänden der Bibliothek entschieden haben.«[3]

Vor 1900, genau: bis 1886 einschließlich, erschienen die Bände in Heften bzw. Lieferungen.[4] Zu Beginn kostete jedes Heft 5 Silbergroschen bzw. 18 Kreuzer Süddeutscher Währung, was später 50 Pfennigen entsprach. Bacons 1870 in 5 Heften[5] erschienenes ›Neues Organon‹ kostete entsprechend 25 Silbergroschen bzw. 1 Gulden und 30 Kreuzer Süddeutscher Währung; Kirchmanns 1873 erschienene ›Erläuterungen zu Kant's kleinen logischen Schriften‹ umfaßten 3 Hefte und kosteten entsprechend 15 Silbergroschen bzw. 1,50 Mark; seine 1876 erschienenen, 2 Hefte umfassenden ›Erläuterungen zu den Kategorien und den Hermeneutiken des Aristoteles‹ waren für 1 Mark zu haben. Die sechsbändige Kant-Ausgabe (mit über 50 Heften) kostete 1871 bei Heimann 8 Taler und 15 Silbergroschen, Kirchmanns Erläuterungen dazu in 2 Bänden (mit 16 Heften) 2 Taler und 20 Silbergroschen; Ende der 70er Jahre erhielt man Spinozas ›Sämtliche Werke‹ in 2 Bänden für 8 Mark, Kirchmanns Erläuterungen dazu für 4 Mark.

Im Februar 1882 schrieb Georg Weiss eine neue Subskription für die PhB aus,[6] mit jedem Heft wiederum für nur 50 Pfennige; der Einzelpreis lag etwas höher. So kostete die 1873 in 2. Auflage erschienene Schrift Kirchmanns ›Die Grundbegriffe des Rechts und der Moral‹ mit 2 Heften 1882 bei Georg Weiss in der Subskription 1 Mark, einzeln aber 1 Mark und 25 Pfennige. Hefte mit

[3] A. Lasson: J. v. Kirchmann's Philosophische Bibliothek, 1889, S. 253.
[4] Siehe dazu Kap. 1.5.3.
[5] Die Heftnrn der Bde sind zu ersehen in den Registern 3.2.2.1 und 3.2.3.
[6] Siehe Abb. 27 auf S. 262. Er wirbt dafür 1882 auch auf den Heftumschlägen der ›Philosophischen Monatshefte‹.

mehr als dem durchschnittlichen Umfang[7] waren etwas teurer: 1883 kostete Lockes 104 Seiten starke ›Leitung des Verstandes‹ für Subskribenten 80 Pfennige, einzeln 1 Mark; Aristoteles' ›Poetik‹ in 2. Auflage mit knapp 200 Seiten kostete 75 Pfennige. Kirchmanns ›Erläuterungen zur Nikomachischen Ethik des Aristoteles‹ waren in der Erstauflage 1876 bei Koschny für 1 Mark und 50 Pfennige zu haben, 1882 bei Georg Weiss für 2 Mark und 50 Pfennige; Kirchmanns ›Erläuterungen zu den Kategorien und den Hermeneutiken des Aristoteles‹ kosteten aber 1882 bei Weiss ebenso 1 Mark wie 1876 bei Koschny.

1882–83 warb Georg Weiss damit,[8] daß er die neue Subskription durch zwei Festangebote außerhalb der Subskription ergänzte: 1. Bei Abnahme der bis Mitte 1882 erschienenen 88 Bände (= 303 Hefte/Lieferungen) kostete die PhB statt 153 nur 112 Mark; 2. bei Abnahme von 100 Lieferungen auf einmal statt 50 nur 40 Mark. Subskribenten erhielten mit Lieferung 303 Noacks Philosophiegeschichtliches Lexikon (Ladenpreis: 18 Mark) gratis.

In Salingers Verlag blieben die Preise weitgehend dieselben. Platons ›Staat‹ kostete hier ebenso 3 Mark wie noch bei Koschny, Spinozas ›Theologisch-politischer Traktat‹ 2 Mark. Kants ›Vermischte Schriften und Briefwechsel‹ kosteten nun jedoch 4 Mark und 50 Pfennige, bei Koschny waren sie noch 1 Mark billiger. Hatten aber Kants ›Sämtliche Werke‹ in 8 Bänden bei Koschny 1877 noch *ohne* Supplement 28 Mark und 50 Pfennige gekostet, 1882 bei Weiss *mit* Supplement 32 Mark, so berechnet Salinger 1894 für dieselbe Ausgabe *mit* Supplement – die »handlichste, vollständigste und billigste Gesammtausgabe von Kant's Werken«, wie es in einer Anzeige heißt – broschiert 27 Mark (in 9 Halbfranzbänden 37 Mark und 80 Pfennige). Spinozas ›Sämtliche Werke‹ erhält man aber 1894 bei Salinger für 8 Mark zu demselben Preis wie vor 23 Jahren. Spätestens ab 1892[9] bietet Salinger in Anzeigen (auf Buchumschlägen) 93 PhB-Bände, 1897 94 PhB-Bände zum »ermässigten Preis« von 100 Mark an.

In der Dürr'schen Buchhandlung kostet 1901 die Kirchmann'sche Kant-Ausgabe 28 Mark; die aktualisierte Ausgabe von 1907 (hier 50.1.31–39) wird für 32,90 Mark, Kirchmanns ›Erläuterungen‹ dazu für 7,10 Mark angeboten. Wie wenig das ist, kann man im Vergleich mit der Akademie-Ausgabe Kants ersehen: Von ihr kostete ein einziger Band 12 Mark. Spinozas, von Kirchmann und Schaarschmidt übersetzte Werke gibt es auch in der Dürr'schen Buchhandlung wie vor 35 Jahren für 8 Mark. Und konnte man bei Georg Weiss Descartes' vierbändige Ausgabe für 4,50 Mark kaufen, so ist sie nun mit 5,60 Mark zu erstehen. Auch andere Preise haben sich kaum oder gar nicht erhöht: Berkeleys ›Abhandlung über die Prinzipien der menschlichen Erkennt-

[7] Dazu hier S. 196 ff.

[8] Siehe Abb. 26–27 auf S. 261 f. (1882 auf den Heftumschlägen der ›Philosophischen Monatshefte‹.)

[9] 1892 ff. z. B. auf den Verlagsbroschuren zu den ›Philosophischen Monatsheften‹.

nis‹ kostete bei Koschny 1874 5 Silbergroschen, bei Weiss 1882 (in 2. Auflage) 1 Mark, in der Dürr'schen Buchhandlung 1906 (in 3. Auflage) 2 Mark; Brunos ›Von der Ursache, dem Prinzip und dem Einen‹ war 1874 10 Silbergroschen teuer, 1882 1 Mark, 1906 1,50 Mark; für Kants ›Kritik der reinen Vernunft‹ in der 3. Auflage mußte man 1874 1 Taler, 1876 3 Mark, 1906 für die von Theodor Valentiner revidierte 8. Auflage 4 Mark ausgeben.

Auch Felix Meiner bemühte sich intensiv, wissenschaftlich gute Editionen in möglichst billigen Ausgaben mit dennoch ansprechender Ausstattung zu bringen. So kostete 1913 die Vorländer'sche Kant-Ausgabe in 9 Bänden und 1 Supplement-Band (mit Vorländers Kant-Biographie und Cohens Kommentar zur ›Kritik der reinen Vernunft‹) broschiert 53 Mark (in Leinwandbänden 65 Mark). Die dreibändige Spinoza-Ausgabe – in der nun alle Kirchmann-Editionen ersetzt sind – kostet 1913 30 Mark; Descartes' neue Ausgabe war für 15 Mark zu haben. Die Preise für Berkeleys ›Abhandlung über die Prinzipien der menschlichen Erkenntnis‹ und Brunos ›Von der Ursache, dem Prinzip und dem Einen‹ blieben 1915 dieselben wie in der Dürr'schen Buchhandlung. Kants ›Kritik der reinen Vernunft‹ war gegenüber der 8. Auflage von 1906 nun in der 10. Auflage von 1913 mit 4,50 Mark um 60 Pfennige teurer.

Der Erste Weltkrieg und seine Folgen, wie Materialknappheit und langanhaltende Inflation, traf auch den Buchhandel. Ein 1918 zum Jubiläum der PhB gedrucktes Doppelblatt sowie der Verlagsbericht von 1919 und andere Texte Felix Meiners [10] geben ein beredtes Zeugnis davon. 1918 schreibt Felix Meiner:

»Trotz der enormen Steigerung der Herstellungskosten in diesen 50 Jahren wurden die Preise der Bände so niedrig als möglich gehalten. Dabei wurde die Ausstattung ständig verbessert: erstklassiges holzfreies Papier, übersichtliche Druckanordnung mit klaren großen Lettern, einfacher aber dauerhafter und geschmackvoller Einband – ein großer Fortschritt fürwahr gegen die auch äußerlich einen ›billigen‹ Eindruck machenden Hefte der [18]70er Jahre. Kann demgegenüber überhaupt noch von einer Preissteigerung gesprochen werden, wenn bspw. die ›Kritik der reinen Vernunft‹, deren erste Auflage einen Taler gekostet hatte, jetzt auf bestem Dünndruckpapier gedruckt und in Leinwand gebunden und um ein fast 100 Seiten starkes Sachregister vermehrt, fünf Mark kostete? Freilich auch diese Preise schienen manchem Freund der Sammlung noch zu hoch. Und in der Tat gab es Konkurrenzausgaben einzelner besonders viel gelesener Schriften, die noch billiger waren. Dort wurden diese Bände ja getragen von dem Massenabsatz an Unterhaltungsschriften, während in der ›Philosophischen Bibliothek‹ im Gegenteil diese Werke noch den kaufmännischen Rückhalt für Schriften abgeben müssen, die der Verlag

[10] Neben den im folg. zitierten Texten siehe die im Anhang zu Kap. 1.4.6, S. 172–179, wiedergegebenen Texte Nr 1–4 vom Juni 1919, Dez. 1920, Sept. 1925 und Okt. 1931. Siehe auch: An die Bücherkäufer im Ausland, im PhB-Kat. vom Dez. 1922 (der die Preise in Schweizer Franken gibt), sowie: Warum sind die Bücher so teuer? 1920.

veröffentlicht, lediglich weil ein wissenschaftliches Bedürfnis vorliegt und ihr Fehlen auch eine Lücke in der Vollständigkeit der ›Philosophischen Bibliothek‹ bedeuten würde. Jetzt im Kriege ist manche dieser billigen Konkurrenzausgaben bedeutend verteuert worden, sodaß der Unterschied sehr gering geworden sein dürfte.

Ganz[11] vorübergegangen ist naturgemäß der Einfluß der Kriegsverhältnisse auch auf die ›Philosophische Bibliothek‹ nicht, wenngleich es das Bestreben des Verlages war, den alten Stand möglichst aufrecht zu erhalten. Infolge Einschränkung der Produktion und der Auflagenhöhe konnte bisher noch auf Friedenspapier gedruckt werden. Die Einbände freilich mußten vom Ganzleinenband zum Halbleinwandband übergehen, und seit Anfang 1918 muß (z. T. auch als Ausgleich für die Unrentabilität der neuen Produktion, deren Preise so bemessen sind, daß sie lediglich die Herstellungskosten der Auflage decken) ein Teuerungszuschlag erhoben werden, der sich aber mit seinen 20% bescheiden genug ausnimmt gegenüber den 100- bis 200prozentigen Steigerungen anderer Sammlungen.«

Im PhB-Katalog vom April 1927 heißt es auf dem Umschlag: »Zur Ausstattung. *Papier:* Bis zum Jahre 1919 sind alle Veröffentlichungen meines Verlages ausschließlich auf *holzfreiem Papier* gedruckt. Lediglich 1919–1921 mußte, da die Preise unerschwinglich zu werden schienen, auch holzhaltiges Papier verwandt werden. Von allen Bänden der Philosophischen Bibliothek wurde aber auch damals eine Teilauflage auf holzfreiem Papier gedruckt, so daß Ausgaben in besserem Einband und Gesamtausgaben tadellose Ausstattung aufweisen. *Satz und Druck:* Der *Verbesserung der Satz- und Druckausstattung* hat von jeher mein besonderes Augenmerk gegolten. Daß diese bei einer Sammlung mit so alter Geschichte nicht bei allen Bänden auf einmal durchgeführt werden kann, werden einsichtsvolle Kritiker begreifen, zumal eine radikale Modernisierung ohne erhebliche Preiserhöhungen nicht durchzuführen wäre. Hingewiesen sei auch an dieser Stelle auf die *weitgehende Ausnützung des Satzspiegels* durch zweckmäßige Wahl von Schriftgrad und Durchschuß, trotz Beibehaltung eines genügend breiten weißen Randes, die den äußeren Umfang der einzelnen Werke erstaunlich mindern. *Einband:* Die ›Philosophische Bibliothek‹ ist in ihren Ansprüchen an die Qualität des Einbandes unter den Halbleinenband nie heruntergegangen. Jetzt wird allmählich der *Ganzleinenband* wieder eingeführt. – Daneben führte ich für eine immer steigende Zahl von Werken geschmackvolle und farbenfrohe *Geschenkbände* in Halb- und Ganzleinen ein, die ich besonderer Beachtung empfehle. – Die Sammlung *›Wissen und Forschen‹* zeigt einen einheitlichen roten Rücken mit wechselnden Überzugspapieren und geprägten Titelschildern; bei den neueren Bänden kehrte ich zu einem ansprechenden und gediegenen Ganzleinenband zurück. Von manchen Seiten war diese (insbesondere auch bei den *›Philosophischen Einzelwerken‹* Abt. IV in noch gewählterer Zusammenstellung viel verwandte) Einbandart sogar als *der neue Einbandstil des wissenschaftlichen Buches* bezeichnet worden. Wenn ich jetzt, dem Vorurteil für den Ganzleinenband mich beugend, zu diesem mehr und mehr übergehe, so hoffe ich doch, durch entsprechende Ausgestaltung desselben, die wertvolle Errungenschaft *farbigerer Gestaltung des Einbandes* beibehalten zu können.«

[11] Der folg. Absatz findet sich im genannten Doppelblatt auf Bl. 2a als Anmerkung.

Auf die äußere Buchgestaltung und die Preise[12] geht Felix Meiner auch im Verlagsverzeichnis vom Oktober 1936 (zum 25jährigen Bestehen des Verlages) ein:

»Aus den hohen wissenschaftlichen Ansprüchen ergaben sich gewisse *Schwierigkeiten der buchtechnischen Gestaltung.* Nur langsam konnten die Bearbeiter ein Werk nach dem andern fertigstellen. Das erschwerte die Anpassung an die Fortschritte des buchgewerblichen Geschmacks, zumal infolge der geringen Absatzgeschwindigkeit eine vorzeitige Ausmerzung größerer Vorräte volkswirtschaftliche Verschwendung gewesen wäre. Das *Format* der Bände lag fest und war eben noch durch die von Dürr begonnene Neugestaltung bestätigt worden.[13] Eine Umgestaltung des *Satzbildes* war nur in beschränktem Maße möglich, da fast von jedem Philosophen einzelne Bände schon neu vorlagen. Der *Einband* wurde trotz der Bedenken, die sich aus längerem Nebeneinander verschiedener Einbandarten ergeben, zweimal umgestaltet; das eine Mal in vorsichtiger Form gleich nach 1911, das andere Mal nach der Inflation durch Übergang zu einem lebhafteren farbenfreudigen Grün. Auch die verheerende Qualität des Kriegs- und Inflationspapieres wirkte sich bei dem Unternehmen, weil seine Kalkulation auf den gleichmäßigen Absatz von Jahrzehnten aufgebaut war, besonders ungünstig aus. Obgleich der Verlag so lange wie irgend möglich und um den Preis unrentabel kleiner Auflagen die Verwendung von Holzpapier vermieden hatte, ist es doch erst jetzt möglich, diese Epoche als überwunden anzusehen. [...] Die *Preisgestaltung* war, bei einem Bogenpreis zwischen 15 und 40 Pf., immer sehr mäßig, zumal wenn berücksichtigt wird, daß der Raum stark ausgenutzt wird und daß zu einer Preissenkung nicht andere, volkstümlichere Literaturgattungen herangezogen werden können. Mit Rücksicht auf die neuerliche Minderung der Kaufkraft der Studentenschaft und das Zurücktreten des philosophischen Interesses hinter unmittelbare Lebensnotwendigkeiten der Gegenwart wurden bei Ausgabe dieses Katalogs noch zahlreiche Preise erheblich gesenkt. Man täusche sich nicht darüber, daß ein erheblicher Teil der Werke nicht wieder hergestellt werden kann. Damit wird die Reichhaltigkeit der ›Philosophischen Bibliothek‹, die lange Zeit als die umfassendste Sammlung philosophischen Schrifttums in der ganzen Weltliteratur gerühmt wurde, in den nächsten Jahren bedeutende Einbuße erleiden.«

1.3.7 Zur Konzeption nach 1900

Betrachtet man die PhB in ihrem historischen Verlauf, so wird man feststellen können, daß ihre erste Konzeption im wesentlichen beibehalten wurde. Die mit der Dürr'schen Buchhandlung 1900 begonnene Neugestaltung verbindet neue Elemente mit schon bewährten, – deutlich auch und gerade in Kirchmanns ›Erläuterungen‹: Sie werden – obwohl als überholt erkannt – komplett als Titelauflagen herausgebracht, gleichzeitig – signifikant bei Kant – wird versucht, die alten Textausgaben konsequent durch neue, moderne Editionen zu ersetzen. Bei der Übernahme der PhB durch Felix Meiner ist dieser Prozeß

12 Zu den Preisen siehe auch den Text Nr 4 im Anhang zu Kap. 1.4.6, S. 178 f.
13 Siehe dazu hier S. 187 f.

weit vorangetrieben: Die Fülle der Titelauflagen mit alten Buchblöcken von vor 1900 ist gegenüber der Dürr'schen Buchhandlung stark zurückgegangen; dennoch ›verwertet‹ auch Meiner den übernommenen Bestand: Sieht man von den sogenannten ›Schildchenexemplaren‹[1] ab, so erscheinen die beiden letzten Titelauflagen einzelner Erläuterungsbände Kirchmanns 1911,[2] der letzte Sammelband mit Kirchmann-Erläuterungen 1920/22[3] und die letzte Titelauflage (mit altem Buchblock) eines von Kirchmann edierten Bandes immerhin noch 1922.[4]

Daß die PhB von ihrer Gründung bis heute – bis auf die 15 Jahre von 1885 bis 1900 – erfolgreich war und ist, liegt an ihrem Programm, ihrer Konzeption als sich ständig den sich wandelnden Verhältnissen anpassende Größen. Durch diese ›Kontinuität durch Wandlung‹ hat die PhB ihr Publikum heute ebenso wie vor 120 Jahren. Dabei entsprechen die wesentlichen Charakteristika der heutigen PhB – wenn auch z. T. anders interpretiert – weitgehend denen der alten, Kirchmann'schen: (1.) Philosophische *Text*ausgaben mit (2.) »correctestem Text« in (3.) deutscher Übersetzung (auch in zweisprachigen Ausgaben mit (4.) Einleitung und Anmerkungen, oft auch Kommentar und Bibliographie (anstelle der ›Erläuterungen‹) (5.) zu erschwinglichen Preisen. Lediglich die Idee der PhB als Sammlung von *Haupt*werken stellt sich heute anders dar, nachdem die Vorstellung eines in der Sache begründeten Abschlusses dieser Reihe wohl schon in der Dürr'schen Buchhandlung fallengelassen worden war und die schon aus äußeren Gründen (z. B. der Verlagsrechte) unmögliche ›Vollständigkeit‹ dieser ›Bibliothek‹ mit *allen Haupt*werken der Philosophie alter bis neuer Zeit zu dem realisierbaren Ziel einer Sammlung von bedeutenden Texten der Philosophiegeschichte führte.

Die Erscheinungsweise der PhB-Bände dagegen »in wöchentlichen Heften« vor 1900 ist eine zeitbedingte Äußerlichkeit. Daß die heutige PhB in erster Linie für das »gebildete Publikum im allgemeinen« bestimmt sei, wird man wohl nicht mehr so sagen können. Die mit der Dürr'schen Buchhandlung 1900 beginnende, neue PhB hat ihr Publikum eher in fach- und berufsspezifischen Kreisen, bei Studenten, Professoren und Lehrern.[5] So schreibt der Leibniz-Forscher Albert Heinekamp zu den seit 1904 bei Dürr erscheinenden, neuen Leibniz-Ausgaben (Ernst Cassirers): »Die Bände wenden sich weniger an nach Bildung strebende Laien als an Studenten und Dozenten der Philosophie, die Leibniz nicht gerade zu ihrem Spezialthema gewählt haben.«[6] Die

[1] Siehe dazu hier S. 192 f. und 274.

[2] 52.27.3 und 52.29.3.

[3] 52.2.3.

[4] 50.4.1; 1919 noch: 50.28.4.

[5] Für die Volksschullehrer sogar belegt dies eine Rezension im ›Neuen Braunschweigischen Schulblatt‹ 18, 1905, Nr 12, S. 319.

[6] Ceterum censeo ..., 1983, S. 72.

›Gebildeten‹ ganz allgemein werden aber – schon gar nicht von der Dürr'schen Buchhandlung als einem Schulbuchverlag – als Leserschaft nicht aufgegeben, ebensowenig wie die Höheren Schulen. So war die Ausgabe von ›Schillers philosophischen Schriften und Gedichten‹ von 1902 für die Oberstufe des Gymnasiums und die Lehrerseminare gedacht; in der 2. Auflage von 1909 muß ihr Herausgeber E. Kühnemann freilich zugeben: »Die zweite Auflage dieses Buches wendet sich in gewissem Sinne an ein anderes Publikum als die erste und hat darum einige nicht unbeträchtliche Erweiterungen erfahren. Nur in geringem Grade nämlich hat sich die Erwartung erfüllt, daß die Einführung [...] ein Schulbuch werden könnte. Dagegen hat sie in den Kreisen der Gebildeten überall Eingang gefunden.«[7] Auch die Edition ›Lessings Philosophie‹ war »für den weiteren Kreis der der höhern Bildung Angehörigen bestimmt, die mit Bewußtsein an den Aufgaben der Zeit mitarbeiten wollen. Dabei darf dann aber auch der Unterricht auf der obersten Stufe unserer höhern Schulen in Betracht gezogen werden, für dessen Betrieb erfreulicherweise in immer stärkerem Grade philosophischer und kulturgeschichtlicher Geist verlangt wird. Daß dabei zum Teil auch die Lehrerbildungsanstalten in Frage kommen können, ist kein Zweifel.«[8] Auch Felix Meiner bemüht sich unter verschiedenen Aspekten um das »gebildete Publikum«.[9] 1918 schreibt er im Jubiläums-Doppelblatt: »In sich gefestigt steht die Sammlung da, ihr Name hat Ruf und Klang bei Professoren und Studenten. Noch aber steht ihre *Verbreitung in den Kreisen des großen gebildeten Publikums* nicht auf der entsprechenden Höhe. Hier erwächst daher eine Kulturaufgabe, der ich alle alten Freunde der ›Philosophischen Bibliothek‹ sich zu widmen bitte, eine Kulturaufgabe, die in der schweren Gegenwart und der sicher nicht leichten Zukunft besondere Wichtigkeit wohl für sich beanspruchen kann.« Fraglos steht dieser mit dem 1. Oktober 1918 datierte Text des Jubiläumsblattes stark unter dem Eindruck des Krieges.[10] Hier ist unserer Kenntnis nach die PhB letztmals explizit auf das ›gebildete Publikum‹ bezogen worden. Andere Reihen und Sammlungen, vor allem Taschenbücher mit geringerem editorischem Anspruch, beherrschen bald

[7] 87.1.2, Vorrede zur zweiten Aufl., S. 3.

[8] 57.2.1, Vorwort S. III f.

[9] Siehe hier S. 86 ff.

[10] Im selben Jubiläumsblatt heißt es: »Die ausgesprochenen Grundsätze der Sammlung sind in diesen fünfzig Jahren unverändert geblieben. Schon in der ersten Ankündigung wird betont: Die Sammlung soll dem gebildeten Publikum *billige Ausgaben* mit dem *korrektesten Text* bieten und das Verständnis der Werke durch sachliche Erläuterungen erleichtern. Daneben sollten auch Schriften zur Einführung in die Philosophie im allgemeinen gebracht werden.« Nach dem bisher Gesagten ein kommentarbedürftiger Text in bezug auf das ›gebildete Publikum‹ und die sachlichen Erläuterungen. Auf die in diesem Zitat fehlenden Grundsätze von Preis und Ausstattung geht Meiner im selben Text später ein (hier zitiert auf S. 127 f.). Der letzte Satz des Zitats ist ein Mißverständnis Meiners.

nach 1945 diesen Markt. 1955 wird allerdings von »allen an der Philosophie interessierten Kreisen« gesprochen (siehe unten.)

1917 wurde die Konzeption der PhB auf einem Buchumschlag ebenso kurz wie prägnant beschrieben: »Gediegene wissenschaftliche Bearbeitung. – Ausführliche Einleitungen. Sach- und Namenregister. – Guter Druck.«[11] Im selben Jahr heißt es ausführlicher in einem zweiblättrigen Prospekt:

»Die Sammlung vereinigt in bereits *mehr als 170 Bänden* die Hauptwerke der Philosophie aller Zeiten und Völker.[12] Die fremdsprachlichen Werke werden *in mustergültigen Übersetzungen* geboten, die Werke der deutschen Philosophen *in textkritischen Ausgaben.* Seit Beginn des Jahrhunderts sind nahezu sämtliche Werke in neuen umgearbeiteten Ausgaben, die von ersten Sachkennern besorgt wurden, erschienen. Besonderer Wert wurde auf ausführliche *Einleitungen,* zweckdienliche *Anmerkungen* und sorgfältige *Sach- und Namenregister* gelegt. Die Ausstattung gibt klaren, deutlichen Druck auf holzfreiem Papier. Sämtliche Bände werden auch gebunden vorrätig gehalten.«

1928 schreibt Felix Meiner in einem Werbeprospekt zum 60jährigen Bestehen der PhB:

»Die unvergänglichen und nie veraltenden Ergebnisse des Nachdenkens und der Inspiration der Heroen auf dem Gebiet des reinen Gedankens dem deutschen Volke zugänglich zu machen *in wissenschaftlich einwandfreien u. doch billigen Ausgaben,* das war und ist heute noch das Ziel der Sammlung. Die Sammlung hielt Schritt mit der zunehmenden Verfeinerung der Ansprüche an *Textkritik und Übersetzungstreue,* aber auch an *werkechte und geschmackvolle äußere Gestaltung* und unternimmt soeben eine weitere Verbesserung der äußeren Gestaltung. Sie ist stolz darauf, zuweilen sogar *Aufgaben* unternommen zu haben, *deren Bedeutsamkeit* die *Akademien verkannten,* wie die textkritische Ausgabe Hegels, dessen überraschende Auferstehung ohne Lassons Arbeit in der Philosophischen Bibliothek kaum zu denken ist. Dem alten Streben will ich auch künftig treu bleiben und erbitte dabei die allgemeine Unterstützung.

Die
Philosophische Bibliothek
Wertvolle Einleitungen
von oft hohem selbständigen wissenschaftl. Wert
Aufschlußreiche Anmerkungen
zur Erleichterung des Verständnisses
Solide textkritische Arbeit
oder Übersetzungen erster Sachkenner

[11] Z. B. auf dem Umschlag von Rudolf Eucken: Moral und Lebensanschauung. Aufsätze. Feldpostausg. 2. Aufl.

[12] Diese Ausdehnung auf »alle Völker« ist nicht gerechtfertigt: 1917 war die PhB – wie auch bei ihrer Gründung 1868 – ausschließlich auf abendländische Hauptwerke begrenzt, wie auch in einem Anzeigentext von 1955 deutlich ist (hier S. 133 zitiert). Z. B. die chinesische oder indische (noch 1970 in den ›Deutsch-indischen Blättern von einem »W. L.« kritisch vermerkt) und russische Philosophie (noch 1979 von A. Gulyga bemerkt) fehlte.

Eingehende Sach- und Namenregister
ohne die gerade ein philosophisches Buch kaum auszuschöpfen ist
[...].«

Im Verlagsverzeichnis vom Oktober 1936 schreibt Felix Meiner: Die PhB »wurde von Grund aus erneuert und bedeutend erweitert. Die Sammlung ist in erster Linie auf die Bedürfnisse des Universitätsunterrichts abgestellt, demgemäß wird grundsätzlich jede Schrift einzeln abgegeben. Größter Wert wird auf gewissenhafte Textgestaltung bzw. Übersetzung, auf gehaltvolle, die Ergebnisse der wissenschaftlichen Kleinarbeit zusammenfassende und das Verständnis fördernde Anmerkungen und Einleitungen gelegt und insbesondere auf sorgfältige Sach- und Namenregister. So wurden bald die Ausgaben nicht nur als die denkbar besten Behelfe für Unterricht und Seminarbehandlung bezeichnet, sondern viele der Bände wurden als wesentliche Förderung der Wissenschaft gerühmt.« In einem Jubiläumsprospekt zum 75jährigen Bestehen der PhB 1943 werden erneut vier Charakteristica der PhB (wie schon 1928; s. o.) hervorgehoben.

Daß die neue PhB nicht mehr allererst das gebildete Publikum im allgemeinen anspricht, belegt auch ein Text von 1953; in der Festschrift für Felix Meiner heißt es: »Diese Bibliothek ist ihrer ganzen Anlage nach in erster Linie [!] auf den Universitätsunterricht sowie auf das ernste Selbststudium der Klassiker der Philosophie abgestellt. Dem dienen die nach strengen textkritischen Grundsätzen edierten Texte, die äußerst gewissenhaften Übersetzungen, die ausführlichen Einleitungen und Anmerkungen von hohem wissenschaftlichem Wert sowie die eingehenden Sach- und Namenregister aller ihrer Bände.«[13]

1955 heißt es in einer Anzeige unter dem Titel ›Die ›Philosophische Bibliothek‹ im Wiederaufbau‹:

»Seit über vierzig Jahren ist die ›PHILOSOPHISCHE BIBLIOTHEK‹ bei allen an der Philosophie interessierten Kreisen bekannt als die wissenschaftlich zuverlässige Sammlung der bleibenden Werke der großen Philosophen des Abendlandes. Ihre Ausgaben zeichnen sich aus durch Vollständigkeit der Texte und Sorgfalt der Gestaltung, durch wertvolle Einleitungen der Herausgeber, durch aufschlußreiche textkritische und erläuternde Anmerkungen sowie durch umfassende Sach- und Namenregister.«

Und in einer Anzeige zum 90jährigen Bestehen der PhB faßt Felix Meiner nochmals zusammen:

»Die Philosophische Bibliothek [...] läßt es sich seit Übergang in meinen Verlag vor fast einem halben Jahrhundert in zunehmendem Maße angelegen sein, den Anforderungen der Universität, die in Vorlesungen und Übungen gestellt werden, zu entsprechen; damit bietet sie aber auch breitesten philosophisch interessierten Kreisen gute Einführungen und zuverlässige Grundlagen. Keiner einzelnen philosophi-

[13] Felix Meiner zum 70. Geburtstag, 1953, S. 26.

schen oder weltanschaulichen Richtung verhaftet, hält sie sich offen für jede philosophische Ursprünglichkeit von Rang, die sie unter dem Gesichtspunkt größter Objektivität und aus ihrer eigenen Denkweise heraus zu Worte kommen läßt. [...] Sorgfältigste textkritische Gestaltung, bzw. Übersetzung, gehaltvolle und aufschlußreiche Einführungen in die Problemlage der einzelnen Schriften, erläuternde Anmerkungen, eingehende Sach- und Namenregister.«

In zahllosen Kritiken und Rezensionen sind Programm und Konzeption der PhB in ihrer Besonderheit und Bedeutung hervorgehoben worden. Zur Zeit der Dürr'schen Buchhandlung findet man in einer Tageszeitung die Beschreibung: »Die ›Philosophische Bibliothek‹, die der Dürr'sche Verlag in Leipzig herausgibt, hat sich mit ihren 112 handlichen Bänden eine gesicherte Stellung erworben. Sie stellt sich die Aufgabe, den philosophisch interessierten Laien insbesondere diejenigen Denker näher zu bringen, deren Werke bisher schwer zugänglich waren oder deren noch jetzt bedeutsame Schriften in unförmlichen Gesamtausgaben stecken. Die Herausgeber verbinden mit philosophischer Sorgfalt und Genauigkeit das Bestreben, den Laien die Orientierung in dem Leben und Denken der einzelnen Philosophen durch Einleitungen, Anmerkungen und Inhaltsverzeichnisse zu erleichtern.«[14] F. M. Schiele schreibt 1900: »In der neuen Ausstattung der Sammlung ist das handliche Format geblieben, aber es sind klarere Typen und ein erheblich besseres und dem Auge angenehmeres, rauhes Papier gewählt worden. Unter den billigen Ausgaben geniessen deshalb diese Drucke einen großen Vorzug.«[15] Auch die Meiner'sche PhB genießt im In- und Ausland hohes Ansehen. Der Theologe und Philosophiehistoriker Bernhard Jansen (1877–1942) faßt 1928 ihre Vorzüge zusammen: 1. »ihre Reichhaltigkeit«, 2. »die Gediegenheit und Wissenschaftlichkeit der Ausführung«; 3. empfehle sich die PhB »durch ihre Handlichkeit, den saubern, leicht lesbaren Druck – wodurch sie weit über die Reclamsche Sammlung emporragt – und vor allem durch den relativ niedrigen Preis.«[16] 1961 heißt es in den USA: »many of the ›Philosophische Bibliothek‹ editions are the best available at any price, and in almost no case is a better edition available at a lower price.«[17] Zum 100. Geburtstag der PhB schreibt der Wiener Philosophie-Professor Erich Heintel nach einem Zitat aus der ersten Anzeige der PhB im ›Börsenblatt‹ von 1868: »Die Kriterien zur Erfüllung dieses Programms mögen sich im Laufe der Jahrzehnte verändert haben; trotzdem läßt sich sagen, daß alles in allem dieses erste Programm für die Philosophische Bibliothek maßgebend geblieben ist. Korrekter Text, brauchbare Übersetzungen, Einleitungen und Anmerkungen kennzeichnen so gut wie durchgehend die Bände der Philoso-

[14] Kölnische Zeitung vom 16.12.1906, Nr 1344, Zweite Beilage zur Sonntags-Ausgabe.

[15] Schiele: Kirchmann und seine Philosophische Bibliothek, 1900, S. 1138.

[16] Rezension der PhB in: Stimmen der Zeit 115, 1928, S. 314 f.

[17] V. C. Chappell: Rezension von 4 PhB-Bänden, 1960/61, S. 153.

phischen Bibliothek. Eine besondere Erfüllung des allgemeinen Programms wurde freilich durch die erst in jüngster Zeit erschienenen zweisprachigen Bände (Originaltext und Übersetzung in seitenparalleler Anordnung) geleistet.«[18] Und so gilt das Urteil von H. W. Bähr von 1959 noch heute: »Dieser Bibliothek haftet nicht der vereinfachende, popularisierende Charakter an, der heute für viele Reihen typisch ist, vielmehr kommen die Originale der großen, bahnbrechenden und bleibenden Werke vollständig zum Druck.«[19]

Wie bekannt die PhB bzw. ihre Konzeption – auch im Ausland[20] – ist, zeigt sich u. a. darin, daß seit langem nicht mehr besonders darauf eingegangen wird: Jedem, der sich etwas näher mit Philosophie beschäftigt, ist sie geläufig – als »deutschsprachiges Zentrum der Aneignung« von Philosophiegeschichte[21] und als »die wohl bekannteste, älteste und für alle gleichartigen Unternehmungen vorbildliche Sammlung philosophischer Studientexte, über deren Unentbehrlichkeit [...] nicht viele Worte gemacht werden müssen.«[22]

[18] Rezension der PhB in: Wiener Jahrbuch für Philosophie 2, 1969, S. 279; auch a. a. O., S. 289 unten. Siehe dazu auch S. 167.

[19] H. W. Bähr: Die Philosophische Bibliothek, 1959, S. 643.

[20] Siehe z. B. im Literaturverzeichnis 1.6.1 die Titel von Chappell, Garewicz, Gulyga und Régnier.

[21] E. Heintel in: Wiener Jahrbuch für Philosophie 5, 1972, S. 222.

[22] K. Hecker in: Philosophisches Jahrbuch 76, 1968, S. 220.

1.4 Zur Chronologie

Im folgenden soll die PhB in ihrem historischen Verlauf betrachtet werden. Dabei sind sechs Phasen erkennbar:

1. Phase: 1868–1883	Von der Gründung über den ersten Erfolg bis zum Tode Kirchmanns.
2. Phase: 1884–1899	Stagnation und Agonie.
3. Phase: 1900–1933	Wiederbelebung, Ausbau und neuerlicher Erfolg durch Dürr und Meiner.[1]
4. Phase: 1934–1950	Stagnation durch Wirtschaftskrise, Nationalsozialismus, Krieg und Kriegsfolgen.[2]
5. Phase: 1951–1965	Wiederaufbau durch Felix und Richard Meiner.
6. Phase: 1966 ff.	Weiterer Ausbau durch Richard und (ab 1979) Manfred Meiner.[3]

1.4.1 1868–1872: Heimann

Am 13. Oktober 1868, eineinhalb Jahre nach Gründung des Verlages L. Heimann, erscheint im ›Börsenblatt‹[1] die erste Anzeige der PhB, die auf Seite 138 wiedergegeben ist.[2] Als erstes Heft der in Lieferungen erscheinenden Reihe[3] wird Kirchmanns ›Die Lehre vom Wissen‹ ausgegeben (wobei hier *Heft* 1 identisch ist mit *Band* 1); als zweites Heft erscheint die erste von sechs Lieferungen von Kants ›Kritik der reinen Vernunft‹, als drittes die erste von drei Lieferungen von Spinozas ›Ethik‹.[4] Im ersten Jahr der PhB, d. h. mit dem Jahr 1868 im Erscheinungsvermerk, erscheinen vier Bände:

[1] Verlagsgeschichtlich könnte man diese Phase nochmals bei 1911 teilen.

[2] Jenseits des bloßen Erscheinungsverlaufs der PhB könnte man diese Phase wegen der Wirtschaftskrise und des Nationalsozialismus' schon 1931 beginnen lassen.

[3] Der Übergang von der 5. zur 6. Phase ist fließend und könnte statt 1965 (dem Todesjahr Felix Meiners) z. B. auch 1968 zum 100jährigen Bestehen der PhB oder in den Folgejahren fixiert werden.

[1] Bbl. 35, Nr 238 vom 13.10.1868, S. 2805, Anzeige Nr 26745.

[2] Anzeigen über Neuerscheinungen der PhB finden sich u. a. im ›Literarischen Centralblatt für Deutschland‹, z. B. Nr 3 vom 8.1.1870, Sp. 78 ff.; Nr 46 vom 5.11.1870, Sp. 1247; Nr 3 vom 21.1.1871, Sp. 69–72.

[3] Siehe dazu hier Kap. 1.5.3.

[4] Die Lieferungszählungen sind hier in den Registern 3.2.2 und 3.2.3 zu ersehen.

Bd 1: Julius Hermann von Kirchmann: Die Lehre vom Wissen als Einleitung in das Studium philosophischer Werke. VIII, 97 S. (= Heft 1)

Bd 2: Immanuel Kant: Kritik der reinen Vernunft. Hrsg., erläutert und mit einer Lebensbeschreibung Kant's versehen von J. H. v. Kirchmann. XII, 720 S. (= Heft 2, 4, 6, 9–11)

Bd 4: Benedict von Spinoza: Ethik. Übersetzt, erläutert und mit einer Lebensbeschreibung Spinoza's versehen von J. H. v. Kirchmann. VIII, 258 S. (= Heft 3, 5, 8)

Bd 6: Friedrich Schleiermacher: Monologen. Hrsg., erläutert und mit einer Lebensbeschreibung Schleiermacher's versehen von J. H. v. Kirchmann. VI, 100 S. (= Heft 7)

Bei den Bänden 3 und 5 handelt es sich um Kirchmanns ›Erläuterungen‹ zu Kants ›Kritik der reinen Vernunft‹ und zu Spinozas ›Ethik‹, beide 1869.

Der Haupt-Reihentitel ›Philosophische Bibliothek‹ hat den Untertitel ›Sammlung der Hauptwerke der Philosophie alter und neuer Zeit‹. Es handelt sich, bibliographisch gesehen, nicht um eine Verleger- sondern um eine Herausgeberserie, wie aus der (auf allen Reihentitelseiten abgedruckten) Herausgeberangabe zu ersehen ist. Kirchmann besorgte also mehr als die bloße Redaktion, wie es in den frühen Verlagsprospekten immer heißt. Behauptet Adolf Lasson, Idee und Plan der PhB seien Kirchmanns »eigenstes Werk« gewesen,[5] so liest man in Verlagsprospekten bzw. -anzeigen: »Die Redaction hat Herr von Kirchmann [...] übernommen«, und: es sei »gelungen [...], Herrn von Kirchmann [...] zur Redaction dieser Bibliothek zu gewinnen«;[6] vielleicht auch nur eine Verleger-Floskel.

Bemerkenswert ist, daß Kirchmann im September 1868 in der Vorrede zu seiner ›Lehre vom Wissen‹ schreibt: »Auf Wunsch des Verlegers beginnt die Bibliothek mit Kant's Kritik der reinen Vernunft.«[7] Daraus kann man folgern, daß Kirchmann die PhB mit diesem Werk nicht hätte beginnen lassen, – bei einem philosophischen Realisten und Kirchmanns Einstellung zu Kant[8] auch nicht verwunderlich. Daß der Verleger den Markt richtig einschätzte, beweist der Absatz der ›Kritik der reinen Vernunft‹.

Die ›Börsenblatt‹-Anzeige vom 13. Oktober 1868 sowie der Prospectus vom September 1868[9] kündigen neben Kirchmanns ›Lehre vom Wissen‹ Kants ›Kritik der reinen Vernunft‹ und Spinozas ›Ethik‹ an. Danach heißt es in bei-

5 Siehe hier S. 18 mit Anm. 85.

6 So in der ersten Bbl.-Anzeige und den in Abb. 22 und 23 wiedergegebenen Prospekttexten (S. 138, 252–256).

7 In der 4. Aufl. der ›Lehre vom Wissen‹ (1886) ist die Vorrede zur 1. Aufl. zwar mit abgedruckt, aber gekürzt: die letzten drei Absätze (auch mit dem gegebenen Zitat) fehlen dort. Eigentlich begann die PhB ja mit Kirchmanns ›Lehre vom Wissen‹ als Bd 1.

8 Siehe hier S. 108 ff., 114.

9 Siehe hier S. 138, 252.

[26745.] In meinem Verlage erscheint:

Philosophische Bibliothek

oder

Sammlung

der

Hauptwerke der Philosophie alter und neuer Zeit.

Herausgegeben, beziehungsweise übersetzt, erläutert und mit Lebensbeschreibungen versehen

von

J. H. von Kirchmann.

In wöchentlichen Heften à 5 Sgr.

Bezugsbedingungen:

Heft 1. bis 3. à cond. Heft 4. u. ff. nur fest mit 25%, baar mit 33⅓ %.

Freiexemplare 13/12.

Jedes Heft einzeln verkäuflich.

Die philosophische Bibliothek wird allmählich die Hauptwerke der Philosophie alter und neuer Zeit in billigen Ausgaben bringen, und zwar überall in dem correctesten Text und, bei Werken in fremder Sprache, in neuen deutschen Uebersetzungen. Sie ist zunächst für das gebildete Publicum im Allgemeinen bestimmt und werden deshalb zur Erleichterung des Verständnisses jedem Werke sachliche Erläuterungen, in der Regel in besonderen Heften beigegeben werden; auch ist aus gleichem Grunde im 1. Hefte eine Einleitung in das Studium philosophischer Werke vorangeschickt.

Die Redaction hat Herr von Kirchmann, dessen Name in der philosophischen Literatur rühmlichst bekannt ist, übernommen, und haben bereits andere bedeutende Männer ihre Mitwirkung für das Unternehmen zugesagt.

Zunächst erscheint: Kant's Kritik der reinen Vernunft in 6 Heften und Spinoza's Ethik in neuer Uebersetzung in 3 Heften. Erläuterungen dazu folgen bei Kant in 1 Heft, bei Spinoza in 2 Heften. Hierauf sollen vorläufig die Hauptwerke von Aristoteles, Plato, Baco von Verulam, Descartes, Hobbes, Locke, Hume und Leibnitz, sowie Einzelnes von Fichte und Schleiermacher folgen.

Die zu einem Werke gehörenden Hefte erscheinen in schneller Folge hintereinander, so daß jedes angefangene Werk in wenigen Wochen beendet ist.

Berlin, den 1. October 1868.

L. Heimann.

den Texten: »Hierauf sollen vorläufig die Hauptwerke von Aristoteles, Plato, Baco von Verulam, Descartes, Hobbes, Locke, Hume und Leibnitz, sowie Einzelnes von Fichte und Schleiermacher folgen.« Kirchmanns Vorrede zu seiner ›Lehre vom Wissen‹ – ebenfalls vom September 1868 – gibt einen völlig analogen Text und führt die Werke der genannten Autoren an, stellt aber auch »einige Hauptwerke aus der Zeit der Scholastiker« in Aussicht. Der vierseitige Prospectus vom Oktober 1868[10] nennt als »die ersten Werke« der PhB, die »zunächst erscheinen«, neben Kants ›Kritik der reinen Vernunft‹ und Spinozas ›Ethik‹ auch Schleiermachers ›Monologen‹. Entsprechend heißt es nun nur noch, daß »Einzelnes von Fichte« (nicht mehr auch: ›und Scheiermacher‹) folgen soll. Von den Scholastikern, die als mittlere Zeit ja auch im Reihen-Untertitel fehlen, ist nicht mehr die Rede.

Aus dem Gesagten ergibt sich Bemerkenswertes: Die Einbeziehung des Mittelalters ist nicht sicher. Der Text der ersten ›Börsenblatt‹-Anzeige vom 13. *Oktober* 1868 gibt den Stand vom *September* 1868 wieder. Ganz offensichtlich war man sich im September 1868 noch nicht völlig sicher, daß neben Kirchmanns ›Lehre vom Wissen‹, Kants ›Kritik der reinen Vernunft‹ und Spinozas ›Ethik‹ Schleiermachers ›Monologen‹ der vierte, im Jahre 1868 erscheinende Band sein sollte. Daß es Unklarheiten gab, belegt neben dem Verlegerwunsch betreffs des Beginns der PhB (siehe oben) auch ein Vergleich der in den ersten Werbetexten von 1868 angekündigten Werke mit ihrer tatsächlichen Erscheinungsfolge. In dem vierseitigen Prospectus vom Oktober 1868 sowie in der Vorrede zur ›Lehre vom Wissen‹ kündigen Heimann und Kirchmann neben den oben genannten ersten vier Bänden noch für »demnächst«[11] an (in der Reihenfolge der Nennung):

Descartes: Meditationen (erschienen erst 1870)
Leibniz: Theodizee (erscheint erst 1879)
Bacon: Novum Organon (erscheint erst 1870)
Locke: Versuch über den menschlichen Verstand (die beiden Bände erscheinen erst 1872 und 1873)
Hume: Untersuchung in Betreff des menschlichen Verstandes (erscheint 1869)
Hobbes: De cive (Diesen Text gibt Kirchmann 1873 bei Brockhaus heraus! In der PhB erscheint er erst 1918.)
Platon: Staat (erscheint 1870)
Aristoteles: Politik (im Text heißt es: »Polik«; erscheint erst 1880)
»Einzelnes von Fichte«: Vor 1908 erscheint nur der ›Versuch einer Kritik aller Offenbarung‹, erst 1871.
›Einzelnes von Schleiermacher‹: Vor 1908 gab es in der PhB zwei Schleiermacher-Texte: Außer den im ersten PhB-Jahr erscheinenden ›Monologen‹ (die 1902 von

[10] Hier Abb. 23 auf S. 253–256.

[11] Unklar ist im vierseitigen Prospectus das »dieser« in: »Demnächst sollen die übrigen Hauptwerke dieser Autoren [...] folgen.« Welcher Autoren?

F. M. Schiele in einer neuen, kritischen Ausgabe ediert werden) gab Kirchmann 1870 die ›Philosophische Sittenlehre‹ heraus.

Von den 13 im Jahre 1869 tatsächlich veröffentlichen Texten (ohne Kirchmanns ›Erläuterungen‹[12]) wurde nur ein einziger (Humes ›Untersuchung ...‹) 1868 angekündigt! Alle anderen angezeigten Bände erscheinen (z. T. sogar erheblich) später. Hobbes' ›De cive‹ kam erst 1873 heraus, und dies auch nicht im Rahmen der PhB und nicht bei L. Heimann, sondern bei Brockhaus. Das ist umso bemerkenswerter, als die Brockhaus-Ausgabe mit Vorwort, Lebensbeschreibung und »kritischen Erläuterungen« exakt der PhB-Konzeption entspricht.[13] Von den in den Jahren 1869 und 1870 erscheinenden 35 Texten (ohne Kirchmanns ›Erläuterungen‹) sind hier nur vier (von mindestens neun[14]) angezeigt.[15] Nimmt man noch den hier in Abb. 34 auf S. 269 f. wiedergegebenen Brief Kirchmanns vom 12. November 1868[16] hinzu, so wird man von nicht unerheblichen Planungsschwierigkeiten in den ersten Jahren der PhB sprechen können. Das ist bei der Menge und Unterschiedlichkeit der erscheinenden Bände durchaus verwunderlich.

Offenbar war man zunächst davon ausgegangen, daß Kirchmann alleine die »Redaction«, d. h. die Herausgabe aller Bände übernehme. Von anderen Herausgebern bzw. Übersetzern ist in keinem frühen Prospekt- bzw. Anzeigen-Text die Rede. Und der Herausgeberzusatz auf der Reihentitelseite lautet bei den vier 1868 und bei zwei von 19 1869[17] erschienenen Bänden: »Herausgegeben, beziehungsweise übersetzt, erläutert und mit Lebensbeschreibungen versehen von J. H. v(on) Kirchmann.« Erst 1869 wird er dann durch den Zusatz zu Beginn erweitert: »Unter Mitwirkung namhafter Gelehrten herausgegeben [...]«. Bis zu Kirchmanns Tod 1884 geben neben ihm selbst noch 11 andere Gelehrte PhB-Bände heraus; Ueberweg ist 1869 der erste.[18]

[12] Im folg. nicht berücksichtigt, da ihr Erscheinen *als eigener PhB-Bd* einigermaßen zufällig zu sein scheint.

[13] 1883–84 gibt Kirchmann einen weiteren, von ihm übersetzten Text außerhalb der PhB, aber im Verlag der PhB heraus: nämlich von Auguste Comte; siehe hier S. 147 f.

[14] ›mindestens‹, weil von Fichte ja »Einzelnes«, d. h. mehr als 1 Titel erscheinen sollte.

[15] Vgl. dazu hier Register 3.3.2. Die ›Zeittafel der Philosophischen Bibliothek‹ in ›Hundert Jahre Philosophische Bibliothek 1868–1968‹ ist nicht vollständig und enthält einige Fehler und Unstimmigkeiten, auf deren Verzeichnung oder einzelne Korrektur hier verzichtet wird.

[16] Ein Dr. Heinrich Zolowicz hatte wohl Kirchmanns Angebot in der Vorrede (S. VII) seiner ›Lehre vom Wissen‹, »in der Auswahl der Werke die sich kundgebenden Wünsche des Publikums zu berücksichtigen«, wahrgenommen und Kirchmann um die Aufnahme eines bestimmten Werkes in die PhB gebeten.

[17] 52.15.1 und 52.30.1.

[18] Siehe hier Anm. 23. Nach Kirchmanns Tod kommt 1886 noch Kirchner hinzu.

Wie beachtlich die Leistung von Verlag und vor allem von Kirchmann als Herausgeber (d. h. als Übersetzer, Bearbeiter, Erläuterer) war, zeigt die Entwicklung der PhB in ihren ersten 16 Jahren, bis zu Kirchmanns Tod 1884 also, der einen Einschnitt darstellt. In knapp vier Jahren bringt Heimann von 17 Autoren[19] insgesamt beachtliche 57 Titel in 76 Ausgaben heraus, 1869 und 1870 sind es jeweils 19 neue Titel;[20] bis zu Kirchmanns Tod sind es von 21 Autoren[21] 105 Titel in 160 Ausgaben![22] Von diesen sind in den 16 Jahren bis auf 13 Titel[23] alle von Kirchmann »herausgegeben, beziehungsweise übersetzt, erläutert und [teils] mit einer Lebensbeschreibung versehen« (Herausgeberzusatz), – bei aller Kritik an einigen Editionsergebnissen[24] fraglos eine ungeheure Leistung.[25] Der häufigste Autor der von dem ›Realisten‹ Kirchmann her

19 Nicht als Autor mitgerechnet ist Rosenkranz, wenngleich dessen Erläuterungen zu Hegels ›Enzyklopädie‹ 1870 separat erschienen sind, im Gegensatz zu den Erläuterungen anderer Herausgeber zu anderen Werken; dies ist aber zufällig; siehe hier S. 99.

20 Zum folg. vgl. hier die Register 3.3.2 und 3.3.3.

21 Dies sind: Aristoteles, Bacon, Berkeley, Bruno, Cicero, Condillac, Descartes, Fichte, Grotius, Hegel, Hume, Joh. Scotus Eriugena, Kant, Kirchmann, LaMettrie, Leibniz, Locke, Platon, Schleiermacher, Sextus Empiricus, Spinoza. Nicht als Autoren mitgerechnet sind hier – anders als in der Bibliographie – Noack, Pappenheim, Rosenkranz und Schaarschmidt, weil deren Separattitel nur Erläuterungen und – im Falle Noack, eine Lebensbeschreibung enthalten.

22 Dabei ist zu bedenken, daß die Verlage neben der PhB auch noch andere Bücher veröffentlichten.

23 Ueberweg gab 1869 Aristoteles' ›Poetik‹ und Berkeleys ›Prinzipien der menschlichen Erkenntnis‹ heraus, im selben Jahr Schaarschmidt Spinozas ›Kurze Abhandlung von Gott, dem Menschen und dessen Glück‹; 1870 edierte Johnson Condillacs ›Über die Empfindungen‹, Rosenkranz Hegels ›Enzyklopädie‹ und Noack 1870 und 1874 Joh. Scotus Eriugenas ›Über die Einteilung der Natur‹; 1882 gab Lasson Brunos ›Von der Ursache, dem Prinzip und dem Einen‹ heraus, 1873 Schaarschmidt Leibniz' ›Neue Abhandlungen über den menschlichen Verstand‹; 1875 erschien durch Ritter LaMettries ›Der Mensch eine Maschine‹, 1877 durch Paulsen Humes ›Dialoge über natürliche Religion‹ und durch Pappenheim Sextus Empiricus' ›Pyrrhonëische Grundzüge‹; 1880 gab Jung Platons ›Gastmahl‹ heraus, 1883 J. B. Meyer Lockes ›Über den richtigen Gebrauch des Verstandes‹.

24 Siehe dazu hier S. 108 ff., 114 ff., 121 ff.

25 Kirchmann hat dabei offensichtlich auch sehr schnell gearbeitet. So schreibt er in einem Brief an einen Herrn Dr Stein, Redakteur der Breslauer Zeitung, am 21.12.1868: »Ich brauche die philosophischen Werke von David Hume im englischen Text, oder wenigstens seine Untersuchung über den menschl. Verstand, englisch. Hier [in Berlin] ist keines von beiden zu haben, weder aus den Bibliotheken noch bei den Buchhändlern u. Antiquaren. Vielleicht hat es die Universitäts-Bibliothek in Breslau? [. . .]« (Bayerische Staatsbibliothek München, E. Petzetiana V). Humes ›Untersuchung über den menschlichen Verstand‹ erscheint dann schon 1869. Anders bei Aristoteles' ›Topik‹: Am 2. November 1876 schreibt Kirchmann an den

ausgegebenen PhB war der ›Idealist‹ Kant mit 20 Titeln in 33 Ausgaben (= Auflagen);[26] der zweithäufigste Autor ist Aristoteles mit 11 Titeln in 12 Ausgaben, gefolgt mit Spinoza mit sechs Titeln in neun Ausgaben. Kant ist mit 20 Titeln nicht nur der häufigste Autor; mit 33 Ausgaben (Auflagen) war er auch der erfolgreichste. So gesehen ist Aristoteles zwar der zweithäufigste, aber nicht der nach Kant erfolgreichste: Von den 11 bis 1884 herausgegebenen Titeln erlebte nur die ›Poetik‹ eine zweite Auflage, – ganz anders bei den ›nur‹ sechs Titeln Spinozas, von denen die ›Ethik‹ bis 1884 immerhin drei Auflagen, die ›Kurze Abhandlung von Gott, dem Menschen und dessen Glück‹ zwei Auflagen erlebte. Auf vier Titel in fünf Ausgaben brachte es Descartes,[27] auf vier Titel in vier Ausgaben Platon; Leibniz und Cicero sind bis 1884 mit je drei Titeln (in je drei Ausgaben) vertreten, Hume, Locke und Schleiermacher mit je zwei Ausgaben (jeweils nur in 1. Auflage).

Die nach Auflagen erfolgreichsten Titel bis 1884 sind:[28]

6 Aufl.: Kant: Kritik der reinen Vernunft
3 Aufl.: Hume: Über den menschlichen Verstand
Kant: Anthropologie
Kant: Kritik der praktischen Vernunft
Kirchmann: Erläuterungen zu Kants ›Kritik der reinen Vernunft‹
Kirchmann: Die Lehre vom Wissen
Spinoza: Ethik
2 Aufl.: Aristoteles: Poetik
Berkeley: Prinzipien der menschlichen Erkenntnis
Descartes: Meditationen
Kant: Kritik der Urteilskraft
Kant: Logik
Kant: Prolegomena
Kant: Die Religion innerhalb der Grenzen der bloßen Vernunft
Kirchmann: Erläuterungen zu Kants ›Kritik der praktischen Vernunft‹
Kirchmann: Erläuterungen zu Kants ›Kritik der Urteilskraft‹
Kirchmann: Erläuterungen zu Spinozas ›Ethik‹
Kirchmann: Grundbegriffe des Rechts und der Moral
Spinoza: Kurze Abhandlung von Gott, dem Menschen und seinem Glück

Philosophen Hans Vaihinger (1852–1933), er sei Mitte September aus Siesenow [?] von einer Badekur zurückgekehrt; »ich habe dabei fleißig gearbeitet u. die Topik des Aristoteles mit einem Theil der Erläuterungen dort übersetzt.« (Staats- und Universitätsbibliothek Bremen, Vaihinger-Nachlaß, Autogr. XXII, 5 g Nr 2). Die ›Topik‹ des Aristoteles ist aber erst 1882 erschienen, Kirchmanns ›Erläuterungen‹ 1883.

26 Bei diesen Zahlen sind (auch im folg.) die Sammelausg. (also auch die WW-Sammelausg.) nicht mitgerechnet.

27 Nur die ›Meditationen‹ erlebten 1882 eine 2. Aufl.; die ›Prinzipien‹ kamen erst 1887, die ›Leidenschaften der Seele‹ 1891 in die 2. Aufl.

28 Im folg. sind alle Titel aufgelistet, die zwei oder mehr Aufl. erlebten.

Die Auflagenhöhen – sofern durch Vorworte/Vorreden bekannt – sind erstaunlich. Kirchmanns im ersten Jahr der PhB (1868) erschienene ›Lehre vom Wissen‹ war mit 5000 Exemplaren (der 1. Auflage) schon nach zwei Jahren vergriffen.[29] Die 2500 Exemplare der 1. Auflage von Kants ›Kritik der reinen Vernunft‹ waren nach einem halben Jahr bereits verkauft![30] Die ebenso hohe 1. Auflage (1869) von Kants ›Logik‹ (eine für dieses Werk gewiß sehr hohe 1. Auflage) war nach sechs Jahren vergriffen.[31] Bei Spinozas ›Ethik‹ spricht Kirchmann von einer »starken« und »sehr starken« 1. Auflage, die »so grossen Beifall gefunden« habe, daß schon innerhalb eines Jahres eine zweite Auflage nötig geworden sei;[32] auch die 2. Auflage wird als ›stark‹ bezeichnet.[33] Die mit 2500 Exemplaren für Humes ›Untersuchung über den menschlichen Verstand‹ sehr hohe 1. Auflage war nach vier Jahren vergriffen.[34] Neben diesen wenigen, verstreuten Bemerkungen Kirchmanns gibt es für die PhB vor 1911 nur noch eine einzige, halbwegs sichere Quelle für die Eruierung des verlegerischen Erfolgs einzelner Bände: die Feststellung, ob und ggf. wie lange noch Buchblöcke von Einzelbänden mit neuer Verlagsbroschur oder neuem Titelblatt, d. h. als Titelauflage, verkauft wurden.[35]

Der erfolgreichste Autor bis 1884 (auch bis 1900) ist zweifellos – und mit Abstand vor Spinoza – Kant, dessen PhB-Ausgaben im Text auf der ersten ›Gesamtausgabe‹ Kants, der Hartenstein-Ausgabe basieren. Nach Rudolf Malter verdankt sogar »die aufblühende neukantianische Bewegung [...] sicher ein gutes Teil ihrer Breitenwirkung den durch v. Kirchmann geschaffenen Editionen.«[36] Der Erfolg dieser Kant-Ausgaben war wohl auch ein Hauptgrund dafür, daß schon früh eine Werke-Ausgabe Kants ins Auge gefaßt wurde. Schon »im Juni 1869« – d. h. nur acht Monate nach dem Erscheinen des 1. Heftes der PhB – schreibt Kirchmann im Vorwort zu Kants ›Anthropologie in pragmatischer Hinsicht‹:

»Es war ursprünglich die Absicht, in die philosophische Bibliothek nur die drei Hauptwerke Kant's, d. h. seine Kritiken der reinen Vernunft, der praktischen Vernunft und der Urtheilskraft aufzunehmen; indess haben diese Werke in der hier gebotenen Form einen so unerwartet schnellen Absatz gefunden, dass schon sechs Monat [sic!] nach dem Erscheinen der ersten, 2500 Exemplare starken Auflage eine zweite von der Kritik der reinen Vernunft vorbereitet werden muss. Es ist dies ein höchst erfreuliches Zeichen, wie gern das grössere gebildete Publikum sich mit Kant's Philosophie zu beschäftigen bereit ist, wenn ihr dieselbe in einer leichten und billigen Form zugänglich gemacht wird, und wenn durch fortlaufende Erläuterungen auch der ungeübte Leser angeleitet wird, in den Kern des Vortrages einzudrin-

29 52.33.2, Vorwort zur 2. Aufl. vom Jan. 1871.

30 50.2.1, Vorwort S. V (unten zitiert). Das ›Vorwort zur zweiten Auflage‹ der Kritik der reinen Vernunft‹ stammt vom Okt. 1869.

31 50.20.2, Vorwort zur 2. Aufl.

32 95.6.1, Vorwort zur 2. Aufl.; 95.9.1, Vorwort S. VI.

33 95.6.3, Vorwort zur 3. Aufl.

34 43.5.2, Vorwort zur 2. Ausg.

35 Siehe dazu Kap. 1.5.2.

36 Ceterum censeo ..., 1983, S. 93.

gen und durch die Gegenüberstellung entgegengesetzter Ansichten ein selbständiges Urtheil sich zu bilden.[37] [...]

Bei der Schwierigkeit, einzelne Werke von Kant durch Kauf sich zu verschaffen und bei dem hohen Preis der Gesammtausgaben seiner Werke, kann man annehmen, dass bis jetzt die Kenntniss der Kant'schen Philosophie wenig über den Kreis der Gelehrten hinausgegangen ist; erst jetzt, wo dritthalb Tausend Exemplare seiner Hauptwerke in dieser bequemen und billigen Form in das gebildete Publikum übergegangen sind und diese Zahl bis zum nächsten Jahre sich wahrscheinlich verdreifachen wird, kann man sagen, *dass die deutsche Nation beginne, Kant's Philosophie kennenzulernen;* ein Ereigniss, was in seiner Bedeutung nicht hoch genug angeschlagen werden kann.

Unter solchen Umständen schien es geboten, in die gegenwärtige Sammlung auch die übrigen bedeutenderen Werke von Kant aufzunehmen, und vielleicht ist es in nicht allzulanger Zeit möglich, in der gegenwärtigen Form eine Gesammtausgabe der Werke Kant's herzustellen, welche dann unter einem besondern entsprechenden Titel und mit einem fortlaufenden erläuternden Kommentar dem Publikum zu einem überaus billigen Preise zugänglich gemacht werden kann.«

Im Mai 1870 heißt es in Kirchmanns Vorwort zur 1. Abteilung von Kants ›Kleineren Schriften zur Logik und Metaphysik‹:

»Nachdem die grössern Schriften Kants sämmtlich in der ›philosophischen Bibliothek‹ nunmehr erschienen sind, bleiben noch seine kleineren Schriften übrig, welche, um den Verehrern Kant's eine vollständige Ausgabe seiner Werke zu verschaffen, hier nun ebenfalls nachfolgen sollen und vier Bände füllen werden, von denen der erste die kleineren Schriften zur Logik und Metaphysik, der zweite die zur Ethik und Religion, der dritte die zur Naturphilosophie und Aesthetik, und der letzte die vermischten und die Briefe umfassen wird. Zu allen diesen Schriften werden, wie bisher, in besonderen Heften Erläuterungen des Unterzeichneten beigefügt werden, da bei denselben manche Aufklärungen in historischer und literarischer Beziehung nöthig sind. Auf diese Weise wird hoffentlich bis Ende dieses Jahres die vollständige Ausgabe von Kant's Werken mit einem fortlaufenden Commentar vollendet sein, und es wird dann nach den Wünschen der Käufer auch ein besonderer Titel [d. i. ein Werketitelblatt] der Werke Kant's beigegeben werden, damit die Verbindung äusserlich hervortreten kann. Auch wird am Schluss des letzten Bandes ein chronologisches und ein sachliches Verzeichniss aller Schriften Kant's mit Angabe, wo sie in der ›philosophischen Bibliothek‹ zu finden sind, beigefügt werden.«

Im Dezember 1870 liest man in Kirchmanns Vorwort zur 1. Abteilung von Kants ›Kleineren Schriften zur Ethik und Religionsphilosophie‹: »In Folge des mit Frankreich ausgebrochenen Krieges hat das Versprechen, die Ausgabe von Kant's Werken noch in diesem Jahre zu vollenden, nicht inne gehalten werden können. Mit dem eintretenden Frieden wird das Versäumte nachgeholt werden.« Jedenfalls tragen die ersten vier Bände von Kants ›Sämmlichen Werken‹ (mit Ausgaben von 1869 und 1870) im Erscheinungsvermerk des Werke-

[37] Diese ›entgegengesetzten Ansichten‹ bilden Kirchmanns ›Realismus‹, siehe hier S. 104 ff.

Titelblattes noch das Jahr 1870.[38] Im Juni 1873 schreibt Kirchmann im Vorwort zu Kants ›Vermischten Schriften und Briefwechsel‹:

»Mit diesem Bande [...] ist die Herausgabe der Gesammtwerke Kant's vollendet. Diese Werke Kant's können auch, unter einem besondern Titel in 8 Bänden zusammengestellt, bezogen werden. [...] Zugleich ist diesem Bande ein dreifaches Inhaltsverzeichniss der sämmtlichen Schriften Kant's beigegeben worden; das erste nach der Zeitfolge, das zweite nach Ordnung der Materien, das dritte nach der Folge der Bände der Philosophischen Bibliothek. Die Sammlung enthält Alles, was bis jetzt an ächten Schriften Kant's veröffentlicht worden ist. Auch ist nicht anzunehmen, dass später noch erhebliche Schriften Kant's aufgefunden werden sollten, [...] Nur die von Rink 1802 nach den Notizen Kant's herausgegebene Physische Geographie ist nicht in die vorliegende Sammlung aufgenommen worden, weil, abgesehen davon, dass ihr Inhalt mit der Philosophie nichts zu thun hat, das Werk selbst nicht einmal als ein ächtes, von Kant verfasstes angesehen werden kann, da Rink eine Menge eigene Zusätze eingefügt hat, und zwar so, dass man dieselben von Kant's eignen Sätzen nicht unterscheiden kann. Auch ist diese Geographie ihrem Inhalte nach völlig veraltet und würde daher durch ihre Aufnahme in die Sammlung den Preis derselben nur nutzlos vertheuert haben. Für den Fall jedoch, dass trotzdem einzelne Liebhaber auch diese Schrift zu besitzen wünschen, ist in einem Supplementband von gleichem Format und gleicher Schrift nicht blos diese Geographie, sondern es sind auch die lateinischen Urtexte der vier, in der Sammlung nur in deutscher Uebersetzung gelieferten Dissertationen Kant's aufgenommen worden. Dieser Supplementband wird auf Verlangen jederzeit von der Verlagshandlung nachgeliefert werden, und damit ist die vorliegende Sammlung zu der vollständigsten erhoben, welche bis jetzt von Kant's Schriften vorhanden ist.«[39]

[38] Siehe 50.1.1–9.

[39] Das Vorwort zu Kants ›Physischer Geographie‹ (vom Juni 1877) beginnt: »Im Vorwort zu Kant's kleineren Schriften über Naturphilosophie ist bereits dargelegt worden, weshalb Kant's physische Geographie in dessen Werke nicht aufgenommen worden ist.« Das ist nicht richtig; gemeint ist wohl die zitierte Stelle aus dem Vorwort zu den ›Vermischten Schriften und Briefwechsel‹. Im Vorwort zu den ›Erläuterungen zu Kant's Schriften zur Naturphilosophie‹ schreibt Kirchmann im Aug. 1877 ähnlich: »Die von Rink 1802 auf Kant's Anlass aus dessen Notizen herausgegebene physische Geographie ist als nicht zu den ächten Schriften Kant's gehörend, von der hier gebotenen Gesammtausgabe der Kant'schen Werke ausgeschlossen worden. [...] Dazu kommt, dass der Inhalt dieser Schrift mehr, wie der einer andern Kant's durch die grossen Fortschritte der Naturwissenschaft in diesem Jahrhundert antiquirt worden ist. Aus diesen Gründen und um die vorliegende Ausgabe von Kant's Werken nicht ohne Noth zu vertheuern ist diese ziemlich starke Schrift von der Sammlung ausgeschlossen worden. Um indess den Wünschen einzelner Liebhaber nachkommen zu können, wird diese Geographie in der Rink'schen Bearbeitung in einem besondern Bande von gleichem Format wie die Gesammtausgabe abgedruckt und mit einem Vorwort des Unterzeichneten versehen als Bd 76 der philosophischen Bibliothek noch im laufenden Jahre erscheinen. Auch sind, um der Vollständigkeit willen, zugleich die 4 Dissertationen, welche Kant lateinisch ab-

Schließlich schreibt Kirchmann im Oktober 1877 im Vorwort zu Kants ›Vier lateinischen Dissertationen‹:

»Mit dieser zweiten Abtheilung des Supplement-Bandes ist dieser geschlossen und damit ist die in der philosophischen Bibliothek gelieferte Ausgabe der Kant'schen Werke von allen bis jetzt erschienenen die vollständigste. Erläuterungen [...] waren nicht nothwendig, da dieselben bereits zu den deutschen Uebersetzungen derselben von dem Unterzeichneten gegeben worden sind. Damit ist auch in den, in zwei Bänden besonders zu beziehenden Erläuterungen ein fortlaufender, erläuternder und kritischer Kommentar zu jeder Schrift Kant's ohne Ausnahme geliefert worden, wie ein solcher bisher noch nicht bestanden hat.«

Und im Vorwort (aus demselben Monat) zu Kirchmanns ›Erläuterungen zu Kant's vermischten Schriften und Briefwechsel‹ heißt es:

»Mit diesem Bande sind die Erläuterungen der sämmtlichen Schriften Kant's beschlossen. Es war eine mühsame und anstrengende Arbeit, aber der Unterzeichnete hat sie gern unternommen, da er noch jetzt überzeugt ist, dass nur mit Hülfe eines sachlichen und kritischen Commentars das tiefere Verständniss der Lehre Kant's von dem Ungeübten gewonnen werden kann. Es ist dabei durchaus gleichgültig, ob der Leser dem Commentator zustimmt, oder dem Autor, oder sich selbst seine besondere Meinung bildet. Immer wird damit erreicht sein, dass die Philosophie Kant's tiefer erfasst und nach ihren Verdiensten und ihren Schwächen vollständiger erkannt wird.«

Neben der Gesamtausgabe Kants erstellte Heimann noch Werke-Ausgaben zu Descartes und Spinoza,[40] – auch diese, wie fast alle Werke-Ausgaben der PhB, als Sammelausgaben.[41]

1.4.2 1872–1881: Koschny

Der Erfolg der PhB in den knapp vier Jahren bei Heimann setzt sich bei Koschny ab Juli 1872 fort, wenn auch nicht mit spektakulären Auflagenhöhen oder hohen Zahlen von Neuerscheinungen. Felix Meiner schreibt, daß aus »Briefen von und an Erich Koschny« sich ergeben habe, »daß Koschny es nicht leicht hatte, seinen Betrieb aufrechtzuerhalten, aber auch keine eigentliche Führung auf diesem schwierigen Verlagsgebiet genoß, sodaß er mehr oder weniger auf seinen Laieneindruck von den ihm angebotenen Manuskripten angewiesen war und so auf die etwas abschüssige Ebene des Druckkostenverlegers

gefasst und welche in Bd. 33 und 49 der phil. Bibliothek nur in deutschen Uebersetzungen geliefert worden sind, in der Ursprache mit aufgenommen worden, so dass Denen, welchen es daran liegt, Kant's Werke in grösster Vollständigkeit zu besitzen, durch Anschaffung dieses Supplementbandes die Gelegenheit dazu geboten ist.«

40 Siehe 21.1.1 und 95.1.1–2.

41 Zu diesem Begriff siehe hier S. 213 f. und 273 f.

geriet.«[1] Koschny übernimmt die PhB mit Lieferung (Heft) 151.[2] In den neuneinhalb Jahren erscheinen insgesamt 62 Ausgaben, davon 42 neue Titel. Von den großen, bei Heimann eingeführten Autoren Aristoteles, Kant, Locke und Platon erscheinen weitere. An neuen Autoren kommen hinzu: Bruno, Cicero, Johannes Scotus Eriugena, LaMettrie, Sextus Empiricus, – Autoren also, deren Werke nicht unbedingt alle zu den *Haupt*werken im engeren Sinne gerechnet werden müssen. Von diesen wird nur Leibniz mit drei Texten neu eingeführt. An Sammelausgaben erscheint nur eine einzige.[3] Daß Koschny der PhB richtungweisende Impulse gegeben habe, wird man kaum sagen können, starb er doch bereits im September 1875. Im letzten Jahr bei Koschny, 1881, sind gar nur drei Bände erschienen, davon zwei Neuauflagen und ein Erläuterungsband zu einem schon vor drei Jahren erschienenen Textband.

1.4.3 1882–1891: Weiss

Georg Weiss übernimmt die PhB zum 1. Januar 1882 mit Lieferung (Heft) 301.[1] Schon im Februar schreibt er für Heft 1–300 eine neue Subskription aus, in der monatlich sechs bis acht Hefte zu je 50 Pfennigen geliefert werden sollen.[2] Dadurch änderte sich die Heftzählung: Die erste, z. T. verwirrende Heftnummerierung wurde vereinheitlicht; bestand ein Werk aus mehr als einem Heft, so erhielten die Hefte dieses Werkes nun fortlaufende Nummern.[3] In den neuneinhalb PhB-Jahren bei Georg Weiss erscheinen 35 Ausgaben, davon sieben neue Titel: In den beiden ersten Jahren bei Weiss (1882/3) erscheinen Aristoteles' ›Topik‹ und ›Sophistische Widerlegungen‹ mit den separaten Erläuterungsbänden und Lockes ›Über den richtigen Gebrauch des Verstandes‹. 1883–84 gibt Kirchmann – nach dem Hobbes-Text 1873 bei Brockhaus – bei Weiss einen weiteren, von ihm übersetzten Text eines in der PhB nicht vorhandenen Autors *außerhalb der PhB* heraus:

Die positive Philosophie von Auguste Comte im Auszuge von Jules Rig. Uebersetzt von J. H. v. Kirchmann. 2 Bde. Heidelberg: G. Weiss 1883–84.

Das ist auch insofern bemerkenswert, als die Anlage dieser beiden Bände ebenso der PhB-Konzeption entsprechen wie der Autor selbst.

»Das Werk Comte's ist beinahe ganz frei von den, für das grössere gebildete Publikum meist unverständlichen philosophischen Kunstausdrücken, welche die deut-

[1] F. Meiner: Die Philosophische Bibliothek, 1945, S. 1.

[2] Das ist das 1. Heft von Brunos ›Von der Ursache, dem Prinzip und dem Einen‹; siehe dazu Register 3.2.2.1.

[3] 50.1.11.

[1] Das ist das 1. Heft von Platons ›Parmenides‹.

[2] Siehe hier Abb. 27 auf S. 262.

[3] Siehe dazu Kap. 1.5.3 und Register 3.2.3.

sche Philosophie von den Scholastikern übernommen hat und in grosser Anzahl noch gegenwärtig fortschleppt; sie sind es, welche das grössere gebildete Publikum meist von der Beschäftigung mit der Philosophie abschrecken. Die Uebersetzung hat sich diesen Vorzug des Comte'schen Werkes überall zu erhalten gesucht, und indem so der geistreiche Inhalt desselben auch in einer verständlichen Form geboten ist, wird dies vielleicht wesentlich dazu beitragen, dem Buche auch ausserhalb des Kreises der Gelehrten einen zahlreichen Leserkreis zu verschaffen.« (Seite V)

1884 stirbt Kirchmann. In diesem Jahr erscheint erstmals seit Bestehen der PhB kein neuer Titel. Auch 1885 kommt überhaupt keine Ausgabe, Neuauflage oder Sammelausgabe heraus. Man kann von 1884/85 also von dem *Ende der ersten Phase der PhB* sprechen. Dies zeigt auch, wie sehr die PhB von Kirchmanns eigenem Engagement lebte. 1886 erscheint dann als Band 94 Kirchners ›Wörterbuch der Philosophischen Grundbegriffe‹, für die nächsten 15 Jahre bis 1901 die letzte Neuerscheinung. Die ›alte‹, d. h. Kirchmann'sche PhB (vor 1900) ist mit diesem Band abgeschlossen; der 16jährige Niedergang der PhB, der erst durch die Dürr'sche Buchhandlung 1900/01 beendet werden wird, beginnt.

1883 und später versuchte Weiss, den Absatz durch Preisermäßigungen für schon erschienene Werke anzukurbeln.[4] Das gleiche Ziel hatte wohl auch die Herstellung von 15 Sammelausgaben, für die Weiss vergleichsweise intensiv wirbt.

Ein für die bibliographische Verzeichnung der PhB-Ausgaben wichtiges Phänomen stellt die Weiss'sche Verlagsbroschur dar: Die früheren Koschny-(selten nur noch: Heimann-) Ausgaben werden mit Broschuren versehen, die einen Weiss'schen Erscheinungsvermerk mit aktualisiertem Jahr (der Herstellung der Verlagsbroschur) und die beiden Lieferungs- bzw. Heftzählungen (sowie z. T. interessante Verlagsanzeigen) tragen,[5] wobei der Buchblock incl. der Titelseiten unverändert bleibt.

1.4.4 1891–1899: Salinger

Im Juli 1891 übernimmt der Philosoph.-histor. Verlag Dr. R. Salinger die PhB. In den siebeneinhalb Jahren bei Salinger erscheinen insgesamt 25 Ausgaben, von denen 11 Sammelausgaben sind, darunter eine 9bändige Kant-Ausgabe. Von den 14 ›Neuauflagen‹ sind die meisten nur verkappte Titelauflagen: fünf Kant-, vier Spinoza-Ausgaben, zwei Ausgaben von Kirchmann'schen

[4] Siehe hier Abb. 26 auf S. 261. Auch im Heinsius, Bd 17/I, S. 162a sind 88 Bde mit 303 Heften für 112 statt 153 Mark verzeichnet. In Heinsius, Bd 18/I, S. 159b, werden 93 Bde mit 313 Heften für 115 statt 158,30 Mark angeboten.

[5] Siehe dazu Kap. 1.5.3 mit Abb. 21 auf S. 251.

Kant-Erläuterungen, sowie je eine Neuauflage von Hume, Locke und Kirchners ›Wörterbuch‹. Neue Titel erscheinen nicht. In den Jahren 1895, 1896 und 1899 erscheint überhaupt keine Ausgabe. Man kann bei dem Journalisten Salinger wohl von einem ›Feierabend-Verlag‹ sprechen.

Salinger wirbt für die 94 Bände der PhB (= 319 Hefte/Lieferungen) mit Preisermäßigungen. In einer Anzeige auf der hinteren Verlagsbroschur des Niemann'schen Romans ›Manas‹ (1894) für Kants und Spinozas ›Sämtliche Werke‹ sowie Lockes ›Über den menschlichen Verstand‹ sind diese nicht einmal mehr als Ausgaben der PhB gekennzeichnet.

1.4.5 1900–1911: Dürr'sche Buchhandlung

Im Februar 1900 übernimmt die Dürr'sche Buchhandlung die 94 Nummern umfassende alte Kirchmann'sche PhB und kauft – wie die drei Verlage vorher – den gesamten noch vorhandenen Bestand an Bänden.[1] Johannes (Friedrich) Dürr erweckt die PhB aus ihrer langen Agonie, und zwar mit Hilfe von Friedrich Michael Schiele (1867–1913[2]), einem Theologen und Wissenschaftler,[3] der vom Frühjahr 1901 an[4] von Marburg aus die Aufgaben eines Lektors und

[1] 1945 schreibt Felix Meiner dazu: »Es gelang ihr [der Dürr'schen Buchhandlung], als eigentlicher Interessent im Hintergrund zu bleiben, was sich für den Übernahmepreis günstig ausgewirkt haben dürfte.« (Die Philosophische Bibliothek, 1945, S. 3).

[2] In: Felix Meiner zum 70. Geburtstag, 1953, heißt es S. 25 irrtümlich, Schiele sei 1912 gestorben.

[3] Ausführlicher Nekrolog von H. Mulert, 1917, sowie: Bbl. 80, Nr 188 vom 15.8.1913, S. 8136.

Die Grabrede Alfred Fischers ist im Privatdruck erschienen.

1945 schreibt Felix Meiner: »Johannes Friedrich Dürr war ein äußerst aktiver Mann. Er ließ sich als ›Freikonservativer‹ in den Landtag wählen und vertrat dort sehr energisch die Belange der Volksschullehrerschaft. Einen ausgezeichneten Lektor und Berater hatte er in Friedrich Michael Schiele gefunden, einem Theologen, der, an der Ausübung seines Amtes durch schwere Tuberkulose verhindert, sich an alle irgendwie in Betracht kommenden Verlage mit der Bitte um Arbeitszuweisung gewandt hatte. Aber die theologischen Verlage hatten sämtlich keine Verwendung. Dürr stellte ihn mit M. 175,- monatlich an, was zwar wenig war, aber doch immerhin eine Grundlage bot. Schiele wohnte in Marburg und hatte Beziehungen zu den Philosophen der Universität Hermann Cohen und Paul Natorp, die als ›Marburger Schule‹ der Philosophie erstmals wieder zur Beachtung in Deutschland verhalfen. Aus dem Kreise seiner Kommilitonen unter Beratung durch die Häupter der Schule entwickelte er den Wiederaufbau der Philosophischen Bibliothek«. (Die Philosophische Bibliothek, 1945, S. 3 f.)

[4] Zweihundertundfünfzig Jahre ..., 1906, S. 214.

Herausgebers der PhB übernahm (in dieser Funktion aber nicht auf den Titelblättern der PhB-Bände erschien)[5] und auch selbst zwei Titel herausgab.[6]

Ernst Kroker schreibt 1906 in einer Festschrift zur Dürr'schen Buchhandlung:

»Inzwischen war im Jahre 1900 die Dürr'sche Buchhandlung nach einer ganz neuen Seite hin außerordentlich erweitert worden. Dürr hatte den philosophisch-historischen Verlag Dr. Salingers in Berlin erworben, der neben vielen einzelnen wissenschaftlichen Werken namentlich die früher sehr bekannte, aber damals fast vergessene v. Kirchmannsche ›Philosophische Bibliothek‹ enthielt.

Durch Ankauf dieses Verlages hatte Dürr zugleich eine ganz außerordentlich schwierige und mühsame Arbeit auf sich genommen. Denn diesen wissenschaftlichen Werken, die er jetzt in seinen Verlag aufnahm, hatte seit langen Jahren die nachhaltige und unermüdliche Pflege gefehlt, deren wissenschaftliche Werke in ganz besonderem Maße bedürfen. Während die v. Kirchmannsche Philosophische Bibliothek kurz nach ihrem Erscheinen einen bedeutenden Erfolg errungen und zur Vertiefung des philosophischen Interesses in weiteren Kreisen des Volkes nicht unwesentlich beigetragen hatte, war jetzt seit lange von verlegerischer Seite nichts mehr für sie geschehen. Hier vor allem mußte energische Arbeit einsetzen. Mit Entschlossenheit ging J. Fr. Dürr daran, einen Band dieser Bibliothek nach dem anderen zu erneuern. Von welchem Werke sich auch immer eine Neuauflage nötig machte, Dürr ruhte nicht, bis er dessen Neuherausgabe den sachkundigsten und zuverlässigsten Händen anvertraut hatte.

Die Ausgabe der sämtlichen Werke Kants, die in der Philosophischen Bibliothek enthalten ist, erforderte besonders viel Aufmerksamkeit. Gleich im Jahre 1901 wurde von Kants ›Kritik der reinen Vernunft‹ eine sorgfältig revidierte, neue Textausgabe veranstaltet. Alsbald gewann Dürr auch den bekannten Kantforscher Dr. Karl Vorländer, der – z. T. in Verbindung mit andern namhaften Gelehrten – nach und nach alle Schriften Kants in trefflichster Weise neu herausgibt. Mustergültige Revision des Textes, sachkundige Einleitungen und brauchbare Sachregister erhöhen den Wert dieser Ausgabe, so daß die Kirchmannsche Philosophische Bibliothek alsbald wieder die Aufmerksamkeit nicht nur der Fachleute des In- und Auslands, sondern auch weiterer, philosophisch interessierter Kreise auf sich lenkte.

Zur Förderung der Arbeiten für die Philosophische Bibliothek und für den ganzen, mit ihr zugleich erworbenen wissenschaftlichen Verlag verband sich J. Fr. Dürr

[5] Schiele nahm die Aufgaben eines Hrsg. wahr; auf den Titelblättern der PhB-Bde wird er aber nicht als Hrsg. genannt. Als solcher erscheint er auf dem eigens für die PhB bestimmten Briefpapier der Dürr'schen Buchhandlung für Schiele, auf dem es unter dem Reihen-Haupt- und Untertitel mit Verlagsangabe (»Philosophische Bibliothek | Sammlung der Hauptwerke der Philosophie alter und neuer Zeit | Verlag der Dürr'schen Buchhandlung in Leipzig | (Gegründet 1755).«) heißt: »Herausgeber: | Friedrich Michael Schiele | Lic. theol.« (Zu sehen z. B. am Brief Schieles an Gustav Frenssen [1863–1945] vom 15.10.1904; Schleswig-Holsteinische Landesbibliothek, Signatur: Cb 21.56: 110.21). Im eigentlichen (bibliographischen) Sinne kann Schiele damit ebensowenig Hrsg. der PhB genannt werden wie später Felix Meiner.

[6] 88.7.1 und 88.8.2.

im Frühjahr 1901 mit Lic. Friedrich Michael Schiele in Marburg. Schiele wurde Herausgeber der Philosophischen Bibliothek und Redakteur der wissenschaftlichen Abteilung des Dürr'schen Verlages. Von der stillen und unermüdlichen Arbeit dieses Gelehrten – einer Arbeit, bei der er sich stets auf die Förderung der wahren wissenschaftlichen Interessen durch seinen schaffensfreudigen und zu jedem erfüllbaren Wunsche gern bereiten Verleger fest verlassen konnte, – gibt der folgende Bericht ein deutliches und beredtes Zeugnis.«[7]

Mit Dürr beginnt die *dritte Phase der PhB*, die neue PhB,[8] die die alte, Kirchmann'sche PhB ablöst, was sich in vielen äußeren Phänomenen zeigt: Weder werden die Bände in Heften geliefert, noch gibt es weiterhin eine solche Zählung. Der Reihen-Untertitel entfällt, einschließlich der Herausgeber-Angabe; damit ist auch öffentlich manifest, was seit Kirchmanns Tod 1884 schon der Fall war: Aus der Herausgeberreihe wurde eine Verlegerreihe. Im Rahmen der Neugestaltung des äußeren Erscheinungsbildes entfällt das Reihentitelblatt; Typographie, Papier und Einband werden modernisiert und verbessert: Ein Rezensent der 8. Auflage der Kantischen ›Kritik der reinen Vernunft‹ findet: »Der saubere Druck und die bei aller Einfachheit doch gefällige Ausstattung des Buches machen einen angenehmen Eindruck, wofür der Dürr'schen Buchhandlung, in deren Verlag die v. Kirchmann'sche Bibliothek übergegangen ist, ein Wort der Anerkennung gebührt.«[9] Die Farbe Grün und das Format werden jedoch beibehalten, – nachdem der Versuch, 1901 mit Berkeleys ›Drei Dialogen zwischen Hylas und Philonous‹ ein anderes Format einzuführen, gescheitert war.[10] Vor allem aber ändert Dürr die Bandnumerierung, und zwar im Sinne einer autorbezogenen Vereinheitlichung.[11]

Neben der äußeren Neugestaltung widmet sich Dürr intensiv sowohl der Erneuerung des vorhandenen Bestandes als auch dem weiteren Ausbau der Reihe. Was den erstgenannten Punkt betrifft, so bedeutet er bei der »durchgreifenden Erneuerung«[12] der Reihe in erster Linie ein Abrücken von der mittlerweile allseits als fehlerhaft und ungenügend, mindestens jedoch als überholt erkannten Editions- und Erläuterungsarbeit Kirchmanns; nach und nach wurden die alten Editionen ersetzt, vor allem bei Kant, von dessen ›Kritik der reinen Vernunft‹ in 8. Auflage Theodor Valentiner 1901 erfüllt, was

[7] Zweihundertundfünfzig Jahre ..., 1906, S. 213 f.

[8] Eduard Spranger spricht 1953 von ihr als einer PhB, »die vielversprechend über den Resten der meist elenden Kirchmannschen Ausgaben klassischer Philosophen errichtet worden war«. (Felix Meiner zum 70. Geburtstag, 1953, S. 19).

[9] Der Philosophie-Professor Ludwig Busse (1862–1907) in: Deutsche Literaturzeitung 22, Nr 42 vom 19.10.1901, Sp. 2633.

[10] Siehe dazu hier Kap. 1.5.1.

[11] Siehe dazu hier Kap. 1.5.4.

[12] 43.5.5, Vorwort zur fünften Auflage 1902 vom Verlag. Siehe auch Anm. 4 auf S. 154.

Alexius Meinong schon vor 20 Jahren gefordert hatte,[13] und nun die Kritik auch würdigt.[14] Andere Kant-Ausgaben wurden vor allem von Karl Vorländer bearbeitet (siehe S. 158 f.), auf den Schiele durch dessen Ausgabe der ›Kritik der reinen Vernunft‹ mit Sachregister in der Hendel'schen ›Bibliothek der Gesamtliteratur‹ von 1899 aufmerksam wurde.[15] Weitere Neubearbeitungen sind z. B. die von Aristoteles' ›Metaphysik‹, Brunos ›Von der Ursache, dem Prinzip und dem Einen‹, Descartes' ›Discours‹, ›Meditationen‹ und ›Prinzipien‹, Hegels ›Enzyklopädie‹, Humes ›Dialoge über natürliche Religion‹ und ›Untersuchung über den menschlichen Verstand‹, Kirchners ›Wörterbuch der Philosophischen Grundbegriffe‹, Leibniz' ›Neue Abhandlungen über den menschlichen Verstand‹, Schleiermachers ›Monologen‹ und Spinozas ›Ethik‹. Die Erneuerung der Werkeausgaben von Descartes, Kant und Spinoza begann bei Dürr, Meiner vollendete sie; 1906 bildete Dürr mit einer neuen und zwei älteren Ausgaben eine vierbändige Leibniz-Werkeausgabe, die Meiner 1926 sechsbändig vollendet.

Den übernommenen Bestand verkaufte Dürr als rückdatierte Titelauflage: Reihen- und Haupttitelblatt wurden durch ein einziges, neues Titelblatt ersetzt, das im Erscheinungsvermerk das Originaljahr (das Erscheinungsjahr der betreffenden Ausgabe) trug. So gibt es 92 Dürr'sche PhB-Ausgaben (als Titelauflagen) mit Jahresangaben von 1869 bis 1899, meist leicht erkennbar am vergilbten Papier des Buchblocks und dem weißeren, rauheren Papier des hinzugeklebten Titelblattes sowie an dem in Versalien stehenden Text des Erscheinungsvermerkes.[16]

Auch Kirchmanns ›Erläuterungen‹ erhielten als Titelauflagen sämtlich neue Bandnummern und wurden ebenso wie andere alte Ausgaben die als neue Auflagen bezeichnet wurden,[17] noch verkauft.

In den zehn Jahren bei der Dürr'schen Buchhandlung erscheinen insgesamt 198 Ausgaben, von denen über 100 Titelauflagen und ›nur‹ 21 neue Titel sind. Diese 21 neuen Titel in 23 Bänden (z. T. in Differenz zur früheren Konzeption der PhB[18]) sind: Berkeleys ›Drei Dialoge zwischen Hylas und Philonous‹, Cohens ›Kommentar zu Kants Kritik der reinen Vernunft‹, Descartes' ›Regeln‹ und ›Erforschung der

[13] Siehe hier S. 123.

[14] Z. B. Chr. Schreiber in: Philosophisches Jahrbuch 15, 1902, S. 94 f. Valentiner hatte im ›Vorwort zur Revision‹ auf S. V geschrieben: »Als die Dürr'sche Verlagsbuchhandlung die ›v. Kirchmann'sche Bibliothek‹ erworben hatte, trat damit zugleich an sie die Aufgabe heran, Werke wie die ›Kritik der reinen Vernunft‹ in verbesserter Gestalt erscheinen zu lassen.«

[15] Nach F. Meiner: Die Philosophische Bibliothek, 1945, S. 4.

[16] Siehe dazu hier Kap. 1.5.2, S. 190 f.

[17] Im Jahr 1900 z. B. sind dies 7.2.3, 52.19.2, 52.30.3, 77.8.2; Ausg. 95.9.3 wird als »Zweite durchgesehene, aber sonst unveränderte Ausgabe« bezeichnet. Siehe dazu auch hier S. 211 f.

[18] Siehe dazu hier S. 96 ff.

Wahrheit‹, ›Goethes Philosophie‹, Hegels ›Phänomenologie‹, ›Herders Philosophie‹, ›Ausgewählte philosophische Schriften‹ W. v. Humboldts, Julians ›Philosophische Werke‹, Leibniz' ›Grundlegung der Philosophie‹ in zwei Bänden von Ernst Cassirer herausgegeben, ›Lessings Philosophie‹ und sein ›Briefwechsel mit Mendelssohn und Nicolai‹, Messers ›Einführung in die Erkenntnistheorie‹, Schellings ›Münchener Vorlesungen‹, Schillers ›Philosophische Schriften und Gedichte‹, Schleiermachers ›Weihnachtsfeier‹, Shaftesburys ›Über die Tugend‹ und ›Über den Enthusiasmus‹, ›Über das Wesen der Universität‹, Vorländers ›Geschichte der Philosophie‹ in zwei Bänden, Witaseks ›Grundlinien der Psychologie‹ und die ›Wolffschen Begriffsbestimmungen‹.

Dabei muß man bedenken, daß die Ersetzung der alten (Kirchmann'schen) Ausgaben durch neue Editionen meist den gleichen Aufwand erfordert wie die Herausgabe völlig neuer Titel. Die Leistung Dürrs besteht also weniger in einem zahlenmäßig großen Ausbau der PhB durch gänzlich neue Titel, sondern in der inhaltlichen und buchhändlerischen Erneuerung dieser Reihe. Dürr hat die fast völlig vergessene PhB mit Engagement wieder zum Leben erweckt, ihr entscheidende neue Impulse gegeben und sie beim Publikum wieder situiert.[19] Hatte der Philosophie-Professor Ludwig Busse (1862–1907) 1901 noch den Wunsch geäußert: »Es wäre sehr erfreulich, wenn es der rührigen Verlagsbuchhandlung gelänge, das alte, an sich doch sehr dankenswerthe und werthvolle von Kirchmann'sche Unternehmen neu zu beleben und weiter zu führen«,[20] so schreibt der Philosoph Ferdinand Jakob Schmidt (1860–1939) schon Anfang 1904, es sei »nun mit Freuden anzuerkennen, daß dieses verdienstvolle Unternehmen Kirchmanns mit seinem Heimgange keineswegs zum Abschluß seiner Entwicklung gekommen ist. Der Dank dafür gebührt in allererster Linie der Dürrschen Buchhandlung in Leipzig [. . .]. Diese Verlagsanstalt hat es verstanden, eine Reihe der hervorragendsten Mitarbeiter heranzuziehen, welche die neuen Ausgaben mit gründlicher Sachkenntnis und philosophischer Sorgfalt besorgen«; die Dürr'sche Buchhandlung habe »sich um die Herausgabe der ›Philosophischen Bibliothek‹ ein bleibendes Verdienst erworben.«[21]

[19] So heißt es denn schon in der Übernahme-Anzeige: »Die nötige Ergänzung der ›Philosophischen Bibliothek‹ befindet sich im Druck«; und sofort nach der Übernahme wird für die PhB auch wieder im ›Börsenblatt‹ geworben: Schon im Bbl. Nr 41 vom 19.2.1900, S. 1424, für Kirchners ›Wörterbuch‹, in Nr 45 vom 23.2.1900, S. 1546, für Brunos ›Von der Ursache, dem Prinzip und dem Einen‹ und in Nr 82 vom 9.4.1900, S. 2802, für Berkeleys ›Abhandlung über die Prinzipien der menschlichen Erkenntnis‹.

[20] Deutsche Literaturzeitung 22, Nr 42 vom 19.10.1901, Sp. 2633 f.

[21] In: Preußische Jahrbücher 115, Januar bis März 1904, S. 530–533.

1.4.6 Seit 1911: Meiner

Felix Meiner übernahm die PhB zum 1. April 1911. Zu diesem Zeitpunkt hatte die Reihe 123 Nummern, von denen die meisten wohl lieferbar waren. Die PhB bildete den »Grundstock«[1] des neuen Verlages, der sich deshalb besonders um sie bemühte und die von der Dürr'schen Buchhandlung begonnene innere Erneuerung und äußere Umgestaltung konsequent fortsetzte, in den beiden ersten Jahren noch mit Hilfe des von Dürr übernommenen Lektors Friedrich Michael Schiele, über den Felix Meiner 1945 sagt: »Schiele war nicht engherzig, sondern machte es zum Grundsatz, daß jeder Philosoph einem in seinem Geiste denkenden Herausgeber zu übertragen sei. So übertrug er Hegel an den ihm persönlich ganz unbekannten Georg Lasson. Aristoteles hielt er für zweckmäßig, in katholische Hände zu legen [...] Dafür gewann er den Pfarrer Rolfes [...]«[2] Nach Schieles frühem Tod 1913[3] übernahm Felix Meiner selbst die Aufgaben eines Herausgebers der PhB.[4]

1911 erwarb Meiner auch die philosophische Abteilung (mit Beständen) des 1907 in Leipzig gegründeten und bis 1917 bestehenden Fritz Eckardt Verlages,[5] vor allem die unter dem Titel ›Werke der klassischen deutschen Philosophie‹[6] begonnenen Werkeausgaben von Fichte, Hegel, Schelling und Schleier-

[1] Anzeige zur Gründung des Meiner-Verlages im Bbl., siehe hier S. 73; Felix Meiner zum 70. Geburtstag, 1953, S. 25; Hundert Jahre Philosophische Bibliothek. Zeittafel, 1968, S. 1; Klassische Werke philosophischer Tradition, 1986, S. 3.

[2] Die Philosophische Bibliothek, 1945, S. 6.

[3] Im PhB-Katalog vom Sept. 1913 schreibt Felix Meiner: »Friedrich Michael Schiele starb am 12. August 1913. Was er als Anreger und Organisator für die Entwicklung neuen deutschen Geisteslebens in mehr als einer Beziehung bedeutet hat, ist nur den wenigsten bekannt geworden, da er bescheiden mit seinem Namen in den Hintergrund trat. Sein Werk sei sein Denkstein.« Im Katalog vom September 1915 ist der letzte Satz ersetzt durch: »Die Fortführung seines Werkes in seinem Geiste sei mir anvertrautes Vermächtnis.«

[4] Auf den Impressumseiten einiger Bände der 50er Jahre (z. B. 36.12.5, 50.17.14) gibt es einen kurzen Text zur PhB, in dem es heißt: »Eine durchgreifende Erneuerung und Erweiterung, eine wahrhafte Neubegründung erfuhr sie [die PhB] in den Jahren von 1905 an durch Friedrich Michael Schiele. Nach dessen frühem Tode im Jahre 1913 übernahm der Verleger Dr. Felix Meiner persönlich auch die Aufgaben des Herausgebers.« Dieser Eindruck erfolgte, um die persönlichen Rechte Felix Meiners an der PhB zu dokumentieren für den Fall juristischer Auseinandersetzungen mit dem Akademie Verlag in Berlin (Ost). Diesem mußten nach der Flucht Meiners aus Leipzig 1951 sämtliche Rechte abgetreten werden. Siehe Anhang Dokumentation S. 179–181.

[5] Siehe dazu R. A. Bast: Verlag und Verleger Fritz Eckardt und die Künstlervereinigung ›Werdandi-Bund‹, 1990.

[6] Deren Ziel, diese Werke »in billigen, mustergültig ausgestatteten Neuausgaben erscheinen« zu lassen, entspricht in diesen Punkten dem Programm der PhB.

macher. Die 1911 vorhandenen Bände der Fichte-, Schelling- und Schleiermacher-Ausgabe sowie die aus dieser hergestellten Separata übernahm Meiner in die PhB, insgesamt immerhin 32 Ausgaben. Die 1909 bei Eckardt von Otto Weiß mit der ›Phänomenologie des Geistes‹ als Band 2 begonnene Hegel-Ausgabe wurde wegen Unstimmigkeiten zwischen Meiner und Weiß nicht fortgesetzt,[7] und der einzig erschienene Band nicht in die PhB übernommen, da Georg Lasson 1907 bei Dürr die ›Phänomenologie‹ als PhB 114 schon herausgegeben hatte, von der Meiner noch 1911 eine rückdatierte Titelauflage herstellte.[8] Im Gründungsjahr des Verlages erschienen (ohne die Übernahmen von Eckardt) weiterhin 64 eigene Bände; eine imponierende Zahl, die bis heute nur noch 1920 erreicht und 1922 (mit 92 Bänden) übertroffen wurde. Davon waren 45 Neuauflagen (darunter nicht wenige un- oder rückdatiert) und 16 neue Titel, von denen aber 12 Separatausgaben zu den Fichte- und Schelling-Werken gehören, so daß im eigentlichen Sinne 1911 bei Meiner nur vier neue Titel erschienen: Damaskios' ›Leben des Isidoros‹, Hegels ›Grundlinien der Philosophie des Rechts‹, Schleiermachers ›Grundriß der philosophischen Ethik‹ und Vorländers ›Kants Leben‹. Dabei ist zu berücksichtigen, daß die Ersetzung vorhandener Titel durch völlig neu bearbeitete Ausgaben häufig ebenso viel Einsatz und Mühe erfordert wie gänzlich neue Titel.[9]

Meiner übernahm von Dürr den gesamten Bestand, auch Exemplare der alten Kirchmann'schen Ausgaben.[10] 1945 schreibt Felix Meiner dazu: »Die Auswahl der ersten [von Kirchmann herausgegebenen] Bände war etwas ungleichmäßig. Es war auch eine ganze Anzahl Texte dabei, die keinen größeren Widerhall fanden, von deren erster Auflage ich, als ich 1911 die Sammlung übernahm, noch Vorräte vorfand. Das Erstaunliche war eigentlich, daß diese alten und veralteten Ausgaben immer noch ziemlich regelmäßig gekauft wurden, wenngleich bei einigen der jährliche Absatz so gering war, daß ich damit rech-

[7] Über die Druckvorlage zur Hegel'schen ›Ästhetik‹ kam es sogar zum Prozeß.

[8] 36.19.2; siehe auch die Bemerkungen zu 36.19.1

[9] Solche Neuausgaben sind 1911 Aristoteles' ›Nikomachische Ethik‹ (3.4.3) und ›Über die Seele‹ (3.16.3), Descartes' ›Über die Leidenschaften der Seele‹ (21.5.4), der 2. Bd von Lockes ›Versuch über den menschlichen Verstand‹ (60.4.3) und Platons ›Theaitet‹ (77.25.3).

[10] Nur in diesem Sinne ist es zu verstehen, wenn es in den ›Verlagsveränderungen im deutschen Buchhandel 1900–1932‹, 1932, heißt: »Heimann, L., Berlin. Der philosoph. Verlag ging an Felix Meiner, Leipzig, über.« (S. 28); »Koschny, E., Leipzig, jetzt: F. Meiner.« (S. 38); »Salinger, Dr. R., Berlin. Um 1900 erloschen. Verlag ging teils an F. Meiner, Leipzig, teils an Dürr'sche Bh., Leipzig, über.« (S. 59; ›teils – teils‹ ist nicht richtig; die Bestände gingen 1900 an die Dürr'sche Buchhandlung, 1911 von ihr an Felix Meiner); »Weiß, G., Heidelberg, dann Kassel, ging etwa 1901 an Franz Leichter, Ohlau, über. – Der philosophische Verlag ging an F. Meiner, Leipzig, über.« (S. 88) Analoge Einträge zu Heimann und Weiß gibt es im DBV 6/2, 1924: ›Erloschene und veränderte Firmen der Jahre 1915–1924, sowie Übergänge ganzer Verlage und Verlagsabteilungen‹ (S. 1949–76; S. 1957, 1975).

nen konnte, daß die Bestände noch 60 weitere Jahre ausreichen würden.«[11] Meiner stellte von den alten, vor 1900 erschienenen PhB-Bänden keine Titelauflagen her wie Dürr (der nur die Titelblätter weggeschnitten und durch neue ersetzt hatte), sondern druckte (z. T. als Manuldrucke) neu oder versah die Dürr'schen (Titel-) Auflagen, wie auch alte Buchblöcke/Ausgaben selbst, mit einem Schildchen, das über den (Dürr'schen) Erscheinungsvermerk geklebt wurde; auf diese Weise nahm er über 50 Jahre alte Buchblöcke in sein Programm! Solche Bände wurden z. T. auch ohne (mit Meiner-Schildchen) überklebten (Dürr'schen) Druckvermerk neu aufgebunden.[12] Längst als völlig veraltet und als nicht selten falsch erkannte Kirchmann'sche ›Erläuterungen‹ hatte Meiner ebenfalls als Dürr'sche Titelauflagen übernommen. Zu ihnen schreibt er 1945, daß auch nach 1911 »nach den Kommentaren [Erläuterungsbänden] von Kirchmann noch immer ziemliche Nachfrage herrschte«: »[...] Zweifellos aber entsprachen diese Anmerkungen [Erläuterungen], die für Kant [und andere PhB-Autoren meist] in besonderen Heften [PhB-Bänden/-Nummern] erschienen, einem weit verbreiteten Bedürfnis, und die Nachfrage hielt bis in die 20er Jahre [!] des 20. Jahrhunderts an, auch nachdem die Sammlung vollständig umgestaltet war und die Kirchmann'schen Textausgaben längst durch andere ersetzt waren.«[13] Die gleichwohl vollzogene Ersetzung der Kirchmann'schen Ausgaben und Erläuterungen[14] ist dem PhB-Jubiläums-Prospekt von 1918 zu entnehmen:

Die »Strenge des Maßstabs ist entsprechend den gesteigerten Anforderungen der Wissenschaft gewachsen. Während Herr v. Kirchmann sich in gleicher Weise für die Herausgabe Kants und Schleiermachers, für Übersetzungen aus dem Griechischen, Lateinischen, Englischen und Französischen befähigt glaubte, wird jetzt die Herausgabe der einzelnen Philosophen Spezialforschern auf dem betreffenden Gebiete übertragen. An die Stelle der Kommentare Kirchmanns, die mitunter fast Verständnislosigkeit für die besondere Art des betreffenden Philosophen erkennen ließen, traten knappe sachliche Anmerkungen, Einleitungen, die in den Geist des behandelten Gegenstands einführten, und sorgfältig gearbeitete Register. Die einführenden Schriften, in denen der subjektive Standpunkt des Verfassers notwendigerweise stärker hervortritt, wurden einer besonderen Sammlung ›Wissen und For-

[11] Die Philosophische Bibliothek, 1945, S. 2. Auch andere, von den frühen PhB-Verlagen übernommene Ausg. verkaufte Meiner teilweise noch 40 Jahre nach ihrem Erscheinen; so ist z. B. die von Jules Rig besorgte und von Kirchmann übersetzte Ausg. von Comtes ›Positiver Philosophie‹ im Auszuge von 1883–84 (siehe hier S. 147 f.) noch im Meiner'schen PhB-Katalog vom Dez. 1922 angeboten; die von H. Heineck 1893 besorgte ›Ethik‹ Melanchthons in der 1. Fassung (siehe hier S. 120) ist bei Meiner bis in die 30er Jahre hinein lieferbar.

[12] Näheres dazu hier S. 193 f.

[13] Die Philosophische Bibliothek, 1945, S. 7 und 2.

[14] 1912 taucht die Herausgeberschaft Kirchmanns auf WW-Titelseiten nur noch als »u. a.« auf: 95.1.13–14.

schen‹ überwiesen. In den letzten anderthalb Jahrzehnten ist so die Sammlung [PhB] auf eine vollständig neue Grundlage gestellt worden; kaum eines der wichtigeren Werke ist noch in den Kirchmannschen Ausgaben vorhanden.«

Sieht man von Kirchmanns Erläuterungsbänden ab, so wird die letzte, von Kirchmann herausgegebene Ausgabe, Kants ›Vermischte Schriften und Briefwechsel‹, erst 1922 bzw. 1924 ersetzt;[15] noch 1919 hatte Meiner von dieser Kirchmann-Ausgabe eine Titelauflage herstellen müssen.[16] Die von Dürr begonnene Modifizierung der ersten, Kirchmann'schen Konzeption, auch in bezug auf den Primat des ›gebildeten Publikums im allgemeinen‹ als dem angestrebten Publikum, wird von Meiner zunächst konsequent fortgesetzt (mit Ausnahme der allgemeinen Einführungen in die Teilgebiete der Philosophie, für die er später die Reihe ›Wissen und Forschen‹ schafft[17]):[18] »Ab 1911 wurde die Sammlung [PhB] immer stärker wissenschaftlichen Gesichtspunkten untergeordnet. Sie konzentrierte sich dabei auf Schaffung von exakten ›Studienausgaben‹.«[19] »Alle Ausgaben wurden textkritisch gründlich durchgesehen, neue sorgfältige Übersetzungen, die den so viel schärfer gewordenen Anforderungen der Wissenschaftlichkeit entsprachen, angefertigt, Einleitungen beigegeben, die in die Problemstellung des Werkes einführten und selbständigen wissenschaftlichen Wert hatten, und nach und nach Register beigegeben, die gerade bei philosophischen Büchern die Benutzung ja außerordentlich erleichtern, die vom Publikum bei der Beurteilung des Buchpreises jedoch nicht entsprechend berücksichtigt werden.«[20] 1921 schreibt Vorländer im Vorwort zur Neuausgabe von Kants ›Vermischten Schriften‹: »Im übrigen habe ich auch dieser meiner Kantausgabe, wie bei allen bisherigen Bänden derselben – was dann auch bei fast sämtlichen anderen zahlreichen Neuausgaben philosophischer Schriftsteller aller Völker und Zeiten in der ›Philosophischen Bibliothek‹ mehr oder weniger leitendes Prinzip geworden ist –, neben einem den wissenschaftlichen Anforderungen entsprechenden Text, den Hauptwert auf die sachlichen Beigaben: Einleitung, Anmerkungen, Personen- und Sachregister, gelegt.« 1927 urteilt dann Erich Rothacker: »Daß auf diesem Felde [der Edition] die Philosophische Bibliothek des rührigen Verlags Felix Meiner an der Spitze marschiert, ist bekannt. Seine Berkeley-Ausgabe ist konkurrenzlos.«[21] Ab 1913 schuf Felix Meiner auch mehrere Reihen neben der PhB – mit dieser teils enger, teils locker verknüpft –, in denen die verschiedenartigsten Verlagswerke, die nicht in die PhB aufgenommen werden (konnten), herausgebracht

[15] 1922 durch die ›Vermischten Schriften‹, 1924 durch den ›Briefwechsel‹.
[16] 50.28.4
[17] Siehe hier S. 81 ff.
[18] Siehe hier S. 151 f.
[19] Verlag Felix Meiner, Hamburg, 1979, S. 27.
[20] Felix Meiner: Die Philosophische Bibliothek, 1945, S. 4.
[21] E. Rothacker: Hilfsmittel des philosophischen Studiums, 1927, S. 782.

wurden.[22] Gleichwohl gibt es einzelne Bände, die weder der PhB noch einer der anderen Reihen angehören.[23]

Ein wesentliches Kennzeichen des ersten Jahrzehnts bei Meiner war die langfristig eingerichtete Verlagsarbeit auf Werkeausgaben hin, die in den 20er Jahren als ›Gesamtausgaben der PhB‹[24] ein – auch werbeträchtiges – Charakteristikum dieser Reihe gegenüber anderen ausmachen. So wurde 1911 durch A. Buchenau mit dem 5. Band (= 4. Abteilung), den ›Leidenschaften der Seele‹ (der Band enthielt auch das Gesamtregister zur Descartes-WW),[25] die Erneuerung der *Descartes*-WW abgeschlossen. 1915 erschienen die ›Meditationen‹ mit den sämtlichen Einwänden und Erwiderungen.[26] Auch die bei Dürr begonnene Erneuerung der Kirchmann'schen *Kant*-WW durch Karl Vorländer wurde bei Meiner fortgesetzt. Bei Dürr hatte Vorländer zwischen 1902 und 1907 schon die ›Kritik der Urteilskraft‹, die ›Religion innerhalb der Grenzen der bloßen Vernunft‹, die ›Kleineren Schriften zur Logik und Metaphysik‹, die ›Prolegomena‹, die ›Kritik der praktischen Vernunft‹, die ›Grundlegung zur Metaphysik der Sitten‹ und die ›Metaphysik der Sitten‹ herausgegeben.[27] Schiele hatte 1902 den ›Beweisgrund‹, Kinkel 1904 die ›Logik‹ und Buek

[22] Siehe hier S. 71–84.

[23] Z. B. erschien 1914 von Kant: Zum ewigen Frieden. Mit Ergänzungen aus Kants übrigen Schriften und einer ausführlichen Einleitung über die Entwicklung des Friedensgedankens. Hrsg. von Karl Vorländer. (Die Ausg. wird im Vorwort Vorländers als »Sonderausgabe« bezeichnet; 2. Aufl. 1919). 1922 von Brentano: Die Lehre Jesu und ihre bleibende Bedeutung, mit einem Anhange: Kurze Darstellung der christlichen Glaubenslehre. Hrsg. aus seinem Nachlasse von Alfred Kastil; obwohl 1921 von Brentano ›Vom Ursprung sittlicher Erkenntnis‹ in der PhB als Bd 55 erschienen war.

[24] Unter diesem Titel wirbt Meiner in den 20er Jahren öfters für diese Werkeausg.

[25] Gleichwohl hatte der Band »einen ungewöhnlich schlechten Absatz« (Felix Meiner: Die Philosophische Bibliothek, 1945, S. 7).

[26] »Von diesem Briefwechsel gab es in keiner Sprache der Welt eine moderne Ausgabe. Es reizte mich, der Philosophischen Bibliothek ein so wertvolles Dokument anzufügen, und ich ging darauf ein. 1915 erschien der Band, während vom Text der ›Meditationen‹ eine Sonderausgabe hergestellt wurde. Die große Ausgabe der Meditationen ist ein für die ganze Geistesgeschichte ungemein wertvolles und aufschlußreiches Buch, aber der kaufmännische Erfolg war gering. Immerhin gewann die Gesamtausgabe des Descartes dadurch wesentlich an Wert, insbesondere der Reclam-Ausgabe gegenüber.« (Felix Meiner: Die Philosophische Bibliothek, 1945, S. 7).

[27] Die ›Kritik der reinen Vernunft‹ freilich hatte Vorländer selbst 1899 schon in der Hendel'schen ›Bibliothek der Gesamt-Litteratur‹ herausgegeben, so daß diese – nach Textrevisionen der Kirchmann'schen Ausg. – 1913 in der PhB von Theodor Valentiner, 1926 dann in neuer Textgestalt (mit Gegenüberstellung der 1. und 2. Aufl.) neu herausgegeben wurde.

1907–09 die ›Schriften zur Naturphilosophie‹ neu ediert. Und so konnte die Dürr'sche Buchhandlung 1907 zur Kant-Ausgabe in einer Verlagsanzeige[28] schreiben:

»Bekanntlich ist diese Ausgabe die einzige Ausgabe von Kants sämtlichen Werken, welche zurzeit im Buchhandel zu haben ist. Die große Berliner Akademie-Ausgabe mit ihren teuren 12 Mark-Bänden wird noch lange Zeit zu ihrer Vollendung brauchen. Die älteren Ausgaben von Kants gesammelten Werken sind meist nur noch antiquarisch zu haben. Um so dankbarer wird es begrüßt werden, daß hier nicht ein schlichter Abdruck der alten Texte geboten wird, sondern daß die einzelnen Bände der Kantausgabe der Philosophischen Bibliothek durch gewissenhafte Herausgeber philosophisch revidiert, mit tiefer philosophischer Sachkunde und mit bedeutendem Lehrgeschick eingeleitet und erläutert und durch sehr brauchbare Sachregister bereichert worden sind.«

Vorländer gab dann 1912 die ›Anthropologie‹ und 1923 die ›Kleineren Schriften zur Geschichtsphilosophie, Ethik und Politik‹ und 1922 die ›Vermischten Schriften‹ neu heraus, womit die neue, Vorländer'sche Kant-WW dann in einer ersten Stufe fertig war. 1924 kam der von Schöndörffer edierte ›Briefwechsel‹, 1927 die von Lehmann edierte ›Erste Einleitung in die Kritik der Urteilskraft‹ und 1929 – um die von Raymund Schmidt ohne Register herausgegebene ›Kritik der reinen Vernunft‹ zu vervollständigen – Ratkes ›Handlexikon zur Kritik der reinen Vernunft‹ hinzu.[29]

Seit 1904 wurden auch die *Aristoteles*-Ausgaben erneuert, vor allem durch Eugen Rolfes. 1904 hatte er bei Dürr die ›Metaphysik‹ neu ediert, bei Meiner dann 1911 die ›Nikomachische Ethik‹, 1912 die ›Politik‹ und von 1918 bis 1922 das ›Organon‹; 1911 hatte A. Busse ›Über die Seele‹ neu herausgegeben,[30] 1921 edierte A. Gudeman die ›Poetik‹ neu, so daß Meiner 1922 eine erste Aristoteles-WW anbieten konnte. 1924 kamen noch die ›Parva naturalia‹ hinzu.

Vor 1900 gab es in der Kirchmann'schen PhB vier *Platon*-Texte. Sie werden ab 1911 ersetzt durch Otto Apelt, der nach und nach auch fast alle anderen Platonischen Dialoge übersetzt. 1911 veröffentlicht er noch bei Dürr den ›Theätet‹,[31] der die Kirchmann'sche Ausgabe von 1880 ersetzt; 1912 erscheint

Die Vorländer'sche Ausg. von 1899 entspricht mit Vorwort, Einleitung, Personen- und Sachregister sowie dem Format der Hendel'schen ›Bibliothek‹ der PhB-Konzeption (was auch im Titelseitentext deutlich wird). Vorländer nennt die Kirchmann'sche Ausg. nur (Einleitung S. XXV); im Kapitel über ›Hilfsmittel zum Studium der Kritik der reinen Vernunft‹ (S. XXXVIII–XLIII) werden Kirchmanns ›Erläuterungen‹ nicht einmal erwähnt.

[28] Z. B. auf S. 234 der Ausg. 16.1.1.

[29] Vgl. dazu R. Malter in: Ceterum censeo ..., 1983, S. 91–100.

[30] Rolfes hatte diese Schrift schon 1901 bei Hanstein in Bonn herausgegeben.

[31] Dürr war noch 1909 mit diesem Wunsch an Apelt herangetreten. Der Plan zu einer Gesamtausg. der Platonischen Dialoge stammt von Felix Meiner, siehe 2.2.1, Vorwort S. III.

von Apelt der ›Philebos‹ und von Hildebrandt das ›Gastmahl‹,[32] das Arthur Jungs Ausgabe von 1880 ersetzt, 1913 von Apelt der ›Phaidon‹ und 1914 der ›Gorgias‹, ›Menon‹, ›Politikos‹ und ›Sophistes‹ sowie von C. Ritter der ›Phaidros‹; 1916 ersetzt Apelt die 1870 erschienene Kirchmann'sche Ausgabe des ›Staates‹ (mit Schleiermachers Übersetzung) – sie war 1901 und 1907, von Th. Siegert bearbeitet, erschienen –, 1919 die 1882 publizierte Kirchmann'sche Ausgabe des ›Parmenides‹. Mit den anderen Bänden war die Apelt'sche Platon-Ausgabe 1920 fertig[33] (1923 kam der Gesamt-Index hinzu), – die erste vollständige deutsche Platon-Übersetzung seit Schleiermacher –, von der es Ende 1988 einen limitierten, siebenbändigen Reprint gab.[34]

Von *Leibniz* waren bis 1900 drei Bände erschienen: 1873 die von Schaarschmidt herausgegebenen ›Neuen Abhandlungen‹, deren Erläuterungen 1874 separat erschienen, und 1879 durch Kirchmann die ›Kleineren, philosophisch wichtigeren Schriften‹ sowie die ›Theodicee‹ (jeweils mit separaten Erläuterungen im selben Jahr). 1904–06 erschienen dann bei Dürr die von A. Buchenau übersetzten und von Ernst Cassirer herausgegebenen ›Hauptschriften zur Grundlegung der Philosophie‹ und 1904 die Schaarschmidt'sche Ausgabe der ›Neuen Abhandlungen‹ in 2. Auflage, die 1915 durch Cassirer ersetzt wurde; 1916 erschienen zwei Bände ›Deutsche Schriften‹ durch W. Schmied-Kowarzik. Die Kirchmann'sche Edition der ›Theodizee‹ wurde erst 1925 durch Buchenau ersetzt, womit dann eine neue Leibniz-WW komplett war.[35]

Von *Spinoza* hatten Kirchmann und Schaarschmidt vor 1900 sechs Bände herausgegeben, die ab 1905 bei Dürr erneuert wurden: 1905 edierte Baensch die ›Ethik‹ neu, 1907 Buchenau ›Descartes' Prinzipien der Philosophie‹ und Gebhardt die ›Abhandlung über die Verbesserung des Verstandes‹, 1908 folgte die Erneuerung der Ausgabe des ›Theologisch-politischen Traktates‹ durch Gebhardt. Bei Meiner edierte Gebhardt 1914 die Briefe neu, gab im selben Jahr die ›Lebensbeschreibungen und Gespräche‹ heraus, und erst 1922 vollendete die Neuedition der ›Kurzen Abhandlung von Gott, dem Menschen und seinem Glück‹ die neue Spinoza-Werkeausgabe.

Auch die Konstituierung einer *Berkeley*-Werkeausgabe ist Meiners Verdienst. Zwar war schon 1869 durch Ueberweg die ›Abhandlung über die Prinzipien der menschlichen Erkenntnis‹ erschienen (sie wurde erst 1957 durch A. Klemmt ersetzt); bei Dürr gab 1901 Raoul Richter die ›Drei Dialoge zwischen

[32] 1923 wird die Hildebrandt'sche Übersetzung durch eine Apelt'sche ersetzt.

[33] Allein 1918 erschienen 8 Platon-Erstausg. in der PhB.

[34] Siehe dazu u. a. A. Schmitz: ›Aha, Platon total bei Meiner, sehr gut‹. 1988; G.-K. Kaltenbrunner: Schüler des Sokrates und Lehrer des Aristoteles. 1988; Der Spiegel, Jg 42, Nr 48 vom 28.11.1988, S. 240.

[35] Zu Leibniz in der PhB siehe A. Heinekamp in: Ceterum censeo …, 1983, S. 70–76 und E. Rudolph, a. a. O., S. 119–121. Heinekamp ist zu korrigieren in der Meinung, nach 1868 seien bis zur Publikation der ›Nouveaux Essais‹ 10 Jahre vergangen; es waren nur 5 (sie erscheinen 1873).

Hylas und Philonous‹ heraus; aber bei Meiner kamen von 1912 bis 1926 vier weitere Berkeley-Werke hinzu. 1926 wurden alle sechs Ausgaben zu einer Berkeley-Werkeausgabe zusammengefaßt.

Meiner vollendete also die bei Dürr begonnene Erneuerung der Descartes-, Kant-, Leibniz- und Spinoza-Werkeausgabe. Die bei Aristoteles, Berkeley und Platon bei Dürr mit jeweils einem Werk begonnene Ausgaben-Erneuerung führte Meiner jeweils bis zu einer Werkeausgabe fort.

Besondere Verdienste erwarb sich Meiner um vier weitere Philosophen: Hegel, Brentano, Plotin und Nikolaus von Kues, indem er Pionierarbeit leistete. Den philosophischen Umständen der Zeit entsprechend hatte es unter Kirchmann von *Hegel* nur die 1870 von Karl Rosenkranz herausgegebene ›Enzyklopädie‹ gegeben, deren Erläuterungen des Herausgebers im selben Jahr separat erschienen waren. Die Reihe der Neueditionen begann bei Dürr durch Georg Lasson (1862–1932):[36] Er ersetzte die Rosenkranz-Ausgabe der ›Enzyklopädie‹ 1905 durch eine Neuedition und brachte 1907 – hundert Jahre nach der Erstauflage – die ›Phänomenologie des Geistes‹ heraus. Als Felix Meiner 1911 die PhB übernahm, fand er als dritten Hegel-Text die ›Rechtsphilosophie‹ gerade im Satz fertig vor,[37] die noch im selben Jahr erschien. Zudem hatte er von Fritz Eckardt die von Otto Weiß 1909 mit Hegels ›Phänomenologie‹ als Band 2 begonnene Ausgabe von Hegels ›Sämtlichen Werken‹ übernommen.[38] Schon 1911 faßte Felix Meiner »den Plan, die vorhandenen Ansätze von nun an zu einer kritischen Gesamtausgabe der Werke Hegels auszubauen«,[39] die nach über 50jähriger Arbeit und manchen Rückschlägen Ende der 60er Jahre – außerhalb der PhB – schließlich realisiert werden konnte.[40] Die 1911 zunächst mit Weiß und Lasson gemeinsam geplante Ausgabe kam nicht zustande.[41] So gab Lasson 1913 Hegels ›Schriften zur Politik und Rechtsphilosophie‹, 1917–20 die vierbändigen ›Vorlesungen über die Philosophie der Weltgeschichte‹ und in den 20er Jahren weitere Hegel-Bände allein heraus.

[36] Siehe den Artikel von F. Holz in NDB, Bd 13, 1982, S. 679–81. Felix Meiner schreibt am 5.7.1945: »Die Zeit für die Hegel-Arbeit konnte er sich als vielbeschäftigter, äußerst gewissenhafter Großstadtpfarrer nur in den Abendstunden abringen. Berücksichtigt man dies, so ist seine Leistung noch erstaunlicher.« (Die Hegel-Ausgabe, 1945, S. 1).

Zur Hegel-WW in der PhB siehe auch F. Nicolin: Die neue Hegel-Gesamtausgabe, 1961, S. 303 ff.; H. Heimsoeth: Die Hegel-Ausgabe der Deutschen Forschungsgemeinschaft, 1959/60. Siehe auch Anm. 43.

[37] F. Meiner: Die Hegel-Ausgabe, 1945, S. 2 f.

[38] Siehe hier S. 69.

[39] Felix Meiner zum 70. Geburtstag, 1953, S. 30. Siehe auch Lassons Bemerkungen im Vorwort zur Ausg. 36.19.6.

[40] 1968, im Jubiläumsjahr der PhB, erscheint deren 4. Bd als erster (Jenaer Kritische Schriften).

[41] Siehe hier S. 155.

1930 bekam er in Johannes Hoffmeister (1907–1955)[42] einen Mitarbeiter, der nach Lassons Tod 1932 dessen Arbeit fortsetzte.[43] 1953 schrieb Eduard Spranger: »Als die große neue Hegelausgabe begonnen wurde, war es noch nicht lange her, daß ich (1903) die Originalausgabe von Hegels Enzyklopädie (1817) antiquarisch für 1 M erwarb und dem Verkäufer andeuten konnte, das sei doch für solch ein obsoletes Buch ein erheblicher Betrag. Es war eine Tat, Hegels Gedanken wieder aus der ›faulen Existenz‹ herauszureißen und in die Blutbahn des deutschen Geisteslebens hineinzuflößen. Mit welch angestrengter Mühe bis heute und noch weit hinaus! Aber auch mit welchem Erfolg!«[44]

Einem breiteren Publikum zugänglich gemacht wurde die Philosophie Franz *Brentanos*[45]. 1921 erschien als erster Band Brentanos in der PhB die von Oskar Kraus besorgte 2. Auflage von ›Vom Ursprung sittlicher Erkenntnis‹; 1922 folgte – wenngleich außerhalb der PhB[46] – von Alfred Kastil aus dem Nachlaß herausgegeben ›Die Lehre Jesu und ihre bleibende Bedeutung‹. Bis 1933 erschienen zehn, von O. Kraus und A. Kastil herausgegebene, Bände. 1977 übernahm Meiner sechs, von 1952 bis 1966 im Francke Verlag, Bern, von Franziska Mayer-Hillebrand herausgegebene Brentano-Bände.[47] Bis 1988 erschienen insgesamt 24 Brentano-Bände in der PhB (bis auf die genannte Ausnahme).[48]

Von 1930 bis 1937 erschienen *Plotins* Schriften in fünf Bänden, übersetzt von Richard Harder. Die Ausgabe hat wesentlichen Anteil am Verständnis dieses Philosophen in den deutschsprachigen Ländern; sie erschloß Plotin einem Studium nicht nur durch wenige Spezialforscher. Die Ausgabe wurde in den Jahren 1956–57 und 1971 ersetzt durch eine 12bändige griechisch-deutsche Ausgabe.

1936 erschienen die ersten Hefte einer 1911 noch von der Dürr'schen

[42] Johannes Hoffmeister zum Gedächtnis, 1956.

[43] Zu den Hegel-Ausg. in der PhB siehe L. Adam in: Felix Meiner zum 70. Geburtstag, 1953, S. 29–33; F. Nicolin: Hegels Werke und die hundertjährige Philosophische Bibliothek, 1968, S. 21–26; F. Nicolin in: Ceterum censeo ..., 1983, S. 107–113; O. Pöggeler, ebd., S. 114–118; Johannes Hoffmeister zum Gedächtnis, 1956. Siehe auch Anm. 36.

[44] Felix Meiner zum 70. Geburtstag, 1953, S. 20.

[45] Dazu siehe auch F. Mayer-Hillebrand: Rückblick auf die bisherigen Bestrebungen zur Erhaltung und Verbreitung von Franz Brentanos philosophischen Lehren und kurze Darstellung dieser Lehren, 1963.

[46] In der Einleitung heißt es auf S. III: »Aus diesem Nachlasse, dessen allmähliche Veröffentlichung durch einen großzügigen Entschluß des Verlegers der ›Philosophischen Bibliothek‹ gesichert erscheint, werden hier als erster Band einige der religionsphilosophischen Arbeiten veröffentlicht, [...]«.

[47] Im Jubiläumskatalog ›Klassische Werke philosophischer Tradition‹ ist diese Übernahme auf S. 8 irrtümlich auf 1976 datiert.

[48] Vgl. dazu R. M. Chisholm in: Ceterum censeo ..., 1983, S. 35–37.

Buchhandlung angekündigten Ausgabe von *Nicolaus Cusanus* in deutscher Übersetzung, die der Marburger Neukantianer Hermann Cohen (1842–1918) herauszugeben beabsichtigt hatte. »Länger als 25 Jahre stand der Plan einer deutschen Übersetzung der Schriften des Nikolaus von Cues auf dem Programm der ›Philosophischen Bibliothek‹. Die Verwirklichung mußte vertagt werden, da erst eine sichere Textgrundlage zu schaffen war. Nunmehr sind die Arbeiten an der Heidelberger Akademie-Ausgabe soweit gefördert, daß begonnen werden kann, die philosophischen, theologischen, naturwissenschaftlichen und politischen Gedanken des Cusanus einem größeren Kreise nahezubringen.«[49] »Um nun das in Jahrzehnten angesammelte Material der Öffentlichkeit schneller zugänglich zu machen, als dies die große lateinische Akademieausgabe vermag, und um zugleich dem überall in der Welt so stark belebten Interesse an der Philosophie des Cusaners eine sichere Textgrundlage zur Verfügung zu stellen, veranstaltet der Felix Meiner Verlag seit 1936 auch eine deutsche Ausgabe der Schriften des Nicolaus von Cues im Rahmen der ›Philosophischen Bibliothek‹ unter der verdienstvollen Leitung von Ernst Hoffmann.«[50] Nach dessen Tod im Jahre 1952 übernahm Hans-Georg Gadamer die Leitung der Cusanus-Kommission der Heidelberger Akademie, Paul Wilpert (1906–1967) bzw. nach dessen Tod Karl Bormann die Herausgabe der ›Schriften in deutscher Übersetzung‹ des Cusanus. Die seit 1936 erschienenen Bände werden seit 1973 – soweit möglich und entsprechend dem Fortschreiten der kritischen Ausgabe ›Nicolai de Cusa Opera omnia‹ – nach und nach durch lat.-deutsche Parallelausgaben ersetzt.

Grundsätzlich hielt Felix Meiner wenig davon, frühzeitig ›Werkeausgaben‹ bzw. ›Gesamtausgaben‹ anzukündigen (mit Ausnahme der Hegel-Ausgabe), ohne deren Verwirklichung in absehbarer Zeit in Aussicht stellen zu können. Zu oft hatte er bei Verlegerkollegen sehen müssen, daß Ausgaben steckenblieben oder sich über Jahrzehnte hinzogen (wie dann auch bei Hegel). Erst wenn zumindest die Hauptwerke eines Autors vorlagen, überlegte er, diese – ggf. durch weitere Werke des Autors ergänzt – zu einer Werkeausgabe zusammenzufassen. Dabei sollten aber auch die einzelnen Bände stets dem neuesten Stand der Forschung entsprechen. Diese Maxime Meiners verhinderte nach dem Krieg einen schnellen Wiederaufbau der PhB durch unveränderte Nachdrucke (Reprints) der WW-Ausgaben, da sie seiner Meinung nach vielfach überholungsbedürftig waren und den gegenwärtigen Ansprüchen nicht mehr genügten. Statt dessen investierte Meiner Zeit und Geld, um zunächst die Einzelausgaben in Neubearbeitungen herauszubringen, die den Fortschritten in

[49] Anzeige am Schluß der Ausg. 78.5.1. von 1937.

[50] L. Adam in: Felix Meiner zum 70. Geburtstag, 1953, S. 35 f. Näheres zu der lat. und dt. Ausg. der Schriften Nikolaus von Kues', a. a. O., S. 34–37 und von W. Beierwaltes in: Ceterum censeo ..., 1983, S. 26–30, sowie K. Bormann, a. a. O., S. 31–34. Auch J. Koch: In memoriam Felicis Meiner, 1965.

Wissenschaft und Editionsstandards Rechnung trugen, ja teils solche selbst förderten.

Neben den Bänden der genannten Werkeausgaben erneuerte Meiner zahlreiche ältere Ausgaben und führte neue Autoren in die PhB ein: 1911 Damaskios und – in eingeschränktem Sinne als ›Autor‹ – Vorländer, 1912 d'Alembert,[51] Herbart und Lotze, 1914 Ficinus, 1915 Comte und Hobbes. Die Kriegsjahre 1914–18 hatten natürlich erheblichen Einfluß auf die Verlagsarbeit, wie in einem Text Meiners ›Zur Verlagschronik 1914/1919‹ vom 27. Juni 1919 deutlich wird.[52] 1916 und 1917 wurden jeweils nur acht Bände herausgebracht, 1918 13 Bände (davon acht Platon-Erstausgaben), 1919 16 Bände. ›Feldausgaben‹ und ›Taschenausgaben‹ der PhB[53] sind eine Folge des Krieges. 1917–18 erschienen 15 Hefte der ›Feldausgaben‹, die nach dem Krieg als ›Taschenausgaben‹ weitergeführt wurden; 1919 entstanden 20, 1922 29 solcher Hefte.

Die nach dem Krieg einsetzenden wirtschaftlichen Probleme, vor allem der Währungsverfall, trafen den Buchhandel hart und spiegeln sich in der PhB[54] sowie in den Meiner'schen Katalogen der 20er Jahre.[55] Nachdem am 13. September 1922 durch den Börsenverein der Deutschen Buchhändler und den Deutschen Verlegerverein die Schlüsselzahl eingeführt worden war (die mit dem Grundpreis einer Veröffentlichung zu multiplizieren war[56]), gab Felix Meiner z. B. in seinem Katalog vom Dezember 1922 die Preise in Schweizer Franken, was er in einem Abschnitt ›An die Bücherkäufer im Ausland‹ begründete. Bei solchen Ausführungen handelt es sich um Dokumente nicht nur zu Felix Meiners Verlegerpersönlichkeit, sondern auch zu dieser Zeit. Zwei solcher Texte sind im Anhang wiedergegeben.[57]

Trotz der wirtschaftlichen Probleme war der Verlag in den 20er Jahren äußerst aktiv: bis auf eine Ausnahme (1927) erscheinen jährlich nicht weniger als 16 Bände. Neben den Bemühungen um die schon genannten Autoren (vor allem die der Werkeausgaben) werden an neuen PhB-Autoren eingeführt: 1920

[51] Die Erläuterungen zu der von E. Hirschberg besorgten ›Einleitung zur Enzyklopädie von 1751‹ erschienen im selben Jahr in separater Ausg., – ein letzter Nachklang des betr. Kirchmann'schen Konzeptionspunktes der PhB.

[52] Er ist – mit wenigen Auslassungen – im Anhang zu diesem Kap. unter Nr 1 wiedergegeben auf S. 172–175.

[53] Siehe hier S. 71 ff. und 74 ff.

[54] 1955 schreibt Oskar Kraus zum Jahr 1921: »Die Bedrängnis der ersten Nachkriegsjahre nötigte zu möglichster Sparsamkeit. Um auf kleinstem Raume Wertvollstes zu bieten, habe ich damals von den Anmerkungen und Anhängen Brentanos manches weggelassen, [. . .]« (10.21.3, Einleitung des Hrsg., S. XV).

[55] Vgl. dazu auch Felix Meiner: Warum sind die Bücher so teuer? 1920.

[56] Bei ihrer Einführung betrug die Schlüsselzahl 60, am 22. November 1923 1 100 Milliarden.

[57] Vom Dez. 1920 und Sept. 1925; Nr 2 und 3, S. 175–178.

Bolzano, K. Chr. F. Krause und Thomas von Aquin (in eingeschränktem Sinne Lasson mit ›Hegel als Geschichtsphilosoph‹), 1921 Diogenes Laertios, 1922 Libanios, 1923 – mit 15 neuen Titeln das innovativste Jahr – Augustinus, Chr. J. Boström, E. v. Hartmann, Jean Paul, Maimonides und Seneca, 1926 Plutarch und A. Smith, 1928 J. St. Mill, 1929 H. Ratke.

Mit Beginn der 30er Jahre nahm durch die einsetzende Wirtschaftskrise, vor allem aber die Konstituierung des totalitären, nationalsozialistischen Staates und seiner Ideologie das Bedürfnis nach philosophischer Literatur stark ab, worunter der Verlag sehr litt (er versuchte dies – soweit überhaupt möglich – durch eine Stärkung der anderen Abteilungen, bes. der Wirtschaftswissenschaften, auszugleichen).[58] So wurden seit 1930 die Neuerscheinungen der PhB ständig weniger: Waren 1929 und 1930 noch jeweils fünf neue Titel erschienen, so waren es 1931 drei,[59] 1932 noch zwei[60] und 1933 nur noch ein einziger neuer Titel.[61] 1934 und 1935 erschien zum ersten Mal seit 34 Jahren nicht ein einziger neuer Titel. 1935 gab es *einen* neuen Band.[62] Zum zweiten

[58] Dabei ist hervorzuheben, daß Felix Meiner – als Verleger ja auch ein Mann der Öffentlichkeit – es trotz aller Widrigkeiten vermochte, ohne irgendeine später als kompromittierend empfundene Tat durch die Zeit der nationalsozialistischen Herrschaft zu kommen. Dies war nicht leicht und vielfach nur durch die Hilfe treuer Mitarbeiter möglich; denn ein leitender Mitarbeiter mußte in der Partei sein, um die Genehmigung zur Fortführung des Verlages durch die Reichsschrifttumskammer zu erhalten. Felix Meiner selbst wollte und konnte auf Grund seiner bekannten politischen Einstellung und der Veröffentlichungen seines Verlages die Parteimitgliedschaft nicht beantragen. In dieser Situation stellte sich der spätere langjährige Prokurist Richard Richter (1899–1985), der 59 Jahre bis zu seinem 76. Lebensjahr dem Verlag die Treue hielt und Felix, später auch Richard Meiner eine unersetzliche Stütze war, zur Verfügung, trat in die Partei ein und übernahm als PG (Parteigenosse) gelegentlich besonders heikle Aufgaben. So hielt er bei einer der letzten Sitzungen eines Vorstandsgremiums der inzwischen verbotenen ›Deutschen Staatspartei‹, zu der Theodor Heuss extra aus Berlin angereist kam und die im Verlagsgebäude stattfand, Wache vor der Tür, da man nicht sicher war, ob die Gestapo von diesem Zusammentreffen erfahren hatte. – Auch in buchhändlerischen Organisationen war Felix Meiner nach 1933 nicht mehr tätig. – 1936 mußte er die Meister-Eckhart-Ausg. an den schweizer Verlag Paul Haupt (Bern) abgeben (infolge des Kriegsausbruchs kam es dort aber zu keiner neuen Veröffentlichung), während eine weitere Eckhart-Ausg. mit Unterstützung der ›Notgemeinschaft der Deutschen Wissenschaft‹ im Kohlhammer-Verlag begonnen wurde. Die Zeitschrift ›Erkenntnis‹ ging auf den holländischen Verlag van Stockum (Den Haag) über.

[59] Hegel: ›Jenenser Realphilosophie II‹ und ›Vorlesungen über die Ästhetik: Die Idee und das Ideal‹ sowie – als neuer Autor – Elyot: ›Das Buch vom Führer‹.

[60] Hegel: ›Jenenser Realphilosophie II‹ und Hoffmeister: ›Goethe und der deutsche Idealismus‹.

[61] Brentano: ›Kategorienlehre‹.

[62] Die 3. Aufl. von Platons ›Hippias I/II. Ion‹.

Male in ihrer Geschichte machte die PhB damit eine Zeit der Stagnation durch, – ihre vierte Phase.

Bis 1944 erscheinen pro Jahr nicht mehr als acht Bände, – mit Ausnahme von zwei Jahren, in denen Werkeausgaben mit vorhandenen Einzelausgaben hergestellt werden.[63] Auch 1944 und 1945 erschien jeweils kein einziger neuer Titel, ebenso nicht 1948 und 1951. 1944 brachte immerhin das Hoffmeister'sche ›Wörterbuch der philosophischen Begriffe‹, das das alte von Kirchner-Michaëlis ablöste.[64] Von 1934 bis 1946 stammen alle neuen Titel von nur drei, in der PhB bereits vertretenen Autoren: von Nikolaus von Kues, Platon und Plotin, von 1938 bis 1946 nur von Nikolaus von Kues und Platon.

Die Zeit nach dem Zweiten Weltkrieg war für den Verlag doppelt schwer und – nach der fast restlosen Vernichtung von Verlag, Archiv und des größten Teils der Bestände am 4. Dezember 1943 – ein mehrfacher Neubeginn: zunächst mit der am 8. Februar 1947 erteilten Verlagslizenz der sowjetischen Militärregierung, dann nach der im Oktober 1951 erfolgten Flucht nach Hamburg. 1946 erschien nur ein einziger Band,[65] 1947 drei Bände, darunter mit Engels ein neuer Autor in der PhB.[66] 1948 gab es immerhin schon 16 Bände (ohne einen neuen Titel, die meisten Bände Aristoteles-Ausgaben). 1949 erschien nur ein neuer Titel[67] wie auch 1950, – mit Feuerbach aber ein neuer PhB-Autor. Für das Jahrzehnt von 1940 bis 1950 schrieb Eduard Spranger 1953, die Lehrer der Philosophie seien über die Brückenfunktion des Verle-

[63] 1937 eine 10bändige Kant-Ausg. und 1940 eine 7bändige Platon-Ausg.

[64] »Die Neubearbeitung des seinerzeit weitverbreiteten Philosophischen Wörterbuchs von Kirchner-Michaelis hatte er [Hoffmeister] bereits in den dreißiger Jahren übernommen. Eine erste Fassung, die in Teilen auf die Herrschaft des Nationalsozialismus hatte Rücksicht nehmen müssen, um überhaupt erscheinen zu können, war 1943 beim Bombenangriff auf Leipzig, fertig ausgedruckt, vernichtet worden. Auf Grund des einzigen geretteten Exemplars konnte es neu hergestellt werden und 1944 dann doch erscheinen.« Felix Meiner in: Johannes Hoffmeister zum Gedächtnis, 1955, S. 53.

[65] Nikolaus von Kues: Sichtung des Alkorans, Bd 2.

[66] Daneben Nikolaus von Kues' ›Vom Können-Ist. Vom Gipfel der Betrachtung‹ und ein unveränderter Neudruck von Kants ›Grundlegung zur Metaphysik der Sitten‹.

[67] Nikolaus von Kues: Der Laie über den Geist.

Die 3 1946, 1947 und 1949 erschienenen Cusanus-Bde (72.7.1, 72.9.1, 72.10.1) konnten nur deshalb erscheinen, weil mit ihrer Herstellung schon vor dem Ende des Krieges in der Heidelberger Druckerei Winter begonnen worden war und gegen ihre Fertigstellung von seiten der amerikanischen Militärregierung keine Bedenken bestanden. So ist die Ausg. 72.9.1 illegal erschienen, während vielen Exn der Ausg. 72.7.1 nachträglich auf der Impressumseite ein Schildchen mit dem Lizenzvermerk der sowjetischen Militärregierung eingeklebt wurde. Auch die Ausg. 36.19.8 (siehe dort) wurde zum größten Teil bereits 1944 gedruckt, erschien aber erst 1949. Solche Zufälligkeiten des Erscheinungsjahres sind bei Register 3.3.3 zu bedenken.

gers zwischen dem Geist auf der einen und der merkantilen Welt des Publikums auf der anderen Seite »in den letzten Jahren [...] sehr eindringlich belehrt worden. Wenn wir zwischen 1940 und 1950 über einen philosophischen Klassiker Übungen veranstalten wollten und die betreffende Nummer der ›Philosophischen Bibliothek‹ nicht mehr vorhanden oder nicht erreichbar war – dann *ging* die Sache eben nicht, und das bißchen Wissen in unserem Kopf half wenig. Wir mußten oft zu weniger Wichtigem greifen.«[68] Im Jahr der Umsiedlung von Leipzig nach Hamburg, 1951, erschienen nur sieben Bände, sämtlich unveränderte Nachdrucke; es gab von der PhB 18 lieferbare Bände. 1952 wird die von J. Hoffmeister herausgegebene ›Neue Kritische Hegel-Ausgabe in 32 Bänden‹ (die 1955 auf 35 Bände erweitert geplant wird) angekündigt.[69] In den folgenden Jahren werden auch die neuen Titel meist von den in der PhB schon vertretenen Autoren gestellt. Eine Ausnahme davon bietet das Jahr 1955, in dem mit Rousseaus ›Schriften zur Kulturkritik‹ nicht nur ein neuer Autor, sondern auch mit d'Alemberts von Erich Köhler besorgten Neuedition der ›Einleitung zur Enzyklopädie von 1751‹[70] die ersten zweisprachigen Ausgaben in der PhB erschienen.[71] Diese wichtige und auch sehr begrüßte[72] Neuerung war schon in den letzten Kriegsjahren geplant worden, konnte aber erst 1955 realisiert werden. Im Januar 1955 erschien dann auch die weitgehend umgearbeitete zweite Auflage des Hoffmeister'schen ›Wörterbuches der philosophischen Begriffe‹.

1956 begann die zweisprachige, 12bändige Plotin-Ausgabe (siehe oben), und es erschien die zweisprachige Ausgabe der Cartesischen ›Meditationen‹. 1957

[68] Felix Meiner zum 70. Geburtstag, 1953, S. 20 f.

[69] Hoffmeister stirbt schon im Okt. 1955.

[70] Die erste PhB-Ausg. war 1912 von Eugen Hirschberg hrsg. und erläutert worden.

[71] Die dritte zweisprachige Ausg. folgte im nächsten Jahr mit Comtes ›Rede über den Geist des Positivismus‹.

[72] 1969 schreibt der Wiener Philosophie-Professor Erich Heintel: »Eine besondere Erfüllung des allgemeinen Programms [der PhB] wurde freilich durch die erst in jüngster Zeit erschienenen zweisprachigen Bände (Originaltext und Übersetzung in seitenparalleler Anordnung) geleistet.« (Hundert Jahre ›Philosophische Bibliothek‹, 1969, S. 279). An gleicher Stelle (S. 288) begrüßt Heintel sehr zwei weitere zweisprachige PhB-Ausg. Daß zweisprachige Ausg. mit seitenparalleler Anordnung von Text und Übersetzung 1969 »erst in jüngster Zeit« erschienen, ist recht zu verstehen: Solche Ausg. erschienen schon 1955 (1.1.2, 84.1.1). Sehr positiv zu den zweisprachigen Ausg. äußern sich auch 1962 U. Hommes (Die ›Philosophische Bibliothek‹ im Verlag Felix Meiner 1959–1961, S. 199) und H. E. Eisenhuth (Rezension von 8 PhB-Ausgaben, S. 376: »besonders verdienstvoll«, »eine unschätzbare Bereicherung«), 1968 W. Hartmann (100 Jahre Philosophische Bibliothek, S. 607: »Der zweifellos wichtigste Schritt bleibt die Entscheidung, zweisprachige Studienausgaben in die PhB aufzunehmen.«) und K. Hecker (Hundert Jahre Philosophische Bibliothek, S. 220) sowie 1969 W. Kern (›Philosophische Bibliothek‹: lebendige Philosophie? S. 57).

erhielt die PhB mit Schopenhauer einen neuen Autor. 1958 erschienen erstmals in der PhB als Einzelausgabe Kants Dissertation von 1770 und Leibniz' ›Metaphysische Abhandlung‹ (beide zweisprachig), 1959 Kants ›Streit der Fakultäten‹. Das Jahr 1960 brachte die zweisprachige Ausgabe des Cartesischen ›Discours de la méthode‹. 1961 brachte keinen neuen Titel. Die Nummernzählung war – mit großen Lücken – bei 271 angelangt.[73] Es gab 98 lieferbare Bände. 1962 schreibt U. Hommes: »Zunehmend zeigt sich in den letzten Jahren das Bemühen des Verlages, nicht nur bei ganz neuen Bänden, sondern auch bei Neuauflagen bewährter Ausgaben und Übersetzungen die Brauchbarkeit durch gründliche Einführungen, genaue Anmerkungen und ausführliche Register zu erhöhen; dazu kam in verschiedenen Bänden eine gute Literaturübersicht. Zuweilen fehlt derlei freilich; am häufigsten vermißt man die Übersicht zur Literatur. [...] Was die dauernde Überarbeitung anbelangt, die es kostet, um die PhB auf dem jeweils neuen Stand der Forschung zu halten, so darf gesagt werden, daß sich der Verlag dieser Mühe gewissenhaft unterzieht.«[74] 1962 brachte Einzelausgaben von Hegels ›Differenzschrift‹ und ›Glauben und Wissen‹, 1963 zwei neue Titel von Bolzano und Brentano, 1964 zwei neue Editionen der deutschen Cusanus-Ausgabe. 1965 und 1966 erschienen keine neuen PhB-Titel, – zum letzten Male bis heute. 1967 brachte an neuen Ausgaben Hegels ›System der Sittlichkeit‹ (die freilich nur eine Separatausgabe aus Lassons 1923 erschienener 2. Auflage der Hegel'schen ›Schriften zur Politik und Rechtsphilosophie‹ ist) und eine Cusanus-Edition. Im Jubiläums-Jahr 1968 sind 116 Bände lieferbar; es erscheinen insgesamt 21 Bände, darunter drei neue Editionen: eine zweisprachige Ausgabe des 10. Buches von Diogenes Laertios' ›Leben und Meinungen berühmter Philosophen‹, eine, nun ebenfalls zweisprachige, Einzelausgabe von Platons ›Euthyphron‹ (der Text war seit 1918 in einer Ausgabe zusammen mit dem ›Laches‹ greifbar) und – als neuen PhB-Autor – Malebranches 3. Buch ›Von der Erforschung der Wahrheit‹.[75]

Seit 1967 bringt Meiner jedes Jahr mindestens zehn neue Bände heraus, davon mindestens einen Titel erstmals (seit 1971 mindestens vier). 1969 erscheinen in einer zweisprachigen Ausgabe Ciceros ›Gedanken über Tod und Unsterblichkeit‹. An neuen Autoren werden 1971 Frege und J. N. Tetens, 1972 Husserl, 1973 Peirce, 1974 Du Bois-Reymond, 1975 Nelson, 1976 Suarez und 1977 W. James und Maine de Biran aufgenommen. Im selben Jahr übernimmt

[73] Zur Bdzählung – und ihren Lücken – siehe Kap. 1.5.4.

[74] Die ›Philosophische Bibliothek‹ im Verlag Felix Meiner 1959–1961, 1962, S. 204.

[75] Felix Meiner hatte in den PhB-Katalogen seit Sept. 1925 von Malebranche eine von A. Buchenau und G. Lehmann übersetzte Ausg. ›Gespräche über Metaphysik und Religion‹ als PhB Bd 201 angekündigt; sie wird in den PhB-Katalogen vom Sept. 1925 und April 1927 als »Im Druck« bezeichnet, im PhB-Katalog vom März 1929 als »In Vorbereitung«. Sie ist aber nicht erschienen.

Meiner auch sechs Brentano-Ausgaben aus dem Berner Francke-Verlag[76]. An weiteren Autoren kommen hinzu: 1978 K. L. Reinhold, 1979 Mendelssohn, 1980 E. Burke, Dietrich von Freiberg und Th. Litt, 1981 A. Graf v. Cieszkowski, 1982 C. G. Jochmann, 1983 A. Baumgarten und Pseudo-Mayne, 1984 Croce, Dilthey, Kierkegaard, Merleau-Ponty und W. v. Ockham und in dem im vorl. Werk nur halb verzeichneten Jahr 1985 Cassirer, R. Lullus und V. S. Solovjev. Seit 1971 bringt der Verlag also in jedem Jahr mindestens einen neuen Autor in die PhB (1977, 1983 und in der ersten Jahreshälfte 1985 waren es jeweils zwei, 1980 und 1984 sogar jeweils drei neue Autoren). Hält man dies mit der Mühe um die Pflege des vorhandenen Bestandes zusammen (auf die hier für die letzten 60 Jahre kaum eingegangen werden konnte), wird die Leistung der wenigen Mitarbeiter dieses Verlages sichtbar, zumal neben der PhB weitere Veröffentlichungsschwerpunkte bestehen. Dabei wird auch die Kontinuität in dem Bemühen um den »correctesten Text« deutlich, das sich besonders an solchen (vordem in anderer editorischer Bearbeitung vorhandenen) Ausgaben zeigt, die etwa anhand inzwischen erschienener historisch-kritischer Ausgaben gänzlich neu herausgegeben werden, so z. B. im Falle von Fichte, Hegel und Nikolaus von Kues.

Die neueren, z. T. zweisprachigen Ausgaben haben einen Editionsstandard erreicht, der – vor allem in Relation zum Preis dieser Bände – kaum noch übertreffbar scheint. Die PhB bietet damit als älteste philosophische Textreihe zwei Aspekte, die Friedhelm Nicolin als »doppelendige Position dieser Textsammlung zwischen philosophischem Studium und philosophischer Forschung« beschreibt;[77] auch Albert Heinekamp sieht diese beiden Aspekte bei den Leibniz-Ausgaben der PhB: stehen zwei Leibniz-Editionen aus den Jahren 1956 und 1958 »mit ihrem zuverlässigen Originaltext, ihrer textnahen Übersetzung, ihrer kurzen Einführung des Herausgebers den knappen (vielleicht zu knappen) Anmerkungen im Dienste der Vermittlung Leibnizscher Gedanken an breite Kreise der Öffentlichkeit«, so begeben sich zwei Ausgaben aus dem Jahre 1982 »auf das Gebiet der Forschung und der wissenschaftlichen Erschließung des Leibniz-Nachlasses.«[78]

Der Enkel von Felix Meiner und heute zusammen mit seinem Vater Richard verantwortliche Verleger der PhB, Manfred Meiner, sieht die Aufgaben eines, d. h. auch seines eigenen, wissenschaftlichen Verlages 1986 wie folgt:

»Der wissenschaftliche Verlag philosophischer Werke kann [...] – entgegen einer landläufigen Meinung – nicht auf einen festen ›Bestand‹ oder Fundus ›überzeitlicher‹ Texte zurückgreifen, die in einmal erstellten Textfassungen je nach Marktlage kontinuierlich nachgedruckt oder in Reaktion auf Trendwendungen des Forschungsinteresses wiederaufgelegt werden können. Vielmehr gehört es zu seinen

[76] Siehe Anm. 47 auf S. 162.

[77] Ceterum censeo ..., 1983, S. 107.

[78] Ceterum censeo ..., 1983, S. 73/74; vgl. auch S. 74 sowie E. Rudolph, a. a. O., S. 120 f.

Aufgaben, zwar beständig, aber nur in vergleichsweise niedrigen Stückzahlen nachgefragte ›Longseller‹ grundsätzlich von Auflage zu Auflage nach Maßgabe des Forschungsstandes hinsichtlich des Textes (philologisch) und/oder der wissenschaftlichen Kommentierung (Einführung, Literaturverzeichnis, etc.) zu revidieren, Texte oder Textübersetzungen durch gänzliche Neubearbeitungen zu ersetzen, auf Änderungen der Forschungslage möglichst schnell und zugleich verantwortlich durch Bereitstellung wiederentdeckter, aber gerade darum häufig auch besonderen editorischen Aufwand erforderlich machender Texte zu reagieren.«[79]

Beim Redaktionsschluß der Bibliographie (Mitte 1985) war Kant der Autor mit den meisten Ausgaben in der bis dahin 117jährigen Geschichte dieser Textreihe mit knapp 360 Ausgaben;[80] Hegel und Fichte folgen mit knapp 160 bzw. 140 Ausgaben,[81] Platon mit über 120 und Aristoteles mit über 100 Ausgaben; Spinoza brachte es auf über 90 Ausgaben, Kirchmann (als Autor, nicht als Herausgeber) auf über 80, Descartes auf 80 Ausgaben; von Leibniz gab es über 50, von Brentano 45 Ausgaben, von Schleiermacher über 40, von Nikolaus von Kues 40, von Hume 35 und von Schelling schließlich 27 Ausgaben.[82] Der Ansicht, daß Kant und Hegel bisher nicht nur die häufigsten, sondern auch die ›erfolgreichsten‹ Autoren der PhB waren, wird man beistimmen können; bei den nachfolgenden Autoren aber ist der häufigere gewiß nicht immer jeweils auch der erfolgreichere Autor. So hatten z. B. die vergleichsweise zahlreichen Fichte-Ausgaben immer einen mässigen Absatz.

Mitte 1985 waren insgesamt 231 Titel[83] lieferbar. Bis Ende Januar 1989 kamen 11 neue Autoren dazu, davon 10 Autoren mit je einem Titel[84] und ein Autor mit zwei Titeln[85] sowie 27 Titel als Erweiterungen des Textbestandes bereits vorhandener PhB-Autoren (also ohne Neuauflagen bereits vorhandener Bände).

Der durchschnittliche Ladenpreis der lieferbaren Bände betrug 1989 DM 36,89, der durchschnittliche Ladenpreis pro Bogen (16 Seiten) DM 1,96.

[79] M. Meiner: Erwägungen zum Verlegen philosophischer Literatur, 1986, S. 90.

[80] Hier wie im folg. incl. aller WW-Bde sowie der ›Feld-‹ und ›Taschenausgaben‹. ›Ausgaben‹ meint hier Bde, die hier in der Bibliographie unter eigener Nr aufgeführt sind.

[81] Die gegenüber Hegel und Fichte sehr große Zahl von Kant-Ausg. ergibt sich z. T. auch aus den vielen Bdn der zahlreichen Kant-WW in der PhB; dies allein sind 99 Bde, gegenüber nur 24 Bdn der Fichte-WW. Von Hegel sind Bde der Hegel-WW hier nicht eigens aufgeführt. So gesehen rücken Kant und Hegel in den Ausgabezahlen näher zusammen, Hegel und Fichte aber auseinander.

[82] Die – nach den Regeln der Bibliographie – meisten Ausg. eines Textes erreicht Kants ›Kritik der reinen Vernunft‹ mit 25 Ausg.; danach seine ›Kritik der praktischen Vernunft‹ und Spinozas ›Ethik‹ mit jeweils 18 Ausg.

[83] Nach lieferbaren Einheiten gerechnet.

[84] Boethius, Burleigh, Dingler, Gorgias von Leontinoi, Hutcheson, Lambert, Maupertuis, Meinong, Newton, Nicolaus von Autrecourt.

[85] al-Ghazali.

Die Ausstattung der Reihe wurde seit dem 2. Weltkrieg verschiedentlich geändert. Erschienen zunächst alle Bände in einer kartonierten und zusätzlich in einer in Leinen gebundenen Ausgabe, verzichtete man später zunehmend auf diese Doppelgleisigkeit, da die billigeren Broschuren schnelleren Absatz fanden und die Restauflagen von Leinenbänden (verbesserten) Neuauflagen im Wege standen bzw. nur zum Preis des kartonierten Exemplars verkauft werden konnten. Trugen die Leinenbände zunächst keinen Schutzumschlag, so änderte sich dies mit der einheitlichen typographischen äußeren Neugestaltung der Reihe durch Hans Hermann Hagedorn im Jahre 1958. In neuerer Zeit werden nur noch wenige Ausgaben sowohl kartoniert als auch in Leinen gebunden angeboten. Allerdings ist der Verlag dazu übergegangen, in erster Linie für die Forschung und weniger für den unmittelbaren Gebrauch im Seminar gedachte Ausgaben (zumindest zunächst) nur in einer Leinenausgabe herauszugeben.

Nach über 30jähriger Kontinuität in der Einbandgestaltung schuf im Frühjahr 1989 der Graphiker Jens Peter Mardersteig für die Bände der PhB ein neues, klar strukturiertes Gesicht, das wesentlich durch das in der Form stark reduzierte, ebenfalls neue Signet bestimmt wird.[86] Dieses Signet abstrahiert die Anfangsbuchstaben P und B zu im Grunde quadratischer Form und läßt Assoziationen mit Bausteinen einer ja nie vollständig abgeschlossenen Reihe zu. Die Farbe Grün als Markenzeichen wurde – selbstverständlich –, wenn auch im Ton leicht modifiziert, beibehalten und als Schrift die klassische Bodoni gewählt.[87] Die ersten Bände, die in der neuen Gestalt erschienen, wurden am 15. August 1989 ausgeliefert; es waren die sieben Titel: Peter Abaelard: ›Theologia Summi boni‹ (PhB 395), Giordano Bruno: ›Von den heroischen Leidenschaften‹ (PhB 398), Johann Amos Comenius: ›Die Pforte der Dinge‹ (PhB 402); Sören Kierkegaard: ›Philosophische Bissen‹ (PhB 417), Rudolf Hermann Lotze: ›Logik. Erstes Buch: Vom Denken‹ (PhB 421), ders.: ›Logik. Drittes Buch: Vom Erkennen‹ (PhB 408), Nikolaus von Kues: ›Sichtung des Korans. Erstes Buch‹ (PhB 420a).

Im Hinblick auf die Zahl der mittlerweile in der PhB vertretenen Autoren sowie der lieferbaren Ausgaben, dem Editionsstandard der Neueditionen und der ständigen Verbesserungen vorhandener Editionen in neuen Auflagen und Ausgaben darf man sagen, daß die PhB, »eine verlegerische Kulturleistung ersten Ranges«,[88] heute als die wichtigste philosophische Textreihe deutscher Sprache – und gewiß auch eine der wichtigsten überhaupt – in einer in ihrer 122jährigen Geschichte noch nie erreichten Blüte steht.

[86] Abb. auf S. 185.

[87] vgl. A. Schmitz: Philosophie als ein Stück Gegenwart, 1989.

[88] So der Tübinger Publizist und heutige Vorsitzende des Instituts für wissenschaftliche Zusammenarbeit Prof. Hans Walter Bähr (geb. am 7.7.1915), 1959 in der ›Universitas‹, S. 643.

Anhang: Dokumentation

1. ›Zur Verlagschronik 1914–1919‹. Text Felix Meiners vom 27. Juni 1919 aus einem PhB-Katalog vom Juli 1919.
   Die folg. Wiedergabe hat wenige Auslassungen. Zu diesem Text siehe hier S. 71 f. und 164.

[...] Daß der Verlag nicht ganz geschlossen werden mußte, war nur Zufälligkeiten zu verdanken. Stand ich doch ebenso wie meine älteren Mitarbeiter seit September 1914 im Heeresdienst. Die Aufrechterhaltung des Geschäftsbetriebs verdanke ich allein einer Gehilfin, die unter Aufbietung aller Kräfte sich in aufopferungsvoller und verständnisvoller Arbeit so einzuarbeiten verstand, daß wenigstens die laufenden Geschäfte glatt und zuverlässig erledigt werden konnten. Ihr an dieser Stelle nochmals zu danken, ist mir Bedürfnis.

Besonders erschwert wurde ihr die Arbeit durch den fortgesetzten Wechsel des Personals: wurde doch jeder neueingestellte Gehilfe in kürzester Frist zum Heere eingezogen, so daß schließlich die gesamte Arbeit ganz von Damen erledigt werden mußte. Daß unter diesen Umständen neue große Unternehmungen nicht gedeihen konnten, bedarf keines Beweises. Wenn trotzdem die Verlagstätigkeit nicht ganz zum Erliegen kam und wenigstens früher begonnene Unternehmungen weitergeführt, daneben auch einige Neuerscheinungen von besonderer zeitgemäßen Bedeutung veröffentlicht werden konnten, so verdanke ich dies dem günstigen Umstand, daß mir durch meine Verwendung in der polnischen Zivilverwaltung die Möglichkeit regelmäßiger brieflicher und gelegentlicher persönlicher Verbindung mit der Heimat geboten war. Infolgedessen konnte ich wenigstens zwei Verlagsunternehmungen regelmäßig weiterführen, die mir von besonderer Wichtigkeit schienen, die eine philosophischen, die andere geschichtlich-politischen Charakters: Otto Apelts ›Plato-Übersetzung‹ [...] und den ›Deutschen Geschichtskalender‹ [...] Will die Plato-Übersetzung, deren letzte Bände soeben in Druck gehen, in unserer der Kenntnis des Griechischen immer mehr verlustig gehenden Zeit durch philologisch sorgfältige und philosophisch einwandfreie Übertragung die Grundlage für fruchtbringende Beschäftigung mit dem Vater des Idealismus schaffen, so will der ›Deutsche Geschichtskalender‹ in seiner Kriegsausgabe alles Material sammeln, das für die spätere rückblickende objektive Beurteilung des furchtbaren Geschehens dieser Tage von Bedeutung ist.

Neben Plato glaubte ich der Persönlichkeit Fichte besonderes Interesse entgegenbringen zu müssen [...] So habe ich die Fichteliteratur durch eine Anzahl kritischer Neuausgaben noch unveröffentlichter oder ungenügend herausgegebener und schwer zugänglicher Schriften zu bereichern gesucht. Auch dem aus der Zeitstimmung geborenen Bedürfnis nach einer gediegenen Ausgabe wichtiger klassischer Schriften der Staatsphilosophie glaubte ich entgegenkommen zu müssen. Hoffentlich werden diese Ausgaben dazu beitragen, für das wachsende politische Interesse des deutschen Volkes die nötige gedankliche Vorarbeit zu ermöglichen. [...]

Der traurige Ausgang des Krieges war dem Verlag Anlaß, seine Tätigkeit energisch wieder aufzunehmen. Der Zusammenbruch aller Hoffnungen und Erwartungen muß bei einem Volk, wie dem deutschen, zweifellos dazu führen, sich um so energischer mit den Grundproblemen unseres Seins und Wollens auseinanderzusetzen. Hierfür die geeigneten Grundlagen zu schaffen, erschien dem Verlag als vaterländische Pflicht. Außer auf eine Anzahl größerer wissenschaftlicher Werke (zum Teil in der Sammlung ›Wissen und Forschen‹, Schriften zur Einführung in die Grundfragen der Philosophie, [...]), sei hier besonders auf die Sammlung ›Philosophischer Zeitfragen‹ [...] hingewiesen, die sich bemüht, die Tagesfragen unter philosophischen Gesichtspunkten zu werten, zu klären und die Probleme des Augenblicks mit der Gedankenwelt großer Persönlichkeiten der Vergangenheit in Verbindung zu setzen.

Was die *buchtechnische Seite* anbetrifft, so war ich bemüht, bei meinen Veröffentlichungen, trotz aller Schwierigkeiten, die die Rohstoffnot bereitete, einwandfreie Ausführung zu bieten. Es ist mir geglückt, durchgehend die Bände der Philosophischen Bibliothek oder wenigstens einen Teil der Auflage auf *holzfreiem Papier* zu drucken. Auch für die großen Werke von Binding und Vaihinger, sowie die ›Annalen‹ konnte noch Friedenspapier bereitgestellt werden. Für den Papierverbrauch des Geschichtskalenders war dies leider nicht ganz möglich, doch ist auch dieses Papier so gut, als es unter den gegebenen Verhältnissen beschafft werden konnte.

Große Schwierigkeiten bereitete die *Kontingentierung des Papierbedarfs.* Daß das Jahr 1916, das Jahr der aus äußeren und inneren Gründen geringsten Verlagsproduktion, der Kontingentierung zugrunde gelegt wurde, hatte zur Folge, daß mein Papierkontingent nicht einmal für den Jahresbedarf des ›Deutschen Geschichtskalenders‹ ausreichte! Langwierige Verhandlungen mit der Kriegswirtschaftsstelle, die die Unterlagen teilweise in Formen verlangte, die dem wissenschaftlichen Verlag in normalen Zeiten ganz fremd geblieben waren, waren die Folge. Mein Urlaub mußte regelmäßig zum größten Teil auf diese unproduktiven Verhandlungen und die Beschaffung der dafür nötigen Unterlagen verwandt werden. Erst mit der Revolution und der durch die Preiserhöhungen des Buchdruckgewerbes stark verminderten Produktion des Gesamtverlages ließen die behördlichen Schwierigkeiten etwas nach. Besonders erschwert wurde die wissenschaftliche Produktion auch durch die außerordentliche *Preissteigerung des Papiers.* Papier kostet dem Kilogramm nach jetzt etwa das Sechsfache des Friedenspreises. Für die Kostenrechnung des Verlages steigt der Preisunterschied sogar bis auf das Zehnfache, da die früher verwandten dünneren und leichteren Sorten von den Fabriken längere Zeit überhaupt nicht mehr angefertigt wurden.

Die *Druckpreise* waren schon während des Krieges erheblich gestiegen. Nach Ausbruch der Revolution stiegen sie mit immer zunehmender Geschwindigkeit, wobei die tariflichen Bindungen, die wenigstens für eine gewisse Zeit gesicherte Preisverhältnisse schaffen sollten, immer rascher und leichtfertiger über den Haufen geworfen wurden. Nach der vorerst letzten Erhöhung des Buchdruckpreistarifs im Gefolge der Lohnerhöhungen des Juni 1919 beträgt der Aufschlag auf die vor dem Kriege gültigen Sätze 230%. Er ist tatsächlich vielfach noch höher, da viele früheren Vergünstigungen jetzt in Wegfall gekommen sind.

Die Kosten für *Buchbinderei-Arbeiten* sind ebenfalls enorm gestiegen. Erschwerend tritt hinzu, daß die Qualität der Einbände infolge des Mangels an Textilstoffen erheblich gelitten hat. Ich betrachte es als einen besonderen Vorzug, daß es mir möglich war, bislang für die ›Philosophische Bibliothek‹ wenigstens am Halbleinenband festzuhalten. Damit ist einmal ein gewisses Mindestmaß von Solidität, anderseits auch die äußere Gleichförmigkeit im Bücherschrank gewährleistet. Die meisten anderen Werke konnten nur noch in Pappe gebunden werden; für Vaihingers ›Als Ob‹ und die ›Annalen‹ beschaffte ich noch einen schönen und soliden Halbpergamenteinband, für Bindings ›Normen‹ den gewohnten Halbfranzband.

Es war nicht zu vermeiden, daß die Wirkung dieser drei Faktoren sich in Steigerungen der Bücherpreise ausdrückte. Diese wurden weiter ungünstig dadurch beeinflußt, daß infolge des Papiermangels vielfach eine geringere Auflage gedruckt werden mußte als früher bei ähnlichen Werken üblich war. Damit stiegen natürlich die Selbstkosten des Exemplars wesentlich.

Am erschreckendsten tritt die Erhöhung der Herstellungskosten bei der Kalkulation neuer Auflagen zu Tage. Selbst wenn Stehsatz oder Platten vorhanden sind, sind die Kosten höher als früher bei Neusatz des ganzen Werkes. Werke, die ganz neu gesetzt werden müssen, kosten entsprechend das vier- bis fünffache des Friedenspreises. Unter diesen Verhältnissen können, zumal unter dem Druck der Ungewißheit über die künftige Preisgestaltung, da der Absatz der meisten Werke meines Verlages sich ja über Jahre und Jahrzehnte erstreckt, nur die dringlichsten Neuausgaben noch gebracht werden, und viele Werke werden nach Erschöpfung der Vorräte fehlen müssen.

Leider gehören die Kreise, an die sich die Werke meines Verlages wenden, zum größten Teil nicht zu den Kriegsgewinnlern, so daß sie derartig hohe Preise für Bücher nicht anlegen können. Es ist ferner erwünscht, daß bei einer Sammlung, wie der ›Philosophischen Bibliothek‹, eine gewisse Gleichmäßigkeit des Durchschnittsbogenpreises besteht. Ich bin bemüht gewesen, diesen Umständen bei der Preisfestsetzung meiner Neuerscheinungen nach Möglichkeit Rechnung zu tragen. Ich habe die vor dem Kriege angewandten und für den Bestand eines wissenschaftlichen Verlages erfahrungsgemäß notwendigen Kalkulationsgrundsätze aufgegeben und die Preise so festgesetzt, daß ich auch bei Verkauf der ganzen Auflage (was bekanntlich keineswegs der Regelfall ist) keinen oder nur einen sehr geringen Gewinn erziele. Da aber ein Verlag ein kaufmännisches Unternehmen ist und von der Gemeinnützigkeit allein nicht leben kann, so mußte ich einen Ausgleich suchen, den ich in der Einführung eines *Teuerungszuschlages* auf meinen gesamten älteren Verlag (ausgenommen sind die volkstümlichen Sammlungen ›Taschenausgaben der Philosophischen Bibliothek‹ und ›Philosophische Zeitfragen‹ fand. Dieser dient außerdem zur Deckung der erheblich gesteigerten Handelsunkosten (Gehälter, Verpackungsmaterial, Gewerbesteuern und Abgaben) und wird zurzeit in der nach den vorstehenden Ausführungen gewiß als mäßig zu bezeichnenden Höhe von 50% (beim ›Deutschen Geschichtskalender‹ 30%) erhoben.

Es ist keineswegs eine glänzende Lage, in welcher der seiner Verantwortung für die geistige Zukunft unsers Volkes bewußte wissenschaftliche Verlag sich befindet. Die Verhältnisse sind so paradox, daß der Verleger heute Bedauern und Schrecken empfindet, wenn die Vorräte eines Werkes sich dem Ende zuneigen. Denn das bedeutet, daß er veranlaßt werden soll, an Stelle eines einwandfrei ausgestatteten und billigen Werkes einen Neudruck in recht mäßiger Qualität und zu viel höherem Preise herauszubringen. Aber auf der anderen Seite ist das erfreulich lebhafte Interesse, daß gerade während des Krieges und auch seit der Revolution für die Schriften der großen Denker aus allen Kreisen des Volkes, an der Front und in der Heimat, bekundet wurde, für mich ein Zeichen, daß der deutsche Geist noch nicht zu Grabe getragen wurde. An der Wiederaufrichtung unsers geliebten Vaterlandes, unsers Volkes, das mit seinen Anlagen und Vorzügen trotz allem, was geschah, sich getrost neben jedes andere stellen kann, nach Kräften mitzuarbeiten, das ist die Aufgabe, die mein Beruf mir stellte, und der dienen zu können, ich stolz bin.

2. ›Über Teuerungsaufschläge und Wucher im Buchhandel‹. Text Felix Meiners vom 31. Dezember 1920 aus einem PhB-Katalog vom Januar 1921.
Der Text ist im folg. vollständig wiedergegeben. Siehe dazu hier S. 164 f.

Mit dem Erscheinen dieses Kataloges fällt der bisher für diese Verlagsabteilung erhobene Teuerungsaufschlag fort. Zu den angegebenen Preisen tritt lediglich der *Teuerungsaufschlag des Sortiments* (oder Ladenbuchhandels). Er beträgt nach der ›Notstandsordnung‹ des Börsenvereins der deutschen Buchhändler vom 5. Oktober 1920 zehn Prozent, kommt aber bei allen Werken mit der Jahreszahl 1921 oder mit einem Verkaufspreis von 100 Mk und darüber in Wegfall. Außerdem ist das Sortiment berechtigt, eine ›Besorgungsgebühr‹ bis zu 10% nach Anordnung der betr. lokalen Organisationen zu erheben. Mein Verlag hat sich verpflichtet, den gleichen Aufschlag auch bei direkten Bezügen vom Privatpublikum zu berechnen, da es nach meiner Ansicht dem Sinn und der Moral unserer ganzen Verkaufsorganisation widersprechen würde, wenn der Verleger als Produzent den Zwischenhandel unterbieten wollte.

Die Aufhebung meines Teuerungsaufschlags bedeutet nun allerdings im allgemeinen keine Herabsetzung der Bücherpreise. Sie bedeutet lediglich ein Sichabfinden mit der Tatsache der Geldentwertung. Sie ist der Ausdruck der Überzeugung, daß die deutsche Geldeinheit ihren Vorkriegswert und ihre damalige Kaufkraft auf eine lange Reihe von Jahren auch nicht annähernd wieder erreichen wird. Als der Teuerungsaufschlag im Jahre 1917 mit schüchternen 10 und 15% seinen Einzug hielt, da war er nur gedacht als Ausgleich für die Erhöhung der allgemeinen Geschäftsunkosten, wie Verpackungsmaterial, Gehälter, Post- und Frachtgebühren. In langsamer und um die Jahreswende 1919/20 rascherer Steigerung erhöhte er sich (für meinen Verlag zuletzt auf 150%) und doch genügte der Aufschlag nicht, um den wissenschaftlichen Verlag lebensfähig zu halten.

Im Publikum war man in solchen Fällen (namentlich wenn gar noch die Grundpreise älterer Werke erhöht worden waren) leicht geneigt, kurzerhand das Verfahren als Wucher zu bezeichnen. Nicht nur wurden die Verleger mit entrüsteten Anfragen aus dem Publikum überschüttet, sondern es wurden auch Anzeigen bei den Preisprüfungsstellen gegen hochangesehene Verleger erstattet.

Um nun im Publikum Aufklärung zu schaffen, habe ich schon meinem ›Verlagsbericht 1914–1919‹ grundsätzliche Erörterungen über die volkswirtschaftlichen Erwägungen, welche für die Preisgestaltung auf dem Büchermarkt maßgebend sind, vorangestellt und sie in einer im Verlag des deutschen Verlegervereins erschienenen Broschüre ›Warum sind die Bücher so teuer‹ noch weiter ausgeführt. Da die Anfragen nicht verstummen, sei das Wesentliche daraus hier wiederholt.

Die Frage der *Einbände* sei nur nebenbei erwähnt. Da kaum je von wissenschaftlichen Werken die ganze Auflage auf einmal gebunden wird, so ist der Einbandpreis selbstverständlich von der Steigerung der Buchbinderpreise abhängig. Der Preis für die Herstellung des Halbleinenbandes der ›Philosophischen Bibliothek‹ z. B. beträgt gegenwärtig das 15 bis 20fache des Friedens-Ganzleinenbandes.

Für die Preisgestaltung der gehefteten Bücher muß darauf hingewiesen werden, daß die im Frieden hergestellten Werke in *Goldmark* bezahlt wurden, während die Bezahlung durch den Käufer jetzt in minderwertiger Papiermark erfolgt. Die innere Veränderung des Wertmaßstabes hat sich Anerkennung erzwungen bei den Löhnen und Gehältern, bei den Post- und Eisenbahntarifen, bei den Verpackungsmaterialien und den Werbeunkosten. Hierfür einen Ausgleich anzuerkennen ist das Publikum im allgemeinen wohl bereit. Es neigt jedoch dazu die Höhe eines solchen Ausgleichs zu unterschätzen, denn es übersieht, daß, wenn eine Steigerung dieser Unkosten um das Sechsfache (mäßig gerechnet) eingetreten ist, der Ladenpreis auf das Doppelte erhöht werden muß, damit die nominelle Reineinnahme die gleiche bleibe.

Das Entscheidende aber liegt in folgenden Erwägungen: Es muß heute als ein schwerer volkswirtschaftlicher Irrtum der militärischen Behörden in der Kriegszeit bezeichnet werden, daß es als Wucher galt, wenn der Verkäufer den Preis seiner Ware gemäß den *Neubeschaffungskosten* derselben festsetzte. Die Maßnahmen der Kriegswirtschaft blieben nur so lange berechtigt, als man noch annehmen konnte, daß es sich um Preisschwankungen vorübergehender Natur und nicht um dauernde Verringerung des Geldwerts handle; das starre Festhalten an diesen Grundsätzen hat auf der einen Seite Verschwendung kostbaren Materials zur Folge gehabt, auf der anderen Seite führte es zur Katastrophe für den Produzenten und ist letzten Endes die unmittelbare Ursache der sprunghaften Preissteigerung der letzten Zeit.

Ein Verlagsgeschäft aufrechtzuerhalten ist möglich nur, wenn die Einnahmen aus den älteren Werken genügen, um die notwendigen neuen Auflagen und, als Ersatz für veraltende Schriften, eine Anzahl neuer Werke herzustellen. Beschränken wir uns auf die *Neuauflagen.* Sie können erfolgen entweder durch Neusatz des Textes (das teuerste Verfahren, das bei stärkeren Korrekturen im Text nötig ist) oder aber mit Hilfe von Matern. Ist bei der ersten Auflage ein Abdruck des Schriftsatzes in einer Art Karton genommen worden, so kann durch einfachen Ausguß dieser ›Matern‹ mit Blei die Schriftform für eine zweite Auflage wiederhergestellt werden, was früher wesentlich billiger als Neusatz war. Die dritte und folgende Auflage können mit Hilfe dieser ›Platten‹ auf die denkbar billigste Weise hergestellt werden.

Nun waren von den Bänden der ›Philosophischen Bibliothek‹ zwar Matern vorhanden; nur in Ausnahmefällen aber bereits Platten. Die rasche gleichzeitige Erschöpfung der Vorräte vieler Bände stellte mich vor die Wahl, entweder die Sammlung allmählich eingehen zu lassen oder trotz des jetzt so gestiegenen Preises des Plattenausgusses neue Auflagen zu wagen. Vor dem Kriege war in der Hoffnung, den Ausfall bei einer zweiten Auflage (deren Herstellungskosten durch den Besitz von Matern wesentlich geringer werden würden) wieder einzubringen, der Bandpreis denkbar niedrig angesetzt worden – jetzt erwies sich diese Hoffnung infolge der ungeheuerlichen Verteuerung des Materials als nichtig. Nicht nur war die neue Auflage nicht billiger herzustellen, sondern ein um 50% höherer Verkaufspreis brachte noch kaum die gleiche geringe Rentabilität, mit der der Verlag sich bei der ersten Auflage begnügt hatte. Der Teuerungsaufschlag von 50% den ich am 1. Juli 1919 einführte, ermöglichte aber wenigstens, die alten (fiktiv gewordenen) Ladenpreise bei Neuauflagen ungefähr beizubehalten, was auch im Hinblick auf gesicherte Preisangaben der Kataloge als wünschenswert erschien.

Leider sah die zweite Hälfte des Jahres 1919 eine weitere gewaltige Entwertung des Geldes. Die wirtschaftlichen Bestimmungen des Friedensvertrages erschütterten das Zutrauen des Auslands in die Lebensfähigkeit Deutschlands – die Mark sank und es stiegen die Preise für alles das, was wir vom Ausland kaufen müssen: Chemikalien und Cellulose für die Papierherstellung, Blei für die Druckereien, es stiegen die Lebensmittel und damit auch die Löhne. Solange als möglich hielt ich trotzdem an dem 50%igen Teuerungsaufschlag fest; erst im Februar 1920 erhöhte ich ihn, um dann allerdings rasch auf 150% gehen zu müssen.

Ich mache jetzt den Versuch, zu festen Preisen ohne Teuerungsaufschläge zurückzukehren. Ich rechnete für jeden Band aus, was die neue Auflage kosten wird, je nachdem ob Neusatz nötig oder Matern bzw. Platten vorhanden sind. Ist ein baldiger Neudruck unvermeidlich (früher freute sich der Verleger der neuen Auflage, jetzt bereitet sie ihm Sorge), so muß für die geringen Restbestände ungefähr der Preis der neuen Auflage angesetzt werden; sind größere Vorräte vorhanden, so kann er dementsprechend niedriger berechnet werden. Unmöglich jedoch ist es bei allen Werken, die in absehbarer Zeit neu gedruckt werden müssen, den Preis unter den Selbstkosten der Neuherstellung zu halten.

Die hier entwickelten Grundsätze fußen auf der Überzeugung, daß es unter höherem Gesichtspunkt *Vernichtung des volkswirtschaftlich notwendigen Kapitals* bedeutet, wenn die Fiktivität des Geldwerts außer Betracht gelassen wird. Es muß für eine Ware so viel erlöst werden, daß dieselbe Ware wieder hergestellt werden kann. Daß diese Grundsätze im einzelnen nur unter sorgfältigster Prüfung und unter ständigem Im-Auge-Behalten der Notlage des intellektuellen Mittelstandes angewandt wurden, wird jeder zugeben müssen, der feststellt, daß, trotzdem holzhaltiges Papier jetzt den 15fachen Preis von holzfreiem im Frieden, glatter Druck das 10–12fache kostet, der Durchschnittspreis des 16seitigen Bogens, der im Frieden 20–30 Pfg. betragen hatte, jetzt vielfach erst 50 Pfg. beträgt und sich im Durchschnitt auf Mk. 1.– bis 1.25, also nur dem 4–6fachen der Friedensverkaufspreise, hält.

3. Text Felix Meiners aus einem PhB-Katalog vom September 1925.
Der Text ist im folg. vollständig wiedergegeben. Siehe dazu hier S. 164 f.

Alle früheren Preisangaben werden durch diesen Katalog hinfällig.
Weitere Preisänderungen ohne vorherige Anzeige müssen vorbehalten bleiben.

Der Vorbehalt des zweiten Satzes ist kein Rückfall in Inflationsgewohnheiten, sondern wurde einem englischen Verlagskatalog nachgebildet. Scheint er schon in England notwendig zu sein, so in zwingendem Maße in einem Deutschland, dessen Wirtschaft sich einer zehnjährigen weltwirtschaftlichen Entwicklung in kürzester Frist anpassen muß.

Es erscheint notwendig darauf hinzuweisen, daß die jetzigen noch *sehr niedrigen Bücherpreise* auf die Dauer kaum aufrecht erhalten bleiben können. Daß sie bei der allgemeinen Verarmung Deutschlands vielfach bereits als drückend empfunden werden, darf von nüchterner Beurteilung der Tatsachen nicht abhalten. Auf die Dauer kann kein Wirtschaftszweig unter den *Wiederbeschaffungskosten* verkaufen. Heute betragen nun die Herstellungskosten mindestens das Doppelte der Vorkriegspreise (Einbände mehr als das doppelte, Papier etwas weniger).

Diese erhebliche Steigerung erweckt zunächst Verwunderung, da die Löhne nicht entsprechend gestiegen sind. Hier sieht man die Wirkung der *steuerlichen Überlastung* (insbesondere durch die Steuern nach äußeren Merkmalen und die Verkehrssteuern), die beispielsweise in der Druckerei mindestens zu einer Verdoppelung des sog. Geschäftsaufschlags geführt hat.

Es ist aber auf die Dauer auch unmöglich, insbesondere für einen Verlag, der mit sehr langen Absatzfristen rechnet, ältere Werke im Preise unverändert zu lassen und nur Neuerscheinungen richtig zu kalkulieren, da diese dann unverkäuflich bleiben würden.

Wie sehr der Verlag bestrebt ist, der Kaufkraft seiner Abnehmer Rechnung zu tragen, geht schon daraus hervor, daß seine eigene steuerliche Mehrbelastung sowie die Erhöhung des Zinsfußes offenbar unberücksichtigt blieben. Daß der Verlag trotz solch zwingender Gründe die Verkaufspreise neuer Werke im allgemeinen kaum um 30–40% über Friedensstand erhöhte und die Preise der älteren Textausgaben fast durchweg noch die alten sind, beweist am besten, wie sehr er aus Rücksicht auf seine Abnehmer seine eigenen Ansprüche zurückstellte.

Es kann den Freunden meines Verlages nur dringend empfohlen werden, *beabsichtigte Bücheranschaffungen bald* zu bewerkstelligen und andere dazu zu ermuntern. Insbesondere möchte ich die Herren Hochschuldozenten davor warnen, der *Suggestion der Redensart* zu unterliegen, daß »die Studenten heute keine Bücher mehr kaufen könnten«. Es hat auch vor dem Kriege viele Studierende gegeben, die sich die Mittel zu ihren Bücheranschaffungen durch Entbehrungen absparen mußten. Wer die Bedeutung des Eigenbesitzes von Büchern für wissenschaftliche Vertiefung richtig bewertet, der wird zugeben, daß heute, wo vielerorts für studentische ›Fröhlichkeit‹ wieder recht erhebliche Mittel zur Verfügung zu stehen scheinen, jenes Schlagwort nicht mehr ohne weiteres im Hinblick auf die Allgemeinheit nachgesprochen werden sollte.

Daß ich trotz aller Schwierigkeiten bestrebt war, auch im letzten Jahr der Wissenschaft nach Kräften zu dienen, beweisen die *Zugänge zur ›Philosophischen Bibliothek‹*. Ich nenne nur die Namen: *Berkeley, Franz Brentano, Fichte, Hegel, Jean Paul, Leibniz, Lotze, Mose ben Maimon, Seneca;* Ausgaben von *Bolzano, Hume, Malebranche, Plotin, Plutarch, Schelling, Adam Smith* sind im Werden. Eine noch tatkräftigere Unterstützung meiner Bemühungen als bisher durch Anschaffung der neuen Bände insbesondere für Bibliotheken und Seminare ist aber erforderlich, wenn ich auf diesem Wege fortschreiten soll; denn die Höhe des Zinsfußes macht den Verlag eines Textes, dessen Kosten erst nach 20 Jahren hereinkommen, zu einem sicheren Verlustgeschäft.

4. Text Felix Meiners vom Oktober 1931 aus einem PhB-Prospekt vom Oktober 1931.

   Der Text ist im folg. vollständig wiedergegeben.

Grundsätzliches über Preisherabsetzungen

Die Existenzbedingungen des wissenschaftlichen Verlages sind von Grund aus andere geworden. Damit gilt es sich abzufinden. Und je mehr der Verleger den Dauerwert in den Vordergrund stellte und, statt dem Anfangserfolg nachzujagen, seine Hoffnungen auf längere Wirkung abstellte, desto sorgfältiger muß er die Auswirkung prüfen, die die Veränderung der Wirtschaftsfaktoren auf seine Geschäftsgrundsätze haben muß.

Früher hatte man die Wahl, in einer Preisherabsetzung das Ergebnis der Verzweiflung oder das Eingeständnis falscher Preispolitik und einer falschen Einschätzung der Absatzmöglichkeiten zu sehen. Gilt das heute noch in allen Fällen?

Solange ein niedriger Zinsfuß herrschte, konnten bei Verzicht auf wesentlich darüber hinausgehenden Gewinn so niedrige Verkaufspreise angesetzt werden, daß die Werke auch dem Bedarf des gelegentlichen Liebhabers zugänglich wurden. Als dann Krieg und Inflation die Grundlagen der Wirtschaft erschütterten, durfte zunächst noch wie bisher verfahren werden, weil eine Wiederherstellung des früheren Zustandes innerhalb der normalen Umschlagsperiode in Betracht gezogen werden konnte. Insbesondere die ›Philosophische Bibliothek‹ wurde in dieser Zeit noch weiter ausgebaut und um eine Anzahl umfänglicher und geistesgeschichtlich wichtiger Werke bereichert.

Jetzt aber wird deutlich, daß die Verteuerung des Zinsfußes keine vorübergehende Erscheinung ist und daß der groteske Zustand, wonach langsam zusammenschmelzende Vorräte eines Buches dem Verleger jedes Jahr »teurer« werden, aufhören muß. Es läßt sich ferner nicht verkennen, daß die Verringerung der Kaufkraft der Abnehmer von Dauer sein dürfte: philosophische Bücher sind ja nur für einen sehr kleinen Personenkreis eine Notendigkeit des inneren oder äußeren Lebens – den meisten sind sie ein Schmuck, eine innere Bereicherung – geschweige denn, daß ihr Erwerb eine Stufe wäre zur Erhöhung der Berufstüchtigkeit. So glaubt man an dieser Stelle zuerst sparen zu können.

Die Herstellungskosten dagegen sind nicht wesentlich verändert. Auch die Berücksichtigung der Wiederbeschaffungskosten gibt keine Berechtigung zu beträchtlichen Preisänderungen bei den älteren Beständen, da die Druckkosten von dem Preisrückgang bisher nur in sehr geringem Ausmaß ergriffen wurden, während die Lagerhaltung sogar kostspieliger wird.

Wenn ich daher in nachstehendem Verzeichnis für eine Anzahl wertvoller Verlagswerke bedeutende Preisherabsetzungen, meist um ein Drittel bis zur Hälfte, festsetze, so bedeutet dies, daß ich mich zu der Überzeugung durchringen mußte, daß das Gebiet privater verlegerischer Unternehmungen künftig stark eingeengt sein wird.

Dem in den Büchervorräten festgelegten geistigen und materiellen Kapital zu möglichster Produktivität innerhalb weitester Kreise der lebendigen Volkswirtschaft zu verhelfen, ist daher Zweck und Grund dieser Preisherabsetzungen. Insbesondere wurde Rücksicht auf die Eignung zur Verwendung in Seminaren, Arbeitsgemeinschaften usw. genommen.

[Das Verzeichnis ist hier nicht wiedergegeben.]

5. ›Memorandum über das Verhältnis Akademie-Verlag, Berlin – Felix Meiner Verlag, Hamburg‹ vom 5.11.1963.
Siehe dazu hier Anm. 10 auf S. 69.

Als mein Vater, Dr. Felix Meiner, im Oktober 1951 Leipzig verlassen mußte, hatte er zur Liquidation seiner Leipziger Firma Felix Meiner einen Liquidator und Generalbevollmächtigten, Herrn Dr. Erich Thamm, jetzt im Hessischen Justizministerium tätig, eingesetzt, der vor allem die noch vorhandenen Bestände und in Herstellung befindlichen Werke zur Abdeckung der laufenden Verbindlichkeiten verwerten sollte.

Herrn Dr. Thamm wurde jedoch von der Kriminalpolizei und von der Staatsanwaltschaft Leipzig die Auflage gemacht, sämtliche Buchbestände an VEB Koehler & Volckmar zu verkaufen, und ihm untersagt, sich mit meinem Vater in Verbindung zu setzen.

Kurz darauf ließ der Kulturelle Beirat – damaliger Leiter Herr Koven, der jetzt Leiter des Akademie-Verlags ist – Herrn Dr. Thamm wissen, daß man Interesse an den Verlagsrechten der »Philosophischen Bibliothek« habe. Trotz einer Beinerkrankung Dr. Thamms mussten die Verhandlungen mit größter Beschleunigung geführt werden. Da der Arzt Dr. Thamm die Reise nach Berlin untersagt hatte, wurde er drei Tage vor Weihnachten, am 21.12.51, per Auto von Markkleeberg bei Leipzig nach Berlin transportiert. Nach einigen Stunden Wartens wurde ihm von Herrn Koven eröffnet, daß er als loyaler Bürger der DDR verpflichtet sei, dafür zu sorgen, daß den Studenten die Texte der »Philosophischen Bibliothek« zugänglich blieben. Ihm wurde zur Auflage gemacht, die Urheber- und Verlagsrechte an der »Philosophischen Bibliothek«, den Reihentitel sowie den Namen Felix Meiner auf den Akademie-Verlag zu übertragen. Einwendungen hatten nur gegen die Übertragungen des Verlagsnamens Felix Meiner Erfolg, während der Versuch, die Übertragung der Verlagsrechte nur für das Gebiet der DDR vorzunehmen und insofern zu beschränken, von Herrn Koven zurückgewiesen wurde, so daß Dr. Thamm es sich nicht mehr erlauben konnte, weitere Bedenken zu äussern. Aus der gesamten Situation heraus fühlte sich Dr. Thamm in seiner persönlichen Handlungsfreiheit so beschränkt, daß er die Verlagsrechte global und ohne Einschränkung übertrug und einen entsprechenden Vertrag am 5.2.52 in der vom Akademie-Verlag gewünschten Form unterschrieb.

Von dem »Vertragsabschluß« erfuhr mein Vater im März 1952 und erhob dagegen sofort Einspruch. Von den Umständen aber, wie es zu diesem Abschluß gekommen war, erfuhr er Näheres erst nach der Flucht Dr. Thamms Anfang August 1952. Mein Vater hat darauf sofort den »Vertrag« wegen Nötigung angefochten, wogegen der Akademie-Verlag Einspruch erhob. Herr Dr. Thamm hat dann nochmals eine genaue Darstellung des Ablaufs der Ereignisse gegeben, die dem Akademie-Verlag übersandt wurde, worauf er sich dann nicht mehr äußerte. Da eine Klage, die in Ostberlin oder Leipzig hätte geführt werden müssen, wenig sinnvoll erschien, ließ mein Vater die Dinge zunächst auf sich beruhen.

Auf dem Philosophen-Kongreß im Oktober 1954 in Stuttgart, an dem auch Vertreter des Akademie-Verlags teilnahmen, brachten diese den Wunsch nach einer Verständigung zum Ausdruck. Am 27.10.54 bestätigte namens der Verlagsleitung, Herr Gabelin, und der Redaktion »Philosophie«, Herr Heise ausdrücklich, daß der Akademie-Verlag auf die Benutzung des Namens »Philosophische Bibliothek« und der Ausstattung der »Philosophischen Bibliothek« verzichte und in keiner Weise beabsichtige, in der in Vorbereitung befindlichen Sammlung »Philosophische Studientexte« die Meinersche »Philosophische Bibliothek« zu kopieren. Zusätzlich erklärte der Akademie-Verlag, daß ihm sehr viel daran gelegen sei, mit dem Verlag Meiner zusammenzuarbeiten und daß er über die Bereitschaft meines Vaters hierzu sehr erfreut sei.

Nachdem bereits die verschiedenen Punkte einer möglichen Zusammenarbeit brieflich eingehend besprochen worden waren, fand am 15.1.55 in Berlin-West eine unmittelbare Aussprache statt, an der vom Akademie-Verlag [...] und auf unsere Aufforderung hin auch Herr Dr. Thamm teilnahmen. Der Grundgedanke, unter dem die von beiden Seiten sehr offen und verständnisvoll geführte Besprechung stand, wurde in dem Bestätigungsbrief meines Vaters vom 6.5.55 in der Präambel präzisiert. Da eine juristische Klärung der Gültigkeit des »Vertrags« vom 5.2.52 keine von beiden Seiten annehmbare Lösung finden würde, sollte diese Frage bis zur gemeinsam ersehnten Einheit Deutschlands zurückgestellt werden. Im übrigen wurde die gegenseitige Vergabe von Lizenzrechten vorgesehen, von der der Akademie-Verlag im Falle von Hegel »Rechtsphilosophie« Gebrauch machte. Außerdem verzichteten wir auf einen Einspruch für eine vom Akademie-Verlag bereits vorgesehene Neuauflage des Diogenes Laertius in der Ausgabe von Otto Apelt in der »Philosophischen Bibliothek«. Unsererseits kam es zu keiner Übernahme von Lizenzrechten, da uns keine geeigneten Texte angeboten werden konnten. Es kam ferner noch zu Richtlinien bezüglich der nach der Liquidation des Verlags Felix Meiner, Leipzig, an den Akademie-Verlag übergegangenen Bestände und deren Verkauf in der Bundesrepublik.

Wir sahen in dieser Form der Zusammenarbeit einen Ersatz für den »Vertrag« vom Februar 1952, der aus begreiflichen Gründen vom Akademie-Verlag offiziell nicht widerrufen werden konnte. Der Akademie-Verlag hat sich an diese Vereinbarungen bis zu diesem Jahr auch gehalten. Um so mehr waren wir erstaunt, als wir jetzt feststellen mußten, daß im Verlag Reclam, Leipzig, ein unveränderter Nachdruck der Ausgabe der »Philosophischen Bibliothek« von Hegel »Wissenschaft der Logik«, herausgegeben von Georg Lasson erschienen ist. Diese Ausgabe trägt als Lizenzvermerk »Lizenzausgabe des Akademie-Verlags GmbH, Berlin W 8. Nach der Ausgabe von Georg Lasson«. Auf unseren Einspruch hin, wie der Akademie-Verlag dazu kam, Nebenrechte für eine Ausgabe zu vergeben, deren Verlagsrechte ihm nicht zustünden, berief er sich auf den von uns angefochtenen »Vertrag« vom 5.2.52.

Dies ist die gegenwärtige Situation. Eine Besprechung mit Vertretern des Akademie-Verlags ist für den 8.11.63 vorgesehen.

1.5 Buchkundliche Phänomene

1.5.1 Titel, Titelei, PhB-Signet, Impressumseite, Format, Kriegsausfuhrzeichen

Der *Reihen-Sachtitel* ›Philosophische Bibliothek‹ für eine philosophische Textreihe ist durchaus naheliegend und relativ häufig; allein in der zweiten Hälfte des 18. Jahrhunderts gab es acht Serien (Zeitschriften), die so hießen.[1] Von 1868 bis 1899 besaß die Reihe einen (auf der Reihen-Titelseite mit dem Reihen-Haupttitel durch »oder« verbundenen) *Reihen-Untertitel:* »Sammlung der Hauptwerke der Philosophie alter und neuer Zeit.« Von 1868 bis 1899 gab es auch einen *Herausgeberzusatz.* Bei den vier im Jahre 1868 und bei zwei von den 19 im Jahre 1869[2] erschienenen Bänden lautet er: »Herausgegeben, beziehungsweise übersetzt, erläutert und mit Lebensbeschreibungen versehen von J. H. v[on] Kirchmann.« Ab 1869 wird er erweitert durch den Zusatz zu Beginn: »Unter Mitwirkung namhafter Gelehrten«,[3] der bei späteren Ausgaben gelegentlich mal fehlt.[4] 1886 – zwei Jahre nach Kirchmanns Tod – ist der Herausgeberzusatz bei einigen Bänden erstmals geändert zu: »Begonnen unter Mitwirkung namhafter Gelehrten von J. H. von Kirchmann.«[5] 1892/93 auch: ›Unter Mitwirkung namhafter Gelehrten begründet von J. H. v(on) Kirchmann.‹[6] Daneben gibt es aber auch noch nach Kirchmanns Tod den alten, unveränderten Herausgeberzusatz.[7]

Mit der Übernahme der PhB durch die Dürr'sche Buchhandlung 1900 und der damit verbundenen äußeren und inneren Umgestaltung[8] wird auf einen Reihen-Untertitel und einen Herausgeberzusatz verzichtet. Damit ist seit 1900 auch offiziell vollzogen, was faktisch schon nach Kirchmanns Tod der Fall war: Die PhB ist bibliographisch von einer Herausgeber- zu einer Verlegerse-

[1] Siehe R. A. Bast: Der Titel ›Philosophische Bibliothek‹ und die ›Philosophischen Bibliotheken‹ bes. des 18. Jahrhunderts, 1991.

[2] 52.15.1 und 52.30.1.

[3] Siehe S. 140.

[4] Z. B. bei 56.9.1.

[5] 95.6.4, 102.1.1; auch noch 1890 (102.1.2) und 1892–93 (95.5.2, 95.6.5, 102.1.3).

[6] 52.15.4 (1893), 95.5.2 (1892).

[7] Z. B. 43.5.4, 50.14.2, 50.18.7, 50.28.2.

[8] Siehe dazu S. 149 ff.

rie geworden.[9] Der ehemalige Herausgeberzusatz taucht nach 1899 aber gelegentlich noch auf: So heißt es auf der Titelseite der 1901 erschienenen, 8. revidierten Auflage von Kants ›Kritik der reinen Vernunft‹[10]: »Herausgegeben, erläutert und mit einer Lebensbeschreibung Kant's versehen von J. H. von Kirchmann.« Auch den Reihen-Untertitel findet man noch nach 1900 in Prospekten bzw. Anzeigen der Dürr'schen Buchhandlung (dort heißt es öfters: »Philosophische Bibliothek oder Sammlung der Hauptwerke der Philosophie alter und neuer Zeit«) wie auch in deren Briefköpfen;[11] und in einer Beilage der Dürr'schen Buchhandlung zum Barsortimentskatalog 1910/11 und anderen Anzeigen sowie einem der ersten Prospekte des Felix Meiner Verlages ist zu lesen: »Philosophische Bibliothek. Sammlung der philosophischen Hauptwerke[12] alter und neuer Zeit, übersetzt und erläutert von namhaften Gelehrten.« Noch 1920 beginnt Eugen Rolfes die Einleitung zu dem von ihm herausgegebenen Band 100 ›Die Philosophie des Thomas von Aquin‹: »In der Philosophischen Bibliothek als einer Sammlung der philosophischen Hauptwerke alter und neuer Zeit darf Thomas von Aquin nicht ganz fehlen.«

In den Jahren von 1868 bis 1899 hatte jeder Band der PhB ein *Reihen- und* ein *Haupt-Titelblatt,* deren Textseiten sich gegenüber lagen (die Reihentitelseite bildete meist also S. II bzw. 2, die Haupttitelseite S. III bzw. 3). Die *Reihentitelseite* ist wie folgt aufgebaut:[13]
- Reihen-Haupttitel
- Reihen-Untertitel
- Herausgeberangabe
- Band der PhB
- (Kurz-) Sachtitel
- ggf. Auflage und/oder Abteilung
- Erscheinungsvermerk

Die *Haupttitelseite* enthält die Angaben:
- Autor
- Sachtitel
- Herausgeber
- ggf. Auflage und/oder Abteilung
- Erscheinungsvermerk

Nach 1899, bei der Dürr'schen Buchhandlung, entfällt das Reihentitelblatt; die *Haupttitelseite* wird neu gestaltet:[14]

[9] In der Literatur werden für 1901–11 F. M. Schiele und für 1911 ff. Felix Meiner als ›Herausgeber‹ der PhB bezeichnet; bibliographisch ist das nicht korrekt. (Siehe dazu S. 150 mit Anm. 5 und S. 154 mit Anm. 4.)

[10] 50.18.8.

[11] Siehe hier Anm. 5 auf S. 150.

[12] oder: »Hauptwerke der Philosophie«.

[13] Siehe dazu die Abb. 1–7 auf S. 245–248.

[14] Siehe dazu die Abb. 8–10 auf S. 248 f.

- »Philosophische Bibliothek«
- Band der PhB
- Autor
- Sachtitel
- Herausgeber
- Auflage
- Verlagssignet
- Erscheinungsvermerk (meist dreizeilig mit Ort, Verlag, Jahr)

Diese neue *Titelblattgestaltung* – erstmals mit Verlagssignet auf der Titelseite[15] – wird von Dürr ziemlich konsequent beibehalten. Bei den Dürr'schen Titelauflagen wird die Autor-, Titel-, Herausgeber- und Auflagen-/Ausgaben-Angabe von der zugrundeliegenden Ausgabe wörtlich (meist sogar in Orthographie und Zeileneinteilung) übernommen.[16]

Meiner übernimmt 1911 die von Dürr eingeführte Titelblattgestaltung zunächst für einige Bände[17], vor allem die beiden Kopfzeilen (mit Reihentitel- und Bandangabe) über einer Leiste, wobei er sich auch an die Gestaltung der Titelseiten der Dürr'schen Titelauflagen anlehnt[18] oder sie übernimmt[19]. In einem Fall änderte Meiner nur den Erscheinungsvermerk, nicht aber das Dürr'sche Verlagssignet.[20] Meiner wählt von Beginn an zusätzlich andere Formen, in denen Reihentitel- und Bandangabe unter dem Reihensignet stehen,[21] wobei er auch entsprechende Titelseiten von Bänden aus dem Fritz Eckardt Verlag nachbildet.[22]

Meiner führt 1911 erstmals ein *PhB-Signet* ein,[23] das auf der Titelseite an die Stelle des Dürr'schen *Verlagssignets* tritt. Ein zusätzliches Meiner'sches Verlagssignet tragen die PhB-Bände bis heute nicht.[24]

15 Zu den Dürr'schen Verlagssigneten siehe hier S. 64 mit Anm. 35.

16 Z. B. Z. 3–5 der Ausg. 3.4.2; Z. 3–8 der Ausg. 3.9.2; Z. 3–7 der Ausg. 3.11.2; Z. 6–10 der Ausg. 95.6.6; Z. 3–13 der Ausg. 95.4.3. Etwas anders Z. 3–11 der Ausg. 95.7.3.

17 Z. B. 3.4.3, 21.9.6, 43.5.7.

18 Z. B. 50.29.4.

19 Z. B. 3.6.3 (es fehlen hier – wie auch bei anderen Meiner-Ausg. – die Punkte am Ende einer Zeile), 3.11.3 und 3.12.3; auch 52.27.3, 100.1.4, 100.2.4, 101.1.2. Das gilt auch für die Einbände.

20 11.1.4.

21 Z. B. 77.24.4, 86.8.1, 100.1.4, 100.2.4.

22 Z. B. 29.26.1, 29.28.1, 88.9.2, 88.11.2, 88.12.2.

23 Die PhB-Signete sind in der Bibliographie als ›Reihensignet‹ bezeichnet. Die ersten Signete sind vermutlich entworfen worden von (in zeitl. Folge): Rudolf Stumpf, Egon Pruggmayr, Max Both. Jens Peter Mardersteig schuf 1989 das neue Signet.

24 Vor 1900 trugen die Titelseiten also weder Verlags- noch Reihensignet, 1900–11 nur ein Verlagssignet; ab 1911 findet sich auf der Titelseite der (Meiner'schen) PhB-Bde ein Reihen-, d. h. ein PhB-Signet.

Die beiden Bde der ›Neuen PhB‹ tragen ein Signet des Richard Meiner Verlages.

Ab 1911, ausschließlich bis ca 1928, gelegentlich noch bis 1940

Ab 1928 bis Sommer 1989, danach gelegentlich für Nachdrucke

Seltene Verwendung, etwa ab 1943 vornehmlich für Prospekte

Ab August 1989 für alle Neueditionen und Neuauflagen

PhB-Signete in Grundformen seit 1911

Nicht allzu häufig sind in den Jahren 1911–21 Titelseiten, deren gesamter Text in Versalien steht,[25] was in den zwanziger Jahren den Normalfall darstellt. Dabei ist die zweitletzte Zeile mit der PhB-Bandangabe meist der letzten Zeile (mit dem Erscheinungsvermerk) angeglichen.[26] Sehr selten steht Titelseitentext in Fraktur.[27] Die Nachbildung 1920 des Titelblattes einer Original-Ausgabe ist singulär.[28] 1928/29 wird das erste, geschwungene Meiner'sche (Jugendstil-)PhB-Signet (Reihensignet) allmählich abgelöst durch ein sachlichklares Signet mit Grotesken.[29] Auch in den dreißiger Jahren ist bei den mei-

Die Verlagssignete des Felix und Richard Meiner Verlages sind abgebildet in R. A. Bast: Die Buchhändler-Familie Meiner, 1991.

[25] Die meisten davon bei Platon: 77.8.3, 77.9.1, 77.10.1, 77.12.1; auch: 30.1.1, 33.11.4, 99.1.2.

[26] Z. B. 4.1.1, 7.4.2, 11.1.5, 77.24.7, 81.1.1.

[27] 56.3.1, 56.4.1.

[28] 8.2.1.

[29] Neben den oben abgebildeten PhB-Signeten gibt es 1928 noch ein weiteres, nur für den Umschlag der TA verwendetes PhB-Signet: siehe Abb. 33 auf S. 268.

Das Grotesk-PhB-Signet gibt es erstmals 1928 auf einer Titelseite der Ausg. 21.2.8, bei einer Sonderausg. von 43.5.9 von 1928 sowie auf dem Vorderdeckel der Ausg. 36.19.6 ebenfalls von 1928. Die Ausg. 36.9.7, 55.1.1 von 1930 und 50.8.9 von 1933 und 29.4.5 von 1934 z. B. tragen noch das ältere PhB-Signet, auch sogar noch 77.16.3 von 1939, 3.10.4, 77.3.3, 77.9.2 und 77.10.2 von 1940. Bei Aristoteles läßt sich die WW-Ausg. C (3.1.7–9) und bei Spinoza die WW-Ausg. J (95.1.21–23) von der jeweils früheren Ausg. am deutlichsten durch das Reihen-, d. h. PhB-Signet unterscheiden. Zu dem neuesten Signet siehe hier S. 171.

sten Ausgaben der Titelseitentext in Versalien gesetzt; die Angabe des Erscheinungsjahres rückt bei einigen Ausgaben auf die Titelblattrückseite.[30] Ab den vierziger Jahren ist dies – bis heute – ausschließlich so. 1941 rückt auch erstmals die Reihen- und Bandangabe der PhB auf die Impressumseite,[31] was ab 1943 – bis heute – bei allen Ausgaben der Fall ist.

1949 erscheint mit der von O. Baensch herausgegebenen ›Ethik‹ Spinozas eine Ausgabe mit einer Titelseite, deren Gestaltung bis auf zwei Punkte mit der heutigen übereinstimmt:[32] seit 1952 entfällt allmählich das »in« vor der Ortsangabe des zweizeiligen Erscheinungsvermerkes,[33] und seit 1954 rückt das PhB-Signet allmählich auf S. a eines Schmutztitelblattes.[34] Vor allem vor dem Zweiten Weltkrieg gibt es nicht wenige Titelseiten, die von der in dem betreffenden Jahr gängigen Titelblattgestaltung völlig abweichen.[35] Bei drei Ausgaben gibt es sogar jeweils zwei völlig unterschiedlich gestaltete Titelblätter.[36]

Die Titelblattrückseite als *Impressumseite* gibt es in der PhB vor 1900 nicht: Der Druckvermerk steht dort meist auf der letzten Seite des Buchblocks, was bei Dürr in der überwiegenden Mehrzahl der Bände,[37] bei Meiner[38] auch noch häufig der Fall ist.[39] Bei Dürr rückt aber in einigen Fällen der Druckvermerk auf die Titelblattrückseite,[40] mit Beginn der zwanziger Jahre ist dies

[30] Z. B. 26.1.1 und 36.22.1 von 1931, 36.38.2 von 1932, 36.39.2 von 1934, 77.16.3 von 1939.

[31] 77.24.8.

[32] 95.6.14, Abb. 14 auf S. 250.

[33] Z. B. bei 21.2.10 von 1952, 1.1.2 von 1955, 7.2.8 und 21.2.11 von 1957.

[34] Bei den 1954 erschienenen 10 Ausg. ist dies bei 3 Ausg. der Fall (21.6.9, 29.4.8, 86.2.3). Später gibt es aber auch noch Ausg. mit Reihensignet auf der Titelseite und ohne Schmutztitelblatt (z. B. 56.11.5 von 1968 und 56.9.6 von 1971). (Nachträgliche) Einführung oder das Fehlen des Schmutztitelblattes mit dem Reihensignet hat nicht selten Einfluß auf die Paginierung. Mit ›1 Bl.‹ (und Reihensignet auf dessen S. a) beginnen z. B. die Ausg. 10.7.2, 10.9.4, 10.14.4, 40.2.3–5, 50.19.12, 62.1.1, 77.8.9, 93.3.2. Auf der Titelseite ist das Reihensignet vorhanden, dennoch beginnt die Ausg. mit S. [III] z. B. bei 7.5.2 und 36.40.1. Überhaupt kein Reihensignet haben die Ausg. 11.1.7, 13.1.1, 50.2.7, 50.17.18, 65.1.1, 82.1.1, die aber alle auch mit S. [III] beginnen.

[35] Die Titelseite von 77.21.2 z. B. ist fast identisch mit der vorh. Ausg. 58.1.1.

[36] 24.1.1–2 (mit demselben Titelseitentext), 56.11.2–3, 88.12.3–4; siehe auch 95.6.7–8. Zu unterschiedlichen Drucken einer Ausg. siehe hier S. 210 f.

[37] Z. B. bei Ausg. 86.6.1, 92.2.1.

[38] Z. B. bei Ausg. 3.4.4, 3.13.1, 77.4.1.

[39] Auch Einbände (Deckel) können Druckvermerke tragen, die sich vom Druckvermerk des Buchblocks unterscheiden. Ausg. 58.1.1 hat im Ex. 62 auf der letzten Seite (S. 100) den Druckvermerk: »Druck von Oskar Bonde in Altenburg.«, auf der Rückseite unten des hinteren Deckels: »Druck von C. Grumbach in Leipzig.«

[40] Z. B. 50.15.3 (1907), 88.14.1 (1908), 95.1.1 (1910), 95.7.4 (1907), 101.1.1 (1908).

wohl der Normalfall.[41] Es kann dann die Herkunftsangabe ›Printed in Germany‹ dazukommen,[42] oder es steht nur der (damals noch getrennte) deutsche und amerikanische Copyright-Vermerk dort.[43] Im Laufe der Jahrzehnte können auf der Impressumseite eine Fülle von Angaben stehen; neben dem Druckvermerk (ggf. getrennt nach Satz, Druck und Bindung) das Erscheinungsjahr,[44] der Herkunftsvermerk ›Printed in Germany‹, der (deutsche und amerikanische) Copyright-Vermerk, Lizenz-,[45] Verlagsarchiv-[46] und Genehmigungsnummer,[47] die Lizenzangabe, Angaben zu Schrifttype und Druckkostenunterstützung, die ISBN und die LCC-Card Number,[48] der CIP-Vermerk, Reihentitel und Bandnummer, Auflagenhinweise, Angaben zu Nachdruck, Herausgeber oder Übersetzer[49] sowie sonstige Hinweise.[50] War die Titelblattrückseite noch im ersten Meiner-Jahrzehnt nicht selten völlig leer, so ist sie heute mit zahlreichen Angaben bedruckt.[51]

Das *Format* der PhB blieb von 1868 bis heute mit 18,5–19,5 cm mal 11–12,5 cm in etwa gleich.[52] 1901 versuchte Dürr, das Format zu vergrößern: Berkeleys ›Drei Dialoge zwischen Hylas und Philonous‹ hat ein Format von 23 mal 15 cm.[53] Offensichtlich wurde diese Formatvergrößerung vom Publikum nicht für gut befunden. Der Herausgeber Raymund Schmidt schreibt im Vorwort zur zweiten Auflage 1925: »Der Versuch, welchen der Verlag mit der er-

[41] Z. B. 3.2.5 (1920), 3.14.4 (1921), 7.2.7 (1920), 8.2.1 (1920), 21.6.7 (1915), 24.2.1 (1921), 29.26.2 (1922), 43.5.7 (1911), 61.1–3 (1923), 61.4.1 (1912), 61.4.2 (1918), 61.5.1 (1912), 95.7.6 (1922).

[42] Z. B. 3.4.5, 21.2.8. In Ausg. 36.10.1 und 70.1.1 findet sich auf der Titelblattrückseite der deutsche Copyrightvermerk und die Herkunftsangabe, über der es heißt: »Schutzformel gegen die geographische Unwissenheit der Zollbeamten der U.S.A.:«.

[43] Nur der deutsche z. B. bei 3.16.5 (1937), der deutsche und amerikanische z. B. bei 88.7.1 (1911); Druckvermerk, deutscher und amerikanischer Copyright-Vermerk bei *Dürr* z. B. bei 100.1.3.

[44] Nur auf der Impressumseite findet sich das Erscheinungsjahr z. B. bei 3.9.4, 3.10.4, 10.21.3, 26.1.1; auf Titel- *und* Impressumseite z. B. bei 1.1.2, 10.13.2.

[45] Z. B. 3.5.5, 3.10.5.

[46] Z. B. 3.5.5.

[47] Z. B. 28.1.1.

[48] Z. B. 10.19.2.

[49] In einigen Fällen findet sich der Herausgeber und/oder Übersetzer *nur* auf der Impressumseite, z. B. 1.1.2, 3.6.5–6, 3.7.3, 21.2.9–13.

[50] Z. B. zur PhB (z. B. 7.2.8, 8.2.2, 26.1.1), zum Inhaltsverzeichnis (z. B. 10.9.2–3, 25.1.1, 77.14.3), zur Paginierung (29.4.5, 29.26.2), Bd-Übersichten (z. B. 7.1, 79.2.1).

[51] Bei einem Nachdruck der Ausg. 36.38.8 bildet die Titelblattrückseite irrtümlich die Impressumseite der Lizenzausg. 1975 des Akademie-Verlages Berlin (Ost).

[52] Unbeschnittene Exe können entsprechend größer ausfallen.

[53] Titelseite dieser Ausg. siehe Abb. 9 auf S. 248

sten Auflage gerade dieses Buches machte, das Format der Philosophischen Bibliothek zu verändern, hat keinen Anklang gefunden. Deshalb kehrt diese zweite Auflage zum ursprünglichen und eingeführten Format zurück.«

Vom üblichen Format weichen bei Meiner noch einige Übernahmen aus anderen Verlagen ab; in der Hauptsache sind dies die WW-Ausgaben aus dem Eckardt-Verlag, also von Fichte, Schelling und Schleiermacher[54] und ihre Separatausgaben.[55] Spätere Auflagen oder Neuausgaben dieser Bände haben das übliche PhB-Format.[56] Auch eine Übernahme aus dem Verlag Nijhoff hat ein anderes Format.[57] Die von Francke[58] und Kerle[59] übernommenen Bände haben das Format der PhB.

Offensichtlich gehört das PhB-Format, das zwischen dem z. B. von Reclams Universalbibliothek und Oktav liegt, zu den vom Publikum als positiv empfundenen Charakteristika dieser Reihe.

Die *Farbe* der PhB ist grün: Die Verlagsbroschuren (-umschläge) von 1868 bis 1899 sind ebenso grün wie die festen oder kartonierten Einbände bei Dürr und bei Meiner, von Sonderausgaben[60] und den Übernahmen aus anderen Verlagen abgesehen. So spricht man von der »grünen Reihe«[61] oder der »grünen Bibliothek«.[62]

Einige Exemplare aus der Zeit bis 1918 tragen ein *Kriegsausfuhrzeichen* (Kriegsausfuhrsignet). Im Ersten Weltkrieg wurden ab 1915 zunächst Bücher der Medizin, ab 1917 jegliche Literatur darauf geprüft, ob sie ausgeführt werden dürfen.[63] Jede Kommandobehörde bestimmte ihr eigenes Ausfuhrsignet. Deren erstes – und das einzig veröffentlichte – ist das des Stellvertretenden Generalkommandos des XIX. Armeekorps in Leipzig (abgekürzt: St. GK. XIX. AK. Leipzig) – zu dessen Bereich der Meiner Verlag gehörte – vom Mai

[54] Siehe hier S. 69.

[55] Mit dem Format von ca 22 mal 16 cm.

[56] Auf der Impressumseite der Ausg. 29.17.7 heißt es: »In dieser Neuausgabe, mit der zum üblichen Format der Philosophischen Bibliothek zurückgekehrt wurde, [. . .]«. Dies ist insofern nicht richtig, als vorher schon die Ausg. 29.17.5–6 zum PhB-Format zurückgekehrt waren.

[57] 44.3.1 mit dem Format 24 mal 16 cm.

[58] Siehe hier S. 162 mit Anm. 47.

[59] 72.10.1.

[60] Vor allem den WW-Ausg., die es u. a. in Buckram- und Halbpergamenteinbänden gab, oder Einzelausg. (z. B. Hegels ›Phänomenologie‹ von 1921 »in vornehmem Halbleinen-Geschenkeinband«).

[61] E. Heintel: Die Philosophische Bibliothek, 1981, S. 166.

[62] A. Fratzscher: 100 Jahre ›Philosophische Bibliothek‹, 1968, S. 2659. K. Podak beginnt einen Artikel (Keiner schlägt Meiner, 1966) mit dem Satz: »Philosophie hat eine Farbe in Deutschland: Meiner-Grün.«

[63] Näheres bei H.-O. Weber: Die Bestimmungen über deutsche Buchausfuhr im Ersten Weltkrieg und die Ausfuhrzeichen, 1982.

1916.[63] Es wurde am 5. Mai 1917 geändert: zu einer mit Doppelkreis umfaßten Abbildung des Völkerschlachtdenkmals bei Leipzig.[64] Dieses Ausfuhrsignet gibt es bei PhB-Bänden auf der (Haupt-)Titelseite unten gedruckt oder gestempelt,[65] auch auf dem Umschlag/Einband.[66]

1.5.2 Kennzeichen übernommener Bände: Neue Verlagsbroschur, Titelauflage, neuer Einband, Schildchen, Überstempelung

Als die PhB 1911 zu Felix Meiner kam, war dies ihr sechster Verlag. Die Verlagswechsel beinhalteten jeweils auch die Übernahme aller Bestände, d. h. der aufgebundenen und nicht aufgebundenen Exemplare, wahrscheinlich auch von Rohbögen. Die Folgen dieser Übernahmen prägen die PhB bis etwa 1920 mit. Die Kennzeichnung solcher Verlagswechsel geschieht

1. vor 1900 durch eine neue Verlagsbroschur oder durch ein Schildchen auf der alten Verlagsbroschur;
2. bei Dürr durch Titelauflage und/oder Einband;
3. bei Meiner wie unter Nr 2 und/oder mit überklebtem Erscheinungsvermerk sowie Überstempelung der Verlagskennzeichnung oder nur durch den Einband.

Ad 1: Vor 1900 ist der Verlagswechsel nur durch die neue Verlagsbroschur erkennbar:[1] Der Buchblock wurde – incl. der Titelblätter – unverändert belassen, aber mit der Verlagsbroschur des neuen Verlages versehen. Häufigen Gebrauch davon hat Georg Weiss in Heidelberg gemacht:[2] Nach der im Februar 1882 ausgeschriebenen ›Neuen Subscription‹[3] versah Weiss vermutlich den gesamten von Koschny übernommenen Bestand mit neuen Broschuren,[4] – weshalb in diesen Fällen das Jahr im Erscheinungsvermerk der Verlagsbro-

[64] Abb. des Signets bei H.-O. Weber, a. a. O., S. 518 und 546 sowie hier in Abb. 12, S. 249, und Abb. 30, S. 268, jeweils auf der Titelseite unten.

[65] Siehe z. B. Exe von 29.1.21, 29.11.1, 29.12.1, 36.33.1, 48.1.1, 77.4.1, 77.5.1, 77.6.1, 77.17.3, 77.22.1; bei Ex. 3 der Ausg. 50.22.1 befindet sich auf der Titelseite zusätzlich ein Stempel: »Ausfuhr genehmigt. Presseabteilung stellv. Gen.-Kdo. XIX, Leipzig, den . . .«.

[1] Zu betonen ist, daß es sich um den Fall des Verlagswechsels *erschienener* Bde handelt, also nicht um Neuausg. oder -aufl. in neuem Verlag.

[2] Solche Exe sind in der Bibliographie in den Bemerkungen zu einer Ausg. mitgeteilt; z. B. 3.2.1, 3.3.1, 21.2.1, 43.2.1, 43.5.3, 50.8.1, 50.9.1, 50.21.1, 52.3.1, 52.4.1, 52.5.1, 52.11.1, 52.12.1, 52.13.1, 52.15.3, 52.19.1, 52.20.1, 52.21.1, 52.22.1, 52.32.2, 54.1.1, 73.1.1, 77.8.1, 77.25.1, 83.1.1, 95.6.3.

[3] Siehe hier S. 147, 199 f. und Abb. 26 und 27 auf S. 261 f.

[4] Ob Weiss zuerst bzw. daneben Ausg./Hefte noch mit Heimann'schen oder Koschny'schen Broschuren verkaufte, konnte nicht ermittelt werden.

schur (meist) »1882« lautet. Auch Koschny hat von Heimann übernommene Bände mit eigener Verlagsbroschur versehen.[5] In einigen wenigen Fällen ist der Erscheinungsvermerk der Verlagsbroschur mit einem Schildchen mit neuem Erscheinungsvermerk überklebt.[6]

Ad 2: Auch Dürr hat den von Salinger übernommenen, Bände von 1869 bis 1899 umfassenden Bestand noch verkauft. Zu diesem Zweck stellte er – im Rahmen der durchgreifenden Erneuerung der PhB (mit dem Abrücken von Heft-Lieferung und -Zählung und der Einführung einer neuen PhB-Bandzählung[7]) – von den übernommenen Bänden Titelauflagen her und band sie (neu) auf. Diese *Dürr'schen Titelauflagen* entstanden dadurch, daß Dürr beim alten Buchblock einer übernommenen Ausgabe das Reihen- und Haupttitel-Blatt (in seltenen Fällen auch noch Blätter mit Verlagsanzeigen oder nur mit Druckvermerk am Schluß oder zu Beginn des Buchblocks) wegschnitt und durch ein einziges Blatt mit neu gestalteter (der Titelei der ursprünglichen Ausgabe angeglichener[8] und mit neuer PhB-Nr versehener) Haupttitelei auf S. a ersetzte. Diese Dürr'schen Titelauflagen[9] sind leicht erkennbar am alten, vergilbten Papier des Buchblocks und dem weißen, dickeren und rauheren Papier des neuen Titelblattes. Zudem sind diese Titelauflagen (meist wohl mit einer Steifkartonage) neu aufgebunden.

Dürr hat wahrscheinlich von dem gesamten übernommenen Bestand neu aufgebundene Titelauflagen hergestellt und bis zum Erscheinen einer Neuausgabe oder bis zur Abgabe an Meiner verkauft.

Neben dem neuen Einband und dem neuen, angeklebten Titelblatt haben diese Titelauflagen gegenüber den anderen (›regulären‹, neuen) Ausgaben der Dürr'schen Buchhandlung zwei Merkmale:

1. Orts- und Verlagsangabe des dreizeiligen Erscheinungsvermerkes stehen in Kapitälchen:

   »LEIPZIG. | VERLAG DER DÜRR'SCHEN BUCHHANDLUNG.«

   Vermutlich durch ein Versehen haben einige, wenige Neudrucke bzw. reguläre Auflagen ebensolche Ercheinungsvermerke in Versalien.[10] Und ei-

[5] Z. B. 60.3.1.

[6] Siehe z. B. bei 43.5.4.

[7] Siehe hier S. 151 und 204 f.

[8] Siehe hier S. 184 mit Anm. 16.

[9] Unter einer Titelaufl. bzw. -ausg. versteht man im allgemeinen eine unveränderte Ausg. eines Werkes mit geänderter Titelseite (meist auch geänderter Jahreszahl), mit der aber keine neue Aufl. vorgetäuscht werden darf. Demgegenüber verwenden wir hier der Deutlichkeit wegen das Wort ›Titelaufl.‹ nur für die Bde, bei denen einem alten Buchblock ein neueres Kartonblatt mit neugesetzter Titelei und Dürr'scher oder Meiner'scher Verlagsangabe angeklebt ist. Neudrucke als Titelaufl. sind hier *nicht* als ›Titelaufl.‹ bezeichnet. Siehe dazu auch hier S. 274.

[10] Z. B. 7.2.3 und 50.2.4.

nige Titelauflagen führen versehentlich einen Erscheinungsvermerk nicht in Versalien.[11]

2. Die Jahresangabe im Erscheinungsvermerk gibt das Jahr der Ursprungs- bzw. Ausgangs-Ausgabe,[12] nicht das Jahr der *Herstellung* der Titelauflage. Diese sind zwischen 1900 und 1906 entstanden (siehe unten), haben aber im Erscheinungsvermerk Jahresangaben von 1868 bis 1898. Fehlt in der Ausgangs-Ausgabe die Jahresangabe, so ist sie auch auf der Titelseite der Titelauflage nicht vorhanden.[13] Manche Jahresangaben sind auch in bezug auf die Ausgangs-Ausgabe falsch,[14] was mal korrigiert wird.[15]

Diese Rückdatierung bzw. die Übernahme des Jahres der Ausgangs-Ausgabe hat – zumal in Verbindung mit der neuen PhB-Bandzählung[16] – bei Bibliographen und Bibliothekaren zu einiger Verwirrung geführt.[17]

Dürr hat die beschriebenen Titelauflagen wohl in den ersten Jahren nach der PhB-Übernahme hergestellt, vermutlich zwischen 1900 und 1903. Einen sicheren terminus ad quem bietet aber das Verlagssignet: auf den Titelseiten aller dieser Titelauflagen befindet sich das ältere Verlagssignet der Dürr'schen Buchhandlung, das 1906 abgelöst wurde.[18]

Manche Dürr'schen Titelauflagen unterscheiden sich von regulären Auflagen nur durch Varianten im neugesetzten Titelblatt. So differieren zwei Titelauflagen von Condillacs ›Abhandlung über die Empfindungen‹[19] nur dadurch, daß bei der einen in der Titelei eine Zeile weggefallen ist.

Dürr hat aber auch alte Bände manult und mit (neugesetztem) Titel-Kartonblatt versehen[20] oder die älteren Buchblöcke incl. ihrer Titelblätter belas-

[11] Z. B. 56.11.3 und 95.9.3 (hier auch mit Jahresangabe »1900«).

[12] ›Ursprungs- / Ausgangs-Ausgabe‹ deshalb, weil es sich dabei nicht immer um die jeweils *erste* Aufl. handelt.

[13] Z. B. 95.5.3.

[14] Z. B. 33.1.2.

[15] 50.29.2–3.

[16] Siehe dazu Kap. 1.5.4.

[17] Eine solche Rückdatierung gibt es auch bei der Tauchnitz-Edition (siehe K. Pressler: Die Tauchnitz-Edition, 1978).

Bei Titelaufl. ist eine mögliche Rückdatierung leichter zu erkennen, wenn – wie meist bei den Titelaufl. der PhB – der Buchblock aus altem, vergilbtem Papier besteht, von dem sich das aufgeklebte, weiße Titelblatt unmittelbar abhebt. Titelaufl. – und damit Rückdatierungen – sind erheblicher schwerer zu erkennen, wenn Buchblock und Titel-Kartonblatt aus gleichem Papier bestehen (wie bei anastatischen Neudrucken als Titelaufl.).

Die Dürr'schen und Meiner'schen, hier beschriebenen Titelaufl. sind bibliographisch kaum oder gar nicht nachzuweisen; nicht in Bibliographien (wie Kayser), teilweise aber in Katalogen (wie Buchholtz, GK, Hinrichs Bd 12, NUC).

[18] Siehe dazu hier S. 64 mit Anm. 35.

[19] 18.1.2–3.

[20] Z. B. 3.11.2, 3.12.2, 52.7.2.

sen und nur neu aufgebunden.[21] Bei einigen Exemplaren – z. B. bei Aristoteles' ›Organon‹ – ist der Buchblock der Titelauflage selbst wieder ein anastatischer Neudruck bzw. eine Mischauflage.[22]

Ad 3: Bei den durch Meiner übernommenen und von ihm verkauften Bänden sind die verschiedensten Kennzeichen der Übernahme möglich. So gibt es *Meiner'sche Titelauflagen* mit *alten* Buchblöcken von *vor 1900* (wie bei Dürr),[23] aber auch Titelauflagen mit neugedrucktem Buchblock und Meiner'schem Titel-Kartonblatt[24] oder mit Buchblöcken von Dürr[25] (die nur sehr schwer zu erkennen sind; z. B. aber dann, wenn der Buchblock am Schluß noch Verlagsanzeigen von Dürr hat[26]). Viele der Meiner'schen Titelauflagen (und ungekennzeichneten Neudrucke) sind undatiert;[27] bei einigen stehen Orts- und Verlagsangabe (wie bei den Dürr'schen Titelauflagen) in Versalien;[28] nicht wenige sind (wie bei Dürr) rückdatiert, wobei das Jahr mal geklammert,[29] mal ungeklammert ist.[30] Die letzte Titelauflage (mit Titel-Kartonblatt) wurde 1977 hergestellt.[31]

Das wohl häufigste und deutlichste Zeichen der Übernahme eines PhB-Bandes durch Meiner ist das Überkleben des Erscheinungsvermerkes durch ein *Meiner-Schildchen.* Dieses Schildchen gibt es mit drei verschiedenen Textgestaltungen:

1. »Leipzig. | Verlag von Felix Meiner.«;
   die wohl häufigste Form.[32]

[21] Z. B. 33.2.1.

[22] Z. B. 33.1.2, 33.2.2.

[23] Z. B. 3.6.3, 3.11.3, 3.12.3, 48.1.3, 50.28.4, 50.29.4.

[24] Z. B. 50.21.4. Man muß aber (bei Dürr wie bei Meiner) davon ausgehen, daß beide Verfahren auch bei *einer* Ausg. angewandt wurden (z. B. 3.11.2, 3.12.2, 16.1.2, 50.28.3, 52.7.2). Entsprechende Bemerkungen in der Bibliographie betreffen also nur die jeweils vorgelegenen Exe und sind nicht als Beschreibung einer Ausg. überhaupt zu verstehen.

[25] Z. B. 3.11.3, 3.12.3, 95.2.2; 11.1.4 (mit Dürr-Einband), 36.9.4 (mit Dürr'schem Vorderdeckel), 43.2.5 (mit Dürr-Deckeln). Bei 86.6.2 sind Titelblatt, Vorwort und S. I–XVI der Einleitung neu gesetzt und gedruckt.

[26] Z. B. 56.5.2, 69.1.2.

[27] Z. B. 3.3.3, 3.6.3, 3.11.3, 3.12.3, (7.2.5), 11.1.4, 21.10.2–3, 29.14.2–3, 29.31.2, 43.2.5, 48.1.3, 48.2.3, 50.8.5, 50.20.5, 50.25.5, 50.28.4, 50.29.3, 56.5.2–3, 56.6.2–3, 69.1.2, 77.17.3, 87.1.3, 92.2.2, 95.6.10, 101.1.2.

[28] Z. B. 3.11.3, 3.12.3, (42.1.2), (49.1.2), 50.29.3, 52.27.3, 56.5.2, 56.6.2, 77.17.3.

[29] Z. B. 3.2.3, 3.3.4, 50.21.4, 77.24.4, 95.2.5, 95.5.5, 95.7.5.

[30] 16.1.2, 21.2.4, 21.9.5, 36.9.3, 36.19.2, 42.1.2, 49.1.2, 50.17.7, 50.24.6.

[31] 10.1.2: Die Planobogen einer vom Francke-Verlag, Bern, übernommenen Brentano-Ausg. wurden 1977 von Meiner mit eigenem Titelblatt aufgebunden.

[32] Z. B. 3.5.2–3, 3.6.2, 3.9.2, 3.10.2, 3.11.2, 3.12.2, 7.4.1, 14.2.2, 14.4.2, 29.8.1, 33.2.2, 36.9.2, 42.1.1, 48.2.2, 56.11.2, 101.1.1.

2. »Verlag von Felix Meiner | Leipzig«.[33]
3. »LEIPZIG | VERLAG VON FELIX MEINER«.[34]

Es kommt auch vor, daß verschiedene Exemplare *einer* Ausgabe jeweils verschiedene Schildchen tragen.[35]

Neben den Schildchen ist vor allem der Meiner'sche *Verlagseinband* ein Kennzeichen für die Übernahme eines früheren PhB-Bandes.

Aus diesen beiden Übernahme-Kennzeichen (Schildchen und Verlagseinband) resultiert eine Vielzahl von Exemplarformen. So hat Meiner *Dürr'sche* Titelauflagen neu aufgebunden und ihren Erscheinungsvermerk mit einem Schildchen überklebt;[36] oder er hat *Dürr'sche* Titelauflagen neu aufgebunden und/oder ihnen einen Meiner'schen PhB-Katalog beigebunden; den Erscheinungsvermerk des Dürr'schen Titel-Kartonblattes aber *nicht* überklebt.[37] Auch bei *regulären Dürr*-Ausgaben/-Auflagen ist der Erscheinungsvermerk mal mit einem Meiner-Schildchen überklebt,[38] mal nicht;[39] beides gibt es ebenso bei verschiedenen Exemplaren *einer* Ausgabe.[40] Zudem existieren Meiner'sche Titelauflagen nur mit Deckeln von Dürr,[41] wobei der Dürr'sche Erscheinungsvermerk sogar des Vorderdeckels mit einem Schildchen überklebt sein kann.[42] D. h. nicht selten beläßt Meiner übernommene Bände (von Dürr und Eckardt) völlig und tauscht nur das Titelblatt aus.[43]

Meiner hat auch noch alte Buchblöcke von vor 1900 verkauft.[44] Sie wurden neu aufgebunden, teilweise das Reihen-Titelblatt weggeschnitten, und mal mit Schildchen über dem Erscheinungsvermerk der Titelseite(n) versehen,[45]

33 Z. B. 29.8.1, 29.9.1, 29.11.1, 29.17.1, 29.18.1, 29.24.1, 29.27.1 (alles Fichte-Ausg.).

34 Z. B. 38.1.1, 54.1.3, 75.1.1, 91.1.1.

35 Z. B. 29.8.1, 29.17.1, 29.27.1. Bde mit solchen Schildchen gelten in vorl. Bibliographie als Exe, nicht als Ausg.

36 Z. B. 3.6.2, 3.10.2.

37 Z. B. 14.2.2, 33.1.2, 33.2.2, 101.1.1.

38 Z. B. 50.15.3. Dabei blieben mal die Dürr-Deckel bzw. der Dürr-Einband erhalten (z. B. 7.4.1), mal erhielten die Bde auch einen Meiner-Einband (z. B. 11.1.3, 36.9.2, 50.13.3, 50.18.9, 50.19.3, 54.1.3, 56.9.3, 57.1.1, 57.2.1).

39 Z. B. 3.3.2, 14.5.2, 50.15.3, 57.1.1–2, 85.1.3 (diese Dürr-Ausg. von 1908 wurde noch 1929, d. h. 21 Jahre nach ihrem Erscheinen, von Meiner aufgebunden), 103.2.1.

40 Z. B. 50.15.3, 54.1.3, 57.1.1–2.

41 Z. B. 11.1.4, 36.9.4, 43.2.5, 48.2.3, 86.6.2.

42 Z. B. 50.21.4.

43 Z. B. 7.4.1, 50.15.3, 56.5.2–3, 75.1.2, 85.1.3; auch bei den von Eckardt übernommenen Exn der WW, z. B. 29.1.2 (Ex. 16).

44 Siehe auch hier S. 192 mit Anm. 23.

45 Z. B. 14.4.1 (Ausg. von 1874), 52.32.2 (Ausg. von 1873), 75.1.1 (Ausg. von 1881), 91.1.1 (Ausg. von 1877).

mal nicht.[46] Das zeigt, daß auch noch Meiner von Dürr alte Buchblöcke von PhB-Bänden vor 1900 (vielleicht sogar noch Rohbögen) erworben haben muß, die er – nach dem Verkauf der übernommenen Dürr'schen Titelauflagen – als Titelauflage mit Titel-Kartonblatt oder mit belassenen Titelblättern verkaufte.[47] Auf diese Weise wurden alte Buchblöcke von vor 1900 mehrere Jahrzehnte lang, in nicht wenigen Fällen 40 Jahre, in einigen Fällen sogar über ein halbes Jahrhundert nach ihrem Ersterscheinen noch verkauft![48] So kommt es zu bemerkenswerten *Ausgabenfolgen* von alter Ausgabe vor 1900, Dürr'scher Titelauflage, neuer regulärer Dürr-Ausgabe (einer Neuedition), Meiner'scher Titelauflage und neuer, regulärer Meiner-Ausgabe,[49] wobei Meiner in einigen Fällen von erst 1911 erschienenen Dürr-Ausgaben noch im selben Jahr Ausgaben mit eigenem Titelblatt[50] oder – nach regulärer Dürr'scher Neuausgabe – zwei Titelauflagen herstellt.[51]

Die Merkmale einiger Exemplare sind nur schwer erklärbar: So hat Meiner noch 1917 bzw. 1919 einen 1904 bzw. 1905 erschienenen Dürr-Band mit

[46] Z. B. 14.5.1, 52.25.1, 73.1.1.

[47] So erklärt sich, daß es z. B. von Ausg. 95.4.1 Exe mit Meiner-Schildchen gibt, obwohl es eine Dürr'sche Titelaufl. (95.4.3) gab. Ähnlich bei 73.1.1–3 (mit Meiner-Einband bei Exn der Ausg. 73.1.1), 52.32.2–3, 73.1.1–3, 75.1.1–2, 91.1.1–2.

Die Ausgabenfolge von 48.1.1–3 und 48.2.1–3 erklärt sich bezüglich der Meiner'schen Exe wohl so: Nachdem Dürr (oder erst Meiner) die Dürr'schen Titelaufl. (48.1.2 und 48.2.2) verkauft hatte, ließ Meiner die noch vorhandenen alten Buchblöcke incl. Titelblätter aufbinden und mit Schildchen versehen (48.1.1; von 48.2.1 hat es sicherlich solche Exe gegeben); etwa 1917 stellte Meiner dann mit den alten Buchblöcken und neuen Titel-Kartonblättern Titelaufl. her.

[48] So verkauft Meiner z. B. die Ausg. 52.32.3 mindestens 38 Jahre nach ihrem Ersterscheinen, die Ausg. 48.1.1 41 Jahre, die Ausg. 91.1.1 53 Jahre; die Ausg. 52.25.1 wird 47 Jahre nach ihrem Ersterscheinen neu aufgebunden, die Ausg. 75.1.1 von 1881 noch 1930, d. h. 49 Jahre später, die Ausg. 14.5.1 von 1874 noch 1928, d. h. 54 Jahre nach ihrem Ersterscheinen.

[49] Z. B.:

1. reguläre Ausg. vor 1900, Dürr'sche Titelaufl. (teils Exe mit Meiner-Schildchen), reguläre Dürr-Ausg. (teils Exe mit Meiner-Schildchen) (56.11.1–3), danach noch mit Meiner'scher Titelaufl. (95.2.2–5; 95.5.2–5; 95.6.5–10);
2. reguläre Ausg. vor 1900 (teils Exe mit Meiner-Schildchen), Dürr'sche Titelaufl., Meiner'sche Titelaufl. (48.1.1–3; 48.2.1–3; 50.29.1–4, mit 2 Dürr'schen Titelaufl.);
3. reguläre Ausg. vor 1900, reguläre Dürr-Ausg. (teils Exe mit Meiner-Schildchen), Meiner'sche Titelaufl. (3.2.1–3; 3.3.1–3; 11.1.2–4; 36.9.1.-3; 50.25.2–4);
4. nur reguläre Dürr-Ausg. (teils Exe mit Meiner-Schildchen) mit nachfolg. Meiner'scher Titelaufl. (42.1.1–2; 56.5.1–3; 100.1.3–4; 101.1.1–2); statt regulärer Dürr-Ausg. eine Eckardt-Ausg. mit nachfolg. Meiner'scher Titelaufl.: 29.14.1–3, 29.31.1–2, 88.11.1–2.

[50] Z. B. 77.25.3–4, 100.1.3–4.

[51] Z. B. 3.3.3–4, 56.5.2–3.

Meiner-Schildchen, -Einband und -PhB-Katalog versehen, obwohl es früher (vermutlich schon 1911 bzw. 1915) zwei Meiner'sche Titelauflagen gegeben hatte.[52]

Eine weitere Kennzeichnung bei Band-Übernahme ist die *Überstempelung*. So hat die Dürr'sche Buchhandlung – wohl in seltenen Fällen – bei von früheren PhB-Verlagen übernommenen Bänden den Erscheinungsvermerk mit dem eigenen Erscheinungsvermerk überstempelt.[53] Überstempelung findet sich vor allem bei den durch Meiner vom Eckardt-Verlag übernommenen Bänden, und zwar nur auf den Eckardt'schen (Vorder-) Deckeln, entweder bei Bänden mit Eckardt-[54] oder bei solchen mit Meiner-Titelblatt (Meiner'schen Titelauflagen).[55]

Aber auch bei von Eckardt übernommenen Bänden wird der Eckardt'sche Erscheinungsvermerk des Titelblattes mit einem Meiner-Schildchen überklebt.[56] Auch bei den Eckardt-Übernahmen gibt es Bände, bei denen nur das Titelblatt ersetzt, der alte (Eckardt-) Einband aber belassen wurde[57] oder Bände, die nur neu aufgebunden wurden.[58]

1.5.3 Lieferungen, Heftzählung, Verlagsbroschur

Die PhB war als Fortsetzungs-, näherhin als Abonnements- und Subskriptionswerk angelegt. So erschienen von ihrer Gründung bis zu dem vor 1900 letzterschienenen Band einschließlich (dem 1886 bei Weiss publizierten ›Wörterbuch der philosophischen Grundbegriffe‹) die Ausgaben nicht in kompletten Bänden, sondern in Lieferungen bzw. Heften.[1] In der ersten Zeit erschien, wie es in den ersten PhB-Anzeigen bzw. -Prospekten heißt, jede Woche eine Lieferung.[2] »Die zu einem Werke gehörenden Hefte erscheinen in schneller

[52] 3.3.2–4, 36.9.2–4.

[53] So z. B. ist der Salingersche Erscheinungsvermerk der vorderen Verlagsbroschur der Ausg. 50.28.2 bei Ex. 14 überstempelt mit dem Text: »Dürr'sche Buchhandlung | Leipzig | Querstr. 14«.

[54] Z. B. 29.1.1, 29.6.1 (mit Meiner-Schildchen auf Titelblatt), 29.24.1, 88.1.9, 88.2.1, 88.6.1, 88.13.1.

[55] 29.1.2, 29.1.6, 29.1.10, 29.1.14, 29.1.18, 29.31.2.

[56] Z. B. 29.1.13, 29.1.17, 29.2.1 (mit Meiner-Einband), 29.26.1 (Eckardt-Einband mit Überstempelung), 29.7.1 (Meiner-Einband), 29.8.1 (Eckardt- oder Meiner-Einband), 29.9.1, 29.17.1 (Meiner-Einband), 29.18.1, 29.24.1, 29.27.1 (Eckardt- oder Meiner-Einband), 29.32.1, 86.1.1, 88.6.1.

[57] Z. B. 88.1.2, 86.1.4–6, 88.1.7.

[58] 29.1.1, 29.1.5, 29.2.1.

[1] Nach 1900 erschien nur noch 1 Werk in Lieferungen: 1938–40 wurde die Ausg. 36.24.1 in 3 Lieferungen publiziert.

[2] Erste PhB-Anzeige im Bbl. vom 13.10.1868 (siehe S. 138): »In wöchentlichen

Folge hintereinander, so daß jedes angefangene Werk in wenigen Wochen beendet ist.«[3]

Zunächst scheint es nicht unwichtig, *›Heft‹* und *›Lieferung‹* begrifflich zu differenzieren. Mit ›Heft‹ ist hier eine am (Bogen-)Umfang orientierte Einheit als Teil eines Bandes (Buchblocks) gemeint. ›Lieferung‹ bezeichnet eine den Bezug, die Belieferung eines Kunden (Abonnenten) durch den Verlag betreffende Größe. Heft und Lieferung decken sich faktisch nur, wenn 1 Lieferung aus 1 Heft besteht; sie decken sich aber nicht, wenn z. B. – wie es häufig geschah – eine Lieferung aus zwei Heften besteht.[4] Von Heft und Lieferung, die also wohl zu differenzieren sind,[5] ist nochmals unterschieden der *Band,* der vor 1900 aus einem oder mehreren Heft(en) besteht, die wiederum durch eine oder mehrere Lieferung(en) des Verlages/Buchhändlers an den Abonnenten gelangten. Entsprechend gibt es vor 1900 neben der Bandzählung nur noch eine Heftzählung, nicht – oder: nicht zusätzlich – noch eine Lieferungszählung.[6]

Eine Lieferung konnte ein oder zwei Hefte enthalten; der Umfang einer Lieferung war sehr unterschiedlich und schwankte zwischen ca 70 und ca 150 Seiten sogar bei jeweils nur einem Heft.[7] Zur Verdeutlichung einige Beispiele:

Heften [. . .]«; PhB-Prospekt vom Sept. 1868 (siehe Abb. 22, S. 252): »Die Bibliothek erscheint in wöchentlichen Heften [. . .]«; PhB-Prospekt vom Okt. 1868 (siehe Abb. 23, S. 253 und 255): »Wöchentlich eine Lieferung [. . .]‹. Ähnlich in anderen PhB-Anzeigen, z. B. im Literarischen Centralblatt, Nr 3 vom 8.1.1870, Sp. 77 f. und Nr 3 vom 21.1.1871, Sp. 69 f.

[3] Gleichlautend in der ersten PhB-Anzeige im Bbl. und PhB-Prospekt vom Sept. 1868; ebenso im PhB-Prospekt vom Okt. 1868.

[4] Die 2. und 3. Lieferung des Bd 1 und die 1. und 2. Lieferung des Bd 2 der Aristotelischen ›Metaphysik‹ z. B. bestehen jeweils aus 2 Heften.

[5] Heimann spricht mal von »wöchentlichen Heften«, mal von »wöchentlichen Lieferungen« (siehe oben Anm. 2); vermutlich sind in beiden Fällen Lieferungen in unserem Sinne gemeint.

Im Kayser, Bd 23, S. 109b, heißt es »310–319. Lfg.«, es sind aber Hefte gemeint.

Seit 1882 ist für die Zweite Subskription von ›Heften‹ die Rede, für die Erste Subskription von ›Lieferungen‹ (siehe unten; gemeint ist in beiden Fällen ›Heft‹).

[6] Sie macht neben einer Bd- *und* bandübergreifenden, durchgehenden Heftzählung ohnehin nur Sinn in bezug auf den einzelnen Bd: Bd 1 der Aristotelischen ›Metaphysik‹ besteht demnach als *Band* 38 der PhB aus den *Heften* 112–116, die in 3 *Lieferungen* erschienen (siehe dazu unten).

[7] Kirchmanns ›Erläuterungen zu Aristoteles' Sophistischen Widerlegungen‹ (52.7.1) bestand aus Heft 312 und hatte 64 Seiten; auch Berkeleys ›Abhandlung über die Prinzipien der menschlichen Erkenntnis‹ (7.2.1) bestand aus nur 1 Heft (Heft 23), hatte aber X, 151 Seiten. Kants ›Prolegomena‹ (50.24.1), Rosenkranz' ›Erläuterungen zu Hegels Enzyklopädie‹ (83.1.1) und Spinozas ›Abhandlung über die Verbesserung des Verstandes‹ (95.2.1) haben mit 152 bzw. 151 Seiten genauso viel Seiten, Kirchmanns ›Erläuterungen zu Kants Prolegomena‹ (52.18.1) mit 98, sowie

fortlfd. Heftzählung d. PhB	Heftzählung pro Bd	Seitenzahlen pro Bd	Umfang pro Heft	Bogen
Aristoteles' ›Metaphysik‹ Bd 1, PhB 38 (3.2.1):				
112	1	XVIII, 1–62	80 S.	5
113–114	2–3	63–238	95 S.	5,9
115–116	4–5	239–424	92,5 S.	5,8
Aristoteles' ›Metaphysik‹, Bd 2, PhB 39 (3.3.1):				
117–118	1–2	1–128	64 S.	4
121–122	3–4	129–272	71,5 S.	4,4
123	5	273–346	73 S.	4,5
Schleiermachers ›Philosophische Sittenlehre‹, PhB 24 (88.10.1):				
43	1	1–80	80	5
45	2	81–176	95	5,9
46	3	177–272	95	5,9
48	4	273–368	95	5,9
52	5	369–448	79	4,9
57	6	449–528	79	4,9
58	7	529–595	66 (86)[8]	5,3
Kants ›Metaphysik der Sitten‹, PhB 29 (50.21.1):				
66	1	I–X, 1–80	90	5,6
67	2	81–160	79	4,9
73	3	161–240	79	4,9
81	4	241–351	110	6,8
Condillacs ›Abhandlung über die Empfindungen‹, PhB 31 (18.1.1):				
78	1	1–80	80	5
79	2	81–160	79	4,9
80	3	161–228	67	4,2

Unterschiedliche Lieferungs-/Heftumfänge wurden (zumindest bei manchen Bänden) ausgeglichen, – wie im vorl. Beispiel: Auf der Innenseite der hinteren Verlagsbroschur des Doppelheftes Nr 117–118 von Bd 2 der ›Meta-

seine ›Erläuterungen zu Kants Vermischten Schriften und Briefwechsel‹ (52.21.1) mit VIII, 87 und Aristoteles' ›Organon I–II‹ (3.6.1) mit XII, 82 Seiten sogar erheblich weniger Umfang, bestanden aber alle aus 2 Heften.

[8] Mit dem letzten Heft mitgeliefert wurde auch der Titelbogen mit Vorwort des Hrsg. und Inhaltsverzeichnis, S. I–XX, die im Ex. 8 vor Heft 1 gebunden sind. Auch der Titelbogen zu Spinozas ›Theologisch-politischer Abhandlung‹ befand sich zu Beginn des letzten Heftes ebenso wie die ›Inhaltsanzeige‹ (S. X–XII) zu Beginn des letzten Heftes (vor S. 577; Heft 11) von Kants ›Kritik der reinen Vernunft‹. S. I–IX von Humes ›Untersuchung über den menschlichen Verstand‹ befanden sich am Ende der letzten Lieferung des Werkes (Heft 25).

Bei der aus 6 Heften (Lieferungen) bestehenden ›Enzyklopädie‹ Hegels befindet sich der Titelbogen schon im 1. Heft.

physik‹ heißt es: »Zur Beachtung! Dieses Doppelheft enthält 2 Bogen weniger als sonst die Bogenzahl ist, da das vorhergehende Doppelheft 2 Bogen mehr enthält.« Oder: Auf der Rückseite der vorderen Verlagsbroschur der nur 48 Seiten umfassenden 4. Lieferung von Spinozas ›Theologisch-politischer Abhandlung‹ (Heft 109) heißt es: »Zur Beachtung. Dieses Heft enthält nicht die gewöhnliche Bogenzahl, es wird dafür das Heft, die Erläuterungen enthaltend, umso stärker werden.«

Auch die Anzahl der Hefte pro Werk ist unterschiedlich.[9] Irrtümer bei Bogen kommen vor.[10]

Angaben zur Heftzählung befinden sich jeweils nur auf dem Vorderumschlag; so heißt es z. B. bei der 2. Lieferung des Band 1 von Aristoteles' ›Metaphysik‹: »Hundertdreizehntes und vierzehntes Heft. | Aristoteles, Metaphysik. I. 2. 3.«[11] Dies ist zu lesen als: Heft 113 und 114 der durchgehenden PhB-Heftzählung, Heft 2 und 3 des Band I von Aristoteles' ›Metaphysik‹.[12] Die PhB-*Band*-Nummer ist nur auf der Reihen-Titelseite angegeben.

Die als Lieferungswerk angelegte PhB schloß Einzelkäufer nicht aus, – was durchaus nicht selbstverständlich war und ist, und die PhB mit der knapp ein Jahr vorher eröffneten Reclam'schen ›Universal-Bibliothek‹ gemeinsam hatte,

[9] Die meisten, nämlich 12 Hefte hat das zweibändige Werk Lockes ›Versuch über den menschlichen Verstand‹ (mit insgesamt 844 Seiten das zweitumfangreichste Werk der alten PhB vor 1900); 11 Hefte hat das ebenso umfangreiche, zweibändige Werk von Johannes Scotus Eriugena ›Über die Einteilung der Natur‹, 10 Hefte beanspruchten die jeweils zweibändige ›Metaphysik‹ des Aristoteles (mit insgesamt 788 Seiten) und Kants ›Schriften zur Naturphilosophie‹ (mit insgesamt 775 Seiten).

Das umfangreichste Werk der alten PhB vor 1900, Grotius' zweibändiges ›Über das Recht des Krieges und Friedens mit 987 Seiten, benötigt ebenso 9 Hefte wie die jeweils einbändigen, deutlich weniger umfangreichen Ausg. von Leibniz' ›Neuen Abhandlungen‹ (mit 663 Seiten) und seiner ›Theodizee‹ (mit 549 Seiten).

Der umfangreichste Einzelbd der alten PhB vor 1900, Kants ›Kritik der reinen Vernunft‹ (mit 732 Seiten) war mit nur 6 Heften komplett, während Schleiermachers ›Philosophische Sittenlehre‹ (mit 600 Seiten), Kants ›Vermischte Schriften und Briefwechsel‹ (mit 570 Seiten) 7 Hefte, Platons ›Staat‹ (mit 501 Seiten) und Hegels ›Enzyklopädie‹ (mit 519 Seiten) auch nur 6 Hefte benötigten.

[10] Auf der Rückseite der vorderen Verlagsbroschur zur 5. Lieferung von Kants ›Kritik der reinen Vernunft‹ (Heft 10) heißt es: »Bogen 23, der in Lieferung 9 fehlte, ist dieser Lieferung beigeheftet worden.« (Es handelt sich um S. 353–368, die am Beginn des Heftes 10 stehen.)

[11] Siehe dazu Abb. 17 auf S. 250.

[12] Entsprechend bei der 2. Lieferung des Bd 2 von Kants ›Kleineren Schriften zur Naturphilosophie‹ (50.15.1); hier heißt es auf der Verlagsbroschur: »Hundertsechsundsechzig u. hundertsiebenundsechzigstes Hft. | Kant, Kl. Schriften zur Naturphilosophie. II. 3 u. 4.«; d. h.: Heft 166 und 167 der durchgehenden PhB-Heftzählung, Heft 3 und 4 des Bd II von Kants ›Kleineren Schriften zur Naturphilosophie‹.

daß nämlich »auch jedes Heft einzeln verkäuflich« war.[13] Der Verlag betont das in vielen Anzeigen und Prospekten, wohl aus dem gleichen Grund wie Reclam, bei dem es in einer der ersten Prospekte zur ›Universal-Bibliothek‹ heißt: »Da die Bände einzeln käuflich sind, ist Jedermann in den Stand gesetzt, sich eine Bibliothek nach eigenem Geschmack und Bedürfniß zusammen zu stellen, ohne genöthigt zu sein, neben den gewünschten, auch ihm vollkommen gleichgiltige Werke mit in den Kauf nehmen zu müssen.«[14] Den Heften bzw. Lieferungen der PhB eignet damit durchaus eine gewisse ›Selbständigkeit‹.[15]

Neben der durchgehenden *Band*zählung bzw. -numerierung[16] besaß die PhB also noch eine *durchgehende Heft*zählung, die ihre wesentliche Bedeutung für die Lieferung (und Vollständigkeit) der PhB vom Verlag durch den Buchhandel an den Leser/Kunden hatte.[17] Im ersten PhB-Jahr 1868 erschienen vier Bände, von denen zwei aus nur einem einzigen Heft bestanden,[18] die anderen beiden aber *neben*einander zu erscheinen begannen.[19] Auch im weiteren Verlauf der Reihe erschienen Bände mit mehr als einem Heft öfters *neben*einander; einige Bände wurden aber auch in aufeinander folgenden Lieferungen (mit aufeinander folgenden Heftnummern) publiziert.[20]

Bis 1886 erschienen auf diese Weise insgesamt 94 Bände (Nummern) in 319 Heften.[21] Als Georg Weiss zum 1. Januar 1882 die PhB übernahm, bestand sie aus 87 Bänden (Nummern) in 300 Heften. Schon im Februar 1882 schrieb er eine neue Subskription aus,[22] in der die bisher vorhandenen 87 Bände bzw. 300 Hefte in monatlich sechs bis acht Heften zu je 50 Pfennigen an die Abonnenten geliefert werden sollten; auf Wunsch konnte die PhB auch schneller

[13] PhB-Prospekt vom Sept. 1868.

[14] Abb. dieses Prospektes in: 150 Jahre Reclam, 1978, S. 33.

[15] Als Nr 217 erschien Schaarschmidts Einleitung zu Leibniz' ›Neuen Abhandlungen‹ separat als Heft, – eine Ausnahme.

Am Ende von Aristoteles' ›Poetik‹ (Bd 19, Heft 51) heißt es: »Nachträglich mögen hier folgende Berichtigungen zum Berkeley-Hefte (Philosoph. Bibl. Heft 23) eine Stelle finden: [. . .]«; es ist also von Heften, nicht von einer Bd-Nr die Rede.

[16] Dazu näher Kap. 1.5.4.

[17] Zumindest für Verleger und Buchhandel war die Heftzählung wohl wichtiger als die (mehr bibliographische) Bdzählung, wie sich auch an der problematischen Bandzählung der ›Histor.-polit. Bibliothek‹ sehen läßt (siehe hier S. 34 ff.).

[18] Kirchmann: Die Lehre vom Wissen (52.33.1), Heft 1; Schleiermacher: Monologen (88.8.1), Heft 7.

[19] Kant: Kritik der reinen Vernunft (50.18.1), Heft 2, 4, 6 und 9–11; Spinoza: Ethik (95.6.1), Heft 3, 5 und 8.

[20] Z. B. Kants ›Kritik der praktischen Vernunft‹ mit Heft 15 und 16 oder Bd 1 von Aristoteles' ›Metaphysik‹ mit Heft 112–116.

[21] Siehe Register 3.2.2.1.

[22] Siehe Abb. 27 auf S. 262.

geliefert werden. Da »die verehrlichen Abonnenten mit jeder Ablieferung stets nur abgeschlossene Bände erhalten« sollten, war »eine andere als die bisherige Reihenfolge der Lieferungen«, d. h. eine andere Heftzählung erforderlich. Diese Erneuerung der Heftzählung bestand in einer Vereinheitlichung der Numerierung: 1. die Hefte der einzelnen Bände (Ausgaben) erhielten nun jeweils fortlaufende Nummern;[23] 2. die Heftnumerierung der separat erschienenen Erläuterungsbände – die in der Ersten Subskription z. T. erheblich später als die jeweiligen Textausgaben publiziert worden waren[24] – schließt nun an die Heftnumerierung des jeweiligen Textbandes an.[25] Bestand in der Ersten Subskription (der 1. Heftzählung) z. B. Kants ›Kritik der reinen Vernunft‹ noch aus den Heftnummern 2, 4, 6 und 9–11, so waren es in der Zweiten Subskription (der 2. Heftzählung) die Heftnummern 151–156;[26] bei Abteilung 1 von Johannes Scotus Eriugenas ›Über die Einteilung der Natur‹ änderten sich die Heftnummern von den weit auseinanderliegenden 107, 130, 157, 158, 163 zu den Nummern 194–198. Die Anzahl der Hefte pro Ausgabe/Werk blieb gleich – mußte es wegen der bei 301 fortgesetzten Zählung auch –, einige umfangreiche Hefte bekamen aber a/b-Nummern.[27] Die Zählung der nach der Ausschreibung der Zweiten Subskription (für die schon erschienenen 300 Hefte) publizierten Hefte 301 bis 319 blieb von dieser Ausschreibung auch später unberührt; die Heftnummern 301–319 sind also in beiden Subskriptionen dieselben, bzw.: zwei divergierende Heftzählungen gibt es nur für die Hefte 1 bis 300.

Die ohnehin verwirrende 1. Heftzählung und ihre Änderung durch Weiss bis zur Heftnummer 300 hat auch und bes. in Verbindung mit der Bandzählung – die nach 1900 auch (z. T. zweimal) geändert wurde – bei Bibliogra-

[23] Zweibändige Werke wurden in den Heften aber mal fortlaufend numeriert (z. B. Grotius' ›Über das Recht des Krieges und Friedens‹), mal die Bde nur für sich getrennt (z. B. Aristoteles' ›Metaphysik‹, Kants ›Kleinere Schriften zur Naturphilosophie‹, Johannes Scotus Eriugenas ›Über die Einteilung der Natur‹).

[24] So erschienen Kants ›Kleinere Schriften zur Ethik und Religionsphilosophie‹ 1870–71 in Heft 105, 106, 110, 138, 139, die ›Erläuterungen‹ Kirchmanns aber erst 1875 mit Heft 222; der 1869 erschienenen ›Logik‹ Kants mit Heft 55 und 56 folgten die ›Erläuterungen‹ Kirchmanns erst 1872 mit Heft 155 und 156; und Kants ›Prolegomena‹ von 1869 in Heft 53 und 54 wurden erst 1873 mit Heft 161 und 162 von Kirchmann erläutert.

[25] Siehe Register 3.2.3.

[26] In der 2. Subskription mußte man immerhin schon 150 Hefte bezogen (und bezahlt) haben, um diesen Text zu erhalten. Eine geschäftliche Überlegung könnte also auch eine Rolle gespielt haben.

[27] So bildete (in der 2. Heftzählung) Berkeleys ›Abhandlung über die Prinzipien der menschlichen Erkenntnis‹ das Heft 17a.b, Humes ›Untersuchung über den menschlichen Verstand‹ Heft 21 und 22a.b, Spinozas ›Kurzgefaßte Abhandlung‹ Heft 48a.b.

phen, Bibliothekaren, aber auch Verlegern zu Unklarheiten geführt;[28] schon die bibliographische Verzeichnung ist verwirrend.[29] Eine Heftzählung gibt es heute noch in der Unterreihe der PhB ›Nikolaus von Kues Schriften in deutscher Übersetzung‹; dort ist jedem Heft eine eigene Bandnummer zugeordnet.

Während die *Band*nummer nur auf der *Reihen*-Titelseite steht, befindet sich die *Heft*nummer nur auf der *Verlagsbroschur* bzw. dem -umschlag. Diese von Anfang an (dunkel-)grüne Broschur – die Farbe wurde bis heute beibehalten – ist als ehemaliger Interimsumschlag nur noch wenigen Exemplaren ein- bzw. beigebunden.[30] R. A. Winckler spricht 1965 davon, daß das (Sammel-) Gebiet der frühen Broschüren-Umschläge »nicht nur entlegen« ist; »es ist so

[28] In der Literatur wie auch in manchen Bibliothekskatalogen findet man entsprechende Fehler und Unklarheiten. Auch auf Verlagsbroschuren gibt es falsche Angaben. So ist die 1. Lieferung von Kants ›Metaphysik der Sitten‹ auf Rücken und Vorderseite der Verlagsbroschur irrtümlich als Heft 64 ausgegeben (richtig: Heft 66), die 3. Lieferung desselben Werkes irrtümlich als Heft 65 (richtig: Heft 67). Auf der Verlagsbroschur der 2. Aufl. von Humes ›Dialogen über die natürliche Religion‹ (43.2.2): »(Erste Subscription, Lfg. 22. 25) Heft 73–75.« Die Heftnrn der Ersten Subskription dieses Werkes waren aber nicht 22 und 25, sondern 246–248.

In Ausg. 43.2.7 von 1980 wird die PhB-Nr der 1. Aufl. irrtümlich als »Lieferung« bezeichnet. In Ausg. 48.3.1 von 1983 wird irrtümlich behauptet, 1. sie habe in der 1. Aufl. aus Heft 130 bestanden (sie bestand aber aus Heft 107, 130, 157, 158, 163, 190, 195, 196, 205–207) und 2., eine *Band*nr habe es *nach* einer *Heft*nr gegeben.

[29] Heinsius, Bd 15/I (S. 175 f.), verzeichnet die PhB nach den *Band*nrn, teilt aber auch Heftnrn mit; Heinsius, Bd 16/I (S. 148), verfährt bei den Neuerscheinungen (1. Auflagen) ebenso, gibt bei der Verzeichnung 2. und 3. Aufl. ebd. aber nur noch Heftnrn, ebenso wie Heinsius, Bd 17/I (S. 162), bei den Erstaufl. der Heftnrn 284–313; Heinsius, Bd 18/I (S. 159), gibt bei weiteren Aufl. wieder Bd- und Heftnrn; Heinsius, Bd 19/I (S. 140), gibt bei 2 Neuaufl. nur noch Bdnrn.

Kayser, Bd 17/18 (S. 105 f.), gibt weder Bd- noch Heftnrn, sondern nur die Anzahl der Hefte eines Werkes; Kayser, Bd 19 (S. 135 f.), verzeichnet mal nach Heft-, mal nach Bdnrn, Kayser, Bd 21 (S. 148 f.), nach Heftnrn (in 1 Fall aber gibt er nur die Bdnr), wie auch Kayser, Bd 23 (S. 109), wobei hier von »Lfg« die Rede ist (bei Kirchners ›Wörterbuch der philosophischen Grundbegriffe‹ heißt es zusätzlich noch: »6 Lfgn.«); Kayser, Bd 25 (S. 141), gibt nur Bdnrn; Kayser, Bd 27 (S. 180), gibt teils Bd-, teils Heftnrn; Kayser, Bd 31 (S. 217), verzeichnet nach Bdnrn; Kayser, Bd 33 (S. 231) und 35 (S. 256 f.), verzeichnen alphabetisch nach Autoren, geben aber die Bdnrn.

Hinrichs gibt von Bd 4 bis 7 nur summarische Nrn-Angaben, mal Heft, mal Lieferung, mal Bd. In Bd 8 (S. 86a) gibt er neben einer summarischen Heftangabe auch zwei Titel nach Bdnrn, in Bd 9 (S. 131) – neben einer summarischen Bd-Angabe – 3 Titel nach Heftnrn; Bd 10 (S. 131) verzeichnet die Titel nach Autoren, gibt aber die Bdnrn in eckigen Klammern dazu.

[30] Relativ viele Exe, denen noch solche Broschuren eingebunden sind, findet man z. B. in den Bibliotheken 7, 29, 36 (hier sind die Weiss'schen Umschläge von 1882 aufgeklebt) und – weniger – in 12.

unbekannt, so unerforscht, daß man kaum eine auch nur halbwegs systematische Ordnung in die Darlegung bringen kann.«[31] Das gilt für die Broschuren-Umschläge der zweiten Hälfte des 19. Jahrhunderts gewiß nicht in diesem Ausmaß, doch gibt es hier – vor allem beim wissenschaftlichen Gebrauchsbuch – noch manche Lücke.

Auf den beiden Seiten des hinteren Umschlagblattes wie auf der Rückseite des vorderen Umschlagblattes befanden sich bei den Broschuren meist Band- bzw. Heftaufstellungen der PhB und/oder der Histor.-polit. Bibliothek und/ oder andere Verlagsanzeigen. Interessanter ist die Vorderseite des vorderen Umschlagblattes mit der Umschlagtitelei. Vor 1900 hat es diese Seite mit unterschiedlichem Textumfang und verschiedener Gestaltung gegeben. In der häufigsten Form der ersten Jahre umfaßten zwei Linien ein Textfeld, in dem unter einer zweizeiligen Leiste mit Autorennamen, Haupt- und Untertitel der PhB mit Herausgeberangabe, die ausgeschriebene Heftnummernangabe und die – meist verkürzte – Autor- und Titelnennung, ggf. mit Band- und Heftbezeichnung pro Band/Abteilung, standen;[32] darunter folgte der – an den Erscheinungsvermerk von Haupt- und Reihen-Titelseite angelehnte, meist mit ihm identische – dreizeilige Erscheinungsvermerk; oberhalb der Umrahmung stand meist »Jedes Heft einzeln verkäuflich.«, unterhalb die Preisangabe.[33]

Diesen, im eigentlichen Sinne als *Interims*umschlag gestalteten Umschlagtiteleien stehen frühzeitig Umschlagtiteleien gegenüber, die als *Band*-Umschläge wie eine (Haupt-)Titelseite gestaltet sind: Autor, Titel und Herausgeberangabe in Titel-Schriftgröße, durch Leiste abgesetzter Erscheinungsvermerk und – meist – ohne Reihentitel –, Heftnummer- und Bandnummer-Angabe.[34] Bei Heimann und Koschny gab es solche Umschlagtiteleien aber auch mit Reihentitel- und Heftnummer-Angabe.[35] Weiss vereinheitlichte die Umschlagtitelei: In einem umrahmten Textfeld stand unter der halbfetten

[31] R. A. Winkler: Frühe Broschüren-Umschläge, 1965, S. 2355.

[32] Die Vorderumschläge der Hefte 1 und 2 des Exs 29 der Ausg. 50.21.1 trugen ursprünglich keine Heft-, Autor- und Titelangabe; sie stehen nun auf einem aufgeklebten Schildchen.

[33] Als Beispiel siehe Abb. 17 und 18 auf S. 250 f.

[34] Z. B. Bacon: Neues Organon, 1870 (5.1.1; Ex. 12); Kant: Logik, 2. Aufl. 1876 (50.20.2; Ex. 12); Spinoza: Kurzgefaßte Abhandlung . . ., 2. Aufl. 1874 (95.7.2.; Ex. 29); Hume: Untersuchung über den menschlichen Verstand, 3. Aufl. 1880 (43.5.3; Ex. 56); Kant: Kleinere Schriften zur Ethik und Religionsphilosophie, 1870 (50.9.1; Ex. 121); dass., 1. Abt., 1872 (50.10.1; Ex. 121; siehe hier Abb. 18); Leibniz: Theodizee, 1879 (56.11.1; Ex. 12; siehe Abb. 20); Kant: Kleinere Schriften zur Logik und Metaphysik, 1870 (50.10.1; Ex. 121).

[35] Z. B. Kirchmann: Erläuterungen zu Kants kleineren Schriften über Logik und Metaphysik, 1873 (52.12.1; Ex. 29); Platon: Gastmahl, 1880 (77.8.1; Ex. 29); Platon: Theätet, 1880 (77.25.1; Ex. 29); Rosenkranz: Erläuterungen zu Hegels Enzyklopädie der philos. Wissenschaften, 1870 (83.1.1; Ex. 36; siehe hier Abb. 16).

Reihentitel-Angabe bei den Heften 1 bis 300 rechts die halbfette Angabe der Heftnummer(n) der Zweiten Subskription, in derselben Zeile links geklammert die der Ersten Subskription, wobei die Heftnummern hier »Lfg« oder »Lieferungen« heißen,[36] darunter folgte unter einer Leiste Autor-, Titel- und Herausgeber-Angabe, dann der (meist vierzeilige) Erscheinungsvermerk. Außerhalb der Umrandung befand sich ganz unten auf der Seite eine Preisangabe, am rechten Außenrand eine Anzeige (oft ein Hinweis auf Noacks ›Philosophie-geschichtliches Lexikon‹).[37] Salinger stellte wohl nur wenige Broschuren her;[38] stattdessen überklebte er die Erscheinungsvermerke früherer Broschuren mit einem Schildchen.[39] Zumindest bei Heimann hatten die Lieferungen auch Rückentitel: Auf die unten quer stehende(n) Heftnummer(n) folgt: »Philosophische Bibliothek.«, Nachname des Autors, Kurztitel und Lieferungsnummer des Bandes.[40]

Nicht nur durch Weiss gibt es Differenzen bei den Jahresangaben in den Erscheinungsvermerken. Auch in anderen Fällen gibt es auf dem Umschlag ein anderes Jahr als auf Haupt- und Reihentitelseite[41] – was auch daran liegen kann, daß der Titelbogen mit Titelei, Vorwort des Herausgebers und ggf. Inhaltsverzeichnis erst mit dem letzten Heft geliefert wird[42] –, oder die Jahresangaben der Umschläge mehrerer Hefte eines Bandes differieren.[43]

[36] Bei den (für die 1. und 2. Subskription identischen) Heftnrn 301–319 entfällt die Angabe für die 1. Subskription natürlich.

[37] Z. B. Aristoteles: Erste Analytiken, 1877 (3.9.1; Ex. 7); Locke: Über den richtigen Gebrauch des Verstandes, 1883 (60.2.1; Ex. 7).

[38] Z. B. Kant: Vermischte Schriften und Briefwechsel, 1898 (50.28.2; Ex. 14); Hume: Dialoge über natürliche Religion, 2. Aufl. 1894 (43.2.2; Ex. 43; dabei fehlt im Erscheinungsvermerk des Umschlags die Jahresangabe); Kant: Prolegomena, 3. Aufl. 1893 (50.24.3; Ex. 11; dabei gibt Salinger nur die Heftnrn der Zweiten, nicht auch der Ersten Subskription an).

[39] Z. B. Hume: Untersuchung über den menschlichen Verstand, 4. Aufl. 1888 (43.5.4; Ex. 29).

[40] Z. B.: »25. Philosophische Bibliothek. – Hume, Untersuchungen. 2.«

[41] Z. B. 50.3. und 50.9 (Ex. 121: Titelseiten: 1870, 1871; Umschlag: 1872); 14.2.1 (Ex. 29: Titelseiten: 1874; Umschläge beider Lieferungen; 1875); 77.25.1 (Ex. 7 und 29; Titelseiten: 1880; Umschlag: 1881); 50.24.1 (Ex. A und 107: Titelseiten: 1869; Umschläge: 1870); 3.11.1 (Exe 7, 12, 29: Titelseiten: 1882; Umschlag: 1883); 3.14.2 (Ex. 28: Titelseiten: 1875; Umschlag: 1881).

[42] wie bei Ausg. 88.10.1: Auf 6 der 7 Umschläge lautet das Jahr »1869«, auf dem 7. Heftumschlag »1870«, wie auf Haupt- und Reihentitelseite, die mit Vorwort des Hrsg. und Inhaltsverzeichnis erst mit dem 7. Heft geliefert wurden. Siehe hier Anm. 8 auf S. 197.

[43] Z. B. 50.2.2 (siehe dort), 50.19.2 (siehe dort). Bei der 1869 erschienenen Kantischen ›Kritik der Urteilskraft‹ lautet das Jahr der Lieferungen 1, 3 und 4 (Heft 17, 21, 24) 1869, das der Lieferung 2 (Heft 20) aber 1868.

Es gibt auch verschiedene Broschuren zu einer einzigen Ausgabe,[44] sowie unterschiedliche Titelfassungen zwischen Titelseiten und Umschlag.[45]

1.5.4 PhB-Band-Nummer, Bandzählungen

Neben der an der Herstellung und Kunden-Belieferung orientierten *Heft*zählung gab es von Anfang an auch eine fortlaufende, arabische *Band*zählung, die auf die Ausgabe, bzw. den Band oder das Werk bezogen ist und damit (für die PhB vor 1900) die bibliographisch wichtigere Größe darstellt.

Meist erhielt jeder Band eine Nummer. Bei mehrbändigen Werken[1] gibt es zwei unterschiedliche Zählungsmöglichkeiten: 1. Die Bände erhalten jeweils eine eigene, selbständige Nummer;[2] 2. die Bände erhalten eine gemeinsame Nummer, die nicht unterteilt ist.[3] Für die Nummernfolge vor 1900 gilt das gleiche wie für die Heftnummern-Folge der Ersten Subskription; ein durchgehaltenes Prinzip ist nicht erkennbar; bei den beiden zweibändigen Werken mit jeweils zwei Nummern folgen diese jeweils aufeinander;[4] die Erläuterungen zu einer Textausgabe folgen in der PhB-Nr in 18 Fällen dieser,[5] in 12 Fällen aber auch nicht.[6]

Die durchgreifende Erneuerung der PhB durch Dürr seit 1900 umfaßt auch eine Änderung der Nummernfolge der übernommenen 94 Bände, die – wie die Änderung der Heftzählung der Zweiten Subskription 1882 – eine autorbezogene Vereinheitlichung darstellt. Das wird bes. deutlich bei den WW-Sam-

[44] Z. B. des Bd 1 von Hugo Grotius' ›Über das Recht des Krieges und Friedens‹ (33.1.1); Ex. 12 hat einen Umschlag zum *Band* (der keinen Hinweis auf die PhB-Zugehörigkeit enthält), Ex. 29 die Umschläge der 5 *Hefte* eingebunden.

[45] Bei Kirchmanns ›Erläuterungen zu Kant's kleinern Schriften über Logik und Metaphysik‹ z. B. lautet der Titel auf dem Umschlag: ›Erläuterungen zu Kant's kleinen logischen Schriften‹.

[1] Bis auf eine Ausnahme (Kants ›Kleinere Schriften zur Logik und Metaphysik‹ in 4 Abt. = 4 Bdn) sind alle mehrbändigen Werke der PhB – außer den WW-Ausg. – zweibändig.

[2] 3.2.1 – 3.3.1 (PhB 38, 39); 33.1.1 – 33.2.1 (PhB 15, 16); 60.3.1 – 60.4.1 (PhB 50, 51).

[3] Z. B. 21.2.1 – 21.6.1 (PhB 25), 21.5.1 – 21.9.1 (PhB 26), 48.1.1 – 48.2.1 (PhB 40), 50.3.1 – 50.9.1 (PhB 37), 50.23.1 – 50.29.1 (PhB 76). In diesen Fällen ist in der Bibliographie eine geklammerte Unterteilung vorgenommen.

[4] Aristoteles: Metaphysik, PhB 38 und 39; Grotius: Über das Recht des Krieges und Friedens, PhB 15 und 16.

[5] Z. B. Spinozas ›Ethik‹: PhB 4, Kirchmanns ›Erläuterungen‹ dazu: PhB 5; Spinozas ›Abhandlung über die Verbesserung des Verstandes‹: PhB 44, Kirchmanns ›Erläuterungen dazu: PhB 45.

[6] Z. B. Hegels ›Enzyklopädie‹: PhB 30, Rosenkranz' ›Erläuterungen‹ dazu: PhB 34; Kants ›Logik‹: PhB 23, Kirchmanns ›Erläuterungen‹ dazu: PhB 54.

melausgaben: Hatte z. B. die Sammelausgabe von Aristoteles' ›Organon‹ vor 1900 (3.5.1) die PhB-Bände 70, 72, 77, 89, 91 vereinigt, so sind nach 1900 dieselben Ausgaben die PhB-Bände mit den Nummern 9–13 (3.5.2–3); die ›Philosophischen Werke‹ des Aristoteles umfassen 1925 die Bände 1–13.[7] Kants ›Sämtliche Werke‹ vereinigten vor 1900 die Bände 2, 7, 9, 14, 17, 22, 23, 28, 29, 33, 37, 49, 57, 76 (50.1.22–30), bei Dürr die Bandnummern 37–52 (50.1.31–39). Spinozas ›Philosophische Werke‹ enthielten vor 1900 die Nummern 4, 18, 35, 41, 44, 46 (95.1.1–6), nach 1900 die Nummern 91–96 (95.1.7–21).

Die Nummern der Erläuterungsbände wurden aber nicht der jeweiligen Textausgabe beigestellt, sondern auch hier für sich zusammengeordnet: Hatte die Sammelausgabe von Kirchmanns Erläuterungen zu Kants Schriften (52.9.1–2) vor 1900 noch die Nummern 3, 8, 10, 20, 21, 54, 55, 58–61 vereinigt, so waren bei Dürr dieselben Ausgaben die Nummern 53–64 (52.9.3–4). Vor 1900 bildeten die Erläuterungen Kirchmanns zu Spinozas Schriften die Nummern 5, 36, 42, 45, 47 (52.26.1), bei Dürr die Nummern 97–101 (52.26.2). Seit 1900 (bei der Dürr'schen Buchhandlung) gibt es somit eine *alte (bis 1900) und neue (seit 1900) Zählung der PhB.*[8]

Die *Vergabe der PhB-Nummern* ist nach 1900 ebenso uneinheitlich wie vor 1900. Mehrbändige Werke erhalten auch nach 1900 (1.) mal verschiedene Nummern[9] – wobei die Nummern zusammengehöriger Bände durchaus nicht immer aufeinander folgen[10] –, mal auch *eine* Nummer, die aber immer unterteilt ist, und zwar (2.) bei zweibändigen Werken durch die römischen Zahlenzeichen I und II[11] oder (3.) – wesentlich häufiger – durch Kleinbuchstaben.[12] Das letztgenannte Verfahren wird angewandt vor allem bei den Separatausgaben der vom Eckardt-Verlag übernommenen Werkeausgaben von Fichte, Schelling und Schleiermacher. Diese Separatausgaben erhielten die Nummer des Bandes, dem sie entnommen waren, mit hinzugefügtem Kleinbuchstaben.[13]

[7] Felix Meiner fand es »unglücklich«, daß Aristoteles' ›Poetik‹ nun Bd 1 der PhB bildete. (Die Philosophische Bibliothek, 1945, S. 6).

[8] Die Bdnrn-Änderung pro Titel ist in der Bibliographie durch die an letzter Stelle der Ausgabensigle befindliche Bdnr zu ersehen.

[9] Z. B. Hegels ›Wissenschaft der Logik‹ (PhB 56, 57); Aristoteles' ›Metaphysik‹ (PhB 2, 3 bzw. 307, 308); Platons ›Gesetze‹ (PhB 159, 160).

[10] Z. B. Brentanos ›Psychologie vom empirischen Standpunkt‹ (PhB 192, 193, 207); Plutarchs ›Moralische Schriften‹ (PhB 198, 205, 206); Senecas ›Philosophische Schriften‹ (PhB 73, 74, 189, 190).

[11] 27/I und 47/I, 47/II (siehe Register 3.3.1).

[12] Z. B. 26a–b, 46a–d, 66a–b, 72a–c, 200a–b, 250a, 294a–b, 319a–b. Auch ehemals einfache Nrn wurden auf diese Weise gesplittet, z. B. 37a–b, 39a–b.

[13] Meist wurden diese Kleinbuchstaben vergeben nach der Stellung des betr. Textes in dem betr. Bd, gut zu sehen bei Fichte (29.1; siehe dort die Bd-Aufstellung).

In einigen Fällen sind bei späteren Auflagen (und Bindequoten) auch Ausgaben entstanden, die mehr als *eine* PhB-Nummer vereinigen.[14]

Meiner übernahm die Dürr'schen Nummern zunächst komplett. In einigen Fällen vergab er aber auch eine Nummer, die früher schon zweimal vergeben worden war, weshalb es also 23 Nummern[15] in der bisherigen PhB-Geschichte dreimal gibt. [16] Die Nummer 62 wurde sogar viermal vergeben. Bei den Bänden, denen Meiner eine Nummer gab, die schon vorher zweimal an andere Bände vergeben worden war, handelt es sich fast ausschließlich um Ausgaben (bis auf eine Ausnahme[17] alles Dürr'sche Titelauflagen), von denen er annahm, daß er sie nicht mehr in neuer Auflage herausbringen würde. Diese *dritte* PhB-Nummern-Vergabe geschah für die 23 Bände zwischen 1920 und 1932. In den meisten Fällen handelt es sich um Kirchmann'sche Erläuterungsbände,[18] für die das Gesagte ebenso zutrifft wie für die beiden monographischen Abhandlungen Kirchmanns.[19]

Die Bandnummern der alten, Kirchmann'schen PhB vor 1900, d. h. die Nummern 1 bis 194, gibt es – mit der einzigen Ausnahme 34 – somit alle mindestens zweimal.

Daß es einerseits Nummern doppelt gibt und andererseits Ausgaben/Bände im Laufe der Zeit zwei verschiedene Nummern haben, ist also nichts besonderes und durch die beiden Zählungen (›alte‹ vor 1900, ›neue‹ nach 1900) bedingt. Aber so wie es *eine* Nummer bei drei verschiedenen Ausgaben/Bänden gibt, so gibt es auch Titel, die *drei,* in einem Fall sogar *vier* verschiedene Nummern hatten:[20]

Beispiel von Fichte: Die Fichte-WW in 6 Bdn + Erg.-Bd erhielt die PhB-Nrn 127–132 und 163; der Separatausg. ›Grundlage des Naturrechts‹ aus Bd 2 (PhB 128) wurde Bdnr 128a zugeteilt. Beispiel von Schleiermacher: Diese 4bändige WW erhielt die Nrn 136–139; der Separatausg. ›Grundlinien einer Kritik der bisherigen Sittenlehre‹ aus Bd 1 (PhB 136) wurde Nr 136a zugeteilt.

[14] Z. B. 8/9, 53/54, 86/87, 171b-d, 200a-b.

[15] 6, 8, 9, 30, 53–67, 72–75. Für Nr 85 gilt das nicht, da es sich bei den Schleiermacher-Ausg. um den gleichen Text handelt.

[16] Siehe Register 3.3.1.

[17] PhB 67: Wörterbuch der philosophischen Grundbegriffe (102.1.4–7).

[18] Nämlich bei den Nrn 6, 8, 53–64, 72, 74.

[19] ›Die Lehre vom Wissen‹ (PhB 65) und ›Grundbegriffe des Rechts und der Moral‹ (PhB 66).

[20] Dabei handelt es sich um verschiedene Ausg./Hrsg.bearbeitungen (siehe in der Bibliographie). 1989 gehört auch Bacons ›Neues Organon‹ (mit den Nrn 32, 19 und 400a/b) in die folg. Liste.

Autor, Titel	1. (›alte‹) Zählung (vor 1900)	2. (›neue‹) Zählung Dürr/Meiner	3. (›heutige‹) Zählung Meiner
Aristoteles: Metaphysik (3.2–3)	38–39	2–3	307–308 (1978–80)
Descartes: Abhandlung üb. d. Methode (dt.) (21.2)	25	26	26a (seit 1919)
Descartes: Leidenschaften d. Seele (21.5)	26	29	345 (1984)
Fichte: Versuch e. Kritik aller Offenbarung (29.30)	48	30 (Dürr) 127d (Meiner 1911/22)	 354 (1983)
Kant: Kr. d. r. V. (50.18)	2	37	37a (seit 1926)
Kant: Kr. d. U. (50.19)	9	39	39a (seit 1948)
Platon: Parmenides (77.17)	88	83	279 (seit 1972)
Wörterbuch d. philos. (Grund-)Begriffe	94	67	225 (seit 1944)

Daß ein Text in der PhB-Geschichte zwei Nummern haben kann, liegt also nicht immer an der 1. (›alten‹) und 2. (›neuen‹) Zählung. Meiner hat im Laufe der Jahrzehnte Nummern auch von solchen Titeln (Bänden) geändert, die erst bei ihm erschienen sind.[21] Das gilt vor allem für die komplexen (durch Kleinbuchstaben erweiterten) Nummern der Separatausgaben der vom Eckardt-Verlag übernommenen Fichte-, Schelling- und Schleiermacher-WW; schon 1925 änderte er bei Schelling die PhB-Nummer, die er selbst 1911 vergeben hatte;[22] das setzt sich 1928,[23] 1943,[24] 1944[25] und vor allem im Wiederaufbau der fünfziger und sechziger Jahre fort;[26] systematisch wurde diese Art der Nummernänderung aber wohl erst ab den fünfziger Jahren betrieben.[27] Ist diese Änderung der komplexen Nummern aus Gründen der Übersichtlichkeit

[21] Z. B. bei d'Alemberts ›Einleitung zur Enzyklopädie von 1751‹ (PhB 140a–242); Berkeleys ›Tagebuch‹ (PhB 196–318); Comtes ›Rede über den Geist des Positivismus‹ (PhB 155–244); Platons ›Sophistes‹ (PhB 150–265). Die von der Dürr'schen Buchhandlung mit Vorländers ›Geschichte der Philosophie‹ besetzten Nrn 105 und 106 wurden wieder frei, weil Meiner die Bde aus der PhB herausnahm (siehe 100.1–2); auf der Impressumseite der Ausg. 26.1.1 von 1931 heißt es: »Als Band 106 der PhB wurde früher der 2. Band von Vorländers Geschichte der Philosophie gezählt. Da sich die PhB darauf beschränken soll, eine Sammlung klassischer Texte zu sein, schied das Werk mit der 5. Auflage aus der Nummernzählung der PhB aus und die Nummer 106 blieb seither offen.«

[22] 86.14.2.

[23] 86.2.2.

[24] 29.17.5.

[25] 29.4.6.

[26] Z. B. 29.2.4, 29.8.4, 29.9.3, 29.11.5, 29.27.3.

[27] Denn die alten Nrn wurden bei anderen Titeln/Ausg. 1928 (88.6.3), 1943 (29.11.4, 29.12.3) und 1944 (29.31.4, 88.12.6) noch beibehalten.

plausibel, so hat das heute angewandte Verfahren, neue Ausgaben/Auflagen eines in der PhB schon vorhandenen Titels (Werkes) mit neuen, höheren Nummern zu versehen,[28] seine Gründe nicht nur in verkaufsorientierten Überlegungen, sondern vor allem in der Absicht, Neuausgaben z. B. auf der Grundlage histor.-krit. Editionen (Hegel, Cusanus) oder Umstellung auf Zweisprachigkeit u.ä. deutlich zu kennzeichnen. Deswegen wird dieses Verfahren auch nicht bei allen Neuauflagen angewandt.[29]

Durch nicht mehr lieferbare Bände und durch die geschilderten Verfahren und Zwänge[30] weist die PhB-Bandnummern-Folge seit einigen Jahrzehnten Lücken auf.[31] Von der aufsteigenden Nummernfolge ist die Nummer 241 die erste, bisher nicht erschienene (ursprünglich vorgesehen für Hegel: Jugendschriften 1785–1800). Heute, im Februar 1989 sind von den Nummern 242 bis 420 nur 10 Nummern nicht besetzt bzw. (noch) nicht lieferbar.[32] Von den niedrigen Nummern sind viele heute nicht mehr besetzt; teils sind sie nun frei,[33] teils mögen sie späteren Neuauflagen/-bearbeitungen vorbehalten sein.[34]

Vor 1900 befand sich die Angabe der *Band*nummer immer und nur auf der Reihentitelseite (im Gegensatz zu den Heftnummern, die sich nur – wenn auch nicht immer – auf dem Broschuren-Umschlag befanden). Bei Dürr rückt sie 1900 auf die (Haupt-)Titelseite, meist in der 2. Zeile unter die Reihentitelangabe. Bei Meiner kann sie auch unterhalb des Reihensignets stehen, später

[28] Beispiele bieten Aristoteles' ›Metaphysik‹, Descartes' ›Leidenschaften der Seele‹, Platons ›Parmenides‹ (alle in der Tabelle S. 207 aufgeführt) sowie Anm. 21. Beispiele für die Zeit nach dem Redaktionsschluß der Bibliographie sind Berkeleys ›Versuch einer neuen Theorie der Gesichtswahrnehmung‹, Hegels ›Phänomenologie‹ und ›Wissenschaft der Logik‹ sowie Lotzes ›Logik‹.

[29] Die PhB-Nr behielten Neuaufl. z. B. von Spinozas ›Theolog.-polit. Traktat‹ (95.9.8–10), Berkeleys ›Drei Dialoge‹ (7.4.2–3), Bolzanos ›Paradoxien des Unendlichen‹ (8.2.1–3), Brunos ›Von der Ursache‹ (11.1.5–7). Als Regel kann gelten, daß bloße Neuaufl. (Nachdrucke ohnehin) meist die Nr behalten, während Neueditionen neue Nrn erhalten.

[30] Eine zu jeder Zeit auch nur annähernd komplette Nrnfolge wird ohnehin nicht zu erzielen sein.

[31] Auch dadurch, daß Meiner von Dürr übernommene Titel aus der PhB herausnahm (69.1: PhB 118; 101.1: PhB 115) oder später (seit dem Ende der 20er Jahre) nicht mehr neu auflegte (z. B. 16.1.1: PhB 113; 32.1.1: PhB 109; 38.1.1: PhB 112; 42.1.1: PhB 123; 49.1.1: PhB 116).

[32] Nrn 251–252, 263, 301, 376–377, 385, 391, 407, 419. Siehe dazu das »Nummernverzeichnis« im Verlagskatalog Meiners ›120 Jahre Philosophische Bibliothek‹, S. 60.

[33] Z. B. die Nrn 14–18 (bei Dürr und im ersten Meiner-Jahrzehnt die Nrn für die Erläuterungen Kirchmanns zum Aristotelischen ›Organon‹) oder die Nrn 2, 3 und 83, deren Texte nun in Neubearbeitungen eine andere Nr erhalten haben.

[34] Z. B. die Nrn 31 und 32 für Grotius und 42, 43, 46 und 48 für Kant.

(vor allem in den zwanziger und dreißiger Jahren) meist als zweitletzte Zeile in Versalien: »DER PHILOSOPHISCHEN BIBLIOTHEK BAND ...«. Mit Beginn der vierziger Jahre rückt sie dann (mit der genannten Formel) auf die Impressumseite.[35]

Einigen Ausgaben fehlt mit dem Hinweis auf die PhB-Zugehörigkeit auch die PhB-Nummer;[36] das gilt bes. für die Übernahmen Meiners aus anderen Verlagen.[37] In einigen Fällen ist die auf Haupttitel- oder Impressumseite gedruckte PhB-Nummer falsch,[38] oder sie fehlt im Band ganz.[39] Einige Bände des Meiner-Verlages wurden erst später in die PhB aufgenommen.[40]

1.5.5 Ausgabe, Auflage, Sammelausgabe, Erscheinungsjahr

Die PhB bietet für die (auch verlagsbuchhändlerische und buchgeschichtliche) Entwicklung von Ausgaben in der Geschlossenheit einer über 120jährigen Textreihe bestes Anschauungsmaterial. Im folgenden sollen – mit Bezug auf die terminologischen Festlegungen in Kapitel 2.1 – einige dieser Phänomene dargestellt werden.

Eines der wichtigsten und bibliographisch folgenreichsten Phänomene ist die relative Beliebigkeit von *Titelblättern,* die in großer Zahl ausgetauscht und auch separat gedruckt und geliefert wurden. Das ist vor allem bei den (WW-) Sammelausgaben[1] der Fall. So bietet Kirchmann im Oktober 1871 im Vorwort zu Spinozas ›Briefwechsel‹ den Besitzern der PhB-Einzelausgaben von Spinoza ein Werketitelblatt an.[2] Meiner hielt z. B. für die WW-Bände von

[35] Gegen Ende der 50er Jahre wird dann von »DER PHILOSOPHISCHEN BIBLIOTHEK BAND ...« geändert zu: »PHILOSOPHISCHE BIBLIOTHEK BAND ...«.

[36] Z. B. die *Ausg.* 11.1.2, 50.18.3; *Exe* von Ausg. vor 1900, die kein Reihentitelblatt (und keine Broschüren-Umschläge mehr eingebunden) haben, sind für die Unkundigen nicht direkt als der PhB zugehörig erkennbar. Zu den Ausg. 29.3.1, 29.16.1 und 29.36.1 siehe hier Anm. 40.

[37] Z. B. bei Übernahmen von Francke: 10.5.1, 10.7.1, 10.10.1 (siehe hier S. 162), oder Eckardt (Fichte, Schelling, Schleiermacher; siehe hier S. 69).

[38] Z. B. 36.34.4, 50.20.6, 78.2.1, 103.1.1.

[39] Z. B. 78.5.4, 102.1.9–10.

[40] Die zwischen 1919 und 1920 erschienenen Ausg. 29.3.1, 29.16.1 und 29.36.1 wurden 1925 für eine Sammelausg. als Erg.-Bd zur Fichte-WW verwendet (29.1.24) und erhielten erst dann entsprechende Nrn (163b, 163e, 163a).

[1] Dazu unten S. 213 f.

[2] Siehe 95.1. Auf der Rückseite der vorderen Verlagsbroschur des 1. und 2. Heftes von Aristoteles' ›Über die Seele‹ (1871) heißt es: »Zur Beachtung! Mit den in den nächsten Wochen zur Ausgabe kommenden Sachen von Spinoza: Politischer Traktat (2 Hefte) und Briefwechsel (4 Hefte) ist dann die Gesammt-Ausgabe von SPINOZA's Philosophischen Werken in 16 Heften oder 2 Bänden, Preis 2 Thlr. 20 Sgr.,

Hegels ›Philosophie der Weltgeschichte‹ zwei verschiedene Titelblätter vorrätig: Die Bände dieses Werkes bildeten zunächst Band VIII-1 und VIII-2, dann Band VIII und IX der Hegel-WW.[3] Auch für die noch bei Dürr erschienenen Hegel-Ausgaben druckte Meiner entsprechende WW-Titelblätter, so daß einige Exemplare von *Dürr'schen* Hegel-Ausgaben *Meiner'sche* WW-Titelblätter haben.[4] 1936 druckte Meiner ein neues Titelblatt zum Austausch gegen das in der PhB-Bandnummer verdruckte.[5] Auch die vielen Titelauflagen[6] gehören hierher, vor allem bei Meiner diejenigen Exemplare, bei denen auch Seiten/Blätter mit Werbung vom Vorgänger-Verlag und sogar der Einband belassen und nur das alte Titelblatt weggeschnitten und durch ein neues ersetzt wurde.[7] Separat gedruckte Titelblätter gab es wohl auch vor allem bei der ›3. Auflage‹ der Fichte-WW, bei der – als Mischauflage – das Titelblatt jeweils vor uneinheitlich zusammengesetztem Buchblock steht.[8] Einige Exemplare haben zwei verschiedene Titelblätter eingebunden.[9]

Zum gleichen Thema gehören auch viele Ausgaben, die sich nur im Titelseiten-Text und dabei nicht selten nur in Details unterscheiden (was auch Einfluß hat auf den bibliographischen Begriff der ›Ausgabe‹). Solche Ausgaben entstehen im Zweiten Weltkrieg z. B. durch den Titelseitenaufdruck ›Frontbuchhandelsausgabe für die Wehrmacht‹[10] oder durch Eindrucken der Lizenz-

beendet. Wo nun von den geehrten Abonnenten nachträglich [WW-] Haupt-Titel zu den beiden Bänden gewünscht werden, wolle man dieselben gefälligst durch die Sortimentshandlungen bestellen. Die Verlagshandlung.«

[3] Siehe 36.32. Das bestätigt ein Brief des Meiner-Verlages vom 22.4.1924 an die Universitätsbibliothek Erlangen auf deren Anfrage vom 14.4.: »Die Bände 171 a bis e der Philosophischen Bibliothek ›Hegel, Vorlesungen über die Philosophie der Weltgeschichte‹ bilden neuerdings Band VIII und IX der Gesamtausgabe Hegels; früher galten sie als Band VIII, 1. u. 2. Hälfte. Ich habe vorerst nur einen neuen Titel für Band IX drucken lassen, sodass der Titel für Band VIII,1 jetzt als Gesamttitel für Band VIII gelten muss, wenn das auch nicht ganz zutreffend ist. In Band VIII gehört Band 171 a und e, in Band IX: Band 171 b bis d hinein. Ich schicke Ihnen hierbei gleichzeitig die Titel zu Band VIII, 1 u. 2 und Band IX, sodass Sie dazwischen wählen können, ob Sie Ihr Exemplar als Band VIII, 1/2, oder als Band VIII und IX binden lassen wollen. Auch den Gesamttitel zu Band VI, der Ihnen fehlt, füge ich hier bei. Einen Haupttitel für die Philosophische Bibliothek gibt es neben diesen Obertiteln für ›Hegels Sämtliche Werke‹ nicht auch noch.«

[4] Siehe 36.9.2 und 36.19.1.

[5] Siehe 78.2.1.

[6] Siehe dazu hier S. 190 ff.

[7] Siehe Anm. 43 auf S. 193.

[8] Siehe 29, bes. die Angaben zur ›3. Aufl.‹.

[9] Siehe 29.1.2, 56.6.1, 77.25.3–4.

[10] 36.33.4–5, 36.34.3–4, 36.35.3–4, 36.36.3–4.

bzw. Genehmigungsnummern,[11] durch Weglassung einer Personalangabe,[12] Hinzufügung einer Auflagenangabe[13] oder Korrektur z. B. eines Erscheinungsjahres,[14] einer PhB-Nr[15] oder eines Namens.[16] Einige Auflagen/Ausgaben unterscheiden sich (bibliographisch) auch nur durch eine unterschiedliche Typographie (Schriftgrad) und ein anderes Reihensignet.[17]

Wie es also nicht selten den gleichen Buchblock mit unterschiedlichen Titelblättern gibt, die dann *bibliographisch* differente Ausgaben bilden,[18] so gibt es ebenfalls bei *bibliographisch,* also auch in der Titelseite, identischen Ausgaben unterschiedliche Drucke (die im Text – nicht der Titelseite – verändert oder unverändert sein können, ohne daß dies angegeben ist).[19] *Mischauflagen* sind ein ähnliches Phänomen.[20]

Auch zum Begriff der ›Ausgabe‹ und ›Auflage‹ wie zum Phänomen selbst und zu der entsprechenden Angabe/Bezeichnung bietet die PhB mit der Geschlossenheit einer Reihe und einer über 120jährigen Geschichte reiches Anschauungsmaterial, von dem im folg. nur ein Bruchteil lediglich benannt und nur der das Bibliographische betreffende mitgeteilt ist.

Einige Ausgaben haben auf der Titelseite weder eine Herausgeber-Angabe noch sonst eine Angabe über den Bearbeiter der betr. Ausgabe.[21] Vielfach werden unveränderte Ab- bzw. Nachdrucke[22] nicht als eigene Auflagen bezeichnet/gezählt[23] (wobei sie die Auflagenbezeichnung der vorhergehenden Ausgabe führen können[24]); nicht selten ist aber auch das Gegenteil der Fall,[25] wo-

[11] 72.9.1 (bei 72.7.1 ist dies nicht eingedruckt, sondern durch ein Schildchen aufgeklebt).

[12] 18.1.2–3.

[13] 95.6.7–8.

[14] 50.29.2–3.

[15] 50.20.6–7, wobei ein neuer Fehler entstand: statt ›Einleitung‹ heißt es nun »Einteilung«.

[16] 73.1.2–3.

[17] Z. B. 43.5.9, 50.20.7, 77.1.8–14, 95.1.21–23; eine Ausg. in 1 Jahr mit völlig verschiedenen Titelblättern: 24.1.1–2 und 88.12.3–4. Siehe auch S. 186 mit Anm. 35.

[18] Siehe dazu auch 43.5.7.

[19] Siehe z. B. 50.18.1, 50.18.6 (Exe 17, 188), 50.20.7, 50.24.8, 55.2.1, 95.4.1, 95.6.2. Die Meiner'schen Titelaufl. 56.5.2–3 beinhalten jeweils verschiedene Buchblöcke von Dürr, erkennbar an der teils falschen Paginierung von S. IV als V. Möglicherweise ein anderer Fall: 56.9.4.

[20] Siehe z. B. 29.1, 50.18.1, 50.19.2, 50.20.1, 50.21.1, 77.24.9, 95.4.1.

[21] Z. B. 29.4.6, 29.19.1, 43.5.5.

[22] 29.9.3, 29.17.2–4 z. B. heißt es »Neudruck«.

[23] Z. B. 50.18.16 ff., 50.25.8. Bei Ausg. 95.6.14 heißt es auf der Impressumseite: »Der jetzige Druck beruht auf vollständigem Neusatz.«

[24] Z. B. 77.3.3, 77.25.7; ›2. Auflage, Neuer Abdruck‹: 50.10.3–4.

[25] Als eigene ›Auflage‹ werden bezeichnet z. B. 77.24.8 (die nachfolg. Ausg. im

bei sie dann als mit der vorhergehenden Auflage als »gleichlautende« bezeichnet sein kann.[26] Es gibt auch Auflagenangaben ohne Zählung.[27] Bei Neueditionen läßt Meiner die früheren Editionen bei der Auflagenzählung mal unberücksichtigt (die Neuedition bildet also wieder die ›1. Auflage‹),[28] mal werden alte (Kirchmann'sche) Ausgaben mitgezählt.[29] Normalerweise werden Neuausgaben als eigene Auflage gezählt;[30] sie werden aber in einigen Fällen auch erst später als eigene Auflagen,[31] ja sogar überhaupt nicht als eigene Auflage gezählt.[32] Hin und wieder findet man bei Neueditionen auch eine doppelte Auflagenzählung.[33] Nicht selten sind springende Auflagenzählungen[34] oder das Gegenteil: die Wiederholung derselben Auflagenbezeichnung.[35] Auch beziehen sich erstmalige, als Nachdrucke bezeichnete Ausgaben nicht immer auf die vorhergehende Ausgabe.[36] Statt ›Auflage‹ kann es auch ›Ausgabe‹ heißen.[37]

Die Entwicklung des Editionsstandards[38] unter Einschluß der Einführung der zweisprachigen Ausgaben[39] ist in der PhB ebenso sichtbar wie die Publikationsentwicklung erfolgreicher Autoren dieser Reihe[40] oder die Folgen der

selben Fall aber nicht), 77.25.8 (die Ausg. 77.25.7 – ein unveränderter Abdruck – ist nicht als eigene Aufl. bezeichnet, wird in 77.25.8 aber als solche gezählt), 50.25.11–13 (nicht als eigene Aufl. bezeichnet, später aber als solche gezählt), (50.25.8); bei Dürr: 52.19.2, 52.30.3.

26 Z. B. 43.5.7, 50.8.6, 50.18.11–12, 77.24.6.

27 Z. B. 43.5.11: »UNVERÄNDERTE AUFLAGE«.

28 Z. B. 3.2.7–8, 3.3.7–8, 17.1.1–4, 40.2.3–4.

29 Z. B. 21.2.1–6, 21.6.1–4, 36.9.1–5, 43.2.1–7.

30 Z. B. 7.4.3 (auch als eigene Aufl. bezeichnet).

31 Z. B. 21.6.7–8, 36.19.7.

32 Z. B. 21.6.5.

33 Z. B. bei Aristoteles' ›Nikomachischer Ethik‹ (3.4.3), Kants ›Kritik der reinen Vernunft‹ (50.18.13 ff.), Platons ›Staat‹ (77.24.7–9), Spinozas ›Ethik‹ (95.6.8–9), ›Wörterbuch der philosophischen Grundbegriffe‹ (102.1.7).

34 Siehe 7.2.4–7 (die 3. Aufl. von 1920 wird im Verlagskatalog als »6. Aufl.« bezeichnet), 3.4.4–6 (Ausg. 3.4.5 wird nicht als eigene Aufl. gezählt), 43.5.10–15, 29.17.1–8 (die bloßen »Neudrucke« 29.17.2–4 werden später als Aufl. gezählt, 29.17.5–6 jedoch gar nicht).

35 Z. B. 7.2.4–6, 29.2.2–3, 36.9.2–5, 50.20.4–7, 50.24.8–9, 50.25.7–9 (hier werden 3 Ausg. zwischen 1922 und 1950 jeweils als ›5. Aufl.‹ bezeichnet).

36 Bei 50.8.4–15 beziehen sich die Nachdrucke von 1945–1985 auf die 3. Aufl. von 1906, obgleich es 1917–25 die 4.-6. Aufl. gab. Siehe auch 77.25.5–7.

37 Z. B. 3.4.5, 50.8.9.

38 Deutlich vor allem bei Hegel-Ausg. seit 1870. Manche Texte der PhB liegen mittlerweile in der dritten Edition vor, z. B. Aristoteles' ›Metaphysik‹, Descartes' ›Leidenschaften der Seele‹, Fichtes ›Versuch einer Kritik aller Offenbarung‹, Hegels ›Enzyklopädie‹, Platons ›Parmenides‹.

39 Z. B. bei d'Alembert, Aristoteles, Platon, Plotin, Rousseau.

40 Wie z. B. Hegel, Kant oder Spinoza.

beiden Weltkriege auf den Buchmarkt[41] und speziell auf die PhB konkret bei einzelnen Ausgaben.[42] Fast singulär erscheint dagegen das sozusagen pragmatistische Verhältnis zum Titelblatt im ersten PhB-Jahrzehnt bei Meiner. Misch- und Titelauflagen, Bindequoten mit Kennzeichen z. B. der Verlagsübernahme,[43] undatierte, bibliographisch nicht nachzuweisende Ausgaben/Auflagen, dichte Auflagenfolgen auch ohne die Dürr'schen und frühen Meiner'schen Titelauflagen[44] sind häufig anzutreffende Phänomene.

In den zwanziger Jahren gab es auch sogenannte ›*Seminarausgaben*‹: Diese Ausgaben haben zu Beginn 1 Blatt, das auf Seite a ein großformatiges PhB-Signet trägt, darüber: »SONDERAUSGABE | FÜR | SEMINARE«; auf Seite b den Text: »Die Lieferung dieser SEMINARAUSGABEN erfolgt zu einem um 20% ermäßigten Ladenpreis unter der Voraussetzung der Mindestabnahme von 10 Stück in geschlossenem Bezuge und Nennung des betreffenden Dozenten FELIX MEINER Verlag in Leipzig Jede Buchhandlung übernimmt die Besorgung«. [45]

Eine wichtige Ausgabenform ist die *Sammelausgabe*.[46] Die meisten Werkeausgaben der PhB waren Sammelausgaben: Diese wurden gebildet durch Zusammenstellung schon vorhandener Einzelausgaben (incl. des jeweiligen Titelblattes[47]) des jeweiligen Autors unter einem Gesamt-, d. h. Werketitel; dabei bestanden die einzelnen, mit Werketitelblatt (oder Werketitelblättern) ver-

[41] Sichtbar z. B. an der Ausgabenstatistik der PhB (siehe Register 3.3.3).

[42] Siehe z. B. die ›Feldausgaben der PhB‹ (hier S. 71 ff. und Kap. 2.5), die Ausg. 36.33.5, 36.34.4, 36.35.4, 36.36.4 und 72.7.1, 72.9.1; die Aufl. 29.17.5 verbrannte im Dez. 1943 und machte die Aufl. 29.17.6 nötig; bei einigen Ausg. wurde ein vollständiger Neusatz nötig, da die Druckvorlagen vernichtet waren (95.6.14); Hoffmeisters ›Wörterbuch der philosophischen Begriffe‹ »war 1943 beim Bombenangriff auf Leipzig, fertig ausgedruckt, vernichtet worden. Auf Grund des einzigen geretteten Exemplars konnte es neu hergestellt werden und 1944 dann doch erscheinen.« (Felix Meiner in: Johannes Hoffmeister zum Gedächtnis, 1956, S. 53); auch die Beteiligung anderer Verlage an der PhB steht mittelbar im Zusammenhang mit dem Zweiten Weltkrieg (10.18.2, 72.6.3, 72.10.1). Die Ausg. 10.21.2 wurde in der Tschechoslowakei gedruckt.

[43] Siehe hier S. 193 ff.

[44] Z. B. 21.8.1–2, 29.4.6–7, 29.17.5–6, 77.8, 95.9.5–6.

[45] Z. B. 43.5.9, 63.1.1, 77.16.2, 87.1.4.

[46] Zur Definition siehe auch S. 273 f. Die Sammelausg. ist nicht zu verwechseln mit dem, was in bibliothekarischen Katalogisierungsregelwerken ›Sammlung‹ (als einer ›Vereinigung von mindestens zwei Einzelwerken oder Teilen von mindestens zwei Einzelwerken *desselben* Verfassers in *einer* Veröffentlichung‹) oder ›Sammelwerk‹ (als einer ›Vereinigung von mindestens zwei Einzelwerken oder Tln von mindestens zwei Einzelwerken in einer ein- oder mehrteiligen Veröffentlichung, die *nicht* von demselben Verfasser stammen‹) genannt wird.

[47] Nur die für eine Sammelausg. bestimmte Ausg. 2.2.1 hat kein Titelblatt.

sehenen Bände meist aus zwei oder mehr – für sich selbständigen – Ausgaben.[48] Diese Sammelausgaben sind auch ein Hauptbeleg für die mögliche, bibliographische Beliebigkeit von Ausgaben in Teilen und Titelblatt (das für jedes bibliothekarische wie bibliogaphische Beschreibungs- bzw. Katalogisierungsregelwerk ja der eigentliche Bezugspunkt ist und bleiben muß, von Ausnahmen abgesehen). Meist wurden die jeweils zur Zeit lieferbaren Einzelausgaben und die noch vorrätigen Werketitelblätter verwendet. Viele dieser Sammelausgaben können also (in Teilen und Titelblatt) als ›unfest‹, d. h. durch eine gewisse Beliebigkeit gekennzeichnet, gelten.[49] Eine Sammelausgabe kann demnach in ihren Teilen verschiedene Exemplare haben, die durch ihre Verschiedenheit nicht eo ipso irregulär oder defekt sein müssen.[50] Solche *unfesten* Sammelausgaben[51] sind dagegen von irregulären, aber nicht defekten Exemplaren von Sammelausgaben zu unterscheiden: Bei diesen sind zeitlich inkongruente Auflagen vereinigt, d. h. zwischen dem frühesten und spätesten Teil (= Einzelausgabe) einer (WW-)Sammelausgabe gab es lieferbare Auflagen desselben Werkes, die aber nicht eingebunden sind.[52] Daß solche irregulären Sammelausgaben-Exemplare vom Verlag geliefert wurden, ist nicht gänzlich auszuschließen, da ja die Werketitelblätter und wohl auch die Einbanddecken in vielen Fällen separat zu erhalten waren.

[48] Solche WW-Ausg. gab es in der PhB von Aristoteles (3.1), Berkeley (7.1), Descartes (21.1), Kant (50.1), Leibniz (56.1), Platon (77.1) und Spinoza (95.1). Weitere solche Sammelausg. gab es z. B. von Aristoteles' ›Organon‹ (3.5; deren erste, 3.5.1, hatte sogar ein eigenes Vorwort), Descartes (21.1.6), Hegel (36.25, 36.32, 36.17.1) und Kirchmanns ›Erläuterungen‹ (52.2, 52.9, 52.26). Die verschiedenen Hegel-Werkeausg. bestehen bis auf die WW-Bde 8–9 und 12–14 aus Einzelbdn. (siehe 36.1).

Keine Sammelausg. im definierten Sinne sind z. B. 3.6.4 und 29.22, da sie kein Gesamttitelblatt haben. Sammelausg. sind auch nicht – obwohl sie so aussehen – die Ausg. 36.30–31, da es ihre einzelnen Tle nie *einzeln* zu kaufen gab.

Die WW-Ausg. von Fichte, Nikolaus von Kues, Plotin, Schelling und Schleiermacher sind keine Sammelausg.

[49] Zu den Begriffen ›fest‹ – ›unfest‹ siehe hier S. 274.

[50] Die bibliographischen wie bibliothekarischen Begriffe von ›Ausgabe‹ und ›Exemplar‹ variieren sich hier also zu Begriffen, die kaum noch in zweckmäßigen Nominaldefinitionen zu fassen sind.

[51] Z. B. Aristoteles-Werkeausg. A (3.1.1–3), Organon-Sammelausg. C (3.5.3), Descartes-Werkeausg. F (21.1.7–8), Kant-Werkeausg. E-H (50.1.31–69), Spinoza-Werkeausg. E (95.1.9–10).

[52] Z. B. Aristoteles-Werkeausg. A (3.1.1–3); Ex. 56 hat die ›Ersten Analytiken‹ in der Aufl. von 1922, 5 Tle (Einzelausg.) aber in Aufl. von vor 1922 (die ›Zweiten Analytiken‹ sogar in der Koschny-Ausg. von 1877), obwohl es diese auch in lieferbaren Aufl. von 1922 gegeben hat. Auch z. B. Organon-Sammelausg. C (3.5.3), Ex. 26, und D-1 (3.5.4); Platon-Ausg. B (77.1.8–14), Ex. 295; Spinoza-Werkeausg. G (95.1.13–14), Ex. 107.

So wie es vor 1900 Unterschiede zwischen dem Text auf der (den) Titelseite(n) und dem auf dem vorderen Umschlag der Verlagsbroschur gab, so auch nach 1900 zwischen Titelseite und Text auf dem vorderen Umschlag bzw. Deckel oder Einband (die nach verschiedenen Bindequoten unterschiedlich sein können). Neben häufigen Unterschieden bei der Fassung von Texttitel und/oder Autorennamen findet man auch andere Abweichungen,[53] darunter nicht selten unterschiedliche Jahresangaben, die auf dem Vorderdeckel entweder früher,[54] häufiger aber später datieren,[55] oder ganz fehlen.[56] Bei den Jahresangaben gibt es auch viele Abweichungen von den Meiner'schen Verlagskatalogen.[57] Auch in den Ausgaben selbst kommen Unterschiede in den Jahresangaben auf der Impressumseite zwischen der datierten Ausgaben- bzw. Auflagenbezeichnung und dem CIP- oder Copyright-Vermerk vor.[58] Bei nicht wenigen Ausgaben sind die Erscheinungsjahre nur aus dem CIP-Vermerk und/oder dem Auflagenhinweis[59] oder dem Copyright-Vermerk[60] er-

[53] So heißt es z. B. auf dem Vorderdeckel der Ausg. 50.29.7: »NEUER ABDRUCK«, was auf der Titelseite der Ausg. nicht zu finden ist; Ausg. 95.7.6 hat auf der Titelseite keine Aufl.-Bezeichnung, wird jedoch auf dem Vorderdeckel als 4. Aufl. bezeichnet; bei einigen Exn der Ausg. 56.5.1 fehlt auf dem Vorderdeckel PhB-Nr und Jahr.

[54] Z. B. um 1 Jahr früher bei Exn der Ausg. 3.14.4, 29.2.2.

[55] Z. B. um jeweils 1 Jahr später bei Exn der Ausg. 3.2.5, 7.6.1, 29.36.1, 30.1.1, 36.19.6, 36.33.2, 50.24.8 (siehe bei 50.24.9), 77.18.2. Exe z. B. der Ausg. 3.11.5, 29.2.3 und 50.24.9 haben die Umschläge der vorh. Ausg.

[56] Z. B. 56.5.1.

[57] Eine Auflistung der Meiner'schen PhB-Verlagskataloge gibt Kap. 1.6.4.

Zur Unzuverlässigkeit dieser Kataloge: Z. B. geben sie nicht selten die Jahresangaben der Dürr-Ausg. (d. h. vor 1911), obgleich es danach eine(n) undatierte(n) Meiner'sche(n) Titelaufl. oder Neudruck gegeben hat (z. B. 7.2.5). Die Aufl. 7.2.6–7 von Berkeleys ›Abhandlung über die Prinzipien der menschlichen Erkenntnis‹ (7.2) werden völlig unabhängig von der springenden Aufl.-Zählung auf den Titelseiten der Ausg. in den Katalogen in der Aufl.-Bezeichnung durchgezählt. Nicht wenige Aufl. sind auch in den Katalogen nicht nachzuweisen (neben den zahlreichen un- oder rückdatierten Titelaufl. auch z. B. 7.2.5, 29.17.4).

Bis zum Katalog von 1920 sind die PhB-Nrn von Fichtes ›Grundlage des Naturrechts‹ und des ›Systems der Sittenlehre (1798)‹ vertauscht.

Der Titel 29.17 ist in den Katalogen bis incl. 1911 unter Nr 131c mit ›1910‹ und 250 S. aufgeführt (29.17.1), in den Katalogen von 1912 bis 1915 entfällt die Jahresangabe; im Katalog vom Aug. 1917 ist die »2. Aufl. 1916« aufgeführt (29.17.2 ist auf dem Titelblatt nur als ›unveränderter Neudruck‹ bezeichnet); in den Katalogen vom Sept. 1919 bis zum Sept. 1925 ist die »3. Aufl. 1919« verzeichnet (29.17.3: »Dritter unveränderter Neudruck«), in den Katalogen vom April 1927 und vom März 1929 dann wieder die »2. Aufl. 1916«! Siehe auch 29.12.2 und 29.13.2.

[58] Z. B. 48.3.1, 72.11.2.

[59] Z. B. 6.1.1, 6.2.1, 6.3.1, 7.5.2.

[60] Z. B. 8.1.1.

sichtlich. Nicht immer sind die Jahresangaben in den Auflagenhinweisen auf der Impressumseite neuer PhB-Bände korrekt.[61] Erscheinungsjahre fehlen nicht nur bei den zahlreichen undatierten Titelauflagen,[62] sondern auch bei regulären Salinger- und Meiner-Auflagen.[63] Einige Meiner-Auflagen sind nur mit dem ›Deutschen Bücherverzeichnis‹ zu datieren,[64] viele Ausgaben aus der Zeit des Zweiten Weltkrieges durch die Genehmigungs- bzw. Lizenznummer.[65]

[61] Z. B. 3.2.8, 3.5.5–6, 29.27.3, 36.19.7, 36.28.3, 36.29.3, 36.38.3; (36.19.8–9: falsche Jahresangaben im Vorwort), 81.1.4.

[62] Z. B. 3.11.3, 3.12.3, 21.10.2, 29.14.3, 29.31.2, 43.2.5, 48.1.3, 48.2.3, 50.9.2, 50.10.2, 50.11.2, 50.12.2, 50.13.2, 50.14.3, 95.6.10.

[63] Die sind bei Heimann und Koschny sämtlich datiert. Bei Weiss sind nur einige WW-Sammelausg. undatiert (21.1.2, 50.1.14–21, 52.9.1–2, 95.1.3–4). Auch bei Dürr sind die regulären Aufl. sämtlich datiert.

[64] Z. B. 36.33.3, 40.1.2. Freilich sind nicht alle Datierungen des DBV korrekt (siehe z. B. 95.6.14).

[65] Die Herstellungsbücher des Meiner-Verlages wurden am 4.12.1943 durch Brand infolge eines Bombenangriffs vernichtet.

1.6 Literaturverzeichnis

1.6.1 Literatur zur PhB

In diesem Verzeichnis ist nur Literatur angegeben, die ausschließlich und unmittelbar von der PhB handelt (die überwiegende Mehrzahl davon ist im vorl. Werk zitiert). Andere Literatur, die *auch,* aber nicht ausschließlich von der PhB handelt, ist in 1.6.2 verzeichnet, wie z. B. die beiden Festschriften für Felix und Richard Meiner (›Felix Meiner zum 70. Geburtstag‹, ›Ceterum censeo . . .‹).

Von Rezensionen zu PhB-Bänden sind hier nur diejenigen angegeben, die im vorl. Werk auch zitiert sind.

Bei den Titeln des vorl. Verzeichnisses handelt es sich um eine Auswahl.

Anonymus: Anzeige der ›Feldausgaben der PhB‹. In: Deutsche Literaturzeitung 39, Nr 3 vom 19.1.1918, Sp. 68.

–: Anzeige der PhB. In: Illustrirte Zeitung. Wöchentliche Nachrichten über alle Ereignisse, Zustände und Persönlichkeiten der Gegenwart [. . .] (Leipzig), Bd 51, Nr 1322 vom 31.10.1868, S. 303.

–: Rezension der PhB. In: Blätter für literarische Unterhaltung, Nr 4 vom 21.1.1869, S. 63.

–: Rezension der PhB. In: Blätter für literarische Unterhaltung, Nr 16 vom 15.4.1869, S. 254 f.

–: Rezension der PhB. In: Blätter für literarische Unterhaltung, Nr 3 vom 13.1.1870, S. 47.

–: Rezension der PhB. In: Blätter für literarische Unterhaltung, Nr 49 vom 5.12.1872, S. 782 f.

–: Rezension der PhB. In: Kölnische Zeitung, Nr 349, Drittes Blatt vom 17.12.1869, S. 1.

–: Rezension der PhB. In: Kölnische Zeitung, Nr 1344 vom 16.12.1906. Zweite Beilage zur Sonntags-Ausgabe.

–: Rezension der PhB. In: Westermann's Jahrbuch der Illustrirten Deutschen Monatshefte. Ein Familienbuch für das gesamte geistige Leben der Gegenwart. Bd 28, N.F. Bd 12, April – September 1870, S. 444.

›A-s‹: Anzeige der ›Feldausgaben der PhB‹. In: Zeitschrift für Bücherfreunde, N.F. Jg 10, 2. Hälfte, 1919, Sp. 433.

›Bbth‹: Anzeige von: Immanuel Kant: Logik. Hrsg. von Walter Kinkel. Leipzig 1904 (= PhB 43), und: Gottfried Wilhelm Leibniz: Neue Abhandlungen über den menschlichen Verstand. Übersetzt von Carl Schaarschmidt. 2. Aufl. Leipzig 1904 (= PhB 69). In: Neues Braunschweigisches Schulblatt 18, Nr 12 vom 15.6.1905, S. 319.

Bähr, Hans Walter: Die Philosophische Bibliothek. In: Universitas 14, 1959, Heft 6, S. 643 f.

Busse, Ludwig: Rezension von: Immanuel Kant: Kritik der reinen Vernunft. Hrsg.

von J. H. v. Kirchmann. 8. revidierte Aufl., bearb. von Theodor Valentiner. Leipzig 1901 (= PhB 37). In: Deutsche Literaturzeitung 22, Nr 42 vom 19.10.1901, Sp. 2632–2634.

Chappell, V. C.: Rezension von 4 PhB-Bänden. In: Ethics 71, 1960/61, S. 153.

Ebbinghaus, Julius: Erinnerungen an Felix Meiner und seinen Aufbau der Philosophischen Bibliothek. In: Börsenblatt für den Deutschen Buchhandel. Frankfurter Ausgabe. Jg 21, Nr 70 vom 3.9.1965, S. 1765 f.

Eisenhuth, Heinz Erich: Rezension von 8 PhB-Bänden. In: Theologische Literaturzeitung 87, 1962, Nr 5 vom Mai 1962, Sp. 373–376.

Fratzscher, Arnold: 100 Jahre ›Philosophische Bibliothek‹. In: Börsenblatt für den Deutschen Buchhandel. Frankfurter Ausgabe. Jg 24, Nr 82 vom 11.10.1968, Sp. 2658 f.

Garewicz, Jan: ›Biblioteka Filozoficzna‹ Meinera w ostatnich latach. In: Studia Filozoficzne (Warschau) 1978, Nr 1 (146), S. 164–167.

Gulyga, Arsenij, und J. N.: ›Filosofskaja Biblioteka‹ isdatelstwa ›Feliks Mainer‹. In: Filosofskie nauki (Moskau) 1979, Heft 1, S. 154–156.

Hartmann, Wilfried: 100 Jahre Philosophische Bibliothek (PhB). In: Zeitschrift für philosophische Forschung 22, 1968, S. 606–609.

Hecker, Konrad: Hundert Jahre Philosophische Bibliothek. In: Philosophisches Jahrbuch 76, 1968, S. 220–228.

Heintel, Erich: G. W. F. Hegel, Gesammelte Werke und Neuerscheinungen der ›Philosophischen Bibliothek‹. In: Wiener Jahrbuch für Philosophie 16, 1984, S. 189–226.

–: Geschichte und Aneignung. Weiterer Ausbau der Philosophischen Bibliothek. In: Wiener Jahrbuch für Philosophie 5, 1972, S. 220–268.

–: Hundert Jahre ›Philosophische Bibliothek‹. In: Wiener Jahrbuch für Philosophie 2, 1969, S. 278–289.

–: Die Philosophische Bibliothek. In: Buchmarkt 16, 1981, Nr 6, S. 162–166.

–: Rund um Kant. [incl. Rezension von 2 Bdn der PhB]. In: Wiener Jahrbuch für Philosophie 8, 1975, S. 271–323.

–: Weiterer Ausbau der ›Philosophischen Bibliothek‹ (Antike und Mittelalter). In: Wiener Jahrbuch für Philosophie 12, 1979, S. 302–340.

Hoffmann, Franz: Rezension der PhB 1868–1873. In: ders.: Philosophische Schriften. Fünfter Band. Erlangen: Deichert 1878; S. 259–410.

Hommes, Ulrich: Die ›Philosophische Bibliothek‹ im Verlag Felix Meiner, 1959–1961. In: Philosophisches Jahrbuch 70, 1962, S. 199–204.

Hundert Jahre Philosophische Bibliothek 1868–1968. Feier am 17. Oktober 1968 im Festsaal der Patriotischen Gesellschaft Hamburg. (Hamburg: Meiner 1968). (Beiträge von Richard Meiner, Gerhard F. Kramer, Konrad-D. Riethmüller, Friedhelm Nicolin, Carl Friedrich von Weizsäcker)

Hundert Jahre Philosophische Bibliothek 1868–1968. Zeittafel und Gesamt-Verlagsverzeichnis 1968. Aus Anlaß des hundertjährigen Bestehens der Philosophischen Bibliothek den Freunden des Verlages gewidmet. (Die Zusammenstellung der Zeittafel und des Kataloges besorgte Richard Richter.) Hamburg: Meiner 1968.

120 Jahre Philosophische Bibliothek. Felix Meiner Verlag. Neuerscheinungen und Gesamtverzeichnis. (Hamburg: Meiner, September 1988).

Jansen, Bernhard: Rezension der PhB. In: Stimmen der Zeit 115, 1928, S. 314 f.

Kaltenbrunner, Gerd-Klaus: Schüler des Sokrates und Lehrer des Aristoteles. Der Philosoph Platon als europäische Gründergestalt. Zur deutschen Gesamtausgabe des Meiner-Verlages. In: Deutsche Tagespost, Nr. 147 vom 10.12.1988, S. 8. Wiederabdruck unter dem Titel »Es bleibt Idee und Liebe!« in: Abendland (Zürich), Jg 25, Nr 185 vom Dezember 1988.

Kern, Walter: ›Philosophische Bibliothek‹: lebendige Philosophie. In: Stimmen der Zeit 183, 1969, S. 57–59.

Klassische Werke philosophischer Tradition. Fünfundsiebzig Jahre Felix Meiner Verlag. Kurze Chronologie und Gesamtkatalog. (Hamburg: Meiner, Februar 1986).

Kleist, Hugo von: Rezension von: Aristoteles: Topik. Hrsg. von J. H. v. Kirchmann. + Erläuterungen dazu. Heidelberg 1883 (= PhB 89, 90); und: ders.: Sophistische Widerlegungen. Hrsg. von J. H. v. Kirchmann. + Erläuterungen dazu. Heidelberg 1883 (= PhB 91, 92). In: Philosophische Monatshefte 19, 1883, S. 619–621.

L., W.: Ein Jahrhundert philosophische Bibliothek. In: Deutsch-indische Blätter. (Beilage der Indo-German Review, Bombay). January 1970, S. III f. und VI.

Lasson, Adolf: J. v. Kirchmann's Philosophische Bibliothek. In: Preußische Jahrbücher 64, Juli bis December 1889, S. 249–257.

Martinak, Eduard: Rezension von: Stephan Witasek: Grundlinien der Psychologie. Leipzig 1908 (= PhB 115). In: Deutsche Literaturzeitung 31, Nr 27 vom 2.7.1910, Sp. 1686–1688.

Meiner, Felix: Die Hegel-Ausgabe. 8 Bl. Unpubliz. Privatmanuskript v. 5.7.1945.

–: Die Philosophische Bibliothek. 8 Bl. Unpubliz. Privatmanuskript v. 27.7.1945.

Meinong, Alexius: Rezension von: David Hume: Eine Untersuchung in Betreff des menschlichen Verstandes. Hrsg. von J. H. v. Kirchmann, 2. Aufl. Leipzig 1875 (= PhB 13). In: Philosophische Monatshefte 12, 1876, S. 397–400.

–: Rezension von: Immanuel Kant: Kritik der reinen Vernunft. Hrsg. von J. H. v. Kirchmann. 5. Aufl. Leipzig 1881. (= PhB 2). In: Zeitschrift für die österreichischen Gymnasien 32, 1881, S. 925–927.

Neumann, Harry: Die Bewahrung des Erbes. Neue Bände der ›Philosophischen Bibliothek‹. In: Bremer Nachrichten, Jg 215, Nr 64 vom 16.3.1957, S. 23.

–: Geschichtliche Macht des Geistes. Neue Bände der ›Philosophischen Bibliothek‹ bei Felix Meiner. In: Bremer Nachrichten, Nr 38 vom 15.2.1950.

Nicolin, Friedhelm: Hegels Werke und die hundertjährige Philosophische Bibliothek. In: Hundert Jahre Philosophische Bibliothek 1868–1968. Feier am 17. Oktober 1968 im Festsaal der Patriotischen Gesellschaft Hamburg. (Hamburg: Meiner 1968); S. 21–26.

Otto, Rudolph: Rezension von: Friedrich Schleiermacher: Weihnachtsfeier. Hrsg. von Hermann Mulert. Leipzig 1908 (= PhB 117). In: Deutsche Literaturzeitung 30, Nr 32 vom 7.8.1909, Sp. 1999 f.

Régnier, M.: Le centenaire de la Philosophische Bibliothek 1868–1968. In: Archives de Philosophie 32, 1969, Cahier 1 (Janvier–Mars 1969), S. 129–131.

Rolfes, Eugen: Rezension von: Platon: Staat. Übersetzt von Friedrich Schleiermacher, erläutert von J. H. v. Kirchmann. 2. Aufl. bearb. von C. Th. Siegert. Leipzig 1901 (= PhB 80). In: Philosophisches Jahrbuch 14, 1901, S. 422–425.

Schiele, Friedrich Michael: Kirchmann und seine Philosophische Bibliothek. In: Die christliche Welt. Evangelisches Gemeindeblatt für Gebildete aller Stände. Jg 14, Nr 48 vom 29.11.1900, Sp. 1135–1138.

Schilling, Werner: 75 Jahre Meiners ›Philosophische Bibliothek‹. In: Leipziger Neueste Nachrichten, Nr 273 vom 30.9.1943, S. 3.

Schmidt, Ferdinand Jakob: Rezension der PhB. In: Preußische Jahrbücher 115, Januar bis März 1904, S. 530–533.

–: Rezension von: Georg Wilhelm Friedrich Hegel: Enzyklopädie der philosophischen Wissenschaften. Neu hrsg. von Georg Lasson. Leipzig 1905 (= PhB 33). In: Preußische Jahrbücher 121, Juli bis September 1905, S. 325–333.

Schmidt, Raymund: Fünfzig Jahre ›Philosophische Bibliothek‹. In: Kant-Studien 23, 1919, S. 509–511.

Schmitz, Alexander: »Aha, Platon total bei Meiner, sehr gut«. In: Börsenblatt für den Deutschen Buchhandel. Frankfurter Ausgabe. Jg 44, Nr 90 vom 11.11.1988, S. 3379–3382.

–: »Philosophie als ein Stück Gegenwart«. In: Börsenblatt für den Deutschen Buchhandel. Frankfurter Ausgabe. Jg 45, Nr 97 vom 5.12.1989, S. 3751–3753.

Susemihl, Franz: Rezension von: Aristoteles: Politik. Hrsg. von J. H. v. Kirchmann. Leipzig 1880 (= PhB 84). In: Jahresbericht über die Fortschritte der classischen Alterthumswissenschaft, Bd 30, Jg 10, 1882, Abt. 1, S. 68 f.

Ulrici, Hermann: Rezension von 5 Bdn der PhB. In: Zeitschrift für Philosophie und philosophische Kritik, N.F. 67, 1875, S. 156–158.

1.6.2 Weitere zitierte Literatur

Das folg. Verzeichnis gibt alle Titel an, die im vorl. Werk zitiert und nicht in 1.6.1 oder 1.6.3–4 aufgeführt sind.

Anonymus: Dr. Richard Salinger †. In: Vossische Zeitung. (Berlin), Nr 180 vom 29.7.1926, Beilage ›Das Unterhaltungsblatt‹ Nr 175, S. 2. (Hier abgedruckt auf S. 54 f.)

–: Erich Koschny [Nekrolog]. In: Philosophische Monatshefte 11, 1875, S. 483 f.

–: Julius H. v. Kirchmann [Nekrolog]. In: Julius Hermann von Kirchmann: Die Lehre vom Wissen als Einleitung in das Studium philosophischer Werke. Vierte Auflage. Heidelberg: Weiss 1886. (= PhB 1); S. V–VII. (Verfasser vermutlich: Adolf Lasson)

–: Kritik der Schrift des Staatsanwalts v. Kirchmann über: Die Werthlosigkeit der Jurisprudenz als Wissenschaft. Von einem Lehrer dieser Wissenschaft. Berlin: Plahn 1848. (Verfasser vermutlich: Adolph A. Rudorff)

–: Rezension von: Julius Hermann von Kirchmann: Erläuterungen zu Kant's Schriften zur Naturphilosophie. Leipzig 1877 (= PhB 60). In: Literarisches Centralblatt für Deutschland, Nr 24 vom 15.6.1878, Sp. 786 f.

ADB Allgemeine Deutsche Biographie. (Bd 1, 1875, bis Bd 8, 1878:) Auf Veranlassung und mit Unterstützung seiner Majestaet des Königs von Bayern Maximilian II. hrsg. durch die Historische Kommission bei der Königl. Akademie der Wissenschaften. (Bd 9, 1879, bis Bd 56, 1912:) Auf Veranlassung seiner Majestaet des Königs von Bayern hrsg. durch die Historische Kommission bei der Königlichen Akademie der Wissenschaften. 56 Bde. Leipzig: Duncker & Humblot 1875–1912.

Adelslexikon. Hauptbearbeiter: Walter v. Huek. Band VI. Limburg a. d. Lahn: Starke 1987. (= Genealogisches Handbuch des Adels; 91)

Adreßbuch Adressbuch des Deutschen Buchhandels und der verwandten Geschäftszweige. (Begründet von O. A. Schulz). Im Auftrage des Vorstandes bearbeitet von der Geschäftsstelle des Börsenvereins der Deutschen Buchhändler zu Leipzig. Leipzig: Geschäftsstelle des Börsenvereins der Deutschen Buchhändler. Bd 51, 1889 - Bd 106, 1949. (Vorgänger siehe unter: Schulz, Otto August.)

Aktenstücke zur Amtsentsetzung des Königl. Preuss. Appellationsgerichts-Vizepräsidenten von Kirchmann. Berlin: Springer 1867.

Allgemeine Versicherungs-Presse. Organ für die Interessen der Assekuranz. Jg 1, 1876/77.

Aus einem reichen Leben. Werner von Siemens in Briefen an seine Familie und an Freunde. Ausgewählt und hrsg. von Friedrich Heintzenberg. Stuttgart: Deutsche Verlags-Anstalt 1953.

Bader, Karl: Lexikon deutscher Bibliothekare im Haupt- und Nebenamt bei Fürsten, Staaten und Städten. Leipzig: Harrassowitz 1925. (= Beihefte zum Zentralblatt für Bibliothekswesen; 55). Reprint Nendeln (Lichtenstein): Kraus; Wiesbaden: Harrassowitz 1968.

Bast, Rainer A.: Arthur Meiner. In: Neue Deutsche Biographie. Bd 16. (im Satz)

–: Die Buchhändler-Familie Meiner (mit Genealogien der Familien Meiner und Merseburger). In: Archiv für Geschichte des Buchwesens. 1991.

–: Felix Meiner. In: Neue Deutsche Biographie. Bd 16 (im Satz)

–: Der Titel ›Philosophische Bibliothek‹ und die ›Philosophischen Bibliotheken‹ bes. des 18. Jahrhunderts. In: Archiv für Geschichte des Buchwesens. 1991.

–: Verlag und Verleger Fritz Eckardt und die Künstlervereinigung ›Werdandi-Bund‹. In: Buchhandelsgeschichte 1990, Nr 2 (Beilage zu: Börsenblatt für den Deutschen Buchhandel. Frankfurter Ausgabe. Jg 46, Nr 51 vom 26.6.1990), S. B65–B80.

–: Zum Begriff der Buchserie. In: Buchhandelsgeschichte 1988, Nr 4 (Beilage zu: Börsenblatt für den Deutschen Buchhandel. Frankfurter Ausgabe. Jg 44, Nr 94 vom 25.11.1988), S. B151–B157.

–: Zur Bibliographie der Philosophischen Bibliothek. In: Ceterum censeo ... Bemerkungen zu Aufgabe und Tätigkeit eines philosophischen Verlegers. Richard Meiner zum 8. April 1983. (Hamburg: Meiner 1983); S. 129–139.

Berger, Herbert: Wege zum Realismus und die Philosophie der Gegenwart. Bonn: Bouvier 1959. (= Abhandlungen zur Philosophie, Psychologie und Pädagogik; 18). Identisch mit: ders.: Begründung des Realismus bei J. H. von Kirchmann und Fr. Ueberweg. Bonn, Univ., phil. Diss. vom 22.1.1958.

Bergmann, Julius: Der Realismus v. Kirchmann's. In: Philosophische Monatshefte 2, 1868/69, S. 206–316.

Bettelheim, Anton: Ferdinand von Saars Leben und Schaffen. Mit 5 Bildnissen, einer Wiedergabe des Grabdenkmals des Dichters und einem Briefe als Handschriftenprobe. (Sonderabdruck aus: Ferdinand von Saars sämtliche Werke in zwölf Bänden. Im Auftrage des Wiener Zweigvereins der Deutschen Schillerstiftung mit einer Biographie des Dichters von Anton Bettelheim hrsg. von Jakob Minor). Leipzig: Hesse 1908.

Binder, Julius: Der Wissenschaftscharakter der Rechtswissenschaft. In: Kant-Studien 25, 1920, S. 321–365.

Blum, Hans: Die deutsche Revolution 1848–49. Eine Jubiläumsgabe für das deutsche Volk. Mit 256 authentischen Faksimilebeilagen, Karikaturen, Porträts und Illustrationen. Florenz u. a.: Diederichs 1897.

Bbl. Börsenblatt für den Deutschen Buchhandel (Leipzig). Jg 34, 1867, ff.

Bbl. Börsenblatt für den Deutschen Buchhandel. Frankfurter Ausgabe. Jg 1, 1945, ff.

Brasch, Moritz: Die Philosophie der Gegenwart. Ihre Richtungen und ihre Hauptvertreter. Für die Gebildeten dargestellt. Leipzig: Greßner & Schramm 1888.

Die Buchhandlung Alphons Dürr in Leipzig. Festschrift zur Feier des fünfzigjährigen Geschäfts-Jubiläums von Alphons Friedrich Dürr am 21. Februar 1903. Mit einem Bildnis in Kupferlichtdruck, 70 in den Text gedruckten Abbildungen und 10 Brief-Beilagen. Als Handschrift für Freunde. Leipzig: Dürr 1903.

Ceterum censeo ... Bemerkungen zu Aufgabe und Tätigkeit eines philosophischen Verlegers. Richard Meiner zum 8. April 1983. (Hamburg: Meiner 1983). (Privatdruck)

Chronikblätter der Familien Heymann und Heimann (Nr 1 vom Frühling 1950 bis Nr 3 vom Pfingsten 1952:) aus den nassauischen Ortschaften Burgschwalbach, Panrod, Kaltenholzhausen, Wasenbach, Birlenbach, Freiendiez und Oberneisen; (Nr 4 vom Sommer 1953 bis Nr 9 vom März 1972:) aus Burgschwalbach, Panrod, Kaltenholzhausen, Rückershausen, Wasenbach, Freiendiez, Oberneisen und anderen nassauischen Ortschaften. Nr 1, Frühling 1950, – Nr 9, März 1972.

Coing, Helmut: Der juristische Systembegriff bei Rudolf von Ihering. In: Philosophie und Rechtswissenschaft. Zum Problem ihrer Beziehung im 19. Jahrhundert. Hrsg. von J. Blühdorn und J. Ritter. Frankfurt/Main: Klostermann 1969. (=Studien zur Philosophie und Literatur des neunzehnten Jahrhunderts; 3); S. 149–171.

Comte, Auguste: Die positive Philosophie. Im Auszuge von Jules Rig. Übersetzt von J. H. v. Kirchmann. 2 Bde. Heidelberg: Weiss 1883–84. Rezension von C. S. in: Philosophische Monatshefte 19, 1883, S. 493.

Deutscher Liberalismus im Zeitalter Bismarcks. Eine politische Briefsammlung. Hrsg. von Julius Heyderhoff. Bd 1: Die Sturmjahre der preußisch-deutschen Einigung 1859–1870. Politische Briefe aus dem Nachlaß liberaler Parteiführer. Ausgewählt und bearbeitet von Julius Heyderhoff. Mit 6 Tafeln. Bonn u. a.: Schroeder 1925.

Deutscher Literatur-Kalender:

1. Allgemeiner deutscher Literaturkalender 1, 1879, – 4, 1882.
2. Deutscher Literatur-Kalender auf das Jahr ... 5, 1883 – 24, 1902.
3. Kürschners deutscher Literatur-Kalender auf das Jahr ... 25, 1903, ff.

Deutsches Vereinsblatt für Versicherungswesen. Jg 1–2, 1877–78. Ab Jg 3, 1879, als: Zeitschrift für Versicherungswesen.

Dilthey, Wilhelm: Zur Geistesgeschichte des 19. Jahrhunderts. Aufsätze und Rezensionen aus Zeitungen und Zeitschriften 1859–1874. Hrsg. von Ulrich Herrmann. 2., unveränderte Auflage. Göttingen: Vandenhoeck & Ruprecht 1985. (= Wilhelm Dilthey: Gesammelte Schriften; 16)

Döhring, Erich: Geschichte der deutschen Rechtspflege seit 1500. Berlin: Duncker & Humblot 1953.

300 Jahre Verlag Dürrsche Buchhandlung. Reden zur Feierstunde am 9. Mai 1952 in Bonn. (Bonn: Dürr'sche Buchhandlung 1952). (Privatdruck)

300 Jahre Verlag Dürrsche Buchhandlung, 1652–1952. Als Handschrift unter Mit-

wirkung von Freunden des Verlages hrsg. am 9. Mai 1952 von Johannes Friedrich Dürr. (Bonn: Dürr'sche Buchhandlung 1952).

325 Jahre Verlag Dürrsche Buchhandlung 1652–1977. Unter Mitwirkung von Wilfried Volker nach den Archivalien des Hauses bearbeitet und zum 9. Mai 1977 hrsg. von Heinz-Walter Auster-Dürr. (Bonn: Pädagogischer Verlag 1977). (Privatdruck)

Drews, Arthur: Eduard von Hartmanns philosophisches System im Grundriss. Zweite durch einen Nachtrag vermehrte Ausgabe. Heidelberg: Winter 1906.

Dühring, Eugen: Kritische Geschichte der Philosophie von ihren Anfängen bis zur Gegenwart. Dritte theilweise umgearbeitete Auflage. Leipzig: Fues (R. Reisland) 1878.

–: Sache, Leben und Feinde. Als Hauptwerk und Schlüssel zu seinen sämmtlichen Schriften. Mit einem Bildniss. Karlsruhe u. a.: Reuther 1882.

Die Dürr'sche Buchhandlung im letzten Vierteljahrhundert. Als Fortführung der 1906 erschienenen Firmen- und Familiengeschichte, als Handschrift unter Mitwirkung von Freunden des Verlages hrsg. am 14. April 1931 zum 275jährigen Firmenjubiläum von Johannes Friedrich Dürr. Leipzig: Dürr'sche Buchhandlung 1931.

Ehrhardt, Franz: Mataphysik. Bd 1: Erkenntnistheorie. Leipzig: Reisland 1894.

Ehringhaus, Inge: Die Lektüre unserer Frontsoldaten im Weltkrieg. Berlin: Junker & Dünnhaupt 1941. (= Neue Deutsche Forschungen. Abt. Neuere Deutsche Literaturgeschichte; 30)

Erlecke, Albert: Die Besitz- und Firmenveränderungen im deutschen Verlags-, Buch-, Kunst-, Musikalien- und Landkartenhandel 1750–1885. Leipzig: Siegismund & Volkening 1886.

Fechter, Paul: An der Wende der Zeit. Menschen und Begegnungen. Gütersloh: Bertelsmann 1949.

–: Menschen und Zeiten. Begegnungen aus fünf Jahrzehnten. 2. Auflage. Gütersloh: Bertelsmann 1949.

Felix Meiner zum 70. Geburtstag. 25. März MCMLIII. (Redaktion: Ludgerus Adam). (Hamburg: Meiner 1953). (Privatdruck) (Beiträge von Josef Knecht, Hans-Georg Gadamer, Johannes Hoffmeister, Karl Jaspers, Theodor Litt, Albert Schweitzer, Eduard Spranger, Max Tau)

Fischer, Alfred: Rede am Sarge des Pfarrers an der Dorotheenstadt-Kirche, D. Friedrich Michael Schiele, geboren am 11. November 1867, gestorben am 12. August 1913. (Ohne Erscheinungs- und Druckvermerk). (Umschlagtitel: Zum Andenken an Friedr. Mich. Schiele)

Fischer, Engelbert Lorenz: Die Grundfragen der Erkenntnistheorie. Kritik der bisherigen erkenntnistheoretischen Standpunkte und Grundlegung des kritischen Realismus. Mainz: Kirchheim 1887.

Fünfundzwanzig Jahre Krebs-Geschichte. Eine Jubiläums-Festgabe. Zusammengestellt von Eduard Langer. Berlin: Verlag des ›Krebs‹ 1882.

Der Gedanke. Fliegende Blätter in zwanglosen Heften (Berlin). Bd 9, 1884.

Gedenkschrift für Johannes Hoffmeister. Siehe: Johannes Hoffmeister zum Gedächtnis.

Genealogisches Taschenbuch der Adeligen Häuser. Brünn: Irrgang. Jg 16, 1891; 17, 1892.

Goldfriedrich, Johann: Geschichte des Deutschen Buchhandels. Bd 4: Vom Beginn der Fremdherrschaft bis zur Reform des Börsenvereins im neuen Deutschen Reiche (1805–1889). Leipzig: Verlag des Börsenvereins der Deutschen Buchhändler 1913.

Grapengiesser, Carl: Ein antikritisches Wort an Herrn Dr. J. Bergmann in Berlin. In: Zeitschrift für Philosophie und philosophische Kritik, N. F. 59, 1871, S. 289–303.

–: Erklärung und Vertheidigung von Kant's Kritik der reinen Vernunft wider die ›sogenannten‹ Erläuterungen des Herrn J. H. v. Kirchmann. Eine Bekämpfung des modernen Realismus in der Philosophie. Jena: Mauke 1871. Rezensionen von: Arthur Richter in: Zeitschrift für Philosophie und philosophische Kritik, N. F. 60, 1872, S. 235–239; Anonymus in: Literarisches Centralblatt für Deutschland, Nr 32 vom 10.8.1872, Sp. 849.

–: J. Kant's Kritik der Vernunft und deren Fortbildung durch J. F. Fries. Mit besonderer Beziehung zu den abweichenden Ansichten des Herrn Professor Dr. H. Ulrici. Jena: Pohle 1882. Rezension von Hermann Ulrici in: Zeitschrift für Philosophie und philosophische Kritik, N. F. 82, 1883, S. 94–100.

–: Kant's Lehre von Raum und Zeit. Kuno Fischer und Adolf Trendelenburg. Jena: Mauke 1870. Rezensionen von: Julius Bergmann in: Philosophische Monatshefte 5, 1870, S. 273–278; Anonymus in: Literarisches Centralblatt für Deutschland, Nr 37 vom 3.9.1870, Sp. 1002 f.

–: Kant's transscendentaler Idealismus und E. v. Hartmann's Ding an sich. In: Zeitschrift für Philosophie und philosophische Kritik. N. F. [1.] 61, 1872, S. 191–247; [2.] 62, 1873, S. 30–70; [3.] S. 232–285; [4.] 63, 1873, S. 145–200.

–: Sprüche aus dem Leben und für das Leben. Zur Beförderung einer gesunden, thatfrohen, heiteren und gottvertrauenden Welt- und Lebensansicht. Dresden: von Grumbkow 1880.

–: Die transcendentale Deduktion. Kant und Fries. (Mit Beziehung auf die Schriften von J. Bona Meyer, O. Liebmann, Kuno Fischer, Ed. Zeller, Herm. Cohen, Edm. Montgomery.) In: Zeitschrift für Philosophie und philosophische Kritik, N. F. 65, 1874, S. 34–80 und 66, 1875, S. 43–68.

Gumplowicz, Ludwig: Philosophisches Staatsrecht. Systematische Darstellung für Studirende und Gebildete. Wien: Manz 1877.

Guttentag, J. Siehe unter: Verlags-Katalog.

Haberland, Detlef: Ferdinand von Saar, 1833–1906. Ausstellung zum 150. Geburtstag. 2., erweiterte und verbesserte Auflage. Wien: Österreichisches Kulturzentrum/Österreich-Haus 1984.

Hartmann, Eduard von: Ergänzungsband zur ersten bis neunten Auflage der Philosophie des Unbewußten. Leipzig: Friedrich 1889.

–: J. H. v. Kirchmann's erkenntnistheoretischer Realismus. Ein kritischer Beitrag zur Begründung des transcendentalen Realismus. Berlin: Duncker 1875.

–: Kritische Grundlegung des transzendentalen Realismus. Eine Sichtung und Fortbildung der erkenntnistheoretischen Prinzipien Kants. 5. Auflage. Leipzig: Kröner 1914. (= E. v. Hartmann: Ausgewählte Werke; 1) (1. Aufl. 1871 unter dem Titel: Das Ding an sich und seine Beschaffenheit)

Hattenhauer, Hans: Die geistesgeschichtlichen Grundlagen des deutschen Rechts. 2. Auflage. Heidelberg u. a.: Müller 1980.

Heimann, Hugo: Vom tätigen Leben. 50 Jahre im Dienste des sozialen Fortschritts. Berlin-Grunewald: Arani 1949.

Heimann, Ludwig: Bericht über das 25jährige Stiftungsfest des ›Krebs‹. Verein jüngerer Buchhändler in Berlin, am 4. und 5. November 1882. Berlin: Verlag des ›Krebs‹ 1882.

Heimann, Max: Ueber einen Fall von Endocarditis mitralis traumatica nebst kritischen Bemerkungen zu den bisher veröffentlichten Fällen der Traumen des Myocardiums und Endocardiums. Berlin, Univ., med. Diss. vom 5.6.1896.

Heimsoeth, Heinz: Die Hegel-Ausgabe der Deutschen Forschungsgemeinschaft. In: Kant-Studien 51, 1959/60, S. 506–511.

Henke, Ernst Ludwig Theodor: Jakob Friedrich Fries. Aus seinem handschriftlichen Nachlasse dargestellt. Leipzig: Brockhaus 1867.

Hilfsbuch für den Berliner Buchhandel 1892. Im Auftrage der Korporation der Berliner Buchhändler zusammengestellt von Friedrich Wreden. Berlin 1892: G. Bernstein.

Hobbes, Thomas: Abhandlung über den Bürger. Aus dem Lateinischen übersetzt und mit sachlichen und kritischen Erläuterungen versehen von Julius Hermann von Kirchmann. Leipzig: Brockhaus 1873.

Hoffmann-Loerzer, Günter: Zur Wirkungsgeschichte des Naturrechts in Deutschland. In: Zeitschrift für Religions- und Geistesgeschichte 27, 1975, S. 305–329.

Hogrebe, Wolfram; Rudolf Kamp; Gerd König: Periodica philosophica. Eine internationale Bibliographie philosophischer Zeitschriften von den Anfängen bis zur Gegenwart. Düsseldorf: Philosophia-Verlag 1972. (= Kleine philosophische Bibliographien aus dem Philosophischen Institut der Universität Düsseldorf; 2)

Hohlfeld, Johannes: Leipziger Geschlechter. Stammtafeln, Ahnentafeln und Nachfahrentafeln. [Bd 1]. Leipzig: Zentralstelle für Deutsche Personen- und Familiengeschichte 1933. (= Stamm- und Ahnentafelwerk der Zentralstelle für Deutsche Personen- und Familiengeschichte zu Leipzig; 10)

–: Leipziger Geschlechter. Bd 3: Die reformierte Bevölkerung Leipzigs 1700–1875. Unter Mitarbeit von Hans Hopf und Fritz Ranitzsch. Leipzig: Zentralstelle für Deutsche Personen- und Familiengeschichte 1939. (= Stamm- und Ahnentafelwerk der Zentralstelle für Deutsche Personen- und Familiengeschichte; 19)

Holz, Friedbert: Georg Lasson. In: Neue Deutsche Biographie. Bd 13 (1982), S. 679–681.

–: Julius Hermann von Kirchmann. In: Neue Deutsche Biographie. Bd 11 (1977), S. 654 f.

Holzhey, Helmut: Cohen und Natorp. 2 Bde. Basel u. a.: Schwabe 1986.

Hülle, Werner: Julius Hermann von Kirchmann und kein Ende. In: Juristische Schulung, Heft 10 vom Oktober 1984, S. 748–752.

150 Jahre Reclam. Daten, Bilder und Dokumente zur Verlagsgeschichte. 1828–1978. Zusammengestellt von Dietrich Bode. Stuttgart: Reclam jun. 1978.

Illustrirte Zeitung. Wöchentliche Nachrichten über alle Ereignisse, Zustände und Persönlichkeiten der Gegenwart (Leipzig). Bd 14 (= N. F. Bd 2, Monat Januar bis Juni 1850); Bd 15 (= N. F. Bd 3, Monat Juli bis December 1850); Bd 39, 1862.

Jagemann, Ludwig von: Rezension von: Julius Hermann von Kirchmann: Die Werthlosigkeit der Jurisprudenz als Wissenschaft. Berlin 1848. In: Der Gerichtssaal 1, 1849, S. 145–150.

Johannes Hoffmeister zum Gedächtnis. Hrsg. von Friedhelm Nicolin und Otto Pöggeler. Hamburg: Meiner 1956. (Nebentitel: Gedenkschrift für Johannes Hoffmeister)

Kamp, Rudolf. Siehe unter: Hogrebe, Wolfram.

Kant, Immanuel: Frühschriften. Zweiter Band: Schriften aus den Jahren 1762–1768. Unter Mitarbeit von Manfred Buhr hrsg. und eingeleitet von Georg Klaus. Berlin: Akademie-Verlag 1961. (Philosophische Studientexte)

–: Kritik der reinen Vernunft. Hrsg. und mit einer Einleitung, sowie einem Personen- und Sach-Register versehen von Karl Vorländer. Mit einem Bildnisse Kants. Halle a.d.S.: Hendel (1899). (= Bibliothek der Gesamt-Litteratur; 1266–1277)

Kataloge der PhB. Siehe Kap. 1.6.4.

Kirchmann, Eberhard von: Kirchmann. In: Nachrichtenblatt des Verbandes des Sächsischen Adels. Sachsen, Provinz Sachsen, Thüringen, Anhalt, Jg 13, Nr 25 vom 15.3.1985, S. 13 f.

Kirchmann, Giulio Ermanno (d. i.: Julius Hermann von Kirchmann): La teorica del sapere. Traduzione di D. A. Riccobuoni con proemio di S. F. De Dominicis. Venezia: Antonelli 1871.

Kirchmann, Julius Hermann von: Ästhetik auf realistischer Grundlage. 2 Bde. Berlin: Springer 1868.

–: Die Bedeutung der Philosophie. Ein Vortrag, gehalten in Berlin. In: Philosophische Monatshefte 12, 1876, S. 97–110. – Ital. Übersetzung: Giulio Ermanno Kirchmann: Delle importanza della filosofica. Discorso. Trieste: del Lloyd 1878.

–: Der Culturkampf in Preußen und seine Bedenken. Leipzig: Bidder 1875. Zweite unveränderte Auflage ebd.

–: Das Denken nach realistischer Auffassung. In: Philosophische Monatshefte 1, 1868, S. 437–467.

–: Erinnerungen aus Italien. Hrsg. von J. H. v. Kirchmann. Berlin: Springer 1865.

–: Katechismus der Philosophie. Leipzig: Weber 1877. Zweite, durchgesehene Auflage ebd. 1881. Dritte, durchgesehene Auflage ebd. 1888. Vierte, durchgesehene Auflage [besorgt von Adolf Lasson] ebd. 1897. (Webers Illustrierte Katechismen)

–: Nach Constantinopel und Brussa. Ferien-Reise eines Preußischen Juristen. Berlin: Schneider 1855. (Das Werk erschien anonym.)

–: Die parlamentarischen Formen in der evangelischen Kirche. Ein Vortrag. Berlin: Springer 1878.

–: Philosophie des Wissens. Bd 1: Die Lehre vom Vorstellen als Einleitung in die Philosophie. Berlin: Springer 1864. (Mehr nicht erschienen)

–: Das Preussische Civil-Prozeß-Gesetz vom 21. Juli 1846. Nach seinem Geiste und seinen Einzelheiten beurtheilt und erläutert. Berlin: Heymann 1847.

–: Die Reform der evangelischen Kirche in Lehre und Verfassung, mit Bezug auf die preussische Synodalordnung vom 20. Januar 1876. Ein Vortrag. Berlin: Springer 1876.

–: Ueber das Prinzip des Realismus. Ein Vortrag, gehalten in der Philosophischen Gesellschaft zu Berlin. Leipzig: Koschny 1875. Rezension von Arthur Jung in: Philosophische Monatshefte 11, 1875, S. 309–316.

–: Ueber den Communismus der Natur. Ein Vortrag, gehalten in dem Berliner Arbeiter-Verein im Februar 1866. Berlin: Hasselberg (Winckler) (1866). Zweite Auflage Berlin: Heimann (1872). Dritte Auflage. Vermehrt durch einen Auszug aus der vom Verfasser vor dem Disciplinar-Senat des Obertribunals zu Berlin gehaltenen Vertheidigungsrede. Heidelberg: Weiss 1882.

–: Ueber die Unsterblichkeit. Ein philosophischer Versuch. Berlin: Springer 1865. Rezension anonym in: Literarisches Centralblatt für Deutschland, Nr 6 vom 6.2.1866, Sp. 131.

–: Die Werthlosigkeit der Jurisprudenz als Wissenschaft. Ein Vortrag, gehalten in der Juristischen Gesellschaft zu Berlin. Berlin: Springer 1848.

–: Die Werthlosigkeit der Jurisprudenz als Wissenschaft. Eine Rede [...] aus dem Jahre 1847. Hrsg. und eingeleitet von Gottfried Neeße. Stuttgart u. a.: Kohlhammer 1938. – Ital. Übersetzung: Della mancanza di valore della giurisprudenza come scienza. Discorso. Traduzione (dal tedesco) e prefazione di Paolo Frezza. Pisa: Mariotti 1942. – Wiederabdruck nur des übersetzten Textes in: Julius Hermann von Kirchmann; Erik Wolf: Il valore scientifico della giurisprudenza. Introduzione di Giacomo Perticone. Milano: Giuffrè 1964. (= Civiltà del diritto; 6); S. 1–35.

–: Die Wertlosigkeit der Jurisprudenz als Wissenschaft. Darmstadt: Wissenschaftliche Buchgesellschaft 1956. (= Libelli; 34). Nachdrucke 1960, 1966, 1969.

–: Die Wertlosigkeit der Jurisprudenz als Wissenschaft. Mit einem Nachwort, einer kurzen Lebensbeschreibung und einer ausführlichen Bibliographie hrsg. von Heinrich H. Meyer-Tscheppe. Heidelberg: Manutius 1988.

–: Zeitfragen und Abenteuer. Leipzig: Weber 1881.

Kirchmann, Julius Hermann von. Siehe auch unter:
Aktenstücke zur Amtsentsetzung
Comte, Auguste
Hobbes, Thomas
Strafgesetzbuch für das Deutsche Reich

Kirchner, Friedrich: Julius von Kirchmann. In: Illustrierte Zeitung (Leipzig und Berlin). Bd 38, Nr 2158 vom 8.11.1884, S. 464.

Kleinheyer, Gerd; Jan Schröder: Deutsche Juristen aus fünf Jahrhunderten. Eine biographische Einführung in die Geschichte der Rechtswissenschaft. Unter Mitarbeit von Erwin Forster, Hagen Hof und Bernhard Pahlmann. 2., neubearbeitete und erweiterte Auflage. Heidelberg: Müller 1983. (= UTB, 578)

Kneschke, Ernst Heinrich. Siehe unter: Neues allgemeines Adels-Lexicon.

Koch, Josef: In memoriam Felicis Meiner. In: Mitteilungen und Forschungsbeiträge der Cusanus-Gesellschaft 5, 1965, S. 162 f.

König, Gerd. Siehe unter: Hogrebe, Wolfram.

Kötschau, Uwe Lorenz: Richterdisziplinierung in der Preußischen Reaktionszeit. Verfahren gegen Waldeck und Temme. Kiel, Univ., Diss., 1976.

Korporation der Berliner Buchhändler. Jahresberichte: 1. Bericht, umfassend die Zeit vom Oktober 1891 bis dahin 1892, erstattet von dem derzeitigen Vorsteher Hermann Meidinger. Berlin 1892.

Kroker, Ernst. Siehe unter: Zweihundertundfünfzig Jahre einer Leipziger Buchdruckerei und Buchhandlung.

Kürschner, Joseph. Siehe unter: Deutscher Literatur-Kalender.

Kuntze, Johannes Emil: Der Wendepunkt der Rechtswissenschaft. Ein Beitrag zur Orientierung über den gegenwärtigen Stand- und Zielpunkt derselben. Leipzig: Hinrichs 1856.

Kurzgefaßtes Tonkünstler-Lexikon. Für Musiker und Freunde der Musik, begründet von Paul Frank [d. i. Carl Merseburger], neu bearbeitet und ergänzt von Wilhelm Altmann. 14., stark erweiterte Auflage. Regensburg: Bosse 1936.

Landsberg, Ernst: Geschichte der Deutschen Rechtswissenschaft. Dritte Abteilung. (Fortsetzung zu der Geschichte der Deutschen Rechtswissenschaft, erste und zweite Abteilung, von R. Stintzing). Zweiter Halbband. Text und Noten. München u. a.: Oldenbourg 1910. (= Geschichte der Wissenschaften in Deutschland. Neuere Zeit; 18)

Langer, Eduard. Siehe unter: Fünfundzwanzig Jahre Krebs-Geschichte.

Larenz, Karl: Methodenlehre der Rechtswissenschaft. Vierte, ergänzte Auflage. Berlin u. a.: Springer 1979.

–: Über die Unentbehrlichkeit der Jurisprudenz als Wissenschaft. Vortrag gehalten vor der Berliner Juristischen Gesellschaft am 20. April 1966. Berlin: de Gruyter 1966. (= Schriftenreihe der Juristischen Gesellschaft Berlin; 26)

Lasson, Adolf: System der Rechtsphilosophie. Berlin u. a.: Guttentag 1882. Fotomechanischer Nachdruck Berlin: de Gruyter 1967.

–; Meineke: J. H. v. Kirchmann als Philosoph. Halle a.d. Saale: Pfeffer (Stricker) 1885. (= Philosophische Vorträge, hrsg. von der Philosophischen Gesellschaft zu Berlin; N. F. 9)

Leipziger Kalender. Illustriertes Jahrbuch und Chronik. Hrsg. von Georg Merseburger. Jg 9. Leipzig: Richter 1912.

–: Jg 11. Leipzig: Merseburger 1914.

Literarisches Centralblatt für Deutschland. Hrsg. von Friedrich Zarnke. Jg 1866 ff.

Locke, John: Über den menschlichen Verstand. Eine Abhandlung. Aus dem Englischen übersetzt von Theodor Schultze. 2 Bde. Leipzig: Reclam 1897. (= Universal-Bibliothek; 3816–3825)

Lorck, Carl Berendt: Die Druckkunst und der Buchhandel in Leipzig durch vier Jahrhunderte. Zur Erinnerung an die Einführung der Buchdruckerkunst in Leipzig 1479 und an die dortige Kunstgewerbe-Ausstellung 1879. Leipzig: Weber 1879.

–: Geschichte des Vereins der Buchhändler zu Leipzig während der ersten 50 Jahre seines Bestehens 1833–1882. Festschrift im Auftrage der Deputation des Vereins. Leipzig: Verlag des Vereins der Buchhändler 1883.

Lowenthal, Ernst G.: Juden in Preussen. Biographisches Verzeichnis. Ein repräsentativer Querschnitt. Hrsg. vom Bildarchiv Preußischer Kulturbesitz. 2. Auflage. Berlin: Reimer 1982.

Mayer-Hillebrand, Franziska: Rückblick auf die bisherigen Bestrebungen zur Erhaltung und Verbreitung von Franz Brentanos philosophischen Lehren und kurze Darstellung dieser Lehren. In: Zeitschrift für philosophische Forschung 17, 1963, S. 146–169.

Die Mecklenburgischen Ärzte von den ältesten Zeiten bis zur Gegenwart. Gesammelt und hrsg. von A. Blanck, fortgesetzt von Axel Wilhelmi bis 1901. Durch genealogische Mitteilungen ergänzt und bis zur Gegenwart fortgeführt von Gustav Willgeroth. Mit Bildnissen und Registern. Schwerin: Verlag der Landesgeschäftsstelle des Mecklenburgischen Aerztevereinsbundes 1929.

Meineke. Siehe unter: Lasson, Adolf, J. H. v. Kirchmann als Philosoph.

Meiner, Annemarie: 300 Jahre Dürr'sche Buchhandlung, 9. Mai 1952. In: Börsenblatt für den Deutschen Buchhandel. Frankfurter Ausgabe. Jg 8, Nr 37 vom 6.5.1952, S. 181.

–: 275 Jahre Dürr'sche Buchhandlung. In: Börsenblatt für den Deutschen Buchhandel 98, Nr 85 vom 14.4.1931, S. 354–356.

Meiner, Felix: Warum sind die Bücher so teuer? Drei Aufsätze über Buchhandel, Bücherkäufer und Verfasser. Leipzig: Verlag des Deutschen Verlegervereins 1920.

Meiner, Manfred: Erwägungen zum Verlegen philosophischer Literatur. In: Buchmarkt 21, 1986, Nr 4, S. 88–90.

Michelet, Karl Ludwig: Die Geschichte der Philosophischen Gesellschaft zu Berlin. [Mit:] Mitgliederverzeichnis. In: Verhandlungen der Philosophischen Gesellschaft zu Berlin. Zehntes und elftes Heft. Leipzig: Koschny 1878.

Müller, Johannes: Die wissenschaftlichen Vereine und Gesellschaften Deutschlands im neunzehnten Jahrhundert. Bibliographie ihrer Veröffentlichungen. 2 Bde. Berlin: Asher 1883–1917. Reprografischer Nachdruck Hildesheim: Olms 1965.

Mulert, Hermann: Friedrich Michael Schiele. In: Biographisches Jahrbuch und Deutscher Nekrolog. Unter ständiger Mitwirkung von Guido Adler u. a. hrsg. von Anton Bettelheim. Bd XVIII: Vom 1. Januar bis 31. Dezember 1913. Berlin: Reimer 1917; S. 122–126.

NDB Neue Deutsche Biographie. Hrsg. von der Historischen Kommission bei der Bayerischen Akademie der Wissenschaften. Berlin: Duncker & Humblot. Bd 1, 1953, ff. (Bd 15, 1987).

Neue Handels-Zeitschrift für die Interessen des Handels und der Industrie. Organ des Verbandes deutscher Kaufmännischer Vereine. Jg 1–3, 1874–1876.

Neues allgemeines deutsches Adels-Lexicon. Im Vereine mit mehreren Historikern hrsg. von Ernst Heinrich Kneschke. 9 Bde. Leipzig: Voigt 1859–1870. Photomechanischer Nachdruck Hildesheim u. a.: Olms 1973.

Nicolin, Friedhelm: Die neue Hegel-Gesamtausgabe. Voraussetzungen und Ziele. In: Hegel-Studien 1, 1961, S. 295–313.

Periodica philosophica. Siehe unter: Hogrebe, Wolfram.

Pfau, Karl Friedrich: Biographisches Lexikon des Deutschen Buchhandels der Gegenwart. Unter Berücksichtigung der hervorragendsten Vertreter des Buchgewerbes der alten Zeit und des Auslandes. Mit einem Lichtdruckbilde und 25 Portraits. Nach Originalquellen bearbeitet. Leipzig: Pfau 1890.

Philosophische Monatshefte, Jg 1, 1868, ff.

Podak, Klaus: Keiner schlägt Meiner. In: Börsenblatt für den Deutschen Buchhandel. Frankfurter Ausgabe. Jg 42, Nr 28 vom 8.4.1986, S. 1003, 1006–1008.

Pressler, Karl H.: Die Tauchnitz-Edition. In: Aus dem Antiquariat 11, 1978 (Beilage zu: Börsenblatt für den Deutschen Buchhandel. Frankfurter Ausgabe. Jg 34, Nr 95 vom 28.11.1978), S. A405–A415.

Rawitz, Bernhard: Der Mensch. Eine fundamental-philosophische Untersuchung. Berlin: Simion Nf. 1912. (= Bibliothek für Philosophie; 3) (= Beilage zu Heft 3 des Archivs für systematische Philosophie; 18)

Retslag, Carl: Apologie der Jurisprudenz. Eine Erwiderung auf den vom Herrn Staatsanwalt von Kirchmann in der juristischen Gesellschaft zu Berlin gehaltenen Vortrag. Berlin: Braune 1848.

Rothacker, Erich: Hilfsmittel des philosophischen Studiums. In: Deutsche Vierteljahrsschrift für Literaturwissenschaft und Geistesgeschichte 5, 1927, S. 766–791.

Saar, Ferdinand von: Briefwechsel mit Abraham Altmann. Kritisch hrsg. und kommentiert von Jean Charue. Bonn: Bouvier 1984. (= Ferdinand von Saar: Kritische Texte und Deutungen. Hrsg. von Karl Konrad Polheim. Erster Ergänzungsband)

–: Sämtliche Werke in zwölf Bänden. Im Auftrag des Wiener Zweigvereins der Deutschen Schiller-Stiftung mit einer Biographie des Dichters von Anton Bettelheim hrsg. von Jakob Minor. Zweiter Band: Gedichte, Erster Teil. Leipzig: Hesse (1908).

Schmidt, Rudolf: Deutsche Buchhändler. Deutsche Buchdrucker. Beiträge zu einer Firmengeschichte des deutschen Buchgewerbes. 6 Bde. Bd 1–3: Berlin: Weber 1902–1905. Bd 4–6: Eberswalde: Schmidt 1907–1908. Photomechanischer Nachdruck in 1 Bd Hildesheim u. a.: Olms 1979.

Schmidt-Weißenfels, Eduard: v. Kirchmann. In: ders.: Preussische Landtagsmänner. Beiträge zur Partei- und parlamentarischen Geschichte in Preußen. Breslau: Eduard Trewendt 1862; S. 47–57.

Schönstedt, Adolph: Die Bedeutung der Jurisprudenz als Wissenschaft. Eine Entgegnung. Magdeburg: Baensch 1848.

Schracke, Karl: Geschichte der deutschen Feldpost im Kriege 1914/18. Im Auftrage des Reichspostministeriums. Berlin: Verlag der Reichsdruckerei 1921.

Schreiber, Chr.: Rezension von: Immanuel Kant: Kritik der reinen Vernunft. Hrsg. von J. H. v. Kirchmann. 8. revidierte Aufl., bearb. von Theodor Valentiner. Leipzig 1901 (= PhB 37). In: Philosophisches Jahrbuch 15, 1902, S. 94 f.

Schröder, Jan. Siehe unter: Kleinheyer, Gerd.

Schröder, Hans: Lexikon der Hamburgischen Schriftsteller bis zur Gegenwart. Bd 4: Fortgesetzt von F. A. Cropp und C. R. W. Klose. Bd 5–6: Fortgesetzt von C. R. W. Klose. Bd 7–8: Fortgesetzt von A. H. Kellinghusen. 8 Bde. Hamburg: Verein für Hamburgische Geschichte. In Kommission bei Perthes-Besser und Mauke 1851–1883.

Schütz, Wolfgang: Einwirkungen des preußischen Justizministers auf die Rechtspflege. Ein Beitrag zur Geschichte des 19. Jahrhunderts. Marburg, Univ., Diss., 1970.

Schulz, Otto August: Allgemeines Adressbuch für den deutschen Buchhandel. Leipzig: O. A. Schulz. Jg 1, 1839, – 50, 1888.
Nachfolger siehe unter:
Adressbuch des Deutschen Buchhandels und der verwandten Geschäftszweige. (Im vorl. Werk zitiert als ›Adreßbuch‹.)

Schulze, Friedrich: Der deutsche Buchhandel und die geistigen Strömungen der letzten hundert Jahre. Leipzig: Verlag des Börsenvereins der deutschen Buchhändler 1925.

Seitz, Carl Joseph: Das praktische Bedürfniß der Rechtsreform gegenüber der historischen Schule. Erlangen: Deichert 1865.

Sendler, Horst: Zur Makulaturproduktion des Gesetzgebers. Zum Wahrheitsgehalt der Kirchmannschen These von den drei berichtigenden Worten des Gesetzgebers. In: Festschrift zum 125jährigen Bestehen der Juristischen Gesellschaft zu Berlin. Hrsg. von Dieter Wilke. Berlin u. a.: de Gruyter 1984; S. 753–773.

Spinoza, Benedictus: Das Endliche und Unendliche. Eine freie Auswahl aus ›Von Gott, dem Menschen und dessen Glückseligkeit‹, ›Der theologisch-politische Traktat‹ und seinem ›Briefwechsel‹ nach Übersetzungen von Julius von Kirchmann. Wiesbaden: Metopen-Verlag 1947. 2. Auflage, hrsg. von Wilhelm Hendel, ebd. 1948.

Stahl, Friedrich Julius: Rechtswissenschaft oder Volksbewußtsein? Eine Recension des von Herrn Staatsanwalt von Kirchmann herausgegebenen Vortrags: Die

Werthlosigkeit der Jurisprudenz als Wissenschaft. In: Janus. Jahrbücher deutscher Gesinnung, Bildung und That (Berlin), Heft 4, 1848, S. 119–150. – Auch separat mit dem Untertitel: Eine Beleuchtung des von Herrn Staatsanwalt von Kirchmann gehaltenen Vortrags: Die Werthlosigkeit der Jurisprudenz als Wissenschaft. Berlin: Förstner 1848.

Stein, Ludwig: Philosophische Strömungen der Gegenwart. Stuttgart: Enke 1908.

Sternberg, Theodor: Einführung in die Rechtswissenschaft. 1. Teil: Methoden- und Quellenlehre. Zweite, neugestaltete Auflage. Verbesserter Neudruck. Berlin u. a.: de Gruyter 1927. (= Sammlung Göschen; 169)

–: J. H. v. Kirchmann und seine Kritik der Rechtswissenschaft. Zugleich ein Beitrag zur Geschichte des Realpolitischen Liberalismus. Mit Unterstützung der Philosophischen Gesellschaft zu Berlin. Berlin u. a.: Rothschild 1908.

–: Julius Hermann von Kirchmann. In: Allgemeine Deutsche Biographie. Bd 51 (1906), S. 167–177.

Stintzing, Roderich. Siehe unter: Landsberg, Ernst.

Strafgesetzbuch für das Deutsche Reich, mit sachlichen, hauptsächlich auf die Südstaaten, so wie auf die schon jetzt veränderte Bedeutung des Norddeutschen Strafgesetzbuches bezüglichen Erläuterungen. Zum praktischen Gebrauche bearbeitet von Julius Hermann von Kirchmann. Nachtrag, zugleich die seit dem 1. Januar 1871 ergangenen Entscheidungen der höchsten Gerichtshöfe enthaltend. Elberfeld: Lucas 1871.

Stuhlmann, Friedrich: Die deutsche Feldpost in Geschichte und Tätigkeit. Berlin: Claassen 1939.

Temme, Jodocus Donatus Hubertus: Erinnerungen. Hrsg. von Stephan Born. Mit Temme's Bildniß. Leipzig: Keil 1883.

Tetzlaff, Walter: 2000 Kurzbiographien bedeutender deutscher Juden des 20. Jahrhunderts. Lindhorst: Askania 1982.

Verhandlungen der Philosophischen Gesellschaft zu Berlin. Leipzig: Koschny. Heft 1, 1875, ff.

Verlag Felix Meiner, Hamburg. In: Verlagskunde in Einzeldarstellungen. 3. Auflage. Neu bearbeitet von Eberhard Thieme. Teil 2. Düsseldorf: Verlag ›Buchhändler heute‹ 1979. (Das Fachwissen des Buchhändlers); S. 27 f.

Verlags-Katalog von J. Guttentag. Verlagsbuchhandlung in Berlin. Abgeschlossen im September 1893. (Berlin: Guttentag 1893).

Verlagsveränderungen im deutschen Buchhandel 1900–1932. Bearbeitet von der Bibliographischen Abteilung des Börsenvereins der Deutschen Buchhändler. Leipzig: Verlag des Börsenvereins der Deutschen Buchhändler 1933.

Vollert, Ernst: Die Korporation der Berliner Buchhändler. Festschrift zur Feier ihres fünfzigjährigen Bestehens am 1. November 1898. Berlin: Korporation der Berliner Buchhändler 1898.

Voß, Karl: Reiseführer für Literaturfreunde Berlin. Vom Alex bis zum Kudamm. Frankfurt am Main u. a.: Ullstein 1980. (= Ullstein-Buch; 4069)

Wagner, Albrecht: Der Kampf der Justiz gegen die Verwaltung in Preußen, dargelegt an der rechtsgeschichtlichen Entwicklung des Konfliktgesetzes von 1854. Hamburg: Hanseatische Verlagsanstalt 1936.

Das wahre Verfassungsrecht. Zwischen Lust und Leistung. Gedächtnisschrift für F. G. Nagelmann. Hrsg. von Dieter C. Umbach u. a. Baden-Baden: Nomos 1984. (= Schriftenreihe der Gesellschaft der Verfassungsfreunde; 2)

Walk, Joseph: Kurzbiographien zur Geschichte der Juden 1918–1945. Hrsg. vom Leo Baeck Institute, Jerusalem. München u. a.: Saur 1988.
Wallmann, Wilhelm: Einflußnahme der Exekutive auf die Justiz im 19. Jahrhundert. Marburg, Univ., Diss., 1968.
Weber, Hans-Oskar: Die Bestimmungen über deutsche Buchausfuhr im Ersten Weltkrieg und die Ausfuhrzeichen. In: Archiv für Geschichte des Buchwesens 23, 1982, Sp. 505–604.
Weitere 25 Jahre Krebsgeschichte 1883–1907. Im Auftrage des Festausschusses und im Anschluß an die Eduard Langersche Festschrift über die ersten 25 Jahre, hrsg. von Emil Kupfer und Heinrich Rübner. Berlin: Verlag des Krebs 1907.
Wiethölter, Rudolf: Julius Hermann von Kirchmann (1802–1884). Der Philosoph als wahrer Rechtslehrer. In: Streitbare Juristen. Eine andere Tradition. (Jürgen Seifert zum 60. Geburtstag). Hrsg. von Kritische Justiz. Baden-Baden: Nomos 1988; S. 44–58.
Wininger, Salomon: Große jüdische National-Biographie, mit mehr als 8000 Lebensbeschreibungen namhafter jüdischer Männer und Frauen aller Zeiten und Länder. Unter Mitwirkung von zahlreichen Fachmännern aus allen Weltteilen. 7 Bde. Cernăuti: Druck ›Orient‹ 1925–1936.
Winkler, R. A.: Frühe Broschüren-Umschläge. In: Aus dem Antiquariat 12, 1965 (Beilage zu: Börsenblatt für den Deutschen Buchhandel. Frankfurter Ausgabe. Jg 21, Nr 89 vom 9.11.1965), S. 2355–2358.
Wolf, Erik: Fragwürdigkeit und Notwendigkeit der Rechtswissenschaft. Festrede, gehalten bei der Jahressitzung der Wissenschaftlichen Gesellschaft in Freiburg im Breisgau, am 21. Mai 1952. Freiburg i. Br.: Schulz 1953. (= Freiburger Universitätsreden; N. F. 15)
–: Große Rechtsdenker der deutschen Geistesgeschichte. Vierte, durchgearbeitete und ergänzte Auflage. Mit 17 Bildern. Tübingen: Mohr 1963.
Zeitschrift für immanente Philosophie. Jg 1, 1896, ff.
Zweihundertundfünfzig Jahre einer Leipziger Buchdruckerei und Buchhandlung. Die Geschichte der Dürr'schen Buchhandlung in Leipzig von der Begründung ihres Stammhauses im Jahre 1656 bis auf die Gegenwart und die Geschichte der Familie Dürr. Als Handschrift für Freunde hrsg. von Johannes Friedrich Dürr, bearbeitet von Ernst Kroker. Mit einem Bildnis in Lichtdruck, 97 in den Text gedruckten Abbildungen und vier Beilagen. Leipzig: Dürr'sche Buchhandlung 1906.

1.6.3 Verzeichnis der in Kap. 1 und 2 zitierten Bibliographien und bibliographischen Kataloge

Im folg. sind die zitierten Bibliographien und *bibliographischen* Kataloge aufgeführt. Meiners *Verlags*-Kataloge (der PhB) verzeichnet 1.6.4.

Die Verzeichnung erfolgt alphabetisch, ggf. nach den vorangestellten und kursiven Zitations-Siglen bzw. -Abkürzungen.

Baumgartner, Hans Michael; Wilhelm G. Jacobs: J. G. Fichte – Bibliographie. Stuttgart-Bad Cannstatt: Frommann-Holzboog 1968.

BM British Museum: General Catalogue of Printed Books to 1955. Compact Edition. 27 Bde. New York: Readex Microprint Corporation 1967.

BT [Berliner Titeldrucke:]

1892–1897: Verzeichniss der aus der neu erschienenen Litteratur von der Königlichen Bibliothek zu Berlin erworbenen Druckschriften.

1898–1909: [. . .] von der Königlichen Bibliothek zu Berlin und den Preussischen Universitäts-Bibliotheken erworbenen Druckschriften.

1910–1917: Berliner Titeldrucke. Verzeichnis der von der Königlichen Bibliothek zu Berlin und den Preußischen Universitätsbibliotheken erworbenen neueren Druckschriften.

1918–1927: [. . .] von der Preußischen Staatsbibliothek und den Preußischen Universitätsbibliotheken [. . .]

1928–1930: [. . .] von der Staatsbibliothek, den Preussischen Universitätsbibliotheken und den Bibliotheken der Preußischen Technischen Hochschulen erworbenen Druckschriften.

1892–1905: Berlin: Asher; 1906–1924: Berlin: Behrend; 1925: Leipzig: Harrassowitz; 1926–1928: Berlin: Preußische Staatsbibliothek; 1929–1930: Berlin u. a.: de Gruyter.

Buchholtz Katalog der Berliner Stadtbibliothek. (Zusammengestellt von Arend Buchholtz). 17 Bde. Berlin: Weber 1906–1926.

DBV Deutsches Bücherverzeichnis. Eine Zusammenstellung der im deutschen Buchhandel erschienenen Bücher, Zeitschriften und Landkarten. Mit einem Stich- und Schlagwortverzeichnis. Bearbeitet von der Bibliographischen Abteilung des Börsenvereins der deutschen Buchhändler zu Leipzig. Leipzig: Verlag des Börsenvereins der deutschen Buchhändler 1916 ff.

Gesammt-Verlags-Katalog des Deutschen Buchhandels.

Bd 1, 1881, – Bd 11, 1881. Ein Bild deutscher Geistesarbeit und Cultur. Vollständig bis Ende 1880.

Bd 12, 1882; Bd 13, 1882; Bd 14, 1881: [. . .] des Deutschen Buchhandels und des mit ihm im direkten Verkehr stehenden Auslandes. Vollständig bis Ende 1880.

Bd 15, 1886: [. . .] Auslandes.

Bd 16, 1893–94: [. . .] Auslandes. Ergänzungs-Band.

Grundwerk: 15 Bde in 18 Bdn; Erg.-Bd: 1 Bd in 9 Bdn. Münster i. Westf.: Russell 1881–1894.

GK [(Deutscher) Gesamtkatalog:]

Bd 1–8: Gesamtkatalog der Preussischen Bibliotheken. Mit Nachweis des identischen Besitzes der Bayerischen Staatsbibliothek in München und der Nationalbibliothek in Wien. Hrsg. von der Preussischen Staatsbibliothek. Berlin: Preussische Druckerei und Verlags-Aktiengesellschaft 1931–1935.

Bd 9–14: Deutscher Gesamtkatalog. Hrsg. von [. . .] 1936–1939.

Bd 15: [. . .] Neuwied: Hieronymus 1979.

GV1700–1910 Gesamtverzeichnis des deutschsprachigen Schrifttums 1700–1910. Bearbeitet unter der Leitung von Peter Geils und Willi Gorzny. Bibliographische und redaktionelle Beratung: Hans Popst und Rainer Schöller. 161 Bde. München u. a.: Saur 1979–1987.

GV1911–65 Gesamtverzeichnis des deutschsprachigen Schrifttums 1911–1965.

Hrsg. von Reinhard Oberschelp. Bearbeitet unter der Leitung von Willi Gorzny. Mit einem Geleitwort von Wilhelm Totok. 150 Bde. Bd 1–82: München: Verlag Dokumentation 1976–1978; Bd 83–150: München u. a.: Saur 1979–1981.

Hegel-Bibliographie. Materialien zur Geschichte der internationalen Hegel-Rezeption und zur Philosophie-Geschichte. Zusammengestellt von Kurt Steinhauer. Stichwortregister von Gitta Hausen. München u. a.: Saur 1980.

Heinsius, Wilhelm: Allgemeines Bücher-Lexicon oder vollständiges Verzeichnis aller von 1700 bis zu Ende 18.. erschienenen Bücher, welche in Deutschland und in den durch Sprache und Literatur damit verwandten Ländern gedruckt worden sind.

Bd 1–4: 1700–1810. Neue umgearbeitete, verbesserte und vermehrte Auflage. Leipzig: J. F. Gleditsch 1812–1813.
Bd 5: 1811–15. [...] 1817.
Bd 6: 1816–21. Hrsg. von Christian Gottlob Kayser. [...] 1822.
Bd 7: 1822–27. [...] 1828.
Bd 8 (auch als Bd 1): 1928–34. Bearbeitet und hrsg. von Otto August Schulz. 2 Abt. Leipzig: Brockhaus 1836–1838.
Bd 9 (auch als Bd 2): 1835–41. [...] 1846–1849.
Bd 10 (auch als Bd 3): 1842–46. Bearbeitet und hrsg. von Ludwig Franz Albert Schiller. [...] 1848–1849.
Bd 11 (auch als Bd 4): 1847–51. [...] 1854–1855.
Bd 12 (auch als Bd 5): 1852–56. [...] 1858.
Bd 13 (auch als Bd 6): 1857–61. Bearbeitet und hrsg. von Karl Robert Heumann. [...] (als Bd 13 in 2 Abt. mit Jahr:) 1864; (als Bd 6 in 2 Abt. mit Jahr:) 1863.
Bd 14 (auch als Bd 7): 1862–67. [...] 1869–1871.
Bd 15 (auch als Bd 8): 1868–74. Bearbeitet und hrsg. von Hermann Ziegenbalg. [...] 1877–1878.
Bd 16 (auch als Bd 9): 1875–79. Bearbeitet und hrsg. von Otto Kistner. [...] 1881–1882.
Bd 17 (auch als Bd 10): 1880–84. [...] 1886–1887.
Bd 18 (auch als Bd 11): 1885–88. Bearbeitet und hrsg. von Karl Bolhoevener. [...] 1889–1890.
Bd 19 (auch als Bd 12): 1889–92. [...] 1893–1894.

Photomechanischer Nachdruck Graz: Akademische Druck- und Verlagsanstalt 1962–1963.

Hinrichs [Hinrichs' Katalog:] Kirchhoff, Albrecht: Bücher-Katalog. Verzeichnis der in der zweiten Hälfte des neunzehnten Jahrhunderts im Deutschen Buchhandel erschienenen Bücher und Landkarten.

Bd 1–2: 1851–1860. Leipzig: Kirchhoff und Wigand 1856–1861.
Bd 3: 1861–1865. Bearbeitet von Adolph Büchting und Gustav Herre. Leipzig: Hinrichs 1866.

Hinrichs' fünfjähriger Bücherkatalog. Verzeichniss [...]

Bd 4: 1866–1870. Bearbeitet von Adolph Büchting. Leipzig: Hinrichs 1871.
Bd 5–7: 1871–1875. Bearbeitet von Richard Haupt. [...] 1876–1886.
Bd 8: 1886–1890. Bearbeitet von Richard Haupt und Heinrich Weise. Mit ausführlichem Sachregister. [...] 1892.

Bd 9–10: 1891–1900. Titelverzeichnis und Sachregister. Bearbeitet von Heinrich Weise [...] 1895–1901.
Bd 11: 1901–1905. Teil 1: Titelverzeichnis. Bearbeitet von Heinrich Weise. [...] 1906.
Bd 11, Teil 2: Sachregister. Zusammengestellt und überarbeitet von Adolf Schäfer. [...] 1906.
Hinrichs' Katalog der im Deutschen Buchhandel erschienenen Bücher, Zeitschriften, Landkarten usw.
Bd 12: 1906–1909. Teil 1: Titelverzeichnis. Bearbeitet von Heinrich Weise. [...] 1911.
Bd 12, Teil 2: Sachregister. Zusammengestellt und überarbeitet von Adolf Schäfer. [...] 1911.
Bd 13: 1910–1912. Teil 1: Titelverzeichnis; Teil 2: Sachregister. [...] 1913.

Jessop, Thomas Edmund: A Bibliography of George Berkeley. With Inventory of Berkeley's Manuscript Remains by A. A. Luce. Second Edition (revised and enlarged). The Hague: Nijhoff 1973. (= Archives internationales d'histoire des idees; 66).

Kayser [Kayser, Christian Gottlob:] (Teil 1–20:) Index locupletissimus librorum qui inde ab anno MDCCL usque ad annum [...] in Germania et in terris confinibus prodierunt. Vollständiges Bücher-Lexicon, enthaltend alle von 1750 bis zu Ende des Jahres [...] in Deutschland und in den angrenzenden Ländern gedruckten Bücher ... Bearbeitet und hrsg. von Christian Gottlob Kayser. 36 Teile (Bde) + 5 Teile Sach- und Schlagwortregister. Leipzig 1834–1912.
Teil 1–8: Leipzig: Schumann 1834–1842.
Teil 9–24: Leipzig: Weigel 1848–1887.
Teil 11–12: Bearbeitet (und hrsg.) von Ernst A. Zuchold. 1853–1854.
Teil 13–16: Bearbeitet von Gustav Wilhelm Wuttig. 1860–1866.
Teil 17: Bearbeitet von Gustav Wilhelm Wuttig und Richard Haupt. 1872.
Teil 18–22: Bearbeitet von Richard Haupt. 1872–1883.
Teil 23–24: Vollständiges Bücher-Lexicon, enthaltend die vom Jahre 1750 bis Ende des Jahres [...] im deutschen Buchhandel erschienenen Bücher. 1887.
Teil 25–26: [...] erschienenen Bücher und Landkarten. Bearbeitet von Oskar Wetzel. Leipzig: Weigel Nachf. (Tauchnitz) 1891.
Teil 27–36: Leipzig: Tauchnitz 1895–1911.
Sach- und Schlagwortregister zum sieben- und achtundzwanzigsten Bande 1891–1894, bearbeitet von Albert Dressel und August Hilbert. 1896.
Teil 29–30: Bearbeitet von H. Dullo und H. Conrad. 1899–1900.
Sach- und Schlagwortregister zum neunundzwanzigsten und dreissigsten Bande 1895–1898. Bearbeitet von Richard Schmidt und Alfred Dultz. 1900.
Teil 31–36: Bearbeitet von H. Conrad. 1904–1911.
Sach- und Schlagwortregister zum einunddreissigsten und zweiunddreissigsten Bande 1899–1903. Bearbeitet von Heinrich Conrad. 1904.
Sach- und Schlagwortregister zum dreiunddreissigsten und vierunddreissigsten Bande 1903–1906. Bearbeitet von Heinrich Conrad. 1908.
Sach- und Schlagwortregister zum fünfunddreissigsten und sechsunddreissigsten Bande 1907–1910. Bearbeitet von Heinrich Conrad. 1912.
Photomechanischer Nachdruck, 2. Abdruck, Graz: Akademische Druck- und Verlagsanstalt 1969.

MIZE Hochschulbibliothekszentrum des Landes Nordrhein-Westfalen (Köln): Mikrofiche-Zentralkatalog 1800–1975. 3038 Mikrofiches. Köln: Hochschulbibliothekszentrum des Landes Nordrhein-Westfalen 1982–1985.

NUC The National Union Catalog. Pre-1956 Imprints. A cumulative author list representing Library of Congress printed cards and titles reported by other American Libraries. Compiled and edited with the cooperation of the Library of Congress and the National Union Catalog Subcomittee of the Resources and Technical Services Division. American Library Association. Bd 1–685; Suppl. Bd 686–754. London: Mansell 1968–1981.

NUC 1956–67 The National Union Catalog. 1956 through 1967. A Cumulative Author List Representing Library of Congress Printed Cards and Titles Reported by Other American Libraries. 125 Bde. Totowa, N. J.: Rowman and Littlefield 1970–1972.

Rhode, Gisela: Bibliographie der deutschen Aristoteles-Übersetzungen vom Beginn des Buchdrucks bis 1964. Frankfurt am Main: Klostermann 1967. (= Bibliographische Beiträge; 1)

ZDB Zeitschriften-Datenbank. Hrsg. vom Deutschen Bibliotheksinstitut, Berlin, und der Staatsbibliothek Preußischer Kulturbesitz. MF-COM-Ausgabe. 180 Mikrofiches. 11. Gesamtausdruck vom April 1984.

1.6.4 Verzeichnis der Meiner'schen PhB-Kataloge 1910/11–1944

Obgleich der Felix Meiner Verlag am 1. April 1911 gegründet wurde, datiert sein erster PhB-Katalog von »1910/11«.

Kleinere sowie Sonder-Prospekte (z. B. zu einzelnen Autoren) sind hier nicht aufgeführt. Die 1968 erstellte ›Zeittafel‹ (›Hundert Jahre Philosophische Bibliothek 1868–1968‹) sowie die Kataloge von 1986 (›Klassische Werke philosophischer Tradition‹) und 1988 (›120 Jahre Philosophische Bibliothek‹) sind in 1.6.1 verzeichnet.

Im folg. bedeutet ›U 1 bzw. 2‹ die Umschlagseite 1 bzw. 2, d. h. die Vorder- bzw. Rückseite des vorderen Umschlags, ›U 3 bzw. 4‹ die Umschlagseite 3 bzw. 4, d. h. die Vorder- bzw. Rückseite des hinteren Umschlags.

Ersch.-Datum	Katalog-Titel/Inhalt
1910/11	Katalog der PhB (16 S.)
	S. 1: Neuerscheinungen PhB des Jahres 1910/11
	S. 2–13: PhB
	S. 13: Lehrbücher der PhB
	S. 14–16: Neuere philos. Werke
1911	Katalog der PhB (12 S.)
	S. 1: Soeben erschien [. . .:] Kirchner-Michaëlis. Platons Dialog Theätet
	S. 2–7: PhB
	S. 7: Lehrbücher der PhB
	S. 8–12: Neuere philos. Werke
1911/12	Neuerscheinungen PhB der Jahre 1911/12 (24 S.)
	S. 1–4: Neuerscheinungen
	S. 5–19: Alphabet. geordnetes Verzeichnis der PhB

S. 20: Lehrbücher der PhB
S. 21–24: Neuere philos. Werke

Sept. 1912 Katalog der PhB (24 S. + 4 S. Umschlag)
U 2: Aus der Geschichte der PhB
U 3: Hegels Sämtliche Werke
U 4: Jacoby: Herder als Faust
S. 1–4: Neuerscheinungen der PhB 1911/12
S. 5–19: Alphabet. geordnetes Verzeichnis der PhB
S. 20: Lehrbücher der PhB
S. 21–24: Neuere philos. Werke

Sept. 1913 Katalog der PhB (20 S. + 4 S. Umschlag)
U 2–3: Aus der Geschichte der PhB. Ergänzende Sammlungen
U 3: Nummernübersicht der PhB
U 4: Bibliotheca Philosophorum
S. 1–2: Neuerscheinungen der PhB 1911–1913
S. 3–16: Alphabet. geordnetes Verzeichnis der PhB
S. 17: Lehrbücher der PhB
S. 18–20: Neuere philos. Werke

1915 [Prospekt zur PhB] (8 S.)
[Auf dem Vorderumschlag beginnend mit einem Zitat von Friedrich Meinecke]

Sept. 1915[1] Katalog der PhB (24 S. + 4 S. Umschlag)
U 2–3: Aus der Geschichte der PhB. Ergänzende Sammlungen
U 3: Nummernverzeichnis der PhB
U 4: Bibliotheca Philosophorum
S. 1–17: Alphabet. geordnetes Verzeichnis der PhB
S. 18: Lehrbücher der PhB
S. 19–22: Neuere philos. Werke
S. 23: Hauptwerke der Philos. in originalgetreuen Neudrucken
S. 24: Wissen und Forschen

Aug. 1917 Katalog der PhB (24 S. + 4 S. Umschlag)
U 2–3: Aus der Geschichte der PhB. Ergänzende Sammlungen
U 3: Nummernverzeichnis der PhB
U 4: Wissen und Forschen
S. 1–17: Alphabet. geordnetes Verzeichnis der PhB
S. 18: Lehrbücher der PhB
S. 19–22: Neuere philos. Werke
S. 23: Hauptwerke der Philos. in originalgetreuen Neudrucken
S. 24: Bibliotheca Philosophorum

1917/18(?) Kurzes Verzeichnis der PhB (8 S.)
S. 1–4: Kurzes Verzeichnis der PhB
S. 5: Lehrbücher der PhB
S. 6: Der Europäische Krieg

[1] Auf U1 heißt es: »Ausgabe September 1915«. Bei einigen Katalog-Exn ist auf U3 als Datum Sept. 1913 angegeben; die Jahreszahlen der verzeichneten Titel reichen aber bis 1915 (siehe bes. S. 2).

S. 7: Feld-Ausgaben der PhB
S. 8: Feldpostausgaben

1.10.1918 PhB 1868–1918 (4 S.)
[Geschichte der PhB[2]]

Juli 1919 1914–1919. Verlagsbericht des Verlags von Felix Meiner in Leipzig (32 S. + 4 S. Umschlag)
U 2, S. 32, U 3–4: Zur Verlagschronik 1914–1919[3]
S. 1–9: PhB
S. 10–12: Philos. Neudrucke außerhalb der PhB
S. 13: Taschenausgaben der PhB
S. 14–15: Wissen und Forschen
S. 16–21: Neuere philos. Einzelwerke
S. 22–23: Philos. Zeitschriften
S. 24–25: Philos. Zeitfragen
S. 26–29: Juristisch-staatswissenschaftl. Schriften
S. 30–31: Deutscher Geschichtskalender

Juli 1919 Kurzes Verzeichnis der PhB (4 S.) [Auswahl]

Sept. 1919 Katalog der PhB (32 S. + 4 S. Umschlag)
U 2: Aus der Geschichte der PhB
U 3: Ergänzende Sammlungen. Nummernverzeichnis der PhB
U 4: Taschenausgaben der PhB
S. 1–21: Alphabet. geordnetes Verzeichnis der PhB
S. 22: Lehrbücher der PhB
S. 23: Hauptwerke der Philos. in originalgetreuen Neudrucken
S. 24: Bibliotheca Philosophorum
S. 25: Wissen und Forschen
S. 26–30: Neuere philos. Werke
S. 31: Philos. Zeitfragen
S. 32: Philos. Zeitschriften

Febr. 1920 Katalog der PhB (32 S. + 4 S. Umschlag)
[Der inhaltliche Aufbau entspricht dem Katalog vom Sept. 1919.]

Jan. 1921 Katalog der PhB (24 S. + 4 S. Umschlag)
U 2: Nummernübersicht der PhB
U 2–3: Über Teuerungsaufschläge und Wucher im Buchhandel[3]
U 4: [?]
S. 1–20: Alphabet. geordnetes Verzeichnis der PhB
S. 21: Lehrbücher der PhB
S. 22: Hauptwerke der Philos. in originalgetreuen Neudrucken
S. 23: Taschenausgaben der PhB
S. 24: Wissen und Forschen

[2] Dieser Text ist hier teilweise zitiert auf S. 127 f., 131 Anm. 10 und 156 f.

[3] Dieser, mit 27. Juni 1919 datierte, von Felix Meiner stammende Text ist hier mit wenigen Auslassungen auf S. 172–175, auch S. 71 f., wiedergegeben.

[4] Der mit dem 31. Dezember 1920 datierte, von Felix Meiner stammende Text ist hier auf S. 175–177 wiedergegeben.

S. 25–31: Neuere philos. Werke
S. 32: Philos. Zeitfragen

Sept. 1921 Katalog der PhB (32 S. + 4 S. Umschlag)
U 2: Nummernübersicht der PhB
U 2–3: Teuerungsaufschlag. Ausstattung. Die Preise. Bei Lieferung ins hochvalutige Ausland [...]
U 4: [?]
S. 1–20: Alphabet. geordnetes Verzeichnis der PhB
S. 21: Lehrbücher der PhB
S. 22–23: Taschenausgaben der PhB
S. 24: Wissen und Forschen
S. 25–31: Neuere philos. Werke
S. 32: Philos. Zeitfragen

Juli 1922 Katalog der PhB (32 S. + 4 S. Umschlag)
U 2: Nummernübersicht der PhB
U 2–3: An die Bücherkäufer im Ausland
U 4: Noch einige kurze Worte über die Ausstattung meiner Verlagswerke [...] [datiert mit »1. Juli 1922«]. Der Deutsche Geschichtskalender
S. 1–20: Alphabet. geordnetes Verzeichnis der PhB
S. 21: Lehrbücher der PhB
S. 22–23: Taschenausgaben der PhB
S. 24: Wissen und Forschen
S. 25–31: Neuere philos. Werke
S. 32: Philos. Zeitfragen
(Preise in Schweizer Franken)

Dez. 1922[5] Katalog der PhB (32 S. + 4 S. Umschlag)
U 2: Nummernübersicht der PhB
U 2–3: An die Bücherkäufer im Ausland
U 4: Noch einige kurze Worte über die Ausstattung meiner Verlagswerke [...] [datiert mit »1. Juli 1922«]. Der Deutsche Geschichtskalender
S. 1–20: Alphabet. geordnetes Verzeichnis der PhB
S. 21: Wissen und Forschen
S. 22: Lehrbücher der PhB
S. 23–24: Taschenausgaben der PhB
S. 25–31: Neuere philos. Werke
S. 32: Philos. Zeitfragen
(Preise in Schweizer Franken)

Sept. 1924 Katalog der PhB (32 S. + 4 S. Umschlag)
U 2: Nummernübersicht der PhB
U 2–3: Der Verlag von Felix Meiner [zu den einzelnen Reihen]
U 4: Von der Preisgestaltung

[5] Einige Exe dieses Katalogs (der auf S. 1 unten mit »Dezember 1922« datiert ist) haben auf U 1 die Angabe »Ausgabe Juli 1922«.

S. 1–21: Alphabet. geordnetes Verzeichnis der PhB
S. 22–23: Taschenausgaben der PhB
S. 24: Wissen und Forschen
S. 25: Dokumente der Menschlichkeit. Lehrbücher der PhB
S. 26–32: Neuere philos. Werke

Sept. 1925 Katalog der PhB (32 S. + 4 S. Umschlag)
U 2: Nummernübersicht der PhB
U 2–3: Alle früheren Preisangaben werden durch diesen Katalog hinfällig. Weitere Preisänderungen ohne vorherige Anzeige müssen vorbehalten bleiben. [. . .][6]
U 4: Zur Ausstattung
S. 1–21: Alphabet. geordnetes Verzeichnis der PhB
S. 22–23: Taschenausgaben der PhB
S. 24: Wissen und Forschen
S. 25: Dokumente der Menschlichkeit. Lehrbücher der PhB
S. 26–32: Neuere philos. Werke

April 1927 Katalog der PhB (32 S. + 4 S. Umschlag)
U 2: Nummernübersicht der PhB. Gesamtausgaben innerhalb der PhB
U 3: Die Wissenschaft der Gegenwart in Selbstdarstellungen
U 4: Zur Ausstattung[7]
S. 1–21: Alphabet. geordnetes Verzeichnis der PhB
S. 22–23: Taschenausgaben der PhB
S. 24: Dokumente der Menschlichkeit. Lehrbücher der PhB
S. 25: Wissen und Forschen
S. 26–32: Neuere philos. Werke

März 1929 Katalog Philosophie. Darin ein Gesamtverzeichnis mit PhB (48 S. + 4 S. Umschlag)
U 2: Inhaltsverzeichnis. Buchkarten
U 3: Nummernübersicht der PhB
U 4: Zur Ausstattung
S. 1–2: Die PhB sechzigjähriges Bestehen [zum 1. Oktober 1928]
S. 3–4: Urteile über einige Neuerscheinungen der letzten Jahre
S. 5–25: Alphabet. geordnetes Verzeichnis der PhB
S. 26–27: Taschenausgaben der PhB
S. 28: Wissen und Forschen
S. 29–46: Einzelwerke in systematischer Gliederung: Wörterbücher; Zeitschriften; Geschichte d. Philos.; Logik, Erkenntnistheorie, Wissenschaftstheorie; Metaphysik; Psychologie, Anthropologie; Ethik; Ästhetik, Kunstphilos.; Religionsphilos.; Rechts- u. Staatsphilos.; Geschichtsphilos.; Sprachphilos.; Pädagogik; Weltanschauung, Verschiedenes; Philosophen-Porträts
S. 47–48: Register

[6] Der von Felix Meiner stammende Text ist hier auf S. 177 f. wiedergegeben.
[7] Dieser Text ist hier auf S. 128 wiedergegeben.

Okt. 1931	[Prospekt zur PhB] (8 S.) S. 1–2: Grundsätzliches über Preisherabsetzungen[8] S. 3–5: PhB S. 6–7: Einzelwerke S. 8: Nachträge zum Verlagskatalog
Ende 1931(?)	Die PhB (4 S.) S. 1–3: Kurzes Verzeichnis der Sammlung S. 4: Lehrbücher und Einführungsschriften, Selbstdarstellungen (Auswahl), Zeitschriften
Jan. 1932	Die PhB (4 S.) [Äußerlich zunächst Fortdruck des vorherigen Prospektes, jedoch mit Vermerk »Vom 1. Januar 1932 ab gültige Preise« (alle Preise um ca 10% gesenkt)] S. 1–3: Kurzes Verzeichnis der Sammlung S. 3: Wissen und Forschen S. 4: Einzelwerke. Große Erzieher
Okt. 1936	Felix Meiner Leipzig. Verlagsverzeichnis [zum 25jährigen Verlagsjubiläum] (32 S. + 4 S. Umschlag) U 2–3: 1911–1936[9] U 4: Nummernübersicht der PhB S. 1–15: Verzeichnis der PhB S. 16–17: Taschenausgaben der PhB S. 18–26: Einzelwerke der neueren Philos. S. 27–30: Rechts- und Wirtschaftswissenschaften S. 31: Medizin und Naturwissenschaften S. 32: Geschichtswissenschaft
Jan. 1937	Die PhB (4 S.) Kurzes Verzeichnis der Sammlung
1940	Verlagsverzeichnis 1937–1940 des Verlags Felix Meiner in Leipzig (8 S.) S. 1: PhB S. 2–4: Einzelwerke der neueren Philos. und Pädagogik S. 4–8: Rechts- und Wirtschaftswissenschaften. Politik S. 8: Politik. Verschiedenes
1940–1943	(1) Nachtrag zum Katalog 1940–1943 (2 S. Schreibmaschine) (2) Nachtrag zum Katalog 1940–1943 (3 S. Schreibmaschine)
1940–1944	(3) Nachtrag zum Katalog 1940–1944 (4 S. Schreibmaschine) Einteilung bei *allen* Nachträgen: I. PhB; II. Sonstige

Kataloge 1940–1943 bzw. 1944 hat es nicht gegeben. Diese Nachträge waren Katalogersatz. Die fortlaufenden Nachträge nehmen jeweils die Titel der vorangegangenen mit auf.

[8] Dieser Text ist hier auf S. 178 f. wiedergegeben.

[9] Dieser Text ist hier teilweise wiedergegeben auf S. 129.

1943 u. Nachdruck 1944 — Eine seltene Jubelfeier. Die PhB [75 Jahre] (4 S.)
Kurzes Verzeichnis der Sammlung

Herbst 1944 — PhB (2 S.)
[. . .] waren Herbst 1944 in Neudrucken verfügbar:

1947/48(?) — [Prospekt zur PhB] (2 S.)
S. 1–2: Aus der PhB sind in beschränkter Anzahl zur Zeit lieferbar:
S. 2: Aus dem sonstigen Verlag:. Demnächst kommen zur Auslieferung:

1.7 Abbildungen / Faksimiles

Abb. 1. Der erste in der PhB erschienene Band. Reihen- und Haupttitelseite von: Kirchmann: Die Lehre vom Wissen. Berlin: Heimann 1868. PhB 1. (hier 52.33.1[1])

Abb. 2. Reihen- und Haupttitelseite von: Kant: Grundlegung zur Metaphysik der Sitten. Berlin: Heimann 1870. PhB 28. (hier 50.8.1)

Abb. 3. Reihen- und Haupttitelseite von: Kirchmann: Erläuterungen zu den Kategorien und Hermeneutiken des Aristoteles. Leipzig: Koschny 1876. PhB 71. (hier 52.3.1)

Abb. 4. Reihen- und Haupttitelseite von: Kirchmann: Die Lehre vom Wissen. 4. Auflage. Heidelberg: Weiss 1886. PhB 1. (hier 52.33.4)

Abb. 5. Reihen- und Haupttitelseite von: Spinoza: Ethik. 4. Auflage. Heidelberg: Weiss 1886. PhB 4. (hier 95.6.4)

Abb. 6. Reihen- und Haupttitelseite von: Kant: Kritik der reinen Vernunft. 7. Auflage. Heidelberg: Weiss 1891. PhB 2. (hier 50.18.7)

Abb. 7. Reihen- und Haupttitelseite von: Spinoza: René Descartes' Prinzipien der Philosophie. 2. Auflage. Berlin: Philos.-histor. Verlag Salinger (1892). PhB 41. (hier 95.5.2)

Abb. 8. Titelseite von: Fichte: Versuch einer Kritik aller Offenbarung. Leipzig: Dürr'sche Buchhandlung 1871. PhB 30. (hier 29.30.2)
Titelauflage mit neuem Titelblatt (das das ältere, bis 1906 verwendete Verlagssignet trägt) und über 30 Jahre altem Buchblock.

Abb. 9. Titelseite von: Berkeley: Drei Dialoge zwischen Hylas und Philonous. Leipzig: Dürr'sche Buchhandlung 1901. PhB 102. (hier 7.4.1)
Mit dieser Ausgabe versuchte die Dürr'sche Buchhandlung, das Format der PhB-Bände zu vergrößern (15,4 × 23,5 cm). Die Titelseite trägt das ältere, bis 1906 verwendete Verlagssignet.

Abb. 10. Titelseite von: Fichte, Schleiermacher, Steffens über das Wesen der Universität. Leipzig: Dürr'sche Buchhandlung 1910. PhB 120. (hier 99.1.1)
Die Titelseite trägt das nach 1906 verwendete Verlagssignet.

Abb. 11. Umschlagseite 1 der Verlagsbroschur von: Berkeley: The Principles of Human Knowledge. Leipzig: Meiner 1913. Bibliotheca Philosophorum 4. (siehe hier S. 77 f.) Umschlagseite 1 und Titelseite sind in der Form identisch.

Abb. 12. Haupt-Titelseite von: Hegel: Die Vernunft in der Geschichte. Leipzig: Meiner 1917. PhB 171a. (hier 36.33.1)
Die Titelseite trägt neben dem PhB-Signet auch das Kriegsausfuhrzeichen (unter der Verlagszeile).

[1] Diese Ausgabensiglen beziehen sich auf die Bibliographie. – Die Börsenblattanzeigen auf S. 73 und 138 sind in Kap. 1.7 nicht erneut wiedergegeben, ebenfalls nicht die PhB-Signete von S. 185

Philosophische Bibliothek

oder

Sammlung

der

Hauptwerke der Philosophie

alter und neuer Zeit.

Herausgegeben, beziehungsweise übersetzt, erläutert
und mit Lebensbeschreibungen versehen
von

J. H. v. Kirchmann.

Erster Band.

Die Lehre vom Wissen als Einleitung in das Studium philosophischer Werke.

Berlin, 1868.
Verlag von L. Heimann,
Wilhelms-Strasse No. 91.

Die Lehre vom Wissen

als

Einleitung

in das

Studium philosophischer Werke

von

J. H. v. Kirchmann.

Berlin, 1868.
Verlag von L. Heimann,
Wilhelms-Strasse No. 91.

Abbildung 1

Philosophische Bibliothek

oder

Sammlung

der

Hauptwerke der Philosophie

alter und neuer Zeit.

Unter Mitwirkung namhafter Gelehrten

herausgegeben, beziehungsweise übersetzt, erläutert
und mit Lebensbeschreibungen versehen

von

J. H. von Kirchmann.

Achtundzwanzigster Band.

Kant's Grundlegung zur Metaphysik der Sitten.

Berlin, 1870.
Verlag von L. Heimann.
Wilhelms-Strasse No. 91.

Immanuel Kant's

Grundlegung

zur

Metaphysik der Sitten.

Herausgegeben und erläutert

von

J. H. von Kirchmann.

Berlin, 1870.
Verlag von L. Heimann.
Wilhelms-Strasse No. 91.

Abbildung 2

Philosophische Bibliothek

oder

Sammlung

der

Hauptwerke der Philosophie
alter und neuer Zeit.

Unter Mitwirkung namhafter Gelehrten
herausgegeben, beziehungsweise übersetzt, erläutert
und mit Lebensbeschreibungen versehen
von

J. H. von Kirchmann.

Einundsiebenzigster Band.

Die Erläuterungen zu den Kategorien und den Hermeneutiken des Aristoteles.

Leipzig, 1876.
ERICH KOSCHNY.
(L. Heimann's Verlag.)

ERLÄUTERUNGEN

zu den

Kategorien und den Hermeneutiken

des

Aristoteles

von

J. H. v. Kirchmann.

Leipzig, 1876.
ERICH · KOSCHNY.
(L. HEIMANN'S VERLAG.)

Abbildung 3

Philosophische Bibliothek

oder

Sammlung

der

Hauptwerke der Philosophie
alter und neuer Zeit.

Unter Mitwirkung namhafter Gelehrten
herausgegeben, beziehungsweise übersetzt, erläutert und
mit Lebensbeschreibungen versehen
von

J. H. v. Kirchmann.

Erster Band.

Die Lehre vom Wissen als Einleitung in das Studium philosophischer Werke.

Vierte Auflage.

Heidelberg 1886.
GEORG WEISS, Verlag.

Die Lehre vom Wissen

als

Einleitung

in das

Studium philosophischer Werke

von

J. H. v. Kirchmann,

Vierte Auflage.

Heidelberg 1886.
GEORG WEISS, Verlag.

Abbildung 4

Philosophische Bibliothek

oder

Sammlung

der

Hauptwerke der Philosophie

alter und neuer Zeit.

Begonnen

unter Mitwirkung namhafter Gelehrten

von

J. H. v. Kirchmann.

Vierter Band.

Benedict von Spinoza's Ethik.

Heidelberg, 1886.

GEORG WEISS, Verlag.

Benedict von Spinoza's

Ethik.

Uebersetzt, erläutert

und

mit einer Lebensbeschreibung Spinoza's versehen

von

J. H. v. Kirchmann.

Vierte verbesserte Auflage.

Heidelberg, 1886.

GEORG WEISS, Verlag.

Abbildung 5

Philosophische Bibliothek

oder

Sammlung

der

Hauptwerke der Philosophie

alter und neuer Zeit.

Unter Mitwirkung namhafter Gelehrten

herausgegeben, beziehungsweise übersetzt, erläutert
und mit Lebensbeschreibungen versehen

von

J. H. v. Kirchmann.

Zweiter Band.

Kant's Kritik der reinen Vernunft.

Heidelberg 1891.

GEORG WEISS, Verlag

Immanuel Kant's

Kritik der reinen Vernunft.

Herausgegeben, erläutert

und

mit einer Lebensbeschreibung Kant's versehen

von

J. H. von Kirchmann.

Siebente Auflage.

Sämmtliche Werke. I. Band.

Heidelberg, 1891.

GEORG WEISS, Verlag.

Abbildung 6

Philosophische Bibliothek

oder

Sammlung

der

Hauptwerke der Philosophie

alter und neuer Zeit.

Unter Mitwirkung namhafter Gelehrten

begründet

von

J. H. v. Kirchmann.

Einundvierzigster Band.

Descartes' Principien der Philosophie, geometrisch begründet von Spinoza.

Berlin

Philos.-histor. Verlag

Dr. R. Salinger

René Descartes'

Prinzipien der Philosophie

Erster und zweiter Theil.

In geometrischer Weise begründet

durch

Benedict von Spinoza

aus Amsterdam.

Mit einem Anhang:

Metaphysische Gedanken des Letzteren

in welchem sowohl die in dem allgemeinen wie in dem besonderen Theile der Metaphysik vorkommenden schwierigen Fragen kurz erklärt werden.

Uebersetzt und erläutert

von

J. H. v. Kirchmann.

2. Auflage.

Berlin

Philos.-histor. Verlag

Dr. R. Salinger

Abbildung 7

Philosophische Bibliothek.

Band 30.

Johann Gottlieb Fichte's

Versuch

einer

Kritik aller Offenbarung.

Herausgegeben und erläutert

von

J. H. v. Kirchmann.

LEIPZIG.

VERLAG DER DÜRR'SCHEN BUCHHANDLUNG.

1871.

Abbildung 8

PHILOSOPHISCHE BIBLIOTHEK. BAND 102

(NEUE FOLGE DER VON J. H. VON KIRCHMANN BEGRÜNDETEN PHILOSOPHISCHEN BIBLIOTHEK)

BERKELEY'S DREI DIALOGE

ZWISCHEN

HYLAS UND PHILONOUS

INS DEUTSCHE ÜBERSETZT

UND MIT EINER EINLEITUNG VERSEHEN

VON

DR. RAOUL RICHTER

PRIVATDOZENT AN DER UNIVERSITÄT LEIPZIG

LEIPZIG

VERLAG DER DÜRR'SCHEN BUCHHANDLUNG

1901

Abbildung 9

Philosophische Bibliothek
Band 120.

Fichte, Schleiermacher, Steffens
über
das Wesen der Universität

Mit einer Einleitung herausgegeben
von
Eduard Spranger,
Privatdozent der Philosophie an der Universität Berlin.

Leipzig.
Verlag der Dürr'schen Buchhandlung.
1910.

Abbildung 10

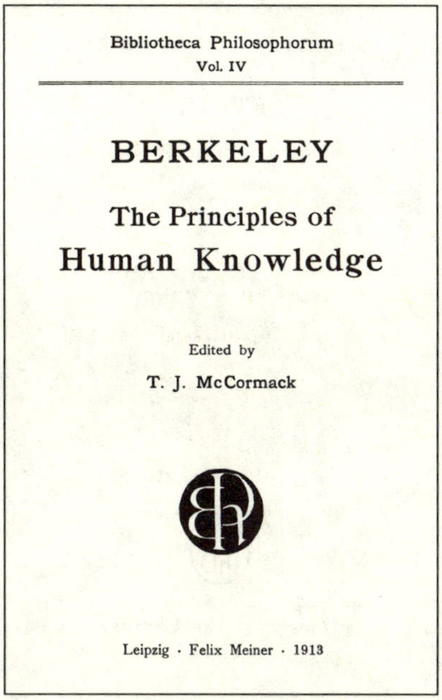
Bibliotheca Philosophorum
Vol. IV

BERKELEY
The Principles of
Human Knowledge

Edited by
T. J. McCormack

Leipzig · Felix Meiner · 1913

Abbildung 11

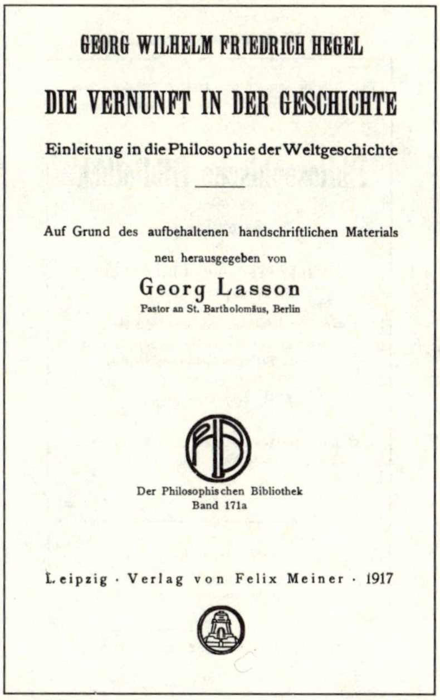
GEORG WILHELM FRIEDRICH HEGEL
DIE VERNUNFT IN DER GESCHICHTE
Einleitung in die Philosophie der Weltgeschichte

Auf Grund des aufbehaltenen handschriftlichen Materials
neu herausgegeben von
Georg Lasson
Pastor an St. Bartholomäus, Berlin

Der Philosophischen Bibliothek
Band 171a

Leipzig · Verlag von Felix Meiner · 1917

Abbildung 12

ARISTOTELES
ÜBER DIE SEELE

NEU ÜBERSETZT VON
DR. ADOLF BUSSE

ZWEITE, DURCHGESEHENE AUFLAGE
UNVERÄNDERTER ABDRUCK

DER PHILOSOPHISCHEN BIBLIOTHEK BAND 4
LEIPZIG 1937 / VERLAG VON FELIX MEINER

Abbildung 13

BENEDICT DE SPINOZA

ETHIK

nach geometrischer Methode

dargestellt

Übersetzt und mit Anmerkungen
und Registern versehen
von
Otto Baensch

VERLAG VON FELIX MEINER
IN LEIPZIG

Abbildung 14

Maurice Joly

Gespräche in der Unterwelt
zwischen
Machiavelli und Montesquieu

oder

Der Machiavellismus im XIX. Jahrhundert

RICHARD MEINER VERLAG HAMBURG

Abbildung 15

Philosophische Bibliothek.
Acht- und neunundneunzigstes Heft.

Erläuterungen
zu
Hegel's Encyklopädie
der
philosophischen Wissenschaften.

Von
Karl Rosenkranz.

Berlin, 1870.
Verlag von L. Heimann.
91. Wilhelms-Strasse 91.

Preis 10 Sgr. = 36 Kr. S. W.

Abbildung 16

Jedes Heft einzeln verkäuflich.

**Plato. – Aristoteles. – Baco. – Locke. – Berkeley. – Hume.
Descartes. – Spinoza. – Leibnitz. – Kant. – Fichte.**

Philosophische Bibliothek
oder
Sammlung
der
Hauptwerke der Philosophie
alter und neuer Zeit.
Unter Mitwirkung namhafter Gelehrten
herausgegeben, beziehungsweise übersetzt, erläutert
und mit Lebensbeschreibungen versehen
von
J. H. von Kirchmann.

Hundertdreizehntes und vierzehntes Heft.
Aristoteles, Metaphysik. I. 2. 3.

Berlin, 1871.
Verlag von L. Heimann.
84. Wilhelms-Strasse 84.

Preis jedes Heftes 5 Sgr. = 18 Kr. S. W.

Abbildung 17

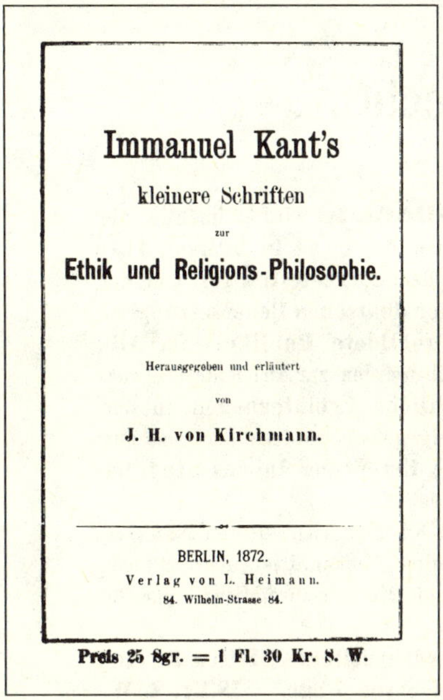

Immanuel Kant's

kleinere Schriften

zur

Ethik und Religions-Philosophie.

Herausgegeben und erläutert

von

J. H. von Kirchmann.

BERLIN, 1872.

Verlag von L. Heimann.

84. Wilhelm-Strasse 84.

Preis 25 Sgr. = 1 Fl. 30 Kr. S. W.

Abbildung 18

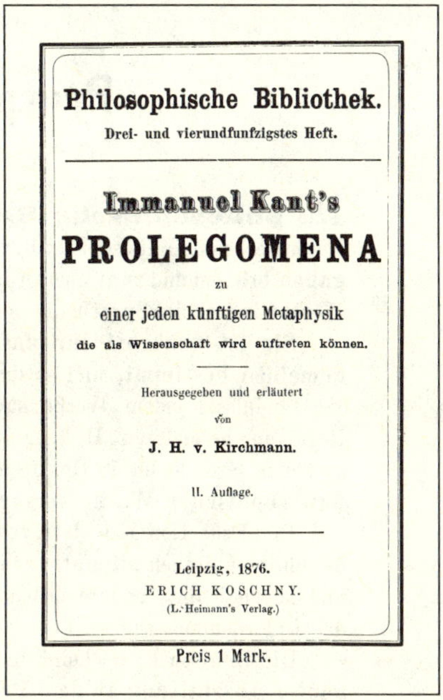

Philosophische Bibliothek.

Drei- und vierundfunfzigstes Heft.

Immanuel Kant's

PROLEGOMENA

zu

einer jeden künftigen Metaphysik

die als Wissenschaft wird auftreten können.

Herausgegeben und erläutert

von

J. H. v. Kirchmann.

II. Auflage.

Leipzig, 1876.

ERICH KOSCHNY.

(L. Heimann's Verlag.)

Preis 1 Mark.

Abbildung 19

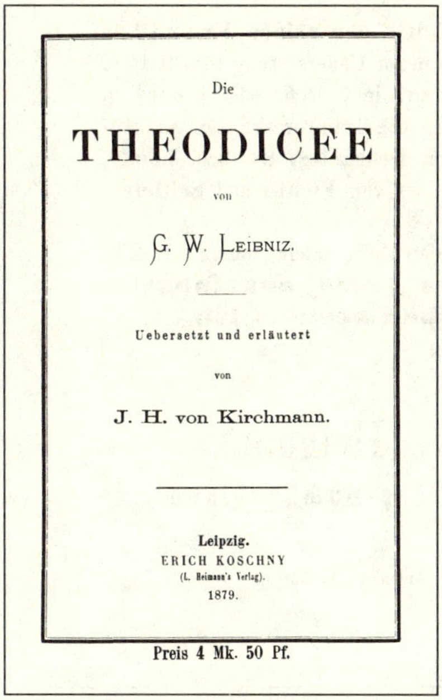

Die

THEODICEE

von

G. W. LEIBNIZ.

Uebersetzt und erläutert

von

J. H. von Kirchmann.

Leipzig.

ERICH KOSCHNY

(L. Heimann's Verlag).

1879.

Preis 4 Mk. 50 Pf.

Abbildung 20

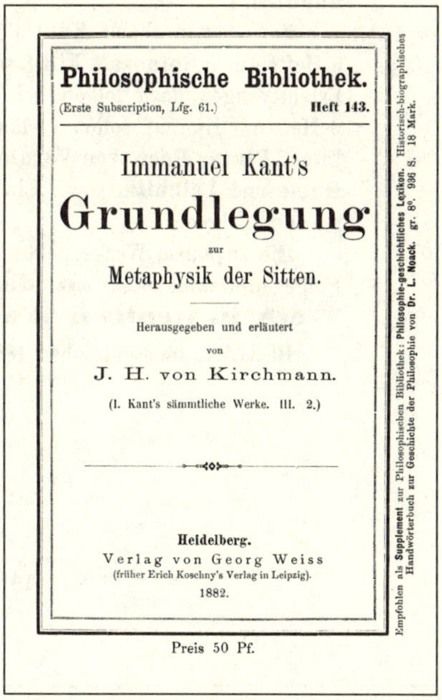

Philosophische Bibliothek.

(Erste Subscription, Lfg. 61.) Heft 143.

Immanuel Kant's

Grundlegung

zur

Metaphysik der Sitten.

Herausgegeben und erläutert

von

J. H. von Kirchmann.

(I. Kant's sämmtliche Werke. III. 2.)

Heidelberg.

Verlag von Georg Weiss

(früher Erich Koschny's Verlag in Leipzig).

1882.

Preis 50 Pf.

Empfohlen als Supplement zur Philosophischen Bibliothek: Philosophie-geschichtliches Lexikon. Historisch-biographisches Handwörterbuch zur Geschichte der Philosophie von Dr. L. Noack. gr. 8°. 936 S. 18 Mark.

Abbildung 21

Prospectus.

Die **philosophische Bibliothek** wird allmählig die Hauptwerke der Philosophie alter und neuer Zeit **in billigen Ausgaben** bringen und zwar überall in dem **correctesten** Text und, bei Werken in fremder Sprache, in **neuen deutschen Uebersetzungen.**

Sie ist zunächst für das gebildete Publikum im Allgemeinen bestimmt, und deshalb werden zur Erleichterung des Verständnisses jedem Werke **sachliche Erläuterungen,** in der Regel in besonderen Heften, beigegeben werden; auch ist aus gleichem Grunde im 1. Hefte eine **Einleitung in das Studium philosophischer Werke** vorangeschickt.

Die Redaction hat Herr von Kirchmann, dessen Name in der philosophischen Litteratur rühmlichst bekannt ist, übernommen, und haben bereits andere bedeutende Männer ihre Mitwirkung für das Unternehmen zugesagt.

Die Bibliothek erscheint in **wöchentlichen Heften in eleganter Ausstattung zu dem Preise von 5 Sgr. = 18 Kr. S. W.**

Abonnements auf die ganze Serie werden in jeder Buchhandlung angenommen, doch ist auch **jedes Heft einzeln verkäuflich.**

Zunächst erscheint **Kant's Kritik der reinen Vernunft** in 6 Heften und **Spinoza's Ethik** in neuer Uebersetzung in 3 Heften. Erläuterungen dazu folgen bei **Kant** in 1 Heft, bei **Spinoza** in 2 Heften. Hierauf sollen vorläufig die Hauptwerke von **Aristoteles, Plato, Baco von Verulam, Descartes, Hobbes, Locke, Hume** und **Leibnitz,** sowie Einzelnes von **Fichte** und **Schleiermacher** folgen.

Die zu einem Werke gehörenden Hefte erscheinen in schneller Folge hintereinander, **so dass jedes angefangene Werk in wenigen Wochen beendet ist.**

BERLIN, im September 1868.

L. Heimann.
Verlags-Buchhandlung.

Druck von Gebrüder Grunert in Berlin.

Abbildung 22

Prospectus.

Im Verlage von **L. Heimann** in **Berlin** erscheint:

Philosophische Bibliothek

oder

Sammlung

der

Hauptwerke der Philosophie

alter und neuer Zeit.

Herausgegeben, beziehungsweise übersetzt, erläutert und mit Lebensbeschreibungen versehen

von

J. H. von Kirchmann.

Wöchentlich eine Lieferung zu 5 Sgr.

Das Streben der Neuzeit ist es, die Wissenschaft immer mehr und mehr zum Gemeingut des Volkes zu machen. Seit dem Vorgange des grossen Alexander von Humboldt auf dem Gebiete der Naturwissenschaften haben es die bedeutendsten Männer in den verschiedensten Fächern des Wissens nicht verschmäht, vom Katheder herab unter die Menge des Volkes zu steigen und die Resultate angestrengten Studiums und tiefster Gelehrsamkeit in allgemein verständlicher Sprache zu lehren. Wenn nun in Folge dessen in den verschiedenen Disciplinen hierin Vorzügliches geleistet und eine Durchschnittsbildung der Nation erreicht worden ist, die bei Weitem grösser als noch vor

Abbildung 23/1

wenigen Jahrzehnten, so scheint es doch, dass gerade die Philosophie stiefmütterlich behandelt worden. Wohl blühte auch in diesem Wissenszweige in Deutschland vor nicht sehr langer Zeit ein so reges Leben, wie fast nie vorher; die Hegel'sche Philosophie hatte sich damals des geistigen Lebens bemächtigt und beeinflusste die verschiedensten Gebiete des menschlichen Wissens. Doch nur kurze Zeit dauerte diese Herrschaft; die unverständliche Sprache, die Unfassbarkeit der Begriffe machten nicht nur ältere Jünger vom System abwendig, sondern schreckten die neue Generation vom Studium der Philosophie überhaupt zurück, und der nun erfolgende Rückschlag brachte es so weit, dass Philosophie bei einem grossen Theile der Gebildeten für ein nutzloses Spiel mit Worten galt, nur dazu angethan, den Geist zu verwirren. Aber der gesunde Sinn des Volkes hat auch diese Periode überwunden, und gerade die heftigen politischen Kämpfe der Neuzeit haben das deutsche Volk wieder auf den Weg hingedrängt, welcher zwar langsam und mit Umgehung gewaltsamer Revolutionen, aber sicher, einzig und allein das Individuum wie die Völker zu festen und gesunden Verhältnissen führen kann, — zur Erforschung der Grundwahrheiten des menschlichen Seins, um hierdurch die religiösen und socialen Grundsätze, auf denen das Staatengebäude und das gesellschaftliche Leben gegründet, innerlich zur Klarheit und äusserlich zur Geltung zu bringen. Dass dieser erfreuliche Wendepunkt jetzt eingetreten, dafür spricht die geistige Regsamkeit, die sich jetzt allenthalben auf philosophischem Gebiete zeigt, die über die Kreise der Gelehrten hinaus anfängt, die Menge der Gebildeten überhaupt zu ergreifen, und um diesem neu erwachten Forscherdrang entgegenzukommen, hat sich die unterzeichnete Verlagshandlung entschlossen, die philosophischen Hauptwerke, auf denen unser jetziges philosophisches Wissen beruht, und die bisher nur theils in theuren, theils, soweit sie in fremden Sprachen existirten, in veralteten, schwer zugänglichen Ausgaben existirten, in correcten, gut ausgestatteten und dabei billigen Ausgaben resp. guten Uebersetzungen zu bringen.

Abbildung 23/2

Gleichzeitig sollen, um diese Werke auch denen zugänglich zu machen, die weniger in philosophischer Disciplin geübt, **den einzelnen Autoren zum besseren Verständniss Erläuterungen der schwierigsten Stellen beigefügt** werden, die jedoch in besonderen Heften erscheinen. Aus demselben Grunde ist dem Ganzen eine vom Herrn Herausgeber verfasste Einleitung in das Studium philosophischer Werke vorausgeschickt. Zunächst erscheinen Kant's Kritik der reinen Vernunft, Spinoza's Ethik und Schleiermacher's Monologen. Demnächst sollen die übrigen Hauptwerke dieser Autoren, die Meditationen von Descartes, die Theodicee von Leibnitz, das Novum Organum von Baco von Verulam, die Untersuchungen über den menschlichen Verstand von Locke und Hume, das Werk von Hobbes: De Cive, der Staat von Plato und die Polik von Aristoteles, so wie Einzelnes von Fichte folgen.

Indem es der Verlagshandlung gelungen ist, Herrn von Kirchmann, der durch seine philosophischen Arbeiten und durch sein Bestreben, philosophisches Wissen in weiteren Kreisen zu verbreiten, rühmlichst bekannt ist, zur Redaction dieser Bibliothek zu gewinnen, glaubt sie hierin dem Publikum die sicherste Bürgschaft für gewissenhafte Durchführung des Unternehmens in allen seinen Theilen zu bieten. Andere bedeutende Männer haben ihr Mitwirken bereits zugesagt.

Die Bibliothek erscheint in **wöchentlichen Lieferungen zu 5 Sgr. = 18 Kr. S. W.**

Abonnements auf die ganze Serie werden in jeder Buchhandlung angenommen, doch ist, um Niemandem Beschränkungen aufzuerlegen, auch jedes Heft einzeln verkäuflich, auch ist dafür gesorgt, dass **jedes begonnene Werk in wenigen Wochen in den Händen der Abonnenten ist.**

Schon der Hinblick auf die ersten Werke, **Kant's Kritik der reinen Vernunft,** 6 Lieferungen, für **1 Thlr., Spinoza's Ethik,** 3 Lieferungen, für **15 Sgr.** und **Schleier-**

Abbildung 23/3

macher's Monologen, eine Lieferung für **5 Sgr.,** wird zeigen, dass in Bezug auf Billigkeit und Eleganz der Ausstattung das Möglichste geleistet worden ist.

Wenn nun hiermit zum ersten Male streng wissenschaftliche Werke zu einem bisher ungewohnt billigen Preise geliefert werden, so glaubt die Verlagshandlung nicht nur im Interesse der Gelehrten zu handeln, indem sie ihnen die Anschaffung der zum Studium nothwendigen Werke erleichtert, sondern sie hofft auch, dass Jeder sicn die **Philosophische Bibliothek** anschafft, dem es wirklich Ernst mit seiner Geistesbildung ist, der vor der ernsten, aber schönen Arbeit des Selbstdenkens nicht zurückscheut, und dem jenes oberflächliche Halbwissen nicht genügt, das mit innerer Hohlheit und phrasenhafter Breite sich leider noch oft genug breit macht. Und so möge das Unternehmen dazu beitragen, philosophisches Studium ein nationales Bildungsmoment werden zu lassen und hierdurch der Philosophie, dieser Wissenschaft aller Wissenschaften, zu ihrem alten, nie vergehenden Rechte zu verhelfen.

Berlin, im October 1868.

L. Heimann.
Verlagsbuchhandlung.
Wilhelms-Str. 91.

Druck von Gebrüder Grunert in Berlin.

Bei der Buchhandlung von ....
bestelle hierdurch
Exemplar
der **Philosophischen Bibliothek,** herausgegeben von **J. von Kirchmann,** in Lieferungen zu 5 Sgr.
Lieferung 1 und Fortsetzung.

Ort und Datum. **Name.**

Abbildung 23/4

Soeben erschien im Verlag von **L. Heimann** in Berlin:
Ueber den

Communismus der Natur.

Ein Vortrag gehalten im Berliner Arbeiter-Verein im Februar 1866
von
J. H. von Kirchmann.
2. Auflage.

(Wegen dieses Vortrages ist der Verfasser seines Amtes als Vicepräsident des Appellationsgerichts zu Ratibor unter Verlust aller Pensions-Ansprüche disciplinarisch entsetzt worden.)

Immanuel Kant's sämmtliche Werke.

Herausgegeben von J. H. v. Kirchmann.
In 51 Heften oder 8 Bänden. Preis 8 Thlr. 15 Sgr.

Inhalt.

Band I:	Kritik der reinen Vernunft.
Band II:	Kritik der praktischen Vernunft. Kritik der Urtheilskraft.
Band III:	Prolegomena zu einer jeden künftigen Metaphysik. Grundlegung zur Metaphysik der Sitten. Metaphysik der Sitten.
Band IV:	Logik. Anthropologie. Religion innerhalb der Grenzen der blossen Vernunft.
Band V:	Kleinere Schriften zur Logik und Metapyhsik.
Band VI:	Kleinere Schriften zur Naturphilosophie.
Band VII:	Kleinere Schriften zur Ethik u. Religions-Philosophie.
Band VIII:	Vermischte Schriften.

Benedict v. Spinoza's
sämmtliche philosophische Werke.

Uebersetzt von J. H. v. Kirchmann & Prof. C. Schaarschmidt.
In 16 Heften oder 2 Bänden. Preis 2 Thaler 20 Sgr.

Inhalt.

Band I:	Ethik. Abhandlung von Gott, dem Menschen und dessen Glück. Descartes' Principien der Philosophie, in geometrischer Weise begründet.
Band II:	Theologisch-politische Abhandlung. Abhandlung über die Verbesserung des Verstandes. Politische Abhandlung. Briefwechsel.

Abbildung 24

Einige Urtheile der Presse

über die **Philos. Bibliothek** von **J. H. v. Kirchmann.**

Es ist ein höchst verdienstvolles Unternehmen, die Hauptwerke der Koryphäen der Philosophie dem grössern gebildeten Publikum zugänglich und leicht lesbar zu machen; denn offenbar ging jener Philosoph von Fach viel zu weit, wenn er behauptete, dass jener grossen Zahl von Gebildeten, welche nicht Fachgenossen im strengsten Sinne des Worts sind, höchstens für eine fabricirte Feuilletonphilosophie, nicht aber für die wissenschaftlich aufgefasste Philosophie Theilnahme abzugewinnen sei. Wir haben im Gegentheil die Ueberzeugung, dass dieser Bibliothek sich sehr bald die Theilnahme der Gebildeten zuwenden wird, denn streng und gewissenhaft ist bis jetzt die Kritik, mit der der Herausgeber verfahren, treu und klar sind die Uebersetzungen, eingehend, zweckentsprechend, übersichtlich und praktisch die Erläuterungen. Die Philosophie ist eine Gymnastik des Geistes; wir können nur rathen, diese Gymnastik fleissig zu treiben. (Nordd. Schulztg.)

Einen grossen Werth erhält aber die philosophische Bibliothek noch durch die selbstständigen Arbeiten des Herausgebers, dessen Biographien, Erläuterungen und Bemerkungen die höchste Beachtung verdienen und gewiss hauptsächlich mit dazu beitragen, dem Unternehmen Eingang und Verbreitung in weiteren Kreisen zu verschaffen, da Herr von Kirchmann mit einer tiefen philosophischen Anschauung eine seltene Klarheit der Darstellung verbindet. Ihrerseits hat die Verlagshandlung den Preis so niedrig gestellt, dass jeder Gebildete sich jetzt leicht die Werke der bedeutendsten Denker anschaffen kann, ohne sich ein nennenswerthes Opfer aufzulegen. (Voss. Ztg.)

Die umsichtige Auswahl, die sorgfältige Redaction und besonders die Erläuterungen, Anmerkungen etc. des Herausgebers erleichtern wesentlich das Verständniss und empfehlen das eingehende Studium der philosophischen Bibliothek, die durchweg nur solche Werke enthält, welche mit die Grundlage der modernen Bildung und Weltanschauung ausmachen. (Südd. Sonntagsbl.)

Wir haben uns schon bei Gelegenheit der ersten Sendung über die höchst anerkennenswerthe praktische Richtung dieses Unternehmens ausgesprochen und können hier nur wieder mit allem Nachdruck betonen, dass es sowohl in Ansehung der Anordnung als der Ausstattung eine Solidität äussert, die man sonst nur bei sehr theuren Ausgaben zu suchen gewohnt ist. (Wanderer.)

Die Ausgaben der sämmtlichen Werke sind nach den Grundsätzen einer strengen Kritik, die Uebersetzung mit strenger Gewissenhaftigkeit gemacht. (Nationalzeitung.)

Die Allgemeinverdienstlichkeit dieser Sammlung ist bereits von der Tagespresse so vollständig anerkannt worden, die Vortheile eines derartigen Unternehmens, das alte und neue Philosophen mit Lebensbeschreibungen und begleitendem Commentar in correcten Texten oder guten neuen Uebersetzungen zu beispiellos billigem Preise liefert, springen so in die Augen, dass ein Blick in eines dieser Hefte genügt, um Jeden, der ein wenig Zeit und Sinn für philosophische

Abbildung 25/1

Studien übrig hat, dem aber die kostbaren älteren Ausgaben und die zu ihrem Verständniss nöthigen historischen Werke nicht zur Hand sind, zum dankbaren Abnehmer einzelner Theile oder des Ganzen zu machen.

Der Eindruck des Ganzen ist demnach der, statt in die kritische Raisonnirhalle einer Philosophiegeschichte einzutreten, kommen wir hier in den weltgeschichtlichen Sprechsaal aller bedeutendsten Denker, und wenn wir auch manches Wort nicht verstehen, für manches uns auch der Erklärer im Stich lässt, so ist es doch immer erfreulicher, sich lange mit dem Worte eines grossen Mannes zu quälen, als von der zudringlichen Weisheit seines Darstellers nur immer über ihn, nichts von ihm zu hören. (Allgem. Schulzeitung. Darmstadt.)

Unter den vielen Erscheinungen auf dem deutschen Büchermarkt, die durch die wachsende Concurrenz hervorgerufen worden, verdient ein Unternehmen ganz besonders das Interesse aller Gebildeten im engeren Sinne des Wortes auf sich zu lenken, das als höchst zeitgemäss und im Sinne aller Derer genannt werden darf, denen die Anschaffung der Gesammtwerke auf dem Gebiete der Philosophie als eine zu kostbare Ausgabe erschien. Wir meinen die „philosophische Bibliothek". Abgesehen von der Billigkeit des Preises empfiehlt sich das genannte Unternehmen durch die höchst schätzbare Beigabe von verständlich und klar gefassten Commentaren — ein Vorzug, den man bisher vergebens ersehnte. Dadurch wird dem Freunde der Wissenschaft, selbst wenn er nicht in der Lage gewesen, sich immer und ausschliesslich mit dem Studium der Philosophie zu befassen, die Möglichkeit gegeben, tiefer in das Gebiet derselben auch ohne erläuternden akademischen Vortrag einzudringen und sich selbstständig darin zu vervollkommnen.

(Königsberger Zeitung.)

Einer der glücklichsten Gedanken von Kirchmann's war die Herausgabe der philosophischen Bibliothek, die die Hauptwerke der Philosophen alter und neuer Zeit zum Gemeingut machen soll. Dieser Zweck wird sicher erreicht werden, denn bereits sind über drittehalbtausend Exemplare der Bibliothek verbreitet, und Werke, die sonst nur auf den Bücherrepositorien der Fachgelehrten zu finden waren, sie zieren jetzt die Bücherschränke der Gebildeten der Nation, und regen zu immer erneutem selbstständigen Denken an in einer Zeit des Strebens und Entgegenstrebens, des Ringens und Entgegenringens, in der es an denkgeübten Köpfen nicht mangeln darf, an Köpfen, die sich nicht durch landläufige Phrasen irre machen lassen, die aber auch klar darthun können, dass die Anatheme aus Rom, ebenso die Winkelzüge innerer und äusserer Politik nur dazu angethan sind, die gedeihliche Entwicklung der Völker aufzuhalten, an Köpfen, die mit der siegreichen Kraft der Logik solch pfäffisches und diplomatisches Treiben zu Schanden machen und der erreichbaren Wahrheit und Freiheit die Ehre geben, ihnen den Weg bereiten in die Hütten wie in die Paläste.

(Breslauer Zeitung.)

Das Verdienst des Unternehmens besteht häuptsächlich darin, dass der studirenden Jugend und dem philosophischen Publikum in guten, sorgfältig bearbeiteten Ausgaben resp. Uebersetzungen Werke geboten werden, welche schwer oder gar nicht zu beschaffen waren, und welche derjenige, welcher sie studirt, auch zu kaufen liebt. Der Fleiss und die Sorgfalt des Herrn Herausgebers können nicht Anerkennung genug finden. (Spenersche Zeitung.)

Abbildung 25/2

Gewiss muss der Freund der Wissenschaft sich über die Herausgabe einer Sammlung erfreuen, welche nach ihrer ganzen Ausführung und nach den bisher erschienenen und angekündigten Werken zur Verbreitung quellenmässiger allseitiger philosophischer Bildung in so hohem Grade geeignet ist. (Heidelberger Jahrbücher für Literatur.)

In der Philosophischen Bibliothek begrüssen wir eine äusserst dankenswerthe und zeitgemässe Arbeit. Es darf das Unternehmen des Herrn von Kirchmann, die Hauptwerke der berühmtesten Philosophen einem grössern Publicum in correcten, bequemen und möglichst billigen Ausgaben zugänglich zu machen, auf um so grössere Theilnahme rechnen, als der Herausgeber erklärende Bemerkungen hinzufügt und ganz der Mann dazu ist, durch dieselben das Verständniss jener Schriften wesentlich zu fördern. Dem Ganzen geht eine Einleitung in das Studium philosophischer Werke voraus. die vorzüglich geeignet ist, den Laien zu orientiren. (Dresd. Constitut. Zeitung.)

Das vortreffliche Arrangement, dem wir unsere Bewunderung nicht versagen können, die philosophisch klare und geläuterte Sprache in den Einleitungen üben einen äusserst anziehenden Eindruck auf den Leser aus. (Berliner Fremdenbl.)

Die Bedingungen des Erscheinens gestatten der Bibliothek jene weite Verbreitung, auf welche sie berechnet ist. So hoffen wir denn. dass diese neue Ausgabe nicht blos von Liebhabern zur Anschaffung philosophischer Hauptwerke benutzt, sondern überhaupt zur Widerbelebung philosophischer Studien beitragen werde. (Presse.)

In neuerer Zeit hat sich die kleine der Philosophie zugewandte Gemeinde wieder mehr und mehr vergrössert. Gerade für diese ist das Kirchmann'sche Werk eine treffliche Gabe; denn es bringt dem gebildeten Laien Aufklärung über tausend Punkte, die er zu wissen glaubt, aber durchaus nicht weiss. (Novellen-Zeitung.)

Es sind kaum zwei Jahre her, dass die ersten Lieferungen dieses Sensation machenden buchhändlerischen Unternehmens erschienen. und schon ist trotz der, allen friedlichen Beschäftigungen so ungünstigen, Ereignisse des letzten Jahres eine zweite Auflage nöthig geworden. Es geschieht somit nicht ohne Erstaunen, dass wir den Fortschritt dieses Unternehmens constatiren, umsomehr, als alle diese Schriftsteller — Kant, Hegel, Spinoza, Baco etc. — bisher mehr das Privilegium, gelobt als das, gelesen zu werden, hatten. Indessen sind die Bedingungen, unter denen dieselben unter J. H. v. Kirchmann's Redaction dieses Mal vor das Publikum treten, so verlockend, dass vielleicht Mancher auch ohne die Absicht, sonderlich viel in dieser Bibliothek zu lesen. sich doch ein oder das andere Werk (denn jedes Heft selbst ist einzeln käuflich) oder gar die ganze Bibliothek beilegen dürfte, sei es auch nur, um vielleicht einmal nachzuschlagen, ja selbst nur, um sich als glücklicher Besitzer zu fühlen. Der Nutzen wird jedenfalls ein grosser sein, und wenn er sich auch nur tropfenweise vertheilt. Einige der aufgenommenen Werke sind bisher noch nie ins Deutsche übertragen worden. Diese einzige Thatsache sollte genügen, den hohen Werth der „Philosophischen Bibliothek" zu beweisen. (Mississippi-Blätter.)

Druck von Bockwitz & Webel in Leipzig.

Abbildung 25/3

Georg Weiss Verlag, Heidelberg.

Preisermässigungen.

Für die

Philosophische Bibliothek

oder

Sammlung der Hauptwerke der Philosophie

alter und neuer Zeit etc.

herausgegeben von **J. H. v. Kirchmann,**

tritt für Lieferung 1—313 oder Band 1—93, wenn auf einmal genommen, eine **Ermässigung** auf

nur 115 Mark

ein, statt des Ladenpreises von 158 M. 30 Pf.

Bei Entnahme von 100 Lieferungen auf einmal, welche Bezugsart sich besonders für Besitzer eines Teiles derselben zur Ergänzung empfiehlt, statt des Ladenpreises von 50 M.

nur 40 Mark

Ausserdem eröffne ich für Alle, die einen allmäligen Bezug vorziehen, eine

Neue Subscription

in der monatlich 6—8 Hefte ausgegeben werden. Eine Preisermässigung ist hierbei ausgeschlossen, dagegen erhalten die Subscribenten mit Lieferung 313 Noack's philosophie-geschichtliches Lexikon (Ladenpreis 18 M.) gratis.

Die „Philosophische Bibliothek" besteht aus den im umstehenden Verzeichniss mit * bezeichneten Bänden.

Für die

Historisch-politische Bibliothek

oder

Sammlung von Hauptwerken aus dem Gebiete der Geschichte und Politik alter und neuer Zeit,

tritt bei Abnahme der ganzen Sammlung statt des Ladenpreises von 45 M. 20 Pf. eine Preisermässigung auf

nur 30 Mark

ein. — Die zur Historisch-politischen Bibliothek gehörigen Bände sind im umstehenden Verzeichnisse mit † bezeichnet.

1

Abbildung 26

Nachdem die

Philosophische Bibliothek

oder

Sammlung

der Hauptwerke der Philosophie

alter und neuer Zeit.

Unter Mitwirkung namhafter Gelehrten herausgegeben
von
J. H. von Kirchmann
(früher ERICH KOSCHNY's Verlag)

bis zur 300. Lieferung vorgeschritten ist und in einem Zeitraume von circa 15 Jahren die vorzüglichsten Werke der vorzüglichsten Philosophen aller Nationen gebracht hat, glaubt die unterzeichnete Verlagshandlung, um die Anschaffung dieser Bibliothek zu erleichtern, eine

Neue Subscription

darauf eröffnen zu sollen.

In dieser neuen Subscription sollen monatlich 6 bis 8 Hefte à 50 ₰ zur Ausgabe kommen, die derartig zusammengefasst werden, dass die verehrlichen Abonnenten mit jeder Ablieferung stets nur abgeschlossene Bände erhalten. Eine andere als die bisherige Reihenfolge der Lieferungen ist dadurch nothwendig, worauf ich zur Vermeidung von Irrungen aufmerksam zu machen mir erlaube. Da das ganze Werk vollständig vorliegt, so ist die pünktlichste Expedition zu erwarten. Auch kann, wo es gewünscht wird, die Bibliothek in rascherer Folge geliefert werden.

Eintritt in die Subscription kann zu jeder Zeit stattfinden.

Heidelberg, Februar 1882.

Georg Weiss.

Inhaltsverzeichniss
der

Philosophischen Bibliothek,

1. — 300. Lieferung.

		ℳ	₰
Aristoteles,	Dichtkunst, übersetzt von Prof. Ueberweg. II. Auflage.	—	75
—	Metaphysik, 2 Bde., übers. von J. H. v. Kirchmann	5	—
—	Ueber die Seele, übersetzt von J. H. v. Kirchmann	1	50
—	Nikomachische Ethik, übersetzt v. J. H. v. Kirchmann	2	50
—	Kategorien u. Hermeneutica, übers. v. J. H. v. Kirchmann	1	—
—	Erste Analytiken, übersetzt von J. H. v. Kirchmann .	1	—
—	Zweite Analytiken, übersetzt von J. H. v. Kirchmann	1	—
—	Politik	2	50
Baco v. Verulam,	Neues Organon, übers. von J. H. v. Kirchmann	2	50
Berkeley,	Abhandlung üb. d. Principien d. menschl. Erkenntniss. 2. Aufl.	1	—
Bruno, Giordano,	Von der Ursache, dem Princip und dem Einen . .	1	—
Cicero,	Ueber das höchste Gut und Uebel	3	—
—	Ueber die Natur der Götter	2	—
—	Akademia	1	50
Condillac,	Ueber die Empfindungen, übersetzt von Dr. Johnson .	1	50

Abbildung 27

HEGELS SÄMTLICHE WERKE

Unter Mitwirkung von **Dr. Otto Weiß**
herausgegeben von

Georg Lasson

Die immer dringenderen Wünsche weitester Kreise haben den unterzeichneten Verlag veranlaßt, dem Gedanken an eine

neue große kritische Hegelausgabe

näher zu treten. Die bisher im Rahmen der „Philosophischen Bibliothek" durch Georg Lasson besorgten Neuausgaben Hegelscher Schriften (Encyclopädie. 1905. — Phänomenologie. 1907. — Rechtsphilosophie. 1911) sollen weiter fortgeführt werden, wobei Herr Dr. Otto Weiß, der Herausgeber der im Verlage von Fritz Eckardt in Leipzig geplanten Gesamtausgabe, eine Reihe von Bänden übernommen hat, so daß durch das Zusammenarbeiten der beiden Herren ein schnelles Aufeinanderfolgen der Bände gesichert sein dürfte.

Die Bände werden in Halbfranz mit aufgedruckter Bandbezeichnung vorrätig gehalten; es kostet in dieser Ausführung Bd. V: M. 5.50, Bd. II und VI je M. 7.—.

Plan der Gesamtausgabe:

Bd. I. Einleitung. — Erste Schriften: Dissertation — Differenz — Glauben und Wissen.
„ II. Phänomenologie. Hrsg. v. Lasson. Preis M. 7.—.
„ III. und IV. Logik.
„ V. Encyclopädie. Hrsg. v. Lasson. Preis M. 5.50.
„ VI. Rechtsphilosophie. Hrsg. v. Lasson. Preis M. 7.—.
„ VII. Schriften zur Politik und Rechtsphilosophie: Verfassung Deutschlands — Verhandlungen der Württembergischen Landstände — Die Englische Reformbill — Die Behandlungsarten des Naturrechts — System der Sittenlehre. Hrsg. v. Lasson. Preis M. 9.—.
„ VIII. Philosophie der Geschichte.
„ IX. und X. Aesthetik. Herausgegeben von O. Weiß. (In Vorbereitung.)
„ XI. Religionsphilosophie.
„ XII. und XIII. Geschichte der Philosophie.
„ XIV. Kritiken, Gutachten, vermischte Aufsätze.
„ XV. Propädeutik, Encyclopädie 1817, Nachlaß, Register.

—————

◇◇ Änderungen in Einzelheiten behalten sich Herausgeber und Verlag vor. ◇◇

Abbildung 28/1

Zum Wiedererwachen des **Hegel-Studiums**

Das neu erwachte Interesse für die Philosophie Hegels verlangt gebieterisch nach einem Mittelpunkt. Besonders fühlbar ist — da es sich heute nicht um ein Bekenntnis zu seinem System handeln kann — der Mangel einer Stelle, wo alles urkundliche Material für Hegels Entwicklungsgeschichte und seine Biographie gesammelt wird, das sonst, in kurzen Artikeln und Notizen in den verschiedensten Zeitschriften zerstreut, dem Hegelforscher schwer zugänglich bleiben würde und also seinen wesentlichen Zweck nur unvollkommen erfüllen könnte. In diesem Sinne wird allen Hegelforschern das

HEGEL-ARCHIV

wertvoll und unentbehrlich sein, das seit dem Jahre 1912 in dem unterzeichneten Verlage erscheint. Es soll dazu dienen:

1. die kleineren Stücke aus der ungedruckten Hinterlassenschaft Hegels, Entwürfe, Rezensionen, Briefe, Notizen und dergl. zu sammeln;
2. zeitgenössische Beiträge zu seiner Biographie und zur Beurteilung seiner Lehre, Briefe an ihn und Berichte über ihn mitzuteilen;
3. eine Bibliographie der gegenwärtigen Hegel-Literatur und schließlich
4. Abhandlungen zum Verständnis Hegels und der Philosophie des deutschen Idealismus, Besprechungen darauf bezüglicher Werke u. dergl. aufzunehmen.

Die Herausgabe des Hegel-Archivs hat der bekannte Hegelforscher, **Georg Lasson,** dessen Name durch die verdienstvollen kritischen Neuausgaben dreier Hauptwerke Hegels allen Hegelfreunden wohlbekannt ist, übernommen.

Das Hegel-Archiv soll jährlich zwei Hefte im ungefähren Umfange von je 4—5 Bogen umfassen, die im Abonnement jährlich 6 M. kosten. Frei von schulmäßiger Befangenheit oder einseitigem Parteistandpunkt, ist das Hegel-Archiv bestrebt, zur besseren Erkenntnis des großen Denkers die Bausteine zu sammeln, und bittet darum alle Freunde deutscher Philosophie um Unterstützung durch Abonnement und möglichste Verbreitung im Kreise der Interessenten.

Bisher erschienen:

I, 1: **Hegels Entwürfe zur Enzyklopädie und Propädeutik,** nach den Handschriften der Harvard-Universität herausgegeben von Dr. J. Löwenberg. Mit einer Abhandlung des Herausgebers über „die jugendlichen Denkversuche Hegels". 1912. XXIV, 58 S. und Handschriftprobe. Einzelpreis M 3.40.

I, 2: **Neue Briefe Hegels und Verwandtes.** Mit Beiträgen von Dr. Ernst Crous, Franz Meyer, Dr. Hermann Nohl herausgegeben von Georg Lasson. 1912. IV, 64 S. Einzelpreis M 3.40.

II, 1: **Schellings Briefwechsel mit Niethammer** vor seiner Berufung nach Jena. Herausgeg. v. Dr. Georg Dammköhler. 1913. IV, 104 S. Einzelpr. M 4.—.

Bestellungen auf das Hegel-Archiv nimmt jede gute Buchhandlung entgegen; wo keine am Platze ist, auch der Verlag.

Zuschriften in Angelegenheiten des Hegel-Archivs wolle man an den Herausgeber Pastor Georg Lasson in Berlin NO 43, Am Friedrichshain 7 richten.

Der Herausgeber: **Georg Lasson.** — Der Verlag: **Felix Meiner** in Leipzig.

Abbildung 28/2

Vorrede.

Es ist eine erfreuliche Erscheinung, dass seit dem Zurücktreten der Hegel'schen Philosophie mit ihren unfassbaren Begriffen und dunkler Darstellungsweise unter den Gebildeten sich allmälig wieder ein Interesse für die Philosophie überhaupt zu regen beginnt und dass man dabei sich nicht mit Kompendien oder geschichtlichen Darstellungen abfertigen lässt, sondern unmittelbar nach den Quellen selbst verlangt. Die Philosophie hat allen Grund, dieses neu erwachende Interesse des gebildeten Publikums zu pflegen, da die Kluft, welche beide seit den letzten funfzig Jahren getrennt hat, keinem zum Vortheil gewesen ist.

Aus dem Gedanken, für die Ausfüllung dieser Kluft mitzuwirken, ist das gegenwärtige Unternehmen hervorgegangen. Die Absicht dabei ist, dem gebildeten Publikum die Hauptwerke der Philosophie alter und neuer Zeit in korrekten, bequemen und möglichst billigen Ausgaben auf die leichteste Weise zugänglich zu machen.

Was das Aeussere hierbei anlangt, so werden die ausgegebenen ersten Hefte zeigen, dass der Verleger das Möglichste geleistet hat; zumal, wenn man erwägt, dass es sich hier keineswegs blos um den mechanischen Wiederabdruck vorhandener Bücher handelt, sondern um neue selbständige und wissenschaftliche Bearbeitungen.

Für die innere Einrichtung ergiebt der Zweck, wonach das Werk weniger für den Fachgelehrten, als für das gebildete Publikum überhaupt berechnet ist, dass

Abbildung 29/1

VI Vorrede.

die in fremden Sprachen geschriebenen Werke nur in deutschen Uebersetzungen geboten werden dürfen, und zwar in neuen Uebersetzungen, wie sie der, für die philosophische Ausdrucksweise neuerlich so vorgeschrittenen deutschen Sprache entsprechen. Bei den ursprünglich deutschen Werken wird für einen möglichst korrekten Text gesorgt werden.

Sodann erscheint es aus demselben Grunde rathsam, die einzelnen Werke dem Publikum nicht so nackt zu bieten, wie sie die Verfasser unmittelbar für die Kenner der Wissenschaft bestimmt und veröffentlicht haben; sondern sachliche Erläuterungen zum leichteren Verständniss derselben beizufügen. Diese Erläuterungen werden, je nach den einzelnen Werken, entweder in Noten unmittelbar unter dem Text gegeben werden, oder, wo sie umfangreicher sind, ein selbständiges Heft für sich bilden, um den Gedankengang des Textes nicht auf zu lange zu unterbrechen. Es wird dabei vor Allem gestrebt werden, das Verständniss des Sinnes zu vermitteln; doch wird auch die Kritik nicht ganz ausgeschlossen bleiben, da das volle Verständniss nur durch Gegenüberstellung der verschiedenen Ansichten erreicht werden kann.

Aus gleichem Grunde ist der Sammlung im ersten Bande eine Einleitung in das Studium philosophischer Werke vorausgeschickt werden. Eine solche ist für den Laien unumgänglich nöthig, wenn er nicht mit den grössten Schwierigkeiten bei dem Lesen dieser Werke kämpfen soll oder mit einem Haufen verworrener und oberflächlicher Begriffe sich begnügen will, die ebenso schnell wieder verschwinden, wie sie in die Seele eingetreten sind.

Jede solche Einleitung kann nur von einem bestimmten philosophischen Standpunkte ausgehen. Hier ist dafür der realistische Standpunkt gewählt worden, da dieser dem gewöhnlichen Vorstellen der Gebildeten am verwandtesten ist und da er durch die ihm eigene beobachtende Methode am leichtesten vermag, den Laien in das Gebiet der philosophischen Begriffe einzuführen und für die Auffassung der verschiedenen Systeme empfänglich zu machen. Da es bei dieser Einleitung mithin weniger auf Begründung eines be-

Abbildung 29/2

stimmten Systems, als auf Orientirung des Lesers ankommt, so ist sie auf eine Darstellung der Begriffe und Gesetze des Wissens beschränkt worden. Die Gebiete des Seienden werden gelegentlich, je nach dem die einzelnen Werke dazu Anlass geben, nachgeholt werden.

Um dem Interesse, welches die grossen Werke der Philosophie für die Person ihrer Verfasser erwecken, zu genügen, werden kurze Schilderungen des Lebens und der Schriften derselben beigegeben werden.

Dagegen erscheint für eine solche Sammlung philosophischer Werke eine systematische oder chronologische Ordnung nicht nothwendig. Der Gebildete hat zu einem umfassenden Studium der Philosophie in der Regel weder Lust noch Zeit; vielmehr beginnt er gern mit dem, was seinem Denken und Fühlen am nächsten steht, oder dessen in seinem Kreise am meisten Erwähnung geschieht. Ein solcher, zum grossen Theil zufälliger Anfang hat auch kein Bedenken; denn nur so können die Schwierigkeiten, welche die Philosophie dem Anfänger bietet, am leichtesten überwunden werden, und sachlich verträgt es keine Wissenschaft mehr wie die Philosophie, an irgend einem beliebigen Punkte mit ihr anzufangen.

Auf den Wunsch des Verlegers beginnt die Bibliothek mit Kant's Kritik der reinen Vernunft. An sie schliesst sich unmittelbar die Ethik von Spinoza. Demnächst sollen die Meditationen von Descartes, die Theodicee von Leibnitz, das Novum Organum von Baco von Verulam, die Untersuchungen über den menschlichen Verstand von Locke und Hume, das Werk von Hobbes: De Cive, der Staat von Plato und die Politik von Aristoteles, so wie Einzelnes von Fichte und Schleiermacher folgen. Auch ist die Absicht, einige Hauptwerke aus der Zeit der Scholastiker aufzunehmen und überhaupt in der Auswahl der Werke die sich kundgebenden Wünsche des Publikums zu berücksichtigen.

Berlin, im September 1868.

v. Kirchmann.

Abbildung 29/3

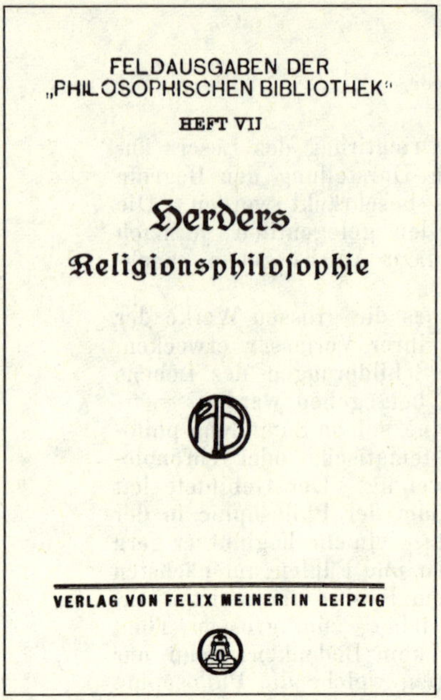
FELDAUSGABEN DER
„PHILOSOPHISCHEN BIBLIOTHEK"
HEFT VII
Herders
Religionsphilosophie
VERLAG VON FELIX MEINER IN LEIPZIG

Abbildung 30

TASCHENAUSGABEN DER
„PHILOSOPHISCHEN BIBLIOTHEK"
HEFT 16
Goethe
Naturphilosophie
VERLAG VON FELIX MEINER IN LEIPZIG

Abbildung 31

TASCHENAUSGABEN DER
»PHILOSOPHISCHEN BIBLIOTHEK«
HEFT 66
Lotze
Die Ideenwelt
Sonderausgabe aus
Hermann Lotze: Logik
VERLAG VON FELIX MEINER IN LEIPZIG

Abbildung 32

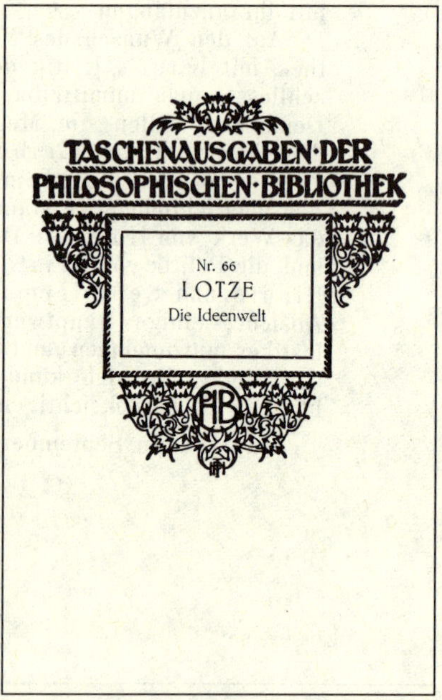
TASCHENAUSGABEN·DER
PHILOSOPHISCHEN·BIBLIOTHEK
Nr. 66
LOTZE
Die Ideenwelt

Abbildung 33

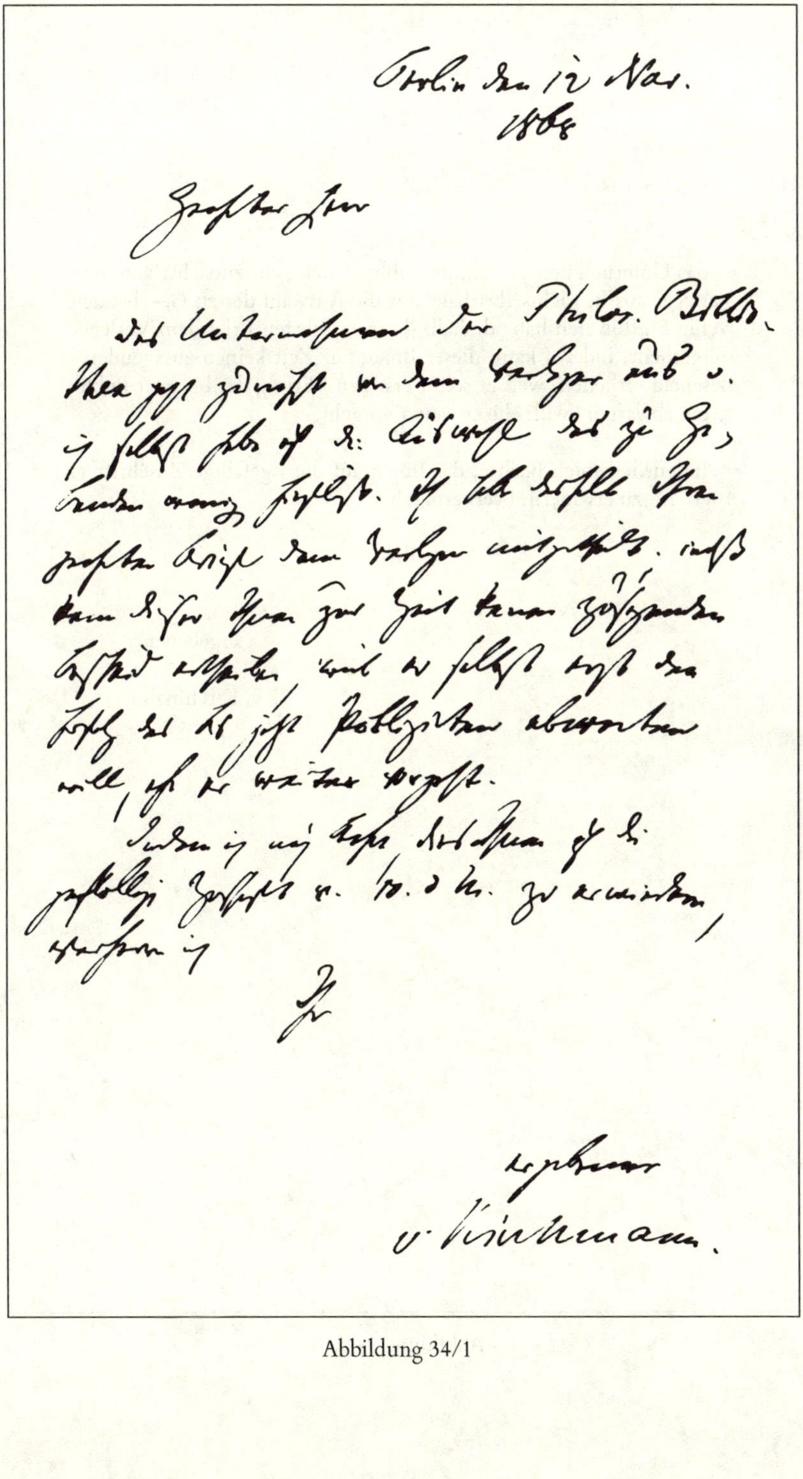

Berlin den 12 Nov.
1868

Geehrter Herr

Das Unternehmen der Philos. Biblio-
thek geht zunächst von dem Verleger aus u.
ich selbst habe nur die Aufsicht des zu Ge-
[illegible] befolgt[?]. Ich habe deshalb Ihren
geehrten Brief dem Verleger mitgetheilt. indeß
kann dieser Ihnen zur Zeit keinen zusagenden
Bescheid ertheilen, weil er selbst erst den
Erfolg der bis jetzt Publizirten abwarten
will, ehe er weiter vorgeht.
Indem ich mich[?] [illegible] die
gefällige Zuschrift v. 10. d. M. zu erwidern[?],
verharre ich

Ihr

ergebener
v. Kirchmann.

Abbildung 34/1

Berlin den 12 Nov.
1886

Geehrter Herr

das Unternehmen der Philos. Biblio- | thek geht zunächst von dem Verleger aus u. | ich selbst habe auf die Auswahl des zu Ge- | benden wenig Einfluß. Ich habe deshalb Ihren | geehrten Brief dem Verleger mitgetheilt; indeß | kann dieser Ihnen zur Zeit keinen zusagenden | Bescheid ertheilen, weil er selbst erst den | Erfolg des bis jetzt Publizirten abwarten | will, ehe er weiter vorgeht.

Indem ich mich beehre, das Ihnen auf die | gefällige Zuschrift v. 10. d. M. zu erwidern, | verharre ich

Ihr

ergebener

v. Kirchmann.

Abbildung 34/2

2. Bibliographie der PhB, Neuen PhB, FA und TA von 1868 bis Juni 1985

2.1 Die wichtigsten bibliographischen Termini

Auflage	(Aufl.): Bezeichnet hier – im Gegensatz zu der geläufigen, am Verlagsrecht orientierten Definition – alle Drucke einer Ausgabe, die eine gemeinsame Auflagenbezeichnung tragen bzw. als unveränderter Nachdruck eines vorhergehenden Druckes bzw. einer vorhergehenden Auflage gekennzeichnet sind. Ein Band ist aber immer einer Auflage zugehörig.
Ausgabe	(Ausg.): Alle Exemplare eines im wesentlichen im gleichen Textzustand befindlichen, gedruckten Werkes mit im wesentlichen gleichen Beigaben (z. B. Einleitung, Anmerkungen, Erläuterungen, Register). Eine Ausgabe als die buchhafte und ggf. mit Beigaben versehene Präsentation eines oder mehrerer Texte eines Autors oder mehrerer Autoren besteht aus einem oder mehreren (Buchbinder-)Bänden und bezeichnet die betr. Textpräsentation in seiner von Herausgeber und Verlag festgelegten Gestalt, von der *Exemplare* einer Ausgabe abweichen können. Hier kann mit ›Ausgabe‹ auch jeder unter einer eigenen Ausgabensigle beschriebene Band der PhB bezeichnet sein, womit ›Ausgabe‹ dann eher einen engen bibliographischen, weniger philologischen Begriff meint. (Zur ›Ausgabe‹ siehe auch Kap. 1.5.5.)
Band	(Bd): Bezeichnet immer 1 Buch als Buchbinder-Einheit, sei es 1 Buch einer Ausgabe oder nur ein Teil einer mehrbändigen Ausgabe.
Erscheinungsvermerk	Angabe von Ort, Verlag und ggf. Jahr auf dem Titelblatt (bzw. den Titelblättern).
Exemplar	(Ex.): Bezeichnet das körperlich vorhandene Buch, das von der festgelegten Gestalt einer Ausgabe abweichen kann (z. B. durch fehlende Seiten, Schildchen über dem gedruckten Erscheinungsvermerk etc.).
Sammelausgabe	(Sammelausg.): Aus einem Band oder mehreren Bänden bestehende und mit (einem) Gesamttitelblatt (-blättern) versehene Ausgabe, wobei der Band (die Bände) selbst wieder aus für sich selbständigen

Ausgaben (unter Weglassung der Broschuren oder Umschläge) besteht (bestehen).

Eine *feste* Sammelausgabe enthält in allen ihren Exemplaren immer die gleichen Teile (= für sich selbständige Ausgaben) in derselben Auflage. Eine *unfeste* Sammelausgabe hat in verschiedenen Exemplaren unter demselben (denselben) Gesamttitelblatt (-blättern) verschiedene Teile (= für sich selbständige Ausgaben).

Irreguläre Exemplare von Sammelausgaben sind Sammelausgaben-Exemplare, deren Teile zueinander zeitlich inkongruente Auflagen sind und die mit den gegebenen Teilen so nicht vom Verlag verkauft worden sind.

(Ist man der Ansicht, von Ausgaben könne es nur defekte, aber keine irregulären Exemplare geben, so handelt es sich bei den hier gemeinten irregulären Exemplaren um Sammelbände: private Zusammenstellungen unter Verwendung von Gesamt-Titelblättern.)

(Zur Sammelausgabe siehe auch S. 213 f.)

Schildchenexemplare — (Schildchenex.): Exemplare, bei denen der auf dem Titelblatt (den Titelblättern) gedruckte Erscheinungsvermerk mit einem Schildchen überklebt ist, das den Erscheinungsvermerk des neuen Verlags trägt. Siehe auch hier S. 192 f. mit Anm. 35.

Titelauflage — (Titelaufl.): Ein Band bzw. eine Ausgabe, bei dem/der ein älterer Buchblock (u. U. eines früheren bzw. anderen Verlages) mit einem neuen (vor den alten, um das vorige Titelblatt verringerten, Buchblock geklebten) Titelblatt (des neuen Verlags) versehen wurde. Im Gegensatz zum gängigen Begriff der Titelausgabe ist hier für die Titelauflage immer das Titelkartonblatt konstitutiv.

(Zur Titelauflage siehe auch S. 190 ff.)

Verlagsbroschur — (Vlgsbroschur): Der Karton- oder Papierumschlag, mit dem der Verlag Exemplare einer Ausgabe oder einer Lieferung versah.

Werk — Text eines Autors (oder gemeinsamer Text mehrerer Autoren) unabhängig von der konkreten Präsentationsform dieses Textes in einer Ausgabe. Bezeichnet hier alle unter einer gemeinsamen Autor- und Titelnummer stehenden Ausgaben und wird z. T. mit ›Titel‹ synonym gebraucht.

2.2 Regelwerk zur Bibliographie

Die Bibliographie verzeichnet alle von 1868 bis zum 30. Juni 1985 in der PhB erschienenen Bände. Zum Aufbau der Bibliographie siehe auch Register 3.5.

Um dem komplexen Material und den daraus resultierenden Schwierigkeiten der bibliographischen Verzeichnung gerecht zu werden, wurde ein eigener Beschreibungsmodus entwickelt, der diplomatische Titelseitentext-Wiedergabe mit prägnanter Wiedergabe von Änderungen des Titelseiten-Textes kombiniert.[1] Da die Verzeichnung autoptisch erfolgt ist, werden auch Besitznachweise der vorgelegenen Buchexemplare gegeben, was zur Überprüfung der bibliographischen Verzeichnung ebenso dient wie einer Nutzung der Bibliographie als Katalog.

Eine bibliographische Beschreibungseinheit (eines Bandes) hat in der Regel (von oben nach unten) fünf bzw. sieben Teile:

1. Ausgabensigle
2. Besitznachweise von Exemplaren (rechtsbündig in derselben Zeile wie die Ausgabensigle)
3. bibliographische Kurznotation mit Bemerkungen: nur bei mehrbändigen Ausgaben, Sammelausgaben und nicht autoptisch belegten Ausgaben
4. diplomatische Wiedergabe des Titelseitentextes
5. Kollation
6. Bemerkungen
7. Band-Übersicht: nur bei mehrbändigen Ausgaben und (auch einbändigen) Sammelausgaben.

Ad 1. Die Ausgabensigle

Die Ausgabensigle besteht aus drei, jeweils durch Punkte abgetrennten Zahleneinheiten:

1. der *Autorsigle* (die auch durch Register 3.5 zu entschlüsseln ist);
2. der *Textsigle* (sie beginnt bei jeder Autorsigle jeweils wieder mit 1; ebenfalls durch Register 3.5 zu entschlüsseln);[2]
3. einem numerus currens, der bei jeder neuen Textsigle bei 1 beginnt und die Ausgaben des betr. Werkes durchzählt.

[1] In, durch ein bibliothekarisches Regelwerk entstandenen, Katalogisaten sind z. B. die Ausg. 3.2.4–5 und 88.12.3–4 nicht unterschieden.

[2] Zur Vergabe von Autor- und Textsigle siehe auch S. 944.

Bei einbändigen Ausgaben folgt direkt dahinter (zur schnelleren Identifikation des jeweiligen Bandes):

4. das *Erscheinungsjahr* des betr. Bandes. Es ist in der Regel der (Haupt-) Titel- oder Impressumseite entnommen, muß aber nicht immer das tatsächliche Erscheinungsjahr der Auflage sein.[3]
   Steht die Jahresangabe der Ausgabensigle in runden Klammern: ( ), so ist sie erschlossen;[4] ist sie spitz geklammert: ‹ ›, dann steht sie auf der Titelseite der betr. Auflage auch in Klammern und ist immer rückdatiert.[5]
5. die *PhB-Band-Nummer* (auch kurz: PhB-Nr). Steht sie in runden Klammern, so ist sie erschlossen;[6] steht sie in eckigen Klammern, so handelt es sich um einen Sonderfall.[7]

Beispiel: Die erweiterte Ausgabensigle 3.4.4.1921.5 bedeutet:

3 (Autorsigle):	Aristoteles
4 (Textsigle):	Nikomachische Ethik
4 (numerus currens):	4. Ausgabe der Nikomachischen Ethik in der PhB
1921 (Erscheinungsjahr):	1921 (da ungeklammert: dem Band selbst entnommen)
5 (PhB-Band-Nr):	PhB 5

Feldausgaben und Taschenausgaben der PhB haben ebenso wie die zwei Ausgaben der Neuen PhB verkürzte Ausgabensiglen (für die Feld- und Taschenausgaben siehe die Vorbemerkungen zu 2.5 und 2.6).

In Text und Bibliographie des vorliegenden Werkes fungiert die (dreigliedrige) Ausgabensigle als Fundstellennachweis einer Ausgabe.

Ad 2. Besitznachweise von Exemplaren

In derselben Zeile wie die (linksbündige) Ausgabensigle beginnt für die bis incl. 1975 erschienenen Ausgaben rechtsbündig[8] die Auflistung der Besitznachweise der eingesehenen Exemplare. Die Besitznachweise werden in Form von Bibliothekssiglen der deutschen Bibliotheksfernleihe gegeben (meist Ziffern) und sind aufzulösen durch:

– Staatsbibliothek Preußischer Kulturbesitz, Deutsches Bibliotheksinstitut: Siglenverzeichnis für die Bibliotheken der Bundesrepublik Deutschland ein-

[3] Z. B. nicht bei den rückdatierten Dürr'schen und Meiner'schen Titelaufl., wie 3.4.2, 3.6.2, 16.1.2, 21.2.4. Vgl. dazu S. 191 ff.

[4] Z. B. 3.3.3, 87.1.3.

[5] Z. B. 3.2.3, 3.3.4, 77.24.4.

[6] Z. B. 29.7.1, 29.14.1.

[7] Bei 78.7–8 z. B. um einen Auszug aus der betr. PhB-Nr.

[8] Dafür waren herstellungstechnische Gründe maßgebend.

schließlich Berlin (West). Stand: 1986. Berlin: Deutsches Bibliotheksinstitut 1987.

- Sigel-Liste der Bibliotheken der Deutschen Demokratischen Republik. Herausgeber: Institut für Leihverkehr und Zentralkataloge bei der Deutschen Staatsbibliothek Berlin. Verantwortlicher Redakteur: Gisela Müller. Stand vom 1.6.1974. 5., erweiterte Auflage. Berlin: Deutsche Staatsbibliothek 1975.

Einige, in den genannten Verzeichnissen nicht aufgeführte, heute nicht mehr verwendete Siglen finden sich in:

- Deutscher Gesamtkatalog. Hrsg. von der Preussischen Staatsbibliothek. Band IX (B-Bailey). Berlin: Preussische Druckerei und Verlags-Aktiengesellschaft 1936. Bl. 4a.

Daneben bedeutet:

A: Archivexemplar des Felix Meiner Verlages
P: Privatexemplar (nicht im Besitz einer öffentlichen Bibliothek).

Die in runden Klammern hinter der Sigle 38 (Universitäts- und Stadtbibliothek Köln) stehende ›401‹ bezeichnet die Bibliothek des Philosophischen Seminars der Universität Köln.

In einigen Fällen werden mehrere Exemplare in einer Bibliothek durch Indizes an der Bibliothekssigle unterschieden.[9]

Die Besitznachweise sind mehr oder weniger willkürlich und geben keinen Hinweis auf die Häufigkeit oder die Verteilung von Exemplaren einer Ausgabe in deutschen Bibliotheken. Es sind die Besitznachweise ausschließlich derjenigen Exemplare mitgeteilt, die dem Bearbeiter dieser Bibliographie körperlich vorlagen; im anderen Fall ist dies vermerkt.

Da (aus Gründen des Umfanges) keine Signaturen mitgeteilt sind, kann in einzelnen Fällen das Auffinden dieser Exemplare in den angegebenen Bibliotheken schwierig sein: z. B. wenn (1.) es in dieser Bibliothek mehrere Exemplare derselben Ausgabe gibt oder (2.) das betr. Exemplar Teil einer Sammelausgabe ist, ohne daß der Katalog der betr. Bibliothek dies ausweist, oder (3.) Ausgaben ohne Jahresangaben im Bibliothekskatalogisat anders datiert sind als hier. In jedem Fall aber lag dem Bearbeiter dieser Bibliographie ein Exemplar aus der betr. Bibliothek vor.

Die Besitznachweise beziehen sich immer auf die entsprechende, (durch diplomatische Textwiedergabe beschriebene) Ausgabe, nicht auf einen in den Bemerkungen zu dieser Ausgabe angegebenen Druck.

Schließlich sei darauf hingewiesen, daß vormals eingesehene Bibliotheksexemplare inzwischen im Einzelfall abgängig sein können, z. B. durch Verlust oder weil (z. B. private) Bestände aus einer (öffentlichen) Bibliothek ausgegliedert wurden. Oder die Exemplare haben sich verändert, indem z. B. durch

[9] Z. B. bei 29.1.

Neubindung der ehemalige (Orig.-)Einband, Verlagsbroschuren, PhB-Kataloge, Anzeigenblätter u.ä. verschwanden.[10]

Ad 3. Nur bei mehrbändigen Ausgaben, Sammelausgaben und nicht autoptisch belegten Ausgaben: bibliographische Kurznotation mit Bemerkungen

Um dem Benutzer das Zusammensuchen der wichtigsten Daten einer mehrbändigen oder einer Sammel-Ausgabe zu ersparen, ist bei solchen Ausgaben unter der Ausgabensigle zunächst eine bibliographische Kurznotation gegeben. Sie enthält: Titel der Ausgabe, Namen der Übersetzer, Herausgeber u. a., Angabe der Bandzahl, Ort, Verlag, Jahr (bei Sammelausgaben werden die 3 letztgenannten ggf. für die Titelseiten der Teile wie für die Gesamttitelseiten gegeben), PhB-Nrn (z. B. 3.5.1, 50.1.1–9).

Es folgen ggf. Bemerkungen zu dieser Ausgabe.

Bei Ausgaben, die nicht autoptisch belegt werden konnten, steht anstelle der diplomatischen Wiedergabe des Titelseitentextes eine bibliographische Kurznotation (meist mit Seitenkollation).

Ad 4. Die diplomatische Wiedergabe des Titelseitentextes

Diplomatisch wiedergegeben werden sowohl der Text aller Titelseiten incl. der Schmutztitelseite (immer jeweils vollständig) als auch – soweit es der bibliographischen Identifizierung dient – aus der Impressumseite. Dabei steht links jeweils die betr. Seitenzahl, rechts davon die diplomatische Wiedergabe des Textes der betr. Seite. Bei (ein- oder mehrbändigen) Sammelausgaben[11] wird jeweils nur der Text der Gesamttitelseite(n) wiedergegeben. Die Titelseiten der *Teile* dieser Ausgabe sind diplomatisch unter den Stücktiteln wiedergegeben.

Zur *Seitenangabe:* Ist die Seitenzahl (eckig) geklammert, so ist sie erschlossen (ist also auf der betr. Seite nicht gedruckt). Bei Blatt-Angaben ist die Angabe ›a‹ und ›b‹ (für Vor- bzw. Rückseite) direkt angeschlossen; z. B. ist ›Bl. 1, S. a‹ hier als ›Bl. 1a‹ notiert.

Zur *diplomatischen Textwiedergabe:* Diese beginnt mit der Haupttitelseite; es folgen die Seiten entsprechend ihrer Wichtigkeit (z. B. Reihentitel, Impressumseite etc.). Von der Impressumseite wird nur das an Text wieder- oder angegeben, was zur Identifizierung der Ausgabe oder bibliographisch wichtig ist,

[10] Siehe z. B. 33.1.2.

[11] Siehe dazu S. 213 f. und 273 f.

z. B. die Angabe der PhB-Nr und Ausgaben-/Auflagenhinweise. Auslassungen beim Text der Impressumseite werden durch drei in eckigen Klammern gestellte Punkte gekennzeichnet. In der Bibliographie der Feld- und Taschenausgaben sind *alle* Zeilen der Impressumseite (Titelblattrückseite) wieder- oder angegeben.

Die diplomatische Wiedergabe erfolgt zeilengetreu; ein Zeilenbruch ist durch einen einfachen senkrechten Strich: | wiedergegeben; waagerechte Leisten aller Art, auch zwei waagerechten Leisten direkt untereinander, sind durch zwei senkrechte Striche: || wiedergegeben. Solche Leisten zählen also nicht als Zeilen (siehe dazu auch unten).

Schriftarten werden in Schriftgröße 9˙/11˙ wie folgt wiedergegeben:

– Normalschrift	als Normalschrift
– Fraktur	als Normalschrift (Antiqua)
– Kursive	als Kursive
– Majuskeln, Kapitälchen (mit oder ohne Anfangsversalie)	als Kapitälchen ohne Anfangsversalie
– Sperrung	ist nicht wiedergegeben
– halbfett, fett	ist nicht wiedergegeben
– Zierrat, z. B. o, ⌑, ✧	sind wiedergegeben und gelten als Zeilen (zu waagerechten Leisten siehe oben im 2. Absatz)
– Verlags- und Reihensignete	sind in eckigen Klammern genannt und gelten als Zeilen

Text vom Bearbeiter der Bibliographie steht in eckigen Klammern. Runde Klammern im Titelseitentext werden auch als runde Klammern wiedergegeben, eckige Klammern als spitze.[12]

Um dem Benutzer der Bibliographie die Möglichkeit zu geben, Änderungen (im Rahmen der o. g. Schriftartenwiedergabe) im Titelseitentext der nachfolg. Ausgabe sofort zu erkennen, sowie um die Wiedergabe des Titelseitentextes der nachfolg. Ausgabe zu verkürzen und Wiederholungen zu vermeiden, wird die diplomatische *Wiedergabe* des *Textes* dann ausgesetzt, wenn in einer nachfolg. Ausgabe Zeilen auf einer Seite mit Zeilen auf der entsprechenden Seite[13] der vorhergehenden Ausgabe im Rahmen der oben gegebenen Schriftarten-Wiedergabe identisch sind. Solche Zeilen einer nachfolg. Ausgabe werden nicht im Text wiedergegeben, sondern als solche gekennzeichnet, und zwar

1. als ›Z. 1–3 ebs.‹, wenn die Zeilen 1–3 einer Seite mit den Zeilen 1–3 der selben Seite der vorhergehenden Ausgabe (im Rahmen der o. g. Schriftar-

[12] Z. B. bei 10.14.1, 29.28.3, 89.1.1.

[13] Die Entsprechung von Seiten zweier Ausg. regelt sich nach der *Funktion* von Seiten, nicht nach der Seiten*zählung*.

ten-Wiedergabe) identisch sind.[14] Sind dieselben Seiten textidentisch, so ist dies mit ›ebs.‹ angezeigt.[15]

2. als ›Z. 8–10 wie vorh. Z. 9–11‹, wenn die Zeilen 8–10 dieser Seite mit den Zeilen 9–11 der selben Seite der vorhergehenden Ausgabe (im Rahmen der o.g. Schriftarten-Wiedergabe) identisch sind.[16]
3. als ›Z. 1–11 wie vorh. auf S. III‹, wenn die Zeilen 1–11 einer Seite mit den Zeilen 1–11 der Seite III der vorhergehenden Ausgabe (im Rahmen der o.g. Schriftarten-Wiedergabe) identisch sind.[17] Entsprechendes gilt für textidentische, aber verschieden gezählte Seiten.[18]
4. als ›Z. 3–5 wie vorh. Z. 1–3 auf S. III‹, wenn die Zeilen 3–5 einer Seite mit den Zeilen 1–3 der Seite III der vorhergehenden Ausgabe (im Rahmen der o. g. Schriftarten-Wiedergabe) identisch sind.[19]

Waagerechte Leisten gelten dabei nicht als Zeilen, werden aber berücksichtigt: Sind z. B. die Zeilen 1–3 des Titelseitentextes einer nachfolg. Ausgabe mit den Zeilen 1–3 der selben Seite der vorhergehenden Ausgabe zwar identisch, ist aber in der nachfolg. Ausgabe eine waagerechte Leiste nach/unter Zeile 1 hinzugekommen, so heißt es in der diplomatischen Wiedergabe der nachfolg. Ausgabe nicht: ›[Z. 1–3 ebs.]‹, sondern: ›[Z. 1 ebs.] || [Z. 2–3 ebs.]‹; entsprechend, wenn eine waagerechte Leiste in der nachfolg. Ausgabe weggefallen ist.[20]

Die Feststellung, daß Zeilen von entsprechenden Seiten zweier Ausgaben identisch sind, betrifft also nur den Text dieser Zeilen im Rahmen der o. g. Schriftarten-Wiedergabe; die tatsächliche Gestaltung von Zeilen bzw. Seiten kann (durch Typengröße, fette/halbfette Type, Sperrung, Verteilung der Zeilen etc.) sehr verschieden sein.

Um das Lesen der Titelseitentext-Wiedergabe zu erleichtern, wird von den genannten Regeln bei textidentischen Zeilen abgewichen, wenn in *einer einzigen* Zeile auf der entsprechenden Seite einer nachfolg. Ausgabe

1. entweder nur ein einziges Wort steht, das weder ein Name noch ein Substantiv ist,[21] oder
2. nur ein Verlags- oder Reihensignet steht.

In diesen beiden Fällen wird diese 1 Zeile der nachfolg. Ausgabe diplomatisch wiedergegeben bzw. mit ›[Vlgssignet]‹ oder ›[Reihensignet]‹ angegeben.

[14] Z. B. 7.2.2, 7.2.4.

[15] Z. B. Bl. 1b und 2b von 7.1.2, Seite I von 8.1.2, S. I–III von 17.1.4.

[16] Z. B. 7.2.3.

[17] Z. B. 3.2.8, 10.19.2.

[18] Z. B. Bl. 1a von 3.2.8, Seite I von 36.9.7.

[19] Z. B. 3.4.2, 33.1.2, 52.14.3.

[20] Z. B. 10.9.2, 10.22.2, 60.3.3.

[21] Z. B. ›der‹, ›von‹, ›und‹, ›durch‹.

Ist eine solche Zeile mit noch einer oder mehreren Zeilen der entsprechenden Seite der vorhergehenden Ausgabe identisch, so wird von der genannten Ausnahmeregelung abgewichen und wie oben beschrieben verfahren.

Die Aussetzung der diplomatischen Wiedergabe des Textes von Seiten erfolgt nur *innerhalb eines Werkes* (Teil 3 der Ausgabensigle) und bezieht sich nur auf den jeweils vorhergehenden Band (nicht z. B. auf die vorhergehende Seite *desselben* Bandes). Bei mehrbändigen Ausgaben wird der Titelseitentext von *Band 1* jeweils immer vollständig diplomatisch wiedergegeben.[22]

Als Beispiele für die genannten Regelungen können die diplomatischen Textwiedergaben der in Kap. 1.7 abgebildeten PhB-Titelseiten dienen.

Ad 5. Die Kollation

Die Seitenkollation gibt den vollständigen Umfang der Seiten eines Buches. Ist eine Seitenzählung im Buch vorhanden (= Paginierung), aber unvollständig, so wird sie 1. nach vorne hin oder 2. zum Ende des Buches hin ergänzt:

1. Nach vorne wird eine unvollständige Paginierung römisch bzw. arabisch ergänzt. Bei Titelauflagen[23] wird das Titelkartonblatt aber immer als Blatt gezählt,[24] ebenso wie Titelblätter von Sammelausgaben.[25] Unfoliierte Blätter vor den römisch oder arabisch paginierten Seiten bzw. vor der 1. Seite der (römisch oder arabisch) ergänzten Seitenzählung werden als Blätter gezählt.
2. Unpaginierte Seiten am Ende eines Bandes werden nur dann (arabisch) mit-/weitergezählt, wenn ihr Inhalt zum Text/Werk der betr. Ausgabe gehört;[26] im anderen Fall werden sie am Ende eines Bandes als Blätter gezählt.[27]

Daß eine Seite unpaginiert ist, wird nur dann durch eckige Klammern angezeigt, wenn die Ergänzung der Seitenzählung nach *vorne* nicht bei 1 oder I endet. [28]

Vorder- und Rückseite eines Blatt werden mit ›a‹ und ›b‹ wiedergegeben, z. B. ›Bl. 1a‹, ›Bl. 2b‹.

Auf die Nennung von Abbildungen u.ä. wurde verzichtet.

[22] Im anderen Fall hätte man z. B. bei Kants WW 19 Bde und durch 3 mehrbändige WW-Ausg. zurückgehen müssen, um zu erfahren, wie die Zeilen 1–5 lauten.

[23] Siehe dazu S. 190 ff. und 274.

[24] Z. B. 21.2.2: 1 Bl., S. [V]–VIII, 83 S. (nicht: S. [III]–VIII, 83 S.); 33.1.2: 1 Bl., S. [V]–XII, 503 S. (nicht: S. [III]–XII, 503 S.).

[25] Z. B. 3.1, 3.5, 52.2.

[26] Z. B. bibliographische Hinweise, Register(ende), Druckfehlerverzeichnis.

[27] wenn sie Verlagsanzeigen enthalten oder weiß sind.

[28] Z. B. 3.4.7: S. [III]–LXII, 450 S., 1 Bl.; 7.2.7: S. [III]–XV, 149 S.

Bei Blatt-Angaben wird ggf. in runden Klammern angegeben, was das Blatt/die Blätter enthält/enthalten.[29] Steht – vor allem am Ende einer Seitenkollation – eine Blatt-Angabe ganz in runden Klammern, so besitzen nicht alle vorgelegenen und durch Besitznachweise angegebenen Exemplare der betr. Ausgabe diese Blätter (bzw. es ist fraglich, ob diese Blätter – meist mit Verlagsanzeigen – zum Buchblock gehören oder nicht).[30]

Bei Sammelausgaben wird keine Seitenkollation gegeben.

Ad 6. Bemerkungen

Die in kleinerer Type gesetzten Bemerkungen beziehen sich entweder auf die Ausgabe oder auf den Band bzw. die Exemplare dieser Ausgabe und betreffen das bibliographisch Wichtige oder Interessante, in wenigen Fällen auch Philologisches.

Die hierbei angegebenen Bibliographien und bibliographischen Kataloge sind in den gängigen Abkürzungen zitiert.[31]

Die Exemplare werden nur durch die Bibliothekssigle notiert; es heißt also nicht z. B.: ›Das Ex. aus 17‹, sondern: ›Ex. 17‹.

Angegeben werden hier auch z. B. ungekennzeichnete Nachdrucke (siehe dazu auch unten), Mischauflagen und verschiedene Drucke – soweit ermittelt –, bei seltenen Ausgaben hin und wieder auch bibliographische Nachweise. Wo sinnvoll oder nötig, wurden auch Angaben zu Beigaben (z. B. PhB-Katalogen) oder Einband gemacht.

Ad 7. Nur bei mehrbändigen Ausgaben und (auch einbändigen) Sammelausgaben: Band-Übersicht

Bei mehrbändigen Ausgaben und (auch einbändigen) Sammelausgaben folgt eine tabellarische Übersicht über die Teile des Bandes/der Bände.

Ggf. folgen Bemerkungen zu Exemplaren.

Weitere Hinweise

Unter eigener Ausgabensigle wird jede Ausgabe/Auflage verzeichnet, die sich durch die für eine Ausgabe oder Auflage wesentlichen Kriterien,[32] den Text

[29] Z. B. 10.22.1: 2 Bl. (jw. bds. Vlgsanz.); 10.22.3: 2 Bl. (jw. bds. weiß).

[30] Z. B. 77.16.2: 1 Bl., 91 S., (1 Bl., bds. Vlgsanz.); 90.3.1: VIII, 374 S., (1 Bl., bds. Vlgsanz.).

[31] Siehe Kap. 1.6.3.

[32] Siehe S. 273.

der Titelseite(n), den für eine Ausgabe/Auflage wichtigen Text der Impressumseite sowie der Seitenkollation von anderen PhB-Ausgaben oder -Auflagen desselben Werkes unterscheidet.

Ungekennzeichnete Nachdrucke, die in allen genannten Kriterien mit der vorhergehenden Ausgabe/Auflage identisch sind, werden – soweit bekannt – in den Bemerkungen der betr. (vorhergehenden) Ausgabe/Auflage genannt.

Bände, bei denen der eingedruckte Erscheinungsvermerk der Titelseite mit einem Schildchen mit neuem Erscheinungsvermerk überklebt ist (sogenannte Schildchenexemplare[33]), gelten als Exemplare, nicht als Ausgaben, und werden bei der entsprechenden Ausgabe in den Bemerkungen verzeichnet.

Mischauflagen und verschiedene Drucke derselben Ausgabe/Auflage, die in allen genannten Kriterien identisch sind, werden – soweit ermittelt – ebenfalls in den Bemerkungen mitgeteilt.

Ist in der diplomatischen Textwiedergabe ein Verlagssignet angegeben,[34] so handelt es sich – bis auf eine Ausnahme[35] – um das Verlagssignet des Verlages des jeweiligen Bandes;[36] bei PhB-Bänden der Dürr'schen Buchhandlung gibt es zwei verschiedene Verlagssignets.[37]

Ist in der diplomatischen Textwiedergabe ein Reihensignet angegeben, so handelt es sich immer um das PhB-Signet,[38] das erst 1911 durch Felix Meiner eingeführt wurde.

Zum Kriegsausfuhrzeichen bei PhB-Bänden siehe S. 188 f.

33 Siehe S. 189–195, 274.

34 als: ›[Vlgssignet]‹.

35 11.1.4.

36 In der überwiegenden Mehrzahl bei den Verlagen Eckardt und Dürr'sche Buchhandlung. Die PhB-Bde der Verlage Heimann, Koschny, Weiss, Salinger und Meiner tragen kein Verlagssignet.

37 Siehe S. 64 mit Anm. 35.

38 Siehe S. 184 ff.

1.
Jean Le Rond d'Alembert
1717–1783

1.1. Einleitung zur Enzyklopädie von 1751

1.1.1.1912.140a A, 6, 25, 31, 38, 61, 291

[III] D'Alembert | Einleitung in die französische | Enzyklopädie von 1751 | (Discours préliminaire) | o | Herausgegeben und erläutert | von | Dr. Eugen Hirschberg | (I. Teil: Text) | [Reihensignet] | Der Philosophischen Bibliothek | Band 140a | Leipzig · Verlag von Felix Meiner · 1912

[I] Philosophische Bibliothek | Band 140a | D'Alembert

XXIII, 164 S., (2 Bl., jw. bds. Vlgsanz.)

Den Tl II bilden als PhB 140b die ›Erläuterungen zu d'Alemberts Einleitung in die französische Enzyklopädie von 1751‹ von Hirschberg, siehe 39.1.
Ex. 31 hat auf S. [III] unter den Erscheinungsvermerk ein Kriegsausfuhrzeichen gestempelt.

1.1.2.1955.242 A, 38, 43, 61, 121, 361

[III] D'ALEMBERT | *Einleitung* | *zur Enzyklopädie* | *von 1751* | HERAUSGEGEBEN UND EINGELEITET VON | ERICH KÖHLER | MCMLV | FELIX MEINER VERLAG | HAMBURG

[IV] DER PHILOSOPHISCHEN BIBLIOTHEK BAND 242 | *Aus dem Französischen:* ANNEMARIE HEINS | *1955*

[II] D'ALEMBERT | *Discours Préliminaire* | *de l'Encyclopédie* | *(1751)* | MCMLV | FELIX MEINER VERLAG | HAMBURG

[I] [Reihensignet]

XXIX, 270 S.

1.1.3.1975.242 A, 61, 385

[III] JEAN LEROND D'ALEMBERT | Einleitung | zur Enzyklopädie | (1751) | Herausgegeben | und eingeleitet von | [Z. 7 wie vorh. Z. 6] | [Z. 8–9 ebs.]

[IV] PHILOSOPHISCHE BIBLIOTHEK BAND 242 | [4 Z. Aufl.-Hinweise] | 1975 Zweite, durchgesehene Auflage

[II] JEAN LEROND D'ALEMBERT | Discours Préliminaire | de l'Encyclopédie | (1751) | [Z. 5–6 wie vorh. Z. 6–7]

[I] [ebs.]

XXIX, 270 S., 2 Bl. (Bl. 1 weiß; Bl. 2 bds. Vlgsanz.)

2.
Otto Apelt
geb. 1845

2.1. Platon-Index

2.1.1.1920.182 A, 5, 25, 38, 61, 361, 385, Lün4

[I] PLATON-INDEX | ALS | GESAMTREGISTER | ZU DER ÜBERSETZUNG IN DER | PHILOSOPHISCHEN BIBLIOTHEK | VON | OTTO APELT | Im Anhang: | Berichtigungen und Nachträge zur Gesamtausgabe | [Reihensignet] | DER PHILOSOPHISCHEN BIBLIOTHEK BAND 182 | LEIPZIG / VERLAG VON FELIX MEINER

VI, 174 S., 2 Bl. (jw. bds. Vlgsanz.)

Jahresangabe 1920 nach GK 5, 747 und NUC 18, 358a sowie Vlgskat.
S. VI ist irrtümlich mit »IV« paginiert.

2.1.2.1923.182 A, 6, 17, 20, 26, 38, 43, 84, 168, 211, 295, M36a

[I] [Z. 1–7 ebs.] | ZWEITE VERBESSERTE AUFLAGE | [Z. 9–10 wie vorh. Z. 10–11] | LEIPZIG 1923 / VERLAG VON FELIX MEINER

VI, 158 S.

In Vlgskat. ist die Ausg. mit 1922 angegeben.

2.2. Vorwort und Einleitung zur Gesamtausgabe von Platons Dialogen

2.2.1.1920.181 A, 5, 6, 7, 17, 25, 26, 38, 61, 84, 168, 295, 361, 385, Lün4, M36a

VORWORT UND EINLEITUNG | ZUR | GESAMTAUSGABE | VON | PLATONS DIALOGEN | VON | OTTO APELT | [Reihensignet] | DER PHILOSOPHISCHEN BIBLIOTHEK BAND 181 | LEIPZIG 1920 / VERLAG VON FELIX MEINER

XLVIII S.

Das Bändchen hat kein Titelbl.; der obige Text steht auf dem Vorderdeckel, den nur die Exe A, 6, 7, 25 eingebunden haben.
NUC verzeichnet zu Platons ›Sämtlichen Dialogen‹ in Bd 461, 120b, Nr 0410398 und 120a–b, Nr 0410391 eine »2. durchgesehene Aufl. 1922«. Weder konnte ein Ex. dieser 2. Aufl. beschafft, noch konnte sie an anderer Stelle bibliographisch nachgewiesen werden.

3.
Aristoteles
384–322

3.1. Werke

Bei den WW-Ausg. des Aristoteles handelt es sich um (teils unfeste) Sammelausg., von denen es 3 gab:

Sigle	Verlag, Jahr	hier
A	Meiner 1922/25	3.1.1–3
B	Meiner 1925	3.1.4–6
C	Meiner 1928–40	3.1.7–9

Die Bde aller Ausg. haben jw. 2 Bl. zu Beginn mit sich gegenüberliegenden WW-Titeleien: der allgemeinen WW-Titelei auf Bl. 1b und der WW-Titelei des Bds auf Bl. 2a.

3.1.1–3: Aristoteles-Werkeausg. A (Meiner 1922/25)

Philosophische Werke. In Verbindung mit A. Busse und A. Gudeman hrsg. und mit Einleitungen, erklärenden Anmerkungen und Register versehen von E. Rolfes. 12 Bde in 3 Bdn. Leipzig: Meiner 1920–22/25.
= PhB 1–5, 7–13

Die Ausg. A teilt sich durch ihre unterschiedlichen Tle (als unfeste Sammelausg.) in 2 Gruppen:
A_1: Die Tle der Ausg. liegen zwischen 1920–22.
A_2: Die Tle der Ausg. liegen zwischen 1920–25: Die Ausg. A_2 unterscheidet sich von Ausg. A_1 nur dadurch, daß Tl 1–2 (›Kategorien‹ und ›Hermeneutica‹) des Bd 3 statt von 1920 nun von 1925 datieren.
Rhode 17 und GK 6, 602 belegen die Ausg. mit identischen Exn, wobei das von GK verzeichnete Ex. aus 82 dort als Verlust gemeldet ist.

3.1.1: Bd 1 A, P, 8, 46, 56, 61, 154, 168

Bl. 2a ARISTOTELES | PHILOSOPHISCHE WERKE | BAND I | Über die Dichtkunst – Metaphysik | [Reihensignet] | VERLAG VON FELIX MEINER IN LEIPZIG
Bl. 1b ARISTOTELES | PHILOSOPHISCHE WERKE | In Verbindung mit | Adolf

Busse und Adolf Gudeman | herausgegeben | und mit Einleitungen, erklärenden Anmerkungen | und Register versehen von | DR. THEOL. EUGEN ROLFES | [Reihensignet] | VERLAG VON FELIX MEINER IN LEIPZIG

3.1.2: Bd 2 A, P, 46, 56, 61, 154, 168

Bl. 2a [Z. 1–2 ebs.] | Band II | Über die Seele – Nikomachische | Ethik – Politik | [Z. 6–7 wie vorh. Z. 5–6]

Bl. 1b [ebs.]

3.1.3: Bd 3 A, P, 8, 46, 56, 61, 154, 168

Bl. 2a [Z. 1–2 ebs.] | Band III | Organon | (Kategorien – Perihermenias – Lehre vom | Schluß – Lehre vom Erkennen – Topik – | Sophistische Widerlegungen) | [Z. 8–9 wie vorh. Z. 6–7]

Bl. 1b [ebs.]

Bd-Übersicht der Exe 46, (82), 168 der Ausg. A_1:

Bd	PhB	Jahr	Titel	hier
1	1	1921	Poetik	3.14.4
	2	1920	Metaphysik I	3.2.5
	3	1921	Metaphysik II	3.3.5
2	4	1922	Über die Seele	3.16.4
	5	1921	Nikomachische Ethik	3.4.4
	7	1922	Politik	3.15.4
3	8	1920	Kategorien	3.7.1
	9	1920	Hermeneutica	3.8.1
	10	1922	Erste Analytiken	3.9.4
	11	1922	Zweite Analytiken	3.10.3
	12	1922	Topik	3.11.5
	13	1922	Sophist. Widerlegungen	3.12.5

Bd-Übersicht der Exe A, (8), 61 und 154 der Ausg. A_2:

Bd 1–2 wie Ausg. A_1

Bd	PhB	Jahr	Titel	hier
3	8	1925	Kategorien	3.7.2
	9	1925	Hermeneutica	3.8.2
	10	1922	Erste Analytiken	3.9.4
	11	1922	Zweite Analytiken	3.10.3
	12	1922	Topik	3.11.5
	13	1922	Sophist. Widerlegungen	3.12.5

Bei Ex. 8 fehlt Bd 2.

Ex. 56 vereinigt zeitlich inkongruente Aufl. und ist deshalb wohl irregulär, auch wenn die Bde Halbpergamenteinbände des Vlgs und einen einheitlichen Farbschnitt haben. Die Tle von Bd 1 sind mit den Exn der Ausg. A_1 und A_2 identisch. Die Übersicht zu Bd 2–3:

Bd	PhB	Jahr	Titel	hier
2	4	1911	Über die Seele	3.16.3
	5	1921	Nikomachische Ethik	3.4.4
	7	1912	Politik	3.15.3
3	8	1920	Kategorien	3.7.1
	9	1920	Hermeneutica	3.8.1
	10	1922	Erste Analytiken	3.9.4
	77	1877	(Leipzig: Koschny.) Zweite Analytiken	3.10.1
	12	1919	Topik	3.11.4
	13	1918	Sophist. Widerlegungen	3.12.4

3.1.4–6: Aristoteles-Werkeausg. B (Meiner 1925)

Philosophische Werke. In Verbindung mit A. Busse und A. Gudeman hrsg. und mit Einleitungen, erklärenden Anmerkungen und Register versehen von E. Rolfes. 13 Bde in 3 Bdn. Leipzig: Meiner 1920–25.
= PhB 1–13

Diese (vermutlich feste) Sammelausg. unterscheidet sich von Ausg. A_2 nur in Bd 1, und zwar in den Tln und der WW-Titelei des Bds auf Bl. 2a, während die allgemeine WW-Titelei auf Bl. 1b auch in Bd 1 mit Ausg. A identisch ist.
Bd 2–3 sind sowohl in den WW-Titelbl. als auch in ihren Tln mit Ausg. A_2 identisch.
Die Ausg. B ist auch belegt in Rhode 18.

3.1.4: Bd 1 290

Bl. 2a ARISTOTELES | PHILOSOPHISCHE WERKE | BAND I | Über die Dichtkunst | Kleine naturwissenschaftliche Schriften | Metaphysik | [Reihensignet] | VERLAG VON FELIX MEINER IN LEIPZIG

Bl. 1b ARISTOTELES | PHILOSOPHISCHE WERKE | In Verbindung mit | Adolf Busse und Adolf Gudeman | herausgegeben | und mit Einleitungen, erklärenden Anmerkungen | und Register versehen von | DR. THEOL. EUGEN ROLFES | [Reihensignet] | VERLAG VON FELIX MEINER IN LEIPZIG

3.1.5: Bd 2 290

identisch mit Bd 2 der Ausg. A (siehe 3.1.2)

3.1.6: Bd 3 290

identisch mit Bd 3 der Ausg. A (siehe 3.1.3)

Bd-Übersicht des Exs 290 (der Ausg. B):

Bd	PhB	Jahr	Titel	hier
1	1	1921	Poetik	3.14.4
	6	1924	Parva naturalia	3.13.1
	2	1920	Metaphysik I	3.2.5
	3	1921	Metaphysik II	3.3.5

Bd 2–3 wie Exe A, (8), 154 der Ausg. A_2.

3.1.7–9: Aristoteles-Werkeausg. C (Meiner 1928–40)

Philosophische Werke. In Verbindung mit A. Busse und A. Gudeman hrsg. und mit Einleitungen, erklärenden Anmerkungen und Registern versehen von E. Rolfes. 13 Bde in 3 Bdn. Leipzig: Meiner 1921–28ff.
= PhB 1–13

Die WW-Titelbl. dieser unfesten Sammelausg. sind gegenüber den Ausg. A und B neu gestaltet, erkennbar bes. am späteren Reihensignet (Grotesk-Signet, hier S. 185). Die Ausg. enthält Tle von frühestens 1921 und wurde von 1928 bis mindestens 1940 verkauft. Entsprechend ihren Tln variiert die Entstehungszeit der Exe:

Exe	Jahre der Tle
295, 361:	1921–28
DBV 20, 109b; Rhode 19:	1921–33
180, 703:	1921–37
17:	1921–40

Allen vorl. Exn ist Bd 1 mit 4 Tln von 1921–28 gemeinsam.
Die im DBV 20, 109b und Rhode 19 verzeichneten, miteinander identischen Exe unterscheiden sich von Ex. 180 nur in Tl 1 des Bd 2.

3.1.7: Bd 1 A, 17, 180, 295, 361, 703

Bl. 2a ARISTOTELES | PHILOSOPHISCHE WERKE | Band I | ÜBER DIE DICHTKUNST | KLEINE | NATURWISSENSCHAFTLICHE SCHRIFTEN | METAPHYSIK | [Reihensignet] || VERLAG VON FELIX MEINER IN LEIPZIG

Bl. 1b ARISTOTELES | PHILOSOPHISCHE WERKE | In Verbindung mit | Adolf Busse und Adolf Gudeman | herausgegeben und mit Ein- | leitungen, erklärenden An- | merkungen und Registern | versehen von | DR. THEOL. EUGEN ROLFES | [Reihensignet] || VERLAG VON FELIX MEINER IN LEIPZIG

3.1.8: Bd 2 180, 295, 361, 703

Bl. 2a [Z. 1–2 ebs.] | Band II | ÜBER DIE SEELE | NIKOMACHISCHE ETHIK | POLITIK | [Z. 7–8 wie vorh. Z. 8–9]
Bl. 1b [ebs.]

3.1.9: Bd 3 6, 17, 180, 295, 361, 703

Bl. 2a [Z. 1–2 ebs.] | Band III | ORGANON | (Kategorien – Perihermenias – Lehre | vom Schluß – Lehre vom Erkennen | Topik – Sophistische Widerlegungen) | [Z. 8–9 wie vorh. Z. 7–8]
Bl. 1b [ebs.]

Bd-Übersicht der Exe A, 295, 361 (der Ausg. C):

Bd	PhB	Jahr	Titel	hier
1	1	1921	Poetik	3.14.4
	6	1924	Parva naturalia	3.13.1
	2	1928	Metaphysik I	3.2.6
	3	1928	Metaphysik II	3.3.6

Bd 2–3 wie Ausg. A_2 und B.

der Exe 180, 703 (der Ausg. C):

Bd 1 wie Exe 295, 361.

2	4	1937	Über die Seele	3.16.5
	5	1933	Nikomachische Ethik	3.4.5
	7	1922	Politik	3.15.4

Bd 3 wie Ausg. A_2 und B.

des Exs 17 (der Ausg. C):

Bd 1 wie Exe 295, 361.
Bd 2 fehlt.

3	8	1925	Kategorien	3.7.2
	9	1925	Hermeneutica	3.8.2
	10	1922	Erste Analytiken	3.9.4
	11	1940	Zweite Analytiken	3.10.4
	12	1922	Topik	3.11.5
	13	1922	Sophistische Widerlegungen	3.12.5

Von Ex. 6 ist nur Bd 3 vorhanden, dessen Tle mit denen des Bd 3 der Ausg. A_2 und B und den Exn 295, 361 der Ausg. C übereinstimmen.
Von Ex. 17 fehlt Bd 2.
Von Ex. A ist nur Bd 1 vorhanden.

3.2. Metaphysik I

3.2.1.1871.38 A, 7, 11, 12, 20, 29, 51, 61

[III] Die | Metaphysik | des | Aristoteles. || Uebersetzt, erläutert und mit einer Lebensbeschreibung | des Aristoteles versehen | von | J. H. v. Kirchmann. || Erster Band. || Berlin, 1871. | Verlag von L. Heimann. | Wilhelms-Strasse No. 91.

[II] Philosophische Bibliothek | oder | Sammlung | der | Hauptwerke der Philosophie | alter und neuer Zeit. || Unter Mitwirkung namhafter Gelehrten | herausgegeben, beziehungsweise übersetzt, erläutert | und mit Lebensbeschreibungen versehen | von | J. H. v. Kirchmann. || Achtunddreissigster Band. | Die Metaphysik des Aristoteles. | Erster Band. || Berlin, 1871. | Verlag von L. Heimann. | Wilhelms-Strasse No. 91.

XVIII, 424 S.

Bei Ex. 11 lautet der Erscheinungsvermerk der Vlgsbroschur: »Heidelberg. | Verlag von Georg Weiss | (früher Erich Koschny's Verlag in Leipzig). | 1882.«
Dem Ex. 29 sind noch die Heimann'schen Vlgsbroschuren der 3 Lieferungen eingebunden.

3.2.2.1904.2 6, 8, 12, 38, 61, 211, Ka13

Bl. 1a Philosophische Bibliothek. | Band 2. || Aristoteles' Metaphysik. | Übersetzt | und mit einer Einleitung und erklärenden Anmerkungen | versehen | von | Dr. theol. Eug. Rolfes. || Erste Hälfte. | Buch I–VII. | [Vlgssignet] | Leipzig, | Verlag der Dürr'schen Buchhandlung. | 1904.

1 Bl., 216 S.

3.2.3.⟨1904⟩.2 18, 52, 62

Bl. 1a Aristoteles | METAPHYSIK || Übersetzt und erläutert | von | Dr. theol. Eug. Rolfes || Erste Hälfte | Buch I–VII | [Reihensignet] | Der Philosophischen Bibliothek | Band 2 | Leipzig (1904) | Verlag von Felix Meiner

1 Bl., 216 S.

Rückdatierte Titelaufl., vermutlich 1911 entstanden.

3.2.4.1920.2 107, 121

[I] Aristoteles' | [Z. 2 wie vorh. auf Bl. 1a] | Übersetzt und erläutert von | [Z. 4 wie vorh. Z. 5 auf Bl. 1a] | Zweite, verbesserte Auflage | [Z. 6–7 wie vorh. auf Bl. 1a] | [Z. 8–9 wie vorh. Z. 9–10 auf Bl. 1a] | LEIPZIG | [Z. 11 wie vorh. Z. 12 auf Bl. 1a] | 1920

XXIV, 209 S.

3.2.5.1920.2 A, 8, 12, 16, 29, 31, 38, 46, 56, 61, 154, 168, 290

[I] [Z. 1–7 ebs.] | [Reihensignet] | [Z. 9–13 wie vorh. Z. 8–12]

XXIV, 209 S.

Auf dem Vorderdeckel (Ex. 12) lautet das Jahr »1921«, das auch in Vlgskat. angegeben wird. Vermutlich liegt vorl. Ausg. *mit* Reihensignet auf der Titelseite später als die Ausg. 3.2.4.

3.2.6.1928.2 A, 6, 17, 38, 180, 295, 361, 703

[I] ARISTOTELES | [Z. 2 ebs.] | ÜBERSETZT UND ERLÄUTERT VON | DR. THEOL. EUGEN ROLFES | DRITTE AUFLAGE | ERSTE HÄLFTE: BUCH I–VII | [Reihensignet] | DER PHILOSOPHISCHEN BIBLIOTHEK BAND 2 | LEIPZIG 1928 / VERLAG VON FELIX MEINER

XXIV, 209 S., (2 od. 3 Bl., jw. bds. Vlgsanz.)

3.2.7.1978.307

[III] ARISTOTELES' | [Z. 2 wie vorh. auf S. I] | Erster Halbband: Bücher I (A) – VI (E) | In der Übersetzung von | Hermann Bonitz | Neu bearbeitet, | mit Einleitung und Kommentar | herausgegeben von | HORST SEIDL | Griechischer Text in der Edition von | Wilhelm Christ | Griechisch-deutsch | FELIX MEINER VERLAG | HAMBURG

[IV] PHILOSOPHISCHE BIBLIOTHEK BAND 307 | [7 Z. unvollständige Aufl.-Hinweise] | 1978/ 1979 Griechisch-deutsche Parallelausg. mit Kommentar in 2 | Bänden: PhB 307 (Bücher I–VI), PhB 308 (Bücher VII–XIV).

[I] [Reihensignet]

LXVIII, 429 S., 3 Bl. (Bl. 3 bds. Vlgsanz.)

Die Jahresangabe »1979« für Bd 2, PhB 308, in Z. 9 auf S. [IV] ist nicht korrekt; es müßte ›1980‹ heißen.

3.2.8.1982.307

Bl. 2a [Z. 1–11 wie vorh. auf S. III] | Griechisch-Deutsch | [Z. 13–14 wie vorh. auf S. III]

Bl. 2b [Z. 1 wie vorh. auf S. IV] | [9 Z. unvollständige Aufl.-Hinweise] | 1982 2., verbesserte Auflage | [15 Z.] | Zweite, verbesserte Auflage 1982

Bl. 1a [wie vorh. S. I]

2 Bl., LXXII, 429 S., 3 Bl. (Bl. 3 bds. Vlgsanz.)

Die Jahresangabe »1979« in Z. 9 auf Bl. 2b für Bd 2, PhB 308, ist nicht korrekt: dieser ist 1980 erschienen.

3.3. Metaphysik II

Buch 12 (= Buch Lambda) erschien 1922 – wohl als Auszug aus Ausg. 3.3.5 – separat als Heft 31 der TA, siehe TA1.4.

3.3.1.1871.39 A, 7, 8, 11, 12, 20, 29, 38, 51, 61, B4

[3] Die | Metaphysik | des | Aristoteles. || Uebersetzt, erläutert und mit einer Lebensbeschreibung | des Aristoteles versehen | von | J. H. v. Kirchmann. || Zweiter Band. || Berlin, 1871. | Verlag von L. Heimann. | Wilhelms-Strasse No. 84.

[2] Philosophische Bibliothek | oder | Sammlung | der | Hauptwerke der Philosophie | alter und neuer Zeit. || Unter Mitwirkung namhafter Gelehrten | herausgegeben, beziehungsweise übersetzt, erläutert | und mit Lebensbeschreibungen versehen | von | J. H. v. Kirchmann. || Neununddreissigster Band. | Die Metaphysik des Aristoteles. | Zweiter Band. || Berlin, 1871. | Verlag von L. Heimann. | Wilhelms-Strasse No. 84.

346 S.

Bei Ex. 11 lautet der Erscheinungsvermerk der Vlgsbroschur: »Heidelberg. | Verlag von Georg Weiss | (früher Erich Koschny's Verlag in Leipzig). | 1882.«
Dem Ex. 29 sind noch die Heimann'schen Vlgsbroschuren der 3 Lieferungen eingebunden.

3.3.2.1904.3 6, 8, 12, 18, 38, 61, 62, 211, Tr2

[1] Philosophische Bibliothek | Band 3. || Aristoteles' Metaphysik. | Übersetzt | und mit einer Einleitung und erklärenden Anmerkungen | versehen | von | Dr. theol. Eug. Rolfes. || Zweite Hälfte. | Buch VIII–XIV. | [Vlgssignet] | Leipzig, | Verlag der Dürr'schen Buchhandlung. | 1904.

200 S.

Ex. 62 hat einen Meiner-Einband und einen PhB-Kat. vom Aug. 1917 eingebunden.

3.3.3.(1911).3 3, 6, Ka13

[1] [Z. 1 ebs.] | Band 3 || Aristoteles' Metaphysik || [Z. 4–7 ebs.] | Dr.

theol. Eugen Rolfes || Zweite Hälfte | Buch VIII–XIV || Leipzig | Verlag von Felix Meiner

200 S.

Die Ausg. ist vermutlich 1911 entstanden.

3.3.4.⟨1904⟩.3 1a, 82

[1] Aristoteles | METAPHYSIK || Übersetzt und erläutert | von | Dr. theol. Eug. Rolfes || [Z. 6–7 wie vorh. Z. 9–10] | [Reihensignet] | Der Philosophischen Bibliothek | Band 3 | Leipzig (1904) | [Z. 12 ebs.]

200 S.

Rückdatierte Titelaufl., vermutlich 1915 entstanden.

3.3.5.1921.3 8, 12, 16, 29, 31, 38, 46, 56, 61, 121, 154, 168, 290

Bl. 1a Aristoteles' | [Z. 2 wie vorh. auf S. 1] | Übersetzt und erläutert von | [Z. 4 wie vorh. Z. 5 auf S. 1] | Zweite, verbesserte Auflage | Zweite Hälfte. | Buch VIII–XIV. | [Z. 8–10 wie vorh. auf S. 1] | LEIPZIG | [Z. 12 wie vorh. auf S. 1] | 1921

2 Bl., S. [211]–437

3.3.6.1928.3 A, 17, 29, 38, 180, 295, 361, 703

Bl. 1a ARISTOTELES | [Z. 2 ebs.] | ÜBERSETZT UND ERLÄUTERT VON | DR. THEOL. EUGEN ROLFES | DRITTE AUFLAGE | ZWEITE HÄLFTE: BUCH VIII–XIV | [Reihensignet] | DER PHILOSOPHISCHEN BIBLIOTHEK BAND 3 | LEIPZIG 1928 / VERLAG VON FELIX MEINER

2 Bl., S. [211]–437

3.3.7.1980.308

[III] ARISTOTELES' | [Z. 2 wie vorh. auf Bl. 1a] | Zweiter Halbband: Bücher VII (Z) – XIV (N) | In der Übersetzung von | Hermann Bonitz | Neu bearbeitet, | mit Einleitung und Kommentar | herausgegeben von | HORST SEIDL | Griechischer Text in der Edition von | Wilhelm Christ | Griechisch-deutsch | FELIX MEINER VERLAG | HAMBURG

[IV] PHILOSOPHISCHE BIBLIOTHEK BAND 308 | [7 Z. Aufl.-Hinweise] | 1978/1980 Griechisch-deutsche Parallelausg. mit Kommentar in 2 | Bänden: PhB 307 (Bücher I–VI), PhB 308 (Bücher VII–XIV).

[I] [Reihensignet]

XXXII, 627 S., 2 Bl. (Bl. 2 bds. Vlgsanz.)

3.3.8.1984.308

[III] [Z. 1–3 ebs.] | Neubearbeitung der Übersetzung von | [Z. 5 ebs.] | Mit Einleitung und Kommentar | [Z. 7–10 wie vorh. Z. 8–11] | Griechisch-Deutsch | [Z. 12–13 wie vorh. Z. 13–14]

[IV] [Z. 1–10 ebs.] | 1984 2., verbesserte Auflage | [16 Z.] | Zweite, verbesserte Auflage 1984

[I] [ebs.]

XXXI, 627 S., 2 Bl. (Bl. 2 bds. Vlgsanz.)

3.4. Nikomachische Ethik

Auszüge aus dem Text – wohl der Ausg. 3.4.4 – erschienen 1922 separat in 3 Ausg. als TA, siehe TA1.1–3.

3.4.1.1876.68 3, 6, 7, 17, 21, 25, 28, 29, 30, 64

[III] Des | Aristoteles | Nikomachische Ethik. | Uebersetzt und erläutert | von | J. H. v. Kirchmann. || Leipzig 1876. | Erich Koschny | (L. Heimann's Verlag).

[II] Philosophische Bibliothek | oder | Sammlung | der | Hauptwerke der Philosophie | alter und neuer Zeit. || Unter Mitwirkung namhafter Gelehrten | herausgegeben, beziehungsweise übersetzt, erläutert und | mit Lebensbeschreibungen versehen | von | J. H. v. Kirchmann. || Achtundsechzigster Band. | Die Nikomachische Ethik des Aristoteles. || Leipzig 1876. | Erich Koschny | (L. Heimann's Verlag).

XXXVII, 245 S.

Kirchmanns Erl. dazu erschienen separat, siehe 52.1.
In Ex. 30 fehlen S. 239–245, in Ex. 64 fehlt das Reihentitelbl.
Den Exn 28 und 29 sind noch die Vlgsbroschuren der 3 Lieferungen eingebunden.
Eine Weiss'sche Vlgsbroschur von 1882 ist einem Ex. der Ausg. 52.1.1 eingebunden.

3.4.2.1876.5 15, 188

Bl. 1a Philosophische Bibliothek. | Band 5. || [Z. 3–5 wie vorh. Z. 1–3 auf S. III] || [Z. 6–8 wie vorh. Z. 4–6 auf S. III] | [Vlgssignet] | LEIPZIG. | VERLAG DER DÜRR'SCHEN BUCHHANDLUNG. | 1876.

1 Bl., S. [V]–XXXVII, 245 S.

Rückdatierte Titelaufl., zwischen 1900–06 entstanden; sie ist belegt in Hinrichs 12.1, 146b (als vergriffen) und Buchholtz 8, 46.
GK 6, 652 verzeichnet ein Ex. in 10.

3.4.3.1911.5 A, 4, 8, 17, 18, 31, 38, 61

[III] Philosophische Bibliothek | [Z. 2 wie vorh. auf Bl. 1a] || ARISTOTELES' | [Z. 4 wie vorh. Z. 5 auf Bl. 1a] | Zweite Auflage | der neuen Übersetzung erste Auflage. | Übersetzt | und mit einer Einleitung und erklärenden Anmerkungen | versehen | von | Dr. theol. Eug. Rolfes. || Leipzig, | Verlag von Felix Meiner. | 1911.
[I]–[II] [weiß]

XXIV, 274 S., (1 Bl., S. b: Druckvermerk)

In den Exn 8, 18, 31 fehlt S. I–II und das 1 Bl., in den Exn 17, 61 nur S. I–II.

3.4.4.1921.5 A, 12, 16, 20, 29, 38, 46, 56, 61, 154, 168, 290, 295, 361

[III] ARISTOTELES | Nikomachische Ethik | [Z. 3–6 wie vorh. Z. 7–10] | Dr. theol. Eug. Rolfes | Der Neuübersetzung zweite, | durchgesehene und um ein Sach- und Namenregister | vermehrte Auflage | [Reihensignet] | Der philosophischen Bibliothek | Band 5 | Verlag von Felix Meiner in Leipzig 1921
[I]–[II] [weiß]

XXIV, 288 S.

Das Bl. mit S. I–II besitzen nur die Exe A, 16, 20, 56.
NUC 20, 646c verzeichnet eine »2., durchgesehene und um ein Sach- und Namenregister vermehrte Auflage« von 1925. Diese Ausg. konnte – auch in Vlgskat. – nicht nachgewiesen werden; offensichtlich handelt es sich bei der Jahresangabe um einen Irrtum.

3.4.5.1933.5 A, 180, 703, 739, B701

[III] [Z. 1 ebs.] | NIKOMACHISCHE ETHIK | ÜBERSETZT UND MIT EINER EINLEITUNG | UND ERKLÄRENDEN ANMERKUNGEN | VERSEHEN VON | DR. THEOL. EUGEN ROLFES | DURCHGESEHENE | UND UM NAMEN- UND SACHREGISTER | VERMEHRTE AUSGABE | [Reihensignet] | DER PHILOSOPHISCHEN BIBLIOTHEK BAND 5 | LEIPZIG 1933 · VERLAG VON FELIX MEINER
[I] ARISTOTELES | NIKOMACHISCHE ETHIK
[II] [Vlgsanz.]

XXIV, 288 S.

Bei Ex. 180 fehlen S. I–II.

3.4.6.1972.5 A, 61, 121, 385, Tr2

[III] [Z. 1 ebs.] | Nikomachische Ethik | Auf der Grundlage | der Übersetzung von Eugen Rolfes | herausgegeben von | GÜNTHER BIEN | FELIX MEINER VERLAG | HAMBURG
[IV] PHILOSOPHISCHE BIBLIOTHEK BAND 5 | [3 Z. unvollständige Aufl.-Hinweise] | 1972 Dritte Auflage. Auf der Grundlage der Übersetzung von | Eugen Rolfes herausgegeben mit Einleitung, Anmerkungen, | Register und Bibliographie von Günther Bien
[I] [Reihensignet]

LXIII, 438 S., 1 Bl. (bds. Vlgsanz.)

3.4.7.1985.5

[III] [ebs]
[IV] [Z. 1–7 ebs.] | 1985 Vierte, durchgesehene Auflage, erweitert um einen Nach- | trag zu den Literaturhinweisen

S. [III]–LXII, 450 S., 1 Bl. (bds. Vlgsanz.)

3.5–12: Organon

Die unter dem Titel ›Organon‹ zusammengefaßten 6 Schriften des Aristoteles gibt es in der PhB in unterschiedlichen Ausg.:

		hier
1.	in 5 verschiedenen (ein- bzw. zweibändigen) Sammelausg.	3.5
2.1	in Einzelausg. der einzelnen 6 Tle des Organon	3.7–12
2.2	in Gesamteditionen von Organon I–II,	3.6

wobei es die Ausg. von 2.1 und 2.2 jw. nur zu bestimmten Zeiten bzw. nur in bestimmten Aufl. gab (siehe Vorbemerkung zu 3.6).
Kirchmanns separat erschienene Erl. zu den 6 Schriften des ›Organon‹ erschienen auch als Sammelausg., siehe 52.2.

3.5: Organon (Sammelausg.)

Vom Organon gab es insgesamt 4 verschiedene einbändige Sammelausg. (A–D) und 1 zweibändige Sammelausg. (E):

Sigle	Verlag, Jahr	hier
A:	Weiss 1883	3.5.1

Sigle	Verlag, Jahr	hier
B:	Dürr 1883	3.5.2
C:	Meiner (1915)	3.5.3
D:	Meiner (1922/25)	3.5.4
E:	Meiner 1948	3.5.5–6

Alle Bde dieser Sammelausg. haben zu Beginn jw. 1 Bl. mit Gesamttitel auf S. a. Die Ausg. A, D–3 und E sind feste Sammelausg.

3.5.1: Organon-Sammelausg. A (Weiss 1883) 3, 11

Das Organon. Übersetzt und erläutert von J. H. v. Kirchmann. 5 (6) Bde in 1 Bd. [Titelbl. von Bd-Tln:] Leipzig: Koschny; [Gesamttitelbl. und Titelbl. von Bd-Tln:] Heidelberg: Weiss [WW-Titelbl.:] 1883 bzw. [nach den Bd-Tln:] 1876–83.
= PhB 70, 72, 77, 89, 91

Diese feste Sammelausg. hat zu Beginn 2 Bl., mit Gesamttitelei auf Bl. 1a und einem Vorwort zum Gesamtbd auf Bl. 2a.
Die Ausg. ist auch belegt in GK 6, 689, NUC 20, 667c und Rhode 143.
Auch die Erl. Kirchmanns dazu erschienen in einem Sammelbd, siehe 52.2.

Bl. 1a DAS | ORGANON | des | Aristoteles. || Uebersetzt und erläutert | von | J. H. von Kirchmann. || Heidelberg. | Verlag von Georg Weiss. | 1883.

Bl. 2a [mit »im November 1882« datiertes »Vorwort« Kirchmanns zum Gesamtbd]

Übersicht der Exe 3 und 11 (der Ausg. A):

Organon	PhB	Jahr	Verlag	Titel	hier
I–II	70	1876	Koschny	I: Kategorien II: Hermeneutica	3.6.1
III	72	1877	Koschny	Erste Analytiken	3.9.1
IV	77	1877	Koschny	Zweite Analytiken	3.10.1
V	89	1882	Weiss	Topik	3.11.1
VI	91	1883	Weiss	Sophist. Widerlegungen	3.12.1

Ex. 11 hat noch den vorderen Umschlag der Weiss'schen Vlgsbroschur eingebunden, der denselben Text trägt wie die Gesamttitelseite auf Bl. 1a. Bei Tl 4 des Bds (Topik, PhB 89) ist das Reihentitelbl. (in bezug auf die Bundseite:) falsch eingebunden.

3.5.2: Organon-Sammelausg. B (Dürr 1883) 8, 18, 60

Das Organon. Übersetzt und erläutert von J. H. v. Kirchmann. 5 (6) Bde in 1 Bd. Leipzig: Dürr [WW-Titelbl.:] 1883 bzw. [nach den Bd-Tln:] 1876–83.
= PhB 9–13

Die Tle dieser Sammelausg., die zwischen 1900–06 entstand, sind sämtlich rückdatierte Titelaufl. Bei PhB 9 ist das alte Koschny-Titelbl. zu den ›Hermeneutica‹, das S. [43] bildet, unverändert.

Bl. 1a Philosophische Bibliothek. | Band 9–13. || [Z. 3–8 wie vorh. Z. 1–6] | J. H. v. Kirchmann. | [Vlgssignet] | LEIPZIG. | VERLAG DER DÜRR'SCHEN BUCHHANDLUNG. | 1883.

Übersicht des Exs 8 (der Ausg. B):

Organon	PhB	Jahr	Titel	hier
I–II	9	1876	I: Kategorien II: Hermeneutica	3.6.2
III	10	1877	Erste Analytiken	3.9.2
IV	11	1877	Zweite Analytiken	3.10.2
V	12	1882	Topik	3.11.2
VI	13	1883	Sophist. Widerlegungen	3.12.2

Bei Ex. 60 ist *nach* dem Dürr'schen Gesamttitelbl. zu PhB 9 noch das alte Koschny-Titelbl. zu den ›Kategorien‹ (Abt. 1 von PhB 70) eingebunden, und noch *vor* das Dürr'sche Gesamttitelbl. ist das alte Koschny-Reihentitelbl. zu PhB 70 (›Kategorien‹ + ›Hermeneutica‹) eingebunden.
Bei Ex. 18 sind der Erscheinungsvermerk des Gesamttitelbl. und der Erscheinungsvermerk der Titelbl. zu Tl 2, 4 und 5 (PhB 10 und 12–13) jw. mit einem Schildchen überklebt: »Leipzig. | Verlag von Felix Meiner.« Tl 1 (PhB 9) ist eine Meiner-Ausg. (siehe hier 3.6.3), womit dieses Ex. sozusagen zwischen Ausg. B und C liegt.
Rhode 144 belegt die Ausg. B mit einem Ex., das mit Ex. 18 weitestgehend identisch ist; hier ist aber auch der Erscheinungsvermerk von Tl 3 (PhB 11) mit einem Meiner-Schildchen überklebt.
NUC 20, 668a verzeichnet ein reguläres Ex. (identisch mit Ex. 8).

3.5.3: Organon-Sammelausg. C (Meiner [1915]) 20, 24, 294, (26, 31, 824)

Das Organon. Übersetzt und erläutert von J. H. v. Kirchmann. 5 (6) Bde in 1 Bd. Leipzig: Meiner 1876–83 (1915).
= PhB 9–13

Diese unfeste Sammelausg. ist vermutlich 1915 entstanden. Ihre Tle sind sämtlich Titelaufl., bei Tl 2–3 (PhB 10–11) jw. mit Dürr'schem Titelbl. und mit durch Meiner-Schildchen (»Leipzig. | Verlag von Felix Meiner.«) überklebtem Erscheinungsvermerk (von diesen beiden Bdn gab es wohl keine entsprechende Titelaufl. mit Meiner-Titelbl.)
Neben den regulären Exn dieser Ausg. C (20, 24, 294) gibt es auch Exe mit dem Gesamttitelbl. der Ausg. C, aber völlig abweichenden Tln (31, 824, 26), die zeigen, daß solche vom Vlg einzeln zu beziehenden Gesamttitelbl. vor die unterschiedlichsten Aufl. der betr. Einzelausg. gebunden wurden.

Bl. 1a Philosophische Bibliothek | [Z. 2–9 ebs.] || Leipzig. | Verlag von Felix Meiner.

Übersicht der Exe 20, 24, 294 (der Ausg. C):

Organon	PhB	Jahr	Verlag	Titel	hier
I–II	9	(1915)	Meiner	I: Kategorien II: Hermeneutica	3.6.3
III	10	1877	Dürr	Erste Analytiken	3.9.3
IV	11	1877	Dürr	Zweite Analytiken	3.10.2
V	12	(1915)	Meiner	Topik	3.11.3
VI	13	(1915)	Meiner	Sophist. Widerlegungen	3.12.3

Bei den Exn 20, 24, 294 handelt es sich um reguläre Exe, bei denen der Erscheinungsvermerk des Titelbl. von Tl 2–3 (PhB 10–11) mit einem Schildchen überklebt ist: »Leipzig. | Verlag von Felix Meiner.«
Den Exn 31 und 824 sind noch die alten Koschny- bzw. Weiss-Ausg. von 1876–83 eingebunden, wobei die Erscheinungsvermerke der Haupttitelseiten der einzelnen Tle (bis auf die Haupttitelseite zur 2. Abt von Tl 1, d. h. zur 2. Abt. von PhB 70) jw. mit einem Schildchen überklebt sind: »Leipzig. | Verlag von Felix Meiner.« Die Reihentitelbl. der Tle fehlen.
Ex. 26 ist völlig irregulär und stimmt mit den regulären Exn (außer dem Gesamttitelbl.) nur in PhB 10–11 überein, deren Erscheinungsvermerke auf dem Titelbl. hier aber jw. nicht mit einem Meiner-Schildchen überklebt sind. Der Bd hat 6 (nicht 5) Tle. Das Titelbl. von Tl 1 (= Organon I, PhB 8) fehlt (vermutlich handelt es sich um die Ausg. von 1920); Tl 2 bildet Organon II, PhB 9, Meiner 1920; Tl 5 ist die Ausg. Meiner 1919, Tl 6 die Ausg. Meiner 1918.

3.5.4: Organon-Sammelausg. D (Meiner 1922/25) — 107, 211; 38; A, 6, 18, 180

Organon. Übersetzt und erläutert von E. Rolfes. 6 Bde in 1 Bd. Leipzig: [Titelbl. von Tl 1:] Koschny, [Gesamttitelbl. und Titelbl. von Tln:] Meiner 1877–1922; bzw. Leipzig: Meiner 1922–25.
= PhB 8–13

Bei gleichem Gesamttitelbl. gliedert sich die Ausg. nach ihren Bd-Tln in 3 Gruppen:

D–1: Die Ausg. enthält Meiner-Ausg. von 1918–22 und von den ›Zweiten Analytiken‹ (= Organon IV) noch eine alte Koschny-Ausg. von 1877 (wobei der Erscheinungsvermerk des Haupttitelbl. nicht mit einem Meiner-Schildchen überklebt ist und das Reihentitelbl. fehlt), obwohl es danach von den ›Zweiten Analytiken‹ noch eine Dürr'sche Titelaufl. und 1922 eine Meiner-Ausg. gab. In Meiners Vlgskat. ist das Organon bis 1914 ohne Hrsg. verzeichnet, vom Sept. 1915 bis Aug. 1917 wird Kirchmann als Hrsg. genannt, vom Sept. 1919 bis Jan. 1921 Kirchmann und Rolfes und vom Dez. 1922 an nur noch Rolfes.

D–2: Die Ausg. enthält Meiner-Ausg. von 1920–22.

D–3: Die Ausg. enthält Meiner-Ausg. von 1922–25.

NUC 20, 668a verzeichnet die Ausg. D–3 und eine Ausg. 1918–22. Rhode 145 belegt die Ausg. D–3.

Alle 3 Ausg.-Gruppen haben das gleiche Gesamttitelbl.:

Bl. 1a ARISTOTELES | [Z. 2 wie vorh. Z. 4] || ÜBERSETZT UND ERLÄUTERT | VON | DR. THEOL. EUGEN ROLFES | [Reihensignet] | DER PHILOSOPHISCHEN BIBLIOTHEK BAND 8–13 | VERLAG VON FELIX MEINER IN LEIPZIG

Übersicht der Tle von Ausg. D–1 (Exe 107, 211):

PhB	Jahr	Verlag	Titel	hier
8	1920	Meiner	Kategorien	3.7.1
9	1920	Meiner	Hermeneutica	3.8.1
10	1922	Meiner	Erste Analytiken	3.9.4
(77)	1877	Koschny	Zweite Analytiken	3.10.1
12	1919	Meiner	Topik	3.11.4
13	1918	Meiner	Sophist. Widerlegungen	3.12.4

30 besitzt ein Ex. mit den gleichen Tln wie Ausg. D–1, aber ohne Gesamttitelbl.
Walb1 besitzt ein Ex., bei dem das Gesamttitelbl. herausgerissen ist; den 4. Tl (Zweite Analytiken) bildet hier die Ausg. von 1922, PhB 11.

Übersicht der Tle von Ausg. D–3 (Exe A, 6, 18, 180):

PhB	Jahr	Titel	hier
8	1925	Kategorien	3.7.2
9	1925	Hermeneutica	3.8.2
10	1922	Erste Analytiken	3.9.4
11	1922	Zweite Analytiken	3.10.3
12	1922	Topik	3.11.5
13	1922	Sophist. Widerlegungen	3.12.5

In Ex. A fehlen Tl 5–6 (PhB 12–13).
Ausg. D–2 (Ex. 38) enthält als Tl 1–2 die Ausg. von 1920.

3.5.5–6: Organon-Sammelausg. E (Meiner 1948)

Organon. Übersetzt und erläutert von E. Rolfes. 6 Bde in 2 Bdn. Leipzig: Meiner 1948.
= PhB 8–13

Beide Bde haben zu Beginn jw. 1 Bl. mit Gesamttitel (S. a) und – ungewöhnlich für ein Gesamttitelbl. in der PhB – Impressumseite (S. b) mit Angabe von Aufl. und PhB-Nr sowie Druckvermerk.
NUC 20, 668a und Rhode 146 verzeichnen diese Ausg. E.

3.5.5: Bd 1 A, 6, 38, 75, 361

Bl. 1a ARISTOTELES | ORGANON | ÜBERSETZT UND ERLÄUTERT | VON | EUGEN ROLFES | BAND I | KATEGORIEN | PERI HERMENIAS ODER LEHRE VOM SATZ | ERSTE ANALYTIK ODER LEHRE VOM SCHLUSS | [Reihensignet] | FELIX MEINER VERLAG IN LEIPZIG

Bl. 1b DER PHILOSOPHISCHEN BIBLIOTHEK BAND 8–10 | Unveränderter Abdruck 1948 der zweiten Auflage von 1925

3.5.6: Bd 2 A, 6, 38, 75, 361

Bl. 1a [Z. 1–5 ebs.] | BAND II | ZWEITE ANALYTIK ODER LEHRE VOM BEWEIS | TOPIK / SOPHISTISCHE WIDERLEGUNGEN | [Z. 9–10 wie vorh. Z. 10–11]

Bl. 1b DER PHILOSOPHISCHEN BIBLIOTHEK BAND 11–13 | [Z. 2 ebs.]

Die Aufl.-Angabe »1925« auf Bl. 1b von Bd 1–2 ist nicht korrekt: Eine »zweite Auflage« von 1925 gab es nur bei Organon I–II (PhB 8–9).
Bd-Übersicht der Exe A, 6, 75, 361 (der Ausg. E):

Bd	PhB	Jahr	Titel	hier
1	8	1948	Kategorien	3.7.3
	9	1948	Hermeneutica	3.8.3
	10	1948	Erste Analytiken	3.9.6
2	11	1948	Zweite Analytiken	3.10.5
	12	1948	Topik	3.11.6
	13	1948	Sophist. Widerlegungen	3.12.6

3.6. Organon I–II: Kategorien. Hermeneutica

Von 1876 bis 1919 und von 1958 an gibt es das Organon I und II (I: Kategorien; II: Hermeneutica) in einer einbändigen Ausg. (Gesamtedition). Zwischen 1920 und 1948 gab es das Organon I und II in 2 Einzelausg. Die folg. Übersicht verdeutlicht die Verhältnisse:

	PhB	Jahr	Verlag	hier
1 Bd/Ausg.	70	1876	Koschny	3.6.1
1 Bd/Ausg.	9	1876	Dürr	3.6.2
1 Bd/Ausg.	9	(1915)	Meiner	3.6.3
2 Bde/Ausg.	8, 9	1920	Meiner	PhB 8: 3.7.1; 9: 3.8.1
2 Bde/Ausg.	8, 9	1925	Meiner	PhB 8: 3.7.2; 9: 3.8.2
2 Bde/Ausg.	8, 9	1948	Meiner	PhB 8: 3.7.3; 9: 3.8.3
1 Bd/Ausg.	8/9	1958	Meiner	3.6.5
1 Bd/Ausg.	8/9	1962	Meiner	3.6.6
1 Bd/Ausg.	8/9	1974	Meiner	3.6.7

3.6.1.1876.70 3 (2 Exe), 7, 11, 17, 20, 21, 25, 29, 30, 36, 60, 294, UB Wien

[II] Philosophische Bibliothek | oder | Sammlung | der | Hauptwerke der Philosophie | alter und neuer Zeit. || Unter Mitwirkung namhafter Gelehrten | herausgegeben, beziehungsweise übersetzt, erläutert | und mit Lebensbeschreibungen versehen | von | J. H. von Kirchmann. ||

Siebenzigster Band. | I. Abth.: Die Kategorien des Aristoteles. | II. Abth.: Die Hermeneutica des Aristoteles. || Leipzig, 1876. | ERICH KOSCHNY. | (L. Heimann's Verlag.)

[III] Erste Abtheilung. || Aristoteles' | KATEGORIEN | oder | Lehre von den Grundbegriffen. || Uebersetzt und erläutert | von | J. H. von Kirchmann. || Leipzig, 1876. | ERICH KOSCHNY. | (L. HEIMANN'S VERLAG.)

[43] Zweite Abtheilung. || Aristoteles' | HERMENEUTICA | oder | Lehre vom Urtheil. || Uebersetzt und erläutert | von | J. H. v. Kirchmann. || Leipzig, 1876. | ERICH KOSCHNY. | (L. HEIMANN'S VERLAG.)

XII S., 1 Bl. (bds. Vlgsanz.), 82 S.

Kirchmanns Erl. dazu erschienen separat, siehe 52.3.
In Ex. 7 und 36 lautet der Erscheinungsvermerk der Vlgsbroschur: »Heidelberg. | Verlag von Georg Weiss | (früher Erich Koschny's Verlag in Leipzig). | 1882.«
In Ex. 29 sind noch die Koschny'schen Vlgsbroschuren eingebunden.
In Ex. 3, 30 und UB Wien fehlt das 1 Bl., in Ex. 11 (das Tl eines Sammelbds ist, siehe 3.5.1) ist es an den Schluß gebunden.
Ex. 60 (als Tl eines Sammelbds, siehe 3.5.2) hat zusätzlich noch das Dürr'sche Titelbl. der folg. Ausg. eingebunden. Das 1 Bl. ist hier an den Schluß des Bds gesetzt.
Zu Ex. 31 und 824 siehe 3.5.3.

3.6.2.1876.9 A, 6, 8, 60, 361, Ka13

Bl. 1a Philosophische Bibliothek. | Band 9. || Aristoteles' Kategorien | [Z. 4–5 wie vorh. auf S. III] || Hermeneutica | oder | Lehre vom Urtheil. | (Des Organon erster und zweiter Theil.) || [Z. 10–11 wie vorh. Z. 6–7 auf S. III] | J. H. v. Kirchmann. | [Vlgssignet] | LEIPZIG. | VERLAG DER DÜRR'SCHEN BUCHHANDLUNG. | 1876.

1 Bl., S. [V]–XII, 82 S., (1 Bl., bds. Vlgsanz.)

Rückdatierte Titelaufl., zwischen 1900–06 entstanden; sie ist belegt in Hinrichs 12.1, 146b.
Die Titelseite zur 2. Abt. (S. [43]) blieb unverändert.
Bei den Exn A und 6 ist der Erscheinungsvermerk mit einem Schildchen überklebt: »Leipzig. | Verlag von Felix Meiner.« Beide Exe haben auch Meiner-Deckel eingebunden.
Zu Ex. 60 siehe 3.6.1.

3.6.3.(1915).9 18, 20, 24, 62, 294

Bl. 1a Philosophische Bibliothek | Band 9 || [Z. 3–4 ebs.] | Lehre von den Grundbegriffen || [Z. 6–7 ebs.] | Lehre vom Urtheil | (Des Organon erster und zweiter Theil) || [Z. 10–11 ebs.] | J. H. v. Kirchmann || Leipzig | Verlag von Felix Meiner

1 Bl., S. [V]–XII, 82 S.

Titelaufl., vermutlich 1915 entstanden.
Die Titelseite zur 2. Abt. (S. [43]) blieb unverändert.
GK 6, 694 und Rhode 150 (vom GK übernommen?) geben als Jahr 1920, was aber sehr unwahrscheinlich ist: 1920 erschien das Organon I–II in 2 Ausg., PhB 8 und 9 (siehe 3.7.1 und 3.8.1).
In Ex. 18 fehlen die S. mit dem Vorwort.

3.6.4

Die Einzelausg. des Organon I und II von 1948 (siehe 3.7.3 und 3.8.3) wurden vom Meiner-Vlg in 1 Bd, aber ohne Gesamttitelbl. verkauft, weshalb er hier nicht (wie in Rhode 151) als eigenständige Ausg. gilt.
Der Vorderdeckel dieses Bds trägt den Text: »ARISTOTELES | KATEGORIEN UND | PERI HERMENIAS | (ORGANON TEIL I/II) | [Reihensignet] || VERLAG VON FELIX MEINER IN LEIPZIG«. Ein solcher Bd befindet sich z. B. in 77 und 121.
Vgl. 3.7.1.

3.6.5.1958.8/9 A, 18, 38, 64, 77

[1] ARISTOTELES | Kategorien / Lehre vom Satz | (Peri hermenias) | (Organon I/II) | vorangeht | PORPHYRIUS | Einleitung in die Kategorien | VERLAG VON FELIX MEINER | HAMBURG

[2] PHILOSOPHISCHE BIBLIOTHEK BAND 8/9 | Übersetzt, mit einer Einleitung und erklärenden | Anmerkungen versehen von | EUGEN ROLFES | Unveränderter Abdruck der Ausgabe von 1925 | 1958

132 S.

Die Aufl.-Angabe ›1925‹ auf S. [2] kann sich nur auf Organon I–II beziehen; von Organon III–IV gibt es keine Ausg. von 1925.

3.6.6.1962.8/9 A, 23, 824, Kn41

[1] [ebs.]

[2] [Z. 1–5 ebs.] | 1962

132 S.

3.6.7.1974.8/9 A, 1a, 61, 82, 136, 294, 385

[1] [Z. 1 ebs.] | Kategorien | Lehre vom Satz (Peri hermeneias) | [Z. 4–7 ebs.] | [Reihensignet] | [Z. 9–10 wie vorh. Z. 8–9]

[2] [Z. 1–4 ebs.] | [1 Z. Aufl.-Hinweis] | Unveränderter Nachdruck 1974

132 S.

3.7. Organon I: Kategorien (PhB 8, 1920–48)

Siehe dazu die Vorbemerkung von 3.6.

3.7.1.1920.8 5, 7, 20, 25, 30, 46, 56, 61, 107, 168, 211, Kn28, Walb1 (2 Exe)

[I] ARISTOTELES | KATEGORIEN | (DES ORGANON ERSTER TEIL) | VORANGEHT: | DES PORPHYRIUS EINLEITUNG | IN DIE KATEGORIEN | NEU ÜBERSETZT UND MIT EINER | EINLEITUNG UND ERKLÄRENDEN | ANMERKUNGEN VERSEHEN | VON | DR. THEOL. EUG. ROLFES | [Reihensignet] | DER PHILOSOPHISCHEN BIBLIOTHEK BAND 8 | LEIPZIG 1920 / VERLAG VON FELIX MEINER

VIII, 86 S.

Diese Ausg. wurde mit der des Organon II von 1920 (PhB 9; hier 3.8.1) häufig in 1 Bd, aber ohne Gesamttitelbl. verkauft. Auf dem Vorderdeckel dieses Bds heißt es: »ARISTOTELES | KATEGORIEN | PERI HERMENIAS | (ORGANON TEIL I U. II) | [Reihensignet]«. Ein solcher Bd befindet sich z. B. in Kn28.
Vgl. 3.6.4.

3.7.2.1925.8 6, 8, 17, 18, 61, 154, 180, 295, 361, 703

[I] [Z. 1–8 ebs.] | ANMERKUNG [sic] VERSEHEN | [Z. 10–11 ebs.] | ZWEITE AUFLAGE | [Z. 13–14 wie vorh. Z. 12–13] | LEIPZIG 1925 / VERLAG VON FELIX MEINER

VIII, 86 S.

3.7.3.1948.8 A, 6, 75, 77, 121, 291, 294, 361

[I] [Z. 1–6 ebs.] | [Reihensignet] | VERLAG VON FELIX MEINER IN LEIPZIG
[II] DER PHILOSOPHISCHEN BIBLIOTHEK BAND 8 | Neu übersetzt und mit einer Einleitung und erklärenden | Anmerkung [sic] versehen von | DR. THEOL. EUG. ROLFES | Unveränderter Abdruck 1948 der zweiten Auflage von 1925

VIII, 86 S.

Siehe 3.6.4.

3.8. Organon II: Hermeneutica (Lehre vom Satz) (PhB 9, 1920–48)

Siehe dazu die Vorbemerkung von 3.6.

3.8.1.1920.9 A, 1a, 5, 7, 20, 25, 26, 30, 46, 56, 61, 107, 168, 211, Kn28, Walb1 (2 Exe)

[I] ARISTOTELES | PERIHERMENIAS [sic] | ODER | LEHRE VOM SATZ | (DES ORGANON ZWEITER TEIL) | NEU ÜBERSETZT UND MIT EINER | EINLEITUNG UND ERKLÄRENDEN | ANMERKUNGEN VERSEHEN | VON | DR. THEOL. EUG. ROLFES | [Reihensignet] | DER PHILOSOPHISCHEN BIBLIOTHEK BAND 9 | LEIPZIG 1920 / VERLAG VON FELIX MEINER

VII, 42 S.

Siehe 3.7.1.

3.8.2.1925.9 6, 8, 17, 18, 61, 154, 180, 290, 295, 361, 703

[I] [Z. 1 ebs.] | PERI HERMENIAS | [Z. 3–10 ebs.] | ZWEITE, UNVERÄNDERTE AUFLAGE | [Z. 12–13 wie vorh. Z. 11–12] | LEIPZIG 1925 / VERLAG VON FELIX MEINER

VII, 42 S.

3.8.3.1948.9 A, 6, 75, 77, 121, 294, 361

[I] [Z. 1–10 ebs.] | [Reihensignet] | VERLAG VON FELIX MEINER IN LEIPZIG

[II] DER PHILOSOPHISCHEN BIBLIOTHEK BAND 9 | UNVERÄNDERTER NEUDRUCK 1948 DER | ZWEITEN AUFLAGE VON 1925

VI, 42 S.

Siehe 3.6.4.

3.9. Organon III: Erste Analytiken (Lehre vom Schluß)

3.9.1.1877.72 3 (2 Exe), 7 (2 Exe), 8, 11, 20, 21, 25, 29, 30, 36

[III] Aristoteles' | ERSTE ANALYTIKEN, | oder: | Lehre vom Schluss. | Uebersetzt und erläutert | von | J. H. v. Kirchmann. || Leipzig, 1877. | ERICH KOSCHNY. | (L. HEIMANN'S VERLAG.)

[II] Philosophische Bibliothek | oder | Sammlung | der | Hauptwerke der Philosophie | alter und neuer Zeit. || Unter Mitwirkung namhafter Gelehrten | herausgegeben, beziehungsweise übersetzt, erläutert | und mit Lebensbeschreibungen versehen | von | J. H. von Kirchmann. || Zweiundsiebenzigster Band. | Die ersten Analytiken des Aristoteles. || Leipzig, 1877. | ERICH KOSCHNY. | (L. Heimann's Verlag.)

XXI, 150 S.

Kirchmanns Erl. dazu erschienen separat, siehe 52.4.
In einem 2. Ex. in 7 und bei Ex. 36 lautet der Erscheinungsvermerk der Vlgsbro-

schur: »Heidelberg. | Verlag von Georg Weiss | (früher Erich Koschny's Verlag in Leipzig). | 1882.«
In Ex. 29 sind noch die Koschny'schen Vlgsbroschuren eingebunden.
Ex. 7 und 29 haben noch jw. 2 Bl. (jw. bds. Vlgsanz.) am Schluß.
Zu Ex. 31 und 824 siehe 3.5.3.

3.9.2.1877.10 8, 60 (2 Exe)

Bl. 1a Philosophische Bibliothek. | Band 10. || [Z. 3–9 wie vorh. Z. 1–7 auf S. III] | [Vlgssignet] | LEIPZIG. | VERLAG DER DÜRR'SCHEN BUCHHANDLUNG. | 1877.

1 Bl., S. [V]–XXI, (1 Bl., bds. Vlgsanz.), 150 S., (1 Bl., bds. Vlgsanz.)

Rückdatierte Titelaufl., zwischen 1900–03 entstanden; sie ist belegt in Hinrichs 12.1, 146b, Buchholtz 8, 38 und NUC 20, 609c.
Bei Ex. 60 fehlen S. XVII–XXI.

3.9.3.1877.10 A, 6, 18, 20, 24, 26, 31, 62, 132, 294, Ka13

Bl. 1a [Z. 1–8 ebs.] | J. H. von Kirchmann. | [Z. 10–13 ebs.]

1 Bl., S. [V]–XXI, (1 Bl., bds. Vlgsanz.), 150 S., (1 Bl., bds. Vlgsanz.)

Diese zwischen 1904–09 entstandene Titelaufl. unterscheidet sich von der vorh. Titelaufl. nur in Z. 8 und 9 des Titelbl.: In Z. 9 heißt es nun »von« statt »v.«, Z. 8 ist hier enger gesetzt gegenüber der Sperrung derselben Titelbl.-Z. der vorh. Ausg. (da es sich um denselben *Text* handelt, ist diese Korrektur im vorl. bibliographischen Wiedergabemodus nicht signifikant).
Bei den Exn A, 18, 20, 24, 294 ist der Erscheinungsvermerk mit einem Schildchen überklebt: »Leipzig. | Verlag von Felix Meiner.«

3.9.4.1922.10 A, 5, 6, 7, 8, 17, 18, 25, 30, 38, 46, 56, 61, 107, 154, 168, 180, 211, 290, 295, 361, 703, Walb1

[I] ARISTOTELES | LEHRE VOM SCHLUSS | (DES ORGANON DRITTER TEIL) | ODER | ERSTE ANALYTIK | NEU ÜBERSETZT UND MIT EINER | EINLEITUNG UND ERKLÄRENDEN | ANMERKUNGEN VERSEHEN | VON | DR. THEOL. EUG. ROLFES | [Reihensignet] | DER PHILOSOPHISCHEN BIBLIOTHEK BAND 10 | LEIPZIG 1922 / VERLAG VON FELIX MEINER

X, 209 S., (2 Bl., jw. bds. Vlgsanz.)

3.9.5.1944.10 1a, 38, 61, 385

[I] [Z. 1–4 ebs.] || ERSTE ANALITYK [sic] | [Z. 6–11 ebs.] | VERLAG VON FELIX MEINER IN LEIPZIG

[II] DER PHILOSOPHISCHEN BIBLIOTHEK BAND 10 | Zweite, mit der ersten übereinstimmenden Auflage | Erschienen im Jahre 1944

X, 209 S., 1 Bl. (bds. Vlgsanz.)

3.9.6.1948.10 A, 6, 75, 121, 291, 361

[I] [Z. 1–4 ebs.] | ERSTE ANALYTIK | [Z. 6–9 ebs.] | DR. THEOL. EUGEN ROLFES | [Z. 11–12 ebs.]

[II] [Z. 1 ebs.] | Unveränderter Abdruck 1948 | der Auflage von 1921

X, 209 S.

Die Jahresangabe »1921« auf S. [II] ist falsch; es müßte ›1922‹ heißen.

3.9.7.1975.10 A, 61, 385

[I] [Z. 1–2 ebs.] | oder | [Z. 4 wie vorh. Z. 5] | (Organon III) | Übersetzt und mit Anmerkungen versehen | von | EUGEN ROLFES | [Reihensignet] | FELIX MEINER VERLAG | HAMBURG

[II] PHILOSOPHISCHE BIBLIOTHEK BAND 10 | [3 Z. unvollständige Aufl.-Hinweise] | 1975 Unveränderter Nachdruck der Ausgabe von 1921

X, 209 S., 2 Bl. (Bl. 2 bds. Vlgsanz.)

Die Jahresangabe »1921« auf S. [II] ist falsch; es müßte ›1922‹ heißen.
Bei einem ungekennzeichneten Nachdruck von 1980 fehlen die 2 Bl., S. [210] enthält dort Vlgsanz.

3.10. Organon IV: Zweite Analytiken (Lehre vom Beweis)

3.10.1.1877.77 3 (2 Exe), 7 (2 Exe), 11, 15, 16, 20, 21, 25, 29, 30, 56, 107, 211

[III] Aristoteles' | ZWEITE ANALYTIKEN, | oder: | Lehre vom Erkennen. | Uebersetzt und erläutert | von | J. H. v. Kirchmann. || Leipzig, 1877. | ERICH KOSCHNY. | (L. HEIMANN'S VERLAG.)

[II] Philosophische Bibliothek | oder | Sammlung | der | Hauptwerke der Philosophie | alter und neuer Zeit. || Unter Mitwirkung namhafter Gelehrten | herausgegeben, beziehungsweise übersetzt, erläutert | und mit Lebensbeschreibungen versehen | von | J. H. von Kirchmann. || Siebenundsiebenzigster Band. | Die zweiten Analytiken des Aristoteles. || Leipzig, 1877. | ERICH KOSCHNY. | (L. Heimann's Verlag.)

XXXIII, 102 S.

Kirchmanns Erl. dazu erschienen separat, siehe 52.5.
In einem 2. Ex. in 7 lautet der Erscheinungsvermerk der Vlgsbroschur: »Heidelberg. | Verlag von Georg Weiss | (früher Erich Koschny's Verlag in Leipzig). | 1882.«

In Ex. 29 sind noch die Koschny'schen Vlgsbroschuren eingebunden.
In den Exn 3 (Ex. 2), 15, 30, 56, 107 ist das Bl. mit der »Erklärung der Abkürzungen« auf S. a an den Schluß des Bds gesetzt, so daß die Seitenkollation hier lautet: XXXI, 103 S.
In den Exn 107 und 211 fehlt das Reihentitelbl.
Zu Ex. 31 und 824 siehe 3.5.3.

3.10.2.1877.11 A, 6, 8, 18, 20, 24, 26, 31, 60, 294, Ka13

Bl. 1a Philosophische Bibliothek. | Band 11. || [Z. 3–9 wie vorh. Z. 1–7 auf S. III] | [Vlgssignet] | LEIPZIG. | VERLAG DER DÜRR'SCHEN BUCHHANDLUNG. | 1877.

1 Bl., S. [V]–XXXI, 103 S.

Rückdatierte Titelaufl., zwischen 1900–06 entstanden; sie ist belegt in Hinrichs 12.1, 146b, Buchholtz 8, 18 und NUC 20, 610c.
Bei den Exn A, 6, 20, 24, 31, 294, Ka13 ist der Erscheinungsvermerk mit einem Schildchen überklebt: »Leipzig. | Verlag von Felix Meiner.« Solche Exe belegt auch Rhode 29.
In den Exn 31 und 60 ist das Bl. mit der »Erklärung der Abkürzungen« auf S. a vor S. [1] gebunden, so daß die Seitenkollation hier lautet: 1 Bl., S. [V]–XXXIII, 102 S.
Den Exn A, 6, 31 ist noch ein Meiner-Einband eingebunden, deren Erscheinungsvermerk auf dem Vorderdeckel lautet: »Leipzig | Verlag von Felix Meiner«.

3.10.3.1922.11 6, 7, 8, 16, 18, 25, 38, 46, 61, 154, 168, 180, 290, 295, 361, 703, Walb1

[I] ARISTOTELES | LEHRE VOM BEWEIS | (DES ORGANON VIERTER TEIL) | ODER | ZWEITE ANALYTIK | NEU ÜBERSETZT UND MIT EINER | EINLEITUNG UND ERKLÄRENDEN | ANMERKUNGEN VERSEHEN | VON | DR. THEOL. EUG. ROLFES | [Reihensignet] | DER PHILOSOPHISCHEN BIBLIOTHEK BAND 11 | LEIPZIG 1922 / VERLAG VON FELIX MEINER

XVIII, 164 S.

3.10.4.1940.11 A, 17, Abtei Neresheim

[I] [Z. 1–12 ebs.] | VERLAG VON FELIX MEINER IN LEIPZIG
[II] Unveränderter Abdruck 1940 | der Ausgabe von 1922

XVIII, 164 S.

3.10.5.1948.11 A, 5, 6, 38, 75, 121, 291, 361

[I] [Z. 1–2] | DES ORGANON VIERTER TEIL | [Z. 4–11 ebs.] || [Z. 12 wie vorh. Z. 13]

[II] DER PHILOSOPHISCHEN BIBLIOTHEK BAND 11 | Unveränderter Abdruck 1948 der Auflage 1922

XVIII, 164 S.

3.10.6.1976.11

[I] [Z. 1–2 ebs.] | oder | [Z. 4 wie vorh. Z. 5] | (Organon IV) | Übersetzt und mit Anmerkungen versehen | von | EUGEN ROLFES | Mit neuer Einleitung und Bibliographie | von | OTFRIED HÖFFE | [Reihensignet] | FELIX MEINER VERLAG | HAMBURG

[II] PHILOSOPHISCHE BIBLIOTHEK BAND 11 | [2 Z. unvollständige Aufl.-Hinweise mit falscher Jahresangabe] | 1975 Nachdruck der Ausgabe von 1922 mit neuer Einleitung und | Bibliographie von Otfried Höffe

XLIII, 164 S.

S. [II], Z. 2 ist die 1. Aufl. fälschlich mit »1878« angegeben; in der 3. Z. sollte es ›1976‹ statt »1975« heißen.
Ein ungekennzeichneter Nachdruck von 1980 hat die falsche Jahresangabe auf S. [II], Z. 3 korrigiert, hat aber S. XIV und XVI vertauscht. Ein ungekennzeichneter Nachdruck von 1982 hat beide Fehler verbessert. Nach 1982 gibt es noch einen ungekennzeichneten Nachdruck.

3.11. Organon V: Topik

3.11.1.1882.89 3 (2 Exe), 7, 11, 12, 15, 20, 21, 25, 29

[III] Die | Topik des Aristoteles. || Uebersetzt und erläutert | von | J. H. von Kirchmann. || Heidelberg. | Verlag von Georg Weiss | (früher Erich Koschny's Verlag in Leipzig). | 1882.

[II] Philosophische Bibliothek | oder | Sammlung | der | Hauptwerke der Philosophie | alter und neuer Zeit. || Unter Mitwirkung namhafter Gelehrten | herausgegeben, beziehungsweise übersetzt, erläutert | und mit Lebensbeschreibungen versehen | von | J. H. von Kirchmann. || Neunundachtzigster Band. | Die Topik des Aristoteles. || Heidelberg. | Verlag von Georg Weiss | (früher Erich Koschny's Verlag in Leipzig). | 1882.

XXXVI, 205 S., (1 Bl., bds. weiß)

Kirchmanns Erl. dazu erschienen separat, siehe 52.6.
Den Exn 7, 12, 29 sind noch die Vlgsbroschuren eingebunden, auf deren Erscheinungsvermerk es »1883«, nicht ›1882‹ heißt.
Rhode 199: »In einigen Exemplaren ist der Erscheinungsvermerk des Textbdes überklebt mit: Leipzig: Meiner; es fehlt dann der Serientitel.« Siehe dazu 3.5.3: Ex. 31 und 824.
In Ex. 11 ist das Reihentitelbl. (in bezug auf die Bundseite:) falsch eingebunden.

3.11.2.1882.12 6, 8, 18, 60, Ka13

Bl. 1a Philosophische Bibliothek. | Band 12. || [Z. 3–7 wie vorh. Z. 1–5 auf S. III] | [Vlgssignet] | LEIPZIG. | VERLAG DER DÜRR'SCHEN BUCHHANDLUNG. | 1882.

1 Bl., S. [V]–XXXVI, 205 S., (1 Bl., bds. weiß)

Bei den Exn dieser Ausg. handelt es sich entweder um rückdatierte Titelaufl. oder rückdatierte Neudrucke, die beide zwischen 1900–06 entstanden sind.
Die Ausg. ist belegt in Hinrichs 12.1, 146b und Buchholtz 8,19.
Bei Ex. 18 ist der Erscheinungsvermerk mit einem Schildchen überklebt: »Leipzig. | Verlag von Felix Meiner.«

3.11.3.(1915).12 20, 24, 294

Bl. 1a [Z. 1–6 ebs.] | J. H. v. Kirchmann. || LEIPZIG | VERLAG VON FELIX MEINER.

1 Bl., S. [V]–XXXVI, 205 S.

Titelaufl., um 1915 entstanden.

3.11.4.1919.12 A, 5, 7, 16, 26, 30, 56, 61, 107, 211, Tr2

[I] ARISTOTELES | TOPIK | NEU ÜBERSETZT UND MIT EINER EINLEITUNG | UND ERKLÄRENDEN ANMERKUNGEN VERSEHEN | VON | DR. THEOL. EUG. ROLFES | [Reihensignet] | DER PHILOSOPHISCHEN BIBLIOTHEK BAND 12 | LEIPZIG 1919 / VERLAG VON FELIX MEINER

XVII, 227 S.

3.11.5.1922.12 6, 8, 17, 18, 24, 46, 61, 154, 168, 180, 290, 295, 361, 703, Walb1

[I] [Z. 1–6 ebs.] | ZWEITE AUFLAGE | [Z. 8–9 wie vorh. Z. 7–8] | LEIPZIG 1922 / VERLAG VON FELIX MEINER

XVII, 227 S.

Dem Ex. 24 sind noch die Meiner-Deckel der Ausg. von 1919 eingebunden.

3.11.6.1948.12 A, 6, 38, 75, 121, 291, 361

[I] [Z. 1–6 ebs.] | [Reihensignet] | VERLAG VON FELIX MEINER IN LEIPZIG
[II] DER PHILOSOPHISCHEN BIBLIOTHEK BAND 12 | Unveränderter Abdruck 1948 | der zweiten Auflage 1922

XVII, 227 S.

3.11.7.1968.12 A, 61, 361, 385

[I] [Z. 1–2 ebs.] | (Organon V) | Übersetzt und mit Anmerkungen | versehen von | EUGEN ROLFES | [Reihensignet] | VERLAG VON FELIX MEINER | HAMBURG

[II] PHILOSOPHISCHE BIBLIOTHEK BAND 12 | Unveränderter Nachdruck 1968 | der zweiten Auflage von 1922

XVII, 227, 1 Bl. (bds. Vlgsanz.)

3.12. Organon VI: Sophistische Widerlegungen

3.12.1.1883.91 3 (2 Exe), 7, 8, 11, 12, 20, 21, 25, 29

[III] Aristoteles' | sophistische Widerlegungen. || Uebersetzt und erläutert | von | J. H. von Kirchmann. || Heidelberg. | Verlag von Georg Weiss | (früher Erich Koschny's Verlag in Leipzig). | 1883.

[II] Philosophische Bibliothek | oder | Sammlung | der | Hauptwerke der Philosophie | alter und neuer Zeit. || Unter Mitwirkung namhafter Gelehrten | herausgegeben, beziehungsweise übersetzt, erläutert | und mit Lebensbeschreibungen versehen | von | J. H. von Kirchmann. || Einundneunzigster Band. | Die sophistischen Widerlegungen des Aristoteles, | mit Erläuterungen. || Heidelberg. | Verlag von Georg Weiss | (früher Erich Koschny's Verlag in Leipzig). | 1883.

XXVI, 66 S.

Kirchmanns Erl. dazu erschienen separat, siehe 52.7.
Den Exn 7, 12, 29 sind noch die Vlgsbroschuren eingebunden.
Zu Ex. 31 und 824 siehe 3.5.3.

3.12.2.1883.13 6, 8, 18, 60, Ka13

Bl. 1a Philosophische Bibliothek. | Band 13. || [Z. 3–6 wie vorh. Z. 1–4 auf S. III] | J. H. v. Kirchmann. | [Vlgssignet] | LEIPZIG. | VERLAG DER DÜRR'SCHEN BUCHHANDLUNG. | 1883.

1 Bl., S. [V]–XXVI, 66 S.

Bei den Exn dieser Ausg. handelt es sich entweder um rückdatierte Titelaufl. oder um rückdatierte Neudrucke, die beide zwischen 1900–06 entstanden sind.
Die Ausg. ist belegt in Hinrichs 12.1, 146 und Buchholtz 8, 19.
Bei den Exn 18 und Ka13 ist der Erscheinungsvermerk mit einem Schildchen überklebt: »Leipzig. | Verlag von Felix Meiner.«

3.12.3.(1915).13 20, 24, 294

Bl. 1a [Z. 1–7 ebs.] || LEIPZIG | VERLAG VON FELIX MEINER.

1 Bl., S. [V]–XXVI, 66 S.

Titelaufl., um 1915 entstanden.

3.12.4.1918.13 A, 4, 5, 7, 16, 18, 26, 30, 56, 61, 107, 211

[I] Aristoteles | SOPHISTISCHE | WIDERLEGUNGEN || Neu übersetzt und mit einer Einleitung | und erklärenden Anmerkungen versehen | von | Dr. theol. Eug. Rolfes | [Reihensignet] | Der Philosophischen Bibliothek | Band 13 | Leipzig / Verlag von Felix Meiner / 1918 | [Kriegsausfuhrzeichen]

IX, 80 S.

3.12.5.1922.13 6, 8, 17, 18, 46, 61, 154, 168, 180, 290, 295, 361, 703, Walb1

[I] ARISTOTELES | [Z. 2–3 ebs.] | NEU ÜBERSETZT | UND MIT EINER EINLEITUNG UND ERKLÄRENDEN | ANMERKUNGEN VERSEHEN | VON | DR. THEOL. EUG. ROLFES | ZWEITE AUFLAGE | [Reihensignet] | DER PHILOSOPHISCHEN BIBLIOTHEK BAND 13 | LEIPZIG 1922 / VERLAG VON FELIX MEINER

IX, 80 S.

3.12.6.1948.13 A, 6, 75, 121, 291, 361

[I] [Z. 1–3 ebs.] | NEU ÜBERSETZT UND MIT EINER | EINLEITUNG UND ERKLÄRENDEN | ANMERKUNGEN VERSEHEN VON | [Z. 7 wie vorh. Z. 8] | [Reihensignet] || VERLAG VON FELIX MEINER IN LEIPZIG

[II] DER PHILOSOPHISCHEN BIBLIOTHEK BAND 13 | Unveränderter Abdruck 1948 der Auflage 1918

IX, 80 S.

3.12.7.1968.13 4, 18, 61, 385

[I] [Z. 1 ebs.] | SOPHISTISCHE WIDERLEGUNGEN | (Organon VI) | Übersetzt und mit Anmerkungen | versehen von | EUGEN ROLFES | [Reihensignet] | VERLAG VON FELIX MEINER | HAMBURG

[II] PHILOSOPHISCHE BIBLIOTHEK BAND 13 | Unveränderter Nachdruck 1968 | der zweiten Auflage von 1922

IX, 80 S., 1 Bl. (bds. Vlgsanz.)

Zwei ungekennzeichnete Nachdrucke nach 1968 haben jw. zu Beginn noch 1 Bl. mit Vlgssignet auf S. a und am Schluß des Bds nun 2 Bl. (Bl. 2 bds. Vlgsanz.)

3.13. Parva naturalia

3.13.1.1924.6 A, 17, 25, 29, 38, 61, 62, 180, 290, 295, 361, 703

[I] ARISTOTELES | KLEINE | NATURWISSENSCHAFTLICHE | SCHRIFTEN | (PARVA NATURALIA) | ÜBERSETZT UND MIT EINER EINLEITUNG UND | ERKLÄRENDEN ANMERKUNGEN VERSEHEN | VON | DR. THEOL. EUGEN ROLFES | [Reihensignet] | DER PHILOSOPHISCHEN BIBLIOTHEK BAND 6 | LEIPZIG 1924 / VERLAG VON FELIX MEINER

X, 158 S.

3.14. Poetik

3.14.1.1869.19 3, 12, 20, 25, 43, 51, 294

[III] Aristoteles | über die Dichtkunst. || Ins Deutsche übersetzt | und mit erläuternden Anmerkungen und einem die | Textkritik betreffenden Anhang versehen | von | Dr. Friedrich Ueberweg, | ord. Prof. der Philosophie an der Universität zu Königsberg. || Berlin, 1869. | Verlag von L. Heimann. | Wilhelms-Strasse No. 91.

[II] Philosophische Bibliothek | oder | Sammlung | der | Hauptwerke der Philosophie | alter und neuer Zeit. || Unter Mitwirkung namhafter Gelehrten | herausgegeben, beziehungsweise übersetzt, erläutert | und mit Lebensbeschreibungen versehen | von | J. H. von Kirchmann. || Neunzehnter Band. | Aristoteles über die Dichtkunst. || Berlin, 1869. | Verlag von L. Heimann. | Wilhelms-Strasse No. 91.

VIII, 112 S.

1870 brachte der Heimann-Vlg eine lat. Textausg. der Poetik: Aristotelis ars poëtica. Ad fidem potissimum codicis antiquissimum A[c] (Parisiensis 1741). Edidit Fridericus Überweg. Berolini, apud L. Heimann 1870 (Ex. in 12), von der Dürr zwischen 1900 und 1906 unter der Jahresangabe 1875 eine Titelaufl. veranstaltete (Exe in 16, 27). Beide Ausg. gehören nicht zur PhB.

3.14.2.1875.19 17, 25, 28, 38, 294

[III] [Z. 1–8 ebs.] || Zweite nach der hinterlassenen Handschrift des Uebersetzers | wesentlich vermehrte und verbesserte Auflage. || Leipzig, 1875. | Erich Koschny | (L. Heimann's Verlag).

[II] [Z. 1–13 ebs.] || Leipzig, 1875. | Erich Koschny | (L. Heimann's Verlag).

VIII, 107 S.

Dem Ex. 28 sind noch die Vlgsbroschuren eingebunden, deren Erscheinungsvermerk in der 1. Z. vom Erscheinungsvermerk der Titelseiten abweicht: »Leipzig 1881.«

3.14.3.1875.1 3, 8, 35, 77

Bl. 1a Philosophische Bibliothek. | Band 1. || [Z. 3–12 wie vorh. Z. 1–10 auf S. III] | [Vlgssignet] | LEIPZIG. | VERLAG DER DÜRR'SCHEN BUCHHANDLUNG. | 1875.

1 Bl., S. [V]–VIII, 107 S.

Rückdatierte Titelaufl., zwischen 1900–06 entstanden; sie ist belegt in Hinrichs 12.1, 146b (als vergriffen) und NUC 20, 689c.

3.14.4.1921.1 A, 8, 16, 17, 38, 46, 56, 61, 107, 121, 154, 168, 180, 290, 295, 361, 703

[I] ARISTOTELES | ÜBER DIE DICHTKUNST | NEU ÜBERSETZT UND | MIT EINLEITUNG UND EINEM ERKLÄRENDEN | NAMEN- UND SACHVERZEICHNIS VERSEHEN | VON | ALFRED GUDEMAN | [Reihensignet] | DER PHILOSOPHISCHEN BIBLIOTHEK | BAND 1 || FELIX MEINER IN LEIPZIG // 1921

XXIV, 91 S.

Von dieser Ausg. hat es auch Mischaufl. gegeben: Die in einigen Exn fälschlich mit »19« paginierte S. 91 ist in anderen Exn richtig paginiert.
Dem Ex. 121 sind die Meiner-Deckel eingebunden, in deren Erscheinungsvermerk es »1920« heißt: Die Ausg. ist schon im PhB-Kat. vom Jan. 1921 angezeigt.

3.15. Politik

3.15.1.1880.84 1a, 3, 7, 20, 25

[III] Aristoteles' | POLITIK. || Uebersetzt und erläutert | von | J. H. von Kirchmann. || Leipzig, 1880. | ERICH KOSCHNY. | (L. Heimann's Verlag.)

[II] Philosophische Bibliothek | oder | Sammlung | der | Hauptwerke der Philosophie | alter und neuer Zeit. || Unter Mitwirkung namhafter Gelehrten | herausgegeben, beziehungsweise übersetzt, erläutert | und mit Lebensbeschreibungen versehen | von | J. H. von Kirchmann. || Vierundachtzigster Band. | Aristoteles' Politik. || Leipzig, 1880. | ERICH KOSCHNY. | (L. Heimann's Verlag.)

XXXVII, 267 S.

Kirchmanns Erl. dazu erschienen separat, siehe 52.8.

3.15.2.1880.7 5, 38, 64

Bl. 1a Philosophische Bibliothek. | Band 7. || [Z. 3–6 wie vorh. Z. 1–4 auf S. III] | J. H. v. Kirchmann. | [Vlgssignet] | LEIPZIG. | VERLAG DER DÜRR'SCHEN BUCHHANDLUNG. | 1880.

1 Bl., S. [V]–XXXVII, 267 S.

Rückdatierte Titelaufl., zwischen 1900–06 entstanden; sie ist belegt in Hinrichs 12.1, 146b.

3.15.3.1912.7 8, 17, 56, 61, 294

[I] Aristoteles | POLITIK || Neu übersetzt und mit einer Einleitung | und erklärenden Anmerkungen versehen | von | Dr. theol. Eug. Rolfes | [Reihensignet] | Der Philosophischen Bibliothek | Band 7 | Leipzig 1912 | Verlag von Felix Meiner

XVI, 324 S., 2 Bl. (jw. bds. Vlgsanz.)

3.15.4.1922.7 16, 25, 29, 38, 46, 61, 154, 168, 180, 290, 295, 361, 385, 703

[I] ARISTOTELES | [Z. 2 ebs.] | NEU ÜBERSETZT UND MIT EINER | EINLEITUNG UND ERKLÄRENDEN | ANMERKUNGEN VERSEHEN | VON | DR. THEOL. EUG. ROLFES || DRITTE AUFLAGE || [Reihensignet] | DER PHILOSOPHISCHEN BIBLIOTHEK BAND 7 | LEIPZIG 1922 / VERLAG VON FELIX MEINER

XXXI, 341 S., (1 Bl., bds. Vlgsanz.)

3.15.5.1943.7 A, 35, 77, 385

[I] [Z. 1–4 ebs.] | ANMERKUNGEN VERSEHEN VON | [Z. 6 wie vorh. Z. 7] | [Reihensignet] || VERLAG VON FELIX MEINER IN LEIPZIG

[II] DER PHILOSOPHISCHEN BIBLIOTHEK BAND 7 | Unveränderter Abdruck 1943 | der dritten, durchgesehenen Auflage

XXXI, 341 S., (1 Bl., bds. Vlgsanz.)

3.15.6.1948.7 93, 107, 291, Tr2

[I] [Z. 1–2 ebs.] | ÜBERSETZT UND MIT ERKLÄREN- | DEN ANMERKUNGEN UND REGISTERN | VERSEHEN VON | [Z. 6–8 ebs.]

[II] [Z. 1 ebs.] | Unveränderter Abdruck 1948 | [Z. 3 ebs.]

Bl. 1a ARISTOTELES | POLITIK

1 Bl., IX, 352 S.

Bei Ex. 291 fehlt Bl. 1.

3.15.7.1958.7 A, 6, 52

[III] [Z. 1–2 wie vorh. auf S. I] | Übersetzt und mit erklärenden | Anmerkungen und Registern | versehen von | EUGEN ROLFES | VERLAG VON FELIX MEINER | HAMBURG

[IV] PHILOSOPHISCHE BIBLIOTHEK BAND 7 | Unveränderter Abdruck 1958 | [Z. 3 wie vorh. auf S. II]

[I] [Reihensignet]

3.15.8.1965.7 A, 91, 385

[III] [ebs.]

[IV] [Z. 1 ebs.] | Unveränderter Abdruck 1965 | [Z. 3 ebs.]

[I] [ebs.]

XI, 352 S., 2 Bl. (Bl. 1 bds. Vlgsanz.)

3.15.9.1981.7

[III] [Z. 1 ebs.] | Politik | [Z. 3 ebs.] | Anmerkungen versehen von | [Z. 5 wie vorh. Z. 6] | Mit einer Einleitung von | GÜNTHER BIEN | FELIX MEINER VERLAG | [Z. 9 wie vorh. Z. 8]

[IV] [Z. 1 ebs.] | [6 Z. unvollständige und z.T. unkorrekte Aufl.-Hinweise] | 1980 Vierte Auflage, mit einer neuen Einleitung und einem neuen | Sach- und Begriffsregister von Günther Bien. Der Text der dritten | Auflage wurde mit Zeilenzählung nach der Bekkerschen Ausgabe | des griechischen Textes vervollständigt.

[I] [ebs.]

LXVI, 365 S.

In Z. 3 auf S. [IV] wird die 1. Aufl. 1880 als »Heft 84« bezeichnet; es müßte ›Band 84‹ (= Heft 286–290) heißen.
Die Jahresangabe »1980« in Z. 8 auf S. [IV] ist falsch; es müßte ›1981‹ heißen.

3.16. Über die Seele

3.16.1.1871.43 16, 17, 20, 28, 51, 61, Lenin-Bibliothek Moskau

[III] Aristoteles' | drei Bücher über die Seele. || Uebersetzt und erläutert | von | J. H. v. Kirchmann. || Berlin, 1871. | Verlag von L. Heimann. | Wilhelms-Strasse No. 84.

[II] Philosophische Bibliothek | oder | Sammlung | der | Hauptwerke der Philosophie | alter und neuer Zeit. || Unter Mitwirkung namhafter Gelehrten | herausgegeben, beziehungsweise übersetzt, erläutert | und mit Lebensbeschreibungen versehen | von | J. H. v. Kirchmann. || Dreiundvierzigster Band. | Aristoteles' drei Bücher über die Seele. || Berlin, 1871. | Verlag von L. Heimann. | Wilhelms-Strasse No. 84.

X, 217 S.

Dem Ex. 28 sind noch die Heimann'schen Vlgsbroschuren der 2 Lieferungen eingebunden.

3.16.2.1871.4 17, 60, He76

Bl. 1a Philosophische Bibliothek. | Band 4. || [Z. 3–7 wie vorh. Z. 1–5 auf S. III] | [Vlgssignet] | LEIPZIG. | VERLAG DER DÜRR'SCHEN BUCHHANDLUNG. | 1871.

1 Bl., S. [V]–X, 217 S.

Rückdatierte Titelaufl., zwischen 1900–06 entstanden; sie ist belegt in Hinrichs 12.1, 146b (als vergriffen) und Buchholtz 8, 41.

3.16.3.1911.4 A, 12, 17, 20, 21, 56, 61

[I] Philosophische Bibliothek | Band 4 || Aristoteles | Über die Seele || Neu übersetzt | von | Dr. Adolf Busse | Direktor des Askanischen Gymnasiums zu Berlin || Leipzig 1911 | Verlag von Felix Meiner

XX, 121 S., (1 Bl., bds. Vlgsanz.)

3.16.4.1922.4 16, 38, 46, 61, 154, 168, 290, 295, 361

[I] ARISTOTELES | ÜBER DIE SEELE | NEU ÜBERSETZT VON | DR. ADOLF BUSSE | DIREKTOR DES ASKANISCHEN GYMNASIUMS | ZU BERLIN | ZWEITE, DURCHGESEHENE AUFLAGE | [Reihensignet] | DER PHILOSOPHISCHEN BIBLIOTHEK BAND 4 | LEIPZIG 1922 / VERLAG VON FELIX MEINER

XX, 121 S., (1 Bl., bds. Vlgsanz.)

3.16.5.1937.4 A, 180, 703, ÖNB Wien

[I] [Z. 1–4 ebs.] | [Z. 5 wie vorh. Z. 7] | UNVERÄNDERTER ABDRUCK | [Z. 7–8 wie vorh. Z. 8–9] | LEIPZIG 1937 / VERLAG VON FELIX MEINER

XX, 121 S., (1 Bl., bds. Vlgsanz.)

4.

Aurelius Augustinus

354–430

4.1. Vom seligen Leben

4.1.1.1923.183 A, 12, 17, 38, 61

[I] AUGUSTINUS | VOM SELIGEN LEBEN | ÜBERSETZT UND ERLÄUTERT | SOWIE | MIT EINER EINFÜHRUNG IN AUGUSTINS | PHILOSOPHIE VERSEHEN | VON | JOHANNES HESSEN | DR. THEOL. ET PHIL., PRIVATDOZENT DER | PHILOSOPHIE AN DER UNIVERSITÄT KÖLN | [Reihensignet] | DER PHILOSOPHISCHEN BIBLIOTHEK BAND 183 | LEIPZIG 1923 / VERLAG VON FELIX MEINER

XXX, 43 S., 1 Bl. (bds. Vlgsanz.)

5.

Francis Bacon

1561–1626

5.1. Neues Organon

5.1.1.1870.32 A, 12, 38, 61, 64

[III] Franz Baco's | Neues Organon. || Uebersetzt, erläutert und mit einer Lebensbeschreibung | des Verfassers versehen | von | J. H. v. Kirchmann. || Berlin, 1870. | Verlag von L. Heimann. | Wilhelms-Strasse No. 91.

[II] Philosophische Bibliothek | oder | Sammlung | der | Hauptwerke der Philosophie | alter und neuer Zeit. || Unter Mitwirkung namhafter Gelehrten | herausgegeben, beziehungsweise übersetzt, erläutert | und mit Lebensbeschreibungen versehen | von | J. H. v. Kirchmann. || Zweiunddreissigster Band. | Franz Baco's „Neues Organon". || Berlin, 1870. | Verlag von L. Heimann. | Wilhelms-Strasse No. 91.

VIII, 386 S.

Dem Ex. 12 sind noch die Heimann'schen Vlgsbroschuren eingebunden.

5.1.2.1870.19 A, 1a, 18, 62, 291, 361

Bl. 1a Philosophische Bibliothek. | Band 19. || [Z. 3–8 wie vorh. Z. 1–6 auf S. III] | [Vlgssignet] | LEIPZIG. | VERLAG DER DÜRR'SCHEN BUCHHANDLUNG. | 1870.

1 Bl., S. [V]–VIII, 386 S.

Rückdatierte Titelaufl., zwischen 1900–06 entstanden; sie ist belegt in Hinrichs 12.1, 146b.

6.
Alexander Gottlieb Baumgarten
1714–1762

6.1. Philosophische Betrachtungen über einige Bedingungen des Gedichtes

6.1.1.1983.352

[III] ALEXANDER GOTTLIEB BAUMGARTEN | Meditationes philosophicae de | nonnullis ad poema pertinentibus | Philosophische Betrachtungen | über einige Bedingungen | des Gedichtes | Übersetzt und mit einer Einleitung | herausgegeben von | HEINZ PAETZOLD | Lateinisch-Deutsch | FELIX MEINER VERLAG | HAMBURG
[IV] PHILOSOPHISCHE BIBLIOTHEK BAND 352
[I] [Reihensignet]

LX, 94 S., 3 Bl. (Bl. 2 bds. Vlgsanz., Bl. 3 bds. weiß)

6.2. Texte zur Grundlegung der Ästhetik

6.2.1.1983.351

[III] ALEXANDER GOTTLIEB BAUMGARTEN | Texte zur Grundlegung | der Ästhetik | Übersetzt und herausgegeben von | HANS RUDOLF SCHWEIZER | Lateinisch-Deutsch | FELIX MEINER VERLAG | HAMBURG
[IV] PHILOSOPHISCHE BIBLIOTHEK BAND 351
[I] [Reihensignet]

XXIV, 110 S., 1 Bl. (bds. Vlgsanz.)

6.3. Theoretische Ästhetik

6.3.1.1983.355

[III] ALEXANDER GOTTLIEB BAUMGARTEN | Theoretische Ästhetik | Die grundlegenden Abschnitte | aus der »Aesthetica« (1750/58) | Übersetzt und herausgegeben von | HANS RUDOLF SCHWEIZER | Lateinisch-Deutsch | FELIX MEINER VERLAG | HAMBURG

[IV] PHILOSOPHISCHE BIBLIOTHEK BAND 355
[I] [Reihensignet]

XVIII, 233 S., 2 Bl. (Bl. 2 bds. Vlgsanz.)

7.
George Berkeley
1685–1753

7.1. Werke

Philosophische Werke. Übersetzt und erläutert von A. Hecht, L. u. F. Raab, R. Richter, Raym. Schmidt, F. Ueberweg. 7 Bde in 3 Bdn. Leipzig: Meiner 1912–26.
= PhB 20, 102, 143, 149, 156, 196

Bei dieser WW-Ausg. handelt es sich um eine (vermutlich feste) Sammelausg. mit 2 Bl. zu Beginn jedes Bds und einer doppelten WW-Titelei: auf Bl. 1b die allgemeine WW-Titelei, auf Bl. 2a die zum jw. Bd.
Den Tl 3 des 3. Bds bildet ein von Gerhard Lehmann erstelltes ›Gesamtregister zu Berkeleys Philosophischen Werken‹ (29 S.), ohne PhB-Nr und außerhalb der WW nicht erhältlich (Ex. in 61 ist separat gebunden).

7.1.1: Bd 1 — 12, 35, 154, 295

Bl. 2a BERKELEY | PHILOSOPHISCHE WERKE | ERSTER BAND | Theorie der Gesichtswahrnehmung / Abhandlung | über die Prinzipien der menschlichen Erkennt- | nis / Drei Dialoge zwischen Hylas und Philonous | [Reihensignet] | VERLAG VON FELIX MEINER IN LEIPZIG
Bl. 1a BERKELEY | PHILOSOPHISCHE WERKE | BAND I
Bl. 1b BERKELEY | PHILOSOPHISCHE WERKE | ÜBERSETZT UND ERLÄUTERT | VON | A. HECHT / L. U. F. RAAB / R. RICHTER | RAYM. SCHMIDT UND F. UEBERWEG | [Reihensignet] | VERLAG VON FELIX MEINER IN LEIPZIG
Bl. 2b [Umrahmte ›Inhaltsübersicht über die Berkeley-Ausgabe‹]

7.1.2: Bd 2 — 12, 35, 154, 295

Bl. 2a [Z. 1–2 ebs.] | ZWEITER BAND | ALCIPHRON | [Z. 5–6 wie vorh. Z. 7–8]
Bl. 1a [Z. 1–2 ebs.] | BAND II
Bl. 1b [ebs.]
Bl. 2b [ebs.]

7.1.3: Bd 3 12, 35, 154, 295

Bl. 2a [Z. 1–2 ebs.] I DRITTER BAND I SIRIS I PHILOSOPHISCHES TAGEBUCH I (COMMONPLACE BOOK) I [Z. 7–8 wie vorh. Z. 5–6]
Bl. 1a [Z. 1–2 ebs.] I BAND III
Bl. 1b [ebs.]
Bl. 2b [ebs.]

Bd-Übersicht der Exe 12, 35, 154, 295:

Bd	PhB	Jahr	Titel	hier
1	143	1912	Theorie d. Gesichtswahrnehmung	7.7.1
	20	1917	Prinzipien d. menschl. Erkenntnis	7.2.5
	102	1926	Drei Dialoge	7.4.2
2	156	1915	Alciphron	7.3.1
3	149	1913	Siris	7.6.1
	196	1926	Philos. Tagebuch	7.5.1
	–		G. Lehmann: Gesamtregister zu Berkeleys Philosophischen Werken	–

DBV 20, 225a, verzeichnet die gleiche Ausg. (mit den gleichen Tln).

7.2. Eine Abhandlung über die Prinzipien der menschlichen Erkenntnis

7.2.1.1869.12 A, 3, 17, 20, 43, 51, 260, 294, Es1

[III] Berkeley's I Abhandlung über die Principien I der I menschlichen Erkenntniss. II In's Deutsche übersetzt I und mit erläuternden und prüfenden Anmerkungen versehen I von I Dr. Friedrich Ueberweg, I ord. Prof. der Philosophie an der Universität zu Königsberg. II Berlin, 1869. I Verlag von L. Heimann. I Wilhelms-Strasse No. 91.

[II] Philosophische Bibliothek I oder I Sammlung I der I Hauptwerke der Philosophie I alter und neuer Zeit. II Unter Mitwirkung namhafter Gelehrten I herausgegeben, beziehungsweise übersetzt, erläutert I und mit Lebensbeschreibungen versehen I von I J. H. von Kirchmann. II Zwölfter Band. I Berkeley's Principien der menschlichen Erkenntniss. II Berlin, 1869. I Verlag von L. Heimann. I Wilhelms-Strasse No. 91.

X, 151 S.

In den Exn 17 und 260 fehlt das Reihentitelbl.

7.2.2.1879.12 8, 17, 25, 31, 36, 38, 385

[III] [Z. 1–8 ebs.] I weil. ord. Prof. der Philosophie an der Universität zu Königsberg. I Zweite Auflage. II Leipzig, 1879. I ERICH KOSCHNY. I (L. Heimann's Verlag.)

[II] [Z. 1–12 ebs.] | Berkeley's | Principien der menschlichen Erkenntniss. | Zweite Auflage. || Leipzig, 1879 | ERICH KOSCHNY. | (L. Heimann's Verlag).

XV, 151 S.

Bei Ex. 8 und 36 lautet der Erscheinungsvermerk der Vlgsbroschur: »Heidelberg. | Verlag von Georg Weiss | (früher Erich Koschny's Verlag in Leipzig). | 1882.« Ky 21, 127b verzeichnet ein solches Ex. dieser Ausg. unkorrekt mit: »Heidelberg: Georg Weiss 1879«.
In Ex. 8 fehlt S. [151].

7.2.3.1900.20 1a, 5, 31

[III] Philosophische Bibliothek. | Band 20. || [Z. 3 wie vorh. Z. 1] | Abhandlung über die Prinzipien | der | menschlichen Erkenntnis. || Ins Deutsche übersetzt | [Z. 8–11 wie vorh. Z. 6–9] | Dritte Auflage. | [Vlgssignet] | LEIPZIG, | VERLAG DER DÜRR'SCHEN BUCHHANDLUNG. | 1900.

S. [III]–XV, 149 S., 1 Bl. (bds. Vlgsanz.)

Neudruck.

7.2.4.1906.20 A, 5, 6, 17, 43, 61, 64, 180, 291

[III] [Z. 1–11 ebs.] | Vierte Auflage. | [Z. 13–15 ebs.] | 1906.
[I]–[II] [jw. weiß]

XV, 149 S.

Neudruck.
Nur Ex. 180 hat das Bl. mit S. [I]–[II] zu Beginn des Bds; die Exe 6 und 61 haben dieses bds. weiße Bl. am Schluß des Bds; mögliche Seitenkollation also auch: S. [III]–XV, 149 S., 1 Bl. (bds. weiß).
Bei Ex. 61 fehlt das Bl. mit Zwischentitelseite [XV].

7.2.5.(1913).20 6

[III] BERKELEY | Abhandlung über die | Prinzipien der menschlichen Erkenntnis || Übersetzt und mit Anmerkungen versehen | von | Friedrich Ueberweg | Vierte Auflage | [Reihensignet] | Band 20 | Leipzig · Verlag von Felix Meiner
[I]–[II] [jw. weiß]

XV, 149 S.

Neudruck.
Diese Ausg. ist auch in Meiners PhB-Kat. nicht nachzuweisen: Vom ersten Mei-

ner'schen PhB-Kat. 1910/11 an bis 1916 ist nur die »4. Aufl. 1906« mit Seitenangabe 166 verzeichnet.
Vermutlich ist die Ausg. um 1913 erschienen.

7.2.6.1917.20 A, 12, 18, 31, 35, 36, 38, 154, 295

[III] [Z. 1–8 ebs.] | Der Philosophischen Bibliothek | [Z. 10 wie vorh. Z. 9] | Leipzig · Verlag von Felix Meiner · 1917
[I]–[II] [jw. weiß]

XV, 149 S.

Diese, auf dem Titelbl. ebenso als ›Vierte Auflage‹ bezeichnete Ausg. wie die vorh. von 1906, wird in Vlgskat. als »5. Aufl.« ausgegeben.
In den Exn 12, 18, 31, 38, 295 fehlt S. I–II.
In Ex. 31 ist ein unpaginiertes Bl. mit Zwischentitel auf S. a, die richtigerweise S. [XV] bildet, hinter das Haupttitelbl. gebunden.

7.2.7.1920.20 A, 4, 17, 20, 29, 38, 132, 361

[III] [Z. 1 ebs.] | ABHANDLUNG | ÜBER DIE PRINZIPIEN | DER MENSCHLICHEN ERKENNTNIS | ÜBERSETZT | UND | MIT ANMERKUNGEN VERSEHEN VON | FRIEDRICH UEBERWEG | DRITTE AUFLAGE | NEUER ABDRUCK | [Reihensignet] | DER PHILOSOPHISCHEN BIBLIOTHEK BAND 20 | LEIPZIG 1920 / VERLAG VON FELIX MEINER

S. [III]–XV, 149 S.

In Ex. 4 und 17 ist ein unpaginiertes Bl. mit Zwischentitel auf S. a, die richtigerweise S. [XV] bildet, hinter das Haupttitelbl. gebunden.
In Vlgskat. ist die Ausg. als »6. Aufl.« angegeben.
In T. E. Jessop: A Bibliography of George Berkeley (The Hague ²1973) wird als No. 53 eine Ausg. von 1926 angegeben, die aber – auch in Vlgskat. – nicht zu belegen ist.

7.2.8.1957.20 A, 8, 61, 121

[I] GEORGE BERKELEY | Eine Abhandlung über | die Prinzipien | der menschlichen Erkenntnis | Nach der Übersetzung von | Friedrich Überweg | mit Einleitung, Anmerkungen und Registern | neu herausgegeben von | ALFRED KLEMMT | VERLAG VON FELIX MEINER | HAMBURG
[II] PHILOSOPHISCHE BIBLIOTHEK BAND 20 | [9 Z.] | *1957*

LXVI, 147 S., 1 Bl. (bds. Vlgsanz.)

7.2.9.1964.20 A, 61, 385

[I] [Z. 1–9 ebs.] | [Reihensignet] | [Z. 11–12 wie vorh. Z. 10–11]

[II] [Z. 1 ebs.] | Unveränderter Nachdruck 1964

LXVI, 147 S., 1 Bl. (bds. weiß)

Ein ungekennzeichneter Nachdruck von 1975 hat auf dem 1 Bl. bds. Vlgsanz.

7.2.10.1979.20

[I] [Z. 1–9 ebs.] | FELIX MEINER VERLAG | [Z. 11 wie vorh. Z. 12]
[II] [Z. 1 ebs.] | [5 Z. unvollständige Aufl.-Hinweise] | 1979 Verbesserter Nachdruck der Ausgabe von 1957.
Bl. 1a [Reihensignet]

1 Bl., LXVI, 147 S.

7.3. Alciphron

7.3.1.1915.156 A, 12, 29, 30, 35, 38, 61, 154, 294, 295, 385

[I] GEORGE BERKELEY | ALCIPHRON | Übersetzt und herausgegeben | von | Luise Raab und Dr. Friedrich Raab | [Reihensignet] | Der Philosophischen Bibliothek | Band 156 | Leipzig / Verlag von Felix Meiner / 1915.

XXXIX, 438 S., (1 Bl., bds. Vlgsanz.)

T. E. Jessop: A Bibliography of George Berkeley ([2]1973) verzeichnet unter Nr 129 eine Ausg. von 1920, die aber – auch in Vlgskat. – nicht nachzuweisen ist.

7.4. Drei Dialoge zwischen Hylas und Philonous

7.4.1.1901.102 12, 17, 24, 43, 61 (2 Exe), 107

[I] PHILOSOPHISCHE BIBLIOTHEK. BAND 102 | (NEUE FOLGE DER VON J. H. VON KIRCHMANN BEGRÜNDETEN | PHILOSOPHISCHEN BIBLIOTHEK) || BERKELEY'S DREI DIALOGE | ZWISCHEN | HYLAS UND PHILONOUS || INS DEUTSCHE ÜBERSETZT | UND MIT EINER EINLEITUNG VERSEHEN | VON | DR. RAOUL RICHTER | PRIVATDOZENT AN DER UNIVERSITÄT LEIPZIG | [Vlgssignet] | LEIPZIG | VERLAG DER DÜRR'SCHEN BUCHHANDLUNG | 1901

XXVII, 131 S.

Von den anderen Bdn der PhB völlig abweichendes Format und anders gestaltetes Titelbl.

Bei Ex. 24 ist der Erscheinungsvermerk mit einem Schildchen überklebt: »Leipzig. | Verlag von Felix Meiner.« Dem Ex. sind aber noch die Dürr'schen Deckel eingebunden.

7.4.2.1926.102 A, 12, 29, 35, 38, 61, 154, 295, 385

[I] BERKELEY | DREI DIALOGE | [Z. 3–4 wie vorh. Z. 5–6] | ÜBERSETZT VON | RAOUL RICHTER | ZWEITE AUFLAGE | HERAUSGEGEBEN VON | RAYMUND SCHMIDT | [Reihensignet] | DER PHILOSOPHISCHEN BIBLIOTHEK BAND 102 | LEIPZIG 1926 / VERLAG VON FELIX MEINER

IX, 132 S., (1 Bl., bds. Vlgsanz.)

Lizenzausg. 1955 an den Akademie-Vlg Berlin (Ost).
1913 war im Meiner-Vlg als Bd V der ›Bibliotheca Philosophorum‹ die von Thomas J. McCormack hrsg. Edition des engl. Originaltextes erschienen (Exe in 6, 38).

7.4.3.1980.102

[III] GEORGE BERKELEY | Drei Dialoge zwischen | Hylas und Philonous | Übersetzt von Raoul Richter | bearbeitet von Erwin Pracht | mit Einleitung, Anmerkungen | und Register versehen und | herausgegeben von | WOLFGANG BREIDERT | FELIX MEINER VERLAG | HAMBURG

[IV] PHILOSOPHISCHE BIBLIOTHEK | BAND 102 | [4 Z. Aufl.-Hinweise] | 1980 3. Auflage, übersetzt von Raoul Richter, bearbeitet von Erwin | Pracht (Akademie-Verlag, Berlin 1955). Neu herausgegeben, | mit neuer Einleitung, mit Anmerkungen und Register verse- | hen von Wolfgang Breidert

[I] [Reihensignet]

XL, 175 S.

7.5. Philosophisches Tagebuch

7.5.1.1926.196 A, 5, 12, 25, 29, 31, 35, 38, 61, 154, 295

[I] BERKELEY | PHILOSOPHISCHES | TAGEBUCH | (COMMONPLACE BOOK) | ÜBERSETZT / EINGELEITET UND | MIT ANMERKUNGEN | UND REGISTERN VERSEHEN VON | ANDREAS HECHT | [Reihensignet] | DER PHILOSOPHISCHEN BIBLIOTHEK BAND 196 | LEIPZIG 1926 / VERLAG VON FELIX MEINER

XVII, 173 S.

Bei Ex. 25 sind die Bl. mit S. 171–172 und 161–162 vertauscht eingebunden.

7.5.2.1979.318

[III] GEORGE BERKELEY | Philosophisches Tagebuch | (Philosophical Commentaries) | Ubersetzt [sic] und herausgegeben von | WOLFGANG BREIDERT | [Reihensignet] | FELIX MEINER VERLAG | HAMBURG

[IV] PHILOSOPHISCHE BIBLIOTHEK BAND 318 | [1 Z. Aufl.-Hinweis] | 1979

PhB 318. Neu übersetzt, eingeleitet und mit Anmerkungen | und Registern versehen von Wolfgang Breidert

S. [III]–XXIII, 185 S.

7.6. Siris

7.6.1.1913.149 A, 12, 24, 29, 35, 38, 61, 154, 295, 385, Kn41

[III] George Berkeley | Siris | Übersetzt und herausgegeben von | Luise Raab und Dr. Friedrich Raab | [Reihensignet] | Der Philosophischen Bibliothek | Band 149 | Leipzig | Verlag von Felix Meiner | 1913

[I] Philosophische Bibliothek | Band 149 | Berkeley. Siris

XXIV, 139 S.

Auf den Meiner-Vorderdeckeln der Exe A, 24, 61, Kn41 lautet die Jahresangabe »1914«. Noch im Vlgskat. vom Jan. 1914 wird die Ausg. als »im Druck« ausgegeben, später mit 1913.

7.7. Versuch einer neuen Theorie der Gesichtswahrnehmung

7.7.1.1912.143 A, 7, 12, 29, 35, 38, 61, 154, 295

[I] Berkeley | Versuch einer neuen Theorie der | Gesichtswahrnehmung | und | Die Theorie der Gesichtswahrnehmung | verteidigt und erläutert | übersetzt und mit Anmerkungen versehen | von | Raymund Schmidt | durchgesehen und durch Vorwort eingeführt | von | Professor Dr. Paul Barth | [Reihensignet] | Der Philosophischen Bibliothek | Band 143 | Leipzig · Verlag von Felix Meiner · 1912

XII, 152 S.

8.
Bernard Bolzano
1781–1848

8.1. Grundlegung der Logik

8.1.1.1963.259 A, 43, 61, 385

[III] BERNARD BOLZANO's | Grundlegung der Logik | Ausgewählte Paragraphen | aus der *Wissenschaftslehre, Band I und II* | Mit ergänzenden Textzusammenfassungen | einer Einleitung und Registern herausgegeben von | FRIEDRICH KAMBARTEL | VERLAG VON FELIX MEINER | HAMBURG

[IV] PHILOSOPHISCHE BIBLIOTHEK BAND 259 | [2 Z.] | 1963
[I] [Reihensignet]

8.1.2.1978.259

[III] [Z. 1–7 ebs.] | FELIX MEINER VERLAG | [Z. 9 ebs.]
[IV] [Z. 1 ebs.] | 1963 Erste Auflage | 1978 Zweite, durchgesehene Auflage
[I] [ebs.]

LXXI, 380 S., 2 Bl. (Bl. 2 bds. Vlgsanz.)

8.2. Paradoxien des Unendlichen

8.2.1.1920.99 1a, 7, 24, 25, 35, 38, 61, 82, 93, 107

[II] BERNARD BOLZANO | PARADOXIEN | DES UNENDLICHEN | MIT UNTERSTÜTZUNG | DER GESELLSCHAFT ZUR FÖRDERUNG DEUTSCHER | WISSENSCHAFT, KUNST UND LITERATUR IN BÖHMEN | HERAUSGEGEBEN VON DER PHILOSOPHISCHEN GESELLSCHAFT | AN DER UNIVERSITÄT WIEN | DURCH | ALOIS HÖFLER | MIT ANMERKUNGEN VERSEHEN VON | HANS HAHN | PROFESSOR DER MATHEMATIK IN BONN | [Reihensignet] | DER PHILOSOPHISCHEN BIBLIOTHEK BAND 99 | VERLAG VON FELIX MEINER IN LEIPZIG 1920

XI, 157 S.

S. [III] gibt den Titelseitentext der 1851 bei C.H. Reclam sen. in Leipzig hrsg. Erstausg.

8.2.2.1955.99 A, 61, 168, 294

[I] [Z. 1 wie vorh. auf S. II] | Paradoxien | des Unendlichen | HERAUSGEGEBEN VON | [Z. 5–7 wie vorh. Z. 10–12 auf S. II] | [Reihensignet] | VERLAG VON FELIX MEINER | IN HAMBURG
[II] DER PHILOSOPHISCHEN BIBLIOTHEK BAND 99 | *Unveränderter Abdruck der Neuausgabe von 1921* | [7 Z.] | *1955*

XI, 157 S.

8.2.3.1975.99 A, 385

[III*] [Z. 1–3 wie vorh. auf S. I] | Text herausgegeben von | Fr. Přihonský | Mit Einleitung und Anmerkungen | herausgegeben von | BOB VAN ROOTSELAAR | FELIX MEINER VERLAG | HAMBURG
[IV*] PHILOSOPHISCHE BIBLIOTHEK BAND 99 | [3 Z. Aufl.-Hinweise] | 1975 Zweite Auflage. Mit Einleitung, Anmerkungen, | Registern und Bibliographie neu herausgegeben | von Bob van Rootselaar

[I*] [Reihensignet]

XXVI*, S. [III]–XI, 156 S.

9.
Christopher Jacob Boström
1797–1866

9.1. Grundlinien eines philosophischen Systems

9.1.1.1923.30 A, 38, 43, 61 (2 Exe), 107, 121

[I] CHRISTOPHER JACOB BOSTRÖM | GRUNDLINIEN | EINES | PHILOSOPHISCHEN SYSTEMS | IN DEUTSCHER ÜBERSETZUNG | MIT EINLEITUNG UND ANHANG | HERAUSGEGEBEN | VON | REINHOLD GEIJER UND HANS GERLOFF | MIT EINEM BILDNIS BOSTRÖMS | [Reihensignet] | DER PHILOSOPHISCHEN BIBLIOTHEK BAND 30 | LEIPZIG 1923 / VERLAG VON FELIX MEINER

Frontispiz, XLI, 302 S.

10.
Franz Brentano
1838–1917

10.1. Die Abkehr vom Nichtrealen

10.1.1.1966.314 A, 294, 385

[III] FRANZ BRENTANO | DIE ABKEHR | VOM NICHTREALEN | 1966 || FRANCKE VERLAG BERN | UND MÜNCHEN

[I] FRANZ BRENTANO | DIE ABKEHR VOM NICHTREALEN | Nur Dinge sind vorstellbar und können existieren | Briefe und Abhandlungen aus dem Nachlaß, mit einer Einleitung | herausgegeben von | FRANZISKA MAYER-HILLEBRAND

XXVI, 441 S.

Die Ausg. wurde 1977 von Meiner als Nr 314 in die PhB übernommen und mit entsprechendem PhB-Schutzumschlag verkauft. Der Bd selbst trägt keinen Hinweis auf die PhB.

10.1.2.1977.314

[III] [Z. 1–3 ebs.] | [Z. 4–6 wie vorh. auf S. I] | FELIX MEINER VERLAG | HAMBURG

[IV] PHILOSOPHISCHE BIBLIOTHEK BAND 314 | [1 Z. Aufl.-Hinweis] | 1977 Titelauflage in die Philosophische Bibliothek als Band 314

[I] [Reihensignet]

XXVI, 441 S.

10.2. Aristoteles' Lehre vom Ursprung des menschlichen Geistes

10.2.1.1980.304

[III*] FRANZ BRENTANO | Aristoteles Lehre | vom Ursprung | des menschlichen Geistes | Mit einer Einleitung von | ROLF GEORGE | FELIX MEINER VERLAG | HAMBURG

[IV*] PHILOSOPHISCHE BIBLIOTHEK BAND 304 | 2., auf Druckfehler durchgesehene Auflage mit einer Einleitung | von Rolf George und einem Namen- und Sachregister. | Die 1. Auflage erschien 1911 im Verlag von Veit & Comp., | Leipzig.

[I*] [Reihensignet]

XIV*, VIII, 175 S., 1 Bl. (bds. Vlgsanz.)

10.3. Aristoteles und seine Weltanschauung

10.3.1.1977.303

[I*] FRANZ BRENTANO | Aristoteles | und seine Weltanschauung | Mit einer Einleitung von | RODERICK M. CHISHOLM | FELIX MEINER VERLAG | HAMBURG

[II*] PHILOSOPHISCHE BIBLIOTHEK BAND 303 | 2., auf Druckfehler durchgesehene Auflage mit einer Einleitung von | Roderick M. Chisholm und einem Namen- und Sachregister von Biblio- | thekar Helmut Ripprich. | Die 1. Auflage erschien 1911 im Verlag Quelle & Meyer, Leipzig, mit | dessen freundlicher Genehmigung dieser Nachdruck vorgelegt wird.

VIII*, V, S. 3–160, 2 Bl. (Bl. 1 bds. Vlgsanz.)

10.4. Deskriptive Psychologie

10.4.1.1982.349

[III] FRANZ BRENTANO | Deskriptive Psychologie | Aus dem Nachlaß herausgegeben | und eingeleitet von | RODERICK M. CHISHOLM | und | WILHELM BAUMGARTNER | FELIX MEINER VERLAG | HAMBURG

[IV] PHILOSOPHISCHE BIBLIOTHEK BAND 349

[I] [Reihensignet]

XXV, 189 S.

10.5. Geschichte der griechischen Philosophie

10.5.1.1963.313 A, 385

[III] FRANZ BRENTANO | GESCHICHTE DER | GRIECHISCHEN PHILOSOPHIE | 1963 || FRANCKE VERLAG BERN | UND MÜNCHEN

[I] FRANZ BRENTANO | GESCHICHTE DER | GRIECHISCHEN PHILOSOPHIE | Nach den Vorlesungen über Geschichte der Philosophie | aus dem Nachlaß herausgegeben von | FRANZISKA MAYER-HILLEBRAND

LXIII, 396 S., 2 Bl. (Bl. 2 bds. Vlgsanz.)

Die Ausg. wurde 1977 von Meiner als Nr 313 in die PhB übernommen und mit entsprechendem PhB-Schutzumschlag verkauft. Der Bd selbst trägt keinen Hinweis auf die PhB.

10.6. Geschichte der mittelalterlichen Philosophie

10.6.1.1980.323

[III] FRANZ BRENTANO | Geschichte der mittelalterlichen | Philosophie | im christlichen Abendland | Aus dem Nachlaß | herausgegeben und eingeleitet | von | KLAUS HEDWIG | FELIX MEINER VERLAG | HAMBURG

[IV] PHILOSOPHISCHE BIBLIOTHEK BAND 323

[I] [Reihensignet]

XXV, 133 S.

10.7. Grundlegung und Aufbau der Ethik

10.7.1.1952.309 A, 294, 464

[I] FRANZ BRENTANO || GRUNDLEGUNG UND | AUFBAU DER ETHIK | Nach den Vorlesungen über „Praktische Philosophie" | aus dem Nachlaß herausgegeben von | FRANZISKA MAYER-HILLEBRAND | 1952 || A. FRANCKE AG. VERLAG | BERN

XXIV, 424 S.

Die Ausg. wurde 1977 von Meiner als Nr 309 in die PhB übernommen und mit entsprechendem PhB-Schutzumschlag verkauft. Der Bd selbst trägt keinen Hinweis auf die PhB.

10.7.2.1978.309

[I] [Z. 1 ebs.] | Grundlegung und Aufbau | der Ethik | Nach den Vorlesungen über | „Praktische Philosophie" | [Z. 6–7 wie vorh. Z. 5–6] | FELIX MEINER VERLAG | HAMBURG

[II] PHILOSOPHISCHE BIBLIOTHEK BAND 309 | [1 Z. Aufl.-Hinweis] | 1977 Übernahme in die Philosophische Bibliothek als Band 309 | 1978 Unveränderter Nachdruck

Bl. 1a [Reihensignet]

1 Bl., XXV, 424 S., 2 Bl. (Bl. 2 bds. Vlgsanz.)

10.8. Grundzüge der Ästhetik

10.8.1.1959.312 A, 294, 385

[III] FRANZ BRENTANO | GRUNDZÜGE | DER ÄSTHETIK | Aus dem Nachlaß herausgegeben von | FRANZISKA MAYER-HILLEBRAND | 1959 || FRANCKE VERLAG BERN

[I] FRANZ BRENTANO | GRUNDZÜGE DER ÄSTHETIK | Aus dem Nachlaß herausgegeben von | FRANZISKA MAYER-HILLEBRAND

XXXIV S., 1 Bl. (bds. weiß), 259 S.

Die Ausg. wurde 1977 von Meiner als Nr 312 in die PhB übernommen und mit entsprechendem PhB-Schutzumschlag verkauft. Der Bd selbst trägt keinen Hinweis auf die PhB.

10.9. Kategorienlehre

10.9.1.1933.203 A, 24, 25, 61, 107

[I] FRANZ BRENTANO || KATEGORIENLEHRE | mit Unterstützung der Brentano-Gesellschaft | in Prag herausgegeben, eingeleitet und mit | Anmerkungen und Register versehen von | ALFRED KASTIL | [Reihensignet] | 1933 || DER PHILOSOPHISCHEN BIBLIOTHEK BAND 203 | VERLAG VON FELIX MEINER IN LEIPZIG

LI, 405 S., 1 Bl. (bds. Vlgsanz.)

10.9.2.1968.203 A, 38, 61, 121, 468

[I] [Z. 1 ebs.] | [Z. 2 ebs.] | Mit Einleitung und Anmerkungen | herausgegeben von | [Z. 5–6 wie vorh. Z. 6–7] | VERLAG VON FELIX MEINER | IN HAMBURG

[II] PHILOSOPHISCHE BIBLIOTHEK BAND 203 | Unveränderter Nachdruck

1968 der ersten Auflage von 1933 | Einige sinnstörende Druckfehler wurden korrigiert

LI, 405 S., 1 Bl. (bds. Vlgsanz.)

10.9.3.1974.203 A, 43, 385, 708

[I] [ebs.]

[II] [Z. 1 ebs.] | Unveränderter Nachdruck 1974 der ersten Auflage von 1933 | [Z. 3 ebs.]

LI, 405 S., 1 Bl. (bds. Vlgsanz.)

10.9.4.1985.203

[I] [Z. 1–5 ebs.] | [Z. 6–7 wie vorh. Z. 7–8]

[II] [Z. 1 ebs.] | [3 Z. Aufl.-Hinweise] | 1985 Unveränderter Nachdruck

Bl. 1a [Reihensignet]

1 Bl., LI, 405 S., 2 Bl. (Bl. 1 bds. Vlgsanz.)

10.10. Die Lehre vom richtigen Urteil

10.10.1.1956.311 A, 60, 61, 385

[III] FRANZ BRENTANO | DIE LEHRE | VOM RICHTIGEN URTEIL | Nach den Vorlesungen über Logik mit Benützung | anderer Manuskripte aus dem Gebiete der Erkenntnistheorie | aus dem Nachlaß herausgegeben von | FRANZISKA MAYER-HILLEBRAND | 1956 | FRANCKE VERLAG BERN

[I] FRANZ BRENTANO | DIE LEHRE VOM RICHTIGEN URTEIL | Nach den Vorlesungen über Logik mit Benützung | anderer Manuskripte aus dem Gebiete der Erkenntnistheorie | aus dem Nachlaß herausgegeben von | FRANZISKA MAYER-HILLEBRAND

XXIV, 344 S.

Diese Ausg. wurde 1977 von Meiner als Nr 311 in die PhB übernommen und mit entsprechendem PhB-Schutzumschlag verkauft. Der Bd selbst trägt keinen Hinweis auf die PhB.

10.11. Philosophische Untersuchungen zu Raum, Zeit und Kontinuum

10.11.1.1976.293

[III] FRANZ BRENTANO | Philosophische Untersuchungen | zu Raum, Zeit und Kontinuum | Aus dem Nachlaß mit Anmerkungen von | ALFRED

KASTIL | herausgegeben und eingeleitet von | STEPHAN KÖRNER | und RODERICK M. CHISHOLM | FELIX MEINER VERLAG | HAMBURG

[IV] PHILOSOPHISCHE BIBLIOTHEK BAND 293

[I] [Reihensignet]

LIII, 242 S.

10.12. Psychologie vom empirischen Standpunkt I

10.12.1.1924.192 6, 24, 25, 31, 38, 51, 61, 290, 361

[I] FRANZ BRENTANO | PSYCHOLOGIE | VOM EMPIRISCHEN STANDPUNKT | MIT AUSFÜHRLICHER EINLEITUNG | ANMERKUNGEN UND REGISTER | HERAUSGEGEBEN VON | OSKAR KRAUS | ERSTER BAND | [Reihensignet] | DER PHILOSOPHISCHEN BIBLIOTHEK BAND 192 | LEIPZIG 1924 / VERLAG VON FELIX MEINER

XCIX, 279 S.

10.12.2.1955.192 A, 43, 61, 64, 291, 385

[I] [Z. 1–3 ebs.] | MIT EINLEITUNG, ANMERKUNGEN UND REGISTER | [Z. 5–8 wie vorh. Z. 6–9] | VERLAG VON FELIX MEINER | IN HAMBURG

[II] DER PHILOSOPHISCHEN BIBLIOTHEK BAND 192 | Unveränderter Nachdruck der Ausgabe von 1924 | [7 Z.] | 1955

XCIX, 278 S., 1 Bl., (bds. Vlgsanz.)

10.12.3.1973.192 A, 385

[I] [Z. 1 ebs.] | Psychologie | vom empirischen Standpunkt | Mit Einleitung, Anmerkungen und Register | herausgegeben von | [Z. 6–8 ebs.] | FELIX MEINER VERLAG | HAMBURG

[II] PHILOSOPHISCHE BIBLIOTHEK BAND 192 | Unveränderter Nachdruck 1973 der Ausgabe von 1924

XCIX, 279 S.

10.13. Psychologie vom empirischen Standpunkt II

10.13.1.1925.193 6, 16, 24, 25, 51, 61, 290, 361

[I] FRANZ BRENTANO | PSYCHOLOGIE | VOM EMPIRISCHEN STANDPUNKT | MIT AUSFÜHRLICHER EINLEITUNG | ANMERKUNGEN UND REGISTER | HERAUSGEGEBEN VON | OSKAR KRAUS | ZWEITER BAND | VON DER KLASSIFIKATION | DER PSYCHISCHEN PHÄNOMENE | MIT NEUEN ABHANDLUNGEN AUS DEM

NACHLASS | [Reihensignet] | DER PHILOSOPHISCHEN BIBLIOTHEK BAND 193 | LEIPZIG 1925 / VERLAG VON FELIX MEINER

XXV, 338 S., (2 Bl., jw. bds. Vlgsanz.)

Ex. 25 hat das Bl. mit Zwischentitelseite [XXV] fälschlich als Schmutztitelbl. an den Beginn des Bds gesetzt.

10.13.2.1959.193 A, 61, 64, 291, 361, 385

[I] [Z. 1–3 ebs.] | MIT EINLEITUNG, ANMERKUNGEN UND REGISTER | [Z. 5–9 wie vorh. Z. 6–10] | MIT NEUEN | ABHANDLUNGEN AUS DEM NACHLASS | 1959 | VERLAG VON FELIX MEINER | IN HAMBURG

[II] DER PHILOSOPHISCHEN BIBLIOTHEK BAND 193 | Unveränderter Nachdruck der Ausgabe von 1925 | 1959

XXIII, 338 S., (1 Bl., bds. weiß)

10.13.3.1971.193 A, 43, 385

[I] [Z. 1 ebs.] | Psychologie | vom empirischen Standpunkt | Mit Einleitung, Anmerkungen und Register | herausgegeben von | [Z. 6–7 ebs.] | Von der Klassifikation | der psychischen Phänomene | Mit neuen Abhandlungen aus dem Nachlaß | [Reihensignet] | FELIX MEINER VERLAG | HAMBURG

[II] PHILOSOPHISCHE BIBLIOTHEK BAND 193 | Unveränderter Nachdruck 1971 der Ausgabe von 1925

XXIII, 339 S.

10.14. Psychologie vom empirischen Standpunkt III

10.14.1.1928.207 A, 5, 6, 24, 38, 61, 361

[I] FRANZ BRENTANO | VOM SINNLICHEN | UND NOETISCHEN | BEWUSSTSEIN | ⟨PSYCHOLOGIE / BAND III⟩ | I. TEIL | WAHRNEHMUNG / EMPFINDUNG / BEGRIFF | MIT AUSFÜHRLICHER EINLEITUNG | UND ANMERKUNGEN HERAUSGEGEBEN | VON | OSKAR KRAUS | [Reihensignet] | DER PHILOSOPHISCHEN BIBLIOTHEK BAND 207 | LEIPZIG 1928 / VERLAG VON FELIX MEINER

XLIX, 191 S., 1 Bl. (bds. Vlgsanz.)

10.14.2.1968.207 A, 43, 61, 64, 291, 361, 385

[I] [Z. 1 ebs.] | Psychologie | vom empirischen Standpunkt | DRITTER BAND | Vom sinnlichen und noetischen Bewußtsein | Äußere und innere Wahrnehmung, Begriffe | Mit Anmerkungen herausgegeben von | [Z. 8 wie vorh. Z. 11] | Neu eingeleitet und revidiert von | FRANZISKA MAYER-HILLEBRAND | [Reihensignet] | VERLAG VON FELIX MEINER | HAMBURG

[II] PHILOSOPHISCHE BIBLIOTHEK BAND 207 | Zweite Auflage 1968 | Die erste Auflage erschien 1928 unter dem Titel | „Vom sinnlichen und noetischen Bewußtsein"

XXXIII, 194 S.

10.14.3.1974.207 A, 61, 361, 385

[I] [ebs.]

[II] [Z. 1–2 ebs.] | Unveränderter Nachdruck 1974 | [Z. 4–5 wie vorh. Z. 3–4]

XXXIII, 194 S.

10.14.4.1985.207

[I] [Z. 1–10 ebs.] | [Z. 11–12 wie vorh. Z. 12–13]

[II] [ebs.]

Bl. 1a [Reihensignet]

1 Bl., XXXIII, 194 S., 1 Bl. (bds. Vlgsanz.)

Ungekennzeichneter Nachdruck.

10.15. Religion und Philosophie

10.15.1.1954.310 A, 385, Tr2

[III] FRANZ BRENTANO | RELIGION | UND PHILOSOPHIE | Ihr Verhältnis zueinander | und ihre gemeinsamen Aufgaben | Aus dem Nachlaß mit Zugrundelegung der | Vorarbeiten A. Kastils herausgegeben von | FRANZISKA MAYER-HILLEBRAND | 1954 || FRANCKE VERLAG BERN

[I] FRANZ BRENTANO | RELIGION UND PHILOSOPHIE | Ihr Verhältnis zueinander und ihre gemeinsamen Aufgaben | Aus dem Nachlaß mit Zugrundelegung der | Vorarbeiten A. Kastils herausgegeben von | Franziska Mayer-Hillebrand

XXXVI, 275 S.

Diese Ausg. wurde 1977 von Meiner als Nr 310 in die PhB übernommen und mit entsprechendem PhB-Schutzumschlag verkauft. Der Bd selbst trägt keinen Hinweis auf die PhB.

10.16. Über die Zukunft der Philosophie

10.16.1.1929.209 A, 38, 61, 82

[I] FRANZ BRENTANO || ÜBER DIE ZUKUNFT | DER PHILOSOPHIE | nebst den Vorträgen: | Über die Gründe der Entmutigung | auf philosophischem Gebiet / Über Schellings | System / und den 25 Habilitationsthesen | * | Herausgegeben, eingeleitet und mit erläuternden | Anmerkungen und Register versehen von | OSKAR KRAUS | [Reihensignet] | 1929 || DER PHILOSOPHISCHEN BIBLIOTHEK BAND 209 | VERLAG VON FELIX MEINER IN LEIPZIG

XX, 187 S., 2 Bl. (jw. bds. Vlgsanz.)

10.16.2.1968.209 A, 61, 385

[III] [Z. 1 wie vorh. auf S. I] | Über die | Zukunft der Philosophie | nebst den Vorträgen | Über die Gründe der Entmutigung auf | philosophischem Gebiet · Über Schellings System | sowie den 25 Habilitationsthesen | Mit Anmerkungen herausgegeben von | [Z. 9 wie vorh. Z. 11 auf S. I] | Neu eingeleitet von | PAUL WEINGARTNER | VERLAG VON FELIX MEINER | HAMBURG

[IV] PHILOSOPHISCHE BIBLIOTHEK BAND 209 | Erste Auflage 1929 | Zweite, auf Druckfehler durchgesehene, sachlich | unveränderte Auflage 1968

[I] [Reihensignet]

XIV, 189 S.

10.17. Untersuchungen zur Sinnespsychologie

10.17.1.1979.315

[III] FRANZ BRENTANO | Untersuchungen zur | Sinnespsychologie | Zweite, durchgesehene und aus dem Nachlaß | erweiterte Auflage | herausgegeben von | RODERICK M. CHISHOLM | und | REINHARD FABIAN | FELIX MEINER VERLAG | HAMBURG

[IV] PHILOSOPHISCHE BIBLIOTHEK BAND 315 | Erste Auflage 1907 | Zweite, durchgesehene und aus dem Nachlaß erweiterte | Auflage 1979 im Felix Meiner Verlag.

[I] [Reihensignet]

XXVII, 258 S., 1 Bl. (bds. Vlgsanz.)

Die 1. Aufl. 1907 erschien bei Duncker & Humblot in Leipzig.

10.18. Versuch über die Erkenntnis

10.18.1.1925.194 A, 5, 6, 31, 38, 61

[I] FRANZ BRENTANO | VERSUCH ÜBER DIE | ERKENNTNIS | AUS SEINEM NACHLASSE | HERAUSGEGEBEN VON | ALFRED KASTIL | [Reihensignet] | DER PHILOSOPHISCHEN BIBLIOTHEK BAND 194 | LEIPZIG 1925 / VERLAG VON FELIX MEINER

XX, 222 S., 1 Bl. (S. b Druckvermerk)

10.18.2.(1938).(194) A

[I] [Z. 1–3 ebs.] | Aus seinem Nachlasse | herausgegeben von | [Z. 6 ebs.] | * | [Vlgssignet] | ACADEMIA / VERLAGSBUCHHANDLUNG / PRAG

1 Bl. (bds. weiß), XX, 222 S., 1 Bl. (S. b Druckvermerk)

Diese Lizenzausg. entstand wohl 1938; siehe Theodor Marcus: Verlagsgeschichte und Kulturgeschichte 1900–1930. Ein Augenzeugenbericht. In: Börsenblatt für den Deutschen Buchhandel. Frankfurter Ausgabe. Jg. 21, Nr 93 vom 23. November 1965, S. 2520f.

10.18.3.1970.194 A, 43, 61, 64, 385

[III] [Z. 1–6 wie vorh. auf S. I] | Erweitert und neu eingeleitet von | FRANZISKA MAYER-HILLEBRAND | FELIX MEINER VERLAG | HAMBURG

[IV] PHILOSOPHISCHE BIBLIOTHEK BAND 194 | Erste Auflage 1925 | Zweite, erweiterte Auflage 1970

[I] [Reihensignet]

XLIII, 322 S., 1 Bl. (S. b Vlgsanz.)

10.19. Die vier Phasen der Philosophie

10.19.1.1926.195 A, 7, 21

[I] FRANZ BRENTANO | DIE VIER PHASEN | DER PHILOSOPHIE | UND IHR AUGENBLICKLICHER STAND | NEBST ABHANDLUNGEN ÜBER PLOTINUS | THOMAS VON AQUIN, KANT, SCHOPEN- | HAUER UND AUGUSTE COMTE | MIT EINLEITUNG, ANMERKUNGEN UND REGISTER | HERAUSGEGEBEN | VON | OSKAR KRAUS | [Reihensignet] | DER PHILOSOPHISCHEN BIBLIOTHEK BAND 195 | LEIPZIG 1926 / VERLAG VON FELIX MEINER

XVIII, 169 S., 2 Bl. (jw. bds. Vlgsanz.)

10.19.2.1968.195 A, 61, 64, 385

[III] [Z. 1 wie vorh. auf S. I] | DIE VIER PHASEN DER | PHILOSOPHIE | und ihr augenblicklicher Stand | nebst Abhandlungen über Plotinus, | Thomas von Aquin, Kant, Schopenhauer | und Auguste Comte | Mit Anmerkungen herausgegeben von | [Z. 9 wie vorh. Z. 11 auf S. I] | Neu eingeleitet von | FRANZISKA MAYER-HILLEBRAND | VERLAG VON FELIX MEINER | HAMBURG

[IV] PHILOSOPHISCHE BIBLIOTHEK BAND 195 | Erste Auflage 1926 | Zweite, auf Druckfehler durchgesehene, sachlich | unveränderte Auflage 1968

[I] [Reihensignet]

XII, 167 S.

10.20. Vom Dasein Gottes

10.20.1.1929.210 A, 7, 21, 38, 61

[I] FRANZ BRENTANO || VOM | DASEIN GOTTES | Aus seinem Nachlasse | herausgegeben, eingeleitet und mit erläuternden | Anmerkungen versehen von | Alfred Kastil | [Reihensignet] | 1929 || DER PHILOSOPHISCHEN BIBLIOTHEK BAND 210 | VERLAG VON FELIX MEINER IN LEIPZIG

Bl. 1a FRANZ BRENTANO | VOM DASEIN GOTTES

Bl. 1b [Vlgsanz.]

1 Bl., LXI, 546 S.

10.20.2.1968.210 A, 61, 121, 385

[I] [Z. 1 ebs.] | VOM DASEIN GOTTES | Mit Einleitung und Anmerkungen | herausgegeben von | ALFRED KASTIL | [Reihensignet] | VERLAG VON FELIX MEINER | HAMBURG

[II] PHILOSOPHISCHE BIBLIOTHEK BAND 210 | Unveränderter Nachdruck 1968 der ersten Auflage von 1929

LXI, 546 S., 1 Bl. (S. a Vlgsanz.)

10.20.3.1980.210

[I] [Z. 1–5 ebs.] | [Z. 6–7 wie vorh. Z. 7–8]

[II] [Z. 1 ebs.] | Das ausführliche Inhaltsverzeichnis befindet sich auf S. XIXff.

Bl. 1a [Reihensignet]

1 Bl., LXI, 546 S., 2 Bl. (Bl. 1 bds. weiß, Bl. 2 bds. Vlgsanz.)

10.21. Vom Ursprung sittlicher Erkenntnis

10.21.1.1921.55 A, 31, 38, 61, 385

[I] FRANZ BRENTANO | VOM URSPRUNG SITTLICHER | ERKENNTNIS | ZWEITE AUFLAGE | NEBST KLEINEREN ABHANDLUNGEN ZUR ETHISCHEN | ERKENNTNISTHEORIE UND LEBENSWEISHEIT | HERAUSGEGEBEN UND EINGELEITET VON | OSKAR KRAUS | [Reihensignet] | DER PHILOSOPHISCHEN BIBLIOTHEK BAND 55 | LEIPZIG 1921 / VERLAG VON FELIX MEINER

XV, 108 S.

Die 1. Aufl. erschien 1889 bei Duncker & Humblot in Leipzig.

10.21.2.1934.55 A, 12, 18

[I] [Z. 1 ebs.] || VOM URSPRUNG | SITTLICHER | [Z. 4 wie vorh. Z. 3] | Mit Unterstützung der Brentano-Gesellschaft herausgegeben, | eingeleitet und mit Anmerkungen und Register versehen von | [Z. 7 wie vorh. Z. 8] | Dritte, neuerlich um eine Erst- | veröffentlichung aus dem Nachlaß | vermehrte Auflage | [Reihensignet] | 1934 || DER PHILOSOPHISCHEN BIBLIOTHEK BAND 55 | VERLAG VON FELIX MEINER IN LEIPZIG

XVI, 174 S., 1 Bl. (bds. Vlgsanz.)

10.21.3.1955.55 A, 38, 43, 61, 294

[I] [Z. 1 ebs.] | Vom Ursprung | sittlicher Erkenntnis | HERAUSGEGEBEN, EINGELEITET, MIT ANMERKUNGEN | UND REGISTERN VERSEHEN VON | [Z. 6 wie vorh. Z. 7] | VIERTE, MIT DER DRITTEN ÜBEREINSTIMMENDE | AUSGABE | [Reihensignet] | VERLAG VON FELIX MEINER | IN HAMBURG

[II] DER PHILOSOPHISCHEN BIBLIOTHEK BAND 55 | [7 Z.] | *1955*

XVI, 174 S., 1 Bl. (bds. Vlgsanz.)

10.21.4.1969.55 A, 168, 385

[I] [Z. 1 ebs.] | VOM URSPRUNG | SITTLICHER ERKENNTNIS | Mit Einleitung und Anmerkungen | herausgegeben von | [Z. 6 ebs.] | [Reihensignet] | FELIX MEINER VERLAG | HAMBURG

[II] PHILOSOPHISCHE BIBLIOTHEK BAND 55 | Unveränderter Nachdruck 1969 der vierten Auflage von 1955

XVI, 174 S., 1 Bl. (S. a Vlgsanz.)

10.22. Wahrheit und Evidenz

10.22.1.1930.201 A, 61, 107, 136, 290, 385

[I] FRANZ BRENTANO || WAHRHEIT | UND EVIDENZ | Erkenntnistheoretische | Abhandlungen und Briefe, ausgewählt | erläutert und eingeleitet von | OSKAR KRAUS | [Reihensignet] | 1930 || DER PHILOSOPHISCHEN BIBLIOTHEK BAND 201 | VERLAG VON FELIX MEINER IN LEIPZIG

XXXI, 228 S., 2 Bl. (jw. bds. Vlgsanz.)

10.22.2.1962.201 A, 43, 61, 294

[I] [Z. 1 ebs.] | [Z. 2–3 ebs.] | Erkenntnistheoretische Abhandlungen und Briefe | ausgewählt, erläutert und eingeleitet von | [Z. 6 wie vorh. Z. 7] | VERLAG VON FELIX MEINER | HAMBURG

[II] PHILOSOPHISCHE BIBLIOTHEK BAND 201 | Unveränderter Neudruck 1962 der Ausgabe von 1930

XXXI, 228 S., 2 Bl. (jw. bds. weiß)

10.22.3.1974.201 A, 385, 468 (2 Exe)

[I] [Z. 1–6 ebs.] | [Reihensignet] | FELIX MEINER VERLAG | [Z. 9 wie vorh. Z. 8]

[II] [Z. 1 ebs.] | Unveränderter Nachdruck 1974 der Ausgabe von 1930

XXXI, 228 S.

11.

Giordano Bruno

1548–1600

11.1. Von der Ursache, dem Prinzip und dem Einen

11.1.1.1872.53 A, 4, 8, 20, 38, 51, 123, Sp1

[3] Giordano Bruno | Von der | Ursache, dem Princip und dem Einen. || Aus dem Italienischen übersetzt | und | mit erläuternden Anmerkungen versehen | von | Adolf Lasson. || Berlin, 1872. | L. Heimann's Verlag | (Erich Koschny). || Wilhelms-Strasse No. 84.

[2] Philosophische Bibliothek | oder | Sammlung | der | Hauptwerke der Philosophie | alter und neuer Zeit. || Unter Mitwirkung namhafter Gelehrten | herausgegeben, beziehungsweise übersetzt, erläutert | und mit Lebensbeschreibungen versehen | von | J. H. v. Kirchmann. ||

Dreiundfunfzigster [sic] Band. | Giordano Bruno, Von der Ursache, dem Princip und | dem Einen. || Berlin, 1872. | L. Heimann's Verlag | (Erich Koschny). | Wilhelms-Strasse No. 84.

184 S.

11.1.2.1889.53 4, 5, 25, 38, 43, 46, 62, 77

Bl. 1a [Z. 1–8 wie vorh. auf S. 3] | Zweite Ausgabe. || Heidelberg, 1889. | Verlag von Georg Weiss.

1 Bl., S. [5]–184

Titelaufl.
Alle vorl. Exe haben keine Reihentitelseite, die wohl überhaupt der Ausg. fehlte: Den Exn 4, 25 und 38 ist noch der vordere Umschlag eingebunden, auf dem es nach den (mit S. 3 bis auf Z. 1 identischen: dort steht am Textende ein Punkt) Z. 1–9 in Z. 10 heißt: »(Sonderausgabe des 53. Bandes der Philosophischen Bibliothek.)«
Heinsius 19/I, 202a wird als »2. (Titel-) Ausg.« verzeichnet: »〈Heidelb. 889, G. Weiss Verlag.〉 Berl., Philosophisch-Histor. Verlag«. Bei der Ausg. des Philos.-Histor. Verlages handelt es sich entweder nur um dieselbe Weiss'sche Ausg. mit anderem Erscheinungsvermerk auf der vorderen Vlgsbroschur oder um eine Titelaufl. in unserem Sinne; von beiden konnte aber kein Ex. beschafft werden.
Ex. 62 hat zu Beginn noch 1 Bl. mit bds. Vlgsanz.

11.1.3.1902.21 A, 6, 20, 43, 61, 291, He76

[I] Philosophische Bibliothek | Band 21. || [Z. 3–10 wie vorh. Z. 1–8 auf Bl. 1a] | Dritte verbesserte Auflage. | [Vlgssignet] | Leipzig, | Verlag der Dürr'schen Buchhandlung. | 1902.

XXIV, 162 S., (1 Bl., bds. Vlgsanz.)

Bei Ex. 291 und 61 ist der Erscheinungsvermerk mit einem Schildchen überklebt: »Leipzig. | Verlag von Felix Meiner.«
Ex. 291 und 61 haben auch einen Einband, Vorsatzbl. und PhB-Kat. von Meiner (vom Sept. 1915 bzw. vom Aug. 1917), wobei aber das 1 Bl. am Schluß des Bds mit bds. Vlgsanz. von Dürr belassen wurde.

11.1.4.(1917).21 16

[I] [Z. 1–12 ebs.] | Leipzig. | Verlag von Felix Meiner.

XXIV, 162 S.

Die Ausg. ist auch belegt im NUC 81, 37c; sie ist vielleicht 1917 entstanden und hat ein kurioses Titelbl.: In Z. 12 ist das Dürr'sche Vlgssignet stehengeblieben.
Dem Ex. 16 sind noch die Dürr'schen Umschläge der vorh. Dürr-Ausg. 1902 beigebunden.

11.1.5.1923.21 A, 17, 38, 107

[I] GIORDANO BRUNO | VON DER URSACHE | DEM PRINZIP UND DEM EINEN | AUS DEM ITALIENISCHEN ÜBERSETZT UND MIT | ERLÄUTERNDEN ANMERKUNGEN VERSEHEN | VON | ADOLF LASSON | VIERTE AUFLAGE | [Reihensignet] | DER PHILOSOPHISCHEN BIBLIOTHEK BAND 21 | LEIPZIG 1923 / VERLAG VON FELIX MEINER

XXIV, 162 S., 1 Bl. (bds. Vlgsanz.)

11.1.6.1977.21

[III] [Z. 1 wie vorh. auf S. I] | Von der Ursache, | dem Prinzip | und dem Einen | Aus dem Italienischen übersetzt von | [Z. 6 wie vorh. Z. 7 auf S. I] | Mit einer Einleitung von | WERNER BEIERWALTES | Vervollständigt, mit Anmerkungen, Biographie, | Bibliographie und Register versehen und | herausgegeben von | PAUL RICHARD BLUM | FELIX MEINER VERLAG | HAMBURG

[IV] PHILOSOPHISCHE BIBLIOTHEK BAND 21 | [3 Z. unvollständige Aufl.-Hinweise] | 1977 5. erweiterte und teilweise neuüberarbeitete Auflage

[I] [Reihensignet]

LXIV, 20*, 152 S., 2 Bl. (Bl. 1 bds. weiß, Bl. 2 bds. Vlgsanz.)

11.1.7.1982.21

[III] [Z. 1–2 ebs] | dem Prinzip und dem Einen | [Z. 4–7 wie vorh. Z. 5–8] | [Z. 8–11 wie vorh. Z. 11–14]

[IV] [Z. 1 ebs.] | [8 Z. Aufl.-Hinweise] | 1982 6., verbesserte Auflage

S. [III]–LXV, 20*, 152 S., 2 Bl. (Bl. 2 bds. Vlgsanz.)

Einige Exe wurden mit einer fehlerhaften Bibliographie (S. LIX–LXV) ausgeliefert. Dem korrigierten Aufl.-Tl liegt zusätzlich ein 13zeiliger Corrigenda-Zettel bei.

12.

Edmund Burke

1729–1797

12.1. Philosophische Untersuchung über den Ursprung unserer Ideen vom Erhabenen und Schönen

12.1.1.1980.324

[3] EDMUND BURKE | Philosophische Untersuchung | über den Ursprung unserer Ideen | vom Erhabenen und Schönen | Übersetzt von | FRIED-

RICH BASSENGE | Neu eingeleitet und herausgegeben von | WERNER STRUBE | FELIX MEINER VERLAG | HAMBURG

[4] PHILOSOPHISCHE BIBLIOTHEK BAND 324 | [6 Z. Ausg.-Hinweise]

[1] [Reihensignet]

236 S., 2 Bl. (Bl. 2 bds. Vlgsanz.)

13.
Ernst Cassirer
1874–1945

13.1. Symbol, Technik, Sprache

13.1.1.1985.372

[III] ERNST CASSIRER | Symbol, Technik, Sprache | Aufsätze aus den Jahren 1927–1933 | Herausgegeben von | ERNST WOLFGANG ORTH | und | JOHN MICHAEL KROIS | unter Mitwirkung von | JOSEF M. WERLE | FELIX MEINER VERLAG | HAMBURG

[IV] PHILOSOPHISCHE BIBLIOTHEK BAND 372

S. [III]–XXXIII, 222 S., 1 Bl. (bds. Vlgsanz.)

14.
Marcus Tullius Cicero
106–43

14.1. Gedanken über Tod und Unsterblichkeit

14.1.1.1969.273 A, 61, 361, 385

[III] CICERO | Gedanken über | Tod und Unsterblichkeit | Somnium Scipionis | Tusculanae disputationes I | Cato Maior | Lateinisch-deutsch | FELIX MEINER VERLAG | HAMBURG

[IV] PHILOSOPHISCHE BIBLIOTHEK BAND 273 | Übersetzung, Einleitung und Anmerkungen | von | KLAUS REICH, HANS GÜNTER ZEKL, KLAUS BRINGMANN

[I] [Reihensignet]

XVIII, 201 S.

14.2. Lehre der Akademie

14.2.1.1874.64 A, 7, 20, 29

[III] Des | Marcus Tullius Cicero | Lehre der Akademie. || Uebersetzt und erläutert | von | J. H. v. Kirchmann . || Berlin 1874. | Erich Koschny | (L. Heimann's Verlag).

[II] Philosophische Bibliothek | oder | Sammlung | der | Hauptwerke der Philosophie | alter und neuer Zeit. || Unter Mitwirkung namhafter Gelehrten | herausgegeben, beziehungsweise übersetzt, erläutert | und mit Lebensbeschreibungen versehen | von | J. H. v. Kirchmann. || Vierundsechzigster Band. | Cicero's Lehre der Akademie. || Berlin 1874. | Erich Koschny | (L. Heimann's Verlag).

XIV, 162 S.

Dem Ex. 29 sind noch die Koschny'schen Vlgsbroschuren eingebunden.

14.2.2.1874.24 6, 12, 18, 20, 29, 38

Bl. 1a Philosophische Bibliothek. | Band 24. || [Z. 3–8 wie vorh. Z. 1–6 auf S. III] | [Vlgssignet] | LEIPZIG. | VERLAG DER DÜRR'SCHEN BUCHHANDLUNG. | 1874.

1 Bl., S. [V]–XIV, 162 S.

Rückdatierte Titelaufl., zwischen 1900–06 entstanden; sie ist belegt in Hinrichs 12.1, 146b und Buchholtz 8, 20.
Beim Ex. 12, das die Dürr'schen Umschläge mit eingebunden hat, ist der Erscheinungsvermerk mit einem Schildchen überklebt: »Leipzig. | Verlag von Felix Meiner.«
Die Exe 20, 29, 38 haben Einbände und Vorsatzbl. von Meiner sowie einen Vlgskat. vom Sept. 1924 (!) eingebunden.

14.3. Topik

14.3.1.1983.356

[III] MARCUS TULLIUS CICERO | Topik | Übersetzt und mit einer Einleitung | herausgegeben von | HANS GÜNTER ZEKL | Lateinisch-Deutsch | FELIX MEINER VERLAG | HAMBURG

[IV] PHILOSOPHISCHE BIBLIOTHEK BAND 356 | [4 Z. Ausg.-Hinweise]

[I] [Reihensignet]

XXV, 92 S., 1 Bl. (bds. Vlgsanz.)

14.4. Über das höchste Gut und Übel

14.4.1.1874.62 7, 12, 17, 20, 36, 38, 132

[III] Des | Marcus Tullius Cicero | fünf Bücher | über | das höchste Gut und Uebel. | Uebersetzt, erläutert und mit einer Lebens-Beschreibung | des Cicero versehen | von | J. H. v. Kirchmann. || Berlin, 1874. | Erich Koschny | (L. Heimann's Verlag.)

[II] Philosophische Bibliothek | oder | Sammlung | der | Hauptwerke der Philosophie | alter und neuer Zeit. || Unter Mitwirkung namhafter Gelehrten | herausgegeben, beziehungsweise übersetzt, erläutert | und mit Lebensbeschreibungen versehen | von | J. H. v. Kirchmann. || Zweiundsechszigster Band. | Cicero: Ueber das höchste Gut und Uebel. || Berlin, 1874. | Erich Koschny | (L. Heimann's Verlag.)

XIV, 332 S.

Bei Ex. 36 lautet der Erscheinungsvermerk der aufgeklebten, vorderen Vlgsbroschur: »Heidelberg. | Verlag von Georg Weiss. | (früher Erich Koschny's Verlag in Leipzig). | 1882.«
Bei Ex. 132 fehlt das Reihentitelbl.; der Erscheinungsvermerk der Haupttitelseite ist mit einem Schildchen überklebt: »Leipzig. | Verlag von Felix Meiner.«

14.4.2.1874.22 20, 29, 38, 131, 294

Bl. 1a Philosophische Bibliothek. | Band 22. || [Z. 3–11 wie vorh. Z. 1–9 auf S. III] | [Vlgssignet] | LEIPZIG. | VERLAG DER DÜRR'SCHEN BUCHHANDLUNG. | 1874.

1 Bl., S. [V]–XIV, 332 S.

Rückdatierte Titelaufl., zwischen 1900–06 entstanden; sie ist belegt in Hinrichs 12.1, 146b und Buchholtz 8, 20.
Die Exe 131 und 294 haben jw. Einband und Vorsatzbl. von Meiner; bei Ex. 294 ist der Erscheinungsvermerk mit einem Schildchen überklebt: »Leipzig. | Verlag von Felix Meiner.«; bei Ex. 131 war der Erscheinungsvermerk mit einem Meiner-Schildchen überklebt, das nun aber fehlt.
Die Exe 20 und 29 haben Einbände und Vorsatzbl. von Meiner sowie jw. einen Vlgskat. vom Sept. 1924 (!) eingebunden, aber kein Meiner-Schildchen über dem Erscheinungsvermerk.

14.5. Über die Natur der Götter

14.5.1.1874.63 A, 7, 20 (2 Exe), 38 (2 Exe)

[III] Des | Marcus Tullius Cicero | drei Bücher | über | die Natur der Götter. | Uebersetzt und erläutert | von | J. H. v. Kirchmann. || Berlin 1874. | Erich Koschny | (L. Heimann's Verlag.)

[II] Philosophische Bibliothek | oder | Sammlung | der | Hauptwerke der Philosophie | alter und neuer Zeit. || Unter Mitwirkung namhafter Gelehrten | herausgegeben, beziehungsweise übersetzt, erläutert und mit | Lebensbeschreibungen versehen | von | J. H. v. Kirchmann. || Dreiundsechszigster Band. | Cicero's drei Bücher: Ueber die Natur der Götter. || Berlin 1874. | Erich Koschny | (L. Heimann's Verlag).

XXII, 240 S., (1 Bl., bds. Vlgsanz.)

Jw. 1 Ex. von 20 und 38 haben einen Einband und Vorsatzbl. (mit Vlgsanz. von spätestens 1928!) von Meiner; es fehlt das Reihentitelbl.; 1 Ex. von 38 hat einen PhB-Kat. vom Sept. 1924 eingebunden.

14.5.2.1874.23 6, 29, 31, 38, 294

Bl. 1a Philosophische Bibliothek. | Band 23. || [Z. 3–10 wie vorh. Z. 1–8 auf S. III] | [Vlgssignet] | LEIPZIG. | VERLAG DER DÜRR'SCHEN BUCHHANDLUNG. | 1874.

1 Bl., S. [V]–XXII, 240 S., 1 Bl. (bds. Vlgsanz.)

Rückdatierte Titelaufl., zwischen 1900–06 entstanden; sie ist belegt in Hinrichs 12.1, 146b und Buchholtz 8, 44.
Ex. 29 hat einen Einband und Vorsatzbl. von Meiner sowie einen Vlgskat. vom Sept. 1924 (!) eingebunden.
Ex. 31 hat einen Einband von Dürr sowie einen Meiner'schen PhB-Prospekt von 1919 eingebunden.

15.
August Graf von Cieszkowski
1814–1894

15.1. Prolegomena zur Historiosophie

15.1.1.1981.327

[III] AUGUST VON CIESZKOWSKI | Prolegomena zur Historiosophie | Mit einer Einleitung von | RÜDIGER BUBNER | und einem Anhang von | JAN GAREWICZ | FELIX MEINER VERLAG | HAMBURG
[IV] PHILOSOPHISCHE BIBLIOTHEK BAND 327
[I] [Reihensignet]

XXIII, 204 S., 2 Bl. (Bl. 2 bds. Vlgsanz.)

16.
Hermann Cohen
1842–1918

16.1. Kommentar zu Immanuel Kants Kritik der reinen Vernunft

16.1.1.1907.113 5, 12, 17, 18, 21, 24, 51, 61, 107, 211, 361, UB Salzburg

[I] Philosophische Bibliothek | Band 113. || Kommentar | zu | Immanuel Kants | Kritik der reinen Vernunft | von | Hermann Cohen | Professor an der Universität Marburg. | [Vlgssignet] | Leipzig. | Verlag der Dürr'schen Buchhandlung . | 1907.

IX, 233 S., 1 Bl. (bds. Vlgsanz.)

Bei Ex. 61 fehlt das letzte Bl.

16.1.2.1907.113 6, 20, 36, 52, 132, 361, 468

[I] [Z. 1 ebs.] | Band 113 || [Z. 3–8 ebs.] | Professor an der Universität Marburg || Leipzig 1907 | Verlag von Felix Meiner

IX, 233 S., (1 Bl., bds. Vlgsanz.)

Die Exe dieser um 1913 entstandenen Ausg. sind rückdatierte Titelaufl. oder Neudrucke; in beiden Fällen stehen auf S. [234] Vlgsanz. von Dürr, und der Druckvermerk auf S. [II] unten ist identisch mit Ausg. 16.1.1.

16.1.3.1917.113 3, 7, 43, 62, 107

[I] KOMMENTAR | ZU | IMMANUEL KANTS KRITIK | DER REINEN VERNUNFT | VON | HERMANN COHEN | ZWEITE, UNVERÄNDERTE AUFLAGE | [Reihensignet] | DER PHILOSOPHISCHEN BIBLIOTHEK | BAND 113 | FELIX MEINER IN LEIPZIG. 1917.

IX, 233 S.

Nachdruck bis S. 218 (d. h. ohne Namen- und Sachregister) in:
Hermann Cohen: Werke. Hrsg. vom Hermann-Cohen-Archiv am Philosophischen Seminar der Universität Zürich unter der Leitung von Helmut Holzhey. Band 4: Kommentar zu Immanuel Kants Kritik der reinen Vernunft. Hildesheim/New York: Georg Olms 1978.

16.1.4.1920.113 6, 8, 18, 38, 61, 75, 107, 168, 361, 385

[I] [Z. 1–6 ebs.] | DRITTE, UNVERÄNDERTE AUFLAGE | [Z. 8–10 ebs.] | FELIX MEINER IN LEIPZIG. 1920.

IX, 233 S.

16.1.5.1925.113 38, 385

[I] [Z. 1–6 ebs.] | VIERTE, UNVERÄNDERTE AUFLAGE | [Reihensignet] | DER PHILOSOPHISCHEN BIBLIOTHEK BAND 113 | LEIPZIG 1925 / VERLAG VON FELIX MEINER

IX, 233 S.

17.
Auguste Comte
1798–1857

17.1. Rede über den Geist des Positivismus

17.1.1.1915.155 A, 6, 25, 38, 61, 62

[I] AUGUSTE COMTE | Abhandlung über den Geist | des Positivismus | Ordnung und Fortschritt. | Übersetzt und herausgegeben | von | Dr. phil. Friedrich Sebrecht | [Reihensignet] | Der Philosophischen Bibliothek | Band 155 | Leipzig 1915 | Verlag von Felix Meiner

XVII, 141 S.

17.1.2.1956.244 A, 31, 38, 61, 64

[III] [Z. 1 wie vorh. auf S. I] | *Rede über den Geist* | *des Positivismus* | ÜBERSETZT, EINGELEITET UND | HERAUSGEGEBEN VON | IRING FETSCHER | MCMLVI | FELIX MEINER VERLAG | HAMBURG

[IV] DER PHILOSOPHISCHEN BIBLIOTHEK BAND 244 | [9 Z.] | 1956

[II] AUGUSTE COMTE | *Discours sur l'Esprit Positif* | MCMLVI | FELIX MEINER VERLAG | HAMBURG

[I] [Reihensignet]

XLVI, 260 S., (1 Bl., bds. Vlgsanz.)

17.1.3.1966.244 A, 121, 385

[III] [Z. 1 ebs.] | Rede über den Geist | des Positivismus | Übersetzt, eingeleitet und | herausgegeben von | [Z. 6 ebs.] | [Z. 7–8 wie vorh. Z. 8–9]

[IV] PHILOSOPHISCHE BIBLIOTHEK BAND 244 | Zweite, in der Literaturübersicht ergänzte Auflage 1966

[II] [Z. 1 ebs.] | Discours sur l'Esprit | Positif | [Z. 4–5 ebs.]

[I] [ebs.]

XLVI, 261 S.

17.1.4.1979.244

[III] [ebs.]

[IV] [Z. 1 ebs.] | [7 Z. Aufl.-Hinweise] | 1979 Dritte, mit einem Vorwort und einem Nachtrag zur | Bibliographie ergänzte Auflage

[II] [ebs.]

[I] [ebs.]

XLVI, 261 S., 2 Bl. (Bl. 1 bds. Vlgsanz.; Bl. 2 bds. weiß)

18.
Etienne Bonnot de Condillac
1715–1780

18.1. Abhandlung über die Empfindungen

18.1.1.1870.31 A, 16, 21, 29, 38, 43, 51, 61, 107, 180, 294

[3] Condillac's | Abhandlung über die Empfindungen. || Aus dem Französischen übersetzt | mit | Erläuterungen und einem Excurs über das binoculare Sehen | von | Dr. Eduard Johnson, | Gymnasialoberl. in Plauen i. V. || Berlin, 1870. | Verlag von L. Heimann. | Wilhelms-Strasse No. 91.

[2] Philosophische Bibliothek | oder | Sammlung | der | Hauptwerke der Philosophie | alter und neuer Zeit. || Unter Mitwirkung namhafter Gelehrten | herausgegeben, beziehungsweise übersetzt, erläutert | und mit Lebensbeschreibungen versehen | von | J. H. v. Kirchmann. || Einunddreissigster Band. | Condillac's Abhandlung über die Empfindungen. || Berlin, 1870. | Verlag von L. Heimann. | Wilhelms-Strasse No. 91.

228 S.

Dem Ex. 29 sind noch die Vlgsbroschuren der 3 Lieferungen eingebunden.

18.1.2.1870.25 A, 5

Bl. 1a Philosophische Bibliothek. | Band 25. || [Z. 3–10 wie vorh. Z. 1–8 auf S. 3] | [Vlgssignet] | LEIPZIG. | VERLAG DER DÜRR'SCHEN BUCHHANDLUNG. | 1870.

1 Bl., S. [5]–228

Rückdatierte Titelaufl., zwischen 1900–06 entstanden; sie ist belegt in Hinrichs 12.1, 146b und Buchholtz 8, 41.

18.1.3.1870.25 3, 6, 17, H45

Bl. 1a [Z. 1–8 ebs.] | Dr. Eduard Johnson. | [Z. 10–13 wie vorh. Z. 11–14]

1 Bl., S. [5]–228

Rückdatierte Titelaufl., zwischen 1900–06 entstanden; sie ist belegt in Hinrichs 12.1, 146b und Buchholtz 8, 41.

18.1.4.1983.25

[III] ETIENNE BONNOT DE CONDILLAC | Abhandlung über die Empfindungen | Auf der Grundlage der Übersetzung von | EDUARD JOHNSON | neu bearbeitet, mit Einleitung | Anmerkungen und Literaturhinweisen | versehen und herausgegeben von | LOTHAR KREIMENDAHL | FELIX MEINER VERLAG | HAMBURG

[IV] PHILOSOPHISCHE BIBLIOTHEK BAND 25 | [7 Z. Aufl.-Hinweise] | 1982 Auf der Grundlage der Übersetzung von E. Johnson neu | bearbeitet, mit Einleitung, Anmerkungen sowie Literatur- | hinweisen versehen und herausgegeben von Lothar Krei- | mendahl

[I] [Reihensignet]

XLV, 224 S., 1 Bl. (bds. Vlgsanz.)

19.
Benedetto Croce
1866–1952

19.1. Die Geschichte auf den allgemeinen Begriff der Kunst gebracht

19.1.1.1984.371

[III] BENEDETTO CROCE | Die Geschichte | auf den allgemeinen Begriff der Kunst gebracht | Aus dem Italienischen übersetzt | und eingeleitet von | Ferdinand Fellmann | FELIX MEINER VERLAG | HAMBURG

[IV] PHILOSOPHISCHE BIBLIOTHEK BAND 371

[I] [Reihensignet]

XXXI, 76 S., 2 Bl. (Bl. 1 bds. Vlgsanz.)

20.
Damaskios
ca 458–533

20.1. Das Leben des Philosophen Isidoros

20.1.1.1911.125 A, 5, 12, 25, 38 (2 Exe), 61, 361

[I] Das Leben des | Philosophen Isidoros | von Damaskios aus Damaskos | o | Wiederhergestellt, über- | setzt und erklärt von | Rudolf Asmus | [Reihensignet] | Der Philosophischen Bibliothek | Band 125 | Leipzig · Verlag von Felix Meiner · 1911

Bl. 1a Philosophische Bibliothek | Band 125 | Isidoros

1 Bl., XVI, 224 S.

Ex. 25 und 61 fehlt jw. das 1 Bl. zu Beginn des Bds.

21.
René Descartes
1596–1650

21.1. Werke und Sammelausg.

Bei den Descartes-WW handelt es sich um folg. 4 bzw. 5 Werke (in der folg. Aufstellung meinen die Jahresangaben die faktische Entstehungszeit der Ausg., nicht die Jahresangaben auf dem Titelbl. der Dürr'schen Titelaufl.; bei den Nrn-Angaben sind auch Nrn von Aufl. genannt, die nicht mehr zur WW gehören):

Abt.	PhB-Nr		Kurztitel	hier
1	bis 1899:	25(I)	Discours	21.2.1
	ab 1900:	26		21.2.2–5
	ab 1919:	26a		21.2.6–14
1a	bis 1919:	26a	Regeln. Erf. d. Wahrh.	21.10.1–3
	ab 1920:	26b		21.10.4–9
2	bis 1899:	25(II)	Meditationen	21.6.1–2
	ab 1900:	27		21.6.3–11
3	bis 1899:	26(I)	Prinzipien d. Philos.	21.9.1–2
	ab 1900:	28		21.9.3–10
4	bis 1899:	26(II)	Leidensch. d. Seele	21.5.1–2
	ab 1900:	29		21.5.3–4

Die Descartes-WW gab es in der PhB in zweifacher Form:

1. als Einzelbde, und zwar

1.1 bis 1905 in 4 Einzelbdn der 4 Abt. 1, 2, 3 und 4.

1.2 ab 1906 kommt Bd 26a (mit 2 Schriften) hinzu, der auf dem Titelbl. als »Erste Abteilung (Fortsetzung)« bezeichnet wird. (1911 gibt es von den 2 Bdn der 1. Abt. auch einen Sammelbd, siehe 21.1.6).

2. als (feste oder unfeste) WW-Sammelausg. mit eigenem WW-Titelbl.
Die 5 o. g. Einzelbde werden bis 1915 auf dem (Haupt-) Titelbl. als »Abteilungen« gezählt (die letzten Ausg. mit WW-Abteilungszählung stammen bei Abt. 1, 1a, 3 und 4 von 1911, bei Abt. 2 von 1915), danach entfällt diese WW-Kennzeichnung der Einzelbde auf dem Titelbl.
Die 1. Abt., ›Abhandlung über die Methode‹, enthält in den Ausg. von 1905 bis 1928 (hier 21.2.3–8) auf S. [III]–VI eine ›Allgemeine Einleitung zu der Ausgabe der philosophischen Werke von René Descartes‹, die dann in der Ausg. von 1948 entfällt.
Die 4. Abt., ›Über die Leidenschaften der Seele‹, enthält in der 3. Aufl. von 1911 (hier 21.5.4) auf S. 121–125 ein Personen-, auf S. 126–149 ein Sachregister zu der gesamten WW-Ausg., d. h. zu allen 5 Bdn.

Die frühen Einzelausg. vor 1900 (nicht die rückdatierten Dürr'schen Titelaufl.) haben auf dem *Reihen*titelbl. eine zusätzliche WW-Bd-Zählung, die von der Abt.-Zählung auf dem Haupttitelbl. abweicht und uneinheitlich ist:

PhB	Zählung auf dem *Haupt*titelbl.	Zählung auf dem *Reihen*titelbl.
25(I)	1. Abt.	1870: 1. Abt.
25(II)	2. Abt.	1870: 1. Teil, 2. Abt.
		1882: 1. Teil, 2. Abt.
26(I)	3. Abt.	1870: 2. Teil
		1887: 2. Teil, 1. Abt.
26(II)	4. Abt.	1870: 2. Teil, 2. Abt.
		1891: 2. Teil, 2. Abt.

Von der 2. Form der Descartes-WW (Sammelausg. mit eigenem WW-Titelbl.) gibt es 6 WW-Ausg. und 1911 eine Sammelausg. von Abt. 1 der WW:

Sigle	Verlag, Jahr	hier
A:	Heimann 1872	21.1.1
B:	Weiss 1887/91	21.1.2
C:	Dürr 1904/08 (1 Bd)	21.1.3
D:	Dürr 1908 (2 Bde)	21.1.4–5
E:	Sammelausg. von Abt. 1 der WW:	
	Meiner 1911	21.1.6
F:	Meiner 1911/15/20/22	21.1.7–8
G:	Meiner 1922	21.1.9–10

Wie lange es die 2. Form der WW-Ausg. mit eigenem WW-Titelbl. gab, läßt sich nicht sagen. Noch im Vlgskat. von 1936 wird die Descartes-WW »in 2 Halbpergamentbänden« angeboten.

21.1.1: Descartes-Werkeausg. A (Heimann 1872) 51, 294

Philosophische Werke. Übersetzt, erläutert und mit einer Lebensbeschreibung des Descartes' versehen von J. H. v. Kirchmann. 4 Bde in 1 Bd. Berlin: Heimann 1872.
= PhB 25(I–II), 26(I–II)

Diese feste Sammelausg. vereinigt 4 Bde in 1 Bd, wobei anstelle des Reihentitelbl. zum 1. Tl 1 Bl. mit WW-Titelei auf S. b eingebunden ist.
Oft sind die 4 Bde auch in 1 Bd ohne WW-Titelbl. gebunden; solche Exe gibt es in A, 7, 8, 12, 17, 20, 28, 29, 43, 46 (Ex. 28 hat noch die Heimann'schen Vlgsbroschuren eingebunden).
NUC 140, 228b belegt diese Ausg. mit der Jahresangabe 1870, – also wohl in einem Ex. ohne WW-Titelbl.
Die Einzelbde (= Tle des WW-Bds) dieser WW werden auf dem *Haupt*titelbl. als Abt. 1–4 bezeichnet; eine zusätzliche Zählung auf dem *Reihen*titelbl. weicht davon ab und ist uneinheitlich (s. vorne die Bemerkungen zur WW).
Die WW-Titelseite:

Bl. 1b René Descartes' | philosophische Werke. || Uebersetzt, erläutert und mit einer Lebensbeschreibung | des Descartes' versehen | von | J. H. v. Kirchmann. || BERLIN, 1872. | Verlag von L. Heimann. | 84. Wilhelms-Strasse 84.

Bd-Übersicht der Exe 51, 294 (der Ausg. A):

Abt.	PhB	Jahr	Kurztitel	hier
1	25(I)	1870	Lebensbeschreibung, Discours	21.2.1
2	25(II)	1870	Meditationen	21.6.1
3	26(I)	1870	Prinzipien d. Philosophie	21.9.1
4	26(II)	1870	Leidenschaften der Seele	21.5.1

In Ex. 51 fehlt das Reihentitelbl. zu Tl 2; 10 Tafeln, die an den Schluß von Tl 3 (›Prinzipien der Philosophie‹) gehören, sind an das Ende des Sammelbds gebunden.

21.1.2: Descartes-Werkeausg. B (Weiss 1887/91) Ka26

Philosophische Werke. Übersetzt, erläutert und mit einer Lebensbeschreibung des Descartes versehen von J. H. v. Kirchmann. 4 Bde in 1 Bd. [Titelbl. von Bd-Tln:] Berlin: Heimann; [Titelbl. von Bd-Tln und ggf. WW-Titelbl.:] Heidelberg: Weiss 1870–87 bzw. 1870–91.
= PhB 25(I–II), 26(I–II)

Bl. 1a René Descartes' | philosophische Werke. || Uebersetzt und mit einer Lebensbeschreibung | des Descartes versehen | von | J. H. v. Kirchmann. || I. Lebensbeschreibung. Abhandlung über die Methode. | II. Untersuchungen über die Grundlagen der Philosophie. | III. Die Principien der Philosophie. | IV. Ueber die Leidenschaften der Seele. || Heidelberg. | Georg Weiss, Verlag.

Bd-Übersicht des Exs Ka26 (der Ausg. B):

Abt.	PhB	Jahr	Verlag	Kurztitel	hier
1	25(I)	1870	Heimann	Discours	21.2.1
2	25(II)	1882	Weiss	Meditationen	21.6.2
3	26(I)	1887	Weiss	Prinzipien d. Philos.	21.9.2
4	26(II)	1870	Heimann	Leidenschaft. d. Seele	21.5.1

Bei Ex. Ka26 fehlen die Reihentitelbl. aller 4 Tle.

Es gab 1891 wohl auch noch eine spätere ›Aufl.‹ dieses WW-Sammelbds, bei der die 4. Abt. (= Tl 4) statt der 1. (Heimann'schen) Aufl. von 1870 (wie im Ex. Ka26) die 2. (Weiss'sche) Aufl. von 1891 (21.5.2) bildet. Diese spätere ›Aufl.‹ des WW-Sammelbds (1870–91) ist belegt im NUC 140, 228b und mit Exn in 15, 25, 56 und 466, die aber kein WW-Titelbl. haben (Ex. 56 auch keine Reihentitelbl.).

21.1.3: Descartes-Werkeausg. C (Dürr 1904/08, 1 Bd) 5, 361

Philosophische Werke. Übersetzt, erläutert und mit einer Lebensbeschreibung des Descartes versehen. [Hrsg. von J. H. v. Kirchmann und A. Buchenau.] 4 Bde in 1 Bd. Leipzig: Dürr 1870–1904 bzw. 1887–1905.
= PhB 26–29; oder:
[...] 5 Bde in 1 Bd. Leipzig: Dürr 1887–1906 bzw. 1891–1908.
= PhB 26, 26a, 27–29

Diese unfeste Sammelausg. hat zu Beginn des Bds 1 Bl. mit WW-Titelei auf S. a. Die Ausg. vereinigt rückdatierte Titelaufl. mit regulären Aufl. und teilt sich, wie schon aus der obigen Kurzbeschreibung hervorgeht, in 2 Gruppen:

C_1: Diese unfeste Sammelausg. vereinigt 4 Bde in 1 Bd von frühestens 1870 (Titelaufl.) bis spätestens 1905.

C_2: Diese unfeste Sammelausg. vereinigt 5 Bde in 1 Bd von frühestens 1887 (Titelaufl.) bis spätestens 1908.

Beide Ausg.-Gruppen haben das gleiche WW-Titelbl.:

Bl. 1a Philosophische Bibliothek. | Band 26–29. || René Descartes' | philosophische Werke. || Uebersetzt, erläutert und mit einer Lebensbeschreibung | des Descartes versehen. | [Vlgssignet] | LEIPZIG. | VERLAG DER DÜRR'SCHEN BUCHHANDLUNG.

Bd-Übersicht des Exs 5 der Ausg. C_1:

Abt.	PhB	Jahr	Kurztitel	hier
1	26	1870	Discours	21.2.2
2	27	1904	Meditationen	21.6.5
3	28	1887	Prinzipien der Philosophie	21.9.3
4	29	1891	Leidenschaften der Seele	21.5.3

NUC 140, 228c und Buchholtz VIII, 1215 verzeichnen ein identisches Ex. von Ausg. C_1, wobei Abt. 1 mit der Buchenau-Ausg. von 1905 später liegt als in Ex. 5. (Bei Buchholtz' PhB-Nrn-Angabe »Bd 26–28« handelt es sich wohl um einen Druckfehler; es muß ›Bd 26–29‹ heißen.)

Als Abt. 2 können in Ausg. C_1 statt der Ausg. 21.6.5 wohl auch die früheren Ausg. 21.6.3–4 eingebunden sein.

Bd-Übersicht des Exs 361 der Ausg. C_2:

Abt.	PhB	Jahr	Kurztitel	hier
1	26	1905	Discours	21.2.3
1a	26a	1906	Regeln. Erf. d. Wahrheit	21.10.1
2	27	1904	Meditationen	21.6.5
3	28	1908	Prinzipien der Philosophie	21.9.4
4	29	1891	Leidenschaften der Seele	21.5.3

Die Tle von Ex. 361 sind (irrtümlich) in 2 Bde gebunden.
BT 08.6725 und Hinrichs 12.1, 146b verzeichnen ein Ex., das mit Abt. 3 in der Dürr'schen Titelaufl. 1887 früher liegt als Ex. 361.
121 besitzt ein Ex. mit den gleichen Tln wie das in BT belegte Ex., aber ohne WW-Titelbl.

21.1.4–5: Descartes-Werkeausg. D (Dürr 1908, 2 Bde)

Philosophische Werke. Hrsg. von A. Buchenau und J. H. v. Kirchmann. 5 Bde in 2 Bdn. Leipzig: Dürr 1891–1908.
= PhB 26, 26a, 27–29

Diese Sammelausg. hat zu Beginn jedes Bds 1 Bl. mit WW-Titelei auf S. a.
Bei den hier vorl. Exn 3 und 21 ist nur Tl 5 (= Abt. 4, PhB 29) eine Titelaufl. und von J. H. v. Kirchmann herausgegeben; alle anderen Tle sind reguläre Aufl. und von Buchenau herausgegeben.
Tl 1 des Bd 1 (PhB 26, Discours) enthält vom Hrsg. Buchenau zur neuen Ausg. der Descartes-WW eine ›allgemeine Einleitung zu der Ausgabe der philosophischen Werke von René Descartes‹ (S. III–VI).

21.1.4: Bd 1 3, 21

Bl. 1a René Descartes' | philosophische Werke. || Herausgegeben | von | A. Buchenau und J. H. v. Kirchmann. || Erster Band: | Abhandlung über die Methode. – Regeln zur Leitung des | Geistes. – Die Erforschung der Wahrheit durch das natürliche | Licht. – Meditationen über die Grundlagen der Philosophie. | [Vlgssignet] | Leipzig. | Verlag der Dürr'schen Buchhandlung.

21.1.5: Bd 2 3, 21

Bl. 1a [Z. 1–5 ebs.] | Zweiter Band: | Die Prinzipien der Philosophie. – | Über die Leidenschaften der Seele. | [Z. 9–11 wie vorh. Z. 10–12]

Bd-Übersicht des Exs 21 (der Ausg. D):

Bd	Abt.	PhB	Jahr	Kurztitel	hier
1	1	26	1905	Discours	21.2.3
	1a	26a	1906	Regeln. Erf. d. Wahrheit	21.10.1
	2	27	1904	Meditationen	21.6.5
2	3	28	1908	Prinzipien der Philosophie	21.9.4
	4	29	1891	Leidenschaften der Seele	21.5.3

Die Tle der Ausg. D decken sich also mit den Tln des Exs 361 der Ausg. C_2.

21.1.6: Descartes-Sammelausg. E von Abt. 1 der WW (Meiner 1911) 70

Die um 1911 entstandene Sammelausg. von Abt. 1 der WW beinhaltet 2 Bde und hat zu Beginn 1 Bl. mit Gesamttitel auf S. a:

Bl. 1a RENÉ DESCARTES | Philosophische Werke. 1. Abt. | Abhandlung über die Methode || Regeln zur Leitung des Geistes | Die Erforschung der Wahrheit | durch das natürliche Licht || Übersetzt und herausgegeben | von | Dr. Artur Buchenau | [Reihensignet] | Der Philosophischen Bibliothek | Band 26 und 26a | Leipzig · Verlag von Felix Meiner

Bd-Übersicht des Exs 70:

PhB	Jahr	Kurztitel	hier
26	1911	Discours	21.2.5
26a	(1911)	Regeln. Erf. d. Wahrheit	21.10.2

21.1.7–8: Descartes-Werkeausg. F (Meiner 1911/15/20/22)

Philosophische Werke. Übersetzt und hrsg. von A. Buchenau. 5 Bde in 2 Bdn. [Titelbl. von Bd-Tln:] Leipzig: Dürr; [Titelbl. von Bd-Tln und WW-Titelbl.:] Meiner, zwischen 1904–15.
= PhB 26, 26a, 27–29; oder:
[...] Leipzig: Meiner, zwischen 1908–22.
= PhB 26, 26a, 27–29 bzw. 26a–b, 27–29.

Die Bde dieser unfesten Sammelausg. haben zu Beginn jw. 1 Bl. mit WW-Titelei auf S. a.

Die Ausg. teilt sich in 2 Gruppen:

F_1: Diese unfeste Sammelausg. vereinigt Einzelbde der PhB-Nrn 26, 26a, 27–29 sowohl von Meiner als auch noch von Dürr von 1904–15.

F_2: Diese unfeste Sammelausg. vereinigt Einzelbde der PhB-Nrn 26, 26a, 27–29 oder 26a–b, 27–29 nur von Meiner von 1911–22.

Die Entstehung dieser Ausg. F kann entsprechend ihren (jw. spätesten) Tln zwischen 1911–22 variieren, wie die folg. Aufstellung anhand der Exe zeigt:

Ausg.	Ex.	Jahr	PhB-Nrn
F_1	361	1904–11	26, 26a, 27–29
	155, ÖNB Wien	1906–15	26, 26a, 27–29
	291	1908–15	26, 26a, 27–29
F_2	M36a	1911–15	26, 26a, 27–29
	A_1, 107	1908–20	26a–b, 27–29
	A_2, 180	1911–22	26a–b, 27–29

Man sieht (noch deutlicher durch die Bd-Übersichten unten), daß es in bezug auf die Tle (Einzelbde) der Ausg. keine kontinuierliche Entwicklung gibt und daß Ex. M36a eine gewisse Zwischenstellung einnimmt: Zwar sind alle deren Tle von Meiner, sie haben aber in ihren Tln 1–2 noch die älteren PhB-Nrn.

Bei den Exn 291 und bes. 155 sowie ÖNB Wien fällt auf, daß diese Ausg. jw. sehr unterschiedliche, zeitlich inkongruente Aufl. (der Tle) vereinigen.
Im DBV und NUC sind vollständige Exe mit folg. Jahren belegt:

DBV 20, 522a:	1906–19
NUC 140, 228c:	1908–19
NUC 140, 228c:	1911–22 (2 Exe)
NUC 1956–67, 29, 149c:	1911–22

Möglicherweise gehören die im NUC belegten Exe von 1911–22 aber zur Ausg. G. Die späteren Exe dieser Sammelausg. F haben auch schon Aufl. eingebunden, die keine WW-Titelbezeichnung mit Abteilungszählung mehr auf dem Titelbl. tragen.

21.1.7: Bd 1 A_1, A_2, 107, 155, 180, 291, 361, M36a, ÖNB Wien

Bl. 1a RENÉ DESCARTES | Philosophische Werke || Übersetzt und herausgegeben | von | Dr. A. Buchenau || Erster Band: | Abhandlung über die Methode. – Regeln zur Leitung des | Geistes. – Die Erforschung der Wahrheit durch das natürliche | Licht. – Meditationen über die Grundlagen der Philosophie | [Reihensignet] | Leipzig Verlag von Felix Meiner

21.1.8: Bd 2 A_1, A_2, 107, 155, 180, 291, 361, M36a, ÖNB Wien

Bl. 1a [Z. 1–5 ebs.] || Zweiter Band: | Die Prinzipien der Philosophie. – | Über die Leidenschaften der Seele. | Namen- und Sachregister | [Z. 10–11 ebs.]

Die Bd-Übersichten der Ausg. F_1:
des Exs 361:

Bd	Abt.	PhB	Jahr	Verlag	Kurztitel	hier
1	1	26	1911	Meiner	Discours	21.2.5
	–	26a	(1914)	Meiner	Regeln. Erf. d. Wahrh.	21.10.3
	2	27	1904	Dürr	Meditationen	21.6.5
2	3	28	1911	Meiner	Prinzipien d. Philos.	21.9.6
	4	29	1911	Meiner	Leidenschaften d. Seele	21.5.4

der Exe 155, ÖNB Wien:

Bd	Abt.	PhB	Jahr	Verlag	Kurztitel	hier
1	1	26	1911	Meiner	Discours	21.2.5
	1a	26a	1906	Dürr	Regeln. Erf. d. Wahrh.	21.10.1
	2	27	1915	Meiner	Meditationen	21.6.7
2	3	28	1908	Dürr	Prinzipien d. Philos.	21.9.4
	4	29	1911	Meiner	Leidenschaften d. Seele	21.5.4

des Exs 291:

Bd	Abt.	PhB	Jahr	Verlag	Kurztitel	hier
1	1	26	1911	Meiner	Discours	21.2.5
	1a	26a	(1911)	Meiner	Regeln. Erf. d. Wahrh.	21.10.2

Bd	Abt.	PhB	Jahr	Verlag	Kurztitel	hier
	2	27	1915	Meiner	Meditationen	21.6.7
2	3	28	1908	Dürr	Prinzipien d. Philos.	21.9.4
	4	29	1911	Meiner	Leidenschaften d. Seele	21.5.4

Die Bd-Übersichten der Ausg. F_2 (Vlg aller Tle: Meiner):
des Exs M36a:

Bd	Abt.	PhB	Jahr	Kurztitel	hier
1	1	26	1911	Discours	21.2.5
	1a	26a	(1911)	Regeln. Erf. d. Wahrh.	21.10.2
	2	27	1915	Meditationen	21.6.7
2	3	28	1911	Prinzipien d. Philos.	21.9.6
	4	29	1911	Leidenschaften d. Seele	21.5.4

der Exe A_1 und 107:

1	–	26a	1919	Discours	21.2.6
	–	26b	1920	Regeln. Erf. d. Wahrh.	21.10.4
	2	27	1915	Meditationen	21.6.7
2	3	28	1908	Prinzipien d. Philos.	21.9.5
	4	29	1911	Leidenschaften d. Seele	21.5.4

der Exe A_2, 180:

1	–	26a	1922	Discours	21.2.7
	–	26b	1920	Regeln. Erf. d. Wahrh.	21.10.4
	2	27	1915	Meditationen	21.6.7
2	–	28	1922	Prinzipien d. Philos.	21.9.7
	4	29	1911	Leidenschaften d. Seele	21.5.4

21.1.9–10: Descartes-Werkeausg. G (Meiner 1922)

Philosophische Werke. Übersetzt und hrsg. von A. Buchenau. 5 Bde in 2 Bdn. Leipzig: Meiner 1911–22.
= PhB 26a–b, 27–29

Die Bde dieser Sammelausg. haben zu Beginn jw. 2 Bl. mit sich gegenüberliegenden WW-Titeleien: der allgemeinen WW-Titelei auf Bl. 1b und der WW-Titelei des Bds auf Bl. 2a.
Die Tle dieser Ausg. waren – zumindest in den frühesten Exn dieser Ausg. – mit den Tln der spätesten Exe der Ausg. F (Exe A_2, 180 von F_2) identisch.
Zu bibliographischen Nachweisen siehe Ausg. F.

21.1.9: Bd 1 A, 14, 168

Bl. 1b RENÉ DESCARTES | PHILOSOPHISCHE WERKE | ÜBERSETZT UND HERAUSGEGEBEN | VON | DR. A. BUCHENAU | [Reihensignet] | VERLAG VON FELIX MEINER IN LEIPZIG

Bl. 2a RENÉ DESCARTES | PHILOSOPHISCHE WERKE | ERSTER BAND | Abhandlung über die Methode / Regeln | zur Leitung des Geistes / Die Erforschung | der Wahrheit durch das natürliche Licht / | Meditationen über die Grundlagen der | Philosophie mit den „Einwänden und | Erwiderungen" | [Reihensignet] | VERLAG VON FELIX MEINER IN LEIPZIG

21.1.10: Bd 2 14, 168

Bl. 1b [ebs.]

Bl. 2a [Z. 1–2 ebs.] | ZWEITER BAND | Die Prinzipien der Philosophie | Über die Leidenschaften der Seele | Namen- und Sachregister | [Z. 7–8 wie vorh. Z. 10–11]

Bd-Übersicht der Exe 14, 168 (der Ausg. G):

Bd	PhB	Jahr	Kurztitel	hier
1	26a	1922	Discours	21.2.7
	26b	1920	Regeln. Erf. d. Wahrheit	21.10.4
	27	1915	Meditationen	21.6.7
2	28	1922	Prinzipien d. Philosophie	21.9.7
	29	1911	Leidenschaften d. Seele	21.5.4

Von Ex. A fehlt Bd 2.

21.2. Abhandlung über die Methode (dt.)

1919 erschien die Edition der deutschen Übersetzung in 2 Reihen, siehe die Bemerkung zu 21.2.6.

21.2.1.1870.25(I) A, 1a, 3, 7, 8, 12, 15, 16, 17, (2 Exe), 18, 20, 21, 25, 28, 29, 38, 43, 46, 51, 56, 294, 466, Ka26, ÖNB Wien

[III] René Descartes' | philosophische Werke. || Uebersetzt, erläutert und mit einer Lebensbeschreibung | des Descartes versehen | von | J. H. v. Kirchmann. || Erste Abtheilung. | Lebensbeschreibung. Abhandlung über die Methode. || Berlin, 1870. | Verlag von L. Heimann. | Wilhelms-Strasse No. 91.

[II] Philosophische Bibliothek | oder | Sammlung | der | Hauptwerke der Philosophie | alter und neuer Zeit. || Unter Mitwirkung namhafter Gelehrten | herausgegeben, beziehungsweise übersetzt, erläutert | und mit Lebensbeschreibungen versehen | von | J. H. v. Kirchmann. || Fünfundzwanzigster Band. | René Descartes' philosophische Werke. | Erste Abtheilung. || Berlin, 1870. | Verlag von L. Heimann. | Wilhelms-Strasse No. 91.

VIII, 83 S.

Bei den Exn 51 und 294 befindet sich anstelle des Reihentitelbl. ein WW-Titelbl. (siehe 21.1.1).
Dem Ex. 28 sind noch die Heimann'schen Vlgsbroschuren eingebunden, dem Ex. 12 nur der vordere Umschlag der Vlgsbroschur.
Dem Ex. 15 ist noch der vordere Umschlag der Vlgsbroschur eingebunden; deren Erscheinungsvermerk lautet: »Heidelberg. | Verlag von Georg Weiss | (früher Erich Koschny's Verlag in Leipzig). | 1882.«
In den Exn 56 und Ka26 fehlt das Reihentitelbl.

21.2.2.1870.26 5, 62

Bl. 1a Philosophische Bibliothek. | Band 26. || [Z. 3–10 wie vorh. Z. 1–8 auf S. III] | [Vlgssignet] | LEIPZIG. | VERLAG DER DÜRR'SCHEN BUCHHANDLUNG. | 1870.

1 Bl., S. [V]–VIII, 83 S.

Rückdatierte Titelaufl., zwischen 1900–06 entstanden.

21.2.3.1905.26 3, 5, 6, 12, 21, 27, 31, 60, 61, 121, 361

[I] Philosophische Bibliothek | [Z. 2–4 wie vorh. auf Bl. 1a] || Erste Abteilung. | Abhandlung über die Methode. | Neu übersetzt | und mit Einleitung und Anmerkungen herausgegeben | von | Dr. Artur Buchenau. | [Vlgssignet] | Leipzig, | Verlag der Dürr'schen Buchhandlung. | 1905.

XII, 70 S.

Enthält auf S. [III]–VI eine ›Allgemeine Einleitung zu der Ausgabe der philosophischen Werke von René Descartes‹.

21.2.4.1905.26 20, 37, 46, 61

[I] [Z. 1 ebs.] | Band 26 || René Descartes | Philosophische Werke || Erste Abteilung | Abhandlung über die Methode | [Z. 7–9 ebs.] | Dr. Artur Buchenau || Leipzig 1905 | Verlag von Felix Meiner

XII, 70 S.

Rückdatierte Titelaufl., vermutlich 1911 entstanden.

21.2.5.1911.26 70, 155, 291, 294, 361, Ka13, M36a, ÖNB Wien

[I] [Z. 1–10 ebs.] || Leipzig 1911 | [Z. 12 ebs.]

XII, 70 S.

21.2.6.1919.26a A, 5, 6, 7, 27, 29, 36, 38, 43, 107

[I] RENÉ DESCARTES | Abhandlung | über die Methode | Dritte Auflage | Übersetzt | und mit Anmerkungen herausgegeben | [Z. 7–8 wie vorh. Z. 9–10] | Mit der Einleitung der Gesamtausgabe | [Reihensignet] | Der Philosophischen Bibliothek | Band 26ª | Leipzig | Verlag von Felix Meiner | 1919

XII, 70 S.

Diese Edition erschien im selben Jahr auch als Heft 26 der TA, siehe TA2.1

21.2.7.1922.26a A (2 Exe), 14, 15, 24, 168, 180

[I] [Z. 1–3 ebs.] | Übersetzt und mit Anmerkungen herausgegeben | [Z. 5–7 wie vorh. Z. 7–9] | Vierte Auflage | [Reihensignet] | Der Philosophischen Bibliothek Band 26a | Leipzig 1922 / Verlag von Felix Meiner

[II] Sonderausgabe aus: | Descartes, René. Philosophische Werke. | Neu übersetzt und mit Einleitungen und Gesamt- | register versehen von Dr. Artur Buchenau. | 〈Philosophische Bibliothek. Band 26–29.〉

XII, 70 S.

Diese Ausg. ist im DBV 12, 752b als »1922 [Ausg. 1928]« belegt; in Vlgskat. ist sie nicht verzeichnet.
Z. 5 auf S. [II] ist auch in der Ausg. spitz geklammert.
Lizenz der S. 1–64 an den Reclam Vlg Leipzig für die Ausg. ›Ausgewählte Schriften‹ (1980).

21.2.8.(1928).26a 25, 290, H45

[I] [Z. 1 ebs.] | ABHANDLUNG | ÜBER DIE METHODE | ÜBERSETZT UND MIT ANMERKUNGEN | HERAUSGEGEBEN VON | ARTUR BUCHENAU | MIT DER EINLEITUNG | DER GESAMTAUSGABE | [Reihensignet] || DER PHILOSOPHISCHEN BIBLIOTHEK BAND 26a | VERLAG VON FELIX MEINER IN LEIPZIG

XII, 70 S.

Jahresangabe nach DBV 12, 752b (dort mit den Fehlern »Renée« und »Abhandlungen«) und Vlgskat.

21.2.9.1948.26a 211, 291, 385

[V] [Z. 1–3 wie vorh. auf S. I] | [Reihensignet] | [Z. 5 wie vorh. Z. 11 auf S. I]

[VI] DER PHILOSOPHISCHEN BIBLIOTHEK BAND 26a | Übersetzt und mit Anmerkungen herausgegeben von | ARTUR BUCHENAU | Unveränderter Abdruck 1948 der vierten Auflage von 1922

S. [V]–XII, 70 S.

Durch den Wegfall der Einleitung zu den WW beginnt die nicht neu paginierte Ausg. mit S. [V].

21.2.10.1952.26a 31, 38, Kn28, Kn41, UB Innsbruck

[I] [Z. 1–4 wie vorh. auf S. V] | VERLAG VON FELIX MEINER | HAMBURG

[II] [Z. 1–3 wie vorh. auf S. VI] Unveränderter Nachdruck 1952 der vierten Auflage von 1922 | 1952

VIII, 70 S., 1 Bl. (bds. Vlgsanz.)

21.2.11.1957.26a A, 64, 131

[I] [ebs.]

[II] [Z. 1–3 ebs.] | Unveränderter Nachdruck 1957 der vierten Auflage von 1922

VIII, 70 S., 1 Bl. (bds. Vlgsanz.)

21.2.12.1960.26a A, 38, 121

[I] [Z. 1 ebs.] | Von der Methode | [Z. 3–4 wie vorh. Z. 5–6]

[II] PHILOSOPHISCHE BIBLIOTHEK BAND 26a | [3 Z.] | Auf Grund der Ausgabe von *Artur Buchenau* neu übersetzt und | mit Anmerkungen und Register herausgegeben von *Lüder Gäbe* | [2 Z.] | 1960

VI, 65 S.

21.2.13.1971.26a A, 385

[I] [Z. 1–2 ebs.] | [Reihensignet] | [Z. 4–5 wie vorh. Z. 3–4]

[II] [Z. 1–6 ebs.] | Unveränderter Nachdruck 1971

VI, 65 S.

21.2.14.1978.26a

[I] [Z. 1–2 ebs.] | des richtigen Vernunftgebrauchs | und der wissenschaftlichen Forschung | Übersetzt von | LÜDER GÄBE | FELIX MEINER VERLAG | [Z. 8 wie vorh. Z. 5]

[II] [Z. 1–4 ebs.] | Unveränderter Nachdruck 1978

VI, 65 S.

21.3. Abhandlung über die Methode (franz.-dt.)

21.3.1.1960.261 A, 38, 61, 294

[I] RENÉ DESCARTES | Discours de la Méthode || Von der Methode | des richtigen Vernunftgebrauchs | und der wissenschaftlichen Forschung | Übersetzt und herausgegeben | von | LÜDER GÄBE | FELIX MEINER VERLAG | HAMBURG

[II] PHILOSOPHISCHE BIBLIOTHEK BAND 261 | [2 Z.] | 1960

VI, 129 S.

21.3.2.1964.261 A, 61, 385

[I] [ebs.]

[II] [Z. 1 ebs.] | Nachdruck 1964

VI, 129 S.

21.3.3.1969.261 A, 385, Tr2

[I] [ebs.]

[II] [Z. 1 ebs.] | Nachdruck 1969

VI, 129 S.

21.4. Gespräch mit Burman

21.4.1.1982.325

[III] RENÉ DESCARTES | Gespräch mit Burman | Übersetzt und herausgegeben von | HANS WERNER ARNDT | LATEINISCH-DEUTSCH | FELIX MEINER VERLAG | HAMBURG

[IV] PHILOSOPHISCHE BIBLIOTHEK BAND 325

[I] [Reihensignet]

XXXIII, 188 S., 1 Bl. (bds. Vlgsanz.)

21.5. Die Leidenschaften der Seele

21.5.1.1870.26(II) A, 7, 8, 12, 16, 17 (2 Exe), 20, 21, 28, 29, 38, 43, 46, 51, 294, Ka26, ÖNB Wien

[3] René Descartes' | philosophische Werke. || Uebersetzt, erläutert und mit einer Lebensbeschreibung | des Descartes versehen | von | J. H. v. Kirchmann. || Vierte Abtheilung. | Ueber die Leidenschaften der Seele. || Berlin, 1870. | Verlag von L. Heimann. | Wilhelms-Strasse No. 91.

[2] Philosophische Bibliothek | oder | Sammlung | der | Hauptwerke der Philosophie | alter und neuer Zeit. || Unter Mitwirkung namhafter Gelehrten | herausgegeben, beziehungsweise übersetzt, erläutert | und mit Lebensbeschreibungen versehen | von | J. H. v. Kirchmann. || Sechsundzwanzigster Band. | René Descartes' philosophische Werke. | Zweiter Theil. | Zweite Abtheilung. || Berlin, 1870. | Verlag von L. Heimann. | Wilhelms-Strasse No. 91.

144 S.

Dem Ex. 29 sind noch die Heimann'schen Vlgsbroschuren eingebunden.
In Ex. Ka26 fehlt das Reihentitelbl.

21.5.2.1891.26(II) 1a, 15, 25, 56, 466

[3] [Z. 1–8 ebs.] | Zweite, durchgesehene Auflage. || Heidelberg, 1891. | Verlag von Georg Weiss.

[2] [Z. 1–15 ebs.] | Zweite, durchgesehene Auflage. || Heidelberg 1891. | Verlag von Georg Weiss.

144 S.

In Ex. 56 fehlt das Reihentitelbl.

21.5.3.1891.29 3, 5, 15, 21, 27, 60, 62, 121, 361

Bl. 1a Philosophische Bibliothek. | Band 29. || [Z. 3–11 wie vorh. Z. 1–9 auf S. 3] | [Vlgssignet] | LEIPZIG. | VERLAG DER DÜRR'SCHEN BUCHHANDLUNG. | 1891.

1 Bl., S. [5]–144

Rückdatierte Titelaufl., zwischen 1900–06 entstanden; sie ist belegt in Hinrichs 12.1, 146b.

21.5.4.1911.29 A, 1a, 6 (2 Exe), 8, 12, 14, 20, 24, 29, 36, 37, 38, 43, 46, 61 (2 Exe), 75, 107, 132, 155, 168, 180, 291, 294 (2 Exe), 361, Ka13, M36a, ÖNB Wien

[I] Philosophische Bibliothek | Band 29 || [Z. 3 wie vorh. auf Bl. 1a] | Philosophische Werke || Übersetzt und erläutert | von | Dr. Artur Buchenau || Vierte Abteilung | Über die Leidenschaften der Seele || Dritte Auflage || Leipzig 1911 | Verlag von Felix Meiner

XXXI, 150 S., (1 Bl., bds. Vlgsanz.)

Die Ausg. enthält auf S. 121–125 ein Personen-, auf S. 126–149 ein Sachregister zur Descartes-WW, d. h. zu allen 5 Bdn; S. 150 gibt eine ›Anmerkung zu der ganzen Ausgabe‹.

Lizenz der S. 1–110, 113–120 an den Reclam Vlg Leipzig für die Ausg. ›Ausgewählte Schriften‹ (1980).
Dem Ex. 8 fehlen S. 121–150.

21.5.5.1984.345

[III] RENÉ DESCARTES | Die Leidenschaften der Seele | Herausgegeben und übersetzt von | KLAUS HAMMACHER | Französisch-deutsch | FELIX MEINER VERLAG | HAMBURG

[II] PHILOSOPHISCHE BIBLIOTHEK BAND 345 | [7 Z. unvollständige Aufl.-Hinweise] | 1984 zweisprachige Ausgabe, herausgegeben und übersetzt von | Klaus Hammacher (PhB 345)

[I] [Reihensignet]

XCVIII, 369 S., 2 Bl. (Bl. 1 bds. Vlgsanz.)

In den Aufl.-Hinweisen wird die Ausg. »1891 als PhB 29« bezeichnet, was aber nicht für die reguläre Weiss'sche Ausg., sondern nur für die rückdatierte Dürr'sche Titelaufl. gilt.

21.6. Meditationen (dt.), ab 1915 mit den sämtlichen Einwänden und Erwiderungen: PhB 25 (II), 27

21.6.1.1870.25(II) A, 7, 8, 12, 16, 17, 20, 28, 29, 43, 46, 51, 294

[3] René Descartes' | philosophische Werke. || Uebersetzt, erläutert und mit einer Lebensbeschreibung | des Descartes versehen | von | J. H. v. Kirchmann. || Zweite Abtheilung. | Untersuchungen über die Grundlagen der | Philosophie. || Berlin, 1870. | Verlag von L. Heimann. | Wilhelms-Strasse No. 91.

[2] Philosophische Bibliothek | oder | Sammlung | der | Hauptwerke der Philosophie | alter und neuer Zeit. || Unter Mitwirkung namhafter Gelehrten | herausgegeben, beziehungsweise übersetzt, erläutert | und mit Lebensbeschreibungen versehen | von | J. H. v. Kirchmann. || Fünfundzwanzigster Band. | René Descartes' philosophische Werke. | Erster Theil. | Zweite Abtheilung. || Berlin, 1870. | Verlag von L. Heimann. | Wilhelms-Strasse No. 91.

144 S.

Den Exn 28 und 29 sind noch die Heimann'schen Vlgsbroschuren eingebunden.

21.6.2.1882.25(II) 15, 17, 18, 21, 25, 38, 56, 466, Ka26, ÖNB Wien

[3] [Z. 1–2 ebs.] | Uebersetzt, erläutert | und mit einer Lebensbeschreibung des Descartes versehen | [Z. 5–9 ebs.] || Zweite Auflage. || Heidelberg. | Georg Weiss, Universitäts-Buchhandlung. | 1882.

[2] [Z. 1–10 ebs.] | J. H. von Kirchmann. || [Z. 12–15 ebs.] || Zweite Auflage. || Heidelberg. | Georg Weiss, Universitäts-Buchhandlung. | 1882.

152 S.

In Ex. 21 fehlen S. 151f.
In den Exn 56, Ka26 fehlt das Reihentitelbl.

21.6.3.1882.27 62

Bl. 1a Philosophische Bibliothek. | Band 27. || [Z. 3–4 wie vorh. Z. 1–2 auf S. 3] || Uebersetzt, erläutert und mit einer Lebensbeschreibung | des Descartes versehen | [Z. 7–9 wie vorh. Z. 5–7 auf S. 3] | Untersuchungen über die Grundlagen der Philosophie. || [Z. 11 wie vorh. Z. 10 auf S. 3] | [Vlgssignet] | LEIPZIG. | VERLAG DER DÜRR'SCHEN BUCHHANDLUNG. | 1882.

1 Bl., S. [5]–152

Rückdatierte Titelaufl., zwischen 1900–06 entstanden.

21.6.4.1902.27 17, Hv111

[I] Philosophische Bibliothek | [Z. 2–4 wie vorh. auf Bl. 1a] || Zweite Abteilung. | Meditationen über die Grundlagen | der Philosophie. | Dritte Auflage. | Herausgegeben, übersetzt | und unter Zugrundelegung der eigenen Erläuterungen | Descartes' erklärt | von | Artur Buchenau. | [Vlgssignet] | Leipzig, | Verlag der Dürr'schen Buchhandlung. | 1902.

XVI, 67 S.

21.6.5.1904.27 A, 1a, 3, 5, 6, 12, 15, 20, 21, 24, 27, 31, 37, 43, 46, 60, 61, 70, 75, 121, 132, 294, 361 (2 Exe), Ka13

[I] [Z. 1–7 ebs.] | In dritter Auflage | neu übersetzt und mit ausführlichem, auf Descartes' eigene | Schriften gestützten, Kommentar herausgegeben | von | Dr. Artur Buchenau. | [Z. 13–15 wie vorh. Z. 14–16] | 1904.

XVI, 313 S.

Bei den Exn 37 und Ka13 ist der Erscheinungsvermerk mit einem Schildchen überklebt: »Leipzig. | Verlag von Felix Meiner.«
Dem Ex. 75 fehlen S. XIII–XVI.

21.6.6.1913.27 A

Bl. 1a RENÉ DESCARTES | Meditationen | über die Grundlagen der Philosophie | Übersetzt von | Artur Buchenau | [Reihensignet] | Der Philosophischen Bibliothek | Band 27 | Leipzig · Verlag von Felix Meiner · 1913

Bl. 1b Diese Liebhaberausgabe wurde in 500 hand- | schriftlich numerierten Exemplaren hergestellt. | Hiervon trägt dieses Exemplar die | Nr. [...]

Frontispiz, 2 Bl., 78 S., 1 Bl. (bds. Vlgsanz.)

In Vlgskat. ab Sept. 1913 als ›Luxusausgabe‹ verzeichnet, ab 1915 mit ›1914‹ als Jahresangabe. Im Vorwort des Hrsg. Buchenau heißt es auf Bl. 2a: »Der hier gegebene Text ist ein genau durchgesehener Wiederabdruck der von mir im Jahre 1902 in der „Philosophischen Bibliothek" veröffentlichten Übersetzung.«

Zwischen 1911–19 gab es die ›Meditationen‹ Descartes' im Meiner-Vlg in 6 verschiedenen Ausg.:
1904: PhB 27. Dt. Text mit ausführlichem Kommentar (unter Verwendung von Descartes' ›Einwänden und Erwiderungen‹). XVI, 313 S.
1913: PhB 27. Liebhaberausg., nur dt. Text. Frontispiz, 2 Bl., 78 S., 1 Bl.
1913: Bibliotheca Philosophorum I. Nur lat. Text. IV, 68 S. (Ex. in 62)
1914: Meiners Volksausgaben II. Nur dt. Text. 1 Bl., 78 S., 1 Bl. (Ex. in 123)
1915: PhB 27. Dt. Text mit den ›Einwänden und Erwiderungen‹. XIV, 493 S.
1919: Taschenausgaben, Heft 21. Nur dt. Text. 1 Bl., 78 S. (hier TA2.2–5)

21.6.7.1915.27 A, 6, 8, 9, 14, 15, 29, 36, 38, 61, 62

[III] [Z. 1–3 wie vorh. auf Bl. 1a] | mit den sämtlichen | Einwänden und Erwiderungen | Zum erstenmal vollständig | übersetzt und herausgegeben | von | Dr. Artur Buchenau | [Z. 10–12 wie vorh. Z. 6–8 auf Bl. 1a] | Leipzig 1915 | Verlag von Felix Meiner

[I] Philosophische Bibliothek | Band 27 | RENÉ DESCARTES | Philosophische Werke | Zweite Abteilung | Meditationen

XIV, 493 S., (1 Bl., bds. Vlgsanz.)

Lizenz der S. 1–78 an den Reclam Vlg Leipzig für die Ausg. ›Ausgewählte Schriften‹ (1980).
Bei Ex. 294 fehlen S. I–II.
Bei Ex. 8 ist das letzte Bl. zwischen S. 78 und 79 gebunden.
Ex. 155 hat zwischen S. 78 und 79 zusätzlich 1 Bl. mit bds. Vlgsanz.

21.6.8.1944.27 6, 18, 77, 188

[III] [Z. 1–10 ebs.] || Verlag von Felix Meiner in Leipzig

[IV] DER PHILOSOPHISCHEN BIBLIOTHEK BAND 27 || Unveränderter [sic] Neudruck der vierten Auflage von 1915 ||

[I] RENÉ DESCARTES · MEDITATIONEN | mit den sämtlichen Einwänden und Erwiderungen

(1 Bl. bds. weiß), XIV, 493 S.

Jahresangabe nach DBV 23, 877b.
Bei der Ausg. sind die S. 7 und 11 vertauscht, worauf ein Korrekturzettel aufmerksam machte.
Bei Ex. 18 sind die S. V–VIII zwischen S. XIV und S. 1 gebunden.

21.6.9.1954.27 A, 27, 60, 64, 290

[III] [Z. 1 ebs.] | MEDITATIONEN | [Z. 3 ebs.] | mit den sämtlichen Einwänden und Erwiderungen | Zum erstenmal vollständig übersetzt | und herausgegeben von | ARTUR BUCHENAU | VERLAG VON FELIX MEINER | IN HAMBURG
[IV] [Z. 1 ebs.] | Unveränderter Neudruck der ersten deutschen Gesamtausgabe von 1915 | 1954 | Gedruckt mit Unterstützung der Deutschen Forschungsgemeinschaft
[I] [Reihensignet]

XVI, 493 S., 1 Bl. (bds. Vlgsanz.)

Bei einem ungekennzeichneten Nachdruck von 1960 ist Z. 4 auf S. [IV] weggefallen und das letzte Bl. bds. weiß (Ex. in 385).

21.6.10.1965.27 A, 43, 82, 136, 260

[III] [ebs.]
[IV] [Z. 1–2 ebs.] | 1965
[I] [ebs.]

XVI, 493 S., 1 Bl. (bds. Vlgsanz.)

Lizenzausg. an den Akademie-Vlg Berlin (Ost) (Exe in 385, 739).

21.6.11.1972.27 A, 385

[III] [ebs.]
[IV] PHILOSOPHISCHE BIBLIOTHEK BAND 27 | Unveränderter Nachdruck 1972 | der ersten deutschen Gesamtausgabe von 1915
[I] [ebs.]

XVI, 493 S., 1 Bl. (bds. Vlgsanz.)

21.7. Meditationen (dt.) (ab 1953:) PhB 27/I, 271

21.7.1.1953.27/I A, 6

[1] René Descartes | MEDITATIONEN | über die Grundlagen der Philosophie | worin das Dasein Gottes | und die Unterschiedenheit der menschlichen Seele | von ihrem Körper bewiesen wird | ÜBERSETZT VON | ARTUR BUCHENAU | [Reihensignet] | VERLAG VON FELIX MEINER | IN HAMBURG

[2] DER PHILOSOPHISCHEN BIBLIOTHEK BAND 27/I | 1953

78 S., 1 Bl. (bds. Vlgsanz.)

21.7.2.1955.27/I A, 38, 132

[1] [ebs.]

[2] [Z. 1 ebs.] | 1955

78 S., 1 Bl. (bds. Vlgsanz.)

21.7.3.1958.27/I A, 52

[1] [ebs.]

[2] [Z. 1 ebs.] | 1958

78 S., 1 Bl. (bds. Vlgsanz.)

21.7.4.1960.271 A, 61, 385

Bl. 1a RENÉ DESCARTES | [Z. 2–3 wie vorh. auf S. 1] | Auf Grund der Ausgaben von Artur Buchenau | neu herausgegeben von | LÜDER GÄBE | FELIX MEINER VERLAG | HAMBURG

Bl. 1b PHILOSOPHISCHE BIBLIOTHEK BAND 271 | NEUBEARBEITUNG 1960

3 Bl., 85 S.

Der Ausg. lag ein Druckfehlerverzeichnis bei.

21.7.5.1976.271

Bl. 2a [Z. 1–6 wie vorh. auf Bl. 1a] | Durchgesehen von | HANS GÜNTER ZEKL | [Z. 9–10 wie vorh. Z. 7–8 auf Bl. 1a]

Bl. 2b [Z. 1 wie vorh. auf Bl. 1b] | [14 Z. unvollständige Aufl.-Hinweise] | 1976 Durchgesehen von Hans Günter Zekl

Bl. 1a [Reihensignet]

4 Bl., 85 S., 1 Bl. (bds. Vlgsanz.)

21.8. Meditationen (lat.-dt.) (ab 1956:) PhB 250, 250a

21.8.1.1956.250 A, 5, 38, 61, 64, 290

[III] DESCARTES | MEDITATIONEN | über die erste Philosophie | *Auf Grund der Ausgaben von Artur Buchenau* | *neu herausgegeben von* | ERICH CHR. SCHRÖDER | MCMLVI | FELIX MEINER VERLAG | HAMBURG
[IV] DER PHILOSOPHISCHEN BIBLIOTHEK BAND 250
[II] DESCARTES | MEDITATIONES | de prima philosophia | MCMLVI | FELIX MEINER VERLAG | HAMBURG
[I] [Reihensignet]

XIV, 166 S.

Schon 1913 gab es im Meiner-Vlg als Bd I der ›Bibliotheca Philosophorum‹ eine von A. Buchenau hrsg. lat. Ausg. der ›Meditationen‹ (Ex. in 62).

21.8.2.1959.250a A, 38, 52, 61, 260, B701

[III] [Z. 1–2 ebs.] | über die Grundlagen der Philosophie | [Z. 4–5 ebs.] | LÜDER GÄBE | [Z. 7–8 wie vorh. Z. 8–9]
[IV] DER PHILOSOPHISCHEN BIBLIOTHEK BAND 250a | Neubearbeitung 1959
[II] [Z. 1–3 ebs.] | [Z. 4–5 wie vorh. Z. 5–6]
[I] [ebs.]

XXX, 166 S.

Der Ausg. lag ein Druckfehlerverzeichnis bei.

21.8.3.1977.250a

[III] RENÉ DESCARTES | [Z. 2–3 ebs.] | Auf Grund der Ausgaben von Artur Buchenau | neu herausgegeben von | [Z. 6 ebs.] | Durchgesehen von | HANS GÜNTER ZEKL | [Z. 9–10 wie vorh. Z. 7–8]
[IV] PHILOSOPHISCHE BIBLIOTHEK BAND 250a | [2 Z. Aufl.-Hinweise] | 1977 Durchgesehen von Hans Günter Zekl
[II] RENÉ DESCARTES | [Z. 2–5 ebs.]
[I] [ebs.]

XIV, 166 S.

Spätere, ungekennzeichnete Nachdrucke haben am Schluß des Bds 1 bzw. 2 Bl. (mit Vlgsanz.).

21.9. Die Prinzipien der Philosophie

21.9.1.1870.26(I) 7, 8, 12, 16, 17 (2 Exe), 20, 21, 28, 29, 38, 43, 46, 51, 294, ÖNB Wien

[III] René Descartes' | philosophische Werke. || Uebersetzt, erläutert und mit einer Lebensbeschreibung | des Descartes versehen | von | J. H. v. Kirchmann. || Dritte Abtheilung. | Die Prinzipien der Philosophie. || Berlin, 1870. | Verlag von L. Heimann. | Wilhelms-Strasse No. 91.

[II] Philosophische Bibliothek | oder | Sammlung | der | Hauptwerke der Philosophie | alter und neuer Zeit. || Unter Mitwirkung namhafter Gelehrten | herausgegeben, beziehungsweise übersetzt, erläutert | und mit Lebensbeschreibungen versehen | von | J. H. v. Kirchmann. || Sechsundzwanzigster Band. | René Descartes' philosophische Werke. | Zweiter Theil. || Berlin, 1870. | Verlag von L. Heimann. | Wilhelms-Strasse No. 91.

VIII, 287 S., 10 Tafeln

Den Exn 28 und 29 sind noch die Heimann'schen Vlgsbroschuren eingebunden.

21.9.2.1887.26(I) 15, 17, 18, 25, 46, 56, 466, Ka26

[IX] [Z. 1–8 wie vorh. auf S. III] | Mit 12 [sic] Tafeln. | 2. Auflage. || Heidelberg, 1887. | GEORG WEISS, Verlag.

[VIII] [Z. 1–14 wie vorh. auf S. II] | Erste Abtheilung. | 2. Auflage. || Heidelberg, 1887. | GEORG WEISS, Verlag.

[I]–[VI] [Vlgsanz.]

XVI, 287 S., 10 Tafeln

Der Druckfehler »12« in Z. 9 auf S. IX wurde in vielen Exn von Hand in »10« korrigiert.
Nur die Exe 46 und 466 haben die S. [I]–[VI].
In den Exn 56, Ka26 fehlt das Reihentitelbl.

21.9.3.1887.28 5, 15, 27, 62, 75, 121

Bl. 1a Philosophische Bibliothek. | Band 28. || [Z. 3–10 wie vorh. auf S. IX] | Mit 12 Tafeln. | Zweite Auflage. | [Vlgssignet] | LEIPZIG. | VERLAG DER DÜRR'SCHEN BUCHHANDLUNG. | 1887.

1 Bl., S. [XI]–XVI, 287 S., 10 Tafeln

Rückdatierte Titelaufl., zwischen 1900–06 entstanden; sie ist belegt in Hinrichs 12.1, 146b.
In Z. 11 auf Bl. 1a haben einige Exe noch den Druckfehler »12« (Ex. 5 und 15), bei manchen Exn ist von Hand in »10« korrigiert (Ex. 62); bei einigen Exn (Ex. 121) ist dies sogar im Satz verbessert.

21.9.4.1908.28 1a, 3, 6, 12, 21, 38, 43, 46, 60, 61, 155, 291, 294, 361, Ka13, ÖNB Wien

[I] Philosophische Bibliothek | [Z. 2–4 wie vorh. auf Bl. 1a] || Dritte Abteilung. | [Z. 6 wie vorh. Z. 10 auf Bl. 1a] | Mit 47 Figuren im Text. || Dritte Auflage. || Mit einem Anhang, | enthaltend Bemerkungen René Descartes' über ein | gewisses in den Niederlanden gegen Ende 1647 | gedrucktes Programm | von | Dr. Artur Buchenau. | [Vlgssignet] | Leipzig, | Verlag der Dürr'schen Buchhandlung. | 1908.

XLVII, 310 S., (1 Bl., bds. Vlgsanz.)

21.9.5.1908.28 A, 20, 24, 37, 70, 107

[I] [Z. 1 ebs.] | Band 28 || René Descartes | Philosophische Werke || Dritte Abteilung | Die Prinzipien der Philosophie | Mit 47 Figuren im Text || Dritte Auflage || [Z. 9–13 ebs.] | Dr. Artur Buchenau || Leipzig 1908 | Verlag von Felix Meiner

XLVII, 310 S., (1 Bl., bds. Vlgsanz.)

Rückdatierte Titelaufl. von 1911.
Bei den Exn 37 und 70 enthält das 1 Bl. am Schluß des Bds Vlgsanz. von Dürr.

21.9.6.1911.28 A, 8, 294, 361, M36a

[I] [Z. 1–14 ebs.] || Leipzig 1911 | [Z. 16 ebs.]

XLVII, 310 S., (1 Bl., bds. Vlgsanz.)

(Rückdatierte ?) Titelaufl.
Bei den Exn A und 8 enthält das 1 Bl. am Schluß des Bds Vlgsanz. von Dürr.

21.9.7.1922.28 A, 6, 14, 29, 36, 38, 168, 180

[I] RENÉ DESCARTES | DIE PRINZIPIEN | DER PHILOSOPHIE | MIT EINEM ANHANG: | BEMERKUNGEN ÜBER EIN GEWISSES IN DEN NIEDER- | LANDEN GEGEN ENDE 1647 GEDRUCKTES PROGRAMM | ÜBERSETZT VON | DR. ARTUR BUCHENAU || VIERTE AUFLAGE || [Reihensignet] | DER PHILOSOPHISCHEN BIBLIOTHEK BAND 28 | LEIPZIG 1922 / VERLAG VON FELIX MEINER

XLVII, 310 S., 1 Bl. (S. b Druckvermerk)

21.9.8.1955.28 A, 5, 38, 52, 290

[I] [Z. 1 ebs.] | Die Prinzipien der | Philosophie | MIT EINEM ANHANG, ENTHALTEND BEMERKUNGEN | RENÉ DESCARTES' ÜBER EIN GEWISSES IN DEN | NIEDERLANDEN GEGEN ENDE 1647 GEDRUCKTES | PROGRAMM | ÜBERSETZT UND ERLÄUTERT VON | ARTUR BUCHENAU | [Reihensignet] | VERLAG VON FELIX MEINER | IN HAMBURG

[II] DER PHILOSOPHISCHEN BIBLIOTHEK BAND 28 | *Fünfte Auflage. Unveränderter Nachdruck 1955 der dritten | Auflage von 1908. Mit 47 Figuren im Text.* | [7 Z.] | *1955*

XLVII, 310 S., 1 Bl. (bds. Vlgsanz.)

21.9.9.1961.28 A, 52

[I] [Z. 1 ebs.] | DIE PRINZIPIEN | DER PHILOSOPHIE | Mit Anhang: | Bemerkungen René Descartes' über ein gewisses in den | Niederlanden gegen Ende 1647 gedrucktes Programm | Übersetzt und erläutert von | [Z. 8–9 wie vorh. Z. 9–10] | FELIX MEINER VERLAG | HAMBURG

[II] PHILOSOPHISCHE BIBLIOTHEK BAND 28 | Sechste Auflage. Unveränderter Nachdruck 1961 | der dritten Auflage von 1908. | Mit 47 Figuren im Text

XLVII, 310 S., 1 Bl. (S. a Vlgsanz.)

21.9.10.1965.28 A, 168, 361

[I] [ebs.]

[II] [Z. 1 ebs.] | Siebente Auflage. Unveränderter Nachdruck 1965 | der vierten Auflage von 1922. | [Z. 4 ebs.]

XLVII, 310 S., 1 Bl. (S. a Vlgsanz.)

Ein späterer, ungekennzeichneter Nachdruck hat auf dem letzten Bl. bds. Vlgsanz. Lizenzausg. an den Akademie-Vlg Berlin (Ost).

21.10. Regeln zur Leitung des Geistes. Die Erforschung der Wahrheit durch das natürliche Licht

21.10.1.1906.26a 3, 6, 12, 15, 21, 27, 46, 60, 61, 62, 75, 121, 155, 294, 361, Ka13, ÖNB Wien

[I] Philosophische Bibliothek | Band 26a. || René Descartes' | philosophische Werke. || Erste Abteilung (Fortsetzung). | I. Regeln zur Leitung des Geistes. || II. Die Erforschung der Wahrheit durch | das natürliche Licht. || Übersetzt und herausgegeben | von | Dr. Artur Buchenau. | [Vlgssignet] | Leipzig. | Verlag der Dürr'schen Buchhandlung. | 1906.

XVIII, 149 S.

Bei den Exn 61, 75, 294 und Ka13 ist der Erscheinungsvermerk der Titelseite, bei den Exn 61 und 75 zusätzlich noch der Erscheinungsvermerk des eingebundenen Dürr'schen Vorderdeckels mit einem Schildchen überklebt: »Leipzig. | Verlag von Felix Meiner.«

1907 gab A. Buchenau in der Dürr'schen Buchhandlung eine Edition des lat. Textes heraus, die Meiner 1911 übernahm (Exe der Dürr-Ausg. in 6, 46, 294, 708, Walb1).

21.10.2.(1911).26a 70, 291, M36a

[I] [Z. 1 ebs.] | Band 26a || [Z. 3 ebs.] | philosophische Werke || Erste Abteilung (Fortsetzung) | Regeln zur Leitung des Geistes | Die Erforschung der Wahrheit durch | das natürliche Licht || [Z. 9–10 ebs.] | Dr. Artur Buchenau || Leipzig | Verlag von Felix Meiner

XVIII, 149 S.

Titelaufl., vermutlich 1911 entstanden.

21.10.3.(1914).26a 361

[I] RENÉ DESCARTES | [Z. 2 wie vorh. Z. 6] | Die Erforschung der Wahrheit | durch das natürliche Licht || [Z. 5–7 wie vorh. Z. 9–11] | [Reihensignet] | Band 26a | Leipzig · Verlag von Felix Meiner

XVIII, 149 S.

Die Ausg. entstand zwischen 1914–16.

21.10.4.1920.26b A, 5, 6, 7, 14, 20, 24, 29, 36, 38, 107, 168, 180

[I] [Z. 1 ebs.] | REGELN | ZUR LEITUNG DES GEISTES | DIE ERFORSCHUNG DER WAHRHEIT | DURCH DAS NATÜRLICHE LICHT | [Z. 6–8 wie vorh. Z. 5–7] | Stadtschulrat von Berlin-Neukölln | Zweite, durchgesehene Auflage | [Reihensignet] | Der Philosophischen Bibliothek | Band 26b | Leipzig 1920 | Verlag von Felix Meiner

XVIII, 150 S.

Lizenz der S. 1–109 an den Reclam Vlg Leipzig für die Ausg. ›Ausgewählte Schriften‹ (1980).

21.10.5.1948.26b A, 18, 38, 82, 291

[I] [Z. 1 ebs.] | REGELN ZUR LEITUNG DES GEISTES | [Z. 3–4 wie vorh. Z. 4–5] | [Reihensignet] | VERLAG VON FELIX MEINER IN LEIPZIG

[II] DER PHILOSOPHISCHEN BIBLIOTHEK BAND 26b | Übersetzt und herausgegeben von | ARTUR BUCHENAU | Unveränderter Abdruck 1948 | der zweiten, durchgesehenen Auflage von 1920

XVIII, 150 S.

In Ex. 82 fehlen S. 149–150.

21.10.6.1955.26b A, 132, 290

[I] [Z. 1–5 ebs.] | VERLAG VON FELIX MEINER | IN HAMBURG

[II] [Z. 1 ebs.] | Übersetzt und herausgegeben von ARTUR BUCHENAU | Unveränderter Nachdruck 1955 der zweiten, durchgesehenen Auflage von 1920 | 1955

XVIII, 150 S.

21.10.7.1959.26b A, 61

[I] [ebs.]

[II] [Z. 1–2 ebs.] | Unveränderter Nachdruck 1959 der zweiten, durchgesehenen Auflage von 1920

XVIII, 150 S.

21.10.8.1962.26b A, 18, 52, 136, 290, 384

[I] [ebs.]

[II] [Z. 1–2 ebs.] | Unveränderter Nachdruck der zweiten, durchgesehenen Auflage von 1920 | 1962

XVIII, 150 S.

21.10.9.1966.26b A, 168, Kn41

[I] [ebs.]

[II] [Z. 1–3 ebs.] | 1966

XVIII, 150 S.

21.11. Regeln zur Ausrichtung der Erkenntniskraft (lat.-dt.)

21.11.1.1973.262a A, 61, 385, Tr2

[III] RENÉ DESCARTES | REGULAE | ad directionem ingenii | REGELN | zur Ausrichtung der Erkenntniskraft | Kritisch revidiert, übersetzt und | herausgegeben von | HEINRICH SPRINGMEYER † | LÜDER GÄBE | HANS GÜNTER ZEKL | FELIX MEINER VERLAG | HAMBURG

[IV] PHILOSOPHISCHE BIBLIOTHEK BAND 262a

[I] [Reihensignet]

LII, 223 S.

Die Ausg. enthält auf S. [224] Vlgsanz. Bei einem späteren, ungekennzeichneten Nachdruck ist diese S. weiß.

21.12. Regeln zur Ausrichtung der Erkenntniskraft (dt.)

21.12.1.1972.262b A, 18, 43, 61, 121, 385

[III] RENÉ DESCARTES | REGELN | zur Ausrichtung der Erkenntniskraft | Übersetzt und herausgegeben | von | LÜDER GÄBE | [Reihensignet] | FELIX MEINER VERLAG | HAMBURG

[IV] PHILOSOPHISCHE BIBLIOTHEK BAND 262b | [3 Z. unvollständige Aufl.-Hinweise] | 1972 Neu übersetzt und herausgegeben von Lüder Gäbe

S. [III]–XXXVII, 125 S., 1 Bl. (bds. Vlgsanz.)

Die Aufl.-Hinweise auf S. [IV] beziehen sich auf PhB 26a.
Lizenzausg. an den Akademie-Vlg Berlin (Ost).

21.12.2.1979.262b

[III] [Z. 1–6 ebs.] | [Z. 7–8 wie vorh. Z. 8–9]

[IV] [Z. 1–4 ebs.] | 1972 Neu übersetzt und herausgegeben von | Lüder Gäbe | 1979 Nachdruck

[I] [Reihensignet]

XXXVII, 125 S., 2 Bl. (Bl. 2 bds. Vlgsanz.)

Die Aufl.-Hinweise auf S. [IV] beziehen sich auf PhB 26a.

21.13. Regeln zur Ausrichtung der Erkenntniskraft (lat.)

21.13.1.1973.262c A, 61, 385, Tr2

[III] RENÉ DESCARTES | REGULAE | ad directionem ingenii | Kritisch revidiert und | herausgegeben von | HEINRICH SPRINGMEYER † | und | HANS GÜNTER ZEKL | FELIX MEINER VERLAG | HAMBURG

[IV] PHILOSOPHISCHE BIBLIOTHEK BAND 262c

[I] [Reihensignet]

XX, 99 S.

Schon 1907 erschien bei Dürr eine von A. Buchenau hrsg. lat. Ausg. der ›Regulae‹ außerhalb der PhB, die dann von Meiner übernommen wurde (siehe Ky 35, 467b; Ex. in 294).

22.
Dietrich von Freiberg
(Theodoricus Teutonicus de Vriberg)
ca 1250– nach 1310

22.1. Abhandlung über den Intellekt und den Erkenntnisinhalt

22.1.1.1980.322

[III] DIETRICH VON FREIBERG | Abhandlung über den Intellekt | und den Erkenntnisinhalt | Übersetzt und mit einer Einleitung | herausgegeben von | BURKHARD MOJSISCH | FELIX MEINER VERLAG | HAMBURG
[IV] PHILOSOPHISCHE BIBLIOTHEK BAND 322
[I] [Reihensignet]

XXXVII, 129 S.

23.
Wilhelm Dilthey
1833–1911

23.1. Das Wesen der Philosophie

23.1.1.1984.370

[III] WILHELM DILTHEY | Das Wesen der Philosophie | Mit einer Einleitung herausgegeben von | Otto Pöggeler | FELIX MEINER VERLAG | HAMBURG
[IV] PHILOSOPHISCHE BIBLIOTHEK BAND 370
[I] [Reihensignet]

XLVI, 96 S., 1 Bl. (bds. Vlgsanz.)

24.
Diogenes Laertius
2./3. Jh.

24.1. Leben und Meinungen berühmter Philosophen I

24.1.1.1921.53 A, 25, 38, 60, 61, 62, 136

[I] DIOGENES | LAERTIUS | LEBEN UND MEINUNGEN | BERÜHMTER PHILOSOPHEN | ÜBERSETZT UND ERLÄUTERT VON | OTTO APELT | ERSTER BAND |

BUCH I–VI | [Reihensignet] | DER PHILOSOPHISCHEN BIBLIOTHEK BAND 53 | LEIPZIG 1921 / VERLAG VON FELIX MEINER

XXVIII, 341 S.

Lizenzausg. 1955 an den Akademie-Vlg Berlin (Ost).
Ex. 136 hat ein 2. Titelbl., siehe 24.1.2.

24.1.2.1921.53 136

[I] Diogenes Laertius | Leben und Meinungen | berühmter Philosophen | Übersetzt und erläutert | von | Otto Apelt. || Erster Band | Buch I–VI. | Der Philosophischen Bibliothek Band 53. | Leipzig | Verlag von Felix Meiner | 1921.

XXVIII, 341 S.

Das einzig vorl. Ex. 136 hat noch ein 2. Titelbl., siehe 24.1.1.

24.2. Leben und Meinungen berühmter Philosophen II

24.2.1.1921.54 A, 25, 38, 62, 136, 385

[I] DIOGENES | LAERTIUS | LEBEN UND MEINUNGEN | BERÜHMTER PHILOSOPHEN | ÜBERSETZT UND ERLÄUTERT VON | OTTO APELT | ZWEITER BAND | BUCH VII–X | [Reihensignet] | DER PHILOSOPHISCHEN BIBLIOTHEK BAND 54 | LEIPZIG 1921 / VERLAG VON FELIX MEINER

IV, 327 S., (2 Bl., jw. bds. Vlgsanz.)
Lizenzausg. 1955 an den Akademie-Vlg Berlin (Ost).

24.3. Leben und Meinungen berühmter Philosophen I–II

24.3.1.1967.53/54 A, 43, 61, 385

[III] DIOGENES LAERTIUS | Leben und Meinungen | berühmter Philosophen | Buch I–X | VERLAG VON FELIX MEINER | HAMBURG

[IV] PHILOSOPHISCHE BIBLIOTHEK BAND 53/54 | Zweite Auflage 1967 | Aus dem Griechischen übersetzt von Otto Apelt | Unter Mitarbeit von Hans Günter Zekl | neu herausgegeben sowie mit Vorwort, Einleitung und neuen | Anmerkungen zu Text und Übersetzung versehen von | KLAUS REICH

[I] [Reihensignet]

XXI, 349 S., S. [3]–411, 1 Bl. (bds. Vlgsanz.)

24.4. Leben und Meinungen berühmter Philosophen. Buch X

24.4.1.1968.266 A, 61, 385

[III] DIOGENES LAERTIUS | X. BUCH | EPIKUR | Griechisch-deutsch | VERLAG VON FELIX MEINER | HAMBURG

[IV] PHILOSOPHISCHE BIBLIOTHEK BAND 266 | Übersetzung von Otto Apelt | Herausgegeben sowie mit Vorwort, Einleitung und | Anmerkungen versehen von | KLAUS REICH und HANS GÜNTER ZEKL

[I] [Reihensignet]

XIX, 164 S.

25.
Emil Du Bois-Reymond
1818–1896

25.1. Vorträge über Philosophie und Gesellschaft

25.1.1.1974.287 A, 43, 61, 385 (2 Exe)

[III] EMIL DU BOIS-REYMOND | Vorträge über | Philosophie und Gesellschaft | Eingeleitet und mit erklärenden Anmerkungen | herausgegeben von | SIEGFRIED WOLLGAST | FELIX MEINER VERLAG | HAMBURG

[IV] PHILOSOPHISCHE BIBLIOTHEK BAND 287 | Unveränderte Lizenzausgabe | des Akademie-Verlages, Berlin

[I] [Reihensignet]

LX, 312 S.

26.
Thomas Elyot
1490–1546

26.1. Das Buch vom Führer

26.1.1.1931.106 A, 6, 38, 211

[I] SIR THOMAS ELYOT | DAS BUCH VOM | FÜHRER | IN AUSWAHL ÜBERSETZT UND MIT | EINLEITUNG UND ANMERKUNGEN | VERSEHEN VON | HANNS STUDNICZKA | [Reihensignet] || DER PHILOSOPHISCHEN BIBLIOTHEK BAND 106 | VERLAG VON FELIX MEINER IN LEIPZIG

[II] ERSCHIENEN IM JAHRE 1931 | *Als Band 106 der PhB wurde früher der 2. Band von Vor-* | *länders Geschichte der Philosophie gezählt. Da sich die PhB* |

darauf beschränken soll, eine Sammlung klassischer Texte zu | sein, schied das Werk mit der 5. Auflage aus der Nummern- | zählung der PhB aus und die Nummer 106 blieb seither offen.

XXXI, 128 S.

27.
Friedrich Engels
1820–1895

27.1. Ludwig Feuerbach und der Ausgang der klassischen deutschen Philosophie

27.1.1.1947.230 A, 31, 38, 61

[I] FRIEDRICH ENGELS | Ludwig Feuerbach | und der Ausgang der klassischen | deutschen Philosophie | Herausgegeben von | Dr. Hans Hajek | [Reihensignet] | FELIX MEINER VERLAG IN LEIPZIG

[II] DER PHILOSOPHISCHEN BIBLIOTHEK BAND 230

XV, 128 S.

Jahreszahl nach DBV 23, 1092a.

28.
Ludwig Feuerbach
1804–1872

28.1. Kleine philosophische Schriften

28.1.1.1950.227 A, 4, 38, 61, 82, 290

[1] LUDWIG FEUERBACH | Kleine philosophische Schriften | (1842–1845) | Herausgegeben von Max Gustav Lange | [Reihensignet] | VERLAG VON FELIX MEINER IN LEIPZIG

[2] DER PHILOSOPHISCHEN BIBLIOTHEK BAND 227 | Auf Grund der Erstdrucke neu herausgegeben 1950. | Einleitung Prof. M. G. Lange. Vorbemerkungen Prof. | M. G. Lange und Dr. G. Lehmann. Anmerkungen und | Register Dr. G. Lehmann | Mit einem Jugendbildnis Feuerbachs

Frontispiz, 219 S.

Die Ausg. enthält einen Corrigenda-Zettel.
NUC 171, 232a verzeichnet diese Ausg. mit 1948. Eine Ausg. 1948 hat es aber nicht

gegeben, auch wenn die Genehmigungs-Nr der obigen Ausg. 1950 von 1948 stammt. Das DBV verzeichnet nur die Ausg. von 1950 (DBV 23, 1243a).

29.
Johann Gottlieb Fichte
1762–1814

Bei den Fichte-Ausg. der PhB ist zu unterscheiden:

1. die WW (beim Eckardt-Vlg noch nicht in der PhB), hier 29.1.1–24;
2. die Einzelausg. daraus (beim Eckardt-Vlg noch nicht in der PhB), die die Mehrzahl der Fichte-Einzelausg. in Meiners PhB ausmachen;
3. die Tle 1–2 und 5 der 6 Tle des Ergänzungsbds (PhB 163), die keine PhB-Nr auf dem Titelbl. tragen;
4. Ausg. außerhalb der WW und innerhalb der PhB; dies sind vor 1940:
   4.1. Versuch einer Kritik aller Offenbarung, PhB 30; hier 29.30.2; siehe auch 29.30.3.
   4.2. Die Schrift ›Deduzierter Plan einer zu Berlin zu errichtenden höheren Lehranstalt‹ befindet sich in der Ausg. ›Über das Wesen der Universität‹, PhB 120, hier 99.

Es gab im Meiner-Vlg auch Fichte-Ausg. außerhalb der PhB, z. B.:

Ideen über Gott und Unsterblichkeit. Zwei religionsphilosophische Vorlesungen aus der Zeit vor dem Atheismusstreit. Mit einer Einleitung hrsg. von Friedrich Büchsel. 1914.

Predigten. Hrsg. und mit einer Einleitung versehen von Maximilian Runze. 1918.

Philosophie der Maurerei. Neu hrsg. und eingeleitet von Wilhelm Flitner. 1923.

Über den Unterschied des Geistes und des Buchstabens in der Philosophie. Drei Akademische Vorlesungen nach der Handschrift erstmalig hrsg. von Siegfried Berger. 1924.

29.1. Werke

Werke. Auswahl in sechs Bänden. Hrsg. von Fritz Medicus. 6 Bde.
1. Aufl.: Leipzig, [Bd 1–5:] Eckardt, [Bd 6:] Meiner 1908–12; nur Bd 6: = PhB 132
2. Aufl.: Leipzig, Meiner ca 1912–14; = PhB 127–132
3. Aufl.: ebd., ca 1920; = PhB 127–132
4. Aufl.: 6 Bde + Ergänzungsbd ›Staatsphilosophische Schriften‹, hrsg. von H. Schulz und R. Strecker; ebd. 1922ff. = PhB 127–132, 163

Die Fichte-WW wurden von 1908–11 vom Eckardt-Vlg, Leipzig, mit Bd 1–5 begonnen, 1912 vom Meiner-Vlg mit Bd 6 vollendet und 1925 um den ›Ersten Ergänzungsbd‹ (ein zweiter folgte nie) erweitert. 1911 wurden die Bde 1–5 von Meiner übernommen, in die PhB eingegliedert und ab 1912 mit neuen (Meiner'schen) Titelbl. versehen; Bd 1–6 erhielten die PhB-Nrn 127–132, der Ergänzungsbd Nr 163. (Näheres zu den 4 Aufl. siehe unten).

Bei Eckardt und dann bei Meiner sind einzelne Schriften aus der WW auch als reguläre Einzelausg. (d. h. mit eigenem Titelbl.) erschienen, bei Meiner mit der PhB-Nr des WW-Bds (127–132) und angefügtem, kleinen Buchstaben (von a bis f), entsprechend der Stelle der Schrift innerhalb eines WW-Bds. Nicht entsprechend in dieser Weise sind die PhB-Nrn 127d und 130c; beide Nrn wurden erst 1922 vergeben, nachdem den anderen Einzelausg. des betr. Bds schon ihre jw. PhB-Nr zugeteilt war (zu Nr 127d siehe die Bemerkung zu 29.30.3).

In der folg. Inhaltsübersicht der Bde ist denjenigen Schriften, die (bei Eckardt und Meiner) auch als Einzelausg. erschienen, ihre (Meiner-) PhB-Nr vorangestellt; ist sie geklammert, so steht sie nicht auf dem Titelbl.

Bd	PhB	Inhalt (Kurztitel)	hier
1	127	Schriften von 1792–95	29.1.1–4
		Einleitung von Medicus	
	127d	Versuch einer Kr. aller Offenbarung	29.30.3–4
		Rezension d. Aenesidemus	
	127a	Üb. d. Begriff d. Wiss.lehre	29.29.1–3
	127e:	ab 1922: Bestimmung d. Gelehrten (1794)	29.21.1
		bis 1921 in 131a =	29.18.1–2
		ab 1922 auch in	29.22.1
	127b	Grundl. d. gesamten Wiss.lehre	29.8.1–3
	127c	Grundriß d. Eigent. d. Wiss.lehre	29.10.1–2
2	128	Schriften von 1796–98	29.1.5–8
	128a	Grundlage d. Naturrechts	29.9.1–2
	128b	Das System d. Sittenlehre nach d. Prinzipien der Wiss.lehre (1798)	29.27.1–2
3	129	Schriften von 1797–1801	29.1.9–12
	129a	Erste Einleitung i. d. Wiss.lehre	29.31.1–3
		Zweite Einleitung i. d. Wiss.lehre	
		Versuch einer neuen Darst. d. Wiss.lehre	
	129b	Die philos. Schriften z. Atheismusstreit: Grund unseres Glaubens, Forbergs Abhandlung, Appellation, Rückerinnerungen, Privatschreiben	29.14.1–3
	129c	Bestimmung des Menschen	29.4.1–5
	129d	Geschloßner Handelsstaat	29.7.1–3
	129e	Sonnenklarer Bericht	29.24.1–2
	129f	Fried. Nicol. Leb. u. sonderb. Meinungen	29.6.1–3
4	130	Schriften von 1801–06	29.1.13–16
	130a	Darstellung der Wiss.lehre (1801)	29.5.1
			29.32.1
	130c	Die Wiss.lehre (1804)	29.33.1
	130b	Die Grundzüge d. gegenwärt. Zeitalters	29.11.1–3
5	131	Schriften von 1806–11	29.1.17–20
	131a	Über d. Wesen d. Gelehrten (1805), Bestimmung d. Gelehrten (1794), fünf Vorl. üb. d. Bestimmung d. Gelehrten (1811)	29.18.1–2
		ab 1921: Über d. Wesen d. Gelehrten	29.19.1
		ab 1922 auch in	29.22.1

Bd	PhB	Inhalt (Kurztitel)	hier
5	131b	Die Anweisung zum seligen Leben	29.2.1–3
		Bericht üb. d. Begriff der Wiss.lehre	
		Zu ›Jacobi an Fichte‹	
	131c	Reden an d. dt. Nation	29.17.1–4
		Die Wiss.lehre (1810)	
	131d	ab 1921: fünf Vorl. üb. d. Bestimmung d. Gelehrten (1811)	29.20.1
		bis 1920 in 131a =	29.18.1–2
		ab 1922 auch in	29.22.1
6	132	Schriften von 1812–13	29.1.21–23
	132a	System d. Sittenlehre (1812)	29.26.1–2
	132b	Transzendentale Logik	29.28.1–2
	132c	Staatslehre	29.25.1–2
		Nachtrag/ Berichtigungen zu Bd 1–5	
		Register der Gesamtausg.	
Erg.bd	163	Staatsphilos. Schriften	29.1.24
	(163a)	Zurückforderung d. Denkfreiheit	29.36.1
	(163b)	Beitrag z. Bericht. d. Urteile d. Publ. üb. d. Franz. Revolution	29.3.1
	163c	Der Patriotismus u. s. Gegenteil	29.13.2
	163d	Machiavell	29.12.2
	(163e)	Rechtslehre von 1812	29.16.1
	163f	Politische Fragmente	29.15.1

Bei den Fichte-WW kann man 4 ›Aufl.‹ unterscheiden, die im folg. auch mit Siglen bezeichnet sind:

1. Aufl.: Bd 1–5 sind bei Eckardt und noch nicht in der PhB erschienen (Aufl. E); sie wurden 1911 vom Meiner-Vlg übernommen und in die PhB als Nr 127–131 eingegliedert. Bd 6 erschien 1912 als PhB 132 im Meiner-Vlg:
Bd 1: Eckardt 1911
Bd 2: Eckardt 1908
Bd 3: Eckardt 1910
Bd 4: Eckardt 1908
Bd 5: Eckardt 1910
Bd 6: Meiner 1912
Alle Bde haben einen einheitlichen Buchblock mit durchgehender Paginierung am oberen Seiten-Außenrand.

2. Aufl.: (bis auf Bd 6: Aufl. M_1): Um 1912–14 veranstaltete Meiner von Bd 1–5 eine 2. Aufl. als Titelaufl.: Der Buchblock dieser 2. Aufl. ist mit dem der 1. Aufl. identisch. Titelblattgestaltung und -text lehnen sich eng an die Titelbl. der 1. Aufl. bei Eckardt an. Die Bde sind nun als PhB 127–131 gekennzeichnet. Das jw. 1. Bl. (mit Eckardts Vlgssignet auf S. a) in den Bdn der 1. Aufl. entfiel in der 2. Aufl.

3. Aufl.: (bis auf Bd 6: Aufl. M_2): Die 3. Aufl. ist um 1920 entstanden (zu Bd 1 siehe unten) und hat neu gesetzte und (mit Versalien) gestaltete Titelbl. mit Angabe des Erscheinungszeitraums der in dem jw. Bd enthaltenen Schriften. Bd 1, 3 und 5 haben einen neuen, uneinheitlichen Buchblock, der meist

aus Tln von einzelnen Schriften (des jw. WW-Bds) zusammengesetzt und unterschiedlich paginiert ist, weshalb die Paginierungshinweise auf Bl. 2b der Bde nicht völlig stimmen (siehe unten). Bd 2 und 4 haben jw. noch den Buchblock der beiden ersten Aufl.

Bd 1 hat in der 3. Aufl. 2 Ausg., deren eine 1914, die andere 1920 erschienen ist (siehe die Anmerkungen zu 29.1.3). Die Einleitung von Medicus in Bd 1, die in der 3. Aufl. neu (arabisch) mit 176 S. paginiert ist, erschien 1914 in einer Einzelausg. (Ex. z. B. in 121); ihr ist ein zweiseitiges Vorwort beigegeben.

4. Aufl.: (bis auf Bd 6: Aufl. M_3): Die 4. Aufl. ist 1922 und/oder später entstanden und hat die gleichen Titelbl. wie die 3. Aufl. Die Buchblöcke der Bde der 4. Aufl. sind einheitlicher als die der 3. Aufl., sind aber auch hier aus einzelnen Tln (von Schriften des Bds) zusammengesetzt. Die durchgehende Paginierung der Bde am unteren Seiten-Außenrand ist nun – im Gegensatz zur 3. Aufl. – jw. geschlossen. Die in der 4. Aufl. auf 240 S. erweiterte Medicus-Einleitung in Bd 1 erschien 1922 (wohl gleichzeitig mit der 4. Aufl. des Bd 1 der WW) als ›zweite, umgearbeitete Aufl.‹ in einer Einzelausg. (Exe in 5, 38, 61, 294); deren Vorwort, das sich zu Beginn auf die 1. Aufl. (1914) dieser Einzelausg. bezieht, findet sich auch in Bd 1 der WW.

1925 kam als PhB 163 ein erster, von H. Schulz und R. Strecker hrsg. Ergänzungsbd ›Staatsphilosophische Schriften‹ hinzu (ein zweiter Ergänzungsbd erschien nie).

Die 4. Aufl. wird in der Literatur als ›2. Aufl.‹ ausgegeben, – veranlaßt durch die Benennung des Meiner-Vlgs (in Vlgskat.) und bestärkt wohl durch die Kennzeichnung der Medicus-Einleitung in der 4. Aufl. von Bd 1 (auf S. [1] der Einleitung) als ›zweite, verbesserte Auflage‹. Zudem wird der ›Nachtrag‹ in der 3. Aufl. von Bd 6 (Aufl. M_3, denn von Bd 6 gibt es ja keine Eckardt-Aufl.) als ›Nachtrag zur ersten Auflage‹ bezeichnet.

Die 1. und 2. Aufl. unterscheiden sich also nur im Titelbogen, die 3. und 4. Aufl. nur im Buchblock. Um bes. die 3. und 4. Aufl. in der Beschreibung signifikant unterscheiden zu können, bietet sich die Paginierung an, die in den Buchblöcken (bzw. deren Tln) der Bde jw. unterschiedlich sein kann. Die Paginierung der Bde der 3. und 4. Aufl. ist meist dreifach:

1. die *durchgehende Paginierung* des Bds, die bei der 1. und 2. Aufl. (sowie in Bd 2 und 4 der 3. Aufl.) am oberen Seiten-Außenrand, bei der 3. und 4. Aufl. meist am unteren Seiten-Außenrand steht.
2. die nur in der 3. und 4. Aufl. vorhandene *Einzelpaginierung* der einzelnen Schriften eines Bds, die meist am oberen Seiten-Außenrand steht.
3. die Bd- und Seitenangabe (oft geklammert) der *von Immanuel Hermann Fichte hrsg. Fichte-Ausg.*, die entweder (meist) am oberen Seiten-Innenrand oder am Seiten-Außenrand des fortlaufenden Textes steht.
   Die von Immanuel Hermann Fichte hrsg. ›Sämmtlichen Werke‹ Fichtes erschienen 1845–46 in 8 Textbdn (mit 3 Abt.); die schon 1934–35 erschienenen 3 Bde ›Nachgelassene Werke‹ wurden dann dieser WW als Bd 8–11 angeschlossen.

In der 3. und 4. Aufl. heißt es auf Bl. 2b jedes Bds: »Die einzelnen Schriften Fichtes sind in sich paginiert, die durchlaufende Seitenzählung befindet sich am unteren Rande der Seiten. Die am Kopfe der Seiten am inneren Rande angegebene Seitenbezeichnung bezieht sich auf die von Immanuel Hermann Fichte besorgte Gesamtaus-

gabe (1834–1846).« Dies trifft vielfach, bes. in der 3. Aufl., nicht zu. Die 3. und 4. Aufl. wird in der Bd-Beschreibung in der Hauptsache anhand dieser 3 Paginierungen und ihren unterschiedlichen Positionen unterschieden; daneben sind andere Unterscheidungsmerkmale (wie Bogensignaturen und -normen) möglich, die nicht sämtlich aufgeführt sind.
Bei den Bdn der 3. und 4. Aufl. handelt es sich also meist um Mischaufl. von Buchblöcken bzw. deren Tln, die (gleichzeitig) mit eigenem Titelbl. versehen auch als Einzelausg. erschienen (siehe die Bd-Übersicht oben).
Falls Exe der 3. und 4. Aufl. noch den orig. Vlgs-Einband haben, so kann man sie an diesem Einband unterscheiden: Die 3. Aufl. hat auf dem Rücken oben eine Goldschriftprägung auf orangefarbenem Grund, die 4. Aufl. die gleiche Schrift auf schwarzem Grund.
Wie variabel die Bde der 3. und 4. Aufl. als Mischaufl. sind, zeigen einige Exe (z.B. aus 30 und 115), die unterschiedlichste Tle von Buchblöcken zum Buchblock eines Bds vereinigen und keiner der 4 Aufl. eindeutig zuzuordnen sind. Es sind also durchaus noch andere Buchblöcke denkbar als die hier beschriebenen, zumal auch hier der Meiner-Vlg offenbar WW-Titelseiten an die Kunden abgab, die dann vorhandene Buchblöcke zu WW-Bdn zusammenbanden (siehe z.B. Ex. 30 bei 29.1.8); solche von der *Ausg.* (Aufl.) abweichenden *Exe* tangieren aber nicht die *Ausg.*-Beschreibung der 4 Aufl.
In allen 4 Aufl. befindet sich in Bd 6 auf S. 627–640 ein ›Nachtrag‹, (ab der 3. Aufl. mit ›Nachtrag zu der ersten Auflage‹ betitelt) mit Berichtigungen zu Bd 1–5; auf S. 627–639 Berichtigungen zu Bd 4, auf S. 639–640 zu Bd 1–5 (auch hier nochmals 3 Berichtigungen zu Bd 4). Entsprechend zu den Buchblöcken sind diese Berichtigungen ab der 3. oder 4. Aufl. in den Text eingearbeitet:

Bd 1: Die im Nachtrag S. 639 angezeigten Berichtigungen ab der 3. Aufl. eingearbeitet (die die Medicus-Einleitung betreffende Berichtigung geht auf S. LXXVI der 1. und 2. Aufl.; sie finder sich in der 3. Aufl. auf S. 72, in der 4. Aufl. auf S. 95).

Bd 2: Da auch die 3. Aufl. des Bd 2 noch den Buchblock der 1. Aufl. hat, sind die im Nachtrag auf S. 640 angezeigten Berichtigungen erst in der 4. Aufl. eingearbeitet, wobei dies mal als Fußn. angezeigt ist (S. 688), mal nicht (S. 430, 627).

Bd 3: Die im Nachtrag auf S. 640 angezeigten Berichtigungen sind ab der 3. Aufl. eingearbeitet.

Bd 4: Von den im Nachtrag auf S. 627–639 angezeigten Berichtigungen sind nicht alle in die 4. Aufl. eingearbeitet (die 3. Aufl. des Bd 4 hat noch den Buchblock der 1. Aufl.); von den im Nachtrag S. 640 angezeigten Berichtigungen sind keine in die 4. Aufl. eingearbeitet.

Bd 5: Die im Nachtrag auf S. 640 angezeigte Berichtigung ist ab der 3. Aufl. eingearbeitet.

1962 erschien in der Wissenschaftlichen Buchgesellschaft, Darmstadt, ein *Nachdruck* von Bd 1–6 als ›Ausgewählte Werke in 6 Bänden‹. Die Bde sind jw. auf Bl. 2b als ›unveränderter photomechanischer Nachdruck der 1. Auflage‹ bezeichnet. Die jw. auf Bl. 2b notierte Kennzeichnung der Bde als PhB 127–131 ist nicht korrekt: Die Bde 1–5 der 1. Aufl. erschienen im Eckardt-Vlg und noch nicht in der PhB.
Jeder Bd hat vor S. [1] 4 Bl.:

Bl. 1a: Kurztitel mit Bd-Angabe

Bl. 1b: WW-Titelseite

Bl. 2a: Haupttitelseite
Bl. 2b: Impressumseite
Bl. 3a: Inhaltsverzeichnis
Auf Bl. 4a heißt es jw.: »Die am Kopf oder Rand der Textseiten in [...] angegebene Seitenbezeichnung bezieht sich auf die von Immanuel Hermann Fichte besorgte Gesamtausgabe (1834–1846). Anmerkungen von Fichte selbst sind mit *, Anmerkungen des Herausgebers mit Ziffern bezeichnet.«
Eine Veränderung dieses Nachdrucks zur 1. Aufl. ist angegeben: Bd 1 des Nachdrucks enthält (laut Bl. 2b) die »Zusätze Fichtes zur dänischen Ausgabe der ›Bestimmung des Gelehrten‹. Diese Zusätze finden sich auf den Seiten 274a–274c und wurden aus dem 1. Band, S. 275ff., der 2. Auflage, Leipzig 1922, übernommen.«

In Bd 4 heißt es im Inhaltsverzeichnis als Anmerkung zur ›Wissenschaftslehre‹ (1804): »Auf die Varianten zur Wissenschaftslehre, die sich durch einen Vergleich des hier wiedergegebenen Textes mit dem der Hallenser Handschrift ergeben haben, sei hier besonders hingewiesen: sie sind in Bd VI, S. 627ff., verzeichnet.«

Einige wichtige *bibliographische Nachweise* der Fichte-WW:

Ky35, 624b belegt die Bde 2–5 der 1. (Eckardt-) Aufl. 1908–10 und teilt ihre Übernahme durch den Meiner-Vlg mit.

DBV 1, 302b belegt die Bde 1–6 in Eckardt- bzw. Meiner-Aufl.: Bd 1: 1911; Bd 2: 1912; Bd 3: 1910; Bd 4: 1912; Bd 5: 1910; Bd 6: 1912.

BT 12.6173 sowie NUC 171, 414b, Nr 0120407 und die Fichte-Bibliographie 1968, 0474x-0480 belegen die komplette 1. Aufl.

DBV 20, 712b belegt die Bde 1–6 in späteren Meiner-Aufl. zusammengefaßt mit der Jahresangabe 1919–34 sowie den Ergänzungsbd.

NUC 171, 414c, Nrn 0120408–10 und 0120416 belegen weitere Exe.

In *Meiners PhB-Kat.* von 1911/12 bis incl. Febr. 1920 wird die WW mit »1908–12«, d. h. in der 1. Aufl. verzeichnet; die einzelnen Bde werden mit den Jahreszahlen der 1. (Eckardt-) Aufl. aufgeführt.
In den Kat. vom Jan. und Sept. 1921 entfällt bei der kompletten WW-Angabe die Jahresangabe.
Im Kat. vom Jan. 1921 wird Bd 5 mit »2. Aufl. 1921« verzeichnet (die übrigen Bde bleiben wie vorh. aufgeführt). Im Kat. vom Sept. 1921 entfällt bei Bd 1–3 die Jahresangabe, Bd 4 und 6 werden nun auch mit »1921« angegeben.
In den Kat. vom Dez. 1922 und vom Sept. 1924 heißt es in der kompletten WW-Angabe nun »2. Aufl.«; Bd 1 ist o. J. und mit der Seitenangabe »240 und 603 S.«, Bd 2–6 wie vorh. verzeichnet.
Im Kat. vom Sept. 1925 entfällt bei Bd 4–6 die Jahresangabe; der Ergänzungsbd ist aufgeführt; ebs. in den Kat. vom März 1929 und Okt. 1936.
Bei der in den PhB-Kat. angegebenen ›2. Aufl.‹ handelt es sich eigentlich um die 4. Aufl.

Da bei den Fichte-WW für eine Unterscheidung der 4 Aufl. – anders als bei den anderen WW der PhB – auch auf den Buchblock der Ausg. eingegangen werden muß, werden die Aufl. hier nicht jw. geschlossen von Bd 1–6, sondern pro Bd beschrieben.

Im Meiner-Vlg sowie in den Bibliotheken 6, 361 und 385 gibt es jw. 2 Exe; die verschiedenen Exe sind jw. durch die Indices 1 bzw. 2 unterschieden; die Signaturen der Exe:

6_1: Z Okt 4000
6_2: Z Okt 4000g
385_1: b 6899
385_2: 12/MW.FI.1/b 6899
361_1: 11 KB 144.0 F 445
361_2: 16 BJ 900 FI 445 B Y11

29.1.1–4: Bd 1

29.1.1.1911.(127): Bd 1, 1. Aufl. (Aufl. E) A_1, 6_1, 12, 17, 24, 35, 56, 82, 361_1, 468

Bl. 3a Fichtes Werke. | Erster Band. | Einleitung von Fritz Medicus / Versuch einer | Kritik aller Offenbarung / Rezension des | Aenesidemus / Über den Begriff der Wissen- | schaftslehre / Bestimmung des Gelehrten | (1794) / Grundlage der gesamten Wissen- | schaftslehre / Grundriß des Eigentümlichen | der Wissenschaftslehre in Rücksicht auf das | theoretische Vermögen. | Mit einem Bildnis Fichtes. | (Nach der Büste von L. Wichmann | in der Aula der Berliner Universität.) || Fritz Eckardt Verlag. | Leipzig 1911.

Bl. 2b Joh. Gottl. Fichte, Werke. | Auswahl in sechs Bänden. | Mit mehreren Bildnissen Fichtes / | herausgegeben und eingeleitet von | Fritz Medicus. || Fritz Eckardt Verlag | Leipzig 1911

Bl. 1a [Vlgssignet]

Bl. 2a Fichte.

1 Bl., Porträttafel (Porträt S. b), 3 Bl., CLXXX S., 1 Bl., 603 S.

Der Bd wurde 1911 von Meiner übernommen und in die PhB als Nr 127 eingegliedert.
Bl. 4a trägt das Inhaltsverzeichnis des Bds.
Die Einleitung (zur gesamten Ausg.) ist röm. paginiert.
Nach der Einleitung folgt 1 Bl. mit dem Text auf S. a: »Die am Kopf oder Rand der Textseiten in [. . .] angegebene Seitenbezeichnung bezieht sich auf die von Immanuel Hermann Fichte besorgte Gesamtausgabe (1834–1846). Anmerkungen von Fichte selbst sind mit *, Anmerkungen des Herausgebers mit Ziffern bezeichnet.«
Die reguläre, durchgehende Paginierung befindet sich am oberen Seiten-Außenrand. Zusätzlich steht bei den Fichte-Schriften 2, 4 und 6 des Bds die Bd- und Seitenangabe der von I. H. Fichte hrsg. Ausg. am oberen Seiten-Innenrand, bei den Schriften 1, 3 und 5 am Seiten-Außenrand des fortlaufenden Textes.
Druckvermerk S. [604] mitte: »|| Druck von Oscar Brandstetter in Leipzig ||«.

Bei einigen Exn fehlt im Inhaltsverzeichnis auf Bl. 4a in Z. 3 die Seitenzahl »I« für die Einleitung.
In Ex. A_1 fehlt das 1 Bl. nach der röm. paginierten Einleitung.
In Ex. 24 fehlt das 1. Bl.; Bl. 3a ist mit dem Kriegsausfuhrzeichen bestempelt.
In Ex. 35 ist die Porträttafel zwischen Bl. 2 und 3 gebunden.
In Ex. 82 fehlt die Porträttafel.

Dem Ex. 17 sind zusätzlich die 2 Titelbl. der 2. Aufl. (M_1: hier 29.1.2) eingebunden.
Den Exn A_1, 6_1, 12 und 24 sind die Eckardt-Deckel eingebunden.
Bei den Exn 17, 56 ist auf dem vorderen Eckardt-Deckel die Z. mit der Vlgsangabe überstempelt; darunter ist gestempelt: »FELIX MEINER VERLAG, LEIPZIG«.
Dem Ex. 82 sind spätere Meiner-Deckel eingebunden.

29.1.2.1911.127: Bd 1, 2. Aufl. (Aufl. M_1) 1a, 4, 5, 7, 16, 17, 25, 36, 46, 121, 180, 361_2

Bl. 2a Fichtes Werke | [Z. 2–13 wie vorh. auf Bl. 3a] | [Reihensignet] | Verlag von Felix Meiner in Leipzig 1911
Bl. 1b [Z. 1–5 wie vorh. auf Bl. 2b] | Verlag von Felix Meiner in Leipzig
Bl. 1a Philosophische Bibliothek | Band 127: Fichte Bd. I.

1 Bl., Porträttafel (Porträt S. b), 2 Bl., CLXXX S., 1 Bl. , 603 S., (4 Bl., jw. bds. Vlgsanz.)

Titelaufl.; der Buchblock der 2. Aufl. ist mit dem der 1. Aufl. identisch.
Auch hier fehlt bei einigen Exn im Inhaltsverzeichnis auf Bl. 3a die Seitenzahl »I« für die Einleitung.
Das 1. Bl. der 1. Aufl. mit Eckardts Vlgssignet auf S. a entfiel in der 2. Aufl.
Die auf der Rückseite des WW-Bd-Titels (2. Aufl.: Bl. 2b; 1. Aufl.: Bl. 3b) befindliche Herkunftsangabe des Porträts hat den gleichen Text wie bei der 1. Aufl., ist aber neu gesetzt.
In den Exn 5, 121, 180 fehlt Bl. 3 mit dem Inhaltsverzeichnis auf S. a.
Dem Ex. 17 sind zusätzlich die Titelbl. der 1. Aufl. (E: hier 29.1.1) eingebunden.
Dem Ex. 4 fehlen Bl. 1 und die Porträttafel.
Ex. 16 hat zu Beginn noch 1 Bl. der 1. Aufl. mit Eckardts Vlgssignet eingebunden, dann folgt die Porträttafel; dem Ex. ist noch der Eckardt'sche Vorderdeckel eingebunden, dessen Z. mit der Vlgsangabe überstempelt ist; darunter ist gestempelt: »FELIX MEINER VERLAG, LEIPZIG«.

29.1.3.(1914/20).127: Bd 1, 3. Aufl. (Aufl. M_2) 385_1; 6_2, 107

Bl. 2a FICHTES WERKE | Erster Band | Schriften von 1792–1795 || Mit Einleitung von Fritz Medicus || Mit einem Bildnis Fichtes | [Z. 6 wie vorh. Z. 12] | in der Aula der Berliner Universität) | [Reihensignet] | VERLAG VON FELIX MEINER IN LEIPZIG
Bl. 1b JOH. GOTTL. FICHTE | WERKE | Auswahl in sechs Bänden || Mit mehreren Bildnissen Fichtes || Herausgegeben und eingeleitet | von | FRITZ MEDICUS | VERLAG VON FELIX MEINER IN LEIPZIG
Bl. 1a [Z. 1 ebs.] | Band 127: Fichte Bd. I

2 Bl., Porträttafel (Porträt S.a), 3 Bl., 176 S., 277 S., S. [275]–603

Diese 3. Aufl. ist 1914 bzw. 1920 entstanden (siehe die Bemerkungen unten).

Bl. 3a trägt das Inhaltsverzeichnis des Bds, Bl. 4a eine Zwischentitelseite zur Einleitung, Bl. 5a das Inhaltsverzeichnis zur Einleitung.

Unterschiede der 3. Aufl. zur 2. Aufl. neben dem Titelbl.:
Zu Bl. 3–5 siehe oben.
Die Einleitung ist nun mit 176 S. arabisch paginiert; dabei blieb der Seiten-Umbruch erhalten (die Seitenzahl liegt in der 3. Aufl. aber um jw. 4 niedriger als in der 1. und 2. Aufl.); die Bogensignaturen und -normen entfielen, und der Kolumnentitel der geraden Seiten lautet nicht mehr – wie in der 1. und 2. Aufl. – »Einleitung«, sondern »Fichtes Leben.«.
Auf Bl. 2b heißt es: »Die einzelnen Schriften Fichtes sind in sich paginiert, die durchlaufende Seitenzählung befindet sich am unteren Rande der Seiten. Die am Kopfe der Seiten am inneren Rande angegebene Seitenbezeichnung bezieht sich auf die von Immanuel Hermann Fichte besorgte Gesamtausgabe (1834–1846).« Dies stimmt bei der 3. Aufl. nicht: Durchpaginiert sind (jw. am unteren Seiten-Außenrand) nur die ersten 4 der insgesamt 6 Fichte-Schriften des Bds, d. h. nur bis S. 277; bei der 5. und 6. Schrift des Bds steht die durchgehende Paginierung (jw. mit vorangestellter röm. Bandangabe) am oberen Seiten-Innenrand: bei der 5. Schrift eckig geklammert und ohne die Paginierungsverweise auf die von I. H. Fichte hrsg. Ausg., die am Seiten-Außenrand des fortlaufenden Textes stehen; bei der 6. Schrift neben der eckig geklammerten Bd- und Seitenzahl der von I. H. Fichte hrsg. Ausg.
Die Fichte-Schriften 2–6 des Bds sind am oberen Seiten-Außenrand jw. einzeln paginiert.
Obgleich die Einleitung von Medicus nun arabisch paginiert ist, wird ihr Beginn im Inhaltsverzeichnis mit S. »I« angegeben.
Die Titelseite der 4. Fichte-Schrift des Bds enthält unten einen Hinweis auf die dänische Übersetzung des Werkes von 1796 und auf »die im Anhang [S. 275–277] zusammengestellten Zusätze in der Rückübersetzung von Dr. Hans Schulz« in den Kantstudien 25, 1920. Durch diesen ›Anhang‹ gibt es in der 3. Aufl. die S. 275–277 (S. [278] ist vacat) also 2 mal. Die 4. Fichte-Schrift enthält auch Hinweise auf den genannten Zusatz zur dänischen Ausg.
Im Inhaltsverzeichnis heißt es zur 2. Fichte-Schrift nun »Aenesidemos« statt – wie in der 1. und 2. Aufl. – »Aenesidemus«; »Aenesidemus« heißt es auch auf der Titelseite der 2. Fichte-Schrift.
Bei der 5. Fichte-Schrift des Bds ist die Einzelpaginierung gestört: S. 15–16 gibt es 2 mal.
Ex. 385_1 weicht mit der Seitenkollation: 2 Bl., Porträttafel, 3 Bl., 176 S., 215 S., 1 Bl., S. [217]–603 von den Exn 6_2 und 107 in der 4. Fichte-Schrift des Bds ab. Vor der 4. Schrift, nach S. 215 (S. [216] ist vacat), befindet sich 1 Bl., auf dessen S. a es heißt (vgl. Bl. 2b siehe oben): »Die am Kopfe der Textseiten in [. . .] angegebene Seitenbezeichnung bezieht sich auf die von Immanuel Hermann Fichte besorgte Gesamtausgabe (1834–1846). Die außerhalb der Klammern am Kopfe jeder Seite angegebene Seitenzahl verweist auf Fichtes Werke, Auswahl in sechs Bänden, Leipzig 1908/11, Fritz Eckardt Verlag.« Dies ist aber auch wiederum nur richtig für die 4. und 6. Schrift, denn die 5. und 6. Schrift stimmen mit denen der Exe 6_2 und 107 überein.
Im Gegensatz zu den Exn 6_2 und 107 trägt die Titelseite der 4. Fichte-Schrift keinen Hinweis auf die dänische Übersetzung; der Anhang am Ende dieser Schrift fehlt, –

weshalb dieses Ex. 385_1 wohl 1914 entstanden ist (1914 gab es die Einleitung des Bd 1 ja schon in einer Einzelausg., deren Buchblock mit dem des Bd 1 der 3. Aufl. der WW identisch ist).
Die 3. Aufl. von Bd 1 hat also 2 Ausg.: die 1. Ausg. entstand 1914 (Ex. 385_1), die 2. Ausg. 1920/21 durch Austausch (des Buchblocks) der 4. Fichte-Schrift des Bds (Exe 6_2, 107).

29.1.4.(1922).127: Bd 1, 4. Aufl. (Aufl. M_3) A$_2$, 168, 206, 291, 385_2, 465

Bl. 1a–2a [ebs.]

2 Bl., Porträttafel (Porträt S.a), 2 Bl., 240 S., 277 S., 1 Bl., S. 277–603

Diese 4. Aufl., die sich nur im Buchblock von der 3. Aufl. unterscheidet, ist 1922 entstanden: Das Vorwort zur Medicus-Einleitung ist auf S. [3] mit »6. April 1922« datiert; auch ist der Bd im Vlgskat. vom Dez. 1922 mit der Seitenangabe »240 u. 603 S.«, wenn auch ohne Jahresangabe verzeichnet. Die Einleitung von Medicus erschien 1922 im gleichen Buchblock als Einzelausg.
Bl. 2a–4a sind mit denen der 3. Aufl. identisch.
Das Inhaltsverzeichnis zur Einleitung befindet sich nun auf S. [4].
Wie in der 3. Aufl. gibt es auch hier die S. 275–277 2 mal; die Schreibungen ›Aenesidemos‹ / ›Aenesidemus‹ sowie die röm. Seitenangabe zur Einleitung von Medicus im Inhaltsverzeichnis blieben bestehen.
Unterschiede der 4. Aufl. zur späteren Ausg. der 3. Aufl. (Exe 6_2, 107):
Die erweiterte Einleitung ist nun 240 S. lang, auf S. [1] als »Fichtes Leben | Zweite, verbesserte Auflage« gekennzeichnet und auf S. 240 unten mit Druckvermerk versehen. Das Inhaltsverzeichnis zu dieser Einleitung befindet sich nun nicht mehr auf Bl. 5a – wie in der 3. Aufl. –, sondern auf S. [4] der Einleitung.
Nach S. 277 beginnt die 5. Fichte-Schrift in bezug auf die durchgehende Paginierung mit 1 Bl. (= Titelbl.), in bezug auf die Einzelpaginierung der Schrift mit S. [1].
Der 1. Satz des Textes auf Bl. 2b (siehe bei der 3. Aufl.) stimmt nun: Die 6 Schriften des Bds (auch die 4.–6.) sind am unteren Seiten-Außenrand durchpaginiert (wenn auch mit einem Sprung nach S. 277), bei der 6. Schrift mit vorangestellter röm. Bd-Angabe.
Bei der 5. Schrift befinden sich die Bd- und Paginierungsverweise auf die von I. H. Fichte hrsg. Ausg. (wie bei der 3. Aufl.) am Seiten-Außenrand des fortlaufenden Textes (der obere Seiten-Innenrand ist nun leer), bei der 6. Schrift ungeklammert am oberen Seiten-Innenrand.
Bei der 5. Schrift ist die Einzelpaginierung (am oberen Seiten-Außenrand) der S. 15–16 nun korrekt.

29.1.5–8: Bd 2

29.1.5.1908.(128): Bd 2, 1. Aufl. (Aufl. E) A, 6_1, 16, 24, 25, 35, 56, 361_1, 468

Bl. 3a Fichtes Werke. | Zweiter Band. | Grundlage des Naturrechts / Das | System der Sittenlehre (1798). || Fritz Eckardt Verlag. | Leipzig 1908.

Bl. 2b Joh. Gottl. Fichte, Werke. | Auswahl in sechs Bänden. | Mit mehreren Bildnissen Fichtes / | Herausgegeben und eingeleitet von | Fritz Medicus. || Fritz Eckardt Verlag. | Leipzig 1908.
Bl. 1a [Vlgssignet]
Bl. 2a Fichte.

4 Bl., 759 S.

Der Bd wurde 1911 von Meiner übernommen und in die PhB als Nr 128 eingegliedert.
Bl. 4a trägt das Inhaltsverzeichnis.
Die durchgehende Paginierung befindet sich am oberen Seiten-Außenrand. Am oberen Innenrand steht die Bd- und Seitenangabe der von I. H. Fichte hrsg. Fichte-Ausg. Eine Einzelpaginierung haben die beiden Schriften des Bds nicht.
Dem Ex. 16 fehlt der ganze Titelbogen (d.h. die 4 Bl.).
Dem Ex. 24 fehlt das 1. Bl.
Ex. A hat einen Meiner'schen Vorderdeckel.
Den Exn 6, 16, 24, 56 sind noch die Eckardt-Deckel eingebunden.

29.1.6.(1912).128: Bd 2, 2. Aufl. (Aufl. M_1) 4, 5, 7, 12, 17, 36, 46, 82, 121, 180, 361_2

Bl. 2a Fichtes Werke | [Z. 2–4 wie vorh. auf Bl. 3a] | [Reihensignet] | Verlag von Felix Meiner in Leipzig
Bl. 1b [Z. 1–5 wie vorh. auf Bl. 2b] | Verlag von Felix Meiner in Leipzig
Bl. 1a Philosophische Bibliothek | Band 128: Fichte Bd. II.

3 Bl., 759 S., (4 Bl., jw. bds. Vlgsanz.)

Jahresangabe 1912 nach DBV 1, 302b.
Titelaufl.; der Buchblock der 2. Aufl. ist mit dem der 1. Aufl. identisch.
Bl. 3a der 2. Aufl. ist mit Bl. 4a der 1. Aufl. identisch.
Das 1. Bl. der 1. Aufl. mit Eckardts Vlgssignet auf S. a entfiel in der 2. Aufl.
Den Exn 12, 17 ist zu Beginn noch das 1. Bl. der 1. Aufl. mit dem Eckardt'schen Vlgssignet auf S. a eingebunden.
Den Exn 12, 17 sind noch die Eckardt-Deckel eingebunden; bei Ex. 12 ist auf dem Vorderdeckel die Z. mit der Vlgsangabe überstempelt; darunter ist gestempelt: »FELIX MEINER VERLAG, LEIPZIG«.
Dem Ex. 82 sind noch die Meiner-Deckel eingebunden.

29.1.7.(1920).128: Bd 2, 3. Aufl. (Aufl. M_2) 6_2, 107, 385_1

Bl. 2a FICHTES WERKE | Zweiter Band | Schriften von 1796–1798 | [Reihensignet] | VERLAG VON FELIX MEINER IN LEIPZIG
Bl. 1b JOH. GOTTL. FICHTE | WERKE | Auswahl in sechs Bänden || Mit mehreren Bildnissen Fichtes || Herausgegeben und eingeleitet | von | FRITZ MEDICUS | VERLAG VON FELIX MEINER IN LEIPZIG
Bl. 1a [Z. 1 ebs.] | Band 128: Fichte Bd. II

3 Bl., 759 S.

Die 3. Aufl. ist 1920 oder früher entstanden und hat noch den Buchblock der 1. und 2. Aufl.
Das Inhaltsverzeichnis auf Bl. 3a ist neu gesetzt.
Auf Bl. 2b heißt es: »Die einzelnen Schriften Fichtes sind in sich paginiert, die durchlaufende Seitenzählung befindet sich am unteren Rande der Seiten. Die am Kopfe der Seiten am inneren Rande angegebene Seitenbezeichnung bezieht sich auf die von Immanuel Hermann Fichte besorgte Gesamtausgabe (1834–1846).« Da diese 3. Aufl. noch den älteren Buchblock der 1. und 2. Aufl. hat, stimmt der 1. Satz nicht.

29.1.8.(1922).128: Bd 2, 4. Aufl. (Aufl. M_3) (30,) 168, 206, 291, 385_2, 465

Bl. 1a–2a [ebs.]

2 Bl., Porträttafel (Porträt S. a), 1 Bl., 191 S., S. 195–759

Die 4. Aufl. ist 1922 oder später entstanden.
Bl. 2b–3a sind mit denen der 3. Aufl. identisch.
Die 4. Aufl. unterscheidet sich von der 3. Aufl. nur durch den Buchblock:
Von dem Text auf Bl. 2b stimmt nun auch der 1. Satz: Die durchgehende Paginierung befindet sich hier am unteren Seiten-Außenrand; am oberen Seiten-Außenrand steht die Einzelpaginierung.
Die Bd- und Seitenangabe der von I. H. Fichte hrsg. Ausg. am oberen Seiten-Innenrand ist nicht mehr geklammert.
Die Einzelpaginierung am oberen Seiten-Außenrand ist (innerhalb der 1. Fichte-Schrift) bis S. 191 identisch mit der durchgehenden Paginierung, ab S. 195 aber um 2 niedriger als diese: In den früheren Aufl. gab es nach S. [192] noch 1 Zwischentitelbl., das in der 4. Aufl. fehlt; in der 4. Aufl. fehlen in bezug auf die durchgehende Paginierung also S. 193f.
In bezug auf die früheren Aufl. hat die 1. Schrift in der 4. Aufl. die gleiche Bogensignatur, aber eine geänderte Bogennorm, mit Druckvermerk auf S. 389; die 2. Schrift ist separat gesetzt und hat entsprechend gegenüber den früheren Aufl. andere Bogensignaturen und -normen.
Eine Sonderstellung nimmt Ex. 30 ein; der Bd 2 kompiliert 2 völlig unterschiedliche Buchblöcke der 1. und 2. Schrift: Der Buchblock der 2. Schrift ist mit dem der 4. Aufl. identisch; beim Buchblock der 1. Schrift handelt es sich um die 1. Aufl. der Einzelausg. dieser Schrift im Eckardt-Vlg (incl. Titelbl.) von 1908! Seitenkollation: 2 Bl., Porträttafel (Porträt S. a), 1 Bl., 759 S.

29.1.9–12: Bd 3

29.1.9.1910.(129): Bd 3, 1. Aufl. (Aufl. E) A_1, 6_1, 7, 16, 17, 24, 25, 35, 56, 121, 180, 361 (2 Exe), 468

Bl. 3a Fichtes Werke. | Dritter Band. | Erste und zweite Einleitung in die Wissen- | schaftslehre und Versuch einer neuen Dar- | stellung der

Wissenschaftslehre / Grund un- | sers Glaubens / Forbergs Abhandlung / Appel- | lation / Rückerinnerungen / Privatschreiben / | Bestimmung des Menschen / Geschloßner | Handelsstaat / Sonnenklarer Bericht / Nicolai. || Mit einem Bildnis Fichtes | (Kupferstich von Albrecht Schultheis nach der im | Jahre 1800 angefertigten Zeichnung von Fritz Büry). || Fritz Eckardt Leipzig. | Leipzig 1910.

Bl. 2b Joh. Gottl. Fichte, Werke. | Auswahl in sechs Bänden. | Mit mehreren Bildnissen Fichtes / | herausgegeben und eingeleitet von | Fritz Medicus. || Fritz Eckardt Verlag. | Leipzig 1910.

Bl. 1a [Vlgssignet]

Bl. 2a Fichte.

1 Bl., Porträttafel (Porträt S. b), 3 Bl., 739 S.

Der Bd wurde 1911 von Meiner übernommen und in die PhB als Nr 129 eingegliedert.
Bl. 4a trägt das Inhaltsverzeichnis.
Die durchgehende Paginierung befindet sich am oberen Seiten-Außenrand. Am oberen Seiten-Innenrand steht (mit Ausnahme der 5. Schrift des Bds) die geklammerte Bd- und Seitenangabe der von I. H. Fichte hrsg. Ausg.
Auf S. [740] steht ein Druckvermerk.
Den Exn A_1, 6_1, 16, 24, 56 sind noch die Eckardt-Deckel eingebunden.
Bei Ex. 16 sind die beiden letzten Bl. mit S. 737–739 mit denen des Exs 4 (Beschreibung bei 29.1.10) identisch: Die durchgehende Paginierung steht nicht am oberen Seiten-Außenrand, sondern am oberen Seiten-Innenrand neben der geklammerten Bd- und Seitenangabe der von I. H. Fichte hrsg. Ausg.; auch gibt es auf S. [740] keinen Druckvermerk.
Ex. 17 hat zu Beginn des Bds noch den kompletten Titelbogen der 2. Aufl. (M_1) eingebunden.
Bei Ex. 24 fehlt das 1. Bl. mit Eckardts Vlgssignet auf S. a.
Bei Ex. 35 steht die Porträttafel zwischen dem 2. und 3. Bl.

29.1.10.(1912).129: Bd 3, 2. Aufl. (Aufl. M_1) (4), 5, 12, 17, 36, 46, (82)

Bl. 2a Fichtes Werke | [Z. 2–12 wie vorh. auf Bl. 3a] | [Reihensignet] | Verlag von Felix Meiner in Leipzig

Bl. 1b [Z. 1–5 wie vorh. auf Bl. 2b] | Verlag von Felix Meiner in Leipzig

Bl. 1a Philosophische Bibliothek | Band 129: Fichte Bd. III.

Porträttafel (Porträt S. b), 3 Bl., 739 S.

Der Bd ist 1912 oder später entstanden.
Titelaufl.; der Buchblock der 2. Aufl. ist mit dem der 1. Aufl. identisch.
Bl. 3a der 2. Aufl. ist mit Bl. 4a der 1. Aufl. identisch.
Das 1. Bl. der 1. Aufl. mit Eckardts Vlgssignet auf S. a entfiel in der 2. Aufl.
Dem Ex. 12 sind zu Beginn 1 Bl. mit Eckardts Vlgssignet auf S. a sowie die Eckardt-Deckel eingebunden; auf dem Vorderdeckel ist die Z. mit der Vlgsangabe überstempelt; darunter ist gestempelt: »FELIX MEINER VERLAG, LEIPZIG«.

Zu Ex. 17 siehe 29.1.9.
Bei den Exn 36, 46 steht die Porträttafel nach dem 1. Bl.
Ex. 82 vereinigt den Titelbogen der 2. Aufl. mit dem Buchblock der 3. Aufl.
Bei Ex. 4, dem Bl. 3 mit dem Inhaltsverzeichnis fehlt, ist der Buchblock der Schriften 10–11 mit dem Buchblock dieser Schriften in der 3. Aufl. identisch. Bis auf die 5. Schrift des Bds ist die Paginierung aller anderen Schriften der Paginierung der 10. und 11. Schrift analog: Die durchgehende Paginierung befindet sich – ungeklammert und mit Bd-Angabe – am oberen Seiten-Innenrand neben der geklammerten Bd- und Seitenangabe der von I. H. Fichte hrsg. Ausg. Am oberen Seiten-Außenrand steht die Einzelpaginierung, die aber bei den Schriften 1–3 (von S. [1] bis 118) und bei den Schriften 4–8 (von S. [1] bis 142) des Bds durchgängig ist.

29.1.11.(1920).129: Bd 3, 3. Aufl. (Aufl. M_2) 6_2, 30, (82), 107, 385_1

Bl. 2a FICHTES WERKE | Dritter Band | Schriften von 1797–1801 || [Z. 4–5 wie vorh. Z. 10–11] | Jahre 1800 angefertigten Zeichnung von Fritz Bury.) | [Reihensignet] | VERLAG VON FELIX MEINER IN LEIPZIG

Bl. 1b JOH. GOTTL. FICHTE | WERKE | Auswahl in sechs Bänden || Mit mehreren Bildnissen Fichtes || Herausgegeben und eingeleitet | von | FRITZ MEDICUS | VERLAG VON FELIX MEINER IN LEIPZIG

Bl. 1a [Z. 1 ebs.] | Band 129: Fichte Bd. III

2 Bl., Porträttafel (Porträt S. a), 1 Bl., 739 S.

Der Bd ist vermutlich 1920 oder früher entstanden.
Bl. 3a trägt das Inhaltsverzeichnis.
Auf Bl. 2b heißt es: »Die einzelnen Schriften Fichtes sind in sich paginiert, die durchlaufende Seitenzählung befindet sich am unteren Rande der Seiten. Die am Kopfe der Seiten am inneren Rande angegebene Seitenbezeichnung bezieht sich auf die von Immanuel Hermann Fichte besorgte Gesamtausgabe (1834–1846).« Dies stimmt bei der 3. Aufl. nicht, deren Buchblock aus verschiedenen Tln zusammengesetzt ist und sich von dem der 1. und 2. Aufl. wie folgt unterscheidet:
Bei den Fichte-Schriften 1–9 und 12 steht die Paginierung am unteren Seiten-Außenrand, nicht so bei den Schriften 10 und 11, wo sie am oberen Seiten-Innenrand neben der geklammerten Bd- und Seitenangabe der von I. H. Fichte hrsg. Ausg. steht.
Die Bd- und Seitenangabe der von I. H. Fichte hrsg. Ausg. befindet sich bei den Schriften 1–3 des Bds am oberen Seiten-Außenrand (dabei heißt es: »I, 467« statt ›I, 529‹), bei den Schriften 4 und 6–12 am oberen Seiten-Innenrand, bei den Schriften 10–12 eckig geklammert neben der durchgehenden Paginierung (mit Bd-Angabe); die 12. Schrift hat somit die durchgehende Paginierung 2 mal.
Die Schriften 9–12 sind am oberen Seiten-Außenrand jw. einzeln paginiert, die Schriften 4–8 ebd. fortlaufend (von 1–142).
Die 5. Schrift trägt keine Bd- und Seitenangabe der von I. H. Fichte hrsg. Ausg.
Zu Ex. 82 (und Ex. 4) siehe 29.1.10.
Ex. 30 nimmt eine Sonderstellung ein: Dieses Ex. weicht von der 3. Aufl. in der 9. Schrift ab: Der Buchblock der 9. Schrift ist in diesem Ex. mit dem des Exs 4 (Beschreibung bei 29.1.10) identisch, d. h.: Die durchgehende Paginierung steht nicht

am unteren Seiten-Außenrand, sondern ungeklammert und mit Bd-Angabe am oberen Seiten-Innenrand neben der geklammerten Bd- und Seitenangabe der von I. H. Fichte hrsg. Ausg.

29.1.12.(1922).129: Bd 3, 4. Aufl. (Aufl. M_3) A_2, 168, 206, 291, 385_2, 465

Bl. 1a–2a [ebs.]

2 Bl., Porträttafel (Porträt S. a), 1 Bl., 739 S. (2 Bl., jw. bds. Vlgsanz.)

Die 4. Aufl. ist vermutlich 1922 oder später entstanden.
Bl. 2b und 3a sind mit denen der 3. Aufl. identisch.
Die 4. Aufl. unterscheidet sich von der 3. Aufl. durch die 10. und 11. Fichte-Schrift des Bds:
Die durchgehende Paginierung befindet sich in der 4. Aufl. auch bei diesen Schriften am unteren Seiten-Außenrand und nicht mehr am oberen Seiten-Innenrand neben der Bd- und Seitenangabe der von I. H. Fichte hrsg. Ausg.; letztere steht in der 10. und 11. Schrift der 4. Aufl. nun jw. alleine und ungeklammert; die Titelseiten der 10. und 11. Schrift tragen in der 3. Aufl. Bogensignatur und -norm, die der 4. Aufl. nicht; die 11. Schrift beginnt bei der 3. Aufl. in der Einzelpaginierung mit S. [1], bei der 4. Aufl. mit S. [3].

29.1.13–16: Bd 4

29.1.13.1908.(130): Bd 4, 1. Aufl. (Aufl. E) A_1, 6_1, 16, 24, 25, 35, 56, 82, 361 (2 Exe), 468

Bl. 3a Joh. Gottl. Fichtes Werke. | Vierter Band. | Darstellung der Wissenschaftslehre. | Aus dem Jahre 1801 / Die Wissen- | schaftslehre. Vorgetragen im Jahre | 1804 / Die Grundzüge des gegen- | wärtigen Zeitalters. || Fritz Eckardt Verlag. | Leipzig 1908.

Bl. 2b Joh. Gottl. Fichte, Werke. | Auswahl in sechs Bänden. | Mit mehreren Bildnissen Fichtes / | herausgegeben und eingeleitet von | Fritz Medicus. || Fritz Eckardt Verlag. | Leipzig 1908.

Bl. 1a [Vlgssignet]

Bl. 2a Fichte.

Der Bd wurde 1911 von Meiner übernommen und in die PhB als Nr 130 eingegliedert.
Bl. 4a trägt das Inhaltsverzeichnis.
Die durchgehende Paginierung befindet sich am oberen Seiten-Außenrand. Am oberen Seiten-Innenrand steht die geklammerte Bd- und Seitenangabe der von I. H. Fichte hrsg. Ausg.
Auf S. 648 steht ein Druckvermerk.
Bei Ex. 361_2 ist der Erscheinungsvermerk auf Bl. 3a und 2b jw. mit einem Schildchen überklebt: »Verlag von Felix Meiner | Leipzig«.
In Ex. 24 fehlt das 1. Bl.

Den Exn A_1, 6_1, 16, 24, 56, 82 sind noch die Eckardt-Deckel eingebunden.
Bei den Exn A_1 und 24 ist auf Bl. 3a unten ein Kriegsausfuhrzeichen gestempelt.

29.1.14.(1912).130: Bd 4, 2. Aufl. (Aufl. M_1) A_2, 4, 5, 7, 12, 17, 36, 46, 121, 180

Bl. 2a Fichtes Werke | [Z. 2–7 wie vorh. auf Bl. 3a] | [Reihensignet] | Verlag von Felix Meiner in Leipzig
Bl. 1b [Z. 1–5 wie vorh. auf Bl. 2b] | Verlag von Felix Meiner in Leipzig
Bl. 1a Philosophische Bibliothek | Band 130: Fichte Bd. IV.

3 Bl., 648 S.

Jahresangabe nach DBV 1, 302b.
Titelaufl.; der Buchblock der 2. Aufl. ist mit dem der 1. Aufl. identisch.
Bl. 3a der 2. Aufl. ist mit Bl. 4a der 1. Aufl. identisch.
Das 1. Bl. der 1. Aufl. mit Eckardts Vlgssignet auf S. a entfiel in der 2. Aufl.
Den Exn 5, 12, 17 ist noch 1 Bl. der 1. Aufl. mit Eckardts Vlgssignet aus S. a eingebunden.
Bei den Exn 12 und 17 ist auf dem eingebundenen, Eckardt'schen Vorderdeckel die Z. mit der Vlgsangabe überstempelt; darunter ist gestempelt: »FELIX MEINER VERLAG, LEIPZIG«.

29.1.15.(1920).130: Bd 4, 3. Aufl. (Aufl. M_2) 6_2, (30), 107, 385_1

Bl. 2a FICHTES WERKE | Vierter Band | Schriften von 1801–1806 | [Reihensignet] | VERLAG VON FELIX MEINER IN LEIPZIG
Bl. 1b JOH. GOTTL. FICHTE | WERKE | Auswahl in sechs Bänden || Mit mehreren Bildnissen Fichtes || Herausgegeben und eingeleitet | von | FRITZ MEDICUS | VERLAG VON FELIX MEINER IN LEIPZIG
Bl. 1a [Z. 1 ebs.] | Band 130: Bd. IV

3 Bl., 648 S.

Die 3. Aufl. ist 1920 oder früher entstanden und hat noch den Buchblock der 1. und 2. Aufl.
Das Inhaltsverzeichnis auf Bl. 3a ist neu gesetzt.
Auf Bl. 2b heißt es: »Die einzelnen Schriften Fichtes sind in sich paginiert, die durchlaufende Seitenzählung befindet sich am unteren Rande der Seiten. Die am Kopfe der Seiten am inneren Rande angegebene Seitenbezeichnung bezieht sich auf die von Immanuel Hermann Fichte besorgte Gesamtausgabe (1834–1846).« Da diese 3. Aufl. noch den älteren Buchblock der 1. und 2. Aufl. hat, stimmt der 2. Tl des 1. Satzes nicht.
Eine Sonderstellung nimmt Ex. 30 ein: Bei der 1. und 2. Fichte-Schrift des Bds ist die durchgehende Paginierung 2 mal vorhanden: am oberen Seiten-Außenrand und mit vorangestellter röm. Bd-Angabe am oberen Seiten-Innenrand neben der geklammerten Bd- und Seitenangabe der von I. H. Fichte hrsg. Ausg. Der Buchblock der 3. Schrift ist mit dem der 4. Aufl. identisch.

29.1.16.(1922).130: Bd 4, 4. Aufl. (Aufl. M_3) 168, 206, 291, 385_2, 465

Bl. 1a–2a [ebs.]

3 Bl., 163 S., 1 Bl., S. [III]–IV, S. 167–392, 2 Bl., S. 395–648

Die 4. Aufl. ist 1922 oder später entstanden.
Bl. 2b und 3a sind mit denen der 3. Aufl. identisch.
Das auf Bl. 2b Gesagte stimmt nun völlig. Die Einzelpaginierung steht am oberen Seiten-Außenrand.
Das 1 Bl. nach S. 163 bildet das neugesetzte Titelbl. (mit ausführlicher editorischer Bemerkung) zur 2. Fichte-Schrift des Bds, das folg. Bl. mit S. [III]–IV enthält das ›Vorwort des Herausgebers‹ Medicus.
Das 1. Bl. nach S. 392 bildet das Titelbl. zur 3. Schrift; auf dem folg. Bl. 2a steht die ›Vorrede‹ Fichtes.
Bei Ex. 291 ist das 2. Bl. nach S. 163 nicht mit S. »IV« paginiert, so daß es hier in der Seitenkollation heißen muß: . . . 163 S., 2 Bl., S. 167–392 . . .

29.1.17–20: Bd 5

29.1.17.1910.(131): Bd 5, 1. Aufl. (Aufl. E) A_1, 6_1, 16, 24, 25, 35, 56, 82, 180, 361_1, 468

Bl. 3a Fichtes Werke. | Fünfter Band. | Über das Wesen des Gelehrten und seine Erschei- | nungen im Gebiete der Freiheit / Die Anweisung | zum seligen Leben / Bericht über den Begriff der | Wissenschaftslehre und die bisherigen Schicksale | derselben / Zu „Jacobi an Fichte" / Reden an | die deutsche Nation / Die Wissenschaftslehre | von 1810 / Die Bestimmung des Gelehrten. || Mit einem Bildnis Fichtes / (Medaillon, modelliert von | L. Wichmann, an dem auf dem Dorotheenstädtischen | Friedhofe in Berlin befindlichen Grabdenkmal.) || Fritz Eckardt Verlag. | Leipzig 1910.
Bl. 2b Joh. Gottl. Fichte, Werke. | Auswahl in sechs Bänden. | Mit mehreren Bildnissen Fichtes / | herausgegeben und eingeleitet von | Fritz Medicus. || Fritz Eckardt Verlag. | Leipzig 1910.
Bl. 1a [Vlgssignet]
Bl. 2a Fichte.

1 Bl., Porträttafel (Porträt S. b), 3 Bl., 629 S.

Der Bd wurde 1911 von Meiner übernommen und in die PhB als Nr 131 eingegliedert.
Bl. 3b trägt eine dreizeilige Herkunftsangabe des Porträts.
Bl. 4a trägt das Inhaltsverzeichnis.
Die durchgehende Paginierung befindet sich am oberen Seiten-Außenrand.
Am oberen Seiten-Innenrand steht die geklammerte Bd- und Seitenangabe der von I. H. Fichte hrsg. Ausg.
Auf S. 692 steht ein Druckvermerk.

Bei Ex. 180 sind die Erscheinungsvermerke auf Bl. 3a und 2b jw. mit einem Schildchen überklebt: »Verlag von Felix Meiner | Leipzig«.
In Ex. 24 fehlt das 1. Bl.
In Ex. 35 steht die Porträttafel zwischen dem 2. und 3. Bl.
Den Exn 6, 16, 24, 56, 82 sind noch die Eckardt-Deckel eingebunden.

29.1.18.(1912).131: Bd 5, 2. Aufl. (Aufl. M_1) 4, 5, 7, 12, 17, 36, 46, 115, 121, 361_2

Bl. 2a Fichtes Werke | [Z. 2–12 wie vorh. auf Bl. 3a] | [Reihensignet] | Verlag von Felix Meiner in Leipzig
Bl. 1b [Z. 1–5 wie vorh. auf Bl. 2b] | Verlag von Felix Meiner in Leipzig
Bl. 1a Philosophische Bibliothek | Band 131: Fichte Bd. V.
1 Bl., Porträttafel (Porträt S. b), 2 Bl., 692 S.

Der Bd ist 1912 oder später entstanden.
Titelaufl.; der Buchblock der 2. Aufl. ist mit dem der 1. Aufl. identisch.
Bl. 2b und 3a der 2. Aufl. sind mit Bl. 3b bzw. 4a der 1. Aufl. identisch.
Das 1. Bl. der 1. Aufl. mit Eckardts Vlgssignet auf S. a entfiel in der 2. Aufl.
In Ex. 46 fehlt das 3. Bl. (mit dem Inhaltsverzeichnis auf S. a).
Den Exn 5 und 12 ist noch 1 Bl. der 1. Aufl. mit Eckardts Vlgssignet auf S. a eingebunden; auf dieses Bl. folgt in beiden Exn die Porträttafel.
Dem Ex. 17 ist noch der Eckardt-Vorderdeckel eingebunden.
Bei Ex. 12 ist auf dem eingebundenen Eckardt-Vorderdeckel die Z. mit der Vlgsangabe überstempelt; darunter ist gestempelt: »FELIX MEINER VERLAG, LEIPZIG«.
Ex. 115 nimmt eine Sonderstellung ein: Das Ex. vereinigt den Titelbogen der 2. Aufl. mit dem Buchblock der 3. Aufl.; Bl. 3 mit dem Inhaltsverzeichnis fehlt.

29.1.19.(1920).131: Bd 5, 3. Aufl. (Aufl. M_2) 6_2, 107, 385_1

Bl. 2a FICHTES WERKE | Fünfter Band | Schriften von 1806–1811 || Mit einem Bildnis Fichtes | (Medaillon, modelliert von L. Wichmann, an dem | auf dem Dorotheenstädtischen Friedhofe in Berlin | befindlichen Grabdenkmal.) | [Reihensignet] | VERLAG VON FELIX MEINER IN LEIPZIG
Bl. 1b JOH. GOTTL. FICHTE | WERKE | Auswahl in sechs Bänden || Mit mehreren Bildnissen Fichtes || Herausgegeben und eingeleitet | von | FRITZ MEDICUS | VERLAG VON FELIX MEINER IN LEIPZIG
Bl. 1a [Z. 1 ebs.] | Band 131: Fichte Bd. V
2 Bl., Porträttafel (Porträt S. a), 692 S.

Der Bd ist 1920 oder früher entstanden.
Allen vorl. Exn dieser 3. Aufl. fehlt ein (Bl. mit) Inhaltsverzeichnis.
Auf Bl. 2b heißt es: »Die einzelnen Schriften Fichtes sind in sich paginiert, die durchlaufende Seitenzählung befindet sich am unteren Rande der Seiten. Die am Kopfe der Seiten am inneren Rande angegebene Seitenbezeichnung bezieht sich auf die von Immanuel Hermann Fichte besorgte Gesamtausgabe (1834–1846).« Die Ein-

zelpaginierung befindet sich am oberen Seiten-Außenrand. Die Bd- und Seitenangabe der von I. H. Fichte hrsg. Ausg. am oberen Seiten-Innenrand ist bei den Schriften 3, 4, und 6 des Bds geklammert, bei den Schriften 1, 2, 5 und 7 nicht.
Die Rückseite des Titelbl. der 2. Schrift trägt unten einen Druckvermerk.
Auf S. 692 steht in der 3. Aufl. kein Druckvermerk mehr.
Auf der Rückseite des Titelbl. der 1. und 7. Schrift des Bds stehen nun jw. Paginierungshinweise und ein Druckvermerk.

29.1.20.(1922).131: Bd 5, 4. Aufl. (Aufl. M_3) 30, 168, 206, 291, 385_2, 465

Bl. 1a–2a [ebs.]

2 Bl., Porträttafel (Porträt S. a), 1 Bl., 692 S.

Der Bd ist 1922 oder später entstanden.
Bl. 2b ist mit dem der 3. Aufl. identisch.
Die 4. Aufl. unterscheidet sich von der 3. Aufl. durch zweierlei: Die 4. Aufl. hat auf Bl. 3a ein Inhaltsverzeichnis. Die Rückseite des Titelbl. der 2. Schrift des Bds trägt keinen Druckvermerk mehr.
Die Exe 168, 385_2, 465 haben das Bl. mit dem Inhaltsverzeichnis fälschlicherweise zwischen S. 4 und 5 (der 1. Schrift des Bds) gebunden statt hinter die Porträttafel.
Ex. 30 hat die Porträttafel mit dem Porträt auf S. b zwischen das 1. und 2. Bl. gebunden.

29.1.21–23: Bd 6

29.1.21.1912.132: Bd 6, 1. Aufl. (Aufl. M_1) A_1, (4), 5, 6_1, 7, 12, 16, 17, 24, 25, 35, 36, 46, 56, 82, 121, 180, 361 (2 Exe), 468

Bl. 2a Fichtes Werke | Sechster Band | System der Sittenlehre (1812) / Transzendentale | Logik / Staatslehre oder über das Verhältnis des | Urstaates zum Vernunftreiche | [Reihensignet] | Verlag von Felix Meiner in Leipzig 1912

Bl. 1b Joh. Gottl. Fichte, Werke | Auswahl in sechs Bänden | Mit mehreren Bildnissen Fichtes / | herausgegeben und eingeleitet von | Fritz Medicus | Verlag von Felix Meiner in Leipzig 1912

Bl. 1a Philosophische Bibliothek | Band 132: Fichte Bd. VI.

3 Bl., 680 S.

Nach 3 Fichte-Schriften enthält der Bd einen ›Nachtrag zu Band I–VI‹, sowie ein Namen- und Sachregister.
Bl. 3a trägt das Inhaltsverzeichnis.
Die durchgehende Paginierung befindet sich am oberen Seiten-Außenrand.
Die geklammerte Bd- und Seitenangabe der von I. H. Fichte hrsg. Ausg. steht bei den Fichte-Schriften 1 und 2 am oberen Seiten-Innenrand, bei der 3. Schrift am Seiten-Außenrand des fortlaufenden Textes.
Bl. 2b hat unten einen Druckvermerk.

Den Exn A_1, 6_1, 12, 16, 17, 24, 56, 82 sind noch die Meiner-Deckel eingebunden.
Bei Ex. 361_2 sind die 2 Bl. zu Beginn des Bds falsch eingebunden.
In Ex. 24 ist Bl. 2a unten mit dem Kriegsausfuhrzeichen bestempelt.
Bei Ex. 4 fehlt der Titelbogen sowie S. 1–2.

29.1.22.(1920).132: Bd 6, 2. Aufl. (Aufl. M_2) 6_2, 30, 107, 385_1

Bl. 2a FICHTES WERKE | [Z. 2 ebs.] | Schriften von 1812–1813 | Mit dem Register der Gesamtausgabe || Mit einem Bildnis Fichtes | Gestochen von Jügel 1814 nach | dem Gemälde von O. Dähling 1808 | [Reihensignet] | VERLAG VON FELIX MEINER IN LEIPZIG

Bl. 1b JOH. GOTTL. FICHTE | WERKE | [Z. 3 wie vorh. Z. 2] || Mit mehreren Bildnissen Fichtes || Herausgegeben und eingeleitet | von | FRITZ MEDICUS | VERLAG VON FELIX MEINER IN LEIPZIG

Bl. 1a [Z. 1 ebs.] | Band 132: Fichte Bd. VI

2 Bl., Porträttafel (Porträt S. a), 1 Bl., 416 S., 1 Bl., S. 421–680

Der Bd ist 1920 oder früher entstanden.
Bl. 3a trägt das neu gesetzte Inhaltsverzeichnis, das für den Nachtrag die falsche Seitenangabe 626 (statt 627) nennt.
Auf Bl. 2b heißt es: »Die einzelnen Schriften Fichtes sind in sich paginiert, die durchlaufende Seitenzählung befindet sich am unteren Rande der Seiten. Die am Kopfe der Seiten am inneren Rande angegebene Seitenbezeichnung bezieht sich auf die von Immanuel Hermann Fichte besorgte Gesamtausgabe (1834–1846).« Dies stimmt bei der 2. Aufl. nicht: Bei den Fichte-Schriften 1 und 2 des Bds steht die durchgehende Paginierung nicht am unteren Seiten-Außenrand, sondern am oberen Seiten-Innenrand, neben der geklammerten Bd- und Seitenangabe der von I. H. Fichte hrsg. Ausg.; die Einzelpaginierung aller 3 Fichte-Schriften des Bds befindet sich am oberen Seiten-Außenrand. Bei der 3. Schrift steht die durchgehende Paginierung am unteren Seiten-Außenrand, die Bd- und Seitenangabe der von I. H. Fichte hrsg. Ausg. befindet sich am Seiten-Außenrand des fortlaufenden Textes.
Das 1 Bl. nach S. 416 bildet das Titelbl. (mit Inhaltsverzeichnis auf S. b) zur 3. Schrift des Bds.
Der ›Nachtrag‹ auf S. 627 lautet nun: ›Nachtrag zur ersten Auflage‹.
Eine Sonderstellung nimmt Ex. 30 ein: Der Buchblock der 1. Schrift ist mit dem der 3. Aufl., der Buchblock der 2. Schrift mit dem der 2. Aufl. identisch. Der Buchblock der 3. Schrift ist völlig eigenständig: Die durchgehende Paginierung befindet sich geklammert und mit vorangestellter Bd-Angabe am oberen Seiten-Innenrand (die Einzelpaginierung sowie die Bd- und Seitenangabe der von I. H. Fichte hrsg. Ausg. sind mit denen der 2. und 3. Aufl. identisch). Der arabisch paginierte Buchblock des Exs 30 ist mit ›680 S.‹ geschlossen: Das Inhaltsverzeichnis zur 3. Fichte-Schrift des Bds befindet sich nicht – wie bei der 2. und 3. Aufl. – auf der Rückseite des Titelbl. zu dieser 3. Schrift, sondern – wie bei der 1. Aufl. – auf S. a eines folg. Bl.

29.1.23.(1922).132: Bd 6, 3. Aufl. (Aufl. M_3) A_2, 168, 206, 291, 385_2, 465

Bl. 1a–2a [ebs.]

2 Bl., Porträttafel (Porträt S. a), 1 Bl., 416 S., 1 Bl., S. 421–680

Der Bd ist 1922 oder später entstanden.
Bl. 2b und 3a sind mit denen der 2. Aufl. identisch.
Der einzige Unterschied zur 2. Aufl.: Auch bei den Fichte-Schriften 1 und 2 des Bds steht nun die durchgehende Paginierung am unteren Seiten-Außenrand.
In allen vorl. Exn fehlt die Paginierung der S. 621.

29.1.24.(1925).163: Ergänzungsbd zur Fichte-Ausg. A, 4, 7, 16, 25, 30, 36, 38, 180, 206, 291, 385, 465

Bl. 1b JOH. GOTTL. FICHTE | WERKE | ERSTER ERGÄNZUNGSBAND | STAATSPHILOSOPHISCHE | SCHRIFTEN | [Reihensignet] | VERLAG VON FELIX MEINER IN LEIPZIG

Bl. 2a FICHTES | STAATSPHILOSOPHISCHE | SCHRIFTEN | HERAUSGEGEBEN VON | HANS SCHULZ | UND | REINHARD STRECKER | [Reihensignet] | VERLAG VON FELIX MEINER IN LEIPZIG

Bl. 1a PHILOSOPHISCHE BIBLIOTHEK | BAND 163 | FICHTES WERKE | ERSTER ERGÄNZUNGSBAND

Sammelausg. von 6 Einzelausg. Fichte'scher Schriften (siehe die Bd-Übersicht vorne).
Jahresangabe nach DBV 7, 953b. BT 31.11698 verzeichnet die Ausg. mit »[1931]«.
Die 1. Aufl. dieses Ergänzungsbds ist mit Sicherheit 1925 erschienen. Möglicherweise hat es eine Art ›2. Aufl.‹ als spätere Bindung dieser Sammelausg. gegeben.
Einen 2. Ergänzungsbd hat es nicht gegeben.
Auf Bl. 2b heißt es nach einem 14zeiligen Inhaltsverzeichnis als ›Bemerkung des Verlags‹: »Die bisher schon einzeln erschienenen Schriften werden hier erstmals zu einem Bande vereinigt. Die Gesamt-Einleitung ist der letzten Schrift, den „Politischen Fragmenten" vorgegeben. Die einzelnen Schriften dieses Bandes sind nur in sich paginiert.«
Bei Ex. 36 ist Bl. 1 in bezug auf die Bundseite falsch herum eingebunden.
In Ex. 4 fehlt das 1. Bl.

29.2. Die Anweisung zum seligen Leben

29.2.1.1910.(131b) 123, 294

Bl. 2a Die Anweisung | zum seligen Leben | von | Johann Gottlieb Fichte || Neu herausgegeben | und eingeleitet von | Fritz Medicus || Fritz Ekkardt Verlag, G. m. b. H. | Leipzig □ □ □ □ □ □ □ □ □ □ □ □ □ □ 1910

Bl. 1a [Vlgssignet]

2 Bl., XIII, 205 S.

Diese in Ky 35, 624b belegte Ausg. wurde 1911 von Meiner übernommen und in die PhB als Nr 131b eingegliedert. Sie ist in Meiners PhB-Kat. von 1910/11 bis incl. Aug. 1917 unter PhB-Nr 131b ohne Jahresangabe mit Seitenangabe verzeichnet. Im Vlgskat. vom Sept. 1919 fehlt die Ausg. Im Vlgskat. vom Febr. 1920 ist sie als vergriffen angegeben.
Bei beiden vorl. Exn ist der Erscheinungsvermerk mit einem Schildchen überklebt: »Leipzig. | Verlag von Felix Meiner.«
Ex. 294 hat einen Einband von Meiner und einen Meiner'schen Prospekt beigebunden; das 1. Bl. mit Eckardts Vlgssignet blieb aber stehen.

29.2.2.1921.131b 18, 24, 77

[I] [Z. 1–7 wie vorh. auf Bl. 2a] | Zweite Auflage | [Reihensignet] | Der Philosophischen Bibliothek Band 131b | Verlag von Felix Meiner in Leipzig 1921

XIV, 205 S.

Der dem Ex. 77 eingebundene Vorderdeckel ist ähnlich gestaltet wie die Titelseite der nachfolg. Ausg. 29.2.2 (mit Versalien), wobei die Jahresangabe 1920 lautet.

29.2.3.1923.131b A, 17, 290, H99

[I] JOHANN GOTTLIEB FICHTE | DIE ANWEISUNG | ZUM SELIGEN LEBEN | NEU HERAUSGEGEBEN | VON | FRITZ MEDICUS || ZWEITE AUFLAGE || [Reihensignet] | DER PHILOSOPHISCHEN BIBLIOTHEK BAND 131b | LEIPZIG 1923 / VERLAG VON FELIX MEINER

XIV, 205 S., (2 Bl. mit WW-Übersicht und Vlgsanz.)

Ex. 290 hat den gleichen Vorderdeckel wie Ex. 77 der vorh. Ausg. 29.2.2, also auch mit Jahresangabe 1920.

29.2.4.1954.234 A, 38, 61, 82, 132

[I] [Z. 1–3 ebs.] | HERAUSGEGEBEN VON | [Z. 5 wie vorh. Z. 6] | [Reihensignet] | VERLAG VON FELIX MEINER | IN HAMBURG

[II] DER PHILOSOPHISCHEN BIBLIOTHEK BAND 234 | Neudruck auf der Grundlage der zweiten Auflage von 1923 | [13 Z.] | 1954

XVI, 211 S.

29.2.5.1970.234 A, 61, 385

[I] [ebs.]

[II] PHILOSOPHISCHE BIBLIOTHEK BAND 234 | [3 Z. unvollständige Aufl.-Hinweise] | 1970 Unveränderter Nachdruck

XVI, 211 S.

29.2.6.1983.234

[III] [Z. 1 wie vorh. auf S. I] | Die Anweisung | zum seligen Leben | Herausgegeben von | HANSJÜRGEN VERWEYEN | FELIX MEINER VERLAG | HAMBURG

[IV] [Z. 1 wie vorh. auf S. II] | [11 Z. unvollständige Aufl.-Hinweise] | 1983 Dritte, durchgesehene Auflage. Herausgegeben und eingelei- | tet von Hansjürgen Verweyen

[I] [Reihensignet]

LXVI, 189 S., 3 Bl. (Bl. 2 bds. Vlgsanz.; Bl. 3 bds. weiß)

29.3. Beitrag zur Berichtigung der Urteile des Publikums über die Französische Revolution

29.3.1.1922.(163b) A, 4, 7, 16, 17, 25, 30, 36, 38, 61, 62, 180, 206, 291, 385, 465

[I] Johann Gottlieb Fichte | Beitrag zur Berichtigung der Urteile des Publikums | über die | Französische Revolution | Herausgegeben von | Dr. Reinhard Strecker | Privatdozent an der Technischen | Hochschule Darmstadt | VERLAG VON FELIX MEINER IN LEIPZIG 1922

XII, 255 S.

Die Ausg. wird erstmals im Vlgskat. vom Jan. 1921 »außerhalb der Nummernfolge« der PhB verzeichnet; erst im Vlgskat. vom Sept. 1925 erhält sie die Nr 163b: 1925 erschien als PhB 163 der Ergänzungsbd (als Sammelausg.) der Fichte-WW, dessen 2. Tl diese Ausg. bildet (siehe 29.1.24).
DBV 7, 954a verzeichnet sie mit PhB-Nr 163b.
Die meisten vorl. Exe bilden Tl 2 des genannten Ergänzungsbds.

29.3.2.1973.282 A, 61, 385

[III] JOHANN GOTTLIEB FICHTE | Beitrag zur | Berichtigung der Urteile des Publikums | [Z. 4 wie vorh. Z. 3 auf S. I] | französische Revolution | Erster Teil | Zur Beurteilung ihrer Rechtmäßigkeit | (1793) | Beigefügt die Rezension von | Friedrich von Gentz (1794) | Herausgegeben von | RICHARD SCHOTTKY | FELIX MEINER VERLAG | HAMBURG

[IV] PHILOSOPHISCHE BIBLIOTHEK BAND 282 | [1 Z. Aufl.-Hinweis] | 1973 Herausgegeben von Richard Schottky

[I] [Reihensignet]

LXV, 373 S.

29.4. Die Bestimmung des Menschen

29.4.1.1910.(129c)

Johann Gottlieb Fichte: Die Bestimmung des Menschen. Neu hrsg. von Fritz Medicus. Leipzig: Fritz Eckardt 1910. 2 Bl., 155 S.

Von dieser in Ky 35, 624b belegten, 1911 von Meiner als Nr 129c in die PhB übernommenen und vermutlich mit Meiner-Schildchen und -Einband verkauften Ausg. konnte kein Ex. beschafft werden.
Die Ausg. ist in Meiners PhB-Kat. von 1910/11 und 1911 unter PhB-Nr 129c mit Jahresangabe 1910 verzeichnet.

29.4.2.(1912).129c A, 64, 291

Bl. 1a Die | Bestimmung des Menschen | von | Johann Gottlieb Fichte || Neu herausgegeben | von | Fritz Medicus | [Reihensignet] | Der Philosophischen Bibliothek Band 129c. || Leipzig. | Verlag von Felix Meiner.

1 Bl., 155 S., 4 Bl. (jw. bds. Vlgsanz.)

In Meiners PhB-Kat. von 1912 bis incl. Sept. 1915 als PhB 129c o. J. verzeichnet.
Ex. 64 hat einen Meiner-Einband.

29.4.3.1916.129c

Johann Gottlieb Fichte: Die Bestimmung des Menschen. Neu hrsg. von Fritz Medicus. 2. Auflage. Leipzig: Meiner 1916. 1 Bl., 155 S.
= PhB 129c

Die Aufl. war nur in Meiners PhB-Kat. vom Aug. 1917 bis incl. Sept. 1919 zu belegen. Im PhB-Kat. vom Febr. 1920 ist sie nur mit PhB-Nr (ohne Jahresangabe und Seitenzahl) als vergriffen angegeben.
Von der Ausg. konnte kein Ex. beschafft werden.

29.4.4.1921.129c A, 17, 290

Bl. 1a JOHANN GOTTLIEB FICHTE | DIE BESTIMMUNG | DES MENSCHEN | DRITTE AUFLAGE | NEU HERAUSGEGEBEN | VON | FRITZ MEDICUS | [Reihensignet] | DER PHILOSOPHISCHEN BIBLIOTHEK BAND 129c. | LEIPZIG 1921 / VERLAG VON FELIX MEINER

1 Bl., 155 S., (1 Bl., bds. Vlgsanz.)

29.4.5.1934.129c 3, 212, 294

Bl. 1a [Z. 1–3 ebs.] | VIERTE AUFLAGE | [Z. 5–9 ebs.] | LEIPZIG 1934 / VERLAG VON FELIX MEINER

1 Bl., 155 S.

Auch belegt in NUC 724, 22a.

29.4.6.1944.226 4, 6, 7, 8, 17, 24, 25

Bl. 2a [Z. 1–3 wie vorh. auf Bl. 1a] | [Reihensignet] | VERLAG VON FELIX MEINER IN LEIPZIG

Bl. 2b DER PHILOSOPHISCHEN BIBLIOTHEK BAND 226 | [14 Z.] | Erschienen 1944 – [. . .]

Bl. 1a JOHANN GOTTLIEB FICHTE | DIE BESTIMMUNG | DES MENSCHEN

2 Bl., 156 S.

Siehe die Bemerkungen zur folg. Ausg. 29.4.7.
Den Exn 8 und 24 fehlt das 1. Bl.

29.4.7.1945.226 A, 12, 18, 20, 31, 38, 61, 291, 385

Bl. 2a [ebs.]

Bl. 2b [Z. 1 ebs.] | ZWEITE, UM EIN GELEITWORT | EDUARD SPRANGERS | UND EIN SACHVERZEICHNIS VERMEHRTE AUFLAGE | [14 Z.] | Erschienen 1944 – [. . .]

Bl. 1a [ebs.]

2 Bl., 192 S.

Obgleich auch diese erweiterte Ausg. auf der Impressumseite den Vermerk »Erschienen 1944« trägt, ist sie wohl später als die vorh. Ausg. 29.4.6 erschienen. DBV 23, 1237b gibt das Jahr 1945.

29.4.8.1954.226 A, 62, 64, 294

Bl. 2a [Z. 1–3 ebs.] | Mit Geleitwort von | EDUARD SPRANGER | VERLAG VON FELIX MEINER | IN HAMBURG

Bl. 2b [Z. 1 ebs.] | Unveränderte Neuauflage der zweiten, um ein Geleitwort Eduard | Sprangers und ein Sachverzeichnis vermehrten Auflage vom Jahre 1944. | Für dies wurde die Textgestaltung der sechsbändigen Medicus'schen | Auswahlausgabe übernommen. | [8 Z.] | 1954

Bl. 1a [Reihensignet]

2 Bl., 192 S., 2 Bl. (jw. bds. Vlgsanz.)

29.4.9.1962.226 A, 61, 361, 385

Bl. 2a [ebs.]

Bl. 2b [Z. 1 ebs.] | Unveränderter Abdruck der zweiten, um ein Geleitwort Eduard | Sprangers und ein Sachverzeichnis vermehrten Auflage von 1944. Die | Textgestaltung wurde der sechsbändigen Medicus'schen Auswahlausgabe | entnommen. | [Z. 6–13 ebs.] | 1962

Bl. 1a [ebs.]

2 Bl., 192 S.

29.4.10.1979.226

[I] [Z. 1 wie vorh. auf Bl. 2a] | Die Bestimmung des Menschen | Auf der Grundlage der Ausgabe von | FRITZ MEDICUS | revidiert von | ERICH FUCHS | Mit einer Einleitung von | REINHARD LAUTH | FELIX MEINER VERLAG | HAMBURG

[II] PHILOSOPHISCHE BIBLIOTHEK BAND 226 | [12 Z. unvollständige Aufl.-Hinweise] | 1979 Fünfte, durchgesehene Auflage nach dem Erstdruck von 1800, | Text nach Fritz Medicus, revidiert von Erich Fuchs, mit | neuer Einleitung von Reinhard Lauth, mit Literaturhinweisen | und Register.

LVI, 161 S., 1 Bl. (bds. Vlgsanz.)

29.5. Darstellung der Wissenschaftslehre (1801) (PhB 130a, 302)

29.5.1.1922.130a A, 6, 12, 17, 38, 121

Bl. 1a JOHANN GOTTLIEB FICHTE | DARSTELLUNG DER | WISSENSCHAFTSLEHRE | AUS DEM JAHRE 1801 | NEU HERAUSGEGEBEN VON | FRITZ MEDICUS | ZWEITE AUFLAGE | [Reihensignet] | DER PHILOSOPHISCHEN BIBLIOTHEK BAND 130a | LEIPZIG / VERLAG VON FELIX MEINER / 1922

1 Bl., 163 S.

Siehe die Bemerkungen zur Ausg. 29.32.1.

29.5.2.1977.302

[III] [Z. 1 wie vorh. auf Bl. 1a] | Darstellung der Wissenschaftslehre | Aus den Jahren 1801/02 | Herausgegeben sowie mit Einleitung | und Anmerkungen versehen von | REINHARD LAUTH | unter Mitarbeit von | PETER K. SCHNEIDER | FELIX MEINER VERLAG | HAMBURG

[IV] PHILOSOPHISCHE BIBLIOTHEK BAND 302

[I] [Reihensignet]

XLI, 256 S., 1 Bl. (bds. Vlgsanz.)

29.6. Friedrich Nicolais Leben und sonderbare Meinungen

29.6.1.1910.(129f) Mar1

Bl. 2a Friedrich Nicolais | Leben und sonderbare Meinungen | von | Johann Gottlieb Fichte || Neu herausgegeben | von | Fritz Medicus || Fritz Ekkardt Verlag, G. m. b. H. | Leipzig □ □ □ □ □ □ □ □ □ □ □ □ □ □ 1910

Bl. 1a [Vlgssignet]

2 Bl., 95 S.

Diese in Ky 35, 624b belegte Ausg. wurde 1911 von Meiner übernommen und in die PhB als Nr 129f eingegliedert; sie ist in Meiners PhB-Kat. von 1910/11 und 1911 unter PhB-Nr 129f mit Jahresangabe 1910 und Seitenangabe verzeichnet.
Der Erscheinungsvermerk des Exs Mar1 ist mit einem Schildchen überklebt: »Leipzig. | Verlag von Felix Meiner.« Dem Ex. sind 4 Bl. mit jw. bds. Meiner'schen Vlgsanz. eingebunden. Auf dem Eckardt'schen Vorderdeckel ist die Z. mit der Vlgsangabe überstempelt; darüber ist die Z. gestempelt: »Felix Meiner Verlag«. Gleichwohl blieb das 1. Bl. mit Eckardts Vlgssignet eingebunden.

29.6.2.(1912).129f

Johann Gottlieb Fichte: Friedrich Nicolais Leben und sonderbare Meinungen. Neu hrsg. von Fritz Medicus. Leipzig: Meiner o. J. [1912]. 1 Bl., 95 S.
= PhB 129 f

Höchstwahrscheinlich hat es die Eckardt'sche Ausg. 29.6.1 1912 als Titelaufl., d. h. mit eigenem Meiner'schen Titelbl. (und PhB-Nr 129f) gegeben. Analog zu Ausg. 29.4.1–2 ist die Schrift in Meiners PhB-Kat. ab 1912 bis incl. 1919 (unter PhB-Nr 129f) ohne Jahresangabe verzeichnet; im PhB-Kat. vom Febr. 1920 und vom Jan. 1921 wird sie als vergriffen aufgeführt.

29.6.3.(1921).129f 17

Bl. 1a JOHANN GOTTLIEB FICHTE | FRIEDRICH NICOLAIS LEBEN | UND SONDERBARE MEINUNGEN | NEU HERAUSGEGEBEN | VON | FRITZ MEDICUS | [Reihensignet] | DER PHILOSOPHISCHEN BIBLIOTHEK BAND 129f | VERLAG VON FELIX MEINER IN LEIPZIG

1 Bl., 95 S.

Nachdem die Schrift in Meiners PhB-Kat. vom Febr. 1920 und vom Jan. 1921 als vergriffen aufgeführt war, ist sie im PhB-Kat. vom Sept. 1921 wieder als lieferbar aufgeführt (bis 1936).
Daß es sich bei vorl. Ex. nicht um die vorh. Ausg. 29.6.2 handelt, ergibt sich aus der Gestaltung des Titelbl.

29.7. Der geschloßne Handelsstaat

29.7.1.1910.(129d) 121, 290

Bl. 2a Der | geschloßne Handelsstaat | von | Johann Gottlieb Fichte || Neu herausgegeben | und eingeleitet von | Fritz Medicus || Fritz Eckardt Verlag, G. m. b. H. | Leipzig □□□□□□□□□□□□□□ 1910

Bl. 1a [Vlgssignet]

2 Bl., VIII, 127 S.

Diese in Ky 35, 624b und NUC 171, 419a belegte Ausg. wurde 1911 von Meiner übernommen und in die PhB als Nr 129d eingegliedert; sie ist in Meiners PhB-Kat. von 1910/11 und 1911 unter PhB-Nr 129d mit Jahresangabe 1910 verzeichnet.
Der Erscheinungsvermerk der Exe 121 und 290 ist jw. mit einem Schildchen überklebt: »Leipzig. | Verlag von Felix Meiner.« Beide Exe haben einen Einband von Meiner; den Exn fehlt Bl. 1 mit Eckardts Vlgssignet, am Schluß haben sie jw. 4 Bl. mit jw. bds. Vlgsanz. von Meiner.

29.7.2.(1912).129d

Johann Gottlieb Fichte: Der geschloßne Handelsstaat. Neu hrsg. und eingeleitet von Fritz Medicus. Leipzig: Meiner o. J. [1912]. 1 Bl., VIII, 127 S.
= PhB 129d

Höchstwahrscheinlich hat es die Eckardt'sche Ausg. 29.7.1 1912 als Titelaufl., d. h. mit eigenem Meiner'schen Titelbl. (und PhB-Nr 129d) gegeben. Die Schrift ist in Meiners PhB-Kat. ab 1912 bis incl. Aug. 1917 (unter PhB-Nr 129d) ohne Jahresangabe verzeichnet. Im PhB-Kat. vom Sept. 1919 ist die Ausg. nicht mehr aufgeführt, taucht aber im Kat. vom Febr. 1920 ohne Jahresangabe wieder auf.

29.7.3.1922.129d A, 17, 31

Bl. 1a JOHANN GOTTLIEB FICHTE | Der | geschloßne Handelsstaat | Ein philosophischer Entwurf | als Anhang zur Rechtslehre und | Probe einer künftig zu liefernden Politik | Neu herausgegeben von | Fritz Medicus | [Reihensignet] | Der Philosophischen Bibliothek Band 129d | Leipzig / Verlag von Felix Meiner / 1922

1 Bl., 127 S.

Schon im PhB-Kat. vom Jan. 1921 ohne Jahresangabe als »anastatischer Neudruck« aufgeführt, im PhB-Kat. vom Dez. 1922 als »2. Aufl. '22«.

29.7.4.1943.129d 8, 17, 18, 24, 38, 90, 291

Bl. 1a JOH. GOTTLIEB FICHTE | Der geschloßne Handelsstaat | [Z. 3–8 wie vorh. Z. 4–9] | VERLAG VON FELIX MEINER IN LEIPZIG

Bl. 1b DER PHILOSOPHISCHEN BIBLIOTHEK BAND 129d | Unveränderter Abdruck 1943 der zweiten Auflage von 1922

1 Bl., 127 S.

29.7.5.1979.316

[3*] JOHANN GOTTLIEB FICHTE | [Z. 2–3 wie vorh. auf Bl. 1a] | als Anhang zur Rechtslehre, und | [Z. 5 wie vorh. auf Bl. 1a] | mit einem bisher unbekannten Manuskript | Fichtes ,,Ueber StaatsWirthschaft" | Auf der Grundlage der Ausgabe von | [Z. 9 wie vorh. Z. 7 auf Bl. 1a] | herausgegeben und | mit einer Einleitung versehen von | HANS HIRSCH | FELIX MEINER VERLAG | HAMBURG

[4*] PHILOSOPHISCHE BIBLIOTHEK BAND 316 | [6 Z. Aufl.-Hinweise] | 1979 Dritte, durchgesehene Auflage (PhB 316) nach dem Erstdruck | von 1800, erweitert um den Anhang ,,Ueber StaatsWirth- | schaft", herausgegeben und mit Einleitung, Anmerkungen, | Bibliographischen Hinweisen, Namen- und Sachverzeichnis | versehen von Hans Hirsch

[1*] [Reihensignet]

76*, 146 S., 1 Bl. (bds. weiß)

29.8. Grundlage der gesamten Wissenschaftslehre

29.8.1.1911.(127b) 3, 180, 700, Gö148, UB Graz

Bl. 2a Johann Gottlieb Fichte | Grundlage der gesamten | Wissenschaftslehre | Neu herausgegeben und eingeleitet von | Fritz Medicus | Fritz Ekkardt Verlag | Leipzig □□□□□ 1911

Bl. 1a [Vlgssignet]

2 Bl., XXIV, 245 S.

Diese im NUC 171, 419b belegte Ausg. wurde 1911 von Meiner übernommen und in die PhB als Nr 127b eingegliedert; schon im ersten PhB-Kat. von Meiner ist sie unter Nr 127b aufgeführt.
Die Erscheinungsvermerke der Exe 3, 700, Gö148, UB Graz sind mit unterschiedlichen Schildchen überklebt; der Schildchen-Text des Exs 3: »Leipzig. | Verlag von Felix Meiner.«; der der Exe 700, Gö148, UB Graz: »Verlag von Felix Meiner | Leipzig«.
Dem Ex. 180 sind die Eckardt'schen Deckel eingebunden.
Dem Ex. 3 fehlt das 1. Bl., es hat einen Einband von Meiner.
Den Exn 700 und UB Graz sind am Schluß noch 2 Bl. mit jw. bds. Vlgsanz. von Meiner eingebunden.

29.8.2.1911.127b

Johann Gottlieb Fichte: Grundlage der gesamten Wissenschaftslehre. Neu hrsg. und eingeleitet von Fritz Medicus. Leipzig: Meiner 1911. 1 Bl., XXIV, 245 S.
= PhB 127b

Von dieser im DBV 1, 736a belegten Ausg. konnte kein Ex. beschafft werden. Die Ausg. ist im DBV ohne PhB-Nr verzeichnet.
Ob es sich bei dieser Ausg. nur um ein Schildchen-Ex. (Eckardt-Ausg. mit durch Meiner-Schildchen überklebtem Erscheinungsvermerk) oder um eine Titelaufl., d. h. eine reguläre Ausg. mit eigenem Meiner'schen Titelbl. handelt, konnte nicht festgestellt werden.
Vgl. auch die Bemerkungen zur vorh. Ausg. 29.8.1.

29.8.3.1922.127b A, 17, 61

Bl. 1a Johann Gottlieb Fichte | Grundlage der gesamten | Wissenschaftslehre | als Handschrift | für seine Zuhörer | Herausgegeben von | Fritz Medicus | Zweite Auflage | [Reihensignet] | DER PHILOSOPHISCHEN BIBLIOTHEK BAND 127b | LEIPZIG / VERLAG VON FELIX MEINER / 1922

1 Bl., XXIV, 245 S.

29.8.4.1956.246 A, 20, 38, UB Innsbruck

[III] JOHANN GOTTLIEB FICHTE | Grundlage | der gesamten Wissenschaftslehre | (1794) | VERLAG VON FELIX MEINER | IN HAMBURG

[IV] DER PHILOSOPHISCHEN BIBLIOTHEK BAND 246 | *Neudruck auf der Grundlage der zweiten von* FRITZ MEDICUS | *herausgegebenen Auflage von 1922 mit einem Sachregister* | *von* ALWIN DIEMER | [11 Z.] | *1956*

[I] [Reihensignet]

XXXI, 247 S.

29.8.5.1961.246 A, 294

[III] [ebs.]
[IV] [Z. 1–4 ebs.] | Unveränderter Abdruck 1961
[I] [ebs.]

XXXI, 247 S.

29.8.6.1970.246 A, 43, 61, 121, 385

[III] [Z. 1–3 ebs.] | als Handschrift für seine Zuhörer | [Z. 5 wie vorh. Z. 4] | Einleitung und Register von | WILHELM G. JACOBS | FELIX MEINER VERLAG | HAMBURG

[IV] PHILOSOPHISCHE BIBLIOTHEK BAND 246 | [4 Z. Aufl.-Hinweise] | 1970 Zweite, durchgesehene und verbesserte Auflage mit neuer | Einleitung, Registern und Bibliographie von Wilhelm | G. Jacobs
[I] [ebs.]

XXVIII, 270 S., 1 Bl. (bds. Vlgsanz.)

In Ex. 121 fehlen S. I–II.

29.8.7.1979.246

[III] [ebs.]
[IV] [Z. 1–8 ebs.] | 1979 Dritte, um einen Nachtrag zur Bibliographie erweiterte, ansonsten unveränderte Auflage
[I] [ebs.]

XXVIII, 272 S., 2 Bl. (Bl. 2 bds. Vlgsanz.)

29.9. Grundlage des Naturrechts

29.9.1.1908.(128a) 38, 64

Bl. 2a Grundlage | des | Naturrechts | nach | Prinzipien der Wissenschaftslehre | von | Johann Gottlieb Fichte || Jena und Leipzig | bei Christian Ernst Gabler | 1796 || Neu herausgegeben von | Fritz Medicus || Fritz Eckardt Verlag | Leipzig □□□□□ 1908
Bl. 1a [Vlgssignet]

2 Bl., 389 S., 1 Bl. (S. a Vlgsanz.)

Diese in Ky 35, 624b und NUC 171, 419b belegte Ausg. wurde 1911 von Meiner übernommen und in die PhB als Nr 128b eingegliedert.
In Meiners PhB-Kat. von 1910/11 bis incl. Febr. 1920 ist die PhB-Nr der vorl. Ausg. mit der PhB-Nr der Ausg. ›System der Sittenlehre nach den Prinzipien der Wissenschaftslehre (1798)‹ vertauscht: letztgenannte Ausg. (29.27.1) hat in den genannten Kat. irrtümlich die Nr 128a, vorl. Ausg. die Nr 128b. Ab dem PhB-Kat. von Sept. 1921 sind die Nrn richtiggestellt, vorl. Ausg. ist dann also mit Nr 128a und die Ausg. 29.27.1 mit Nr 128b verzeichnet. – Die spätere Numerierung ist deshalb korrekt, weil vorl. Ausg. der ›Grundlage des Naturrechts‹ in Bd 2 der Fichte-WW (= PhB 128) den 1. Tl bildet, die Ausg. 29.27.1 aber den 2. Tl (die Tle der WW-Bde werden mit kleinen Buchstaben, mit a beginnend, durchgezählt).
Ob es Meiner-Ausg. bzw. -Exe mit der falschen PhB-Nr 128b (auf der Titelseite) gegeben hat, konnte nicht festgestellt werden.
Der Erscheinungsvermerk des Exs 38 ist mit einem Schildchen überklebt: »Verlag von Felix Meiner | Leipzig«.
Dem Ex. 64 sind noch die Eckardt'schen Deckel eingebunden.

29.9.2.1922.128a A, 17, 60, 121

Bl. 1a JOHANN GOTTLIEB FICHTE | GRUNDLAGE DES | NATURRECHTS | NACH PRINZIPIEN DER WISSENSCHAFTSLEHRE | NEU HERAUSGEGEBEN | VON | FRITZ MEDICUS | ZWEITE, | DURCHGESEHENE AUFLAGE | [Reihensignet] | DER PHILOSOPHISCHEN BIBLIOTHEK BAND 128a | LEIPZIG / VERLAG VON FELIX MEINER / 1922

1 Bl., 387 S., 1 Bl. (bds. Vlgsanz.)

29.9.3.1960.256 A, 290, 294

[I] [Z. 1 wie vorh. auf Bl. 1a] | Grundlage | des Naturrechts | nach Prinzipien | der Wissenschaftslehre | [Reihensignet] | VERLAG VON FELIX MEINER | IN HAMBURG

[II] PHILOSOPHISCHE BIBLIOTHEK BAND 256 | *Neudruck auf der Grundlage der zweiten von* FRITZ MEDICUS | *herausgegebenen Auflage von 1922* | *Mit Einleitung und Registern von* MANFRED ZAHN | [2 Z.] | *1960*

XXXI, 391 S.

29.9.4.1967.256 A, 43, 61, 211, 385, Kn28

[I] [ebs.]

[II] [Z. 1 ebs.] | Neudruck auf der Grundlage der zweiten von FRITZ MEDICUS | herausgegebenen Auflage von 1922 | Mit Einleitung und Registern von MANFRED ZAHN | Zweiter, verbesserter und mit bibliographischen Hinweisen | ergänzter Nachdruck 1967

XXXI, 396 S.

29.9.5.1979.256

[I] [Z. 1–5 ebs.] | FELIX MEINER VERLAG | HAMBURG

[II] [Z. 1 ebs.] | [5 Z. unvollständige Aufl.-Hinweise] | 1979 Dritter Nachdruck mit überarbeitetem Quellennach- | weis und Personenregister

Bl. 1a [Reihensignet]

1 Bl., XXXI, 396 S., 1 Bl. (bds. Vlgsanz.)

29.10. Grundriß des Eigentümlichen der Wissenschaftslehre

29.10.1.1911.(127c)

Johann Gottlieb Fichte: Grundriß des Eigentümlichen der Wissenschaftslehre in

Rücksicht auf das theoretische Vermögen. Neu hrsg. von Fritz Medicus. Leipzig: Meiner 1911. 1 Bl., 83 S.
(= PhB 127c)

Von dieser im DBV 1, 736a ohne PhB-Nr belegten Ausg. konnte kein Ex. beschafft werden.
Die Ausg. ist ab Meiners erstem PhB-Kat. von 1910/11 bis zu dem vom Sept. 1921 ohne Jahresangabe mit PhB-Nr 127c verzeichnet.

29.10.2.1922.127c A, 6, 17

Bl. 1a Johann Gottlieb Fichte | Grundriß des Eigentümlichen | der Wissenschaftslehre | in Rücksicht auf das | theoretische Vermögen | Neu herausgegeben von | Fritz Medicus | Zweite Auflage | [Reihensignet] | DER PHILOSOPHISCHEN BIBLIOTHEK BAND 127c | LEIPZIG / VERLAG VON FELIX MEINER / 1922

1 Bl., 83 S.

29.10.3.(1944).224 A, 5, 38, 52, 64, 93, 132, 290, 385, H161, Tr2

[3] JOHANN GOTTLIEB FICHTE | [Z. 2–3 wie vorh. auf Bl. 1a] | in Rücksicht auf das theoretische Vermögen | [Reihensignet] | FELIX MEINER VERLAG IN LEIPZIG
[4] DER PHILOSOPHISCHEN BIBLIOTHEK BAND 224
[1] Fichte, Grundriß des Eigentümlichen der Wissenschaftslehre

88 S.

Die Ausg. ist 1944 erschienen.
Die in der Fichte-Bibliographie 1968 unter Nr 15(4) aufgeführte Ausg. von 1954 hat es nicht gegeben.

29.10.4.1975.224 A, 61, 385

[III] [Z. 1–4 wie vorh. auf S. 3] | als Handschrift für seine Zuhörer | (1795) | Auf der Grundlage der Ausgabe von Fritz Medicus | herausgegeben von | WILHELM G. JACOBS | [Reihensignet] | FELIX MEINER VERLAG | HAMBURG
[IV] PHILOSOPHISCHE BIBLIOTHEK BAND 224 | [3 Z. Aufl.-Hinweise] | 1975 Auf der Grundlage der Ausgabe von Fritz Medicus mit Einleitung, | Registern und Bibliographie herausgegeben von Wilhelm G. Jacobs

S. [III]–XVIII, 86 S., 1 Bl. (bds. Vlgsanz.)

29.11. Die Grundzüge des gegenwärtigen Zeitalters

29.11.1.1908.(130b) 31, 50, 60, 64

[5] Die Grundzüge | des gegenwärtigen Zeitalters. || Dargestellt | von | Johann Gottlieb Fichte, | in Vorlesungen, | gehalten zu Berlin, im Jahre 1804–1805. | Berlin 1806. | Im Verlage der Realschulbuchhandlung. || Neu herausgegeben von | Fritz Medicus. || Fritz Eckardt Verlag. | Leipzig □□□□□ 1908.

[1] [Vlgssignet]

[3] Die Grundzüge | des gegenwärtigen Zeitalters.

264 S.

Diese in Ky 35, 624b und NUC 171, 419c belegte Ausg. wurde 1911 von Meiner übernommen und in die PhB als Nr 130b eingegliedert. Die Ausg. ist in Meiners PhB-Kat. von 1910/11 an unter PhB-Nr 130b mit Jahresangabe 1908 und Seitenangabe aufgeführt.
Der Erscheinungsvermerk der Exe 50 und 60 ist jw. mit einem Schildchen überklebt: »Verlag von Felix Meiner | Leipzig«.
In Ex. 31 ist über den Erscheinungsvermerk ein Kriegsausfuhrzeichen gestempelt.

29.11.2.(1916).130b

Johann Gottlieb Fichte: Die Grundzüge des gegenwärtigen Zeitalters. Neu hrsg. von Fritz Medicus. Leipzig: Meiner o. J. [ca 1916].
= PhB 130b

Höchstwahrscheinlich hat es die Eckardt'sche Ausg. 29.11.1 um 1916, vielleicht aber auch schon 1912 als Titelaufl., d. h. mit eigenem Meiner'schen Titelbl. (und PhB-Nr 130b) gegeben.
In den PhB-Kat. ab Sept. 1913 entfällt bei der Ausg.-Nennung die Seitenangabe. In den Kat. vom Aug. 1917 bis Febr. 1920 entfällt die Jahresangabe, die Seitenangabe lautet nun »IV, 255« statt »IV, 264«; im Kat. vom Jan. 1921 ist die Ausg. als vergriffen aufgeführt.
Die Fichte-Bibliographie 1968 verzeichnet unter Nr 61(3) (nicht autoptisch) eine Ausg. »Leipzig 1910«.

29.11.3.1922.130b 12, 17, 31, 168

[1] Johann Gottlieb Fichte | Die Grundzüge | des gegenwärtigen Zeitalters. | Neu herausgegeben | von | Fritz Medicus. | Zweite Auflage. | [Reihensignet] | Der Philosophischen Bibliothek Band 130^{b}. | VERLAG VON FELIX MEINER IN LEIPZIG 1922.

260 S.

29.11.4.1943.130b A, 17, 291, 294, Dü51

[1] JOH. GOTTLIEB FICHTE | [Z. 2 ebs.] | des gegenwärtigen Zeitalters | [Z. 4–5 ebs.] | Fritz Medicus | [Reihensignet] | VERLAG VON FELIX MEINER IN LEIPZIG

[2] DER PHILOSOPHISCHEN BIBLIOTHEK BAND 130b | Unveränderter Abdruck 1943 der zweiten Auflage von 1922

260 S.

29.11.5.1956.247 A, 38, 61, 385

[III] JOHANN GOTTLIEB FICHTE | [Z. 2–3 wie vorh. auf S. 1] | VERLAG VON FELIX MEINER | IN HAMBURG

[IV] DER PHILOSOPHISCHEN BIBLIOTHEK BAND 247 | *Neudruck auf der Grundlage der zweiten von* FRITZ MEDICUS | *herausgegebenen Auflage von 1922* | *Mit Einleitung und Sachregister von* ALWIN DIEMER | [22 Z.] | *1956*

[I] [Reihensignet]

XVI, 267 S., 2 Bl. (jw. bds. Vlgsanz.)

29.11.6.1978.247

[III] [Z. 1–3 ebs.] | Mit einer Einleitung von | ALWIN DIEMER | FELIX MEINER VERLAG | HAMBURG

[IV] PHILOSOPHISCHE BIBLIOTHEK BAND 247 | [8 Z. unvollständige Aufl.-Hinweise] | 1978 Vierte, anhand der Erstausgabe von 1806 durchgesehene Auf- | lage. Mit einer Einleitung von Alwin Diemer, einem Sachregi- | ster und mit Bibliographischen Hinweisen zu Fichtes Ge- | schichtsphilosophie von Erich Fuchs

[I] [ebs.]

XVIII, 278 S.

29.12. Machiavell

29.12.1.1918.(163d) 17, 62, 294

[I] Joh. Gottlieb Fichte | Machiavell | Nebst einem Briefe Carls von Clausewitz an Fichte | Kritische Ausgabe | von | Hans Schulz | 1918 | Verlag von Felix Meiner in Leipzig

XXII, 65 S.

Die Ausg. ist noch nicht in die PhB eingegliedert. Siehe die Bemerkungen zur nachfolg. Ausg. 29.12.2.

Bei Ex. 17 ist auf die Titelseite unten und den Vorderdeckel (der den gleichen Text trägt wie die Titelseite) unten ein Kriegsausfuhrzeichen gestempelt.

29.12.2.(1925).163d A, 4, 7, 16, 25, 30, 36, 61, 180, 206, 211, 291, 385, 465

[I] JOH. GOTTLIEB FICHTE | MACHIAVELL | NEBST EINEM BRIEFE CARLS VON CLAUSEWITZ | AN FICHTE | KRITISCHE AUSGABE VON | HANS SCHULZ | ZWEITE, DURCHGESEHENE AUFLAGE | [Reihensignet] | DER PHILOSOPHISCHEN BIBLIOTHEK BAND 163d | VERLAG VON FELIX MEINER IN LEIPZIG

XXII, 65 S.

Die Ausg. muß 1925 oder früher erschienen sein, denn sie ist als Tl 4 im 1925 erschienenen Ergänzungsbd der Fichte-WW enthalten.
Die Ausg. des ›Machiavell‹ sind erst ab dem PhB-Kat. vom Sept. 1925 als Nr 163d der PhB verzeichnet, in allen Kat. vor 1936 aber mit der Jahresangabe 1918, was spätestens ab 1925 falsch ist.

29.12.3.1943.163d B201

[I] [Z. 1–6 ebs.] | [Reihensignet] | VERLAG VON FELIX MEINER IN LEIPZIG

[II] DER PHILOSOPHISCHEN BIBLIOTHEK BAND 163d | Dritte, mit der zweiten übereinstimmende Auflage | Erschienen im Jahre 1943

XXII, 65 S.

Die Ausg. ist belegt im NUC 171, 420b.

29.13. Der Patriotismus und sein Gegenteil

29.13.1.1918.(163c) 17, 294

[I] Joh. Gottlieb Fichte | Der Patriotismus | und sein Gegenteil | Patriotische Dialogen | Nach der Handschrift herausgegeben von | Hans Schulz | 1918 | Verlag von Felix Meiner in Leipzig

X, 61 S.

Die Ausg. ist noch nicht in die PhB eingegliedert. Siehe die Bemerkung zur nachfolg. Ausg. 29.13.2.
Bei Ex. 294 ist auf die Titelseite unten und den Vorderdeckel (der den gleichen Text trägt wie die Titelseite) unten ein Kriegsausfuhrzeichen gestempelt.

29.13.2.(1925).163c A, 4, 7, 16, 25, 30, 36, 61, 180, 206, 291, 385, 465

[I] JOH. GOTTLIEB FICHTE | DER PATRIOTISMUS | UND SEIN GEGENTEIL | PATRIOTISCHE DIALOGEN | NACH DER HANDSCHRIFT | HERAUSGEGEBEN VON | HANS SCHULZ | ZWEITE AUFLAGE | [Reihensignet] | DER PHILOSOPHISCHEN BIBLIOTHEK BAND 163c | VERLAG VON FELIX MEINER IN LEIPZIG

X, 61 S.

Die Ausg. muß 1925 oder früher erschienen sein, denn sie ist als Tl 3 im 1925 erschienenen Ergänzungsbd der Fichte-WW enthalten.
Die Ausg. dieser Schrift sind erst ab dem PhB-Kat. vom Sept. 1925 als Nr 163c der PhB verzeichnet, in allen Kat. vor 1936 aber mit der Jahresangabe 1918, was spätestens ab 1925 falsch ist.

29.14. Die philosophischen Schriften zum Atheismusstreit

29.14.1.1910.(129b) 3, 15, 26, UB Graz

Bl. 2a Johann Gottlieb Fichte | Die philosophischen Schriften | zum Atheismusstreit | Mit Forbergs Aufsatze: | Entwickelung des Begriffs der Religion | Neu herausgegeben und eingeleitet | von | Fritz Medicus || Fritz Eckardt Verlag, G. m. b. H. | Leipzig □□□□□□□□□□□□□ 1910

Bl. 1a [Vlgssignet]

2 Bl., XXXIV, 142 S.

Diese in Ky 35, 625a und NUC 171, 421a belegte Ausg. wurde 1911 von Meiner übernommen und in die PhB als Nr 129b eingegliedert; sie ist in Meiners PhB-Kat. von 1910/11 an unter PhB-Nr 129b mit Jahresangabe 1910 und Seitenangabe verzeichnet; in den PhB-Kat. ab Sept. 1912 entfällt die Jahresangabe, in den PhB-Kat. ab Sept. 1921 entfallen bei der Seitenangabe die röm. Seiten.
Höchstwahrscheinlich hat es vorl. Eckardt-Ausg. auch mit Meiner-Schildchen und -Einband gegeben.
Dem Ex. 15 sind die Eckardt'schen Deckel mit eingebunden.

29.14.2.(1912).129b 18, 64, 294

Bl. 1a [Z. 1–8 wie vorh. auf Bl. 2a] | [Reihensignet] | Band 129b | Verlag von Felix Meiner in Leipzig

1 Bl., XXXIV, 142 S., (2 Bl., bds. Vlgsanz.)

Diese im NUC 171, 421a irrtümlich mit »⟨192?⟩« belegte Ausg. ist vermutlich 1912 erschienen. Siehe die Bemerkungen zur vorh. Ausg. 29.14.1.

29.14.3.(1922).129b A, 12, 17, 26, 31, 60

Bl. 1a [Z. 1–8 ebs.] | Zweite Auflage | [Reihensignet] | Der philosophischen Bibliothek | Band 129^{b} | Verlag von Felix Meiner in Leipzig

1 Bl., 142 S.

Titelaufl.
Jahresangabe nach BT 21.912. Siehe auch die Bemerkungen zur Ausg. 29.14.1.

29.15. Politische Fragmente

29.15.1.1925.163f A, 4, 6, 7, 16, 17, 25, 30, 36, 61, 180, 206, 291, 385, 465

[I] JOHANN GOTTLIEB FICHTE | POLITISCHE FRAGMENTE | NEU HERAUSGEGEBEN UND | EINGELEITET VON | REINHARD STRECKER | [Reihensignet] | DER PHILOSOPHISCHEN BIBLIOTHEK BAND 163f | LEIPZIG 1925 / VERLAG VON FELIX MEINER

XXXVI, 128 S.

Die Ausg. enthält die Einleitung zum Ergänzungsbd der Fichte-WW.

29.16. Rechtslehre

29.16.1.1920.(163e) A, 4, 7, 16, 17, 25, 30, 36, 61, 180, 206, 291, 385, 465

[I] Joh. Gottlieb Fichte | Rechtslehre | Vorgetragen von Ostern bis Michaelis 1812 | Nach der Handschrift herausgegeben | von | Hans Schulz | 1920 || Verlag von Felix Meiner in Leipzig

VIII, 176 S.

Die Ausg. ist in den PhB-Kat. vom Febr. 1920 an ohne PhB-Nr aufgeführt. Ab dem PhB-Kat. vom Sept. 1925 ist sie mit PhB-Nr 163e angezeigt: Sie bildet Tl 5 des 1925 erschienenen Ergänzungsbds der Fichte-WW.

29.16.2.1980.326

[III] JOHANN GOTTLIEB FICHTE | [Z. 2–3 wie vorh. auf S. I] | Auf der Grundlage der Ausgabe von | HANS SCHULZ | herausgegeben und | mit einer Einleitung versehen von | RICHARD SCHOTTKY | FELIX MEINER VERLAG | HAMBURG

[IV] PHILOSOPHISCHE BIBLIOTHEK BAND 326 | [5 Z. Aufl.-Hinweis] | 1980 Zweite, durchgesehene Auflage (PhB 326) nach der Ausgabe | von 1920, herausgegeben und mit Einleitung, Anmerkun- | gen und Bibliographischen Hinweisen versehen von Richard | Schottky.

[I] [Reihensignet]

XLV, 201 S.

29.17. Reden an die deutsche Nation

29.17.1.1910.(131c) 291, B701, M36a

Bl. 2a Reden | an die deutsche Nation | durch | Johann Gottlieb Fichte || Berlin 1808 | In der Realschulbuchhandlung || Neu herausgegeben von | Fritz Medicus | Fritz Eckardt Verlag, G. m. b. H. | Leipzig □□ □□□□□□□□□□□□□ 1910

Bl. 1a [Vlgssignet]

2 Bl., 246 S.

Diese in Ky 35, 624a und NUC 171, 422b belegte Ausg. ist 1911 von Meiner übernommen, in die PhB als Nr 131c eingegliedert worden und in Meiners PhB-Kat. von 1910/11 und 1911/12 unter PhB-Nr 131c und mit Jahresangabe 1910 aufgeführt; ab dem Kat. vom Sept. 1912 entfällt die Jahresangabe.
Die Erscheinungsvermerke der Exe 291 und B701 sind mit unterschiedlichen Schildchen überklebt; der Schildchen-Text des Exs 291: »Verlag von Felix Meiner | Leipzig«; der des Exs B701: »Leipzig. | Verlag von Felix Meiner.«
Ex. B701 hat einen Meiner-Einband mit PhB-Signet und PhB-Nr 131c.

29.17.2.1916.131c 17, 29, 31 (2 Exe), 51

Bl. 1a [Z. 1–8 wie vorh. auf Bl. 2a] | Unveränderter Neudruck | [Reihensignet] | Der Philosophischen Bibliothek | Band 131c || Leipzig 1916 | Verlag von Felix Meiner

1 Bl., 246 S., (4 Bl., jw. bds. Vlgsanz.)

Bei Ex. 29 ist S. [1]–[2] irrtümlich hinter S. 4 gebunden.

29.17.3.1919.131c 3, 8

[1] [Z. 1–8 wie vorh. auf Bl. 1a] | Dritter unveränderter Neudruck | [Z. 10–12 wie vorh. auf Bl. 1a] || Leipzig 1919 | [Z. 14 wie vorh. auf Bl. 1a]

246 S., 1 Bl. (bds. Vlgsanz.)

29.17.4.1921.131c A

[1] [Z. 1–8 ebs.] || Vierter unveränderter Neudruck | [Z. 10–12 ebs.] || Leipzig 1921 | [Z. 14 ebs.]

246 S., 1 Bl. (bds. Vlgsanz.)

29.17.5.1943.204 A, 16, 21, 291

[I] JOHANN GOTTLIEB FICHTE | REDEN | AN DIE DEUTSCHE NATION | MIT EINEM GELEITWORT | VON | EDUARD SPRANGER | [Reihensignet] || FELIX MEINER VERLAG LEIPZIG

[II] DER PHILOSOPHISCHEN BIBLIOTHEK BAND 204 | Mit einem Sachregister. [. . .] | [20 Z.] | Erschienen 1943 – [. . .]

Frontispiz, XIV S., S. [3]–255, 2 Bl. (bds. Vlgsanz.)

29.17.6.1944.204 A, 7, 25

[I] [ebs.]
[II] [Z. 1–22 ebs.] | Erschienen 1944 – [. . .]

Frontispiz, XIV, 253 S., 2 Bl. (jw. bds. Vlgsanz.)

29.17.7.1955.204 A, 38, 61, 361

[I] [Z. 1–3 ebs.] | [Reihensignet] | FELIX MEINER VERLAG | IN HAMBURG
[II] *DER PHILOSOPHISCHEN BIBLIOTHEK BAND 204* | Herausgegeben von FRITZ MEDICUS. | Mit einer Einleitung von ALWIN DIEMER | und einem *Namen- und Sachverzeichnis.* | [27 Z.] | Erschienen im Jahre 1955

XVII, 253 S.

Bei der Bemerkung in Z. 5 ff. auf S. [II] zum Format der PhB handelt es sich um einen Irrtum des Vlgs.

29.17.8.1978.204

[III] [Z. 1 wie vorh. auf S. I] | Reden an die deutsche Nation | Mit einer Einleitung von | REINHARD LAUTH | [Z. 5 wie vorh. auf S. I] | HAMBURG
[IV] PHILOSOPHISCHE BIBLIOTHEK BAND 204 | [8 Z. unvollständige Aufl.-Hinweise] | 1978, Fünfte, durchgesehene Auflage nach dem Erstdruck von | 1808, mit neuer Einleitung von Reinhard Lauth, mit Litera- | turhinweisen und Register.
[I] [Reihensignet]

XLI, 268 S., 1 Bl. (bds. Vlgsanz.)

Die Aufl.-Hinweise auf S. [IV] sind unvollständig und z.T. auch nicht korrekt.

29.18–23: Schriften über den Gelehrten

Um die verschiedenen Ausg. von Fichtes Schriften über den Gelehrten besser überblicken zu können, sind diese Ausg. hier in einer Übersicht aufgeführt:
29.18 Über den Gelehrten. 1911. PhB 131a
29.19 Über das Wesen des Gelehrten (1805). 1921. PhB 131a
29.20 Fünf Vorlesungen über die Bestimmung des Gelehrten (1811). 1921. PhB 131d
29.21 Einige Vorlesungen über die Bestimmung des Gelehrten (1794). 1922. PhB 127e
29.22 Drei Schriften über den Gelehrten. (Sammelbd)
29.23 Von den Pflichten der Gelehrten. 1971. PhB 274

Zu den einzelnen Ausg.:
29.18 Über den Gelehrten. Diese 1911 erschienene Eckardt-Ausg. wurde im selben Jahr von Meiner übernommen und in die PhB als Nr 131a eingegliedert. Sie

ist in Meiners PhB-Kat. von 1910/11 bis incl. Sept. 1919 unter PhB-Nr 131a ohne Jahresangabe und mit Seitenangabe verzeichnet (vgl. dazu auch Ausg. 29.18.2). Im PhB-Kat. vom Febr. 1920 ist sie als vergriffen aufgeführt.
Bei der Ausg. handelt es sich um eine Sammlung von 3 Schriften (die folg. Aufstellung nennt nur die Kurztitel):
1. Bestimmung des Gelehrten (1794)
2. Wesen des Gelehrten (1805)
3. Bestimmung des Gelehrten (1811)
Tl 1 der Sammlung stammt aus Bd 1 der Fichte-WW, Tl 2 und 3 aus deren Bd 5.
1921–22 erschienen die 3 Schriften dann als Einzelausg. (hier 29.19–21), die dann jw. als ›2. Aufl.‹ bzw. ›vermehrte Aufl.‹ bezeichnet wurden:

29.19 Tl 2 der Ausg. 29.18 erschien 1921 als ›2. Aufl.‹ mit dem vollständigen Titel der Schrift und übernahm die PhB-Nr 131a der Sammlung von 1911.

29.20 Tl 3 der Ausg. 29.18 erschien 1921 als ›2. Aufl.‹ unter PhB-Nr 131d mit dem vollständigen Titel der Schrift.

29.21 Tl 1 der Ausg. 29.18 erschien 1922 als ›2. Aufl.‹ unter PhB-Nr 127e und mit dem vollständigen Titel der Schrift. Diese Ausg. wird 1971 ersetzt durch die Ausg. ›Von den Pflichten der Gelehrten‹ (PhB 274; hier Nr 29.23), die jene Schrift von 1794 enthält.

29.22 Bei diesem 1922 erschienenen Bd handelt es sich um einen Sammelbd, der die Ausg. 29.19–21 von 1921–22 (PhB 127d, 131a, 131d) ohne eigenes Titelbl. nur mit einem Einband-Titel vereinigt.

29.23 Von den Pflichten der Gelehrten. 1971. PhB 274. Diese Ausg. ersetzt die 1922 unter PhB-Nr erschienene Ausg. (hier 29.21), da sie jene Schrift von 1794 enthält.

29.18. Über den Gelehrten

29.18.1.1911.(131a) A, 17, B813, LB1

Bl. 2a Johann Gottlieb Fichte | Über den Gelehrten | Bestimmung des Gelehrten, 1794 | Wesen des Gelehrten, 1805 | Bestimmung des Gelehrten, 1811 | Neu herausgegeben von | Fritz Medicus | Fritz Eckardt Verlag | Leipzig □□□□□ 1911

Bl. 1a [Vlgssignet]

4 Bl., 224 S.

Siehe die Bemerkung vor 29.18.
Der Erscheinungsvermerk des Exs A ist mit einem Schildchen überklebt: »Verlag von Felix Meiner | Leipzig«.
In Ex. 17 fehlt das 1. Bl.

29.18.2.(1911).131a

Johann Gottlieb Fichte: Über den Gelehrten. Bestimmung des Gelehrten, 1794.

Wesen des Gelehrten, 1805. Bestimmung des Gelehrten, 1811. Neu hrsg. von Fritz Medicus. Leipzig: Meiner o. J. [1911]. 3 Bl., 224 S.
= PhB 131a

Von dieser im DBV 1, 736a mit Jahr und im NUC 171, 425a ohne Jahr belegten Ausg. konnte kein Ex. beschafft werden. In DBV und NUC ist die Ausg. ohne Reihenangabe verzeichnet.
Ob es sich bei dieser Ausg. nur um ein Schildchen-Ex. der vorh. Eckardt-Ausg. oder um eine Titelaufl., d. h. eine reguläre Ausg. mit eigenem Meiner-Titelbl. handelt, konnte nicht festgestellt werden.

29.19. Über das Wesen des Gelehrten (1805)

29.19.1.1921.131a A, 17, Kn28

[1] Johann Gottlieb Fichte | Über | das Wesen des Gelehrten | und seine Erscheinungen | im Gebiete der Freiheit || Vorlesungen, gehalten zu Erlangen | im Sommerhalbjahre 1805 | [Reihensignet] | Der Philosophischen Bibliothek Band 131a | LEIPZIG 1921 / VERLAG VON FELIX MEINER

102 S., 1 Bl. (bds. Vlgsanz.)

Siehe die Bemerkungen vor 29.18.
Auch belegt in NUC 171, 424c und BT 21.6236.
Die Fichte-Bibliographie 1968 verzeichnet unter Nr 62(4) nicht autoptisch eine Ausg. »Leipzig 1910«. Eine solche Einzelausg. hat es nicht gegeben. Die Angabe kann nur den Abdruck als Tl 1 des Bds 5 der Fichte-WW meinen.

29.20. Fünf Vorlesungen über die Bestimmung des Gelehrten (1811)

29.20.1.1921.131d A, 17, 290, Kn28

[1] Johann Gottlieb Fichte | Fünf Vorlesungen | über die | Bestimmung des Gelehrten. || Gehalten zu Berlin im Jahre 1811. | Neu herausgegeben von | Fritz Medicus. | [Reihensignet] | Der Philosophischen Bibliothek Band 131d | LEIPZIG 1921 / VERLAG VON FELIX MEINER

64 S.

Siehe die Bemerkungen vor 29.18.
Die Fichte-Bibliographie 1968 verzeichnet unter Nr 70(1) nicht autoptisch eine Ausg. »Leipzig 1911«. Eine solche Einzelausg. hat es nicht gegeben. Die Angabe kann nur den Abdruck als Tl 3 des Sammelbds 29.18 oder den Abdruck als Tl 4 des Bds 5 der Fichte-WW meinen.

29.21. Einige Vorlesungen über die Bestimmung des Gelehrten (1794)

29.21.1.1922.127e A, 7, 17, 25, 93, 290, Kn28

Bl. 1a JOHANN GOTTLIEB FICHTE | Einige Vorlesungen | über die | Bestimmung des Gelehrten | (Jenaer Vorlesungen 1794). | Neu herausgegeben | von | Fritz Medicus. | Zweite, durch neu entdeckte | Zusätze Fichtes ergänzte Auflage. | [Reihensignet] | DER PHILOSOPHISCHEN BIBLIOTHEK BAND 127e. | VERLAG VON FELIX MEINER IN LEIPZIG 1922.

1 Bl., 61 S.

Siehe die Bemerkungen vor 29.18.
Die Fichte-Bibliographie 1968 verzeichnet unter Nr 13(3) nicht autoptisch eine Ausg. »Leipzig 1911«. Eine solche Einzelausg. hat es nicht gegeben. Die Angabe kann nur den Abdruck als Tl 1 des Sammelbds 29.18 oder den Abdruck als Tl 5 des Bd 1 der Fichte-WW meinen.

29.22. Drei Schriften über den Gelehrten

29.22.1.1922.127e,131a,131d A, Kn28

Johann Gottlieb Fichte | Drei Schriften | über den Gelehrten

Bei diesem 1921/22 erschienenen Sammelbd handelt es sich nicht um eine reguläre Ausg.: Er vereinigt 3 Einzelausg. ohne Gesamttitelbl.
Bei dem obigen Text handelt es sich um den Einband-Titel. Der Bd ist in Meiners PhB-Kat. ab Sept. 1921 verzeichnet. Die 3 Einzelausg.:

PhB	Jahr	Kurztitel	hier
127e	1922	Bestimmung des Gelehrten (1794)	29.21
131a	1921	Wesen des Gelehrten (1805)	29.19
131d	1921	Bestimmung des Gelehrten (1811)	29.20

Siehe auch die Bemerkungen vor 29.18.

29.23. Von den Pflichten der Gelehrten

29.23.1.1971.274 A, 43, 61, 385

[III] JOHANN GOTTLIEB FICHTE | Von den | Pflichten der Gelehrten | Jenaer Vorlesungen 1794/95 | Herausgegeben von | REINHARD LAUTH | HANS JACOB † | PETER K. SCHNEIDER | FELIX MEINER VERLAG | HAMBURG

[IV] PHILOSOPHISCHE BIBLIOTHEK BAND 274

[I] [Reihensignet]

LXIX, 204 S., 1 Bl. (bds. Vlgsanz.)

29.24. Sonnenklarer Bericht über das eigentliche Wesen der neuesten Philosophie

29.24.1.1910.(129e) A, 31, UB Graz

Bl. 2a Sonnenklarer Bericht über das | eigentliche Wesen der | neuesten Philosophie | von | Johann Gottlieb Fichte || Neu herausgegeben | von | Fritz Medicus || Fritz Eckardt Verlag, G. m. b. H. | Leipzig □ □ □ □ □ □ □ □ □ □ □ □ □ 1910

Bl. 1a [Vlgssignet]

2 Bl., 100 S., (2 Bl., jw. bds. Vlgsanz.)

Diese in Ky 35, 624b und NUC 724, 22a belegte Ausg. wurde 1911 von Meiner übernommen und in die PhB als Nr 129e eingegliedert.
Die Ausg. ist in Meiners PhB-Kat. von 1910/11 bis Febr. 1920 als PhB 129e ohne Jahresangabe mit Seitenangabe, in den Kat. vom Jan. und Sept. 1921 ebs., aber mit dem Zusatz »Anastatischer Neudruck« verzeichnet.
Der Erscheinungsvermerk des Exs A, dem auch das 1. Bl. fehlt, ist mit einem Schildchen überklebt: »Verlag von Felix Meiner | Leipzig«.
Auf dem Eckardt'schen Vorderdeckel des Exs 31 ist die Z. mit der Vlgsangabe überstempelt; darüber ist die Z. gestempelt: »Felix Meiner Verlag«. Gleichwohl blieb das 1. Bl. mit Eckardts Vlgssignet stehen, und der Erscheinungsvermerk des Titelbl. ist nicht mit einem Meiner-Schildchen überklebt.

29.24.2.1922.129e A, 6, 8, 17, 38

[1] [Z. 1 wie vorh. Z. 5 auf Bl. 2a] | Sonnenklarer Bericht | über das eigentliche Wesen der | [Z. 4 wie vorh. Z. 3 auf Bl. 2a] | Neu herausgegeben von | [Z. 6 wie vorh. Z. 8 auf Bl. 2a] | Zweite Auflage | [Reihensignet] | Der Philosophischen Bibliothek 129c [sic] | Leipzig / Verlag von Felix Meiner / 1922

102 S., (1 oder 3 Bl., jw. bds. Vlgsanz.)

Die PhB-Nr 129c in Z. 9 des Titelbl. ist falsch. Die richtige PhB-Nr lautet 129e, die auch auf dem Vorderdeckel zu finden ist, den die Exe 6 und 17 eingebunden haben.

29.25. Die Staatslehre, oder Über das Verhältnis des Urstaates zum Vernunftreiche

29.25.1.1912.132c 31, 52, 64, 290

Bl. 2a Johann Gottlieb Fichte | Die Staatslehre / oder über das Ver- | hältnis des Urstaates zum | Vernunftreiche | Neu herausgegeben von | Fritz Medicus | [Reihensignet] | Verlag von Felix Meiner | □ □ □ □ Leipzig 1912 □ □ □ □

Bl. 1a Philosophische Bibliothek | Band 132c | Fichte. Staatslehre

2 Bl., 209 S., (4 Bl., jw. bds. Vlgsanz.)

Ex. 31 hat auf der Haupttitelseite über Z. 8 ein Kriegsausfuhrzeichen gestempelt, nicht aber auf dem vorderen Umschlag.

29.25.2.1922.132c A, 17, Vloto

[1] [Z. 1–6 wie vorh. auf Bl. 2a] | Zweite Auflage | [Reihensignet] | Der Philosophischen Bibliothek Band 132c | Leipzig / Verlag von Felix Meiner / 1922

209 S.

29.26. System der Sittenlehre (1812)

29.26.1.1912.132a 7, M36a

Bl. 2a Johann Gottlieb Fichte | System der Sittenlehre | (1812) | Neu herausgegeben von | Fritz Medicus | [Reihensignet] | Verlag von Felix Meiner | □□□□ Leipzig 1912 □□□□

Bl. 1a Philosophische Bibliothek | Band 132a | Fichte. System der Sittenlehre (1812)

2 Bl., 117 S.

Bei Ex. 7 fehlt ein Tl des Haupttitelbl. mit den beiden letzten Z.

29.26.2.1922.132a A, 17, 77

Bl. 1a [Z. 1–5 wie vorh. auf Bl. 2a] | Zweite Auflage | [Reihensignet] | DER PHILOSOPHISCHEN BIBLIOTHEK BAND 132a | LEIPZIG / VERLAG VON FELIX MEINER / 1922

1 Bl., 117 S.

29.27. Das System der Sittenlehre nach den Prinzipien der Wissenschaftslehre (1798)

29.27.1.1908.(128b) 64, M36a

[3] Das | System der Sittenlehre | nach | den Prinzipien der Wissenschaftslehre | Von | Johann Gottlieb Fichte || Jena und Leipzig | bei Christian Ernst Gabler | 1798 || Neu herausgegeben von | Fritz Medicus || Fritz Eckardt Verlag | Leipzig □□□□□ 1908

[1] [Vlgssignet]

371 S.

Diese in Ky 35, 625a belegte Ausg. wurde 1911 von Meiner übernommen und in die PhB als Nr 128a bzw. 128b eingegliedert (zur PhB-Nr siehe die Bemerkungen bei 29.9.1).
Die Erscheinungsvermerke der beiden vorl. Exe sind mit unterschiedlichen Schildchen überklebt; der Schildchen-Text des Exs 64: »Leipzig. | Verlag von Felix Meiner.«; der des Exs M36a: »Verlag von Felix Meiner | Leipzig«.
Das in Ex. M36a vorhandene Bl. mit S. 1–2 und dem Eckardt'schen Vlgssignet auf S. 1 fehlt in Ex. 64.
Beiden Exn sind am Schluß des Bds 2 bzw. 4 Bl. mit jw. bds. Vlgsanz. beigebunden.
Ex. 64 hat einen Meiner-Einband mit Reihensignet auf dem Vorderdeckel.

29.27.2.1922.128b 17, 132

Bl. 1a [Z. 1 wie vorh. Z. 6 auf S. 3] | Das System der Sittenlehre nach den | Prinzipien der Wissenschaftslehre | [Z. 4–5 wie vorh. Z. 10–11 auf S. 3] | Zweite Auflage | [Z. 7–9 wie vorh. auf S. 3] | [Reihensignet] | Der Philosophischen Bibliothek Band 128b | Leipzig / Verlag von Felix Meiner / 1922

1 Bl., 369 S.

29.27.3.1963.257 A, 38, 43, 291

[III] JOHANN GOTTLIEB FICHTE | Das System der | Sittenlehre | nach den Prinzipien | der Wissenschaftslehre | Mit Einleitung und Registern von | MANFRED ZAHN | VERLAG VON FELIX MEINER | IN HAMBURG

[IV] PHILOSOPHISCHE BIBLIOTHEK BAND 257 | *Neudruck 1962 auf der Grundlage der zweiten von* FRITZ MEDICUS | *herausgegebenen Auflage von 1922* | [16 Z.] | *1963*

[I] [Reihensignet]

XXXV, 367 S.

Die Jahresangabe 1962 in Z. 2 auf S. [IV] ist nicht korrekt; die Ausg. ist 1963 erschienen.

29.27.4.1969.257 A, 61, 361, 385

[III] [Z. 1 ebs.] | Das System der Sittenlehre | nach den Prinzipien der | Wissenschaftslehre | (1798) | Einleitung und Register von | [Z. 7 ebs.] | Beigefügt: | Rezension von | FRIEDRICH SCHLEIERMACHER | FELIX MEINER VERLAG | HAMBURG

[IV] [Z. 1 ebs.] | [2 Z. unvollständiger Aufl.-Hinweis] | 1969 Zweite, durchgesehene und verbesserte, mit Friedrich Schlei- | ermachers Rezension von 1799 und mit bibliographischen | Hinweisen ergänzte Auflage des Neudrucks von 1963

[I] [Reihensignet]

XL, 408 S.

29.28. Über das Verhältnis der Logik zur Philosophie, oder Transzendentale Logik

29.28.1.1912.132b UB Wien

Bl. 2a Johann Gottlieb Fichte | Transzendentale Logik | Neu herausgegeben von | Fritz Medicus | [Reihensignet] | VERLAG VON FELIX MEINER | □□ □□ Leipzig 1912 □□□□

Bl. 1a Philosophische Bibliothek | Band 132b | Fichte. Transzendentale Logik

3 Bl., 298 S.

29.28.2.1922.132b A, 6, 17, 121

Bl. 1a [Z. 1–4 wie vorh. auf Bl. 2a] | Zweite Auflage | [Reihensignet] | Der Philosophischen Bibliothek Band 132b | Leipzig / Verlag von Felix Meiner / 1922

1 Bl., 298 S., (2 Bl., jw. bds. Vlgsanz.)

Die im DBV 7, 954b genannte PhB-Nr 131b ist ein Druckfehler.

29.28.3.1982.337

[III] JOHANN GOTTLIEB FICHTE | Ueber das Verhältniß der Logik | zur Philosophie | oder | Transscendentale Logik | 〈Vorlesung vom Oktober bis Dezember 1812〉 | Herausgegeben sowie mit Vorwort | und Anmerkungen versehen von | REINHARD LAUTH | und | PETER K. SCHNEIDER | unter Mitarbeit von | KURT HILLER | FELIX MEINER VERLAG | HAMBURG

[IV] PHILOSOPHISCHE BIBLIOTHEK BAND 337 | [5 Z. unvollständige Aufl.-Hinweise] | 1982 Neuausgabe nach dem Original-Manuskript, mit Vorwort und | Anmerkungen versehen, herausgegeben von Reinhard Lauth und | Peter K. Schneider, unter Mitarbeit von Kurt Hiller (PhB 337)

[I] [Reihensignet]

XV, 281 S., 3 Bl. (Bl. 2 bds. Vlgsanz.; Bl. 3 bds. weiß)

29.29. Über den Begriff der Wissenschaftslehre

29.29.1.1911.(127a) 77, 132, 206, B706

Bl. 2a Johann Gottlieb Fichte | Über den | Begriff der Wissenschaftslehre | Neu herausgegeben von | Fritz Medicus | Fritz Eckardt Verlag | Leipzig □□□□□ 1911

Bl. 1a [Vlgssignet]

3 Bl., 61 S.

Diese im NUC 171, 424c belegte Ausg. wurde 1911 von Meiner übernommen und in die PhB als Nr 127a eingegliedert.
Die Ausg. ist in Meiners PhB-Kat. von 1910/11 an unter PhB-Nr 127a ohne Jahresangabe verzeichnet.

29.29.2.1911.127a

Johann Gottlieb Fichte: Über den Begriff der Wissenschaftslehre. Neu herausgegeben von Fritz Medicus. Leipzig: Meiner 1911. 2 Bl., 61 S.
= PhB 127a

Von dieser im DBV 1, 736a belegten Ausg. konnte kein Ex. beschafft werden. Im DBV ist die Ausg. ohne Reihenangabe verzeichnet.
Ob es sich bei dieser Ausg. um ein Schildchen-Ex. der vorh. Eckardt-Ausg. oder um eine Titelaufl., d. h. eine reguläre Ausg. mit eigenem Meiner-Titelbl. handelt, konnte nicht festgestellt werden.

29.29.3.1926.127a 6, 17, 24, 25

Bl. 1a JOHANN GOTTLIEB FICHTE | ÜBER DEN BEGRIFF | DER WISSENSCHAFTSLEHRE | NEU HERAUSGEGEBEN | VON | FRITZ MEDICUS | *ZWEITE AUFLAGE* | [Reihensignet] | DER PHILOSOPHISCHEN BIBLIOTHEK BAND 127a | LEIPZIG 1926 / VERLAG VON FELIX MEINER

1 Bl., 61 S., (1 Bl., bds. weiß)

29.30. Versuch einer Kritik aller Offenbarung

29.30.1.1871.48 A, 29, 38, 69, 107

[III] Johann Gottlieb Fichte's | Versuch | einer | Kritik aller Offenbarung. || Herausgegeben und erläutert | von | J. H. v. Kirchmann. || Berlin, 1871. | Verlag von L. Heimann. | Wilhelms-Strasse No. 84.

[II] Philosophische Bibliothek | oder | Sammlung | der | Hauptwerke der Philosophie | alter und neuer Zeit. || Unter Mitwirkung namhafter Gelehrten | herausgegeben, beziehungsweise übersetzt, erläutert | und mit Lebensbeschreibungen versehen | von | J. H. v. Kirchmann. ||

Achtundvierzigster Band. | J. G. Fichte's Versuch einer Kritik aller Offenbarung. || Berlin, 1871. | Verlag von L. Heimann. | Wilhelms-Strasse No. 84.

VIII, 193 S.

Dem Ex. 29 sind noch die Heimann'schen Vlgsbroschuren eingebunden.

29.30.2.1871.30 6, 8, He76

Bl. 1a Philosophische Bibliothek. | Band 30. || [Z. 3–9 wie vorh. Z. 1–7 auf S. III] | [Vlgssignet] | LEIPZIG. | VERLAG DER DÜRR'SCHEN BUCHHANDLUNG. | 1871.

1 Bl., S. [V]–VIII, 193 S.

Rückdatierte Titelaufl., zwischen 1900–06 entstanden; sie ist belegt in Hinrichs 12.1, 146b, Buchholtz 8, 22 und Fichte-Bibliographie 1968, 2(1)x.
Diese Ausg. findet sich (ohne Jahres-, mit Seitenangabe) noch in Meiners PhB-Kat. vom Febr. 1920. Es wird also höchstwahrscheinlich auch Exe geben, bei denen der Erscheinungsvermerk des Titelbl. mit einem Meiner-Schildchen überklebt ist.

29.30.3.1911.127d

Johann Gottlieb Fichte: Versuch einer Kritik aller Offenbarung. Neu hrsg. von Fritz Medicus. Leipzig: Meiner 1911. 1 Bl., 128 S.
= PhB 127d

Von dieser in der Fichte-Bibliographie 1968, 2(3)x ohne Vlgs-, Reihen- und Seitenangabe angeblich autoptisch belegten Ausg. konnte kein Ex. beschafft werden, auch nicht das der Angabe in der Fichte-Bibliographie zugrundeliegende. Daß es sich bei der dort belegten Ausg. um die hier verzeichnete handeln müßte, ergibt sich aus Orts-, Jahres- und Hrsg.-Angabe.
Wahrscheinlich ist eine solche Ausg. aber nicht: Sie ist in Meiners PhB-Kat. nicht verzeichnet; auch hätte es dann bei Meiner parallel 2 PhB-Ausg. derselben Fichte-Schrift gegeben. Siehe dazu auch die Bemerkungen zur vorh. Ausg. 29.30.2.
Gegen die Existenz einer solchen Ausg. spricht auch die PhB-Nr 127d: Diese Nr ist der Ausg. erst zugeteilt worden, *nachdem* die anderen 3 Einzelausg. des WW-Bds 1 vor 1922 die PhB-Nrn 127a–c erhielten (vgl. die Bemerkungen mit Inhaltsübersicht und Auflistung der PhB-Nrn der Einzelausg. bei 29.1).
Die Kirchmann'sche Ausg. der Dürr'schen Titelaufl. (und wohl mit Meiner-Schildchen) ist demnach also wahrscheinlich erst 1922 von der Einzelausg. aus der WW abgelöst worden (hier 29.30.4).

29.30.4.1922.127d A, 290, Beu1

Bl. 1a JOHANN GOTTLIEB FICHTE | VERSUCH EINER KRITIK | ALLER OFFENBARUNG | NEU HERAUSGEGEBEN | VON | FRITZ MEDICUS | [Reihensignet] | DER

PHILOSOPHISCHEN BIBLIOTHEK BAND 127d | LEIPZIG 1922 / VERLAG VON FELIX MEINER

1 Bl., 128 S.

Titelaufl.

29.30.5.1983.354

[III] [Z. 1 wie vorh. auf Bl. 1a] | Versuch einer | Kritik aller Offenbarung | (1792) | Herausgegeben und eingeleitet von | HANSJÜRGEN VERWEYEN | FELIX MEINER VERLAG | HAMBURG

[IV] PHILOSOPHISCHE BIBLIOTHEK BAND 354 | [10 Z. Aufl.-Hinweise] | 1983 Revidierte Ausgabe. Neu herausgegeben und eingeleitet | von Hansjürgen Verweyen.

[I] [Reihensignet]

LXXII, 141 S., 2 Bl. (Bl. 2 bds. Vlgsanz.)

Die S. 5–6 fehlen nur in der Paginierung: Ab S. 7 wurde die Paginierung der Ausg. von 1922 übernommen, um die Kompatibilität der Ausg. zu wahren; weggefallen ist in der Neuaufl. das Inhaltsverzeichnis (nur zum Fichte-Text) mit S. 5–6; das vollständige Inhaltsverzeichnis befindet sich nun auf S. V–VI.

29.31. Versuch einer neuen Darstellung der Wissenschaftslehre (Erste und zweite Einleitung in die Wissenschaftslehre)

Dieser Gesamttitel umfaßt 3 Schriften:
1. Erste Einleitung in die Wissenschaftslehre, incl. der ›Vorerinnerung‹
2. Zweite Einleitung in die Wissenschaftslehre
3. Versuch einer neuen Darstellung der Wissenschaftslehre

Diese 3 Schriften erschienen außerhalb der Fichte-WW von Medicus von 1910 bis incl. 1967 unter dem Titel: ›Erste und zweite Einleitung in die Wissenschaftslehre‹, – ab 1954 als PhB 239, vorher als PhB 129a. Ab 1975 erscheinen diese 3 Schriften unter dem Titel: ›Versuch einer neuen Darstellung der Wissenschaftslehre‹.

In den Ausg. von 1954, 1961 und 1976 heißt es zur ›Ersten Einleitung in die Wissenschaftslehre‹ auf S. [4]: »Die Abhandlung steht unter dieser Überschrift in den Sämtlichen Werken und ist unter ihr bekannt geworden. Der ursprüngliche Titel ist jedoch: Versuch einer neuen Darstellung der Wissenschaftslehre. Erste Abteilung.«

29.31.1.1910.(129a) 294

Bl. 2a Erste und zweite Einleitung | in die | Wissenschaftslehre | und Versuch einer neuen Darstellung | der Wissenschaftslehre | von | Johann Gottlieb Fichte || Neu herausgegeben von | Fritz Medicus || Fritz Eckardt Verlag, G. m. b. H. | Leipzig □□□□□□□□□□□□□□ 1910

Bl. 1a [Vlgssignet]

2 Bl., 118 S.

Diese in Ky 35, 624b belegte Ausg. wurde 1911 von Meiner übernommen und in die PhB als Nr 129a eingegliedert. In Meiners PhB-Kat. von 1910/11 und 1911/12 ist sie unter PhB-Nr 129a mit Jahresangabe 1910 und Seitenangabe verzeichnet. Ab dem Kat. vom Sept. 1912 entfällt die Jahresangabe, ab dem Kat. vom Sept. 1913 auch die Seitenangabe.
Vermutlich hat es auch Schildchen-Exe gegeben.

29.31.2.(1912).129a 75

Bl. 1a [Z. 1 wie vorh. Z. 7 auf Bl. 2a] | Erste und zweite Einleitung in die | Wissenschaftslehre und Versuch | einer neuen Darstellung der | Wissenschaftslehre | [Z. 6–7 wie vorh. Z. 8–9 auf Bl. 2a] | [Reihensignet] | Band 129a | Verlag von Felix Meiner in Leipzig

1 Bl., 118 S., (1 Bl., bds. weiß)

Titelaufl., vermutlich 1912 entstanden. Siehe die Bemerkungen zur vorh. Ausg. 29.31.1.
Ex. 75 hat zu Beginn noch 1 Bl. mit Eckardt'schem Vlgssignet auf S. a. Im Erscheinungsvermerk des eingebundenen Eckardt'schen Vorderdeckels ist die Z. mit der Vlgsangabe überstempelt; darüber ist gestempelt: »Felix Meiner Verlag«.

29.31.3.1920.129a A, 12, 17

Bl. 1a [Z. 1–8 ebs.] | Der Philosophischen Bibliothek | [Z. 10 wie vorh. Z. 9] | Neuer Abdruck | Verlag von Felix Meiner in Leipzig 1920

1 Bl., 118 S.

29.31.4.1944.129a A, 1a, 17, 20, 24, 291, 385

Bl. 1a JOH. GOTTLIEB FICHTE | Erste und zweite Einleitung | in die Wissenschaftslehre | und | Versuch einer neuen Darstellung | der Wissenschaftslehre | [Z. 7–9 wie vorh. Z. 6–8] | VERLAG VON FELIX MEINER IN LEIPZIG

Bl. 1b DER PHILOSOPHISCHEN BIBLIOTHEK BAND 129a | Unveränderter Abdruck 1944 der zweiten Auflage von 1920

1 Bl., 118 S.

29.31.5.1954.239 A, 25, 38, 61, 64

[1] JOHANN GOTTLIEB FICHTE | ERSTE UND ZWEITE EINLEITUNG | IN DIE WISSENSCHAFTSLEHRE | UND | VERSUCH EINER NEUEN DARSTELLUNG | DER

WISSENSCHAFTSLEHRE | HERAUSGEGEBEN VON | FRITZ MEDICUS | [Reihensignet] | VERLAG VON FELIX MEINER | IN HAMBURG

[2] DER PHILOSOPHISCHEN BIBLIOTHEK BAND 239 | Durchgesehener Neudruck der zweiten Auflage von 1920 | [15 Z.] | 1954

121 S., 1 Bl. (bds. Vlgsanz.)

29.31.6.1961.239 A, 52, 82, 294

[1] [ebs.]

[2] [Z. 1–2 ebs.] | [15 Z.] | 1961

120 S.

29.31.7.1967.239 A, 43, 61, 385

[1] [ebs.]

[2] PHILOSOPHISCHE BIBLIOTHEK BAND 239 | Durchgesehener Neudruck von 1954 der zweiten Auflage von 1920 | Unveränderter Nachdruck 1967

120 S.

29.31.8.1975.239 A, 61, 385

[III] [Z. 1 wie vorh. auf S. 1] | Versuch einer neuen Darstellung | der Wissenschaftslehre | Vorerinnerung, Erste und Zweite Einleitung, | Erstes Kapitel | (1797/98) | Auf der Grundlage der Ausgabe von Fritz Medicus | neu herausgegeben von | PETER BAUMANNS | FELIX MEINER VERLAG | HAMBURG

[IV] [Z. 1 wie vorh. auf S. 2] | [5 Z. unvollständige Aufl.-Hinweise] | 1975 Auf der Grundlage der Ausgabe von Fritz Medicus „Erste | und Zweite Einleitung in die Wissenschaftslehre" neu her- | ausgegeben von Peter Baumanns

[I] [Reihensignet]

XXVIII, 129 S., 1 Bl. (bds. Vlgsanz.)

29.31.9.1984.239

[III] [ebs.]

[IV] [Z. 1–9 ebs.] | 1984 Zweite, verbesserte Auflage

[I] [ebs.]

XXVIII, 129 S., 1 Bl. (bds. Vlgsanz.)

29.32. Wissenschaftslehre 1801 und 1804

29.32.1.1908.(130a) A, 14, ÖNB Wien, Walb1

Bl. 2b Johann Gottlieb Fichte I Wissenschaftslehre I aus dem Jahre 1801 u. 1804. II Neu herausgegeben von I Fritz Medicus. II Fritz Eckardt Verlag I Leipzig □□□□□ 1908.

Bl. 2a Darstellung der Wissenschaftslehre. I Aus dem Jahre 1801 u. 1804.

Bl. 1a [Vlgssignet]

2 Bl., 393 S., (1 Bl., bds. Vlgsanz.)

Diese in Ky 35, 624b belegte Ausg. wurde 1911 von Meiner übernommen und in die PhB als Nr 130a eingegliedert. In Meiners PhB-Kat. von 1910/11 bis Sept. 1921 wird die Ausg. unter PhB-Nr 130a mit Seitenangabe, aber ohne Jahresangabe verzeichnet.
Die Ausg. enthält 2 Schriften und wird 1922 ersetzt durch 2 Einzelausg. dieser Schriften, wovon die eine Ausg. die PhB-Nr 130a übernimmt:
1. PhB 130a: Darstellung der Wissenschaftslehre (1801) (hier 29.5.1)
2. PhB130c: Wissenschaftslehre (1804) (hier 29.33.1)
Ab 1922 gibt es eine Sammelausg. der beiden Einzelausg. von 1922 ohne Gesamttitelbl., die auch in Meiners Vlgskat. von 1922 an verzeichnet ist. 121 besitzt ein solches Ex. mit Orig.-Einband.
Den Exn A und Walb1 fehlt das 1. Bl.
NUC 171, 416c verzeichnet ein Schildchen-Ex.

29.33. Wissenschaftslehre (1804)

29.33.1.1922.130c 6, 7, 12, 17, 38, 121

[I] Johann Gottlieb Fichte I Die Wissenschaftslehre I vorgetragen im Jahre 1804 I Neu herausgegeben von Fritz Medicus I [Reihensignet] I Der Philosophischen Bibliothek Band 130c I Leipzig / Verlag von Felix Meiner / 1922

IV, 228 S.

Siehe die Bemerkungen zur Ausg. 29.32.1.

29.33.2.1975.284 A, 61, 385

[III] JOHANN GOTTLIEB FICHTE I [Z. 2 wie vorh. auf S. I] I Zweiter Vortrag im Jahre 1804 I vom 16. April bis 8. Juni I Gereinigte Fassung I herausgegeben von I REINHARD LAUTH I und JOACHIM WIDMANN I unter Mitarbeit von I PETER SCHNEIDER I FELIX MEINER VERLAG I HAMBURG

[IV] PHILOSOPHISCHE BIBLIOTHEK BAND 284 I [1 Z. Aufl.-Hinweis] I 1975 Herausgegeben von Reinhard Lauth I und Joachim Widmann I unter Mitarbeit von Peter Schneider

[I] [Reihensignet]

XXX, 313 S.

29.34. Wissenschaftslehre (1805)

29.34.1.1984.353

[III] JOHANN GOTTLIEB FICHTE | Wissenschaftslehre | 1805 | Aus dem Nachlaß herausgegeben von | HANS GLIWITZKY | mit einem Sachregister von | ERICH J. RUFF | und einem Beitrag „Zu Fichtes | Tätigkeit in Erlangen" von | ERICH FUCHS | FELIX MEINER VERLAG | HAMBURG
[IV] PHILOSOPHISCHE BIBLIOTHEK BAND 353
[I] [Reihensignet]

LXXXII, 193 S., 2 Bl. (Bl. 1 bds. Vlgsanz.; Bl. 2 bds. weiß)

29.35. Wissenschaftslehre nova methodo

29.35.1.1982.336

[III] JOHANN GOTTLIEB FICHTE | Wissenschaftslehre nova methodo | Kollegnachschrift K. Chr. Fr. Krause 1798/99 | Herausgegeben sowie mit Einleitung | und Anmerkungen versehen von | ERICH FUCHS | FELIX MEINER VERLAG | HAMBURG
[IV] PHILOSOPHISCHE BIBLIOTHEK BAND 336
[I] [Reihensignet]

XXXII, 270 S., 1 Bl. (bds. Vlgsanz.)

29.36. Zurückforderung der Denkfreiheit

29.36.1.1919.(163a) A, 4, 7, 16, 17, 25, 30, 36, 61, 180, 206, 291, 385, 465

[I] Johann Gottlieb Fichte | Zurückforderung | der Denkfreiheit | von den Fürsten Europens | die sie bisher unterdrückten || Eine Rede || Nach dem Erstdruck des Jahres 1793 neu herausgegeben | von | Dr. Reinhard Strecker | Präsident des Landesamtes für das Bildungswesen in Hessen | [Signet] | 1919 | Verlag von Felix Meiner in Leipzig

XV, 34 S.

Die Ausg. ist in Meiners PhB-Kat. vor 1925 ohne PhB-Nr angezeigt, im Kat. vom Sept. 1919 als »im Druck«, in den Kat. ab Febr. 1920 mit der Jahresangabe 1920.
Die Fichte-WW wurden 1925 um den Ergänzungsbd (PhB 163) erweitert, dessen 1. Tl diese Ausg. bildete. Ab dem PhB-Kat. vom Sept. 1925 ist die vorl. Ausg. unter PhB-Nr 163a verzeichnet.

Die Jahresangabe auf dem Vorderdeckel des Exs 17 lautet 1920.
Die meisten Exe haben auf S. [II] eine Paginierungserläuterung, die bei manchen Exn (z. B. Ex. 30) fehlt.

30.
Marsilius Ficinus
1433–1499

30.1. Über die Liebe, oder Platons Gastmahl

30.1.1.1914.154 A, 25, 61, 132, 294

[I] MARSILIUS FICINUS | ÜBER DIE LIEBE | ODER | PLATONS GASTMAHL | ÜBERSETZT VON | KARL PAUL HASSE | LIC. THEOL. | [Reihensignet] | DER PHILOSOPHISCHEN BIBLIOTHEK | BAND 154 | LEIPZIG | VERLAG VON FELIX MEINER | 1914

VIII, 259 S.

Die Jahresangabe auf dem Vorderdeckel der Exe 25 und 132 lautet 1915.

30.1.2.1984.368

[III] MARSILIO FICINO | Über die Liebe | oder Platons Gastmahl | Übersetzt von Karl Paul Hasse | Herausgegeben und eingeleitet von | PAUL RICHARD BLUM | Lateinisch-Deutsch | FELIX MEINER VERLAG | HAMBURG
[IV] PHILOSOPHISCHE BIBLIOTHEK BAND 368 | [2 Z. Aufl.-Hinweis] | 1984 Zweite Auflage als lateinisch-deutsche Ausgabe, über- | setzt von K. P. Hasse, herausgegeben und eingeleitet | von Paul Richard Blum
[I] [Reihensignet]

XLV, 411 S., 1 Bl. (bds. Vlgsanz.)

31.
Gottlob Frege
1848–1925

31.1. Briefwechsel

31.1.1.1980.321

[III] Gottlob Freges Briefwechsel | *mit D. Hilbert, E. Husserl,* | *B. Russell, sowie ausgewählte* | *Einzelbriefe Freges* | mit Einleitungen, Anmerkungen und | Register herausgegeben von | GOTTFRIED GABRIEL | FRIEDRICH KAMBARTEL | CHRISTIAN THIEL | FELIX MEINER VERLAG | HAMBURG

[IV] PHILOSOPHISCHE BIBLIOTHEK BAND 321 | Ausgewählte Studientexte | auf der Grundlage der Ausgabe | GOTTLOB FREGE, WISSENSCHAFTLICHER BRIEFWECHSEL, | die im gleichen Verlag erschienen ist.

[I] [Reihensignet]

XI, 134 S., 1 Bl. (bds. Vlgsanz.)

31.2. Schriften zur Logik und Sprachphilosophie

31.2.1.1971.277 A, 43, 61, 385

[III] GOTTLOB FREGE | Schriften zur | Logik und Sprachphilosophie | Aus dem Nachlaß | Mit Einleitung, Anmerkungen, Bibliographie | und Register herausgegeben von | GOTTFRIED GABRIEL | FELIX MEINER VERLAG | HAMBURG

[IV] PHILOSOPHISCHE BIBLIOTHEK BAND 277 | Ausgewählte Studientexte | auf der Grundlage der Ausgabe | GOTTLOB FREGE, NACHGELASSENE SCHRIFTEN, | die im gleichen Verlag erschienen ist.

[I] [Reihensignet]

XXXI, 224 S.

Lizenzausg. an den Akademie-Vlg Berlin (Ost).

31.2.2.1978.277

[III] [ebs.]

[IV] [Z. 1–5 ebs.] | [1 Z. Aufl.-Hinweis] | 1978 Zweite, durchgesehene Auflage

[I] [ebs.]

XXXI, 224 S.

32.
Johann Wolfgang von Goethe
1749–1832

32.1. Goethes Philosophie aus seinen Werken

Als Auszug der Ausg. 32.1.2 erschienen 3 separate Ausg. in den FA und TA: ›Kunstphilosophie‹ (FA1.1, TA4.1), ›Naturphilosophie‹ (TA4.2–3), ›Philosophie der Farben‹ (TA4.4).

32.1.1.1905.109 A, 5, 14, 20, 27, 38, 43, 61, 75, 93, 291

[I] Philosophische Bibliothek | Band 109. || Goethes | Philosophie aus seinen Werken. | Ein Buch für jeden gebildeten Deutschen. || Mit ausführlicher Einleitung | herausgegeben | von | Max Heynacher. | [Vlgssignet] | Leipzig, | Verlag der Dürr'schen Buchhandlung. | 1905.

VIII, 428 S.

32.1.2.1922.109 A, 3, 121, 385

[I] GOETHES PHILOSOPHIE | AUS SEINEN WERKEN | EIN BUCH | FÜR JEDEN GEBILDETEN DEUTSCHEN | MIT AUSFÜHRLICHER EINLEITUNG | HERAUSGEGEBEN VON | MAX HEYNACHER | ZWEITE VERBESSERTE AUFLAGE | [Reihensignet] | DER PHILOSOPHISCHEN BIBLIOTHEK BAND 109 | LEIPZIG 1922 / VERLAG VON FELIX MEINER

CXXXI, 319 S.

In Ex. 385 fehlt das Bl. mit S. III–IV.

33.
Hugo Grotius
1583–1645

33.1. Drei Bücher über das Recht des Krieges und Friedens I

33.1.1.1869.15 3, 12, 20, 21, 25, 29, 31, 38, 43, 51

[III] Des | Hugo Grotius | drei Bücher | über | das Recht des Krieges und Friedens, | in welchem das Natur- und Völkerrecht und | das Wichtigste aus dem öffentlichen Recht | erklärt werden. || Aus dem Lateinischen des Urtextes übersetzt, mit erläu- | ternden Anmerkungen und einer Lebensbeschreibung | des Verfassers versehen | von | J. H. v. Kirchmann. || Erster Band. || Berlin, 1869. | Verlag von L. Heimann. | Wilhelms-Strasse No. 91.

[II] Philosophische Bibliothek | oder | Sammlung | der | Hauptwerke der Philosophie | alter und neuer Zeit. || Unter Mitwirkung namhafter Gelehrten | herausgegeben, beziehungsweise übersetzt, erläutert | und mit Lebensbeschreibungen versehen | von | J. H. v. Kirchmann. || Fünfzehnter Band. | Hugo Grotius' Recht des Krieges und Friedens. | Erster Band. || Berlin, 1869. | Verlag von L. Heimann. | Wilhelms-Strasse No. 91.

XII, 503 S.

Bei Ex. 25 fehlen S. V–VI.
Ex. 12 sind noch die Heimann'schen Vlgsbroschuren, Ex. 29 die Heimann'schen Vlgsbroschuren aller 5 Lieferungen eingebunden.
Möglicherweise gab es auch Exe mit Vlgsbroschuren, deren Erscheinungsvermerk vom Vlg Erich Koschny, 1877, stammt.

33.1.2.1877.31 A, 6, 8, 291, 295, He76

Bl. 1a Philosophische Bibliothek. | Band 31. || [Z. 3–7 wie vorh. Z. 1–5 auf S. III] | in welchem das Natur- und Völkerrecht und das | Wichtigste aus dem öffentlichen Recht | [Z. 10 wie vorh. Z. 8 auf S. III] || Aus dem Lateinischen des Urtextes übersetzt, mit erläuternden | Anmerkungen und einer Lebensbeschreibung | [Z. 13–16 wie vorh. Z. 11–14 auf S. III] | [Vlgssignet] | LEIPZIG. | VERLAG DER DÜRR'SCHEN BUCHHANDLUNG. | 1877.

1 Bl., S. [V]–XII, 503 S.

Rückdatierte Titelaufl., zwischen 1900–06 entstanden; sie ist belegt in Hinrichs 12.1, 146b und Buchholtz 8, 48.
Die Jahresangabe des Erscheinungsvermerkes müßte ›1869‹ statt »1877« lauten, wenn sie sich – wie in den anderen Fällen rückdatierter Dürr'scher Titelaufl. auch – auf die jw. vorh. Ausg. (hier 33.1.1) bezieht. Möglicherweise bezieht sich die Jahresangabe 1877 auf den Erscheinungsvermerk einer Koschny'schen Vlgsbroschur der vorh. Ausg.
Bei einigen Exn handelt es sich um Mischaufl.
Bei Ex. 6 ist eine Schmutztitelseite irrtümlich vor den Dürr'schen Vorderdeckel gebunden.
Einband und Vorsatzbl. des Exs 291 stammten von Meiner; der Erscheinungsvermerk der Titelseite ist aber nicht mit einem Meiner-Schildchen überklebt; dem Ex. war ein PhB-Kat. vom Aug. 1917 (!) beigebunden; nun ist das Ex. neu gebunden, wobei Meiner-Einband und -Vorsatzbl. sowie der PhB-Kat. wegfielen.

33.2. Drei Bücher über das Recht des Krieges und Friedens II

33.2.1.1869.16 3, 6, 12, 20, 21, 25, 29, 31, 38, 43, 51

[III] Des | Hugo Grotius | drei Bücher | über | das Recht des Krieges und Friedens, | in welchem das Natur- und Völkerrecht und | das Wichtigste aus dem öffentlichen Recht | erklärt werden. || Aus dem Lateinischen des Urtextes übersetzt, mit erläu- | ternden Anmerkungen und einer Lebensbeschreibung | des Verfassers versehen | von | J. H. v. Kirchmann. || Zweiter Band. || Berlin, 1869. | Verlag von L. Heimann. | Wilhelms-Strasse No. 91.

[II] Philosophische Bibliothek | oder | Sammlung | der | Hauptwerke der Philosophie | alter und neuer Zeit. || Unter Mitwirkung namhafter Gelehrten | herausgegeben, beziehungsweise übersetzt, erläutert | und mit Lebensbeschreibungen versehen | von | J. H. v. Kirchmann. || Sechszehnter Band. | Hugo Grotius' Recht des Krieges und Friedens. | Zweiter Band. || Berlin, 1869. | Verlag von L. Heimann. | Wilhelms-Strasse No. 91.

VI S., 1 Bl. (bds. weiß), 472 S.

Dem Ex. 12 sind noch die Heimann'schen Vlgsbroschuren, Ex. 29 die Heimann'schen Vlgsbroschuren aller 5 Lieferungen eingebunden.
Dem Ex. 6 fehlt das Reihentitelbl.; der eingebundene Vorderdeckel stammt von Dürr und trägt denselben Text wie die Titelseite der nachfolg. Dürr'schen Titelaufl. (33.2.2).

33.2.2.1869.32 A, 8, 291, 295, He76

Bl. 1a Philosophische Bibliothek. | Band 32. || [Z. 3–7 wie vorh. Z. 1–5 auf S. III] | in welchem das Natur- und Völkerrecht und das | Wichtigste aus dem öffentlichen Recht | [Z. 10 wie vorh. Z. 8 auf S. III] || Aus dem Lateinischen des Urtextes übersetzt, mit erläuternden | Anmerkungen und einer Lebensbeschreibung | [Z. 13–16 wie vorh. Z. 11–14 auf S. III] | [Vlgssignet] | LEIPZIG. | VERLAG DER DÜRR'SCHEN BUCHHANDLUNG. | 1869.

1 Bl., S. [V]–VI, 472 S.

Rückdatierte Titelaufl., zwischen 1900–06 entstanden; sie ist belegt in Hinrichs 12.1, 146b und Buchholtz 8, 48.
Bei den vorl. Exn handelt es sich um Mischaufl.
Die Exe 291 und 295 haben Einbände und Vorsatzbl. von Meiner; der Erscheinungsvermerk der Titelseiten ist aber nicht mit einem Meiner-Schildchen überklebt; den Exn ist ein PhB-Kat. vom Aug. 1917 (!) beigebunden.
Bei Ex. 8 fehlt das Bl. mit S. III–IV. Der Erscheinungsvermerk ist mit einem Schildchen überklebt: »Leipzig. | Verlag von Felix Meiner.«
Zu Ex. 6 siehe die Bemerkungen zur vorh. Ausg. 33.2.1.

33.3. Von der Freiheit des Meeres

33.3.1.1919.97 A, 5, 36, 38, 43, 61

[1] HUGO GROTIUS | VON DER FREIHEIT | DES MEERES | ÜBERSETZT UND MIT EINER EINLEITUNG, ERKLÄ- | RENDEN ANMERKUNGEN UND REGISTER VERSEHEN | VON | DR. RICHARD BOSCHAN | [Reihensignet] | DER PHILOSOPHISCHEN BIBLIOTHEK BAND 97 | LEIPZIG 1919 / VERLAG VON FELIX MEINER

93 S., 1 Bl. (bds. Vlgsanz.)

34.
Eduard von Hartmann
1842–1906

34.1. Kategorienlehre I

34.1.1.1923.72a A, 15, 38, 51, 61, 290, 294

[III] EDUARD VON HARTMANN | KATEGORIENLEHRE | ZWEITE AUFLAGE | HERAUSGEGEBEN VON | PROF. DR. FRITZ KERN | ERSTER BAND | DIE KATEGORIEN DER SINNLICHKEIT | [Reihensignet] | DER PHILOSOPHISCHEN BIBLIOTHEK BAND 72a | LEIPZIG 1923 / VERLAG VON FELIX MEINER

[II] EDUARD VON HARTMANN | KATEGORIENLEHRE | ZWEITE AUFLAGE | HERAUSGEGEBEN VON | PROF. DR. FRITZ KERN | [Reihensignet] | DER PHILOSOPHISCHEN BIBLIOTHEK BAND 72 | LEIPZIG 1923 / VERLAG VON FELIX MEINER

[I] EDUARD VON HARTMANN | KATEGORIENLEHRE

XX, 220 S.

S. [II] bildet die Gesamttitelseite zu allen 3 Bdn.
Die 1. Aufl. des Werkes erschien einbändig in Leipzig: Haacke 1896.

34.2. Kategorienlehre II

34.2.1.1923.72b A, 15, 38, 51, 61, 294

[I] EDUARD VON HARTMANN | KATEGORIENLEHRE | ZWEITE AUFLAGE | HERAUSGEGEBEN VON | PROF. DR. FRITZ KERN | ZWEITER BAND | DIE KATEGORIEN | DES REFLEKTIERENDEN DENKENS | [Reihensignet] | DER PHILOSOPHISCHEN BIBLIOTHEK BAND 72b | LEIPZIG 1923 / VERLAG VON FELIX MEINER

XVI, 224 S.

34.2.2.1923.72b 290

[I] [Z. 1–7 ebs.] | DES SPEKULATIVEN DENKENS | [Z. 9–10 ebs.]

XVI, 224 S.

Bei der Titelseite handelt es sich um einen Fehldruck: Z. 8 ist von Bd 3 übernommen. Die Ausg. mit dieser falschen Titelseite liegt wohl später als die mit der korrekten Titelseite.

34.3. Kategorienlehre III

34.3.1.1923.72c A, 15, 38, 51, 61, 290, 294

[I] EDUARD VON HARTMANN | KATEGORIENLEHRE | ZWEITE AUFLAGE | HERAUSGEGEBEN VON | PROF. DR. FRITZ KERN | DRITTER BAND | DIE KATEGORIEN | DES SPEKULATIVEN DENKENS | [Reihensignet] | DER PHILOSOPHISCHEN BIBLIOTHEK BAND 72c | LEIPZIG 1923 / VERLAG VON FELIX MEINER

XVI, 228 S.

In Ex. 15 fehlt das Titelbl.

35.
Nicolai Hartmann
1882–1950

35.1. Die Erkenntnis im Lichte der Ontologie

35.1.1.1982.347

[III] NICOLAI HARTMANN | Die Erkenntnis | im Lichte der Ontologie | Mit einer Einführung von | JOSEF STALLMACH | FELIX MEINER VERLAG | HAMBURG

[IV] PHILOSOPHISCHE BIBLIOTHEK BAND 347

[I] [Reihensignet]

XLVI, 59 S., 3 Bl. (Bl. 2 bds. Vlgsanz.; Bl. 3 bds. weiß)

36.
Georg Wilhelm Friedrich Hegel
1770–1831

36.1. Werke

Die Bde der Hegel-WW in der PhB haben jw. 1 Bl. mit WW-Titelei auf beiden Seiten. Bis auf die Bde 8–9 (›Vorl. über die Philosophie der Weltgeschichte‹) und 12–14 (›Vorl. über die Philosophie der Religion‹), die Sammelausg. bilden, handelt es sich dabei um Einzelausg., denen das WW-Titelbl. nicht selten (bes. in den frühen Ausg.) eingeklebt ist, – dann oft auch nachträglich, wodurch es z. B. Exe von Dürr-Ausg. mit Meiner'schen WW-Titelbl. gibt (siehe 36.9.2, 36.19.1) oder einem Ex. ein von der Hrsgschaft nicht mehr passendes WW-Titelbl. eingeklebt ist (z. B. 36.12.1, 36.19.3); entsprechend gibt es auch dieselbe Ausg. mit verschiedenen WW-Titelbl. (z. B. 36.12.2–3).

Im Laufe der Zeit ändern sich einige WW-Bd-Nrn (z. B. bei den ›Grundlinien der

Philosophie des Rechts‹, 36.32.1–5; der ›Phänomenologie‹, 36.19.3–9, oder den ›Vorl. über die Philosophie der Weltgeschichte‹, 36.32; eine Gegenüberstellung alter, Lasson'scher, und neuer, Hoffmeister'scher WW-Bd-Nrn befindet sich z. B. auf S. 2 in Ausg. 36.19.9; siehe aber auch die Aufstellung unten) oder ein WW-Bd wird nachträglich erweitert mit entsprechender Änderung der WW-Titelei (siehe 36.25.1–2 und 36.25.4–5).

Die Hegel-WW der PhB erstreckt sich über einen Zeitraum von 49 Jahren: von 1911 bis 1960.

1911 plante der Meiner-Vlg eine auf 15 Bde berechnete Ausg. ›Hegels sämtliche Werke‹ mit Georg Lasson als Hrsg., der vorher schon im Dürr-Vlg innerhalb der PhB 2 Hegel-Ausg. hrsg. hatte (1905 die ›Encyclopädie‹, hier 36.9.2, und 1907 die ›Phänomenologie‹, hier 36.19.1; beide Ausg. wurden mit der gesamten PhB 1911 von Meiner übernommen).

Zudem war 1909 im Eckardt-Vlg, Leipzig, eine von Otto Weiß hrsg. Ausg. der ›Phänomenologie‹ erschienen; Meiner übernahm (mit anderen Ausg., wie z. B. den WW Fichtes, Schellings, Schleiermachers) diese Ausg. (siehe 36.19.1) und gewann 1911 O. Weiß für eine Zusammenarbeit an den WW Hegels (vgl. dazu die Informationen auf dem 1 Bl. zu Beginn der Exe 8 und 46 der Ausg. 36.12.1, identisch mit dem 1 Bl. am Schluß der Ausg. 36.12.2 (s. hier S. 263 f.), so daß es bei der 1. Hegel-WW der PhB hieß: »Unter Mitwirkung von Dr. Otto Weiß herausgegeben von Georg Lasson«. Nach einer Bemerkung Felix Meiners in PhB-Kat. von 1911/12 bis 1912 (teils zitiert bei 36.19.1) sollten als nächste Bde die von Weiß hrsg. ›Ästhetik‹ und die von Lasson hrsg. ›Kleineren Schriften zur Rechtsphilosophie und Staatslehre‹ erscheinen. Nach den beiden Dürr-Ausg. (siehe oben), die nachträglich mit Meiner'schen WW-Titelbl. ausgestattet wurden, erschien aber als erster Bd dieser Hegel-WW im Meiner-Vlg 1911 Bd 6 der WW: die ›Grundlinien der Philosophie des Rechts‹ (36.12.1).

Die Hrsgschaft änderte sich in den folg. Jahren mehrfach. Insgesamt gab es 8 verschiedene Formulierungen der Hrsgschaft dieser WW (siehe unten); die Erscheinungszeiträume ihrer Bde überlappen sich z. T. erheblich (Lasson starb 1932, aber noch 1948 gab es einen Bd, in dessen WW-Titelei es hieß: ›Herausgegeben von Georg Lasson‹; ab 1937 gab es jedoch WW-Titeleien ohne Hrsg.-Angabe).

Obwohl Hoffmeister nach Lassons Tod 1932 faktisch die Hegel-WW betreute, erschien er erst 1952 als alleiniger Hrsg. auf den WW-Titelbl. Er hatte in dem von 1938–40 in 3 Lieferungen erschienenen Einleitungsbd der ›Vorl. über die Geschichte der Philosophie‹ (36.24.1) die für die ›neue‹ WW-Ausg. nun maßgeblichen Editionsprinzipien formuliert. Mit diesem Bd lud der Vlg auch zu einer neuen Subskription der WW ein. Aber schon 1955 starb Hoffmeister. Die von ihm hrsg. ›Neue kritische Ausgabe‹ gab es in den WW-Titeleien bis 1960. 1961 erklärte der Meiner-Vlg dann öffentlich das Ende dieser Hegel-WW der PhB (auf den Impressumseiten der Brief-Ausg. von 1961).

In den (sehr unzuverlässigen, frühen) PhB-Kat. wurden die Hegel-WW erst im Kat. vom Sept. 1913 angezeigt: ›Unter Mitwirkung von Dr. Otto Weiß, hrsg. von G. Lasson‹; so steht es auch noch im Kat. vom Febr. 1920 (!), bevor ab dem Kat. vom Jan. 1921 Georg Lasson als Alleinhrsg. genannt ist. Im Kat. vom Okt. 1936 heißt es dann: ›Erste kritische Gesamtausgabe in 24 Bänden. Begründet von Georg Lasson. Fortgeführt v. Johs. Hoffmeister‹; die Hrsgschaft in dieser Formulierung gibt es auf WW-Titelbl. aber erst 1952 (siehe in der folg. Übersicht Nr 6)!

Die folg. Aufstellung verzeichnet die WW-Bde nach der Formulierung ihrer Hrsgschaft:

1. Unter Mitwirkung von Dr. Otto Weiß hrsg. von Georg Lasson.
   1905–21.
   Geplant auf 15 Bde.

WW	PhB	Jahr	Kurztitel	hier
2	114	1907	Phänomenologie	36.19.1
2	114	1911	Phänomenologie	36.19.3
2	114	1921	Phänomenologie	36.19.4
5	33	1905	Enzyklopädie	36.9.2
5	33	1911	Enzyklopädie	36.9.4
6	124	1911	Grundl. d. Philos. d. Rechts	36.12.1
6	124	1921	Grundl. d. Philos. d. Rechts	36.12.2
7	144	1913	Schr. z. Pol. u. Rechtsphil.	36.20.1

2. Hrsg. von Georg Lasson.
   1919–48.
   Geplant zunächst auf 18 Bde, 1927 auf 24, 1931 auf 26 Bde.

WW	PhB	Jahr	Kurztitel	hier
1	62	1928	Erste Druckschriften	36.10.1
2	144	1928	Phänomenologie	36.19.6
3	56	1923	Wissenschaft d. Logik I	36.38.1
3	56	1932	Wissenschaft d. Logik I	36.38.2
3	56	1948	Wissenschaft d. Logik I	36.38.3
4	57	1923	Wissenschaft d. Logik II	36.39.1
4	57	1934	Wissenschaft d. Logik II	36.39.2
4	57	1948	Wissenschaft d. Logik II	36.39.3
5	33	1920	Enzyklopädie	36.9.5
5	33	1923	Enzyklopädie	36.9.6
5	33	1930	Enzyklopädie	36.9.7
6	124	1921	Grundl. d. Philos. d. Rechts	36.12.3
6	124a	1930	Grundl. d. Philos. d. Rechts	36.12.4
	124b	1930	Eigenh. Randbem. zur Rechtsphilos.	36.8.1
7	144	1923	Schr. z. Politik u. Rechtsphil.	36.20.2
8,1	171e, 171a	(1917–) 1920	Vorl. üb. d. Philos. d. Weltgeschichte, Bd 1	36.32.1–3
8,2	171b–d	1919–20	Vorl. üb. d. Philos. d. Weltgeschichte, Bd 2	36.32.4–6
8	171e, 171a	1920–30	Vorl. üb. d. Philos. d. Weltgeschichte, Bd 1	36.32.7–9
9	171b–d	1919–23	Vorl. üb. d. Philos. d. Weltgeschichte, Bd 2	36.32.10–12
10a	164	1931	Vorl. üb. d. Ästhetik, Bd 1	36.22.1
12	59, (65)	1925(–30)	Vorl. üb. d. Philos. d. Religion, Bd 1	36.25.1–2

WW	PhB	Jahr	Kurztitel	hier
13	60–61	1927	Vorl. üb. d. Philos. d. Religion, Bd 2	36.25.3
14	63–64, (65)	1929–30	Vorl. üb. d. Philos. d. Religion, Bd 3	36.25.4–5
18a	58	1923	Jen. Log., Met. u. Naturphil.	36.17.1
19	66b	1932	Jen. Realphilos., Bd 1	36.15.1
20	67	1931	Jen. Realphilos., Bd 2	36.16.1

3. [ohne Hrsg.-Angabe].
   1938.

21	165	1938	Nürnberger Schriften	36.18.1

4. Kritische Ausgabe. [ohne Hrsg.-Angabe].
   1937–49.
   Geplant auf 27 Bde.

2	114	1937	Phänomenologie	36.19.7
2	114	1949	Phänomenologie	36.19.8
15a	166	1940	Vorl. üb. d. Gesch. d. Philos., Einl.	36.24.1
15a	166	1944	Vorl. üb. d. Gesch. d. Philos., Einl.	36.24.2

5. Kritische Ausgabe. Hrsg. von Georg Lasson, fortgeführt von Johannes Hoffmeister.
   1949.
   Geplant auf 29 Bde.

5	33	1949	Enzyklopädie	36.9.8

6. Kritische Ausgabe. Begründet von Georg Lasson. In neuer Anordnung und Bearbeitung hrsg. von Johannes Hoffmeister.
   1952.

27	235	1952	Briefe, Bd 1	36.3.1

7. Neue kritische Ausgabe. Begründet von Georg Lasson. In neuer Anordnung und Bearbeitung hrsg. von Johannes Hoffmeister.
   1952.

5	114	1952	Phänomenologie	36.19.9

8. Neue kritische Ausgabe. Hrsg. von Johannes Hoffmeister.
   1953–60.
   Geplant auf 32 Bde, ab Sept. 1955 auf 35 Bde.

11	240	1956	Berl. Schriften (1818–1831)	36.2.1
12	124a	1955	Grundl. d. Phil. d. Rechts	36.12.5
18a	171a	1955	Vorl. üb. d. Philos. d. Weltgeschichte, Einl.	36.33.6
28	236	1953	Briefe, Bd 2	36.4.1
29	237	1954	Briefe, Bd 3	36.5.1
30	238	1960	Briefe, Bd 4	36.6.1

Die vorstehenden Ausg. werden z. T. in Vlgsanz. (in PhB-Bdn) mit Bd-Übersichten näher beschrieben. Die folg. Aufstellung gibt einige Fundorte solcher Vlgsanz.:

zu WW-Ausg. 1, 15 Bde, siehe 1 Bl. zu Beginn von 36.19.3, Ex. 5 von 36.20.1; 1 Bl. am Schluß von 36.12.2 (z. B. Ex. 82)

zu WW-Ausg. 2, 18 Bde, 1923, siehe 1 Bl. am Schluß von 36.35.2 (z. B. Ex. 20), 36.39.1 (z. B. Ex. 107), 36.32.9 (Ex. 260)
18 Bde, 1927, siehe 36.25.3 (z. B. Ex. 464), 36.28.1 (z. B. Ex. 16), 36.28.1 (Ex. 51)
24 Bde, 1927, siehe 100.2.1 (z. B. Ex. 6)
24 Bde, 1927, siehe 50.24.8 (z. B. Ex. 121; die Ausg. stammt von 1920, der beigebundene Prospekt aber von 1927)
24 Bde, 1928, siehe 36.19.6 (z. B. Exe 121, 168)
24 Bde, 1930, siehe 36.25.2 (z. B. Exe 61, 168, 464), 36.25.4 (z. B. Ex. 464), 36.25.5 (Ex. 260)
26 Bde, 1931, siehe 36.22.1 (z. B. Ex. 121), TA7.4 (Ex. 385)
26 Bde, 1934, in: Hegel heute. Eine Auswahl aus Hegels politischer Gedankenwelt. Leipzig: Meiner 1934. (Ex. in 7).

zu WW-Ausg. 4, 27 Bde, 1938/40, siehe Umschläge von 36.24.1 (z. B. Ex. 12)

zu WW-Ausg. 5, 29 Bde, 1949, siehe 36.9.8

zu WW-Ausg. 8, 32 Bde, 1953/4, siehe 36.4.1 (z. B. Ex. 5), 36.5.1 (z. B. Ex. 5)
ab Sept. 1955: 35 Bde (Prospekt)

36.2. Berliner Schriften 1818–1831

36.2.1.1956.240 A, 38, 43, 61, 121

[III] GEORG WILHELM FRIEDRICH HEGEL | BERLINER | SCHRIFTEN | *1818–1831* | HERAUSGEGEBEN VON | JOHANNES HOFFMEISTER | [Reihensignet] | VERLAG VON FELIX MEINER | IN HAMBURG

[II] GEORG WILHELM FRIEDRICH HEGEL | SÄMTLICHE WERKE | NEUE KRITISCHE AUSGABE | HERAUSGEGEBEN VON | JOHANNES HOFFMEISTER | BAND XI | BERLINER SCHRIFTEN | [Reihensignet] | VERLAG VON FELIX MEINER | IN HAMBURG

[IV] DER PHILOSOPHISCHEN BIBLIOTHEK BAND 240 | Erschienen im Jahre 1956

[I] HEGEL / BERLINER SCHRIFTEN

XVI, 796 S., 2 Bl. (bds. Vlgsanz.)

36.3. Briefe I

36.3.1.1952.235 5, 29, 31, 38, 43, 121

[III] *Briefe* | VON UND AN HEGEL | HERAUSGEGEBEN VON | JOHANNES HOFFMEISTER | BAND 1 | *1785–1812* | [Reihensignet] | VERLAG VON FELIX MEINER | IN HAMBURG

[II] GEORG WILHELM FRIEDRICH HEGEL | SÄMTLICHE WERKE | KRITISCHE AUS-

GABE | BEGRÜNDET VON GEORG LASSON | IN NEUER ANORDNUNG UND BEARBEITUNG | HERAUSGEGEBEN VON JOHANNES HOFFMEISTER | BAND XXVII–XXX | BRIEFE VON UND AN HEGEL | [Reihensignet] | VERLAG VON FELIX MEINER | IN HAMBURG

[IV] DER PHILOSOPHISCHEN BIBLIOTHEK BAND 235 | Erschienen im Jahre 1952

[I] JOHANNES HOFFMEISTER · BRIEFE VON UND AN HEGEL

XVI, 515 S.

36.3.2.1961.235 A, 52, 294

[III] BRIEFE VON UND AN | HEGEL | [Z. 3–4 ebs.] | BAND I: 1785–1812 | [Z. 6 wie vorh. Z. 8] | HAMBURG

[IV] PHILOSOPHISCHE BIBLIOTHEK BAND 235 | Zweite unveränderte Auflage 1961

[I] BRIEFE VON UND AN HEGEL

XVI, 516 S.

36.3.3.1969.235 A, 82, 385

[III] [Z. 1–2 ebs.] | [Z. 3 wie vorh. Z. 5] | Herausgegeben von | [Z. 5 wie vorh. Z. 4] | FELIX MEINER VERLAG | [Z. 7 ebs.]

[II] BRIEFE VON UND AN | HEGEL | Herausgegeben von | JOHANNES HOFFMEISTER | Vier Bände | FELIX MEINER VERLAG | HAMBURG

[IV] [Z. 1 ebs.] | Dritte, durchgesehene Auflage 1969

[I] [Reihensignet]

XV, 516 S.

S. XI trägt eine ›Vorbemerkung zur 3. Auflage von Band I–III‹.
Den Bd gab es 1981 in einer rot broschierten Bindequote in einer nur geschlossen zu beziehenden Kassette der Hegel-Briefe.
Lizenzausg. an den Akademie-Vlg Berlin (Ost).

36.4. Briefe II

36.4.1.1953.236 5, 29, 38, 121

[III] *Briefe* | VON UND AN HEGEL | HERAUSGEGEBEN VON | JOHANNES HOFFMEISTER | BAND 2 | *1813–1822* | [Reihensignet] | VERLAG VON FELIX MEINER | IN HAMBURG

[II] GEORG WILHELM FRIEDRICH HEGEL | SÄMTLICHE WERKE | NEUE KRITISCHE AUSGABE | HERAUSGEGEBEN VON | JOHANNES HOFFMEISTER | BAND XXVII–XXX | BRIEFE VON UND AN HEGEL | [Reihensignet] | VERLAG VON FELIX MEINER | IN HAMBURG

[IV] DER PHILOSOPHISCHEN BIBLIOTHEK BAND 236 | Erschienen im Jahre 1953
[I] BRIEFE VON UND AN HEGEL

XI, 512 S.

36.4.2.1961.236 A, 52, 294

[III] BRIEFE VON UND AN | HEGEL | [Z. 3–4 ebs.] | BAND II: 1813–1822 | [Z. 6 wie vorh. Z. 8] | HAMBURG
[IV] PHILOSOPHISCHE BIBLIOTHEK BAND 236 | Zweite unveränderte Auflage 1961
[I] [ebs.]

XI, 511 S.

36.4.3.1969.236 A, 82, 385

[III] [Z. 1–2 ebs.] | [Z. 3 wie vorh. Z. 5] | Herausgegeben von | [Z. 5 wie vorh. Z. 4] | FELIX MEINER VERLAG | [Z. 7 ebs.]
[II] BRIEFE VON UND AN | HEGEL | Herausgegeben von | JOHANNES HOFFMEISTER | Vier Bände | FELIX MEINER VERLAG | HAMBURG
[IV] [Z. 1 ebs.] | Dritte, durchgesehene Auflage 1969
[I] [Reihensignet]

X, 509 S. 1 Bl. (bds. weiß)

Den Bd gab es 1981 in einer rot broschierten Bindequote in einer nur geschlossen zu beziehenden Kassette der Hegel-Briefe.
Lizenzausg. 1970 an den Akademie-Vlg Berlin (Ost).

36.5. Briefe III

36.5.1.1954.237 5, 29, 38, 121

[III] *Briefe* | VON UND AN HEGEL | HERAUSGEGEBEN VON | JOHANNES HOFFMEISTER | BAND 3 | *1823–1831* | [Reihensignet] | VERLAG VON FELIX MEINER | IN HAMBURG
[II] GEORG WILHELM FRIEDRICH HEGEL | SÄMTLICHE WERKE | NEUE KRITISCHE AUSGABE | HERAUSGEGEBEN VON | JOHANNES HOFFMEISTER | BAND XXVII–XXX | BRIEFE VON UND AN HEGEL | [Reihensignet] | VERLAG VON FELIX MEINER | IN HAMBURG
[IV] DER PHILOSOPHISCHEN BIBLIOTHEK BAND 237 | Erschienen im Jahre 1954
[I] BRIEFE VON UND AN HEGEL

XI, 475 S., 2 Bl., (jw. bds. Vlgsanz.)

36.5.2.1961.237 A, 52, 294

[III] BRIEFE VON UND AN HEGEL | [Z. 3–4 ebs.] | BAND III: 1823–1831 | [Z. 6 wie vorh. Z. 8] | HAMBURG

[IV] PHILOSOPHISCHE BIBLIOTHEK BAND 237 | Zweite unveränderte Auflage 1961

[I] [ebs.]

XI, 477 S., 1 Bl. (bds. weiß)

36.5.3.1969.237 A, 82, 385

[III] [Z. 1–2 ebs.] | [Z. 3 wie vorh. Z. 5] | Herausgegeben von | [Z. 5 wie vorh. Z. 4] | FELIX MEINER VERLAG | [Z. 7 ebs.]

[II] BRIEFE VON UND AN | HEGEL | Herausgegeben von | JOHANNES HOFFMEISTER | Vier Bände | FELIX MEINER VERLAG | HAMBURG

[IV] [Z. 1 ebs.] | Dritte, durchgesehene Auflage 1969

[I] [Reihensignet]

X, 476 S., 1 Bl. (bds. weiß)

Den Bd gab es 1981 in einer rot broschierten Bindequote in einer nur geschlossen zu beziehenden Kassette der Hegel-Briefe.
Lizenzausg. 1970 an den Akademie-Vlg Berlin (Ost).

36.6. Briefe IV

36.6.1.1960.238 5, 29, 38, 121, 385

[III] *Briefe* | VON UND AN HEGEL | HERAUSGEGEBEN VON | JOHANNES HOFFMEISTER | BAND 4 | Nachträge · Dokumente · Personenregister | HERAUSGEGEBEN VON | ROLF FLECHSIG | [Reihensignet] | VERLAG VON FELIX MEINER | IN HAMBURG

[II] GEORG WILHELM FRIEDRICH HEGEL | SÄMTLICHE WERKE | NEUE KRITISCHE AUSGABE | HERAUSGEGEBEN VON | JOHANNES HOFFMEISTER | BAND XXVII–XXX | BRIEFE VON UND AN HEGEL | [Reihensignet] | VERLAG VON FELIX MEINER | IN HAMBURG

[IV] DER PHILOSOPHISCHEN BIBLIOTHEK BAND 238 | Erschienen im Jahre 1960

[I] BRIEFE VON UND AN HEGEL

XI, 331 S., 1 Faltbl.

36.6.2.1961.238 A, 52, 82, 294

[III] BRIEFE VON UND AN | HEGEL | [Z. 3–4 ebs.] | BAND IV: | [Z. 6–8 ebs.] | [Z. 9 wie vorh. Z. 10] | HAMBURG

[IV] PHILOSOPHISCHE BIBLIOTHEK BAND 238 | Zweite unveränderte Auflage 1961
[I] [ebs.]

XI, 328 S., 2 Bl. (jw. bds. weiß), 1 Faltbl.

36.6.3.(1971).238 A

[III] [Z. 1–2 ebs.] | BAND IV | [Z. 4 wie vorh. Z. 6] | Herausgegeben von | [Z. 6 wie vorh. Z. 8] | FELIX MEINER VERLAG | [Z. 8 wie vorh. Z. 10]
[II] BRIEFE VON UND AN | HEGEL | Herausgegeben von | JOHANNES HOFFMEISTER | Vier Bände | FELIX MEINER VERLAG | HAMBURG
[IV] [Z. 1 ebs.]
[I] [Reihensignet]

XI, 331 S., 1 Faltbl.

Titelaufl. 1971 von 140 Exn.

36.6.4.1977.238a: Bd IV-1

[III] [Z. 1–2 ebs.] | BAND IV, TEIL 1 | Dokumente und Materialien | zur Biographie | [Z. 6 wie vorh. Z. 5] | FRIEDHELM NICOLIN | [Z. 8–9 wie vorh. Z. 7–8]
[II] [ebs.]
[IV] PHILOSOPHISCHE BIBLIOTHEK BAND 238a | Dritte, völlig neubearbeitete Auflage 1977
[I] [ebs.]

XVI, 365 S.

Den Bd gab es 1981 in einer rot broschierten Bindequote in einer nur geschlossen zu beziehenden Kassette der Hegel-Briefe.
Lizenzausg. 1978 an den Akademie-Vlg Berlin (Ost).

36.6.5.1981.238b: Bd IV-2

[III] [Z. 1–2 ebs.] | BAND IV, TEIL 2 | Nachträge zum Briefwechsel, | Register mit biographischem | Kommentar, Zeittafel | [Z. 7–10 wie vorh. Z. 6–9]
[II] [ebs.]
[IV] PHILOSOPHISCHE BIBLIOTHEK BAND 238b | Dritte, völlig neubearbeitete Auflage 1981
[I] [ebs.]

XII, 332 S.

Den Bd gab es 1981 in einer rot broschierten Bindequote in einer nur geschlossen zu beziehenden Kassette der Hegel-Briefe.
Lizenzausg. 1981 an den Akademie-Vlg Berlin (Ost).

36.7. Differenz des Fichte'schen und Schelling'schen Systems der Philosophie

36.7.1.1962.62a A, 61, 294, 385

Bl. 1a GEORG WILHELM FRIEDRICH HEGEL | Differenz | des Fichte'schen | und Schelling'schen | Systems der Philosophie | [Reihensignet] | VERLAG VON FELIX MEINER | HAMBURG

Bl. 1b PHILOSOPHISCHE BIBLIOTHEK BAND 62a | Unveränderter Abdruck aus: G. Wilh. Fr. Hegel, | Erste Druckschriften; herausgegeben von G. Lasson. | Leipzig 1928 | 1962

2 Bl., 116 S.

Diese Ausg., die ein unveränderter Abdruck aus der Ausg. ›Erste Druckschriften‹ (hier 36.10) ist, wird 1979 ersetzt durch die Ausg. ›Jenaer Kritische Schriften I‹ (hier 36.13).

36.8. Eigenhändige Randbemerkungen zu Hegels Rechtsphilosophie

36.8.1.1930.124b A, 5, 6, 24, 25, 29, 38, 61, 168, 260, Vlo1

[III] GEORG WILHELM FRIEDRICH HEGEL | EIGENHÄNDIGE | RANDBEMERKUNGEN | ZU SEINER RECHTSPHILOSOPHIE | AUS DER HANDSCHRIFT HERAUSGEGEBEN | VON | GEORG LASSON | [Reihensignet] | DER PHILOSOPHISCHEN BIBLIOTHEK BAND 124b | LEIPZIG 1930 / VERLAG VON FELIX MEINER

[I] HEGELS | EIGENHÄNDIGE RANDBEMERKUNGEN | ZU SEINER RECHTSPHILOSOPHIE

[IV] ANHANG ZU DEN | GRUNDLINIEN | DER PHILOSOPHIE DES RECHTS

VII, 124 S.

Siehe auch 36.12.4–5.
Ex. 24 ist ein Widmungsex. Lassons mit eigenhändiger Widmung auf S. [I].

36.9. Enzyklopädie der philosophischen Wissenschaften im Grundrisse

36.9.1.1870.30 A, 7, 16, 20, 29, 31, 43, 294, 385

[III] Encyklopädie | der | philosophischen Wissenschaften | im Grundrisse. || Zum Gebrauch seiner Vorlesungen | von | Georg Wilhelm Friedrich Hegel. || Mit Einleitung und Erläuterungen | herausgegeben |

von | Karl Rosenkranz. || Berlin, 1870. | Verlag von L. Heimann. | Wilhelms-Strasse No. 91.

[II] Philosophische Bibliothek | oder | Sammlung | der | Hauptwerke der Philosophie | alter und neuer Zeit. || Unter Mitwirkung namhafter Gelehrten | herausgegeben, beziehungsweise übersetzt, erläutert und | mit Lebensbeschreibungen versehen | von | J. H. v. Kirchmann. || Dreissigster Band. | Hegel, Encyklopädie der philosophischen Wissen- | schaften. || Berlin, 1870. | Verlag von L. Heimann. | Wilhelms-Strasse No. 91.

XXIII, 496 S.

Karl Rosenkranz' Erl. dazu erschienen separat, siehe 83.1.
Benedetto Croce (Lebendiges und Totes in Hegels Philosophie, mit einer Hegel-Bibliographie. Deutsche, vom Verfasser vermehrte Übersetzung von K. Büchler. Heidelberg: Carl Winter 1909. S. 183), Friedrich Ueberwegs Grundriss der Geschichte der Philosophie (Vierter Teil, 12. Aufl., S. 79) und die Hegel-Bibliographie 1980 (Nr 0364) verzeichnen eine Ausg. von 1878, Croce a. a. O. »einen Wiederabdruck mit Titelblatt 1878«.
Eine Ausg. 1878, mit regulärem Titelbl., hat es höchstwahrscheinlich aber nicht gegeben, möglicherweise jedoch eine Ausg. von 1870 mit Koschny'schen Vlgsbroschuren, deren Erscheinungsvermerk die Jahresangabe 1878 trägt (1878 war die PhB beim Vlg Erich Koschny).
Die Annahme einer Ausg. 1878 geht wohl zurück auf einen Druckfehler der Ausg. 1905: S. 506 wird dort die Rosenkranz-Ausg. mit »1878« angegeben. Die Lasson'sche Ausg. von 1920 verbesserte diesen Druckfehler auf S. 506 zu »1870«. (Mitgeteilt schon 1980 in: Rainer A. Bast und Heinrich P. Delfosse, Handbuch zum Textstudium von Martin Heideggers ›Sein und Zeit‹. Bd 1. Stuttgart-Bad Cannstatt: Frommann-Holzboog 1980. S. 461f.).
Die Hegel-Bibliographie 1980, 0358, verzeichnet eine Ausg. von 1868; eine solche Ausg. hat es aber nicht gegeben.

36.9.2.1905.33 A, 6, 20, 21, 24, 38, 52 (2 Exe), 60, 61, 62, 361

[I] Philosophische Bibliothek | Band 33. || Georg Wilhelm Friedrich Hegel, | Encyclopädie | [Z. 5–7 wie vorh. Z. 2–4 auf S. III] || In zweiter Auflage | neu herausgegeben | von | Georg Lasson, | Pastor an S. Bartholomäus, Berlin. | [Vlgssignet] | Leipzig, | Verlag der Dürr'schen Buchhandlung. | 1905.

LXXVI, 522 S.

Der Erscheinungsvermerk der Exe A und 52 (beide Exe) ist jw. mit einem Schildchen überklebt: »Leipzig. | Verlag von Felix Meiner.«; den Exn ist ein PhB-Kat. vom Sept. 1919 (!) beigebunden; die Exe haben Meiner-Einbände.
Den Exn 20 und 62 ist zu Beginn noch das Meiner'sche WW-Titelbl. der Ausg. Meiner 1911 (hier 36.9.4) beigebunden.
Die Hegel-Bibliographie 1980, 0005, verzeichnet eine Dürr-Ausg. von 1907, die es aber nicht gegeben hat.

36.9.3.1905.33 5

[I] [Z. 1 ebs.] | Band 33 || Georg Wilhelm Friedrich Hegel | [Z. 4–6 ebs.] | im Grundrisse || [Z. 8–10 ebs.] | Georg Lasson | Pastor an S. Bartholomäus, Berlin || Leipzig 1905 | Verlag von Felix Meiner

LXXVI, 522 S.

Rückdatierte Titelaufl., vermutlich 1911 entstanden.

36.9.4.1911.33 A, 6, 24, 43

[I] [Z. 1–12 ebs.] || Leipzig 1911 | [Z. 14 ebs.]

Bl. 1b GEORG WILHELM FRIEDRICH HEGEL | Sämtliche Werke || Unter Mitwirkung von Dr. Otto Weiß | herausgegeben von | Georg Lasson || Band V: Encyclopädie | der philosophischen Wissenschaften | [Reihensignet] | Verlag von Felix Meiner in Leipzig

Bl. 1a Hegels Sämtliche Werke | Band V: | Encyclopädie | der philosophischen Wissenschaften

1 Bl., LXXVI, 522 S.

Titelaufl., die vermutlich nach 1911 entstanden ist.
Das WW-Titelbl. zu Beginn des Bds hat nur das Ex. 43 sowie das Ex. 62 der Ausg. Dürr 1905 (hier 36.9.2).
Dem Ex. 43 ist noch der Dürr'sche Vorderdeckel der Ausg. 36.9.2 eingebunden.

36.9.5.1920.33 5, 6, 29, 38, 107, 132

[I] GEORG WILHELM FRIEDRICH HEGEL | ENCYCLOPÄDIE | DER | PHILOSOPHISCHEN | WISSENSCHAFTEN | IM GRUNDRISSE | NEU HERAUSGEGEBEN VON | GEORG LASSON | PASTOR AN S. BARTHOLOMÄUS, BERLIN | UM EIN NAMEN- UND SACHREGISTER VERMEHRTE | ZWEITE AUFLAGE | [Reihensignet] | DER PHILOSOPHISCHEN BIBLIOTHEK BAND 33 | LEIPZIG 1920 / VERLAG VON FELIX MEINER

Bl. 1b [Z. 1 ebs.] | SÄMTLICHE WERKE | HERAUSGEGEBEN VON | GEORG LASSON | BAND V | ENCYCLOPÄDIE | [Reihensignet] | LEIPZIG 1920 / VERLAG VON FELIX MEINER

Bl. 1a HEGELS SÄMTLICHE WERKE | BAND V | ENCYCLOPÄDIE

1 Bl., LXXVI, 528 S., (1 Bl., bds. Vlgsanz.)

Ex. 132 hat das WW-Titelbl. nicht.

36.9.6.1923.33 A, 29, 38, 51, 260

[I] [Z. 1–8 ebs.] | DR. PHIL. h. c. | PASTOR AN ST. BARTHOLOMÄUS, BERLIN |

DRITTE AUFLAGE | [Z. 12–13 ebs.] | LEIPZIG 1923 / VERLAG VON FELIX MEINER
Bl. 1b [Z. 1–4 ebs.] | BAND V: | [Z. 6–7 ebs.] | VERLAG VON FELIX MEINER IN LEIPZIG
Bl. 1a [Z. 1 ebs.] | BAND V: | [Z. 3 ebs.]

1 Bl., LXXVI, 528 S., 1 Bl. (bds. Vlgsanz.)

In Ex. 51 ist das WW-Titelbl. in bezug auf die Bundseite falsch herum eingebunden.

36.9.7.1930.33 A, 7, 121, 168, 290, 361

[III] [Z. 1–2 wie vorh. auf S. I] | DER PHILOSOPHISCHEN | [Z. 4–7 wie vorh. Z. 5–8 auf S. I] | VIERTE AUFLAGE | MIT EINER VERGLEICHENDEN SEITENÜBERSICHT | [Z. 10–11 wie vorh. Z. 12–13 auf S. I] | LEIPZIG 1930 / VERLAG VON FELIX MEINER
[II] [Z. 1–2 wie vorh. auf Bl. 1b] | HERAUSGEGEBEN VON GEORG LASSON | [Z. 4–5 wie vorh. Z. 5–6 auf Bl. 1b] | DER PHILOSOPHISCHEN WISSENSCHAFTEN | [Z. 7–8 wie vorh. auf Bl. 1b]
[I] [wie vorh. Bl. 1a]

VI S., S. VIa–VIf, [VII]–LXXVI, 528 S., (1 Bl., bds. Vlgsanz.)

In Ex. 361 ist vor S. [VII] noch das Inhaltsverzeichnis der vorh. Aufl. mit S. [III]–VI (die dort S. [V]–VIII bildeten) eingebunden.

36.9.8.1949.33 A, 38, 52, 361, Vlo1

[III] [Z. 1–5 ebs.] | AUF DER GRUNDLAGE DER LASSONSCHEN AUSGABE | HERAUSGEGEBEN VON | JOHANNES HOFFMEISTER | FÜNFTE AUFLAGE | [Reihensignet] | VERLAG VON FELIX MEINER IN LEIPZIG
[II] [Z. 1–2 ebs.] | KRITISCHE AUSGABE | [Z. 4 wie vorh. Z. 3] | FORTGEFÜHRT VON JOHANNES HOFFMEISTER | BAND V | [Z. 7 wie vorh. Z. 5] | DER PHILOSOPHISCHEN | WISSENSCHAFTEN | [Z. 10–11 wie vorh. Z. 7–8]
[IV] DER PHILOSOPHISCHEN BIBLIOTHEK BAND 33 | [4 Z. unvollständige Aufl.-Hinweise] | Fünfte Auflage. Hrsg. Joh. Hoffmeister 1949
[I] [Z. 1 ebs.] | BAND V | [Z. 3 ebs.]

XVI, 502 S., 1 Bl. (bds. Vlgsanz.)

NUC 238, 205a verzeichnet eine Ausg. von 1952; eine solche Ausg. hat es nicht gegeben; vermutlich ein Druckfehler der Jahresangabe.

36.9.9.1959.33 A, 6, 38, 52, 61, 290

[III] [Z. 1 ebs.] | Enzyklopädie | der philosophischen Wissenschaften | im

Grundrisse | (1830) | Neu herausgegeben von | FRIEDHELM NICOLIN und OTTO PÖGGELER | VERLAG VON FELIX MEINER | HAMBURG
[IV] PHILOSOPHISCHE BIBLIOTHEK BAND 33 | Sechste Auflage 1959
[I] G. W. F. HEGEL | Enzyklopädie der philosophischen Wissenschaften

LII, 506 S., 1 Bl. (bds. Vlgsanz.)

Auf S. 506 ist auf einen Druckfehler von S. 29 hingewiesen; den Exn der Ausg. liegt auch ein Druckfehlerverzeichnis zu S. 3 und 29 bei.
In einem ungekennzeichneten Nachdruck von 1967 (Exe in 168, 385) entfiel das letzte Bl. (mit Vlgsanz.); der Fehler auf S. 29 wurde berichtigt, der Hinweis auf den Fehler auf S. 506 entfiel. Nicht berichtigt wurde der Fehler auf S. 3, auf den ein beigelegter Corrigenda-Zettel hinweist.
Lizenzausg. 1966 an den Akademie-Vlg Berlin (Ost).

36.9.10.1969.33 A, 62, 385

[III] [Z. 1–5 ebs.] | Herausgegeben von | [Z. 7–9 ebs.]
[IV] [Z. 1 ebs.] | Siebente, durchgesehene Auflage 1969
[I] [Reihensignet]

LII, 506 S., 1 Bl. (bds. Vlgsanz.)

Lizenzausg. 1975 an den Akademie-Vlg Berlin (Ost).

36.9.11.1975.33 A, 82, 361

[III] [ebs.]
[IV] [Z. 1–2 ebs.] | Erneut durchgesehener Nachdruck 1975
[I] [ebs.]

LII, 506 S., 1 Bl. (bds. Vlgsanz.)

In Ex. 82 fehlt das letzte Bl.
Bei einem Tl von Exn eines ungekennzeichneten Nachdrucks von 1982 ist die S. 151 2 mal vorhanden, S. 152 fehlt.

36.10. Erste Druckschriften

36.10.1.1928.62 A, 5, 6, 7, 8, 12, 24, 29, 38, 61, 121, 168, 260

[III] GEORG WILHELM FRIEDRICH HEGEL | ERSTE DRUCKSCHRIFTEN | NACH DEM URSPRÜNGLICHEN TEXT | HERAUSGEGEBEN VON | GEORG LASSON | DR. PHIL. h. c. (KIEL 1921) / D. THEOL. h. c. (BERLIN 1927) | [Reihensignet] | DER PHILOSOPHISCHEN BIBLIOTHEK BAND 62 | LEIPZIG 1928 / VERLAG VON FELIX MEINER
[II] GEORG WILHELM FRIEDRICH HEGEL | SÄMTLICHE WERKE | HERAUSGEGEBEN

VON GEORG LASSON | BAND I: | ERSTE DRUCKSCHRIFTEN | [Reihensignet] | VERLAG VON FELIX MEINER IN LEIPZIG

[I] HEGELS SÄMTLICHE WERKE | BAND I: | ERSTE DRUCKSCHRIFTEN

XLIV, 432 S., (2 Bl., jw. bds. Vlgsanz.)

S. IV unten heißt es: »Schutzformel gegen die | geographische Unwissenheit der Zollbeamten der U.S.A. | Printed in Germany«.
Diese Ausg. wird später ersetzt durch die Ausg. 36.7, 36.11, 36.13–14.

36.11. Glauben und Wissen

36.11.1.1962.62b A, 61, 385

Bl. 1a GEORG WILHELM FRIEDRICH HEGEL | Glauben und Wissen | oder die | Reflexionsphilosophie der Subjektivität | in der Vollständigkeit ihrer Formen | als | Kantische, Jacobische und Fichtesche | Philosophie | [Reihensignet] | VERLAG VON FELIX MEINER | HAMBURG

Bl. 1b PHILOSOPHISCHE BIBLIOTHEK BAND 62b | Unveränderter Abdruck aus: G. Wilh. Fr. Hegel, | Erste Druckschriften; herausgegeben von G. Lasson. | Leipzig 1928 | 1962

2 Bl., 128 S.

36.12. Grundlinien der Philosophie des Rechts

Als Textauszug erschien unter dem Titel ›Der Staat‹ eine Separatausg. als Heft 12 der FA und TA, siehe FA2.1, TA5.5–6.

36.12.1.1911.124 4, 5, 8, 20, 24, 43, 46, 52, 61, 62

[III] Philosophische Bibliothek | Band 124. || Grundlinien | der Philosophie des Rechts. || Von | D. Georg Wilhelm Friedrich Hegel, | Ordentl. Professor der Philosophie an der Königl. Universität zu Berlin. || Berlin, 1821. | In der Nicolai'schen Buchhandlung. || Mit den von Gans redigierten Zusätzen aus Hegels Vorlesungen | neu herausgegeben von | Georg Lasson, | Pastor an St. Bartholomäus, Berlin. || Leipzig 1911. | Verlag von Felix Meiner.

[II] Philosophische Bibliothek | Band 124. || Naturrecht und Staatswissenschaft | im Grundrisse. || Zum Gebrauch für seine Vorlesungen | von | D. Georg Wilhelm Friedrich Hegel, | Ordentl. Professor der Philosophie an der Königl. Universität zu Berlin. || Berlin, 1821. | In der Nicolai'schen Buchhandlung. || Neue Ausgabe | von | Georg Lasson, | Pastor an St. Bartholomäus, Berlin. || Leipzig 1911. | Verlag von Felix Meiner.

Bl. 1b GEORG WILHELM FRIEDRICH HEGEL | Sämtliche Werke || Unter Mitwirkung von Dr. Otto Weiß | herausgegeben von | Georg Lasson || Band VI: | Grundlinien | der Philosophie des Rechts | [Reihensignet] | Verlag von Felix Meiner in Leipzig

Bl. 1a Hegels Sämtliche Werke | Band VI: | Grundlinien | der Philosophie des Rechts

1 Bl., XCV, 380 S.

Die Exe 4, 5, 24, 43, 52 haben das WW-Titelbl. nicht.
Den Exn 5 und 62 fehlt jw. S. I–II.
Nur die Exe 8, 20, 46 entsprechen also der obigen Beschreibung völlig.
Die Exe 8 und 46 haben zu Beginn zusätzlich noch 1 Bl. (bds. Vlgsanz.).

36.12.2.1921.124 A, 38, 51, 82, 107, 294, 361

[I] GEORG WILHELM FRIEDRICH HEGEL | GRUNDLINIEN | DER | PHILOSOPHIE | DES RECHTS | MIT DEN VON GANS | REDIGIERTEN ZUSÄTZEN AUS | HEGELS VORLESUNGEN | NEU HERAUSGEGEBEN VON | GEORG LASSON | PASTOR AN S. BARTHOLOMÄUS, BERLIN | ZWEITE AUFLAGE | [Reihensignet] | DER PHILOSOPHISCHEN BIBLIOTHEK BAND 124 | LEIPZIG 1921 / VERLAG VON FELIX MEINER

Bl. 1b [ebs.]

Bl. 1a [ebs.]

1 Bl., XCIII, 380 S., (1 Bl., bds. Vlgsanz.)

Die Exe A, 38, 294 haben das WW-Titelbl. nicht.
Siehe auch die folg. Ausg. 36.12.3.

36.12.3.1921.124 29

[I] [ebs.]

Bl. 1b [Z. 1 ebs.] | SÄMTLICHE WERKE | HERAUSGEGEBEN VON | GEORG LASSON | BAND VI: | GRUNDLINIEN | DER PHILOSOPHIE DES RECHTS | [Reihensignet] | VERLAG VON FELIX MEINER IN LEIPZIG

Bl. 1a HEGELS SÄMTLICHE WERKE | BAND VI: | GRUNDLINIEN | DER PHILOSOPHIE DES RECHTS

1 Bl., XCIII, 380 S., 1 Bl. (bds. Vlgsanz.)

Die Ausg. unterscheidet sich von der vorh. nur durch das spätere WW-Titelbl., das – von der Hrsgschaft der WW her – das zur Ausg. von 1921 passendere ist.

36.12.4.1930.124a A, 5, 6, 38, 61, 121, 168, Vlo1

[I] [Z. 1 ebs.] | GRUNDLINIEN DER | PHILOSOPHIE DES RECHTS | MIT DEN VON GANS REDIGIERTEN | ZUSÄTZEN AUS HEGELS VORLESUNGEN | [Z. 6–7 wie vorh. Z. 9–10] | DRITTE AUFLAGE | [Reihensignet] | DER PHILOSOPHISCHEN BIBLIOTHEK BAND 124a | LEIPZIG 1930 / VERLAG VON FELIX MEINER

Bl. 1b [Z. 1–2 ebs.] | HERAUSGEGEBEN VON GEORG LASSON | [Z. 4–6 wie vorh. Z. 5–7] | MIT DEN VON GANS REDIGIERTEN | ZUSÄTZEN AUS HEGELS VORLESUNGEN | IM ANHANG | HEGELS ZUSÄTZE IN SEINEM HANDEXEMPLAR | [Z. 11–12 wie vorh. Z. 8–9]

Bl. 1a [ebs.]

1 Bl., VI S., S. [VIa]–VIc, [VII]–XCIII, 380 S., (2 Bl., jw. bds. Vlgsanz.)

Die vollständige Ausg. enthält – entsprechend der WW-Titelei auf Bl. 1b – auch die ›Eigenhändigen Randbemerkungen zu seiner [Hegels] Rechtsphilosophie‹ (hier 36.8), die mit eigener Titelei dem Haupttext beigebunden sind.
In dieser Weise vollständig sind nur die Exe 121, 168, Vlo1.

36.12.5.1955.124a A, 6, 38, 64, 132

[III] [Z. 1 wie vorh. auf S. I] | GRUNDLINIEN | DER PHILOSOPHIE | DES RECHTS | MIT | HEGELS EIGENHÄNDIGEN RANDBEMERKUNGEN IN | SEINEM HANDEXEMPLAR DER RECHTSPHILOSOPHIE | HERAUSGEGEBEN VON | JOHANNES HOFFMEISTER | VIERTE AUFLAGE | [Reihensignet] | VERLAG VON FELIX MEINER | IN HAMBURG

[II] [Z. 1–2 wie vorh. auf Bl. 1b] | NEUE KRITISCHE AUSGABE | HERAUSGEGEBEN VON | JOHANNES HOFFMEISTER | BAND XII | GRUNDLINIEN DER PHILOSOPHIE | DES RECHTS | [Reihensignet] | VERLAG VON FELIX MEINER | IN HAMBURG

[IV] DER PHILOSOPHISCHEN BIBLIOTHEK BAND 124a | Erschienen im Jahre 1955

[I] HEGEL / GRUNDLINIEN DER PHILOSOPHIE | DES RECHTS

XVIII, 434 S.

Die Ausg. 36.8 und 36.12.4 (PhB 124a–b, 1930) sind in dieser Ausg. zu PhB 124a zusammengefaßt.
Die Ausg. erhielt die PhB-Nr 124a (und nicht 124), weil die Veröffentlichung weiteren Materials zur ›Rechtsphilosophie‹ geplant war (das dann als PhB 124b erscheinen sollte).
Die Ausg. bildet nun nicht mehr Bd 6, sondern Bd 12 der WW.
Lizenzausg. 1956 und 1967 an den Akademie-Vlg Berlin (Ost) (Exe der Ausg. 1956 in 295, Vlo1).

36.12.6.1962.124a A, 61, 64

[III] [Z. 1 ebs.] | Grundlinien | der Philosophie des Rechts | Mit | Hegels eigenhändigen Randbemerkungen in | seinem Handexemplar der Rechtsphilosophie | Herausgegeben von | [Z. 8–12 wie vorh. Z. 9–12]

[IV] [Z. 1 ebs.] | Unveränderter Abdruck 1962 der vierten Auflage von 1955

[I] [ebs.]

XVIII, 434 S.

36.12.7.1967.124a A, 385

[III] [ebs.]

[IV] PHILOSOPHISCHE BIBLIOTHEK BAND 124a | Unveränderter Nachdruck 1967 der vierten Auflage von 1955

[I] [ebs.]

XVIII, 434 S.

36.13. Jenaer Kritische Schriften I

36.13.1.1979.319a

[III] GEORG WILHELM FRIEDRICH HEGEL | Jenaer Kritische Schriften (I) | Differenz des Fichteschen | und Schellingschen Systems | der Philosophie | Rezensionen aus der | Erlanger Literatur-Zeitung | Maximen des Journals | der Deutschen Literatur | Neu herausgegeben von | HANS BROCKARD | und HARTMUT BUCHNER | FELIX MEINER VERLAG | HAMBURG

[IV] PHILOSOPHISCHE BIBLIOTHEK BAND 319a | Die vorliegende Ausgabe beruht auf dem Text der kriti- | schen Edition G. W. F. Hegel, Gesammelte Werke, Band 4 | (1968). Sie ersetzt die von Georg Lasson besorgte Aus- | gabe der „Differenzschrift" (Philosophische Bibliothek | Band 62a, Nachdruck 1962 aus „Erste Druckschriften", | Ausgabe 1928). [. . .]

S. [III]–XXVII, 180 S., 1 Bl. (bds. Vlgsanz.)

Siehe 36.7.

36.14. Jenaer Kritische Schriften II

36.14.1.1983.319b

[III] GEORG WILHELM FRIEDRICH HEGEL | Jenaer Kritische Schriften (II) | Wesen der philosophischen | Kritik | Gemeiner Menschenverstand | und Philosophie | Verhältnis des Skeptizismus | zur Philosophie | Wissenschaftliche Behand- | lungsarten des Naturrechts | Neu herausgegeben von | HANS BROCKARD | und | HARTMUT BUCHNER | FELIX MEINER VERLAG | HAMBURG

[IV] PHILOSOPHISCHE BIBLIOTHEK BAND 319b | Die vorliegende Ausgabe beruht auf dem Text der kritischen | Edition G. W. F. Hegel, Gesammelte Werke, Band 4, herausge- | geben von Hartmut Buchner und Otto Pöggeler (1968). Sie er- | setzt die von Georg Lasson besorgten Ausgaben in „Erste | Druckschriften" (Philosophische Bibliothek Band 62, 1928) | und „Schriften zur Politik und Rechtsphilosophie" (Philoso- | phische Bibliothek Band 144, 1913). [. . .]

[I] [Reihensignet]

XXXIX, 212 S., 2 Bl. (Bl. 2 bds. Vlgsanz.)

Siehe 36.10 und 36.20.

36.15. Jenenser Realphilosophie I

36.15.1.1932.66b 8, 21, 24, 29, 34, 36, 38, 121, 294

[III] GEORG WILHELM FRIEDRICH HEGEL | JENENSER | REALPHILOSOPHIE | I | DIE VORLESUNGEN VON 1803/04 | AUS DEM MANUSKRIPT | HERAUSGEGEBEN VON | JOHANNES HOFFMEISTER | [Reihensignet] | DER PHILOSOPHISCHEN BIBLIOTHEK BAND 66b | VERLAG VON FELIX MEINER IN LEIPZIG

[IV] Die Einleitung von Joh. Hoffmeister erschien gesondert unter dem Titel | Goethe und der deutsche Idealismus | Eine Einführung zu Hegels Realphilosophie | als Band 66a der Philosophischen Bibliothek | ERSCHIENEN IM JAHRE 1932

[II] GEORG WILHELM FRIEDRICH HEGEL | SÄMTLICHE WERKE | HERAUSGEGEBEN VON GEORG LASSON | BAND XIX: | JENENSER REALPHILOSOPHIE | (NATUR- UND GEISTESPHILOSOPHIE) | I | DIE VORLESUNGEN VON 1803/04 | MIT EINER HANDSCHRIFTPROBE | [Reihensignet] | VERLAG VON FELIX MEINER IN LEIPZIG

[I] HEGELS SÄMTLICHE WERKE | BAND XIX: | JENENSER REALPHILOSOPHIE | (NATUR- UND GEISTESPHILOSOPHIE) | I

XII S., 1 Faltbl., 284 S.

Die Exe A und 121 vereinigen als Sammelausg. mit dem WW-Titelbl. (oben S. I–II) zu Beginn die beiden Ausg. 66a (siehe oben S. IV) und 66b.

36.16. Jenenser Realphilosophie II (Jenaer Realphilosophie)

36.16.1.1931.67 A, 24, 29, 34, 36, 38, 61, 121, 294

[III] GEORG WILHELM FRIEDRICH HEGEL | JENENSER | REALPHILOSOPHIE | II | DIE VORLESUNGEN VON 1805/06 | AUS DEM MANUSKRIPT | HERAUSGEGEBEN VON | JOHANNES HOFFMEISTER | [Reihensignet] | DER PHILOSOPHISCHEN BIBLIOTHEK BAND 67 | VERLAG VON FELIX MEINER IN LEIPZIG

[IV] ERSCHIENEN IM JAHRE 1931

[II] GEORG WILHELM FRIEDRICH HEGEL | SÄMTLICHE WERKE | HERAUSGEGEBEN VON GEORG LASSON | BAND XX: | JENENSER REALPHILOSOPHIE | (NATUR- UND GEISTESPHILOSOPHIE) | II | DIE VORLESUNGEN VON 1805/06 | [Reihensignet] | Verlag von Felix Meiner in Leipzig

[I] HEGELS SÄMTLICHE WERKE | BAND XX: | JENENSER REALPHILOSOPHIE | (NATUR- UND GEISTESPHILOSOPHIE) | II

XII, 290 S., 1 Bl. (bds. Vlgsanz.)

36.16.2.1967.67 A, 8, 64, 132

[III] [Z. 1 ebs.] | Jenaer Realphilosophie | Vorlesungsmanuskripte zur Philosophie der | Natur und des Geistes von 1805–1806 | herausgegeben von | [Z. 6 wie vorh. Z. 8] | VERLAG VON FELIX MEINER | HAMBURG

[IV] PHILOSOPHISCHE BIBLIOTHEK BAND 67 | Erste Auflage 1931 unter dem Titel »Jenenser Realphilosophie II« | Unveränderter Nachdruck des Textes 1967

[I] [Reihensignet]

VII, 290 S., 1 Bl. (bds. Vlgsanz.)

Zu S. [IV] vgl. auch die ›Vorbemerkung des Verlages‹ auf S. V–VI.
Lizenzausg. an den Akademie-Vlg Berlin (Ost).

36.16.3.1969.67 A, 61, 385

[III] [ebs.]

[IV] [Z. 1–2 ebs.] | Unveränderter Nachdruck des Textes 1969

[I] [ebs.]

VIII, 290 S., 1 Bl. (S. a Vlgsanz.)

Ein ungekennzeichneter Nachdruck von 1980 hat am Schluß des Bds nicht 1, sondern 3 Bl. (Bl. 2 bds. Vlgsanz., Bl. 3 bds. weiß).

36.17. Jenaer Systementwürfe II: Logik, Metaphysik, Naturphilosophie (PhB 58, 332)

36.17.1.1923.58 A, 5, 7, 8, 21, 24, 29, 38, 61, 107, 121, 260, 294

[III] GEORG WILHELM FRIEDRICH HEGEL | JENENSER | LOGIK, METAPHYSIK | UND NATURPHILOSOPHIE | AUS DEM MANUSKRIPT | HERAUSGEGEBEN VON | GEORG LASSON | DR. PHIL. h. c., PASTOR | AN ST. BARTHOLOMÄUS IN BERLIN | [Reihensignet] | DER PHILOSOPHISCHEN BIBLIOTHEK BAND 58 | LEIPZIG 1923 / VERLAG VON FELIX MEINER

[II] GEORG WILHELM FRIEDRICH HEGEL | SÄMTLICHE WERKE | HERAUSGEGEBEN VON | GEORG LASSON | BAND XVIIIa: | JENENSER LOGIK | METAPHYSIK UND NATURPHILOSOPHIE | [Reihensignet] | VERLAG VON FELIX MEINER IN LEIPZIG

[I] HEGELS SÄMTLICHE WERKE | BAND XVIIIa: | JENENSER LOGIK | METAPHYSIK UND NATURPHILOSOPHIE

XLVIII, 392 S.

36.17.2.1967.58 A, 61, 294, 385

[III] [Z. 1 ebs.] | Jenenser Logik | Metaphysik und Naturphilosophie | Herausgegeben von | [Z. 5 wie vorh. Z. 7] | VERLAG VON FELIX MEINER | HAMBURG

[IV] PHILOSOPHISCHE BIBLIOTHEK BAND 58 | Nachdruck 1967 der 1. Auflage von 1923

[I] [Reihensignet]

VII, 392 S.

Lizenzausg. 1968 an den Akademie-Vlg Berlin (Ost).

36.17.3.1982.332

[III] [Z. 1 ebs.] | Jenaer Systementwürfe II | Logik, | Metaphysik, Naturphilosophie | Neu herausgegeben von | Rolf-Peter Horstmann | FELIX MEINER VERLAG | HAMBURG

[IV] PHILOSOPHISCHE BIBLIOTHEK BAND 332 | Die vorliegende Ausgabe beruht auf dem Text der kritischen | Edition G. W. F. Hegel, Gesammelte Werke, Band 7 (1971). Sie | ersetzt die von Georg Lasson besorgte Ausgabe der „Jenenser | Logik, Metaphysik und Naturphilosophie" (Philosophische Bi- | bliothek Band 58). [. . .]

[I] [ebs.]

XXXIV, 388 S., 1 Bl. (bds. Vlgsanz.)

36.18. Nürnberger Schriften

36.18.1.1938.165 A, 8, 24, 29, 38, 61, 107, 121, 294

[III] GEORG WILH. FRIEDR. HEGEL | NÜRNBERGER SCHRIFTEN | Texte, Reden, Berichte und Gutachten | zum Nürnberger Gymnasialunterricht | 1808–1816 | HERAUSGEGEBEN VON | JOHANNES HOFFMEISTER | [Reihensignet] | DER PHILOSOPHISCHEN BIBLIOTHEK BAND 165 | LEIPZIG 1938 / VERLAG VON FELIX MEINER

[II] GEORG WILH. FRIEDR. HEGEL | SÄMTLICHE WERKE | BAND XXI: | NÜRNBERGER SCHRIFTEN | 1808–1816 | [Reihensignet] | VERLAG VON FELIX MEINER IN LEIPZIG

[I] HEGELS SÄMTLICHE WERKE | BAND XXI: | NÜRNBERGER SCHRIFTEN | 1808–1816

XXXVI, 499 S.

36.19. Phänomenologie des Geistes

3 Textauszüge erschienen separat als Heft 36, 37 und 38 der TA, siehe TA5.1 (›Die Bildung‹), TA5.4 (›Die Sittlichkeit‹), TA5.8–10 (›Vom wiss. Erkennen‹).

36.19.1.1907.114 A, 5, 24, 38, 61, 62, 107

[I] Philosophische Bibliothek | Band 114. || Georg Wilhelm Friedrich Hegels | Phänomenologie des Geistes. || Jubiläumsausgabe. || In revidiertem Text herausgegeben und | mit einer Einleitung versehen | von | Georg Lasson, | Pastor an S. Bartholomäus, Berlin. | [Vlgssignet] | Leipzig. | Verlag der Dürr'schen Buchhandlung. | 1907.

CXIX, 532 S., 2 Bl. (jw. bds. Vlgsanz.)

Dem Ex. 62 ist zu Beginn noch das (Meiner'sche) WW-Titelbl. der Ausg. 36.19.3 eingebunden.
1909 erschien im Fritz Eckardt Vlg, Leipzig, eine von Otto Weiß hrsg. ›Phänomenologie‹-Edition:
Georg Wilhelm Friedrich Hegel: Sämtliche Werke. Kritische Gesamtausgabe der Werke Hegels in zwölf Bänden. Herausgegeben und eingeleitet von Otto Weiß. Band II: Phänomenologie des Geistes. Leipzig: Fritz Eckardt 1909. XLIV, 627 S., 2 Bl. (jw. bds. Vlgsanz.).
Der Bd wurde 1911 vom Meiner-Vlg übernommen (ohne in die PhB eingegliedert zu werden) und mit von Meiner-Schildchen überklebten Erscheinungsvermerken verkauft (Ex. in B722; ein Ex. in 294 hat keine Meiner-Schildchen, und es fehlt das WW-Titelbl. mit S. I–II). In Meiners PhB-Kat. von 1911/12 bis 1912 werden die Lasson'sche und Weiß'sche Ausg. aufgeführt, wobei Felix Meiner zur letzteren anmerkt: »Die Fortsetzung dieser von dem Verlage von Fritz Eckardt begonnenen und in meinen Besitz übergegangenen, auf 12 Bände berechneten Gesamtausgabe der Werke Hegels wird mit der von Georg Lasson besorgten Ausgabe vereinigt und im Rahmen der ›Philosophischen Bibliothek‹ fortgeführt werden. [. . .]«.
Im PhB-Kat. vom Sept. 1913 werden erstmals die ›Sämtlichen Werke‹ angezeigt, ›unter Mitwirkung v. Dr. Otto Weiß hrsg. v. Georg Lasson‹. Die Lasson'sche Ausg. wird auch als ›Werke Bd. II‹ verzeichnet, die Weiß'sche Ausg. hat keine WW-Bd-Zählung; der Vlgstext der früheren Kat. zu dieser Ausg. (siehe oben) entfällt.
Im PhB-Kat. vom Sept. 1919 wird die Lasson'sche Ausg. als ›vergriffen‹ aufgeführt; die Weiß'sche Ausg. ist nicht mehr verzeichnet.

36.19.2.1907.114 61, 294

[I] [Z. 1 ebs.] | Band 114 || [Z. 3 ebs.] | Phänomenologie des Geistes || Jubiläumsausgabe || [Z. 6–8 ebs.] | Georg Lasson | Pastor an S. Bartholomäus, Berlin || Leipzig 1907 | Verlag von Felix Meiner

CXIX, 532 S.

Rückdatierte Titelaufl., 1911 entstanden.

36.19.3.1911.114 8, 18, 46, 464

[I] [Z. 1–10 ebs.] | Leipzig 1911 | [Z. 12 ebs.]
Bl. 2b GEORG WILHELM FRIEDRICH HEGEL | Sämtliche Werke || Unter Mitwirkung von Dr. Otto Weiß | herausgegeben von | Georg Lasson || Band II: | Phänomenologie des Geistes | [Reihensignet] | Verlag von Felix Meiner in Leipzig
Bl. 2a Hegels Sämtliche Werke | Band II: | Phänomenologie des Geistes

2 Bl., (Bl. 1 bds. Vlgsanz.), CXIX, 532 S., (2 Bl., jw. bds. Vlgsanz.)

Titelaufl., vermutlich rückdatiert und erst 1913 entstanden.
Die Ausg. ist auch belegt im NUC 238, 211b.
Die Exe 8 und 46 haben nach S. 532 noch 1 Bl. mit ›Berichtigungen‹ auf S. a.

36.19.4.1921.114 A, 6, 29, 38 (2 Exe), 107, 294, 361 (2 Exe)

[I] GEORG WILHELM FRIEDRICH HEGEL | PHÄNOMENOLOGIE | DES GEISTES | HERAUSGEGEBEN VON | GEORG LASSON | DURCHGESEHENE UND UM NAMEN- UND | SACHREGISTER VERMEHRTE | ZWEITE AUFLAGE | [Reihensignet] | DER PHILOSOPHISCHEN BIBLIOTHEK BAND 114 | LEIPZIG 1921 / VERLAG VON FELIX MEINER

CXIX, 541 S., (1 Bl., bds. Vlgsanz.)

Dem Ex. 107 ist zu Beginn noch das WW-Titelbl. der vorh. Ausg. 36.19.3 eingebunden, das aber – von der Hrsgschaft der WW her – nicht mehr zu dieser Ausg. von 1921 paßt: In den Vlgsanz. am Schluß des Bds wird nur noch Lasson als Hrsg. der WW genannt (nicht mehr O. Weiß).
In einigen Exn fehlt das Zwischentitelbl. (S. 1–2) oder ist zwischen S. CXVI und CXVII gebunden.

36.19.5.1923.114

Georg Wilhelm Friedrich Hegel: Phänomenologie des Geistes. Hrsg. von Georg Lasson. Leipzig: Meiner 1923.
= PhB 114

Im ›Vorwort des Verlegers‹ auf S. 1 der Ausg. von 1952 (36.19.9) heißt es: »Im Jahre 1923 wurde der Text allein mit den Kursivhervorhebungen des Erstdrucks für eine Anzahl holländischer Subskribenten neu gesetzt und gedruckt. In den Buchhandel kam diese Ausgabe, um Einleitung, Anmerkungen und Register vermehrt, erst 1927 als dritte Auflage.« Ähnliche Bemerkungen des Vlgs gibt es schon auf S. IV der Ausg. von 1937 und auf S. V der Ausg. von 1949.
An allen 3 Stellen wird die 3. Aufl. fälschlich mit ›1927‹ angegeben, die 2. Aufl. fälschlich mit ›1920‹.
Es konnte kein Ex. der Ausg. 1923 beschafft werden. Auch konnte nicht geklärt werden, ob es sich hierbei überhaupt um eine reguläre Einzelausg. (mit eigenem Titelbl.) handelt.

36.19.6.1928.114 A, 6, 29, 38, 121, 168

[III] GEORG WILHELM FRIEDRICH HEGEL | PHÄNOMENOLOGIE | DES GEISTES | NACH DEM TEXTE DER ORIGINALAUSGABE | HERAUSGEGEBEN VON | GEORG LASSON | DR. PHIL. h. c. (KIEL 1921) / D. THEOL. h. c. (BERLIN 1927) | DRITTE AUFLAGE | [Reihensignet] | DER PHILOSOPHISCHEN BIBLIOTHEK BAND 114 | LEIPZIG 1928 / VERLAG VON FELIX MEINER

[II] GEORG WILHELM FRIEDRICH HEGEL | SÄMTLICHE WERKE | HERAUSGEGEBEN VON GEORG LASSON | BAND II: | PHÄNOMENOLOGIE DES GEISTES | [Reihensignet] | VERLAG VON FELIX MEINER IN LEIPZIG

[I] HEGELS SÄMTLICHE WERKE | BAND II: | PHÄNOMENOLOGIE DES GEISTES

LXXX S., S. [3]-583, 2 Bl. (jw. bds. Vlgsanz.)

Auf dem Vorderdeckel des Exs 6 lautet die Jahresangabe ›1929‹, wie auch im PhB-Kat. vom März 1929.

36.19.7.1937.114 A, 6, 16, 25

[III] [Z. 1–5 ebs.] | JOHANNES HOFFMEISTER | [Z. 7–8 wie vorh. Z. 9–10] | LEIPZIG 1937 / VERLAG VON FELIX MEINER

[II] [Z. 1–2 ebs.] | KRITISCHE AUSGABE | [Z. 4–7 ebs.]

[I] [ebs.]

[IV] [13 Z. unvollständige Aufl.-Hinweise] | [2 Z. Hinweis auf die Seitenkonkordanz verschiedener Ausg. auf S. 565]

XLII S., S. [3]–598

Auf S. [IV] wird die 2. Aufl. fälschlich mit »1920« (statt 1921) und die dritte Aufl. fälschlich mit »1927« (statt 1928) angegeben.

36.19.8.1949.114 A, 38, 352, 385, Vlo1

[III] [Z. 1–7 ebs.] | VERLAG VON FELIX MEINER IN LEIPZIG

[IV] DER PHILOSOPHISCHEN BIBLIOTHEK BAND 114 | FÜNFTE AUFLAGE 1949 ||

[II] [ebs.]
[I] [Z. 1 ebs.] | KRITISCHE AUSGABE | [Z. 3–4 wie vorh. Z. 2–3]

XI S., S. [9]–600

S. [V] beinhaltet ein Vorwort des Verlegers mit 2 falschen Jahresangaben (siehe 36.19.5). Dort heißt es auch: »Der vorliegende Druck wurde zum größten Teil bereits im Jahre 1944 ausgeführt [. . .]«.

36.19.9.1952.114 A, 6, 25, 38, 43

[III] [Z. 1–7 ebs.] | VERLAG VON FELIX MEINER | IN HAMBURG
[IV] [Z. 1 ebs.] | SECHSTE AUFLAGE 1952
[II] [Z. 1–2 ebs.] | NEUE KRITISCHE AUSGABE | BEGRÜNDET VON GEORG LASSON | IN NEUER ANORDNUNG UND BEARBEITUNG | HERAUSGEGEBEN VON JOHANNES HOFFMEISTER | BAND V | [Z. 8–9 wie vorh. Z. 5–6] | VERLAG VON FELIX MEINER | IN HAMBURG
[I] HEGEL · PHÄNOMENOLOGIE DES GEISTES

XLII, 598 S.

S. [1] beinhaltet ein ›Vorwort des Verlegers‹ mit 2 falschen Jahresangaben (siehe 36.19.4).
Der Ausg. war ein Druckfehlerverzeichnis beigegeben.
In späteren, ungekennzeichneten Nachdrucken sind diese Fehler korrigiert, weshalb der Corrigendazettel entfiel.
In Ex. 43 sind die 3 letzten Z. von S. [III] und ein Tl von S. [IV] überklebt.
Lizenzausg. 1964, 1966, 1970, 1974 an den Akademie-Vlg Berlin (Ost).

36.20. Schriften zur Politik und Rechtsphilosophie

Ein Auszug aus der Ausg. 36.20.1 erschien separat als Heft 6 der FA und TA, siehe FA2.2, TA5.7.

36.20.1.1913.144 5, 6, 46, 61, 62, 107, 294

[I] HEGELS | Schriften zur Politik und | Rechtsphilosophie || Herausgegeben | von | Georg Lasson, | Pastor an S. Bartholomäus, Berlin | [Reihensignet] | Der Philosophischen Bibliothek | Band 144 | Leipzig 1913 | Verlag von Felix Meiner
Bl. 2b GEORG WILHELM FRIEDRICH HEGEL | Sämtliche Werke || Unter Mitwirkung von Dr. Otto Weiß | herausgegeben von | Georg Lasson || Band VII: | Schriften | zur Politik und Rechtsphilosophie | [Reihensignet] | Leipzig 1913 | Verlag von Felix Meiner
Bl. 2a Hegels Sämtliche Werke | Band VII: | Schriften | zur Politik und Rechtsphilosophie

2 Bl., (Bl. 1 bds. Vlgsanz.; Bl. 2 WW-Titel), XXXVIII, 513 S., (2 Bl., jw. bds. Vlgsanz.)

Die Ausg. wird später ersetzt durch die Ausg. 36.14 und 36.21.
Nur Ex. 5 besitzt das 1. Bl. zu Beginn des Bds.

36.20.2.1923.144 A, 29, 38, 121, 260, Vlo1

[III] GEORG FRIEDRICH WILHELM [SIC!] HEGEL | SCHRIFTEN ZUR POLITIK | UND RECHTSPHILOSOPHIE | HERAUSGEGEBEN VON | GEORG LASSON | DR. PHIL. h. c., PASTOR | AN ST. BARTHOLOMÄUS, BERLIN | ZWEITE, DURCHGESEHENE AUFLAGE | [Reihensignet] | DER PHILOSOPHISCHEN BIBLIOTHEK BAND 144 | LEIPZIG 1923 / VERLAG VON FELIX MEINER

[II] GEORG FRIEDRICH WILHELM [SIC!] HEGEL | SÄMTLICHE WERKE | HERAUSGEGEBEN VON | GEORG LASSON | BAND VII: | SCHRIFTEN | ZUR POLITIK UND RECHTSPHILOSOPHIE | [Reihensignet] | VERLAG VON FELIX MEINER IN LEIPZIG

[I] HEGELS SÄMTLICHE WERKE | BAND VII: | SCHRIFTEN | ZUR POLITIK UND RECHTSPHILOSOPHIE

XL, 509 S., 1 Bl. (bds. Vlgsanz.)

Die Ausg. wird später ersetzt durch die Ausg. 36.14 und 36.21.

36.21. System der Sittlichkeit

36.21.1.1967.144a A, 38, 61, 385

[1] GEORG WILHELM FRIEDRICH HEGEL | System der Sittlichkeit | Herausgegeben von | GEORG LASSON | [Reihensignet] | VERLAG VON FELIX MEINER | HAMBURG

[2] PHILOSOPHISCHE BIBLIOTHEK BAND 144a | Unveränderter Abdruck 1967 | aus: G. W. F. Hegel »Schriften zur Politik und Rechtsphilosophie« | zweite Auflage 1923

93 S., 1 Bl. (bds. Vlgsanz.)

36.22. Vorlesungen über die Ästhetik: Die Idee und das Ideal

1934 erschien die ›Einleitung in die Ästhetik‹ separat als Heft 67 der TA, siehe TA5.2.

36.22.1.1931.164 A, 5, 6, 7, 8, 24, 29, 46, 61, 121, 168, 294

[III] GEORG WILHELM FRIEDRICH HEGEL | DIE IDEE | UND DAS IDEAL | NACH DEN ERHALTENEN QUELLEN | NEU HERAUSGEGEBEN VON | GEORG LASSON |

DR. PHIL. h. c. (KIEL 1921) / D. THEOL. h. c. (BERLIN 1927) | [Reihensignet] | DER PHILOSOPHISCHEN BIBLIOTHEK BAND 164 | LEIPZIG 1931 / VERLAG VON FELIX MEINER

[IV] ERSCHIENEN IM JAHRE 1931

[II] GEORG WILHELM FRIEDRICH HEGEL | SÄMTLICHE WERKE | HERAUSGEGEBEN VON GEORG LASSON | BAND Xa: | VORLESUNGEN ÜBER DIE ÄSTHETIK | ERSTER HALBBAND: | EINLEITUNG UND ERSTER TEIL, 1. ABTEILUNG: | DIE IDEE UND DAS IDEAL | [Reihensignet] | VERLAG VON FELIX MEINER IN LEIPZIG

[I] HEGELS SÄMTLICHE WERKE | BAND Xa: | VORLESUNGEN ÜBER DIE ÄSTHETIK | I. HALBBAND: | EINLEITUNG UND ERSTER TEIL, 1. ABTEILUNG: | DIE IDEE UND DAS IDEAL

XVI, 398 S., (1 Bl., bds. Vlgsanz.)

In Ex. 5 fehlt das WW-Titelbl.
Ex. 24 ist ein Widmungsex. Lassons mit eigenhändiger Widmung auf S. [I].

36.23. Vorlesungen über die Beweise vom Dasein Gottes

36.23.1.1930.64 A, 5, 6, 7, 24, 29, 36, 38, 46, 61, 121, 168, 260, 290, 294, 464

[III] GEORG WILHELM FRIEDRICH HEGEL | VORLESUNGEN | ÜBER DIE BEWEISE VOM | DASEIN GOTTES | NEU HERAUSGEGEBEN VON | GEORG LASSON | DR. PHIL. h. c. (KIEL 1921) / D. THEOL. h. c. (BERLIN 1927) | [Reihensignet] | DER PHILOSOPHISCHEN BIBLIOTHEK BAND 64 | LEIPZIG 1930 / VERLAG VON FELIX MEINER

[IV] VORLESUNGEN | ÜBER DIE PHILOSOPHIE DER RELIGION | DRITTER TEIL, ZWEITE HÄLFTE: | VORLESUNGEN ÜBER DIE BEWEISE VOM DASEIN GOTTES

[I] G. W. F. HEGEL | VORLESUNGEN ÜBER DIE BEWEISE | VOM DASEIN GOTTES

XI, 189 S., (3 Bl., jw. bds. Vlgsanz.)

Die Ausg. erschien als 2. Hälfte des 3. Tls der ›Vorlesungen über die Philosophie der Religion‹ (siehe S. [IV]) und bildete dementsprechend Tl 2 des Bd 14 der WW (siehe hier 36.25.4–5). Siehe dazu 36.23.2.
Ex. 24 ist ein Widmungsex. Lassons mit eigenhändiger Widmung auf S. [I].

36.23.2.1966.64 A, 61, 64, 132, 294

[III] [Z. 1 ebs.] | Vorlesungen über die | Beweise vom Dasein Gottes | Herausgegeben von | [Z. 5 wie vorh. Z. 6] | VERLAG VON FELIX MEINER | HAMBURG

[IV] PHILOSOPHISCHE BIBLIOTHEK BAND 64 | Nachdruck 1966 mit einer Bibliographie | Die erste Auflage erschien 1930 und war | den „Vorlesungen über die Philosophie der Religion" | als Anhang beigegeben

[I] [Reihensignet]

XII, 191 S.

In der ›Vorbemerkung des Verlages‹ auf S. [VII] wird ausgeführt, daß diese ›Vorlesungen‹ wegen ihrer engen Verbindung zur Logik nicht mehr als Anhang (d. h. als 2. Hälfte des 3. Tls) der ›Vorlesungen über die Philosophie der Religion‹ erscheinen: »Erst die neuere Forschung hat auch den logischen Aspekt wieder betont und damit zugleich die selbständige Bedeutung dieser Vorlesungen [über die Beweise vom Dasein Gottes] herausgestellt.«

36.23.3.1973.64 A, 385

[III] [ebs.]

[IV] [Z. 1 ebs.] | [2. Z. Aufl.-Hinweise] | 1973 Nachdruck mit ergänzter Bibliographie

[I] [ebs.]

XII, 192 S.

36.24. Vorlesungen über die Geschichte der Philosophie, Einleitung

36.24.1.1940.166 A, 12, 25, 29, 61, 121, 168

[III] GEORG WILH. FRIEDR. HEGEL | SYSTEM | UND GESCHICHTE | DER PHILOSOPHIE | VOLLSTÄNDIG NEU NACH DEN QUELLEN | HERAUSGEGEBEN VON | JOHANNES HOFFMEISTER | [Reihensignet] | DER PHILOSOPHISCHEN BIBLIOTHEK BAND 166 | LEIPZIG 1940 / VERLAG VON FELIX MEINER

[II] GEORG WILH. FRIEDR. HEGEL | SÄMTLICHE WERKE | KRITISCHE AUSGABE | BAND XVa: | VORLESUNGEN ÜBER DIE GESCHICHTE | DER PHILOSOPHIE | EINLEITUNG: | SYSTEM UND GESCHICHTE DER PHILOSOPHIE | [Reihensignet] | VERLAG VON FELIX MEINER IN LEIPZIG

[I] HEGELS SÄMTLICHE WERKE | BAND XVa: | VORLESUNGEN ÜBER DIE GESCHICHTE | DER PHILOSOPHIE | EINLEITUNG

VII, XLIX*, 386 S., 2 Bl. (jw. bds. Vlgsanz.)

Die Ausg. erschien in 3 Lieferungen von 1938–40:
1. Lieferung: 1938, S. I*–XLIX*, S. [1]–110
2. Lieferung: 1938, S. 111–270
3. Lieferung: 1940, S. [I]–[VII], S. 271–386, 2 Bl.
Dem Ex. 12 sind noch die Deckel der 3 Lieferungen mit eingebunden.

36.24.2.1944.166 A, 8, 31, 38, 107, 385

[III] [Z. 1–8 ebs.] | VERLAG VON FELIX MEINER IN LEIPZIG

[IV] DER PHILOSOPHISCHEN BIBLIOTHEK BAND 166 | Unveränderter Abdruck 1944 | der ersten im Jahre 1940 erschienenen Auflage

[II] [ebs.]
[I] [ebs.]

VII, XLIX*, 386 S., 2 Bl. (jw. bds. Vlgsanz.)

36.24.3.1959.166 A, 38, 61, 294

[III] GEORG WILHELM FRIEDRICH HEGEL | EINLEITUNG IN DIE | GESCHICHTE | [Z. 4 ebs.] | Herausgegeben von | Johannes Hoffmeister | VERLAG VON FELIX MEINER | HAMBURG
[IV] PHILOSOPHISCHE BIBLIOTHEK BAND 166 | 3., gekürzte Auflage 1959, besorgt von | FRIEDHELM NICOLIN
[I] [Reihensignet]

XIX, 311 S., 2 Bl. (Bl. 1 bds. Vlgsanz., Bl. 2a Vlgsanz.)

Lizenzausg. 1966 und 1972 an den Akademie-Vlg Berlin (Ost).

36.24.4.1966.166 A, 385

[III] [ebs.]
[IV] [Z. 1–3 ebs.] | Unveränderter Nachdruck 1966
[I] [ebs.]

XIX, 311 S.

Ein ungekennzeichneter Nachdruck von 1978 hat am Schluß des Bds noch 2 Bl. (Bl. 1 bds. Vlgsanz.).

36.25–31: Vorlesungen über die Philosophie der Religion

Hegels ›Vorlesungen über die Philosophie der Religion‹ umfassen in der 1. Aufl. 1925–30 die 6 Einzelausg. PhB 59–61 und 63–65 in 3 Bdn, die auch Bd 12–14 der WW bilden:

Bd	WW-Bd	Tl	PhB	Jahr	(Kurz-)Titel	hier
1	12		[65	1930	Lasson: Einführung]	55.1.1
		Tl 1	59	1925	Begriff d. Religion	36.26.1
2	13	Tl 2,			Die bestimmte Religion:	
		Kap. 1	60	1927	Die Naturreligion	36.27.1
		Kap. 2	61	1927	Die Rel. d. geist. Individualität	36.28.1
3	14	Tl 3:				
		Hälfte 1	63	1929	Die absolute Rel.	36.29.1
		Hälfte 2	64	1930	Vorl. üb. d. Beweise v. Dasein Gottes	36.23.1
		[Anhang:	65	1930	Lasson: Einführung]	55.1.1

Bd 1 und 3 (= WW Bd 12 und 14) können nach 1930 Lassons ›Einführung in Hegels Religionsphilosophie‹ (hier 55.1.1) enthalten, wobei dann die WW-Titelei entsprechend geändert ist. So ergeben sich für Bd 12 und 14 der WW jw. 2 unterschiedliche WW-Ausg.; Bd 12–14 der WW sind hier unter Nr 36.25 separat verzeichnet.
1966 und 1974 gab es Nachdrucke mit jw. nur 4 Bdn in 2 Sammelbdn: Bd 1 mit PhB 59 und 60 (36.30), Bd 2 mit PhB 61 und 63 (36.31); Lassons ›Einführung‹ (PhB 65) entfiel; die ›Vorlesungen über die Beweise vom Dasein Gottes‹ (PhB 64), die in der 1. Aufl. 1930 noch als die 2. Hälfte des 3. Tls der ›Vorlesungen über die Philosophie der Religion‹ hrsg. worden waren, erschienen 1966 und 1973 nicht mehr in deren Rahmen, sondern unter dem Einzeltitel, unter dem sie hier auch verzeichnet sind (36.23).
Von den Nachdrucken 1966 und 1974 der PhB-Bde 59–61 und 63 erschien nur PhB 59 (›Begriff der Religion‹) auch als Einzelausg.; die anderen 3 Bde erschienen nur innerhalb der Sammelausg. 36.30–31 (bestätigt auch in der ›Vorbemerkung des Verlages‹ auf S. V der Ausg. 36.26.2–3).

36.25. Vorlesungen über die Philosophie der Religion, WW Bd 12–14

36.25.1: Bd 12 der WW, ›1. Aufl.‹ 1925 — A_1, 5, 6, 7, 8, 24, 29, 36, 46, 51, 260, 294, 361

[I] HEGELS SÄMTLICHE WERKE | BAND XII: | VORLESUNGEN | ÜBER DIE PHILOSOPHIE DER RELIGION | I. TEIL: BEGRIFF DER RELIGION

[II] GEORG WILHELM FRIEDRICH HEGEL | SÄMTLICHE WERKE | HERAUSGEGEBEN VON GEORG LASSON | BAND XII: | VORLESUNGEN | ÜBER DIE PHILOSOPHIE DER RELIGION | ERSTER TEIL | BEGRIFF DER RELIGION | [Reihensignet] | VERLAG VON FELIX MEINER IN LEIPZIG

Der Bd enthält die Ausg. 36.26.1 (›Begriff der Religion‹, PhB 59).
Ex. 24 ist ein Widmungsex. Lassons mit eigenhändiger Widmung auf S. [I].
Ex. 46 ist mit Ausg. 36.25.2 zusammengebunden (siehe dort).

36.25.2: Bd 12 der WW, ›2. Aufl.‹ 1930 — A_2, 5, 6, 7, 8, 29, 36, 38, 46, 61, 121, 168, 464

[I] [Z. 1–5 ebs.] | VORANGEHT: LASSONS EINFÜHRUNG ZUR NEUAUSGABE

[II] [Z. 1–8 ebs.] | VORANGEHT: LASSONS EINFÜHRUNG ZUR NEUAUSGABE | [Z. 10–11 wie vorh. Z. 9–10]

1930 erweiterte Ausg. (Sammelausg.) des Bd 12 der WW. Der Bd enthält die Ausg. 55.1.1 (Lassons ›Einführung‹, PhB 65) und 36.26.1 (›Begriff der Religion‹, PhB 59).
Bei den meisten Exn ist aber die Hegel-Ausg. 36.26.1 separat gebunden – wobei die WW-Titelei dem Tl 1 (= 55.1.1) vorgebunden ist –, vermutlich weil das Zusammenbinden der schon 1925 hrsg. Ausg. 36.26.1 mit der erst 1930 erschienenen und mit neuer WW-Titelei versehenen Lasson'schen ›Einführung‹ unterblieb.

Ganz analog dazu gibt es in einigen Bibliotheken (z. B. A, 5, 6, 7, 8, 29, 36, 46) beide Ausg. des Bd 12, wobei dann bei der späteren Ausg. 36.25.2 der Hegel-Text (›Begriff der Religion‹, PhB 59) fehlt: Hier lieferte der Meiner-Vlg 1925 die Ausg. 36.25.1 und 1930 die Ausg. 36.25.2 (eben ohne den Hegel-Text bzw. – anders formuliert – die Ausg. 55.1.1 mit der späteren WW-Titelei); das Zusammenbinden beider Ausg. unterblieb auch hier; zudem hätte man bei diesem Zusammenbinden die frühere WW-Titelei von 36.25.1 (bzw. von 36.26.1) wegschneiden müssen, um nicht 2 verschiedene WW-Titeleien in 1 Sammelbd zu haben (wie bei Ex. 46).

36.25.3: Bd 13 der WW — A (2 Exe), 5, 6, 7, 8, 21, 24, 29, 36, 38, 46, 51, 61, 121, 168, 260, 294, 464

[I] [Z. 1 ebs.] | BAND XIII: | [Z. 3–4 ebs.] | ZWEITER TEIL: DIE BESTIMMTE RELIGION

[II] [Z. 1–3 ebs.] | BAND XIII: | [Z. 5–6 ebs.] | ZWEITER TEIL: | DIE BESTIMMTE RELIGION | [Z. 9–10 wie vorh. Z. 10–11]

Diese Sammelausg. enthält die Ausg. 36.27.1 (›Die Naturreligion‹, PhB 60) und 36.28.1 (›Die Religionen der geistigen Individualität‹, PhB 61).
Oft sind beide Einzelausg. aber separat gebunden, wobei die WW-Titelei dem Tl 1 (= 36.27.1) vorgebunden ist.
In einen Bd zusammengebunden sind beide Einzelausg. in den Exn A_1, 21, 29, 46, 121, 168, 260, 464.
Ex. 24 ist ein Widmungsex. Lassons mit eigenhändiger Widmung auf S. [I].

36.25.4: Bd 14 der WW, ›1. Aufl.‹ — A, 5, 6, 7, 8, 21, 29, 36, 38, 46, 51, 61, 168, 294, 464

[I] [Z. 1 ebs.] | BAND XIV: | [Z. 3–4 ebs.] | DRITTER TEIL: DIE ABSOLUTE RELIGION

[II] [Z. 1–3 ebs.] | BAND XIV: | [Z. 5–6 ebs.] | DRITTER TEIL: | DIE ABSOLUTE RELIGION | MIT EINEM ANHANG: | DIE BEWEISE VOM DASEIN GOTTES | [Z. 11–12 wie vorh. Z. 9–10]

Diese Sammelausg. enthält die Ausg. 36.29.1 (›Die absolute Religion‹, PhB 63) und 36.23.1 (›Vorlesungen über die Beweise vom Dasein Gottes‹, PhB 64).
Oft sind beide Einzelausg. aber separat gebunden – wobei die WW-Titelei dem Tl 1 (= 36.28.1) vorgebunden ist –, vermutlich weil das Zusammenbinden der schon 1929 hrsg. Ausg. 36.28.1 mit der erst 1930 erschienenen Ausg. 36.23.1 unterblieb.
In einen Bd zusammengebunden sind beide Einzelausg. nur in den Exn A, 21, 168.

36.25.5: Bd 14 der WW, ›2. Aufl.‹ — 121, 260

[I] [Z. 1–5 ebs.] | MIT EINEM ANHANG: DIE BEWEISE VOM DASEIN GOTTES | UND MIT LASSONS EINFÜHRUNG | ZUR NEUAUSGABE DER RELIGIONSPHILOSOPHIE

[II] [Z. 1–8 ebs.] | MIT EINEM ANHANG: DIE BEWEISE VOM DASEIN GOTTES | UND MIT LASSONS EINFÜHRUNG | ZUR NEUAUSGABE DER RELIGIONSPHILOSOPHIE | [Z. 12–13 wie vorh. Z. 11–12]

Erweiterte Sammelausg. des Bd 14 der WW. Der Bd enthält – nach den Ausg. 36.28.1 und 36.23.1 – nun noch die Ausg. 55.1.1 (Lassons ›Einführung‹, PhB 65), also PhB 63–65.

36.26. Vorlesungen über die Philosophie der Religion, Teil I: Begriff der Religion

36.26.1.1925.59 A (2 Exe), 5 (2 Exe), 6, 7, 8, 24, 29, 36, (2 Exe), 38, 46, 51, 61, 121, 168, 260, 294, 361, 464

[III] GEORG WILHELM FRIEDRICH HEGEL | BEGRIFF | DER RELIGION | NACH DEN VORHANDENEN | MANUSKRIPTEN VOLLSTÄNDIG NEU | HERAUSGEGEBEN VON | GEORG LASSON | [Reihensignet] | DER PHILOSOPHISCHEN BIBLIOTHEK BAND 59 | LEIPZIG 1925 / VERLAG VON FELIX MEINER

XIII, 326 S.

S. [I]–[II] bilden die WW-Titelei der ›1. Aufl.‹ des Bd 12 der WW, siehe 36.25.1. Es gibt auch Exe ohne WW-Titelbl.

36.26.2.1966.59 A

[III] [Z. 1 ebs.] | Begriff der Religion | Herausgegeben von | [Z. 4 wie vorh. Z. 7] | Mit einem bibliographischen Anhang | VERLAG VON FELIX MEINER | HAMBURG

[IV] PHILOSOPHISCHE BIBLIOTHEK BAND 59 | Sonderausgabe aus »Vorlesungen über die Philosophie der Religion« | Nachdruck 1966 der 1. Auflage von 1925

[I] [Reihensignet]

XV, 340 S.

Einzelausg.; S. 329–340: Bibliographie; siehe 36.26.3.

36.26.3.1966.59 A, 5, 61, 64, 294

[III] [Z. 1–4 ebs.] | [Z. 5–6 wie vorh. Z. 6–7]

[IV] [Z. 1 ebs.] | [Z. 2 wie vorh. Z. 3]

XV, 327 S.

Im Gegensatz zu Ausg. 36.26.2 gibt es diese Ausg. nur als Tl 1 (des Bd 1) der Sammelausg. 36.30.1; deren Gesamttitelei bildet dann S. [I]–[II].
Möglicherweise gibt es auch einzeln gebundene Exe, dann aber nur mit Privat- oder Bibliothekseinbänden.

Die Bibliographie ist hier nicht – wie bei Ausg. 36.36.2 – an das Ende dieser Ausg. (des Tls 1 der ›Vorl.‹), sondern an den Schluß des Gesamtbds (d. h. hinter Tl 2 des Bd 2; hier 36.31.1 und 36.29.2) gesetzt.

36.26.4.1974.59 A, 385, Tr2

[III] [ebs.]

[IV] [Z. 1–2 ebs.] | Nachdruck 1974 | Der erstmalig 1966 beigefügte bibliographische Anhang, wesentlich | erweitert 1974, befindet sich am Schluß des zweiten Bandes

XV, 327 S.

Die Ausg. gibt es nur als Tl 1 (des Bd 1) der Sammelausg. 36.30.2; deren Gesamttitelei bildet dann S. [I]–[II].
Die Bemerkung zum bibliographischen Anhang auf S. [IV] bezieht sich auf Ausg. 36.31.2.

36.27. Vorlesungen über die Philosophie der Religion, Teil II (Die bestimmte Religion), Kap. 1: Die Naturreligion

36.27.1.1927.60 A (2 Exe), 5, 6, 7, 8, 21, 24, 29, 36, 38, 46, 51, 61, 121, 168, 260, 294, 464

[III] GEORG WILHELM FRIEDRICH HEGEL | DIE | NATURRELIGION | NACH DEN VORHANDENEN | MANUSKRIPTEN VOLLSTÄNDIG NEU | HERAUSGEGEBEN VON | GEORG LASSON | [Reihensignet] | DER PHILOSOPHISCHEN BIBLIOTHEK BAND 60 | LEIPZIG 1927 / VERLAG VON FELIX MEINER

[IV] VORLESUNGEN | ÜBER DIE PHILOSOPHIE DER RELIGION | ZWEITER TEIL: DIE BESTIMMTE RELIGION | ERSTES KAPITEL: DIE NATURRELIGION

IX, 247 S., (1 Bl., S. a Vlgsanz.)

S. [I]–[II] bilden die WW-Titelei des Bd 13 der WW, siehe 36.25.3.

36.27.2.1966.60 A, 5, 61, 64, 294

[I] [Z. 1 wie vorh. auf S. III] | Die Naturreligion | Herausgegeben von | [Z. 4 wie vorh. Z. 7 auf S. III] | VERLAG VON FELIX MEINER | HAMBURG

[II] PHILOSOPHISCHE BIBLIOTHEK BAND 60 | Nachdruck 1966 der 1. Auflage von 1927

VIII, 247 S.

Die Ausg. bildet Tl 2 (des Bd 1) der Sammelausg. 36.30.1 und gab es auch nur innerhalb dieser Sammelausg.

36.27.3.1974.60 A, 385, Tr2

[I] [ebs.]

[II] [Z. 1 ebs.] | Nachdruck 1966 der 1. Auflage von 1925 | Nachdruck 1974 | Der erstmalig 1966 beigefügte bibliographische Anhang, wesentlich | erweitert 1974, befindet sich am Schluß des zweiten Bandes

VIII, 247 S.

Die Ausg. bildet Tl 2 (des Bd 1) der Sammelausg. 36.30.2 und gab es auch nur innerhalb dieser Sammelausg.
Die – gegenüber dem Nachdruck von 1966 – geänderte Jahresangabe ›1925‹ für die 1. Aufl in Z. 2 auf S. [II] ist falsch: Die 1. Aufl. ist 1927 erschienen.

36.28. Vorlesungen über die Philosophie der Religion, Teil II (Die bestimmte Religion), Kap. 2: Die Religionen der geistigen Individualität

1934 erschien ein Textauszug (›Philosophie der griechischen Religion‹) der Ausg. 36.28.1 separat als Heft 68 der TA, siehe TA5.3.

36.28.1.1927.61 A, 5, 6, 7, 8, 16, 21, 24, 25, 29, 36, 38, 46, 51, 61, 121, 260, 294, 464

[I] GEORG WILHELM FRIEDRICH HEGEL | DIE RELIGIONEN DER | GEISTIGEN INDIVIDUALITÄT | NACH DEN VORHANDENEN | MANUSKRIPTEN VOLLSTÄNDIG NEU | HERAUSGEGEBEN VON | GEORG LASSON | [Reihensignet] | DER PHILOSOPHISCHEN BIBLIOTHEK BAND 61 | LEIPZIG 1927 / VERLAG VON FELIX MEINER

[II] VORLESUNGEN | ÜBER DIE PHILOSOPHIE DER RELIGION | ZWEITER TEIL: DIE BESTIMMTE RELIGION | ZWEITES KAPITEL: | DIE RELIGIONEN DER GEISTIGEN INDIVIDUALITÄT

IV, 256 S., (2 od. 1 Bl., jw. bds. Vlgsanz.)

Die Ausg. bildet Tl 2 des Bd 13 der WW, siehe 36.25.3.
Im DBV 13 ist die Ausg. fälschlich auf S. 142a unter den ›Vorlesungen über die Philosophie der Weltgeschichte‹ verzeichnet (statt auf S. 141b unten unter den ›Vorlesungen zur Philosophie der Religion‹).
Ex. 24 ist ein Widmungsex. Lassons mit eigenhändiger Widmung auf S. [I].

36.28.2.1966.61 A, 5, 61, 64, 294

[III] [Z. 1 wie vorh. auf S. I] | Die Religionen | der geistigen Individualität | Herausgegeben von | [Z. 5 wie vorh. Z. 7 auf S. I] | VERLAG VON FELIX MEINER | HAMBURG

[IV] PHILOSOPHISCHE BIBLIOTHEK BAND 61 | Nachdruck 1966 der 1. Auflage von 1927

VIII, 256 S.

S. [I]–[II] bilden die Gesamttitelei der Sammelausg. 36.31.1, deren Tl 1 (des Bd 2) die Ausg. bildet; die Ausg. gab es auch nur innerhalb dieser Sammelausg.

36.28.3.1974.61 A, 385, Tr2

[III] [ebs.]

[IV] [Z. 1 ebs.] | Nachdruck 1966 der 1. Auflage von 1925 | Nachdruck 1974 | Der erstmalig 1966 beigefügte bibliographische Anhang, wesentlich | erweitert 1974, befindet sich am Schluß des zweiten Bandes

VIII, 256 S.

S. [I]–[II] bilden die Gesamttitelei der Sammelausg. 36.31.2, deren Tl 1 (des Bd 2) die Ausg. bildet; die Ausg. gab es auch nur innerhalb dieser Sammelausg.
Die – gegenüber dem Nachdruck von 1966 – geänderte Jahresangabe ›1925‹ für die 1. Aufl. in Z. 2 auf S. [IV] ist falsch: Die 1. Aufl. ist 1927 erschienen.

36.29. Vorlesungen über die Philosophie der Religion, Teil III, 1. Hälfte: Die absolute Religion

36.29.1.1929.63 A, 5, 6, 7, 8, 21, 29, 36, 38, 46, 51, 61, 121, 168, 260, 294, 464

[III] GEORG WILHELM FRIEDRICH HEGEL | DIE | ABSOLUTE RELIGION | NACH DEN VORHANDENEN | MANUSKRIPTEN VOLLSTÄNDIG NEU | HERAUSGEGEBEN VON | GEORG LASSON | DR. PHIL. h. c. (KIEL 1921) / D. THEOL. h. c. (BERLIN 1927) | [Reihensignet] | DER PHILOSOPHISCHEN BIBLIOTHEK BAND 63 | LEIPZIG 1929 / VERLAG VON FELIX MEINER

[IV] VORLESUNGEN | ÜBER DIE PHILOSOPHIE DER RELIGION | DRITTER TEIL, ERSTE HÄLFTE: | DIE ABSOLUTE RELIGION

XII, 244 S.

S. [I]–[II] bilden die WW-Titelei der 1. oder 2. ›Aufl.‹ des Bd 14 der WW, siehe 36.25.4–5.
Zu S. [IV]: Die 2. Hälfte des 3. Tls bildeten in der 1. Aufl. der ›Vorlesungen über die Philosophie der Religion‹ die ›Vorlesungen über die Beweise vom Dasein Gottes‹, die hier unter dem Stücktitel aufgeführt sind, siehe 36.23.

36.29.2.1966.63 A, 5, 61, 64, 294

[I] [Z. 1 wie vorh. auf S. III] | Die absolute Religion | Herausgegeben von | [Z. 4 wie vorh. Z. 7 auf S. III] | VERLAG VON FELIX MEINER | HAMBURG

[II] PHILOSOPHISCHE BIBLIOTHEK BAND 63 | Nachdruck 1966 der 1. Auflage von 1929

X, 256 S., 1 Bl. (bds. Vlgsanz.)

Die Ausg. bildet Tl 2 (des Bd 2) der Sammelausg. 36.31.1 und gab es auch nur innerhalb dieser Sammelausg.

36.29.3.1974.63 A, 385, Tr2

[I] [ebs.]
[II] [Z. 1 ebs.] | Nachdruck 1966 der 1. Auflage von 1925 | Nachdruck 1974 | Der erstmalig 1966 beigefügte bibliographische Anhang, wesentlich | erweitert 1974, befindet sich am Schluß des zweiten Bandes

X, 264 S., 1 Bl. (bds. Vlgsanz.)

Die Ausg. bildet Tl 2 (des Bd 2) der Sammelausg. 36.31.2 und gab es auch nur innerhalb dieser Sammelausg.
Die – gegenüber dem Nachdruck von 1966 – geänderte Jahresangabe »1925« für die 1. Aufl. in Z. 2 auf S. [IV] ist falsch: Die 1. Aufl. ist 1929 erschienen.
Da die vorl. Ausg. den Tl 2 des Bd 2 der ›Vorl.‹ bildet, bezieht sich die Bemerkung zum bibliographischen Anhang auf S. [IV] auf den vorl. Bd selbst; der ›Nachtrag‹ zur Bibliographie befindet sich hier auf S. 257–264.

36.30. Vorlesungen über die Philosophie der Religion, Bd I (2. Aufl.)

36.30.1.1966.59–60 A, 5, 64, 294

[II] GEORG WILHELM FRIEDRICH HEGEL | Vorlesungen über die | Philosophie der Religion | Mit einem bibliographischen Anhang | ERSTER BAND | Halbband 1: Begriff der Religion | Halbband 2: Die bestimmte Religion (1. Kapitel) | VERLAG VON FELIX MEINER | HAMBURG
[I] [Reihensignet]

Diese Sammelausg. enthält unter dem Gesamttitel von S. [II] 2 Nachdrucke von 1966 des 1. Tls und des 1. Kap. des 2. Tls der 1. Aufl.: nämlich die Ausg. 36.26.3 (›Begriff der Religion‹, PhB 59) und 36.27.2 (›Die Naturreligion‹, PhB 60). Auf deren jw. Impressumseite finden sich auch Hinweise auf den Nachdruck.
Tl 1 (›Begriff der Religion‹, PhB 59) erschien auch als Einzelausg. (hier 36.26.2).

36.30.2.1974.59–60 A, 385, Tr2

[II] [ebs.]
[I] [ebs.]

Diese Sammelausg. enthält unter dem Gesamttitel von S. [II] 2 Nachdrucke von 1974 des 1. Tls und des 1. Kap. des 2. Tls der 1. Aufl.: nämlich die Ausg. 36.26.4

und 36.27.3. Auf deren jw. Impressumseite finden sich auch Hinweise auf den Nachdruck.
Im Gegensatz zur Ausg. 36.30.1 gab es bei der vorl. Ausg. 1974 den Tl 1 (›Begriff der Religion‹, PhB 59) nicht auch als Einzelausg.

36.31. Vorlesungen über die Philosophie der Religion, Bd II (2. Aufl.)

36.31.1.1966.61/63 A, 5, 64, 294

[II] GEORG WILHELM FRIEDRICH HEGEL | Vorlesungen über die | Philosophie der Religion | Mit einem bibliographischen Anhang | ZWEITER BAND | Halbband 1: Die bestimmte Religion (2. Kapitel) | Halbband 2: Die absolute Religion | VERLAG VON FELIX MEINER | HAMBURG
[I] [Reihensignet]

Diese Sammelausg. enthält unter dem Gesamttitel von S. [II] 2 Nachdrucke von 1966 des 2. Kap. des 2. Tls und der 1. Hälfte des 3. Tls der 1. Aufl.: nämlich die Ausg. 36.28.2 (›Die Religionen der geistigen Individualität‹, PhB 61) und 36.29.2 (›Die absolute Religion‹, PhB 63). Auf deren jw. Impressumseite finden sich auch Hinweise auf den Nachdruck.

36.31.2.1974.61/63 A, 385, Tr2

[II] [ebs.]
[I] [ebs.]

Diese Sammelausg. enthält unter dem Gesamttitel von S. [II] 2 Nachdrucke von 1974 des 2. Kap. des 2. Tls und der 1. Hälfte des 3. Tls der 1. Aufl.: nämlich die Ausg. 36.28.3 und 36.29.3. Auf deren Impressumseite finden sich auch Hinweise auf den Nachdruck.

36.32–37: Vorlesungen über die Philosophie der Weltgeschichte

Die ›Vorlesungen über die Philosophie der Weltgeschichte‹ umfassen unter den PhB-Nrn 171a–e 4 Textbde und einen Einleitungsbd Lassons mit dem Titel ›Hegel als Geschichtsphilosoph‹. Die folg. Tabelle gibt die Aufl. für Bd I bis 1963, für Bd II–IV bis 1968:

Bd der ›Vorl.‹	PhB	Titel	Aufl.	Jahr	hier
I	171a	Die Vernunft i.	1	1917	36.33.1
		d. Geschichte	2	1920	36.33.2
			3	1930	36.33.3
			4	1944	36.33.4–5
			5	1955	36.33.6
			›6‹	1963	36.33.7

Bd der ›Vorl.‹	PhB	Titel	Aufl.	Jahr	hier
II	171b	Die oriental. Welt	1	1919	36.34.1
			2	1923	36.34.2
			›3‹	1944	36.34.3–4
			›4‹	1968	36.34.5
III	171c	Die griech. u. d.	1	1920	36.35.1
		röm. Welt	2	1923	36.35.2
			›3‹	1944	36.35.3–4
			›4‹	1968	36.35.5
IV	171d	Die german. Welt	1	1920	36.36.1
			2	1923	36.36.2
			›3‹	1944	36.36.3–4
			›4‹	1968	36.36.5
V	171e	Lassons Einleitung	1	1920	55.2.1

Bei der ›Einleitung‹ zu diesen ›Vorl.‹ ist zu unterscheiden zwischen Lassons Einleitung und dem Bd I der ›Vorl.‹, der auch als ›Einleitung‹ bezeichnet wird.
Sind die 5 Bde der ›Vorl.‹ in der 1. bzw. 2. Aufl. in 1 oder mehreren Sammelbdn zusammengebunden, so steht Lassons Einleitung (Bd V der ›Vorl.‹, PhB 171e) meist zu Beginn.
Die 5 Bde der ›Vorl.‹ bilden in ihrer 1. bzw. 2. Aufl. zunächst den Bd 8 (mit 2 Halbbdn) der WW, dann deren Bd 8–9, siehe 36.32.
1963 und 1966 (36.33.7–8) erschien Bd I unter dem Einzeltitel ›Die Vernunft in der Geschichte‹ ohne Hinweis auf die ›Vorl.‹ (siehe auch die Bemerkung auf S. IV in den Ausg. 36.33.9–11).
1968 erschienen Bd II–IV der ›Vorl.‹ als Einzelausg. *und* in einer Sammelausg. (siehe 36.37.1), von der es 1976 einen (in den Titelseiten veränderten) Nachdruck gibt (siehe 36.37.2).

36.32. Vorlesungen über die Philosophie der Weltgeschichte, WW Bd 8,1 und 8,2 bzw. Bd 8–9

Die 5 Bde der ›Vorlesungen über die Philosophie der Weltgeschichte‹ (also die 4 Textbde und Lassons Einleitung) bilden innerhalb der Hegel-WW 2 Bde, und zwar zunächst Bd 8 in 2 Halbbdn, dann Bd 8–9.
Von den beiden Halbbdn des Bd 8 und von Bd 8–9 gibt es jw. 3 verschiedene WW-Titeleien; deren chronologische Reihenfolge ist zwar anzugeben, in den meisten Fällen aber nicht mit Jahresangaben zu bestimmen, da die meisten Exe dieser WW-Bde sehr unvollständig sind. Auch belegt ein Brief des Meiner-Vlgs vom 22.4.1924, daß der Meiner-Vlg eine Zeit lang Titelseiten zu *beiden* Bdzählungen (Bd 8,1 und 8,2 sowie Bd 8–9) vorrätig hatte und es den Käufern (in diesem Fall: der UB Erlangen; siehe S. 210, Anm. 3) überließ, mit welchen WW-Titelbl. (mit welcher Bdzählung) sie diese ›Vorl.‹ binden wollten.
In allen Fällen bildet Lassons Einleitung (Bd V der ›Vorl.‹, PhB 171e) jw. Tl 1 des 1. Bds.
Die folg. Tabelle gibt die Reihenfolge und Aufteilung der WW-Bde sowie die Nrn, unter denen ihre WW-Titeleien hier verzeichnet sind.

Bd 8,1 und 8,2 der WW:

WW-Bd	Bd der ›Vorl.‹	PhB	WW-Titelei	hier
8,1	V	171e	1. WW-Titelei	36.32.1
	I	171a	2. WW-Titelei	36.32.2
			3. WW-Titelei	36.32.3
8,2	II	171b	1. WW-Titelei	36.32.4
	III	171c	2. WW-Titelei	36.32.5
	IV	171d	3. WW-Titelei	36.32.6

Bd 8–9 der WW:

WW-Bd	Bd der ›Vorl.‹	PhB	WW-Titelei	hier
8	V	171e	1. WW-Titelei	36.32.7
	I	171a	2. WW-Titelei	36.32.8
			3. WW-Titelei	36.32.9
9	II	171b	1. WW-Titelei	36.32.10
	III	171c	2. WW-Titelei	36.32.11
	IV	171d	3. WW-Titelei	36.32.12

1955 bildet der Bd I der ›Vorl.‹ (›Die Vernunft in der Geschichte‹, PhB 171a) den Bd 18a der WW; die Ausg. ist incl. ihrer WW-Titelei hier unter 36.33.6 aufgeführt.

36.32.1–6: Bd 8,1 und 8,2 der WW

36.32.1: Bd 8,1 der WW, 1. WW-Titelei 14, 107

Bl. 1a Hegels Sämtliche Werke | Band VIII: | Philosophie der Weltgeschichte | Erster Halbband

Bl. 1b GEORG WILHELM FRIEDRICH HEGEL | Sämtliche Werke || Herausgegeben von | Georg Lasson | Pastor an St. Bartholomäus, Berlin || Band VIII: | Vorlesungen über die | Philosophie der Weltgeschichte || Erster Halbband: | 1. Einleitung des Herausgebers: Hegel | als Geschichtsphilosoph | 2. Die Vernunft in der Geschichte | [Reihensignet] | Leipzig · Verlag von Felix Meiner · 1920

Dieser Sammelbd enthält die Ausg. 55.2.1 und (Ex. 14:) 36.33.1 (oder 36.33.2) (PhB 171e und 171a).
In Ex. 107 fehlt Tl 2 (PhB 171a).
Den zu diesem Bd 8,1 entsprechenden Bd 8,2 bildet die Ausg. 36.32.4.

36.32.2: Bd 8,1 der WW, 2. WW-Titelei 29

Bl. 1a [ebs.]

Bl. 1b [Z. 1–4 ebs.] | Band VIII: Vorlesungen über die | [Z. 6 wie vorh. Z. 8] | Erster Halbband: 1. Einleitung des Herausgebers: Hegel | als Geschichtsphilosoph. 2. Die Vernunft in der Geschichte | [Reihensignet] | Leipzig · Verlag von Felix Meiner

Dieser Sammelbd enthält die Ausg. 55.2.1 und 36.33.2 (PhB 171e und 171a).

Auch Bl. 1a ist neu gesetzt.
Den zu diesem Bd 8,1 entsprechenden Bd 8,2 bildet die Ausg. 36.32.5.
In Ex. 29 (mit der Signatur: Phs. I, 1kf-171e) fehlt die Ausg. 36.33.2 (PhB 171a).

36.32.3: Bd 8,1 der WW, 3. WW-Titelei 82

Bl. 1a HEGELS SÄMTLICHE WERKE | BAND VIII: | PHILOSOPHIE DER WELTGESCHICHTE | ERSTER HALBBAND

Bl. 1b [Z. 1 ebs.] | SÄMTLICHE WERKE | HERAUSGEGEBEN VON | GEORG LASSON | BAND VIII: | VORLESUNGEN ÜBER DIE PHILOSOPHIE | DER WELTGESCHICHTE | ERSTER HALBBAND: | 1. EINLEITUNG DES HERAUSGEBERS: HEGEL | ALS GESCHICHTSPHILOSOPH | 2. DIE VERNUNFT IN DER GESCHICHTE | [Reihensignet] | VERLAG VON FELIX MEINER IN LEIPZIG

Dieser Sammelbd enthält die Ausg. 55.2.1 und 36.33.2 (PhB 171e und 171a).
Von dem zu diesem Bd 8,1 entsprechenden Bd 8,2 (36.32.6) konnte kein Ex. beschafft werden.

36.32.4: Bd 8,2 der WW, 1. WW-Titelei 14, 107

Bl. 1a Hegel: Sämtliche Werke | Band VIII: | Philosophie der Weltgeschichte | Zweiter Halbband

Bl. 1b [Z. 1 ebs.] | Sämtliche Werke || Herausgegeben von | Georg Lasson | Pastor an St. Bartholomäus, Berlin || Band VIII: | Vorlesungen über die | Philosophie der Weltgeschichte || Zweiter Halbband: | 1. Die orientalische Welt | 2. Die griechische und die römische Welt | 3. Die germanische Welt | [Reihensignet] | Leipzig · Verlag von Felix Meiner · 1920

Dieser Sammelbd enthält die Ausg. 36.34.1, 36.35.1 und 36.36.1 (PhB 171b–d).
Den zu diesem Bd 8,2 entsprechenden Bd 8,1 bildet die Ausg. 36.32.1.

36.32.5: Bd 8,2 der WW, 2. WW-Titelei 29, 82

Bl. 1a [ebs.]

Bl. 1b [Z. 1–4 ebs.] | Band VIII: Vorlesungen über die | [Z. 6 wie vorh. Z. 8] | Zweiter Halbband: 1. Die orientalische Welt. 2. Die grie- | chische und die römische Welt. 3. Die germanische Welt | [Reihensignet] | Leipzig · Verlag von Felix Meiner

Dieser Sammelbd enthält die Ausg. 36.34.1, 36.35.1, 36.36.1 oder (wie in Ex. 82) 36.34.2, 36.35.2, 36.36.1 (PhB 171b–d).
Auch Bl. 1a ist neu gesetzt.
Ex. 29 (mit der Signatur: Phs. I, 1kf–171b) enthält nur die Ausg. 36.34.1. Das WW-Titelbl. ist in bezug auf die Bundseite falsch herum eingebunden.
Den zu diesem Bd 8,2 entsprechenden Bd 8,1 bildet die Ausg. 36.32.2.

36.32.6: Bd 8,2 der WW, 3. WW-Titelei

Georg Wilhelm Friedrich Hegel: Sämtliche Werke. Band VIII: Vorlesungen über die Philosophie der Weltgeschichte. Zweiter Halbband: 1. Die orientalische Welt. 2. Die griechische und die römische Welt. 3. Die germanische Welt. Leipzig: Meiner o. J.
= PhB 171b–d

Ein Ex. dieser, zu Ausg. 36.32.3 entsprechenden Ausg. konnte nicht beschafft werden.

36.32.7–12: Bd 8 und 9 der WW

36.32.7: Bd 8 der WW, 1. WW-Titelei

Georg Wilhelm Friedrich Hegel: Sämtliche Werke. Band VIII: Philosophie der Weltgeschichte. Erste Hälfte. Leipzig: Meiner o. J.
= PhB 171e, 171a

Ein Ex. dieses Sammelbds konnte nicht beschafft werden; der Bd würde die Ausg. 55.2.1 und 36.33.2 (PhB 171e und 171a) enthalten.
Den zu diesem Bd 8 entsprechenden Bd 9 bildet die Ausg. 36.32.10.

36.32.8: Bd 8 der WW, 2. WW-Titelei 18, 168

Bl. 1a HEGELS SÄMTLICHE WERKE | BAND VIII: | PHILOSOPHIE DER WELTGESCHICHTE | I. HÄLFTE

Bl. 1b GEORG WILHELM FRIEDRICH HEGEL | SÄMTLICHE WERKE | HERAUSGEGEBEN VON | GEORG LASSON | BAND VIII: | PHILOSOPHIE DER WELTGESCHICHTE | I. HÄLFTE | 1. EINLEITUNG DES HERAUSGEBERS: HEGEL | ALS GESCHICHTSPHILOSOPH | 2. DIE VERNUNFT IN DER GESCHICHTE | [Reihensignet] | VERLAG VON FELIX MEINER IN LEIPZIG

Dieser Sammelbd enthält die Ausg. 55.2.1 und 36.33.1 oder 36.33.2 (PhB 171e und 171a).
Den zu diesem Bd 8 entsprechenden Bd 9 bildet die Ausg. 36.32.11.
Bei Ex. 168 fehlt der 2. Tl (PhB 171a).

36.32.9: Bd 8 der WW, 3. WW-Titelei A, 121

Bl. 1a [ebs.]

Bl. 1b [Z. 1–2 ebs.] | HERAUSGEGEBEN VON GEORG LASSON | [Z. 4–11 wie vorh. Z. 5–12]

Dieser Sammelbd enthält die Ausg. 55.2.1 und 36.33.3 (PhB 171e und 171a).
Den zu diesem Bd 8 entsprechenden Bd 9 bildet die Ausg. 36.32.12.

36.32.10: Bd 9 der WW, 1. WW-Titelei 29

Bl. 1a [Z. 1 ebs.] | BAND IX: | [Z. 3 ebs.] | ZWEITE HÄLFTE

Bl. 1b [Z. 1–2 ebs.] | HERAUSGEGEBEN VON | GEORG LASSON | BAND IX: | [Z. 6 wie vorh. Z. 5] | ZWEITE HÄLFTE | [Z. 8–9 wie vorh. Z. 10–11]

Dieser Sammelbd enthält die Ausg. 36.34.1, 36.35.1 und 36.36.1 (PhB 171b–d).
In Ex. 29 (mit der Signatur: Phs. I, 1kf-171c) fehlen der 1. und 3. Tl (PhB 171b und 171d) des Bds.
Ein Ex. des zu diesem Bd 9 entsprechenden Bd 8 (36.32.7) konnte nicht beschafft werden.

36.32.11: Bd 9 der WW, 2. WW-Titelei 18, 168, 260

Bl. 1a [Z. 1–3 ebs.] | II. HÄLFTE

Bl. 1b [Z. 1–6 ebs.] | II. HÄLFTE | 1. DIE ORIENTALISCHE WELT | 2. DIE GRIECHISCHE UND RÖMISCHE WELT | 3. DIE GERMANISCHE WELT | [Z. 11–12 wie vorh. Z. 8–9]

Dieser Sammelbd enthält die Ausg. 36.34.2, 36.35.2 und 36.36.2 (PhB 171b–d).
Den zu diesem Bd 9 entsprechenden Bd 8 bildet die Ausg. 36.32.8.
Bei Ex. 168 fehlen Tl 2–3 (PhB 171c–d).

36.32.12: Bd 9 der WW, 3. WW-Titelei 121

Bl. 1a [ebs.]

Bl. 1b [Z. 1–2 ebs.] | HERAUSGEGEBEN VON GEORG LASSON | [Z. 4–11 wie vorh. Z. 5–12]

Dieser Sammelbd enthält die Ausg. 36.34.2, 36.35.2 und 36.36.2 (PhB 171b–d).
Den zu diesem Bd 9 entsprechenden Bd 8 bildet die Ausg. 36.32.9.

36.33. Vorlesungen über die Philosophie der Weltgeschichte I

36.33.1.1917.171a A, 4, 5, 8, 18, 20, 27, 28, 29, 46, 51, 61, 290, UB Wien

[III] GEORG WILHELM FRIEDRICH HEGEL | DIE VERNUNFT IN DER GESCHICHTE | Einleitung in die Philosophie der Weltgeschichte || Auf Grund des aufbehaltenen handschriftlichen Materials | neu herausgegeben von | Georg Lasson | Pastor an St. Bartholomäus, Berlin | [Reihensignet] | Der Philosophischen Bibliothek | Band 171a | Leipzig · Verlag von Felix Meiner · 1917 | [Kriegsausfuhrzeichen]

[II] GEORG WILHELM FRIEDRICH HEGEL | VORLESUNGEN | ÜBER DIE | PHILOSOPHIE DER WELTGESCHICHTE || Vollständig neue Ausgabe | von | Georg Lasson | Pastor an St. Bartholomäus, Berlin | I. Band: | Einleitung | [Reihensignet] | Leipzig · Verlag von Felix Meiner · 1917

[I] G. W. F. Hegel | Vorlesungen über die Philosophie | der Geschichte [sic!] | I. Band: | Einleitung

X, 264 S.

Von dieser *Hegel'schen* Einleitung ist die Einleitung *Lassons* (des Hrsg. der ›Vorl.‹) zu unterscheiden (Lassons Einleitung ist hier unter 55.2.1 aufgeführt).
In Ex. 8 und 18 fehlen S. [I]–[II].

36.33.2.1920.171a A, 38, 82, 107, 131, 132, 361

[III] [Z. 1–7 ebs.] | Zweite, durchgesehene und um einen Nachtrag | vermehrte Auflage | [Reihensignet] | Der philosophischen [sic] Bibliothek | [Z. 12 wie vorh. Z. 10] | Leipzig · Verlag von Felix Meiner · 1920

[II] [Z. 1–11 ebs.] | Leipzig · Verlag von Felix Meiner · 1920

[I] [ebs.]

X, 276 S.

Auf dem Vorderdeckel des Exs A lautet die Jahresangabe ›1921‹.
In Ex. 82 und 107 fehlen S. [I]–[II].

36.33.3.1930.171a A, 7, 31, 38, 101, 121

[III] [Z. 1 ebs.] | DIE VERNUNFT | IN DER GESCHICHTE | EINLEITUNG | IN DIE PHILOSOPHIE DER WELTGESCHICHTE | AUF GRUND DES AUFBEHALTENEN | HANDSCHRIFTLICHEN MATERIALS | NEU HERAUSGEGEBEN VON | GEORG LASSON | DR. PHIL. h. c. (Kiel 1921) / D. THEOL. h. c. (Berlin 1927) | DRITTE, ABERMALS | DURCHGESEHENE UND VERMEHRTE AUFLAGE | [Reihensignet] | DER PHILOSOPHISCHEN BIBLIOTHEK BAND 171a | LEIPZIG 1930 / VERLAG VON FELIX MEINER

[II] [Z. 1–3 ebs.] | PHILOSOPHIE DER | WELTGESCHICHTE | VOLLSTÄNDIG NEUE AUSGABE | VON | GEORG LASSON | I. BAND: | EINLEITUNG | [Reihensignet] | VERLAG VON FELIX MEINER IN LEIPZIG

[I] G. W. F. HEGEL | VORLESUNGEN ÜBER DIE PHILOSOPHIE | DER WELTGESCHICHTE | I. BAND: | EINLEITUNG

XII, 304 S.

Zum Erscheinungsjahr heißt es im DBV 17, 1169a: » '30 ⟨Ausg. '31⟩.«
In Ex. 121 fehlen S. [I]–[II].

36.33.4.1944.171a A, 5, 24, 64

[III] [Z. 1–3] | EINLEITUNG IN DIE | PHILOSOPHIE DER WELTGESCHICHTE | AUF GRUND | DES AUFBEHALTENEN HANDSCHRIFTLICHEN | MATERIALS | [Z.

9–11 wie vorh. Z. 8–10] | [Reihensignet] | VERLAG VON FELIX MEINER IN LEIPZIG

[IV] DER PHILOSOPHISCHEN BIBLIOTHEK BAND 171a | Unveränderter Abdruck 1944 | der dritten, im Jahre 1930 erschienenen Auflage

[II] [Z. 1–2 ebs.] | ÜBER DIE PHILOSOPHIE | DER WELTGESCHICHTE | [Z. 5–11 wie vorh. Z. 6–12]

[I] [Z. 1–5 ebs.] | DIE VERNUNFT IN DER | GESCHICHTE

(2 Bl., jw. bds. weiß), XI, 304 S.

36.33.5.1944.171a 4, 290

[III] [Z. 1–11 ebs.] | *Frontbuchhandelsausgabe für die Wehrmacht* | [Z. 13–14 wie vorh. Z. 12–13]

[IV] [ebs.]

[II] [ebs.]

[I] [ebs.]

(2 Bl., jw. bds. weiß), XI, 304 S.

In Ex. 4 und 290 ist Z. 12 auf S. [III] überstempelt.

36.33.6.1955.171a A, 4, 38, 43, 61, 121

[III] [Z. 1–3 ebs.] | FÜNFTE, ABERMALS VERBESSERTE AUFLAGE | HERAUSGEGEBEN VON | JOHANNES HOFFMEISTER | [Reihensignet] | VERLAG VON FELIX MEINER | IN HAMBURG

[IV] [Z. 1 ebs.] | Erschienen im Jahre 1955 | [7 Z. zur PhB] | [5 Z. Aufl.-Hinweise]

[II] [Z. 1 ebs.] | SÄMTLICHE WERKE | NEUE KRITISCHE AUSGABE | HERAUSGEGEBEN VON | JOHANNES HOFFMEISTER | BAND XVIII A | VORLESUNGEN | ÜBER DIE PHILOSOPHIE | DER WELTGESCHICHTE | I. TEILBAND – EINLEITUNG: | DIE VERNUNFT IN DER GESCHICHTE | [Reihensignet] | VERLAG VON FELIX MEINER | IN HAMBURG

[I] HEGEL / DIE VERNUNFT IN DER GESCHICHTE

XI, 281 S., 1 Bl. (bds. Vlgsanz.)

Lizenzausg. 1966 an den Akademie-Vlg Berlin (Ost).

36.33.7.1963.171a A, 385

[III] [Z. 1 ebs.] | Die Vernunft | in der Geschichte | Fünfte, abermals verbesserte Auflage | Herausgegeben von | [Z. 6 ebs.] | [Z. 7–8 wie vorh. Z. 8–9]

[IV] [Z. 1 ebs.] | Unveränderter Nachdruck 1963 der fünften Auflage von 1955 | [5 Z. Aufl.-Hinweise]
[I] [Reihensignet]

XI, 281 S., 1 Bl. (bds. Vlgsanz.)

36.33.8.1966.171a A, 104

[III] [ebs.]
[IV] [Z. 1 ebs.] | Unveränderter Nachdruck 1966 der fünften Auflage von 1955 | [Z. 3–7 ebs.]
[I] [ebs.]

XI, 281 S., 1 Bl. (bds. Vlgsanz.)

36.33.9.1968.171a A, 61, 132, 468

[III] [Z. 1–3 ebs.] | [Z. 4–6 wie vorh. Z. 5–7] | HAMBURG
[IV] PHILOSOPHISCHE BIBLIOTHEK BAND 171a | [5 Z. unvollständige Aufl.-Hinweise] | 1968 unveränderter Nachdruck der 5. Auflage | Der Band erschien zuletzt als Einzelausgabe unter dem Titel | Die Vernunft in der Geschichte | Literatur-Hinweise | befinden sich in Band IV (PhB 171d)
[II] GEORG WILHELM FRIEDRICH HEGEL | Vorlesungen über die | Philosophie der Weltgeschichte | ERSTE HÄLFTE | Band I: Die Vernunft in der Geschichte | ZWEITE HÄLFTE | Band II: Die orientalische Welt | Band III: Die griechische und die römische Welt | Band IV: Die germanische Welt | VERLAG VON FELIX MEINER | HAMBURG
[I] [ebs.]

XI, 281 S., (1 Bl., bds. Vlgsanz.)

36.33.10.1970.171a A, 361, 385

[III] [ebs.]
[IV] [Z. 1–7 ebs.] | 1970 unveränderter Nachdruck der 5. Auflage | unter Hinzufügung von Literatur-Hinweisen | Der Band erschien zeitweise als Einzelausgabe unter dem Titel | [Z. 11 wie vorh. Z. 9]
[II] [ebs.]
[I] [ebs.]

XI, 290 S., 1 Bl. (bds. weiß)

36.33.11.1980.171a

[III] [ebs.]

[IV] [Z. 1–8 ebs.] | unter Hinzufügung von Literaturhinweisen | 1980 unveränderter Nachdruck der 5. Auflage | unter Ergänzung der Literaturhinweise | [Z. 12–13 wie vorh. Z. 10–11]

[II] [ebs.]

[I] [ebs.]

XI, 294 S., 3 Bl. (Bl. 2 bds. Vlgsanz.; Bl. 3 bds. weiß)

36.34. Vorlesungen über die Philosophie der Weltgeschichte II

36.34.1.1919.171b A, 3, 4, 5, 6, 8, 20, 24, 25, 27, 28, 29, 51, 61, 107, 132, 361, UB Wien

[III] GEORG WILHELM FRIEDRICH HEGEL | DIE ORIENTALISCHE WELT || Auf Grund des aufbehaltenen handschriftlichen Materials | neu herausgegeben von | Georg Lasson | Pastor an St. Bartholomäus, Berlin | [Reihensignet] | Der Philosophischen Bibliothek | Band 171b | Leipzig · Verlag von Felix Meiner · 1919

[II] GEORG WILHELM FRIEDRICH HEGEL | VORLESUNGEN | ÜBER DIE | PHILOSOPHIE DER WELTGESCHICHTE || Vollständig neue Ausgabe | von | Georg Lasson | Pastor an St. Bartholomäus, Berlin | II. Band: | Die orientalische Welt | [Reihensignet] | Leipzig · Verlag von Felix Meiner · 1919

[I] G. W. F. Hegel | Vorlesungen über die Philosophie | der Weltgeschichte | II. Band: | Die orientalische Welt

XV S., S. [265]–524, (1 Bl., bds. Vlgsanz.)

Bei einigen Exn (z. B. 4, 5, 6, 20, 24, 107, 132) fehlt das Bl. mit S. [XV], die eine ›Druckfehlerberichtigung‹ enthält.
In Ex. 107 fehlt S. [I]–[II].
Die Exe A und 8 haben zu Beginn jw. 1 Bl. (bds. Vlgsanz.), das andere Exe an das Bd-Ende gebunden haben.

36.34.2.1923.171b 18, 38, 43, 82, 121, 168, 260, 290, 385

[III] [Z. 1–6 ebs.] | 2. Auflage | [Z. 8–10 wie vorh. 7–9] | Leipzig · Verlag von Felix Meiner · 1923

[II] [Z. 1–11 ebs.] | Leipzig · Verlag von Felix Meiner · 1923

[I] [ebs.]

XIV S., S. [265]–524, (1 Bl., bds. Vlgsanz.)

In den Exn 18, 82, 121, 168, 260 fehlt S. [I]–[II].

36.34.3.1944.171b

[III] [Z. 1–2 ebs.] | AUF GRUND | DES AUFBEHALTENEN HANDSCHRIFTLICHEN | MATERIALS | NEU HERAUSGEGEBEN VON | GEORG LASSON | [Reihensignet] | VERLAG VON FELIX MEINER IN LEIPZIG

[IV] DER PHILOSOPHISCHEN BIBLIOTHEK BAND 171b | Unveränderter Abdruck 1944 | der zweiten, im Jahre 1923 erschienenen Auflage

[II] GEORG WILHELM FRIEDRICH HEGEL | VORLESUNGEN | ÜBER DIE PHILOSOPHIE | DER WELTGESCHICHTE | VOLLSTÄNDIG NEUE AUSGABE | VON | GEORG LASSON | II. BAND: | DIE ORIENTALISCHE WELT | [Reihensignet] | VERLAG VON FELIX MEINER IN LEIPZIG

[I] G. W. F. HEGEL | VORLESUNGEN ÜBER DIE PHILOSOPHIE | DER WELTGESCHICHTE | II. BAND: | DIE ORIENTALISCHE WELT

XIII S., S. [265]–524

S. [XIII] ist fälschlich an der Innenseite als »XIV« paginiert.
Die 1. S. des Personenregisters, S. [522], gehört als S. [941] in Bd IV, Ausg. 36.36.3–4.
Das Ex. 17 hat die Signatur: Sg10–171b,4.

36.34.4.1944.171b A, 4, 5, 6, 24, 46, 64, 77, 290

[III] [Z. 1–7 ebs.] | *Frontbuchhandelsausgabe für die Wehrmacht* | [Z. 9–10 wie vorh. Z. 8–9]

[IV] [ebs.]

[II] [ebs.]

[I] [ebs.]

(1 Bl., bds. weiß), XIII S., S. [265]–524

In allen vorl. Exn ist Z. 8 auf S. [III] überstempelt.
S. [XIII] ist fälschlich an der Innenseite als »XIV« paginiert.
Die 1. S. des Personenregisters, S. [522], gehört als S. [941] in Bd IV, Ausg. 36.36.3–4.

36.34.5.1968.171b A, 61, 132, 361

[III] [Z. 1 ebs.] | Die orientalische Welt | Auf Grund der Handschriften | herausgegeben von | [Z. 5 wie vorh. Z. 7] VERLAG VON FELIX MEINER | HAMBURG

[IV] PHILOSOPHISCHE BIBLIOTHEK BAND 171c [sic] | Unveränderter Nachdruck 1968 der 2. Auflage von 1923 | Literatur-Hinweise | befinden sich in Band IV (PhB 171d)

[II] [Z. 1 ebs.] | Vorlesungen über die | Philosophie der Weltgeschichte | ERSTE HÄLFTE | Band I: Die Vernunft in der Geschichte | ZWEITE HÄLFTE | Band II: Die orientalische Welt | Band III: Die griechische und die römische Welt | Band IV: Die germanische Welt | VERLAG VON FELIX MEINER | HAMBURG

[I] [Reihensignet]

XVI S., S. [265]–524

In Z. 1 auf S. [IV] lautet die PhB-Nr fälschlich »171c« statt ›171b‹.
Die Ausg. erschien 1968 auch in einer Sammelausg. der Bde II–IV der Vorl., siehe 36.37.1.
Zur Ausg. 1976 des Bd II der ›Vorl.‹ siehe 36.37.2.

36.35. Vorlesungen über die Philosophie der Weltgeschichte III

36.35.1.1920.171c 3, 4, 5, 6, 24, 25, 27, 28, 29, 43, 46, 51, 61, 107, 131, 132, 361, UB Wien

[III] GEORG WILHELM FRIEDRICH HEGEL | DIE GRIECHISCHE UND | DIE RÖMISCHE WELT || Auf Grund des aufbehaltenen handschriftlichen Materials | neu herausgegeben von | Georg Lasson | Pastor an St. Bartholomäus, Berlin | [Reihensignet] | Der Philosophischen Bibliothek | Band 171c | Leipzig · Verlag von Felix Meiner · 1920

[II] GEORG WILHELM FRIEDRICH HEGEL | VORLESUNGEN | ÜBER DIE | PHILOSOPHIE DER WELTGESCHICHTE || Vollständig neue Ausgabe | von | Georg Lasson | Pastor an St. Bartholomäus, Berlin | III. Band: | Die griechische und die römische Welt | [Reihensignet] | Leipzig · Verlag von Felix Meiner · 1920

[I] G. W. F. Hegel | Vorlesungen über die Philosophie | der Weltgeschichte | III. Band: | Die griechische und die römische Welt

VIII S., S. [525]–753, (1 Bl., bds. Vlgsanz.)

In Ex. 107 fehlen S. [I]–[II].

36.35.2.1923.171c 8, 18, 20, 38, 82, 121, 168, 260, 290

[III] [Z. 1–3 ebs.] | AUF GRUND DES AUFBEHALTENEN | HANDSCHRIFTLICHEN MATERIALS | NEU HERAUSGEGEBEN VON | GEORG LASSON | DR. PHIL. h. c. | PASTOR AN ST. BARTHOLOMÄUS IN BERLIN | ZWEITE AUFLAGE | [Reihensignet] | DER PHILOSOPHISCHEN BIBLIOTHEK BAND 171c | LEIPZIG 1923 / VERLAG VON FELIX MEINER

[II] [Z. 1–3 ebs.] | PHILOSOPHIE DER | WELTGESCHICHTE | VOLLSTÄNDIG NEUE AUSGABE | VON | GEORG LASSON | III. BAND: | DIE GRIECHISCHE UND DIE | RÖMISCHE WELT | [Reihensignet] | VERLAG VON FELIX MEINER IN LEIPZIG

[I] G. W. F. HEGEL | VORLESUNGEN ÜBER DIE PHILOSOPHIE | DER WELTGESCHICHTE | III. BAND: | DIE GRIECHISCHE UND DIE | RÖMISCHE WELT | *

VIII S., S. [525]–753, (1 Bl., bds. Vlgsanz.)

In den Exn 18, 82, 121, 168, 260 fehlen S. [I]–[II].

36.35.3.1944.171c 24

[III] [Z. 1–3 ebs.] | AUF GRUND | DES AUFBEHALTENEN HANDSCHRIFTLICHEN | MATERIALS | [Z. 7–8 wie vorh. Z. 6–7] | [Reihensignet] | VERLAG VON FELIX MEINER IN LEIPZIG

[IV] DER PHILOSOPHISCHEN BIBLIOTHEK BAND 171c | Unveränderter Abdruck 1944 | der zweiten, im Jahre 1923 erschienenen Auflage

[II] [Z. 1–2 ebs.] | ÜBER DIE PHILOSOPHIE | DER WELTGESCHICHTE | [Z. 5–12 wie vorh. Z. 6–13]

[I] [Z. 1–6 ebs.]

VIII S., S. [525]–753, (1 Bl., bds. weiß)

36.35.4.1944.171c A, 4, 5, 6, 64, 77, 290, 385

[III] [Z. 1–8 ebs.] | *Frontbuchhandelsausgabe für die Wehrmacht.* | [Z. 10–11 wie vorh. Z. 9–10]

[IV] [ebs.]

[II] [ebs.]

[I] [ebs.]

VIII S., S. [525]–753, (1 Bl., bds. weiß)

In den vorl. Exn ist Z. 9 auf S. [III] überstempelt.

36.35.5.1968.171c A, 136

[III] [Z. 1 ebs.] | Die griechische und die | römische Welt | Auf Grund der Handschriften | herausgegeben von | [Z. 6 wie vorh. Z. 8] | VERLAG VON FELIX MEINER | HAMBURG

[IV] PHILOSOPHISCHE BIBLIOTHEK BAND 171c | Unveränderter Nachdruck 1968 der 2. Auflage von 1923 | Literatur-Hinweise | befinden sich in Band IV (PhB 171 d)

[II] [Z. 1 ebs.] | Vorlesungen über die | Philosophie der Weltgeschichte | ERSTE HÄLFTE | Band I: Die Vernunft in der Geschichte | ZWEITE HÄLFTE | Band II: Die orientalische Welt | Band III: Die griechische und die römische Welt | Band IV: Die germanische Welt | VERLAG VON FELIX MEINER | HAMBURG

[I] [Reihensignet]

VIII S., S. [525]–753

Die Ausg. erschien 1968 ohne Gesamttitelbl. (S. [I]–[III]) auch in einer Sammelausg. der Bde II–IV der ›Vorl.‹, siehe 36.37.1.
Zur Ausg. 1976 des Bd III der ›Vorl.‹ siehe 36.37.2.

36.36. Vorlesungen über die Philosophie der Weltgeschichte IV

36.36.1.1920.171d 3, 4, 5, 6, 8, 24, 25, 27, 28, 29, 38, 43, 46, 51, 61, 107, 131, 132, 361, UB Wien

[III] GEORG WILHELM FRIEDRICH HEGEL | DIE GERMANISCHE WELT || Auf Grund des aufbehaltenen handschriftlichen Materials | neu herausgegeben von | Georg Lasson | Pastor an St. Bartholomäus, Berlin | [Reihensignet] | Der Philosophischen Bibliothek | Band 171d | Leipzig · Verlag von Felix Meiner · 1920

[II] GEORG WILHELM FRIEDRICH HEGEL | VORLESUNGEN | ÜBER DIE | PHILOSOPHIE DER WELTGESCHICHTE || Vollständig neue Ausgabe | von | Georg Lasson | Pastor an St. Bartholomäus, Berlin | IV. Band: | Die germanische Welt | [Reihensignet] | Leipzig · Verlag von Felix Meiner · 1920

[I] G. W. F. Hegel | Vorlesungen über die Philosophie | der Weltgeschichte | IV. Band: | Die germanische Welt

VIII S., S. [755]–942

Den Exn 107 und 361 fehlen die S. [I]–[II].
Ex. 24 ist ein Widmungsex. Lassons mit eigenhändiger Widmung auf S. [I].

36.36.2.1923.171d 18, 20, 82, 121, 168, 260, 290

[III] [Z. 1 ebs.] | DIE | GERMANISCHE WELT | AUF GRUND DES AUFBEHALTENEN | HANDSCHRIFTLICHEN MATERIALS | NEU HERAUSGEGEBEN VON | GEORG LASSON | DR. PHIL. h. c. | PASTOR AN ST. BARTHOLOMÄUS IN BERLIN | ZWEITE AUFLAGE | [Reihensignet] | DER PHILOSOPHISCHEN BIBLIOTHEK BAND 171d | LEIPZIG 1923 / VERLAG VON FELIX MEINER

[II] [Z. 1–3 ebs.] | PHILOSOPHIE DER | WELTGESCHICHTE | VOLLSTÄNDIG NEUE AUSGABE | VON | GEORG LASSON | IV. BAND: | DIE GERMANISCHE WELT | [Reihensignet] | VERLAG VON FELIX MEINER IN LEIPZIG

[I] G. W. F. HEGEL | VORLESUNGEN ÜBER DIE PHILOSOPHIE | DER WELTGESCHICHTE | IV. BAND: | DIE GERMANISCHE WELT | *

VIII S., S. [755]–942

In den Exn 18, 82, 121, 168, 260 fehlen S. [I]–[II].

36.36.3.1944.171d 17

[III] [Z. 1–3 ebs.] | AUF GRUND | DES AUFBEHALTENEN HANDSCHRIFTLICHEN | MATERIALS | [Z. 7–8 wie vorh. Z. 6–7] | [Reihensignet] | VERLAG VON FELIX MEINER IN LEIPZIG

[IV] DER PHILOSOPHISCHEN BIBLIOTHEK BAND 171d | Unveränderter Abdruck 1944 | der zweiten, im Jahre 1923 erschienenen Auflage

[II] [Z. 1–2 ebs.] | ÜBER DIE PHILOSOPHIE | DER WELTGESCHICHTE | [Z. 5–11 wie vorh. Z. 6–12]
[I] [Z. 1–5 ebs.]

VIII S., S. [755]–942

Die 1. S. des Personenregisters, S. [941], gehört als S. [522] in Bd II, Ausg. 36.34.3.

36.36.4.1944.171d A, 4, 5, 6, 17, 24, 77, 290

[III] [Z. 1–8 ebs.] | *Frontbuchhandelsausgabe für die Wehrmacht* | [Z. 10–11 wie vorh. Z. 9–10]
[IV] [ebs.]
[II] [ebs.]
[I] [ebs.]

VIII S., S. [755]–942

In allen vorl. Exn ist die Z. 9 auf S. [III] überstempelt.
Die 1. S. des Personenregisters, S. [941], gehört als S. [522] in Bd II, Ausg. 36.34.3–4.

36.36.5.1968.171d A, 136

[III] [Z. 1 ebs.] | Die germanische Welt | Auf Grund der Handschriften | herausgegeben von | [Z. 5 wie vorh. Z. 8] | VERLAG VON FELIX MEINER | HAMBURG
[IV] PHILOSOPHISCHE BIBLIOTHEK BAND 171d | Unveränderter Nachdruck der 2. Auflage von 1923, | ergänzt mit Literatur-Hinweisen
[II] [Z. 1 ebs.] | Vorlesungen über die | Philosophie der Weltgeschichte | ERSTE HÄLFTE | Band I: Die Vernunft in der Geschichte | ZWEITE HÄLFTE | Band II: Die orientalische Welt | Band III: Die griechische und die römische Welt | Band IV: Die germanische Welt | VERLAG VON FELIX MEINER | HAMBURG
[I] [Reihensignet]

VIII S., S. [755]–951

Die in den Ausg. 36.36.3–4 verdruckte S. 941 ist hier wieder korrekt.
Die Ausg. erschien 1968 ohne Gesamttitelbl. (S. [I]–[II]) auch in einer Sammelausg. der Bde II–IV der ›Vorl.‹, siehe 36.37.1.
Zur Ausg. 1976 des Bd IV der ›Vorl.‹ siehe 36.37.2.

36.37. Vorlesungen über die Philosophie der Weltgeschichte II–IV

36.37.1.1968.171b–d A, 61, 101, 132, 361

[II] GEORG WILHELM FRIEDRICH HEGEL | Vorlesungen über die | Philosophie der Weltgeschichte | ERSTE HÄLFTE | Band I: Die Vernunft in der Geschichte | ZWEITE HÄLFTE | Band II: Die orientalische Welt | Band III: Die griechische und die römische Welt | Band IV: Die germanische Welt | VERLAG VON FELIX MEINER | HAMBURG

[I] [Reihensignet]

Diese Sammelausg. enthält die Bde II–IV (= PhB 171b–d) der ›Vorl.‹ im Nachdruck von 1968, d. h. die Ausg. 36.34.5, 36.35.5 und 36.36.5, wobei aber das Gesamttitelbl. (d. h. S. [I]–[II]) der Tle 2 und 3 (d. h. der Bde III–IV: Ausg. 36.35.5 und 36.36.5) jw. weggefallen ist.
In Tl 1 dieser Sammelausg. (= Bd II der ›Vorl.‹, PhB 171b) heißt es – wie in der Einzelausg. 36.34.4 – auf S. IV fälschlich PhB »171c« statt ›171b‹.
Bd I der ›Vorl.‹ erschien auch separat (36.33.9).
Lizenzausg. der vorl. Ausg. an den Akademie-Vlg Berlin (Ost).

36.37.2.1976.171b–d

[I] PHILOSOPHISCHE BIBLIOTHEK BAND 171b–d | G. W. F. HEGEL | Vorlesungen über die | Philosophie der Weltgeschichte | ZWEITE HÄLFTE | Band II: Die orientalische Welt | Band III: Die griechische und die römische Welt | (nach S. 524) | Band IV: Die germanische Welt | (nach S. 754)

[IV] PHILOSOPHISCHE BIBLIOTHEK BAND 171b–d | [3 Z. unvollständige Aufl.-Hinweise] | 1976 Unveränderter Nachdruck mit ergänzten | Literaturhinweisen | Literatur-Hinweise | befinden sich im Band IV (PhB 171d)

[II] [ebs.]

XVI S., S. [265]–524 + VIII S., S. [527]–753 + VIII S., S. [757]–954, 1 Bl. (bds. Vlgsanz.)

Anders als die vorh. Ausg. 36.37.1 ist vorl. Ausg. keine Sammelausg. (d. h. ihre 3 Tle sind selbst nicht reguläre Einzelausg. und auch nicht einzeln erhältlich); gleichwohl vereinigt auch sie die Bde II–IV der ›Vorl.‹. Von der vorh. Ausg. 36.37.1 unterscheidet sich vorl. Ausg. wie folgt:
S. [I] enthält nun kein Reihensignet mehr, sondern die eigentliche Gesamttitelei zum vorl. *Bd*; S. [II] ist mit der vorh. Ausg. identisch und bringt den Gesamttitel zum *Hegel-Text* bzw. zu dessen vollständiger, 2bändiger Ausg.
S. [III] trägt die Titelei zum 1. Tl (= Bd II der ›Vorl.‹, PhB 171b) des Bds.
S. [IV] bildet aber nicht die Impressumseite des 1. Tls, sondern des Gesamtbds, wobei die unvollständigen und z. T. unkorrekten Aufl.-Hinweise in Z. 2–3 sich auf die *Einzel*ausg. beziehen.
Die jw. Rückseite der Titelseiten, also S. [II] (d. h. die ehemaligen Impressumseiten) der Tle 2 und 3 (= Bd III und IV der ›Vorl.‹, PhB 171c–d) sind nun weiß, weshalb auch die Titelseiten dieser Tle nur noch Zwischentitelseiten sind.
Die Literaturhinweise sind ergänzt; der Bd endet mit 1 Bl. (bds. Vlgsanz.)
Die vorh. Ausg. von 1968 (36.37.1) hat in allen 3 Tln jw. nach dem Inhaltsverzeichnis 1 Bl. mit 2zeiliger Zwischentitelei auf S. a. Bei PhB 171b und dem Bl. mitten in

PhB 171c (für ›Die römische Welt‹) hat dies vorl. Ausg. von 1976 so belassen; die beiden anderen Zwischentitelbl. sind jw. nach vorne als S. [III]–[IV] gerückt, weshalb die röm. Paginierung für PhB 171c und 171d wieder bei I beginnt, die arabisch gezählten Tle aber um jw. 2 Seiten später beginnen als in der vorh. Ausg. (bzw. den Einzelausg.) von 1968.

36.38. Wissenschaft der Logik I

36.38.1.1923.56 A, 5, 6, 7, 24, 29, 38, 61, 62, 107, 260, 294

[III] GEORG WILHELM FRIEDRICH HEGEL | WISSENSCHAFT DER LOGIK | HERAUSGEGEBEN VON | GEORG LASSON | DR. PHIL. h. c. | PASTOR AN ST. BARTHOLOMÄUS, BERLIN | ERSTER TEIL | [Reihensignet] | DER PHILOSOPHISCHEN BIBLIOTHEK BAND 56 | LEIPZIG 1923 / VERLAG VON FELIX MEINER

[II] GEORG WILHELM FRIEDRICH HEGEL | SÄMTLICHE WERKE | HERAUSGEGEBEN VON | GEORG LASSON | BAND III: | WISSENSCHAFT DER LOGIK | ERSTER TEIL | [Reihensignet] | VERLAG VON FELIX MEINER IN LEIPZIG

[I] HEGELS SÄMTLICHE WERKE | BAND III: | WISSENSCHAFT DER LOGIK, I. TEIL

CVI, 405 S.

In einigen Exn heißt es in Z. 6 auf S. [III] »BARTHOLOMAUS«.
In Ex. 61 ist das Bl. mit dem ›Namenregister‹ irrtümlich vor das Bl. mit dem ›Sachregister‹ gebunden.

36.38.2.1932.56 A, 38, 121, 168

[III] [Z. 1–4 ebs.] | ZWEITE AUFLAGE | MIT EINER VERGLEICHENDEN SEITENÜBERSICHT | [Z. 7–9 ebs.] | VERLAG VON FELIX MEINER IN LEIPZIG

[IV] ERSCHIENEN IM JAHRE 1932

[II] [Z. 1–2 ebs.] | HERAUSGEGEBEN VON GEORG LASSON | [Z. 4–8 wie vorh. Z. 5–9]

[I] [Z. 1–2 ebs.] | WISSENSCHAFT DER LOGIK | I. TEIL

CVI, 405 S.

Lizenzausg. 1971 und 1975 an den Akademie-Vlg Berlin (Ost).

36.38.3.1948.56 1a, 5, 31, 61

[III] [Z. 1 ebs.] | WISSENSCHAFT | DER LOGIK | [Z. 4–5 wie vorh. Z. 3–4] | [Z. 6–7 wie vorh. Z. 7–8] | [Z. 8 wie vorh. Z. 10]

[IV] DER PHILOSOPHISCHEN BIBLIOTHEK BAND 56 | UNVERÄNDERTER ABDRUCK 1948 DES TEXTES | DER ZWEITEN UM EINE VERGLEICHENDE SEITENÜBERSICHT | ERWEITERTEN AUFLAGE VON 1934

[II] [ebs.]

[I] [ebs.]

IX, 405 S.

Die Jahresangabe ›1934‹ zur 2. Aufl. in Z. 4 auf S. [IV] ist nicht richtig: Die 2. Aufl. des Bd 1 ist 1932 erschienen.

36.38.4.1951.56 A, 38, 43, 69, Vlo1

[III] [ebs.]
[IV] [Z. 1 ebs.] | UNVERÄNDERTER ABDRUCK 1951 DES TEXTES | [Z. 3–4 ebs.]

S. [III]–IX, 405 S.

Die falsche Jahresangabe in Z. 4 auf S. [IV] ist nicht korrigiert.

36.38.5.1963.56 A, 6, 38, 61

[I] [Z. 1–7 wie vorh. auf S. III] | VERLAG VON FELIX MEINER IN HAMBURG
[II] [Z. 1 wie vorh. auf S. IV] | Unveränderter Abdruck 1963 des Textes | der zweiten um eine vergleichende Seitenübersicht | erweiterten Auflage von 1934

VII, 405 S.

Die Jahresangabe ›1934‹ zur 2. Aufl. in Z. 4 auf S. [II] ist nicht richtig: Die 2. Aufl. des Bd 1 ist 1932 erschienen.

36.38.6.1967.56 A, 385, Frei26

[I] [ebs.]
[II] [Z. 1 ebs.] | Unveränderter Abdruck 1967 des Textes | [Z. 3–4 ebs.]

VII, 405 S., 1 Bl. (bds. Vlgsanz.)

Die falsche Jahresangabe in Z. 4 auf S. [II] ist nicht korrigiert.

36.38.7.1971.56 A, 361, 385

[I] [ebs.]
[II] PHILOSOPHISCHE BIBLIOTHEK BAND 56 | Unveränderter Nachdruck 1971 des Textes | der zweiten, um eine vergleichende Seitenübersicht | erweiterten Auflage von 1932

VII, 405 S., 1 Bl. (bds. Vlgsanz.)

36.38.8.1975.56 A, 128

[I] [ebs.]
[II] [Z. 1 ebs.] | Unveränderter Abdruck 1975 des Textes | [Z. 3–4 ebs.]

VII, 405., 1 Bl. (bds. Vlgsanz.)

In einem ungekennzeichneten Nachdruck 1981 (Ex. in 35) bildet S. [II] irrtümlich die Impressumseite der Lizenzausg. 1975 des Akademie-Vlg Berlin (Ost).

36.39. Wissenschaft der Logik II

36.39.1.1923.57 A, 5, 6, 7, 8, 24, 29, 38, 61, 62, 107, 260

[III] GEORG WILHELM FRIEDRICH HEGEL | WISSENSCHAFT DER LOGIK | HERAUSGEGEBEN VON | GEORG LASSON | DR. PHIL. h. c. | PASTOR AN ST. BARTHOLOMÄUS, BERLIN | ZWEITER TEIL | [Reihensignet] | DER PHILOSOPHISCHEN BIBLIOTHEK BAND 57 | LEIPZIG 1923 / VERLAG VON FELIX MEINER

[II] GEORG WILHELM FRIEDRICH HEGEL | SÄMTLICHE WERKE | HERAUSGEGEBEN VON GEORG LASSON | BAND IV: | WISSENSCHAFT DER LOGIK | ZWEITER TEIL | [Reihensignet] | VERLAG VON FELIX MEINER IN LEIPZIG

[I] HEGELS SÄMTLICHE WERKE | BAND IV: | WISSENSCHAFT DER LOGIK, II. TEIL

X, 512 S., (1 Bl., bds. Vlgsanz.)

In den Exn 8 und 62 ist das 1 Bl. mit Vlgsanz. an den Bd-Beginn gebunden.

36.39.2.1934.57 A, 38, 121, 168

[V] [Z. 1–4 wie vorh. auf S. III] | ZWEITE AUFLAGE | MIT EINER VERGLEICHENDEN SEITENÜBERSICHT | [Z. 7–9 wie vorh. auf S. III] | VERLAG VON FELIX MEINER IN LEIPZIG

[VI] ERSCHIENEN IM JAHRE 1934

[IV] [Z. 1–2 wie vorh. auf S. II] | HERAUSGEGEBEN VON GEORG LASSON | [Z. 4–8 wie vorh. Z. 5–9 auf S. II]

[III] [Z. 1–2 wie vorh. auf S. I] | WISSENSCHAFT DER LOGIK | II. TEIL

[I]–[II] [weiß]

XII, 512 S.

In Ex. 38 und 121 fehlen jw. S. [I]–[II].

36.39.3.1948.57 1a, 5, 31

[III] [Z. 1 wie vorh. auf S. V] | WISSENSCHAFT | DER LOGIK | [Z. 4–5 wie vorh. Z. 3–4 auf S. V] | [Z. 6–7 wie vorh. Z. 7–8 auf S. V] | [Z. 8 wie vorh. Z. 10 auf S. V]

[IV] DER PHILOSOPHISCHEN BIBLIOTHEK BAND 57 | UNVERÄNDERTER ABDRUCK 1948 | DER ZWEITEN UM EINE VERGLEICHENDE SEITENÜBERSICHT | ERWEITERTEN AUFLAGE VON 1934

[II] [wie vorh. S. IV]

[I] [wie vorh. S. III]

X, 512 S.

36.39.4.1951.57 A, 38, 43, 52, 69, Vlo1

[III] [ebs.]

[IV] [Z. 1 ebs.] | UNVERÄNDERTER ABDRUCK 1951 DES TEXTES | [Z. 3–4 ebs.]

S. [III]–X, 512 S.

36.39.5.1963.57 A, 6, 38, 61

[I] [Z. 1–7 wie vorh. auf S. III] | VERLAG VON FELIX MEINER IN HAMBURG

[II] [Z. 1 wie vorh. auf S. IV] | Unveränderter Abdruck 1963 des Textes | der zweiten um eine vergleichende Seitenübersicht | erweiterten Auflage von 1934

VIII, 512 S.

36.39.6.1966.57 A, 385

[I] [ebs.]

[II] [Z. 1 ebs.] | Unveränderter Nachdruck 1966 des Textes | [Z. 3–4 ebs.]

VIII, 512 S.

36.39.7.1969.57 A, 361, Frei 26

[I] [ebs.]

[II] PHILOSOPHISCHE BIBLIOTHEK BAND 57 | Unveränderter Nachdruck 1969 des Textes | der zweiten, um eine vergleichende Seitenübersicht | [Z. 4 ebs.]

VIII, 512 S.

Lizenzausg. 1971 an den Akademie-Vlg Berlin (Ost).

36.39.8.1975.57 A, 35, 128, 361, 385

[I] [ebs.]

[II] [Z. 1 ebs.] | Unveränderter Nachdruck 1975 des Textes | [Z. 3–4 ebs.]

VIII, 512 S.

Lizenzausg. an den Akademie-Vlg Berlin (Ost).

36.40. Hegel in Berichten seiner Zeitgenossen

36.40.1.1970.245 A, 43, 38, 61, 385

[III] HEGEL | in Berichten seiner Zeitgenossen | Herausgegeben | von | GÜNTHER NICOLIN | [Reihensignet] | FELIX MEINER VERLAG | HAMBURG

[IV] PHILOSOPHISCHE BIBLIOTHEK BAND 245

S. [III]-XVIII, 694 S., 1 Bl. (bds. Vlgsanz.)

Lizenzausg. 1971 an den Akademie-Vlg Berlin (Ost).
Der Ausg. liegt ein Corrigenda-Zettel bei.

37.
Johann Friedrich Herbart
1776–1841

37.1. Lehrbuch zur Einleitung in die Philosophie

37.1.1.1912.146 A, 12, 25, 38, 61, 132

[III] Johann Friedrich Herbart | Lehrbuch | zur | Einleitung in die Philosophie | Vierte Auflage nebst den Abweichungen | der ersten bis dritten Auflage | Mit Einführung herausgegeben von | K. Häntsch | [Reihensignet] | Der Philosophischen Bibliothek | 146. Band | Leipzig | Verlag von Felix Meiner | 1912
[I] Philosophische Bibliothek | Band 146 | Herbart

LXXIX, 388 S.

Die früheren Aufl. erschienen nicht in der PhB; siehe dazu in der vorl. Ausg. S. XV–XVI.

38.
Johann Gottfried Herder
1744–1803

38.1. Herders Philosophie

3 Textauszüge der Ausg. 38.1.1 erschienen separat als Heft 2, 7 und 13 der FA und TA, siehe FA3.1–3, TA6.1–3.

38.1.1.1906.112 A, 5, 25, 36, 38 (3 Exe), 43, 51, 61, 107

[I] Philosophische Bibliothek | Band 112. || Herders Philosophie. | Ausgewählte Denkmäler | aus der Werdezeit der neuen deutschen Bildung. || Herausgegeben | von | Horst Stephan. | [Reihensignet] | Leipzig, | Verlag der Dürr'schen Buchhandlung. | 1906.

XLIV, 310 S., 1 Bl. (bds. Vlgsanz.)

Bei einigen Exn ist der Erscheinungsvermerk mit unterschiedlichen Schildchen überklebt; bei den Exn 25, 36 und 107 heißt es: »Leipzig. | Verlag von Felix Meiner.«, bei den Exn 38 (2 Exe), 51 und 61 in Versalien: »LEIPZIG | VERLAG VON FELIX MEINER«. Die Exe 25, 36, 38 (2 Exe) und 107 haben jw. einen Meiner'schen PhB-Kat. eingebunden, die beiden Schildchen-Exe aus 38 einen vom April 1927.
1 Ex. in 38 hat die Dürr-Deckel eingebunden und kein Schildchen über dem Erscheinungsvermerk.
NUC 241, 689a belegt diese Ausg. mit »(1922)«; höchstwahrscheinlich handelt es sich dabei um ein Schildchen-Ex., dem ein PhB-Kat. von 1922 eingebunden ist (wie dem Ex. 25).

38.2. Sprachphilosophische Schriften

38.2.1.1960.248 A, 12, 61, 136

[III] JOHANN GOTTFRIED HERDER | Sprachphilosophische | Schriften | Aus dem Gesamtwerk ausgewählt, | mit einer Einleitung, Anmerkungen und Registern | versehen von | ERICH HEINTEL | VERLAG VON FELIX MEINER | HAMBURG
[IV] PHILOSOPHISCHE BIBLIOTHEK BAND 248
[I] [Reihensignet]

LXII, 242 S.

38.2.2.1964.248 A, 64, 385

[III] [ebs.]
[IV] [Z. 1 ebs.] | Zweite, erweiterte Auflage 1964
[I] [ebs.]

LXVII, 248 S., 1 Bl. (S. a Vlgsanz.)

38.2.3.1975.248 A, 385

[III] [ebs.]
[IV] [Z. 1 ebs.] | [2 Z. Aufl.-Hinweise] | 1975 Unveränderter Nachdruck
[I] [ebs.]

LXVII, 248 S., 1 Bl. (bds. Vlgsanz.)

39.
Eugen Hirschberg
geb. 1848

39.1. Erläuterungen zu d'Alemberts Einleitung in die französische Enzyklopädie von 1751

39.1.1.1912.140b 6, 25, 38 (2 Exe), 61, 291

[III] D'Alembert | Einleitung in die französische | Enzyklopädie von 1751 | (Discours préliminaire) | o | II. Teil: Erläuterungen | von | Dr. Eugen Hirschberg | [Reihensignet] | Der Philosophischen Bibliothek | Band 140b | Leipzig · Verlag von Felix Meiner · 1912

[I] Philosophische Bibliothek | Band 140b | Erläuterungen zu D'Alembert

VIII, 192 S., (1 Bl., bds. Vlgsanz.)

Erl.-Bd zur Textausg. 1.1.1.

40.
Thomas Hobbes
1588–1679

40.1. Elemente der Philosophie I: Vom Körper

40.1.1.1915.157 A, 25, 38, 43, 61, 107, 385

[I] Thomas Hobbes | Grundzüge der Philosophie | Erster Teil | Lehre vom Körper | In Auswahl übersetzt und herausgegeben | von | Max Frischeisen-Köhler | [Reihensignet] | Der Philosophischen Bibliothek | Band 157 | Leipzig | Verlag von Felix Meiner | 1915

VI, 210 S.

40.1.2.1949.157 A, 31, 38, 75, 121

Bl. 2a THOMAS HOBBES | [Z. 2–3 wie vorh. auf S. I] | LEHRE VOM KÖRPER | [Reihensignet] | VERLAG VON FELIX MEINER IN LEIPZIG

Bl. 2b DER PHILOSOPHISCHEN BIBLIOTHEK BAND 157 | Unveränderter Wiederabdruck | der 1915 erstmals erschienenen Übersetzung | von Max Frischeisen-Köhler

Bl. 1a THOMAS HOBBES | GRUNDZÜGE DER PHILOSOPHIE | Erster Band

4 Bl., 183 S.

Jahresangabe nach DBV 24, 645b.
In Ex. A fehlt Bl. 1.

40.1.3.1967.157 A, 61, 385

[I] [Z. 1 wie vorh. auf Bl. 2a] | VOM KÖRPER | (Elemente der Philosophie I) | [Reihensignet] | VERLAG VON FELIX MEINER | HAMBURG

[II] PHILOSOPHISCHE BIBLIOTHEK BAND 157 | Ausgewählt und übersetzt von *Max Frischeisen-Köhler* 1915 | Unveränderter Nachdruck 1949 | Zweite, mit Literaturhinweisen und Registern versehene | Auflage 1967

VI, 198 S.

Lizenzausg. 1967 an den Akademie-Vlg Berlin (Ost).

Ein ungekennzeichneter Nachdruck von 1982 hat eine veränderte Seitenkollation: 1 Bl. (S. a: Reihensignet), VI, 198 S., 1 Bl. (bds. Vlgsanz.)

40.2. Elemente der Philosophie II: Vom Menschen. Vom Bürger

40.2.1.1918.158 A, 25, 38, 43, 61, 107

[I] Thomas Hobbes | Grundzüge der Philosophie | Zweiter und dritter Teil | Lehre vom Menschen und vom Bürger | Deutsch herausgegeben | von | Max Frischeisen-Köhler | [Reihensignet] | Der Philosophischen Bibliothek | Band 158 | Leipzig | Verlag von Felix Meiner | 1918

VII, 341 S., (1 Bl., bds. Vlgsanz.)

40.2.2.1949.158 31, 38, 75, 121

Bl. 2a THOMAS HOBBES | [Z. 2 wie vorh. auf S. I] | Zweiter und dritter Teil: | LEHRE VOM MENSCHEN | LEHRE VOM BÜRGER | [Reihensignet] | VERLAG VON FELIX MEINER IN LEIPZIG

Bl. 2b DER PHILOSOPHISCHEN BIBLIOTHEK BAND 158 | Unveränderter Abdruck 1949 | der 1915 erstmals erschienenen Übersetzung | von Max Frischeisen-Köhler

Bl. 1a THOMAS HOBBES | GRUNDZÜGE DER PHILOSOPHIE | Zweiter Band

4 Bl., 340 S.

40.2.3.1959.158 A, 38, 61, 260

[I] [Z. 1 wie vorh. auf Bl. 2a] | VOM MENSCHEN || VOM BÜRGER | Eingeleitet und herausgegeben von | Günter Gawlick | VERLAG VON FELIX MEINER | HAMBURG

[II] PHILOSOPHISCHE BIBLIOTHEK BAND 158 | Auf der Grundlage der Übersetzung von | M. FRISCHEISEN-KÖHLER, die von GÜNTER GAWLICK | nach dem lateinischen Original berichtigt wurde. | Mit Bildwiedergabe des Titelblattes von | „De Cive" (1642) | [2 Z.] | 1959

Bl. 1a [Reihensignet]

1 Bl., Frontispiz, XXVI, 338 S., 1 Bl. (bds. Vlgsanz.)

40.2.4.1966.158 A, 43, 61, 385

[I] [Z. 1–4 ebs.] | GÜNTER GAWLICK | [Z. 6–7 ebs.]

[II] [Z. 1 ebs.] | Zweite, verbesserte Auflage 1966 | [Z. 3–7 wie vorh. Z. 2–6]

Bl. 1a [ebs.]

1 Bl., Frontispiz, XXVI, 338 S., 1 Bl. (bds. Vlgsanz.)

Lizenzausg. 1967 an den Akademie-Vlg Berlin (Ost).

40.2.5.1977.158

[I] [Z. 1–3 ebs.] | (Elemente der Philosophie II/III) | [Z. 5–8 wie vorh. Z. 4–7]

[II] [Z. 1 ebs.] | [7 Z. Aufl.-Hinweise] | 1977 Nachdruck mit ergänztem Literaturverzeichnis

Bl. 1a [ebs.]

1 Bl., XXIX, 338 S., 1 Bl. (bds. Vlgsanz.)

41.
Johannes Hoffmeister
1907–1955

41.1. Goethe und der deutsche Idealismus

41.1.1.1932.66a A, 8, 24, 61, 121

[I] JOHANNES HOFFMEISTER | GOETHE | UND DER DEUTSCHE IDEALISMUS | EINE EINFÜHRUNG ZU HEGELS REALPHILOSOPHIE | [Reihensignet] | DER PHILOSOPHISCHEN BIBLIOTHEK BAND 66a | LEIPZIG 1932 / VERLAG VON FELIX MEINER

[II] [Hinweis auf die Ausg. 36.15.1]

VII, 132 S., (2 Bl., bds. Vlgsanz.)

Der Bd bildet die Einführung zu der Ausg. 36.15.1.

42.
Wilhelm von Humboldt
1767–1835

42.1. Ausgewählte philosophische Schriften

2 Textauszüge erschienen separat als Heft 3 und 17 der FA bzw. TA; siehe FA4.1, TA7.1–5.

42.1.1.1910.123 A, 12, 17, 20, 36, 61, 361

[I] Philosophische Bibliothek | Band 123. || Wilhelm von Humboldts | ausgewählte philosophische Schriften. || Herausgegeben | von | Johannes Schubert. | [Vlgssignet] | Leipzig. | Verlag der Dürr'schen Buchhandlung. | 1910.

XXXIX, 222 S., 1 Bl. (bds. Vlgsanz.)

Der Erscheinungsvermerk des Exs 36 ist mit einem Schildchen überklebt: »Leipzig. | Verlag von Felix Meiner.« Einband und Vorsatzbl. des Exs stammen von Meiner; es ist ein PhB-Kat. vom Sept. 1913 beigebunden.

42.1.2.1910.123 18, 29, 38 (3 Exe), 291

[I] WILHELM VON HUMBOLDT | AUSGEWÄHLTE | PHILOSOPHISCHE | SCHRIFTEN || HERAUSGEGEBEN | VON | JOHANNES SCHUBERT | [Reihensignet] | DER PHILOSOPHISCHEN BIBLIOTHEK BAND 123 | LEIPZIG 1910 / VERLAG VON FELIX MEINER

XXXIX, 222 S., 1 Bl. (bds. Vlgsanz.)

Rückdatierte Titelaufl., höchstwahrscheinlich 1922 entstanden.
Ex. 1 und 2 aus 38 haben einen Meiner-Einband von 1929; Ex. 1 hat noch einen PhB-Kat. vom Jan. 1921 eingebunden.

43.
David Hume
1711–1776

43.1. Abriß eines neuen Buches. Brief eines Edelmannes

43.1.1.1980.320

[III] DAVID HUME | Abriß eines neuen Buches, | betitelt: | Ein Traktat über | die menschliche Natur, etc. | Brief eines Edelmannes | an seinen Freund | in Edinburgh | Übersetzt und mit einer Einleitung | herausgegeben von | JENS KULENKAMPFF | FELIX MEINER VERLAG | HAMBURG

[IV] PHILOSOPHISCHE BIBLIOTHEK BAND 320

[I] [Reihensignet]

XXX, 149 S., 2 Bl. (Bl. 2 bds. Vlgsanz.)

43.2. Dialoge über natürliche Religion

43.2.1.1877.75 3, 31, 37, 38, (352)

[3] Dialoge | über | natürliche Religion. | Über | Selbstmord und Unsterblichkeit der Seele. | Von | David Hume. || Ins Deutsche übersetzt und mit einer Einleitung versehen | von | Dr. Friedrich Paulsen, | Docenten der Philosophie an der Universität Berlin. || Leipzig, 1877. | ERICH KOSCHNY. | (L. HEIMANN'S VERLAG.)

[2] Philosophische Bibliothek | oder | Sammlung | der | Hauptwerke der Philosophie | alter und neuer Zeit. || Unter Mitwirkung namhafter Gelehrten | herausgegeben, beziehungsweise übersetzt, erläutert | und mit Lebensbeschreibungen versehen | von | J. H. von Kirchmann. || Fünfundsiebenzigster Band. | D. Hume's | Dialoge über natürliche Religion. || Leipzig, 1877. | ERICH KOSCHNY. | (L. Heimann's Verlag.)

158 S., 1 Bl. (S. a Druckvermerk)

Ex. 352 ist ein Kopienex. mit verkehrt eingebundener Reihen- und Haupttitelseite. Dem kopierten Ex. ist eine Vlgsbroschur eingebunden, deren Erscheinungsvermerk lautet: »Heidelberg. | Verlag von Georg Weiss | (früher Erich Koschny's Verlag in Leipzig). | 1882.«

43.2.2.1894.75 A, 25, 43

[3] [Z. 1–10 ebs.] | Professor an der Universität Berlin. | Zweite Auflage || Berlin | PHILOS.-HISTOR. VERLAG | Dr. R. Salinger. | 1894.

[2] [Z. 1–7 ebs.] | herausgegeben, beziehungsweise übersetzt, erläutert und | mit Lebensbeschreibungen versehen | [Z. 10–14 ebs.] || Berlin | PHILOS.-HISTOR. VERLAG | Dr. R. Salinger. | 1894.

158 S., (1 Bl., bds. weiß)

Dem Ex. 43 sind noch die Salinger'schen Vlgsbroschuren mit eingebunden.

43.2.3.1894.36 5, 62

Bl. 1a Philosophische Bibliothek. | Band 36. || [Z. 3–13 wie vorh. Z. 1–11 auf S. 3] | Zweite Auflage. | [Vlgssignet] | LEIPZIG. | VERLAG DER DÜRR'SCHEN BUCHHANDLUNG. | 1894.

1 Bl., S. [5]–158, 1 Bl. (bds. weiß)

Rückdatierte Titelaufl., zwischen 1900–06 entstanden.

43.2.4.1905.36 A, 5, 46

[1] Philosophische Bibliothek | [Z. 2–13 wie vorh. auf Bl. 1a] | Dritte Auflage. | [Vlgssignet] | Leipzig, | Verlag der Dürr'schen Buchhandlung. | 1905.

165 S., (1 Bl., bds. Vlgsanz.)

Dem Ex. 5 ist ein Meiner'scher PhB-Prospekt von 1911/12 beigebunden.

43.2.5.(1912).36 A, 6, 20, 24, 36, 38, 61, 132, 294

[1] [Z. 1 ebs.] | Band 36 || Dialoge über | natürliche Religion | Über | Selbstmord und Unsterblichkeit der Seele | Von | David Hume || [Z. 9–11 wie vorh. Z. 10–12] | Professor an der Universität Berlin | Dritte Auflage || Leipzig | Verlag von Felix Meiner

165 S., 1 Bl. (bds. Vlgsanz.)

Titelaufl., 1912 entstanden.
Die Vlgsanz. auf S. [166] und auf dem letzten Bl. stammen noch von Dürr.
Ex. 36 hat noch die Dürr'schen Deckel eingebunden.

43.2.6.1968.36 A, 61, 121, 385

[III] DAVID HUME | [Z. 2–3 wie vorh. Z. 3–4 auf S. 1] | Neu bearbeitet von | GÜNTER GAWLICK | VERLAG VON FELIX MEINER | HAMBURG

[IV] PHILOSOPHISCHE BIBLIOTHEK BAND 36 | Vierte, verbesserte Auflage 1968 | Auf der Grundlage der Übersetzung von Friedrich Paulsen | (3. Aufl. 1905) neu bearbeitet, eingeleitet, mit | bibliographischen Hinweisen und Register versehen von | GÜNTER GAWLICK

[I] [Reihensignet]

XLII, 126 S.

43.2.7.1980.36

[III] [Z. 1–3 ebs.] | Neu bearbeitet und | herausgegeben von | [Z. 6–8 wie vorh. Z. 5–7]

[IV] [Z. 1 ebs.] | [9 Z. unvollständige Aufl.-Hinweise] | 1980 Fünfte, erneut bearbeitete Auflage und mit erweiterter | Bibliographie versehen von Günter Gawlick.

[I] [ebs.]

XLVII, 126 S., 1 Bl. (bds. Vlgsanz.)

In Z. 3 auf S. [IV] wird die PhB-Nr der 1. Aufl. irrtümlich als »Lieferung« bezeichnet.

43.3. Die Naturgeschichte der Religion. Über Aberglaube und Schwärmerei. Über die Unsterblichkeit der Seele. Über Selbstmord

43.3.1.1984.341

[III] DAVID HUME | Die Naturgeschichte der Religion | Über Aberglaube und Schwärmerei | Über die Unsterblichkeit der Seele | Über Selbstmord | Übersetzt und herausgegeben von | LOTHAR KREIMENDAHL | FELIX MEINER VERLAG | HAMBURG

[IV] PHILOSOPHISCHE BIBLIOTHEK BAND 341

[I] [Reihensignet]

LV, 144 S.

43.4. Ein Traktat über die menschliche Natur

1973 erschienen die 3 Bücher des ›Traktats‹ unter PhB-Nr 283 in 1 Bd (43.4.1), ab 1978 in 2 Bdn: Bd I mit Buch 1 (›Über den Verstand‹) als PhB 283a (43.4.2), Bd II mit Buch 2–3 (›Über die Affekte‹, ›Über Moral‹) als PhB 283b (43.4.3).

43.4.1.1973.283: 1 Bd (Buch I–III) A, 43, 121, 385

[III] DAVID HUME | Ein Traktat über die | menschliche Natur | (A Treatise of Human Nature) | Buch I–III | Deutsch mit Anmerkungen und Register | von | THEODOR LIPPS | Mit einer Einführung | neu herausgegeben von | REINHARD BRANDT | FELIX MEINER VERLAG | HAMBURG

[IV] PHILOSOPHISCHE BIBLIOTHEK BAND 283 | Unveränderter Nachdruck 1973 der zweiten, durchgesehe- | nen Auflage von 1904 (Buch I) bzw. der ersten Auflage | von 1906 (Buch II und III). | Mit neuer Einführung und Bibliographie von | Reinhard Brandt

[I] [Reihensignet]

LXVII, 364, 397 S.

Die 1. Aufl. erschien 1904/06 bei L. Voss in Hamburg.

43.4.2.1978.283a: Bd 1 (Buch I)

[III] [Z. 1 ebs.] | Über den Verstand | Übersetzt, mit Anmerkungen und Register | versehen von | [Z. 5 wie vorh. Z. 8] | Mit neuer Einführung und Bibliographie | herausgegeben von | [Z. 8–10 wie vorh. Z. 11–13]

[IV] PHILOSOPHISCHE BIBLIOTHEK BAND 283a | Unveränderter Nachdruck 1978 der zweiten, durchgesehe- | nen Auflage von 1904 (Buch I), mit dem Gesamtregister | der Ausgabe 1906 (Buch II und III)

[II] DAVID HUME | Ein Traktat über die | menschliche Natur | (A Treatise of Human Nature) | in 2 Bänden | Übersetzt, mit Anmerkungen und Register | versehen von | THEODOR LIPPS | Mit neuer Einführung und Bibliographie | herausgegeben von | REINHARD BRANDT | BAND I | Erstes Buch: Über den Verstand | Band II | Zweites Buch: Über die Affekte | Drittes Buch: Über Moral | FELIX MEINER VERLAG | HAMBURG

[I] [ebs.]

LXVII, 386 S., 2 Bl.

43.4.3.1978.283b: Bd 2 (Buch II–III)

[III] [Z. 1 ebs.] | Über die Affekte | Über Moral | [Z. 4–6 wie vorh. Z. 3–5] | [Z. 7–8 wie vorh. Z. 9–10]

[IV] PHILOSOPHISCHE BIBLIOTHEK BAND 283b | Unveränderter Nachdruck 1978 der ersten Auflage | von 1906 (Buch II und III)

[II] [ebs.]

[I] [ebs.]

X, 397 S.

Ein ungekennzeichneter Nachdruck von 1984 hat 2 Bl. (bds. weiß) am Schluß.

43.5. Eine Untersuchung über den menschlichen Verstand

43.5.1.1869.13 A, 3, 20, 43, 51, 62, 294

[III] Eine Untersuchung | in Betreff | des menschlichen Verstandes | von | David Hume, Esq. || Uebersetzt, erläutert | und | mit einer Lebensbeschreibung Hume's versehen | von | J. H. von Kirchmann. || Berlin, 1869. | Verlag von L. Heimann. | Wilhelms-Strasse No. 91.

[II] Philosophische Bibliothek | oder | Sammlung | der | Hauptwerke der Philosophie | alter und neuer Zeit. || Unter Mitwirkung namhafter Gelehrten | herausgegeben, beziehungsweise übersetzt, erläutert | und mit Lebensbeschreibungen versehen | von | J. H. v. Kirchmann. || Dreizehnter Band. | Hume's Untersuchung über den menschlichen Verstand. || Berlin, 1869. | Verlag von L. Heimann. | Wilhelms-Strasse No. 91.

IX, 194 S.

In Ex. 62 fehlt das Reihentitelbl.

43.5.2.1875.13 17, 37, 77, Sp1

[III] [Z. 1–10 ebs.] | Zweite vermehrte Ausgabe. || Leipzig, 1875. | Erich Koschny | (L. Heimann's Verlag).

[II] [Z. 1–10 ebs.] | J. H. von Kirchmann. || [Z. 12–13 ebs.] | Zweite vermehrte Ausgabe. || Leipzig, 1875. | Erich Koschny | (L. Heimann's Verlag).

X, 214 S.

43.5.3.1880.13 7, 31, 36, 56, 61

[III] [Z. 1–10 ebs.] | Dritte Ausgabe. || Leipzig, 1880. | ERICH KOSCHNY. | (L. Heimann's Verlag.)

[II] [Z. 1–12 ebs.] | Hume's | Untersuchung über den menschlichen Verstand. | Dritte Ausgabe. || Leipzig, 1880. | ERICH KOSCHNY. | (L. Heimann's Verlag.)

X, 214 S.

Dem Ex. 56 sind noch die Koschny'schen Vlgsbroschuren eingebunden.
Bei Ex. 7 lautet der Erscheinungsvermerk der Vlgsbroschur: »Heidelberg. | Verlag von Georg Weiss | (früher Erich Koschny's Verlag in Leipzig). | 1882.«
In Ex. 56 fehlen die S. III–VI.
In Ex. 61 fehlt das Reihentitelbl.

43.5.4.1888.13 A, 18, 25, 29, Bet1 (= 131), (352)

[IX] [Z. 1–5 wie vorh. auf S. III] | Übersetzt, erläutert | [Z. 7–9 wie vorh. auf S. III] | J. H. v. Kirchmann. | Vierte Auflage | durchgesehen von H. Giesserow. || Heidelberg 1888. | Verlag von Georg Weiss.

[VIII] [Z. 1–10 wie vorh. auf S. II] | J. H. v. Kirchmann. || [Z. 12–14 wie vorh. auf S. II] | Vierte Auflage. || Heidelberg 1888. | Verlag von Georg Weiss.

[I–VI] [Vlgsanz.]

XVI, 211 S.

Die S. I–VI hat nur Ex. 29.

In Ex. 29 ist der Erscheinungsvermerk der Weiss'schen Vlgsbroschur mit einem Schildchen überklebt: »Berlin. | Philosophisch-Historischer Verlag | von Dr. R. Salinger.«
Ex. 352 ist ein Kopienex. mit verkehrt eingebundener Reihen- und Haupttitelseite.

43.5.5.1902.35 46, 62, Walb1

[1] Philosophische Bibliothek | Band 35. || [Z. 3 wie vorh. Z. 1 auf S. IX] | über | den menschlichen Verstand | von | David Hume. | Fünfte durchgesehene Auflage. | [Vlgssignet] | Leipzig, | Verlag der Dürr'schen Buchhandlung. | 1902.

163 S.

43.5.6.1907.35 51, 60, 93

[I] [Z. 1–3 wie vorh. auf S. 1] | über den | menschlichen Verstand. | Von | [Z. 7 wie vorh. auf S. 1] || Sechste Auflage. || Herausgegeben von | Raoul Richter. | [Vlgssignet] | Leipzig. | [Z. 13 wie vorh. Z. 11 auf S. 1] | 1907.

VIII, 223 S.

43.5.7.1911.35 24, 61, 64, 294

[I] [Z. 1 ebs.] | Band 35 || [Z. 3–4 ebs.] | menschlichen Verstand | Von | David Hume || Siebente, mit der sechsten gleichlautende Auflage || [Z. 9 ebs.] | Raoul Richter || Leipzig 1911 | Verlag von Felix Meiner

VIII, 223 S.

Zwischen 1911–22 gab es den Buchblock dieser Ausg. mit verschiedenen Titelbl. in 3 unterschiedlichen Reihen des Meiner-Vlgs:

1911: PhB 35, 7. Aufl. (hier 43.5.7)
1914: Meiners Volksausgaben, Bd 3 (oft wird als Erscheinungsjahr dieser Ausg. fälschlicherweise auch 1911 angegeben; DBV 2, 218a gibt richtig 1914 an; Exe in 5, 38, 294).
1919: Taschenausgaben, Heft 23 (hier TA8.1)
1920: PhB 35, 8. Aufl. (hier 43.5.8)
1921: Taschenausgaben, Heft 23 (hier TA8.2)

1913 erschien im Meiner-Vlg als Bd 7 der Reihe ›Bibliotheca Philosophorum‹ der engl. Orig.-Text: An Enquiry Concerning Human Understanding, And Selections from a Treatise of Human Nature. With Hume's Autobiography and a Letter from Adam Smith. Ed. by J. McCormack and Mary Whiton Calkins (Exe in 38, 361), siehe hier S. 78.

43.5.8.1920.35 132, 361

[I] DAVID HUME | EINE UNTERSUCHUNG | ÜBER DEN | MENSCHLICHEN VERSTAND | ACHTE AUFLAGE | HERAUSGEGEBEN VON | RAOUL RICHTER | [Reihensignet] | Der Philosophischen Bibliothek | Band 35 || LEIPZIG 1920 / VERLAG VON FELIX MEINER

VIII, 223 S.

43.5.9.1928.35 A, 6, 38, 52, 121, 211

[I] [Z. 1–4 ebs.] | NEUNTE AUFLAGE | [Z. 6–8 ebs.] | DER PHILOSOPHISCHEN BIBLIOTHEK BAND 35 | LEIPZIG 1928 / VERLAG VON FELIX MEINER

VIII, 223 S.

Die Exe A und 52 haben zu Beginn noch 1 Bl., dessen Text lautet auf S. a: »SONDERAUSGABE | FÜR | SEMINARE | [Reihensignet]«; Bl. 1b: *»Die Lieferung dieser* | SEMINARAUSGABEN | *erfolgt zu einem um 20% ermäßigten Ladenpreis* | *unter der Voraussetzung der Mindestabnahme* | *von 10 Stück in geschlossenem Bezuge* | *und Nennung des betreffenden* | *Dozenten* | FELIX MEINER VERLAG IN LEIPZIG | *Jede Buchhandlung übernimmt die Besorgung«*. Die Exe 6 und 211 haben jw. ein neugesetztes Titelbl., das auf S. [I] den gleichen Titeltext und die gleiche Textaufteilung hat wie die anderen Exe, aber mit anderer Typographie und dem späteren Reihensignet neu gesetzt ist; auf S. [II] fehlt die umrahmte Vlgsanz., die die anderen Exe haben. Bei diesen Exn 6 und 211 handelt es sich höchstwahrscheinlich um einen späteren Nachdruck.

43.5.10.(1949).35 A, 31, 83, 107

[I] [Z. 1 ebs.] | Eine Untersuchung | über den menschlichen Verstand | Herausgegeben von | Raoul Richter | [Reihensignet] | Verlag von Felix Meiner in Leipzig

[II] DER PHILOSOPHISCHEN BIBLIOTHEK BAND 35 | ZEHNTE, UNVERÄNDERTE AUFLAGE | *Mit deutsch-englischem und englisch-deutschem Begriffsregister*

VIII, 223 S.

Jahresangabe nach DBV 24, 752b.

43.5.11.1955.35 A, 122, 361

[I] [Z. 1 ebs.] | EINE UNTERSUCHUNG | ÜBER DEN | MENSCHLICHEN VERSTAND | HERAUSGEGEBEN VON | RAOUL RICHTER | [Reihensignet] | VERLAG VON FELIX MEINER | IN HAMBURG

[II] [Z. 1 ebs.] | UNVERÄNDERTE AUFLAGE | [Z. 3 ebs.] | 1955

VIII, 223 S.

43.5.12.1961.35 A, 52, 61, 77

[I] [Z. 1 ebs.] | Eine Untersuchung | über den | Menschlichen [sic] Verstand | [Z. 5–9 ebs.]

[II] PHILOSOPHISCHE BIBLIOTHEK BAND 35 | Unveränderter Nachdruck 1961 | Mit deutsch-englischem und englisch-deutschem Begriffsregister

VIII, 223 S.

Lizenzausg. 1965 an den Akademie-Vlg Berlin (Ost) (Ex. in B4).

43.5.13.1964.35 A, 8, 61, 385

[I] [ebs.]

[II] [Z. 1 ebs.] | Unveränderter Nachdruck 1964 | [Z. 3 ebs.]

VIII, 223 S.

43.5.14.1973.35 A, 6, 61

[I] [ebs.]

[II] [Z. 1 ebs.] | Unveränderter Nachdruck 1973 | [Z. 3 ebs.]

VIII, 223 S.

43.5.15.1984.35

[III] [Z.1–3 wie vorh. auf S. I] | menschlichen Verstand | Übersetzt von Raoul Richter | Mit einer Einleitung herausgegeben von | Jens Kulenkampff | und den Beilagen | *David Hume: Mein Leben* | *Brief von Adam Smith an William Strahan* | übersetzt von Jens Kulenkampff | FELIX MEINER VERLAG | HAMBURG

[IV] [Z. 1 wie vorh. auf S. II] | [9 Z. unvollständige Aufl.-Hinweise] | 1984 11., durchgesehene Auflage, mit neuer Einleitung und | neuen Anmerkungen herausgegeben von Jens Kulenkampff. | Erweitert um die Autobiographie Hume's und den Brief | von Adam Smith an William Strahan vom 9. Nov. 1776.

[I] [Reihensignet]

LXXII, 244 S., 2 Bl. (Bl. 2 bds. Vlgsanz.)

43.6. Untersuchung über die Prinzipien der Moral

43.6.1.1929.199 5, 25, 36, 61, 82

[III] DAVID HUME || UNTERSUCHUNG | ÜBER DIE | PRINZIPIEN DER MORAL |

übersetzt | mit einleitung und register | versehen von | carl winckler | [Reihensignet] | 1929 || der philosophischen bibliothek band 199 | verlag von felix meiner in leipzig

[I] david hume | Untersuchung über die | Prinzipien der Moral

[II] [Vlgsanz.]

XXXI, 188 S. (2 Bl., jw. bds. Vlgsanz.)

1913 war im Meiner-Vlg als Bd VIII der ›Bibliotheca Philosophorum‹ der engl. Orig.-Text (›Reprinted from the Edition of 1777‹) erschienen.

43.6.2.1955.199 A, 290

[III] [Z. 1 ebs.] | Untersuchung | über die | Prinzipien der Moral | übersetzt, mit einleitung und register | [Z. 6–8 wie vorh. Z. 7–9] | verlag von felix meiner | in hamburg

[IV] der philosophischen bibliothek band 199 | *Zweite Auflage* | *Unveränderter Nachdruck 1955 der ersten Auflage von 1929* | [7 Z.] | *1955*

[I] [Reihensignet]

XXXI, 188 S., 2 Bl. (jw. bds. Vlgsanz.)

43.6.3.1962.199 A, 12, 52, 61, 131

[III] [Z. 1–7 ebs.] | [Z. 8–9 wie vorh. Z. 9–10]

[IV] [Z. 1 ebs.] | *Unveränderter Nachdruck der ersten Auflage von 1929* | *1962*

[I] [ebs.]

XXXI, 188 S., 2 Bl. (jw. bds. weiß)

43.6.4.1972.199 A, 385

[III] [ebs.]

[IV] philosophische bibliothek band 199 | Unveränderter Nachdruck 1972 der ersten Auflage von 1929

[I] [ebs.]

XXXI, 188 S.

44.
Edmund Husserl
1859–1938

44.1. Cartesianische Meditationen

44.1.1.1977.291

[III] EDMUND HUSSERL | Cartesianische Meditationen | Eine Einleitung in die Phänomenologie | Herausgegeben, eingeleitet und | mit Registern versehen von | ELISABETH STRÖKER | FELIX MEINER VERLAG | HAMBURG
[IV] PHILOSOPHISCHE BIBLIOTHEK BAND 291 | Lizenzausgabe des Verlags Martinus Nijhoff, Den Haag
[I] [Reihensignet]

XXXIV, 172 S., 1 Bl. (bds. Vlgsanz.)

44.2. Erfahrung und Urteil

44.2.1.1972.280 A, 61, 385

[III] EDMUND HUSSERL | ERFAHRUNG UND | URTEIL | Untersuchungen zur | Genealogie der Logik | Redigiert und herausgegeben von | LUDWIG LANDGREBE | Mit Nachwort und Register von | LOTHAR ELEY | FELIX MEINER VERLAG | HAMBURG
[IV] PHILOSOPHISCHE BIBLIOTHEK BAND 280 | 1939 Erste Auflage in Academia Verlagsbuchhandlung, Prag | 1948–1964 Erste bis dritte Auflage im Claassen Verlag, Hamburg | 1972 Vierte Auflage, ergänzt mit Nachwort und Register von | Lothar Eley, im Felix Meiner Verlag, Hamburg
[I] [Reihensignet]

XXVII, 532 S.

44.2.2.1976.280

[III] [ebs.]
[IV] [Z. 1–5 ebs.] | 1976 Fünfte Auflage mit ergänzten Registern
[I] [ebs.]

XXVII, 532 S.

44.2.3.1985.280

[III] [ebs.]
[IV] [Z. 1–3 ebs.] | 1972 Vierte Auflage, ergänzt mit einem Nachwort

und Register von | [Z. 5–6 ebs.] | 1985 Sechste Auflage, mit Kolumnentiteln
[I] [ebs.]

XXIX, 532 S., 1 Bl. (bds. Vlgsanz.)

44.3. Grundprobleme der Phänomenologie 1910/11

44.3.1.1977.348

[III] EDMUND HUSSERL | GRUNDPROBLEME DER | PHÄNOMENOLOGIE 1910/11 | HERAUSGEGEBEN | VON | ISO KERN | [Vlgssignet] | DEN HAAG | MARTINUS NIJHOFF | 1977
[II] EDMUND HUSSERL | STUDIENAUSGABE | AUFGRUND DER HUSSERLIANA – EDMUND HUSSERL, | GESAMMELTE WERKE – VERÖFFENTLICHT VOM | HUSSERL-ARCHIV AN DER UNIVERSITÄT LEUVEN
[I] GRUNDPROBLEME DER PHÄNOMENOLOGIE 1910/11

XIII, 136 S., 1 Bl. (bds. weiß)

Diese Ausg. in gr8° wurde 1982 von Meiner übernommen und als Nr 348 in die PhB eingegliedert. Der Erscheinungsvermerk der S. [III] ist mit einem Schildchen überklebt: »PHILOSOPHISCHE BIBLIOTHEK | Band 348 | Felix Meiner Verlag | Hamburg«.

44.4. Die Konstitution der geistigen Welt

44.4.1.1984.369

[III] EDMUND HUSSERL | Die Konstitution der geistigen Welt | Herausgegeben und eingeleitet von | MANFRED SOMMER | Text nach Husserliana, Band IV | FELIX MEINER VERLAG | HAMBURG
[IV] PHILOSOPHISCHE BIBLIOTHEK BAND 369
[I] [Reihensignet]

XLIV, 145 S., 1 Bl. (bds. Vlgsanz.)

44.5. Die Krisis der europäischen Wissenschaften

44.5.1.1977.292

[I] EDMUND HUSSERL | Die Krisis der europäischen | Wissenschaften | und die transzendentale | Phänomenologie | Eine Einleitung in | die phänomenologische Philosophie | Herausgegeben, eingeleitet und | mit Registern versehen von | ELISABETH STRÖKER | FELIX MEINER VERLAG | HAMBURG

[II] PHILOSOPHISCHE BIBLIOTHEK BAND 292 | Lizenzausgabe des Verlags Martinus Nijhoff, Den Haag

XXXI, 119 S.

Der Ausg. liegt ein Corrigenda-Zettel bei.

44.5.2.1982.292

[III] [wie vorh. S. I]
[IV] [Z. 1 wie vorh. auf S. II] | 1977 Erste Auflage | 1982 Zweite, verbesserte Auflage
[I] [Reihensignet]

XXXV, 119 S., 2 Bl. (Bl. 2 bds. Vlgsanz.)

44.6. V. Logische Untersuchung

44.6.1.1975.290 A, 43, 61, 385

[III] EDMUND HUSSERL | V. Logische Untersuchung | Über intentionale Erlebnisse | und ihre »Inhalte« | Nach dem Text der 1. Auflage von 1901 | herausgegeben, eingeleitet und mit Registern versehen | von | ELISABETH STRÖKER | FELIX MEINER VERLAG | HAMBURG
[IV] PHILOSOPHISCHE BIBLIOTHEK BAND 290
[I] [Reihensignet]

XXXVII, 162 S.

44.7. Texte zur Phänomenologie des inneren Zeitbewußtseins

44.7.1.1985.362

[III] EDMUND HUSSERL | Texte zur Phänomenologie des inneren | Zeitbewusstseins (1893–1917) | Herausgegeben und eingeleitet von | RUDOLF BERNET | Texte nach Husserliana, Band X | FELIX MEINER VERLAG | HAMBURG
[IV] PHILOSOPHISCHE BIBLIOTHEK BAND 362
[I] [Reihensignet]

LXXVII, 255 S., 1 Bl. (bds. Vlgsanz.)

45.
William James
1842–1910

45.1. Der Pragmatismus

45.1.1.1977.297

[III*] WILLIAM JAMES | DER PRAGMATISMUS | Ein neuer Name für alte Denkmethoden | Übersetzt von Wilhelm Jerusalem | Mit einer Einleitung herausgegeben von Klaus Oehler | FELIX MEINER VERLAG | HAMBURG

[IV*] PHILOSOPHISCHE BIBLIOTHEK BAND 297 | [3 Z.] | Lizenzausgabe mit freundlicher Genehmigung des Julius Klinkhardt Verlages, | Bad Heilbrunn, früher Leipzig. Die erste Auflage erschien 1908 als Band 1 | der Philosophisch-Soziologischen Bücherei.

[I*] [Reihensignet]

XXXVI*, XI, 200 S.

46.
Jean Paul
(Johann Paul Friedrich Richter)
1763–1825

46.1. Vorschule der Ästhetik

Ein Textauszug der Ausg. 46.1.1 erschien separat als Heft 51 der TA, siehe TA9.1.

46.1.1.1923.105 A, 25, 38, 61, 385

[I] JEAN PAUL | VORSCHULE DER ÄSTHETIK | NEBST EINIGEN VORLESUNGEN IN LEIPZIG | ÜBER DIE PARTEIEN DER ZEIT | HERAUSGEGEBEN VON | DR. JOSEF MÜLLER | MIT EINER „EINFÜHRUNG IN JEAN PAULS GEDANKENWELT" | VON PROFESSOR DR. JOHANNES VOLKELT | [Reihensignet] | DER PHILOSOPHISCHEN BIBLIOTHEK BAND 105 | LEIPZIG 1923 / VERLAG VON FELIX MEINER

XXXII, 526 S., (1 Bl., bds. Vlgsanz.)

47.
Carl Gustav Jochmann
1789–1830

47.1. Die Rückschritte der Poesie

47.1.1.1982.343

[III] CARL GUSTAV JOCHMANN | Die Rückschritte der Poesie | Mit Einleitung und ergänzenden | Quellentexten von C. G. Jochmann, | G. Vico und W. Jones, | Bibliographie und Register | herausgegeben von | ULRICH KRONAUER | FELIX MEINER VERLAG | HAMBURG

[IV] PHILOSOPHISCHE BIBLIOTHEK BAND 343

[I] [Reihensignet]

XLII, 94 S., 4 Bl. (Bl. 4 bds. Vlgsanz.)

48.
Johannes Scotus Eriugena
ca 810–877

48.1. Über die Einteilung der Natur I

48.1.1.1870.40(I) 7, 20, 31, 51, 294 (2 Exe)

[III] Johannes Scotus Erigena | über die | Eintheilung der Natur. || Erste Abtheilung, | das erste bis dritte Buch enthaltend. || Uebersetzt und mit einer Schluss-Abhandlung | über | Leben und Schriften des Erigena, die Wissenschaft und | Bildung seiner Zeit, die Voraussetzungen seines Denkens | und Wissens und den Gehalt seiner Weltanschauung | versehen | von | Ludwig Noack. || Berlin, 1870. | Verlag von L. Heimann. | Wilhelms-Strasse No. 91

[II] Philosophische Bibliothek | oder | Sammlung | der | Hauptwerke der Philosophie | alter und neuer Zeit. || Unter Mitwirkung namhafter Gelehrten | herausgegeben, beziehungsweise übersetzt, erläutert | und mit Lebensbeschreibungen versehen | von | J. H. v. Kirchmann. || Vierzigster Band. | Johannes Scotus Erigena über die Eintheilung | der Natur. | Erste Abtheilung. | Vorwort des Uebersetzers und Uebersetzung des ersten, | zweiten und dritten Buchs. || Berlin, 1870. | Verlag von L. Heimann. | Wilhelms-Strasse No. 91.

VIII, 419 S.

Bei Ex. 31 und dem 2. Ex. 294 (Signatur: NOA 1524–1) fehlt jw. das Reihentitelbl., und der Erscheinungsvermerk der Haupttitelseite [III] ist mit einem Schildchen überklebt: »Leipzig. | Verlag von Felix Meiner.«

Ex. 31 hat einen PhB-Einband von Meiner, auf dessen Vorderdeckel und Rücken die PhB-Nr 86 steht. Dem Ex. war ein Meiner'scher PhB-Prospekt von 1911 beigebunden. Auf S. [III] unten befindet sich halb auf dem Schildchen ein Stempel mit dem Kriegsausfuhrzeichen.
Siehe auch 48.1.3.

48.1.2.1870.86 6, 12, 61, He76

Bl. 1a Philosophische Bibliothek. | Band 86. || [Z. 3–9 wie vorh. Z. 1–7 auf S. III] | Leben und Schriften des Erigena, die Wissenschaft und Bildung seiner | Zeit, die Voraussetzungen seines Denkens und Wissens und den | Gehalt seiner Weltanschauung versehen | [Z. 13–14 wie vorh. Z. 12–13 auf S. III] | [Vlgssignet] | LEIPZIG. | VERLAG DER DÜRR'SCHEN BUCHHANDLUNG. | 1870.

1 Bl., S. [V]–VIII, 419 S.

Rückdatierte Titelaufl., zwischen 1900–06 entstanden; sie ist belegt in Buchholtz 8, 21 und Hinrichs 12.1, 146b.
In den Exn 6, 12 ist das Bl. mit dem Inhaltsverzeichnis auf S. [419] fälschlich hinter S. VIII gebunden.

48.1.3.(1917).86 A, 18

Bl. 1a [Z. 1–7 wie vorh. Z. 3–9] | Leben und Schriften des Erigena, die Wissenschaft und Bildung | seiner Zeit, die Voraussetzungen seines Denkens und Wissens | und den Gehalt seiner Weltanschauung versehen | [Z. 11–12 wie vorh. Z. 13–14] | [Reihensignet] | Der Philosophischen Bibliothek | Band 86. | Leipzig / Verlag von Felix Meiner.

1 Bl., S. [V]–VIII, 419 S.

Titelaufl., vermutlich 1917 entstanden.
In beiden vorl. Exn ist ein PhB-Kat. vom Aug. 1917 beigebunden; die Vlgsanz. auf dem vorderen Vorsatzbl. stammen von spätestens 1910.
Siehe auch 48.1.1.

48.2. Über die Einteilung der Natur II

48.2.1.1874.40(II) A, 7, 20, 51, 294

Bl. 2a Johannes Scotus Erigena | über die | Eintheilung der Natur. || Zweite Abtheilung. || Uebersetzt und mit einer Schluss-Abhandlung | über | Leben und Schriften des Erigena, die Wissenschaft und | Bildung seiner Zeit, die Voraussetzungen seines Denkens | und Wissens und den Gehalt seiner Weltanschauung | versehen | von | Ludwig Noack. || Berlin, 1874. || Erich Koschny. | (L. Heimann's Verlag.)

Bl. 1b Philosophische Bibliothek | oder | Sammlung | der | Hauptwerke der Philosophie | alter und neuer Zeit. || Unter Mitwirkung namhafter Gelehrten | herausgegeben, beziehungsweise übersetzt, erläutert | und mit Lebensbeschreibungen versehen | von | J. H. v. Kirchmann. || Vierzigster Band. | Johannes Scotus Erigena über die Eintheilung | der Natur. | Zweite Abtheilung. | Buch vier bis Schluss des Werkes. || Berlin, 1874. | Erich Koschny. | (L. Heimann's Verlag.)

2 Bl., 416 S.

48.2.2.1874.87 5, 6, 12, 38, 61, 294, He76

Bl. 1a Philosophische Bibliothek. | Band 87. || [Z. 3–8 wie vorh. Z. 1–6 auf Bl. 2a] | Leben und Schriften des Erigena, die Wissenschaft und Bildung seiner | Zeit, die Voraussetzungen seines Denkens und Wissens und den | Gehalt seiner Weltanschauung versehen | [Z. 12–13 wie vorh. Z. 11–12 auf Bl. 2a] | [Vlgssignet] | LEIPZIG. | VERLAG DER DÜRR'SCHEN BUCHHANDLUNG. | 1874.

1 Bl., 416 S.

Rückdatierte Titelaufl., zwischen 1900–06 entstanden; sie ist belegt in Buchholtz 8, 21 und Hinrichs 12.1, 146b.
In Ex. 294 ist der Erscheinungsvermerk von Bl. 1a mit einem Schildchen überklebt: »Leipzig. | Verlag von Felix Meiner.«
Die Exe 5, 6, He76 haben noch den Orig.-Einband von Dürr.

48.2.3.(1917).87 A, 29, 31

Bl. 1a [Z. 1–6 wie vorh. Z. 3–8] | Leben und Schriften des Erigena, die Wissenschaft und Bildung | seiner Zeit, die Voraussetzungen seines Denkens und Wissens | und den Gehalt seiner Weltanschauung versehen | [Z. 10–11 wie vorh. Z. 12–13] | [Reihensignet] | Der Philosophischen Bibliothek | Band 87. | Leipzig / Verlag von Felix Meiner.

1 Bl., 416 S.

Titelaufl., vermutlich 1917 entstanden.
Die Exe A, 29 haben noch die Deckel der vorh. Dürr-Ausg.
Ex. 31 hat einen Meiner-Einband; dem Ex. war ein PhB-Kat. vom Aug. 1917 beigebunden.

48.3. Über die Einteilung der Natur I–II

48.3.1.1983.86/87

[III] JOHANNES SCOTUS ERIUGENA | Über die Einteilung der Natur | Übersetzt von | LUDWIG NOACK | FELIX MEINER VERLAG | HAMBURG

[IV] PHILOSOPHISCHE BIBLIOTHEK BAND 86/87 | [8 Z. Aufl.-Hinweise] | 1984 zweite, unveränderte Auflage, ergänzt um Bibliographische | Hinweise von Werner Beierwaltes

[I] [Reihensignet]

XVIII, 418, 416 S., 2 Bl. (Bl. 2 bds. Vlgsanz.)

Die Ausg. ist 1983 erschienen, obgleich es in Z. 10 auf S. [IV] »1984« heißt.
Daß es in der PhB die Bd-Nr *nach* der Heft-Nr gegeben habe – wie in Z. 4–8 auf S. [IV] gesagt –, ist nicht richtig.

49.
Julian
(Flavius Claudius Julianus)
331–363

49.1. Philosophische Werke

Ein Textauszug erschien separat als Heft 18 der TA, siehe TA10.1–2.

49.1.1.1908.116 A, 6, 8, 12, 38, 61, 82, 107, 294

[I] Philosophische Bibliothek | Band 116. || Kaiser Julians | Philosophische Werke. || Übersetzt und erklärt | von | Rudolf Asmus. | [Vlgssignet] | Leipzig. | Verlag der Dürr'schen Buchhandlung. | 1908.

IX, 223 S.

49.1.2.1908.116 25. 38 (2 Exe)

[I] KAISER JULIAN | PHILOSOPHISCHE WERKE | ÜBERSETZT UND ERKLÄRT | VON | RUDOLF ASMUS | [Reihensignet] | DER PHILOSOPHISCHEN BIBLIOTHEK BAND 116 | LEIPZIG 1908 / VERLAG VON FELIX MEINER

VIII, 223 S.

Rückdatierte Titelaufl., um 1922 entstanden.
Belegt auch im NUC 286, 416b.
1 Ex. aus 38 hat einen PhB-Kat. vom Dez. 1922 eingebunden.

50.
Immanuel Kant
1724–1804

50.1. Werke

Bei den Kant-Werkeausg. der PhB handelt es sich um unfeste Sammelausg., von denen es 11 Ausg. gibt (die im folg. mit lat. Großbuchstaben bezeichnet sind):

Sigle	Verlag, Jahr	hier
A:	Heimann 1873	50.1.1–9
B:	Koschny 1878	50.1.10–13
C:	Weiss 1884	50.1.14–21
D:	Salinger 1897	50.1.22–30
E:	Dürr 1907	50.1.31–39
F:	Meiner 1913	50.1.40–49
G:	Meiner 1920/22	50.1.50–59
H:	Meiner 1922	50.1.60–69
I:	Meiner 1924	50.1.70–79
K:	Meiner 1929	50.1.80–89
L:	Meiner 1937/40	50.1.90–99

Die neben dem Vlgsnamen geführte Jahreszahl einer WW-Ausg. gibt hier das Entstehungsjahr der *Werke*ausg., d. h. des spätesten Tls der WW-Ausg. Insofern es sich um *unfeste* Sammelausg. handelt, kann diese Jahreszahl (entsprechend der verschiedenen Exe) variieren, wie die Ausg. G und L zeigen.
Von der Ausg. B konnten nur 4 Bde nachgewiesen werden.
Die Ausg. F und G einerseits sowie H–L andererseits weichen (in den WW-Titelbl.) jw. nur in einzelnen Bdn voneinander ab (zu den Ausg. H–L siehe hier die Bd-Übersicht am Schluß von 50.1).
Die Ausg. H–L haben pro Bd 2 Bl. mit sich gegenüberliegenden WW-Titeleien eingebunden: Bl. 1b hat eine allgemeine WW-Titelei, Bl. 2a die WW-Titelei des Bds; Bl. 1a ist durchgängig vacat, Bl. 2b hat jw. eine umrahmte Bd-Übersicht über die Ausg. Die Ausg. H–L stimmen bei allen Bdn in Bl. 1 überein.
Einige *Einzel*ausg. tragen Hinweise auf die WW-Zugehörigkeit auf den Haupt- bzw. Reihentitelseiten, wie bei der ›Kritik der reinen Vernunft‹, 6.–9. Aufl. (hier 50.18.6–9), sowie bei den ›Vier lat. Diss.‹ Kants (hier 50.29.1–2).
Hinweise auf die WW-Zugehörigkeit gibt es bei Einzelausg. aber auch auf den grünen Vlgsbroschuren einiger Bde (z. B. im Ex. 1a von 50.1.19 und 50.1.21 sowie im Ex. 121 von 50.8.1).
Die ›Kritik der reinen Vernunft‹ scheint es in der 3. und 4. Aufl. (1872 und 1877) jw. nur ohne Reihentitelbl., aber – an dessen Stelle – mit WW-Titelbl. gegeben zu haben (siehe 50.1.9–10 und 50.18.3–4).
Die Neugestaltung der Kant-WW in der PhB durch K. Vorländer beginnt mit Ausg. E. Das ›Programm‹ dieser Neugestaltung hat Vorländer – wie er in der 4. Aufl. der ›Kritik der Urteilskraft‹, 1913, S. III schreibt – im Vorwort zur 3. Aufl. der ›Kritik der Urteilskraft‹ (1902) mitgeteilt (dieses Vorwort zur 3. Aufl. ist auch in der 4. Aufl. abgedruckt).
Da es sich bei den Kant-Werkeausg. um *unfeste* Sammelausg. handelt, geben die

hier genannten Exe mit ihren Bd-Übersichten lediglich Hinweise. Exe mit denselben WW-Titeleien, aber in der Aufl. variierenden Tln hat es sicherlich viele gegeben, wie schon der NUC zeigt.
Die Bd-Übersichten beschränken sich auf die wesentlichen Exe. Es gibt auch Exe ohne WW-Titelbl., aber mit der gleichen Bd-Aufteilung wie die regulären WW-Exe; diese sind hier nur kurz genannt.

50.1.1–9: Kant-Werkeausg. A (Heimann 1873)

Sämmtliche Werke. Hrsg. von J. H. v. Kirchmann. 18 Bde in 8 Bdn. Berlin: Heimann [WW-Titelbl.:] 1870–72 bzw. [nach den Bd-Tln:] 1869–73.
= PhB 2, 7, 9, 14, 17, 22, 23, 28, 29, 33(a–d), 37(a–b), 49(a–b), 57

Den Bdn ist jw. zu Beginn 1 Bl. mit WW-Titelei auf S. b eingebunden; dieses Bl. ersetzt das Reihentitelbl. des Tls 1 des jw. Bds.
Daß es sich auch bei Ausg. A um eine *unfeste* Sammelausg. handelt, belegt 50.1.9: Heimann aktualisierte seine Kant-Werkeausg. durch neuere Aufl. der Tle und neue WW-Titelbl.
NUC 289, 281b belegt diese Ausg. A mit einem unvollständigen Ex.
Der Bd ›Vermischte Schriften und Briefwechsel‹, PhB 57 von 1873 und 1898 sowie PhB 50 von 1898 (50.28.1–3), enthält auf S. 547–562 »Drei Inhalts-Verzeichnisse zu Kant's sämmtlichen Werken«: ein chronologisches, ein »nach den Materien geordnetes« sowie ein »nach der Reihenfolge der Bände der philosophischen Bibliothek geordnetes«.
Siehe auch Abb. 24 auf S. 257.

50.1.1: Bd 1 385

Bl. 1b Immanuel Kant's | sämmtliche Werke. || Herausgegeben | von | J. H. v. Kirchmann. || Erster Band. || BERLIN 1870. | Verlag von L. Heimann. | 91. Wilhelm-Strasse 91.

50.1.2: Bd 2 385

Bl. 1b [Z. 1–5 ebs.] || Zweiter Band. || [Z. 7–9 ebs.]

50.1.3: Bd 3 385

Bl. 1b [Z. 1–5 ebs.] || Dritter Band. || [Z. 7–9 ebs.]

50.1.4: Bd 4 385

Bl. 1b [Z. 1–5 ebs.] || Vierter Band. || [Z. 7–9 ebs.]

50.1.5: Bd 5 385

Bl. 1b [Z. 1–5 ebs.] || Fünfter Band. || BERLIN 1872. | [Z. 8 ebs.] | 84. Wilhelm-Strasse 84.

50.1.6: Bd 6 385

Bl. 1b [Z. 1–5 ebs.] || Sechster Band. || [Z. 7–9 ebs.]

50.1.7: Bd 7 34, 385

Bl. 1b [Z. 1–5 ebs.] || Siebenter Band. || [Z. 7–9 ebs.]

50.1.8: Bd 8 385

Bl. 1b [Z. 1–5 ebs.] || Achter Band. || [Z. 7–9 ebs.]

50.1.9: Bd 1, ›2. Aufl.‹ 18, 48, 180

Bl. 1b [Z. 1–5 ebs.] || Erster Band. || [Z. 7–9 ebs.]
Siehe hier 50.18.3.

Bd-Übersicht des Exs 385 (der Ausg. A):

Bd	Jahr	PhB	Jahr	Kurztitel	hier
1	1870	2	1870	Kr. d. r. V.	50.18.2
2	1870	7	1870	Kr. d. p. V.	50.17.2
		9	1869	Kr. d. U.	50.19.1
3	1870	22	1869	Prolegomena	50.24.1
		28	1870	Grundlegung	50.8.1
		29	1870	Met. d. Sitten	50.21.1
4	1870	23	1869	Logik	50.20.1
		14	1869	Anthropologie	50.2.1
		17	1869	Rel. innh. d. Grenzen	50.25.1
5	1872	33(a)	1870	Zur Log. u. Met. I	50.10.1
		33(b)	1870	Zur Log. u. Met. II	50.11.1
		33(c)	1870	Zur Log. u. Met. III	50.12.1
		33(d)	1870	Zur Log. u. Met. IV	50.13.1
6	1872	37(I)	1870	Zur Eth. u. Rel. I	50.9.1
		37(II)	1871	Zur Eth. u. Rel. II	50.3.1
7	1872	49(I)	1872	Zur Naturphil. I	50.14.1
		49(II)	1873	Zur Naturphil. II	50.15.1
8	1872	57	1873	Verm. Schr. u. Briefw.	50.28.1

34 besitzt ein Ex. in 8 Bdn von 1868–73 ohne WW-Titelbl. (mit Ausnahme von Bd 7) mit der gleichen Bd-Aufteilung (in z. T. anderen Aufl.) wie Ex. 385 (lediglich Bd 4 hat die 3 Tle in anderer Reihenfolge eingebunden als Ex. 385).

50.1.10–13: Kant-Werkeausg. B (Koschny 1878)

Sämmtliche Werke. Hrsg. von J. H. v. Kirchmann. 18 Bde in 8 Bdn + 2 Suppl.-Bde. Leipzig: Koschny ca 1873–78.
= PhB 2, 7, 9, 14, 17, 22, 23, 28, 29, 33(a–d), 37(a–b), 49(a–b), 57, 76(a–b)

Von dieser Ausg. B, die es höchstwahrscheinlich in der oben angegebenen Form und mit derselben Bd-Aufteilung wie bei Ausg. A gegeben hat, konnten nur 4 Bde nachgewiesen werden: Bd 1–2 und Suppl.-Bd 1–2. Den Bdn 1–2 ist (wie bei Ausg. A) 1 Bl. mit WW-Titelei auf S. a eingebunden. Die Suppl.-Bde 1–2 haben kein WW-Titelbl., sondern tragen Hinweise auf die WW-Zugehörigkeit auf Reihen- bzw. Haupttitelbl. und sind mit den jw. Einzelausg. identisch.
NUC 289, 282a verzeichnet eine WW-Ausg. von Koschny, 1877, ohne Bd-Angaben.

50.1.10: Bd 1 — 3, 62, M36a

Bl. 1b Immanuel Kant's | sämmtliche Werke. || Herausgegeben | von | J. H. von Kirchmann. || Erster Band. || Leipzig, 1877. | ERICH KOSCHNY. | (L. Heimann's Verlag.)

Siehe hier 50.18.4

50.1.11: Bd 2 — 5

Bl. 1b [Z. 1–4 ebs.] | J. H. v. Kirchmann. || Zweiter Band. || LEIPZIG, 1876. | [Z. 8–9 ebs.]

Das Ex. 5 enthält die Tle 50.17.3, 52.14.2, 50.19.2, 52.16.2 und gibt damit wohl nicht den regulären Bd 2 der Ausg. B.

50.1.12: Suppl.-Bd 1

identisch mit der Einzelausg. 50.23.1

50.1.13: Suppl.-Bd 2

identisch mit der Einzelausg. 50.29.1

50.1.14–21: Kant-Werkeausg. C (Weiss 1884)

Sämmtliche Werke. Hrsg. von J. H. v. Kirchmann. 18 Bde in 8 Bdn. [WW-Titelbl. und Titelbl. von Bd-Tln:] Heidelberg: Weiss; [Titelbl. von Bd-Tln:] Berlin: Heimann; Leipzig: Koschny 1870–84.
= PhB 2, 7, 14, 17, 22, 23, 28, 29, 33(a–d), 37(a–b), 49(a–b), 57

Den Bdn ist jw. zu Beginn 1 Bl. mit WW-Titelei auf S. a eingebunden.

Es gab auch 1 Suppl.-Bd mit 2 Tln, von dem aber kein Ex. beschafft werden konnte. NUC 289, 281c belegt diese WW-Ausg. C mit einem Ex. von 1870–91 in 8 Bdn + 1 Suppl.-Bd (mit 2 Tln).
1882 erschien bei Weiss eine Sammelausg. in 2 Bdn mit Kirchmann'schen Erl. zu Kants WW, siehe 52.9.1–2.

50.1.14: Bd 1 — 1a, UB Graz

Bl. 1a Immanuel Kant's | sämmtliche Werke. || Herausgegeben | von | J. H. v. Kirchmann. || Erster Band. | Kritik der reinen Vernunft. || Heidelberg. | GEORG WEISS, Verlag.

50.1.15: Bd 2 — 1a, UB Graz

Bl. 1a [Z. 1–5 ebs.] || Zweiter Band. | Kritik der praktischen Vernunft. | Kritik der Urtheilskraft. || [Z. 9–10 wie vorh. Z. 8–9]

50.1.16: Bd 3 — 1a, UB Graz

Bl. 1a [Z. 1–5 ebs.] || Dritter Band. | Prolegomena zu einer jeden künftigen Metaphysik. – | Grundlegung zur Metaphysik der Sitten. – Metaphysik | der Sitten. || [Z. 10–11 wie vorh. Z. 9–10]

50.1.17: Bd 4 — 1a, UB Graz

Bl. 1a [Z. 1–5 ebs.] || Vierter Band. | Logik. – Anthropologie. – Die Religion innerhalb | der Grenzen der bloßen Vernunft. || [Z. 9–10 wie vorh. Z. 10–11]

50.1.18: Bd 5 — 1a, UB Graz

Bl. 1a [Z. 1–5 ebs.] || Fünfter Band. | Die kleineren Schriften zur Logik und Metaphysik. || [Z. 8–9 wie vorh. Z. 9–10]

50.1.19: Bd 6 — 1a, UB Graz

Bl. 1a [Z. 1–5 ebs.] || Sechster Band. | Die kleineren Schriften zur Ethik und Religions- | philosophie. || [Z. 9–10 wie vorh. Z. 8–9]

50.1.20: Bd 7 — UB Graz

Bl. 1a [Z. 1–5 ebs.] || Siebenter Band. | Die kleineren Schriften zur Naturphilosophie und | Naturwissenschaft. || [Z. 9–10 ebs.]

50.1.21: Bd 8 1a, UB Graz

Bl. 1a [Z. 1–5 ebs.] || Achter Band. | Die vermischten Schriften und der Briefwechsel. || [Z. 8–9 wie vorh. Z. 9–10]

Bd-Übersicht des Exs 1a (der Ausg. C):

Bd	PhB	Jahr	Kurztitel	hier
1	2	1884	Kr. d. r. V.	50.18.6
2	7	1882	Kr. d. p. V.	50.17.3
	9	1872	Kr. d. U.	50.19.2
3	22	1876	Prolegomena	50.24.2
	28	1870	Grundlegung	50.8.1
	29	1870	Met. d. Sitten	50.21.1
4	23	1876	Logik	50.20.2
	14	1880	Anthropologie	50.2.3
	17	1875	Rel. innh. d. Grenzen	50.25.2
5	33(a)	1870	Zur Log. u. Met. I	50.10.1
	33(b)	1870	Zur Log. u. Met. II	50.11.1
	33(c)	1870	Zur Log. u. Met. III	50.12.1
	33(d)	1870	Zur Log. u. Met. IV	50.13.1
6	37(I)	1870	Zur Eth. u. Rel. I	50.9.1
	37(II)	1871	Zur Eth. u. Rel. II	50.3.1
7	in 1a vermißt			
8	57	1873	Verm. Schr. u. Briefw.	50.28.1

Den Bdn 6 und 8 des Exs 1a sind noch die Weiss'schen Vlgsbroschuren eingebunden. Beim Ex. der UB Graz fehlen in allen Bdn die Reihen- und Haupttitelbl. der einzelnen Tle.
83 besitzt ein vollständiges Ex. ohne WW-Titelbl., aber mit 2 Erl.-Bdn: 18 Bde in 8 Bdn + 2 Bde in 1 Suppl.-Bd + 12 Bde in 2 Erl.-Bdn. Berlin: Heimann; Leipzig, Berlin: Koschny; Heidelberg: Weiss. Bd 1–8, Suppl.-Bd: 1870–91; Erl.-Bde: 1869–82. Die Textbde (Bd 1–8, Suppl.-Bd) sind in der Aufteilung identisch mit dem Ex. 1a und weichen in den Tln nur bei Bd 1 vom Ex. 1a ab: dieser hat die spätere Aufl. von 1891 (50.18.7). Der in 1a vermißte Bd 7 enthält hier die ›Klein. Schr. z. Naturphil.‹ (PhB 49) in den Erstaufl. von 1872–73 (50.14.1, 50.15.1); der Suppl.-Bd enthält (ebenfalls in den Erstaufl.) PhB 76: die ›Physische Geographie‹ und die ›Vier lat. Diss.‹ (50.23.1, 50.29.1). Alle Reihentitelbl. der Bd-Tle fehlen. Der Rückentitel der Bde 1–8 und des Suppl.-Bds lautet: ›KANT's sämmtliche Werke‹.

50.1.22–30 Kant-Werkeausg. D (Salinger 1897)

Sämmtliche Werke. Hrsg. von J. H. v. Kirchmann. 18 Bdn + 2 Bde in 1 Suppl.-Bd. [WW-Titelbl. und Titelbl. von Bd-Tln:] Philos.-histor. Verlag Dr. R. Salinger; [Titelbl. von Bd-Tln:] Berlin: Heimann; Leipzig: Koschny; Heidelberg: Weiss 1870–97.
= PhB 2, 7, 9, 14, 17, 22, 23, 28, 29, 33(a–d), 37(a–b), 49(a–b), 57, 76(a–b)

Den Bdn ist – mit Ausnahme von Bd 1, aber incl. des Suppl.-Bds – jw. zu Beginn 1 Bl. mit WW-Titelei auf S. a eingebunden. Bd 1 bildet – wie bei den früheren Ausg.

auch – die Kr. d. r. V., die hier in der 7. Aufl. 1891 auf S. [I] eine Übersicht über die Bde dieser WW-Ausg. und auf S. [III] eine den anderen Bdn analoge WW-Titelei enthält.
NUC 289, 282a verzeichnet eine Ausg. von Salinger (der Verlegername Salinger fehlt) mit 9 Bdn von 1897–1901.

50.1.22: Bd 1 291

[I] IMMANUEL KANT'S | SÄMMTLICHE WERKE | IN 8 BÄNDEN UND EINEM SUPPLEMENTBANDE. | HERAUSGEGEBEN, ERLÄUTERT | UND | MIT EINER LEBENSBESCHREIBUNG KANT'S VERSEHEN | VON | J. H. V. KIRCHMANN. | Inhalt: |
Bd. I. Kant's Leben. Kritik der reinen Vernunft. |
" II. Kritik der praktischen Vernunft. Kritik der Ur- | theilskraft. |
" III. Prolegomena zu einer jeden künftigen Metaphysik. | Grundlegung zur Metaphysik der Sitten. Meta- | physik der Sitten. |
" IV. Logik. Anthropologie. Die Religion innerhalb der | Grenzen der blossen Vernunft. |
" V. Die kleineren Schriften zur Logik und Metaphysik. |
" VI. Die kleineren Schriften zur Ethik und Religions- | philosophie. |
" VII. Die kleineren Schriften zur Naturphilosophie und | Naturwissenschaft. |
" VIII. Die vermischten Schriften und der Briefwechsel. |
Supplementband. Die physische Geographie. Die vier latei- | nischen Dissertationen. ||
[III] Immanuel Kant's | sämmtliche Werke. || Herausgegeben | von | J. H. v. Kirchmann. || Erster Band. | Kritik der reinen Vernunft. || Berlin | Philos.-histor. Verlag | Dr. R. Salinger.

50.1.23: Bd 2 291

Bl. 1a Immanuel Kant's | sämmtliche Werke. || Herausgegeben | von | J. H. v. Kirchmann. || Zweiter Band. | Kritik der praktischen Vernunft. | Kritik der Urtheilskraft. || Berlin | Philos.-histor. Verlag | Dr. R. Salinger.

50.1.24: Bd 3 291

Bl. 1a [Z. 1–5 ebs.] || Dritter Band. | Prolegomena zu einer jeden künftigen Metaphysik. – | Grundlegung zur Metaphysik der Sitten. – Metaphysik | der Sitten. || [Z. 10–12 wie vorh. Z. 9–11]

50.1.25: Bd 4 291

Bl. 1a [Z. 1–5 ebs.] || Vierter Band. | Logik. – Anthropologie. – Die Religion innerhalb | der Grenzen der blossen Vernunft. || [Z. 9–11 wie vorh. Z. 10–12]

50.1.26: Bd 5 291

Bl. 1a [Z. 1–5 ebs.] || Fünfter Band. | Die kleineren Schriften zur Logik und Metaphysik. || [Z. 8–10 wie vorh. Z. 9–11]

50.1.27: Bd 6 291

Bl. 1a [Z. 1–5 ebs.] || Sechster Band. | Die kleineren Schriften zur Ethik und Religions- | philosophie. || [Z. 9–11 wie vorh. Z. 8–10]

50.1.28: Bd 7 291

Bl. 1a [Z. 1–5 ebs.] || Siebenter Band. | Die kleineren Schriften zur Naturphilosophie und | Naturwissenschaft. || [Z. 9–11 ebs.]

50.1.29: Bd 8 291

Bl. 1a [Z. 1–5 ebs.] || Achter Band. | Die vermischten Schriften und der Briefwechsel. || [Z. 8–10 wie vorh. Z. 9–11]

50.1.30: Suppl.-Bd 291

Bl. 1a [Z. 1–5 ebs.] || Supplement-Band. | Die physische Geographie. – Die vier lateinischen | Dissertationen. || [Z. 9–11 wie vorh. Z. 8–10]

Bd-Übersicht des Exs 291 (der Ausg. D):

Bd	PhB	Jahr	Kurztitel	hier
1	2	1891	Kr. d. r. V.	50.18.7
2	7	1897	Kr. d. p. V.	50.17.4
	9	1872	Kr. d. U.	50.19.2
3	22	1893	Prolegomena	50.24.3
	28	1870	Grundlegung	50.8.1
	29	1870	Met. d. Sitten	50.21.1
4	23	1876	Logik	50.20.2
	14	1880	Anthropologie	50.2.3
	17	1875	Rel. innh. d. Grenzen	50.25.2
5	33(a)	1870	Zur Log. u. Met. I	50.10.1
	33(b)	1870	Zur Log. u. Met. II	50.11.1

Bd	PhB	Jahr	Kurztitel	hier
5	33(c)	1870	Zur Log. u. Met. III	50.12.1
	33(d)	1870	Zur Log. u. Met. IV	50.13.1
6	37(I)	1870	Zur Eth. u. Rel. I	50.9.1
	37(II)	1871	Zur Eth. u. Rel. II	50.3.1
7	49(I)	o. J.	Zur Naturphil. I	50.14.2
	49(II)	1873	Zur Naturphil. II	50.15.1
8	57	1873	Verm. Schr. u. Briefw.	50.28.1
S	76(I)	1877	Phys. Geographie	50.23.1
	76(II)	1878	Vier lat. Diss.	50.29.1

50.1.31–39: Kant-Werkeausg. E (Dürr 1907)

Sämmtliche Werke. Hrsg. von P. Gedan, W. Kinkel, J. H. v. Kirchmann, F. M. Schiele, Th. Valentiner, K. Vorländer. 18 Bde in 8 Bdn + 2 Bde in 1 Suppl.-Bd. Leipzig: Dürr 1870/73/78–1907.
= PhB 37–45, 46a–d, 47(I), 47II, 48–52

Den Bdn ist jw. zu Beginn 1 Bl. mit WW-Titelei auf S. a eingebunden. Einige Tle dieser unfesten Ausg. sind Titelaufl.
Kirchmanns Erl. zu Kant's WW erschienen nach 1900 in 2 Bdn bei Dürr, siehe 52.9.3–4.

50.1.31: Bd 1 24, 132, M36a

Bl. 1a Immanuel Kant's | sämmtliche Werke. || Herausgegeben | von | P. Gedan, W. Kinkel, J. H. v. Kirchmann, F. M. Schiele, | Th. Valentiner, K. Vorländer. || Erster Band. | Kritik der reinen Vernunft. | [Vlgssignet] | LEIPZIG. | VERLAG DER DÜRR'SCHEN BUCHHANDLUNG.

50.1.32: Bd 2 24, M36a

Bl. 1a [Z. 1–6 ebs.] || Zweiter Band. | Kritik der praktischen Vernunft. | Kritik der Urtheilskraft. | [Z. 10–12 wie vorh. Z. 9–11]

50.1.33: Bd 3 24, 132, 294, M36a

Bl. 1a [Z. 1–6 ebs.] || Dritter Band. | Prolegomena zu einer jeden künftigen Metaphysik. | Grundlegung zur Metaphysik der Sitten. | Metaphysik der Sitten. | [Z. 11–13 wie vorh. Z. 10–12]

50.1.34: Bd 4 24, 132, 294, M36a

Bl. 1a [Z. 1–6 ebs.] || Vierter Band. | Logik. – Anthropologie. – Die Religion innerhalb | der Grenzen der blossen Vernunft. | [Z. 10–12 wie vorh. Z. 11–13]

50.1.35: Bd 5 132, 294, M36a

Bl. 1a [Z. 1–6 ebs.] || Fünfter Band. | Die kleineren Schriften zur Logik | und Metaphysik. | [Z. 10–12 ebs.]

50.1.36: Bd 6 24, 132, 294, M36a

Bl. 1a [Z. 1–6 ebs.] || Sechster Band. | Die kleineren Schriften zur Ethik | und Religionsphilosophie. | [Z. 10–12 ebs.]

50.1.37: Bd 7 132, 294, M36a

Bl. 1a [Z. 1–6 ebs.] || Siebenter Band. | Die kleineren Schriften zur Naturphilosophie | und Naturwissenschaft. | [Z. 10–12 ebs.]

50.1.38: Bd 8 24, 132, 294, M36a

Bl. 1a [Z. 1–6 ebs.] || Achter Band: | Die vermischten Schriften und der Briefwechsel. | [Z. 9–11 wie vorh. Z. 10–12]

50.1.39: Suppl.-Bd 294, M36a

Bl. 1a [Z. 1–6 ebs.] || Supplement-Band. | Die physische Geographie. – Die vier | lateinischen Dissertationen. | [Z. 10–12 wie vorh. Z. 9–11]

Bd-Übersicht des Exs M36a (der Ausg. E):

Bd	PhB	Jahr	Kurztitel	hier
1	37	1906	Kr. d. r. V.	50.18.9
2	38	1906	Kr. d. p. V.	50.17.6
	39	1902	Kr. d. U.	50.19.3
3	40	1905	Prolegomena	50.24.5
	41	1906	Grundlegung	50.8.4
	42	1907	Met. d. Sitten	50.21.3
4	43	1904	Logik	50.20.4
	44	1899	Anthropologie	50.2.4
	45	1903	Rel. innh. d. Grenzen	50.25.4
5	46a	1905	Zur Log. u. Met. I	50.10.3
	46b	1905	Zur Log. u. Met. II	50.11.3

Bd	PhB	Jahr	Kurztitel	hier
	46c	1905	Zur Log. u. Met. III	50.12.3
	46d	1905	Zur Log. u. Met. IV	50.13.3
6	47(I)	o. J.	Zur Eth. u. Rel. I	50.9.2
	47II	1902	Beweisgrund	50.3.2
7	48	o. J.	Zur Naturphil. I	50.14.3
	49	1907	Zur Naturphil. II	50.15.3
8	50	1898	Verm. Schr. u. Briefw.	50.28.3
S	51	1905	Phys. Geographie	50.23.3
	52	1873	Vier lat. Diss.	50.29.2

Neben dem Ex. M36a wird die WW-Ausg E noch belegt durch 3 andere unvollständige Ausg. und einen NUC-Nachweis:
Dem Ex 294, 1878–1907, fehlen Bd 1–2. Tl 3 von Bd 3 liegt mit 1870 früher als im Ex. M36a, Tl 2 des Suppl.-Bds mit 1878 später (zum letzten siehe hier 50.29.2–3).
Dem Ex. 24, 1873–1907, fehlen Bd 5, 7 und der Suppl.-Bd. In den Tln der vorh. Bde gibt es keine Abweichungen zum Ex. M36a.
Dem Ex. 132, 1870–1904, fehlen Bd 2 und der Suppl.-Bd. Bd 4, 6 und 8 sind auch in ihren Tln mit dem Ex. M36a identisch. Bd 1, 3, 5 und 7 weichen wie folgt von Ex. M36a ab:

Bd	PhB	Jahr	Kurztitel	hier
1	37	1901	Kr. d. r. V.	50.18.8
3	40	1893	Prolegomena	50.24.4
	41	1897	Grundlegung	50.8.3
	42	1870	Met. d. Sitten	50.21.2
5	46(a)	o. J.	Zur Log. u. Met. I	50.10.2
	46(b)	o. J.	Zur Log. u. Met. II	50.11.2
	46(c)	o. J.	Zur Log. u. Met. III	50.12.2
	46(d)	o. J.	Zur Log. u. Met. IV	50.13.2
7	48	o. J.	Zur Naturphil. I	50.14.3
	49	1873	Zur Naturphil. II	50.15.2

NUC 289, 281c verzeichnet diese WW-Ausg. E in einem Ex., das nur in den (dort späteren) 2 Tln des Bd 7 von Ex. M36a abweicht.
361 besitzt unter derselben Signatur (11 KB 143.1 K 16) 2 WW-Exe: ein Ex. der Ausg. G (siehe hier 50.1.50–59) sowie ein Ex. in 11 Bdn ohne WW-Titelbl., deren Tle anders geordnet bzw. in andere Bde eingebunden sind als im Ex. M36a; alle Bd-Tle (Einzelausg.) stimmen aber in der Aufl./Ausg. mit denen des Exs M36a überein.

50.1.40–49: Kant-Werkeausg. F (Meiner 1913)

Sämtliche Werke. Hrsg. von O. Buek, P. Gedan, W. Kinkel, J. H. v. Kirchmann, K. Vorländer, F. M. Schiele, Th. Valentiner. 20 Bde in 9 Bdn + 2 Bde in 1 Suppl.-Bd. [WW-Titelbl. und Titelbl. von Bd-Tln:] Leipzig: Meiner; [Titelbl. von Bd-Tln:] Leipzig: Dürr 1898–1913.
= PhB 37–45, 46a–d, 47(I), 47II, 48–52, 113, 126

Den Bdn ist jw. zu Beginn 1 Bl. mit WW-Titelei auf S. a eingebunden. Einige Tle der Ausg. sind Titelaufl.

Der Suppl.-Bd war möglicherweise neben der WW-Ausg. auch einzeln erhältlich. Um 1912 gab es ein »sachlich geordnetes Verzeichnis der Schriften Kants« (mit Verweisen auf die PhB-Nrn), das einigen Exn von Kant-Ausg. beigebunden ist (z. B. Ex. Kn28 der Ausg. 50.2.5).

50.1.40: Bd 1 468

Bl. 1a Immanuel Kant | Sämtliche Werke | o | Herausgegeben | von | O. Buek, P. Gedan, W. Kinkel, | J. H. v. Kirchmann, K. Vorländer, | F. M. Schiele, Th. Valentiner || Erster Band | Kritik der reinen Vernunft | [Reihensignet] | Leipzig | Verlag von Felix Meiner

50.1.41: Bd 2 468

Bl. 1a [Z. 1–8 ebs.] || Zweiter Band | Kritik der praktischen Vernunft | ::: Kritik der Urteilskraft ::: | [Z. 12–14 wie vorh. Z. 11–13]

50.1.42: Bd 3 468

Bl. 1a [Z. 1–8 ebs.] || Dritter Band | Prolegomena zu einer jeden künftigen | Metaphysik. – Grundlegung zur Meta- | physik der Sitten. – Metaphysik der Sitten | [Z. 13–15 wie vorh. Z. 12–14]

50.1.43: Bd 4 468

Bl. 1a [Z. 1–8 ebs.] || Vierter Band | Logik. – Anthropologie. – Die Religion | innerhalb der Grenzen der blossen Vernunft | [Z. 12–14 wie vorh. Z. 13–15]

50.1.44: Bd 5 468

Bl. 1a [Z. 1–8 ebs.] || Fünfter Band | Die kleineren Schriften zur Logik | ::: und Metaphysik ::: | [Z. 12–14 ebs.]

50.1.45: Bd 6 468

Bl. 1a [Z. 1–8 ebs.] || Sechster Band | Die kleineren Schriften zur Ethik | ::: und Religionsphilosophie ::: | [Z. 12–14 ebs.]

50.1.46: Bd 7 468

Bl. 1a [Z. 1–8 ebs.] || Siebenter Band | Kleinere Schriften zur Naturphilosophie | [Z. 11–13 wie vorh. Z. 12–14]

50.1.47: Bd 8 468

Bl. 1a [Z.1–8 ebs.] || Achter Band | Die vermischten Schriften und der | ::: Briefwechsel ::: | [Z. 12–14 wie vorh. Z. 11–13]

50.1.48: Bd 9 468

Bl. 1a [Z. 1–8 ebs.] || Neunter Band | Die physische Geographie. – Die vier | ::: lateinischen Dissertationen ::: | [Z. 12–14 ebs.]

50.1.49: Suppl.-Bd 20, 107, 468

Bl. 1a [Z. 1–3 ebs.] | Supplement-Band | 1. Vorländer's Kantbiographie | 2. Cohen's Kommentar zur Kritik | der reinen Vernunft | [Z. 8–10 wie vorh. Z. 12–14]

Bd-Übersicht des Exs 468 (der Ausg. F):

Bd	PhB	Jahr	Kurztitel	hier
1	37	1913	Kr. d. r. V.	50.18.10
2	38	1906	Kr. d. p. V.	50.17.7
	39	1902	Kr. d. U.	50.19.3
3	40	1905	Prolegomena	50.24.6
	41	1906	Grundlegung	50.8.4
	42	1907	Met. d. Sitten	50.21.3
4	43	o. J.	Logik	50.20.5
	44	1912	Anthropologie	50.2.5
	45	1903	Rel. innh. d. Grenzen	50.25.4
5	46a	1905	Zur Log. u. Met. I	50.10.3
	46b	1905	Zur Log. u. Met. II	50.11.3
	46c	1905	Zur Log. u. Met. III	50.12.3
	46d	1905	Zur Log. u. Met. IV	50.13.3
6	47(I)	o. J.	Zur Eth. u. Rel. I	50.9.2
	47II	1911	Beweisgrund	50.3.3
7	48	1909	Zur Naturphil. I	50.14.4
	49	1907	Zur Naturphil. II	50.15.3
8	50	1898	Verm. Schr. u. Briefw.	50.28.3
9	51	1905	Phys. Geographie	50.23.3
	52	o. J.	Vier lat. Diss.	50.29.4
S	126	1911	Vorländer: Kants Leben	100.3.1
	113	1907	Cohen: Kommentar	16.1.1

Im Ex. 468 ist bei den meisten der von Dürr stammenden Bd-Tle (Einzelausg.) der

Erscheinungsvermerk mit einem Meiner-Schildchen überklebt. Bei Tl 1 der Bde 6, 7, 9 und bei der Ausg. von Bd 8 fehlt das Titelbl. In der obigen Bd-Übersicht sind diese Tle anhand der Buchblöcke erschlossen.
Die Exe 20 und 107 des Suppl.-Bds haben die gleichen Tle wie Ex. 468.
43 besitzt ein Ex., dem Bd 1, 3, 8, 9 und Tl 1 des Suppl.-Bds fehlen; es liegt mit 1903–17 später als Ex. 468.
5 hat unter der Reihen-Signatur B 1057/223 eine WW-Ausg. in 9 Bdn (Bd 6 fehlt) ohne WW-Titelbl. zusammengestellt, die in ihren Tln von 1873–1912 früher liegt als Ex. 468.

50.1.50–59: Kant-Werkeausg. G (Meiner 1920/22)

Sämtliche Werke. Bd 1–8: Hrsg. von O. Buek, P. Gedan, W. Kinkel, J. H. v. Kirchmann, K. Vorländer, F. M. Schiele, Th. Valentiner. Bd 9: In Verbindung mit O. Buek, P. Gedan, W. Kinkel, F. M. Schiele, Th. Valentiner u. a. hrsg. von K. Vorländer. 21 Bde in 9 Bdn + 2 Bde in 1 Suppl.-Bd. [WW-Titelbl. und Titelbl. von Bd-Tln:] Leipzig: Meiner; [Titelbl. von Bd-Tln:] Leipzig: Dürr 1905–1920/22.
= PhB 37–45, 46a–d, 47 I–II, 48a–b, 49–52, 113, 126

Den Bdn ist jw. zu Beginn 1 Bl. mit WW-Titelei auf S. b eingebunden.
Diese Ausg. unterscheidet sich von Ausg. F durch dreierlei:
1. Bd 8 enthält – bei gleichem WW-Titelbl. – die ›Vermischten Schriften‹ und den ›Briefwechsel‹ nun in 2 Tln (Einzelausg.).
2. Bd 9 enthält nur die ›Phys. Geographie‹ und hat ein von den anderen Bdn der Ausg., auch von Bd 9 der Ausg. F, völlig abweichend gestaltetes WW-Titelbl.
3. Die WW-Titelbl. der Bde 1, 3, 5 weichen in Z. 6 von den Titelbl. der entsprechenden Bde der Ausg. F dadurch ab, daß hier nach »Buek« fälschlich jw. ein Punkt statt eines Kommas steht. Da alle 4 hier genannten Exe der Ausg. G diesen Fehler haben, handelt daß es sich bei diesem Fehler höchstwahrscheinlich um ein Charakteristikum der WW-Ausg G und nicht nur um ein Charakteristikum einiger ihrer Exe.

Bd 2, 4, 6, 7 u. Suppl.-Bd dieser Ausg. G sind in WW-Titelbl. und Bd-Aufteilung mit den entsprechenden Bdn der Ausg. F identisch, Bd 8 nur im WW-Titelbl.
1920 druckte Meiner einen 16seitigen Kant-Prospekt mit einem chronologischen und sachlichen Verzeichnis der Schriften Kants sowie weiteren Vlgsanz. zu Kant (vorhanden z. B. in Ex. 61 der Ausg. 50.4.2).

50.1.50: Bd 1 6, 8, 107, 361

Bl. 1b Immanuel Kant | Sämtliche Werke | o | Herausgegeben | von | O. Buek. P. Gedan, W. Kinkel, | J. H. v. Kirchmann, K. Vorländer, | F. M. Schiele, Th. Valentiner || Erster Band | Kritik der reinen Vernunft | [Reihensignet] | Leipzig | Verlag von Felix Meiner

50.1.51: Bd 2 6, 8, 107, 361

identisch mit Bd 2 der Ausg. F (siehe hier 50.1.41)

50.1.52: Bd 3 6, 8, 107, 361

Bl. 1b [Z. 1–5 ebs.] | [Z. 6–8 wie Bd 1] || [Z. 9–15 wie hier 50.1.42]

50.1.53: Bd 4 6, 8, 107, 361

identisch mit Bd 4 der Ausg. F (siehe hier 50.1.43)

50.1.54: Bd 5 6, 8, 107, 361

Bl. 1b [Z. 1–5 ebs.] | [Z. 6–8 wie Bd 1] || [Z. 9–14 wie hier 50.1.44]

50.1.55–57: Bd 6–8 6, 8, 107, 361

identisch mit Bd 6–8 der Ausg. F (siehe hier 50.1.45–47)

50.1.58: Bd 9 6, 8, 107, 361

Bl. 1b IMMANUEL KANT | SÄMTLICHE WERKE | In Verbindung mit | O. Buek, P. Gedan, W. Kinkel, | F. M. Schiele, Th. Valentiner u. a. | herausgegeben von | Karl Vorländer | NEUNTER BAND | DIE PHYSISCHE GEOGRAPHIE | [Reihensignet] | LEIPZIG / VERLAG VON FELIX MEINER

50.1.59: Suppl.-Bd 6, 8, 107, 361

identisch mit dem Suppl.-Bd der Ausg. F (siehe hier 50.1.49)

Bd-Übersicht der Exe 6 und 8 (der Ausg. G):

Bd	PhB	Jahr	Kurztitel	hier
1	37	1922	Kr. d. r. V.	50.18.12
2	38	1920	Kr. d. p. V.	50.17.9
	39	1913	Kr. d. U.	50.19.4
3	40	1920	Prolegomena	50.24.8
	41	1920	Grundlegung	50.8.7
	42	1919	Met. d. Sitten	50.21.5
4	43	1920	Logik	50.20.7
	44	1912	Anthropologie	50.2.5
	45	1922	Rel. innh. d. Grenzen	50.25.7
5	46a	1921	Zur Log. u. Met. I	50.10.4
	46b	1921	Zur Log. u. Met. II	50.11.4
	46c	1921	Zur Log. u. Met. III	50.12.4
	46d	1921	Zur Log. u. Met. IV	50.13.4
6	47I	1913	Zur Eth. u. Pol.	50.9.3
	47II	1922	Beweisgrund	50.3.4

Bd	PhB	Jahr	Kurztitel	hier
7	48a	1922	Zur Naturphil. I	50.14.5
	48b	1922	Zur Naturphil. II	50.15.4
	49	1922	Zur Naturphil. (III)	50.16.1
8	50	1922	Verm. Schriften	50.28.5
	52	1922	Briefwechsel	50.4.1
9	51	1905	Phys. Geographie	50.23.3
S	126	1921	Vorländer: Kants Leben	100.3.2
	113	1920	Cohen: Kommentar	16.1.4

Die Exe 6 und 8 – beide 1905–22 – sind auch in den Bd-Tln identisch. Bd 7 hat als Tl 1–2 die *3. Aufl.* (1922) der ›Schriften zur Naturphilosophie‹ eingebunden, die gegenüber der 2. Aufl. nun als Abt. 1–2 in 2 Bde (PhB 48a–b) geteilt ist; als Tl 3 des Bd 7 ist aber noch die *2. Aufl.* der ›Schriften zur Naturphilosophie‹ von 1907 eingebunden; diese ist als *2. Abt.* identisch mit ihrer *3. Aufl.* (1922), die aber nun die *3. Abt.* der ›Schriften‹ bildet (siehe dazu Übersicht und Bemerkung zu 50.14–16).
361 besitzt unter derselben Signatur 2 WW-Exe (zum ersten siehe die Bemerkung hinter der Bd-Übersicht des Exs M36a der WW-Ausg. E, 50.1.31–39). Das 2. Ex. gehört zur WW-Ausg. G und weicht nur in Tl 3 des Bd 7 von den Exn 6 und 8 ab: PhB 49 ist hier in *3. Aufl.* (1922), d. h. als Abt. 3 eingebunden.
NUC 289, 282a–b belegt die WW-Ausg. G mit einem Ex., das mit 1905–20 in allen Tln dem Ex. 107 entspricht.

50.1.60–69: Kant-Werkeausg. H (Meiner 1922)

Sämtliche Werke. In Verbindung mit O. Buek, P. Gedan, W. Kinkel, F. M. Schiele, Th. Valentiner u. a. hrsg. von K. Vorländer. 21 Bde in 9 Bdn + 2 Bde in 1 Suppl.-Bd. Leipzig: Meiner 1913–22.
= PhB 37–45, 46a–d, 47 I–II, 48a–b, 49–52, 113, 126

Diese Meiner-Ausg. H hat gegenüber den Meiner-Ausg. F und G völlig neu gestaltete WW-Titelbl. und eine geänderte Hrsgschaft, die mit der von Bd 9 der Ausg. G identisch ist. Den Bdn sind jw. zu Beginn 2 Bl. mit sich gegenüberliegenden WW-Titeleien eingebunden: Bl. 1b hat eine allgemeine WW-Titelei, Bl. 2a die WW-Titelei des Bds; Bl. 1a ist durchgängig vacat, Bl. 2b hat jw. eine umrahmte Bd-Übersicht über die Ausg.

50.1.60: Bd 1 61, 168

Bl. 1b IMMANUEL KANT | SÄMTLICHE WERKE | IN VERBINDUNG MIT | O. BUEK / P. GEDAN / W. KINKEL | F. M. SCHIELE / TH. VALENTINER U.A. | HERAUSGEGEBEN VON | KARL VORLÄNDER | [Reihensignet] | VERLAG VON FELIX MEINER IN LEIPZIG

Bl. 2a IMMANUEL KANT | SÄMTLICHE WERKE | ERSTER BAND | KRITIK DER REINEN VERNUNFT | [Reihensignet] | VERLAG VON FELIX MEINER IN LEIPZIG

50.1.61: Bd 2 61, 168

Bl. 1b [ebs.]
Bl. 2a [Z. 1–2 ebs.] | ZWEITER BAND | KRITIK DER PRAKTISCHEN VERNUNFT | KRITIK DER URTEILSKRAFT | [Z. 6–7 wie vorh. Z. 5–6]

50.1.62: Bd 3 61, 168

Bl. 1b [ebs.]
Bl. 2a [Z. 1–2 ebs.] | DRITTER BAND | PROLEGOMENA ZU EINER JEDEN | KÜNFTIGEN METAPHYSIK · GRUND- | LEGUNG ZUR METAPHYSIK DER | SITTEN · METAPHYSIK DER SITTEN | [Z. 8–9 wie vorh. Z. 6–7]

50.1.63: Bd 4 61,168

Bl. 1b [ebs.]
Bl. 2a [Z. 1–2 ebs.] | VIERTER BAND | LOGIK · ANTHROPOLOGIE | DIE RELIGION INNERHALB DER GRENZEN | DER BLOSSEN VERNUNFT | [Z. 7–8 wie vorh. Z. 8–9]

50.1.64: Bd 5 61, 168

Bl. 1b [ebs.]
Bl. 2a [Z. 1–2 ebs.] | FÜNFTER BAND | DIE KLEINEREN SCHRIFTEN ZUR | LOGIK UND METAPHYSIK | [Z. 6–7 wie vorh. Z. 7–8]

50.1.65: Bd 6 61, 168

Bl. 1b [ebs.]
Bl. 2a [Z. 1–2 ebs.] | SECHSTER BAND | DIE KLEINEREN SCHRIFTEN ZUR ETHIK | UND RELIGIONSPHILOSOPHIE | [Z. 6–7 ebs.]

50.1.66: Bd 7 61, 168

Bl. 1b [ebs.]
Bl. 2a [Z. 1–2 ebs.] | SIEBENTER BAND | KLEINERE SCHRIFTEN ZUR | NATURPHILOSOPHIE | [Z. 6–7 ebs.]

50.1.67: Bd 8 61, 168

Bl. 1b [ebs.]
Bl. 2a [Z. 1–2 ebs.] | ACHTER BAND | DIE VERMISCHTEN SCHRIFTEN UND | DER BRIEFWECHSEL | [Z. 6–7 ebs.]

50.1.68: Bd 9 61, 168

Bl. 1b [ebs.]
Bl. 2a [Z. 1–2 ebs.] | NEUNTER BAND | DIE PHYSISCHE GEOGRAPHIE | [Z. 5–6 wie vorh. Z. 6–7]

50.1.69: Suppl.-Bd 61, 168

Bl. 1b [ebs.]
Bl. 2a [Z. 1–2 ebs.] | SUPPLEMENT-BAND | VORLÄNDER'S KANTBIOGRAPHIE | COHEN'S KOMMENTAR ZUR KRITIK | DER REINEN VERNUNFT | [Z. 7–8 wie vorh. Z. 5–6]

Bd-Übersicht des Exs 168 (der Ausg. H):

Bd	PhB	Jahr	Kurztitel	hier
1	37	1922	Kr. d. r. V.	50.18.12
2	38	1922	Kr. d. p. V.	50.17.10
	39	1922	Kr. d. U.	50.19.5
3	40	1920	Prolegomena	50.24.8
	41	1920	Grundlegung	50.8.7
	42	1922	Met. d. Sitten	50.21.6
4	43	1920	Logik	50.20.7
	44	1922	Anthropologie	50.2.6
	45	1922	Rel. innh. d. Grenzen	50.25.7
5	46a	1921	Zur Log. u. Met. I	50.10.4
	46b	1921	Zur Log. u. Met. II	50.11.4
	46c	1921	Zur Log. u. Met. III	50.12.4
	46d	1921	Zur Log. u. Met. IV	50.13.4
6	47I	1913	Zur Eth. u. Pol.	50.9.3
	47II	1922	Beweisgrund	50.3.4
7	48a	1922	Zur Naturphil. I	50.14.5
	48b	1922	Zur Naturphil. II	50.15.4
	49	1922	Zur Naturphil. III	50.16.1
8	50	1922	Verm. Schriften	50.28.5
	52	1922	Briefwechsel	50.4.1
9	51	1922	Phys. Geographie	50.23.4
S	126	1921	Vorländer: Kants Leben	100.3.2
	113	1920	Cohen: Kommentar	16.1.4

Im Ex. 168 ist in Bd 1 und 7 Bl. 2 falsch eingebunden (S. b ist nun S. a).
Ex. 61 stimmt mit Ex. 168 in allen Tln überein, – bis auf Bd 6: ihm ist nur PhB 47I von 1922 (50.9.4) eingebunden.

50.1.70–79: Kant-Werkeausg. I (Meiner 1924)

Sämtliche Werke. In Verbindung mit O. Buek, P. Gedan, W. Kinkel, F. M.

Schiele, Th. Valentiner u. a. hrsg. von K. Vorländer. 22 Bde in 9 Bdn + 2 Bde in 1 Suppl.-Bd. Leipzig: Meiner ca 1920–24.
= PhB 37–45, 46a–d, 47 I–II, 48a–b, 49–51, 52a–b, 113, 126

Diese Ausg. unterscheidet sich von der vorh. Ausg. H nur durch zweierlei:
1. Die Aufteilung der Bde 8–9 ist hier eine andere; die WW-Titeleien zu den Bdn (jw. Bl. 2a) ist entsprechend geändert.
2. Einzelne Bd-Tle liegen später als 1922, keiner aber später als 1926.

In Bl. 1 (der allgemeinen WW-Titelei) stimmt Ausg. I mit Ausg. H in allen Bdn überein; in Bl. 2 (der WW-Titelei zum Bd) stimmt Ausg. I in Bd 1–7 und dem Suppl.-Bd mit Ausg. H überein.
Diese Ausg. I ist z. T. erschlossen, da das hier einzig vorl. Ex. 18 unvollständig ist.

50.1.70–76: Bd 1–7 18

identisch mit Bd 1–7 der Ausg. H (siehe hier 50.1.60–66); bei Ex. 18 fehlt Bd 1

50.1.77: Bd 8 18

Bl. 1b IMMANUEL KANT | SÄMTLICHE WERKE | IN VERBINDUNG MIT | O. BUEK / P. GEDAN / W. KINKEL | F. M. SCHIELE / TH. VALENTINER U.A. | HERAUSGEGEBEN VON | KARL VORLÄNDER | [Reihensignet] | VERLAG VON FELIX MEINER IN LEIPZIG
Bl. 2a IMMANUEL KANT | SÄMTLICHE WERKE | ACHTER BAND | VERMISCHTE SCHRIFTEN UND | PHYSISCHE GEOGRAPHIE | [Reihensignet] | VERLAG VON FELIX MEINER IN LEIPZIG

50.1.78: Bd 9 18

Bl. 1b [ebs.]
Bl. 2a [Z. 1–2 ebs.] | NEUNTER BAND | BRIEFWECHSEL | [Z. 5–6 wie vorh. Z. 6–7]

50.1.79: Suppl.-Bd 18

identisch mit dem Suppl.-Bd der Ausg. H (siehe hier 50.1.69)
Bd-Übersicht des Exs 18 (der Ausg. I):

Bd	PhB	Jahr	Kurztitel	hier
1	fehlt			
2	38	1922	Kr. d. p. V.	50.17.10
	39	1924	Kr. d. U.	50.19.6
3	40	1920	Prolegomena	50.24.8
	41	1920	Grundlegung	50.8.7
	42	1922	Met. d. Sitten	50.21.6

Bd	PhB	Jahr	Kurztitel	hier
4	43	1920	Logik	50.20.7
	Tl 2–3 fehlt			
5	46a	1921	Zur Log. u. Met. I	50.10.4
	46b	1921	Zur Log. u. Met. II	50.11.4
	46c	1921	Zur Log. u. Met. III	50.12.4
	46d	1921	Zur Log. u. Met. IV	50.13.4
6	47I	1922	Zur Eth. u. Pol.	50.9.4
	47II	1922	Beweisgrund	50.3.4
7	48a	1922	Zur Naturphil. I	50.14.5
	48b	1922	Zur Naturphil. II	50.15.4
	Tl 3 fehlt			
8	50	1922	Verm. Schriften	50.28.5
	51	1922	Phys. Geographie	50.23.4
9	52a	1924	Briefwechsel I	50.4.2
	52b	1924	Briefwechsel II	50.4.3
S	126	1921	Vorländer: Kants Leben	100.3.2
	Tl 2 fehlt			

Bd 3 und einige Bd-Tle des Exs 18 stimmen mit denen des Exs 168 der Ausg. H überein.

50.1.80–89: Kant-Werkeausg. K (Meiner 1929)

Sämtliche Werke. In Verbindung mit O. Buek, P. Gedan, W. Kinkel, F. M. Schiele, Th. Valentiner u. a. hrsg. von K. Vorländer. 23 Bde in 9 Bdn + 3 Bde in 1 Suppl.-Bd. Leipzig: Meiner 1920–29.
= PhB 37a-b, 38, 39, 39b, 40–45, 46a–d, 47 I–II, 48a–b, 49–51, 52a–b, 113, 126
Diese Ausg. K unterscheidet sich von der vorh. Ausg. I durch zweierlei:
1. Bd 2 und der Suppl.-Bd sind mit PhB 39b bzw. 37b erweitert, entsprechend sind die WW-Titeleien auf Bl. 2a jw. geändert.
2. Einzelne Bd-Tle liegen später als 1928.

In Bl. 1 (der allgemeinen WW-Titelei) stimmt Ausg K in allen Bdn mit Ausg. H und I überein, in Bl. 2a (der WW-Titelei zum jw. Bd) stimmt Ausg. K in Bd 1, 3–9 mit Ausg. H und I überein; d. h.: die Bde 1, 3–7 sind mit Ausg. H. und I identisch, die Bde 8–9 nur mit Ausg. I.

50.1.80: Bd 1 385

identisch mit Bd 1 der Ausg. H und I (siehe hier 50.1.60 und 50.1.70)

50.1.81: Bd 2 385

Bl. 1b IMMANUEL KANT | SÄMTLICHE WERKE | IN VERBINDUNG MIT | O. BUEK / P. GEDAN / W. KINKEL | F. M. SCHIELE / TH. VALENTINER U. A. | HERAUSGEGEBEN VON | KARL VORLÄNDER | [Reihensignet] | VERLAG VON FELIX MEINER IN LEIPZIG

Bl. 2a IMMANUEL KANT | SÄMTLICHE WERKE | ZWEITER BAND | KRITIK DER PRAKTISCHEN VERNUNFT | KRITIK DER URTEILSKRAFT | ERSTE EINLEITUNG IN DIE K. D. U. | [Reihensignet] | VERLAG VON FELIX MEINER IN LEIPZIG

50.1.82–88: Bd 3–9 385

identisch mit Bd 3–9 der Ausg. I (siehe hier 50.1.72–78)

50.1.89: Suppl.-Bd 385

Bl. 1b [ebs.]

Bl. 2a [Z. 1–2 ebs.] | SUPPLEMENT-BAND | VORLÄNDER'S KANTBIOGRAPHIE | COHEN'S KOMMENTAR ZUR KRITIK | DER REINEN VERNUNFT | RATKE'S SYSTEMATISCHES | HANDLEXIKON ZUR KRITIK D. R. V. | [Reihensignet] | VERLAG VON FELIX MEINER IN LEIPZIG

Bd-Übersicht des Exs 385 (der Ausg. K):

Bd	PhB	Jahr	Kurztitel	hier
1	37a	1926	Kr. d. r. V.	50.18.13
2	38	1929	Kr. d. p. V.	50.17.11
	39	1924	Kr. d. U.	50.19.6
	39b	1927	Einl. i. d. Kr. d. U.	50.6.1
3	40	1920	Prolegomena	50.24.8
	41	1925	Grundlegung	50.8.8
	42	1922	Met. d. Sitten	50.21.6
4	43	1920	Logik	50.20.7
	44	1922	Anthropologie	50.2.6
	45	1922	Rel. innh. d. Grenzen	50.25.7
5	46a	1921	Zur Log. u. Met. I	50.10.4
	46b	1921	Zur Log. u. Met. II	50.11.4
	46c	1921	Zur Log. u. Met. III	50.12.4
	46d	1921	Zur Log. u. Met. IV	50.13.4
6	47I	1922	Schr. z. Eth. u. Pol.	50.9.4
	47II	1922	Beweisgrund	50.3.4
7	48a	1922	Zur Naturphil. I	50.14.5
	48b	1922	Zur Naturphil. II	50.15.4
	49	1922	Zur Naturphil. III	50.16.1
8	50	1922	Verm. Schriften	50.28.5
	51	1922	Phys. Geographie	50.23.4
9	52a	1924	Briefwechsel I	50.4.2
	52b	1924	Briefwechsel II	50.4.3
S	126	1921	Vorländer: Kants Leben	100.3.2
	113	1925	Cohen: Kommentar	16.1.5
	37b	1929	Ratke: Handlexikon	81.1.1

Die Bde 4 und 7 des Exs 385 sind mit denen des Exs 168 der Ausg. H, die Bde 6,

8–9 sind mit denen des Exs 18 der Ausg. I identisch; Bd 5 des Exs 385 stimmt mit dem der Exe 168 und 18 überein.
BM (CE) 13, 969 verzeichnet ein 10bändiges Ex. von 1926(1920)–29.

50.1.90–99: Kant-Werkeausg. L (Meiner 1937/40)

Sämtliche Werke. In Verbindung mit O. Buek, P. Gedan, W. Kinkel, F. M. Schiele, Th. Valentiner u. a. hrsg. von K. Vorländer. 23 Bde in 9 Bdn + 1 Suppl.-Bd. Leipzig: Meiner 1919/20–1937/40.
= PhB 37a–b, 38, 39, 39b, 40–45, 46a–d, 47 I–II, 48a–b, 49–51, 52a–b

Diese Ausg. unterscheidet sich von der vorh. Ausg. K durch zweierlei:
1. Der Suppl.-Bd enthält nur noch PhB 37b; die WW-Titelei auf Bl. 2a ist entsprechend geändert.
2. Einzelne Bd-Tle liegen später als 1936.

Die Bde 1–9 sowie die WW-Titelei von Bl. 1b des Suppl.-Bds sind mit denen der Ausg. K identisch.
NUC 289, 282c belegt die Ausg. L mit einem vollständigen Ex. von 1920–40.

50.1.90–98: Bd 1–9 A

identisch mit Bd 1–9 der Ausg. K (siehe hier 50.1.80–88)

50.1.99: Suppl.-Bd A

Bl. 1b IMMANUEL KANT | SÄMTLICHE WERKE | IN VERBINDUNG MIT | O. BUEK / P. GEDAN / W. KINKEL | F. M. SCHIELE / TH. VALENTINER U. A. | HERAUSGEGEBEN VON | KARL VORLÄNDER | [Reihensignet] | VERLAG VON FELIX MEINER IN LEIPZIG

Bl. 2a IMMANUEL KANT | SÄMTLICHE WERKE | SUPPLEMENT-BAND | RATKE'S SYSTEMATISCHES | HANDLEXIKON ZUR KRITIK D. R. V. | [Reihensignet] | VERLAG VON FELIX MEINER IN LEIPZIG

Bd-Übersicht des Exs A (der Ausg. L):

Bd	PhB	Jahr	Kurztitel	hier
1	37a	1930	Kr. d. r. V.	50.18.14
2	38	1929	Kr. d. p. V.	50.17.11
	39	1924	Kr. d. U.	50.19.6
	39b	1927	Einl. i. d. Kr. d. U.	50.6.1
3	40	1940	Prolegomena	50.24.9
	41	1933	Grundlegung	50.8.9
	42	1922	Met. d. Sitten	50.21.6
4	43	1920	Logik	50.20.7
	44	1922	Anthropologie	50.2.6
	45	1937	Rel. innh. d. Grenzen	50.25.8
5	46a	1921	Zur Log. u. Met. I	50.10.4

Bd	PhB	Jahr	Kurztitel	hier
5	46b	1921	Zur Log. u. Met. II	50.11.4
	46c	1921	Zur Log. u. Met. III	50.12.4
	46d	1921	Zur Log. u. Met. IV	50.13.4
6	47I	1922	Schr. z. Eth. u. Pol.	50.9.4
	47II	1922	Beweisgrund	50.3.4
7	48a	1922	Zur Naturphil. I	50.14.5
	48b	1922	Zur Naturphil. II	50.15.4
	49	1922	Zur Naturphil. III	50.16.1
8	50	1922	Verm. Schriften	50.28.5
	51	1922	Physische Geographie	50.23.4
9	52a	1924	Briefwechsel I	50.4.2
	52b	1924	Briefwechsel II	50.4.3
S	37b	1929	Ratke: Handlexikon	81.1.1

Von Ex. A (1920–40) sind Bd 2 und 5–9 identisch mit denen des Exs 385 (der Ausg. K).
Das in NUC 289, 282c verzeichnete Ex. ist mit Ex. A in allen Tln identisch.
DBV 20, 1350a verzeichnet ein 10bändiges Ex. von 1919–37; daß es sich dabei um ein Ex. der Ausg. L handelt, ergibt sich aus dem Fehlen der PhB-Nrn 113 und 126.

Bd-Übersicht der Ausg. H–L:

Die folg. Übersicht zeigt die Abweichungen und Übereinstimmungen von Bdn der Ausg. H–L in den WW-Titeleien zu den Bdn (d. h. in Bl. 2a). Die allgemeine WW-Titelei (Bl. 1b) ist in allen Bdn der Ausg. H–L dieselbe.

Ausg.:	H	I	K	L
Bd 1	1 Tl	=H	=H	=H
Bd 2	2 Tle	=H	3 Tle	=K
Bd 3	2 Tle	=H	=H	=H
Bd 4	3 Tle	=H	=H	=H
Bd 5	4 Tle	=H	=H	=H
Bd 6	2 Tle	=H	=H	=H
Bd 7	2 Tle	=H	=H	=H
Bd 8	2 Tle	neu	=I	=I
Bd 9	1 Tl	neu	=I	=I
Suppl.	2 Tle	=H	3 Tle	1 Tl

Die Übersicht zeigt, daß die Bde 1 und 3–7 aller Ausg. in den WW-Titeleien übereinstimmen.
Sogar in den *Exn* der Ausg. H–L gibt es viele Übereinstimmungen. Legt man die Exe 168, 18, 385, A für die Ausg. H–L zugrunde, so stimmen alle Exe von Bd 5 und 7 *aller* Ausg. (H–L) überein (nur bei Ex. 18 fehlt in Bd 7 Tl 3), und alle Exe von Bd 6 und 8–9 der Ausg. I–L stimmen überein.

50.2. Anthropologie in pragmatischer Hinsicht

50.2.1.1869.14 3, 7, 20, 27, 121, 294, 385 (2 Exe)

[III] Immanuel Kant's | Anthropologie | in pragmatischer Hinsicht. || Herausgegeben und erläutert | von | J. H. von Kirchmann. || Berlin, 1869. | Verlag von L. Heimann. | Wilhelms-Strasse No. 91.

[II] Philosophische Bibliothek | oder | Sammlung | der | Hauptwerke der Philosophie | alter und neuer Zeit. || Unter Mitwirkung namhafter Gelehrten | herausgegeben, beziehungsweise übersetzt, erläutert | und mit Lebensbeschreibungen versehen | von | J. H. von Kirchmann. || Vierzehnter Band. | Immanuel Kant's Anthropologie in pragmatischer | Hinsicht. || Berlin, 1869. | Verlag von L. Heimann. | Wilhelms-Strasse No. 91.

XIII, 266 S.

Kirchmanns Erl. dazu erschienen separat, siehe 52.10.
In den Exn 3, 294, 385 ist das ›Inhalts-Verzeichniss‹ mit S. [IX]–XIII zwischen S. 262 und 263 gebunden.

50.2.2.1872.14 A, 29, 34

[III] [Z. 1–6 ebs.] || Zweite Auflage. || Berlin, 1872. | L. Heimann's Verlag | (Erich Koschny).

[II] [Z. 1–10 ebs.] | J. H. v. Kirchmann. || [Z. 12–14 ebs.] || Berlin, 1872. | L. Heimann's Verlag | (Erich Koschny).

XIII, 266 S.

Dem Ex. 29 sind noch die Vlgsbroschuren aller 3 Lieferungen eingebunden. Das Jahr auf der Vlgsbroschur der 1. Lieferung lautet ›1869‹, auf der 2. und 3. Lieferung ›1873‹.

50.2.3.1880.14 1a, 25, 38, 83, 291

[III] [Z. 1 ebs.] | ANTHROPOLOGIE | [Z. 3–6 ebs.] || Dritte Auflage. || Leipzig, 1880. | ERICH KOSCHNY. | (L. Heimann's Verlag.)

[II] [Z. 1–10 ebs.] | J. H. von Kirchmann. || [Z. 12–14 ebs.] || Leipzig, 1880. | ERICH KOSCHNY. | (L. Heimann's Verlag.)

XIII, 266 S.

Den Exn 25, 83 fehlt jw. das Reihentitelbl.

50.2.4.1899.44 24, 31, 62, 132, 294, 361, 385, M36a

Bl. 1a Philosophische Bibliothek. | Band 44. || [Z. 3–7 wie vorh. Z. 1–5] | J. H. v. Kirchmann. || Vierte Auflage. | [Vlgssignet] | LEIPZIG. | VERLAG DER DÜRR'SCHEN BUCHHANDLUNG. | 1899.

1 Bl., S. [V]–XIII, 266 S.

Die Ausg. ist zwischen 1900–06 entstanden.

50.2.5.1912.44 5. 6, 8, 12, 20, 38, 43, 61, 107, 361, 468, Kn28

[I] IMMANUEL KANT | Anthropologie | in pragmatischer Hinsicht | Fünfte Auflage | Herausgegeben, eingeleitet und mit | Personen- und Sachregister versehen | von | Karl Vorländer | [Reihensignet] | DER PHILOSOPHISCHEN BIBLIOTHEK | BAND 44 | LEIPZIG · VERLAG VON FELIX MEINER · 1912.

XXII, 328 S., (1 od. 3 Bl.; Bl. 1 bds. Vlgsanz.)

50.2.6.1922.44 A, 18, 38, 61, 168, 188, 385

[I] [Z. 1 ebs.] | ANTHROPOLOGIE | IN PRAGMATISCHER HINSICHT | SECHSTE AUFLAGE | HERAUSGEGEBEN, EINGELEITET | UND MIT EINEM PERSONEN- UND | SACHREGISTER VERSEHEN VON | KARL VORLÄNDER | [Reihensignet] | DER PHILOSOPHISCHEN BIBLIOTHEK BAND 44 | LEIPZIG 1922 / VERLAG VON FELIX MEINER

XXII, 328 S.

50.2.7.1980.44

[III] [Z. 1 wie vorh. auf S. I] | Anthropologie | in pragmatischer Hinsicht | Herausgegeben von | [Z. 5 wie vorh. Z. 8 auf S. I] | Mit einer Einleitung von | JOACHIM KOPPER | und einem zusätzlichen Anhang von | RUDOLF MALTER | FELIX MEINER VERLAG | HAMBURG

[IV] PHILOSOPHISCHE BIBLIOTHEK BAND 44 | [8 Z. Aufl.-Hinweise] | 1980 Siebente, im Text unveränderte Auflage, erweitert um eine | Einleitung von Joachim Kopper und einen Anhang zur Ent- | stehung und Wirkungsgeschichte des Werkes, mit einer Biblio- | graphie und einem Variantenverzeichnis von Rudolf Malter

S. [III]–XXV, 390 S., 1 Bl. (bds. Vlgsanz.)

50.3. Der einzig mögliche Beweisgrund zu einer Demonstration des Daseins Gottes. (Kleinere Schriften zur Ethik und Religionsphilosophie II)

Siehe die Vorbemerkungen zu 50.9.

50.3.1.1871.37(I) A, 1a, 18, 34, 38, 43, 61, 83, 121, 291, 385

[V] Immanuel Kant's | kleinere Schriften | zur | Ethik und Religions-Philosophie. || Herausgegeben und erläutert | von | J. H. von Kirchmann. || Zweite Abtheilung. || Berlin, 1871. | Verlag von L. Heimann. | 84. Wilhelms-Strasse. 84.

S. [V]–VIII, 178 S., (1 Bl., bds. Vlgsanz.)

Die Gesamttitelseite zu beiden Abt. der ›Kleineren Schriften zur Ethik und Religions-Philosophie‹ bildet die Reihentitelseite, die bei der 1. Abt., Ausg. 50.9.1 wiedergegeben ist.
Siehe die Vorbemerkungen zu 50.9.
Diese 2. Abt. enthält die 5 Schriften:
1. Versuch einiger Betrachtungen über den Optimismus. 1759.
2. Der einzig mögliche Beweisgrund zu einer Demonstration des Daseins Gottes. 1793.
3. Einige Bemerkungen zu Ludw. Heinrich Jacob's Prüfung der Mendelssohn'schen Morgenstunden. 1786.
4. Ueber das Misslingen aller philosophischen Versuche in der Theodicee. 1791.
5. Das Ende aller Dinge. 1794.

Die Ausg. ist meist zusammengebunden mit Abt. 1 in der Ausg. 50.9.1.
Kirchmanns Erl. zu beiden Abt. der ›Kleineren Schriften‹ erschienen separat, siehe 52.13.
In Ex. 121 ist das Bl. mit bds. Vlgsanz. fälschlich hinter das Titelbl. gebunden.

50.3.2.1902.47II 24, 31, 61, 62, 132, 294, 361, M36a

[I] Philosophische Bibliothek | Band 47$^{II.}$ || [Z. 3 wie vorh. Z. 1 auf S. V] | Beweisgrund zu einer Demonstration | des | Daseins Gottes | nebst den anderen kleineren Schriften | zur Religionsphilosophie. || Der II. Abtheilung | von | Kant's Kleinen Schriften zur Ethik und Religionsphilosophie | Zweite Auflage | durchgesehen | von | Friedrich Michael Schiele. | [Vlgssignet] | Leipzig, | Verlag der Dürr'schen Buchhandlung. | 1902.

VIII, 172 S.

Meist zusammengebunden mit der 1. Abt. in der Ausg. 50.9.2.

50.3.3.1911.47II A (2 Exe), 12, 38, 43, 107, 468

[I] [Z. 1 ebs.] | Band 47^{II} || [Z. 3–7 ebs.] | zur Religionsphilosophie || Dritte, mit der zweiten gleichlautende Auflage | [Z. 10–11 wie vorh. Z. 13–14] | D. Friedrich Michael Schiele || Leipzig 1911 | Verlag von Felix Meiner

VIII, 172 S., 2 Bl. (jw. bds. Vlgsanz.)

50.3.4.1922.47II A, 6, 8, 18, 20, 38, 61, 168, 361, 385

[I] IMMANUEL KANT | BEWEISGRUND | ZU EINER | DEMONSTRATION | DES DASEINS GOTTES | NEBST | DEN ANDEREN KLEINEREN SCHRIFTEN | ZUR RELIGIONSPHILOSOPHIE | VIERTE AUFLAGE | HERAUSGEGEBEN VON | FRIEDRICH MICHAEL SCHIELE | [Reihensignet] | DER PHILOSOPHISCHEN BIBLIOTHEK BAND 47^{II} | LEIPZIG 1922 / VERLAG VON FELIX MEINER

VIII, 172 S.

50.3.5.1963.47II A, 38, 43, 61, 122, 361

[III] [Z. 1 wie vorh. auf S. I] | Der einzig mögliche Beweisgrund | zu einer Demonstration | des Daseins Gottes | Auf Grund des Textes der | Berliner Akademie-Ausgabe | mit einer Einleitung und Registern | neu herausgegeben von | KLAUS REICH | VERLAG VON FELIX MEINER | HAMBURG

[IV] PHILOSOPHISCHE BIBLIOTHEK BAND 47/II | [2 Z.] | 1963

[I] [Reihensignet]

XXXI, 118 S., 1 Bl. (bds. Vlgsanz.)

Die Ausg. enthält nicht mehr die 4 anderen Schriften Kants der vorh. Ausg. 50.3.1–4.

50.3.6.1974.47II A, 385

[III] [ebs.]

[IV] PHILOSOPHISCHE BIBLIOTHEK BAND 47^{II} | Unveränderter Nachdruck 1974 der 1. Auflage von 1963

[I] [ebs.]

XXXI, 118 S., 1 Bl. (bds. Vlgsanz.)

50.4. Briefwechsel

Von 1873 bis etwa 1917 wurde der Briefwechsel mit einigen vermischten Schriften in der gemeinsamen Ausg. ›Vermischte Schriften und Briefwechsel‹ herausgegeben.

1922 erschienen der ›Briefwechsel‹ und die ›Vermischten Schriften‹ in getrennten Ausg.
50.28 verzeichnet die gemeinsame Ausg. ›Vermischte Schriften und Briefwechsel‹ sowie die Einzeledition der ›Vermischten Schriften‹ von 1922. 50.4 verzeichnet die Einzeledition des ›Briefwechsels‹:

50.4.1: Einbändige Ausg. 1922
50.4.2: Zweibändige Ausg. 1924, Bd 1
50.4.3: Zweibändige Ausg. 1924, Bd 2
50.4.4: Einbändige Ausg. 1972

50.4.1.1922.52: Einbändige Ausg. 6, 8, 38, 61, 168, 361

[I] IMMANUEL KANT || BRIEFWECHSEL || Herausgegeben | von | J. H. v. Kirchmann | [Reihensignet] | Der Philosophischen Bibliothek Band 52 | VERLAG VON FELIX MEINER IN LEIPZIG | 1922

200 S.

50.4.2.1924.52a: Zweibändige Ausg., Bd 1 A, 18, 31, 38, 61, 385 (2 Exe)

[I] [Z. 1 ebs.] | [Z. 2 ebs.] | MIT EINLEITUNG / ANMERKUNGEN | PERSONEN- UND SACHREGISTER | VERSEHEN VON | OTTO SCHÖNDÖRFFER | ERSTER BAND | DIE BRIEFE VON 1749 BIS 1789 | [Reihensignet] | DER PHILOSOPHISCHEN BIBLIOTHEK BAND 52a | LEIPZIG 1924 / VERLAG VON FELIX MEINER

XXXII, 433 S.

50.4.3.1924.52b: Zweibändige Ausg., Bd 2 A, 18, 31, 38, 61, 385 (2 Exe)

Bl. 1a [Z. 1–6 wie vorh. auf S. I] | ZWEITER BAND | DIE BRIEFE VON 1790 BIS 1803 | [Reihensignet] | DER PHILOSOPHISCHEN BIBLIOTHEK BAND 52b | LEIPZIG 1924 / VERLAG VON FELIX MEINER

1 Bl., S. [435]–921, 2 Bl. (jw. bds. Vlgsanz.)

50.4.4.1972.52a–b: Einbändige Ausg. A, 61, 385

[I] [Z. 1 wie vorh. auf Bl. 1a] | Briefwechsel | Auswahl und Anmerkungen von | [Z. 4 wie vorh. Z. 6 auf Bl. 1a] | Mit einer Einleitung von | RUDOLF MALTER und JOACHIM KOPPER | und einem Nachtrag | [Reihensignet] | FELIX MEINER VERLAG | HAMBURG

[II] PHILOSOPHISCHE BIBLIOTHEK BAND 52a/b | [3 Z. unvollständige Aufl.-Hinweise] | 1972 Zweite, erweiterte Auflage mit Nachtrag seither veröffentlichten | Materials und mit neuer Einleitung von Rudolf Malter und | Joachim Kopper

LXXV, 951 S.

50.5. De mundi sensibilis atque intelligibilis forma et principiis (Über die Form und die Prinzipien der Sinnen- und Geisteswelt)

Diese Schrift gibt es in der lat. Orig.-Fassung in der Ausg. 50.29 und in der nachfolg. unter 50.5 beschriebenen zweisprachigen Ausg. in lat. und dt.; weiterhin in dt. Übersetzung in der 3. Abt. der Kirchmann'schen Edition der ›Kleineren Schriften zur Logik und Metaphysik‹ (hier 50.12.1–2) bzw. in der 2. Abt. der Vorländer'schen Neuedition der Ausg. ›Zur Logik und Metaphysik‹ (hier 50.11.3–4) und 1922 als Heft 40 der TA (hier TA11.19).

50.5.1.1958.251 A, 6, 38

[III] IMMANUEL KANT | Über die Form | und die Prinzipien | der Sinnen- und Geisteswelt | VERLAG VON FELIX MEINER | HAMBURG

[IV] PHILOSOPHISCHE BIBLIOTHEK BAND 251 | Auf Grund des lateinischen Textes der | Berliner Akademie-Ausgabe | neu übersetzt und mit Einleitung und | Anmerkungen herausgegeben von | Klaus Reich | [2 Z.] | 1958

[II] IMMANUEL KANT | De mundi sensibilis | atque | intelligibilis forma et principiis | VERLAG VON FELIX MEINER | HAMBURG

[I] [Reihensignet]

XVI, 104 S.

50.5.2.1960.251 A, 61

[III] [ebs.]

[IV] [Z. 1–3 ebs.] | neu übersetzt | und mit Einleitung und Registern herausgegeben von | KLAUS REICH | [3 Z.] | Unveränderter Nachdruck 1960

[II] [ebs.]

[I] [ebs.]

XVI, 104 S.

50.5.3.1966.251 A, 385

[III] [ebs.]

[IV] [Z. 1–9 ebs.] | Unveränderter Nachdruck 1966

[II] [ebs.]
[I] [ebs.]

XVI, 104 S.

50.6. Erste Einleitung in die Kritik der Urteilskraft

50.6.1.1927.39b A, 38, 61, 77, 385

[I] IMMANUEL KANT | ERSTE EINLEITUNG | IN DIE | KRITIK DER URTEILSKRAFT | NACH DER HANDSCHRIFT | HERAUSGEGEBEN | UND MIT EINFÜHRUNG UND ANMERKUNGEN | VERSEHEN VON | GERHARD LEHMANN | [Reihensignet] | DER PHILOSOPHISCHEN BIBLIOTHEK BAND 39b | LEIPZIG 1927 / VERLAG VON FELIX MEINER

VIII, 83 S., 2 Bl. (jw. bds. Vlgsanz.)

50.6.2.1970.39b A, 61, 385

[III] [Z. 1 wie vorh. auf S. I] | Erste Einleitung | in die | Kritik der Urteilskraft | Nach der Handschrift | herausgegeben von | [Z. 7 wie vorh. Z. 9 auf S. I] | Zweite, durchgesehene und | erweiterte Auflage | FELIX MEINER VERLAG | HAMBURG
[IV] PHILOSOPHISCHE BIBLIOTHEK BAND 39b | 1927 Erste Auflage | 1970 Zweite, durchgesehene und erweiterte Auflage
[I] [Reihensignet]

XXI, 81 S.

50.6.3.1977.39b

[III] [Z. 1–7 ebs.] | Dritte, durchgesehene | Auflage | [Z. 10–11 ebs.]
[IV] [Z. 1–3 ebs.] | 1977 Dritte, durchgesehene Auflage
[I] [ebs.]

XXI, 81 S.

50.7. Geographische und andere naturwissenschaftliche Schriften

50.7.1.1985.298

[III] IMMANUEL KANT | Geographische und andere | naturwissenschaftliche | Schriften | Mit einer Einleitung herausgegeben von | J. ZEHBE | FELIX MEINER VERLAG | HAMBURG
[IV] PHILOSOPHISCHE BIBLIOTHEK BAND 298 | Die hier abgedruckten Schriften Immanuel Kant's wurden | bis auf drei nach der Ausgabe von

Otto Buek „Schriften zur | Naturphilosophie" PhB 49 (erste Auflage 1873, dritte Auf- | lage 1922) wiedergegeben.

[I] [Reihensignet]

XLIV, 202 S., 1 Bl. (bds. Vlgsanz.)

Von den 14 in dieser Ausg. enthaltenen Schriften sind die Schriften 1–8, 10 und 13–14 der 3. Aufl. der 3. Abt. der ›Kleineren Schriften zur Naturphilosophie‹, 1922, PhB 49, entnommen (siehe die Bemerkungen vor 50.14). Die 3 anderen Schriften sind:

9. Rezension von Silberschlags Schrift: Theorie der Feuerkugel. 1764.
11. Anzeige des Lambert'schen Briefwechsels. 1782.
12. Nachricht an Ärzte. 1782.

50.8. Grundlegung zur Metaphysik der Sitten

50.8.1.1870.28 A, 1a, 27, 29, 34, 38, 83, 121, 291, 385

Bl. 2a Immanuel Kant's | Grundlegung | zur | Metaphysik der Sitten. || Herausgegeben und erläutert | von | J. H. von Kirchmann. || Berlin, 1870. | Verlag von L. Heimann. | Wilhelms-Strasse No. 91.

Bl. 1b Philosophische Bibliothek | oder | Sammlung | der | Hauptwerke der Philosophie | alter und neuer Zeit. || Unter Mitwirkung namhafter Gelehrten | herausgegeben, beziehungsweise übersetzt, erläutert | und mit Lebensbeschreibungen versehen | von | J. H. von Kirchmann. || Achtundzwanzigster Band. | Kant's Grundlegung zur Metaphysik der Sitten. || Berlin, 1870. | Verlag von L. Heimann. | Wilhelms-Strasse No. 91.

4 Bl., 95 S.

Kirchmanns Erl. dazu erschienen separat, siehe 52.11.
Den Exn A, 83, 385 fehlt jw. das Reihentitelbl.
Bei einigen Exn handelt es sich um Mischaufl.
Dem Ex. 29 sind noch die Heimann'schen Vlgsbroschuren eingebunden.
In Ex. 121 heißt es auf der vorderen Vlgsbroschur: »(I. Kant's sämmtliche Werke. III. 2.)« (d. h.: Tl 2 des Bd 3 der WW); der Erscheinungsvermerk dieser Vlgsbroschur lautet: »Heidelberg. | Verlag von Georg Weiss | (früher Erich Koschny's Verlag in Leipzig). | 1882.«

50.8.2.1897.28 468

Bl. 2a [Z. 1–7 ebs.] | 2. Auflage. || Berlin. | Philos.-histor. Verlag Dr. R. Salinger. | 1897.

Bl. 1b [Z. 1–13 ebs.] || Berlin. | Philos.-histor. Verlag Dr. R. Salinger. | 1897.

4 Bl., 95 S.

50.8.3.1897.41 62, 132, 291, 361

Bl. 1a Philosophische Bibliothek. | Band 41. || [Z. 3–8 wie vorh. Z. 1–6 auf Bl. 2a] | J. H. v. Kirchmann. | Zweite Auflage. | [Vlgssignet] | LEIPZIG. | VERLAG DER DÜRR'SCHEN BUCHHANDLUNG. | 1897.

3 Bl., 95 S.

Rückdatierte Titelaufl., zwischen 1900–03 entstanden; sie ist belegt im NUC 289, 288a.

50.8.4.1906.41 5, 12, 24, 31, 61, 294, 361, 468, M36a

[I] Philosophische Bibliothek | [Z. 2 wie vorh. auf Bl. 1a] || Immanuel Kants | GRUNDLEGUNG | [Z. 5–6 wie vorh. auf Bl. 1a] || Dritte Auflage. || Herausgegeben und mit Einleitung | sowie einem Personen- und Sachregister versehen | von | Karl Vorländer. | [Vlgssignet] | Leipzig, | Verlag der Dürr'schen Buchhandlung. | 1906.

XXX, 102 S.

50.8.5.(1913).41 A, 5, 38

[I] Immanuel Kant | [Z. 2–3 wie vorh. Z. 4–5] | Metaphysik der Sitten || Dritte Auflage || Herausgegeben | von | Karl Vorländer | [Reihensignet] | Der Philosophischen Bibliothek | Band 41 | Leipzig · Verlag von Felix Meiner

XXX, 102 S.

Titelaufl., vermutlich 1913 entstanden.

50.8.6.1917.41 1a, 6, 18, 24, 25, 43

[I] [Z. 1–4 ebs.] || Vierte, mit der dritten gleichlautende Auflage || [Z. 6–11 ebs.] | Leipzig · Verlag von Felix Meiner · 1917

XXX, 102 S.

In Ex. 18 ist über die letzte Z. von S. [I] das Kriegsausfuhrzeichen gestempelt.

50.8.7.1920.41 6, 8, 18, 38, 61, 107, 168, 361

[I] [Z. 1–4 ebs.] || Fünfte Auflage || [Z. 6–11 ebs.] | Leipzig · Verlag von Felix Meiner · 1920

XXX, 102 S.

50.8.8.1925.41 18, 20, 38, 385

[I] IMMANUEL KANT | GRUNDLEGUNG ZUR | METAPHYSIK DER SITTEN | HERAUSGEGEBEN VON | KARL VORLÄNDER | SECHSTE AUFLAGE | [Reihensignet] | DER PHILOSOPHISCHEN BIBLIOTHEK BAND 41 | LEIPZIG 1925 / VERLAG VON FELIX MEINER

XXX, 102 S.

50.8.9.1933.41 A, 36

[I] [Z. 1–6 ebs.] | NEUE AUSGABE | [Z. 8–9 wie vorh. Z. 7–8] | LEIPZIG 1933 / VERLAG VON FELIX MEINER

XXX, 102 S., (2 Bl., jw. bds. Vlgsanz.)

50.8.10.1945.41 24, 31, 38, 52, 61, 385

[I] [Z. 1–3 ebs.] | [Reihensignet] | VERLAG VON FELIX MEINER IN LEIPZIG

[II] DER PHILOSOPHISCHEN BIBLIOTHEK BAND 41 | HERAUSGEGEBEN VON KARL VORLÄNDER | Unveränderter Neudruck 1945 der 3. Auflage

XXX, 102 S.

50.8.11.1947.41 5, 51, 294

[I] [ebs.]

[II] [Z. 1–2 ebs.] | Unveränderter Neudruck 1947 der 3. Auflage

XXX, 102 S.

50.8.12.1952.41 A, 18, 61, 361

[I] [Z. 1 ebs.] | GRUNDLEGUNG | ZUR | [Z. 4 wie vorh. Z. 3] | Herausgegeben von | KARL VORLÄNDER | [Reihensignet] | VERLAG VON FELIX MEINER | IN HAMBURG

[II] [Z. 1 ebs.] | Unveränderter Nachdruck 1952 der 3. Auflage | 1952

XXVII, 100 S.

50.8.13.1957.41 A, 5, 52

[I] [ebs.]

[II] [Z. 1 ebs.] | Unveränderter Nachdruck 1957 der 3. Auflage | 1957

XXVII, 100 S.

50.8.14.1962.41 A, 229

[I] [ebs.]
[II] [Z. 1 ebs.] | Unveränderter Nachdruck 1962 der 3. Auflage | 1962

XXVII, 100 S.

50.8.15.1965.41 A, 61

[I] [ebs.]
[II] [Z. 1 ebs.] | Unveränderter Nachdruck 1965 der 3. Auflage

XXVII, 100 S.

Es gibt 6 ungekennzeichnete Nachdrucke dieser Ausg.

50.9. Kleinere Schriften zur Ethik und Religionsphilosophie, bzw. zur Geschichtsphilosophie, Ethik und Politik (I)

Die 1. Aufl. dieser ›Kleineren Schriften‹ erschien in 2 Abt. unter derselben PhB-Nr 37: 1870 die 1. Abt. – hier als PhB-Nr 37(I) –, 1871 die 2. Abt. – hier als PhB-Nr 37(II). Das Gesamttitelbl. dieser 1. Aufl. bildet das Reihentitelbl., das bei der 1. Abt. (50.9.1) aufgeführt ist. (Kirchmanns Erl. zu beiden Abt. dieser ›Kleineren Schriften‹ erschienen separat, siehe 52.13.)
Die 1. Abt. erschien dann unter PhB-Nr 47I in einer undatierten Titelaufl. in der Dürr'schen Buchhandlung und 1913 bei Meiner, nun aber ohne Abt.-Zählung, mit anderem Hrsg. und geändertem Titel: Es sind nun ›Kleinere Schriften‹ nicht mehr ›zur Ethik und Religionsphilosophie‹, sondern ›zur Geschichtsphilosophie, Ethik und Politik‹. (Der Bd enthält die gleichen 10 Schriften wie die 1. Aufl. von 1870).
Die 2. Abt. erschien dann 1902 in der Dürr'schen Buchhandlung unter PhB-Nr 47II, nun aber mit verändertem Titel: Der Bd ist jetzt – bei gleichem Inhalt von 5 Schriften – nach der umfangreichsten und wichtigsten Schrift dieses Bds betitelt (›Beweisgrund . . .‹) und als ›2. Auflage‹ bezeichnet; 1911 erschien die 3., 1922 die 4. Aufl. dieser 2. Abt. 1963 veranstaltete Meiner unter derselben PhB-Nr 47II eine Neuedition nur der Schrift ›Beweisgrund . . .‹.
Die Abt.-Bezeichnung entfällt für PhB-Nr 47I bei der Ausg. von 1913 (bei der sich auch die Hrsgschaft ändert), für PhB-Nr 47II bei der Ausg. von 1911 (3. Aufl.).
Um die PhB-Nr 47II hier nicht unter 2 Nrn aufführen zu müssen, ist der Deutlichkeit wegen die 2. Abt. – d. h. die PhB-Nrn 37(II) und 47II – unter 50.3, die 1. Abt. – d. h. die PhB-Nrn 37(I) und 47I – unter 50.9 aufgeführt.
Die folg. Übersicht verdeutlicht das Gesagte:

		hier 50.9 (1. Abt.)			hier 50.3 (2. Abt.)
PhB	Jahr	Titel/Hrsg.	PhB	Jahr	Titel/Hrsg.
37(I)	1870	Klein. Schr. I Kirchmann	37(II)	1871	Klein. Schr. II Kirchmann
47(I)	o.J.	Klein. Schr. I Kirchmann	47II	1902	Beweisgrund . . . nebst klein. Schr. II durchg. v. Schiele, 2. Aufl.

		hier 50.9 (1. Abt.)			hier 50.3 (2. Abt.)
PhB	Jahr	Titel/Hrsg.	PhB	Jahr	Titel/Hrsg.
47I	1913	Klein. Schr. [geänd. Titel] Vorländer	47II	1911	[wie Ausg. 1902, ohne Abt.-Angabe] 3. Aufl.
47I	1922	[wie Ausg. 1913] 2. Aufl.	47II	1922	[wie Ausg. 1902] hrsg. v. Schiele 4. Aufl.
47I	1959	Nachdruck	47II	1963	Beweisgrund . . . hrsg. v. Reich
47I	1964	Nachdruck	47II	1974	Nachdruck
47I	1973	Nachdruck			

Die 1. Abt. (hier 50.9) enthält (bis hin zur Ausg. von 1973, 50.9.7) 10 Schriften:

1. Idee zu einer allgemeinen Geschichte in weltbürgerlicher Absicht. 1784.
2. Recensionen von J. G. Herder's Ideen zur Philosophie der Geschichte der Menschheit. Theil 1. 2. 1785.
3. Muthmasslicher Anfang der Menschengeschichte. 1786.
4. Recension von Schulze's Versuch einer Anleitung zur Sittenlehre für alle Menschen ohne Unterschied ihrer Religion. Theil 1. 1783.
5. Von der Unrechtmässigkeit des Büchernachdrucks. 1785.
6. Recension von Gottl. Hufeland's Versuch über den Grundsatz des Naturrechts. 1786.
7. Ueber den Gemeinspruch: Das mag in der Theorie richtig sein, taugt aber nicht für die Praxis. 1793.
8. Zum ewigen Frieden. Ein philosophischer Entwurf. 1795.
9. Ueber ein vermeintes Recht aus Menschenliebe zu lügen. 1797.
10. Ueber die Buchmacherei. Zwei Briefe an Herrn Friedrich Nicolai. 1798.

Ab der Ausg. 1913 (50.9.3) änderte sich die Reihenfolge der Schriften, die nun zu 3 Gruppen zusammengefaßt wurden.
Die 1.–3. und 7. Schrift erschienen später auch in den FA und TA (siehe FA5.1–2 und TA11.1–7, TA11.12–13, TA11.17–18). Die 8. Schrift wurde 1914 (2. Aufl. 1919) von K. Vorländer bei Meiner in einer Separatedition außerhalb der PhB hrsg.

50.9.1.1870.37(I) A, 1a, 18, 34, 38, 43, 61, 83, 121, 291, 385

[III] Immanuel Kant's | kleinere Schriften | zur | Ethik und Religionsphilosophie. || Herausgegeben und erläutert | von | J. H. von Kirchmann. || Erste Abtheilung. || Berlin, 1870. | Verlag von L. Heimann. | Wilhelms-Strasse No. 91.

[II] Philosophische Bibliothek | oder | Sammlung | der | Hauptwerke der Philosophie | alter und neuer Zeit. || Unter Mitwirkung namhafter Gelehrten | herausgegeben, beziehungsweise übersetzt, erläutert | und mit Lebensbeschreibungen versehen | von | J. H. von Kirchmann. || Siebenunddreissigster Band. | Immanuel Kant's kleinere Schriften zur Ethik und | Religionsphilosophie. || Berlin, 1870. | Verlag von L. Heimann. | Wilhelms-Strasse No. 91.

VIII, 224 S.

Die Reihentitelseite [II] bildet die Gesamttitelseite zu *beiden* Abt. dieser ›Kleineren Schriften‹ (50.9.1 und 50.3.1).
In den Exn 18, 83, 385 fehlt das Reihentitelbl.
Der Erscheinungsvermerk der Vlgsbroschur des Exs 1a lautet: »Heidelberg. | Verlag von Georg Weiss | (früher Erich Koschny's Verlag in Leipzig). | 1882.«
Bei Ex. 121 lautet die Jahresangabe im Erscheinungsvermerk der eingebundenen Heimann'schen Vlgsbroschur ›1872‹.
In Ex. 61 ist das Reihentitelbl. falsch herum eingebunden.

50.9.2.(1900).47(I) 24, 31, 61, 62, 132, 294, 361, M36a

Bl. 1a Philosophische Bibliothek. | Band 47. || [Z. 3–6 wie vorh. Z. 1–4 auf S. III] | [Z. 7–8 wie vorh. Z. 5–6 auf S. III] | J. H. v. Kirchmann. | [Z. 10 wie vorh. Z. 8 auf S. III] | [Vlgssignet] | LEIPZIG. | VERLAG DER DÜRR'SCHEN BUCHHANDLUNG.

1 Bl., S. [V]–VIII, 224 S.

Titelaufl., zwischen 1900–06 entstanden.
Der Bd ist oft zusammengebunden mit der 2. Aufl. der 2. Abt. von 1902, Ausg. 50.3.2. Dies ist so auch belegt in Hinrichs 12.1, 147a (Hinrichs gibt für vorl. Ausg. aber das Jahr 1871 an).

50.9.3.1913.47I A, 6, 8, 12, 20, 38, 43, 61, 62, 107, 168, 361

[I] IMMANUEL KANT | Kleinere Schriften | zur | Geschichtsphilosophie, | Ethik und Politik || Herausgegeben, eingeleitet und mit | Personen- und Sachregister versehen | von | Karl Vorländer | [Reihensignet] | Der Philosophischen Bibliothek | Band 47I | Leipzig · Verlag von Felix Meiner · 1913

LXII, 226 S.

Zu diesem Bd gibt es Vorderdeckel mit unterschiedlichem Text.

50.9.4.1922.47I A, 5, 18, 38, 61, 385

[I] [Z. 1 ebs.] | KLEINERE SCHRIFTEN ZUR | GESCHICHTSPHILOSOPHIE | ETHIK UND POLITIK | HERAUSGEGEBEN, EINGELEITET | UND MIT EINEM PERSONEN- UND | SACHREGISTER VERSEHEN VON | KARL VORLÄNDER | ZWEITE AUFLAGE | [Reihensignet] | DER PHILOSOPHISCHEN BIBLIOTHEK BD. 47/I | LEIPZIG 1922 / VERLAG VON FELIX MEINER

LXII, 226 S.

50.9.5.1959.47I A, 52, 361

[I] [Z. 1 ebs.] | Kleinere Schriften zur | Geschichtsphilosophie | Ethik und Politik | Herausgegeben von | [Z. 6 wie vorh. Z. 8] | [Reihensignet] | VERLAG VON FELIX MEINER | HAMBURG

[II] PHILOSOPHISCHE BIBLIOTHEK BAND 47I | Unveränderter Nachdruck 1959 | Mit Einleitung, Anmerkungen und | Personen- und Sachregister

LXII, 226 S.

50.9.6.1964.47I A, 136

[I] [ebs.]

[II] [Z. 1 ebs.] | Unveränderter Nachdruck 1964 | [Z. 3–4 ebs.]

LXII, 226 S.

50.9.7.1973.47I A, 61, 385

[I] [ebs.]

[II] [Z. 1 ebs.] | Unveränderter Nachdruck 1973 der Ausgabe von 1913

LXII, 226 S.

50.10–13: (Kleinere Schriften) zur Logik und Metaphysik

Die Schriften erschienen in allen Aufl. in 4 Abt. (= 4 Bdn).
Die 1. Aufl. wurde 1870 von Kirchmann hrsg.; die PhB-Nr aller 4 Abt. lautete 33 (hier werden die Abt. mit den Buchstaben a–d gekennzeichnet). Die Erl. Kirchmanns dazu erschienen in 1 Bd und separat, siehe 52.12.
Zwischen 1900–03 veranstaltete Dürr eine Titelaufl. mit der neuen PhB-Nr 46 (für alle 4 Abt./Bde).
1905 erschien die von K. Vorländer hrsg. ›2. Aufl.‹ als Neuedition, wobei die 4 Abt./Bde mit den PhB-Nrn 46a–d versehen wurden. Die Schriften der 4 Abt. wurden jetzt chronologisch geordnet (die Zeiträume der in den Bdn enthaltenen Schriften sind auf den Titelseiten angegeben); nur die 7. Schrift der 1. Abt. (›Ueber Philosophie überhaupt, zur Einleitung in die Kritik der Urtheilskraft‹, 1794 [Erste Einleitung in die Kritik der Urteilskraft]) entfiel (sie erschien später als Einzelausg.: 50.6).
Der 1. Bd enthielt vor der 1. Abt. noch ein Gesamttitelbl. und ein Vorwort des Hrsg. zum Gesamtbd, d. h. zu allen 4 Abt./Bdn (siehe 50.10.3).
1921 erschien ein Nachdruck der Ausg. 1905, der auf den Titelbl. als ›2. Aufl.‹ (auf dem Gesamttitelbl. heißt es zusätzlich: ›Neuer Abdruck‹) bezeichnet wurde; der Titel lautet nun nicht mehr ›Kleinere Schriften zur Logik und Metaphysik‹, sondern nur noch ›Zur Logik und Metaphysik‹.

50.10. (Kleinere Schriften) zur Logik und Metaphysik I

50.10.1.1870.33(a) A, 1a, 34, 38, 83, 121, 291, 385

[III] Immanuel Kant's | kleinere Schriften | zur | Logik und Metaphysik. || Herausgegeben und erläutert | von | J. H. v. Kirchmann. || Erste Abtheilung. || Berlin, 1870. | Verlag von L. Heimann. | Wilhelms-Strasse No. 91.

[II] Philosophische Bibliothek | oder | Sammlung | der | Hauptwerke der Philosophie | alter und neuer Zeit. || Unter Mitwirkung namhafter Gelehrten | herausgegeben, beziehungsweise übersetzt, erläutert | und mit Lebensbeschreibungen versehen | von | J. H. v. Kirchmann. || Dreiunddreissigster Band. | Immanuel Kant's kleinere Schriften zur Logik und | Metaphysik. | Erste Abtheilung. || Berlin, 1870. | Verlag von L. Heimann. | Wilhelms-Strasse No. 91.

VIII, 176 S.

Diese 1. Abt. enthält die 7 Schriften:

1. Die falsche Spitzfindigkeit der vier syllogistischen Figuren erwiesen. 1762.
2. Versuch, den Begriff der negativen Grössen in die Weltweisheit einzuführen. 1763.
3. Untersuchung über die Deutlichkeit der Grundsätze der natürlichen Theologie und der Moral. 1764.
4. Nachricht von der Einrichtung seiner Vorlesungen in dem Winterhalbenjahre von 1765–1766. 1765.
5. Beantwortung der Frage: was ist Aufklärung? 1784.
6. Was heisst: sich im Denken orientiren? 1786.
7. Ueber Philosophie überhaupt, zur Einleitung in die Kritik der Urtheilskraft. 1794.

Die 5. und 6. Schrift erschienen später auch in den TA (siehe hier TA11.1–7), die 7. Schrift als Einzelausg. (50.6).
Kirchmanns Erl. zu allen 4 Abt. erschienen in 1 Bd und separat, siehe 52.12.
Den Exn A, 83, 385 fehlt das Reihentitelbl.
Dem Ex. 121 sind noch die Heimann'schen Vlgsbroschuren eingebunden.

50.10.2.(1900).46(a) 31, 61, 62, 132

Bl. 1a Philosophische Bibliothek. | Band 46. || [Z. 3–6 wie vorh. Z. 1–4 auf S. III] | [Z. 7–9 wie vorh. Z. 5–7 auf S. III] | [Z. 10 wie vorh. Z. 8 auf S. III] | [Vlgssignet] | LEIPZIG. | VERLAG DER DÜRR'SCHEN BUCHHANDLUNG.

1 Bl., S. [V]–VIII, 176 S.

Titelaufl., zwischen 1900–03 entstanden.

50.10.3.1905.46/46a 5, 12, 24, 43, 61, 107, 188, 294, 361, 468, 708, M36a

[I] [Z. 1–2 wie vorh. auf Bl. 1a] ‖ Immanuel Kants | Kleinere Schriften | [Z. 5–6 wie vorh. auf Bl. 1a] ‖ Zweite Auflage. | Herausgegeben | und mit Einleitungen sowie Personen- und | Sachregistern versehen | von | Karl Vorländer. | [Vlgssignet] | Leipzig, | Verlag der Dürr'schen Buchhandlung. | 1905.

[IX] Philosophische Bibliothek. | Band 46[a] ‖ Immanuel Kants | Kleinere Schriften | zur | Logik und Metaphysik. ‖ Zweite Auflage. | Herausgegeben | von | Karl Vorländer. | Erste Abteilung: | Die Schriften von 1755–65. | [Vlgssignet] | Leipzig, | Verlag der Dürr'schen Buchhandlung. | 1905.

XXXII, 169 S.

Die Seitenfolge des Bds:

S. [I]:	Titelseite zum Gesamtbd, d. h. zu allen 4 Bdn
S. [II]:	vacat
S. [III]–VI:	›Vorwort des Hrsg.‹ zum Gesamtbd
S. [VII]–[VIII]:	vacat
S. [IX]:	Titelseite zu Bd 1 (1. Abt., PhB 46a)

Diese Neuedition der 1. Abt. (wie auch deren 2. Aufl., 50.10.4) enthält 5 Schriften:

1. Eine neue Beleuchtung der ersten Prinzipien der metaphysischen Erkenntnis. 1755.
2. Die falsche Spitzfindigkeit der vier syllogistischen Figuren erwiesen. 1762.
3. Versuch, den Begriff der negativen Größen in die Weltweisheit einzuführen. 1763.
4. Untersuchung über die Deutlichkeit der Grundsätze der natürlichen Theologie und der Moral. 1764.
5. Nachricht von der Einrichtung seiner Vorlesungen in dem Winterhalbenjahre von 1765–1766.

Bei Ex. 5 ist der Erscheinungsvermerk auf S. [I], bei Ex. 468 der Erscheinungsvermerk auf S. [IX] jw. mit einem Schildchen überklebt: »Leipzig. | Verlag von Felix Meiner.«

In Ex. 107 fehlen S. [VII]–[X].

In Ex. 294 ist nach S. XXXII irrtümlich die Seite einer anderen Kant-Ausg. eingebunden.

In Ex. 468 fehlt das Titelbl. zum Gesamtbd (S. I–II).

50.10.4.1921.46/46a A, 6, 8, 18, 20, 29, 36, 38, 61, 168, 291, 361, 385

[II] IMMANUEL KANT | ZUR LOGIK | UND METAPHYSIK | HERAUSGEGEBEN | UND MIT EINLEITUNGEN SOWIE PERSONEN- | UND SACHREGISTERN VERSEHEN | VON | KARL VORLÄNDER ‖ ZWEITE AUFLAGE ‖ NEUER ABDRUCK | [Reihensignet] | DER PHILOSOPHISCHEN BIBLIOTHEK BAND 46 | LEIPZIG 1921 / VERLAG VON FELIX MEINER

[III] IMMANUEL KANT | ZUR LOGIK | UND METAPHYSIK | HERAUSGEGEBEN VON | KARL VORLÄNDER | ERSTE ABTEILUNG: | DIE SCHRIFTEN VON 1755–65 || ZWEITE AUFLAGE || [Reihensignet] | DER PHILOSOPHISCHEN BIBLIOTHEK BAND 46a | LEIPZIG 1921 / VERLAG VON FELIX MEINER

XXX, 169 S.

Die Seitenfolge der röm. S. des Bds:

S. [I]:	vacat
S. [II]:	Titelseite zum Gesamtbd, d. h. zu allen 4 Bdn
S. [III]:	Titelseite zum 1. Bd (1. Abt., PhB 46a)
S. [IV]:	vacat, mit Druckvermerk unten
S. [V]–VIII:	›Vorwort des Hrsg.‹ zum Gesamtbd
S. [IX]–X:	Inhaltsverzeichnis zum 1. Bd (1. Abt., PhB 46a)
S. [XI]–XXX:	Einleitung zum 1. Bd (1. Abt., PhB 46a)

Bei vielen Exn ist das Titelbl. zur 1. Abt. zwischen S. [VIII] und [IX], also vor das Inhaltsverzeichnis zur 1. Abt. und nach dem Vorwort zum Gesamtbd eingebunden.
In Ex. 385 fehlt das Titelbl. zur 1. Abt.

50.11. (Kleinere Schriften) zur Logik und Metaphysik II

50.11.1.1870.33(b) A, 1a, 34, 38, 83, 121, 291, 385

Bl. 2a Immanuel Kant's | kleinere Schriften | zur | Logik und Metaphysik. || Herausgegeben und erläutert | von | J. H. von Kirchmann. || Zweite Abtheilung. || Berlin, 1870. | Verlag von L. Heimann. | Wilhelms-Strasse No. 91.

Bl. 1b Philosophische Bibliothek | oder | Sammlung | der | Hauptwerke der Philosophie | alter und neuer Zeit. || Unter Mitwirkung namhafter Gelehrten | herausgegeben, beziehungsweise übersetzt, erläutert | und mit Lebensbeschreibungen versehen | von | J. H. von Kirchmann. || Dreiunddreissigster Band. | Kant's kleinere Schriften zur Logik und Metaphysik. | Zweite Abtheilung. || Berlin, 1870. | Verlag von L. Heimann. | Wilhelms-Strasse No. 91.

2 Bl., 156 S., (1 Bl., bds. weiß)

Diese 2. Abt. enthält 3 Schriften:

1. Von einem neuerdings erhobenen vornehmen Ton in der Philosophie. 1796.
2. Ausgleichung eines auf Missverstand beruhenden mathematischen Streits. 1796.
3. Der Streit der Fakultäten in drei Abschnitten. 1798.

Die 1. Schrift erschien später in den TA (siehe TA11.24). Die 3. Schrift erschien 1959 und 1975 separat (siehe 50.26).
Kirchmanns Erl. zu allen 4 Abt. erschienen in 1 Bd und separat, siehe 52.12.
Den Exn A, 83 fehlt das Reihentitelbl.
In Ex. 385 ist das Inhaltsverzeichnis mit S. [155]–156 vor S. [1] gebunden.

50.11.2.(1900).46(b) 31, 61, 62, 132

Bl. 1a Philosophische Bibliothek. | Band 46. || [Z. 3–6 wie vorh. Z. 1–4 auf Bl. 2a] | [Z. 7–8 wie vorh. Z. 5–6 auf Bl. 2a] | J. H. v. Kirchmann. | [Z. 10 wie vorh. Z. 8 auf Bl. 2a] | [Vlgssignet] | LEIPZIG. | VERLAG DER DÜRR'SCHEN BUCHHANDLUNG.

1 Bl., 156 S.

Titelaufl., zwischen 1900–03 entstanden.

50.11.3.1905.46b A, 5, 12, 24, 43, 61, 107, 188, 294, 361, 468, 708, M36a

[I] [Z. 1 wie vorh. auf Bl. 1a] | Band 46b. || Immanuel Kants | Kleinere Schriften | [Z. 5–6 wie vorh. auf Bl. 1a] || Zweite Auflage. | Herausgegeben | von | Karl Vorländer. | Zweite Abteilung: | Die Schriften von 1766–86. | [Vlgssignet] | Leipzig, | Verlag der Dürr'schen Buchhandlung. | 1905.

XL, 172 S.

Diese Neuedition der 2. Abt. (wie auch deren 2. Aufl., 50.11.4) enthält 5 Schriften:
1. Träume eines Geistersehers, erläutert durch Träume der Metaphysik. 1766.
2. Von dem ersten Grunde des Unterschiedes der Gegenden im Raume. 1768.
3. Über die Form und die Prinzipien der Sinnen- und der Verstandeswelt. 1770.
4. Beantwortung der Frage: Was ist Aufklärung? 1784.
5. Was heißt: Sich im Denken orientieren? 1786.

Bei den Exn A, 5, 468 ist der Erscheinungsvermerk mit einem Schildchen überklebt: »Leipzig. | Verlag von Felix Meiner.«

50.11.4.1921.46b A, 6, 8, 18, 20, 25, 29, 36, 38, 61, 168, 291, 361, 385

[I] IMMANUEL KANT | ZUR LOGIK | UND METAPHYSIK | HERAUSGEGEBEN VON | KARL VORLÄNDER | ZWEITE ABTEILUNG: | DIE SCHRIFTEN VON 1766–86 || ZWEITE AUFLAGE || [Reihensignet] | DER PHILOSOPHISCHEN BIBLIOTHEK BAND 46b | LEIPZIG 1921 / VERLAG VON FELIX MEINER

XL, 172 S.

Die 3. in dieser Ausg. enthaltene Schrift (›Über die Form und die Prinzipien der Sinnen- und der Verstandeswelt‹) gibt es 1922 separat als Heft 40 der TA (siehe TA11.19) und nach 1957 in einer zweisprachigen Ausg. als PhB-Bd 251 (siehe 50.5). Nur lat. ist sie in der Ausg. 50.29 enthalten.

50.12. (Kleinere Schriften) zur Logik und Metaphysik III

50.12.1.1870.33(c) A, 1a, 34, 38, 83, 121, 291, 385

[III] Immanuel Kant's | kleinere Schriften | zur | Logik und Metaphysik. || Herausgegeben und erläutert | von | J. H. v. Kirchmann. || Dritte Abtheilung. || Berlin, 1870. | Verlag von L. Heimann. | Wilhelms-Strasse No. 91.

[II] Philosophische Bibliothek | oder | Sammlung | der | Hauptwerke der Philosophie | alter und neuer Zeit. || Unter Mitwirkung namhafter Gelehrten | herausgegeben, beziehungsweise übersetzt, erläutert | und mit Lebensbeschreibungen versehen | von | J. H. v. Kirchmann. || Dreiunddreissigster Band. | Immanuel Kant's kleinere Schriften zur Logik und | Metaphysik. | Dritte Abtheilung. || Berlin, 1870. | Verlag von L. Heimann. | Wilhelms-Strasse No. 91.

VI, 176 S.

Diese 3. Abt. enthält 4 Schriften:

1. Eine neue Beleuchtung der ersten Prinzipien aller metaphysischen Erkenntniss. 1755.
2. Träume eines Geistersehers, erläutert durch Träume der Metaphysik. 1766.
3. Von dem ersten Grunde des Unterschiedes der Gegenden im Raume. 1768.
4. Ueber die Form und die Prinzipien der sinnlichen und der Verstandeswelt. 1770.

Die Schriften 2–3 erschienen 1975 separat (siehe 50.27).
Die 4. Schrift erschien später in verschiedenen Ausg. (siehe 50.5, 50.29, TA11.19).
Kirchmanns Erl. zu allen 4 Abt. erschienen in 1 Bd und separat, siehe 52.12.
Den Exn A, 83 fehlt das Reihentitelbl.
In Ex. 38 ist das Reihentitelbl. in bezug auf die Bundseite falsch herum eingebunden.

50.12.2.(1900).46(c) 31, 61, 62, 132

Bl. 1a Philosophische Bibliothek. | Band 46. || [Z. 3–6 wie vorh. Z. 1–4 auf S. III] | [Z. 7–9 wie vorh. Z. 5–7 auf S. III] | [Z. 10 wie vorh. Z. 8 auf S. III] | [Vlgssignet] | LEIPZIG. | VERLAG DER DÜRR'SCHEN BUCHHANDLUNG.

1 Bl., S. [V]–VI, 176 S.

Titelaufl., zwischen 1900–03 entstanden.

50.12.3.1905.46c A, 5, 12, 24, 31, 38, 43, 61, 107, 188, 294, 361, 468, 708, M36a

[I] Philosophische Bibliothek | Band 46.[c] || Immanuel Kants | Kleinere Schriften | [Z. 5–6 wie vorh. auf Bl. 1a] || Zweite Auflage. | Herausgegeben | von | Karl Vorländer. | Dritte Abteilung: | Die Schriften von 1790–93. | [Vlgssignet] | Leipzig, | Verlag der Dürr'schen Buchhandlung. | 1905.

XX, 175 S.

Diese Neuedition der 3. Abt. (wie auch deren 2. Aufl., 50.12.4) enthält 2 Schriften:

1. Über eine Entdeckung, nach der alle neue Kritik der reinen Vernunft durch eine ältere entbehrlich gemacht werden soll. 1790.
2. Welches sind die wirklichen Fortschritte, die die Metaphysik seit Leibnizens und Wolfs Zeiten in Deutschland gemacht hat? 1804.

Bei den Exn A, 5, 31, 38, 468 ist der Erscheinungsvermerk mit einem Schildchen überklebt: »Leipzig. | Verlag von Felix Meiner.«

50.12.4.1921.46c A, 6, 8, 18, 20, 29, 36, 38, 61, 168, 291, 361

[I] IMMANUEL KANT | ZUR LOGIK | UND METAPHYSIK | HERAUSGEGEBEN VON | KARL VORLÄNDER | DRITTE ABTEILUNG: | DIE SCHRIFTEN VON 1790–93 || ZWEITE AUFLAGE || [Reihensignet] | DER PHILOSOPHISCHEN BIBLIOTHEK BAND 46C | LEIPZIG 1921 / VERLAG VON FELIX MEINER

XX, 175 S., (2 Bl., jw. bds. Vlgsanz.)

50.13. (Kleinere Schriften) zur Logik und Metaphysik IV

50.13.1.1870.33(d) A, 1a, 34, 38, 83, 121, 291, 385

Bl. 2a Immanuel Kant's | kleinere Schriften | zur | Logik und Metaphysik. || Herausgegeben und erläutert | von | J. H. v. Kirchmann. || Vierte Abtheilung. || Berlin, 1870. | Verlag von L. Heimann. | Wilhelms-Strasse No. 91.

Bl. 1b Philosophische Bibliothek | oder | Sammlung | der | Hauptwerke der Philosophie | alter und neuer Zeit. || Unter Mitwirkung namhafter Gelehrten | herausgegeben, beziehungsweise übersetzt, erläutert | und mit Lebensbeschreibungen versehen | von | J. H. v. Kirchmann. || Dreiunddreissigster Band. | Immanuel Kant's kleinere Schriften zur Logik und | Metaphysik. | Vierte Abtheilung. || Berlin, 1870. | Verlag von L. Heimann. | Wilhelms-Strasse No. 91.

2 Bl., 179 S.

Diese 4. Abt. enthält 3 Schriften:

1. Ueber eine Entdeckung, nach der alle neue Kritik der reinen Vernunft durch eine ältere entbehrlich gemacht werden soll. 1790.
2. Verkündigung des nahen Abschlusses eines Tractats zum ewigen Frieden in der Philosophie. 1796.
3. Welches sind die wirklichen Fortschritte, die die Metaphysik seit Leibnitz's und Wolf's Zeiten in Deutschland gemacht hat? 1804.

Die 2. Schrift ist später auch in Heft 24 der TA erschienen (siehe TA11.1–7).
Die Ausg. enthält kein Inhaltsverzeichnis.
Kirchmanns Erl. zu allen 4 Abt. erschienen in 1 Bd und separat, siehe 52.12.
Den Exn A, 83 fehlt das Reihentitelbl.

50.13.2.(1900).46(d) 31, 61, 62, 132

Bl. 1a Philosophische Bibliothek. | Band 46. || [Z. 3–6 wie vorh. Z. 1–4 auf Bl. 2a] | [Z. 7–9 wie vorh. Z. 5–7 auf Bl. 2a] | [Z. 10 wie vorh. Z. 8 auf Bl. 2a] | [Vlgssignet] | LEIPZIG. | VERLAG DER DÜRR'SCHEN BUCHHANDLUNG.

1 Bl., 179 S.

Titelaufl., zwischen 1900–03 entstanden.

50.13.3.1905.46d A, 5, 12, 24, 38, 43, 61, 107, 188, 294, 361, 468, 708, M36a

[I] [Z. 1 wie vorh. auf Bl. 1a] | Band 46$^{d.}$ || Immanuel Kants | Kleinere Schriften | [Z. 5–6 wie vorh. auf Bl. 1a] || Zweite Auflage. | Herausgegeben | von | Karl Vorländer. | Vierte Abteilung. | Die Schriften von 1796–98. | [Vlgssignet] | Leipzig, | Verlag der Dürr'schen Buchhandlung. | 1905.

XXXI, 176 S.

Diese Neuedition der 4. Abt. (wie auch deren 2. Aufl., 50.13.4) enthält 3 Schriften:

1. Von einem neuerdings erhobenen vornehmen Ton in der Philosophie. 1796. Mit Anhang: Ausgleichung eines auf Mißverstand beruhenden mathematischen Streits. 1796.
2. Verkündigung des nahen Abschlusses eines Traktats zum ewigen Frieden in der Philosophie. 1796.
3. Der Streit der Fakultäten in drei Abschnitten. 1798.

Die 1. und 2. Schrift sowie Auszüge aus der 3. Schrift erschienen auch separat als TA, siehe TA11.24, TA11.1–7, TA11.11 und TA11.23.
Bei den Exn A, 5, 38, 468 ist der Erscheinungsvermerk mit einem Schildchen überklebt: »Leipzig. | Verlag von Felix Meiner.«
Die Exe A, 38 haben einen Meiner-Einband; dem Ex. A ist ein PhB-Kat. von 1911 beigebunden, dem Ex. 38 ein PhB-Kat. vom Sept. 1919.

50.13.4.1921.46d A, 6, 8, 18, 20, 29, 61, 168, 291, 361, 385

[I] IMMANUEL KANT | ZUR LOGIK | UND METAPHYSIK | HERAUSGEGEBEN VON | KARL VORLÄNDER | VIERTE ABTEILUNG: | DIE SCHRIFTEN VON 1796–98 || ZWEITE AUFLAGE || [Reihensignet] | DER PHILOSOPHISCHEN BIBLIOTHEK BAND 46d | LEIPZIG 1921 / VERLAG VON FELIX MEINER

XXXI, 176 S.

50.14–16: Kleinere Schriften zur Naturphilosophie

Die ›Kleineren Schriften zur Naturphilosophie‹ gab es in den beiden ersten Aufl. in jw. 2 Abt. (= 2 Bde), in der 3. Aufl. in 3 Abt. (= 3 Bde).

Die 1. Aufl. wurde 1872–73 von Kirchmann hrsg.; beide Abt./Bde hatten ein gemeinsames Reihentitelbl. mit der PhB-Nr 49. Kirchmanns Erl. dazu erschienen in 1 Bd separat, siehe 52.20.
1892 erschien ein Nachdruck nur der 1. Abt. bei Salinger in Berlin.
Dürr veranstaltete zwischen 1900–06 von beiden Abt. eine Titelaufl. mit neuen PhB-Nrn (1. Abt.: PhB 48; 2. Abt.: PhB 49), wobei Abt. 1 undatiert und Abt. 2 rückdatiert war.
1907–09 erschien die von O. Buek hrsg. 2. Aufl.
Der Inhalt der beiden Abt./Bde ist in der 1. und 2. Aufl. jw. identisch; die 1. Abt. enthält die ›Allgemeine Naturgeschichte und Theorie des Himmels‹ und die ›Metaphysischen Anfangsgründe der Naturwissenschaft‹; zum Inhalt der 2. Abt. s. unten.
Die 1922 von Buek hrsg. 3. Aufl. verteilt die beiden Schriften der ehemaligen 1. Abt. auf 2 Abt. mit Teilung der PhB-Nr 48: Abt. 1 enthält als PhB 48a nur noch die ›Allgemeine Naturgeschichte und Theorie des Himmels‹, Abt. 2 enthält als PhB-Nr 48b nur noch die ›Metaphysischen Anfangsgründe der Naturwissenschaft‹. Die 3. Abt. der 3. Aufl. enthält als PhB 49 die 14 Schriften der 2. Abt. in der 1. und 2. Aufl. (siehe die Auflistung unten).
Den Inhalt der 2. Abt. in der 1. und 2. Aufl. und der 3. Abt. in der 3. Aufl. bilden 14 Schriften, die in den Ausg. von 3–16 röm. durchnumeriert sind (Schrift 1–2 bilden den Inhalt der 1. Abt.) (die folg. Reihenfolge ist die der 2. Aufl. von 1907 und der 3. Aufl. von 1922; die 1. Aufl. hat eine andere Reihenfolge, die in Klammern jw. angegeben ist):

3. Gedanken von der wahren Schätzung der lebendigen Kräfte. 1747.
4. (1. Aufl.: Nr 5) Untersuchung der Frage, ob die Erde in ihrer Umdrehung einige Veränderung erlitten habe. 1754.
5. (1. Aufl.: Nr 4) Die Frage, ob die Erde veralte, physikalisch erwogen. 1754.
6. Kurzgefaßte Darstellung einiger Betrachtungen über das Feuer. 1755.
7. (1. Aufl.: Nr 8) Von den Ursachen der Erderschütterungen. 1756.
8. (1. Aufl.: Nr 9) Geschichte und Naturbeschreibung des Erdbebens, welches 1755 einen Teil der Erde erschüttert hat. 1756.
9. (1. Aufl.: Nr 10) Fortgesetzte Betrachtung der Erderschütterungen. 1756.
10. (1. Aufl.: Nr 7) Physische Monadologie. 1756.
11. Neue Anmerkungen zur Erläuterung der Theorie der Winde. 1756.
12. Entwurf und Ankündigung der physischen Geographie. 1757.
13. Neuer Lehrbegriff der Bewegung und Ruhe. 1758.
14. Rezension von Moscatis Schrift: Von dem Unterschiede zwischen der Struktur der Tiere und Menschen. 1771.
15. Über die Vulkane im Monde. 1785.
16. Etwas über den Einfluß des Mondes auf die Witterung. 1794.

Von der 1. bzw. 2. Abt. erschienen die ›Metaphysischen Anfangsgründe der Naturwissenschaft‹ 1914 in einer Einzelausg. (hier 50.22).
Von den 14 Schriften der 2. bzw. 3. Abt. erschienen die Schriften 4–5, 7–9 und 11–16 (der 3. Aufl. 1922) 1985 in einer Neuedition (hier 50.7).

Die Aufl.- und Bd-Übersicht:

	Abt. 1 hier 50.14	Abt. 2 hier 50.15	Abt. 3 hier 50.16
1. Aufl.	PhB 49(I), 1872 2 Schriften	PhB 49(II), 1873 14 Schriften	–
Salinger	PhB 49(I), [1892] 2 Schriften	–	–
Dürr'sche Titelaufl.	PhB 48, o. J. 2 Schriften	PhB 49, 1873 14 Schriften	–
2. Aufl.	PhB 48, 1909 2 Schriften	PhB 49, 1907 14 Schriften	–
3. Aufl.	PhB 48a, 1922 1 Schrift	PhB 48b, 1922 1 Schrift	PhB 49, 1922 14 Schriften

50.14. Kleinere Schriften zur Naturphilosophie I

50.14.1.1872.49(I) A, 7, 29, 34, 38, 83, 93, 385

[II] Philosophische Bibliothek | oder | Sammlung | der | Hauptwerke der Philosophie | alter und neuer Zeit. || Unter Mitwirkung namhafter Gelehrten | herausgegeben, beziehungsweise übersetzt, erläutert | und mit Lebensbeschreibungen versehen | von | J. H. von Kirchmann. || Neunundvierzigster Band. | Immanuel Kant's kleinere Schriften zur Naturphilosophie. || Berlin, 1872. | Verlag von L. Heimann. | Wilhelm-Strasse No. 84.

[III] Immanuel Kant's | kleinere Schriften | zur Naturphilosophie || Herausgegeben und erläutert | von | J. H. von Kirchmann. || Erste Abtheilung. || Berlin, 1872. | Verlag von L. Heimann. | 84. Wilhelm-Strasse 84.

VIII, 306 S., (1 Bl., bds. Vlgsanz.)

Zum Inhalt dieser 1. Abt. siehe die Bemerkungen oben.
Das Reihentitelbl. bezieht sich auf beide Abt., die meist auch zusammengebunden sind.
Ex. 29 ist die Heimann'sche Vlgsbroschur eingebunden.
In den Exn 34, 83 und 385 fehlt jw. das Reihentitelbl.

50.14.2.(1892).49(I) 291

[II] [Z. 1–12 ebs.] | Immanuel Kant's kleinere Schriften z. Naturphilosophie. || Berlin. | Philos.-histor. Verlag. | Dr. R. Salinger.

[III] [Z. 1–7 ebs.] || Berlin. | Philos.-histor. Verlag. | Dr. R. Salinger.

VIII, 293 S., 1 Bl. (bds. weiß)

Die Ausg. ist vermutlich 1892 erschienen.

50.14.3.(1900).48 31, 62, 132, 294, 361, M36a

Bl. 1a Philosophische Bibliothek. | Band 48. || [Z. 3–7 wie vorh. Z. 1–5 auf S. III] | J. H. v. Kirchmann. || [Z. 9 wie vorh. Z. 7 auf S. III] | [Vlgssignet] | LEIPZIG. | VERLAG DER DÜRR'SCHEN BUCHHANDLUNG.

1 Bl., S. [V]–VIII, 293 S., (1 Bl., bds. weiß)

Titelaufl., zwischen 1900–06 entstanden; sie ist belegt in Buchholtz 8, 42 und Hinrichs 12.1, 147a.
In Ex. M36a ist das Bl. mit S. 15–16 irrtümlich vor S. [3] geklebt.

50.14.4.1909.48 A, 5, 12, 24, 43, 61, 107

[I] Philosophische Bibliothek | [Z. 2 wie vorh. auf Bl. 1a] || Immanuel Kants | [Z. 4–5 wie vorh. auf Bl. 1a] | Zweite Auflage. || Herausgegeben und mit einer Einleitung sowie | mit einem Personen- und Sachregister versehen | von | Dr. Otto Buek. || Erste Abteilung. | [Vlgssignet] | Leipzig. | Verlag der Dürr'schen Buchhandlung. | 1909.

XLII, 338 S.

In Ex. 43 ist der Erscheinungsvermerk mit einem Schildchen überklebt: »Leipzig. | Verlag von Felix Meiner.«

50.14.5.1922.48a A, 6, 8, 15, 18, 38, 61, 168, 361, 385

[I] IMMANUEL KANT | SCHRIFTEN ZUR | NATURPHILOSOPHIE | HERAUSGEGEBEN VON | DR. OTTO BUEK | ERSTE ABTEILUNG: | ALLGEMEINE NATURGESCHICHTE | UND THEORIE DES HIMMELS || DRITTE AUFLAGE || [Reihensignet] | DER PHILOSOPHISCHEN BIBLIOTHEK BAND 48a | LEIPZIG 1922 / VERLAG VON FELIX MEINER

XXVII, 186 S., (1 Bl., bds. Vlgsanz.)

Im Gegensatz zu den vorh. Aufl. enthält die 1. Abt. in der 3. Aufl. nur noch die Schrift ›Allgemeine Naturgeschichte und Theorie des Himmels‹, siehe die Bemerkungen vor 50.14.
Auf dem Vorderdeckel der karton. Ausg. heißt es irrtümlich »BUCK« statt ›BUEK‹ (Ex. A).

50.15. Kleinere Schriften zur Naturphilosophie II

50.15.1.1873.49(II) A, 7, 29, 34, 38, 83, 93, 291, 385

Bl. 1a Immanuel Kant's | kleinere Schriften | zur Naturphilosophie || Herausgegeben und erläutert | von | J. H. von Kirchmann. || Zweite Abtheilung. || Berlin, 1873. | L. Heimann's Verlag | (Erich Koschny).

2 Bl., 461 S., (1 Bl., bds. weiß)

Bl. 2 trägt das Inhaltsverzeichnis, das in den Exn 38 und 83 fehlt; in den Exn 7, 34 und 93 ist dieses Bl. mit dem Inhaltsverzeichnis ganz an den Schluß des Bds gebunden.
Die Ausg. der 2. Abt. hatte kein eigenes Reihentitelbl.; das Reihentitelbl. zu beiden Abt. mit PhB-Nr 49 befindet sich bei der 1. Abt. (hier 50.14.1).
Zum Inhalt dieser 2. Abt. siehe die Bemerkungen vor 50.14.
Ex. 29 ist die Koschny'sche Vlgsbroschur eingebunden.

50.15.2.1873.49 61, 62, 132

Bl. 1a Philosophische Bibliothek. | Band 49. || [Z. 3–7 wie vorh. Z. 1–5] | J. H. v. Kirchmann. || [Z. 9 wie vorh. Z. 7] | [Vlgssignet] | LEIPZIG. | VERLAG DER DÜRR'SCHEN BUCHHANDLUNG. | 1873.

2 Bl., 461 S., (1 Bl., bds. weiß)

Rückdatierte Titelaufl., zwischen 1900–06 entstanden; sie ist belegt in Buchholtz 8, 42.

50.15.3.1907.49 A, 5, 6, 8, 12, 31, 38, 43, 107, 294, 361, 468, M36a

[I] Philosophische Bibliothek | [Z. 2 wie vorh. auf Bl. 1a] || Immanuel Kants | [Z. 4–5 wie vorh. auf Bl. 1a] | 2. Auflage. || Neu herausgegeben sowie mit einem Personen- | und Sachregister versehen | von | Dr. Otto Buek. || Zweite Abteilung. | [Vlgssignet] | Leipzig. | Verlag der Dürr'schen Buchhandlung. | 1907.

XII, 454 S., (1 Bl., bds. Vlgsanz.)

In den Exn 43 und 468 ist der Erscheinungsvermerk jw. mit einem Schildchen überklebt: »Leipzig. | Verlag von Felix Meiner.«
Bei Ex. 38 stammen Einband und Vorsatzbl. von Meiner.

50.15.4.1922.48b A, 6, 8, 15, 18, 38, 61, 168, 361, 385

[I] IMMANUEL KANT | SCHRIFTEN ZUR | NATURPHILOSOPHIE | HERAUSGEGEBEN VON | DR. OTTO BUEK | ZWEITE ABTEILUNG: | METAPHYSISCHE ANFANGSGRÜNDE | DER NATURWISSENSCHAFT || DRITTE AUFLAGE || [Reihensignet] | DER PHILOSOPHISCHEN BIBLIOTHEK BAND 48b | LEIPZIG 1922 / VERLAG VON FELIX MEINER

XXI S., S. [187]–339

Im Gegensatz zu den vorh. Aufl. enthält die 2. Abt. in der 3. Aufl. nur die Schrift ›Metaphysische Anfangsgründe der Naturwissenschaft‹, siehe die Bemerkungen vor 50.14.

50.16. Kleinere Schriften zur Naturphilosophie III

50.16.1.1922.49 A, 18, 20, 38, 61, 168, 361, 385

[I] IMMANUEL KANTS | KLEINERE SCHRIFTEN | ZUR NATURPHILOSOPHIE | DRITTE AUFLAGE | NEU HERAUSGEGEBEN SOWIE MIT EINEM | PERSONEN- UND SACHREGISTER VERSEHEN | VON | DR. OTTO BUEK | DRITTE ABTEILUNG | [Reihensignet] | DER PHILOSOPHISCHEN BIBLIOTHEK BAND 49 | LEIPZIG 1922 / VERLAG VON FFLIX [sic!] MEINER

XII, 454 S., 1 Bl. (bds. Vlgsanz.)

Zum Inhalt dieser Ausg. siehe die Bemerkungen vor 50.14.

50.17. Kritik der praktischen Vernunft

3 Textauszüge erschienen separat als Heft 44, 19 und 43 der TA, siehe TA11.9, TA11.14–16 und TA11.22.

50.17.1.1869.7 A, 6, 7, 12, 18, 34

Bl. 2a Immanuel Kant's | Kritik der praktischen Vernunft. || Herausgegeben und erläutert | von | J. H. v. Kirchmann. || Berlin, 1869. | Verlag von L. Heimann. | Wilhelms-Strasse No. 91.

Bl. 1b Philosophische Bibliothek | oder | Sammlung | der | Hauptwerke der Philosophie | alter und neuer Zeit. || Unter Mitwirkung namhafter Gelehrten | herausgegeben, beziehungsweise übersetzt, erläutert | und mit Lebensbeschreibungen versehen | von | J. H. v. Kirchmann. || Siebenter Band. | Immanuel Kant's Kritik der praktischen Vernunft. || Berlin, 1869. | Verlag von L. Heimann. | Wilhelms-Strasse No. 91.

4 Bl., 196 S.

Kirchmanns Erl. dazu erschienen separat, siehe 52.14.

50.17.2.1870.7 A, 34, 385 (2 Exe), Kn28

Bl. 2a [Z. 1–5 ebs.] || Zweite Auflage. || Berlin, 1870. | [Z. 8–9 wie vorh. Z. 7–8]

Bl. 1b [Z. 1–13 ebs.] | Zweite Auflage. || Berlin, 1870. | [Z. 16–17 wie vorh. Z. 15–16]

4 Bl., 196 S.

50.17.3.1882.7 1a, 5, 25, 26, 30, 38, 83

Bl. 2a [Z. 1–5 ebs.] || Dritte Auflage. || Heidelberg. | Georg Weiss, Universitäts-Buchhandlung. | 1882.

Bl. 1b [Z. 1–10 ebs.] | J. H. von Kirchmann. || [Z. 12–13 ebs.] | Dritte Auflage. || Heidelberg. | Georg Weiss, Universitäts-Buchhandlung. | 1882.

4 Bl., 196 S.

Den Exn 5, 26 und 83 fehlt jw. das Reihentitelbl.

50.17.4.1897.7 291

Bl. 2a [Z. 1–5 ebs.] || Vierte Auflage. || Berlin. | Philos.-histor. Verlag Dr. R. Salinger. | 1897.

Bl. 1b [Z. 1–13 ebs.] || Berlin. | Philos.-histor. Verlag Dr. R. Salinger. | 1897.

4 Bl., 196 S.

NUC 289, 291c verzeichnet die Ausg. irrtümlich als PhB-Nr 17.

50.17.5.1897.38 5, 21, 31, 62

Bl. 1a Philosophische Bibliothek. | Band 38. || [Z. 3–8 wie vorh. Z. 1–6 auf Bl. 2a] | [Vlgssignet] | LEIPZIG. | VERLAG DER DÜRR'SCHEN BUCHHANDLUNG. | 1897.

3 Bl., 196 S.

Rückdatierte Titelaufl., zwischen 1900–03 entstanden.

50.17.6.1906.38 5, 6, 24, 46, 361, M36a

[I] Philosophische Bibliothek | [Z. 2 wie vorh. auf Bl. 1a] || Immanuel Kants | [Z. 4 wie vorh. auf Bl. 1a] || Fünfte Auflage. || Herausgegeben und mit Einleitung | sowie einem Personen- und Sachregister versehen | von | Karl Vorländer. | [Vlgssignet] | Leipzig. | Verlag der Dürr'schen Buchhandlung. | 1906.

XLVII, 220 S.

50.17.7.1906.38 A, 5, 60, 188, 468

[I] [Z. 1 ebs.] | Band 38 || [Z. 3 ebs.] | Kritik der praktischen Vernunft || Fünfte Auflage || [Z. 6–8 ebs.] | Karl Vorländer || Leipzig 1906 | Verlag von Felix Meiner

XLVII, 220 S.

Rückdatierter Neudruck, 1911 entstanden.

50.17.8.1915.38 1a, 18, 24, 43, 61, 107, 122, 188

[I] Immanuel Kant | [Z. 2 wie vorh. Z. 4] | Sechste Auflage | Herausgegeben und mit Einleitung sowie | einem Personen- und Sachregister versehen | [Z. 6–7 wie vorh. Z. 8–9] | [Reihensignet] | Der Philosophischen Bibliothek | [Z. 10 wie vorh. Z. 2] | Leipzig · Verlag von Felix Meiner · 1915

XLVII, 220 S., (2 Bl., jw. bds. Vlgsanz.)

In Ex. 18 ist zwischen Z. 10 und 11 ein Kriegsausfuhrzeichen gestempelt.

50.17.9.1920.38 A, 6, 8, 38, 361

[I] [Z. 1–2 ebs.] | Siebente Auflage | [Z. 4–10 ebs.] | Leipzig · Verlag von Felix Meiner · 1920

XLVII, 220 S., (2 Bl., jw. bds. Vlgsanz.)

50.17.10.1922.38 7, 18, 22, 29, 61, 168, 229

[I] IMMANUEL KANT | KRITIK DER | PRAKTISCHEN VERNUNFT | ACHTE AUFLAGE | HERAUSGEGEBEN MIT EINER EINLEITUNG SOWIE | EINEM PERSONEN- UND SACHREGISTER VERSEHEN | VON | KARL VORLÄNDER | [Reihensignet] | DER PHILOSOPHISCHEN BIBLIOTHEK BAND 38 | LEIPZIG 1922 / VERLAG VON FELIX MEINER

XLVII, 220 S., 2 Bl. (jw. bds. Vlgsanz.)

50.17.11.1929.38 A, 36, 38, 52, 385

[III] [Z. 1 wie vorh. auf S. I] || KRITIK | DER PRAKTISCHEN | VERNUNFT | NEUNTE AUFLAGE | HERAUSGEGEBEN | UND MIT EINER EINLEITUNG | SOWIE EINEM PERSONEN- UND SACHREGISTER | VERSEHEN VON | [Z. 10–11 wie vorh. Z. 8–9 auf S. I] | 1929 || [Z. 13 wie vorh. Z. 10 auf S. I] | VERLAG VON FELIX MEINER IN LEIPZIG

[I] IMMANUEL KANT | KRITIK | DER PRAKTISCHEN VERNUNFT

XLVII, 200 S., (2 Bl., jw. bds. Vlgsanz.)

50.17.12.1944.38 A, 20

[III] [Z. 1–4 ebs.] | [Z. 5–10 wie vorh. Z. 6–11] || [Z. 11 wie vorh. Z. 14]

[IV] DER PHILOSOPHISCHEN BIBLIOTHEK BAND 38 | Unveränderter Abdruck 1944 der neunten Auflage von 1929

[I] [ebs.]

XLVII, 200 S.

50.17.13.1951.38 51, 291

[III] [Z. 1 ebs.] | [Z. 2–4 ebs.] | Herausgegeben | von | Karl Vorländer | [Reihensignet] | VERLAG VON FELIX MEINER | IN LEIPZIG
[IV] [Z. 1 ebs.] | Unveränderter Abdruck 1951 der 9. Auflage von 1929 | Mit einer Einleitung, sowie einem Personen- und Sachregister versehen
[I] [ebs.]

XLVII, 200 S.

50.17.14.1952.38 18, 38, 43, 64

[III] [Z. 1 ebs.] | KRITIK DER | PRAKTISCHEN VERNUNFT | HERAUSGEGEBEN | VON | KARL VORLÄNDER | [Z. 7–8 wie vorh. Z. 8–9] | IN HAMBURG
[IV] [Z. 1 ebs.] | Unveränderter Nachdruck 1952 der 9. Auflage von 1929 | Mit einer Einleitung sowie einem Personen- und Sachregister versehen | [9 Z.]

S. [III]–XLVII, 200 S., (1 Bl., bds. Vlgsanz.)

Die Ausg. hat einen unterschiedlichen Herstellungs- (S. IV) und Druckvermerk (S. 200).

50.17.15.1959.38 A, 52, 294

[III] [ebs.]
[IV] [Z. 1 ebs.] | Unveränderter Nachdruck 1959 der 9. Auflage von 1929 | [Z. 3 ebs.] | [2 Z.]

S. [III]–XLVII, 200 S., 1 Bl. (bds. Vlgsanz.)

50.17.16.1967.38 A, 61, 104, 260, 355

[III] [ebs.]
[IV] PHILOSOPHISCHE BIBLIOTHEK BAND 38 | Unveränderter Nachdruck 1967 der 9. Auflage von 1929

S. [III]–XLVII, 200 S., 1 Bl. (bds. Vlgsanz.)

50.17.17.1974.38 A, 385

[III] [ebs.]
[IV] [Z. 1 ebs.] | Unveränderter Nachdruck 1974 der 9. Auflage von 1929

S. [III]–XLVII, 200 S., 1 Bl. (bds. Vlgsanz.)

50.17.18.1985.38

[III] [Z. 1 ebs.] | Kritik der | praktischen Vernunft | Herausgegeben von | [Z. 5 wie vorh. Z. 6] | FELIX MEINER VERLAG | HAMBURG

[IV] [Z. 1 ebs.] | Ergänzter Nachdruck 1985 der 9. Auflage von 1929

S. [III]–XLVII, 200 S., 1 Bl. (bds. Vlgsanz.)

50.18. Kritik der reinen Vernunft

50.18.1.1868.2 6, 7, 34, 121, 385

[III] Immanuel Kant's | Kritik der reinen Vernunft. || Herausgegeben, erläutert | und | mit einer Lebensbeschreibung Kant's versehen | von | J. H. v. Kirchmann. || Berlin, 1868. | Verlag von L. Heimann, | Wilhelms-Strasse No. 91.

[II] Philosophische Bibliothek | oder | Sammlung | der | Hauptwerke der Philosophie | alter und neuer Zeit. || Herausgegeben, beziehungsweise übersetzt, erläutert | und mit Lebensbeschreibungen versehen | von | J. H. v. Kirchmann. || Zweiter Band. | Die Kritik der reinen Vernunft von Immanuel Kant. || Berlin, 1868. | Verlag von L. Heimann, | Wilhelms-Strasse No. 91.

XII, 720 S.; oder: VII, 720, IV S.

Von dieser 1. Aufl. gibt es 2 verschiedene Drucke, die sich neben den unterschiedlichen Druckvermerken in der Paginierung des Inhaltsverzeichnisses unterscheiden: Dieses reicht entweder von S. [IX] bis XII (Exe 6, 7, 34; in Ex. 6 ist das Inhaltsverzeichnis irrtümlich an den Schluß gebunden), oder von S. [I]–IV und ist dann an den Schluß des Bds gebunden (Ex. 121).
Kirchmanns Erl. dazu erschienen separat, siehe 52.15.
In Ex. 385 fehlt ein Inhaltsverzeichnis.
Ex. 121 sind noch die Heimann'schen Vlgsbroschuren beigebunden.

50.18.2.1870.2 20, 131, 385

[III] [Z. 1–7 ebs.] | Zweite Auflage. || Berlin, 1870. | Verlag von L. Heimann. | [Z. 11 wie vorh. Z. 10]

[II] [Z. 1–6 ebs.] || Unter Mitwirkung namhafter Gelehrten | herausgegeben, beziehungsweise übersetzt, erläutert | [Z. 9–13 wie vorh. Z. 8–12] || Berlin, 1870. | Verlag von L. Heimann. | [Z. 16 wie vorh. Z. 15]

XII, 720 S.; oder: VII, 720, IV S.

In Ex. 385 ist das Inhaltsverzeichnis mit S. [I]–IV an den Schluß des Bds gesetzt; dem Ex. fehlt das Reihentitelbl.

50.18.3.1872.(2) 18, 48, 180

[III] [Z. 1–7 ebs.] || Dritte Auflage. || Berlin, 1872. | [Z. 10 ebs.] | Wilhelm-Strasse No. 84.

[I] Immanuel Kant's | sämmtliche Werke. || Herausgegeben | [Z. 4–5 wie vorh. Z. 10–11 auf S. II] || Erster Band. || BERLIN 1872. | [Z. 8 wie vorh. Z. 15 auf S. II] | 84. Wilhelm-Strasse 84.

VIII, IV, 720 S.

Die röm. paginierten 4 S. vor S. [1] beinhalten das Inhaltsverzeichnis. In Ex. 48 ist das Inhaltsverzeichnis vor S. [V] gebunden.
Die Ausg. scheint kein Reihentitelbl. gehabt zu haben; alle vorl. Exe tragen an dessen Stelle ein WW-Titelbl.
In Ex. 180 ist das WW-Titelbl. in bezug auf die Bundseite anders herum eingebunden: Die WW-Titelseite bildet dort S. [II].

50.18.4.1877.(2) 3 (Na2), 62, M36a

[III] [Z. 1–6 ebs.] | J. H. von Kirchmann. || Vierte Auflage. || Leipzig, 1877. | ERICH KOSCHNY. | (L. Heimann's Verlag.)

[I] [Z. 1–4 ebs.] | J. H. von Kirchmann. || [Z. 6 ebs.] || Leipzig, 1877. | ERICH KOSCHNY. | (L. Heimann's Verlag.)

VIII, IV, 720 S.

Die röm. paginierten 4 S. vor S. [1] beinhalten das Inhaltsverzeichnis.
Die Ausg. scheint kein Reihentitelbl. gehabt zu haben; alle vorl. Exe tragen an dessen Stelle ein WW-Titelbl.
In Ex. M36a ist das WW-Titelbl. in bezug auf die Bundseite anders herum eingebunden: Die WW-Titelseite bildet dort S. [II].

50.18.5.1881.2 A, 26, 30, 56, 361

[III] [Z. 1–7 ebs.] || Fünfte Auflage. || Leipzig, 1881. | [Z. 10–11 ebs.]

[II] Philosophische Bibliothek | oder | Sammlung | der | Hauptwerke der Philosophie | alter und neuer Zeit. || Unter Mitwirkung namhafter Gelehrten | herausgegeben, beziehungsweise übersetzt, erläutert | und mit Lebensbeschreibungen versehen | [Z. 10–11 wie vorh. Z. 4–5 auf S. I] || Zweiter Band. | Kant's Kritik der reinen Vernunft. || Leipzig, 1881. | [Z. 15–16 wie vorh. Z. 8–9 auf S. I]

VIII, IV, 720 S.

Die röm. paginierten 4 S. vor S. [1] beinhalten das Inhaltsverzeichnis.
Den Exn 26, 56, 361 fehlt jw. das Reihentitelbl.

50.18.6.1884.2 1a, 17 (3 Exe), 21, 188, Walb1

Bl. 2a [Z. 1–7 wie vorh. auf S. III] || Sechste Auflage. | Sämmtliche Werke. I. Band. || Heidelberg, 1884. | GEORG WEISS, Verlag.

Bl. 1b [Z. 1–13 wie vorh. auf S. II] || Heidelberg, 1884. | GEORG WEISS, Verlag.

2 Bl., VIII, 720 S.

Es gibt 2 Drucke mit unterschiedlichen Druckvermerken.
Ex. Walb1 hat zu Beginn noch 2 Bl. mit jw. bds. Vlgsanz.
Das Inhaltsverzeichnis befindet sich hier auf S. [V]–VIII.

50.18.7.1891.2 6, 25, 83, 291

[VII] [Z. 1–7 wie vorh. auf Bl. 2a] || Siebente Auflage. | [Z. 9 wie vorh. auf Bl. 2a] || Heidelberg, 1891. | [Z. 11 wie vorh. auf Bl. 2a]

[VI] [Z. 1–10 wie vorh. auf Bl. 1b] | J. H. v. Kirchmann. || [Z. 12–13 wie vorh. auf Bl. 1b] || Heidelberg 1891. | [Z. 15 wie vorh. auf Bl. 1b]

XVI, 720 S.

Zu S. [I]–[III], die nur Ex. 291 hat, siehe 50.1.22; S. [IV] und [V] sind jw. vacat.
In Ex. 83 fehlt noch das Reihentitelbl.

50.18.8.1901.37 A, 62, 107, 132

[I] Philosophische Bibliothek. || Band 37. || [Z. 3–4 wie vorh. Z. 1–2 auf S. VII] || Herausgegeben, | erläutert und mit einer Lebensbeschreibung Kant's versehen | [Z. 7–8 wie vorh. Z. 6–7 auf S. VII] || Achte revidierte Auflage. | Bearbeitet von Theodor Valentiner. | [Z. 11 wie vorh. Z. 9 auf S. VII] | [Vlgssignet] | Leipzig, | Verlag der Dürr'schen Buchhandlung. | 1901.

XX, 770 S.

Am Schluß des Exs 132 sind S. I–XX nochmals vorhanden.

50.18.9.1906.37 P, 5, 6, 8, 18, 24, 31, 61, 361, M36a

[I] [Z. 1–4 ebs.] | In achter Auflage revidiert v. Dr. Theodor Valentiner. | Neunte Auflage. || [Z. 7 wie vorh. Z. 11] | [Vlgssignet] | [Z. 9–10 wie vorh. Z. 13–14] | 1906.

XI, 769 S., (1 Bl., bds. weiß)

Die Ausg. hat ein anderes Vlgssignet als die vorh.
Ex. P (in Besitz des Hrsg. vorl. Bibliographie) hat den Erscheinungsvermerk der Titelseite mit einem Schildchen überklebt: »Leipzig. | Verlag von Felix Meiner.« Das Ex. hat Einband und Vorsatzbl. von Meiner.

50.18.10.1913.37 A, 5, 12, 468

Bl. 1a Immanuel Kant | Kritik der reinen Vernunft || Neu herausgegeben | von | Theodor Valentiner || Zehnte, um ein Sachregister vermehrte Auflage | [Reihensignet] | Der Philosophischen Bibliothek | Band 37 | Leipzig 1913 | Verlag von Felix Meiner

1 Bl., XI S., S. [3]–861, (1 od. 4 Bl., jw. bds. Vlgsanz.)

Ein Tl der Aufl. ist auf Dünndruckpapier gedruckt.

50.18.11.1919.37 A, 6, 21, 107

Bl. 1a IMMANUEL KANT | KRITIK DER | REINEN VERNUNFT | NEU HERAUSGEGEBEN VON | THEODOR VALENTINER | MIT SACHREGISTER | ELFTE, | MIT DER ZEHNTEN GLEICHLAUTENDE | AUFLAGE | [Reihensignet] | DER PHILOSOPHISCHEN BIBLIOTHEK BAND 37 | LEIPZIG 1919 / VERLAG VON FELIX MEINER

1 Bl., XI S., S. [3]–861, 1 Bl. (bds. Vlgsanz.)

50.18.12.1922.37 A, 6, 8, 38, 61, 168, 361

Bl. 1a [Z. 1–6 ebs.] | ZWÖLFTE, | [Z. 8–11 ebs.] | LEIPZIG 1922 / VERLAG VON FELIX MEINER

1 Bl., XI S., S. [3]–861, 1 Bl. (bds. Vlgsanz.)

50.18.13.1926.37a A, 6, 20, 21, 38, 61, 385

[III] [Z. 1–3 wie vorh. auf Bl. 1a] | NACH DER ERSTEN UND ZWEITEN | ORIGINAL-AUSGABE | [Z. 6 wie vorh. Z. 4 auf Bl. 1a] | RAYMUND SCHMIDT | [Reihensignet] | DER PHILOSOPHISCHEN BIBLIOTHEK BAND 37a | LEIPZIG 1926 / VERLAG VON FELIX MEINER

[II] Diese dritte Neubearbeitung stellt die dreizehnte Auflage | der Ausgabe der „Kritik der reinen Vernunft" in | der „Philosophischen Bibliothek" dar. | [13 Z. Aufl.-Hinweise]

[I] IMMANUEL KANT | KRITIK DER REINEN VERNUNFT

XVI, 766 S. (incl. S. 38*–59*, 454*–469*), (2 Bl., jw. bds. Vlgsanz.)

Die Ausg. hat zu den jw. links stehenden S. 38–59 rechts die S. 38*–59*, und zu den jw. links stehenden S. 454–469 rechts die S. 454*–469*.
PhB 37b bildet Ratkes ›Systematisches Handlexikon zu Kants Kritik der reinen Vernunft‹ (hier 81.1).

50.18.14.1930.37a A, 6, 60

[III] [Z. 1–7 ebs.] | ZWEITE, DURCHGESEHENE | UM EIN NAMENREGISTER VERMEHRTE | AUFLAGE | [Z. 11–12 wie vorh. Z. 8–9] | LEIPZIG 1930 / VERLAG VON FELIX MEINER

[II] Diese zweite, durchgesehene Auflage | der dritten Neubearbeitung stellt die vierzehnte Auflage der | Ausgabe der „Kritik der reinen Vernunft" in | [Z. 4–17 wie vorh. Z. 3–16] | [2 Z. Aufl.-Hinweise]

[I] [ebs.]

XVI, 766 S. (incl. S. 38*–59*, 454*–469*), 6 Bl. (Namenregister), (2 Bl., jw. bds. Vlgsanz.)

Z. 2–3 und 11 (Reihensignet) sind grün gedruckt.
Vgl. die folg. Ausg. 50.18.15.
DBV 17, 1449a verzeichnet bei der Ausg. 1930 noch eine Ausg. 1932.

50.18.15.(1931).37a A, 61, 211

[III] [Z. 1–7 ebs.] | EINMALIGE AUSGABE | AUF DÜNNDRUCKPAPIER | [Z. 10–11 wie vorh. Z. 11–12] | VERLAG VON FELIX MEINER IN LEIPZIG

[I] [ebs.]

XVI, 766 S. (incl. S. 38*–59*, 454*–469*), 6 Bl. (Namenregister)

S. [II] ist vacat.
Jahresangabe nach DBV 17, 1449a.
Z. 2–3 und 10 (Reihensignet) sind grün gedruckt.
Diese Dünndruckausg. war vom Vlg zusammengebunden mit Ratkes ›Systematischem Handlexikon zu Kants Kritik der reinen Vernunft‹, auch auf Dünndruckpapier (hier 81.1.1).

50.18.16.1944.37a A, 18, 211

[III] [Z. 1–7 ebs.] | [Reihensignet] | [Z. 9 wie vorh. Z. 12]

[IV] DER PHILOSOPHISCHEN BIBLIOTHEK BAND 37a | Unveränderter Abdruck 1944 | der zweiten, durchgesehenen um ein Namenregister vermehrten | Auflage 1930 dieser Ausgabe

[I] [ebs.]

XVI, 766 S. (incl. S. 38*–59*, 454*–469*), 6 Bl. (Namenregister)

50.18.17.1952.37a A, 31, 38

[III] [Z. 1 ebs.] | KRITIK | DER REINEN VERNUNFT | *Nach der ersten und zweiten Original-Ausgabe* | *neu herausgegeben von* | [Z. 6 wie vorh. Z. 7] | [Reihensignet] | VERLAG VON FELIX MEINER | IN HAMBURG

[IV] [Z. 1 ebs.] | Unveränderter Nachdruck 1952 | der zweiten, durchgesehenen, um ein Namenregister vermehrten | [Z. 4 ebs.] | [4 Z.] | 1952

[I] IMMANUEL KANT · KRITIK DER REINEN VERNUNFT

XVI, 766 S. (incl. S. 38*–59*, 454*–469*), 6 Bl. (Namenregister)

50.18.18.1956.37a 16, 64, 290

[III] [Z. 1 ebs.] | Kritik | der reinen Vernunft | Nach der ersten und zweiten Original-Ausgabe | (mit Gegenüberstellung der erheblich von einander | abweichenden Abschnitte) | [Z. 7–8 wie vorh. Z. 8–9]

[IV] [Z. 1 ebs.] | Unveränderter Neudruck 1956 der von Raymund Schmidt besorgten, | 1930 in zweiter durchgesehener Auflage erschienenen Ausgabe | [5 Z.] | 1956

[I] [Reihensignet]

XVI, 766 S. (incl. S. 38*–59*, 454*–469*), 6 Bl. (Namenregister)

50.18.19.1960.37a A, 465, 468

[III] [Z. 1–3 ebs.] | [Z. 4–5 wie vorh. Z. 7–8]

[IV] PHILOSOPHISCHE BIBLIOTHEK BAND 37a | Unveränderter Neudruck der von Raymund Schmidt besorgten | Ausgabe (nach der zweiten durchgesehenen Auflage von 1930) | [9 Z.] | [. . .] Druck 1960: [. . .] | [1 Z.]

[I] [Reihensignet]

XVI, 766 S. (incl. S. 38*–59*, 454*–469*), 6 Bl. (Namenregister)

Die Jahresangabe »1960« findet sich im Druckvermerk (Z. 13 auf S. IV); im Copyright heißt es noch »1956«.

50.18.20.1962.37a A, 52, 62, 229, 294

[III] [ebs.]

[IV] [Z. 1–12 ebs.] | [. . .] Druck 1962: [. . .] | [ebs.]

[I] [ebs.]

XVI, 766 S. (incl. S. 38*–59*, 454*–469*), 6 Bl. (Namenregister)

50.18.21.1965.37a A, 82, 104

[III] [ebs.]

[IV] [Z. 1–12 ebs.] | [. . .] Druck 1965: [. . .] | [ebs.]

[I] [ebs.]

XVI, 766 S. (incl. S. 38*–59*, 454*–469*), 6 Bl. (Namenregister), 1 Bl. (bds. Vlgsanz.)

50.18.22.1967.37a A, 385, Kn28

[III] [ebs.]
[IV] [Z. 1–12 ebs.] | [. . .] Druck 1967: [. . .] | [ebs.]
[I] [ebs.]

XVI, 766 S. (incl. S. 38*–59*, 454*–469*), 6 Bl. (Namenregister), 1 Bl. (bds. Vlgsanz.)

50.18.23.1971.37a A, 61, 385

[I] [Z. 1 wie vorh. auf S. III] | Kritik der | reinen Vernunft | Nach der ersten und zweiten Original-Ausgabe | neu herausgegeben von | RAYMUND SCHMIDT | [Reihensignet] | FELIX MEINER VERLAG | HAMBURG
[II] [Z. 1 wie vorh. auf S. IV] | [11 Z. unvollständige Aufl.-Hinweise] | 1971 Um das Sachregister von Karl Vorländer ergänzter | Nachdruck

XVI, 847 S. (incl. S. 38*–59*, 454*–469*), 1 Bl. (bds. Vlgsanz.)

50.18.24.1976.37a

[I] [ebs.]
[II] [Z. 1–19 ebs.] | 1976 Durchgesehener Nachdruck

XVI, 847 S. (incl. S. 38*–59*, 454*–469*), 1 Bl. (bds. Vlgsanz.)

Ein ungekennzeichneter Nachdruck von 1979 ist vom 1976er Druck durch die späteren Vlgsanz. auf dem letzten Bl. zu unterscheiden.

50.18.25.(1982).37a

[I] [ebs.]
[II] [Z. 1–14 ebs.] | [Z. 15 wie vorh. Z. 20]

XVI, 848 S. (incl. S. 38*–59*, 454*–469*), 1 Bl. (bds. Vlgsanz.)

Dieser Druck von 1982 ist ungekennzeichnet und unterscheidet sich vom 1976er bzw. 1979er Druck in 4 Punkten:
1. Auf S. [II] ist die Z. mit der Angabe des 1976er Nachdruckes versetzt worden.
2. Auf S. [848] ist eine Corrigenda-Liste hinzugekommen.
3. Die Vlgsanz. auf dem letzten Bl. stammen von spätestens 1980.
4. Der Titel auf Rücken und Vorderdeckel steht nicht mehr in Versalien.
Bei einem ungekennzeichneten Nachdruck von 1985 sind die Vlgsanz. auf dem letzten Bl. mit »1.1.1985« datiert.

50.19. Kritik der Urteilskraft

1948 erschien die Einleitung in die ›Kritik der Urteilskraft‹ separat als Heft 69 der TA, siehe TA11.10. Die ›Erste Einleitung in die Kritik der Urteilskraft‹ erschien 1927 ff. als PhB-Bd 39b, siehe 50.6.

50.19.1.1869.9 7, 34, 385 (2 Exe)

[III] Immanuel Kant's | Kritik der Urtheilskraft. || Herausgegeben und erläutert | von | J. H. v. Kirchmann. || Berlin, 1869. | Verlag von L. Heimann. | Wilhelms-Strasse No. 91.

[II] Philosophische Bibliothek | oder | Sammlung | der | Hauptwerke der Philosophie | alter und neuer Zeit. || Unter Mitwirkung namhafter Gelehrten | herausgegeben, beziehungsweise übersetzt, erläutert | und mit Lebensbeschreibungen versehen | von | J. H. v. Kirchmann. || Neunter Band. | Immanuel Kant's Kritik der Urtheilskraft. || Berlin, 1869. | Verlag von L. Heimann. | Wilhelms-Strasse No. 91.

XII, 382 S., (1 Bl., bds. weiß)

Kirchmanns Erl. dazu erschienen separat, siehe 52.16.
Im 2. Ex. 385 fehlen S. IX–XII (Inhaltsverzeichnis).

50.19.2.1872.9 1a, 5, 6, 12, 25, 26, 38, 70, 83, 291

[III] [Z. 1–5 ebs.] | II. Auflage. || Berlin, 1872. | L. Heimann's Verlag. | (Erich Koschny.)

[II] [Z. 1–13 ebs.] | II. Auflage. || Berlin, 1872. | L. Heimann's Verlag. | (Erich Koschny.)

XII, 382 S., (1 Bl., bds. weiß)

Den Exn 5, 26, 83 fehlt jw. das Reihentitelbl.
Bei manchen Exn handelt es sich um Mischaufl.
Dem Ex. 12 fehlen die röm. Seiten; eingebunden sind aber die 4 Lieferungs-/Vlgsbroschuren, die jw. als »Zweite Auflage« gekennzeichnet sind; die Jahresangabe im Erscheinungsvermerk der ersten 3 Broschuren lautet 1870, in dem der 4. Broschur 1872.

50.19.3.1902.39 A, 5 (2 Exe), 20, 24, 31, 38, 62, 361, 468, M36a

[I] Philosophische Bibliothek. | Band 39. || [Z. 3–4 wie vorh. Z. 1–2 auf S. III] || Herausgegeben | und mit einer Einleitung, sowie einem Personen- | und Sachregister versehen | von | Dr. Karl Vorländer. | Dritte Auflage. | [Vlgssignet] | Leipzig, | Verlag der Dürr'schen Buchhandlung. | 1902.

XXXIX, 414 S., (1 Bl., bds. weiß)

Bei dem 2. Ex. 5 (Signatur: B 1057³/223(2b)) und dem Ex. 468 ist der Erscheinungsvermerk mit einem Schildchen überklebt: »Leipzig. | Verlag von Felix Meiner.« Das 2. Ex. 5 besitzt Einband und Vorsatzbl. von Meiner.

50.19.4.1913.39 A, 6, 8, 43, 61, 107, 188, 361

[I] IMMANUEL KANT | Kritik der Urteilskraft | Vierte Auflage | Herausgegeben, eingeleitet und mit | Personen- und Sachregister versehen | von | Karl Vorländer | [Reihensignet] | Der Philosophischen Bibliothek | Band 39 | Leipzig · Verlag von Felix Meiner · 1913

XXXIX, 394 S., (1 Bl., bds. Vlgsanz.)

50.19.5.1922.39 38, 61, 168, 294

[I] [Z. 1 ebs.] | KRITIK | DER URTEILSKRAFT | FÜNFTE AUFLAGE | HERAUSGEGEBEN, EINGELEITET | UND MIT EINEM PERSONEN- UND | SACHREGISTER VERSEHEN VON | KARL VORLÄNDER | [Reihensignet] | DER PHILOSOPHISCHEN BIBLIOTHEK BAND 39 | LEIPZIG 1922 / VERLAG VON FELIX MEINER

XXXIX, 394 S., (1 Bl., bds. Vlgsanz.)

50.19.6.1924.39 A, 18, 38, 61, 385

[I] [Z. 1–3 ebs.] | SECHSTE AUFLAGE | [Z. 5–10 ebs.] | LEIPZIG 1924 / VERLAG VON FELIX MEINER

XLIX, 394 S., (1 Bl., bds. Vlgsanz.)

50.19.7.1948.39a A, 24, 25, 38, 52

[I] [Z. 1–3 ebs.] | HERAUSGEGEBEN VON | [Z. 5–6 wie vorh. Z. 8–9] | VERLAG VON FELIX MEINER IN LEIPZIG

[II] DER PHILOSOPHISCHEN BIBLIOTHEK BAND 39a | UNVERÄNDERTER ABDRUCK 1948 | DER SECHSTEN AUFLAGE VON 1924

XLIX, 394 S., (1 Bl., bds. weiß)

Ex. 24 hat das Titelbl. 2 mal eingebunden.
PhB 39b bildet die ›Erste Einleitung in die Kritik der Urteilskraft‹ (hier 50.6).

50.19.8.1954.39 18. 31, 38, 64

[V] [Z. 1–3 wie vorh. auf S. I] | Herausgegeben von | [Z. 5–6 wie vorh. auf S. I] | VERLAG VON FELIX MEINER | IN HAMBURG

[VI] DER PHILOSOPHISCHEN BIBLIOTHEK BAND 39 | Unveränderter Neudruck der Vorländerschen Ausgabe von 1924 | 1954

S. [V]–XLIX, 394 S., 1 Bl. (bds. Vlgsanz.)

50.19.9.1959.39a A, 5, 52

[V] [ebs.]
[VI] DER PHILOSOPHISCHEN BIBLIOTHEK BAND 39a | [Z. 2 ebs.] | 1959

S. [V]–XLIX, 394 S., 1 Bl. (bds. Vlgsanz.)

50.19.10.1963.39a 8, 62, 465

[V] [ebs.]
[VI] [Z. 1 ebs.] | Unveränderter Neudruck 1963 der Ausgabe von 1924

S. [V]–XLIX, 394 S., 1 Bl. (bds. weiß)

50.19.11.1968.39a A, 361, 385

[I] [Z. 1 wie vorh. auf S. V] | Kritik | der Urteilskraft | [Z. 4–8 wie vorh. auf S. V]
[II] PHILOSOPHISCHE BIBLIOTHEK BAND 39 a | Unveränderter Nachdruck 1968 der sechsten Auflage von 1924

XXXIII, 394 S., 1 Bl. (bds. Vlgsanz.)

50.19.12.1974.39a A, 708

[I] [ebs.]
[II] [Z. 1 ebs.] | Unveränderter Nachdruck 1974 der sechsten Auflage von 1924
Bl. 1a [Reihensignet]

1 Bl., XXXIII, 394 S., 1 Bl. (bds. Vlgsanz.)

Bei Ex. 708 ist das Bl. mit Zwischentitelseite [XXXIII] irrtümlich zwischen S. XVI und XVII gebunden.
Ein ungekennzeichneter Nachdruck von 1978 hat Vlgsanz. nur auf S. a des letzten Bl.

50.20. Logik (Jäsche)

50.20.1.1869.23 18, 20, 34, 294, 385

Bl. 2a Immanuel Kant's | Logik. || Ein | Handbuch zu Vorlesungen, | herausgegeben | von | Gottlob Benjamin Jäsche. | Erläutert | von | J. H. v. Kirchmann. || Berlin, 1869. | Verlag von L. Heimann. | Wilhelms-Strasse No. 91.

Bl. 1b Philosophische Bibliothek | oder | Sammlung | der | Hauptwerke der Philosophie | alter und neuer Zeit. || Unter Mitwirkung namhafter Gelehrten | herausgegeben, beziehungsweise übersetzt, erläutert | und mit Lebensbeschreibungen versehen | von | J. H. v. Kirchmann. || Dreiundzwanzigster Band. | Immanuel Kant's Logik. || Berlin, 1869. | Verlag von L. Heimann. | Wilhelms-Strasse No. 91.

4 Bl., 164 S.

Kirchmanns Erl. dazu erschienen separat, siehe 52.17.
Bei einigen Exn handelt es sich um Mischaufl.
Ex. 385 fehlt das Reihentitelbl.

50.20.2.1876.23 1a, 12, 38, 62, 83, 121, 291

Bl. 2a [Z. 1–9 ebs.] | J. H. von Kirchmann. | Zweite Auflage. || Leipzig 1876. | Erich Koschny | (L. Heimann's Verlag).

Bl. 1b [Z. 1–7 ebs.] | herausgegeben, beziehungsweise übersetzt, erläutert und | mit Lebensbeschreibungen versehen | [Z. 10–13 ebs.] | Zweite Auflage. || Leipzig 1876. | Erich Koschny | (L. Heimann's Verlag).

4 Bl., 164 S.

Ex. 83 fehlt das Reihentitelbl.
Dem Ex. 12 sind noch die Koschny'schen Vlgsbroschuren eingebunden.
Es gab auch Exe, deren Vlgsbroschuren mit Erscheinungsvermerk vom Vlg Georg Weiss, Heidelberg 1882, stammen.

50.20.3.1876.43 62, 291

Bl. 1a Philosophische Bibliothek. | Band 43. || [Z. 3–4 wie vorh. Z. 1–2 auf Bl. 2a] || Ein Handbuch zu Vorlesungen, | [Z. 6–10 wie vorh. Z. 5–9 auf Bl. 2a] | J. H. v. Kirchmann. | [Z. 12 wie vorh. Z. 11 auf Bl. 2a] | [Vlgssignet] | LEIPZIG. | VERLAG DER DÜRR'SCHEN BUCHHANDLUNG. | 1876.

3 Bl., 164 S.

Rückdatierte Titelaufl., 1900 oder 1901 entstanden.

50.20.4.1904.43 12, 24, 43, 61, 132, 188, 294, 361, M36a

[I] Philosophische Bibliothek | [Z. 2 wie vorh. auf Bl. 1a] || Immanuel Kants | [Z. 4 wie vorh. auf Bl. 1a] | [Z. 5 wie vorh. auf Bl. 1a] |

(zuerst) herausgegeben | [Z. 7–8 wie vorh. auf Bl. 1a] || Dritte Auflage. || Neu herausgegeben, mit einer Einleitung | sowie einem Personen- und Sach-Register versehen | von | Dr. Walter Kinkel, | a. o. Professor der Philosophie. | [Vlgssignet] | Leipzig, | Verlag der Dürr'schen Buchhandlung. | 1904.

XXVIII, 171 S.

50.20.5.(1914).43 5, 20, 31, 468

[I] [Z. 1 wie vorh. Z. 3] | Logik | [Z. 3 wie vorh. Z. 5] | (zuerst) herausgegeben von | Gottlob Benjamin Jäsche || Dritte Auflage || [Z. 7–10 wie vorh. Z. 10–13] | a. o. Professor der Philosophie | [Reihensignet] | Band 43 | Leipzig · Verlag von Felix Meiner

XXVIII, 171 S.

Die Ausg. ist um 1914 entstanden.

50.20.6.1920.43 6, 38

[I] IMMANUEL KANTS | LOGIK | EIN HANDBUCH ZU VORLESUNGEN | (ZUERST) HERAUSGEGEBEN | VON | GOTTLOB BENJAMIN JÄSCHE | NEU HERAUSGEGEBEN, MIT EINER EINLEITUNG SOWIE | EINEM PERSONEN- UND SACHREGISTER VERSEHEN | VON | Dr. WALTER KINKEL | a. o. PROFESSOR DER PHILOSOPHIE | [Reihensignet] | DRITTE AUFLAGE | DER PHILOSOPHISCHEN BIBLIOTHEK BAND 100 [sic!] | LEIPZIG 1920 / VERLAG VON FELIX MEINER

XXVIII, 171 S.

In den vorl. Exn, denen jw. ein Vlgskat. vom Sept. 1919 beigebunden ist, sind die beiden letzten Z. von S. [I] mit einem Schildchen überklebt: »DER PHILOSOPHISCHEN BIBLIOTHEK BAND 43 | LEIPZIG 1920 / VERLAG VON FELIX MEINER«.
Ex. 6 hat die Signatur: Z Okt 4000^{3*}–43; Ex. 38: P 1 335^{2}–43 3. Ex.

50.20.7.1920.43 A, 6, 8, 18, 24, 61, 107, 168, 361, 385

[I] [Z. 1–6 ebs.] | NEU HERAUSGEGEBEN, MIT EINER EINTEILUNG [sic!] SOWIE | [Z. 8–13 ebs.] | DER PHILOSOPHISCHEN BIBLIOTHEK BAND 43 | [Z. 15 ebs.]

XXVIII, 171 S.

In Z. 7 müßte es »EINLEITUNG« statt »EINTEILUNG« heißen.
1922 gibt es einen ungekennzeichneten Nachdruck mit anderem Druckvermerk; dieser ist auf dem Vorderdeckel als »NEUER ABDRUCK« bezeichnet.
Bei einigen Exn (bei den Exn des ›neuen Abdrucks‹?), z. B. Ex. 168, ist die Titelseite neu, und zwar erheblich breiter gesetzt als bei anderen, z. B. Exe 24, 107.

50.21. Metaphysik der Sitten

50.21.1.1870.29 A, 1a, 27, 29, 34, 38, 83, 121, 291, 385

[III] Immanuel Kant's | Metaphysik der Sitten. || Herausgegeben und erläutert | von | J. H. von Kirchmann. || Berlin, 1870. | Verlag von L. Heimann. | Wilhelms-Strasse No. 91.

[II] Philosophische Bibliothek | oder | Sammlung | der | Hauptwerke der Philosophie | alter und neuer Zeit. || Unter Mitwirkung namhafter Gelehrten | herausgegeben, beziehungsweise übersetzt, erläutert | und mit Lebensbeschreibungen versehen | von | J. H. von Kirchmann. || Neunundzwanzigster Band. | Immanuel Kant's Metaphysik der Sitten. || Berlin, 1870. | Verlag von L. Heimann. | Wilhelms-Strasse No. 91.

X, 351 S.

Kirchmanns Erl. dazu erschienen separat, siehe 52.11.
Bei einigen Exn handelt es sich um Mischaufl.
Dem Ex. 29 sind noch die Heimann'schen Vlgsbroschuren eingebunden.
Bei Ex. 121 lautet der Erscheinungsvermerk der eingebundenen Vlgsbroschur: »Heidelberg. | Verlag von Georg Weiss | (früher Erich Koschny's Verlag in Leipzig). | 1882.« Darüber ist die Z. gesetzt: »(Imm. Kant's sämmtliche Werke. III. 3. 4.)«, d. h.: Kants WW, Heft 3 und 4 des Bd 3.
Ex. 83 fehlt das Reihentitelbl.

50.21.2.1870.42 62, 132, 291, 294

Bl. 1a Philosophische Bibliothek. | Band 42. || [Z. 3–6 wie vorh. Z. 1–4 auf S. III] | J. H. v. Kirchmann. | [Vlgssignet] | LEIPZIG. | VERLAG DER DÜRR'SCHEN BUCHHANDLUNG. | 1870.

1 Bl., S. [V]–X, 351 S.

Rückdatierte Titelaufl., zwischen 1900–03 entstanden; sie ist belegt in Hinrichs 12.1, 146b.

50.21.3.1907.42 A, 18, 24, 31, 38, 61, 361, 468, M36a

[I] Philosophische Bibliothek | [Z. 2 wie vorh. auf Bl. 1a] || Immanuel Kants | [Z. 4 wie vorh. auf Bl. 1a] | Zweite Auflage. || Herausgegeben und mit Einleitung | sowie einem Personen- und Sachregister versehen | von | Karl Vorländer. | [Vlgssignet] | Leipzig. | Verlag der Dürr'schen Buchhandlung. | 1907.

LI, 378 S.

50.21.4.⟨1907⟩.42 5, 12, 25

[I] Immanuel Kant | Metaphysik der Sitten | Zweite Auflage || [Z. 4–6 wie vorh. Z. 6–8] | Karl Vorländer | [Reihensignet] | Der Philosophischen Bibliothek | Band 42 | Leipzig (1907) | Verlag von Felix Meiner

LI, 378 S.

Rückdatierter Neudruck oder Titelaufl., vermutlich 1911/12 entstanden.
Bei Ex. 12 ist der Erscheinungsvermerk des eingebundenen, Dürr'schen (!) Vorderdeckels mit einem Schildchen überklebt: »Leipzig. | Verlag von Felix Meiner.«

50.21.5.1919.42 6, 8, 25, 38, 61, 107, 361

[I] IMMANUEL KANT | METAPHYSIK | DER SITTEN | DRITTE AUFLAGE | HERAUSGEGEBEN UND MIT EINLEITUNG | SOWIE EINEM PFRSONEN- [sic!] UND SACHREGISTER | VERSEHEN VON | KARL VORLÄNDER | [Reihensignet] | DER PHILOSOPHISCHEN BIBLIOTHEK BAND 42 | LEIPZIG 1919 / VERLAG VON FELIX MEINER

LI, 378 S., 1 Bl. (bds. Vlgsanz.)

50.21.6.1922.42 A, 18, 20, 38, 61, 168, 385

[I] [Z. 1–3 ebs.] | VIERTE AUFLAGE | [Z. 5–10 ebs.] | LEIPZIG 1922 / VERLAG VON FELIX MEINER

LI, 378 S., (1 Bl., bds. Vlgsanz.)

50.21.7.1945.42 A, 31, 38, 107, 188

[I] [Z. 1 ebs.] | METAPHYSIK DER SITTEN | [Reihensignet] || VERLAG VON FELIX MEINER IN LEIPZIG

[II] DER PHILOSOPHISCHEN BIBLIOTHEK BAND 42 | Herausgegeben und mit Einleitung sowie | einem Personen- und Sachregister versehen von | KARL VORLÄNDER | Unveränderter Abdruck 1945 | der vierten Auflage von 1922

LI, 378 S.

Die röm. paginierten S. sind auf anderem Papier gedruckt als die arabisch paginierten.

50.21.8.1954.42 A, 18, 361, 464, Kn28

[I] [Z. 1–2 ebs.] | ERSTER TEIL | Anfangsgründe der Rechtslehre | ZWEITER TEIL | Metaphysische Anfangsgründe der Tugendlehre | Herausgegeben von | KARL VORLÄNDER | [Reihensignet] | VERLAG VON FELIX MEINER | IN HAMBURG

[II] [Z. 1 ebs.] | Unveränderter Abdruck der Vorländerschen Ausgabe von 1922 | 1954

LI, 378 S., (1 Bl., bds. Vlgsanz.)

Die Vlgsanz. auf dem letzten Bl. stammen auf S. a vom ›Verlag von Felix Meiner in Hamburg‹, auf S. b vom ›Richard Meiner Verlag in Hamburg‹.
Bei Ex. Kn28 fehlt das letzte Bl.

50.21.9.1959.42 A, 5, 69

[I] [ebs.]

[II] [Z. 1–2 ebs.] | 1959

LI, 378 S., 1 Bl. (bds. Vlgsanz.)

Die Vlgsanz. auf dem letzten Bl. stammen auf S. a vom ›Verlag von Felix Meiner in Hamburg‹, auf S. b vom ›Richard Meiner Verlag in Hamburg‹.

50.21.10.1966.42 A, 18, 19, 61

[I] [ebs.]

[II] [Z. 1 ebs.] | Unveränderter Abdruck 1966 der 4. Auflage 1922

LI, 378 S., 1 Bl. (bds. Vlgsanz.)

Bei einem ungekennzeichneten Nachdruck von 1976 sind die Vlgsanz. auf dem letzten Bl. 1a mit »*Frühjahr 1976*« datiert.

50.22. Metaphysische Anfangsgründe der Naturwissenschaft

50.22.1.1914.48b A, 3, 20, H45

[I] IMMANUEL KANT | METAPHYSISCHE ANFANGSGRÜNDE | DER | NATURWISSENSCHAFT | Herausgegeben von | Dr. Otto Buek | [Reihensignet] | Der Philosophischen Bibliothek | Band 48^{b} | Leipzig · Verlag von Felix Meiner · 1914

XX S., S. [187]–320

In einer Vorbemerkung auf S. [III] heißt es: »Der Text der Ausgabe stimmt wörtlich überein mit der Ausgabe von Kants ,,Kleineren Schriften zur Naturphilosophie, herausgegeben von Dr. Otto Buek. Leipzig 1909", der auch die Seitenzahlen des Textes entsprechen. Das ausführliche Namen- und Sachregister, das jener Ausgabe beigegeben ist, konnte hier wegfallen.«
Vgl. hier 50.14.4 und 50.15.4.
Bei Ex. 3 ist auf die Titelseite unten ein Kriegsausfuhrzeichen gestempelt.

50.23. Physische Geographie

50.23.1.1877.76(I) 3, 12, 25, 28, 29, 38, 83, 291, 385

[III] Supplement-Band | zu | Kant's Werken. || Abtheilung I. | Die physische Geographie. || Herausgegeben | von | J. H. v. Kirchmann. || Leipzig 1877. | Erich Koschny | (L. Heimann's Verlag.)

[II] Philosophische Bibliothek | oder | Sammlung | der | Hauptwerke der Philosophie | alter und neuer Zeit. || Unter Mitwirkung namhafter Gelehrten | herausgegeben, beziehungsweise übersetzt, erläutert und | mit Lebensbeschreibungen versehen | von | J. H. v. Kirchmann. || Sechsundsiebenzigster Band. | Supplement-Band zu Kant's Werken. | Abtheilung I. Die physische Geographie. || Leipzig 1877. | Erich Koschny | (L. Heimann's Verlag).

IX, 322 S.

Abt. 2, PhB 76(II), dieses Suppl.-Bds der WW bilden ›Die vier lateinischen Dissertationen‹, hier 50.29.
Den Exn 12, 28, 29 sind noch die Koschny'schen Vlgsbroschuren eingebunden.
Ex. 83 fehlt das Reihentitelbl.

50.23.2.1877.51 61, 62

Bl. 1a Philosophische Bibliothek. | Band 51. || [Z. 3–10 wie vorh. Z. 1–8 auf S. III] | [Vlgssignet] | LEIPZIG. | VERLAG DER DÜRR'SCHEN BUCHHANDLUNG. | 1877.

1 Bl., S. [V]–IX, 322 S.

Rückdatierte Titelaufl., zwischen 1900–03 entstanden.

50.23.3.1905.51 A, 5, 6, 8, 12, 20, 36, 38 (2 Exe), 61, 107, 132, 294, 361 (2 Exe), M36a

[I] [Z. 1–2 wie vorh. auf Bl. 1a] | Immanuel Kant, | Physische Geographie. || Zweite Auflage. | [Z. 6 wie vorh. Z. 8 auf Bl. 1a] | und mit einer Einleitung, Anmerkungen sowie einem | Personen- und Sachregister versehen | von | Paul Gedan. | [Vlgssignet] | Leipzig, | Verlag der Dürr'schen Buchhandlung. | 1905.

XXX, 386 S.

In den Exn 36, 61 und dem 2. Ex. 38 ist der Erscheinungsvermerk mit einem Schildchen überklebt: »Leipzig. | Verlag von Felix Meiner.«; beiden Exn ist ein Meiner'scher Vlgskat. vom Juli 1922 eingebunden. Bei Ex. 36 und 61 stammen auch Einband und Vorsatzbl. von Meiner.
Dem Ex. 20 ist ein Meiner'scher Vlgskat. vom Sept. 1921 eingebunden.

50.23.4.1922.51 A, 18, 61, 168, 294, 385

[I] IMMANUEL KANT | PHYSISCHE | GEOGRAPHIE | DRITTE AUFLAGE | HERAUSGEGEBEN UND MIT EINER EINLEITUNG, | ANMERKUNGEN SOWIE EINEM PERSONEN- UND | SACHREGISTER VERSEHEN VON | PAUL GEDAN | [Reihensignet] | DER PHILOSOPHISCHEN BIBLIOTHEK BAND 51 | LEIPZIG 1922 / VERLAG VON FELIX MEINER

XXX, 386 S.

50.24. Prolegomena zu einer jeden künftigen Metaphysik, die als Wissenschaft wird auftreten können

50.24.1.1869.22 A, 18, 20, 34, 61, 107, 294, 385 (2 Exe)

Bl. 2a Immanuel Kant's | Prolegomena | zu | einer jeden künftigen Metaphysik, | die als Wissenschaft wird auftreten können. || Herausgegeben und erläutert | von | J. H. von Kirchmann. || Berlin, 1869. | Verlag von L. Heimann. | Wilhelms-Strasse No. 91.

Bl. 1b Philosophische Bibliothek | oder | Sammlung | der | Hauptwerke der Philosophie | alter und neuer Zeit. || Unter Mitwirkung namhafter Gelehrten | herausgegeben, beziehungsweise übersetzt, erläutert | und mit Lebensbeschreibungen versehen | von | J. H. von Kirchmann. || Zweiundzwanzigster Band. | Kant's Prolegomena zu einer jeden künftigen | Metaphysik. || Berlin, 1869. | Verlag von L. Heimann. | Wilhelms-Strasse No. 91.

4 Bl., 152 S.

Kirchmanns Erl. dazu erschienen separat, siehe 52.18.
Im Erscheinungsvermerk der den Exn A und 107 eingebundenen Heimann'schen Vlgsbroschuren lautet das Jahr 1870.
Dem 2. Ex. 385 (Signatur: b 4874–3) fehlt das Reihentitelbl.

50.24.2.1876.22 1a, 26, 38, 61, 83, 121

Bl. 2a Imanuel [sic!] Kant's | PROLEGOMENA | [Z. 3–8 ebs.] | Zweite Auflage. || Leipzig, 1876. | ERICH KOSCHNY. | (L. HEIMANN'S VERLAG.)

Bl. 1b [Z. 1–14 ebs.] | II. Auflage. || Leipzig, 1876. | ERICH KOSCHNY. | (L. Heimann's Verlag.)

4 Bl., 152 S.

Dem Ex. 121 sind noch die Koschny'schen Vlgsbroschuren eingebunden.
Den Exn 26 und 83 fehlt jw. das Reihentitelbl.

50.24.3.1893.22 11, 25, 291

Bl. 2a Immanuel Kant's | [Z. 2–5 ebs.] || Herausgegeben | [Z. 7–8 ebs.] || Dritte Auflage. || Berlin. | Philos.-histor. Verlag | Dr. R. Salinger. | 1893.

Bl. 1b [Z. 1–7 ebs.] | begründet | [Z. 9–10 wie vorh. Z. 10–11] || Zweiundzwanzigster Band: | Immanuel Kant's Prolegomena. || Berlin. | Philos.-histor. Verlag | Dr. R. Salinger. | 1893.

4 Bl., 152 S.

Dem Ex. 11 sind noch die Salinger'schen Vlgsbroschuren eingebunden.
Dem Ex. 25 fehlt das Reihentitelbl.

50.24.4.1893.40 62, 132

Bl. 1a Philosophische Bibliothek. | Band 40. || [Z. 3–9 wie vorh. Z. 1–7 auf Bl. 2a] | J. H. v. Kirchmann. || [Z. 11 wie vorh. Z. 9 auf Bl. 2a] | [Vlgssignet] | LEIPZIG. | VERLAG DER DÜRR'SCHEN BUCHHANDLUNG. | 1893.

3 Bl., 152 S.

Rückdatierte Titelaufl., zwischen 1900–03 entstanden.

50.24.5.1905.40 5, 12, 24, 31, 294, 361, M36a

[I] Philosophische Bibliothek | [Z. 2 wie vorh. auf Bl. 1a] || Immanuel Kants | [Z. 4–7 wie vorh. auf Bl. 1a] || Vierte Auflage. || Herausgegeben und mit einer Einleitung, | drei Beilagen sowie einem Personen- und Sachregister versehen | von | Karl Vorländer. | [Vlgssignet] | Leipzig, | Verlag der Dürr'schen Buchhandlung. | 1905.

XLVI S., (1 Bl., bds. weiß), 208 S.

50.24.6.1905.40 5, 46, 468

[I] [Z. 1 ebs.] | Band 40 || [Z. 3–6 ebs.] | die als Wissenschaft wird auftreten können || [Z. 8–11 ebs.] | Karl Vorländer || Leipzig 1905 | Verlag von Felix Meiner

XLVI, 208 S.

Rückdatierter Neudruck, 1911 erschienen.

50.24.7.1913.40 A, 18, 43, 61, 107

[I] [Z. 1–5 wie vorh. Z. 3–7] | Fünfte Auflage | mit Einleitung, Beilagen, Personen- und Sachregister | herausgegeben | [Z. 9–10 wie vorh. Z.

11–12] | [Reihensignet] | Der Philosophischen Bibliothek | [Z. 13 wie vorh. Z. 2] | Leipzig · Verlag von Felix Meiner · 1913

XLVI, 208 S., (1 Bl., bds. Vlgsanz.)

50.24.8.1920.40 A, 6, 8, 18, 20, 38, 61 (2 Exe), 62, 121, 168, 361, 385

[I] [Z. 1–5 ebs.] | Sechste Auflage | [Z. 7–13 ebs.] | Leipzig · Verlag von Felix Meiner · 1920

XLVI, 208 S., (1 Bl., bds. Vlgsanz.)

Von dieser Ausg. gibt es 2 verschiedene Drucke mit unterschiedlichen Druckvermerken.

50.24.9.1940.40 A, 24, 25

[I] IMMANUEL KANT | [Z. 2 ebs.] | ZU | EINER JEDEN KÜNFTIGEN METAPHYSIK | DIE ALS WISSENSCHAFT WIRD AUFTRETEN KÖNNEN | SECHSTE AUFLAGE | MIT EINLEITUNG, BEILAGEN, PERSONEN- UND SACHREGISTER | HERAUSGEGEBEN VON | KARL VORLÄNDER | [Reihensignet] | DER PHILOSOPHISCHEN BIBLIOTHEK BAND 40 | VERLAG VON FELIX MEINER IN LEIPZIG

[II] Unveränderter Abdruck 1940 | der Ausgabe von 1920

XLVII, 208 S., (1 Bl., bds. Vlgsanz.)

Dem Ex. 24 ist noch der Vorderdeckel der vorh. Ausg. von 1920 eingebunden; dessen Jahresangabe lautet 1921.

50.24.10.1951.40 18, 31, 38

[I] [Z. 1–2 ebs.] | *zu einer jeden künftigen Metaphysik,* | *die als Wissenschaft wird auftreten können* | *Herausgegeben von* | [Z. 6–7 wie vorh. Z. 9–10] || FELIX MEINER VERLAG IN HAMBURG

[II] DER PHILOSOPHISCHEN BIBLIOTHEK BAND 40 | Unveränderter Nachdruck 1951 der Ausgabe von 1920 | 1951

XXXIX, 200 S.

50.24.11.1957.40 A, 18, 52, 468

[I] [Z. 1–2 ebs.] | zu einer jeden künftigen Metaphysik, | die als Wissenschaft wird auftreten können | Herausgegeben von | [Z. 6 ebs.] | VERLAG VON FELIX MEINER | HAMBURG

[II] PHILOSOPHISCHE BIBLIOTHEK BAND 40 | Unveränderter Nachdruck 1957

XLIII, 200 S., 2 Bl. (jw. bds. Vlgsanz.)

50.24.12.1965.40 A, 62, 468

[I] [ebs.]
[II] [Z. 1 ebs.] | Unveränderter Nachdruck 1965

XLIII, 200 S.

50.24.13.1969.40 A, 61, 260, 290

[I] [Z. 1–6 ebs.] | [Reihensignet] | [Z. 8–9 wie vorh. Z. 7–8]
[II] [Z.1 ebs.] | Unveränderter Nachdruck 1969

XLIII, 200 S.

50.24.14.1976.40

[I] [Z. 1–6 ebs.] | [Z. 7–8 wie vorh. Z. 8–9]
[II] [Z. 1 ebs.] | [7 Z. unvollständige Aufl.-Hinweise] | 1976 Durchgesehener Nachdruck unter Berücksichtigung | einer Druckfehlerliste von Herrn Prof. Dr. Norbert | Hinske
Bl. 1a [Reihensignet]

1 Bl., XLIII, 200 S., 1 Bl. (bds. Vlgsanz.)

50.25. Die Religion innerhalb der Grenzen der bloßen Vernunft

50.25.1.1869.17 3, 20, 34, 294, 385

[III] Immanuel Kant, | die Religion | innerhalb | der Grenzen der blossen Vernunft. || Herausgegeben und erläutert | von | J. H. von Kirchmann. || Berlin, 1869. | Verlag von L. Heimann. | Wilhelms-Strasse No. 91.
[II] Philosophische Bibliothek | oder | Sammlung | der | Hauptwerke der Philosophie | alter und neuer Zeit. || Unter Mitwirkung namhafter Gelehrten | herausgegeben, beziehungsweise übersetzt, erläutert | und mit Lebensbeschreibungen versehen | von | J. H. von Kirchmann. || Siebenzehnter Band. | Kant's Religion innerhalb der Grenzen der | blossen Vernunft. || Berlin, 1869. | Verlag von L. Heimann. | Wilhelms-Strasse No. 91.

VIII, 242 S.

Kirchmanns Erl. dazu erschienen separat, siehe 50.19.

50.25.2.1875.17 1a, 38, 83, 121, 291

[III] [Z. 1–7 ebs.] | II. Auflage. || Leipzig 1875. | Erich Koschny | (L. Heimann's Verlag).

[II] [Z. 1–7 ebs.] | herausgegeben, beziehungsweise übersetzt, erläutert und | mit Lebensbeschreibungen versehen | von | J. H. v. Kirchmann. || [Z. 12–14 ebs.] || Leipzig 1875. | Erich Koschny | (L. Heimann's Verlag).

VIII, 242 S.

Dem Ex. 83 fehlt das Reihentitelbl.

50.25.3.1875.45 62, 291

Bl. 1a Philosophische Bibliothek. | Band 45. || [Z. 3–8 wie vorh. Z. 1–6 auf S. III] | J. H. v. Kirchmann. | Zweite Auflage. | [Vlgssignet] | LEIPZIG. | VERLAG DER DÜRR'SCHEN BUCHHANDLUNG. | 1875.

1 Bl., S. [V]–VIII, 242 S.

Rückdatierte Titelaufl., 1900/01 entstanden; sie ist belegt im NUC 289, 313a.

50.25.4.1903.45 12, 20, 24, 31, 43, 61, 132, 188, 294, 361, 468, M36a

[I] [Z. 1–3 wie vorh. auf Bl. 1a] | Die Religion innerhalb der Grenzen | der bloßen Vernunft. || Dritte Auflage. | Herausgegeben | und mit einer Einleitung sowie einem Personen- | und Sachregister versehen | von | Karl Vorländer. | [Vlgssignet] | Leipzig, | Verlag der Dürr'schen Buchhandlung. | 1903.

XCVII, 260 S., (2 Bl., jw. bds. Vlgsanz.)

In den Exn 20, 43, 132, 294, 361 fehlt das Bl. mit S. [XCVII], einer Nachgestaltung der orig. Titelseite.
Der Erscheinungsvermerk des Exs 468 ist mit einem Schildchen überklebt: »Leipzig. | Verlag von Felix Meiner.«

50.25.5.(1915).45 A, 5

[I] Immanuel Kant | Die Religion | innerhalb der Grenzen der blossen Vernunft || Dritte Auflage || [Z. 5 wie vorh. Z. 7] | von | Karl Vorländer | [Reihensignet] | Der Philosophischen Bibliothek | Band 45 | Leipzig · Verlag von Felix Meiner

XCVII, 260 S., (2 Bl., jw. bds. Vlgsanz.)

Die Ausg. erschien um 1914/15.

50.25.6.1919.45 A, 38, 107

[I] IMMANUEL KANT | DIE RELIGION | INNERHALB DER GRENZEN | DER BLOSSEN VERNUNFT | VIERTE AUFLAGE | HERAUSGEGEBEN UND MIT EINER | EINLEITUNG SOWIE EINEM PERSONEN- | UND SACHREGISTER VERSEHEN VON | KARL VORLÄNDER | [Reihensignet] | DER PHILOSOPHISCHEN BIBLIOTHEK BAND 45 | LEIPZIG 1919 / VERLAG VON FELIX MEINER

XCIII, 260 S.

50.25.7.1922.45 6, 8, 18, 61, 168, 361, 385

[I] [Z. 1–4 ebs.] | FÜNFTE AUFLAGE | [Z. 6–11 ebs.] | LEIPZIG 1922 / VERLAG VON FELIX MEINER

XCIII, 260 S.

50.25.8.1937.45 A, 77, Frei26

[I] [Z. 1–11 ebs.] | LEIPZIG 1937 / VERLAG VON FELIX MEINER

[II] Unveränderter Abdruck der Ausgabe von 1922

XCIII, 260 S.

50.25.9.1950.45 3, 24, 31, 38, 43, 52

[III] [Z. 1–2 wie vorh. auf S. I] | innerhalb der Grenzen | der bloßen Vernunft | Herausgegeben | von | Karl Vorländer | [Reihensignet] | VERLAG VON FELIX MEINER | IN LEIPZIG

[IV] DER PHILOSOPHISCHEN BIBLIOTHEK BAND 45 | Fünfte Auflage 1950. Mit Personen- und Sachregister und Ver- | zeichnis der zitierten Bibelstellen. Karl Vorländer's Einleitung | wurde durchgesehen und ergänzt.

[I] IMMANUEL KANT | DIE RELIGION | innerhalb der Grenzen | der bloßen Vernunft

XCI, 252 S.

50.25.10.1956.45 5, 18, 25, 468

[III] [Z. 1–2 ebs.] | innerhalb der Grenzen der bloßen Vernunft | Herausgegeben von | [Z. 5 wie vorh. Z. 7] | Mit Einleitung | Die Religionsphilosophie im Gesamtwerk Kants | von Hermann Noack | [Z. 9 ebs.] | IN HAMBURG

[IV] [Z. 1 ebs.] | Sechste Auflage 1956. Mit Personen- und Sachregister | und Verzeichnis der zitierten Bibelstellen.

[I] [Reihensignet]

CXII, 252 S.

50.25.11.1961.45 A, 52, 61, 465, 468

[III] [Z. 1 ebs.] | Die Religion | [Z. 3–4 ebs.] | KARL VORLÄNDER | Mit einer Einleitung | [Z. 7 ebs.] | von | HERMANN NOACK | [Z. 10 wie vorh. Z. 9] | HAMBURG

[IV] PHILOSOPHISCHE BIBLIOTHEK BAND 45 | Unveränderter Abdruck 1961 der | 6. Auflage von 1956

[I] [ebs.]

CXII, 252 S.

Der Ausg. liegt ein Corrigenda-Zettel bei.

50.25.12.1966.45 A, 91, 385, 708

[III] [ebs.]

[IV] [Z. 1 ebs.] | Abdruck 1966 der 7. Auflage von 1961

[I] [ebs.]

CXII, 252 S., 2 Bl. (Bl. 1a Vlgsanz.; Bl. 2 bds. weiß)

50.25.13.1978.45

[III] [Z. 1–2 ebs.] | innerhalb der Grenzen | der bloßen Vernunft | [Z. 5–6 wie vorh. Z. 4–5] | Mit einer Einleitung von | [Z. 8 wie vorh. Z. 9] | FELIX MEINER VERLAG | [Z. 10 wie vorh. Z. 11]

[IV] [Z. 1 ebs.] | [9 Z. unvollständige Aufl.-Hinweise] | 1978 Achte, durchgesehene Auflage, herausgegeben von K. Vor- | länder mit überarbeiteter Einleitung von H. Noack

[I] [ebs.]

LXX, 252 S., 3 Bl. (Bl. 3 bds. Vlgsanz.)

50.26. Der Streit der Fakultäten

Diese Schrift Kants erschien früher in den ›(Kleineren Schriften) zur Logik und Metaphysik‹, siehe 50.11.1–2 und 50.13.3–4. Textauszüge erschienen separat als Heft 41 und 42 der TA, siehe TA11.11 und TA11.23.

50.26.1.1959.252 A, 38, 61, 294, 385

[III] IMMANUEL KANT | Der Streit der Fakultäten | Auf Grund des Textes der | Berliner Akademie-Ausgabe | mit einer Einleitung und Registern | neu herausgegeben von | KLAUS REICH | VERLAG VON FELIX MEINER | HAMBURG

[IV] PHILOSOPHISCHE BIBLIOTHEK BAND 252 | [2 Z.] | 1959

[I] [Reihensignet]

XXVI, 121 S.

50.26.2.1975.252 A, 468, 708

[III] [ebs.]

[IV] [Z. 1 ebs.] | Nachdruck 1975

[I] [ebs.]

XXVI, 121 S.

50.27. Träume eines Geistersehers. Der Unterschied der Gegenden im Raume

50.27.1.1975.286 A, 61, 352, 385

[I] IMMANUEL KANT | Träume eines Geistersehers | Der Unterschied | der Gegenden im Raume | Unter Verwendung des Textes | von Karl Vorländer | mit einer Einleitung herausgegeben von | KLAUS REICH | [Reihensignet] | FELIX MEINER VERLAG | HAMBURG

[II] PHILOSOPHISCHE BIBLIOTHEK BAND 286 | 1905 Herausgegeben von Karl Vorländer (PhB 46 b) | 1975 Unter Verwendung des Textes von Karl Vorländer mit | einer Einleitung herausgegeben von Klaus Reich

XVIII, 96 S., 1 Bl. (bds. Vlgsanz.)

Z. 2 auf S. [II] bezieht sich auf die 2. Aufl. der 2. Abt. der von Vorländer hrsg. ›Kleineren Schriften zur Logik und Metaphysik‹ (hier 50.11.3); beide Schriften sind aber auch im Nachdruck von 1921 enthalten (50.11.4); sie erschienen in der PhB zuerst 1870 in der 3. Abt. der noch von Kirchmann hrsg. 1. Aufl. dieser ›Kleineren Schriften‹ (50.12.1).

50.28. Vermischte Schriften (und Briefwechsel)

Siehe die Vorbemerkung zu 50.4!

50.28.1.1873.57 A, 1a, 7, 34, 38, 83, 291, 385

[III] Immanuel Kant's | vermischte Schriften | und | Briefwechsel. || Herausgegeben und erläutert | von | J. H . v. Kirchmann. || Berlin, 1873. | L. Heimann's Verlag | (Erich Koschny).

[II] Philosophische Bibliothek | oder | Sammlung | der | Hauptwerke der Philosophie | alter und neuer Zeit. || Unter Mitwirkung namhafter Gelehrten | herausgegeben, beziehungsweise übersetzt, erläutert | und mit Lebensbeschreibungen versehen | von | J. H. v. Kirchmann. || Siebenundfunfzigster Band. | Immanuel Kant's vermischte Schriften und Briefwechsel. || Berlin, 1873. | L. Heimann's Verlag | (Erich Koschny).

VIII, 562 S.

Kirchmanns Erl. dazu erschienen separat, siehe 52.21.
Der Bd enthält folg. Kant-Schriften (siehe auch 50.28.5):

1. Beobachtungen über das Gefühl des Schönen und Erhabenen.
2. Über den Abenteurer Jan Pawlikowicz Komarnicki.
3. Versuch über die Krankheiten des Kopfes.
4. Von den verschiedenen Rassen der Menschen.
5. Das Basedow'sche Philanthropin betreffende Rezensionen und Aufsätze.
6. Bestimmung des Begriffs einer Menschenrasse.
7. Über den Gebrauch teleologischer Prinzipien in der Philosophie.
8. Über Schwärmerei und die Mittel dagegen.
9. Zu Sömmering über das Organ der Seele.
10. Sieben kleine Aufsätze aus den Jahren 1781–1791.
11. Zwei kleine Vorreden.
12. Über Pädagogik.
13. An Fräulein Charlotte v. Knobloch über Swedenborg.
14. Öffentliche Erklärungen.
15. Ehrendenksprüche auf verstorbene Kollegen.
16. Fragmente aus dem Nachlaß

S. 547–562 enthalten ›Drei Inhalts-Verzeichnisse zu Kant's sämmtlichen Werken.‹
Der Erscheinungsvermerk der dem Ex. 1a eingebundenen Vlgsbroschur lautet: »Heidelberg. | Verlag von Georg Weiss | (früher Erich Koschny's Verlag in Leipzig). | 1882.«.
Dem Ex. 83 fehlen das Reihentitelbl. und S. 561–562.

50.28.2.1898.57 14

[III] [Z. 1 ebs.] | Vermischte Schriften | [Z. 3–7 ebs.] || Berlin | Philos.-histor. Verlag Dr. R. Salinger. | 1898.

[II] [Z. 1–11 ebs.] || Siebenundfünfzigster Band. | [Z. 13 ebs.] || Berlin | Philos.-histor. Verlag Dr. R. Salinger. | 1898.

VIII, 546 S.

Dem Ex. 14 ist noch die vordere, Salinger'sche Vlgsbroschur eingebunden; deren Erscheinungsvermerk ist von der Dürr'schen Buchhandlung überstempelt (siehe hier S. 195, Anm. 53).

50.28.3.1898.50 5, 6, 12, 24, 31, 61, 62, 132, 188, 291, 294, 361, M36a

Bl. 1a Philosophische Bibliothek. | Band 50. || [Z. 3–9 wie vorh. Z. 1–7 auf S. III] | [Vlgssignet] | LEIPZIG. | VERLAG DER DÜRR'SCHEN BUCHHANDLUNG. | 1898.

1 Bl., S. [V]–VIII, 562 S.

Rückdatierte Titelaufl. oder Neudruck, zwischen 1900–06 entstanden; sie ist belegt in Buchholtz 8, 26 und Hinrichs 12.1, 147b.

50.28.4.(1919).50 4, 6, 8, 107

Bl. 1a Immanuel Kant | Vermischte Schriften und | Briefwechsel | [Z. 4–5 wie vorh. Z. 7–8] | J. H. v. Kirchmann. | [Reihensignet] | Der Philosophischen Bibliothek | Band 50 | Leipzig | Verlag von Felix Meiner

1 Bl., S. [V]–VIII, 546 S.

Titelaufl., vermutlich 1919 entstanden.

50.28.5.1922.50 A (2 Exe), 6, 8, 18, 20, 38, 61, 168, 361, 385

[I] IMMANUEL KANT | VERMISCHTE SCHRIFTEN | MIT EINLEITUNG, ANMERKUNGEN, PERSONEN- | UND SACHREGISTER NEU HERAUSGEGEBEN | VON | KARL VORLÄNDER | [Reihensignet] | DER PHILOSOPHISCHEN BIBLIOTHEK BAND 50 | LEIPZIG 1922 / VERLAG VON FELIX MEINER

LI, 324 S.

Der Bd enthält folg. Kant-Schriften:
1. Beobachtungen über das Gefühl des Schönen und Erhabenen. 1764.
2. Versuch über die Krankheiten des Kopfes. 1764.
3. Von den verschiedenen Rassen der Menschen. 1775 (1777).
4. Zwei Aufsätze, das Philanthropin betreffend. 1776/77.
5. Bestimmung des Begriffs einer Menschenrasse. 1785.
6. Über den Gebrauch teleologischer Prinzipien in der Philosophie. 1788.
7. Acht kleine Aufsätze aus den Jahren 1788–1791.
8. Über das Organ der Seele (Brief an Sömmering). 1796.
9. Eine Vorrede und eine Nachschrift. 1800.
10. Über Pädagogik. 1803;

dazu in einem Anhang Stücke aus dem Nachlaß, öffentliche Erklärungen und Denkverse.
Die Schriften 1 und 10 erschienen auch separat als Heft 56 und 57 der TA, siehe TA11.8 und TA11.20–21.

50.29. Die vier lateinischen Dissertationen

Die Ausg. enthält die 4 lat. Diss.: Meditationes de igne, Monadologia physica, Principiorum primorum cognitionis metaphysicae nova dilucidatio, De mundi sensibilis atque intelligibilis forma et principiis.
Zur Schrift ›De mundi . . .‹ siehe 50.5.

50.29.1.1878.76(II) 3, 12, 25, 26, 28, 38, 83, 291, 385

[III] Supplement-Band | zu | Kant's Werken. || Abtheilung II. | Die vier lateinischen Dissertationen Kant's. || Herausgegeben | von | J. H. v. Kirchmann. || Leipzig 1878. | Erich Koschny | (L. Heimann's Verlag).

[II] Philosophische Bibliothek | oder | Sammlung | der | Hauptwerke der Philosophie | alter und neuer Zeit. || Unter Mitwirkung namhafter Gelehrten | herausgegeben, beziehungsweise übersetzt, erläutert und | mit Lebensbeschreibungen versehen | von | J. H. v. Kirchmann. || Sechsundsiebenzigster Band. | Supplement-Band zu Kant's Werken. | Abtheilung II. Die vier lateinischen Dissertationen. || Leipzig 1878. | Erich Koschny | (L. Heimann's Verlag).

VI, 122 S.

Abt. 1, PhB 76(I), dieses Suppl.-Bds der WW bildet die ›Physische Geographie‹, hier 50.23.
Den Exn 26 und 83 fehlt das Reihentitelbl.
Den Exn 12 und 28 sind noch die Koschny'schen Vlgsbroschuren eingebunden.

50.29.2.1873.52 A (2 Exe), 5, 6, 24, 25, 361, M36a

Bl. 1a Philosophische Bibliothek. | Band 52. || [Z. 3–10 wie vorh. Z. 1–8 auf S. III] | [Vlgssignet] | LEIPZIG. | VERLAG DER DÜRR'SCHEN BUCHHANDLUNG. | 1873.

1 Bl., S. [V]–VI, 122 S.

Rückdatierte Titelaufl., zwischen 1900–06 entstanden; sie ist belegt in Buchholtz 8, 27 und Hinrichs 12.1, 147b.
Bei der rückdatierten Jahresangabe ›1873‹ handelt es sich höchstwahrscheinlich um einen Druckfehler; es hätte ›1878‹ heißen müssen: Die Ausg., auf die sich die vorl. Titelaufl. bezieht, ist 1878 erschienen; auf dem Vorderdeckel des Exs 24 lautet das Jahr ›1878‹; der Fehler wurde dann durch einen Titelbl.-Neudruck bereinigt, siehe die nachfolg. Ausg. 50.29.3.
Dem Ex. 6 fehlen die S. 113–122.

50.29.3.1878.52 62, 294

Bl. 1a [Z. 1–13 ebs.] | 1878.

1 Bl., S. [V]–VI, 122 S.

Rückdatierte Titelaufl., zwischen 1900–06 entstanden; sie ist belegt im NUC 289, 332a.
Im Erscheinungsvermerk ist die Jahresangabe korrigiert; siehe die vorh. Ausg. 50.29.2.

50.29.4.(1911).52 A, 18, 132, 468, Walb1

Bl. 1a Philosophische Bibliothek | [Z. 2–10 ebs.] || VERLAG VON FELIX MEINER IN LEIPZIG.

1 Bl., S. [V]–VI, 122 S., (2 Bl.: ›Sachlich geordnetes Verzeichnis der Schriften Kants‹)

Titelaufl., 1911 entstanden.

51.
Sören Kierkegaard
1813–1855

51.1. Der Begriff Angst

51.1.1.1984.340

[III] SÖREN KIERKEGAARD | Der Begriff Angst | Übersetzt , mit Einleitung und Kommentar | herausgegeben von | HANS ROCHOL | FELIX MEINER VERLAG | HAMBURG

[IV] PHILOSOPHISCHE BIBLIOTHEK BAND 340

[I] [Reihensignet]

XCVI, 347 S., 2 Bl. (Bl. 2 bds. Vlgsanz.)

52.
Julius Hermann von Kirchmann
1802–1884

Die separat erschienenen *Erl.* Kirchmanns (viele Erl. befinden sich im Textbd; siehe auch S. 99) sind oft den betr. Textbdn beigebunden.

52.1–8: Erläuterungen zu Aristoteles

52.1. Erl. zur Nikomachischen Ethik

52.1.1.1876.69 3, 6, 7, 12, 21, 25, 28, 29, 30, 36, 64

[III] Erläuterungen | zur | Nikomachischen Ethik | des | Aristoteles. || Von | J. H. von Kirchmann. || Leipzig 1876. | Erich Koschny | (L. Heimann's Verlag).

[II] Philosophische Bibliothek | oder | Sammlung | der | Hauptwerke der Philosophie | alter und neuer Zeit. || Unter Mitwirkung namhafter Gelehrten | herausgegeben, beziehungsweise übersetzt, erläutert und | mit Lebensbeschreibungen versehen | von | J. H. v. Kirchmann. || Neunundsechzigster Band. | Erläuterungen zur Nikomachischen Ethik des Aristoteles. || Leipzig 1876. | Erich Koschny | (L. Heimann's Verlag).

VI, 209 S.

Erl.-Bd zur Textausg. 3.4.1.
Den Exn 12 , 28 und 29 sind noch die Koschny'schen Vlgsbroschuren eingebunden.
Dem Ex. 36 ist die Weiss'sche Vlgsbroschur zu Aristoteles' ›Nikomachischer Ethik‹ (von 1882) eingebunden.
In Ex. 64 fehlt das Reihentitelbl.

52.1.2.1876.6

Julius Hermann von Kirchmann: Erläuterungen zur Nikomachischen Ethik des Aristoteles. Leipzig: Dürr 1876. 1 Bl., S. [V]–VI, 209 S.
= PhB 6

Ein Ex. dieser zwischen 1900–06 entstandenen Titelaufl. konnte nicht beschafft werden, ist aber durch GK 6, 652b für die Staats- und Universitätsbibliothek Königsberg nachgewiesen. Rhode 98 fußt wohl auf dem GK-Nachweis.
Hinrichs 12.1 (1906–1909), 146b, verzeichnet diese Ausg. als vergriffen.

52.2. Erläuterungen zum Organon

Von Kirchmanns Erl. gibt es 3 einbändige Sammelausg.:

Sigle	Verlag, Jahr	hier
A	Weiss 1883	52.2.1
B	Dürr 1883	52.2.2
C	Meiner 1920/22	52.2.3

52.2.1: Sammelausg. A (Weiss 1883) 3

Julius Hermann von Kirchmann: Erläuterungen zu dem Organon des Aristoteles. 5

Bde in 1 Bd. [Titelbl. von Bd-Tln:] Leipzig: Koschny; [Gesamttitelbl. und Titelbl. von Bd-Tln:] Heidelberg: Weiss 1876–93.
= PhB 71, 73, 78, 90, 92

Die Ausg. ist auch belegt in GK 6, 689; NUC 297, 493c gibt für die Erl. zu den sophist. Widerlegungen statt PhB-Nr 92 fälschlich PhB-Nr 93 an.

Bl. 1a Erläuterungen | zu dem | ORGANON | des | Aristoteles. | Von | J. H. von Kirchmann. || Heidelberg. | Verlag von Georg Weiss. | 1883.

Übersicht des Exs 3 (der Ausg. A):

PhB	Jahr	Verlag	Kurztitel	hier
71	1876	Koschny	Erl. z. d. Kat. u. Hermen.	52.3.1
73	1877	Koschny	Erl. z. d. 1. Analytiken	52.4.1
78	1878	Koschny	Erl. z. d. 2. Analytiken	52.5.1
90	1883	Weiss	Erl. zur Topik	52.6.1
92	1883	Weiss	Erl. z. d. sophist. Widerl.	52.7.1

52.2.2: Sammelausg. B (Dürr 1883) 8, 18, 20, 294

Julius Hermann von Kirchmann: Erläuterungen zu dem Organon des Aristoteles. 5 Bde in 1 Bd. Leipzig: Dürr 1883 (1876–83).
= PhB 14–18

Die Tle dieser Sammelausg., die zwischen 1900–06 entstand, sind sämtlich rückdatierte Titelaufl.
Die Ausg. ist belegt in Rhode 144.

Bl. 1a Philosophische Bibliothek. | Band 14–18. || [Z. 3–9 wie vorh. Z. 1–7] | [Vlgssignet] | LEIPZIG. | VERLAG DER DÜRR'SCHEN BUCHHANDLUNG. | 1883.

Übersicht der Tle von Ausg. B:

PhB	Jahr	Kurztitel	hier
14	1876	Erl. z. d. Kat. u. Hermen.	52.3.2
15	1877	Erl. z. d. 1. Analytiken	52.4.2
16	1878	Erl. z. d. 2. Analytiken	52.5.2
17	1883	Erl. zur Topik	52.6.2
18	1883	Erl. z. d. sophist. Widerl.	52.7.2

Bei den Exn 18, 20 und 294 ist der Erscheinungsvermerk des Gesamttitelbl. mit einem Schildchen überklebt: »Leipzig. | Verlag von Felix Meiner.« Bei Ex. 18 ist auch noch der Erscheinungsvermerk der Tle 2–5 des Bds mit diesem Meiner-Schildchen überklebt.
Dem Ex. 18 ist ein 12seitiger Meiner-Prospekt von 1911 beigebunden; der Orig.-Meiner-Einband trägt auf dem Vorderdeckel den Text: »ARISTOTELES | Erläuterungen zu dem | ORGANON | [Reihensignet]«.
Ex. 20 hat einen Meiner-Einband und – wie Ex. 294 – einen eingebundenen PhB-Kat. vom Sept. 1913.
24 besitzt ein Ex. ohne Gesamttitelbl., das in den Tln mit Ausg. B übereinstimmt;

der Meiner-Einband trägt auf dem Vorderdeckel den Text: »ARISTOTELES | ORGANON | Erläuterungen | [Reihensignet]«; am Schluß ist ein PhB-Kat. von 1910/11 eingebunden.

NUC 297, 493c belegt zwei Exe mit F. Meiner und PhB-Nr 14–18. Ein Ex. datiert in seinen Tln aber von 1876–83. Bei diesem Ex. handelt es sich 1. entweder um die Sammelausg. B, bei der die Erscheinungsvermerke mit einem Meiner-Schildchen überklebt sind (jedenfalls handelt es sich um Titelaufl.: »apparently the edition of 1876–83 unchanged except for new general title-page«) oder 2. um die Sammelausg. C oder 3. – eher unwahrscheinlich – um eine hier nicht nachgewiesene Sammelausg.

52.2.3: Sammelausg. C (Meiner 1920/22) A, 38

Julius Hermann von Kirchmann: Erläuterungen zu dem Organon des Aristoteles. 5 Bde in 1 Bd. [Titelbl. von Bd-Tln:] Leipzig: Koschny 1876–78; Heidelberg: Weiss 1883; [Gesamttitelbl.:] Leipzig: Meiner o. J.
= PhB 14–18

Diese um 1920/22 entstandene Sammelausg. stellt 35 bis 45 Jahre alte Ausg. zusammen und ist in ihren Tln – bis auf die hier jw. fehlenden Reihentitelbl. – in ihren Tln mit Sammelausg. A identisch (siehe 52.2.1).
Beide vorgelegene Exe haben einen Meiner-Einband (wohl von 1923) und einen Vlgskat. vom Dez. 1922 eingebunden. Das ist insofern bemerkenswert, als die Sammelausg. der (Kirchmann'schen) Erl. in Meiners Vlgskat. nur bis zum Febr. 1920 verzeichnet ist.

Bl. 1a ERLÄUTERUNGEN | ZU DEM | [Z. 3 wie vorh. Z. 5] | DES | ARISTOTELES | VON | J. H. VON KIRCHMANN | [Reihensignet] | DER PHILOSOPHISCHEN BIBLIOTHEK BAND 14–18 | VERLAG VON FELIX MEINER IN LEIPZIG

52.3. Erl. zu den Kategorien und den Hermeneutiken

52.3.1.1876.71 3, 7, 12, 20, 21, 25, 29, 30, 36, UB Wien

[I] ERLÄUTERUNGEN | zu den | Kategorien und den Hermeneutiken | des | Aristoteles | von | J. H. v. Kirchmann. || Leipzig, 1876. | ERICH KOSCHNY. | (L. HEIMANN'S VERLAG.)

Bl. 1b Philosophische Bibliothek | oder | Sammlung | der | Hauptwerke der Philosophie | alter und neuer Zeit. || Unter Mitwirkung namhafter Gelehrten | herausgegeben, beziehungsweise übersetzt, erläutert | und mit Lebensbeschreibungen versehen | von | J. H. von Kirchmann. || Einundsiebenzigster Band. | Die Erläuterungen zu den Kategorien und den | Hermeneutiken des Aristoteles. || Leipzig, 1876. | ERICH KOSCHNY. | (L. Heimann's Verlag.)

1 Bl., V, 114 S., (1 Bl., bds. Vlgsanz.)

Erl.-Bd zur Textausg. 3.6.1.

Den Exn 12 und 29 sind noch die Koschny'schen Vlgsbroschuren eingebunden, deren Erscheinungsvermerk mit dem der Reihen- und Haupttitelseite identisch ist.
Bei Ex. 36 lautet der Erscheinungsvermerk der aufgeklebten Vlgsbroschur: »Heidelberg. | Verlag von Georg Weiss | (früher Erich Koschny's Verlag in Leipzig). | 1882.«

52.3.2.1876.14 6, 8, 18, 20, 24, 60, 294, Ka13

Bl. 1a Philosophische Bibliothek. | Band 14. | [Z. 3–9 wie vorh. Z. 1–7 auf S. I] | [Vlgssignet] | LEIPZIG. | VERLAG DER DÜRR'SCHEN BUCHHANDLUNG. | 1876.

1 Bl., S. [III]–V, 114 S., (1 Bl., bds. Vlgsanz.)

Rückdatierte Titelaufl., zwischen 1900–06 entstanden; sie ist belegt in Hinrichs 12.1, 146b und Buchholtz 8, 19.
Nach Rhode 149 gibt es auch Exe, in denen der Erscheinungsvermerk mit einem Meiner-Schildchen überklebt ist.

52.4. Erl. zu den Ersten Analytiken

52.4.1.1877.73 3, 7, 8, 20, 21, 25, 29, 30, 36, 38

Bl. 2a Erläuterungen | zu | den ersten Analytiken | des | Aristoteles. | Von | J. H. v. Kirchmann. || Leipzig, 1877. | ERICH KOSCHNY. | (L. HEIMANN'S VERLAG.)

Bl. 1b Philosophische Bibliothek | oder | Sammlung | der | Hauptwerke der Philosophie | alter und neuer Zeit. || Unter Mitwirkung namhafter Gelehrten | herausgegeben, beziehungsweise übersetzt, erläutert | und mit Lebensbeschreibungen versehen | von | J. H. von Kirchmann. || Dreiundsiebenzigster Band. | Erläuterungen | zu Aristoteles' ersten Analytiken. || Leipzig, 1877. | ERICH KOSCHNY. | (L. Heimann's Verlag.)

4 Bl., 260 S., 4 Taf.

Erl.-Bd zur Textausg. 3.9.1.
In einigen Exn befinden sich die 4 Taf. auf 8 Bl., in anderen auf 4 Faltbl.
In Ex. 36 lautet der Erscheinungsvermerk der eingebundenen Vlgsbroschur: »Heidelberg. | Verlag von Georg Weiss | (früher Erich Koschny's Verlag in Leipzig). | 1882.«
Dem Ex. 29 sind noch die Koschny'schen Vlgsbroschuren eingebunden. Hier sind die 4 Faltbl. hinter die hintere Vlgsbroschur gebunden, davor befindet sich noch 1 Bl. mit bds. Vlgsanz.

52.4.2.1877.15 6, 8, 18, 20, 24, 26, 294, Ka13

Bl. 1a Philosophische Bibliothek. | Band 15. || [Z. 3–9 wie vorh. Z. 1–7 auf

Bl. 2a] | [Vlgssignet] | LEIPZIG. | VERLAG DER DÜRR'SCHEN BUCHHANDLUNG. | 1877.

3 Bl., 260 S., 4 Taf.

Rückdatierte Titelaufl., zwischen 1900–06 entstanden; sie ist belegt in Hinrichs 12.1, 146b, Buchholtz 8, 19 und Rhode 33.
Für die 4 Taf. gilt das zur vorh. Ausg. Gesagte auch hier .
8 besitzt 2 Exe, von denen eines am Schluß des Bds 4 Faltbl. hat, das andere 1 Bl. mit bds. Vlgsanz. und 8 Bl. (mit 4 Taf.).
In Ex. 18 ist der Erscheinungsvermerk mit einem Schildchen überklebt: »Leipzig. | Verlag von Felix Meiner.«
In Ex. 20 und 294 fehlen die 4 Taf.

52.5. Erl. zu den Zweiten Analytiken

52.5.1.1878.78 3 (2 Exe), 7, 15, 20, 21, 25, 29, 38

[III] Erläuterungen | zu | den zweiten Analytiken | des | Aristoteles. | Von | J. H. v. Kirchmann. || Leipzig, 1878. | ERICH KOSCHNY. | (L. HEIMANN'S VERLAG.)

[II] Philosophische Bibliothek | oder | Sammlung | der | Hauptwerke der Philosophie | alter und neuer Zeit. || Unter Mitwirkung namhafter Gelehrten | herausgegeben, beziehungsweise übersetzt, erläutert | und mit Lebensbeschreibungen versehen | von | J. H. von Kirchmann. || Achtundsiebenzigster Band. | Erläuterungen | zu Aristoteles' zweiten Analytiken. || Leipzig, 1878. | ERICH KOSCHNY. | (L. Heimann's Verlag.)

VII, 190 S., (1 Bl., bds. Vlgsanz.)

Erl.-Bd zur Textausg. 3.10.1.
Dem Ex. 29 sind noch die Koschny'schen Vlgsbroschuren eingebunden.
GK 6, 612 heißt es : »Die Bibliothek 7 besitzt ein zweites Exemplar mit dem Umschlagtitel: Zweite Analytiken . . . ⟨Des Organon vierter Theil⟩. Heidelberg: Weiss 1882.« Dieses 2. Ex. konnte nicht beschafft werden. Weiss'sche Vlgsbroschuren belegt auch Rhode 28.

52.5.2.1878.16 6, 8, 18, 20, 24, 26, 294, Ka13

Bl. 1a Philosophische Bibliothek. | Band 16. || [Z. 3–9 wie vorh. Z. 1–7 auf S. III] | [Vlgssignet] | LEIPZIG. | VERLAG DER DÜRR'SCHEN BUCHHANDLUNG. | 1878.

1 Bl., S. [V]–VII, 190 S., (1 Bl., bds. Vlgsanz.)

Rückdatierte Titelaufl., zwischen 1900–06 entstanden; sie ist belegt in Hinrichs 12.1, 146b, Buchholtz 8, 19 und NUC 297, 494a.

Bei Ex. 18 ist der Erscheinungsvermerk mit einem Schildchen überklebt: »Leipzig. | Verlag von Felix Meiner.« Solche Exe belegt auch GK 6, 612 in den Bibliotheken 2, 3 und 6.

52.6. Erl. zur Topik

52.6.1.1883.90 3, 7, 8, 12, 15, 20, 21, 25, 29

Bl. 2a Erläuterungen | zur | Topik des Aristoteles. | Von | J. H. von Kirchmann. || Heidelberg. | Verlag von Georg Weiss | (früher Erich Koschny's Verlag in Leipzig). | 1883.

Bl. 1b Philosophische Bibliothek | oder | Sammlung | der | Hauptwerke der Philosophie | alter und neuer Zeit. || Unter Mitwirkung namhafter Gelehrten | herausgegeben, beziehungsweise übersetzt, erläutert | und mit Lebensbeschreibungen versehen | von | J. H. von Kirchmann. || Neunzigster Band. | Erläuterungen zur Topik des Aristoteles. || Heidelberg. | Verlag von Georg Weiss | (früher Erich Koschny's Verlag in Leipzig). | 1883.

3 Bl., 130 S.

Erl.-Bd zur Textausg. 3.11.1.
Dem Ex. 7 sind noch die Weiss'schen Vlgsbroschuren eingebunden.

52.6.2.1883.17 6, 8, 18, 20, 24, 62, 294, Ka13

Bl. 1a Philosophische Bibliothek | Band 17. || [Z. 3–6 wie vorh. Z. 1–4 auf Bl. 2a] | J. H. v. Kirchmann. | [Vlgssignet] | LEIPZIG. | VERLAG DER DÜRR'SCHEN BUCHHANDLUNG. | 1883.

2 Bl., 130 S.

Die Ausg. ist belegt in Hinrichs 12.1, 146b und Buchholtz 8, 19.
Bei den Exn handelt es sich entweder um rückdatierte Neudrucke (Ex. 8) oder um rückdatierte Titelaufl., die beide zwischen 1900–06 entstanden sind.
Bei Ex. 18 ist der Erscheinungsvermerk mit einem Schildchen überklebt: »Leipzig. | Verlag von Felix Meiner.« Auch Rhode 200 belegt solche Exe.

52.7. Erl. zu den Sophistischen Widerlegungen

52.7.1.1883.92 3 (2 Exe), 7, 8, 12, 15, 20, 21, 25, 29

Bl. 2a Erläuterungen | zu | Aristoteles' | sophistischen Widerlegungen. || Von | J. H. von Kirchmann. || Heidelberg. | Verlag von Georg Weiss | (früher Erich Koschny's Verlag in Leipzig). | 1883.

Bl. 1b Philosophische Bibliothek | oder | Sammlung | der | Hauptwerke der Philosophie | alter und neuer Zeit. || Unter Mitwirkung namhafter

Gelehrten | herausgegeben, beziehungsweise übersetzt, erläutert | und mit Lebensbeschreibungen versehen | von | J. H. von Kirchmann. || Zweiundneunzigster Band. | Erläuterungen | zu Aristoteles' sophistischen Widerlegungen. || Heidelberg. | Verlag von Georg Weiss | (früher Erich Koschny's Verlag in Leipzig). | 1883.

(1 Bl., bds. Vlgsanz.), 3 Bl., 64 S.

Erl.-Bd zur Textausg. 3.12.1.
Den Exn 7, 12 und 29 sind die Weiss'schen Vlgsbroschuren eingebunden.

52.7.2.1883.18 6, 8, 18, 20, 24, 62, 294, Ka13

Bl. 1a Philosophische Bibliothek. | Band 18. || [Z. 3–7 wie vorh. Z. 1–5 auf Bl. 2a] | J. H. v. Kirchmann. | [Vlgssignet] | LEIPZIG. | VERLAG DER DÜRR'SCHEN BUCHHANDLUNG. | 1883.

2 Bl., 64 S.

Die Ausg. ist belegt in Hinrichs 12.1, 146b, Buchholtz 8, 19 und Rhode 88.
Bei den Exn handelt es sich entweder um rückdatierte Neudrucke (Ex. 8) oder rückdatierte Titelaufl., die beide zwischen 1900–06 entstanden.
In Ex. 18 ist der Erscheinungsvermerk mit einem Schildchen überklebt: »Leipzig. | Verlag von Felix Meiner.«

52.8. Erl. zur Politik

52.8.1.1880.85 1a, 3, 7, 16, 20, 25

Bl. 2a Erläuterungen | zu des | Aristoteles | POLITIK. || Von | J. H. von Kirchmann. || Leipzig, 1880. | ERICH KOSCHNY. | (L. Heimann's Verlag.)

Bl. 1b Philosophische Bibliothek | oder | Sammlung | der | Hauptwerke der Philosophie | alter und neuer Zeit. || Unter Mitwirkung namhafter Gelehrten | herausgegeben, beziehungsweise übersetzt, erläutert | und mit Lebensbeschreibungen versehen | von | J. H. von Kirchmann. || Fünfundachtzigster Band. | Erläuterungen zu des Aristoteles Politik. || Leipzig, 1880. | ERICH KOSCHNY. | (L. Heimann's Verlag.)

4 Bl., 131 S., (2 Bl., jw. bds. Vlgsanz.)

Erl.-Bd zur Textausg. 3.15.1.

52.8.2.1880.8 60, 62, 352, Ka13

Bl. 1a Philosophische Bibliothek. | Band 8. || [Z. 3–8 wie vorh. Z. 1–6 auf Bl. 2a] | [Vlgssignet] | LEIPZIG. | VERLAG DER DÜRR'SCHEN BUCHHANDLUNG. | 1880.

3 Bl., 131 S., (2 Bl., jw. bds. Vlgsanz.)

Rückdatierte Titelaufl., zwischen 1900–06 entstanden; sie ist belegt in Hinrichs 12.1, 146b, GK 6, 707 und Rhode 168.
In den Exn 62 und 352 ist jw. der Erscheinungsvermerk mit einem Schildchen überklebt: »Leipzig. | Verlag von Felix Meiner.«

52.9–21: Erl. zu Kant

52.9. Erl. zu Kants Schriften (Sammelausg.)

52.9.1–2: Sammelausg. A (Weiss 1882)

Julius Hermann von Kirchmann: Erläuterungen zu Immanuel Kant's sämmtliche Werke. 12 Bde in 2 Bdn. [Titelbl. von Bd-Tln:] Berlin: Heimann 1869–73; Leipzig: Koschny 1875–81; Heidelberg: Weiss 1882; [Gesamttitelbl.:] Heidelberg: Weiss o. J.
= PhB 3, 8, 10, 20, 21, 54, 55, 58, 59 (2 Abt.), 60, 61

Die beiden Sammelbde haben zu Beginn jw. 1 Bl. mit Gesamttitel auf S. a und stellen alle vorhandenen Ausg. der Kirchmann'schen Erl. zu Kant zusammen. Die Reihenfolge der Tle der Bde ist vermutlich willkürlich.

52.9.1: Bd 1 83

Bl. 1a Erläuterungen | zu | Immanuel Kant's | sämmtliche Werke. || Von | J. H. v. Kirchmann. || Erster Band. || Heidelberg. | GEORG WEISS, Verlag.

52.9.2: Bd 2 83

Bl. 1a [Z. 1–6 ebs.] || Zweiter Band. || [Z. 8–9 ebs.]

Bd-Übersicht des Exs 83 (der Ausg. A):

Bd	PhB	Jahr	Verlag	Kurztitel, Aufl.	hier
1	3	1881	Koschny	Erl. z. Kr. d. r. V., 3. Aufl.	52.15.3
	8	1876	Koschny	Erl. z. Kr. d. p. V., 2. Aufl.	52.14.2
	10	1882	Weiss	Erl. z. Kr. d. U., 2. Aufl.	52.16.2
	55	1873	Heimann	Erl. z. Prolegomena, 1. Aufl.	52.18.1
	59, Abt. 1	1875	Koschny	Erl. z. Grundlegung u. Met. d. Sitten, 1. Aufl.	52.11.1
	54	1872	Heimann	Erl. z. Logik, 1. Aufl.	52.17.1
	20	1869	Heimann	Erl. z. Anthropologie, 1. Aufl.	52.10.1
2	21	1869	Heimann	Erl. z. Rel., 1. Aufl.	52.19.1
	58	1873	Heimann	Erl. z. Kl. Schr. z. Logik u. Met., 1. Aufl.	52.12.1
	59, Abt. 2	1875	Koschny	Erl. z. Kl. Schr. z. Ethik u. Rel.philos., 1. Aufl.	52.13.1
	60	1877	Koschny	Erl. z. Schr. z. Naturphilos.	52.20.1
	61	1878	Koschny	Erl. z. Verm. Schr. u. Briefw.	52.21.1

Das einzig vorgelegene Ex. 83 gehört zu einem Ex. von Kants Werkeausg. C (siehe 50.1.14–21), was durch die Rückentitel der Bde bestätigt wird.
Im vorl. Ex. fehlen die Reihentitelbl. der einzelnen Tle; deren PhB-Nrn sind also in der Ausg. selbst nicht ersichtlich.

52.9.3–4: Sammelausg. B (Dürr 1900)

Julius Hermann von Kirchmann: Erläuterungen zu Immanuel Kant's sämmtlichen Werken. 12 Bde in 2 Bdn. Leipzig: Dürr o. J. (1872–1900).
= PhB 54–64

Die 2bändige Sammelausg. vereinigt 12 Titelaufl. und ist zwischen 1900–06 entstanden.
Es konnte nur 1 Ex. von Bd 1 beschafft werden. Titelbl.-Wiedergabe und Übersicht der Tle von Bd 2 sind erschlossen. Die Ausg. ist auch belegt in NUC pre-1956, 297, 494a.

52.9.3: Bd 1 12

Bl. 1a Erläuterungen | zu | Immanuel Kant's sämmtlichen Werken | von | J. H. v. Kirchmann. | Erster Band. | Kritik der reinen Vernunft – Kritik der praktischen Ver- | nunft – Kritik der Urteilskraft – Anthropologie – Religion – | Prolegomena – Logik. | [Vlgssignet] | LEIPZIG. | VERLAG DER DÜRR'SCHEN BUCHHANDLUNG.

52.9.4: Bd 2

Bl. 1a [Z. 1–5 ebs.] | Zweiter Band. | [Titelangabe der Bd-Tle, vermutlich in 3 Z.] | [Z. 10–12 ebs.]

Bd-Übersicht der Ausg. B:

Bd	PhB	Jahr	Kurztitel	hier
1	53	1893	Erl. z. Kr. d. r. V.	52.15.5
	54	1876	Erl. z. Kr. d. p. V.	52.14.3
	55	1882	Erl. z. Kr. d. U.	52.16.3
	56	1893	Erl. z. Anthropologie	52.10.3
	57	1900	Erl. z. Religion	52.19.2
	58	1873	Erl. z. Prolegomena	52.18.2
	59	1872	Erl. z. Logik	52.17.2
2	60	1875	Erl. z. Grundlegung u. Metaphysik	52.11.2
	61	1873	Erl. z. Kl. Schr. z. Logik u. Met.	52.12.2
	62	1875	Erl. z. Kl. Schriften z. Ethik u. Religionsphilos.	52.13.2
	63	1877	Erl. z. Schr. z. Naturphilos.	52.20.2
	64	1878	Erl. z. Verm. Schr. u. Briefwechsel	52.21.2

Ex. 12 von Bd 1 hat den Rückentitel: »Kant's | WERKE || Erläuterungen | I«.

6 besitzt eine Sammelausg. mit PhB-Nrn 54–59 ohne Gesamttitelbl.

52.10. Erl. zur Anthropologie in pragmatischer Hinsicht

52.10.1.1869.20 3, 7, 20, 27, 29, 38, 294 (2 Exe)

[III] Erläuterungen | zu | Kant's Anthropologie | in pragmatischer Hinsicht | von | J. H. v. Kirchmann. || Berlin, 1869. | Verlag von L. Heimann. | Wilhelms-Strasse No. 91.

[II] Philosophische Bibliothek | oder | Sammlung | der | Hauptwerke der Philosophie | alter und neuer Zeit. || Unter Mitwirkung namhafter Gelehrten | herausgegeben, beziehungsweise übersetzt, erläutert | und mit Lebensbeschreibungen versehen | von | J. H. v. Kirchmann. || Zwanzigster Band. | Erläuterungen zu Kant's Anthropologie in pragmatischer Hinsicht. || Berlin, 1869. | Verlag von L. Heimann. | Wilhelms-Strasse No. 91.

VII, 92 S.

Erl.-Bd zur Textausg. 50.2.1.

52.10.2.1893.20 25

[III] [Z. 1–6 ebs.] || Berlin | PHILOS.-HISTOR. VERLAG | Dr. R. Salinger | 1893

[II] [Z. 1–10 ebs.] | J. H. von Kirchmann. || [Z. 12–14 ebs.] || Berlin | PHILOS.-HISTOR. VERLAG | Dr. R. Salinger | 1893

VII, 92 S.

Die Ausg. ist auch belegt in NUC 297, 494b.

52.10.3.1893.56 6, 12, 62, 180, 291, 385

Bl. 1a Philosophische Bibliothek. | Band 56. || [Z. 3–8 wie vorh. Z. 1–6 auf S. III] | [Vlgssignet] | LEIPZIG. | VERLAG DER DÜRR'SCHEN BUCHHANDLUNG. | 1893.

1 Bl., S. [V]–VII, 92 S.

Rückdatierte Titelaufl., zwischen 1900–06 entstanden.

52.11. Erl. zur Grundlegung zur Metaphysik der Sitten und zur Metaphysik der Sitten

52.11.1.1875.59(I) 7, 12, 25, 29, 36, 38, 180

[III] Erläuterungen | zu | Kant's Grundlegung | zur | Metaphysik der Sitten | und zu | Kant's Metaphysik der Sitten | oder den Anfangsgründen der Rechts- und | Tugendlehre | von | J. H. v. Kirchmann. | Abtheilung I. || Berlin 1875. | Erich Koschny | (L. Heimann's Verlag).

[II] Philosophische Bibliothek | oder | Sammlung | der | Hauptwerke der Philosophie | alter und neuer Zeit. || Unter Mitwirkung namhafter Gelehrten | herausgegeben, beziehungsweise übersetzt, erläutert | und mit Lebensbeschreibungen versehen | von | J. H. v. Kirchmann. || Neunundfünfzigster Band. Abth. I. | Erläuterungen zu Kant's Grundlegung zur Metaphysik | der Sitten. || Berlin 1875. | Erich Koschny | (L. Heimann's Verlag).

[49] Erläuterungen | zu | Kant's Metaphysik | der Sitten. | Abtheilung II.

X, 160 S.

Erl.-Bd zu den Textausg. 50.8.1 und 50.21.1.
Nicht miteinander zu verwechseln sind die Abt.-Zählungen: Vorl. Ausg. bildet Abt. I der PhB-Nr 59 (Abt. II bilden die Erl. zu den Kleineren Schriften zur Ethik und Religionsphilosophie, siehe 52.13); diese Ausg. ist in sich wiederum in 2 Abt. gegliedert.
Den Exn 7, 12 und 29 sind noch die Koschny'schen Vlgsbroschuren eingebunden.
Bei Ex. 36 lautet der Erscheinungsvermerk der vorderen, aufgeklebten Vlgsbroschur: »Heidelberg. | Verlag von Georg Weiss | (früher Erich Koschny's Verlag in Leipzig). | 1882.«
Ex. 12 fehlt das Reihentitelbl.

52.11.2.1875.60 62, 291

Bl. 1a Philosophische Bibliothek. | Band 60. || [Z. 3–14 wie vorh. Z. 1–12 auf S. III] | [Vlgssignet] | LEIPZIG. | VERLAG DER DÜRR'SCHEN BUCHHANDLUNG. | 1875.

1 Bl., S. [V]–X, 160 S.

Rückdatierte Titelaufl., zwischen 1900–06 entstanden.

52.12. Erl. zu den Kleineren Schriften über Logik und Metaphysik

52.12.1.1873.58 25, 29, 36, 38, 180

[III] Erläuterungen | zu | Immanuel Kant's | kleinern [sic] Schriften | über | Logik und Metaphysik | von | J. H. v. Kirchmann. || Berlin, 1873. | L. Heimann's Verlag | (Erich Koschny).

[II] Philosophische Bibliothek | oder | Sammlung | der | Hauptwerke der Philosophie | alter und neuer Zeit. || Unter Mitwirkung namhafter Gelehrten | herausgegeben, beziehungsweise übersetzt, erläutert | und mit Lebensbeschreibungen versehen | von | J. H. v. Kirchmann. || Achtundfunfzigster [sic] Band. | Erläuterungen zu Kant's kleinern [sic] logischen Schriften. || Berlin, 1873. | L. Heimann's Verlag | (Erich Koschny).

IX, 192 S.

Erl.-Bd zu der in 4 Abt. erschienenen Textausg. 50.10.1, 50.11.1, 50.12.1 und 50.13.1.
Dem Ex. 29 sind noch die Koschny'schen Vlgsbroschuren eingebunden.
Bei Ex. 36 lautet der Erscheinungsvermerk der aufgeklebten Vlgsbroschur: »Heidelberg. | Verlag von Georg Weiss | (früher Erich Koschny's Verlag in Leipzig). | 1882.«

52.12.2.1873.61 6, 12, 43, 62

Bl. 1a Philosophische Bibliothek. | Band 61. || [Z. 3–5 wie vorh. Z. 1–3 auf S. III] | kleineren Schriften | [Z. 7–10 wie vorh. Z. 5–8 auf S. III] | [Vlgssignet] | LEIPZIG. | VERLAG DER DÜRR'SCHEN BUCHHANDLUNG. | 1873.

1 Bl., S. [V]–IX, 190 S.

Rückdatierte Titelaufl., zwischen 1900–06 entstanden.

52.13. Erl. zu den Kleineren Schriften zur Ethik und Religionsphilosophie

52.13.1.1875.59(II) 7, 25, 36, 180

[III] Erläuterungen | zu | Kant's kleinern [sic] Schriften | zur Ethik | und | Religionsphilosophie | von | J. H. v. Kirchmann. || Leipzig 1875. | Erich Koschny | (L. Heimann's Verlag).

[II] Philosophische Bibliothek | oder | Sammlung | der | Hauptwerke der Philosophie | alter und neuer Zeit. || Unter Mitwirkung namhafter Gelehrten | herausgegeben, beziehungsweise übersetzt, erläutert | und mit Lebensbeschreibungen versehen | von | J. H. v. Kirchmann || Neunundfunfzigster [sic] Band. Abth. II. | Erläuterungen zu Kant's kleinern [sic] Schriften zur Ethik | und Religionsphilosophie. || Leipzig 1875. | Erich Koschny | (L. Heimann's Verlag).

VIII, 72 S.

Erl.-Bd zu der in 2 Abt. erschienenen Textausg. 50.9.1 und 50.3.1.
PhB-Nr 59(I) bildet die Erl. zur Grundlegung zur Metaphysik der Sitten und zur Metaphysik der Sitten (52.11.1).

In Ex. 7 ist das Reihentitelbl. falsch eingebunden (die Reihentitelseite bildet S. I); die Koschny'schen Vlgsbroschuren sind mit eingebunden.
In Ex. 36 lautet der Erscheinungsvermerk der aufgeklebten Vlgsbroschur: »Heidelberg. | Verlag von Georg Weiss | (früher Erich Koschny's Verlag in Leipzig). | 1882.«

52.13.2.1875.62 6, 12, 60, 62

Bl. 1a Philosophische Bibliothek. | Band 62. || [Z. 3–4 wie vorh. Z. 1–2 auf S. III] | Kant's kleineren Schriften | [Z. 6–10 wie vorh. Z. 4–8 auf S. III] | [Vlgssignet] | LEIPZIG. | VERLAG DER DÜRR'SCHEN BUCHHANDLUNG. | 1875.

1 Bl., S. [V]–VIII, 72 S.

Rückdatierte Titelaufl., zwischen 1900–06 entstanden; sie ist belegt in Hinrichs 12.1, 147a , NUC 297, 494b und Buchholtz 8, 47.

52.14. Erl. zur Kritik der praktischen Vernunft

52.14.1.1869.8 1a, 7, 34, 294

[3] Erläuterungen | zu | Kant's Kritik der praktischen Vernunft | von | J. H. v. Kirchmann. || Berlin, 1869. | Verlag von L. Heimann. | Wilhelms-Strasse No. 91.

[2] Philosophische Bibliothek | oder | Sammlung | der | Hauptwerke der Philosophie | alter und neuer Zeit. || Unter Mitwirkung namhafter Gelehrten | herausgegeben, beziehungsweise übersetzt, erläutert | und mit Lebensbeschreibungen versehen | von | J. H. von Kirchmann. || Achter Band. | Erläuterungen zu Kant's Kritik der praktischen | Vernunft. || Berlin, 1869. | Verlag von L. Heimann. | Wilhelms-Strasse No. 91.

68 S.

Erl.-Bd zur Textausg. 50.17.1.

52.14.2.1876.8 5, 17 (2 Exe), 25, 26, 38

[3] [Z. 1–2 ebs.] | KANT'S | Kritik der praktischen Vernunft | [Z. 5–6 wie vorh. Z. 4–5] | II. Auflage. || Leipzig, 1876. | ERICH KOSCHNY. | (L. Heimann's Verlag.)

[2] [Z. 1–14 ebs.] | II. Auflage. || Leipzig, 1876. | ERICH KOSCHNY. | (L. Heimann's Verlag.)

68 S.

In den Exn 5 und 26 fehlt jw. das Reihentitelbl.

52.14.3.1876.54 6, 12, 31, 60, 62, 75

Bl. 1a Philosophische Bibliothek. | Band 54. || [Z. 3–8 wie vorh. Z. 1–6 auf S. 3] | Zweite Auflage. | [Vlgssignet] | LEIPZIG. | VERLAG DER DÜRR'SCHEN BUCHHANDLUNG. | 1876.

1 Vl., S. [5]–68

Rückdatierte Titelaufl., zwischen 1900–06 entstanden; sie ist belegt in Hinrichs 12.1, 146b und Buchholtz 8, 27.

52.15. Erl. zur Kritik der reinen Vernunft

52.15.1.1869.3 A, 6, 7, 294

[III] Erläuterungen | zu | Kant's Kritik der reinen Vernunft | von | J. H. v. Kirchmann. || Berlin, 1869. | Verlag von L. Heimann, | Wilhelms-Strasse No. 91.

[II] Philosophische Bibliothek | oder | Sammlung | der | Hauptwerke der Philosophie | alter und neuer Zeit. || Herausgegeben, beziehungsweise übersetzt, erläutert | und mit Lebensbeschreibungen versehen | von | J. H. v. Kirchmann. || Dritter Band. | Erläuterungen zu Kant's Kritik der reinen Vernunft. || Berlin, 1869. | Verlag von L. Heimann, | Wilhelms-Strasse No. 91.

VIII, 111 S.

Erl.-Bd zur Textausg. 50.18.1.

52.15.2.1870.3 16, 20, 121, 294

[III] [Z. 1–5 ebs.] | Zweite Auflage. || Berlin, 1870. | Verlag von L. Heimann. | [Z. 9 wie vorh. Z. 8]

[II] [Z. 1–6 ebs.] || Unter Mitwirkung namhafter Gelehrten | herausgegeben, beziehungsweise übersetzt, erläutert | [Z. 9–13 wie vorh. Z. 8–12] | Zweite Auflage. || Berlin, 1870. | Verlag von L. Heimann. | [Z. 17 wie vorh. Z. 15]

VIII, 111 S.

Dem Ex. 121 sind noch die Heimann'schen Vlgsbroschuren eingebunden.

52.15.3.1881.3 7, 17, 21, 26, 38

[III] [Z. 1–5 ebs.] | Dritte Auflage. || Leipzig, 1881. | ERICH KOSCHNY. | (L. Heimann's Verlag.)

[II] [Z. 1–10 ebs.] | J. H. von Kirchmann. || [Z. 12–13 ebs.] | Dritte Auflage. || Leipzig, 1881. | ERICH KOSCHNY. | (L. Heimann's Verlag.)

VIII, 112 S.

In Ex. 7 lautet der Erscheinungsvermerk der eingebundenen Vlgsbroschur: »Heidelberg. | Verlag von Georg Weiss | (früher Erich Koschny's Verlag in Leipzig). | 1882.«
Ex. 26 fehlt das Reihentitelbl.

52.15.4.1893.3 6, 25, 30

[III] [Z. 1–5 ebs.] | Vierte Auflage. || Berlin. | PHILOS.-HISTOR. VERLAG | Dr. R. Salinger. | 1893.

[II] [Z. 1–7 ebs.] | begründet | [Z. 9–12 wie vorh. Z. 10–13] | Vierte Auflage. || Berlin. | PHILOS.-HISTOR. VERLAG | Dr. R. Salinger. | 1893.

VIII, 112 S.

In Ex. 6 ist das Reihentitelbl. falsch eingebunden: es bildet S. I.
In Ex. 30 fehlt das Reihentitelbl.

52.15.5.1893.53 6, 12, 62, 75, 291

Bl. 1a Philosophische Bibliothek. | Band 53. || [Z. 3–4 wie vorh. Z. 1–2 auf S. III] | KANT's | Kritik der reinen Vernunft | [Z. 7–9 wie vorh. Z. 4–6 auf S. III] | [Vlgssignet] | LEIPZIG. | VERLAG DER DÜRR'SCHEN BUCHHANDLUNG. | 1893.

1 Bl., S. [V]–VIII, 112 S.

Rückdatierte Titelaufl., zwischen 1900–06 entstanden.

52.16. Erl. zur Kritik der Urteilskraft

52.16.1.1869.10 7, 8, 12, 34, 294

[III] Erläuterungen | zu | Kant's Kritik der Urtheilskraft. | von [sic] | J. H. v. Kirchmann. || Berlin, 1869. | Verlag von L. Heimann. | Wilhelms-Strasse No. 91.

[II] Philosophische Bibliothek | oder | Sammlung | der | Hauptwerke der Philosophie | alter und neuer Zeit. || Unter Mitwirkung namhafter Gelehrten | herausgegeben, beziehungsweise übersetzt, erläutert | und mit Lebensbeschreibungen versehen | von | J. H. v. Kirchmann. || Zehnter Band. | Erläuterungen zu Kant's Kritik der Urtheilskraft. || Berlin, 1869. | Verlag von L. Heimann. | Wilhelms-Strasse No. 91.

VIII, 92 S.

Erl.-Bd zur Textausg. 50.19.1.
Dem Ex. 12 sind noch die Heimann'schen Vlgsbroschuren eingebunden.

52.16.2.1882.10 5, 25, 26, 38

[III] [Z. 1–3 ebs.] | Von | [Z. 5 ebs.] || Zweite durchgesehene Auflage. || Heidelberg. | Georg Weiss, Universitäts-Buchhandlung. | 1882.

[II] [Z. 1–10 ebs.] | J. H. von Kirchmann. || [Z. 12–13 ebs.] || Zweite durchgesehene Auflage. || Heidelberg. | Georg Weiss, Universitäts-Buchhandlung. | 1882.

VIII, 92 S.

Den Exn 5 und 26 fehlt jw. das Reihentitelbl.

52.16.3.1882.55 6, 12, 29, 60, 62, 291

Bl. 1a Philosophische Bibliothek. | Band 55. || [Z. 3–8 wie vorh. Z. 1–6 auf S. III] | [Vlgssignet] | LEIPZIG. | VERLAG DER DÜRR'SCHEN BUCHHANDLUNG. | 1882.

1 Bl., S. [V]–VIII, 92 S.

Rückdatierte Titelaufl., zwischen 1900–06 entstanden; sie ist belegt in Hinrichs 12.1, 146b und Buchholtz 8, 27.

52.17. Erl. zur Logik

52.17.1.1872.54 7, 8, 20, 25, 38

[III] Erläuterungen | zu | Kant's Logik. || Von | J. H. von Kirchmann. || Berlin, 1872. | L. Heimann's Verlag | (Erich Koschny).

[II] Philosophische Bibliothek | oder | Sammlung | der | Hauptwerke der Philosophie | alter und neuer Zeit. || Unter Mitwirkung namhafter Gelehrten | herausgegeben, beziehungsweise übersetzt, erläutert | und mit Lebensbeschreibungen versehen | von | J. H. v. Kirchmann. || Vierundfunfzigster [sic] Band. | Erläuterungen zu Kant's Logik. || Berlin, 1872. | L. Heimann's Verlag | (Erich Koschny).

IX, 117 S.

Erl.-Bd zur Textausg. 50.20.1.
Dem Ex. 7 sind noch die Koschny'schen Vlgsbroschuren eingebunden.

52.17.2.1872.59 6, 12, 60, 62, 291

Bl. 1a Philosophische Bibliothek. | Band 59. || [Z. 3–6 wie vorh. Z. 1–4 auf S. III] | J. H. v. Kirchmann. | [Vlgssignet] | LEIPZIG. | VERLAG DER DÜRR'SCHEN BUCHHANDLUNG. | 1872.

1 Bl., S. [V]–IX, 117 S.

Rückdatierte Titelaufl., zwischen 1900–06 entstanden; sie ist belegt in Hinrichs 12.1, 146b und Buchholtz 8, 38.

52.18. Erl. zu den Prolegomena

52.18.1.1873.55 8, 17, 20, 25, 26, 38

[III] Erläuterungen | zu | Kant's Prolegomenen | zu | einer jeden künftigen Metaphysik, die als Wissen- | schaft wird auftreten können. | Von | J. H. von Kirchmann. || Berlin, 1873. | L. Heimann's Verlag | (Erich Koschny).

[II] Philosophische Bibliothek | oder | Sammlung | der | Hauptwerke der Philosophie | alter und neuer Zeit. || Unter Mitwirkung namhafter Gelehrten | herausgegeben, beziehungsweise übersetzt, erläutert | und mit Lebensbeschreibungen versehen | von | J. H. v. Kirchmann. || Fünfundfunfzigster [sic] Band. | Erläuterungen zu Kant's Prolegomenen. || Berlin, 1873. | L. Heimann's Verlag | (Erich Koschny).

IX, 98 S.

Erl.-Bd zur Textausg. 50.24.1.
In Ex. 26 fehlt das Reihentitelbl.

52.18.2.1873.58 6, 12, 60, 62

Bl. 1a Philosophische Bibliothek. | Band 58. || [Z. 3–4 wie vorh. Z. 1–2 auf S. III] | Kant's Prolegomena | [Z. 6–9 wie vorh. Z. 4–7 auf S. III] | J. H. v. Kirchmann. | [Vlgssignet] | LEIPZIG. | VERLAG DER DÜRR'SCHEN BUCHHANDLUNG. | 1873.

1 Bl., S. [V]–IX, 98 S.

Rückdatierte Titelaufl., zwischen 1900–06 entstanden.

52.19. Erl. zur Religion innerhalb der Grenzen der bloßen Vernunft

52.19.1.1869.21 3, 20, 36, 38, 121, 294 (2 Exe)

[III] Erläuterungen | zu | Kant's Religion | innerhalb der Grenzen der blossen | Vernunft | von | J. H. v. Kirchmann. || Berlin, 1869. | Verlag von L. Heimann. | Wilhelms-Strasse No. 91.

[II] Philosophische Bibliothek | oder | Sammlung | der | Hauptwerke der Philosophie | alter und neuer Zeit. || Unter Mitwirkung namhafter Gelehrten | herausgegeben, beziehungsweise übersetzt, erläutert | und mit Lebensbeschreibungen versehen | von | J. H. v. Kirchmann. || Einundzwanzigster Band. | Erläuterungen zu Kant's Religion innerhalb der Grenzen | der blossen Vernunft. || Berlin, 1869. | Verlag von L. Heimann. | Wilhelms-Strasse No. 91.

XVI, 66 S.

Erl.-Bd zur Textausg. 50.25.1.
Bei Ex. 36 lautet der Erscheinungsvermerk der aufgeklebten Vlgsbroschur: »Heidelberg. | Verlag von Georg Weiss | (früher Erich Koschny's Verlag in Leipzig.) | 1882.«

52.19.2.1900.57 A, 1a, 6, 12, 60, 62, 291

[I] Philosophische Bibliothek. | Band 57. || [Z. 3–9 wie vorh. Z. 1–7 auf S. III] | Zweite Auflage. | [Vlgssignet] | Leipzig. | Verlag der Dürr'schen Buchhandlung. | 1900.

XIV, 66 S.

52.20. Erl. zu den Schriften zur Naturphilosophie

52.20.1.1877.60 7, 12, 25, 29, 36, 38, 93, 180

[III] Erläuterungen | zu | Kant's Schriften | zur | Naturphilosophie. || Herausgegeben | von | J. H. v. Kirchmann. || Leipzig 1877. | Erich Koschny | (L. Heimann's Verlag).

[II] Philosophische Bibliothek | oder | Sammlung | der | Hauptwerke der Philosophie | alter und neuer Zeit. || Unter Mitwirkung namhafter Gelehrten | herausgegeben, beziehungsweise übersetzt, erläutert und | mit Lebensbeschreibungen versehen | von | J. H. v. Kirchmann. || Sechszigster [sic] Band. | Erläuterungen zu Kant's Schriften zur Naturphilosophie. || Leipzig 1877. | Erich Koschny | (L. Heimann's Verlag).

XV, 184 S.

Erl.-Bd zu der in 2 Abt. erschienenen Textausg. 50.14.1 und 50.15.1.
Den Exn 12 und 29 sind die Koschny'schen Vlgsbroschuren eingebunden.
Bei Ex. 36 lautet der Erscheinungsvermerk der aufgeklebten Vlgsbroschur: »Heidelberg. | Verlag von Georg Weiss | (früher Erich Koschny's Verlag in Leipzig). | 1882.«

52.20.2.1877.63 6, 60, 62

Bl. 1a Philosophische Bibliothek. | Band 63. || [Z. 3–10 wie vorh. Z. 1–8 auf S. III] | [Vlgssignet] | LEIPZIG. | VERLAG DER DÜRR'SCHEN BUCHHANDLUNG. | 1877.

1 Bl., S. [V]–XV, 184 S.

Rückdatierte Titelaufl., zwischen 1900–06 entstanden.

52.21. Erl. zu den Vermischten Schriften und Briefwechsel

52.21.1.1878.61 7, 12, 25, 36, 38, 180

[III] Erläuterungen | zu | Kant's vermischten Schriften | und | Briefwechsel. || Herausgegeben | von | J. H. v. Kirchmann. || Leipzig 1878. | Erich Koschny | (L. Heimann's Verlag).

[II] Philosophische Bibliothek | oder | Sammlung | der | Hauptwerke der Philosophie | alter und neuer Zeit. || Unter Mitwirkung namhafter Gelehrten | herausgegeben, beziehungsweise übersetzt, erläutert und | mit Lebensbeschreibungen versehen | von | J. H. v. Kirchmann. || Einundsechszigster [sic] Band. | Die Erläuterungen zu Kant's vermischten Schriften | und Briefen. [sic] || Leipzig 1878. | Erich Koschny | (L. Heimann's Verlag).

VIII, 87 S.

Erl.-Bd zur Textausg. 50.28.1.
Den Exn 7 und 12 sind die Koschny'schen Vlgsbroschuren eingebunden.
Bei Ex. 36 lautet der Erscheinungsvermerk der aufgeklebten Vlgsbroschur: »Heidelberg. | Verlag von Georg Weiss | (früher Erich Koschny's Verlag in Leipzig). | 1882.«

52.21.2.1878.64 6, 60, 62, 291

Bl. 1a Philosophische Bibliothek. | Band 64. || [Z. 3–10 wie vorh. Z. 1–8 auf S. III] | [Vlgssignet] | LEIPZIG. | VERLAG DER DÜRR'SCHEN BUCHHANDLUNG. | 1878.

1 Bl., S. [V]–VIII, 87 S.

Rückdatierte Titelaufl., zwischen 1900–06 entstanden; sie ist belegt in Hinrichs 12.1, 147a und Buchholtz 8, 27.

52.22–23: Erl. zu Leibniz

52.22. Erl. zu den Kleineren, philosophisch wichtigeren Schriften

52.22.1.1879.82 20, 25, 38, 61, 180, 478

[3] Erläuterungen | zu | LEIBNIZ' | kleineren, philosophisch wichtigeren Schriften | von | J. H. v. Kirchmann. || Leipzig, 1879. | ERICH KOSCHNY. | (L. Heimann's Verlag.)

[2] Philosophische Bibliothek | oder | Sammlung | der | Hauptwerke der Philosophie | alter und neuer Zeit. || Unter Mitwirkung namhafter Gelehrten | herausgegeben, beziehungsweise übersetzt, erläutert | und mit Lebensbeschreibungen versehen | von | J. H. von Kirchmann. || Zweiundachtzigster Band. | Erläuterungen zu Leibniz' | kleineren,

philosophisch wichtigeren Schriften. ‖ Leipzig, 1879. | ERICH KOSCHNY. | (L. Heimann's Verlag.)

200 S.

Erl.-Bd zur Textausg. 56.7.1.
In Ex. 25 sind die S. 1–6 falsch eingebunden.
In Ex. 61 lautet der Erscheinungsvermerk der aufgeklebten Vlgsbroschur: »Heidelberg. | Verlag von Georg Weiss | (früher Erich Koschny's Verlag in Leipzig). | 1882.«

52.22.2.1879.74 6, 31, 62, 121

Bl. 1a Philosophische Bibliothek. | Band 74. ‖ [Z. 3–8 wie vorh. Z. 1–6 auf S. 3] | [Vlgssignet] | LEIPZIG. | VERLAG DER DÜRR'SCHEN BUCHHANDLUNG. | 1879.

1 Bl., S. [5]–200

Rückdatierte Titelaufl., zwischen 1900–06 entstanden; sie ist belegt in Hinrichs 12.1, 147a, NUC 297, 495b und Buchholtz 8, 28.

52.23. Erl. zur Theodizee

52.23.1.1879.80 12, 20, 25, 38, 180

[3] Erläuterungen | zur | THEODICEE | von | LEIBNIZ. ‖ Von | J. H. von Kirchmann. ‖ Leipzig. | ERICH KOSCHNY | (L. Heimann's Verlag). | 1879.

[2] Philosophische Bibliothek | oder | Sammlung | der | Hauptwerke der Philosophie | alter und neuer Zeit. ‖ Unter Mitwirkung namhafter Gelehrten | herausgegeben, beziehungsweise übersetzt, erläutert | und mit Lebensbeschreibungen versehen | von | J. H. von Kirchmann. ‖ Achtzigster Band. | Erläuterungen zur „Theodicee" von Leibniz. ‖ Leipzig. | ERICH KOSCHNY | (L. Heimann's Verlag). | 1879.

162 S.

Erl.-Bd zur Textausg. 56.11.1.
Dem Ex. 12 sind noch die Koschny'schen Vlgsbroschuren eingebunden.

52.23.2.1879.72 6, 62, 115

Bl. 1a Philosophische Bibliothek. | Band 72. ‖ [Z. 3–8 wie vorh. Z. 1–6 auf S. 3] | J. H. v. Kirchmann. | [Vlgssignet] | LEIPZIG. | VERLAG DER DÜRR'SCHEN BUCHHANDLUNG. | 1879.

1 Bl., S. [5]–162

Rückdatierte Titelaufl., zwischen 1900–06 entstanden; sie ist belegt in Hinrichs 12.1, 147a und Buchholtz 8, 44.

52.24–25: Erl. zu Locke

Kirchmanns Erl. zu Lockes Versuch über den menschlichen Verstand erschienen – wie auch die Textausg. 60.3.1 und 60.4.1 – in 2 Abt. (1873 und 1874). Diese wurden offenbar in 2 Titelbl.-Versionen ausgeliefert:

1. Abt. 1 und Abt. 2 in 2 separaten Buchbinderbdn, beide jw. mit Haupt- und Reihentitelbl., wobei der Bd zu Abt. 1 weder auf Haupt- noch auf Reihentitelseite einen Hinweis darauf enthält, daß es sich dabei um Abt. 1 handelt. Auch ist die Titelangabe auf der Reihentitelseite nicht korrekt (siehe 52.24.1).
2. Abt. 1 und Abt. 2 in 1 Buchbinderbd mit nur 1 Reihentitelbl., nämlich dem, das auch Abt. 1 vorgebunden ist (hier S. II von 52.24.1) und das dann hier als Reihentitelbl. zu beiden Abt. fungiert.

Die folg. Verzeichnung geht von Möglichkeit 1 – der korrekten Bd-Ausstattung – aus.

52.24. Erl. zum Versuch über den menschlichen Verstand I

52.24.1.1873.52(I) 8, 17, 25, 29, 38, 294 (2 Exe), 705

[III] Erläuterungen | zu | John Locke's | Versuch | über | den menschlichen Verstand. || Von | J. H. von Kirchmann. || Berlin, 1873. | L. Heimann's Verlag | (Erich Koschny).

[II] Philosophische Bibliothek | oder | Sammlung | der | Hauptwerke der Philosophie | alter und neuer Zeit. || Unter Mitwirkung namhafter Gelehrten | herausgegeben, beziehungsweise übersetzt, erläutert | und mit Lebensbeschreibungen versehen | von | J. H. v. Kirchmann. || Zweiundfunfzigster [sic] Band. | Locke, Ueber den menschlichen Verstand. [sic] || Berlin, 1873. | L. Heimann's Verlag | (Erich Koschny).

V, 169 S.

Erl.-Bd zur Textausg. 60.3.1.
Weder Haupt- noch Reihentitelseite enthalten einen Hinweis auf die Abt. 1. Die PhB-Bd-Angabe (Z. 12 auf S. II) betrifft beide Abt., ist also nur für Abt. 1 nicht korrekt. Die Titelangabe der Reihentitelseite (Z. 13 auf S. II) ist nicht korrekt, denn es handelt sich nicht um den Textbd zu Lockes ›Versuch über den menschlichen Verstand‹, sondern um Kirchmanns Erl. dazu.
Dem Ex. 29 sind noch die Koschny'schen Vlgsbroschuren eingebunden.
Ex. 38 fehlt das Reihentitelbl.

52.24.2.1873.77 62

Bl. 1a Philosophische Bibliothek. | Band 77. || [Z. 3–8 wie vorh. Z. 1–6 auf

S. III] ‖ Abteilung I. ‖ Von | J. H. v. Kirchmann. | [Vlgssignet] | LEIPZIG. | VERLAG DER DÜRR'SCHEN BUCHHANDLUNG. | 1873.

1 Bl., S. [IV]–V, 169 S.

Rückdatierte Titelaufl., zwischen 1900–06 entstanden; sie ist belegt in Hinrichs 12.1, 147a.

52.25. Erl. zum Versuch über den menschlichen Verstand II

52.25.1.1874.52(II) A (2 Exe), 8, 25, 29, 38, 294, 705

Bl. 2a Erläuterungen | zu | John Locke's | Versuch | über | den menschlichen Verstand. ‖ Abtheilung II. ‖ Von | J. H. v. Kirchmann. ‖ Berlin, 1874. | Erich Koschny | (L. Heimann's Verlag.)

Bl. 1b Philosophische Bibliothek | oder | Sammlung | der | Hauptwerke der Philosophie | alter und neuer Zeit. ‖ Unter Mitwirkung namhafter Gelehrten | herausgegeben, beziehungsweise übersetzt, erläutert | und mit Lebensbeschreibungen versehen | von | J. H. v. Kirchmann. ‖ Zweiundfunfzigster [sic] Band. Abth. II. | Erläuterungen zu Locke's Versuch über den menschl. | Verstand. ‖ Berlin, 1874. | Erich Koschny | (L. Heimann's Verlag.)

3 Bl., 134 S.

Erl.-Bd zur Textausg. 60.4.1.
Dem Ex. 29 sind noch die Koschny'schen Vlgsbroschuren eingebunden; auf der vorderen Broschur heißt es »Band II.« statt ›Abth. I‹.
Ex. 294 fehlt das Reihentitelbl.
Das Vlgsarchiv des Meiner-Vlgs besitzt 2 Exe der 2. Abt.; beiden fehlt das Reihentitelbl., und beiden ist ein PhB-Kat. vom Sept. 1921 (!) eingebunden. Das eine Ex. hat einen Meiner-Einband, auf dessen Rücken unten der Quertitel lautet: »Bd. 78 | Meiner | Leipzig«. Die »Erläuterungen zu Bd. II« (= Abt. 2) werden in Meiners Vlgskat. zuletzt im Sept. 1912 angeboten (denn schon 1911 war die von Carl Winckler hrsg. Neuausg. als PhB 76 erschienen, siehe 60.4.3). Richtigerweise handelt es sich bei der PhB-Bdzählung auf dem Rücken um die neue Zählung (PhB 78). Auch Ex. 38 hat einen Meiner-Einband mit eingebundenem PhB-Kat. vom Sept. 1921; das Reihentitelbl. fehlt.

52.25.2.1874.78 15, 62

Bl. 1a Philosophische Bibliothek. | Band 78. ‖ [Z. 3–8 wie vorh. Z. 1–6 auf Bl. 2a] ‖ Abteilung II. ‖ [Z. 10–11 wie vorh. Z. 8–9 auf Bl. 2a] | [Vlgssignet] | LEIPZIG. | VERLAG DER DÜRR'SCHEN BUCHHANDLUNG. | 1874.

2 Bl., 134 S.

Rückdatierte Titelaufl., zwischen 1900–06 entstanden; sie ist belegt in Hinrichs 12.1, 147a und Buchholtz 8, 29.

NUC 297, 494a, verzeichnet unter Nr 0161360 eine Ausg.: ›Berlin: E. Koschny 1874. PhB 78‹. Möglicherweise handelt es sich dabei um die 1. Ausg. 52.25.1 mit einem späteren (Dürr'schen) Einband, dem die spätere PhB-Nr zu entnehmen ist.

52.26–31: Erl. zu Spinoza

52.26. Erl. zu Spinozas Schriften (Sammelausg.)

52.26.1: Sammelausg. A (Heimann 1872) 25, 61, B701

Julius Hermann von Kirchmann: Erläuterungen zu Spinoza's sämmtlichen philosophischen Schriften. 5 Bde in 1 Bd. Berlin: Heimann 1872 (1871–72).
= PhB 5, 36, 42, 45, 47

Bl. 1b Erläuterungen | zu | Spinoza's | sämmtlichen philosophischen Schriften | von | J. H. v. Kirchmann. || BERLIN, 1872. | Verlag von L. Heimann. | 84. Wilhelms-Strasse 84.

Daß es sich um Erl. zu Spinoza's *sämtlichen* philosophischen Schriften handelt – wie es im Titel heißt –, ist nicht korrekt: Die 1869 von C. Schaarschmidt hrsg. ›Kurze Abhandlung von Gott‹ blieb ohne Erl.

Übersicht der Exe 61 und B701 (der Ausg. A):

PhB	Jahr	Kurztitel	hier
5	1871	Erl. z. Ethik, 2. Aufl.	52.30.2
42	1871	Erl. z. Bearb. d. Prinz. Descartes'	52.28.1
36	1871	Erl. zur theolog.-polit. Abhandlung	52.31.1
45	1871	Erl. z. Abhandlung üb. d. Verb. d. Verstandes u. d. Polit. Abhandlung	52.27.1
47	1872	Erl. z. Briefwechsel	52.29.1

Nur bei Tl 1 der Exe 25, 61 und B701 (PhB 5) fehlt das Reihentitelbl.; an dessen Stelle befindet sich das Gesamttitelbl.
Bei Ex. 25 fehlen die Tle 2–5.

52.26.2: Sammelausg. B (Dürr 1872)

Julius Hermann von Kirchmann: Erläuterungen zu Spinoza's sämmtlichen philosophischen Schriften. 5 Bde in 1 Bd. Leipzig: Dürr 1872 (1871–72).
= PhB 97–101

Weder konnte diese Ausg. bibliographisch nachgewiesen, noch konnte ein Ex. dieser Ausg. beschafft werden. Diese Ausg. hat es aber mit großer Wahrscheinlichkeit gegeben: 5 Dürr'sche Titelaufl. hinter einem Gesamttitelbl. vereinigt. Diese zwischen 1900–06 entstandene Ausg. würde enthalten haben:

PhB-Nr	Jahr	Kurztitel	hier
97	1900	Erl. z. Ethik, 3. Aufl.	52.30.3
98	1871	Erl. z. Bearb. d. Prinz. Descartes'	52.28.2

PhB-Nr	Jahr	Kurztitel	hier
99	1871	Erl. z. theolog.-polit. Abhandlung	52.31.2
100	1871	Erl. z. Abhandlung üb. d. Verb. d. Verstandes u. d. Polit. Abhandlung	52.27.2
101	1872	Erl. z. Briefwechsel	52.29.2

52.27: Erl. zur Abhandlung über die Verbesserung des Verstandes und zur Politischen Abhandlung

52.27.1.1871.45 7, 16, 25, 29, 31, 38, 43, 46, 61, B701

[3] Erläuterungen | zu | Benedict von Spinoza's | Abhandlung | über die | Verbesserung des Verstandes | und zu dessen | Politischer Abhandlung | von | J. H. von Kirchmann. || Berlin, 1871. | Verlag von L. Heimann. | Wilhelms-Strasse No. 84.

[2] Philosophische Bibliothek | oder | Sammlung | der | Hauptwerke der Philosophie | alter und neuer Zeit. | Unter Mitwirkung namhafter Gelehrten | herausgegeben, beziehungsweise übersetzt, erläutert | und mit Lebensbeschreibungen versehen | von | J. H. v. Kirchmann. || Fünfundvierzigster Band. | Erläuterungen zu Spinoza's Abhandlung über die Ver- | besserung des Verstandes, und zu dessen politischer | Abhandlung. || Berlin, 1871. | Verlag von L. Heimann, | Wilhelms-Strasse No. 84.

136 S.

Erl.-Bd zur Textausg. 95.2.1.
Dem Ex. 29 sind noch die Heimann'schen Vlgsbroschuren eingebunden.
In Ex. 31 sind Haupt- und Reihentitelbl. falsch eingebunden.
In Ex. 46 fehlt das Reihentitelbl.

52.27.2.1871.100 1a, 6, 7, 8, 12, 62, 121, UB Wien

Bl. 1a Philosophische Bibliothek. | Band 100. || [Z. 3–11 wie vorh. Z. 1–9 auf S. 3] | J. H. v. Kirchmann. | [Vlgssignet] | LEIPZIG. | VERLAG DER DÜRR'SCHEN BUCHHANDLUNG. | 1871.

1 Bl., S. [5]–136

Rückdatierte Titelaufl., zwischen 1900–06 entstanden; sie ist belegt in Hinrichs 12.1, 147a und Buchholtz 8, 37.

52.27.3.(1911).100 18

Bl. 1a [Z. 1–12 ebs.] || LEIPZIG | VERLAG VON FELIX MEINER.

1 Bl., S. [5]–136

Titelaufl., höchstwahrscheinlich 1911 entstanden.
Im einzig vorgelegenen Ex. fehlen S. 65–136.

52.28. Erl. zur Bearbeitung der Prinzipien der Philosophie des René Descartes

52.28.1.1871.42 — 7, 16, 20, 25, 29, 31, 37, 38, 43, 46, 61, B701

Bl. 2a Erläuterungen | zu | Benedict von Spinoza's | Bearbeitung | der | Prinzipien der Philosophie | des | René Descartes | von | J. H. von Kirchmann. || Berlin, 1871. | Verlag von L. Heimann. | Wilhelms-Strasse No. 84.

Bl. 1b Philosophische Bibliothek | oder | Sammlung | der | Hauptwerke der Philosophie | alter und neuer Zeit. || Unter Mitwirkung namhafter Gelehrten | herausgegeben, beziehungsweise übersetzt, erläutert | und mit Lebensbeschreibungen versehen | von | J. H. v. Kirchmann. || Zweiundvierzigster Band. | Erläuterungen zu Spinoza's Prinzipien des Descartes. || Berlin, 1871. | Verlag von L. Heimann, | Wilhelms-Strasse No. 84.

2 Bl., 112 S.

Erl.-Bd zur Textausg. 95.5.1.
Dem Ex. 29 sind noch die Heimann'schen Vlgsbroschuren eingebunden.
Ex. 46 fehlt das Reihentitelbl.
Von dieser Ausg. gibt es auch »an authorized facsimile | printed by microfilm/xerography on acid-free paper | in 1982 by | UNIVERSITY MICROFILMS INTERNATIONAL | Ann Arbor, Michigan, U.S.A. | London, England«. Ein Ex. ist in 385 vorhanden.

52.28.2.1871.98 — 6, 7, 62, 121

Bl. 1a Philosophische Bibliothek. | Band 98. || [Z. 3–11 wie vorh. Z. 1–9 auf Bl. 2a] | J. H. v. Kirchmann. | [Vlgssignet] | LEIPZIG. | VERLAG DER DÜRR'SCHEN BUCHHANDLUNG. | 1871.

1 Bl., 112 S.

Rückdatierte Titelaufl., zwischen 1900–06 entstanden; sie ist belegt in Hinrichs 12.1, 147a und Buchholtz 8, 37.

52.29. Erl. zum Briefwechsel

52.29.1.1872.47 — 7, 16, 25, 29, 38, 43, 46, 61, B701

Bl. 2a Erläuterungen | zu | Benedict von Spinoza's | Briefwechsel | von | J. H. v. Kirchmann. || Berlin, 1872. | Verlag von L. Heimann. | Wilhelms-Strasse No. 84.

Bl. 1b Philosophische Bibliothek | oder | Sammlung | der | Hauptwerke der Philosophie | alter und neuer Zeit. || Unter Mitwirkung namhafter Gelehrten | herausgegeben, beziehungsweise übersetzt, erläutert | und mit Lebensbeschreibungen versehen | von | J. H. v. Kirchmann. || Siebenundvierzigster Band. | Erläuterungen zu Spinoza's Briefwechsel. || Berlin, 1872. | Verlag von L. Heimann. | Wilhelms-Strasse No. 84.

2 Bl., 87 S., (2 Bl., jw. bds. Vlgsanz.)

Erl.-Bd zur Textausg. 95.4.1.
Dem Ex. 29 sind noch die Heimann'schen Vlgsbroschuren eingebunden.
Ex. 46 fehlt das Reihentitelbl.

52.29.2.1872.101 A, 6, 7, 12, 62, 121, UB Wien

Bl. 1a Philosophische Bibliothek. | Band 101. || [Z. 3–8 wie vorh. Z. 1–6 auf Bl. 2a] | [Vlgssignet] | LEIPZIG. | VERLAG DER DÜRR'SCHEN BUCHHANDLUNG. | 1872.

1 Bl., 87 S., (2 Bl., jw. bds. Vlgsanz.)

Rückdatierte Titelaufl., zwischen 1900–06 entstanden; sie ist belegt in Hinrichs 12.1, 147a und Buchholtz 8, 37.

52.29.3.(1911).101 8

Bl. 1a [Z. 1–8 ebs.] || LEIPZIG. | VERLAG VON FELIX MEINER.

1 Bl., 87 S., 2 Bl. (jw. bds. Vlgsanz.)

Titelaufl., höchstwahrscheinlich 1911 entstanden.
Dem einzig vorgelegenen Ex. 8 – mit Einband und Vorsatzbl. von Meiner – ist ein PhB-Prospekt Meiners von 1910/11 beigebunden.

52.30. Erl. zur Ethik

52.30.1.1869.5 16, 25, 43, 61, 294, Ka13

[III] Erläuterungen | zu | Benedict von Spinoza's | Ethik | von | J. H. v. Kirchmann. || Berlin, 1869. | Verlag von L. Heimann. | Wilhelms-Strasse No. 91.

[II] Philosophische Bibliothek | oder | Sammlung | der | Hauptwerke der Philosophie | alter und neuer Zeit. || Herausgegeben, beziehungsweise übersetzt, erläutert | und mit Lebensbeschreibungen versehen | von | J. H. v. Kirchmann. || Fünfter Band. | Erläuterungen zu Benedict von Spinoza's Ethik. || Berlin, 1869. | Verlag von L. Heimann. | Wilhelms-Strasse No. 91.

VIII, 186 S.

Erl.-Bd zur Textausg. 95.6.1.
Den Exn 25 und 61 fehlt jw. das Reihentitelbl.

52.30.2.1871.5 A, 25, 31, 38, 51, B701

[III] [Z. 1–6 ebs.] || Zweite Auflage. || Berlin, 1871. | [Z. 9–10 wie vorh. Z. 8–9]

[II] [Z. 1–6 ebs.] || Unter Mitwirkung namhafter Gelehrten | herausgegeben, beziehungsweise übersetzt, erläutert | [Z. 9–13 wie vorh. Z. 8–12] || Zweite Auflage, || Berlin, 1871. | [Z. 16–17 wie vorh. Z. 14–15]

VIII, 186 S.

Bei Ex. 25 befindet sich anstelle des Reihentitelbl. ein Gesamttitelbl., siehe 52.26.1.

52.30.3.1900.97 6, 7, 20, 121, 352

[I] Philosophische Bibliothek. | Band 97. || [Z. 3–8 wie vorh. Z. 1–6 auf S. III] | Dritte Auflage. | [Vlgssignet] | Leipzig, | Verlag der Dürr'schen Buchhandlung. | 1900.

VI, 186 S.

52.31. Erl. zur Theologisch-politischen Abhandlung

52.31.1.1871.36 7, 16, 25, 31, 37, 38, 43, 46, 51, 61, B701

[3] Erläuterungen | zu | Benedict von Spinoza's | theologisch-politischer Abhandlung | von | J. H. v. Kirchmann. || Berlin, 1871. | Verlag von L. Heimann. | Wilhelms-Strasse No. 91.

[2] Philosophische Bibliothek | oder | Sammlung | der | Hauptwerke der Philosophie | alter und neuer Zeit. || Unter Mitwirkung namhafter Gelehrten | herausgegeben, beziehungsweise übersetzt, erläutert | und mit Lebensbeschreibungen versehen | von | J. H. v. Kirchmann. || Sechsunddreissigster Band. | Erläuterungen zu Spinoza's theologisch-politischer | Abhandlung. || Berlin, 1871. | Verlag von L. Heimann. | Wilhelms-Strasse No. 91.

114 S.

Erl.-Bd zur Textausg. 95.9.1.
In Ex. 46 fehlt das Reihentitelbl.
Von dieser Ausg. gibt es auch »an authorized facsimile | of the original book, printed by | microfilm-xerography on acid-free paper. | UNIVERSITY MICROFILMS INTERNATIONAL | Ann Arbor, Michigan, U. S. A. | London, England | 1981«; 385 besitzt ein solches Ex.

52.31.2.1871.99 7, 12, 62, UB Wien

Bl. 1a Philosophische Bibliothek. | Band 99. || [Z. 3–8 wie vorh. Z. 1–6 auf S. 3] | [Vlgssignet] | LEIPZIG. | VERLAG DER DÜRR'SCHEN BUCHHANDLUNG. | 1871.

1 Bl., S. [5]–114

Rückdatierte Titelaufl., zwischen 1900–06 entstanden; sie ist belegt in Hinrichs 12.1, 147a und Buchholtz 8, 37.

52.32. Die Grundbegriffe des Rechts und der Moral

52.32.1.1869.11 A, 3, 7, 8, 20, 24, 294

[III] Die Grundbegriffe | des | Rechts und der Moral | als | Einleitung | in das | Studium rechtsphilosophischer Werke | von | J. H. v. Kirchmann. || Berlin, 1869. | Verlag von L. Heimann. | Wilhelms-Strasse No. 91.

[II] Philosophische Bibliothek | oder | Sammlung | der | Hauptwerke der Philosophie | alter und neuer Zeit. || Unter Mitwirkung namhafter Gelehrten | herausgegeben, beziehungsweise übersetzt, erläutert | und mit Lebensbeschreibungen versehen | von | J. H. v. Kirchmann. || Elfter Band. | Die Grundbegriffe des Rechts und der Moral von | J. H. v. Kirchmann. || Berlin, 1869. | Verlag von L. Heimann. | Wilhelms-Strasse No. 91.

VIII, 201 S.

52.32.2.1873.11 A, 8, 17, 21, 25, 28, 38, 294

[III] [Z. 1–9 ebs.] | Zweite Auflage. || Berlin, 1873. | L. Heimann's Verlag. | (Erich Koschny.)

[II] [Z. 1–6 ebs.] || Unter Mitwirkung nahmhafter [sic] Gelehrten | [Z. 8–12 ebs.] | Die Grundbegriffe des Rechts uud [sic] der Moral von | [Z. 14 ebs.] | Zweite Auflage. || Berlin. 1873. | L. Heimann's Verlag . | (Erich Koschny.)

VIII, 201 S.

Beim Archivex. des Meiner-Vlgs lautet der Erscheinungsvermerk der eingebundenen Vlgsbroschur: »Heidelberg. | Verlag von Georg Weiss | (früher Erich Koschny's Verlag in Leipzig). | 1882.«
In Ex. 8 und 38 sind die Erscheinungsvermerke der Reihen- und Haupttitelseite jw. mit einem Schildchen überklebt: »Leipzig. | Verlag von Felix Meiner.«
1970 veranstaltete der Scientia Vlg in Aalen einen »Neudruck der 2. Auflage Berlin 1873« (so auf der Haupttitelseite) (ISBN 3-511-00273-7; Titelnr 203/00273), von dem 361 ein Ex. besitzt. Reprinted sind S. [V]-VIII und S. [1]–201; der Druckvermerk auf S. [202] ist weggefallen.

52.32.3.1873.66 5, 6

Bl. 1a Philosophische Bibliothek. | Band 66. || [Z. 3–12 wie vorh. Z. 1–10 auf S. III] | [Vlgssignet] | LEIPZIG. | VERLAG DER DÜRR'SCHEN BUCHHANDLUNG. | 1873.

1 Bl., S. [V]–VIII, 201 S.

Rückdatierte Titelaufl., zwischen 1900–06 entstanden; sie ist belegt in Hinrichs 12.1, 147a und Buchholtz 8, 48.

52.33. Die Lehre vom Wissen

52.33.1.1868.1 A, 3, 6, 7, 17, 294

[III] Die Lehre vom Wissen | als | Einleitung | in das | Studium philosophischer Werke | von | J. H. v. Kirchmann. || Berlin, 1868. | Verlag von L. Heimann, | Wilhelms-Strasse No. 91.

[II] Philosophische Bibliothek | oder | Sammlung | der | Hauptwerke der Philosophie | alter und neuer Zeit. || Herausgegeben, beziehungsweise übersetzt, erläutert | und mit Lebensbeschreibungen versehen | von | J. H. v. Kirchmann. || Erster Band. | Die Lehre vom Wissen als Einleitung in das Studium | philosophischer Werke. || Berlin, 1868. | Verlag von L. Heimann, | Wilhelms-Strasse No. 91.

VIII, 97 S.

Den Exn 3, 6 und 17 sind noch die Heimann'schen Vlgsbroschuren eingebunden. In Ex. 294 bildet die Haupttitelseite S. [I]; es folgen 8 Bl. (das erste und letzte jw. bds. weiß) mit einem handschriftlichen »Inhaltsverzeichnis zu Kirchmann's philosophischer Bibliothek«, zunächst nach Nrn, dann alphabetisch nach Autoren; es folgt 1 Bl. mit Reihentitel auf S. b.

52.33.2.1871.1 A, 20, 51, 294

[III] [Z. 1–7 ebs.] || Zweite verbesserte Auflage. || Berlin, 1871. | Verlag von L. Heimann. | [Z. 11 wie vorh. Z. 10]

[II] [Z. 1–6 ebs.] || Unter Mitwirkung namhafter Gelehrten | herausgegeben, beziehungsweise übersetzt, erläutert und | mit Lebensbeschreibungen versehen | [Z. 10–14 wie vorh. Z. 9–13] | Zweite verbesserte Auflage. || Berlin, 1871. | Verlag von L. Heimann. | [Z. 18 wie vorh. Z. 16]

X, 96 S.

52.33.3.1878.1 17, 28, 38, 43, 294

[III] [Z. 1–7 ebs.] ‖ Dritte verbesserte Auflage. ‖ Leipzig 1878. | Erich Koschny | (L. Heimann's Verlag).

[II] [Z. 1–14 ebs.] | Dritte verbesserte Auflage. ‖ Leipzig 1878. | Erich Koschny | (L. Heimann's Verlag).

X, 96 S.

In Ex. 294 fehlt das Reihentitelbl.

52.33.4.1886.1 A, 21, 25, Sp1

[III] [Z. 1–6 ebs.] | J. H. v. Kirchmann, ‖ Vierte Auflage. ‖ Heidelberg 1886. | GEORG WEISS, Verlag.

[II] [Z. 1–14 ebs.] | Vierte Auflage. ‖ Heidelberg 1886. | GEORG WEISS, Verlag.

X, 96 S.

52.33.5.1886.65 64

Bl. 1a Philosophische Bibliothek. | Band 65. ‖ [Z. 3–8 wie vorh. Z. 1–6 auf S. III] | J. H. v. Kirchmann. ‖ [Z. 10 wie vorh. Z. 8 auf S. III] | [Vlgs-signet] | LEIPZIG. | VERLAG DER DÜRR'SCHEN BUCHHANDLUNG. | 1886.

1 Bl., S. [V]–X, 96 S.

Rückdatierte Titelaufl., zwischen 1900–06 entstanden; sie ist belegt in Hinrichs 12.1, 147a und Buchholtz 8, 13.

53.

Karl Christian Friedrich Krause

1781–1832

53.1. Entwurf eines europäischen Staatenbundes

53.1.1.1920.98 A, 25, 38, 43

[1] Karl Christian Friedrich Krause | Entwurf | eines europäischen | Staatenbundes | als Basis des allgemeinen Friedens und als | rechtliches Mittel gegen jeden Angriff | wider die innere und äußere | Freiheit Europas | (1814) | Neu herausgegeben und eingeleitet | von | Hans Reichel | [Reihensignet] | Der Philosophischen Bibliothek | Band 98 ‖ Verlag von Felix Meiner in Leipzig / 1920

30 S., 1 Bl. (bds. Vlgsanz.)

54.
Julien Offroy de La Mettrie
1709–1751

54.1. Der Mensch eine Maschine

54.1.1.1875.67 3, 7, 20, 35, 82, Sp1

Bl. 2a Der Mensch eine Maschine | von | de la Mettrie. || Uebersetzt, erläutert und mit einer Einleitung über | den Materialismus versehen | von | Dr. Adolf Ritter, | Königlich preussischer Sanitätsrath zu Berlin. || Leipzig, 1875. | Erich Koschny | (L. Heimann's Verlag).

Bl. 1b Philosophische Bibliothek | oder | Sammlung | der | Hauptwerke der Philosophie | alter und neuer Zeit. || Unter Mitwirkung namhafter Gelehrten | herausgegeben, beziehungsweise übersetzt, erläutert | und mit Lebensbeschreibungen versehen | von | J. H. von Kirchmann. || Siebenundsechzigster Band. | Der Mensch eine Maschine. || Leipzig, 1875. | Erich Koschny | (L. Heimann's Verlag).

2 Bl., 81 S.

In Ex. 7 lautet der Erscheinungsvermerk der eingebundenen Vlgsbroschur: »Heidelberg. | Verlag von Georg Weiss | (früher Erich Koschny's Verlag in Leipzig). | 1882.«

54.1.2.1875.68 5

Bl. 1a Philosophische Bibliothek. | Band 68. || [Z. 3–10 wie vorh. Z. 1–8 auf Bl. 2a] | [Vlgssignet] | LEIPZIG. | VERLAG DER DÜRR'SCHEN BUCHHANDLUNG. | 1875.

1 Bl., 81 S.

Rückdatierte Titelaufl., zwischen 1900–06 entstanden; sie ist belegt in Hinrichs 12.1, 147a.
Ein Ex. in 15 ist vermißt.

54.1.3.1909.68 3, 7, 21, 36, 43, 61

[I] Philosophische Bibliothek | [Z. 2 wie vorh. auf Bl. 1a] || De la Mettrie. | Der Mensch eine Maschine. || Übersetzt, mit einer Vorrede und | mit Anmerkungen versehen | von | Max Brahn. | [Vlgssignet] | Leipzig. | Verlag der Dürr'schen Buchhandlung. | 1909.

XXII, 72 S.

Die Exe 7, 36 und 43 haben einen Meiner-Einband; Ex. 7 ist ein PhB-Kat. Meiners vom Sept. 1921, Ex. 43 einer vom Sept. 1919 eingebunden; in Ex 36 ist der Erscheinungsvermerk mit einem Schildchen überklebt: »LEIPZIG | VERLAG VON FELIX MEINER«.

55.

Georg Lasson

1862–1932

55.1. Einführung in Hegels Religionsphilosophie

55.1.1.1930.65 A, 5, 6, 7, 8, 21, 24, 29, 36, 38, 46, 61, 121 (2 Exe), 168, 260, 464

Bl. 1a EINFÜHRUNG IN HEGELS | RELIGIONSPHILOSOPHIE | VON | GEORG LASSON | DR. PHIL. h. c. (KIEL 1921) · D. THEOL. h. c. (BERLIN 1927) | [Reihensignet] | DER PHILOSOPHISCHEN BIBLIOTHEK BAND 65 | LEIPZIG 1930 / VERLAG VON FELIX MEINER

3 Bl., 150 S., (3 Bl., jw. bds Vlgsanz.)

Bis auf die Exe 21, 121 (1. Ex.) und 260 ist allen Exn ein WW-Titelbl. (mit WW-Titelseite auf S. b) des Bd 12 von Hegels WW eingebunden; siehe dazu 36.25.1–2.

55.2. Hegel als Geschichtsphilosoph

55.2.1.1920.171e A (2 Exe), 5, 8, 18 (2 Exe), 20, 24, 25, 29, 38, 43, 46, 61, 64, 82, 107, 121 (2 Exe), 132, 168, 385, 468, UB Wien

[III] HEGEL | ALS | GESCHICHTSPHILOSOPH || Von | Georg Lasson | Pastor an St. Bartholomäus, Berlin | [Reihensignet] | Der Philosophischen Bibliothek | Band 171e | Leipzig · Verlag von Felix Meiner · 1920

[II] GEORG WILHELM FRIEDRICH HEGEL | VORLESUNGEN | ÜBER DIE | PHILOSOPHIE DER WELTGESCHICHTE || Vollständig neue Ausgabe | von | Georg Lasson | Pastor an St. Bartholomäus, Berlin | V. Band: | Hegel als Geschichtsphilosoph | (Einleitung des Herausgebers) | [Reihensignet] | Leipzig · Verlag von Felix Meiner · 1920

[I] G. W. F. Hegel | Vorlesungen über die Philosophie | der Weltgeschichte | V. Band: | Hegel als Geschichtsphilosoph | (Einleitung des Herausgebers)

Frontispiz, VI, 180 S.

Lassons Werk bildet Bd 5 der ›Vorlesungen über die Philosophie der Weltgeschichte‹ (siehe die Vorbemerkungen zu 36.32–37) bzw. den 1. Tl des Bd 8 der Hegel-WW (siehe die Vorbemerkungen zu 36.32).
Die oben genannte (korrekte) Kollation haben die Exe 5, 8, 38, 43 und 132. Bei den

Exn 25, 29, 46, 385 (2 Exe) steht die Porträttafel (mit Porträt auf S. b) zwischen S. [II] und [III], also zwischen Gesamt- und Haupttitelbl. Kein(e) Frontispiz/Porträttafel haben die Exe A_1, 18_1, 20, 24, 64 und 468. Das Gesamttitelbl. und Frontispiz fehlt bei den Exn 18_2, 107, 168; Ex. 121_1 hat ein Frontispiz, aber kein Gesamttitelbl., die Exe A_2 und 121_2 haben anstelle des Gesamttitelbl. ein WW-Titelbl. (siehe 36.32.9).
Von der Ausg. gibt es 2 Drucke, die man an unterschiedlichen Druckvermerken jw. auf S. [180] unten unterscheiden kann:
1. »Druck von C. Grumbach in Leipzig.« (z. B. Ex. 29) und
2. »Manuldruck von F. Ullmann G. m. b. H., Zwickau Sa.« (z. B. Ex. 121_2).

56.
Gottfried Wilhelm Leibniz
1646–1716

56.1. Werke

Es gibt 3 WW-Sammelausg.:

Sigle	Verlag, Jahr	hier
A	Dürr 1906	56.1.1–4
B	Meiner 1915	56.1.5–9
C	Meiner 1926	56.1.10–14

Ausg. A und B haben jw. keine Hrsg. und bestehen jw. aus 4 Bdn.
Von Bd 3 der Ausg. B gibt es 2 WW-Titelformen (56.1.7–8).
Ausg. C. hat insgesamt 3 Hrsg. und besteht aus 5 Bdn. Die Erscheinungsvermerke der WW-Titelseiten nur der Ausg. A und einer Titelform des Bd 3 der Ausg. B haben Erscheinungsjahre.
Die folg. Verzeichnung geht – wie die der anderen WW hier auch – von den WW-Titelbl. aus. Den meisten Exn von Leibniz-Bdn der PhB sind WW-Titel vorgebunden, d. h. die WW-Ausg. ist unfest und wird durch die Einzelbde, die auch als Einzelbde meist schon eine WW-Titelei vorgebunden hatten, konstituiert. Exe dieser WW-Ausg. in Bibliotheken können somit Mischexe (aus Bdn mit verschiedenen, nicht zueinander passenden WW-Titelbl.) sein (wie z. B. in 51, wo Bd 2 – die ›Hauptschriften zur Grundlegung der Philosophie‹ Bd II – gar keine WW-Titelei, Bd 3 eine frühere WW-Titelei als Bd 1 und 4 hat).
Mit den Leibniz-WW in der PhB nicht zu verwechseln ist die zweibändige Ausg.: G. W. Leibniz, Ausgewählte Philosophische Schriften. Im Originaltext hrsg. von Hermann Schmalenbach. 2 Bde. Leipzig: Meiner 1914–15. (= Bibliotheca Philosophorum; 2–3).

56.1.1–4: Leibniz-Werkeausg. A (Dürr 1906)

Philosophische Werke. 4 Bde. Leipzig: Dürr 1879–1906.
= PhB 69, 71, 107, 108

Die 4 Bde haben zu Beginn jw. 1 Bl. mit WW-Titelei auf S. b. Bei Bd 4 (›Theodicee‹) handelt es sich um eine auf 1879 rückdatierte Titelaufl., deren (in Verbindung mit dem Vlg: falschen) Jahr in den Erscheinungsvermerk der WW-Titelseite übernommen wurde. Die Ausg. ist auch belegt im NUC 324, 562c (Nr 0225547); hier sind dem Bd 3 aber noch die Erl. zu den ›Neuen Abhandlungen . . .‹ von Schaarschmidt (hier 85.1.2) eingebunden.
NUC 297, 496c verzeichnet eine Dürr'sche Ausg. mit 1874–1906; vermutlich muß es statt 1874 richtig 1879 heißen.

56.1.1: Bd 1 17, 31

Bl. 1b Philosophische Bibliothek || G. W. Leibniz | Philosophische Werke. || Erster Band: | Hauptschriften zur Grundlegung der Philosophie. I. | [Vlgssignet] | Leipzig, | Verlag der Dürr'schen Buchhandlung. | 1904.

56.1.2: Bd 2 17, 31

Bl. 1b [Z. 1–3 ebs.] || Zweiter Band: | Hauptschriften zur Grundlegung der Philosophie. II. | [Vlgssignet] | Leipzig | [Z. 8 ebs.] | 1906.

56.1.3: Bd 3 31

Bl. 1b [Z. 1 ebs.] | G. W. v. Leibniz | [Z. 3 ebs.] || Dritter Band: | Neue Abhandlungen über den menschlichen Verstand. | [Vlgssignet] | Leipzig, | [Z. 8 ebs.] | 1904.

56.1.4: Bd 4 17, 31, 294

Bl. 1b [Z. 1 ebs.] | G. W. Leibniz | [Z. 3 ebs.] || Vierter Band: | Die Theodicee. | [6 ebs.] | Leipzig | [Z. 8 ebs.] | 1879.

Übersicht des Exs 31 (der Ausg. A):

Bd	PhB	Jahr	Titel	hier
1	107	1904	Hauptschr. z. Grundlegung I	56.5.1
2	108	1906	Hauptschr. z. Grundlegung II	56.6.1
3	69	1904	Neue Abhandlungen	56.9.3
4	71	1879	Theodicee	56.11.3

Bemerkungen zu Exn der Einzelbde siehe dort.

56.1.5–9: Leibniz-Werkeausg. B (Meiner 1915)

Philosophische Werke. 4 Bde. [Titelbl. des Bd 4:] Leipzig: Dürr 1879. [WW-Titelbl. aller Bde und Titelbl. der Bde 1–3:] Leipzig: Meiner [Bd 3:] 1915.
= PhB 69, 71, 107, 108

Die 4 Bde haben zu Beginn jw. 1 Bl. mit WW-Titelei auf S. b.
Von der WW-Titelei des Bd 3 gibt es 2 Titelformen: 1. eine den anderen Bdn völlig analoge (56.1.7) und 2. eine neu gesetzte (wobei die meisten Z. textlich unverändert blieben), die im Erscheinungsvermerk auch ein Erscheinungsjahr (nämlich das der Haupttitelseite des Bd 3) enthält (56.1.8). Die zeitliche Reihenfolge beider Titelformen konnte nicht ermittelt werden.
Bei Bd 4 handelt es sich um eine auf 1879 rückdatierte Dürr'sche Titelaufl. (deren Erscheinungsvermerk im Ex. 294 mit einem Meiner-Schildchen überklebt ist, siehe 56.11.2), deren (in Verbindung mit dem Dürr-Vlg: falsches) Jahr hier nicht in den Erscheinungsvermerk der (ja auch Meiner'schen) WW-Titelseite übernommen wurde (wie bei der Dürr-Ausg. A): Die Erscheinungsvermerke der WW-Titelseiten aller Bde der Ausg. B – mit Ausnahme von 56.1.8 – geben kein Erscheinungsjahr.

56.1.5: Bd 1 294

Bl. 1b G. W. LEIBNIZ | Philosophische Werke || Erster Band: | Hauptschriften zur Grundlegung | der Philosophie | Erster Teil | [Reihensignet] | Leipzig | Verlag von Felix Meiner

56.1.6: Bd 2 294

Bl. 1b [Z. 1–2 ebs.] || Zweiter Band: | [Z. 4–5 ebs.] | Zweiter Teil | [Z. 7–9 ebs.]

56.1.7: Bd 3, 1. WW-Titelfassung 61, 294

Bl. 1b [Z. 1–2 ebs.] || Dritter Band: | Neue Abhandlungen über den | menschlichen Verstand | [Z. 6–8 wie vorh. Z. 7–9]

56.1.8: Bd 3, 2. WW-Titelfassung 51, 77, M4, UB Wien

Bl. 1b G. W. Leibniz | [Z. 2–3 ebs.] | Neue Abhandlungen | über den menschlichen Verstand | [Z. 6–8 ebs.] | 1915

56.1.9: Bd 4 294

Bl. 1b [Z. 1–2 ebs.] || Vierter Band: | Die Theodicee | [Z. 5–7 wie vorh. Z. 6–8]

Übersicht der Ausg. B:

Bd	PhB	Verlag	Jahr	Titel	hier
1	107	Meiner	o. J.	Hauptschr. z. Grundlegung I	56.5.2
2	108	Meiner	o. J.	Hauptschr. z. Grundlegung II	56.6.2
3	69	Meiner	1915	Neue Abhandlungen	56.9.4
4	71	Dürr	1879	Theodicee	56.11.2

NUC 324, belegt 2 Exe dieser Ausg.: 1. S. 562b, Nr 0225548, ein mit Ex. 294 übereinstimmendes; 2. S. 562c, Nr 0225552, ein wohl auch mit dem Ex. 294 übereinstimmendes, das aber mit »[1904]–1915« datiert ist; auch heißt es irrtümlich zu Bd 1–2 »Handschriften« statt ›Hauptschriften‹, und Bd 4 sind wohl noch die Koschny'schen Vlgsbroschuren eingebunden: denn als PhB-Nr für die Theodicee wird fälschlich 266–274 – das ist die Lieferungs-/Heftzählung – statt 71 angegeben.

56.1.10–14: Leibniz-Werkeausg. C (Meiner 1926)

Philosophische Werke. Hrsg. v. [Bd 1–4:] A. Buchenau, E. Cassirer und [Erg.-Bd:] W. Schmied-Kowarzik. 4 Bde + Erg.-Bd. Leipzig: Meiner 1916–26.
= PhB 69, 71, 107, 108, 161, 162

Im Gegensatz zu den beiden früheren WW-Ausg. hat diese auf der WW-Titelseite genannte Hrsg., und der Text der WW-Titelseiten ist in Versalien gesetzt.
Die 5 Bde haben zu Beginn jw. 1 Bl. mit dreizeiligem Vortitel auf S. a und WW-Titelei auf S. b, die nun die Stücktitel der Bde nicht mehr enthält.
Die Ausg. ist auch belegt im DBV 21, 60a.

56.1.10: Bd 1 — A, 25, 35, 43, 51, 69, ÖNB Wien

Bl. 1b G. W. LEIBNIZ | PHILOSOPHISCHE WERKE | HERAUSGEGEBEN VON | A. BUCHENAU UND ERNST CASSIRER | ERSTER BAND | [Reihensignet] | VERLAG VON FELIX MEINER IN LEIPZIG
Bl. 1a G. W. LEIBNIZ | PHILOSOPHISCHE WERKE | ERSTER BAND

56.1.11: Bd 2 — 25, 35, ÖNB Wien

Bl. 1b [Z. 1–4 ebs.] | ZWEITER BAND | [Z. 6–7 ebs.]
Bl. 1a [Z. 1–2 ebs.] | ZWEITER BAND

56.1.12: Bd 3 — 35, 43

Bl. 1b [Z. 1–4 ebs.] | DRITTER BAND | [Z. 6–7 ebs.]
Bl. 1a [Z. 1–2 ebs.] | DRITTER BAND

56.1.13: Bd 4 — 25, 35, 43, 51, 61, UB Wien

Bl. 1b [Z. 1–4 ebs.] | VIERTER BAND | [Z. 6–7 ebs.]
Bl. 1a [Z. 1–2 ebs.] | VIERTER BAND

56.1.14: Ergänzungsbd — 35

Bl. 1b [Z. 1–2 ebs.] | ERGÄNZUNGSBAND | DEUTSCHE SCHRIFTEN | [Z. 5 wie vorh. Z. 3] | WALTHER SCHMIED-KOWARZIK | MIT EINEM BILDNIS | [Z. 8–9 wie vorh. Z. 6–7]

Bl. 1a [Z. 1–2 ebs.] | ERGÄNZUNGSBAND

Übersicht des Exs 35 (der Ausg. C):

Bd	PhB	Jahr	Titel	hier
1	107	1924	Hauptschr. z. Grundlegung I	56.5.4
2	108	1924	Hauptschr. z. Grundlegung II	56.6.4
3	69	1926	Neue Abhandlungen	56.9.5
4	71	1925	Theodicee	56.11.4
Erg.	161	1916	Deutsche Schriften I	56.3.1
	162	1916	Deutsche Schriften II	56.4.1

DBV 8, 837a verzeichnet von Ausg. C die Bde 1, 2 und 4 mit der Jahresangabe 1924; dies ist für Bd 4, die Theodizee, nicht richtig: sie erschien erst 1925.

56.2. Allgemeine Untersuchungen über die Analyse der Begriffe und Wahrheiten

56.2.1.1982.338

[III] GOTTFRIED WILHELM LEIBNIZ | Generales Inquisitiones | de Analysi Notionum e Veritatum | Allgemeine Untersuchungen | über die Analyse der Begriffe | und Wahrheiten | Herausgegeben, übersetzt und mit | einem Kommentar versehen von | FRANZ SCHUPP | Lateinisch – Deutsch | FELIX MEINER VERLAG | HAMBURG

[IV] PHILOSOPHISCHE BIBLIOTHEK BAND 338

[I] [Reihensignet]

XXXV, 266 S., 1 Bl. (bds. Vlgsanz.)

56.3. Deutsche Schriften I

56.3.1.1916.161 A, 5, 24, 29, 30, 35, 38 (401) (2 Exe), 61, 107, 121, 385

[III] G. W. Leibniz | Deutsche Schriften | Erster Band | Muttersprache und | völkische Gesinnung | [Reihensignet] | Der Philosophischen Bibliothek | Band 161 | Verlag von Felix Meiner in Leipzig 1916

[II] G. W. Leibniz | Deutsche Schriften | Herausgegeben von | Dr. Walther Schmied-Kowarzik | Privatdozent der Philosophie an der k. k. Universität in Wien | [4 Z. Motto] | Mit einem Bildnis | [Reihensignet] | Verlag von Felix Meiner in Leipzig 1916

[IV] [9 Z. Motto]

Frontispiz, XL, 112 S.

In Ex. 385 lautet ein Text auf S. a des fliegenden Bl.: »1727/1927 | Den Teilneh-

mern an der | Zweihundertjahr-Feier der Deutschen Gesellschaft | zur Erforschung vaterländischer Sprache | und Altertümer gewidmet | von | Dr. Felix Meiner«.
In Ex. 24, 29, 30, $38(401)_1$ und 385 steht die Porträttafel zwischen S. II und III, in Ex. 107 und 121 zwischen S. IV und V.
In Ex. 35 fehlen S. I–II.
Beim Archivex. und Ex. 61 heißt es auf dem Vorderdeckel der kartonierten Ausg.: 1921.
Den Exn 107 und 121 ist jw. ein PhB-Kat. vom Sept. 1915, den Exn 5 und 29 einer vom Sept. 1921, dem Ex. 385 einer vom April 1927 eingebunden.
Eine Lizenzausg. ist der Bd: G. W. Leibniz: Ermahnung an die Deutschen. Von deutscher Sprachpflege. Sonderausgabe. Darmstadt: Wissenschaftliche Buchgesellschaft 1967. (= Libelli; 216) [»Unveränderter reprografischer Nachdruck der Seiten 3–54« aus PhB 161]

56.4. Deutsche Schriften II

56.4.1.1916.162 A, 5, 24, 29, 30, 35, 38(401), 61, 107, 121

[III] G. W. Leibniz | Deutsche Schriften | Zweiter Band | Vaterland und | Reichspolitik | [Reihensignet] | Der Philosophischen Bibliothek | Band 162 | Verlag von Felix Meiner in Leipzig 1916
[II] G. W. Leibniz | Deutsche Schriften | Herausgegeben von | Dr. Walther Schmied-Kowarzik | Privatdozent der Philosophie an der k. k. Universität in Wien | [4 Z. Motto] | [Reihensignet] | Verlag von Felix Meiner in Leipzig 1916
[IV] [10 Z. Motto]

XXIII, 176 S.

In Ex. 35 fehlen S. I–II.
Den Exn 107 und 121 ist ein PhB-Kat. vom Sept. 1915, den Exn 5 und 29 einer vom Sept. 1921 eingebunden.
Im Archivex. und Ex. 61 heißt es auf dem Vorderdeckel der kartonierten Ausg. jw.: 1921.

56.5. Hauptschriften zur Grundlegung der Philosophie I

56.5.1.1904.107 12, 17, 30, 31 (2 Exe), 35, 121, Ka13

[I] Philosophische Bibliothek. | Band 107. || G. W. Leibniz | Hauptschriften zur Grundlegung | der Philosophie. | Übersetzt | von | Dr. A. Buchenau. || Durchgesehen und mit Einleitungen und Erläuterungen | herausgegeben | von | Dr. E. Cassirer. | Band I. | [Vlgssignet] | Leipzig, | Verlag der Dürr'schen Buchhandlung. | 1904.

VIII, 374 S., (5 Bl.), 1 Faltbl.

Die Ausg. kann – mit WW-Titelei – Bd 1 der Leibniz-WW bilden, siehe 56.1.

Bl. 1a: »Abkürzungen.«, Bl. 2–4: jw. bds. Vlgsanz.
In einigen Exn ist S. IV fälschlich mit »V« paginiert.
Unterschiedliche Vorderdeckel enthalten mal denselben Text wie auf S. I, mal fehlt aber PhB-Nr und Jahr.

56.5.2.(1911).107 A, 21, 29, 36, 294

[I] [Z. 1–11 ebs.] | Dr. Ernst Cassirer. | [Z. 13 ebs.] || LEIPZIG. | VERLAG VON FELIX MEINER.

VIII, 374 S., (5 Bl.), 1 Faltbl.

Titelaufl., 1911/12 entstanden.
Die Exe unterscheiden sich z. T. in Zahl und Stellung der 5 Bl., deren Vlgsanz. auch in den Exn mit Meiner-Einband (z. B. Ex. 21 und 36) von Dürr stammen.

56.5.3.(1915).107 A, 23, 24, 38, 107, M4

[I] G. W. LEIBNIZ | [Z. 2 wie vorh. Z. 4] | der Philosophie | [Z. 4–5 wie vorh. Z. 6–7] | Dr. A. Buchenau || Durchgesehen und mit Einleitungen | und Erläuterungen herausgegeben | von | Dr. Ernst Cassirer | Band I | [Reihensignet] | Band 107 | Leipzig · Verlag von Felix Meiner

VIII, 374 S., (5 Bl.), 1 Faltbl.

Titelaufl., vermutlich 1915 entstanden.
Auch hier unterscheiden sich die Exe in Zahl und Stellung der 5 Bl.

56.5.4.1924.107 A, 25, 35, 38, 43, 51, 69, ÖNB Wien

[III] [Z. 1 wie vorh. auf S. I] | HAUPTSCHRIFTEN | ZUR GRUNDLEGUNG DER | PHILOSOPHIE | ÜBERSETZT VON A. BUCHENAU / DURCHGESEHEN | UND MIT EINLEITUNGEN UND ERLÄUTERUNGEN | HERAUSGEGEBEN VON ERNST CASSIRER | ERSTER BAND | ZWEITE AUFLAGE | [Reihensignet] | DER PHILOSOPHISCHEN BIBLIOTHEK BAND 107 | LEIPZIG 1924 / VERLAG VON FELIX MEINER

XI, 374 S., 1 Faltbl., 1 Bl. (bds. Vlgsanz.)

S. [II] enthält die WW-Titelei, S. [I] einen Vortitel, siehe 56.1.10.
In Ex. 51 fehlen S. V–VIII und das Faltbl.

56.5.5.1966.107 A, 61, 121, 385

[III] GOTTFRIED WILHELM LEIBNIZ | Hauptschriften | zur | Grundlegung der Philosophie | Übersetzt von | A. BUCHENAU | Durchgesehen und mit

Einleitungen und | Erläuterungen herausgegeben von | ERNST CASSIRER | BAND I | VERLAG VON FELIX MEINER | HAMBURG

[IV] PHILOSOPHISCHE BIBLIOTHEK BAND 107 | [2 Z.] | Dritte, mit Literaturhinweisen in Band II (PhB 108) | ergänzte Auflage 1966

[I] [Reihensignet]

XI, 374 S., 1 Faltbl., 1 Bl. (bds. Vlgsanz.)

Zwei ungekennzeichnete Nachdrucke von 1976 und 1982 sind vom 1966er Druck durch die später datierten Vlgsanz. zu unterscheiden.

56.6. Hauptschriften zur Grundlegung der Philosophie II

Textauszüge des Bds erschienen in 2 separaten Ausg. als Heft 14 der FA und TA und als Heft 29 der TA, siehe FA6.1, 12.1–2 und TA12.3–4.

56.6.1.1906.108 12, 17, 24, 29, 30, 31 (2 Exe), 35, 121

Bl. 1a Philosophische Bibliothek. | Band 108. || G. W. Leibniz | Hauptschriften zur Grundlegung | der Philosophie. | Übersetzt | von | Dr. A. Buchenau. || Durchgesehen und mit Einleitungen und Erläuterungen | herausgegeben | von | Dr. Ernst Cassirer. | Band II. | [Vlgssignet] | Leipzig, | Verlag der Dürr'schen Buchhandlung. | 1906.

1 Bl., 582 S.

Die Ausg. kann – mit WW-Titelei – Bd 2 der Leibniz-WW bilden, siehe 56.1.
Unterschiedliche Vorderdeckel enthalten mal denselben Text wie auf S. I, mal fehlt aber PhB-Nr und Jahr.
Ex. 29 ist zusätzlich noch das Titelbl. der Meiner-Ausg. 56.6.3 eingebunden.

56.6.2.(1911).108 A, 21, 36, 294, Ka13

Bl. 1a [Z. 1–13 ebs.] || LEIPZIG. | VERLAG VON FELIX MEINER.

1 Bl., 582 S.

Titelaufl., 1911/12 entstanden.

56.6.3.(1915).108 23, 29, 38, 51, 107, M4

Bl. 1a G. W. LEIBNIZ | [Z. 2 wie vorh. Z. 4] | der Philosophie. | [Z. 4–5 wie vorh. Z. 6–7] | Dr. A. Buchenau | Durchgesehen und mit Einleitungen | und Erläuterungen herausgegeben | von | Dr. Ernst Cassirer | Band II | [Reihensignet] | Band 108 | Leipzig · Verlag von Felix Meiner

1 Bl., 582 S.

Bei den Exn handelt es sich entweder um Titelaufl. oder Neudrucke.
Ex. 23 ist ein PhB-Kat. vom Febr. 1920, den Exn 107 und M4 einer vom Sept. 1921 eingebunden.

56.6.4.1924.108 A, 35, 38, 43, 69, ÖNB Wien

[III] [Z. 1 wie vorh. auf Bl. 1a] | HAUPTSCHRIFTEN | ZUR GRUNDLEGUNG DER | PHILOSOPHIE | ÜBERSETZT VON A. BUCHENAU / DURCHGESEHEN | UND MIT EINLEITUNGEN UND ERLÄUTERUNGEN | HERAUSGEGEBEN VON ERNST CASSIRER | ZWEITER BAND | ZWEITE AUFLAGE | [Reihensignet] | DER PHILOSOPHISCHEN BIBLIOTHEK BAND 108 | LEIPZIG 1924 / VERLAG VON FELIX MEINER

VII, 579 S.

S. [II] enthält die WW-Titelei, S. [I] einen Vortitel, siehe 56.1.11.

56.6.5.1966.108 A, 61, 121, 385

[III] GOTTFRIED WILHELM LEIBNIZ | Hauptschriften | zur | Grundlegung der Philosophie | Übersetzt von | A. BUCHENAU | Durchgesehen und mit Einleitungen und | Erläuterungen herausgegeben von | ERNST CASSIRER | BAND II | VERLAG VON FELIX MEINER | HAMBURG

[IV] PHILOSOPHISCHE BIBLIOTHEK BAND 108 | [2 Z.] | Dritte, mit Literaturhinweisen ergänzte | Auflage 1966

[I] [Reihensignet]

VII, 584 S.

Es gibt 2 ungekennzeichnete Nachdrucke dieser Ausg.

56.7. Die kleineren, philosophisch wichtigeren Schriften

56.7.1.1879.81 20, 25, 38, 180, 478

[III] Die kleineren | philosophisch wichtigeren Schriften | von | G. W. LEIBNIZ. || Uebersetzt und erläutert | von | J. H. von Kirchmann. || Leipzig, 1879. | ERICH KOSCHNY. | (L. Heimann's Verlag.)

[II] Philosophische Bibliothek | oder | Sammlung | der | Hauptwerke der Philosophie | alter und neuer Zeit. || Unter Mitwirkung namhafter Gelehrten | herausgegeben, beziehungsweise übersetzt, erläutert | und mit Lebensbeschreibungen versehen | von | J. H. von Kirchmann. || Einundachtzigster Band. | Die kleineren philosophisch wichtigeren Schriften | von Leibniz. || Leipzig, 1879. | ERICH KOSCHNY. | (L. Heimann's Verlag.)

XII, 268 S.

Kirchmanns Erl. dazu erschienen separat, siehe 52.22.
Die Ausg. enthält 26 kleinere Leibniz-Texte, darunter die ›Metaphysische Disputation über das Prinzip des Einzeldinges‹ (1663) und die ›Monadologie‹ (1714). Letztere findet sich auch in Bd II der ›Hauptschriften zur Grundlegung der Philosophie‹ (hier 56.6.1) und in der TA12.1–2.
In Ex. 25 fehlt das Reihentitelbl.

56.7.2.1879.73 8, 15, 121, 361, 708

Bl. 1a Philosophische Bibliothek. | Band 73. || [Z. 3–8 wie vorh. Z. 1–6 auf S. III] | J. H. v. Kirchmann. | [Vlgssignet] | LEIPZIG. | VERLAG DER DÜRR'SCHEN BUCHHANDLUNG. | 1879.

1 Bl., S. [V]–XII, 268 S.

Rückdatierte Titelaufl., zwischen 1900–06 entstanden; sie ist belegt in Hinrichs 12.1, 147a und Buchholtz 8, 28.

56.8. Metaphysische Abhandlung

56.8.1.1958.260 A, 38, 43, 61, 385

[III] GOTTFR. WILH. LEIBNIZ | Metaphysische Abhandlung | Übersetzt und mit Vorwort und | Anmerkungen herausgegeben von | HERBERT HERRING | VERLAG VON FELIX MEINER | HAMBURG
[IV] PHILOSOPHISCHE BIBLIOTHEK BAND 260
[II] GOTTFR. WILH. LEIBNIZ | Discours de Métaphysique | VERLAG VON FELIX MEINER | HAMBURG
[I] [Reihensignet]

X, 106 S.

56.8.2.1975.260 A, 18

[III] [ebs.]
[IV] [Z. 1 ebs.] | Unveränderter Nachdruck 1975
[II] [ebs.]
[I] [ebs.]

X, 106 S.

Es gibt einen weiteren, späteren und ungekennzeichneten Nachdruck.

56.8.3.1985.260

[III] [ebs.]

[IV] [Z. 1 ebs.] | [4 Z.] | 1985 Zweite, durchgesehene Auflage, mit ergänzten | Literaturhinweisen
[II] [ebs.]
[I] [ebs.]

X, 109 S.

56.9. Neue Abhandlungen über den menschlichen Verstand

56.9.1.1873.56 A, 20, 36, 38, 121, 385

Bl. 2a Neue | Abhandlungen | über | den menschlichen Verstand | von | G. W. v. Leibniz. || Ins Deutsche übersetzt, mit Einleitung, Lebensbeschreibung | des Verfassers und erläuternden Anmerkungen versehen | von | C. Schaarschmidt. || Berlin, 1873. | L. Heimann's Verlag. | (Erich Koschny.)

Bl. 1b Philosophische Bibliothek | oder | Sammlung | der | Hauptwerke der Philosophie | alter und neuer Zeit. || Herausgegeben, beziehungsweise übersetzt, erläutert | und mit Lebensbeschreibungen versehen | von | J. H. v. Kirchmann. || Sechsundfünfzigster Band. | Leibniz, Neue Abhandlungen über den menschlichen | Verstand. || Berlin, 1873. | L. Heimann's Verlag. | (Erich Koschny.)

2 Bl., LXIII S., S. [5]–600

Schaarschmidts Erl. dazu erschienen separat, siehe 85.1.
Heinsius 16/I, 148a, verzeichnet Schaarschmidts Einleitung zu dieser Ausg. als Tl von PhB 56 *separat:* als Heft 217, mit LXIII S. und mit dem Jahr 1875 (!); auch Ky 19, 135b, führt die Einleitung separat unter der Heft-Nr 217 auf, gibt aber dazu weder Jahr noch PhB-Nr. Daß die Einleitung 2 Jahre später erschien als der Text, konnte durch keinerlei Hinweise wahrscheinlich gemacht werden.
In den Exn A, 20, 36, 385 fehlt in der vorletzten Z. von Bl. 1b der Abschlußpunkt hinter »Verlag«.
In Ex. 385 fehlt das Bl. mit S. LXIII.

56.9.2.1873.69 35 (2 Exe), 90

Bl. 1a Philosophische Bibliothek. | Band 69. || [Z. 3–8 wie vorh. Z. 1–6 auf Bl. 2a] || Ins Deutsche übersetzt, mit Einleitung, Lebensbeschreibung des | Verfassers und erläuternden Anmerkungen versehen | [Z. 11–12 wie vorh. Z. 9–10 auf Bl. 2a] | [Vlgssignet] | LEIPZIG. | VERLAG DER DÜRR'SCHEN BUCHHANDLUNG. | 1873.

1 Bl., LXIII S., S. [5]–600

Rückdatierte Titelaufl., 1900 oder 1901 entstanden.
In Ex. 90 fehlt die röm. paginierte Einleitung Schaarschmidts.

56.9.3.1904.69 A, 6, 17 (2 Exe), 18, 31, 35, 43, 61, 93, 121

[I] Philosophische Bibliothek | [Z. 2–5 wie vorh. auf Bl. 1a] | den menschlichen Verstand. | Von | [Z. 8 wie vorh. auf Bl. 1a] || Ins Deutsche übersetzt, mit Einleitung, | Lebensbeschreibung des Verfassers und erläuternden | Anmerkungen versehen | [Z. 12–13 wie vorh. Z. 11–12 auf Bl. 1a] | Zweite Auflage. | [Vlgssignet] | Leipzig, | Verlag der Dürr'schen Buchhandlung. | 1904.

LXVIII, 590 S., (1 Bl., bds. Vlgsanz.)

Die Ausg. kann – mit WW-Titelei – Bd 3 der Leibniz-WW bilden, siehe 56.1.3.
Der Erscheinungsvermerk des Exs 61 ist mit einem Schildchen überklebt: »Leipzig. | Verlag von Felix Meiner.« Dem Ex. ist ein PhB-Kat. Meiners von 1910/11 eingebunden; der Einband des Exs stammt von Meiner.

56.9.4.1915.69 A, 24, 29, 38, 51, 61, 69, 77, 107, 294, M4, UB Wien

[III] Neue Abhandlungen | über den menschlichen | Verstand | Von | G. W. Leibniz | In dritter Auflage | Mit Benutzung der Schaarschmidt'schen Übertragung | neu übersetzt, eingeleitet und erläutert | von | Ernst Cassirer | [Reihensignet] | Der Philosophischen Bibliothek | Band 69 | Leipzig | Verlag von Felix Meiner | 1915

XXIX, 647 S., (1 Bl., bds. Vlgsanz.)

S. [II] trägt die WW-Titelei, siehe 56.1.7–8.
S. XXIX heißt es: »Das Sachregister, das ursprünglich dem Bande beigegeben werden sollte, wurde mit Rücksicht auf den ohnehin großen Umfang des Werkes weggelassen. Bei der in naher Zukunft zu erwartenden Erneuerung des vierten, die Theodizee enthaltenden Bandes dieser Leibniz-Ausgabe soll dafür ein Gesamtregister über die vier Bände angefügt werden.« Gleichwohl haben die Exe 69, 77 und M4 auf S. [648]–659 ein »Namen- und Sachregister«; die Seitenkollation dieser wohl späteren Exe: XXIX, 659 S., 1 Bl. (bds. Vlgsanz.)
Ex. 24 hat das 1 Bl. mit Vlgsanz. an den Beginn des Bds gebunden.

56.9.5.1926.69 A, 17, 20, 35, 36, 38, 43

[III] G. W. LEIBNIZ | NEUE ABHANDLUNGEN ÜBER | DEN MENSCHLICHEN VERSTAND | NEU ÜBERSETZT, EINGELEITET UND ERLÄUTERT | VON | ERNST CASSIRER | DRITTE AUFLAGE | NEUE, UM NAMEN- UND SACHREGISTER | VERMEHRTE AUSGABE | [Reihensignet] | DER PHILOSOPHISCHEN BIBLIOTHEK BAND 69 | LEIPZIG 1926 / VERLAG VON FELIX MEINER

XXIX, 659 S., (1 Bl., bds. Vlgsanz.)

S. [II] enthält die WW-Titelei, S. [I] einen Vortitel, siehe 56.1.12.
Trotz Z. 8–9 auf S. [III] blieb die Bemerkung auf S. XXIX (siehe 56.9.4) stehen.

56.9.6.1971.69 A, 61, 385

[I] GOTTFRIED WILHELM LEIBNIZ | Neue Abhandlungen | über den menschlichen Verstand | Übersetzt, eingeleitet und erläutert | von | [Z. 6 wie vorh. auf S. III] | [Reihensignet] | FELIX MEINER VERLAG | HAMBURG

[II] PHILOSOPHISCHE BIBLIOTHEK BAND 69 | [7 Z. Aufl.-Hinweise] | 1971 Unveränderter Nachdruck | Mit vergleichender Seitenübersicht für die Ausgaben von Raspe | 1765, Erdmann 1840, Gerhardt 1882, Robinet / Schepers 1962, | die Übersetzung von Cassirer 1915 und diesen Nachdruck. | Mit Register und Literaturhinweisen

XXXI, 736 S.

Es gibt 2 ungekennzeichnete Nachdrucke dieser Ausg.

56.10. Specimen Dynamicum

56.10.1.1982.339

[III] GOTTFRIED WILHELM LEIBNIZ | Specimen Dynamicum | Herausgegeben und übersetzt von | Hans Günter Dosch, Glenn W. Most | und Enno Rudolph | Mit Erläuterungen versehen von | Jörg Aichelin, Hans Günter Dosch, | Pierre Keller, Hans Lichtenberger, Hans Joachim Maul, Glenn W. Most | und Enno Rudolph | Lateinisch-Deutsch | FELIX MEINER VERLAG | HAMBURG

[IV] PHILOSOPHISCHE BIBLIOTHEK BAND 339

[I] [Reihensignet]

XXVIII, 157 S., 3 Bl. (Bl. 2 bds. Vlgsanz.)

56.11. Theodizee

56.11.1.1879.79 12, 20, 25, 35, 38, 180

[III] Die | THEODICEE | von | G. W. LEIBNIZ. || Uebersetzt und erläutert | von | J. H. von Kirchmann. || Leipzig. | ERICH KOSCHNY | (L. Heimann's Verlag). | 1879.

[II] Philosophische Bibliothek | oder | Sammlung | der | Hauptwerke der Philosophie | alter und neuer Zeit. || Unter Mitwirkung namhafter Gelehrten | herausgegeben, beziehungsweise übersetzt, erläutert | und mit Lebensbeschreibungen versehen | von | J. H. von Kirchmann. || Neunundsiebzigster Band. | Die „Theodicee" von Leibniz. || Leipzig. | ERICH KOSCHNY | (L. Heimann's Verlag). | 1879.

XVI, 533 S., (1 Bl., bds. Vlgsanz.), 2 Faltbl., (mit 2 Taf.)

Kirchmanns Erl. dazu erschienen separat, siehe 52.23.

Ex. 12 sind noch die Koschny'schen Vlgsbroschuren eingebunden; das Ex. hat die 2 Taf. auch nicht auf 2 Faltbl., sondern auf 4 Bl.

56.11.2.1879.71 A, 6, 15, 62, 294, Tr2

Bl. 1a Philosophische Bibliothek. | Band 71. || [Z. 3–8 wie vorh. Z. 1–6 auf S. III] | J. H. v. Kirchmann. | [Vlgssignet] | LEIPZIG. | VERLAG DER DÜRR'SCHEN BUCHHANDLUNG. | 1879.

1 Bl., S. [V]–XVI, 533 S., (1 Bl., bds. Vlgsanz.), 2 Faltbl. (mit 2 Taf.)

Rückdatierte Titelaufl., zwischen 1900–06 entstanden; vgl. die folg. Ausg.
Die Ausg. kann – mit WW-Titelei – Bd 4 der Leibniz-WW bilden, siehe 56.1.9.
Bei den Exn 15, 294, Tr2 befinden sich die 2 Taf. nicht auf 2 Faltbl., sondern auf 4 Bl.
Der Erscheinungsvermerk der Exe A und 294 ist jw. mit einem Schildchen überklebt: »Leipzig. | Verlag von Felix Meiner.«

56.11.3.1879.71 17, 31, 294

Bl. 1a Philosophische Bibliothek | [Z. 2 ebs.] || Die Theodicee | von | G. W. Leibniz. || Uebersetzt | [Z. 7–9 wie vorh. Z. 8–10] | Leipzig | Verlag der Dürr'schen Buchhandlung. | 1879.

3 Bl., 533 S., 4 Bl. (mit 2 Taf.)

Rückdatierte Titelaufl., zwischen 1900–06 entstanden; ob diese Ausg. früher oder später als die vorgenannte 56.11.2 liegt, konnte nicht ermittelt werden.
Die Ausg. kann – mit WW-Titelei – Bd 4 der Leibniz-WW bilden, siehe 56.1.4.

56.11.4.1925.71 A, 6, 12, 15, 21, 29, 35, 36, 38, 43, 51, 61, 69, M4, UB Wien

[III] G. W. LEIBNIZ | DIE THEODICEE | NEU ÜBERSETZT UND MIT EINLEITUNG | ANMERKUNGEN UND REGISTER VERSEHEN | VON | ARTUR BUCHENAU | [Reihensignet] | DER PHILOSOPHISCHEN BIBLIOTHEK BAND 71 | LEIPZIG 1925 / VERLAG VON FELIX MEINER

VIII, 510 S., (1 Bl., bds. Vlgsanz.)

S. [II] enthält die WW-Titelei, S. [I] einen Vortitel, siehe 56.1.13.

56.11.5.1968.71 A, 61, 121, 385

[I] GOTTFRIED WILHELM LEIBNIZ | Die Theodizee | Übersetzung von | [Z. 4 wie vorh. Z. 6 auf S. III] | Einführender Essay von | MORRIS STOCKHAMMER | [Reihensignet] | VERLAG VON FELIX MEINER | HAMBURG

[II] PHILOSOPHISCHE BIBLIOTHEK BAND 71 | [2 Z. Aufl.-Hinweise] | 1968 Zweite, durch ein Literaturverzeichnis und einen | einführenden Essay von Morris Stockhammer ergänzte Auflage

XXXI, 528 S.

In Z. 3 der S. [II] heißt es fälschlich »Johann Heinrich von Kirchmann« statt richtig ›Julius Hermann von Kirchmann‹.
Von der Ausg. gibt es 2 ungekennzeichnete Nachdrucke.

56.12. Vernunftprinzipien der Natur und der Gnade. Monadologie

Diese Texte waren früher schon in Bd 2 der ›Hauptschriften zur Grundlegung der Philosophie‹ (hier 56.6) und als Heft 14 der FA und TA erschienen (hier FA6.1 und TA12.1–2).

56.12.1.1956.253 A, 31, 38, 61

[III] GOTTFRIED WILHELM LEIBNIZ | Vernunftprinzipien | der Natur und der Gnade | Monadologie | VERLAG VON FELIX MEINER | HAMBURG

[IV] DER PHILOSOPHISCHEN BIBLIOTHEK BAND 253 | *Auf Grund der kritischen Ausgabe von* ANDRÉ ROBINET *(1954)* | *und der Übersetzung von* ARTUR BUCHENAU *mit Einführung und* | *Anmerkungen herausgegeben von* HERBERT HERRING | [9 Z.] | 1956

[II] GOTTFRIED WILHELM LEIBNIZ | Principes de la Nature et de la Grace | fondés en Raison | Monadologie | VERLAG VON FELIX MEINER | HAMBURG

[I] [Reihensignet]

XIV, 73 S.

56.12.2.1969.253 A, 61

[III] [ebs.]
[IV] [Z. 1–4 ebs.] | Unveränderter Nachdruck 1969
[II] [ebs.]
[I] [ebs.]

XIV, 73 S.

Von der Ausg. gibt es 2 ungekennzeichnete Nachdrucke.

56.12.3.1982.253

[III] [ebs.]
[IV] PHILOSOPHISCHE BIBLIOTHEK BAND 253 | [Z. 2–4 ebs.] | [16 Z.] | Zweite, verbesserte Auflage 1982

[II] [ebs.]
[I] [ebs.]

XIV, 74 S., 4 Bl. (Bl. 4 bds. Vlgsanz.)

57.
Gotthold Ephraim Lessing
1729–1781

57.1. Briefwechsel mit Mendelssohn und Nicolai

57.1.1.1910.121 A (2 Exe), 3, 6 (2 Exe), 12, 20, 23, 25, 29, 36, 61, 64, 107, 115, 466, B726(188)

[I] Philosophische Bibliothek | Band 121. || Lessings Briefwechsel | mit Mendelssohn und Nicolai | über das Trauerspiel. || Nebst verwandten Schriften Nicolais und Mendelssohns | herausgegeben und erläutert | von | Prof. Dr. Robert Petsch. | [Vlgssignet] | Leipzig. | Verlag der Dürr'schen Buchhandlung. | 1910.

LV, 144 S.

Der Bd enthält die Texte:
1. Friedrich Nicolai, Abhandlung vom Trauerspiele
2. G. E. Lessings Briefwechsel mit Moses Mendelssohn und Fr. Nicolai über die Tragödie, aus den Jahren 1756 und 1757
3. (Anhang.) M. Mendelssohn, Von der Herrschaft über die Neigungen

Der Erscheinungsvermerk des Exs 36 ist mit einem Schildchen überklebt: »Leipzig. | Verlag von Felix Meiner.«; das Ex. hat einen Meiner-Einband und einen PhB-Kat. vom Sept. 1913 eingebunden.
Ex. 29 hat einen Meiner-Einband und – wie Ex. 25 – einen PhB-Kat. vom Juli 1922 eingebunden.
Ex. B726(188) hat einen PhB-Kat. vom Sept. 1919 eingebunden.
1967 veranstaltete die Wissenschaftliche Buchgesellschaft in Darmstadt einen unveränderten reprografischen Nachdruck als Lizenzausg., die in 361, 385 vorhanden ist.

57.2. Lessings Philosophie

Mehrere Textauszüge der Ausg. erschienen separat als Heft 5 und 9 der FA und als Heft 5, 9, 45 und 46 der TA, siehe FA7.1–2 und TA13.1–5.

57.2.1.1909.119 A, 5, 23, 36, 38 (2 Exe), 48, 56, 61, 115, 294, Di1

[I] Philosophische Bibliothek | Band 119. || Lessings Philosophie. |

Denkmäler aus der Zeit des Kampfes | zwischen Aufklärung und Humanität in der | deutschen Geistesbildung. || Herausgegeben | von | Paul Lorentz. | [3 Z. Motto] | [Vlgssignet] | Leipzig. | Verlag der Dürr'schen Buchhandlung. | 1909.

LXXXVI, 396 S., 2 Bl. (jw. bds. Vlgsanz.)

Der Erscheinungsvermerk des Exs 36 ist mit einem Schildchen überklebt: »Leipzig. | Verlag von Felix Meiner.«; das Ex. hat einen Meiner-Einband und einen PhB-Kat. vom Sept. 1913 eingebunden.
Ex. 38_1 hat einen Meiner-Einband; beide Exe aus 38 haben einen PhB-Kat. vom April 1927 eingebunden.

58.
Libanios
314–ca 393

58.1. Apologie des Sokrates

58.1.1.1922.101 A, 5, 24, 38, 61, 62

[I] LIBANIUS | APOLOGIE DES SOKRATES | ÜBERSETZT UND ERLÄUTERT | — VON — | OTTO APELT | [Reihensignet] | DER PHILOSOPHISCHEN | BIBLIOTHEK BAND 101 || LEIPZIG 1922 / VERLAG VON FELIX MEINER

XIX, 100 S.

59.
Theodor Litt
1880–1962

59.1. Das Allgemeine im Aufbau der geisteswissenschaftlichen Erkenntnis

59.1.1.1980.328

[III] THEODOR LITT | Das Allgemeine | im Aufbau | der geisteswissenschaftlichen | Erkenntnis | Mit einer Einleitung herausgegeben von | FRIEDHELM NICOLIN | FELIX MEINER VERLAG | HAMBURG

[IV] PHILOSOPHISCHE BIBLIOTHEK BAND 328 | Der fotomechanische Nachdruck (verkleinert) des Textes erfolgte | nach der Ausgabe „Berichte über die Verhandlungen der Sächsi- | schen Akademie der Wissenschaften zu Leipzig", Philologisch- | historische Klasse, 93. Band (1941), 1. Heft.

[I] [Reihensignet]

XIX S., S. [3]–80, 1 Bl. (bds. Vlgsanz.)

60.
John Locke
1632–1704

60.1. Ein Brief über Toleranz

60.1.1.1975.289 A, 43, 385

[III] JOHN LOCKE | Ein Brief über Toleranz | Übersetzt, eingeleitet und in Anmerkungen | erläutert von | JULIUS EBBINGHAUS | Englisch-deutsch | VERLAG VON FELIX MEINER | HAMBURG

[IV] Der vorliegende Text wurde in erster Auflage 1957 und in zwei- | ter, verbesserter 1966 als Band 1 in der Reihe „Philosophie et | Communauté mondiale" veröffentlicht, die unter dem Patronat | der Fédération Internationale des Sociétés de Philosophie und | mit Unterstützung des Conseil International de la Philosophie et | des Sciences Humaines, herausgegeben vom Institut Internatio- | nal de Philosophie, erscheint. | Die Sammlung wird geleitet von Raymond Klibansky. | Der Band bleibt Bestandteil dieser Sammlung. Der unveränderte | Nachdruck 1975 erscheint gleichzeitig in der Philosophischen | Bibliothek als Band Nr. 289.

[I] [Reihensignet]

LXIV, 139 S.

Ein ungekennzeichneter Nachdruck von 1982 hat 2 Bl. am Schluß (Bl. 2 bds. Vlgsanz.); S. [140], die im Druck von 1975 Vlgsanz. trug, ist nun vacat.

60.2. Über den richtigen Gebrauch des Verstandes

60.2.1.1883.93 3, 7, 20, 25, 38

[III] Locke's | Leitung des Verstandes. || Uebersetzt | und mit Einleitung herausgegeben | von | Jürgen Bona Meyer. || Heidelberg. | Verlag von Georg Weiss. | 1883.

[II] Philosophische Bibliothek | oder | Sammlung | der | Hauptwerke der Philosophie | alter und neuer Zeit. || Unter Mitwirkung namhafter Gelehrten | herausgegeben, beziehungsweise übersetzt, erläutert | und mit Lebensbeschreibungen versehen | von | J. H. von Kirchmann. || Dreiundneunzigster Band. | Locke's Leitung des Verstandes. || Heidelberg. | Verlag von Georg Weiss. | 1883.

X, 94 S., (1 Bl., bds. Vlgsanz.)

Ex. 7 sind noch die Weiss'schen Vlgsbroschuren eingebunden.

60.2.2.1883.79 A, 6, 31, 62

Bl. 1a Philosophische Bibliothek. | Band 79. || [Z. 3–8 wie vorh. Z. 1–6 auf S. III] | [Vlgssignet] | LEIPZIG. | VERLAG DER DÜRR'SCHEN BUCHHANDLUNG. | 1883.

1 Bl., S. [V]–X, 94 S., (1 Bl., bds. Vlgsanz.)

Rückdatierte Titelaufl., zwischen 1900–06 entstanden; sie ist belegt in Hinrichs 12.1, 147a und Buchholtz 8, 29.

60.2.3.1920.79 A, 6, 38, 61, 294

[I] JOHN LOCKE | ÜBER DEN | RICHTIGEN GEBRAUCH | DES VERSTANDES | [7 Z. Motto] | NEU ÜBERSETZT VON DR. OTTO MARTIN. | [Reihensignet] | DER PHILOSOPHISCHEN BIBLIOTHEK BAND 79 | LEIPZIG 1920 / VERLAG VON FELIX MEINER

VIII, 109 S., 1 Bl. (bds. Vlgsanz.)

60.2.4.1978.79

[III] [Z. 1 wie vorh. auf S. I] | Über den richtigen Gebrauch | des Verstandes | [6 Z. Motto] | Übersetzt von | OTTO MARTIN | FELIX MEINER VERLAG | HAMBURG

[IV] PHILOSOPHISCHE BIBLIOTHEK BAND 79 | [2 Z. Aufl.-Hinweise] | 1978 Unveränderter Nachdruck der Ausgabe von 1920

[I] [Reihensignet]

X, 109 S.

Ein ungekennzeichneter Nachdruck von 1983 ist durch die Vlgsanz. auf S. [110] vom 1978er Druck zu unterscheiden.

60.3–4: Versuch über den menschlichen Verstand

Bis 1981 gab es insgesamt 6 zweibändige Ausg., die auch jw. getrennt verzeichnet sind (60.3 und 60.4). 1976 aber gab es einen »unveränderten Nachdruck in einem Band« (PhB 75/76), der hier der Einfachheit halber in der Aufl.-Reihe des Bd 1 unter 60.3.6 verzeichnet ist.

60.3. Versuch über den menschlichen Verstand I

60.3.1.1872.50 A, 6, 24, 29, 38 (2 Exe), 294

[III] John Locke's | Versuch | über | den menschlichen Verstand. | In vier Büchern. || Erster Band. || [12 Z. für 2 Motti] || Uebersetzt und erläutert | von | J. H. v. Kirchmann. || Berlin, 1872. | Verlag von L. Heimann. | Wilhelms-Strasse No 84.

[II] Philosophische Bibliothek | oder | Sammlung | der | Hauptwerke der Philosophie | alter und neuer Zeit. || Unter Mitwirkung namhafter Gelehrten | herausgegeben, beziehungsweise übersetzt, erläutert | und mit Lebensbeschreibungen versehen | von | J. H. v. Kirchmann. || Funfzigster [sic] Band. | John Locke's Versuch über den menschlichen Verstand. || Berlin, 1872. | Verlag von L. Heimann, | Wilhelms-Strasse No. 84.

IX, 456 S.

Kirchmanns Erl. dazu erschienen separat, siehe 52.24.
Ex. 29 sind noch Koschny'sche Vlgsbroschuren eingebunden.
In 1 Ex. von 38 fehlt das Reihentitelbl.

60.3.2.1894.50 25, 30, 121

[III] [Z. 1–21 ebs.] | 2. Auflage. || Berlin | PHILOS.-HISTOR. VERLAG | Dr. R. Salinger | 1894.

[II] [Z. 1–7 ebs.] | herausgegeben, beziehungsweise übersetzt, erläutert und | mit Lebensbeschreibungen versehen | [Z. 10–13 ebs.] || Berlin | PHILOS.-HISTOR. VERLAG. | Dr. R. Salinger | 1894.

IX, 478 S.

60.3.3.1894.75 5, 62, 77, 82

Bl. 1a Philosophische Bibliothek. | Band 75. || [Z. 3 wie vorh. Z. 1 auf S. III] | Versuch über den menschlichen Verstand. | [Z. 5 wie vorh. auf S. III] | [Z. 6 wie vorh. auf S. III] | [Z. 7–21 wie vorh. auf S. III] | Zweite Auflage. | [Vlgssignet] | LEIPZIG. | VERLAG DER DÜRR'SCHEN BUCHHANDLUNG. | 1894.

1 Bl., S. [V]–IX, 478 S.

Rückdatierte Titelaufl., zwischen 1900–06 entstanden; sie ist belegt in Hinrichs 12.1, 147a und Buchholtz 8, 29.

60.3.4.1913.75 A, 5, 24, 38, 61, 107, 290, 385

[I] [Z. 1 wie vorh. Z. 3 auf Bl. 1a] | Versuch über den | menschlichen

Verstand | o | Erster Band (Buch I und II) | übersetzt von | Carl Winckler | [Reihensignet] | Der Philosophischen Bibliothek | Band 75 | Leipzig · Verlag von Felix Meiner · 1913

XXXIV, 489 S.

Teile des engl. Orig.-Textes erschienen 1913 als Bd 9 der ›Bibliotheca Philosophorum‹ (siehe hier S. 78).

60.3.5.1968.75 A, 61, 121, 385

Bl. 2a JOHN LOCKE | Über den | [Z. 3 wie vorh. auf S. I] | In vier Büchern | Band I: Buch I und II | VERLAG VON FELIX MEINER | IN HAMBURG

Bl. 2b PHILOSOPHISCHE BIBLIOTHEK BAND 75 | Die von Carl Winckler im Jahre 1913 (Band II: 1911) besorgte | deutsche Ausgabe ist seit langem vergriffen. | Die vielen Nachfragen und der Wunsch, auch diesen wichtigen | Text wieder zur Verfügung stellen zu können, veranlaßten den | Verlag, sich an dem vom Akademie-Verlag, Berlin, 1968 veran- | stalteten Nachdruck der Neuausgabe von 1962 zu beteiligen, die auf | der Wincklerschen Übersetzung beruht. Auf die Beigabe einer Ein- | leitung wurde verzichtet, ein Register Band II hinzugefügt. | Das Inhaltsverzeichnis befindet sich am Schluß des Bandes

Bl. 1a [Reihensignet]

2 Bl., 511 S.

1962 hatte der Akademie-Vlg in Berlin (Ost) in der Reihe ›Philosophische Studientexte‹ »unter Hinzuziehung der von C. Winckler besorgten deutschen Fassung« eine Neuausg. veranstaltet.

60.3.6.1976.75/76

Bl. 2a [Z. 1–4 ebs.] | [Z. 5–6 wie vorh. Z. 6–7]

Bl. 2b PHILOSOPHISCHE BIBLIOTHEK BAND 75/76 | [4 Z.Aufl.-Hinweise] | 1976 Unveränderter Nachdruck in einem Band

Bl. 1a [ebs.]

4 Bl., 507 S., 1 Bl. (Zwischentitel auf S. a), 456 S., 1 Bl. (bds. weiß)

Dieser Nachdruck von PhB 75 und 76 in 1 Bd ist der Einfachheit halber in der Aufl.-Folge des Bd 1 von Lockes Werk aufgeführt.
In der CIP-Kurztitelaufnahme auf Bl. 2b wird die Ausg. als »3. Aufl., unveränd. Nachdr. in 1 Bd.« bezeichnet.

60.3.7.1981.75

[III] [Z. 1 wie vorh. auf Bl. 2a] | Versuch über den | [Z. 3–4 wie vorh. auf Bl. 2a] | Band I: Buch I und II | FELIX MEINER VERLAG | HAMBURG

[IV] PHILOSOPHISCHE BIBLIOTHEK BAND 75 | [12 Z.] | 1981 Unter dem Titel „Versuch über den menschlichen Ver- | stand" 4., durchgesehene Auflage in 2 Bänden (Band I | (75), Band II (76)), erweitert um eine Bibliographie | von Reinhard Brandt

[I] [Reihensignet]

VIII, 507 S., 2 Bl. (Bl. 2 bds. Vlgsanz.)

In Z. 13 auf S. [IV] wird der Nachdruck in 1 Bd irrtümlich auf 1978 statt 1976 datiert.

60.4. Versuch über den menschlichen Verstand II

60.4.1.1873.51 A, 6, 24, 25, 29, 38 (2 Exe), 121, 294

Bl. 2a John Locke's | Versuch | über | den menschlichen Verstand. | In vier Büchern. || Zweiter Band. || [12 Z. für 2 Motti] || Uebersetzt und erläutert | von | J. H. v. Kirchmann. || Berlin, 1873. | L. Heimann's Verlag | (Erich Koschny).

Bl. 1b Philosophische Bibliothek | oder | Sammlung | der | Hauptwerke der Philosophie | alter und neuer Zeit. || Unter Mitwirkung namhafter Gelehrten | herausgegeben, beziehungsweise übersetzt, erläutert | und mit Lebensbeschreibungen versehen | von | J. H. v. Kirchmann. || Einundfunfzigster Band. | John Locke's Versuch über den menschlichen Verstand. || Berlin, 1873. | L. Heimann's Verlag | (Erich Koschny).

2 Bl., 379 S.

Kirchmanns Erl. dazu erschienen separat, siehe 52.25.
Dem Ex. 29 sind noch Koschny'sche Vlgsbroschuren eingebunden.
In 1 Ex. von 38 ist das Reihentitelbl. falsch eingebunden, im anderen fehlt es.

60.4.2.1901.76 5, 61, 62, 77, 82

[1] Philosophische Bibliothek. | Band 76. || [Z. 3–8 wie vorh. Z. 1–6 auf Bl. 2a] || Uebersetzt und erläutert von J. H. v. Kirchmann. | Zweite Auflage, bearbeitet von Pf. em. C. Th. Siegert. | [10 Z. für 2 Motti] | [Vlgssignet] | Leipzig. | Verlag der Dürr'schen Buchhandlung. | 1901.

381 S., (1 Bl., bds. Vlgsanz.)

60.4.3.1911.76 A, 5, 24, 38, 61, 290, 385

[I] [Z. 1 wie vorh. Z. 3 auf S. 1] | Versuch über den | menschlichen Verstand | o | Zweiter Band (Buch III und IV) | übersetzt von | Carl

Winckler | [Reihensignet] | Band 76 | Leipzig · Verlag von Felix Meiner · 1911

Bl. 1a Philosophische Bibliothek | Band 76 | Locke II

1 Bl., VII, 450 S.

Ex. 5 fehlt Bl. 1.

60.4.4.1968.76 A, 61, 121, 385

Bl. 2a JOHN LOCKE | Über den | [Z. 3 wie vorh. auf S. I] | In vier Büchern | Band II: Buch III und IV | VERLAG VON FELIX MEINER | IN HAMBURG

Bl. 2a PHILOSOPHISCHE BIBLIOTHEK BAND 76 | Die von Carl Winckler im Jahre 1911 (Band I: 1913) besorgte | deutsche Ausgabe ist seit langem vergriffen. | Die vielen Nachfragen und der Wunsch, auch diesen wichtigen | Text wieder zur Verfügung stellen zu können, veranlaßten den | Verlag, sich an dem vom Akademie-Verlag, Berlin, 1968 veran- | stalteten Nachdruck der Neuausgabe von 1962 zu beteiligen, die | auf der Wincklerschen Übersetzung beruht. Auf die Beigabe einer | Einleitung wurde verzichtet, ein Register hinzugefügt. | Das Inhaltsverzeichnis befindet sich am Schluß des Bandes

Bl. 1a [Reihensignet]

2 Bl., 458 S., 1 Bl. (bds. weiß)

1962 hatte der Akademie-Vlg in Berlin (Ost) in der Reihe ›Philosophische Studientexte‹ »unter Hinzuziehung der von C. Winckler besorgten deutschen Fassung« eine Neuausg. veranstaltet.

60.4.5.1976.75/76

Dieser Nachdruck von PhB 75 und 76 in 1 Bd ist hier unter 60.3.6 beschrieben.

60.4.6.1981.76

[III] JOHN LOCKE | Versuch über den | menschlichen Verstand | In vier Büchern | Band II: Buch III und IV | FELIX MEINER VERLAG | HAMBURG

[IV] PHILOSOPHISCHE BIBLIOTHEK BAND 76 | [12 Z.] | 1981 Unter dem Titel ,,Versuch über den menschlichen Ver- | stand" 4., durchgesehene Auflage in 2 Bänden (Band I | (75), Band II (76)), erweitert um eine Bibliographie | von Reinhardt Brandt

[I] [Reihensignet]

VIII, 478 S., 1 Bl. (bds. Vlgsanz.)

In Z. 13 auf S. [IV] wird der Nachdruck in 1 Bd irrtümlich auf 1978 statt 1976 datiert.

61.
Rudolph Hermann Lotze
1817–1881

61.1. Mikrokosmos I

Mehrere Textauszüge erschienen separat als Heft 52–55 der TA, siehe TA14.2, TA14.4, TA14.11–12.

61.1.1.1923.185 A, 20, 24, 38, 51, 60

[I] MIKROKOSMOS | IDEEN | ZUR NATURGESCHICHTE UND | GESCHICHTE DER MENSCHHEIT | VERSUCH EINER ANTHROPOLOGIE VON | HERMANN LOTZE | SECHSTE AUFLAGE | MIT EINER EINLEITUNG HERAUSGEGEBEN VON | DR. RAYMUND SCHMIDT | ERSTER BAND | 1. DER LEIB / 2. DIE SEELE / 3. DAS LEBEN | [Reihensignet] | DER PHILOSOPHISCHEN BIBLIOTHEK BAND 185 | LEIPZIG 1923 / VERLAG VON FELIX MEINER

XXXVI, 453 S., 3 Bl. (jw. bds. Vlgsanz.)

61.2. Mikrokosmos II

61.2.1.1923.186 A, 20, 24, 38, 51, 60

[I] MIKROKOSMOS | IDEEN | ZUR NATURGESCHICHTE UND | GESCHICHTE DER MENSCHHEIT | VERSUCH EINER ANTHROPOLOGIE VON | HERMANN LOTZE | SECHSTE AUFLAGE | MIT EINER EINLEITUNG HERAUSGEGEBEN VON | DR. RAYMUND SCHMIDT | ZWEITER BAND | 4. DER MENSCH / 5. DER GEIST / 6. DER WELT LAUF | [Reihensignet] | DER PHILOSOPHISCHEN BIBLIOTHEK BAND 186 | LEIPZIG 1923 / VERLAG VON FELIX MEINER

VII, 464 S.

61.3. Mikrokosmos III

61.3.1.1923.187 A, 20, 38, 51, 60

[I] MIKROKOSMOS | IDEEN | ZUR NATURGESCHICHTE UND | GESCHICHTE DER MENSCHHEIT | VERSUCH EINER ANTHROPOLOGIE VON | HERMANN LOTZE | SECHSTE AUFLAGE | MIT EINER EINLEITUNG HERAUSGEGEBEN VON | DR. RAYMUND SCHMIDT | DRITTER BAND | 7. DIE GESCHICHTE / 8. DER FORTSCHRITT | 9. DER ZUSAMMENHANG DER DINGE | [Reihensignet] | DER PHILOSOPHISCHEN BIBLIOTHEK BAND 187 | LEIPZIG 1923 / VERLAG VON FELIX MEINER

VII, 615 S.

61.4. System der Philosophie I: Logik

Mehrere Textauszüge der Ausg. erschienen separat als Heft 63–66 der TA, siehe TA14.1, TA14.3, TA14.5–6 und TA14.9–10.

61.4.1.1912.141 A, 17, 24, 38, 61, 62

[III] Hermann Lotze | Logik | Drei Bücher | vom Denken, vom Untersuchen | und vom Erkennen | Mit der Übersetzung des Aufsatzes : Philosophy in | the last forty years, einem Namen- und Sachregister | Herausgegeben und eingeleitet von | Georg Misch | [Reihensignet] | Der Philosophischen Bibliothek | Band 141 | Leipzig | Verlag von Felix Meiner | 1912

[II] Hermann Lotze | System der Philosophie | Erster Teil | Drei Bücher der Logik | [Reihensignet] | Leipzig | Verlag von Felix Meiner | 1912

[I] Philosophische Bibliothek | Band 141 | Lotze. Logik

S. [I]–[II], Frontispiz, S. [III]–CXXVIII, 632 S.

NUC 342, 221a hat bei der PhB-Nr den Druckfehler »14«.

61.4.2.1928.141 25, 82

[III] HERMANN LOTZE | LOGIK | DREI BÜCHER VOM DENKEN, VOM | UNTERSUCHEN UND VOM ERKENNEN | [Z. 5–7 wie vorh. Z. 6–8] | GEORG MISCH | Zweite Auflage | [Reihensignet] | DER PHILOSOPHISCHEN BIBLIOTHEK BAND 141 | LEIPZIG 1928 / VERLAG VON FELIX MEINER

[II] HERMANN LOTZE | SYSTEM DER | PHILOSOPHIE | ERSTER TEIL | DREI BÜCHER DER LOGIK | [Reihensignet] | VERLAG VON FELIX MEINER IN LEIPZIG

[I] LOTZE: LOGIK

1 Bl. (bds. Vlgsanz.), CXXVI, 632 S.

61.5. System der Philosophie II: Metaphysik

61.5.1.1912.142 A, 17, 24, 38, 61

Bl. 2a Hermann Lotze | Metaphysik | Drei Bücher | der Ontologie, Kosmologie | und Psychologie | Mit einem Anhang: Die Prinzipien der | Ethik, einem Namen- und Sachregister | Herausgegeben von | Georg Misch | [Reihensignet] | Der Philosophischen Bibliothek | Band 142 | Leipzig | Verlag von Felix Meiner | 1912

Bl. 1b Hermann Lotze | System der Philosophie | Zweiter Teil: | Drei Bücher der Metaphysik | [Reihensignet] | Leipzig | Verlag von Felix Meiner | 1912

Bl. 1a Philosophische Bibliothek | Band 142 | Lotze. Metaphysik

4 Bl., 644 S.

62.
Raimundus Lullus
1235–1316

62.1. Die neue Logik

62.1.1.1985.379

[I] RAIMUNDUS LULLUS | Die neue Logik | Logica Nova | Textkritisch herausgegeben von | Charles Lohr | Übersetzt von | Vittorio Hösle und Walburga Büchel | Mit einer Einführung von | Vittorio Hösle | Lateinisch-deutsch | FELIX MEINER VERLAG | HAMBURG

[II] PHILOSOPHISCHE BIBLIOTHEK BAND 379

Bl. 1a [Reihensignet]

1 Bl., XCIV, 317 S., 1 Bl. (bds. Vlgsanz.)

63.
Niccolò Machiavelli
1469–1527

63.1. Der Fürst

63.1.1.1924.188 A, 17, 38, 93

[I] NICCOLO MACCHIAVELLI | DER FÜRST | (IL PRINCIPE) | ÜBERSETZT / EINGELEITET UND | MIT ANMERKUNGEN VERSEHEN | VON | DR. FRIEDRICH BLASCHKE | [Reihensignet] | DER PHILOSOPHISCHEN BIBLIOTHEK BAND 188 | LEIPZIG 1924 / VERLAG VON FELIX MEINER

XXXVIII, 126 S.

Ex. 93 hat zu Beginn 1 Bl., dessen Text lautet auf S. a: »SONDERAUSGABE | FÜR | SEMINARE | [Reihensignet]«; Bl. 1b: »*Die Lieferung dieser* | SEMINARAUSGABEN | *erfolgt zu einem um 20% ermäßigten Ladenpreis* | *unter der Voraussetzung der Mindestabnahme* | *von 10 Stück in geschlossenem Bezuge* | *und Nennung des betreffenden* | *Dozenten* | FELIX MEINER VERLAG IN LEIPZIG | *Jede Buchhandlung übernimmt die Besorgung*«.

63.1.2.1940.188 294, Dü20

[I] [Z. 1–7 ebs.] | ZWEITE AUFLAGE | [Z. 9–10 wie vorh. Z. 8–9] | LEIPZIG 1940 / VERLAG VON FELIX MEINER

XXXIX, 126 S., (1 Bl., bds. Vlgsanz.)

Ex. 294 fehlt das Titelbl.

63.1.3.1941.188 A, 22, 361

[I] [Z. 1–7 ebs.] | DRITTE AUFLAGE | [Z. 9–10 ebs.] | LEIPZIG 1941 / VERLAG VON FELIX MEINER

XXXIX, 126 S., (1 Bl., bds. Vlgsanz.)

64.
Moses Maimonides
(Rabbi Mose ben Maimon)
1135–1204

64.1. Acht Kapitel

64.1.1.1981.342

[III*] MOSE BEN MAIMON | Acht Kapitel | Eine Abhandlung zur jüdischen Ethik | und Gotteserkenntnis | Arabisch und Deutsch von | MAURICE WOLFF | Mit Einführung und Bibliographie von | FRIEDRICH NIEWÖHNER | FELIX MEINER VERLAG | HAMBURG

[IV*] PHILOSOPHISCHE BIBLIOTHEK BAND 342

[I*] [Reihensignet]

XXVIII*, XVI, 96, 38* S.

64.2–4: Führer der Unschlüssigen

Die Ausg. von 1923–24 ist dreibändig, – entsprechend der 3 »Bücher« des Werkes. Der Nachdruck von 1972 beläßt Bd 1 mit »Buch« 1 des Werkes unter PhB 184a (hier 64.2.2), faßt aber »Buch« 2 und 3 des Werkes zu 1 Bd (Bd 2) unter PhB 184b/c zusammen; dieser Bd 2 ist hier unter 64.3.2 aufgeführt.

64.2. Führer der Unschlüssigen I

64.2.1.1923.184a 25, 38, Tr2

[I] MOSE BEN MAIMON | FÜHRER | DER UNSCHLÜSSIGEN | INS DEUTSCHE ÜBERTRAGEN UND | MIT ERKLÄRENDEN ANMERKUNGEN | VERSEHEN VON | DR. ADOLF WEISS | ERSTES BUCH | [Reihensignet] | DER PHILOSOPHISCHEN BIBLIOTHEK BAND 184a | LEIPZIG 1923 / VERLAG VON FELIX MEINER

CCCXXIII, 394 S., 1 Bl. (bds. Vlgsanz.)

64.2.2.1972.184a A, 43, 61, 385

[III*] [Z. 1 wie vorh. auf S. I] | Führer | der Unschlüssigen | Übersetzung und Kommentar von | ADOLF WEISS | Mit einer Einleitung von | JOHANN MAIER | Erstes Buch | FELIX MEINER VERLAG | HAMBURG

[IV*] PHILOSOPHISCHE BIBLIOTHEK BAND 184a | [2 Z. Aufl.-Hinweis] | 1972 Unveränderter Nachdruck der Übersetzung und des | Kommentars von Adolf Weiß, mit einer neuen Einleitung | und einer Bibliographie von Johann Maier. In 2 Bänden.

[II*] MOSE BEN MAIMON | Führer | der Unschlüssigen | Übersetzung und Kommentar von | ADOLF WEISS | Mit einer Einleitung von | JOHANN MAIER | BAND I | Erstes Buch | Band II | Zweites und drittes Buch | FELIX MEINER VERLAG | HAMBURG

[I*] [Reihensignet]

CXIV*, 394 S.

Es gibt einen ungekennzeichneten Nachdruck dieser Ausg.

64.3. Führer der Unschlüssigen II

64.3.1.1924.184b 25, 38, Tr2

[I] MOSE BEN MAIMON | FÜHRER | DER UNSCHLÜSSIGEN | INS DEUTSCHE ÜBERTRAGEN UND | MIT ERKLÄRENDEN ANMERKUNGEN | VERSEHEN VON | DR. ADOLF WEISS | ZWEITES BUCH | [Reihensignet] | DER PHILOSOPHISCHEN BIBLIOTHEK BAND 184b | LEIPZIG 1924 / VERLAG VON FELIX MEINER

IX, 313 S., 1 Bl. (bds. Vlgsanz.)

64.3.2.1972.184b/c A, 43, 61, 385

[III] [Z. 1 wie vorh. auf S. I] | Führer | der Unschlüssigen | Übersetzung und Kommentar von | ADOLF WEISS | Mit einer Einleitung von | JOHANN MAIER | Zweites und drittes Buch | FELIX MEINER VERLAG | HAMBURG

[IV] PHILOSOPHISCHE BIBLIOTHEK BAND 184b/c | [2 Z. Aufl.-Hinweise] | 1972 Unveränderter Nachdruck der Übersetzung und des | Kommentars von Adolf Weiß, mit einer neuen Einleitung | und einer Bibliographie von Johann Maier. In 2 Bänden.

[II] MOSE BEN MAIMON | Führer | der Unschlüssigen | Übersetzung und Kommentar von | ADOLF WEISS | Mit einer Einleitung von | JOHANN MAIER | BAND I | Erstes Buch | BAND II | Zweites und drittes Buch | FELIX MEINER VERLAG | HAMBURG

[I] [Reihensignet]

XIII, S. [3]–313, VIII, 392 S., 1 Bl. (bds. Vlgsanz.)

Es gibt einen ungekennzeichneten Nachdruck dieser Ausg.

64.4. Führer der Unschlüssigen III

64.4.1.1924.184c 25, 38, 61, Tr2

[I] MOSE BEN MAIMON | FÜHRER | DER UNSCHLÜSSIGEN | INS DEUTSCHE ÜBERTRAGEN UND | MIT ERKLÄRENDEN ANMERKUNGEN | VERSEHEN VON | DR. ADOLF WEISS | DRITTES BUCH | [Reihensignet] | DER PHILOSOPHISCHEN BIBLIOTHEK BAND 184c | LEIPZIG 1924 / VERLAG VON FELIX MEINER

IX, 392 S.

64.4.2.1972.184b/c: Siehe 64.3.2.

65.
Maine de Biran
(Marie François Pierre Gouthier de Biran)
1766–1824

65.1. Tagebuch

65.1.1.1977.296

[III] MAINE DE BIRAN | Tagebuch | Auswahl und Übersetzung von | OTTO WEITH | Mit einer Einleitung von | GERHARD FUNKE | FELIX MEINER VERLAG | HAMBURG

[IV] PHILOSOPHISCHE BIBLIOTHEK BAND 296

S. [III]–L, 216 S.

66.
Nicole Malebranche
1638–1715

66.1. Von der Erforschung der Wahrheit

66.1.1.1968.272 A, 61, 385

[I] NICOLAS MALEBRANCHE | Von der | Erforschung der Wahrheit | Drittes

Buch | Übersetzt und mit Einleitung, | Anmerkungen und Registern | herausgegeben von | ALFRED KLEMMT | [Reihensignet] | VERLAG VON FELIX MEINER | HAMBURG

[II] PHILOSOPHISCHE BIBLIOTHEK BAND 272

Frontispiz, XLVIII, 152 S.

67.
Moses Mendelssohn
1729–1786

67.1. Phädon

67.1.1.1979.317

[III] MOSES MENDELSSOHN | Phädon | oder über die Unsterblichkeit | der Seele | Mit einem Nachwort | herausgegeben von | DOMINIQUE BOUREL | und einer Einleitung von | NATHAN ROTENSTREICH | FELIX MEINER VERLAG | HAMBURG

[IV] PHILOSOPHISCHE BIBLIOTHEK BAND 317

[I] [Reihensignet]

XXVII, 178 S., 1 Bl. (bds. Vlgsanz.)

68.
Maurice Merleau-Ponty
1908–1961

68.1. Das Auge und der Geist

68.1.1.1984.357

Bl. 2a MAURICE MERLEAU-PONTY | Das Auge und der Geist | Philosophische Essays | Herausgegeben und übersetzt von | HANS WERNER ARNDT | FELIX MEINER VERLAG | HAMBURG

Bl. 2b PHILOSOPHISCHE BIBLIOTHEK BAND 357 | Durchgesehene und um eine ausführliche Bibliographie erwei- | terte Neuausgabe der 1967 im Rowohlt Verlag , Reinbek, | erschienenen Auflage.

Bl. 1a [Reihensignet]

2 Bl., 189 S., 3 Bl. (Bl. 1 bds. Vlgsanz.; Bl. 2–3 jw. bds. weiß)

69.
August Messer
1867–1937

69.1. Einführung in die Erkenntnistheorie

Nach der 1. Aufl. von 1908 und einer Meiner'schen Titelaufl. erschienen die 2. Aufl., 1921, und die 3. Aufl., 1927, zwar auch bei Meiner, aber nicht mehr in der PhB, sondern als Bd 11 der Reihe ›Wissen und Forschen‹ (siehe hier S. 83).

69.1.1.1909.118 25, 31, 43, 61, 211

[I] Philosophische Bibliothek | Band 118. || Einführung | in die | Erkenntnistheorie. | Von | Dr. August Messer, a. o. Professor in Gießen. | [Vlgssignet] | Leipzig. | Verlag der Dürr'schen Buchhandlung. | 1909.

VI, 199 S.

Dem Ex. 43 ist ein PhB-Kat. Meiners von ca 1915 eingebunden.

69.1.2.(1911).118 A, 7, 21, 77, 123, 132, Walb1

[I] [Z. 1 ebs.] | Band 118 || [Z. 3–4 ebs.] | Erkenntnistheorie | [Z. 6–7 ebs.] | a. o. Professor in Gießen || Leipzig | Verlag von Felix Meiner

VI, 199 S.

Titelaufl., vermutlich 1911 entstanden.
Dem Archivex. fehlt die Widmungsseite.

70.
John Stuart Mill
1806–1873

70.1. Die Freiheit

70.1.1.1928.202 A, 25, 36, 38, 61, 121

[I] JOHN STUART MILL | DIE FREIHEIT | ÜBERTRAGEN UND EINGELEITET | VON | DR. h. c. ELSE WENTSCHER | [Reihensignet] | DER PHILOSOPHISCHEN BIBLIOTHEK BAND 202 | LEIPZIG 1928 / VERLAG VON FELIX MEINER

XXXI, 163 S.

71.
Leonard Nelson
1882–1927

71.1. Vom Selbstvertrauen der Vernunft

71.1.1.1975.288 A, 61, 385

[I] LEONARD NELSON | Vom Selbstvertrauen | der Vernunft | Schriften zur kritischen Philosophie | und ihrer Ethik | Herausgegeben von | GRETE HENRY-HERMANN | [Reihensignet] | FELIX MEINER VERLAG | HAMBURG

[II] PHILOSOPHISCHE BIBLIOTHEK BAND 288

XIII, 260 S., 1 Bl. (bds. Vlgsanz.)

72.
Nikolaus von Kues
1401–1464

Schriften. In deutscher Übersetzung hrsg. von Ernst Hoffmann. 18 Bde in 20 Bdn. Leipzig/Hamburg: Meiner 1936 ff.
= PhB [1. Aufl.:] 216–223, 228, 229, 231–233, 263, 264a–c, 267, 268, 346

Die Bde (die auf den Titelseiten als ›Hefte‹ bezeichnet werden) 1, 2 und 9 haben in der 2. Aufl. statt der Nrn 216a, 217 und 229 die Nrn 216, 295 und 285.
In Bd 14: Die Jagd nach Weisheit, 1964, PhB 263, befindet sich auf S. VII–IX ein »Geleitwort zu den zweisprachigen Cusanus-Ausgaben«.

Die folg. Aufstellung gibt eine Übersicht über die Bde (Hefte).

Bd (Heft)	Aufl.	Jahr	PhB
1	1	1936	216a
	2	1944	216
	3	1954	216
	4	1962	216
	5	1977	216
2	1	1938	217
	2	1977	295
3	1	1940	218
	2	1942	218
	3	1958	218
	›4‹	1967	218
4	1	1942	219
	2	1944	219
5	1	1942	220
	2	1944	220

Bd (Heft)	Aufl.	Jahr	PhB	
6	1	1943	221	
	2	1948	221	Leipzig
	2	1948	221	Hamburg
7	1	1946	222	
8	1	1943	223	
9	1	1947	229	
	›2‹	1973	285	
10	1	1949	228	
11	1	1952	231	
	2	1980	231	
12	1	1952	232	
	2	1976	232	
13	1	1952	233	
	2	1978	233	
14	1	1964	263	
15a	1	1964	264a	
	2	1970	264a	
	3	1979	264a	
15b	1	1967	264b	
	2	1977	264b	
15c	1	1977	264c	
16	1	1970	267	
	2	1980	267	
17	1	1971	268	
18	1	1967	–	
		1982	346	

72.1. Schriften 1: Der Laie über die Weisheit

72.1.1.1936.216a — A, 5, 6, 24, 38, 43, 61, 121, Tr2

Bl. 1a SCHRIFTEN DES | NIKOLAUS VON CUES | in deutscher Übersetzung | HERAUSGEGEBEN VON ERNST HOFFMANN | HEFT 1 || DER LAIE | ÜBER DIE WEISHEIT | VON | E. BOHNENSTÄDT | 1936 || DER PHILOSOPHISCHEN BIBLIOTHEK BAND 216a | VERLAG VON FELIX MEINER IN LEIPZIG

2 Bl., 108 S.

72.1.2.1944.216 — A, 24, 31, 385

Bl. 1a [Z. 1–2 ebs.] | im Auftrag der | Heidelberger Akademie der Wissenschaften | [Z. 5–9 wie vorh. Z. 3–7] | Idiota de sapientia | [Z. 11–12 wie vorh. Z. 8–9] | [Reihensignet] || [Z. 14 wie vorh. Z. 12]

Bl. 1b DER PHILOSOPHISCHEN BIBLIOTHEK BAND 216 | [1 Z.] | Zweite, durchgesehene Auflage 1944

2 Bl., 108 S.

72.1.3.1954.216 A, 61, 69, 290

Bl. 1a [Z. 1–13 ebs.] | VERLAG VON FELIX MEINER IN HAMBURG
Bl. 1b [Z. 1 ebs.] | [1 Z.] | Dritte, unveränderte Auflage 1954

2 Bl., 108 S.

72.1.4.1962.216 A, 61, 385

Bl. 1a [ebs.]
Bl. 1b [Z. 1–2 ebs.] | Vierte, unveränderte Auflage 1962

2 Bl., 108 S.

72.1.5.1977.216

[III] NIKOLAUS VON KUES | Der Laie | über die Weisheit | (Idiota de sapientia) | Herausgegeben von | ELISABETH BOHNENSTÄDT | [Reihensignet] | FELIX MEINER VERLAG | HAMBURG

[IV] PHILOSOPHISCHE BIBLIOTHEK BAND 216 | [4 Z.] | 1977 Fünfte, mit Paragraphenziffern | ergänzte Auflage

[I] Schriften des | NIKOLAUS VON KUES | in deutscher Übersetzung | im Auftrag der | Heidelberger Akademie der Wissenschaften | herausgegeben von | ERNST HOFFMANN † · PAUL WILPERT † | und KARL BORMANN | Heft 1

V, 108 S., 3 Bl. (Bl. 3 bds. Vlgsanz.)

72.2. Schriften 2: Über den Beryll

72.2.1.1938.217 A, 5, 6, 38, 43, 61, 121, Tr2

Bl. 1a SCHRIFTEN DES | NIKOLAUS VON CUES | in deutscher Übersetzung | HERAUSGEGEBEN VON ERNST HOFFMANN | HEFT 2 || ÜBER DEN BERYLL | VON | KARL FLEISCHMANN | Mit einer Einführung: | Die Vorgeschichte der Cusanischen | Coincidentia oppositorum | von | ERNST HOFFMANN | 1938 || DER PHILOSOPHISCHEN BIBLIOTHEK BAND 217 | VERLAG VON FELIX MEINER IN LEIPZIG

2 Bl., 163 S.

72.2.2.1977.295

[III] NIKOLAUS VON KUES | Über den Beryll | Neu übersetzt, eingeleitet | und mit Anmerkungen herausgegeben von | KARL BORMANN | Lateinisch-deutsch | [Reihensignet] | FELIX MEINER VERLAG | HAMBURG

[IV] PHILOSOPHISCHE BIBLIOTHEK BAND 295

[II] NICOLAI DE CUSA | De beryllo | Edidit | CAROLUS BORMANN | adiuvante | NICOLAO KUHNEKATH | [Reihensignet] | IN AEDIBUS FELICIS MEINER | HAMBURGI

[I] Schriften des | NIKOLAUS VON KUES | in deutscher Übersetzung | im Auftrag der | Heidelberger Akademie der Wissenschaften | herausgegeben von | ERNST HOFFMANN † · PAUL WILPERT † | und KARL BORMANN | Heft 2 | Lateinisch-deutsche Parallelausgabe

XIII, 151 S., 1 Bl. (bds. Vlgsanz.)

72.3. Schriften 3: Vom verborgenen Gott

72.3.1.1940.218 — 1a, 6, 38, 61, 62, 121, 385, Tr2

Bl. 1a SCHRIFTEN DES | NIKOLAUS VON CUES | Im Auftrag der | Heidelberger Akademie der Wissenschaften | in deutscher Übersetzung | HERAUSGEGEBEN VON ERNST HOFFMANN | HEFT 3 || VOM VERBORGENEN GOTT | De Deo abscondito – De quaerendo Deum | De filiatione Dei | VON | E. BOHNENSTAEDT | 1940 || DER PHILOSOPHISCHEN BIBLIOTHEK BAND 218 | VERLAG VON FELIX MEINER IN LEIPZIG

2 Bl., 166 S., 1 Bl. (bds. Vlgsanz.)

72.3.2.1942.218 — A, 5, 24, 31

Bl. 1a [Z. 1–12 ebs.] | Zweite, durchgesehene Auflage | 1942 || [Z. 15–16 wie vorh. Z. 14–15]

2 Bl., 166 S., 1 Bl. (bds. Vlgsanz.)

72.3.3.1958.218 — A, 38, 61, 69, 229

[III] [Z. 1–4 wie vorh. auf Bl. 1a] | in deutscher Übersetzung herausgegeben von | ERNST HOFFMANN † UND PAUL WILPERT | [Z. 7 wie vorh. auf Bl. 1a] || DREI SCHRIFTEN | [Z. 9 wie vorh. Z. 8 auf Bl. 1a] | De deo abscondito – De quaerendo deum | De filiatione dei | HERAUSGEGEBEN | [Z. 13–14 wie vorh. Z. 11–12 auf Bl. 1a] | [Reihensignet] || VERLAG VON FELIX MEINER IN HAMBURG

[IV] PHILOSOPHISCHE BIBLIOTHEK BAND 218 | *Dritte, durchgesehene Auflage 1958 | Mit Einführung, Anmerkungen und Begriffsverzeichnis*

S. [III]–XLIII, 117 S.

72.3.4.1967.218 A, 294, 385

[I] [Z. 1 wie vorh. auf S. III] | NIKOLAUS VON KUES | [Z. 3–16 wie vorh. auf S. III]

[II] [Z. 1 wie vorh. auf S. IV] | [2 Z. Aufl.-Hinweis] | Unveränderter Nachdruck 1967

XLI, 117 S.

Ein ungekennzeichneter Nachdruck von 1983 ist von der 1967er Ausg. unterscheidbar durch die Seitenkollation wie bei der Ausg. von 1958 und die Vlgsanz. auf S. [118]; ein Ex. dieses Nachdruckes gibt es in 128.

72.4. Schriften 4: Von Gottes Sehen

72.4.1.1942.219 A, 6, 38, 121, 385, Tr2

Bl. 1a SCHRIFTEN DES | NIKOLAUS VON CUES | Im Auftrag der | Heidelberger Akademie der Wissenschaften | in deutscher Übersetzung | HERAUSGEGEBEN VON ERNST HOFFMANN | HEFT 4 || VON GOTTES SEHEN | De visione Dei | VON | E. BOHNENSTAEDT | 1942 || DER PHILOSOPHISCHEN BIBLIOTHEK BAND 219 | VERLAG VON FELIX MEINER IN LEIPZIG

2 Bl., 240 S.

72.4.2.1944.219 A, 24, 31, 38, 43, 61, 69, 121, 385

Bl. 1a [Z. 1–11 ebs.] | [Reihensignet] || [Z. 13 wie vorh. Z. 14]

Bl. 1b DER PHILOSOPHISCHEN BIBLIOTHEK BAND 219 | Zweite, mit der Ausgabe von 1942 übereinstimmende, Auflage 1944

2 Bl., 240 S.

72.5. Schriften 5: Der Laie über Versuche mit der Waage

72.5.1.1942.220 6, 38, 61, 121, 385, Tr2

Bl. 1a SCHRIFTEN DES | NIKOLAUS VON CUES | Im Auftrag der | Heidelberger Akademie der Wissenschaften | in deutscher Übersetzung | HERAUSGEGEBEN VON ERNST HOFFMANN | HEFT 5 || DER LAIE | ÜBER VERSUCHE MIT DER WAAGE | Idiota de staticis experimentis | VON | HILDEGUND MENZEL-ROGNER | 1942 || DER PHILOSOPHISCHEN BIBLIOTHEK BAND 220 | VERLAG VON FELIX MEINER IN LEIPZIG

2 Bl., 95 S.

72.5.2.1944.220 A, 24, 31, 38, 43, 61, 131

Bl. 1a [Z. 1–12 ebs.] | [Reihensignet] || [Z. 14 wie vorh. Z. 15]
Bl. 1b DER PHILOSOPHISCHEN BIBLIOTHEK BAND 220 | Zweite Auflage 1944

2 Bl., 96 S.

72.6. Schriften 6: Sichtung des Alkorans I

Von der 2. Aufl. 1948 gibt es 2 textidentische Ausg. (72.6.2–3), die sich nur in der Vlgsangabe und im Druckvermerk der Impressumseite unterscheiden. Siehe dazu auch hier S. 70

72.6.1.1943.221 6, 61, 121, 385

[1] SCHRIFTEN DES | NIKOLAUS VON CUES | Im Auftrag der | Heidelberger Akademie der Wissenschaften | in deutscher Übersetzung | HERAUSGEGEBEN VON ERNST HOFFMANN | HEFT 6 || SICHTUNG DES ALKORANS | Cribratio Alkoran | VON | PAUL NAUMANN | ERSTES BUCH | MIT ANMERKUNGEN VON | GUSTAV HÖLSCHER | [Reihensignet] || VERLAG VON FELIX MEINER IN LEIPZIG

[2] DER PHILOSOPHISCHEN BIBLIOTHEK BAND 221 | Erschienen im Jahre 1943

174 S., (1 Bl., bds. weiß)

72.6.2.1948.221 A, 31, 38, 60, 69, Kn28

[1] [ebs.]

[2] [Z. 1 ebs.] | Erschienen 1943. Zweite Auflage 1948 | [5 Z.]

174 S., 1 Bl. (bds. Vlgsanz.)

Vgl. die Bemerkungen zur folg. Ausg.

72.6.3.1948.221 A, 43, 61, 64, 290, Walb1

[1] [Z. 1–15 ebs.] || RICHARD MEINER VERLAG IN HAMBURG

[2] [Z. 1–2 ebs.] | [2 Z.]

174 S., 1 Bl. (bds. Vlgsanz.)

Diese Ausg. entstand gleichzeitig mit der vorh., indem bei weniger als 200 Exn die Titelbl. ausgetauscht wurden. Hat die Leipziger ›Aufl.‹ auf der Impressumseite noch einen 5zeiligen Druckvermerk mit Vlgsarchiv- und Lizenznr, so hat die ›West-Aufl.‹ stattdessen nur noch 2 Z.: »Alle Rechte vorbehalten | Printed in Germany«.

72.7. Schriften 7: Sichtung des Alkorans II

72.7.1.1946.222 A, 5, 6, 31, 38, 43, 61, 121, 385, Kn28

[175] SCHRIFTEN DES | NIKOLAUS VON CUES | Im Auftrag der | Heidelberger Akademie der Wissenschaften | in deutscher Übersetzung | HERAUSGEGEBEN VON ERNST HOFFMANN | HEFT 7 || SICHTUNG DES ALKORANS | Cribratio Alkoran | ZWEITES UND DRITTES BUCH | VON | GUSTAV HÖLSCHER | [Reihensignet] || VERLAG VON FELIX MEINER IN LEIPZIG

[176] DER PHILOSOPHISCHEN BIBLIOTHEK BAND 222 | Erschienen im Jahre 1946

S. [175]–354

Beim Archivex. und Ex. 31, 38, 43, 61 ist über den Druckvermerk auf S. [176] ein Schildchen geklebt: »Veröffentlicht unter Lizenznummer 162 der | russischen Militärverwaltung in Deutschland«.

72.8. Schriften 8: Über den Frieden im Glauben

72.8.1.1943.223 A, 5, 6, 24, 31, 38, 43, 61, 121, 385

[1] SCHRIFTEN DES | NIKOLAUS VON CUES | Im Auftrag der | Heidelberger Akademie der Wissenschaften | in deutscher Übersetzung | HERAUSGEGEBEN VON ERNST HOFFMANN | HEFT 8 || ÜBER | DEN FRIEDEN IM GLAUBEN | De pace fidei | VON | LUDWIG MOHLER | [Reihensignet] || VERLAG VON FELIX MEINER IN LEIPZIG

[2] DER PHILOSOPHISCHEN BIBLIOTHEK BAND 223 | Erschienen im Jahre 1943

253 S., 1 Bl. (bds. Vlgsanz.)

72.9. Schriften 9: Über das Können-Ist. (Vom Gipfel der Betrachtung)

72.9.1.1947.229 A, 5, 6, 31, 38, 43, 61, 121

[I] SCHRIFTEN DES | NIKOLAUS VON CUES | Im Auftrag der | Heidelberger Akademie der Wissenschaften | in deutscher Übersetzung | HERAUSGEGEBEN VON ERNST HOFFMANN | HEFT 9 || VOM KÖNNEN-SEIN | De possest | VOM GIPFEL DER BETRACHTUNG | De apice theoriae | VON | E. BOHNENSTAEDT | [Reihensignet] || VERLAG VON FELIX MEINER IN LEIPZIG

[II] DER PHILOSOPHISCHEN BIBLIOTHEK BAND 229 | Erschienen im Jahre 1947

LXXIX, 176 S.

In den meisten Exn lauten Z. 3–4 der Impressumseite [II] unten: »Veröffentlicht unter der Lizenznummer 162 der | russischen Militärverwaltung in Deutschland«. In einigen Exn (z. B. Ex. 38) fehlen diese Z.

72.9.2.1973.285 A, 61, 385

[III] NIKOLAUS VON KUES | Dreiergespräch über das | Können-Ist | Mit einer Einführung von Lothar und Renate Steiger | Neu übersetzt und mit Anmerkungen | herausgegeben von | RENATE STEIGER | Lateinisch-deutsch | [Reihensignet] | FELIX MEINER VERLAG | HAMBURG

[IV] PHILOSOPHISCHE BIBLIOTHEK BAND 285

[II] NICOLAI DE CUSA | Trialogus de possest | Edidit | RENATA STEIGER | [Reihensignet] | IN AEDIBUS FELICIS MEINER | HAMBURGI

[I] Schriften des | NIKOLAUS VON KUES | in deutscher Übersetzung | Im Auftrag der | Heidelberger Akademie der Wissenschaften | herausgegeben von | ERNST HOFFMANN † · PAUL WILPERT † | und KARL BORMANN | Heft 9 | Lateinisch-deutsche Parallelausgabe

XXXIII, 130 S.

Der Text ›Vom Gipfel der Betrachtung‹ (De apice theoriae) der Ausg. von 1947 ist in der vorl. Ausg. nicht mehr enthalten.

72.10. Schriften 10: Der Laie über den Geist

72.10.1.1949.228 A, 5, 6, 31, 38, 43, 61, 69, 121, 385

[I] SCHRIFTEN DES | NIKOLAUS VON CUES | Im Auftrag der | Heidelberger Akademie der Wissenschaften | in deutscher Übersetzung | HERAUSGEGEBEN VON ERNST HOFFMANN | HEFT 10 || DER LAIE | ÜBER DEN GEIST | Idiota de mente | VON | MARTIN HONECKER † | UND | HILDEGUND MENZEL-ROGNER † | [Reihensignet] || RICHARD MEINER VERLAG / HAMBURG

[II] DER PHILOSOPHISCHEN BIBLIOTHEK BAND 228 | Erschienen im Jahre 1949

LXII, 1 Bl. (bds. weiß), 134 S., (1 Bl., bds. Vlgsanz.)

72.11. Schriften 11: Mathematische Schriften

72.11.1.1952.231 A, 5, 6, 31, 38, 43, 61, 69, 121

[I] SCHRIFTEN DES | NIKOLAUS VON CUES | Im Auftrage der | Heidelberger Akademie der Wissenschaften | in deutscher Übersetzung | HERAUSGEGEBEN VON ERNST HOFFMANN | HEFT 11 || DIE | MATHEMATISCHEN SCHRIFTEN | übersetzt von | JOSEPHA HOFMANN | mit einer Einführung und Anmerkungen versehen | von | JOSEPH EHRENFRIED HOFMANN | [Reihensignet] || VERLAG VON FELIX MEINER IN HAMBURG

[II] DER PHILOSOPHISCHEN BIBLIOTHEK BAND 231 | Erschienen im Jahre 1952

LII, 268 S.

72.11.2.1980.231

[I] NIKOLAUS VON KUES | Die mathematischen | Schriften | übersetzt von | JOSEPHA HOFMANN | mit einer Einführung und Anmerkungen | versehen von | JOSEPH EHRENFRIED HOFMANN | [Reihensignet] | VERLAG VON FELIX MEINER | HAMBURG

[II] PHILOSOPHISCHE BIBLIOTHEK BAND 231 | [1 Z.] | 1979 Zweite, verbesserte Auflage

Bl. 1a Schriften des | NIKOLAUS VON KUES | in deutscher Übersetzung | im Auftrag der | Heidelberger Akademie der Wissenschaften | herausgegeben von | ERNST HOFFMANN † · PAUL WILPERT † | und KARL BORMANN | Heft 11

1 Bl., LII, 270 S., 2 Bl. (Bl. 2 bds. Vlgsanz.)

Im Gegensatz zur 3. Z. auf S. [II] heißt es sowohl im Impressum wie auch im CIP-Vermerk »1980«, so daß die Ausg. als 1980 erschienen gilt.

72.12. Schriften 12: Vom Nichtanderen

72.12.1.1952.232 A, 5, 6, 31, 38, 43, 61, 69, 121, 385

[I] SCHRIFTEN DES | NIKOLAUS VON CUES | Im Auftrage der | Heidelberger Akademie der Wissenschaften | in deutscher Übersetzung | HERAUSGEGEBEN VON ERNST HOFFMANN | HEFT 12 || VOM NICHTANDEREN | DE NON ALIUD | Übersetzt | und mit einer Einführung und Anmerkungen versehen | von | PAUL WILPERT | [Reihensignet] || VERLAG VON FELIX MEINER IN HAMBURG

[II] DER PHILOSOPHISCHEN BIBLIOTHEK BAND 232 | Erschienen im Jahre 1952

XXVIII, 216 S.

72.12.2.1976.232

Bl. 2a NIKOLAUS VON KUES | Vom Nichtanderen | (De li non aliud) | Übersetzt und mit Einführung und Anmerkungen | herausgegeben von | PAUL WILPERT † | Zweite Auflage | [Reihensignet] | FELIX MEINER VERLAG | HAMBURG

Bl. 2b PHILOSOPHISCHE BIBLIOTHEK BAND 232 | [1 Z.] | Zweite Auflage 1976

Bl. 1a Schriften des | NIKOLAUS VON KUES | in deutscher Übersetzung | Im

Auftrag der | Heidelberger Akademie der Wissenschaften | herausgegeben von | ERNST HOFFMANN † · PAUL WILPERT † | und KARL BORMANN | Heft 12

2 Bl., XXVIII, 219 S.

72.13. Schriften 13: Vom Globusspiel

72.13.1.1952.233 A, 5, 6, 31, 38, 61, 69, 121, 385

[I] SCHRIFTEN DES | NIKOLAUS VON CUES | Im Auftrage der | Heidelberger Akademie der Wissenschaften | in deutscher Übersetzung | HERAUSGEGEBEN VON ERNST HOFFMANN | HEFT 13 || VOM GLOBUSSPIEL | DE LUDO GLOBI | Übersetzt | und mit Einführung und Anmerkungen versehen | von | GERDA VON BREDOW | [Reihensignet] || VERLAG VON FELIX MEINER IN HAMBURG

[II] DER PHILOSOPHISCHEN BIBLIOTHEK BAND 233 | Erschienen im Jahre 1952 | Mit vier Figuren

Bl. 1a NIKOLAUS VON CUES · VOM GLOBUSSPIEL

1 Bl., XXXI, 138 S., 2 Bl. (bds. Vlgsanz.)

72.13.2.1978.233

[I] NIKOLAUS VON KUES | [Z. 2–8 wie vorh. Z. 8–14] | FELIX MEINER VERLAG | HAMBURG

[II] PHILOSOPHISCHE BIBLIOTHEK BAND 233 | [1 Z.] | 1978 Zweite, verbesserte Auflage

Bl. 1a Schriften des | NIKOLAUS VON KUES | in deutscher Übersetzung | Im Auftrag der | Heidelberger Akademie der Wissenschaften | herausgegeben von | ERNST HOFFMANN † · PAUL WILPERT † | und KARL BORMANN | Heft 13

1 Bl., XXXI, 136 S., 1 Bl. (bds. Vlgsanz.)

72.14. Schriften 14: Die Jagd nach Weisheit

72.14.1.1964.263 A, 5, 6, 38, 43, 61, 69, 121, 385

[III] NIKOLAUS VON CUES | Die Jagd nach Weisheit | Übersetzt und mit Vorwort und Anmerkungen | herausgegeben von | PAUL WILPERT | [Reihensignet] | VERLAG VON FELIX MEINER | HAMBURG

[IV] PHILOSOPHISCHE BIBLIOTHEK BAND 263

[II] NICOLAI DE CUSA | De venatione sapientiae | Edidit | PAULUS WILPERT | VERLAG VON FELIX MEINER | HAMBURG

[I] Schriften des | NIKOLAUS VON CUES | in deutschen Übersetzungen | Im

Auftrage der | Heidelberger Akademie der Wissenschaften | herausgegeben von | ERNST HOFFMANN † und PAUL WILPERT | Heft 14 | Lateinisch-deutsche Parallelausgabe

XIII, 203 S.

Der Ausg. lagen 2 Corrigenda-Zettel bei.

72.15. Schriften 15a: Die belehrte Unwissenheit I

72.15.1.1964.264a A, 5, 6, 38, 43, 61, 69, 121

[III] NIKOLAUS VON KUES | Die belehrte Unwissenheit | Buch I | Übersetzt und mit Vorwort und Anmerkungen | herausgegeben von | PAUL WILPERT | Lateinisch-deutsch | [Reihensignet] | VERLAG VON FELIX MEINER | HAMBURG

[IV] PHILOSOPHISCHE BIBLIOTHEK BAND 264a | De docta ignorantia – Die belehrte Unwissenheit | [4 Z.] | 1964

[II] NICOLAI DE CUSA | De docta ignorantia | Liber primus | Edidit | PAULUS WILPERT | IN AEDIBUS FELICIS MEINER | HAMBURGI

[I] Schriften des | NIKOLAUS VON KUES | in deutscher Übersetzung | Im Auftrag der | Heidelberger Akademie der Wissenschaften | herausgegeben von | ERNST HOFFMANN † und PAUL WILPERT | Heft 15a | Lateinisch-deutsche Parallelausgabe

XI, 137 S., 1 Bl. (bds Vlgsanz.)

Im gleichen Jahr 1964 veranstaltete der Akademie-Vlg Berlin (Ost) eine Lizenzausg. im Rahmen seiner Reihe ›Philosophische Studientexte‹. Auf S. 139–144 nur dieser Lizenzausg. befindet sich ein ›Nachwort‹ von Einhard Eickhoff.

72.15.2.1970.264a A, 61, 385

[III] [Z. 1–5 ebs.] | PAUL WILPERT † | Zweite, verbesserte Auflage | besorgt von | HANS GERHARD SENGER | [Z. 10–13 wie vorh. Z. 7–10]

[IV] [Z. 1 ebs.] | Zweite, verbesserte Auflage 1970

[II] [Z. 1–4 ebs.] | PAULUS WILPERT † | [Reihensignet] | [Z. 7–8 wie vorh. Z. 6–7]

[I] [Z. 1–6 ebs.] | ERNST HOFFMANN † · PAUL WILPERT † | und KARL BORMANN | [Z. 9–10 wie vorh. Z. 8–9]

XIII, 152 S., 1 Bl. (S. b: Vlgsanz.)

Im gleichen Jahr 1970 veranstaltete der Akademie-Vlg Berlin (Ost) eine Lizenzausg. im Rahmen seiner Reihe ›Philosophische Studientexte«. Das ›Nachwort‹ der 1. Aufl. von Einhard Eickhoff ist dabei weggelassen.
Ein ungekennzeichneter Nachdruck des Meiner-Vlgs von 1983 ist durch Vlgsanz. des letzten Bl. vom 1970er Druck unterscheidbar.

72.15.3.1979.264a

[III] [Z. 1–6 ebs.] | Dritte, durchgesehene Auflage | [Z. 8–13 ebs.]
[IV] [Z. 1 ebs.] | [3 Z. Aufl.-Hinweise] | 1979 Dritte, durchgesehene Auflage, besorgt von Hans Ger- | hard Senger
[II] [ebs.]
[I] [ebs.]

XIII, 152 S., 1 Bl. (bds. Vlgsanz.)

72.16. Schriften 15b: Die belehrte Unwissenheit II

72.16.1.1967.264b A, 5, 6, 38, 43, 61, 69, 121, 385

[III] NIKOLAUS VON KUES | Die belehrte Unwissenheit | Buch II | Übersetzt und mit Vorwort, Anmerkungen und Register | herausgegeben von | PAUL WILPERT | Lateinisch-deutsch | [Reihensignet] | VERLAG VON FELIX MEINER | HAMBURG
[IV] PHILOSOPHISCHE BIBLIOTHEK BAND 264b | [2 Z.] | 1967
[II] NICOLAI DE CUSA | De docta ignorantia | Liber secundus | Edidit | PAULUS WILPERT | [Reihensignet] | IN AEDIBUS FELICIS MEINER | HAMBURGI
[I] Schriften des | NIKOLAUS VON KUES | in deutscher Übersetzung | Im Auftrag der | Heidelberger Akademie der Wissenschaften | herausgegeben von | ERNST HOFFMANN † und PAUL WILPERT | Heft 15b | Lateinisch-deutsche Parallelausgabe

VIII, 175 S.

Im gleichen Jahr 1967 veranstaltete der Akademie-Vlg Berlin (Ost) eine Lizenzausg. im Rahmen seiner Reihe ›Philosophische Studientexte‹.

72.16.2.1977.264b

[III] [Z. 1–5 ebs.] | PAUL WILPERT † | Zweite, verbesserte Auflage | besorgt von | HANS GERHARD SENGER | [Z. 10–13 wie vorh. Z. 7–10]
[IV] [Z. 1 ebs.] | [1 Z.] | 1977 2., verbesserte Auflage mit Nachträgen | von Hans Gerhard Senger
[II] [Z. 1–4 ebs.] | PAULUS WILPERT † | [Z. 6–8 ebs.]
[I] [Z. 1–6 ebs.] | ERNST HOFFMANN † · PAUL WILPERT † | und KARL BORMANN | [Z. 9–10 wie vorh. Z. 8–9]

VIII, 183 S.

Ein ungekennzeichneter Nachdruck von 1983 unterscheidet sich vom 1977er Druck durch die Vlgsanz. auf S. [184].

72.17. Schriften 15c: Die belehrte Unwissenheit III

72.17.1.1977.264c

[III] NIKOLAUS VON KUES | Die belehrte Unwissenheit | Buch III | Übersetzt und mit Einleitung, Anmerkungen und Register | herausgegeben von | HANS GERHARD SENGER | Mit einem Anhang zur Geschichte der Überlieferung | der Docta ignorantia von | Raymond Klibansky | Lateinisch-deutsch | [Reihensignet] | VERLAG VON FELIX MEINER | HAMBURG

[IV] PHILOSOPHISCHE BIBLIOTHEK BAND 264c

[II] NICOLAI DE CUSA | De docta ignorantia | Liber tertius | Edidit | RAYMUNDUS KLIBANSKY | [Reihensignet] | IN AEDIBUS FELICIS MEINER | HAMBURGI

[I] Schriften des | NIKOLAUS VON KUES | in deutscher Übersetzung | Im Auftrag der | Heidelberger Akademie der Wissenschaften | herausgegeben von | ERNST HOFFMANN † · PAUL WILPERT † | und KARL BORMANN | Heft 15c | Lateinisch-deutsche Parallelausgabe

XVIII, 236 S., 1 Bl. (bds. Vlgsanz.)

Ein ungekennzeichneter Nachdruck von 1984 ist vom 1977er Druck zu unterscheiden durch die nun auf S. VI eingedruckten Corrigenda, die dem 1977er Druck auf einem Zettel beilagen, und die Vlgsanz. des letzten Bl.

72.18. Schriften 16: Kompendium

72.18.1.1970.267 A, 5, 6, 38, 43, 61, 121, 385

[III] NIKOLAUS VON KUES | Kompendium | (Kurze Darstellung der | philosophisch-theologischen Lehren) | Übersetzt und mit Einleitung und Anmerkungen | herausgegeben von | BRUNO DECKER † | und | KARL BORMANN | Lateinisch-deutsch | [Reihensignet] | FELIX MEINER VERLAG | HAMBURG

[IV] PHILOSOPHISCHE BIBLIOTHEK BAND 267

[II] NICOLAI DE CUSA | Compendium | Ediderunt | BRUNO DECKER † | et | CAROLUS BORMANN | [Reihensignet] | IN AEDIBUS FELICIS MEINER | HAMBURGI

[I] Schriften des | NIKOLAUS VON KUES | in deutscher Übersetzung | Im Auftrag der | Heidelberger Akademie der Wissenschaften | herausgegeben von | ERNST HOFFMANN † · PAUL WILPERT † | und KARL BORMANN | Heft 16 | Lateinisch-deutsche Parallelausgabe

X, 110 S.

72.18.2.1982.267

[III] [ebs.]
[IV] [Z. 1 ebs.] | [2 Z.] | 1982 Zweite, durchgesehene Auflage
[II] [ebs.]
[I] [ebs.]

X, 110 S.

72.19. Schriften 17: Mutmaßungen

72.19.1.1971.268 A, 6, 43, 61, 385

[III] NIKOLAUS VON KUES | Mutmaßungen | Übersetzt und mit Einführung und Anmerkungen | herausgegeben von | JOSEF KOCH † | und | WINFRIED HAPP | Lateinisch-deutsch | [Reihensignet] | FELIX MEINER VERLAG | HAMBURG

[IV] PHILOSOPHISCHE BIBLIOTHEK BAND 268

[II] NICOLAI DE CUSA | De coniecturis | Ediderunt | JOSEPHUS KOCH † | et | WINFRIDUS HAPP | [Reihensignet] | IN AEDIBUS FELICIS MEINER | HAMBURGI

[I] Schriften des | NIKOLAUS VON KUES | in deutscher Übersetzung | Im Auftrag der | Heidelberger Akademie der Wissenschaften | herausgegeben von | ERNST HOFFMANN † · PAUL WILPERT † | und KARL BORMANN | Heft 17 | Lateinisch-deutsche Parallelausgabe

XXI, 264 S., 1 Bl. (bds. Vlgsanz.), 1 Faltbl.

72.20. Schriften 18: Über den Ursprung

72.20.1.1967.346 A, 38, 61

[3] SCHRIFTEN DES | NIKOLAUS VON CUES | Im Auftrage der | Heidelberger Akademie der Wissenschaften | HERAUSGEGEBEN VON ERNST HOFFMANN || ÜBER DEN URSPRUNG | De principio | Deutsch mit Einführung | von | Maria Feigl | Vorwort und Erläuterungen | von | Josef Koch | 1967 || F. H. KERLE VERLAG – HEIDELBERG

[1] NIKOLAUS VON CUES / ÜBER DEN URSPRUNG | [Vlgssignet]

116 S.

Im Nov. 1981 wurde diese Ausg. als Nr 346 in die PhB übernommen und nur mit PhB-Schutzumschlag versehen.
Die 1. Aufl. erschien 1949 auch im Kerle-Vlg.

73.
Ludwig Noack
1819–1885

73.1. Johannes Scotus Eriugena

73.1.1.1876.66 A, 3, 7, 20, 25, 29, 36, 38

[III] JOHANNES SCOTUS ERIGENA. || Sein Leben und seine Schriften, | die Wissenschaft und Bildung seiner Zeit, | die Voraussetzungen | seines Denkens und Wissens | und | der Gehalt seiner Weltanschauung. | Von | LUDWIG NOACK. || Leipzig, 1876. | ERICH KOSCHNY. | (L. HEIMANN'S VERLAG.)

[II] Philosophische Bibliothek | oder | Sammlung | der | Hauptwerke der Philosophie | alter und neuer Zeit. || Unter Mitwirkung namhafter Gelehrten | herausgegeben, beziehungsweise übersetzt, erläutert | und mit Lebensbeschreibungen versehen | von | J. H. von Kirchmann. || Sechsundsechzigster Band. | *Ueber Leben und Schriften des Johannes Erigena, die | Wissenschaft und Bildung seiner Zeit, die Voraus- | setzungen seines Denkens und Wissens und den Gehalt | seiner Weltanschauung.* | Von L. Noack. || Leipzig, 1876. | ERICH KOSCHNY. | (L. Heimann's Verlag.)

66 S., (1 Bl., bds. Vlgsanz.)

Der Erscheinungsvermerk der aufgeklebten Weiss'schen Vlgsbroschur des Exs 36 lautet: »Heidelberg. | Verlag von Georg Weiss | (früher Erich Koschny's Verlag in Leipzig). | 1882.«
Ex. 29 und 38 haben jw. einen Meiner-Einband und einen PhB-Kat. vom Sept. 1921 eingebunden, den Erscheinungsvermerk aber nicht mit einem Schildchen überklebt.

73.1.2.1876.88 A, 17, 61

Bl. 1a Philosophische Bibliothek. | Band 88. || [Z. 3–10 wie vorh. Z. 1–8 auf S. III] | Ludwig Noack. | [Vlgssignet] | LEIPZIG. | VERLAG DER DÜRR'SCHEN BUCHHANDLUNG. | 1876.

1 Bl., S. [5]–66

Rückdatierte Titelaufl., zwischen 1900–06 entstanden; sie ist belegt in Hinrichs 12.1, 147a und Buchholtz 8,8.

73.1.3.1876.88 6, 8

Bl. 1a [Z. 1–2 ebs.] || JOHANNES SCOTUS ERIUGENA. | [Z. 4–15 ebs.]

1 Bl., S. [5]–66

Rückdatierte Titelaufl. wie vorh. Ausg. 73.1.2; von dieser unterschieden nur im Wort ›Eriugena‹ der Titelseite.
Der Erscheinungsvermerk des Exs 8 ist mit einem Schildchen überklebt: »Leipzig. | Verlag von Felix Meiner.«

74.
Wilhelm von Ockham
ca 1285–1347/50

74.1. Summe der Logik

74.1.1.1984.363

[III] WILHELM VON OCKHAM | Summe der Logik | Aus Teil I: Über die Termini | Ausgewählt, übersetzt und mit | Einführung und Anmerkungen | herausgegeben von | PETER KUNZE | Lateinisch – Deutsch | FELIX MEINER VERLAG | HAMBURG

[IV] PHILOSOPHISCHE BIBLIOTHEK BAND 363

[I] [Reihensignet]

XXV, 166 S.

75.
Eugen Pappenheim
1831–1901

75.1. Erläuterungen zu des Sextus Empiricus Pyrrhoneïschen Grundzügen

75.1.1.1881.86 3, 16, 25, 29, 36, 38

[III] Erläuterungen | zu des | SEXTUS EMPIRICUS | Pyrrhoneïschen Grundzügen. || Von | Eugen Pappenheim. || Leipzig, 1881. | ERICH KOSCHNY. | (L. Heimann's Verlag.)

[II] Philosophische Bibliothek | oder | Sammlung | der | Hauptwerke der Philosophie | alter und neuer Zeit. || Unter Mitwirkung namhafter Gelehrten | herausgegeben, beziehungsweise übersetzt, erläutert | und mit Lebensbeschreibungen versehen | von | J. H. von Kirchmann. || Sechsundachtzigster Band. | Erläuterungen zu des | Sextus Empiricus Pyrrhoneïschen Grundzügen. || Leipzig, 1881. | ERICH KOSCHNY. | (L. Heimann's Verlag.)

VI, 290 S.

Erl.-Bd zur Textausg. 91.1.1.
Ex. 29 sind noch die Koschny'schen Vlgsbroschuren eingebunden.
Ex. 36 fehlt das Reihentitelbl.; der Erscheinungsvermerk der Haupttitelseite ist mit einem Schildchen überklebt: »LEIPZIG | VERLAG VON FELIX MEINER«; das Ex. hat einen Meiner-Einband, die Vlgsanz. auf den Vorsatzbl. stammen von spätestens 1930!

75.1.2.1881.90 A, 6, 15, 29, 38

Bl. 1a Philosophische Bibliothek. | Band 90. || [Z. 3–8 wie vorh. Z. 1–6 auf S. III] | [Vlgssignet] | LEIPZIG. | VERLAG DER DÜRR'SCHEN BUCHHANDLUNG. | 1881.

1 Bl., S. [V]–VI, 290 S.

Rückdatierte Titelaufl., zwischen 1900–06 entstanden; sie ist belegt in Hinrichs 12.1, 147a und Buchholtz 8, 36.
Der Erscheinungsvermerk des Archivexs und des Exs 6 sind mit einem Schildchen überklebt: »Leipzig. | Verlag von Felix Meiner.«
Bei Ex. 6 stammen auch die Deckel von Meiner (mit Meiner'schem Erscheinungsvermerk); auch der Einband der Exe 29 und 38 stammt von Meiner.
Den Exn A, 29, 38 ist ein PhB-Kat. vom Dez. 1922 beigebunden.

76.
Charles Sanders Peirce
1839–1914

76.1. Vorlesungen über Pragmatismus

76.1.1.1973.281 A, 43, 61, 385, Tr2

[III] CHARLES SANDERS PEIRCE | Lectures on Pragmatism | Vorlesungen über Pragmatismus | Mit Einleitung und Anmerkungen | herausgegeben von | ELISABETH WALTHER | Englisch-deutsch | FELIX MEINER VERLAG | HAMBURG

[IV] PHILOSOPHISCHE BIBLIOTHEK BAND 281 | Autorisierte Übersetzung aus dem Englischen von | ELISABETH WALTHER unter Mitwirkung von KATHINKA HUEBNER

[I] [Reihensignet]

LXXXVII, 342 S., 1 Bl. (bds. Vlgsanz.)

77.
Platon
427–347

77.1. Sämtliche Dialoge

Die 7bändigen Ausg. haben pro Bd zu Beginn 2 Bl. mit sich gegenüberliegenden WW-Titelseiten. Von der (Bd-)WW-Titelseite auf Bl. 2a gibt es pro Bd 2 verschiedene Gestaltungen, wodurch man 2 ›Aufl.‹ der Ausg. annehmen kann (die WW-Titelseiten auf Bl. 1b sind pro Bd bei beiden Ausg. identisch). Eine 3., spätere ›Aufl.‹ unterscheidet sich von der vorh. ›Aufl.‹ nur durch ein neues Reihensignet und einer umrahmten Bd-Inhaltsübersicht auf B. 1a. Man kann also 3 ›Aufl.‹ unterscheiden:

Sigle	Jahr	hier
A, ›1. Aufl.‹	1920/22	77.1.1–7
B, ›2. Aufl.‹	1923 ff.	77.1.8–14
C, ›3. Aufl.‹	1940	77.1.15–21

Die Exe der beiden ersten ›Aufl.‹ sind in ihren Bd-Tln z. T. sehr unterschiedlich zusammengesetzt, wobei es bemerkenswert viele inkongruente Zusammensetzungen (d. h. nicht zueinander passende Aufl. von Tln) gibt.

77.1.1–7: Platon-Ausg. A (Meiner 1920/22)

Sämtliche Dialoge. In Verbindung mit K. Hildebrandt, C. Ritter, G. Schneider hrsg. von O. Apelt. 25 Bde in 7 Bdn. Leipzig: Meiner 1911–20 bzw. 1912–22.
= PhB 80–83, 145, 147, 148, 150–153, 159, 160, 172a–b, 173–182

77.1.1: Bd 1 A, 5, 361_1, 361_2, Lün4

Bl. 2a PLATON | SÄMTLICHE DIALOGE | BAND I | Vorwort und Einleitung zur Gesamtausgabe von | Otto Apelt. – Protagoras – Laches und Euthyphron | Apologie und Kriton – Gorgias | [Reihensignet] | VERLAG VON FELIX MEINER IN LEIPZIG

Bl. 1b PLATON | SÄMTLICHE DIALOGE | In Verbindung mit | Kurt Hildebrandt, Constantin Ritter | und Gustav Schneider | herausgegeben | und mit Einleitungen, Literaturübersichten, | Anmerkungen und Registern versehen von | OTTO APELT | [Reihensignet] | BAND I | VERLAG VON FELIX MEINER IN LEIPZIG

77.1.2: Bd 2 A, P, 5, 361_1, Lün4

Bl. 2a [Z. 1–2 ebs.] | BAND II | Menon – Kratylos – Phaidon – Phaidros | [Z. 5–6 wie vorh. Z. 7–8]

Bl. 1b [Z. 1–10 ebs.] | BAND II | [Z. 12 ebs.]

77.1.3: Bd 3 A, 5, 361_1, Lün4

Bl. 2a [Z. 1–2 ebs.] | BAND III | Euthydemos – Hippias I/II und Ion, Alkibiades I/II – | Gastmahl – Charmides, Lysias, Menexenos | [Z. 6–7 wie vorh. Z. 5–6]

Bl. 1b [Z. 1–10 ebs.] | BAND III | [Z. 12 ebs.]

77.1.4: Bd 4 A, 5, 361_1, 361_2, Lün4

Bl. 2a [Z. 1–2 ebs.] | BAND IV | Theätet – Parmenides – Philebos | [Z. 5–6 wie vorh. Z. 6–7]

Bl. 1b [Z. 1–10 ebs.] | BAND IV | [Z. 12 ebs.]

77.1.5: Bd 5 A, 5, 361_1, 361_2, Lün4

Bl. 2a [Z. 1–2 ebs.] | BAND V | Der Staat | [Z. 5–6 ebs.]

Bl. 1b [Z. 1–10 ebs.] | BAND V | [Z. 12 ebs.]

77.1.6: Bd 6 A, 5, 361_1, 361_2

Bl. 2a [Z. 1–2 ebs.] | BAND VI | Timaios und Kritias – Sophistes – | Politikos – Briefe | [Z. 6–7 wie vorh. Z. 5–6]

Bl. 1b [Z. 1–10 ebs.] | BAND VI | [Z. 12 ebs.]

77.1.7: Bd 7 A, 5, 361_1, 361_2

Bl. 2a [Z. 1–2 ebs.] | BAND VII | Gesetze – Register der Gesamtausgabe | [Z. 5–6 wie vorh. Z. 6–7]

Bl. 1b [Z. 1–10 ebs.] | BAND VII | [Z. 12 ebs.]

Bd-Übersicht der Exe A und 5 (der Ausg. A):

Bd	PhB	Jahr	Titel	hier
1	181	1920	Apelt: Vorwort u. Einleitung	2.2.1
	175	1918	Protagoras	77.22.1
	178	1918	Laches. Euthyphron	77.14.1
	180	1919	Apologie. Kriton	77.3.1
	148	1914	Gorgias	77.11.1
2	153	1914	Menon	77.16.1
	174	1918	Kratylos	77.13.1
	147	1913	Phaidon	77.18.1
	152	1914	Phaidros	77.19.1
3	176	1918	Euthydemos	77.6.1
	172a	1918	Hippias I/II. Ion	77.12.1

Bd	PhB	Jahr	Titel	hier
3	172b	1918	Alkibiades I/II	77.2.1
	81	1919	Gastmahl	77.8.4
	177	1918	Charmides. Lysis. Menexenos	77.5.1
4	82	1911	Theaitet	77.25.4
	83	1919	Parmenides	77.17.4
	145	1912	Philebos	77.20.1
5	80	1916	Der Staat	77.24.5
6	179	1919	Timaios. Kritias	77.26.1
	150	1914	Sophistes	77.23.1
	151	1914	Politikos	77.21.1
	173	1918	Briefe	77.4.1
7	159	1916	Gesetze I	77.9.1
	160	1916	Gesetze II	77.10.1
	182	1920	Apelt: Platon-Index	2.1.1

Zu den Mischex. P, 361_2 und Lün4 siehe am Schluß von 77.1.8–14.

77.1.8–14: Platon-Ausg. B (Meiner 1923 ff.)

Sämtliche Dialoge. In Verbindung mit K. Hildebrandt, C. Ritter, G. Schneider hrsg. von O. Apelt. 25 Bde in 7 Bdn. Leipzig: Meiner 1916–23 [ff.]
= PhB 80–83, 145, 147, 148, 150–153, 159, 160, 172a–b, 173–182

Ausg. B unterscheidet sich von Ausg. A nur durch die WW-Titelseiten auf Bl. 2a (die WW-Titelseiten auf Bl. 1b sind pro Bd bei beiden Ausg. identisch, – auch im Satz). Diese differieren zwischen Ausg. A und B in den meisten Z. jw. nur im Satz (größerer Schriftgrad bei Ausg. B); nach dem Beschreibungsmodus dieser Bibliographie weichen die Ausg. A und B somit nur auf Bl. 2a in den Z. mit Bd-Inhaltsangaben der Bde 1–3 und 7 voneinander ab; alle anderen Z. auf Bl. 2a sind in Text und Zeilenbruch pro Bd in beiden Ausg. identisch.

77.1.8: Bd 1 P, 17, 26, 84, 168, 295, 385, M36a

Bl. 2a PLATON | SÄMTLICHE DIALOGE | BAND I | Vorwort und Einleitung zur Gesamtausgabe | von Otto Apelt. – Protagoras – Laches und | Euthyphron – Apologie und Kriton – Gorgias | [Reihensignet] | VERLAG VON FELIX MEINER IN LEIPZIG

Bl. 1b PLATON | SÄMTLICHE DIALOGE | In Verbindung mit | Kurt Hildebrandt, Constantin Ritter | und Gustav Schneider | herausgegeben | und mit Einleitungen, Literaturübersichten, | Anmerkungen und Registern versehen von | OTTO APELT | [Reihensignet] | BAND I | VERLAG VON FELIX MEINER IN LEIPZIG

77.1.9: Bd 2 17, 26, 84, 168, 295, 361_2, 385, M36a

Bl. 2a [Z. 1–2 ebs.] | BAND II | Menon – Kratylos – Phaidon – | Phaidros | [Z. 6–7 wie vorh. Z. 7–8]

Bl. 1b [Z. 1–10 ebs.] | BAND II | [Z. 12 ebs.]

77.1.10: Bd 3 17, 26, 84, 168, 211, 295, 361_2, 385, M36a

Bl. 2a [Z. 1–2 ebs.] | BAND III | Euthydemos – Hippias I/II und Ion, Alki- | biades I/II – Gastmahl – Charmides, | Lysis, Menexenos | [Z. 7–8 wie vorh. Z. 6–7]

Bl. 1b [Z. 1–10 ebs.] | BAND III | [Z. 12 ebs.]

77.1.11: Bd 4 17, 26, 84, 168, 295, 385, M36a

Bl. 2a [Z. 1–2 ebs.] | BAND IV | Theätet – Parmenides – Philebos | [Z. 5–6 wie vorh. Z. 7–8]

Bl. 1b [Z. 1–10 ebs.] | BAND IV | [Z. 12 ebs.]

77.1.12: Bd 5 P, 17, 26, 84, 168, 295, 385, M36a

Bl. 2a [Z. 1–2 ebs.] | BAND V | Der Staat | [Z. 5–6 ebs.]

Bl. 1b [Z. 1–10 ebs.] | BAND V | [Z. 12 ebs.]

77.1.13: Bd 6 P, 17, 26, 84, 168, 211, 295, 385, M36a, Lün4

Bl. 2a [Z. 1–2 ebs.] | BAND VI | Timaios und Kritias – Sophistes – | Politikos – Briefe | [Z. 6–7 wie vorh. Z. 5–6]

Bl. 1b [Z. 1–10 ebs.] | BAND VI | [Z. 12 ebs.]

77.1.14: Bd 7 P, 17, 26, 84, 168, 211, 295, 385, M36a, Lün4

Bl. 2a [Z. 1–2 ebs.] | BAND VII | Gesetze | Register der Gesamtausgabe | [Z. 6–7 ebs.]

Bl. 1b [Z. 1–10 ebs.] | BAND VII | [Z. 12 ebs.]

Es gibt zahlreiche in den Bd-Tln unterschiedliche Aufl.
Die Übersicht der Exe 17, 26, M36a:

Bd	PhB	Jahr	Titel	hier
1	181	1920	Apelt: Vorwort u. Einleitung	2.2.1
	175	1922	Protagoras	77.22.2
	178	1922	Laches. Euthyphron	77.14.2
	180	1922	Apologie. Kriton	77.3.2
	148	1922	Gorgias	77.11.2

Bd	PhB	Jahr	Titel	hier
2	153	1922	Menon	77.16.2
	174	1922	Kratylos	77.13.2
	147	1923	Phaidon	77.18.3
	152	1922	Phaidros	77.19.2
3	176	1922	Euthydemos	77.6.2
	172a	1921	Hippias I/II. Ion	77.12.2
	172b	1921	Alkibiades I/II	77.2.2
	81	1922	Gastmahl	77.8.6
	177	1922	Charmides, Lysis, Menexenos	77.5.2
4	82	1923	Theaitet	77.25.6
	83	1922	Parmenides	77.17.5
	145	1922	Philebos	77.20.2
5	80	1920	Der Staat	77.24.6
6	179	1922	Timaios. Kritias	77.26.2
	150	1922	Sophistes	77.23.2
	151	1922	Politikos	77.21.2
	173	1921	Briefe	77.4.2
7	159	1916	Gesetze I	77.9.1
	160	1916	Gesetze II	77.10.1
	182	1923	Apelt: Platon-Index	2.1.2

Bis auf Tl 1 des Bd 1 (PhB 181; siehe 2.2.1) sind die Exe 17, 26 und M36a mit NUC 461, 120b, Nr 0410398 identisch.
In Ex. M36a fehlt Bd 2, in Ex. 26 Bd 3.
Von den Exn 17, 26 und M36a weichen in folg. Bd-Tln ab:

Ex. 385 (1916–20):

Bd	PhB	Jahr	Titel	hier
1	180	1919	Apologie. Kriton	77.3.1
2	147	1920	Phaidon	77.18.2
4	82	1921	Theaitet	77.25.5
7	182	1920	Apelt: Platon-Index	2.1.1

Ex. 168 (1916–23):

5	80	1923	Der Staat	77.24.7

Ex. 84 (1916–26):

3	172a	1918	Hippias I/II. Ion	77.12.1
	172b	1918	Alkibiades I/II	77.2.1
	81	1926	Gastmahl	77.8.8
5	80	1923	Der Staat	77.24.7

Ex. 295 (1916–35):

3	172a	1935	Hippias I/II. Ion	77.12.3
	172b	1918	Alkibiades I/II	77.2.1
	81	1923	Gastmahl	77.8.7
5	80	1923	Der Staat	77.24.7

Die von Ex. 211 nur noch vorhandenen Bde 3, 6 und 7 entsprechen Ex. 84.

Ex. 168 bildet das Ex. mit den ›kongruentesten‹ Tln.
Kraß inkongruent sind die Tle des Bd 3 des Exs 295.
Die Exe P, 361_2 und Lün4 (alle: 1912–22) sind jw. Mischexe: einige ihrer Bde gehören (nach den WW-Titeleien auf Bl. 2a) zu Ausg. A, andere zu Ausg. B.
361_2 und Lün4 sind in den Bd-Tln identisch. Von den Exn 17, 26 und M36a weichen diese Exe in folg. Tln ab:

Bd	PhB	Jahr	Titel	hier
1	180	1919	Apologie. Kriton	77.3.1
2	153	1914	Menon	77.16.1
	147	1920	Phaidon	77.18.2
4	82	1921	Theaitet	77.25.5
	145	1912	Philebos	77.20.1
6	150	1914	Sophistes	77.23.1
7	182	1920	Apelt: Platon-Index	2.1.1

Ex. P weicht von Ex. 361_2 und Lün4 nur ab in:

6	151	1914	Politikos	77.21.1

Wiederum anders zusammengesetzt sind die untereinander identischen Ausg. in NUC 461, 120a–b, Nr 0410391 und 120c, Nr 0410400.

77.1.15–21: Platon-Ausg. C (Meiner 1940)

Sämtliche Dialoge. In Verbindung mit K. Hildebrandt, C. Ritter, G. Schneider hrsg. von Otto Apelt. 25 Bde in 7 Bdn. Leipzig: Meiner 1920–40.
= PhB 80–83, 145, 147, 148, 150–153, 159, 160, 172a–b, 173–182

Ausg. C unterscheidet sich von Ausg. B nur in 2 Punkten:
1. Die Titelbl. haben ein späteres Reihensignet als die von Ausg. A und B (Reihensignet Nr 2, siehe hier S. 185). Der Titelseitentext auf Bl. 1b und 2a ist mit Ausg. B identisch.
2. Auf Bl. 1a befindet sich eine umrahmte Inhaltsübersicht über die 7 Bde der Ausg.

77.1.15: Bd 1 A

Bl. 2a, 1b [wie 77.1.8]
Bl. 1a [umrahmte Bd-Inhaltsübersicht]

77.1.16: Bd 2 A

Bl. 2a, 1b [wie 77.1.9]
Bl. 1a [ebs.]

77.1.17: Bd 3 A

Bl. 2a, 1b [wie 77.1.10]
Bl. 1a [ebs.]

77.1.18: Bd 4 A

Bl. 2a, 1b [wie 77.1.11]
Bl. 1a [ebs.]

77.1.19: Bd 5 A

Bl. 2a, 1b [wie 77.1.12]
Bl. 1a [ebs.]

77.1.20: Bd 6 A

Bl. 2a, 1b [wie 77.1.13]
Bl. 1a [ebs.]

77.1.21: Bd 7 A

Bl. 2a, 1b [wie 77.1.14]
Bl. 1a [ebs.]

Das einzig vorgelegene Ex. (aus dem Vlgsarchiv) dieser Ausg. C ist 1940 entstanden. Es ist in Tl 4 von Bd 1 inkongruent zu seinen anderen Tln: Von der Ausg. ›Apologie. Kriton‹ (PhB 180) ist die Aufl. 1922 eingebunden, obgleich es schon einen Nachdruck von 1940 gab.
Die folg. Bd-Übersicht des Exs A der Ausg. C geschieht im Vergleich mit der der Exe 17, 26 und M36a der Platon-Ausg. B.

Bd	PhB	Jahr	Titel	hier
1	[wie Ausg. B]			
2	153	1939	Menon	77.16.3
	[Tl 2–3 wie Ausg. B]			
3	[Tl 1 wie Ausg. B]			
	172a	1935	Hippias I/II. Ion	77.12.3
	172b	1937	Alkibiades I/II	77.2.3
	81	1926	Gastmahl	77.8.8
	[Tl 5 wie Ausg. B]			
4	[wie Ausg. B]			
5	80	1923	Staat	77.24.7
6			[wie Ausg. B]	
7	159	1940	Gesetze I	77.9.2
	160	1940	Gesetze II	77.10.2
	[Tl 3 wie Ausg. B]			

77.2. Alkibiades I/II

77.2.1.1918.172b A, 5, 84, 211, 295, 361

Bl. 1a PLATONS DIALOGE | ALKIBIADES DER ERSTE | ALKIBIADES DER ZWEITE | ÜBERSETZT UND ERLÄUTERT | VON | OTTO APELT | [Reihensignet] | DER PHILOSOPHISCHEN BIBLIOTHEK | BAND 172b | FELIX MEINER IN LEIPZIG. 1918. | [Kriegsausfuhrzeichen]

2 Bl., S. [131]–261

Die Paginierung schließt an PhB 172a (Hippias I/II. Ion; hier 77.12) an.

77.2.2.1921.172b A, 17, 18, 38, 168, 361, 385, Lün4, M36a

Bl. 1a [Z. 1–6 ebs.] | Zweite Auflage. | [Z. 8–10 wie vorh. Z. 7–9] | FELIX MEINER IN LEIPZIG. 1921.

2 Bl., S. [131]–261

DBV 9, 90b, verzeichnet eine Ausg. von 1920. Weder konnte ein Ex. dieser Ausg. beschafft, noch konnte sie an anderer Stelle bibliographisch nachgewiesen werden. Vermutlich handelt es sich entweder um einen Druckfehler oder um das Jahr auf dem Umschlag der Ausg.

77.2.3.1937.172b A, 77

Bl. 1a PLATON | ALKIBIADES I/II | [Z. 3–5 wie vorh. Z. 4–6] | [Reihensignet] | DRITTE AUFLAGE | DER PHILOSOPHISCHEN BIBLIOTHEK BAND 172B | LEIPZIG 1937 / VERLAG VON FELIX MEINER

2 Bl., S. [131]–261

77.3. Apologie. Kriton

77.3.1.1919.180 A, 1a, 6, 7, 38, 361 (2 Exe), 385, Lün4

Bl. 1a PLATON | APOLOGIE DES SOKRATES | UND KRITON | ÜBERSETZT UND ERLÄUTERT | VON | OTTO APELT | [Reihensignet] | DER PHILOSOPHISCHEN BIBLIOTHEK BAND 180 | LEIPZIG 1919 / VERLAG VON FELIX MEINER

2 Bl., 108 S.

77.3.2.1922.180 A, 17, 18, 26, 38, 61, 84, 168, 295, M36a

Bl. 1a [Z. 1–6 ebs.] | ZWEITE, DURCHGESEHENE AUFLAGE | [Z. 8–9 wie vorh. Z. 7–8] | LEIPZIG 1922 / VERLAG VON FELIX MEINER

2 Bl., 108 S.

77.3.3.1940.180 A, ÖNB Wien

Bl. 1a [Z. 1–3 ebs.] | ÜBERSETZT UND ERLÄUTERT VON | [Z. 5–8 wie vorh. Z. 6–9] | VERLAG VON FELIX MEINER IN LEIPZIG

Bl. 1b Unveränderter Abdruck 1940 | der Ausgabe von 1922

2 Bl., 108 S., 2 Bl. (jw. bds. Vlgsanz.)

77.3.4.1945.180 A, 34, 64

Bl. 1a [Z. 1–5 ebs.] | [Reihensignet] || [Z. 7 wie vorh. Z. 9]

Bl. 1b DER PHILOSOPHISCHEN BIBLIOTHEK BAND 180 | Unveränderter Abdruck 1945 der Ausgabe von 1922

2 Bl., 108 S.

77.3.5.1951.180 A, 52, 38, 61, 121

Bl. 1a [Z. 1–2 ebs.] | *und* | KRITON | *Übersetzt und erläutert von* | [Z. 6–7 wie vorh. Z. 5–6] | VERLAG VON FELIX MEINER | IN HAMBURG

Bl. 1b [Z. 1 ebs.] | Unveränderter Abdruck 1951 der Ausgabe von 1922 | 1951

2 Bl., 108 S.

77.4. Briefe

77.4.1.1918.173 A, 1a, 5, 7, 61, 62, 361

Bl. 1a PLATONS BRIEFE | ÜBERSETZT UND ERLÄUTERT | VON | OTTO APELT | [Reihensignet] | DER PHILOSOPHISCHEN BIBLIOTHEK | Band 173 | FELIX MEINER IN LEIPZIG. 1918 | [Kriegsausfuhrzeichen]

2 Bl., 154 S., (1 od. 2 Bl., jw. bds. Vlgsanz).

77.4.2.1921.173 25, 26, 38, 84, 168, 211, 295, 361, 385, Lün4, M36a

Bl. 1a PLATONS | BRIEFE | [Z. 3–6 wie vorh. Z. 2–5] | ZWEITE, DURCHGESEHENE AUFLAGE | DER PHILOSOPHISCHEN BIBLIOTHEK BAND 173 || LEIPZIG 1921 / VERLAG VON FELIX MEINER

2 Bl., 154 S., (1 Bl., bds. Vlgsanz.)

77.5. Charmides. Lysis. Menexenos

77.5.1.1918.177 A, 1a, 5, 6, 361, Walb1

Bl. 1a PLATONS DIALOGE | CHARMIDES, LYSIS, | MENEXENOS | ÜBERSETZT UND ERLÄUTERT | VON | OTTO APELT | [Reihensignet] | DER PHILOSOPHISCHEN BIBLIOTHEK | BAND 177 | FELIX MEINER IN LEIPZIG. 1918 | [Kriegsausfuhrzeichen]

2 Bl., 168 S.

77.5.2.1922.177 A, 17, 18, 38, 61, 84, 168, 211, 295, 361, 385, Lün4, M36a

Bl. 1a [Z. 1–6 ebs.] | ZWEITE DURCHGESEHENE AUFLAGE | [Z. 8–10 wie vorh. Z. 7–9] | FELIX MEINER IN LEIPZIG. 1922

2 Bl., 168 S.

77.6. Euthydemos

77.6.1.1918.176 A, 1a, 5, 6, 361

Bl. 1a PLATONS DIALOG | EUTHYDEMOS | ÜBERSETZT UND ERLÄUTERT | VON | OTTO APELT | [Reihensignet] | DER PHILOSOPHISCHEN BIBLIOTHEK | Band 176 | FELIX MEINER IN LEIPZIG. 1918 | [Kriegsausfuhrzeichen]

2 Bl., 107 S.

77.6.2.1922.176 A, 17, 18, 38, 84, 168, 211, 295, 361, 385, Lün4, M36a

Bl. 1a [Z. 1–5 ebs.] | ZWEITE DURCHGESEHENE AUFLAGE. | [Z. 7–9 wie vorh. Z. 6–8] | FELIX MEINER IN LEIPZIG. 1922

2 Bl., 107 S.

77.6.3.1955.176 A, 38, 61, 385

Bl. 1a PLATON | Euthydemos | ÜBERSETZT UND ERLÄUTERT VON | [Z. 4 wie vorh. Z. 5] | [Reihensignet] | VERLAG VON FELIX MEINER | IN HAMBURG

2 Bl., 107 S.

77.7. Euthyphron

Vor der Einzelausg. von 1968 befand sich dieser Text mit dem Text ›Laches‹ in PhB-Bd 178 (hier 77.14).

77.7.1.1968.269 A, 61, 385

[III] PLATON | EUTHYPHRON | Griechisch-deutsch | VERLAG VON FELIX MEINER | HAMBURG

[IV] PHILOSOPHISCHE BIBLIOTHEK BAND 269 | Übersetzt, mit Einleitung und Anmerkungen | versehen von | KLAUS REICH

[I] [Reihensignet]

XVIII, 52 S., 1 Bl. (bds. Vlgsanz.)

Es gibt einen ungekennzeichneten Nachdruck dieser Ausg.

77.8. Gastmahl

77.8.1.1880.83 3, 7, 20, 25, 29, 36, Walb1

[3] Plato's | Gastmahl. || Uebersetzt und erläutert | von | Dr. Arthur Jung, | Oberlehrer. || Leipzig, 1880. | ERICH KOSCHNY. | (L. Heimann's Verlag.)

[2] Philosophische Bibliothek | oder | Sammlung | der | Hauptwerke der Philosophie | alter und neuer Zeit. || Unter Mitwirkung namhafter Gelehrten | herausgegeben, beziehungsweise übersetzt, erläutert | und mit Lebensbeschreibungen versehen | von | J. H. von Kirchmann. || Dreiundachtzigster Band. | Plato's Gastmahl. || Leipzig, 1880. | ERICH KOSCHNY. | (L. Heimann's Verlag.)

109 S.

Ex. 29 und 7 sind jw. noch die Koschny'schen Vlgsbroschuren eingebunden.
Der Erscheinungsvermerk der aufgeklebten Vlgsbroschur des Exs 36 lautet: »Heidelberg. | Verlag von Georg Weiss | (früher Erich Koschny's Verlag in Leipzig). | 1882.«

77.8.2.1900.81 17, 24, 708

[1] Philosophische Bibliothek. | Band 81. || [Z. 3–7 wie vorh. Z. 1–5 auf S. 3] | weil. Oberlehrer in Meseritz. | Zweite Auflage. | [Vlgssignet] | Leipzig, | Verlag der Dürr'schen Buchhandlung. | 1900.

107 S.

77.8.3.1912.81 A, 6, 61, 122

Bl. 1a PLATONS GASTMAHL | DRITTE AUFLAGE | NEU ÜBERTRAGEN UND EINGELEITET VON | KURT HILDEBRANDT | [Reihensignet] | DER PHILOSOPHISCHEN BIBLIOTHEK | BAND 81 | LEIPZIG · VERLAG VON FELIX MEINER · 1912

2 Bl., 128 S.

77.8.4.1919.81 A, 5, 18, 61, 62, 361

Bl. 1a PLATONS | GASTMAHL | ÜBERTRAGEN UND EINGELEITET VON | [Z. 4–5 ebs.] | VIERTE AUFLAGE | ZWEITE AUFLAGE DIESER ÜBERTRAGUNG | [Z. 8–9 wie vorh. Z. 6–7] | LEIPZIG, VERLAG VON FELIX MEINER 1919

2 Bl., 129 S.

77.8.5.1920.81 46, 70, 468, Walb1

Bl. 1a [Z. 1–2 ebs.] | ÜBERTRAGEN UND EINGELEITET | VON | [Z. 5–6 wie vorh. Z. 4–5] | FÜNFTE AUFLAGE | (DRITTE AUFLAGE DIESER ÜBERTRAGUNG) | [Z. 9–10 wie vorh. Z. 8–9] || LEIPZIG 1920 / VERLAG VON FELIX MEINER

1 Bl., 133 S.

77.8.6.1922.81 17, 38, 168, 361, 385, Lün4, M36a

Bl. 1a [Z. 1–6 ebs.] | SECHSTE AUFLAGE | (VIERTE AUFLAGE DIESER ÜBERTRAGUNG) | [Z. 9–10 ebs.] || LEIPZIG 1922 / VERLAG VON FELIX MEINER

Bildtafel, 1 Bl., 134 S.

77.8.7.1923.81 14, 295

[I] PLATON | [Z. 2 wie vorh. auf Bl. 1a] | NEU ÜBERSETZT UND ERLÄUTERT | VON | OTTO APELT | [Reihensignet] | DER PHILOSOPHISCHEN BIBLIOTHEK BAND 81 | LEIPZIG 1923 / VERLAG VON FELIX MEINER

Bildtafel, XXXVIII, 88 S.

Apelt begründet diese Neuübertragung in seinem Vorwort und wünscht, daß »beide Übersetzungen friedlich nebeneinander der großen Sache Platons dienen« mögen. Die 5. Aufl., 1934, und die 6. Aufl., 1941, der Hildebrandt'schen Übersetzung (jw. 191 S.) erschienen bei Meiner außerhalb der PhB. Von der 6. Aufl., 1941, die im DBV 25, 678a, belegt ist, konnte kein Ex. beschafft werden.

77.8.8.1926.81 6, 25, 38, 84, 211, 290

[I] [Z. 1–7 ebs.] | LEIPZIG 1926 / VERLAG VON FELIX MEINER

(1 Bl.,) XXXVIII, 88 S.

Bl. 1a: »INHALTSÜBERSICHT | ÜBER DIE GESAMTAUSGABE VON | PLATONS DIALOGEN«. Ex. 25 fehlen S. V–XIV.

77.8.9.1960.81 A, 38, 61, 294

[I] [Z. 1 ebs.] | DAS GASTMAHL | Übersetzt und erläutert von | [Z. 4 wie vorh. Z. 5] | In zweiter Auflage | mit gegenübergestelltem griechischen Text | neubearbeitet von | ANNEMARIE CAPELLE | VERLAG VON FELIX MEINER | HAMBURG

[II] PHILOSOPHISCHE BIBLIOTHEK BAND 81 | Mit ausführlicher Literaturübersicht | zusammengestellt von *Paul Wilpert* | [2 Z.] | 1960

Bl. 1a [Reihensignet]

1 Bl., XXXIX, 158 S.

Die Aufl.-Angabe »In zweiter Auflage« bezieht sich nur auf die Apelt'sche Übersetzung.

77.8.10.1973.81 A, 385

[I] [ebs.]

[II] [Z. 1 ebs.] | [4 Z. Aufl.-Hinweise] | 1973 Nachdruck mit Ergänzungen zur Literaturübersicht von | *Karl Bormann*

Bl. 1a [Reihensignet]

1 Bl., XL, 158 S.

Die Aufl.-Angaben auf S. [I] und in Z. 2–3 auf S. [II] beziehen sich nur auf die Apelt'sche Übersetzung.

77.8.11.1981.81

[I] [Z. 1–4 ebs.] | [Z. 5–6 wie vorh. Z. 7–8] | Griechisch-deutsch | FELIX MEINER VERLAG | [Z. 9 wie vorh. Z. 10]

[II] [Z. 1–7 ebs.] | 1981 Dritte, verbesserte Auflage, mit ergänzter Literaturüber- | sicht von *Karl Bormann*

Bl. 1a [Reihensignet]

1 Bl., XL, 158 S.

77.9. Gesetze I

77.9.1.1916.159 A, 1a, 5, 7, 17, 18, 26, 38, 61, 75, 84, 168, 211, 295, 361 (2 Exe), 385, Lün4, M36a

[I] PLATONS GESETZE | ÜBERSETZT UND ERLÄUTERT | VON | OTTO APELT | ERSTER BAND: BUCH I–VI | [Reihensignet] | DER PHILOSOPHISCHEN BIBLIOTHEK | BAND 159 | FELIX MEINER IN LEIPZIG. 1916.

XXXII, 261 S.

77.9.2.1940.159 A, 8, 136, 467

[I] PLATON | GESETZE | ÜBERSETZT UND ERLÄUTERT VON | [Z. 4–6 ebs.] | DER PHILOSOPHISCHEN BIBLIOTHEK BAND 159 | VERLAG VON FELIX MEINER IN LEIPZIG

[II] Unveränderter Abdruck 1940 | der Ausgabe von 1916

XXXII, 261 S.

77.9.3.1945.159 A, 20, 38, 61, 84, 361, 385

[I] [Z. 1–6 ebs.] | [Z. 7 wie vorh. Z. 8]

[II] DER PHILOSOPHISCHEN BIBLIOTHEK BAND 159 | UNVERÄNDERTER ABDRUCK 1945 | DER AUSGABE VON 1916

XXXII, 261 S.

77.10. Gesetze II

Buch X erschien auch separat als Heft 15 der FA und TA, siehe FA8.1 und TA15.1.

77.10.1.1916.160 A, 1a, 5, 7, 17, 18, 26, 38, 61, 75, 84, 168, 211, 295, 361 (2 Exe), 385, Lün4, M36a

Bl. 1a PLATONS GESETZE | ÜBERSETZT UND ERLÄUTERT | VON | OTTO APELT | ZWEITER BAND: BUCH VII–XII | [Reihensignet] | DER PHILOSOPHISCHEN BIBLIOTHEK | BAND 160 | FELIX MEINER IN LEIPZIG. 1916.

1 Bl., S. [263]–573

Die Paginierung schließt an Bd 1 der ›Gesetze‹ an.

77.10.2.1940.160 A, 8, 467

Bl. 1a PLATON | GESETZE | ÜBERSETZT UND ERLÄUTERT VON | [Z. 4–6 ebs.] | DER PHILOSOPHISCHEN BIBLIOTHEK BAND 160 | VERLAG VON FELIX MEINER IN LEIPZIG

Bl. 2b Unveränderter Abdruck 1940 | der Ausgabe von 1916

1 Bl., S. [263]–573

77.10.3.1945.160 A, 18, 20, 38, 61, 84, 136, 361, 385

Bl. 1a [Z. 1–6 ebs.] | [Z. 7 wie vorh. Z. 8]

Bl. 1b DER PHILOSOPHISCHEN BIBLIOTHEK BAND 160 | UNVERÄNDERTER ABDRUCK 1945 | DER AUSGABE VON 1916

1 Bl., S. [263]–573

77.11. Gorgias

77.11.1.1914.148 A, 1a, 5, 6, 7, 18, 25, 38, 61, 361

Bl. 1a Platons Dialog | GORGIAS || Übersetzt und erläutert | von | Dr. Otto Apelt | [Reihensignet] | Der Philosophischen Bibliothek | Band 148 | Leipzig 1914 | Verlag von Felix Meiner

1 Bl., 184 S., (1 Bl., bds. Vlgsanz.)

77.11.2.1922.148 17, 26, 38, 84, 168, 295, 361, 385, Lün4, M36a

Bl. 1a PLATONS DIALOG | [Z. 2 ebs.] | ÜBERSETZT UND ERLÄUTERT | VON | OTTO APELT | ZWEITE DURCHGESEHENE AUFLAGE | [Reihensignet] | DER PHILOSOPHISCHEN BIBLIOTHEK BAND 148 | LEIPZIG 1922 / VERLAG VON FELIX MEINER

1 Bl., 184 S., (3 Bl., jw. bds. Vlgsanz.)

77.11.3.1944.148 A, 5, 290, 385, Ka13

Bl. 1a PLATON | [Z. 2 ebs.] | ÜBERSETZT UND ERLÄUTERT VON | [Z. 4 wie vorh. Z. 5] | [Reihensignet] || VERLAG VON FELIX MEINER IN LEIPZIG

Bl. 1b DER PHILOSOPHISCHEN BIBLIOTHEK BAND 148 | Unveränderter Abdruck 1944 | der zweiten durchgesehenen Auflage von 1922

1 Bl., 184 S., (1 Bl., bds. Vlgsanz.)

77.11.4.1955.148 A, 38, 52, 61, 294

Bl. 2a [Z. 1 wie vorh. auf Bl. 1a] | Gorgias | [Z. 3–5 wie vorh. auf Bl. 1a] | VERLAG VON FELIX MEINER | IN HAMBURG

Bl. 2b [Z. 1 wie vorh. auf Bl. 1b] | *Vierte Auflage. Unveränderter Nachdruck 1955 | der zweiten durchgesehenen Auflage von 1922.* | [7 Z.] | *1955*

Bl. 1a [Reihensignet]

2 Bl., 184 S., 2 Bl. (jw. bds. Vlgsanz.)

77.12. Hippias I/II. Ion

77.12.1.1918.172a A, 1a, 5, 6, 24, 61, 84, 211, 361

Bl. 1a PLATONS DIALOGE | HIPPIAS I UND II, ION | ÜBERSETZT UND ERLÄUTERT | VON | OTTO APELT | [Reihensignet] | DER PHILOSOPHISCHEN BIBLIOTHEK | BAND 172a | FELIX MEINER IN LEIPZIG. 1918. | [Kriegsausfuhrzeichen]

2 Bl., 130 S.

77.12.2.1921.172a 17, 18, 25, 38, 168, 361, 385, Lün4, M36a

Bl. 1a [Z. 1–5 ebs.] | Zweite Auflage. | [Z. 7–9 wie vorh. Z. 6–8] | FELIX MEINER IN LEIPZIG. 1921.

2 Bl., 130 S., (1 Bl., bds. Vlgsanz.)

77.12.3.1935.172a A, 77, 295

Bl. 1a PLATON | HIPPIAS I/II, ION | [Z. 3–5 ebs.] | [Reihensignet] | DRITTE AUFLAGE | DER PHILOSOPHISCHEN BIBLIOTHEK BAND 172 A | LEIPZIG 1935 / VERLAG VON FELIX MEINER

2 Bl., 130 S., (1 Bl., bds. Vlgsanz.)

77.13. Kratylos

77.13.1.1918.174 A, 1a, 5, 6, 7, 361

Bl. 1a PLATONS DIALOG | KRATYLOS | ÜBERSETZT UND ERLÄUTERT | VON | OTTO APELT | [Reihensignet] | DER PHILOSOPHISCHEN BIBLIOTHEK | BAND 174 | FELIX MEINER IN LEIPZIG. 1918 | [Kriegsausfuhrzeichen]

2 Bl., 158 S., (1 Bl., bds. Vlgsanz.)

77.13.2.1922.174 A, 17, 18, 26, 38, 84, 168, 295, 361, 385, Lün4

Bl. 1a [Z. 1–5 ebs.] | ZWEITE DURCHGESEHENE AUFLAGE. | [Z. 7–9 wie vorh. Z. 6–8] | FELIX MEINER IN LEIPZIG. 1922

2 Bl., 158 S., (1 Bl., bds. Vlgsanz.)

77.14. Laches. Euthyphron

1968 gab es eine Einzelausg. des Euthyphron mit PhB-Nr 269 (hier 77.7), 1970 eine des Laches mit PhB-Nr 270 (hier 77.15).

77.14.1.1918.178 A, 5, 6, 7, 361

[I] PLATONS DIALOGE | LACHES UND EUTHYPHRON | ÜBERSETZT UND ERLÄUTERT VON | GUSTAV SCHNEIDER (†) | HERAUSGEGEBEN VON | BENNO VON HAGEN | [Reihensignet] | DER PHILOSOPHISCHEN BIBLIOTHEK BAND 178 | LEIPZIG 1918 / VERLAG VON FELIX MEINER | [Kriegsausfuhrzeichen]

VII, 112 S.

77.14.2.1922.178 17, 18, 25, 26, 38, 84, 168, 295, 361, 385, Lün4, M36a

[I] [Z. 1–6 ebs.] | ZWEITE DURCHGESEHENE AUFLAGE | [Z. 8–9 wie vorh. Z. 7–8] | LEIPZIG 1922 / VERLAG VON FELIX MEINER

VIII, 118 S., (1 Bl., S. b: Druckvermerk)

77.14.3.1945.178 A, 1a, 24, 61, 64, 385

[III] PLATON | [Z. 2–3 wie vorh. auf S. I] | GUSTAV SCHNEIDER | [Z. 5–6 wie vorh. auf S. I] | [Reihensignet] || VERLAG VON FELIX MEINER IN LEIPZIG

[IV] DER PHILOSOPHISCHEN BIBLIOTHEK BAND 178 | Unveränderter Abdruck 1945 | der zweiten, durchgesehenen Auflage von 1922

S. [III]–VI, 112 S.

77.15. Laches

Vor der Einzelausg. von 1970 befand sich dieser Text mit dem Text ›Euthyphron‹ in PhB-Bd 178 (hier 77.14).

77.15.1.1970.270 A, 43, 61, 385

[III] PLATON | LACHES | Griechisch-deutsch | VERLAG VON FELIX MEINER | HAMBURG

[IV] PHILOSOPHISCHE BIBLIOTHEK BAND 270 | Neu übersetzt und herausgegeben | von | RUDOLF SCHRASTETTER | [12 Z.]

[I] [Reihensignet]

XXXIX, 101 S., 1 Bl. (bds. Vlgsanz.)

Z. 8–16 nennen die früheren Aufl. des ›Laches‹ in PhB 178, verschweigen aber, daß es sich um eine Sammlung handelt.

77.16. Menon

77.16.1.1914.153 A, 5, 7, 38, 61, 62, 361, Lün4

Bl. 1a Platons Dialog | MENON | oder | Über die Tugend || Übersetzt und erläutert | von | Dr. Otto Apelt | [Reihensignet] | Der Philosophischen Bibliothek | Band 153 | Leipzig 1914 | Verlag von Felix Meiner

1 Bl., 91 S., (1 Bl., bds. Vlgsanz.)

77.16.2.1922.153 6, 17, 26, 38, 84, 168, 295, 385

Bl. 1a PLATON | [Z. 2 ebs.] | ODER | ÜBER DIE TUGEND | ÜBERSETZT UND ERLÄUTERT VON | OTTO APELT | ZWEITE, DURCHGESEHENE AUFLAGE | [Reihensignet] | DER PHILOSOPHISCHEN BIBLIOTHEK BAND 153 | LEIPZIG 1922 / VERLAG VON FELIX MEINER

1 Bl., 91 S., (1 Bl., bds. Vlgsanz.)

Von dieser Ausg. gab es auch Seminarex. mit 1 Bl. zu Beginn (siehe 63.1.1).

77.16.3.1939.153 A, 3, ÖNB Wien

Bl. 1a [Z. 1–9 ebs.] | VERLAG VON FELIX MEINER IN LEIPZIG
Bl. 1b Unveränderter Abdruck 1939 | der Ausgabe von 1922

1 Bl., 91 S., 1 Bl. (bds. Vlgsanz.)

77.16.4.1944.153 18, 24, 290, Ka13

Bl. 1a [Z. 1–4 ebs.] | ÜBERSETZT UND ERLÄUTERT | VON | [Z. 7 wie vorh. Z. 6] | [Reihensignet] || [Z. 9 wie vorh. Z. 10]
Bl. 1b DER PHILOSOPHISCHEN BIBLIOTHEK BAND 153 | Unveränderter Abdruck 1944 | der 2. verbesserten Auflage von 1922

1 Bl., 91 S., (1 Bl., bds. Vlgsanz.)

77.16.5.1951.153 A, 31, 38, 121

Bl. 2a [Z. 1–2 wie vorh. auf Bl. 1a] | *oder* | [Z. 4 wie vorh. auf Bl. 1a] | *Übersetzt und erläutert von* | [Z. 6–7 wie vorh. Z. 7–8 auf Bl. 1a] | VERLAG VON FELIX MEINER | IN HAMBURG
Bl. 2b [Z. 1 wie vorh. auf Bl. 1b] | Unveränderter Nachdruck 1951 der Ausgabe von 1922 | 1951
Bl. 1a PLATON / MENON

2 Bl., 91 S.

77.16.6.1972.278 A, 38, 61, 385

[III] [Z. 1–2 wie vorh. auf Bl. 2a] | Auf der Grundlage der Übersetzung | von Otto Apelt in Verbindung mit Else Zekl | neu bearbeitet und herausgegeben | von | KLAUS REICH | Griechisch-deutsch | FELIX MEINER VERLAG | HAMBURG

[IV] PHILOSOPHISCHE BIBLIOTHEK BAND 278 | [2 Z. Aufl.-Hinweise] | 1972 Auf der Grundlage der Übersetzung von Otto Apelt, | in Verbindung mit Else Zekl | neu bearbeitet und herausgegeben von Klaus Reich

[I] [Reihensignet]

XXII, 128 S., 1 Bl. (bds. Vlgsanz.)

77.16.7.1982.278

[III] [ebs.]

[IV] [Z. 1–6 ebs.] | 1982 Zweite, durchgesehene Auflage

[I] [ebs.]

XXII, 128 S., 1 Bl. (bds. Vlgsanz.)

77.17. Parmenides

77.17.1.1882.88 3, 6, 7, 25

[III] Plato's Dialog | PARMENIDES. || Uebersetzt und erläutert | von | J. H. v. Kirchmann. || Heidelberg. | Georg Weiss, Universitäts-Buchhandlung. | 1882.

[II] Philosophische Bibliothek | oder | Sammlung | der | Hauptwerke der Philosophie | alter und neuer Zeit. || Unter Mitwirkung namhafter Gelehrten | herausgegeben, beziehungsweise übersetzt, erläutert | und mit Lebensbeschreibungen versehen | von | J. H. von Kirchmann. || Achtundachtzigster Band. | Plato's Dialog Parmenides. || Heidelberg. | Georg Weiss, Universitäts-Buchhandlung. | 1882.

XLII, 142 S.

Ex. 7 sind noch die Weiss'schen Vlgsbroschuren eingebunden.

77.17.2.1882.83 5, Ka13

Bl. 1a Philosophische Bibliothek. | Band 83. || [Z. 3–7 wie vorh. Z. 1–5 auf S. III] | [Vlgssignet] | LEIPZIG. | VERLAG DER DÜRR'SCHEN BUCHHANDLUNG. | 1882.

1 Bl., S. [V]–XLII, 142 S.

Rückdatierte Titelaufl., zwischen 1900–06 entstanden; sie ist belegt in Hinrichs 12.1, 147a und Buchholtz 8, 33.
Ex. 5 ist ein Meiner'scher PhB-Kat. vom Sept. 1915 beigebunden.

77.17.3.(1918).83 24

Bl. 1a PLATONS DIALOG | [Z. 2 wie vorh. Z. 4] | ÜBERSETZT UND ERLÄUTERT | VON | J. H. V. KIRCHMANN | [Reihensignet] | DER PHILOSOPHISCHEN BIBLIOTHEK | BAND 83 | FELIX MEINER IN LEIPZIG. | [Kriegsausfuhrzeichen]

1 Bl., S. [V]–XLII, 142 S.

Titelaufl., höchstwahrscheinlich 1918 entstanden.

77.17.4.1919.83 A, 5, 18, 38, 294, 361

Bl. 1a [Z. 1–2 ebs.] | NEU ÜBERSETZT UND ERLÄUTERT | VON | OTTO APELT | [Reihensignet] | DER PHILOSOPHISCHEN BIBLIOTHEK BAND 83 | LEIPZIG 1919 / VERLAG VON FELIX MEINER

2 Bl., 162 S., 1 Bl. (bds. Vlgsanz.)

77.17.5.1922.83 17, 25, 26, 38, 61, 84, 168, 295, 361, 385, Lün4, M36a

Bl. 1a [Z. 1–5 ebs.] || ZWEITE DURCHGESEHENE AUFLAGE || [Z. 7–8 wie vorh. Z. 6–7] | LEIPZIG 1922 / VERLAG VON FELIX MEINER

2 Bl., 162 S., (1 Bl., bds. Vlgsanz.)

77.17.6.1972.279 A, 38, 61, 385

[III] PLATON | [Z. 2 wie vorh. auf Bl. 1a] | Übersetzt und herausgegeben | von | HANS GÜNTER ZEKL | Griechisch-deutsch | FELIX MEINER VERLAG | HAMBURG

[IV] PHILOSOPHISCHE BIBLIOTHEK BAND 279 | [3 Z. Aufl.-Hinweise] | 1972 Übersetzt und herausgegeben von Hans Günter Zekl

[I] [Reihensignet]

XLIV, 195 S.

Ein ungekennzeichneter Nachdruck von 1982 ist durch die Vlgsanz. auf S. [196] vom 1972er Druck zu unterscheiden.

77.18. Phaidon

77.18.1.1913.147 A, 5, 38, 61, 93, 361

Bl. 1a Platons Dialog | PHAIDON | oder | Über die Unsterblichkeit der Seele || Übersetzt und erläutert | von | Dr. Otto Apelt | [Reihensignet] | Der Philosophischen Bibliothek | Band 147 | Leipzig 1913 | Verlag von Felix Meiner

1 Bl., 155 S.

77.18.2.1920.147 A, 1a, 18, 38, 361, 385, Lün4

Bl. 1a PLATONS DIALOG | [Z. 2 ebs.] | ODER | ÜBER DIE UNSTERBLICHKEIT DER SEELE | ÜBERSETZT UND ERLÄUTERT | VON | OTTO APELT | ZWEITE AUFLAGE | [Reihensignet] | DER PHILOSOPHISCHEN BIBLIOTHEK BAND 147 | LEIPZIG 1920 / VERLAG VON FELIX MEINER

1 Bl., 155 S., (1 Bl., bds. Vlgsanz.)

Bei Ex. 1a lautet das Jahr auf dem Vorderdeckel: 1921.

77.18.3.1923.147 17, 26, 38, 84, 168, 295, Walb1

Bl. 1a PLATON | [Z. 2–4 ebs.] | * | [Z. 6–8 wie vorh. Z. 5–7] | * | DRITTE AUFLAGE | [Z. 11–12 wie vorh. Z. 9–10] | LEIPZIG 1923 / VERLAG VON FELIX MEINER

1 Bl., 26 S., S. 26a–26b, S. [27]–155

77.18.4.1944.147 A, 24, 385, Ka13

Bl. 1a [Z. 1–2 ebs.] | ÜBERSETZT UND ERLÄUTERT VON | [Z. 4 wie vorh. Z. 8] | [Reihensignet] || VERLAG VON FELIX MEINER IN LEIPZIG

Bl. 1b DER PHILOSOPHISCHEN BIBLIOTHEK BAND 147 | Unveränderter Abdruck 1944 | der dritten durchgesehenen Auflage von 1923

1 Bl., 155 S., (1 Bl., bds. Vlgsanz.)

77.18.5.1951.147 A, 31, 38, 61, 121

Bl. 2a [Z. 1–2 wie vorh. auf Bl. 1a] | *oder* | *Über die Unsterblichkeit der Seele* | *Übersetzt und erläutert von* | [Z. 6 wie vorh. Z. 4 auf Bl. 1a] | [Reihensignet] | VERLAG VON FELIX MEINER | IN HAMBURG

Bl. 2b [Z. 1 wie vorh. auf Bl. 1b] | Unveränderter Nachdruck 1951 | [Z. 3 wie vorh. auf Bl. 1b] | 1951

Bl. 1a PLATON / PHAIDON

2 Bl., 155 S.

In Ex. 121 fehlt Bl. 1.

77.19. Phaidros

77.19.1.1914.152 A, 5, 18, 24, 43, 61, 361

Bl. 1a Platons Dialog | PHAIDROS || Übersetzt, erläutert und mit | ausführlichem Register versehen | von | Constantin Ritter | [Reihensignet] | Der Philosophischen Bibliothek | Band 152 | Leipzig 1914 | Verlag von Felix Meiner

1 Bl., 157 S.

77.19.2.1922.152 A, 17, 26, 38, 84, 168, 295, 361, 385, Lün4

Bl. 1a PLATONS DIALOG | [Z. 2 ebs.] | ÜBERSETZT, ERLÄUTERT UND MIT | AUSFÜHRLICHEM REGISTER VERSEHEN VON | CONSTANTIN RITTER | ZWEITE, DURCHGESEHENE | UND VERBESSERTE AUFLAGE | [Reihensignet] | DER PHILOSOPHISCHEN BIBLIOTHEK BAND 152 | LEIPZIG 1922 / VERLAG VON FELIX MEINER

1 Bl., 28 S., S. 28a, S. [29]–[158]

77.20. Philebos

77.20.1.1912.145 A, 1a, 5, 6, 18, 24, 61, 361, Lün4

Bl. 1a Platons Dialog | PHILEBOS || Übersetzt und erläutert | von | Dr. Otto Apelt | [Reihensignet] | Der Philosophischen Bibliothek | Band 145 | Leipzig 1912 | Verlag von Felix Meiner

2 Bl., 157 S.

77.20.2.1922.145 A, 17, 26, 38, 84, 168, 295, 385, M36a

Bl. 1a PLATON | [Z. 2 ebs.] | ÜBERSETZT UND ERLÄUTERT | VON | OTTO APELT | ZWEITE VERBESSERTE AUFLAGE | [Reihensignet] | DER PHILOSOPHISCHEN BIBLIOTHEK BAND 145 | LEIPZIG 1922 / VERLAG VON FELIX MEINER

2 Bl., 156 S.

77.20.3.1955.145 A, 31, 61, 385

Bl. 1a [Z. 1 ebs.] | Philebos | ÜBERSETZT UND ERLÄUTERT VON | [Z. 4 wie vorh. Z. 5] | [Reihensignet] | VERLAG VON FELIX MEINER | IN HAMBURG

Bl. 1b DER PHILOSOPHISCHEN BIBLIOTHEK BAND 145 | *Dritte Auflage. Unveränderter Nachdruck 1955* | *der zweiten verbesserten Auflage von 1922.* | [7 Z.] | *1955*

2 Bl., 156 S.

77.21 Politikos

77.21.1.1914.151 A, 1a, 5, 18, 25, 61, 361

Bl. 1a Platons Dialog | POLITIKOS | oder | Vom Staatsmann || Übersetzt und erläutert | von | Dr. Otto Apelt | [Reihensignet] | Der Philosophischen Bibliothek | Band 151 | Leipzig 1914 | Verlag von Felix Meiner

1 Bl., 142 S.

77.21.2.1922.151 A, 26, 38, 84, 168, 211, 295, 361, 385, Lün4, M36a

Bl. 1a [Z. 1–7 ebs.] | Zweite durchgesehene Auflage | [Z. 9–11 wie vorh. Z. 8–10] | Leipzig 1922 | [Z. 13 wie vorh. Z. 12]

1 Bl., 142 S.

77.22. Protagoras

77.22.1.1918.175 A, 1a, 5, 6, 7, 18, 61, 361

Bl. 1a PLATONS DIALOG | PROTAGORAS | ÜBERSETZT UND ERLÄUTERT | VON | OTTO APELT | [Reihensignet] | DER PHILOSOPHISCHEN BIBLIOTHEK | BAND 175 | FELIX MEINER IN LEIPZIG. 1918 | [Kriegsausfuhrzeichen]

2 Bl., 147 S.

77.22.2.1922.175 17, 25, 26, 38, 84, 168, 295, 361, 385, Lün4, M36a

Bl. 1a [Z. 1–5 ebs.] | ZWEITE DURCHGESEHENE AUFLAGE | [Z. 7–9 wie vorh. Z. 6–8] | FELIX MEINER IN LEIPZIG. 1922

2 Bl., 147 S.

77.22.3.1956.175 A, 31, 38, 61, 385

[I] PLATON | [Z. 2 wie vorh. auf Bl. 1a] | Übersetzt und erläutert von |

Otto Apelt | Dritte Auflage, neubearbeitet von | Arno Mauersberger und Annemarie Capelle | VERLAG VON FELIX MEINER | HAMBURG

[II] PHILOSOPHISCHE BIBLIOTHEK BAND 175 | [9 Z.] | 1956

XXXVI, 83 S.

77.23. Sophistes

77.23.1.1914.150 A, 1a, 5, 6, 7, 28, 25, 61, 361 (2 Exe), Lün4

Bl. 1a Platons Dialog | SOPHISTES || Übersetzt und erläutert | von | Dr. Otto Apelt | [Reihensignet] | Der Philosophischen Bibliothek | Band 150 | Leipzig 1914 | Verlag von Felix Meiner

1 Bl., 156 S., (1 Bl., bds. Vlgsanz.)

77.23.2.1922.150 A, 26, 38, 84, 168, 211, 295, 385, M36a

Bl. 1a PLATON | [Z. 2 ebs.] | ÜBERSETZT UND ERLÄUTERT | VON | OTTO APELT | ZWEITE, DURCHGESEHENE AUFLAGE | [Reihensignet] | DER PHILOSOPHISCHEN BIBLIOTHEK BAND 150 | LEIPZIG 1922 / VERLAG VON FELIX MEINER

1 Bl., 156 S., (1 Bl., bds. Vlgsanz.)

77.23.3.1967.265 A, 61, 385

[III] [Z. 1 wie vorh. auf Bl. 1a] | DER SOPHIST | Griechisch-deutsch | VERLAG VON FELIX MEINER | HAMBURG

[IV] PHILOSOPHISCHE BIBLIOTHEK BAND 265 | Auf der Grundlage der Übersetzung von Otto Apelt (2. Aufl. 1922) | neu bearbeitet und eingeleitet, mit Anmerkungen, | Literaturübersicht und Register versehen, von | REINER WIEHL

[I] [Reihensignet]

XLVIII, 215 S.

77.23.4.1985.265

[III] [Z. 1–2 ebs.] | Übersetzt von | OTTO APELT | Neu bearbeitet und herausgegeben von | REINER WIEHL | [Z. 7–9 wie vorh. Z. 3–5]

[IV] [Z. 1 ebs.] | [7 Z. Aufl.-Hinweise] | 1985 Zweite, durchgesehene Auflage

[I] [ebs.]

XLI S., (S. XLIIa–e), S. [XLIII]–XLVIII, 215 S.

Bei dieser Neuaufl. wurde irrtümlich die Bibliographie (der vorh. Ausg. von 1967)

herausgenommen und nur der Nachtrag zur Bibliographie gedruckt. Ein Teil der Aufl. wurde deshalb ohne die eigentliche Bibliographie, nur mit dem Nachtrag ausgeliefert. Bei dem restlichen Aufl.-Tl ist die Bibliographie, paginiert mit S. XLIIa–e, in die aufgebundenen Exe eingebunden.

77.24. Staat

77.24.1.1870.27 A, 3, 16, 25, 38, 51, 61

[III] Plato's | Staat. || Uebersetzt von | Friedrich Schleiermacher | und | erläutert von | J. H. v. Kirchmann. || Berlin, 1870. | Verlag von L. Heimann. | Wilhelms-Strasse No. 91.

[II] Philosophische Bibliothek | oder | Sammlung | der | Hauptwerke der Philosophie | alter und neuer Zeit. || Unter Mitwirkung namhafter Gelehrten | herausgegeben, beziehungsweise übersetzt, erläutert | und mit Lebensbeschreibungen versehen | von | J. H. v. Kirchmann. || Siebenundzwanzigster Band. | Plato's Staat. || Berlin, 1870. | Verlag von L. Heimann. | Wilhelms-Strasse No. 91.

VIII, 493 S., (1 Bl., bds. Vlgsanz.)

77.24.2.1901.80 20, 107, Kn28

[III] Philosophische Bibliothek. | Band 80. || [Z. 3–6 wie vorh. Z. 1–4] | erläutert von J. H. v. Kirchmann. | Zweite Auflage, bearbeitet von Pf. em. C. Th. Siegert. | [Vlgssignet] | Leipzig, | Verlag der Dürr'schen Buchhandlung. | 1901.

S. [III]–VIII, 493 S.

77.24.3.1907.80 1a, 6, 17, 385, Ka13

[I] Philosophische Bibliothek | [Z. 2 wie vorh. auf S. III] || Platos | [Z. 4 wie vorh. auf S. III] || Übersetzt von | [Z. 6–7 wie vorh. auf S. III] | Dritte Auflage, durchgesehen von Th. Siegert. | [Vlgssignet] | Leipzig. | [Z. 11 wie vorh. auf S. III] | 1907.

VI, 426 S.

77.24.4.⟨1907⟩.80 361

[I] PLATO | Der Staat | Übersetzt von Schleiermacher || Durchgesehen und mit den Erläuterungen von | J. H. v. Kirchmann in dritter Auflage herausgegeben | von | Th. Siegert | [Reihensignet] | Der Philosophischen Bibliothek | Band 80 | Leipzig (1907) | Verlag von Felix Meiner

VI, 426 S.

Die Ausg. entstand vermutlich 1911.

77.24.5.1916.80 A, 5, 18, 294, 361

[I] PLATONS STAAT | IN VIERTER AUFLAGE | NEU ÜBERSETZT UND ERLÄUTERT SOWIE MIT | GRIECHISCH-DEUTSCHEM UND DEUTSCH-GRIECHISCHEM | WÖRTERVERZEICHNIS VERSEHEN | VON | OTTO APELT | [Reihensignet] | DER PHILOSOPHISCHEN BIBLIOTHEK | BAND 80 | FELIX MEINER IN LEIPZIG. 1916.

XXXII, 568 S.

77.24.6.1920.80 A, 7, 17, 26, 38, 61, 361, 385, Lün4, M36a

[I] [Z. 1 ebs.] | [Z. 2–6 wie vorh. Z. 3–7] | FÜNFTE | MIT DER VIERTEN GLEICHLAUTENDE AUFLAGE | [Z. 9–11 wie vorh. Z. 8–10] | FELIX MEINER IN LEIPZIG. 1920

XXXII, 568 S., (1 Bl., bds. Vlgsanz.)

Auf dem Vorderdeckel des Exs 7 lautet das Jahr: 1921.

77.24.7.1923.80 A, 25, 38, 84, 168, 295

[I] PLATON | DER STAAT | NEU ÜBERSETZT UND ERLÄUTERT | SOWIE MIT GRIECHISCH-DEUTSCHEM | UND DEUTSCH-GRIECHISCHEM | WÖRTERVERZEICHNIS VERSEHEN | [Z. 7–8 wie vorh. Z. 5–6] | SECHSTE | DER NEUÜBERSETZUNG DRITTE | AUFLAGE | [Reihensignet] | DER PHILOSOPHISCHEN BIBLIOTHEK BAND 80 | LEIPZIG 1923 / VERLAG VON FELIX MEINER

XXXII S., S. XXXIIa, 568 S., (2 Bl., jw. bds. Vlgsanz.)

1978 veranstaltete der Reclam Vlg, Leipzig, eine Lizenzausg.

77.24.8.1941.80 A, 60, 188(B722)

[I] [Z.1 –8 ebs.] | [Reihensignet] || VERLAG VON FELIX MEINER IN LEIPZIG

[II] DER PHILOSOPHISCHEN BIBLIOTHEK BAND 80 | SIEBENTE | DER NEUÜBERSETZUNG VIERTE | AUFLAGE | Unveränderter Abdruck 1941 | der 6. Auflage von 1923

XXXV, 568 S.

77.24.9.1944.80 A, 24, 61, 385 (2 Exe)

[I] [ebs.]

[II] [Z. 1–4 ebs.] | Unveränderter Abdruck 1944 | [Z. 6 ebs.]

Frontispiz, XXXV, 568 S.

77.24.10.1961.80 A, 38, 52, 136

[III] PLATON · DER STAAT | Über das Gerechte | Übersetzt und erläutert von | [Z. 4 wie vorh. Z. 8 auf S. I] | Durchgesehen von KARL BORMANN | Einleitung von PAUL WILPERT | VERLAG VON FELIX MEINER | HAMBURG

[IV] PHILOSOPHISCHE BIBLIOTHEK BAND 80 | 8. Aufl. Übersetzt und erläutert von Otto Apelt, durch- | gesehen und mit ausführlicher Literaturübersicht, | Anmerkungen und Registern versehen von Karl | Bormann . . . 1961 | [10 Z. Aufl.-Hinweise]

[I] [Reihensignet]

LX, 487 S.

Bei der Aufl.-Übersicht in Z. 6–14 auf S. [IV] fehlt der unveränderte und nicht als Aufl. gezählte Abdruck von 1944.

77.24.11.1973.80 A, 61, 121, 385

[III] PLATON | DER STAAT | [Z. 3–5 wie vorh. Z. 2–4] | Durchgesehen und mit ausführlicher Literaturübersicht | Anmerkungen und Registern versehen von | KARL BORMANN | Einleitung von PAUL WILPERT † | FELIX MEINER VERLAG | [Z. 11 wie vorh. Z. 8]

[IV] [Z. 1 ebs.] | [14 Z. Aufl.-Hinweise] | 9. verbesserte Auflage . . . 1973

[I] [ebs.]

LX, 487 S.

Bei der Aufl.-Übersicht in Z. 2–15 auf S. [IV] fehlt der unveränderte und nicht als Aufl. gezählte Abdruck von 1944.

77.24.12.1979.80

[III] [ebs.]

[IV] [Z. 1 ebs.] | [14 Z. Aufl.-Hinweise] | 10., durchgesehene Auflage . . . 1979

[I] [ebs.]

Auch hier fehlt bei der Aufl.-Übersicht in Z. 2–15 auf S. [IV] der unveränderte und nicht als Aufl. gezählte Abdruck von 1944.

77.25. Theaitet

77.25.1.1880.87 3, 7, 16, 24, 25, 29, 36, 38

[III] Plato's Dialog | THEÄTET. || Uebersetzt und erläutert | von | J. H. von Kirchmann. || Leipzig, 1880. | ERICH KOSCHNY. | (L. Heimann's Verlag.)

[II] Philosophische Bibliothek | oder | Sammlung | der | Hauptwerke der Philosophie | alter und neuer Zeit. || Unter Mitwirkung namhafter Gelehrten | herausgegeben, beziehungsweise übersetzt, erläutert | und mit Lebensbeschreibungen versehen | von | J. H. von Kirchmann. || Siebenundachtzigster Band. | Plato's Theätet. || Leipzig, 1880. | ERICH KOSCHNY. | (L. Heimann's Verlag.)

XIX, 171 S.

Ex. 29 und 7 sind jw. noch die Koschny'schen Vlgsbroschuren eingebunden. Deren Erscheinungsjahr lautet bei Ex. 7: 1881.
Der Erscheinungsvermerk der aufgeklebten Vlgsbroschur des Exs 36 lautet: »Heidelberg. | Verlag von Georg Weiss | (früher Erich Koschny's Verlag in Leipzig). | 1882.«
In Ex. 38 ist das Reihentitelbl. falsch eingebunden.

77.25.2.1880.82 Walb1

Bl. 1a Philosophische Bibliothek. | Band 82. || [Z. 3–6 wie vorh. Z. 1–4 auf S. III] | J. H. v. Kirchmann. | [Vlgssignet] | LEIPZIG. | VERLAG DER DÜRR'SCHEN BUCHHANDLUNG. | 1880.

1 Bl., S. [V]–XIX, 171 S.

Rückdatierte Titelaufl., zwischen 1900–06 entstanden; sie ist belegt in Hinrichs 12.1, 147a und Buchholtz 8, 33.

77.25.3.1911.82 6, 17, 18, 21, 24, 61

[I] Philosophische Bibliothek | [Z. 2 wie vorh. auf Bl. 1a] || Platons Dialog | Theätet. || Übersetzt und erläutert | von | Dr. Otto Apelt. || Zweite, der neuen Übersetzung erste Auflage. | [Vlgssignet] | Leipzig. | Verlag der Dürr'schen Buchhandlung. | 1911.

IV, 192 S.

Ex. 24 hat auch noch das Titelbl. der nachfolg. Meiner'schen Ausg. eingebunden.

77.25.4.1911.82 A, 4, 5, 20, 24, 291, 294, 361

[I] [Z. 1 wie vorh. Z. 3] | Theätet || [Z. 3–4 wie vorh. Z. 5–6] | Dr. Otto Apelt || Zweite, der neuen Übersetzung erste Auflage | [Reihensignet]

| Der Philosophischen Bibliothek | Band 82 | Leipzig 1911 | Verlag von Felix Meiner

IV, 192 S.

Ex. 24 hat auch noch das Titelbl. der vorh. Dürr'schen Ausg. eingebunden.

77.25.5.1921.82 38, 361, 385, Lün4

[III] PLATONS DIALOG | THEÄTET | ÜBERSETZT UND ERLÄUTERT | VON | OTTO APELT | DRITTE, VERBESSERTE AUFLAGE | [Reihensignet] | DER PHILOSOPHISCHEN BIBLIOTHEK | BAND 82 | LEIPZIG 1921 / VERLAG VON FELIX MEINER

S. [III]–VI, 195 S.

77.25.6.1923.82 17, 26, 38, 84, 168, 290, 295, M36a

[III] PLATON | [Z. 2–5 ebs.] | * | VIERTE AUFLAGE | [Reihensignet] | DER PHILOSOPHISCHEN BIBLIOTHEK BAND 82 | LEIPZIG 1923 / VERLAG VON FELIX MEINER

S. [III]–VI, 28 S., S. 28a, S. [29]–195

77.25.7.1944.82 A, 24, 385

[I] [Z. 1–5 wie vorh. auf S. III] | [Reihensignet] || VERLAG VON FELIX MEINER IN LEIPZIG

[II] DER PHILOSOPHISCHEN BIBLIOTHEK BAND 82 | VIERTE AUFLAGE | Unveränderter Abdruck 1944 | der dritten, verbesserten Auflage von 1920

IV, 195 S.

Die Aufl.-Angaben in Z. 2 und 4 auf S. [II] sind mißverständlich bzw. nicht korrekt: Der vorl., unveränderte Abdruck wird als ›4. Aufl.‹ bezeichnet, die aber schon 1923 erschien, und die 3. Aufl. erschien 1921, nicht 1920.

77.25.8.1955.82 A, 38, 52, 61

[I] [Z. 1 ebs.] | Theätet | ÜBERSETZT UND ERLÄUTERT VON | [Z. 4–5 wie vorh. Z. 5–6] | VERLAG VON FELIX MEINER | IN HAMBURG

[II] [Z. 1 ebs.] | *Sechste Auflage. Unveränderter Nachdruck 1955* | *der dritten, verbesserten Auflage von 1920.* | [7 Z.] | *1955*

IV, 195 S.

77.26. Timaios. Kritias

77.26.1.1919.179 A, 1a, 5 (2 Exe), 7, 26, 61, 361

Bl. 1a PLATONS DIALOGE | TIMAIOS UND KRITIAS | ÜBERSETZT UND ERLÄUTERT | VON | OTTO APELT | [Reihensignet] | DER PHILOSOPHISCHEN BIBLIOTHEK BAND 179 | LEIPZIG 1919 / VERLAG VON FELIX MEINER

2 Bl., 224 S.

77.26.2.1922.179 A, 18, 26, 38, 61, 84, 168, 211, 295, 361, 385, Lün4, M36a

Bl. 1a [Z. 1–5 ebs.] | ZWEITE DURCHGESEHENE AUFLAGE | [Z. 7–8 wie vorh. Z. 6–7] | LEIPZIG 1922 / VERLAG VON FELIX MEINER

2 Bl., 224 S.

78.
Plotin
ca 205–270

Die Schriften Plotins erschienen 1930–37 in deutscher Übersetzung in 5 Bdn. Eine Neubearbeitung erschien 1956–57; 1971 folgte ein Index-Bd:

Plotins Schriften. Übersetzt von Richard Harder.
1. Aufl.: 5 Bde. Leipzig: Meiner 1930–37.
= PhB 211a–215a

Neubearb.: Neubearb. mit griech. Lesetext und Anmerkungen fortgeführt von Rudolf Beutler und Willy Theiler. [Bd Vc: Zum Druck besorgt von W. Marg; Bd VI: Unter Mitwirkung von G. O'Daly]. 6 Bde in 12 Bdn. Hamburg: Meiner 1956–67, 1971.
= PhB 211a/b–214a/b, 215a–c, 276

Die Neubearb. unterscheidet sich von der 1. Aufl. vierfach:
1. Sie bringt auch den griech. Text (ist also zweisprachig).
2. Sie hat nun Anmerkungen in einem separaten PhB-Bd mit eigener PhB-Nr (dieser Anm.-Bd gehört aber zum jw. *selben* Bd der ›*Schriften*‹).
3. Der Anhang: Porphyrios' ›Lebensbeschreibung Plotins‹, der in der 1. Aufl. des Textbds enthalten war, ist nun als separater Bd hrsg.
4. Ein Index-Bd ist als Bd 6 der ›Schriften‹ erschienen.

1. Aufl. und Neubearb. in der Übersicht:

Bd	Jahr	PhB	hier
1	1930	211a	78.1.1
1a	1956	211a	78.1.2

Bd	Jahr	PhB	hier
1b	1956	211b	78.1.3
2	1936	212a	78.2.1
2a	1962	212a	78.2.2
2b	1962	212b	78.2.3
3	1936	213a	78.3.1
3a	1964	213a	78.3.2
3b	1964	213b	78.3.3
4	1937	214a	78.4.1
4a	1967	214a	78.4.2
4b	1967	214b	78.4.3
5	1937	215a	78.5.1
5a	1960	215a	78.5.2
5b	1960	215b	78.5.3
5c	1958	215c	78.5.4
6	1971	276	78.6.1

78.1. Schriften 1, 1a–b

78.1.1.1930.211a A, 12, 24, 38, 61, 121, 385

[I] PLOTINS | SCHRIFTEN | ÜBERSETZT VON | RICHARD HARDER | BAND I | DIE SCHRIFTEN 1–21 | DER CHRONOLOGISCHEN REIHENFOLGE | [Reihensignet] | 1930 || DER PHILOSOPHISCHEN BIBLIOTHEK BAND 211a | VERLAG VON FELIX MEINER IN LEIPZIG

XI, 198 S.

78.1.2.1956.211a A, 43, 38, 61, 121

[III] PLOTINS SCHRIFTEN | Übersetzt von | [Z. 3 wie vorh. Z. 4 auf S. I] | *Neubearbeitung mit griechischem Lesetext* | *und Anmerkungen* | [Z. 6 wie vorh. Z. 5 auf S. I] | Die Schriften 1–21 | der chronologischen Reihenfolge | *a Text und Übersetzung* | MCMLVI | FELIX MEINER VERLAG HAMBURG

[IV] DER PHILOSOPHISCHEN BIBLIOTHEK BAND 211a | [8 Z.] | 1956

[I] [Reihensignet]

XI, 364 S.

Es gibt 2 ungekennzeichnete Nachdrucke dieser Ausg.

78.1.3.1956.211b A, 43, 38, 61, 121

Bl. 2a [Z. 1–8 wie vorh. auf S. III] | *b) Anmerkungen* | [Z. 10–11 wie vorh. auf S. III]

Bl. 2b DER PHILOSOPHISCHEN BIBLIOTHEK BAND 211b | [Z. 2–10 ebs.]
Bl. 1a [wie vorh. S. I]

2 Bl., S. [365]–584

Es gibt einen ungekennzeichneten Nachdruck dieser Ausg.

78.2. Schriften 2, 2a–b

78.2.1.1936.212a A, 12, 24, 38, 61, 121, 385

Bl. 2a PLOTINS | SCHRIFTEN | ÜBERSETZT VON | RICHARD HARDER | BAND II | DIE SCHRIFTEN 22–29 | DER CHRONOLOGISCHEN REIHENFOLGE | [Reihensignet] | 1936 || DER PHILOSOPHISCHEN BIBLIOTHEK BAND 212a | VERLAG VON FELIX MEINER IN LEIPZIG
Bl. 1a PLOTINS SCHRIFTEN | II

2 Bl., 207 S.

Die Exe 12 und 121 haben in Z. 10 der Titelseite »212b« statt richtig ›212a‹. Dazu heißt es auf S. [VII] des Bd 3 von 1936 (hier 78.3.1): »Das Titelblatt zum II. Band von Plotins Schriften trägt fälschlich die Nummernzählung 211b der Philosophischen Bibliothek; es muß statt dessen heißen: Band 212a. Bitte ändern Sie so in Ihrem Exemplar! Auf Wunsch liefere ich ein neues Titelblatt zum Auswechseln gegen das alte. FELIX MEINER«.

78.2.2.1962.212a A, 38, 43, 61, 121, 385, Tr2

[III] PLOTINS SCHRIFTEN | Übersetzt von | [Z. 3 wie vorh. Z. 4 auf Bl. 2a] | Neubearbeitung mit griechischem Lesetext | und Anmerkungen fortgeführt von | RUDOLF BEUTLER und WILLY THEILER | [Z. 7 wie vorh. Z. 5 auf Bl. 2a] | Die Schriften 22–29 | der chronologischen Reihenfolge | a) Text und Übersetzung | MCMLXII | FELIX MEINER VERLAG HAMBURG
[IV] PHILOSOPHISCHE BIBLIOTHEK BAND 212a
[I] [Reihensignet]

VI, 394 S.

Es gibt einen ungekennzeichneten Nachdruck dieser Ausg.

78.2.3.1962.212b A, 38, 43, 61, 121, 385, Tr2

Bl. 2a [Z. 1–9 wie vorh. auf S. III] | b) Anmerkungen | [Z. 11–12 wie vorh. auf S. III]
Bl. 2b PHILOSOPHISCHE BIBLIOTHEK BAND 212b
Bl. 1a [wie vorh. S. I]

2 Bl., S. [395]–560, 3 Bl. (jw. bds.: »Für Notizen«)

Es gibt einen ungekennzeichneten Nachdruck dieser Ausg.

78.3. Schriften 3, 3a–b

78.3.1.1936.213a A, 12, 24, 38, 61, 121, 385

Bl. 2a PLOTINS | SCHRIFTEN | ÜBERSETZT VON | RICHARD HARDER | BAND III | DIE SCHRIFTEN 30–38 | DER CHRONOLOGISCHEN REIHENFOLGE | [Reihensignet] | 1936 || DER PHILOSOPHISCHEN BIBLIOTHEK BAND 213a | VERLAG VON FELIX MEINER IN LEIPZIG

Bl. 1a PLOTINS SCHRIFTEN | III

2 Bl., 197 S., 1 Bl. (bds. Vlgsanz.)

Die Ausg. enthält einen Korrekturtext zu Bd II (siehe 78.2.1), der entweder auf einem vor S. [1] gebundenen Zettel oder auf S. a eines vor S. [1] gebundenen Bl. steht (wie in Ex. A).

78.3.2.1964.213a A, 38, 43, 61, 121, 385, Tr2

[III] PLOTINS SCHRIFTEN | Übersetzt von | [Z. 3 wie vorh. Z. 4 auf Bl. 2a] | Neubearbeitung mit griechischem Lesetext | und Anmerkungen fortgeführt von | RUDOLF BEUTLER und WILLY THEILER | [Z. 7 wie vorh. Z. 5 auf Bl. 2a] | Die Schriften 30–38 | der chronologischen Reihenfolge | a) Text und Übersetzung | MCMLXIV | FELIX MEINER VERLAG HAMBURG

[IV] PHILOSOPHISCHE BIBLIOTHEK BAND 213a

[I] [Reihensignet]

VI, 362 S.

Es gibt einen ungekennzeichneten Nachdruck dieser Ausg.

78.3.3.1964.213b A, 38, 43, 61, 121, 385, Tr2

Bl. 2a [Z. 1–9 wie vorh. auf S. III] | b) Anmerkungen | [Z. 11–12 wie vorh. auf S. III]

Bl. 2b PHILOSOPHISCHE BIBLIOTHEK BAND 213b

Bl. 1a [wie vorh. S. I]

2 Bl., S. [363]–523, 1 Bl. (bds. weiß)

Es gibt einen ungekennzeichneten Nachdruck dieser Ausg.

78.4. Schriften 4, 4a–b

78.4.1.1937.214a A, 12, 24, 38, 61, 121, 385

Bl. 2a PLOTINS | SCHRIFTEN | ÜBERSETZT VON | RICHARD HARDER | BAND IV | DIE SCHRIFTEN 39–45 | DER CHRONOLOGISCHEN REIHENFOLGE | [Reihensignet] | 1937 || DER PHILOSOPHISCHEN BIBLIOTHEK BAND 214a | VERLAG VON FELIX MEINER IN LEIPZIG

Bl. 1a PLOTINS SCHRIFTEN | IV

2 Bl., 204 S.

78.4.2.1967.214a A, 38, 43, 61, 121, 385, Tr2

Bl. 2a PLOTINS SCHRIFTEN | Übersetzt von | [Z. 3 wie vorh. Z. 4] | Neubearbeitung mit griechischem Lesetext | und Anmerkungen fortgeführt von | RUDOLF BEUTLER und WILLY THEILER | [Z. 7 wie vorh. Z. 5] | Die Schriften 39–45 | der chronologischen Reihenfolge | a) Text und Übersetzung | MCMLXVII | FELIX MEINER VERLAG HAMBURG
Bl. 2b PHILOSOPHISCHE BIBLIOTHEK BAND 214a
Bl. 1a [Reihensignet]

3 Bl., 353 S.

Es gibt einen ungekennzeichneten Nachdruck dieser Ausg.

78.4.3.1967.214b A, 38, 43, 61, 121, 385, Tr2

Bl. 2a [Z. 1–9 ebs.] | b) Anmerkungen | [Z. 11–12 ebs.]
Bl. 2b PHILOSOPHISCHE BIBLIOTHEK BAND 214b
Bl. 1a [ebs.]

2 Bl., S. [355]–546

Es gibt einen ungekennzeichneten Nachdruck dieser Ausg.

78.5. Schriften 5, 5a–c

78.5.1.1937.215a A, 12, 24, 38, 61, 121, 385

[I] PLOTINS | SCHRIFTEN | ÜBERSETZT VON | RICHARD HARDER | BAND V | DIE SCHRIFTEN 46–54 | DER CHRONOLOGISCHEN REIHENFOLGE | IM ANHANG: | PORPHYRIOS: LEBENSBESCHREIBUNG PLOTINS | [Reihensignet] | 1937 || DER PHILOSOPHISCHEN BIBLIOTHEK BAND 215a | VERLAG VON FELIX MEINER IN LEIPZIG

VII, 202 S., 1 Bl. (bds. Vlgsanz.)

78.5.2.1960.215a A, 38, 43, 61, 121, 385, Tr2

[III] PLOTINS SCHRIFTEN | Übersetzt von | [Z. 3 wie vorh. Z. 4 auf S. I] | *Neubearbeitung mit griechischem Lesetext* | *und Anmerkungen* | *fortgeführt von* | *Rudolf Beutler und Willy Theiler* | [Z. 8 wie vorh. Z. 5 auf S. I] | Die Schriften 46–54 | der chronologischen Reihenfolge | *a) Text und Übersetzung* | MCMLX | FELIX MEINER VERLAG HAMBURG

[IV] PHILOSOPHISCHE BIBLIOTHEK BAND 215a
[I] [Reihensignet]

XI, 307 S.

Es gibt einen ungekennzeichneten Nachdruck dieser Ausg.

78.5.3.1960.215b A, 38, 43, 61, 121, 385, Tr2

Bl. 2a [Z. 1–10 wie vorh. auf S. III] | *b) Anmerkungen* | [Z. 12–13 wie vorh. auf S. III]
Bl. 2b PHILOSOPHISCHE BIBLIOTHEK BAND 215b
Bl. 1a [wie vorh. S. I]

2 Bl., S. [309]–456

Es gibt einen ungekennzeichneten Nachdruck dieser Ausg.

78.5.4.1958.215c A, 43, 61, 385, Tr2

Bl. 1a [Z. 1–5 wie vorh. auf Bl. 2a] | Band V^c: Anhang | PORPHYRIOS | Über Plotins Leben | und über die Ordnung seiner Schriften | *Text, Übersetzung, Anmerkungen* | Zum Druck besorgt von Walter Marg | MCMLVIII | [Z. 13 wie vorh. auf Bl. 2a]

2 Bl., 123 S.

In einem Nachdruck von 1981 wurde auf Bl. 1b oben die Z. hinzugefügt: »PHILOSOPHISCHE BIBLIOTHEK BAND 215c«.

78.6. Schriften 6

78.6.1.1971.276 A, 38, 43, 61, 385, Tr2

[III] PLOTINS SCHRIFTEN | Übersetzt von | RICHARD HARDER | Neubearbeitung mit griechischem Lesetext | und Anmerkungen fortgeführt von | RUDOLF BEUTLER und WILLY THEILER | BAND VI | INDICES | Verbunden mit einem | Überblick über Plotins Philosophie und Lehrweise | Unter Mitwirkung von Gerard O'Daly | MCMLXXI | FELIX MEINER VERLAG HAMBURG
[IV] PHILOSOPHISCHE BIBLIOTHEK BAND 276
[I] [Reihensignet]

VII, 180 S.

78.7. Studienausgabe 1

78.7.1.1956.[211a] A

[1] PLOTIN | AUSGEWÄHLTE EINZELSCHRIFTEN | Griechischer Lesetext und deutsche Übersetzung | Herausgegeben von | RICHARD HARDER | Heft 1: | Die Schriften 1, 9 und 11 | der chronologischen Reihenfolge | Studienausgabe | FELIX MEINER VERLAG HAMBURG

[2] Sonderdruck aus | PHILOSOPHISCHE BIBLIOTHEK BAND 211a | PLOTINS SCHRIFTEN BAND Ia

72 S.

78.7.2.1960.[211a] A

[1] [ebs.]

[2] [Z. 1–6 ebs.] | Unveränderter Nachdruck 1960 [. . .]

72 S.

78.7.3.1968.[211a] A

[1] [ebs.]

[2] [Z. 1–6 ebs.] | Unveränderter Nachdruck 1968 [. . .]

72 S.

Es gibt einen weiteren, ungekennzeichneten Nachdruck dieser Ausgabe.

78.8. Studienausgabe 2

78.8.1.1960.[215a] A

[1] PLOTIN | AUSGEWÄHLTE EINZELSCHRIFTEN | Griechischer Lesetext und deutsche Übersetzung | Übersetzt von | RICHARD HARDER | Herausgegeben von | Rudolf Beutler und Willy Theiler | Heft 2 | Die Schriften 46, 51 und 54 | der chronologischen Reihenfolge | Studienausgabe | FELIX MEINER VERLAG HAMBURG

[2] Sonderdruck aus | PHILOSOPHISCHE BIBLIOTHEK BAND 215a | PLOTINS SCHRIFTEN BAND Va | [2 Z.] | 1960

84 S.

Es gibt einen ungekennzeichneten Nachdruck dieser Ausgabe.

79.
Plutarch
ca 46–125

79.1. Moralische Schriften I

79.1.1.1926.198 A, 6, 25, 38, 61

[I] PLUTARCH | MORALISCHE SCHRIFTEN | ERSTES BÄNDCHEN | STREITSCHRIFTEN | WIDER DIE EPIKUREER | ÜBERSETZT, MIT EINLEITUNGEN | UND ANMERKUNGEN VERSEHEN | VON | OTTO APELT | [Reihensignet] | DER PHILOSOPHISCHEN BIBLIOTHEK BAND 198 | LEIPZIG 1926 / VERLAG VON FELIX MEINER

XII, 171 S.

79.2. Moralische Schriften II

79.2.1.1926.205 A, 6, 25, 38, 61

[I] PLUTARCH | MORALISCHE SCHRIFTEN | ZWEITES BÄNDCHEN | PARALLELSCHRIFTEN | ZU SENECA'S DIALOGEN | ÜBERSETZT, MIT EINLEITUNGEN | ANMERKUNGEN UND REGISTER | VERSEHEN | VON | OTTO APELT | [Reihensignet] | DER PHILOSOPHISCHEN BIBLIOTHEK BAND 205 | LEIPZIG 1926 / VERLAG VON FELIX MEINER

XV, 174 S., 1 Bl. (bds. Vlgsanz.)

S. [II] enthält eine umrahmte Übersicht zu Bd I.

79.3. Moralische Schriften III

79.3.1.1926.206 A, 6, 25, 38, 61

[III] PLUTARCH | MORALISCHE SCHRIFTEN | DRITTES BÄNDCHEN | POLITISCHE SCHRIFTEN | ÜBERSETZT, MIT EINLEITUNGEN | ANMERKUNGEN UND REGISTER | VERSEHEN | VON | OTTO APELT | [Reihensignet] | DER PHILOSOPHISCHEN BIBLIOTHEK BAND 206 | LEIPZIG 1927 / VERLAG VON FELIX MEINER

[I] PLUTARCH | POLITISCHE SCHRIFTEN

[II] [Umrahmte Übersicht zu Bd I und II]

XII, 204 S., 2 Bl. (jw. bds. Vlgsanz.)

80.
Pseudo-Mayne
18. Jh.

80.1. Über das Bewußtsein

80.1.1.1983.358

[III] PSEUDO-MAYNE | Über das Bewußtsein | 1728 | Übersetzt und | mit Einleitung und Anmerkungen | herausgegeben von | REINHARD BRANDT | Englisch-Deutsch | FELIX MEINER VERLAG | HAMBURG
[IV] PHILOSOPHISCHE BIBLIOTHEK BAND 358
[I] [Reihensignet]

IL, 146 S., 2 Bl. (Bl. 2a: Vlgsanz.)

81.
Heinrich Ratke

81.1. Systematisches Handlexikon zu Kants Kritik der reinen Vernunft

81.1.1.1929.37b A, 21, 38, 61, 121, 211, 385

[I] SYSTEMATISCHES | HANDLEXIKON | ZU | KANTS KRITIK | DER REINEN VERNUNFT | VON | HEINRICH RATKE | [Reihensignet] | 1929 || DER PHILOSOPHISCHEN BIBLIOTHEK BAND 37b | VERLAG VON FELIX MEINER IN LEIPZIG

VI, 329 S., (2 od. 4 Bl., jw. bds. Vlgsanz.)

Ein Tl der Aufl. war auf Dünndruckpapier gedruckt und mit Kants ›Kritik der reinen Vernunft‹ (50.18.15) zusammengebunden.

81.1.2.1965.37b A, 43, 61, 131, Tr2

[I] [Z. 1 wie vorh. Z. 7] | Systematisches Handlexikon | zu | Kants | Kritik der reinen Vernunft | [Reihensignet] | VERLAG VON FELIX MEINER | HAMBURG
[II] PHILOSOPHISCHE BIBLIOTHEK BAND 37b | Unveränderter Nachdruck 1965 der ersten Auflage von 1929

VI, 329 S.

81.1.3.1972.37b A, 468

[I] [ebs.]

[II] [Z. 1 ebs.] | Unveränderter Nachdruck 1972 der ersten Auflage von 1929

VI, 329 S.

Es gibt einen ungekennzeichneten Nachdruck dieser Ausg., der vom 1972er Druck durch die späteren Vlgsanz. auf S. [330] unterscheidbar ist.

81.1.4.1981.37b

[I] [Z. 1–6 ebs.] | FELIX MEINER VERLAG | [Z. 8 ebs.]
[II] [Z. 1 ebs.] | Unveränderter Nachdruck 1972 [sic!] der ersten Auflage von 1929

VI, 329 S.

Trotz Z. 2 auf S. [II] stammt der Nachdruck von 1981; die Vlgsanz. auf S. [330] stammen von spätestens 1980.

82.
Karl Leonhard Reinhold
1758–1823

82.1. Über das Fundament des philosophischen Wissens. Über die Möglichkeit der Philosophie

82.1.1.1978.299

[III*] KARL LEONHARD REINHOLD | Über das Fundament | des philosophischen Wissens | Über die Möglichkeit | der Philosophie | als strenge Wissenschaft | Mit einer Einleitung herausgegeben von | WOLFGANG H. SCHRADER | FELIX MEINER VERLAG | HAMBURG
[IV*] PHILOSOPHISCHE BIBLIOTHEK BAND 299

S. [III*]–XXIX*, XVIII, 179 S., 1 Bl. (bds. Vlgsanz.)

83.
Johann Karl Friedrich Rosenkranz
1805–1879

83.1. Erläuterungen zu Hegels Enzyklopädie

83.1.1.1870.34 7, 16, 17, 31, 36, 38, 43 (2 Exe), 62, 385

[3] Erläuterungen | zu | Hegel's Encyklopädie | der | philosophischen Wissenschaften. || Von | Karl Rosenkranz. || Berlin, 1870. | Verlag von L. Heimann. | Wilhelms-Strasse No. 91.

[2] Philosophische Bibliothek | oder | Sammlung | der | Hauptwerke der Philosophie | alter und neuer Zeit. || Unter Mitwirkung namhafter Gelehrten | herausgegeben, beziehungsweise übersetzt, erläutert und | mit Lebensbeschreibungen versehen | von | J. H. v. Kirchmann. || Vierunddreissigster Band. | Rosenkranz, Erläuterungen zu Hegel's Encyklopädie | der philosophischen Wissenschaften. || Berlin, 1870. | Verlag von L. Heimann. | Wilhelms-Strasse No. 91.

152 S.

Erl.-Bd zur Textausg. 36.9.1.
Der Erscheinungsvermerk der aufgeklebten Vlgsbroschur des Exs 36 lautet: »Heidelberg. | Verlag von Georg Weiss | (früher Erich Koschny's Verlag in Leipzig). | 1882.«

83.1.2.1870.34 8, 46, 60

Bl. 1a Philosophische Bibliothek. | Band 34. || [Z. 3–7 wie vorh. Z. 1–5 auf S. 3] | [Z. 8–9 wie vorh. Z. 6–7 auf S. 3] | [Vlgssignet] | LEIPZIG. | VERLAG DER DÜRR'SCHEN BUCHHANDLUNG. | 1870.

1 Bl., S. [5]–152

Rückdatierte Titelaufl., zwischen 1900–06 entstanden.

83.1.3.(1920).34

Karl Rosenkranz: Erläuterungen zu Hegel's Encyklopädie der philosophischen Wissenschaften. Leipzig: Meiner o. J. (1920).
= PhB 34

Ein Ex. dieser im NUC 504, 494b belegten Ausg. konnte nicht beschafft werden.
Vermutlich handelt es sich um eine Titelaufl. o. J., die aber nicht 1920, sondern zwischen 1911–15 entstanden ist.
In den Meiner'schen PhB-Kat. wurden Rosenkranz' Erl. vom Sept. 1913 bis zum Febr. 1920 verzeichnet.

84.
Jean-Jacques Rousseau
1712–1778

84.1. Schriften zur Kulturkritik

84.1.1.1955.243 A, 38, 61, 107, 121

[III] JEAN JACQUES ROUSSEAU | Über Kunst | und Wissenschaft | Über den Ursprung | der Ungleichheit | unter den Menschen | MIT EINLEITUNG, ÜBERSETZUNG | UND ANMERKUNGEN VON | KURT WEIGAND | MCMLV | FELIX MEINER VERLAG | HAMBURG

[IV] DER PHILOSOPHISCHEN BIBLIOTHEK BAND 243 | [9 Z.] | 1955

[II] JEAN JACQUES ROUSSEAU | Discours sur les Sciences | et les Arts | Discours sur l'Origine | de l'Inégalité | parmi les Hommes | MCMLV | FELIX MEINER VERLAG | HAMBURG

[I] [Reihensignet]

LXX, 354 S.

In Ex. 121 fehlt das Bl. mit S. [I]–[II].

84.1.2.1964.243 A, 385

[III] [Z. 1 ebs.] | Schriften zur Kulturkritik | (Die zwei Diskurse von 1750 und 1755): | Hat der Wiederaufstieg der | Wissenschaften und Künste zur Läuterung | der Sitten beigetragen? | Über den Ursprung der Ungleichheit | [Z. 8 wie vorh. Z. 6] | Übersetzt und mit Einleitung und Anmerkungen | herausgegeben von | [Z. 11 wie vorh. Z. 9] | [Reihensignet] | [Z. 13–14 wie vorh. Z. 11–12]

[IV] PHILOSOPHISCHE BIBLIOTHEK BAND 243 | Unveränderter Nachdruck 1964. [. . .]

[II] [Z. 1 ebs.] | Discours sur cette question: | Le rétablissement des sciences et | des arts a-t-il contribué a épurer | les moeurs? | Discours sur l'origine | de l'inégalité parmi les hommes | [Z. 8–9 ebs.]

[I] [ebs.]

LXX, 354 S.

84.1.3.1971.243 A, 61

[I] JEAN-JACQUES ROUSSEAU | [Z. 2 wie vorh. auf S. III] | Über Kunst | und Wissenschaft | (1750) | Über den Ursprung | der Ungleichheit | [Z. 8 wie vorh. auf S. III] | (1755) | Eingeleitet, übersetzt und herausgegeben | von | [Z. 12 wie vorh. Z. 11 auf S. III] | Zweite, erweiterte und durchgesehene Auflage | [Z. 14–15 wie vorh. Z . 13–14 auf S. III]

[II] [Z. 1 wie vorh. auf S. IV] | [3 Z. Aufl.-Hinweise] | 1971 Zweite, erweiterte und durchgesehene Auflage
Bl. 1b JEAN-JACQUES ROUSSEAU | Discours sur les Sciences | et les Arts | (1750) | Discours sur l'Origine | de l'Inégalité | parmi les Hommes | (1755) | [Z. 9–10 wie vorh. Z. 8–9 auf S. II]
Bl. 1a [wie vorh. S. I]

1 Bl., LXXXVII, 370 S.

Es gibt einen ungekennzeichneten Nachdruck dieser 2. Aufl.

84.1.4.1978.243

[I] [Z. 1–12 ebs.] | Dritte, durchgesehene Auflage | [Z. 14–15 ebs.]
[II] [Z. 1–5 ebs.] | 1978 Dritte, durchgesehene Auflage
Bl. 2b [wie vorh. Bl. 1b]
Bl. 2a [wie vorh. Bl. 1a]

2 Bl. (Bl. 1 bds. weiß), LXXXVII, 370 S., 1 Bl. (bds. weiß)

84.1.5.1983.243

[I] [Z. 1–12 ebs.] | [Z. 13–14 wie vorh. Z. 14–15]
[II] [Z. 1–6 ebs.] | 1983 Vierte, erweiterte Auflage
Bl. 2b [ebs.]
Bl. 2a [ebs.]

2 Bl. (Bl. 1 bds. weiß), LXXXVII, 376 S., 2 Bl. (Bl. 2 bds. Vlgsanz.)

85.
Karl Max Wilhelm von Schaarschmidt
1822–1909

85.1. Erläuterungen zu Leibniz' Neuen Abhandlungen über den menschlichen Verstand

85.1.1.1874.65 3, 20, 25, 35, 36, 38, 121

[3] Erläuterungen | zu den | Neuen Abhandlungen | über | den menschlichen Verstand | von | G. W. v. Leibniz. || Verfasst | von | C. Schaarschmidt. || Berlin 1874. | Erich Koschny | (L. Heimann's Verlag.)
[2] Philosophische Bibliothek | oder | Sammlung | der | Hauptwerke der Philosophie | alter und neuer Zeit. || Herausgegeben, beziehungsweise übersetzt, erläutert | und mit Lebensbeschreibungen versehen | von |

J. H. v. Kirchmann. ‖ Fünfundsechszigster Band. | Erläuterungen zu Leibniz, Neue Abhandlungen über | den menschlichen Verstand. ‖ Berlin 1874. | Erich Koschny | (L. Heimann's Verlag).

120 S.

Erl.-Bd zur Textausg. 56.9.1.

85.1.2.1874.70 17, 31, 36, 62, 90

[1] Philosophische Bibliothek. | Band 70. ‖ [Z. 3–9 wie vorh. Z. 1–7 auf S. 3] ‖ Herausgegeben | [Z. 11–12 wie vorh. Z. 9–10 auf S. 3] | [Vlgssignet] | LEIPZIG. | VERLAG DER DÜRR'SCHEN BUCHHANDLUNG. | 1874.

120 S.

Rückdatierte Titelaufl., zwischen 1900–06 entstanden.
In den Exn 62 und 90 fehlt 1 Bl. – in der Seitenkollation (120 S.) oben als S. [3]–[4] gezählt – mit einer »Bemerkung« auf S. a.

85.1.3.1908.70 A, 6, 15, 24, 29, 38, 61

Bl. 1a Philosophische Bibliothek | [Z. 2–12 wie vorh. auf S. 1] | Zweite Auflage. | [Vlgssignet] | Leipzig. | Verlag der Dürr'schen Buchhandlung. | 1908.

1 Bl., 122 S.

Ex. 29 hat einen Meiner-Einband; ihm ist ein PhB-Kat. vom Dez. 1922 (!) eingebunden.
Bei Ex. 15 handelt es sich um ein Geschenkex. von J. F. Dürr.

86.
Friedrich Wilhelm Joseph von Schelling
1775–1854

86.1. Werke

Die 3bändige Ausg. erschien erstmals 1907 im Fritz Eckardt Vlg, Leipzig, und wurde 1911 vom Felix Meiner Vlg als Bde 133–135 in die PhB übernommen und auch noch mit den Eckardt'schen Titelbl. verkauft. Ca 1912 wurden dann Ausg. mit Meiner'schem Titelbl. hergestellt:

Sigle	Verlag, Jahr	hier
A	Eckardt 1907	86.1.1–3
B	Meiner 1912	86.1.4–6

Ausg. A und B unterscheiden sich bei den WW-Titelseiten nur im Erscheinungsvermerk und dem in Ausg. B hinzugefügten Reihensignet.
Jeder Bd hat zu Beginn 2 Titelbl. mit sich gegenüberliegenden WW-Titelseiten (die Bd-WW-Titelseite steht jw. rechts). Die Bd-WW-Titelseite gibt auch die (jw. durch einen Querstrich / getrennten) Titel der in dem betr. Bd enthaltenen Schriften.
Auf den S. jw. zur Bundseite hin befindet sich in eckigen Klammern die Bd- und Seitenangabe zu Schellings ›Sämtlichen Werken‹, hrsg. von K. F. A. Schelling, 2 Abt., 14 Bde, Stuttgart und Augsburg 1856–61.

Die Bd-Tle dieser WW-Ausg. sind auch als Separatdrucke (als reguläre Einzelausg. mit eigenem Titelbl.) erschienen, wobei der PhB-Nr des Bds, aus dem der Text entnommen wurde, jw. ein kleiner Buchstabe (von a bis d) angefügt ist. Diese Einzelausg. sind hier auch entsprechend separat verzeichnet.
In der folg. Inhaltsübersicht ist den Tln der Bde die (Meiner'sche) PhB-Nr des jw. Separatdruckes vorangestellt.

Bd	PhB	Inhalt (Kurztitel)	hier
1	133a	Vom Ich als Prinzip d. Philos.	86.11.1
	133b	Ideen zu e. Philos. d. Natur	86.5.1
	133c	Von d. Weltseele	86.12.1
	133d	Einl. z. d. Entwurf e. Systems; Allg. Deduktion	86.4.1
2	134a	System d. transz. Idealismus	86.9.1
	134b	Darstellung e. Systems d. Philos.	86.3.1
	134c	Bruno	86.2.1
	134d	Vorl. üb. d. Methode d. akad. Stud.	86.13.1
3	135a	Philosophie der Kunst; Üb. d. Verhältnis d. bild. Künste	86.8.1
	135b	Üb. d. Wesen d. menschl. Freiheit	86.14.1
	135c	Darstellung d. philos. Empirismus; Philos. d. Mythologie u. Offenbarung	86.7.1

Die 2. Schrift des Bd 3 erschien auch noch 1924 als Heft 60 der TA (TA16.1) und 1983 als Bd 344 der PhB (86.10).

86.1.1–3: Schelling-Werkeausg. A (Eckardt 1907)

Werke. Auswahl in drei Bänden. Mit drei Porträts Schellings und einem Geleitwort von A. Drews. Hrsg. und eingeleitet von Otto Weiß. 3 Bde. Leipzig: Eckardt 1907.

86.1.1: Bd 1 A (2 Exe), 8, 12, 31, 46, 62, 294, 361

[V] Schellings Werke. | Erster Band. | Schriften zur Naturphilosophie. | Vom Ich als Prinzip der Philosophie / | Ideen zu einer Philosophie der Natur / | Von der Weltseele / Einleitung zu dem | Entwurf eines Systems der Natur- | philosophie / Allgemeine Deduktion | des dynamischen Prozesses. || Fritz Eckardt Verlag. | Leipzig 1907.

[IV] F. W. J. v. Schelling, Werke. | Auswahl in drei Bänden. | Mit drei Porträts Schellings / | und einem Geleitwort von Pro- | fessor Dr. Arthur Drews / heraus- | gegeben und eingeleitet von | Otto Weiß. || Fritz Eckardt Verlag. | Leipzig 1907.

[I] [Vlgssignet]

[III] Schelling.

S. [I]–[II], Frontispiz, S. [III]–CLXII, 816 S.

In Ex. A_1 sind die 2zeiligen Erscheinungsvermerke jw. mit einem Schildchen überklebt: »Verlag von Felix Meiner | Leipzig«.
In Ex. 46 fehlt das Frontispiz.

86.1.2: Bd 2 A, 8, 12, 31, 46, 62, 294, 361

Bl. 3a [Z. 1 wie vorh. auf S. V] | Zweiter Band. | Schriften zur Identitätsphilosophie. | System des transzendentalen Idealismus / | Darstellung eines Systems der Philosophie | / Bruno / Vorlesungen über die Methode | des akademischen Studiums. || [Z. 8–9 wie vorh. Z. 10–11 auf S. V]

Bl. 2b [Z. 1–2 wie vorh. auf S. IV] | Herausgegeben von | [Z. 4–6 wie vorh. Z. 7–9 auf S. IV]

Bl. 1a [wie vorh. S. I]

Bl. 2a [wie vorh. S. III]

1 Bl., Frontispiz, 3 Bl., 682 S.

In Ex. 12 fehlt das Frontispiz.

86.1.3: Bd 3 8, 12, 31, 62, 294, 361

Bl. 3a [Z. 1 ebs.] | Dritter Band. | Schriften zur Philosophie der Kunst | und zur Freiheitslehre. | Philosophie der Kunst / Über das Verhältnis | der bildenden Künste zu der Natur / Über das | Wesen der menschlichen Freiheit / Darstellung | des philosophischen Empirismus / Philosophie | der Mythologie und Offenbarung (in Auswahl). || [Z. 10–11 wie vorh. Z. 8–9]

Bl. 2b [ebs.]

Bl. 1a [ebs.]

Bl. 2a [ebs.]

1 Bl., Frontispiz, 3 Bl., 935 S.

Ex. 294 fehlt Bl. 1.

86.1.4–6: Schelling-Werkeausg. B (Meiner 1912)

Werke. Auswahl in drei Bänden. Mit drei Porträts Schellings und einem Geleitwort

von A. Drews. Hrsg. und eingeleitet von Otto Weiß. 3 Bde. Leipzig: Meiner o. J. (1912).
= PhB 133–135

Bei Ausg. B handelt es sich um eine Titelaufl.: Bogennorm und -signatur sowie die Druckvermerke sind identisch; bei Pagina 783 fehlen in Ausg. A wie B die beiden letzten Ziffern.

86.1.4: Bd 1 5, 16, Ka13

[V] Schellings Werke. | Erster Band. | Schriften zur Naturphilosophie. | Vom Ich als Prinzip der Philosophie / | Ideen zu einer Philosophie der Natur / | Von der Weltseele / Einleitung zu dem | Entwurf eines Systems der Natur- | Philosophie / Allgemeine Deduktion | des dynamischen Prozesses. | [Reihensignet] | Verlag von Felix Meiner in Leipzig

[IV] F. W. J. v. Schelling, Werke. | Auswahl in drei Bänden. | Mit drei Porträts Schellings / | und einem Geleitwort von Pro- | fessor Dr. Arthur Drews / heraus- | gegeben und eingeleitet von | Otto Weiß. | Verlag von Felix Meiner in Leipzig

[III] Philosophische Bibliothek | Band 133: Schelling Bd. I

Frontispiz, S. [III]–CLXII, 816 S.

Den Exn 5, 16 und Ka13 ist irrtümlich jw. noch 1 Bl. mit dem Eckardt'schen Vlgssignet auf S. a (die in der vorh. Ausg. S. I bildete) eingebunden.

86.1.5: Bd 2 5, 16, Ka13

Bl. 2a [Z. 1 wie vorh. auf S. V] | Zweiter Band. | Schriften zur Identitätsphilosophie. | System des transzendentalen Idealismus / | Darstellung eines Systems der Philosophie | / Bruno / Vorlesungen über die Methode | des akademischen Studiums. | [Reihensignet] | Verlag von Felix Meiner in Leipzig

Bl. 1b [Z. 1–2 wie vorh. auf S. IV] | Herausgegeben von | [Z. 4–5 wie vorh. Z. 7–8 auf S. IV]

Bl. 1a [Z. 1 wie vorh. auf S. III] | Band 134: Schelling Bd. II

Frontispiz, 3 Bl., 682 S.

Den Exn 5, 16 und Ka13 ist irrtümlich jw. noch 1 Bl. mit dem Eckardt'schen Vlgssignet auf S. a eingebunden.

86.1.6: Bd 3 5, 16, 46, Ka13

Bl. 2a [Z. 1 ebs.] | Dritter Band. | Schriften zur Philosophie der Kunst | und zur Freiheitslehre. | Philosophie der Kunst / Über das Verhältnis | der bildenden Künste zu der Natur / Über das | Wesen der menschlichen

Freiheit / Darstellung | des philosophischen Empirismus / Philosophie | der Mythologie und Offenbarung (in Auswahl). | [Z. 10–11 wie vorh. Z. 8–9]

Bl. 1b [ebs.]

Bl. 1a [Z. 1 ebs.] | Band 135: Schelling Bd. III

Frontispiz, 3 Bl., 935 S.

Den Exn ist irrtümlich jw. noch 1 Bl. mit Eckardt'schem Vlgssignet auf S. a eingebunden.

86.2. Bruno

86.2.1.1911.134c 84, Kn28

Bl. 1a F. W. J. v. Schelling | Bruno / oder über das göttliche und | natürliche Prinzip der Dinge | Herausgegeben von | Otto Weiß | [Reihensignet] | Der Philosophischen Bibliothek | Band 134c | Aus: Schellings Werke. Auswahl in | drei Bänden. Band II, S. 417–536. | Verlag von Felix Meiner in Leipzig | 1911

1 Bl., S. [417]–536, 2 Bl. (jw. bds. Vlgsanz.)

In Ex. Kn28 ist über den Erscheinungsvermerk das Kriegsausfuhrzeichen gestempelt.

86.2.2.1928.208 A, 25, 38, 46, Ka13

[I] F. W. J. SCHELLING | BRUNO | ODER | ÜBER DAS GÖTTLICHE UND NATÜRLICHE | PRINZIP DER DINGE | MIT EINLEITUNG UND REGISTERN | NEU HERAUSGEGEBEN VON | CHRISTIAN HERRMANN | [Reihensignet] | DER PHILOSOPHISCHEN BIBLIOTHEK BAND 208 | LEIPZIG 1928 / VERLAG VON FELIX MEINER

Bl. 1a F. W. J. Schelling | BRUNO

Bl. 1b [umrahmte Vlgsanz.]

1 Bl., XIV, 126 S., 1 Bl. (bds. Vlgsanz.)

Ex. 25 fehlt das 1. Bl.

86.2.3.1954.208 A, 38, 352, 466, 468

[III] [Z. 1–6 wie vorh. auf S. I] | HERAUSGEGEBEN VON | [Z. 8 wie vorh. auf S. I] || VERLAG VON FELIX MEINER | IN HAMBURG

[IV] DER PHILOSOPHISCHEN BIBLIOTHEK BAND 208 | Durchgesehener Neudruck der ersten Auflage von 1928 | 1954

[I] [Reihensignet]

XVI, 127 S.

86.3. Darstellung eines Systems der Philosophie

86.3.1.1911.134b 18, 93

Bl. 1a F. W. J. v. Schelling | Darstellung eines Systems der | Philosophie | Herausgegeben von | Otto Weiß | [Reihensignet] | Der Philosophischen Bibliothek | Band 134b | Aus: Schellings Werke. Auswahl in | drei Bänden. Band II, S. 309–416 | Verlag von Felix Meiner in Leipzig | 1911

1 Bl., S. [309]–416, 2 Bl. (jw. bds. Vlgsanz.)

Ein Ex. in 211 ist dort nicht mehr vorhanden.

86.4. Einleitung zu dem Entwurf eines Systems der Naturphilosophie. Allgemeine Deduktion des dynamischen Prozesses

86.4.1.1911.133d A, 31, 107

Bl. 1a F. W. J. v. Schelling | Einleitung zu dem Entwurf eines Systems der | Naturphilosophie / Allgemeine Deduktion des | dynamischen Prozesses | Herausgegeben von | Otto Weiß | [Reihensignet] | Der Philosophischen Bibliothek | Band 133d | Aus: Schellings Werke. Auswahl in | drei Bänden. Band I, S. 681–816. | Verlag von Felix Meiner in Leipzig | 1911

1 Bl., S. [681]–816, 2 Bl. (jw. bds. Vlgsanz.)

Ein Ex. in 211 ist dort nicht mehr vorhanden.

86.5. Ideen zu einer Philosophie der Natur

86.5.1.1911.133b 385

Bl. 1a F. W. J. v. Schelling | Ideen zu einer Philosophie | der Natur | Herausgegeben von | Otto Weiß | [Reihensignet] | Der Philosophischen Bibliothek | Band 133b | Aus: Schellings Werke. Auswahl in | drei Bänden. Band I, S. 97–440. | Verlag von Felix Meiner in Leipzig | 1911

1 Bl., S. [97]–439, 2 Bl. (jw. bds. Vlgsanz.)

Die Titelseite des Exs ist mit dem Kriegsausfuhrzeichen bestempelt.

86.6. Münchener Vorlesungen: Zur Geschichte der neueren Philosophie. Darstellung des philosophischen Empirismus

86.6.1.1902.104 A, 6, 24, 294, 361, 708

[I] Philosophische Bibliothek | Band 104. || Schellings | Münchener Vorlesungen: | Zur Geschichte der neueren Philosophie | und | Darstellung des philosophischen | Empirismus. || Neu herausgegeben | und mit erläuternden Anmerkungen versehen | von | Dr. Arthur Drews, | a. o. Prof. d. Philosophie an der Technischen Hochschule | in Karlsruhe. | [Vlgssignet] | Leipzig, | Verlag der Dürr'schen Buchhandlung. | 1902.

XVI, 354 S.

86.6.2.(1920).104 5, 31, 36, 38, 77, 385

[I] [Z. 1–5 wie vorh. Z. 3–7] | Empirismus || [Z. 7–11 wie vorh. Z. 9–13] | in Karlsruhe | [Reihensignet] | Band 104 | Leipzig · Verlag von Felix Meiner

XVI, 354 S.

Die Ausg. ist um 1920 entstanden.
Ex. 77 hat noch Umschläge von Dürr.

86.7. Positive Philosophie in Auswahl

86.7.1.1911.135c

Friedrich Wilhelm Joseph von Schelling: Positive Philosophie in Auswahl. Hrsg. von Otto Weiß. Aus: Schellings Werke. Auswahl in drei Bänden. Band III, S. 513–856. Leipzig: Meiner 1911.
= PhB 135c

Von dieser im NUC 524, 668c, belegten und in Meiners PhB-Katalogen von 1910/11 bis Febr. 1921 verzeichneten Ausg. konnte kein Ex. beschafft werden.

86.8. Schriften zur Philosophie der Kunst

86.8.1.1911.135a 17, 18

Bl. 1a F. W. J. v. Schelling | Schriften zur Philosophie der Kunst | Herausgegeben von | Otto Weiß | [Reihensignet] | Der Philosophischen Bibliothek | Band 135a | Inhalt: | Philosophie der Kunst, S. 1–384. | Über das Verhältnis der bildenden | Künste zur Natur, S. 385–426. | Verlag von Felix Meiner in Leipzig | 1911

Frontispiz, 1 Bl., 425 S.

86.9. System des transzendentalen Idealismus

86.9.1.1911.134a 25, 61, Ka13

Bl. 1a F. W. J. v. Schelling | System des | transzendentalen Idealismus | Herausgegeben von | Otto Weiß | [Reihensignet] | Der Philosophischen Bibliothek | Band 134a | Verlag von Felix Meiner in Leipzig | 1911

1 Bl., 308 S., (2 Bl., jw. bds. Vlgsanz.)

86.9.2.1957.254 A, 38, 61, 131, 294, 464

[I] F. W. J. SCHELLING | System des transzendentalen | Idealismus | Mit einer Einleitung von | Walter Schulz | FELIX MEINER VERLAG · HAMBURG

[II] PHILOSOPHISCHE BIBLIOTHEK BAND 254 | Herausgegeben von Ruth-Eva Schulz | [15 Z.] | 1957

XLV, 305 S.

86.9.3.1962.254 A, 61, 385, 464

[I] [Z. 1–5 ebs.] | [Reihensignet] | [Z. 7 wie vorh. Z. 6]

[II] [Z. 1–2 ebs.] | Unveränderter Nachdruck 1962 der ersten Auflage von 1957

XLV, 305 S.

Drei weitere, aber ungekennzeichnete Nachdrucke nach 1962 sind unterscheidbar durch die Vlgsanz. auf S. [306].

86.10. Über das Verhältnis der bildenden Künste zu der Natur

Die Schrift erschien 1911 zusammen mit der ›Philosophie der Kunst‹ als PhB 135a (86.8.1) und 1924 als Heft 60 der TA (siehe TA16.1). 1983 wurde eine Neuausg. veranstaltet:

86.10.1.1983.344

[III] F. W. J. SCHELLING | Über das Verhältnis | der bildenden Künste | zu der Natur | Mit einer Bibliographie | zu Schellings Kunstphilosophie | Eingeleitet und herausgegeben von | LUCIA SZIBORSKY | FELIX MEINER VERLAG | HAMBURG

[IV] PHILOSOPHISCHE BIBLIOTHEK BAND 344

[I] [Reihensignet]

XXXIX, 92 S.

86.11. Vom Ich als Prinzip der Philosophie

86.11.1.1911.133a 31, 718

Bl. 1a F. W. J. v. Schelling | Vom Ich als Prinzip der | Philosophie | Herausgegeben von | Otto Weiß | [Reihensignet] | Der Philosophischen Bibliothek | Band 133a | Verlag von Felix Meiner in Leipzig | 1911

1 Bl., 96 S., 2 Bl. (jw. bds. Vlgsanz.)

86.12. Von der Weltseele

86.12.1.1911.133c 11, 77

Bl. 1a F. W. J. v. Schelling | Von der Weltseele | Herausgegeben von | Otto Weiß | [Reihensignet] | Der Philosophischen Bibliothek | Band 133c | Aus: Schellings Werke. Auswahl in | drei Bänden. Band I, S. 441–680. | Verlag von Felix Meiner in Leipzig | 1911

1 Bl., S. [441]–679, 2 Bl. (jw. bds. Vlgsanz.)

Die Ausg. ist in Meiners PhB-Kat. bis Dez. 1922 verzeichnet.

86.13. Vorlesungen über die Methode des akademischen Studiums

86.13.1.1911.134d A, 20, 188

Bl. 1a F. W. J. v. Schelling | Vorlesungen über die Methode des | akademischen Studiums | Herausgegeben von | Otto Weiß | [Reihensignet] | Der Philosophischen Bibliothek | Band 134d | Aus: Schellings Werke. Auswahl in | drei Bänden. Band II, S. 537–682 | Verlag von Felix Meiner in Leipzig | 1911

1 Bl., S. [537]–682, (2 Bl., jw. bds. Vlgsanz.)

86.13.2.1974.275 A, 61, 385

[III] F. W. J. SCHELLING | [Z. 2–3 wie vorh. auf Bl. 1a] | Auf der Grundlage des Textes | der Ausgabe von Otto Weiß | mit Einleitung und Anmerkungen | neu herausgegeben von | WALTER E. EHRHARDT | FELIX MEINER VERLAG | HAMBURG

[IV] PHILOSOPHISCHE BIBLIOTHEK BAND 275 | [1 Z.] | 1974 Auf der Grundlage des Textes der Ausgabe von Otto | Weiß mit Einleitung und Anmerkungen neu herausge- | geben von Walter E. Ehrhardt

[I] [Reihensignet]

XVIII, 171 S., 1 Bl. (bds. Vlgsanz.)

86.14. Das Wesen der menschlichen Freiheit

86.14.1.1911.135b A, 25, 29

Bl. 1a F. W. J. v. Schelling | Über das Wesen der mensch- | lichen Freiheit | Herausgegeben von | Otto Weiß | [Reihensignet] | Der Philosophischen Bibliothek | Band 135b | (S. 427–512 aus Schellings Werken. | Auswahl in drei Bänden. Band III) | Verlag von Felix Meiner in Leipzig | 1911

1 Bl., S. [427]–512

86.14.2.1925.197 1a, 25, 46, 61, 64, 361

[I] F. W. J. SCHELLING | DAS WESEN DER | MENSCHLICHEN FREIHEIT | MIT EINLEITUNG | NAMEN- UND SACHREGISTER | NEU HERAUSGEGEBEN VON | CHRISTIAN HERRMANN | [Reihensignet] | DER PHILOSOPHISCHEN BIBLIOTHEK BAND 197 | LEIPZIG 1925 / VERLAG VON FELIX MEINER

XII, 92 S.

87.
Friedrich von Schiller
1759–1805

87.1. Philosophische Schriften und Gedichte

3 Schriften aus dieser Ausg. erschienen separat als Heft 1 und 10 der FA und TA und als Heft 20 der TA, siehe FA9.1–2, TA17.1–8.

87.1.1.1902.103 A, 43, 61

[1] Philosophische Bibliothek. | Band 103. || Schillers | philosophische Schriften und Gedichte. | (Auswahl.) | Zur Einführung in seine Weltanschauung. || Mit ausführlicher Einleitung | herausgegeben | von | Eugen Kühnemann. | [Vlgssignet] | Leipzig, | Verlag der Dürr'schen Buchhandlung. | 1902.

328 S.

87.1.2.1910.103 6, 7, 38, 61

Bl. 1a [Z. 1–10 wie vorh. auf S. 1] | Zweite, vermehrte Auflage. | [Z. 12–14 wie vorh. Z. 11–13 auf S. 1] | 1910.

1 Bl., 438 S.

87.1.3.(1911).103 31, 38, 61, 121

Bl. 1a Philosophische Bibliothek | Band 103 || [Z. 3 ebs.] | philosophische Schriften und Gedichte | (Auswahl) | Zur Einführung in seine Weltanschauung || [Z. 7–9 ebs.] | Eugen Kühnemann | Zweite, vermehrte Auflage || Leipzig | Verlag von Felix Meiner

1 Bl., 438 S.

Die Ausg. entstand 1911.

87.1.4.1922.103 A, 25, 61, 93, 385

Bl. 1a SCHILLERS | PHILOSOPHISCHE SCHRIFTEN | UND GEDICHTE | (AUSWAHL) | ZUR EINFÜHRUNG IN SEINE WELTANSCHAUUNG | MIT AUSFÜHRLICHER EINLEITUNG | HERAUSGEGEBEN VON | EUGEN KÜHNEMANN | DRITTE AUFLAGE | [Reihensignet] | DER PHILOSOPHISCHEN BIBLIOTHEK BAND 103 | LEIPZIG 1922 / VERLAG VON FELIX MEINER

1 Bl., 438 S.

Ex. 61 hat zu Beginn 1 Bl., dessen Text lautet auf S. a: »SONDERAUSGABE | FÜR | SEMINARE | [Reihensignet]«; Bl. 1b: »*Die Lieferung dieser* | SEMINARAUSGABEN | *erfolgt zu einem um 20% ermäßigten Ladenpreis* | *unter der Voraussetzung der Mindestabnahme* | *von 10 Stück in geschlossenem Bezuge* | *und Nennung des betreffenden* | *Dozenten* | FELIX MEINER VERLAG IN LEIPZIG | *Jede Buchhandlung übernimmt die Besorgung*«.

88.
Friedrich Daniel Ernst Schleiermacher
1768–1834

88.1. Werke

Die 4bändige Ausg. begann 1910 im Eckardt-Vlg, Leipzig, mit Bd 1 und 3 zu erscheinen, 1911 folgt im selben Vlg Bd 4. 1911 übernahm der Felix Meiner Vlg die Bde und gliederte sie als Nr 136, 138 und 139 in die PhB ein; 1913 erschien als PhB 137 Bd 2. Nach der Übernahme durch den Meiner-Vlg wurden von den Eckardt-Bdn 1, 3 und 4 Titelaufl. mit Meiner-Titeleien hergestellt.
1927 erschienen Bd 2 und 3, 1928 Bd 1 in 2. Aufl.; von Bd 4 hat es keine gekennzeichnete 2. Aufl. gegeben, – entgegen der Angabe in einem Vlgskat.: Im PhB-Kat. vom März 1929 wird die *ganze* WW-Ausg. als »2. Aufl. 1927« bezeichnet (was ja auch für Bd 1 falsch ist), die einzelnen Bde sind aber ohne Jahr verzeichnet. In einem Meiner'schen Vlgskat. vom Oktober 1936 (S. 14) sind nur Bd 1–3 ohne Aufl.- und Jahresangabe aufgeführt, Bd 4 ist nicht aufgeführt – er war wohl vergriffen: Im DBV 21 (1936–40), 807a, ist die WW-Ausg. verzeichnet mit »2. Aufl.« und ›1927–28‹; Bd 4 ist als vergriffen gekennzeichnet.

Jeder Bd hat zu Beginn 2 Titelbl. mit sich gegenüberliegenden WW-Titelseiten (die Bd-WW-Titelseite steht jw. rechts, Bl. 2a).

Im Gegensatz zu Bd 1, 3 und 4 handelt es sich bei Bd 2 um eine »kritische Originalausgabe« (Vorwort zu Bd 2, S. VII). Bei Bd 1 befindet sich jw. auf der S. zur Bundseite hin in eckigen Klammern die Bd- und Seitenangabe der ›Sämtl. Werke‹ in 3 Abt., Berlin 1835–64.

Auch bei der Schleiermacher-WW gibt es offenbar Exe als Mischaufl.: Tl 5 (Schrift 4) des Bd 4 von Ex. 361 hat am oberen Seiten-Außenrand nicht die durchgehende, sondern eine Einzelpaginierung.

1967 veranstaltete der Scientia Vlg, Aalen, einen »NEUDRUCK DER 2. AUFLAGE LEIPZIG 1927–28«; auch dieser Nachdruck hat zu Beginn jedes Bds 2 Bl. mit sich gegenüberliegenden Titelseiten (Bd-WW-Titel rechts, Bl. 2a). Auf Bl. 2a des Bd 4 heißt es: »NEUDRUCK DER 2. AUFLAGE LEIPZIG 1928«; das ist nicht richtig: Von Bd 4 hat es keine gekennzeichnete 2. Aufl. (von 1928) gegeben. Da die 2. Aufl. von Bd 1–3 ein Manuldruck ist und sich somit nicht für eine Reproduktion eignete, hat Scientia für den Neudruck die 1. Aufl. auch der Bde 1–3 benutzt, wobei die nur bei Bd 1 vorhandenen Änderungen der 2. Aufl. in den Neudruck eingearbeitet wurden.

Einige Bd-Tle dieser WW-Ausg. sind auch als Separatdrucke (als reguläre Einzelausg. mit eigenem Titelbl.) erschienen, wobei der PhB-Nr des Bds, aus dem der Text entnommen wurde, jw. ein kleiner Buchstabe angefügt ist (bei Bd 4, PhB 139, ist dieser Kleinbuchstabe aber nicht fortlaufend, nach der Reihenfolge der Texte vergeben). Von Bd 1 sind beide Tle in Separatdrucken erschienen, von Bd 3, Tl 3, und von Bd 4, Tl 4, 5 und 6 gemeinsam und Tl 7. Später sind auch weitere *Texte* aus dieser WW-Ausg. in einzelnen PhB-Ausg. erschienen, dies aber nicht mehr als Separatdrucke, sondern als *neue,* eigenständige Ausg. In der folg. Inhaltsübersicht der Bde ist den Tln der Bde, die auch als Separatdrucke erschienen, ihre (Meiner'sche) PhB-Nr vorangestellt.

Bd	PhB	Inhalt	hier
1	136a	Grundlinien e. Kr. d. bish. Sittenlehre	88.6.1–2
	136b	Akademieabhandlungen:	88.2.1–2
		Üb. d. wiss. Behandlung d. Tugendbegr.	
		Vers. üb. d. wiss. Behandlung des Pflichtbegriffs	
		Üb. d. Unterschied zw. Naturgesetz u. Sittengesetz	
		Üb. d. Begriff des Erlaubten	
		Üb. d. Begriff des höchsten Gutes. I.	
		Üb. d. Begriff des höchsten Gutes. II.	
		Üb. d. Beruf des Staats z. Erziehung	
		Üb. d. Begriff d. großen Mannes	
2		Entwürfe zu einem System der Sittenlehre:	
		Vers. e. Theorie d. geselligen Betragens	
		Tugendlehre 1804/05	
		Brouillon zur Ethik 1805/06	
		Ethik 1812/13 (Einl. u. Güterlehre)	
		Ethik 1812/13 (Tugend- und Pflichtenlehre)	
		Ethik 1814/16 (Einl. u. Güterlehre I)	
		Ethik 1814/16 (Pflichtenlehre)	

Bd	PhB	Inhalt	hier
		Ethik 1816 (Allg. Einl.)	
		Ethik 1816 (Einl. u. Güterlehre I)	
		Bemerkungen z. Ethik (1832) nach Schweizer	
3		Dialektik (Auswahl)	
		Die christl. Sitte (Auswahl)	
	138a	Predigten üb. d. christl. Hausstand	88.11.1–2
		Zur Pädagogik (Auswahl)	
		Die Lehre vom Staat (Auswahl)	
		Der christl. Glaube (Auswahl)	
4		Psychologie	
		Vorl. üb. d. Ästhetik	
		Hermeneutik	
	139b	Üb. d. Religion	88.12.1–2
	139c	Monologen. Die Weihnachtsfeier	88.9.1–2
	139a	Gelegentl. Gedanken üb. Univ.	88.13.1–2
		Zwei Rezensionen	

Man kann 3 ›Drucke‹ unterscheiden:

		hier
1. Aufl.:	Bd 1: Eckardt 1910	88.1.1
	Bd 2: Meiner 1913	88.1.4
	Bd 3: Eckardt 1910	88.1.6
	Bd 4: Eckardt 1911	88.1.9
1. Aufl., 2. Druck/Titelaufl.:		
	Bd 1: Meiner o. J. [1911]	88.1.2
	Bd 2: [= 1. Aufl.]	
	Bd 3: Meiner o. J. [1911]	88.1.7
	Bd 4: Meiner 1911	88.1.10
2. Aufl.:	Bd 1: Meiner 1928	88.1.3
	Bd 2: Meiner 1927	88.1.5
	Bd 3: Meiner 1927	88.1.8
	Bd 4: [= 1. Aufl., 2. Druck/Titelaufl.]	

Da die 1. Aufl., 2. Druck/Titelaufl., und die 2. Aufl. jw. 1 Bd vom vorh. ›Druck‹ übernehmen, es sich also um keine geschlossenen, einheitlichen Aufl. handelt, ist diese Schleiermacher-WW-Ausg. nach Bdn verzeichnet, nicht – wie die Schelling-WW – nach Aufl.; auf die Verzeichnung des – nicht mehr im Meiner-Vlg im Rahmen der PhB erschienenen – Nachdruckes im Scientia-Vlg wird verzichtet.
Eine bibliographische Kurznotation ist also nur für die 1. Aufl. sinnvoll möglich:

Werke. Auswahl in vier Bänden. Mit einem Bildnis Schleiermachers und einem Geleitwort von A. Dorner hrsg. u. eingeleitet von Otto Braun und Johannes Bauer. Leipzig: [Bd 1, 3, 4:] Eckardt, [Bd 2:] Meiner 1910–13.
[= PhB 136–139]

88.1.1–3: Bd 1

88.1.1: Bd 1, 1. Aufl. 8, 43, 56, 61, 294, 464, 468

Bl. 3a Schleiermachers Werke. | Erster Band. | Geleitwort von August Dorner / Vor- | wort / Einleitung von Otto Braun / | Kritik der Sittenlehre / Akademieabhand- | lungen / Register / Zur Textbehandlung. || Fritz Eckardt Verlag. | Leipzig 1910.

Bl. 2b Fr. D. E. Schleiermacher, Werke. | Auswahl in vier Bänden. | Mit einem Bildnis Schleiermachers / und | einem Geleitwort von Prof. D. Dr. Aug. | Dorner / herausgegeben u. eingeleitet von | Dr. Otto Braun und Prof. D. Joh. Bauer. || Fritz Eckardt Verlag. | Leipzig 1910.

Bl. 1a [Vlgssignet]

Bl. 2a Schleiermacher.

1 Bl., Porträttafel (Porträt S. b) , 3 Bl., CXXVIII, 547 S.

88.1.2: Bd 1, 1. Aufl., 2. Druck/Titelaufl. 7, 17, 107, 291

Bl. 2a Schleiermachers Werke | [Z. 2–6 wie vorh. auf Bl. 3a] | [Reihensignet] | Verlag von Felix Meiner in Leipzig

Bl. 1b [Z. 1–6 wie vorh. auf Bl. 2b] | Verlag von Felix Meiner in Leipzig

Bl. 1a Philosophische Bibliothek | Band 136: Schleiermacher Bd. I

1 Bl., Porträttafel (Porträt S. b), 2 Bl., CXXVIII, 547 S.

Die Ausg. ist wohl 1911 entstanden.
Ex. 17 und 24 sind jw. noch 1 Bl. mit Eckardts Vlgssignet und die Eckardt-Deckel mit eingebunden.

88.1.3: Bd 1, 2. Aufl. A, 38, 361

Bl. 2a [Z. 1 ebs.] | Erster Band | [Z. 3–7 ebs.] | Verlag von Felix Meiner in Leipzig 1928

Bl. 1b Fr. D. E. Schleiermacher, Werke | Auswahl in vier Bänden | Mit einem Bildnis Schleiermachers / und einem | Geleitwort von Prof. D. Dr. Aug. Dorner / | herausgegeben und eingeleitet von Privat- | dozent Dr. Otto Braun und Prof. D. Joh. Bauer | Zweite Auflage | Verlag von Felix Meiner in Leipzig 1928

Bl. 1a [Z. 1.ebs.] | Bd 136: Schleiermacher Bd. I

2 Bl., Porträttafel (Porträt S. a), 1 Bl., CXXVIII, 547 S., (2 Bl., jw. bds. Vlgsanz.)

Ex. 38 hat zu Beginn noch 1 Bl. mit bds. Vlgsanz.
Ex. 361 fehlt die Porträttafel.

88.1.4–5: Bd 2

88.1.4: Bd 2, 1. Aufl. 7, 17, 24, 43, 56, 61, 107, 291, 294, 464, 468

[III] Schleiermachers Werke | Zweiter Band | Entwürfe zu einem System der Sittenlehre / | nach den Handschriften Schleiermachers neu | herausgegeben und eingeleitet von Otto Braun | [Reihensignet] | Verlag von Felix Meiner in Leipzig 1913

[II] Fr. D. E. Schleiermacher, Werke | Auswahl in vier Bänden | Mit einem Bildnis Schleiermachers / und einem | Geleitwort von Prof. D. Dr. Aug. Dorner / | herausgegeben und eingeleitet von Privat- | dozent Dr. Otto Braun und Prof. D. Joh. Bauer | Verlag von Felix Meiner in Leipzig 1913

[I] Philosophische Bibliothek | Bd. 137: Schleiermacher Bd. II

XXX, 703 S., (1 Bl., bds. Vlgsanz.)

Ex. 61 und 464 haben das 1 Bl. mit Vlgsanz. zu Beginn, Ex. 17 hat zusätzlich noch 4 Bl. (mit jw. bds. Vlgsanz.) am Schluß des Bds.

88.1.5: Bd 2, 2. Aufl. A, 25, 38, 361

[III] [Z. 1–6 ebs.] | Verlag von Felix Meiner in Leipzig 1927

[II] [Z. 1–6 ebs.] | Zweite Auflage | Verlag von Felix Meiner in Leipzig 1927

[I] [ebs.]

XXX, 703 S., (1 Bl., bds. Vlgsanz.)

88.1.6–8: Bd 3

88.1.6: Bd 3, 1. Aufl. 8, 17, 56, 61, 294, 464, 468

[V] Schleiermachers Werke. | Dritter Band. | Vorbericht / Dialektik / Die christliche Sitte / | Einleitung von Prof. D. Bauer / Predigten über | den Hausstand / Zur Pädagogik / Die Lehre | vom Staat / Der christliche Glaube / Register. || Fritz Eckardt Verlag. | Leipzig 1910.

[IV] Fr. D. E. Schleiermacher, Werke. | Auswahl in vier Bänden. | Mit einem Bildnis Schleiermachers / und | einem Geleitwort von Prof. D. Dr. Aug. | Dorner / herausgegeben u. eingeleitet von | Dr. Otto Braun und Prof. D. Joh. Bauer. || Fritz Eckardt Verlag. | Leipzig 1910.

[I] [Vlgssignet]

[III] Schleiermacher.

XI, 748 S.

Ex. 17 sind zusätzlich noch die Meiner'schen Titelbl. der nachfolg. Ausg. 88.1.7 sowie die Eckardt-Deckel eingebunden.
In Ex. 294 fehlen S. I–II.

88.1.7: Bd 3, 1. Aufl., 2. Druck/Titelaufl. 17, 24, 43, 107, 291

[V] Schleiermachers Werke | [Z. 2–6 ebs.] | [Reihensignet] | Verlag von Felix Meiner in Leipzig
[IV] [Z. 1–6 ebs.] | Verlag von Felix Meiner in Leipzig
[III] Philosophische Bibliothek | Band 138: Schleiermacher Bd. III

S. [III]–XI, 748 S.

Die Ausg. ist wohl 1911 entstanden.
Ex. 17 sind zusätzlich noch die Eckardt'schen Titelbl., Ex. 24 und 43 sind noch 1 Bl. mit Eckardts Vlgssignet und Eckardts Deckel mit eingebunden.

88.1.8: Bd 3, 2. Aufl. A, 25, 38, 361, 385

[V] Schleiermachers Werke. | [Z. 2–7 ebs.] | Der Philosophischen Bibliothek Band 138 || FELIX MEINER VERLAG LEIPZIG 1927
[IV] [Z. 1–6 ebs.] | Zweite Auflage | FELIX MEINER VERLAG LEIPZIG 1927
[III] Schleiermacher.

S. [III]–XI, 748 S., (3 Bl., jw. bds. Vlgsanz.)

88.1.9–10: Bd 4

88.1.9: Bd 4, 1. Aufl. 17, 24, 56, 61, 294

[V] Schleiermachers Werke. | Vierter Band. | Vorbericht / Psychologie / Ästhetik / Hermeneutik / | Reden über die Religion / Monologen / Weih- | nachtsfeier / Universitäten im deutschen Sinne / | Rezensionen / Register. || Fritz Eckardt Verlag. | Leipzig 1911.
[IV] Fr. D. E. Schleiermacher, Werke. | Auswahl in vier Bänden. | Mit einem Bildnis Schleiermachers / und | einem Geleitwort von Prof. D. Dr. Aug. | Dorner / herausgegeben u. eingeleitet von | Dr. Otto Braun und Prof. D. Joh. Bauer. || Fritz Eckardt Verlag. | Leipzig 1911.
[I] [Vlgssignet]
[III] Schleiermacher.

X, 680 S.

Ex. 17 sind zusätzlich noch die Meiner'schen Titelbl. der nachfolg. Ausg. und die Eckardt-Deckel eingebunden; die letzte Z. des Vorderdeckels »Fritz Eckardt Verlag, Leipzig 1911« ist überstempelt mit der Z.: »Felix Meiner Verlag«.

Dem Ex. 24 sind noch 1 Bl. mit Eckardt'schem Vlgssignet und der Ekkardt'sche Vorderdeckel eingebunden, dessen Erscheinungsvermerk wie in Ex. 17 überstempelt ist.

88.1.10: Bd 4, 1. Aufl., 2. Druck/Titelaufl. 8, 17, 25, 38, 107, 291, 361, 464, 468

[V] Schleiermachers Werke | [Z. 2–6 ebs.] | [Reihensignet] | Verlag von Felix Meiner in Leipzig 1911
[IV] [Z. 1–6 ebs.] | Verlag von Felix Meiner in Leipzig
[III] Philosophische Bibliothek | Band 139: Schleiermacher Bd. IV

S. [III]–X, 680 S.

Zu Ex. 17 siehe die vorh. Ausg. 88.1.9.
In Ex. 8 lautet die letzte Z. des eingebundenen Vorderdeckels: »LEIPZIG 1913 / VERLAG VON FELIX MEINER«; möglicherweise ist diese Ausg. also erst 1913 entstanden und rückdatiert.

88.2. **Abhandlungen, gelesen in der Königlichen Akademie der Wissenschaften** (Über die wissenschaftliche Behandlung des Tugendbegriffs)

88.2.1.1911.(136b) 6, 361, Ce5

Bl. 2a Fr. D. E. Schleiermacher | Abhandlungen | gelesen in der Königlichen Akademie | der Wissenschaften | Neu herausgegeben von | Otto Braun | Dr. phil. | Fritz Eckardt Verlag | Leipzig □□□□□ 1911.
Bl. 1a [Vlgssignet]

3 Bl., 185 S.

Die Ausg. wurde 1911 von Meiner übernommen und als Nr 136b in die PhB eingegliedert. Sie ist in Meiners PhB-Kat. von 1910/11 bis zum Sept. 1925 mit Jahresangabe und PhB-Nr 136b aufgeführt.
In Ex. 6 lauten die beiden letzten Z. des eingebundenen Eckardt'schen Vorderdekkels: »Fritz Eckardt Verlag, G. m. b. H. | Leipzig □□□□□□ 1910.« Die vorletzte Z. ist überstempelt; darüber ist gestempelt: »Felix Meiner Verlag«.

88.2.2.1911.136b

Friedrich Ernst Daniel Schleiermacher: Abhandlungen, gelesen in der Königlichen Akademie der Wissenschaften. Neu hrsg. von Otto Braun.
Leipzig: Meiner 1911.
= PhB 136b

Diese Ausg. ist im DBV 2, 834b, belegt, aber ohne PhB-Nr. Ob es eine solche Ausg. mit Meiner'schem Titelbl. (als Titelaufl.) gegeben hat, ist fraglich.

88.2.3.1928.136b A

Bl. 1a SCHLEIERMACHER | Über die | wissenschaftliche Behandlung | des Tugendbegriffs | und andere Abhandlungen, gelesen in der | Königlichen Akademie der Wissenschaften | Neu herausgegeben von | Otto Braun | Zweite Auflage | [Reihensignet] | Der Philosophischen Bibliothek Band 136b || FELIX MEINER VERLAG, LEIPZIG 1928

1 Bl., S. [347]–531

88.3. Ästhetik (1819/25). Über den Begriff der Kunst (1831/32)

88.3.1.1984.365

[III] FRIEDRICH DANIEL ERNST SCHLEIERMACHER | Ästhetik (1819/25) | Über den Begriff der Kunst (1831/32) | Herausgegeben von | Thomas Lehnerer | FELIX MEINER VERLAG | HAMBURG
[IV] PHILOSOPHISCHE BIBLIOTHEK BAND 365
[I] [Reihensignet]

XXXVIII, 195 S., 3 Bl. (Bl. 1 bds. Vlgsanz.; Bl. 2–3 jw. bds. weiß)

88.4. Brouillon zur Ethik (1805/06)

88.4.1.1981.334

[III] FRIEDRICH DANIEL ERNST SCHLEIERMACHER | Brouillon zur Ethik | (1805/06) | Auf der Grundlage der Ausgabe von | OTTO BRAUN | herausgegeben und eingeleitet von | HANS-JOACHIM BIRKNER | FELIX MEINER VERLAG | HAMBURG
[IV] PHILOSOPHISCHE BIBLIOTHEK BAND 334 | 1870 In Auszügen enthalten in „Friedrich Schleiermacher's Philo-| sophische Sittenlehre", herausgegeben und erläutert von | J. H. v. Kirchmann, PhB Bd. 24 | [4 Z. Aufl.-Hinweise] | 1981 Einzelausgabe „Brouillon zur Ethik (1805/06)", herausge- | geben und eingeleitet von Hans-Joachim Birkner
[I] [Reihensignet]

XXXV, 163 S.

88.5. Ethik (1812/13)

88.5.1.1981.335

[III] FRIEDRICH DANIEL ERNST SCHLEIERMACHER | Ethik | (1812/13) | mit späteren Fassungen der | Einleitung, Güterlehre | und Pflichtenlehre | Auf der Grundlage der Ausgabe von | OTTO BRAUN | herausgegeben und eingeleitet von | HANS-JOACHIM BIRKNER | FELIX MEINER VERLAG | HAMBURG

[IV] PHILOSOPHISCHE BIBLIOTHEK BAND 335 | 1870 In Auszügen enthalten in „Friedrich Schleiermacher's Philo- | sophische Sittenlehre", herausgegeben und erläutert von | J. H. v. Kirchmann, PhB Bd. 24 | 1911 Mit Auslassungen enthalten in „Friedrich Schleiermachers | Grundriss der philosophischen Ethik (Grundlinien der Sit- | tenlehre)", herausgegeben 1841 von August Twesten. Neuer | Abdruck, besorgt von Fr. M. Schiele, PhB Bd. 85 | [5 Z. Aufl.-Hinweise] | 1981 Einzelausgabe „Ethik (1812/13)", herausgegeben und ein- | geleitet von Hans-Joachim Birkner

[I] [Reihensignet]

VI S., S. VIa–b, [VII]–XL, 324 S., 1 Bl. (bds. Vlgsanz.)

88.6. Grundlinien einer Kritik der bisherigen Sittenlehre

88.6.1.1911.(136a) 6, 25, 36, 131 (Bet1), Ce5

Bl. 2a Friedr. Daniel Ernst Schleiermacher | Grundlinien einer Kritik | der bisherigen Sittenlehre | 1803 ✧ 1834 ✧ 1846 | Neu herausgegeben von | Otto Braun | Dr. phil. | Fritz Eckardt Verlag | Leipzig □□□□□ 1911

Bl. 1a [Vlgssignet]

2 Bl., XXVIII, 346 S.

Die Ausg. wurde 1911 von Meiner übernommen und als Nr 136a in die PhB eingegliedert. Sie ist in Meiners PhB-Kat. von 1910/11 bis zum Dez. 1922 mit Jahresangabe und PhB-Nr 136a aufgeführt.

In Ex. 131 ist der Erscheinungsvermerk mit einem Schildchen überklebt: »Leipzig. | Verlag von Felix Meiner.«

Bei Ex. 25 lauten die beiden letzten Z. des eingeklebten Vorderdeckels: »Fritz Eckardt Verlag, G.m.b.H. | Leipzig □□□□□□□□□□□ 1910.« Die vorletzte Z. ist überstempelt; darüber ist gestempelt: »Felix Meiner Verlag«.

88.6.2.1911.136a

Friedrich Ernst Daniel Schleiermacher: Grundlinien einer Kritik der bisherigen Sittenlehre. 1803, 1834, 1846. Neu hrsg. v. Otto Braun. Leipzig: Meiner 1911.

Diese Ausg. ist im DBV 2, 834b, belegt, aber ohne PhB-Nr. Ob es eine solche Ausg. mit Meiner'schem Titelbl. (als Titelaufl.) gegeben hat, ist fraglich.

88.6.3.1928.136a A, Frei26

Bl. 1a SCHLEIERMACHER | Grundlinien einer Kritik | der bisherigen Sittenlehre | 1803 · 1834 · 1846 | Mit einer Inhaltsanalyse | neu herausgegeben von | Otto Braun | Zweite Auflage | [Reihensignet] | Der Philosophischen Bibliothek Band 136a || FELIX MEINER VERLAG, LEIPZIG 1928

1 Bl., S. [CI]–CXXVIII, 346 S.

88.7. Grundriß der philosophischen Ethik

88.7.1.1911.85 A, 36, 38, 61, 294, 361 (2 Exe)

[I] Philosophische Bibliothek | Band 85 || Friedrich Schleiermachers | Grundriss | der philosophischen Ethik | (Grundlinien der Sittenlehre) || Herausgegeben 1841 von August Twesten | Neuer Abdruck, besorgt von | Fr. M. Schiele || Leipzig 1911 | Verlag von Felix Meiner

VIII, 219 S., (2 od. 4 Bl., jw. bds. Vlgsanz.)

88.8. Monologen

88.8.1.1868.6 16, 17, 38, 60, 294, Ka13

[III] Friedrich Schleiermacher's | Monologen. || Herausgegeben, erläutert | und | mit einer Lebensbeschreibung Schleiermacher's versehen | von | J. H. v. Kirchmann. || Berlin, 1868. | Verlag von L. Heimann, | Wilhelms-Strasse No. 91.

[II] Philosophische Bibliothek | oder | Sammlung | der | Hauptwerke der Philosophie | alter und neuer Zeit. || Herausgegeben, beziehungsweise übersetzt, erläutert | und mit Lebensbeschreibungen versehen | von | J. H. v. Kirchmann. || Sechster Band. | Schleiermacher's Monologen. || Berlin, 1868. | Verlag von L. Heimann, | Wilhelms-Strasse No. 91.

VI, 100 S.

Ex. 16 ist unvollständig: es endet mit S. 92.

88.8.2.1902.84 4, 60, 294, 361

[I] Philosophische Bibliothek | Band 84. || [Z. 3–4 wie vorh. Z. 1–2 auf S. III] | Kritische Ausgabe. || Mit Einleitung, Bibliographie und Index | von | Friedrich Michael Schiele. | [Vlgssignet] | Leipzig, | Verlag der Dürr'schen Buchhandlung. | 1902.

XLVI, 130 S., 1 Bl. (bds. Vlgsanz.)

In Ex. 60 fehlen S. XLV–XLVI.

88.8.3.1914.84 A, 46, 51, 61, 62, 465

[I] Friedrich Schleiermacher | MONOLOGEN | nebst den Vorarbeiten | Kritische Ausgabe. Mit Einleitung, | Bibliographie, Index und Anmerkungen | von | Friedrich Michael Schiele | Zweite, erweiterte und durchgesehene Auflage | von | Hermann Mulert | [Reihensignet] | Der Philosophischen Bibliothek | Band 84 | Leipzig · Verlag von Felix Meiner · 1914

XLVIII, 199 S.

88.8.4.1978.84

Bl. 2a FRIEDRICH SCHLEIERMACHER | [Z. 2–3 wie vorh. auf S. I] | Dritte Auflage | Kritische Ausgabe. Herausgegeben von | [Z. 6 wie vorh. Z. 7 auf S. I] | Erweitert und durchgesehen von | [Z. 8 wie vorh. Z. 10 auf S. I] | *Im Anhang* | Neujahrspredigt von 1792 | Über den Wert des Lebens (Auszug) | FELIX MEINER VERLAG | HAMBURG

Bl. 2b PHILOSOPHISCHE BIBLIOTHEK BAND 84 | [8 Z. Aufl.-Hinweise] | 1978 Dritte Auflage als unveränderter Nachdruck der Auf- | lage von 1914 mit ergänzter Bibliographie zu den | Monologen

Bl. 1a [Reihensignet]

2 Bl., L, 198 S., 2 Bl. (Bl. 2 bds. Vlgsanz.)

88.9. Monologen. Weihnachtsfeier

88.9.1.1911.(139c)

Friedrich Daniel Ernst Schleiermacher: Monologen. Eine Neujahrsgabe. Die Weihnachtsfeier. Ein Gespräch. Neu hrsg. von Otto Braun. Leipzig: Eckardt 1911. [= PhB 139c]

Ob es diese, bibliographisch nicht zu belegende, Ausg. gegeben hat, steht nicht fest, ist aber wahrscheinlich. Ein Ex. konnte nicht beschafft werden.

88.9.2.1911.139c A, 3, 294

Bl. 1a Friedr. Daniel Ernst Schleiermacher | Monologen | Eine Neujahrsgabe || Die Weihnachtsfeier | Ein Gespräch | Neu herausgegeben von | Otto Braun | Dr. phil. | [Reihensignet] | Band 139c | Verlag von Felix Meiner | Leipzig □□□□□□□□□ 1911

2 Bl., 132 S.

Die Exe A und 294 haben zu Beginn 2 Bl.; Bl. 1a: Titelseite; Bl. 2a: Inhaltsverzeichnis.

Ex. 3 hat zu Beginn 4 Bl.; Bl. 1a: Vlgssignet von *Eckardt* (das Bl. ist irrtümlich eingebunden); Bl. 2a: Titelseite; Bl. 3a: »Notiz« zur Paginierung der Ausg.; Bl. 4a: Inhaltsverzeichnis.

88.10. Philosophische Sittenlehre

88.10.1.1870.24 A, 8, 16, 17, 20, 38, 43, 467

[III] Friedrich Schleiermacher's | Philosophische Sittenlehre. || Herausgegeben und erläutert | von | J. H. v. Kirchmann. || Berlin, 1870. | Verlag von L. Heimann. | Wilhelms-Strasse No. 91.

[II] Philosophische Bibliothek | oder | Sammlung | der | Hauptwerke der Philosophie | alter und neuer Zeit. || Unter Mitwirkung namhafter Gelehrten | herausgegeben, beziehungsweise übersetzt, erläutert | und mit Lebensbeschreibungen versehen | von | J. H. v. Kirchmann. || Vierundzwanzigster Band. | Friedrich Schleiermacher's philosophische Sittenlehre. || Berlin, 1870. | Verlag von L. Heimann. | Wilhelms-Strasse No. 91.

X, 595 S.

Ex. 8 sind noch die Heimann'schen Vlgsbroschuren aller 7 Hefte eingebunden.
Ex. 38 fehlt das Reihentitelbl.

88.10.2.1870.85 A, 60, 468

Bl. 1a Philosophische Bibliothek. | Band 85. || [Z. 3–7 wie vorh. Z. 1–5 auf S. III] | [Vlgssignet] | LEIPZIG. | VERLAG DER DÜRR'SCHEN BUCHHANDLUNG. | 1870.

1 Bl., S. [V]–XX, 595 S.

Rückdatierte Titelaufl., zwischen 1900–06 entstanden; sie ist belegt in Buchholtz 8, 46 und Hinrichs 12.1, 147a.

88.11. Predigten über den christlichen Hausstand

88.11.1.1911.(138a) H99, He76, Hv111

Bl. 2a SCHLEIERMACHER | Predigten über den | christlichen Hausstand | Neu herausgegeben | und eingeleitet von | D. Johannes Bauer | o. Professor der Theologie in Heidelberg || FRITZ ECKARDT VERLAG, LEIPZIG 1911

Bl. 1a [Vlgssignet]

2 Bl., 222 S.

88.11.2.1911.138a B701

Bl. 1a [Z. 1–6 wie vorh. auf Bl. 2a] | o. Prof. der Theologie in Heidelberg | [Reihensignet] | Band 138a || VERLAG VON FELIX MEINER IN LEIPZIG 1911

1 Bl., 222 S., 2 Bl. (jw. bds. Vlgsanz.)

Die Ausg. ist im DBV 2, 834b, und im NUC 526, 380 c belegt, aber ohne PhB-Nr.

88.11.3.1927.138a A, 7, Dü51

Bl. 1a [Z. 1–3 ebs.] | Herausgegeben und eingeleitet | von | Johannes Bauer | Zweite Auflage | [Reihensignet] | Der Philosophischen Bibliothek Band 138a || FELIX MEINER VERLAG, LEIPZIG 1927

1 Bl., S. [181]–400

88.12. Über die Religion

88.12.1.1911.(139b)

Friedrich Daniel Ernst Schleiermacher: Über die Religion. Reden an die Gebildeten unter ihren Verächtern. Neu hrsg. von Otto Braun.
Leipzig: Eckardt 1911.
[= PhB 139b]

Ob es diese, bibliographisch nicht zu belegende, Ausg. gegeben hat, steht nicht fest, ist aber wahrscheinlich. Ein Ex. konnte nicht beschafft werden.

88.12.2.1911.139b 132, 290

Bl. 1a Friedr. Daniel Ernst Schleiermacher | Über die Religion | Reden an die Gebildeten unter ihren | Verächtern | Neu herausgegeben von | Otto Braun | Dr. phil. | [Reihensignet] | Band 139b | Verlag von Felix Meiner | Leipzig □□□□□□□□□ 1911

1 Bl., 193 S.

Beide Exe haben zu Beginn irrtümlich noch 1 Bl. mit Eckardt'schem Vlgssignet auf S. a eingebunden.

88.12.3.1920.139b 5, 18, 25, 211, 229

[1] [Z. 1–6 wie vorh. auf Bl. 1a] | o. Professor in Basel | Unveränderter Neudruck | [Reihensignet] | Der Philosophischen Bibliothek | [Z. 11–12 wie vorh. Z. 9–10 auf Bl. 1a] | Leipzig □□□□□□□□□ 1920

193 S.

88.12.4.1920.139b 8

[1] SCHLEIERMACHER || ÜBER DIE RELIGION | Reden an die Gebildeten | unter ihren Verächtern | [Z. 5 ebs.] | OTTO BRAUN | [Z. 7–8 wie vorh. Z. 8–9] | 1920 || DER PHILOSOPHISCHEN BIBLIOTHEK BAND 139b | FELIX MEINER VERLAG IN LEIPZIG

193 S.

88.12.5.(1931).139b 824

[1] [Z. 1–6 ebs.] | [Reihensignet] || [Z. 8–9 wie vorh. Z. 10–11]
[2] Unveränderter Neudruck | der Ausgabe 1920

193 S.

Dieser bibliographisch nicht zu belegende Neudruck entstand zwischen 1930–35.

88.12.6.(1944).139b A, 6, 8, 20, 31, 38, 64, 385

[3] Friedr. Daniel Ernst Schleiermacher | Über die Religion | Reden an die Gebildeten unter ihren | Verächtern | [Reihensignet] | VERLAG VON FELIX MEINER IN LEIPZIG

[4] DER PHILOSOPHISCHEN BIBLIOTHEK BAND 139b | Sonderdruck aus: Schleiermachers Werke | Auswahl in vier Bänden herausgegeben von Otto Braun | Unveränderter Abdruck der zweiten Auflage von 1911

S. [3]–193

Datierung 1944 nach DBV 25, 1219b und NUC 526, 383c sowie Vlgsangabe.
Ex. 38 fehlt das Titelbl.
64 hat das Ex. fälschlich mit 1920 datiert.

88.12.7.1958.255 A, 136, 352, 468

[III] FRIEDR. SCHLEIERMACHER | [Z. 2 wie vorh. auf S. 3] | Reden an die Gebildeten | unter ihren Verächtern | VERLAG VON FELIX MEINER · HAMBURG

[IV] PHILOSOPHISCHE BIBLIOTHEK BAND 255 | Herausgegeben von Hans-Joachim Rothert | [2 Z.] | 1958

[I] [Reihensignet]

XV, 176 S.

88.12.8.1961.255 61, 294, 468

[III] [ebs.]

[IV] [Z. 1–2 ebs.] | Unveränderter Abdruck 1961
[I] [ebs.]

XV, 176 S.

88.12.9.1970.255 A, 82, 385

[III] [ebs.]
[IV] [Z. 1–2 ebs.] | Nachdruck 1970
[I] [ebs.]

XV, 176 S.

88.13. Über Universitäten im deutschen Sinne

Diese Schrift war in der PhB in 3 Ausg. zugänglich:

1. in den WW, Bd 4, siehe hier 88.1.
2. in einer Einzelausg. als Separatdruck aus den WW mit PhB-Nr 139a; sie ist im folg. verzeichnet.
3. in der Sammlung ›Über das Wesen der Universität‹, die hier unter 99 verzeichnet ist.

88.13.1.1911.(139a) 20, 25

Bl. 2a Friedr. Daniel Ernst Schleiermacher | Über Universitäten | im deutschen Sinne | Neu herausgegeben von | Otto Braun | Dr. phil. | Fritz Eckardt Verlag | Leipzig □□□□□ 1911
Bl. 1a [Vlgssignet]

2 Bl., 110 S.

In Ex. 25 lauten die beiden letzten Z. des eingebundenen Eckardt'schen Vorderdekkels: »Fritz Eckardt Verlag | Leipzig □□□□□ 1911«; die vorletzte Z. ist überstempelt; darüber ist gestempelt: »Felix Meiner Verlag«.

88.13.2.1911.139a

Friedrich Ernst Daniel Schleiermacher: Über Universitäten im deutschen Sinne. Neu hrsg. von Otto Braun. Leipzig: Meiner 1911.
= PhB 139a

Diese Ausg. ist im DBV 2, 834b belegt, aber ohne PhB-Nr. Ob es eine solche Ausg. mit Meiner'schem Titelbl. (als Titelaufl.) gegeben hat, ist fraglich.

88.14. Weihnachtsfeier

88.14.1.1908.117 A, 38 (2 Exe), 46, 61, 64, 107, 294, 361

[I] Philosophische Bibliothek | Band 117. || Friedrich Schleiermachers | Weihnachtsfeier. || Kritische Ausgabe. || Mit Einleitung und Register | von | Hermann Mulert. | [Vlgssignet] | Leipzig. | Verlag der Dürr'schen Buchhandlung. | 1908.

XXXIV, 78 S., (2 Bl., jw. bds. Vlgsanz.)

Dem 2. Ex. aus 38 (mit Meiner-Einband) und dem Ex. 361 sind jw. ein PhB-Kat. vom Dez. 1922 (!) eingebunden.

89.
Arthur Schopenhauer
1788–1860

89.1. Preisschrift über die Freiheit des Willens

89.1.1.1978.305

[III] ARTHUR SCHOPENHAUER | Preisschrift | über die Freiheit des Willens | Mit einer Einleitung, Bibliographie | und Registern herausgegeben von | HANS EBELING | FELIX MEINER VERLAG | HAMBURG

[II] ARTHUR SCHOPENHAUER | Die beiden Grundprobleme | der Ethik | BEHANDELT | IN ZWEI AKADEMISCHEN PREISSCHRIFTEN | I. Über die Freiheit des menschlichen Willens, | *gekrönt* von der Königlich Norwegischen Sozietät | der Wissenschaften zu Drontheim, am 26. Januar 1839 | II. Über das Fundament der Moral, | *nicht* gekrönt von der Königlich Dänischen Sozietät | der Wissenschaften zu Kopenhagen, den 30. Januar 1840 | Μεγάλη ἡ ἀλήθεια καὶ ὑπερισχύει. | ⟨Groß ist die Wahrheit, und sie behält den Sieg; | 3. Esra, 4, 41⟩ | FELIX MEINER VERLAG | HAMBURG

[IV] Philosophische Bibliothek Band 305 | Textgrundlage: Arthur Schopenhauer. Zürcher Ausgabe. Werke | in zehn Bänden. Herausgegeben von Angelika Hübscher. Band | VI. Zürich 1977. S. 7–142. [. . .]

[I] [Reihensignet]

XXII, 143 S., 1 Bl. (bds. Vlgsanz.)

Es gibt einen ungekennzeichneten Nachdruck 1984 dieser Ausg.

89.2. Preisschrift über die Grundlage der Moral

89.2.1.1979.306

[III] ARTHUR SCHOPENHAUER | Preisschrift | über die Grundlage der Moral | Mit einer Einleitung, Bibliographie | und Registern herausgegeben von | HANS EBELING | FELIX MEINER VERLAG | HAMBURG

[II] ARTHUR SCHOPENHAUER | Die beiden Grundprobleme | der Ethik | BEHANDELT | IN ZWEI AKADEMISCHEN PREISSCHRIFTEN | I. Über die Freiheit des menschlichen Willens, | *gekrönt* von der Königlich Norwegischen Sozietät | der Wissenschaften zu Drontheim, am 26. Januar 1839 | II. Über das Fundament der Moral, | *nicht* gekrönt von der Königlich Dänischen Sozietät | der Wissenschaften zu Kopenhagen, den 30. Januar 1840 | Μεγάλη ἡ ἀλήθεια καὶ ὑπερισχύει. | ⟨Groß ist die Wahrheit, und sie behält den Sieg; | 3. Esra, 4, 41⟩ | FELIX MEINER VERLAG | HAMBURG

[IV] PHILOSOPHISCHE BIBLIOTHEK BAND 306 | Textgrundlage: Arthur Schopenhauer. Zürcher Ausgabe. Werke | in zehn Bänden. Editorische Materialien besorgt von Angelika | Hübscher. Band VI. Zürich 1977. S. 143–317. [. . .]

[I] [Reihensignet]

XVIII, 181 S.

89.3. Über die vierfache Wurzel des Satzes vom zureichenden Grunde

89.3.1.1957.249 A, 38, 61 (2 Exe), 291

[III] ARTHUR SCHOPENHAUER | Über die vierfache Wurzel | des Satzes | vom zureichenden Grunde | Herausgegeben von | Michael Landmann und Elfriede Tielsch | VERLAG VON FELIX MEINER | HAMBURG

[IV] PHILOSOPHISCHE BIBLIOTHEK BAND 249 | Vorbemerkung des Verlages | Dem Text der „Vierfachen Wurzel des Satzes vom | zureichenden Grunde" liegt die Kritische Ausgabe der | Sämtlichen Werke Arthur Schopenhauers von Arthur | Hübscher, 2. Auflage, Bd. I: 1948 und Bd. VII: 1950 | zugrunde. | [9 Z.] | 1957

[I] [Reihensignet]

XLV, 202 S.

89.3.2.1970.249 A, 385

[III] [ebs.]

[IV] [Z. 1 ebs.] | [1 Z.] | 1970 Zweite, durchgesehene Auflage | [Z. 4–15 wie vorh. Z. 3–14]

[I] [ebs.]

XLV, 202 S.

Es gibt einen ungekennzeichneten Nachdruck 1976 dieser Ausg.

90.
Lucius Annaeus Seneca
4 v. Chr. - 65 n. Chr.

90.1. Philosophische Schriften I

90.1.1.1923.73 A, 24, 29, 38, 61, 107, 121

[I] LUCIUS ANNAEUS SENECA | PHILOSOPHISCHE SCHRIFTEN | ERSTES BÄNDCHEN | DER DIALOGE ERSTER TEIL | BUCH I–VI | ÜBERSETZT, MIT EINLEITUNGEN | UND ANMERKUNGEN VERSEHEN | VON | OTTO APELT | [Reihensignet] | DER PHILOSOPHISCHEN BIBLIOTHEK BAND 73 | LEIPZIG 1923 / VERLAG VON FELIX MEINER

XXIV, 266 S.

90.2. Philosophische Schriften II

90.2.1.1923.74 A, 24, 29, 38, 61, 107, 121

Bl. 1a LUCIUS ANNAEUS SENECA | PHILOSOPHISCHE SCHRIFTEN | ZWEITES BÄNDCHEN | DER DIALOGE ZWEITER TEIL | BUCH VII–XII | ÜBERSETZT, MIT EINLEITUNGEN | UND ANMERKUNGEN VERSEHEN | VON | OTTO APELT | [Reihensignet] | DER PHILOSOPHISCHEN BIBLIOTHEK BAND 74 | LEIPZIG 1923 / VERLAG VON FELIX MEINER

2 Bl., 240 S.

90.3. Philosophische Schriften III

Textauszüge finden sich in Heft 62 der TA, siehe TA18.1.

90.3.1.1924.189 A, 24, 29, 61, 121, 385

[III] LUCIUS ANNAEUS SENECA | PHILOSOPHISCHE SCHRIFTEN | DRITTES BÄNDCHEN | BRIEFE AN LUCILIUS | ERSTER TEIL: BRIEF 1–81 | ÜBERSETZT, MIT EINLEITUNGEN | UND ANMERKUNGEN VERSEHEN | VON | OTTO APELT | [Reihensignet] | DER PHILOSOPHISCHEN BIBLIOTHEK BAND 189 | LEIPZIG 1924 / VERLAG VON FELIX MEINER

[I] LUCIUS ANNAEUS SENECA | BRIEFE AN LUCILIUS | ERSTER TEIL ||
[II] [Umrahmte Inhaltsübersicht zu Bd I und II]

VIII, 374 S., (1 Bl., bds. Vlgsanz.)

90.4. Philosophische Schriften IV

Textauszüge finden sich in Heft 62 der TA, siehe TA18.1.

90.4.1.1924.190 A, 24, 29, 61, 121

[III] LUCIUS ANNAEUS SENECA | PHILOSOPHISCHE SCHRIFTEN | VIERTES BÄNDCHEN | BRIEFE AN LUCILIUS | ZWEITER TEIL: BRIEF 82–124 | ÜBERSETZT, MIT EINLEITUNGEN | UND ANMERKUNGEN VERSEHEN | VON | OTTO APELT | [Reihensignet] | DER PHILOSOPHISCHEN BIBLIOTHEK BAND 190 | LEIPZIG 1924 / VERLAG VON FELIX MEINER
[I] LUCIUS ANNAEUS SENECA | BRIEFE AN LUCILIUS | ZWEITER TEIL ||
[II] [Umrahmte Inhaltsübersicht zu Bd I–III]

VIII, 364 S.

91.
Sextus Empiricus
2./3. Jh.

91.1. Pyrrhoneïsche Grundzüge

91.1.1.1877.74 A (2 Exe), 3, 5, 29, 36, 38, 61, 385, 700

[3] Des | SEXTUS EMPIRICUS | Pyrrhoneïsche Grundzüge. | Aus dem Griechischen übersetzt und mit einer | Einleitung und Erläuterungen versehen | von | Eugen Pappenheim. || Leipzig, 1877. | ERICH KOSCHNY. | (L. HEIMANN'S VERLAG.)
[2] Philosophische Bibliothek | oder | Sammlung | der | Hauptwerke der Philosophie | alter und neuer Zeit. || Unter Mitwirkung namhafter Gelehrten | herausgegeben, beziehungsweise übersetzt, erläutert | und mit Lebensbeschreibungen versehen | von | J. H. von Kirchmann. || Vierundsiebenzigster Band. | Des Sextus Empiricus | pyrrhoneïsche Grundzüge. || Leipzig, 1877. | ERICH KOSCHNY. | (L. Heimann's Verlag.)

239 S.

Pappenheims Erl. dazu erschienen separat, siehe 75.1.1.
Bis auf die Exe A und 3 weichen alle Exe von der oben beschriebenen, Kosch-

ny'schen Orig.-Ausg. ab. Dabei handelt es sich um Exe, die Meiner übernommen und noch in den 30er Jahren, d. h. über 53 Jahre nach dem Druck der Ausg. (!), verkauft hat.
Bis auf die Exe A und 3 fehlt allen Exn das Reihentitelbl.
Der Erscheinungsvermerk des (nur noch verbliebenen) Haupttitelbl. ist bei Ex. 36, 385 und 700 mit einem Schildchen überklebt, das bei Ex. 36 den Text trägt: »LEIPZIG | VERLAG VON FELIX MEINER«, bei den Exn 385 und 700: »Leipzig. | Verlag von Felix Meiner.«
Alle Exe außer A und 3 haben einen Meiner-Einband (meist auch mit Meiner'schen Vorsatzbl.). Ex. 385 ist ein PhB-Kat. vom Aug. 1917, Ex. 700 ein PhB-Kat. vom Sept. 1921, den Exn 5, 29, 38 und 61 ein solcher vom Dez. 1922 beigebunden.
Die Ausg. ist in Meiners PhB-Kat. von 1910/11 bis 1936 (!) ohne Jahr mit PhB-Nr 89 verzeichnet.

91.1.2.1877.89 A, 6, 15, 61

Bl. 1a Philosophische Bibliothek. | Band 89. || [Z. 3–5 wie vorh. Z. 1–3 auf S. 3] | Aus dem Griechischen übersetzt und mit einer Einleitung | und Erläuterungen versehen | [Z. 8–9 wie vorh. Z. 6–7 auf S. 3] | [Vlgssignet] | LEIPZIG. | VERLAG DER DÜRR'SCHEN BUCHHANDLUNG. | 1877.

1 Bl., S. [5]–239

Rückdatierte Titelaufl., entstanden zwischen 1900–06; sie ist belegt in Buchholtz 8, 36 und Hinrichs 12.1, 147a.

92.
Shaftesbury
(Anthony Ashley Cooper, Earl of Shaftesbury)
1671–1713

92.1. Ein Brief über den Enthusiasmus. Die Moralisten

92.1.1.1909.111 A (2 Exe), 20, 25, 31, 38, 43, 61, 385

[I] Philosophische Bibliothek | Band 111. || Shaftesbury | Ein Brief über den Enthusiasmus | Die Moralisten || Ins Deutsche übertragen und eingeleitet | von | Dr. Max Frischeisen-Köhler | Privatdozent an der Universität Berlin | [Vlgssignet] | Leipzig. | Verlag der Dürr'schen Buchhandlung. | 1909.

XXXIII, 212 S.

Bis auf Ex. 61 ist bei allen Exn der Erscheinungsvermerk mit einem Schildchen überklebt: »Leipzig. | Verlag von Felix Meiner.« Einige dieser Exe haben auch Meiner-Einbände und einen Meiner'schen PhB-Kat. vom Dez. 1922 beigebunden.
Die Titelseite des Exs 31 ist unten mit dem Kriegsausfuhrzeichen bestempelt.

92.1.2.1980.111

[III] SHAFTESBURY | Anthony Ashley-Cooper, Earl of Shaftesbury | [Z. 3–4 wie vorh. Z. 4–5 auf S. I] | In der Übersetzung von | MAX FRISCHEISEN-KÖHLER | mit einer Einleitung neu herausgegeben von | WOLFGANG H. SCHRADER | FELIX MEINER VERLAG | HAMBURG

[IV] PHILOSOPHISCHE BIBLIOTHEK BAND 111 | [2 Z. Aufl.-Hinweise] | 1980 2. Auflage, mit neuer Einleitung und Register herausgege-| ben von Wolfgang H. Schrader in der Übersetzung von Max | Frischeisen-Köhler

[I] [Reihensignet]

XXXIX, 215 S.

92.2. Untersuchung über die Tugend

Ein Textauszug der Ausg. erschien als Heft 30 der TA, siehe TA19.1–2.

92.2.1.1905.110 A, 17, 61, 62, 294

[I] Philosophische Bibliothek | Band 110. || Shaftesbury | Untersuchung über die Tugend. || Ins Deutsche übertragen | und mit einer Einleitung versehen | von | Paul Ziertmann, | Oberlehrer an der Oberrealschule | in Steglitz bei Berlin. | [Vlgssignet] | Leipzig, | Verlag der Dürr'schen Buchhandlung. | 1905.

XV, 122 S.

92.2.2.(1912). 110 A (2 Exe), 20, 25, 36, 38, 43

[I] [Z. 1 ebs.] | Band 110 || [Z. 3 ebs.] | Untersuchung über die Tugend || [Z. 5–9 ebs.] | in Steglitz bei Berlin || Leipzig | Verlag von Felix Meiner

XV, 122 S.

Diese Titelaufl. ist wohl 1912 entstanden.
Ex. 36 ist ein PhB-Kat. vom Sept. 1912, Ex. 43 ein PhB-Kat. von ca 1915 und den Exn A und 20 jw. einer vom Dez. 1922 beigebunden.

93.
Adam Smith
1723–1790

93.1. Theorie der ethischen Gefühle I

93.1.1.1926.200a 25, 38, 61, 93, 385

[I] ADAM SMITH | THEORIE DER ETHISCHEN | GEFÜHLE | oder | Versuch einer Analyse der Prinzipien, mittels | welcher die Menschen naturgemäß zunächst | das Verhalten und den Charakter ihrer Nächsten | und sodann auch ihr eigenes Verhalten und | ihren eigenen Charakter beurteilen | Nach der Auflage letzter Hand übersetzt und | mit Einleitung, Anmerkungen und Registern | herausgegeben von | Dr. WALTHER ECKSTEIN | I. BAND | [Reihensignet] | DER PHILOSOPHISCHEN BIBLIOTHEK BAND 200a | LEIPZIG 1926 / VERLAG VON FELIX MEINER

LXXXII, 305 S.

93.2. Theorie der ethischen Gefühle II

93.2.1.1926.200b 25, 61, 93, 385

[I] ADAM SMITH | THEORIE DER ETHISCHEN | GEFÜHLE | oder | Versuch einer Analyse der Prinzipien, mittels | welcher die Menschen naturgemäß zunächst | das Verhalten und den Charakter ihrer Nächsten | und sodann auch ihr eigenes Verhalten und | ihren eigenen Charakter beurteilen | Nach der Auflage letzter Hand übersetzt und | mit Einleitung, Anmerkungen und Registern | herausgegeben von | Dr. WALTHER ECKSTEIN | II. BAND | [Reihensignet] | DER PHILOSOPHISCHEN BIBLIOTHEK BAND 200b | LEIPZIG 1926 / VERLAG VON FELIX MEINER

V S., S. [307]–618

93.3. Theorie der ethischen Gefühle I–II

93.3.1.1977.200a–b

[I] ADAM SMITH | Theorie der ethischen Gefühle | Nach der Auflage letzter Hand übersetzt | und mit Einleitung, Anmerkungen | und Registern herausgegeben von | WALTHER ECKSTEIN | Mit einer Bibliographie von | GÜNTER GAWLICK | FELIX MEINER VERLAG | HAMBURG

[II] PHILOSOPHISCHE BIBLIOTHEK BAND 200a/b | [1 Z. Aufl.-Hinweis] | 1977 Unveränderter Nachdruck mit neuer Bibliographie | von Günter Gawlick

LXXXVI, 618 S.

93.3.2.1985.200a–b

[I] [ebs.]
[II] [Z. 1–4 ebs.] | 1985 Unveränderter Nachdruck mit erweiterter Bibliographie | von Günter Gawlick
Bl. 1a [Reihensignet]

1 Bl., LXXXV, 2*, 618 S., 2 Bl. (Bl. 1 bds. Vlgsanz.)

94.
Vladimir Sergejevitsch Solovjev
1853–1900

94.1. Der Sinn der Liebe

94.1.1.1985.373

[III] VLADIMIR SOLOV'EV | Der Sinn der Liebe | Übersetzt von Elke Kirsten | in Zusammenarbeit mit Ludolf Müller | mit einer Einleitung von | Ludwig Wenzler | und einem Nachwort von | Arsenij Gulyga | FELIX MEINER VERLAG | HAMBURG
[IV] PHILOSOPHISCHE BIBLIOTHEK BAND 373 | Titel der Originalausgabe: Smysl ljubvi (1892–1894)
[I] [Reihensignet]

L, 109 S.

95.
Benedict von Spinoza
1632–1677

95.1. Werke

Bei den WW-Ausg. Spinozas handelt es sich um (meist unfeste) Sammelausg., von denen es 11 gibt (sie sind im folg. mit Großbuchstaben als Siglen bezeichnet):

Sigle	Verlag, Jahr	hier
A	Heimann 1868–69	95.1.1–2
B	Weiss 1886/88	95.1.3–4
C	Salinger 1893	95.1.5–6
D	Dürr 1893	95.1.7–8
E	Dürr 1905	95.1.9–10
F	Dürr 1908	95.1.11–12
G	Meiner 1912	95.1.13–14

Sigle	Verlag, Jahr	hier
H	Meiner 1914	95.1.15–17
I	Meiner 1922	95.1.18–20
J	Meiner 1922	95.1.21–23
K	Meiner 1976ff	95.1.24–32

Die neben dem Vlgsnamen geführte Jahreszahl einer WW-Ausg. gibt hier das Entstehungsjahr der Werkeausg.: entweder handelt es sich um die Jahresangabe auf den WW-Titelbl. (wobei die Bd-Tle später liegen können) oder um das Jahr des spätesten Tls der Ausg. Insofern es sich um unfeste Sammelausg. handelt, kann diese Jahreszahl (entsprechend der verschiedenen Exe) variieren, wie die Ausg. B und E zeigen.
Die Ausg. A–F sind jw. 2bändig; zu Ausg A und D gibt es jw. noch 1 Bd Erl. von Kirchmann (siehe 52.26.1–2).
In der Ausg. der Spinoza-Briefe (PhB 96, 1871) heißt es in dem mit »Oktober 1871« datierten Vorwort Kirchmanns auf S. XI–XII: »Mit diesen Briefen ist die Uebersetzung der sämmtlichen philosophischen Werke Sp.'s geschlossen. Die Erläuterungen zu den Briefen werden in einem besonderen Band nachfolgen. [. . .] Für diejenigen Verehrer Sp.'s, welche die hier gelieferte Uebersetzung sammt den Erläuterungen dazu als eine besondere Ausgabe seiner sämmtlichen philosophischen Werke zu besitzen wünschen, ist die Einrichtung getroffen worden, dass statt der die Philosophische Bibliothek bezeichnenden Titelseite [Reihentitelseite] auf Wunsch eine andere dahin lautend geliefert wird:

Benedict von Spinoza's
sämmtliche philosophische Werke
übersetzt und erläutert
von
J. H. v. Kirchmann
und
C. Schaarschmidt.

Der Text wird in dieser Form zwei Bände und die Erläuterungen einen Band umfassen und jedes kann besonders bezogen werden.«
Die Ausg. H–J sind 3bändig; Ausg. K ist 8bändig (7 Bde + Erg.-Bd). Die Titelbl. der Ausg. J weichen im Text gegenüber denen der Ausg. I nicht ab, sind aber neu gesetzt und vor allem am Reihensignet erkennbar (siehe bei Ausg. J, 95.1.21–23).
Bis auf Ausg. I und J haben alle Ausg. nur 1 WW-Titelbl., das nur bei Ausg. K bds. Text trägt. Ausg. I und J haben sich gegenüberliegende WW-Titelseiten (mit WW-Bd-Titelseite jw. rechts).
Die Ausg. A, C, D und H haben Erscheinungsjahre auf den WW-Titelbl., die mit Ausnahme von Ausg. H früher liegen als die spätesten Tle der Bde.
Bei den Ausg. C–J sind die Texttitel der Bd-Tle auf den WW-Titelbl. verzeichnet.
Ausg. A–D haben mit Kirchmann und Schaarschmidt 2 Hrsg., danach wechselt die Hrsg.schaft.
Da es sich bei den Spinoza-Werkeausg. meist um *unfeste* Sammelausg. handelt, geben die hier genannten Exe mit ihren Bd-Übersichten meist nur Hinweise. Exe mit denselben WW-Titeleien, aber in der Aufl. variierenden Tln hat es sicherlich einige gegeben, wie schon der NUC zeigt.
Die Bd-Übersichten beschränken sich auf die wesentlichen Exe. Es gibt auch Exe

ohne WW-Titelbl., wenn auch mit der gleichen Bd-Aufteilung wie die regulären WW-Exe; diese sind hier nur kurz genannt.

95.1.1–2: Spinoza-Werkeausg. A (Heimann 1868–69)

Sämmtliche philosophische Werke. Hrsg. von J. H. v. Kirchmann und C. Schaarschmidt. 6 Bde in 2 Bdn. Berlin: Heimann [WW-Titelbl.:] 1868–69 bzw. [nach den Bd-Tln:] 1868/69–71.
= PhB 4, 18, 35, 41, 44, 46

Den beiden Bdn ist jw. zu Beginn 1 Bl. mit WW-Titelei auf S. b eingebunden; dieses Bl. ersetzt das Reihentitelbl. des Tls 1 des jw. Bds.
Die Jahresangaben auf den WW-Titelbl. der Bde liegen mit 1868 und 1869 früher als die meisten Tle der Bde.
Daß es sich bei Ausg. A um eine *unfeste* Sammelausg. handelt, zeigt ein Beleg im NUC (siehe unten).
Siehe auch Abb. 24 auf S. 257. Zu dieser Ausg. A gab es 1872 noch 1 Bd Erl. von Kirchmann, der hier unter 52.26.1 verzeichnet ist.

95.1.1: Bd 1 — 12, 38, 43, 61, M36a

Bl. 1b Benedict von Spinoza's | sämmtliche | philosophische Werke. || Uebersetzt | von | J. H. von Kirchmann und Prof. Schaarschmidt. || Erster Band. || BERLIN 1868. | Verlag von L. Heimann. | 91. Wilhelm-Strasse 91.

95.1.2: Bd 2 — 38, M36a

Bl. 1b [Z. 1–6 ebs.] || Zweiter Band. || BERLIN 1869. | [Z. 9–10 ebs.]

Bd-Übersicht der Exe 38, 61 und M36a:

Bd	Jahr	PhB	Jahr	Kurztitel	hier
1	1868	4	1870	Ethik	95.6.2
		18	1869	Kurze Abhandl. v. Gott	95.7.1
		41	1871	Descartes' Prinzipien	95.5.1
2	1869	35	1870	Theolog.-polit. Traktat	95.9.1
		44	1871	Abhandl. üb. d. Verbesserung d. Verstandes	95.2.1
		46	1871	Briefwechsel	95.4.1

In Ex. 38 befindet sich die WW-Titelei auf S. a des WW-Titelbl.; S. III–XII von Tl 1 des Bd 2 (PhB 35) sind zwischen S. 240 und 241 gebunden.
Ex. 43 von Bd 1 besteht nur aus der ›Ethik‹, wobei das WW-Titelbl. fälschlich zwischen Reihen- und Haupttitelbl. gebunden ist.
Auch Ex. 12 von Bd 1 besteht nur aus der ›Ethik‹ (mit korrekt eingebundenem WW-Titelbl. anstelle des Reihentitelbl.).
Bd 2 von Ex. 61 hat kein WW-Titelbl.

NUC 562, 158c, Nr 0821931, belegt diese Ausg. A mit den Jahren »1868–71«; bei diesem Ex. bildet Tl 1 des Bd 1 die ›Ethik‹ (PhB 4) nicht – wie in den Exn 38 und M36a – in 2. Aufl. 1870, sondern in 1. Aufl. 1868.

95.1.3–4: Spinoza-Werkeausg. B (Weiss 1886/88)

Sämmtliche philosophische Werke. Übersetzt von J. H. v. Kirchmann und C. Schaarschmidt. 6 Bde in 2 Bdn. [WW-Titelbl. und Titelbl. eines Bd-Tls:] Heidelberg: Weiss; [Titelbl. von Bd-Tln:] Berlin: Heimann; [Titelbl. eines Bd-Tls:] Berlin: Koschny 1870–86/88.
= PhB 4, 18, 35, 41, 44, 46

Den Bdn ist jw. zu Beginn 1 Bl. mit WW-Titelei auf S. a eingebunden.
Daß es sich bei Ausg. B um eine *unfeste* Sammelausg. handelt, zeigt ein Beleg im NUC (siehe unten).

95.1.3: Bd 1 70

Bl. 1a Benedict von Spinoza's | sämmtliche philosophische Werke. || Uebersetzt | von | J. H. von Kirchmann und Prof. Schaarschmidt. || Erster Band. || Heidelberg. | Verlag von Georg Weiss | (früher E. Koschny's Verlag in Leipzig).

95.1.4: Bd 2 70

Bl. 1a [Z. 1–6 ebs.] || Zweiter Band. || [Z. 8–10 ebs.]

Bd-Übersicht des Exs 70:

Bd	PhB	Jahr	Verlag	Kurztitel	hier
1	18	1874	Koschny	Kurze Abhandl. v. Gott	95.7.2
	35	1870	Heimann	Theolog.-polit. Traktat	95.9.1
	4	1886	Weiss	Ethik	95.6.4
2	41	1871	Heimann	Descartes' Prinzipien	95.5.1
	44	1871	Heimann	Abhandl. üb. d. Verbesserung d. Verstandes	95.2.1
	46	1871	Heimann	Briefwechsel	95.4.1

NUC 562, 158c, Nr 0821933, belegt Ausg. B mit einem Ex., das in dreierlei Weise von Ex. 70 abweicht: 1. Das NUC-Ex. hat bei Bd 1 die gleichen Tle wie Ex. 70, aber in anderer Reihenfolge (1. Ethik, 2. Kurze Abhandlung von Gott, 3. Theolog.-polit. Traktat); 2. Auch Bd 2 des NUC-Exs hat die Tle in anderer Reihenfolge als Ex. 70 (1. Abhandl. üb. d. Verb. d. Verstandes. 2. Descartes' Prinzipien, 3. Briefe); 3. In Bd 2 ist Tl 1 (›Abhandlung üb. d. Verb. d. Verstandes‹) in 2. Aufl. 1888. Das NUC-Ex. liegt damit 2 Jahre später als Ex. 70.

95.1.5–6: Spinoza-Werkeausg. C (Salinger 1893)

Sämmtliche Werke. Übersetzt von J. H. v. Kirchmann und C. Schaarschmidt. 6 Bde in 2 Bdn. [WW-Titelbl. und Titelbl. von Bd-Tln:] Berlin: Salinger; [Titelbl. eines Bd-Tls:] Berlin: Koschny; [Titelbl. eines Bd-Tls:] Heidelberg: Weiss [WW-Titelbl.:] 1893 bzw. [nach den Bd-Tln:] 1874–97.
= PhB 4, 18, 35, 41, 44, 46

Den Bdn ist jw. zu Beginn 1 Bl. mit WW-Titelei auf S. a eingebunden.
Die Jahresangabe auf den WW-Titelbl. der Bde liegt mit 1893 früher als der späteste Tl eines Bds (1897) in den vorl. Exn.

95.1.5: Bd 1 75, UB Graz

Bl. 1a Spinoza | Sämmtliche Werke | übersetzt | von | J. H. von Kirchmann | und | Prof. C. Schaarschmidt. || Band I: | 1. Abhandlung von Gott. | 2. Ethik. | 3. Theologisch-politische Abhandlung. || Berlin. | Philos.-histor. Verlag. | Dr. R. Salinger. | 1893.

95.1.6: Bd 2 12, UB Graz

Bl. 1a [Z. 1–7 ebs.] || Band II: | 1. Prinzipien der Philosophie von Descartes. | 2. Verbesserung des Verstandes und politische Abhandlung. | 3. Briefwechsel. || [Z. 12–15 ebs.]

Bd-Übersicht der Ausg. C:

Bd	Jahr	PhB	Jahr	Verlag	Kurztitel	hier
1	1893	18	1874	Koschny	Kurze Abhandl. von Gott	95.7.2
		4	(1893)	Salinger	Ethik	95.6.5
		35	(1892)	Salinger	Theolog.-polit. Traktat	95.9.2
2	1893	41	(1892)	Salinger	Descartes' Prinzipien	95.5.2
		44	1888	Weiss	Abhandl. üb. d. Verb. d. Verstandes	95.2.2
		46	1897	Salinger	Briefwechsel	95.4.2

Die Tle von Bd 1 sind z. T. erschlossen: Im Ex. der UB Graz fehlen in beiden Bdn alle Reihen- und Haupttitelbl. der Bd-Tle. In Bd 1 des Exs 75 fehlen bei Tl 1 Reihen- und Haupttitelbl., bei Tl 2 und 3 jw. die Reihentitelbl.
Von Bd 2 gibt es 1 Ex. aus 75 mit den gleichen Tln wie Ex. 12, aber ohne WW-Titelbl.
Ex. 12 von Bd 2 ist in allen Tln mit Reihen- und Haupttitelbl. vollständig.

95.1.7–8: Spinoza-Werkeausg. D (Dürr 1893)

Sämmtliche Werke. Übersetzt von J. H. v. Kirchmann und C. Schaarschmidt. 6 Bde in 2 Bdn. Leipzig: Dürr [WW-Titelbl.:] 1893 bzw. [nach den Bd-Tln:] 1874–1900.
= PhB 91–96

Den Bdn ist jw. zu Beginn 1 Bl. mit WW-Titelei auf S. a eingebunden.
Die Jahresangabe auf den WW-Titelbl. der Bde liegt mit 1893 früher als der späteste Tl eines Bds (1900).
Bei allen Tln der beiden Bde handelt es sich um Titelaufl., die z. T. rückdatiert sind (soweit sie Jahre vor 1900 tragen).
Zu dieser WW-Ausg. D gab es höchstwahrscheinlich noch 1 Bd Erl. von Kirchmann, der hier unter 52.26.2 verzeichnet ist.

95.1.7: Bd 1 11, Kn28

Bl. 1a Spinoza's | sämmtliche Werke | übersetzt von | J. H. v. Kirchmann | und | Prof. C. Schaarschmidt. || Erster Band. | 1. Abhandlung von Gott. | 2. Ethik. | 3. Theologisch-politische Abhandlung. | [Vlgssignet] | LEIPZIG. | VERLAG DER DÜRR'SCHEN BUCHHANDLUNG. | 1893.

95.1.8: Bd 2 11, Kn28

Bl. 1a [Z. 1–6 ebs.] | Zweiter Band. | 1. Principien der Philosophie von Descartes. | 2. Verbesserung des Verstandes und politische Abhandlung. | 3. Briefwechsel | [Z. 11–14 ebs.]

Bd-Übersicht der Exe 11 und Kn28 (der Ausg. D):

Bd	Jahr	PhB	Jahr	Kurztitel	hier
1	1893	91	1874	Kurze Abhandl. von Gott	95.7.3
		92	o. J.	Ethik	95.6.6
		93	1900	Theolog.-polit. Traktat	95.9.3
2	1893	94	o. J.	Descartes' Prinzipien	95.5.3
		95	1888	Abhandl. üb. d. Verb. d. Verstandes	95.2.3
		96	1897	Briefwechsel	95.4.3

95.1.9–10: Spinoza-Werkeausg. E (Dürr 1905)

Sämtliche Werke. Übersetzt von J. H. v. Kirchmann, C. Schaarschmidt und O. Baensch. 6 Bde in 2 Bdn. Leipzig: Dürr 1874–1905.
= PhB 91-96

Den Bdn ist jw. zu Beginn 1 Bl. mit WW-Titelei auf S. a eingebunden.
Die Sammelausg. E unterscheidet sich von Ausg. D dadurch, daß sie 1. nun 3 Hrsg. hat, 2. die WW-Titelbl. der beiden Bde undatiert sind und 3. die Bd-Tle später liegen als die der Ausg. D. Gleich geblieben mit Ausg. D ist bei Ausg. E die typographische und Text-Gestaltung der WW-Titelbl. und die Bd-Aufteilung.

95.1.9: Bd 1 5

Bl. 1a Spinoza's | sämtliche Werke | übersetzt von | J. H. v. Kirchmann,

Prof. C. Schaarschmidt | und | Dr. O. Baensch. || Erster Band: | 1. Abhandlung von Gott. | 2. Ethik. | 3. Theologisch-politische Abhandlung. | [Vlgssignet] | LEIPZIG. | VERLAG DER DÜRR'SCHEN BUCHHANDLUNG.

95.1.10: Bd 2 5, 25

Bl. 1a [Z. 1–6 ebs.] || Zweiter Band: | 1. Principien der Philosophie von Descartes. | 2. Verbesserung des Verstandes und politische Abhandlung. | 3. Briefwechsel. | [Z. 11–13 ebs.]

Ausg. E enthält Tle, deren früheste Jahreszahl (der rückdatierten Titelaufl.!) von 1874 datiert, bis zu regulären Aufl. von 1907:

Exe	Jahre der Tle
5; 25; NUC 562, 145a, Nr 0821640	1874–1905
NUC 562, 144c, Nr 0821632	1888–1905
NUC 562, 159a, Nr 0821935	»[1907]«

Bd-Übersicht der Exe 5 und 25 (der Ausg. E):

Bd	PhB	Jahr	Kurztitel	hier
1	91	1874	Kurze Abhandl. v. Gott	95.7.3
	92	1905	Ethik	95.6.7
	93	1900	Theolog.-polit. Traktat	95.9.3
2	94	o. J.	Descartes' Prinzipien	95.5.3
	95	1888	Abhandl. üb. Verb. d. Verstandes	95.2.3
	96	1897	Briefwechsel	95.4.3

Bd 1 von Ex. 25 hat kein WW-Titelbl.

95.1.11–12: Spinoza-Werkeausg. F (Dürr 1908)

Sämtliche philosophische Werke. Hrsg. von O. Baensch, A. Buchenau, C. Gebhardt, J. H. v. Kirchmann, C. Schaarschmidt. 6 Bde in 2 Bdn. Leipzig: Dürr 1897–1908.
= PhB 91–96

Den Bdn ist jw. zu Beginn 1 Bl. mit WW-Titelei auf S. a eingebunden.
Ausg. F unterscheidet sich von Ausg. E: 1. durch die Nennung von 5 Hrsg., 2. durch 4 spätere Bd-Tle.
Die Bd-Aufteilung ist die gleiche wie bei Ausg. E.
Auf beiden WW-Titelbl. heißt es fälschlich »O. Gebhardt« statt ›C. Gebhardt‹ (Carl).

95.1.11: Bd 1 361

Bl. 1a Baruch de Spinoza: | Sämtliche philosophische Werke. | Herausgegeben von | O. Baensch, A. Buchenau, O. Gebhardt, | J. H. v. Kirchmann, C. Schaarschmidt. ‖ Erster Band: | 1. Abhandlung von Gott. | 2. Ethik. | 3. Theologisch-politische Abhandlung. | [Vlgssignet] | LEIPZIG. VERLAG DER DÜRR'SCHEN BUCHHANDLUNG.

95.1.12: Bd 2 361

Bl. 1a [Z. 1–5 ebs.] ‖ Zweiter Band: | 1. Prinzipien der Philosophie von Descartes. | 2. Verbesserung des Verstandes und politische Abhandlung. | 3. Briefwechsel. | [Z. 10–12 ebs.]

Bd-Übersicht des Exs 361 (der Ausg. F):

Bd	PhB	Jahr	Kurztitel	hier
1	91	1907	Kurze Abhandl. v. Gott	95.7.4
	92	1905	Ethik	95.6.8
	93	1908	Theolog.-polit. Traktat	95.9.4
2	94	1907	Descartes' Prinzipien	95.5.4
	95	1907	Abhandl. üb. Verb. d. Verstandes	95.2.4
	96	1897	Briefwechsel	95.4.3

95.1.13–14: Spinoza-Werkeausg. G (Meiner 1912)

Sämtliche Werke. Hrsg. von O. Baensch, A. Buchenau, C. Gebhardt, C. Schaarschmidt u. a. 6 Bde in 2 Bdn. [WW-Titelbl.:] Leipzig: Meiner; [Titelbl. von Bd-Tln:] Leipzig: Dürr; [Titelbl. eines Bd-Tls:] Berlin: Heimann 1871/97–1910. = PhB 91–96

Den Bdn ist jw. zu Beginn 1 Bl. mit WW-Titelei auf S. a eingebunden.
Die Hrsg.schaft ist gegenüber Ausg. F auf 4 Hrsg. gekürzt; das »u. a.« bezieht sich im vorl. Ex. auf J. H. v. Kirchmann, der den Spinoza-Briefwechsel in den Ausg. 1871 und 1897 (hier 95.4.1–3) herausgegeben hat.
Die Bd-Einteilung blieb die gleiche wie bei Ausg. F.
Die Ausg. G ist 1911 oder 1912 entstanden und vereinigt (fast) ausschließlich Dürr'sche Ausg., deren Erscheinungsvermerk jw. mit einem Meiner-Schildchen überklebt ist: »Leipzig. | Verlag von Felix Meiner.«
Auf beiden WW-Titelbl. heißt es fälschlich »O. Gebhardt« statt richtig ›C. Gebhardt‹ (Carl).

95.1.13: Bd 1 107

Bl. 1a BARUCH DE SPINOZA | Sämtliche Werke | Herausgegeben von | O. Baensch, A. Buchenau, O. [sic!] Gebhardt, | C. Schaarschmidt u. a. ‖ Erster Band: | Abhandlung von Gott. Ethik. | Theologisch-politische Abhandlung. | [Reihensignet] | Leipzig · Verlag von Felix Meiner

95.1.14: Bd 2 107

Bl. 1a [Z. 1–5 ebs.] || Zweiter Band: | Prinzipien der Philosophie von Descartes. | Verbesserung des Verstandes. Politische Abhandlung. | Briefwechsel. | [Z. 10–11 wie vorh. Z. 9–10]

Bd-Übersicht des Exs 107 (der Ausg. G; vgl. dazu die Bemerkung unten!):

Bd	PhB	Jahr	Kurztitel	hier
1	91	1907	Kurze Abhandl. v. Gott	95.7.4
	92	1910	Ethik	95.6.9
	93	1908	Theolog.-polit. Traktat	95.9.4
2	94	1907	Descartes' Prinzipien	95.5.4
	95	1907	Abhandl. üb. d. Verb. d. Verstandes	95.2.4
	[96]	1871	Briefwechsel	95.4.1

Bemerkenswert beim einzig vorl. Ex. 107 ist Tl 3 des Bd 2: Der Spinoza-Briefwechsel liegt hier weder in der Salinger-Ausg. von 1897 (95.4.2), noch in der rückdatierten Dürr'schen Titelaufl. (95.4.3) vor, sondern in der 1. Aufl. von 1871 (!), wobei das Reihentitelbl. fehlt und der Erscheinungsvermerk des Haupttitelbl. mit dem gleichen Schildchen überklebt ist wie die Erscheinungsvermerke der anderen Bd-Tle auch.

Die reguläre PhB-Nr des ›Briefwechsels‹, d. h. der Einzelausg. vor 1900 ist 46, nach 1900 (bei Dürr und Meiner) 96.

Offenbar hat es aber auch Exe der Ausg. G gegeben, die den ›Briefwechsel‹ als Tl 3 des Bd 2 in der Ausg. von 1897 haben: NUC 562, 144c, Nr 0821634, belegt ein solches Ex. mit »[1897–1910]«. Ob es sich bei dieser Ausg. von 1897 um die Salinger- oder Dürr'sche Ausg. handelt, ist aus dem Katalogisat nicht ersichtlich.

95.1.15–17: Spinoza-Werkeausg. H (Meiner 1914)

Sämtliche Werke. Hrsg. von O. Baensch, A Buchenau, C. Gebhardt, C. Schaarschmidt. 7 Bde in 3 Bdn. [WW-Titelbl. und Titelbl. von Bd-Tln:] Leipzig: Meiner; [Titelbl. eines Bd-Tls:] Leipzig: Dürr [WW-Titelbl.:] 1914 bzw. [nach den Bd-Tln:] 1907–14.
= PhB 91–95, 96a–b

Im Gegensatz zur Ausg. G hat diese (wohl konstante) Ausg. H nun 4 Hrsg. ohne J. H. v. Kirchmann. Sie trägt auch wieder Jahresangaben auf den WW-Titelbl. Vor allem aber ist Ausg. H auf 3 Bde erweitert, da die neue Ausg. ›Lebensbeschreibungen und Gespräche‹ mit PhB-Nr 96b hinzukam; der ›Briefwechsel‹ erhält nun PhB-Nr 96a.

Den Bdn ist jw. zu Beginn 1 Bl. mit WW-Titelei auf S. a eingebunden.

Die Tle dieser Ausg. H stammen bis auf Tl 1 von Bd 2 – der von Dürr stammt und dessen Erscheinungsvermerk im vorl. Ex. 5 nicht mit einem Meiner-Schildchen überklebt ist – von Meiner.

95.1.15: Bd 1 5

Bl. 1a BARUCH DE SPINOZA | SÄMTLICHE WERKE | HERAUSGEGEBEN VON | O. BAENSCH / A. BUCHENAU | C. GEBHARDT / C. SCHAARSCHMIDT | ERSTER BAND: | KURZGEFASSTE ABHANDLUNG VON GOTT / ETHIK | [Reihensignet] | LEIPZIG / VERLAG VON FELIX MEINER / 1914

95.1.16: Bd 2 5

Bl. 1a [Z. 1–5 ebs.] | ZWEITER BAND: | THEOLOGISCH-POLITISCHER TRAKTAT | PRINZIPIEN DER PHILOSOPHIE VON DESCARTES | VERBESSERUNG DES VERSTANDES | ABHANDLUNG VOM STAATE | [Z. 11–12 wie vorh. Z. 8–9]

95.1.17: Bd 3 5

Bl. 1a [Z. 1–5 ebs.] | DRITTER BAND: | BRIEFWECHSEL / DIE LEBENSBESCHREIBUNGEN | [Z. 8–9 wie vorh. Z. 11–12]

Bd-Übersicht des Exs 5 (der Ausg. H):

Bd	PhB	Jahr	Kurztitel	hier
1	91	1907	Kurze Abhandl. v. Gott	95.7.5
	92	o. J.	Ethik	95.6.10
2	93	1908	Theolog.-polit. Traktat	95.9.4
	94	1907	Descartes' Prinzipien	95.5.5
	95	1907	Abhandl. üb. d. Verb. d. Verstandes	95.2.5
3	96a	1914	Briefwechsel	95.4.4
	96b	1914	Lebensbeschr. u. Gespräche	95.8.1

95.1.18–20: Spinoza-Werkeausg. I (Meiner 1922)

Sämtliche Werke. In Verbindung mit O. Baensch und A. Buchenau hrsg. von C. Gebhardt. 7 Bde in 3 Bdn. Leipzig: Meiner 1907/14–22.
= PhB 91–95, 96a–b

Gegenüber Ausg. H hat sich die Hrsg.schaft geändert: Carl Gebhardt ist nun Haupthrsg. mit Baensch und Buchenau als Nebenhrsg.
Die WW-Titelbl. tragen keine Jahresangabe mehr.
Auch sind den Bdn nun zu Beginn jw. 2 Bl. mit sich gegenüberliegenden WW-Titelseiten (mit WW-Bd-Titelseite jw. rechts) eingebunden.
Zur Unterscheidung von Ausg. J siehe die Bemerkungen dort.

95.1.18: Bd 1 18, 23, 90

Bl. 2a BARUCH DE SPINOZA | SÄMTLICHE WERKE | BAND I | Abhandlung von Gott, dem Menschen | und seinem Glück – Ethik | [Reihensignet] | VERLAG VON FELIX MEINER IN LEIPZIG

Bl. 1b BARUCH DE SPINOZA | SÄMTLICHE WERKE | In Verbindung mit | O. Baensch und A. Buchenau | herausgegeben | und mit Einleitungen, Anmerkungen | und Registern versehen von | CARL GEBHARDT | [Reihensignet] | VERLAG VON FELIX MEINER IN LEIPZIG

95.1.19: Bd 2 A, 18, 23, 90

Bl. 2a [Z. 1–2 ebs.] | BAND II | Theologisch-Politischer Traktat – Prinzipien der | Philosophie von Descartes – Verbesserung des | Verstandes – Abhandlung vom Staate | [Z. 7–8 wie vorh. Z. 6–7]

Bl. 1b [ebs.]

95.1.20: Bd 3 A, 18, 23, 90

Bl. 2a [Z. 1–2 ebs.] | BAND III | Briefwechsel – Die Lebensbeschreibungen | [Z. 5–6 wie vorh. Z. 7–8]

Bl. 1b [ebs.]

Bd-Übersicht der Exe 18, 23 und 90 (der Ausg. I):

Bd	PhB	Jahr	Kurztitel	hier
1	91	1922	Kurze Abhandl. v. Gott	95.7.6
	92	1922	Ethik	95.6.13
2	93	1921	Theolog.-polit. Traktat	95.9.5
	94	1922	Descartes' Prinzipien	95.5.6
	95	1922	Abhandl. üb. d. Verb. d. Verstandes	95.2.6
3	96a	1914	Briefwechsel	95.4.4
	96b	1914	Lebensbeschr. u. Gespräche	95.8.1

Von Ex. A gehört Bd 1 zu Ausg. J; Bd 3 ist mit den Exn 18, 23 und 90 auch in den Bd-Tln identisch; Bd 2 hat gegenüber den Exn 18, 23 und 90 bei Tl 2 und 3 (PhB 94 und 95) die früheren (Meiner-) Ausg. von 1907 (PhB 94: 95.5.5; PhB 95: 95.2.5) eingebunden.

Das Ex. in NUC 562, 144c, Nr 0821636, ist mit den Exn 18, 23 und 90 identisch.

DBV 21, 1034b, verzeichnet ein Ex., das sowohl zu Ausg. I (mit den Exn 18, 23 und 90) wie zu Ausg. J gehören kann.

Siehe auch die Bemerkungen zur folg. Ausg. J.

95.1.21–23: Spinoza-Werkeausg. J (Meiner 1922)

Sämtliche Werke. In Verbindung mit O. Baensch und A. Buchenau hrsg. von C. Gebhardt. 7 Bde in 3 Bdn. Leipzig: Meiner 1914–22.
= PhB 91–95, 96a–b

Die Ausg. J unterscheidet sich von Ausg. I nur durch neugesetzte WW-Titelbl. und 1 Bd-Tl (Tl 1 von Bd 2).

Die neugesetzten WW-Titelbl. dieser Ausg. J unterscheiden sich von denen der

Ausg. I weder im Text noch im Zeilenbruch (sind also auch durch die Beschreibungsformalität des Regelwerkes der vorl. Bibliographie nicht erfaßbar). Unterscheidbar sind die WW-Titelbl. von Ausg. I und J bes. durch das neu gestaltete Reihensignet der Ausg. J (Reihensignet 2; siehe S. 185).

95.1.21: Bd 1 A, Walb1

Bl. 2a BARUCH DE SPINOZA | SÄMTLICHE WERKE | BAND I | Abhandlung von Gott, dem Menschen | und seinem Glück – Ethik | [Reihensignet] | VERLAG VON FELIX MEINER IN LEIPZIG

Bl. 1b BARUCH DE SPINOZA | SÄMTLICHE WERKE | In Verbindung mit | O. Baensch und A. Buchenau | herausgegeben | und mit Einleitungen, Anmerkungen | und Registern versehen von | CARL GEBHARDT | [Reihensignet] | VERLAG VON FELIX MEINER IN LEIPZIG

95.1.22: Bd 2 Walb1

Bl. 2a [Z. 1–2 ebs.] | BAND II | Theologisch-Politischer Traktat – Prinzipien der | Philosophie von Descartes – Verbesserung des | Verstandes – Abhandlung vom Staate | [Z. 7–8 wie vorh. Z. 6–7]

Bl. 1b [ebs.]

95.1.23: Bd 3 Walb1

Bl. 1a [Z. 1–2 ebs.] | BAND III | Briefwechsel – Die Lebensbeschreibungen | [Z. 5–6 wie vorh. Z. 7–8]

Bl. 1b [ebs.]

In den Bd-Tln unterscheidet sich Ausg. J von den Exn 18, 23 und 90 der Ausg. I nur durch Tl 1 von Bd 2 (PhB 93): Hat Ausg. I hier die 4. Aufl. von 1921 eingebunden, so ist es bei Ausg. J die 4. Aufl. von 1922, so daß bei Ausg. J alle Tle der Bde 1 und 2 von 1922 datieren (und damit die Bd-Tle in den Erscheinungsjahren kongruent sind).
Die WW-Titelbl. der Ausg. J stammen frühestens vom Ende der 20er Jahre.
DBV 21, 1034b, verzeichnet ein Ex., das sowohl zu Ausg. I (mit den Exn 18, 23 und 90) wie zu Ausg. J gehören kann.

95.1.24–32: Spinoza-Werkeausg. K (Meiner 1976 ff.)

Sämtliche Werke in sieben Bänden und einem Ergänzungsband. In Verbindung mit O. Baensch und A. Buchenau hrsg. von C. Gebhardt. 7 Bde + Erg.-Bd. Hamburg: Meiner 1976 ff.
= PhB 91–95, 96a–b, 350

Bei Ausg. K handelt es sich um 8 Einzelausg., denen jw. 1 WW-Titelbl. eingebunden ist.

Entsprechend gibt es von den einzelnen WW-Bdn verschiedene Aufl. (die jw. aktuelle, lieferbare Aufl. bildet – mit ihrem eingebundenen WW-Titelbl. – den betr. WW-Bd).
Auch gibt es sowohl bis zum Redaktionsschluß der vorl. Bibliographie (Juni 1985) wie auch danach verschiedene WW-Titelbl. pro WW-Bd: Als man die WW-Ausg. K 1976 ›konstituierte‹ (indem nach und nach die Einzelausg. 1 WW-Titelbl. erhielten), waren 7 Spinoza-Bde vorhanden; der WW-Titel lautete entsprechend: ›Sämtliche Werke in sieben Bänden‹; 1982 kam PhB 350: ›Algebraische Berechnung des Regenbogens. Berechnung von Wahrscheinlichkeiten‹ hinzu, mit dem der WW-Titel auch der anderen Bde nun nach und nach in ›Sämtliche Werke in sieben Bänden und einem Ergänzungsband‹ geändert wird.
Die Jahresangabe dieser Ausg. K (auch in der bibliographischen Kurznotation oben) variiert also entsprechend den Aufl. der WW-Einzelbde.
Die 8 Bde haben jw. zu Beginn 1 WW-Titelbl. mit der WW-Titelei auf S. b und einer Bd-Übersicht auf S. a (eine WW-*Bd*-Titelseite gibt es nicht).
Die unten gegebene Titelbl.-Verzeichnung geht vom Zeitpunkt des Redaktionsschlusses der vorl. Bibliographie aus. Zu diesem Zeitpunkt gab es 4 verschiedene Fassungen des WW-Titelbl.:

1. ›Sämtliche Werke in 7 Bdn‹
   Auf Bl. 1a stehen die geklammerten PhB-Nrn jw. hinter bzw. unter den Bd-Titeln.
   Diese WW-Titelbl.-Version findet sich bis 1985 bei den Bdn 1, 2 und 4–7.
2. ›Sämtliche Werke in 7 Bdn‹
   Bl. 1b ist mit der 1. WW-Titelbl.-Version identisch.
   Auf Bl. 1a stehen die geklammerten PhB-Nrn nun aber jw. hinter der jw. Bd-Ziffer.
   Diese WW-Titelbl.-Version findet sich bis 1983 bei Bd 3 in der 1. Aufl. von 1976 (95.1.26; 95.9.9).
3. ›Sämtliche Werke in 7 Bdn und 1 Erg.-Bd‹
   Auf Bl. 1a stehen die geklammerten PhB-Nrn hinter den Bd-Titeln.
   Diese WW-Titelbl.-Version findet sich (bis) 1985 beim Erg.-Bd (95.1.32).
4. ›Sämtliche Werke in 7 Bdn und 1 Erg.-Bd‹
   Bl. 1b ist mit der 3. WW-Titelbl.-Version identisch.
   Auf Bl. 1a stehen die geklammerten PhB-Nrn nun aber jw. hinter der Bd-Ziffer.
   Diese WW-Titelbl.-Version findet sich 1985 bei Bd 3 in der 2. Aufl. 1984 (95.1.27; 95.9.10).

In der nachfolg. Verzeichnung sind die WW-Titelseiten der Einfachheit halber jw. mit ›Bl. 1a‹ und ›Bl. 1b‹ bezeichnet, auch wenn sie in der betr. Einzelausg. S. [I] oder S. [II] oder andere S. bilden.

95.1.24: Bd 1 (95.7.9)

Bl. 1b BARUCH DE SPINOZA | Sämtliche Werke | in sieben Bänden | In Verbindung mit Otto Baensch und Artur Buchenau | herausgegeben und mit Einleitungen, Anmerkungen | und Registern versehen von | CARL GEBHARDT | [Reihensignet] | FELIX MEINER VERLAG | HAMBURG

Bl. 1a BARUCH DE SPINOZA · SÄMTLICHE WERKE | IN SIEBEN BÄNDEN | 1 |

Kurze Abhandlung von Gott, dem Menschen und seinem Glück | (PhB 91) | 2 | Die Ethik (PhB 92) | 3 | Theologisch-Politischer Traktat (PhB 93) | 4 | Descartes' Prinzipien der Philosophie (PhB 94) | 5 | Abhandlung über die Verbesserung des Verstandes | Abhandlung vom Staate | (PhB 95) | 6 | Briefwechsel (PhB 96a) | 7 | Lebensbeschreibungen und Gespräche (PhB 96b)

95.1.25: Bd 2 (95.6.18)

Bl. 1b [ebs.]
Bl. 1a [ebs.]

95.1.26: Bd 3, 1. Aufl. 1976 (95.9.9)

Bl. 1b [ebs.]
Bl. 1a [Z. 1–2 ebs.] | 1 (PhB 91) | [Z. 4 ebs.] | 2 (PhB 92) | Die Ethik | 3 (PhB 93) | Theologisch-Politischer Traktat | 4 (PhB 94) | Descartes' Prinzipien der Philosophie | 5 (PhB 95) | [Z. 12–13 wie vorh. Z. 13–14] | 6 (PhB 96a) | Briefwechsel | 7 (PhB 96b) | Lebensbeschreibungen und Gespräche

95.1.27: Bd 3, 2. Aufl. 1984 (95.9.10)

Bl. 1b [Z. 1–3 ebs.] | und einem Ergänzungsband | [Z. 5–11 wie vorh. Z. 4–10]
Bl. 1a [Z. 1–2 ebs.] | und einem Ergänzungsband | [Z. 4–18 wie vorh. Z. 3–17] | Ergänzungsband (PhB 350) | Algebraische Berechnung des Regenbogens | Berechnung von Wahrscheinlichkeiten

95.1.28: Bd 4 (95.5.7)

Bl. 1b [Z. 1–3 ebs.] | [Z. 4–10 wie vorh. Z. 5–11]
Bl. 1a [Z. 1–2 ebs.] | 1 | [Z. 4 wie vorh. Z. 5] | (PhB 91) | 2 | Die Ethik (PhB 92) | 3 | Theologisch-Politischer Traktat (PhB 93) | 4 | Descartes' Prinzipien der Philosophie (PhB 94) | 5 | [Z. 13–14 ebs.] | (PhB 95) | 6 | Briefwechsel (PhB 96a) | 7 | Lebensbeschreibungen und Gespräche (PhB 96b)

95.1.29: Bd 5 (95.2.7)

Bl. 1b [ebs.]
Bl. 1a [ebs.]

95.1.30: Bd 6 (95.4.5)

Bl. 1b [ebs.]
Bl. 1a [ebs.]

95.1.31: Bd 7 (95.8.2)

Bl. 1b [ebs.]
Bl. 1a [ebs.]

95.1.32: Erg.-Bd (95.3.1)

Bl. 1b [Z. 1–3 ebs.] | und einem Ergänzungsband | In Verbindung mit Otto Baensch und | Artur Buchenau herausgegeben und | mit Einleitungen, Anmerkungen | [Z. 8–9 wie vorh. Z. 6–7] | [Z. 10–11 wie vorh. Z. 9–10]

Bl. 1a [Z. 1–2 ebs.] | und einem Ergänzungsband | 1 | Kurze Abhandlung von Gott, dem Menschen und | seinem Glück (PhB 91) | [Z. 7–20 wie vorh. Z. 6–19] | Ergänzungsband (PhB 350) | Algebraische Berechnung des Regenbogens | Berechnung von Wahrscheinlichkeiten

In der folg. Bd-Übersicht beziehen sich die Jahresangaben (und deshalb auch die Verweisungen auf die Nrn dieser Bibliographie) auf den Redaktionsschluß dieser Bibliographie:

Bd	PhB	Jahr	Kurztitel	hier
1	91	1965[1]	Kurze Abhandl. v. Gott	95.7.9
2	92	1976	Ethik	95.6.18
3	93	1976	Theolog.-polit. Traktat	95.9.9
3	93	1984	Theolog.-polit. Traktat	95.9.10
4	94	1978	Descartes' Prinzipien	95.5.7
5	95	1977	Abhandl. üb. d. Verb. d. Verstandes	95.2.7
6	96a	1977	Briefwechsel	95.4.5
7	96b	1977	Lebensbeschr. u. Gespräche	95.8.2
Erg.	350	1982	Algebraische Berechnung	95.3.1

[1] Es handelt sich 1985 um den ungekennzeichneten Nachdruck von 1980.

95.2. Abhandlung über die Verbesserung des Verstandes. Abhandlung vom Staat

95.2.1.1871.44 7, 12, 16, 29, 31, 38, 43, 46, 61, 70, M36a

[III] Benedict von Spinoza's | Abhandlung | über die | Verbesserung des Verstandes | und | über den Weg, auf den er am besten zur wahren | Erkenntniss der Dinge geführt wird, | und desselben | Politische Abhandlung, | in welcher | dargelegt wird, wie die Verfassung sowohl bei einem monar- | chischen wie bei einem aristokratischen Regiment beschaffen | sein müsse, damit sie nicht in Tyrannei ausarten, sondern | der Friede und die Freiheit der Bürger unverletzt erhalten | bleibe. || Uebersetzt und erläutert | von | J. H. v. Kirchmann. || Berlin, 1871. | Verlag von L. Heimann. | Wilhelms-Strasse No. 84.

[II] Philosophische Bibliothek | oder | Sammlung | der | Hauptwerke der Philosophie | alter und neuer Zeit. || Unter Mitwirkung namhafter Gelehrten | herausgegeben, beziehungsweise übersetzt, erläutert | und mit Lebensbeschreibungen versehen | von | J. H. v. Kirchmann. || Vierundvierzigster Band. | Spinoza's Abhandlung über die Verbesserung des | Verstandes, und dessen politische Abhandlung. || Berlin, 1871. | Verlag von L. Heimann, | Wilhelms-Strasse No. 84.

XIX, 151 S., (2 Bl., Bl. 1 bds. und Bl. 2a Vlgsanz.)

Kirchmanns Erl. dazu erschienen separat, siehe 52.27.
Ex. 29 sind noch die Heimann'schen Vlgsbroschuren eingebunden.
Den Exn 46 und M36a fehlt das Reihentitelbl.

95.2.2.1888.44 12, 25, 38, 75

[IX] [Z. 1–6 wie vorh. auf S. III] | Erkenntnis der Dinge geführt wird, | [Z. 8–12 wie vorh. auf S. III] | sein müsse, damit sie nicht in Tyrannei ausarte, sondern | [Z. 14–15 wie vorh. auf S. III] || Übersetzt und erläutert | [Z. 17–18 wie vorh. auf S. III] | Zweite Auflage | durchgesehen von G. Giesserow. || Heidelberg 1888. | Verlag von Georg Weiss.

[VIII] [Z. 1–13 wie vorh. auf S. II] | Verstandes und dessen politische Abhandlung. | 2. Auflage. || Heidelberg 1888. | Verlag von Georg Weiss.

XXIV (S. I–VI: Vlgsanz.), 151 S.

Den Exn 12, 25, 38 fehlen die S. I–VI mit den Vlgsanz.

95.2.3.1888.95 5, 11, 16, 25, 62, 291, Kn28

Bl. 1a Philosophische Bibliothek. | Band 95. || [Z. 3–12 wie vorh. Z. 1–10 auf S. IX] | dargelegt wird, wie die Verfassung sowohl bei einem monarchischen wie | bei einem aristokratischen Regiment beschaffen sein müsse, damit sie | nicht in Tyrannei ausarte, sondern der Friede und die Freiheit der Bürger | unverletzt erhalten bleibe. || [Z. 17–21 wie vorh. Z. 16–20 auf S. IX] | [Vlgssignet] | LEIPZIG. | VERLAG DER DÜRR'SCHEN BUCHHANDLUNG. | 1888.

1 Bl., S. [XI]–XXIV, 151 S.

Rückdatierte Titelaufl., zwischen 1900–06 entstanden.

95.2.4.1907.95 A (2 Exe), 5, 7, 107, 121, 361, Ka13

[I] Philosophische Bibliothek | [Z. 2 wie vorh. auf Bl. 1a] || Baruch de Spinoza. | Abhandlung über die Verbesserung des | Verstandes. | Abhandlung vom Staate. || Dritte Auflage. || Übertragen und eingeleitet | nebst Anmerkungen und Register | von | Carl Gebhardt. | [Vlgssignet] | Leipzig. | Verlag der Dürr'schen Buchhandlung. | 1907.

XXXII, 214 S., (1 Bl., bds. Vlgsanz.)

In Ex. 107 ist der Erscheinungsvermerk mit einem Schildchen überklebt: »Leipzig. | Verlag von Felix Meiner.«

95.2.5.⟨1907⟩.95 A, 5, 36, 294

[I] SPINOZA | Abhandlung über die | Verbesserung des Verstandes | Abhandlung vom Staate | In dritter Auflage neu übertragen und eingeleitet, | sowie mit Anmerkungen und Register versehen | von | Carl Gebhardt | [Reihensignet] | Der Philosophischen Bibliothek | Band 95 | Leipzig (1907) | Verlag von Felix Meiner

XXXII, 214 S., 1 Bl. (bds. Vlgsanz.)

Rückdatierte Titelaufl., die höchstwahrscheinlich 1912 entstanden ist.

95.2.6.1922.95 A, 18, 23, 38, 61, 90, Walb1

[I] [Z. 1 ebs.] | ABHANDLUNG ÜBER DIE | VERBESSERUNG DES VER- | STANDES / ABHANDLUNG | VOM STAATE | VIERTE AUFLAGE | NEU ÜBERTRAGEN UND EINGELEITET, SOWIE | MIT ANMERKUNGEN UND REGISTER VERSEHEN VON | CARL GEBHARDT | [Reihensignet] | DER PHILOSOPHISCHEN BIBLIOTHEK BAND 95 | LEIPZIG 1922 / VERLAG VON FELIX MEINER

XXXII, 214 S., 1 Bl. (bds. Vlgsanz.)

95.2.7.1977.95

[III] BARUCH DE SPINOZA | Abhandlung über die | Verbesserung des Verstandes || Abhandlung vom Staate | Übersetzung, Anmerkungen und Register von | [Z. 6 wie vorh. Z. 9 auf S. I] | Einleitung von | KLAUS HAMMACHER | [Reihensignet] | FELIX MEINER VERLAG | HAMBURG

[IV] PHILOSOPHISCHE BIBLIOTHEK BAND 95 | [4 Z. Aufl.-Hinweise] | 1977 5. Auflage, übersetzt von C. Gebhardt, neu eingeleitet von | K. Hammacher

[I]–[II] [WW-Titelseiten, siehe 95.1.29]

XLVIII, 217 S., 1 Bl. (bds. Vlgsanz.)

Ein ungekennzeichneter Nachdruck von 1982 unterscheidet sich vom 1977er Druck durch die späteren Vlgsanz. des letzten Bl.

95.3. Algebraische Berechnung des Regenbogens. Berechnung von Wahrscheinlichkeiten

95.3.1.1982.350

[III] BARUCH DE SPINOZA | Algebraische Berechnung | des Regenbogens | Berechnung von | Wahrscheinlichkeiten | Übersetzt, eingeleitet und mit Anmerkungen | herausgegeben von | HANS-CHRISTIAN LUCAS | und | MICHAEL JOHN PETRY | NIEDERLÄNDISCH-DEUTSCH | FELIX MEINER VERLAG | HAMBURG

[IV] PHILOSOPHISCHE BIBLIOTHEK BAND 350

[I]–[II] [WW-Titelseiten, siehe 95.1.31]

XLII, 83 S., 1 Bl. (bds. Vlgsanz.)

95.4. Briefwechsel

Hugo Ginsberg gab 1876 im Vlg Koschny in Leipzig außerhalb der PhB den ›Briefwechsel des Spinoza im Urtexte‹ heraus (Ex. in 38 [401]; siehe hier S. 119).

95.4.1.1871.46 7, 16, 25, 29, 38, 46, 61, 70, 107, M36a

[III] Die | Briefe mehrerer Gelehrten | an | Benedict von Spinoza | und dessen | Antworten, | soweit | beide zum besseren Verständniss seiner Schriften | dienen. || Uebersetzt und erläutert | von | J. H. v. Kirchmann. || Berlin, 1871. | Verlag von L. Heimann. | Wilhelms-Strasse No 84.

[II] Philosophische Bibliothek | oder | Sammlung | der | Hauptwerke der Philosophie | alter und neuer Zeit. || Unter Mitwirkung namhafter Gelehrten | herausgegeben, beziehungsweise übersetzt, erläutert | und mit Lebensbeschreibungen versehen | von | J. H. v. Kirchmann. || Sechsundvierzigster Band. | Spinoza's Briefwechsel. || Berlin, 1871. | Verlag von L. Heimann, | Wilhelms-Strasse No. 84.

XIII, 258 S.

Kirchmanns Erl. dazu erschienen separat, siehe 52.29.1.
Ex. 29 hat noch die Heimann'schen Vlgsbroschuren eingebunden.
In Ex. 46, 61 und M36a fehlt jw. das Reihentitelbl.
Es gibt auch Mischaufl. (Ex. 107) und verschiedene Drucke: In Ex. 107 lautet der Druckvermerk auf S. 258: »Druck von Max Schmersow vorm. Zahn & Baendel, Kirchhain N.-L.«, im (wohl früheren) Ex. 25 aber: »Druck von R. Boll in Berlin, Georgenstrasse 16.«

Ex. 107 (als Tl einer Spinoza-WW, siehe 95.1.13–14) hat kein Reihentitelbl.; der Erscheinungsvermerk der Haupttitelseite ist mit einem Schildchen überklebt: »Leipzig. | Verlag von Felix Meiner.«

95.4.2.1897.46 12, 75

[III] [Z. 1–12 ebs.] || Berlin. | Philos.-histor. Verlag Dr. R. Salinger. | 1897.

[II] [Z. 1–10 ebs.] | J. H. von Kirchmann. || [Z. 12–13 ebs.] || Berlin. | Philos.-histor. Verlag Dr. R. Salinger. | 1897.

XIII, 258 S.

95.4.3.1897.96 5, 11, 12, 16, 25, 121, 361, Ka13, Kn28

Bl. 1a Philosophische Bibliothek. | Band 96. || [Z. 3–13 wie vorh. Z. 1–11 auf S. III] | J. H. v. Kirchmann | [Vlgssignet] | LEIPZIG. | VERLAG DER DÜRR'SCHEN BUCHHANDLUNG. | 1897.

1 Bl., S. [V]–XIII, 258 S.

Rückdatierte Titelaufl., zwischen 1900–06 entstanden.

95.4.4.1914.96a A, 5, 7, 18, 23, 24, 25, 38, 43, 61, 90, Walb1

[I] SPINOZA | BRIEFWECHSEL | ÜBERTRAGEN UND MIT EINLEITUNG, AN- | MERKUNGEN UND REGISTER VERSEHEN VON | CARL GEBHARDT | [Reihensignet] | DER PHILOSOPHISCHEN BIBLIOTHEK BAND 96a | LEIPZIG 1914 / VERLAG VON FELIX MEINER

XXXVIII, 388 S., (1 Bl., bds. Vlgsanz.)

95.4.5.1977.96a

[III] BARUCH DE SPINOZA | Briefwechsel | Übersetzung und Anmerkungen von | [Z. 4 wie vorh. Z. 5 auf S. I] | Zweite, durch weitere Briefe ergänzte Auflage | mit Einleitung und Bibliographie von | MANFRED WALTHER | [Reihensignet] | FELIX MEINER VERLAG | HAMBURG

[IV] PHILOSOPHISCHE BIBLIOTHEK BAND 96a | [1 Z. Aufl.-Hinweis] | 1977 Zweite, durch weitere Briefe ergänzte Auflage mit Einleitung | und Bibliographie von Manfred Walther

[I]–[II] [WW-Titelseiten, siehe 95.1.30]

LXVII, 457 S., 1 Bl. (bds. Vlgsanz.)

95.5. Descartes' Prinzipien der Philosophie

95.5.1.1871.41 7, 16, 20, 29, 31, 37, 38, 43, 46, 61, 70, M36a

[III] René Descartes' | Prinzipien der Philosophie | Erster und zweiter Theil. | In geometrischer Weise begründet | durch | Benedict von Spinoza | aus Amsterdam. | Mit einem Anhang: | Metaphysische Gedanken des Letztern, | in welchem sowohl die in dem allgemeinen wie in dem | besondern Theile der Metaphysik vorkommenden | schwierigeren Fragen kurz erklärt werden. || Uebersetst [sic] und erläutert | von | J. H. v. Kirchmann. || Berlin, 1871. | Verlag von L. Heimann. || Wilhelms-Strasse No. 84.

[II] Philosophische Bibliothek | oder | Sammlung | der | Hauptwerke der Philosophie | alter und neuer Zeit. || Unter Mitwirkung namhafter Gelehrten | herausgegeben, beziehungsweise übersetzt, erläutert | und mit Lebensbeschreibungen versehen | von | J. H. v. Kirchmann. || Einundvierzigster Band. | Descartes' Prinzipien der Philosophie, geometrisch | begründet von Spinoza. || Berlin, 1871. | Verlag von L. Heimann, | Wilhelms-Strasse No. 84.

XXVI, 170 S.

Kirchmanns Erl. dazu erschienen separat, siehe 52.28.
Ex. 29 sind noch die Heimann'schen Vlgsbroschuren eingebunden.
Ex. M36a fehlt das Reihentitelbl.

95.5.2.(1892).41 12, 25, 75

[III] [Z. 1–8 ebs.] | Metaphysische Gedanken des Letzteren | [Z. 10 ebs.] | besonderen Theile der Metaphysik vorkommenden | schwierigen Fragen kurz erklärt werden. || Übersetzt und erläutert | [Z. 14–15 ebs.] | 2. Auflage. || Berlin. | Philos.-histor. Verlag | Dr. R. Salinger

[II] [Z. 1–7 ebs.] | begründet | [Z. 9–11 wie vorh. Z. 10–12] | Descartes' Principien der Philosophie, geometrisch | [Z. 13 wie vorh. Z. 14] || Berlin | Philos.-histor. Verlag | Dr. R. Salinger

XXVI, 158 S.

Ky 27, 180a, datiert die Ausg. auf 1892.

95.5.3.(1900).94 5, 11, 62, Kn28

Bl. 1a Philosophische Bibliothek. | Band 94. || [Z. 3–12 wie vorh. Z. 1–10 auf S. III] | besonderen Theile der Metaphysik vorkommenden schwierigen Fragen | kurz erklärt werden. || [Z. 15–17 wie vorh. Z. 13–15 auf S. III] | Zweite Auflage. | [Vlgssignet] | LEIPZIG. | VERLAG DER DÜRR'SCHEN BUCHHANDLUNG.

1 Bl., S. [V]–XXVI, 158 S.

Titelaufl., zwischen 1900–03 entstanden.

95.5.4.1907.94 5, 38, 107, 121, 361, Ka13

[I] Philosophische Bibliothek | [Z. 2 wie vorh. auf Bl. 1a] || Baruch de Spinoza. | I. Descartes' Prinzipien der Philosophie auf | geometrische Weise begründet. | II. Anhang, enthaltend metaphysische | Gedanken. || Dritte Auflage. || Neu übersetzt und herausgegeben | von | Dr. Artur Buchenau. | [Vlgssignet] | Leipzig. | Verlag der Dürr'schen Buchhandlung. | 1907.

VIII, 190 S., (1 Bl., bds. Vlgsanz.)

Der Erscheinungsvermerk des Exs 107 ist mit einem Schildchen überklebt: »Leipzig. | Verlag von Felix Meiner.«

95.5.5.⟨1907⟩.94 A, 4, 5, 107

[I] SPINOZA | Descartes' Prinzipien der Philosophie | auf geometrische Weise begründet | Anhang, enthaltend | Metaphysische Gedanken | In dritter Auflage neu übersetzt und herausgegeben | von | Dr. Artur Buchenau | [Reihensignet] | Der Philosophischen Bibliothek | Band 94 | Leipzig (1907) | Verlag von Felix Meiner

VIII, 190 S., (1 Bl., bds. Vlgsanz.)

Manuldruck, der 1913 oder 1914 entstanden ist. Die Vlgsanz. auf dem letzten Bl. stammen von Dürr.

95.5.6.1922.94 18, 23, 25, 38, 61, 90, Walb1

[I] [Z. 1 ebs.] | DESCARTES' PRINZIPIEN DER | PHILOSOPHIE AUF GEOMETRISCHE WEISE BEGRÜNDET | ANHANG, ENTHALTEND | METAPHYSISCHE GEDANKEN | VIERTE AUFLAGE | NEU ÜBERSETZT UND HERAUSGEGEBEN VON | DR. ARTUR BUCHENAU | [Reihensignet] | DER PHILOSOPHISCHEN BIBLIOTHEK BAND 94 | LEIPZIG 1922 / VERLAG VON FELIX MEINER

VIII, 190 S., (1 Bl., bds. Vlgsanz.)

95.5.7.1978.94

[III] BARUCH DE SPINOZA | Descartes' Prinzipien der Philosophie | auf geometrische Weise begründet | mit dem | „Anhang, enthaltend | metaphysische Gedanken" | Übersetzung von | ARTUR BUCHENAU | Einleitung und Anmerkungen von | WOLFGANG BARTUSCHAT | [Reihensignet] | FELIX MEINER VERLAG | HAMBURG

[IV] PHILOSOPHISCHE BIBLIOTHEK BAND 94 | [4 Z. Aufl.-Hinweise] | 1978 5. Auflage, übersetzt von A. Buchenau, eingeleitet | von Wolfgang Bartuschat

[I]–[II] [WW-Titelseiten, siehe 95.1.28]

XXXVIII, 176 S., 1 Bl. (bds. Vlgsanz.)

95.6. Ethik

Hugo Ginsberg gab 1874 im Vlg Koschny in Leipzig außerhalb der PhB Spinozas ›Ethik‹ »im Urtexte« heraus (Exe in A, 12); 1875 gab es davon einen Nachdruck (Exe in 61, 291); siehe hier S. 119.

95.6.1.1868.4 16, 38 (401), 51, 294, Ka13

[III] Benedict von Spinoza's | Ethik. || Uebersetzt, erläutert | und | mit einer Lebensbeschreibung Spinoza's versehen | von | J. H. v. Kirchmann. || Berlin, 1868. | Verlag von L. Heimann, | Wilhelms-Strasse No. 91.

[II] Philosophische Bibliothek | oder | Sammlung | der | Hauptwerke der Philosophie | alter und neuer Zeit. || Herausgegeben, beziehungsweise übersetzt, erläutert | und mit Lebensbeschreibungen versehen | von | J. H. v. Kirchmann. || Vierter Band. | Benedict von Spinoza's Ethik. || Berlin, 1868. | Verlag von L. Heimann, | Wilhelms-Strasse No. 91.

VIII, 258 S.

Kirchmanns Erl. dazu erschienen separat, siehe 52.30.

95.6.2.1870.4 12, 25, 31, 38, 43, 61, 352, M36a

[III] [Z. 1–7 ebs.] | Zweite Auflage. || Berlin, 1870. | Verlag von L. Heimann. | Wilhelms-Strasse No. 91.

[II] [Z. 1–6 ebs.] || Unter Mitwirkung namhafter Gelehrten | herausgegeben, beziehungsweise übersetzt, erläutert | [Z. 9–13 wie vorh. Z. 8–12] | Zweite Auflage. || Berlin, 1870. | Verlag von L. Heimann. | Wilhelms-Strasse No. 91.

VIII, 258 S.

Ex. 43 hat zwischen Reihen- und Haupttitelbl. ein WW-Titelbl. eingebunden.
Den Exn 38 und M36a fehlt jw. das Reihentitelbl.
Ex. 12 ist statt des Reihentitelbl. ein WW-Titelbl. eingebunden; auch sind dem Ex. die Heimann'schen Vlgsbroschuren eingebunden; die vordere Broschur trägt den

Text zu: »Benedict v. Spinoza's | sämmtliche | philosophische Werke.« und im Erscheinungsvermerk das Jahr 1871.
Es gibt 2 verschiedene Drucke dieser Ausg.: Ex. 25 hat auf S. 258 den Druckvermerk: »Druck von Gebrüder Grunert in Berlin.«, das (wohl spätere) Ex. 12 aber: »Druck von Bockwitz & Webel in Leipzig«.

95.6.3.1877.4 46, 107, Walb1

[III] [Z. 1–6 ebs.] | J. H. von Kirchmann. | Dritte verbesserte Auflage. || Leipzig, 1877. | ERICH KOSCHNY. | (L. Heimann's Verlag.)
[II] [Z. 1–10 ebs.] | J. H. von Kirchmann. || [Z. 12–13 ebs.] || Leipzig, 1877. | ERICH KOSCHNY. | (L. Heimann's Verlag.)
XI, 258 S.

Ex. 107 sind noch die Koschny'schen Vlgsbroschuren eingebunden.
Bei Ex. Walb1 lautet der Erscheinungsvermerk der eingebundenen Vlgsbroschur: »Heidelberg. | Verlag von Georg Weiss | (früher Erich Koschny's Verlag in Leipzig). | 1882.«

95.6.4.1886.4 A, 70, 361, A1

[IX] [Z. 1–6 wie vorh. auf S. III] | J. H. v. Kirchmann. | Vierte verbesserte Auflage. || Heidelberg, 1886. | GEORG WEISS, Verlag.
[VIII] [Z. 1–6 wie vorh. auf S. II] || Begonnen | unter Mitwirkung namhafter Gelehrten | von | J. H. v. Kirchmann. || [Ż. 11–12 wie vorh. Z. 12–13 auf S. II] || Heidelberg, 1886. | GEORG WEISS, Verlag.
XVI (S. I–VI: Vlgsanz.), 255 S.

In Ex. 70 fehlen S. I–VI.

95.6.5.(1893).4 A, 18, 75

[III] [Z. 1–7 wie vorh. auf S. IX] | Fünfte verbesserte Auflage. || Berlin | PHILOS.-HISTOR. VERLAG | Dr. R. Salinger.
[II] [Z. 1–12 wie vorh. auf S. VIII] || Berlin | PHILOS.-HISTOR. VERLAG | Dr. R. Salinger.
X, 268 S.

Ky 27, 180a, datiert die Ausg. auf 1893.
Ex. 75 fehlt das Reihentitelbl.

95.6.6.(1900).92 11, 62, Kn28

Bl. 1a Philosophische Bibliothek. | Band 92. || [Z. 3 wie vorh. Z. 1 auf S. III]

| ETHIK. || Übersetzt, erläutert | [Z. 6–10 wie vorh. Z. 4–8 auf S. III] | [Vlgssignet] | LEIPZIG. | VERLAG DER DÜRR'SCHEN BUCHHANDLUNG.

1 Bl., S. [V]–X, 268 S.

Titelaufl., zwischen 1900–03 entstanden.

95.6.7.1905.92 5, 20, 38, 61, 62, 75, 121

[I] Philosophische Bibliothek | [Z. 2 wie vorh. auf Bl. 1a] || Baruch de Spinoza. | Ethik. | Übersetzt | und mit einer Einleitung und einem Register versehen | von | Dr. Otto Baensch. | [Vlgssignet] | Leipzig, | Verlag der Dürr'schen Buchhandlung. | 1905.

XXVII, 311 S.

Siehe die Bemerkung zur folg. Ausg.

95.6.8.1905.92 5, 15, 29, 361

[I] [Z. 1–8 ebs.] | Sechste (der neuen Übersetzung erste) Auflage. | [Z. 10–13 wie vorh. Z. 9–12]

XXVII, 311 S.

Diese Ausg. unterscheidet sich von der vorh. nur durch die nun hinzugefügte 1 Z. Aufl.-Angabe. Welche der beiden Ausg. die ›frühere‹ ist, konnte nicht festgestellt werden (der Zeitabstand wird ohnehin wohl minimal gewesen sein).
Ex. 15 ist ein Geschenkex. von J. F. Dürr.

95.6.9.1910.92 6, 107, 294, Ka13

[I] [Z. 1–7 ebs.] | Otto Baensch. | Siebente (der neuen Übersetzung zweite, verbesserte) Auflage. | [Z. 10–12 ebs.] | 1910.

XXXI, 315 S.

In Ex. 107 ist der Erscheinungsvermerk mit einem Schildchen überklebt: »Leipzig. | Verlag von Felix Meiner.«

95.6.10.(1912).92 5, 31, 46, 294, 361

[I] [Z. 1 ebs.] | Band 92 || Baruch de Spinoza | Ethik | [Z. 5–7 ebs.] | Otto Baensch | Siebente (der neuen Übersetzung zweite, verbesserte) Auflage || Leipzig | Verlag von Felix Meiner

XXXI, 315 S.

Titelaufl., vermutlich 1912 entstanden.

95.6.11.1917.92 A, 180, 291

[I] [Z. 1 wie vorh. Z. 3] | ETHIK | [Z. 3–6 wie vorh. Z. 5–8] | Achte, mit der siebenten gleichlautende Auflage | [Reihensignet] | Der Philosophischen Bibliothek | Band 92 | Leipzig · Verlag von Felix Meiner · 1917

XXXI, 315 S.

95.6.12.1919.92 A, 91, 107

[I] [Z. 1–6 ebs.] | Neunte, mit der siebenten gleichlautende Auflage | [Z. 8–10 ebs.] | Leipzig · Verlag von Felix Meiner · 1919

XXXI, 315 S.

95.6.13.1922.92 A, 7, 18, 23, 38, 90, Walb1

[I] BARUCH DE SPINOZA | [Z. 2 ebs.] | ÜBERSETZT | UND MIT EINER EINLEITUNG | UND EINEM REGISTER VERSEHEN | VON | OTTO BAENSCH | ZEHNTE, MIT DER SIEBENTEN | GLEICHLAUTENDE AUFLAGE | [Reihensignet] | DER PHILOSOPHISCHEN BIBLIOTHEK BAND 92 | LEIPZIG 1922 / VERLAG VON FELIX MEINER

XXXI, 315 S.

95.6.14.(1949).92 A, 31, 38, 52, 82, 385

[I] BENEDICT VON SPINOZA | [Z. 2 ebs.] | nach geometrischer Methode | dargestellt | Übersetzt und mit Anmerkungen | und Registern versehen | von | Otto Baensch | [Reihensignet] | VERLAG VON FELIX MEINER | IN LEIPZIG

[II] DER PHILOSOPHISCHEN BIBLIOTHEK BAND 92 | [4 Z. Aufl.-Hinweise] | [. . .] Der jetzige | Druck beruht auf vollständigem Neusatz

VII, 337 S., 1 Bl. (bds. Vlgsanz.)

DBV 26, 150a, gibt als Erscheinungsjahr 1950. Die Ausg. ist aber schon 1949 erschienen. (Auch die Genehmigungsnr auf der Impressumseite stammt von 1949).

95.6.15.1955.92 A, 5, 52

[III] [Z. 1 wie vorh. auf S. I] | DIE ETHIK | [Z. 3–4 wie vorh. auf S. I] | Übersetzung, Anmerkungen und Register | von OTTO BAENSCH | Einleitung von RUDOLF SCHOTTLAENDER | [Z. 8 wie vorh. Z. 10 auf S. I] | IN HAMBURG

[IV] [Z. 1 wie vorh. auf S. II] | [3 Z. Aufl.-Hinweise] | 1955 Erweiterung um eine Einleitung von RUDOLF | SCHOTTLAENDER | [7 Z.] | *1955*

[I] [Reihensignet]

XXXIII, 337 S.

95.6.16.1963.92 A, 61, 132, 352

[III] [ebs.]

[IV] [Z. 1–6 ebs.] | *1963 Unveränderter Nachdruck*

[I] [ebs.]

XXXIII, 337 S.

95.6.17.1967.92 A, 385, 468

[I] [Z. 1–7 wie vorh. auf S. III] | [Reihensignet] | [Z. 9–10 wie vorh. Z. 8–9 auf S. III]

[II] PHILOSOPHISCHE BIBLIOTHEK BAND 92 | [5 Z. Aufl.-Hinweise] | 1967 Unveränderter Nachdruck mit ergänztem Literaturverzeichnis

XXXIII, 337 S.

95.6.18.1976.92

[I] BARUCH DE SPINOZA | Die Ethik | [Z. 3–4 ebs.] | Übersetzung, Anmerkungen und Register von | OTTO BAENSCH | Einleitung von | RUDOLF SCHOTTLAENDER | [Reihensignet] | FELIX MEINER VERLAG | HAMBURG

[II] [Z. 1 ebs.] | [6 Z. Aufl.-Hinweise] | 1976 Nachdruck mit erneut ergänztem Literaturverzeichnis

Bl. 1 [WW-Titelseiten, siehe 95.1.25]

1 Bl., XXXVI, 337 S.

1982 gibt es einen ungekennzeichneten Nachdruck dieser Ausg.

95.7. Kurze Abhandlung von Gott, dem Menschen und seinem Glück

95.7.1.1869.18 3, 20, 31, 37, 38, 38 (401), 43, 46, 51, 61, 131 (Bet1), 294, M36a

[III] B. de Spinoza's | kurzgefasste Abhandlung | von Gott, | dem Menschen und dessen Glück. || Aus dem Holländischen zum ersten Male ins Deutsche | übersetzt und mit einem Vorwort begleitet | von | C. Schaarschmidt, | Prof. in Bonn. || Berlin, 1869. | Verlag von L. Heimann. | Wilhelms-Strasse No. 91.

[II] Philosophische Bibliothek | oder | Sammlung | der | Hauptwerke der Philosophie | alter und neuer Zeit. || Unter Mitwirkung namhafter Gelehrten | herausgegeben, beziehungsweise übersetzt, erläutert | und mit Lebensbeschreibungen versehen | von | J. H. von Kirchmann. || Achtzehnter Band. | B. de Spinoza's kurzgefasste Abhandlung von Gott, | dem Menschen und dessen Glück. || Berlin, 1869. | Verlag von L. Heimann. | Wilhelms-Strasse No. 91.

XVIII, 117 S.

In Ex. 3, 37, 38, 46, 51, 61, 131(Bet1) und M36a steht das »Register der Kapitel« mit S. [XVII]–XVIII (d. h.: S. XVIII ist paginiert) am Schluß des Bds. Möglicherweise gehört dieses Bl. auch zum Bogen; der Buchbinder hätte dann das Bl. nach vorne binden müssen, wobei ein unpaginiertes Zwischentitelbl. als S. [XV]–[XVI] vor das Registerbl. zu stehen gekommen wäre, wie in den Exn 20, 31, 38 (401) und 294 (die damit die korrekte, oben angegebene Seitenkollation aufweisen).
In Ex. 43 befindet sich das Registerbl. zwischen Reihen- und Haupttitelseite.
Ex. M36a fehlt das Reihentitelbl.

95.7.2.1874.18 17, 29, 70, (75), 107

[III] [Z. 1–4 ebs.] || Aus dem Holländischen in's Deutsche übersetzt und mit | einem Vorwort begleitet | [Z. 7–9 ebs.] | 2. verbesserte Auflage. || Berlin, 1874. | Erich Koschny. | (L. Heimann's Verlag.)

[II] [Z. 1–7 ebs.] | herausgegeben, beziehungsweise übersetzt, erläutert und | mit Lebensbeschreibungen versehen | [Z. 10–14 ebs.] || Berlin, 1874. | Erich Koschny. | (L. Heimann's Verlag.)

XV, 117 S., 1 Bl. (bds. Register)

Das »Register der Kapitel« befindet sich in dieser 2. Aufl. am Schluß des Bds auf einem nun unpaginierten Bl., das hier zum Bogen gehört.
Ex. 29 sind noch die Koschny'schen Vlgsbroschuren eingebunden.
Ex. 75 fehlen Reihen- und Haupttitelbl.

95.7.3.1874.91 5, 11, 62, 464, Kn28

Bl. 1a Philosophische Bibliothek. | Band 91. || | [Z. 3–4 wie vorh. Z. 1–2 auf S. III] | von Gott, dem Menschen und dessen Glück. || Aus dem Holländischen in's Deutsche übersetzt | und mit einem Vorwort begleitet | [Z. 8–10 wie vorh. Z. 7–9 auf S. III] | Zweite verbesserte Auflage. | [Vlgssignet] | LEIPZIG. | VERLAG DER DÜRR'SCHEN BUCHHANDLUNG. | 1874.

1 Bl., S. [V]–XV, 117 S., 1 Bl. (bds. Register)

Rückdatierte Titelaufl., zwischen 1900–03 entstanden.

95.7.4.1907.91 15, 21, 38, 107, 294, 361, Ka13

[I] Philosophische Bibliothek | [Z. 2 wie vorh. auf Bl. 1a] || B. de Spinozas | [Z. 4–5 wie vorh. auf Bl. 1a] | Aus dem Holländischen ins Deutsche übersetzt | [Z. 7–10 wie vorh. auf Bl. 1a] || Dritte verbesserte Auflage. | [Vlgssignet] | Leipzig. | Verlag der Dürr'schen Buchhandlung. | 1907.

XII, 128 S.

In Ex. 107 ist der Erscheinungsvermerk mit einem Schildchen überklebt: »Leipzig. | Verlag von Felix Meiner.«
In Ex. 294 fehlen S. V–VIII.
Ex. 15 ist ein Geschenkex. von J. F. Dürr.

95.7.5.⟨1907⟩.91 A, 5, 294

[I] SPINOZA | Kurzgefasste Abhandlung von Gott, | dem Menschen und dessen Glück | [Z. 4–6 ebs.] | C. Schaarschmidt | Dritte verbesserte Auflage | [Reihensignet] | Der Philosophischen Bibliothek | Band 91 | Leipzig (1907) | Verlag von Felix Meiner

XII, 128 S.

Diese rückdatierte Ausg. ist 1912 entstanden.

95.7.6.1922.91 A, 6, 15, 17, 18, 23, 29, 38, 61, 62, 90, Walb1

[I] [Z. 1 ebs.] | KURZE ABHANDLUNG VON | GOTT / DEM MENSCHEN | UND SEINEM GLÜCK | ÜBERTRAGEN UND HERAUSGEGEBEN VON | CARL GEBHARDT | [Reihensignet] | DER PHILOSOPHISCHEN BIBLIOTHEK BAND 91 | LEIPZIG 1922 / VERLAG VON FELIX MEINER

XXVIII, 156 S.

Der (den Exn 6, 15, 17, 62 eingebundene) Vorderdeckel trägt den gleichen Text wie die Haupttitelseite (mit teils anderem Zeilenbruch), wobei aber in Z. 4 eine Aufl.-Angabe hinzugefügt ist: »|| VIERTE AUFLAGE ||«.

95.7.7.1959.91 A, 61, 136, 294

[I] [Z. 1 ebs.] | Kurze Abhandlung von Gott | dem Menschen | und seinem Glück | Herausgegeben von | [Z. 6 ebs.] | [Reihensignet] | VERLAG VON FELIX MEINER | HAMBURG

[II] PHILOSOPHISCHE BIBLIOTHEK BAND 91 | Unveränderter Nachdruck 1959 | Mit Einleitung und Anmerkungen

XXVIII, 156 S.

95.7.8.1965.91 A, 385, 468

[I] [ebs.]

[II] [Z. 1 ebs.] | [Z. 2 wie vorh. Z. 3] | Unveränderter Nachdruck 1965 der | vierten Auflage von 1922

XXVIII, 156 S.

1975 gibt es einen ungekennzeichneten Nachdruck dieser Ausg.
Siehe auch die Bemerkungen zur folg. Ausg.

95.7.9.(1980).91

[I] BARUCH DE SPINOZA | [Z. 2–7 ebs.] | FELIX MEINER VERLAG | [Z. 9 ebs.]

[II] [ebs.]

Bl. 1 [WW-Titelseiten, siehe 95.1.24]

1 Bl., XXVIII, 156 S., 3 Bl. (Bl. 2 bds. Vlgsanz.; Bl. 3 bds. weiß)

Vorl. Ausg. ist ein ungekennzeichneter Nachdruck von 1980, der auf der Impressumseite als »Unveränderter Nachdruck 1965« ausgegeben wird. Er ist von dem gekennzeichneten Nachdruck 1965 und dem ungekennzeichneten Nachdruck 1975 zu unterscheiden 1. durch eine veränderte Haupttitelseite, 2. das vorgebundene WW-Titelbl. und die 3 Bl. am Schluß des Bds.
Von diesem ungekennzeichneten Nachdruck 1980 hat es 1982 einen weiteren ungekennzeichneten und unveränderten Nachdruck gegeben.

95.8. Lebensbeschreibungen und Gespräche

95.8.1.1914.96b A, 5, 7, 18, 23, 38, 38(401), 43, 61, 90, Walb1

[I] SPINOZA | LEBENSBESCHREIBUNGEN | UND GESPRÄCHE | ÜBERTRAGEN UND HERAUSGEGEBEN VON | CARL GEBHARDT | [Reihensignet] | DER PHILOSOPHISCHEN BIBLIOTHEK BAND 96b | LEIPZIG 1914 / VERLAG VON FELIX MEINER

Frontispiz, XI, 147 S.

Bei den Exn, die Tl eines Spinoza-WW-Bds bilden, befindet sich das Frontispiz meist nicht in dieser Einzelausg.

95.8.2.1977.96b

[I] Spinoza- | Lebensbeschreibungen | und Gespräche | Einleitung, Übersetzung und | Anmerkungen von | [Z. 6 wie vorh. Z. 5] | [Reihensignet] | FELIX MEINER VERLAG | HAMBURG

[II] PHILOSOPHISCHE BIBLIOTHEK BAND 96b | [1 Z. Aufl.-Hinweis] | 1977 Nachdruck mit einer Bibliographie von Manfred Walther

Bl. 1 [WW-Titelseiten, siehe 95.1.31]

1 Bl., XI S., S. [3]–171

95.9. Theologisch-politischer Traktat

Hugo Ginsberg gab 1877 im Vlg Koschny in Leipzig außerhalb der PhB Spinozas ›Theologisch-politischen Traktat‹ in lat. Sprache heraus (Exe in 29, Walb1).
1922 erschienen Textauszüge der Ausg. 95.9.5 separat als Heft 47–50 der TA, siehe TA20.1–4.

95.9.1.1870.35 7, 16, 31, 37, 38, 46, 51, 61, 70, M36a

[III] Benedict von Spinoza's | Theologisch-politische Abhandlung, | wo in einer Anzahl von Untersuchungen gezeigt wird, dass | die Freiheit zu philosophiren nicht allein unbeschadet der | Frömmigkeit und des bürgerlichen Friedens eingeräumt, | sondern auch nur mit Zerstörung des bürgerlichen Friedens | und der Frömmigkeit aufgehoben werden kann. | [3 Z. Motto] || Uebersetzt und erläutert | von | J. H. v. Kirchmann. || Berlin, 1870. | Verlag von L. Heimann. | Wilhelms-Strasse No. 91.

[II] Philosophische Bibliothek | oder | Sammlung | der | Hauptwerke der Philosophie | alter und neuer Zeit. || Unter Mitwirkung namhafter Gelehrten | herausgegeben, beziehungsweise übersetzt, erläutert | und mit Lebensbeschreibungen versehen | von | J. H. v. Kirchmann. || Fünfunddreissigster Band. | Benedict von Spinoza's theologisch-politische Abhandlung. || Berlin, 1870. | Verlag von L. Heimann. | Wilhelms-Strasse No. 91.

XII, 276 S.

Kirchmanns Erl. dazu erschienen separat, siehe 52.31.
In Ex. 61 und M36a fehlt das Reihentitelbl.
In Ex. 38 sind die S. [III]–XII irrtümlich zwischen S. 240 und 241 gebunden.

95.9.2.(1892).35 25, 75

[III] [Z. 1–7 ebs.] | [3 Z. Motto] | [Z. 11–13 ebs.] || Berlin | PHILOSOPH.-HISTOR. VERLAG | Dr. R. Salinger.

[II] [Z. 1–13 ebs.] || Berlin | PHILOSOPH.-HISTOR. VERLAG | Dr. R. Salinger.

XII, 276 S.

Die Ausg. ist wohl 1892 entstanden.
Ex. 75 fehlt das Reihentitelbl.

95.9.3.1900.93 5, 11, 121, Kn28

Bl. 1a Philosophische Bibliothek. | Band 93. || [Z. 3–15 wie vorh. Z. 1–13 auf S. III] | Zweite durchgesehene, aber sonst unveränderte Ausgabe. | [Vlgssignet] | Leipzig, | Verlag der Dürr'schen Buchhandlung. | 1900.

1 Bl., S. [V]–XII, 276 S.

Titelaufl.

95.9.4.1908.93 A, 5, 38(401), 61, 107, 361, Ka13

[I] Philosophische Bibliothek | [Z. 2 wie vorh. auf Bl. 1a] || Baruch de Spinoza | Theologisch-politischer Traktat. || Dritte Auflage. || Übertragen und eingeleitet | nebst Anmerkungen und Registern | von | Carl Gebhardt. | [Vlgssignet] | Leipzig. | Verlag der Dürr'schen Buchhandlung. | 1908.

XXXIV, 423 S.

In Ex. 107 ist der Erscheinungsvermerk mit einem Schildchen überklebt: »Leipzig. | Verlag von Felix Meiner.«

95.9.5.1921.93 A, 18, 23, 90

[I] SPINOZA | THEOLOGISCH-POLITISCHER | TRAKTAT | ÜBERTRAGEN UND EINGELEITET | NEBST ANMERKUNGEN UND REGISTERN VON | KARL GEBHARDT | VIERTE AUFLAGE | [Reihensignet] | DER PHILOSOPHISCHEN BIBLIOTHEK BAND 93 | LEIPZIG 1921 / VERLAG VON FELIX MEINER

XXXVII, 424 S.

95.9.6.1922.93 A, 29, 38, 61, 229, Walb1

[I] [Z. 1–3 ebs.] | ÜBERTRAGEN UND MIT EINLEITUNG, | ANMERKUNGEN UND REGISTERN VERSEHEN VON | CARL GEBHARDT | [Reihensignet] | [Z. 8 wie vorh. Z. 7] | [Z. 9 ebs.] | LEIPZIG 1922 / VERLAG VON FELIX MEINER

XXXVII, 424 S., (1 Bl., S. a: Vlgsanz.)

Titelaufl.

95.9.7.1955.93 A, 61, 294, 464

[I] B. DE SPINOZA | THEOLOGISCH- | POLITISCHER TRAKTAT | ÜBERTRAGEN UND EINGELEITET | NEBST ANMERKUNGEN UND REGISTERN VON | [Z. 6–7 ebs.] | VERLAG VON FELIX MEINER | IN HAMBURG

[II] DER PHILOSOPHISCHEN BIBLIOTHEK BAND 93 | Fünfte Auflage 1955 | [7 Z.] | 1955

XXXVII, 423 S., 1 Bl. (bds. Vlgsanz.)

95.9.8.1965.93 A, 62, 385, 468

[I] [ebs.]
[II] [Z. 1–2 ebs.] | Nachdruck 1965

XXXVII, 424 S., 1 Bl. (bds. Vlgsanz.)

95.9.9.1976.93

[III] BARUCH DE SPINOZA | Theologisch- | Politischer Traktat | Auf der Grundlage der Übersetzung | von Carl Gebhardt | neu bearbeitet, eingeleitet und herausgegeben von | GÜNTER GAWLICK | [Reihensignet] | FELIX MEINER VERLAG | HAMBURG
[IV] PHILOSOPHISCHE BIBLIOTHEK BAND 93 | [5 Z. Aufl.-Hinweise] | 1976 Auf der Grundlage der Übersetzung von Carl Gebhardt neu be- | arbeitet, eingeleitet und herausgegeben von Günter Gawlick
[I]–[II] [WW-Titelseiten, siehe 95.1.26]

XXXVI, 369 S., 1 Bl. (bds. Vlgsanz.)

95.9.10.1984.93

[III] [ebs.]
[IV] [Z. 1 ebs.] | [7 Z. Aufl.-Hinweise] | 1984 2., durchgesehene Auflage, herausgegeben von Günter Gawlick
[I]–[II] [WW-Titelseiten, siehe 95.1.27)

XXXVII, 369 S.

96.
Francisco Suarez
1548–1617

96.1. Über die Individualität und das Individuationsprinzip

Die Edition ist in 2 Ausg. geteilt: PhB 294a gibt den Text und die Übersetzung, PhB 294b die Anmerkungen.

96.1.1.1976.294a

[III] FRANCISCO SUÁREZ | Über die Individualität | und das | Individuationsprinzip | (Fünfte metaphysische Disputation) | Herausgegeben, übersetzt | und mit Erläuterungen versehen von | RAINER SPECHT | a) Text und Übersetzung | FELIX MEINER VERLAG | HAMBURG

[II] FRANCISCUS SUAREZ | De unitate individuali | eiusque principio | (Disputatio metaphysica V) | a) Text und Übersetzung | b) Anmerkungen | FELIX MEINER VERLAG | HAMBURG

[IV] PHILOSOPHISCHE BIBLIOTHEK BAND 294a

[I] [Reihensignet]

LIV, 359 S., 1 Bl. (bds. Vlgsanz.)

96.1.2.1976.294b

[III] [Z. 1–8 ebs.] | b) Anmerkungen | [Z. 10–11 ebs.]

[II] [ebs.]

[IV] PHILOSOPHISCHE BIBLIOTHEK BAND 294b

[I] [ebs.]

X, 402 S., 2 Bl. (Bl. 1 bds. Vlgsanz.; Bl. 2 bds. weiß)

97.
Johannes Nikolaus Tetens
1736–1807

97.1. Sprachphilosophische Versuche

97.1.1.1971.258 A, 61, 385

[I] JOHANN NICOLAUS TETENS | Sprachphilosophische Versuche | Mit einer Einleitung von | ERICH HEINTEL | herausgegeben von | HEINRICH PFANNKUCH | [Reihensignet] | FELIX MEINER VERLAG | HAMBURG

[II] PHILOSOPHISCHE BIBLIOTHEK BAND 258

XLVI, 245 S.

98.
Thomas von Aquin
1225–1274

98.1. Fünf Fragen über die intellektuelle Erkenntnis

98.1.1.1924.191 A, 20, 38, 61, Walb1

[I] THOMAS VON AQUIN | FÜNF FRAGEN | ÜBER DIE INTELLEKTUELLE | ERKENNTNIS | (QUÄSTIO 84–88 DES 1. TEILS DER SUMMA) | ÜBERSETZT UND ERKLÄRT | VON | DR. THEOL. EUGEN ROLFES | [Reihensignet] | DER PHILOSOPHISCHEN BIBLIOTHEK BAND 191 | LEIPZIG 1924 / VERLAG VON FELIX MEINER

XII, 126 S., 1 Bl. (bds. Vlgsanz.)

98.1.2.1977.191

[I] [Z. 1 ebs.] | Fünf Fragen über | die intellektuelle Erkenntnis | (Quaestio 84–88 des 1. Teils der Summa theologia) | Übersetzt und erklärt von | EUGEN ROLFES | Mit einer Einleitung | und einem Literaturverzeichnis von | KARL BORMANN | FELIX MEINER VERLAG | HAMBURG

[II] PHILOSOPHISCHE BIBLIOTHEK BAND 191 | 1924 1. Auflage | 1977 Nachdruck mit einer Einleitung und einem | Literaturverzeichnis von Karl Bormann

XV, 126 S., 1 Bl. (bds. Vlgsanz.)

Von der Ausg. gibt es 1980 einen ungekennzeichneten Nachdruck.

98.2. Die Gottesbeweise

98.2.1.1982.330

[III] THOMAS VON AQUIN | Die Gottesbeweise | in der ,,Summe gegen die Heiden" | und der ,,Summe der Theologie" | Text mit Übersetzung, | Einleitung und Kommentar, | herausgegeben von | HORST SEIDL | Lateinisch-Deutsch | FELIX MEINER VERLAG | HAMBURG

[IV] PHILOSOPHISCHE BIBLIOTHEK BAND 330

[I] [Reihensignet]

XL, 196 S., 2 Bl. (Bl. 2 bds. Vlgsanz.)

98.3. Die Philosophie des Thomas von Aquin

98.3.1.1920.100 1a, 38, 43, 61, 121, 385, Tr2

[I] DIE PHILOSOPHIE | VON | THOMAS VON AQUIN | IN AUSZÜGEN AUS SEINEN SCHRIFTEN | HERAUSGEGEBEN UND MIT EINER EINLEITUNG | UND ERKLÄRENDEN ANMERKUNGEN VERSEHEN | VON | DR. THEOL. EUGEN ROLFES | [Reihensignet] | DER PHILOSOPHISCHEN BIBLIOTHEK BAND 100 | LEIPZIG 1920 / VERLAG VON FELIX MEINER

XI, 224 S.

98.3.2.1977.100

[I] Die Philosophie | des Thomas von Aquin | In Auszügen aus seinen Schriften herausgegeben | und mit erklärenden Anmerkungen versehen von | EUGEN ROLFES | Mit einer Einleitung und Bibliographie von | KARL BORMANN | FELIX MEINER VERLAG | HAMBURG

[II] PHILOSOPHISCHE BIBLIOTHEK BAND 100 | 1920 1. Auflage | 1977 Nachdruck mit einer Einleitung | und Bibliographie von Karl Bormann

XVII, 224 S., 1 Bl. (bds. Vlgsanz.)

Von dieser Ausg. gibt es ungekennzeichnete Nachdrucke von 1978 und 1984, letzterer erkennbar an den Vlgsanz. des letzten Bl.

99.
[Universität]

99.1. Über das Wesen der Universität. Drei Aufsätze von Fichte, Schleiermacher, Steffens.

Die Ausg. enthält 3 Schriften:

1. J. G. Fichte: Deducirter Plan einer zu Berlin zu errichtenden höhern Lehranstalt. 1807
2. Fr. D. E. Schleiermacher: Gelegentliche Gedanken über Universitäten im deutschen Sinn. 1808
3. H. Steffens: Über die Idee der Universitäten. 1809

Fichtes Schrift erschien auch 1924 als Heft 61 der TA (hier TA3.1).
Schleiermachers Schrift erschien auch in Bd 4 der Schleiermacher-WW (hier 88.1, 88.1.9–10) und als Separatdruck (hier 88.13).

99.1.1.1910.120 A, 31, 61, 90, 107

[I] Philosophische Bibliothek | Band 120. || Fichte, Schleiermacher, Steffens | über | das Wesen der Universität. || Mit einer Einleitung herausgegeben | von | Eduard Spranger, | Privatdozent der Philosophie an der Universität Berlin. | [Vlgssignet] | Leipzig. | Verlag der Dürr'schen Buchhandlung. | 1910.

XLIII, 291 S.

99.1.2.1919.120 A, 7, 25, 38 (2 Exe), 294

[I] ÜBER DAS WESEN | DER UNIVERSITÄT | DREI | AUFSÄTZE VON | JOH. GOTTL. FICHTE | FRIEDR. SCHLEIERMACHER | HENRIK STEFFENS | AUS DEN JAHREN | 1807–1809 | O | MIT EINER EINLEITUNG ÜBER: | „STAAT UND UNIVERSITÄT" | HERAUSGEGEBEN VON | EDUARD SPRANGER | NEUE AUSGABE | [Reihensignet] | DER PHILOSOPHISCHEN BIBLIOTHEK BAND 120 || VERLAG VON FELIX MEINER / LEIPZIG 1919

XLIII, 291 S.

Trotz der Kennzeichnung als »Neue Ausgabe« handelt es sich um eine Titelaufl.

100.
Karl Vorländer
1860–1928

100.1–2: Geschichte der Philosophie

Die zweibändige Ausg. erschien nur in den ersten 4 Aufl. innerhalb der PhB, danach zwar noch bei Meiner, aber nicht mehr im Rahmen der PhB:

PhB 105–106, 2bändig:	1. Aufl. 1903
	2. Aufl. 1908
	3. Aufl. 1911
	4. Aufl. 1913
außerhalb der PhB:	5. Aufl. 1919, 2 Bde
	6. Aufl. 1921, 2 Bde
	7. Aufl. 1927, 3 Bde
	8. Aufl. 1939, nur Bd 1
	9. Aufl., Bd 1: 1949, Bd 2: 1955

Im folg. sind nur die PhB-Aufl. verzeichnet.

100.1. Geschichte der Philosophie I

100.1.1.1903.105 20, 38, 61

[I] Philosophische Bibliothek | Band 105. || Geschichte der Philosophie | von | Dr. Karl Vorländer. | I. Band. | Philosophie des Altertums | und des | Mittelalters. | [Vlgssignet] | Leipzig, | Verlag der Dürr'schen Buchhandlung. | 1903.

X, 292 S.

100.1.2.1908.105 5, 17, 43

[I] Philosophische Bibliothek. | [Z. 2–4 ebs.] | Karl Vorländer. | 2. Auflage (4.–6. Tausend). | [Z. 7 wie vorh. Z. 6] | Altertum, Mittelalter und Übergang zur Neuzeit. | [Vlgssignet] | Leipzig. | [Z. 11 wie vorh. Z. 12] | 1908.

XIV, 361 S.

100.1.3.1911.105 18, 38, 43, 51, 93

[I] Philosophische Bibliothek | [Z. 2–5 ebs.] | 3. Auflage (7.–9. Tausend). | [Z. 7–11 ebs.] | 1911.

XII, 368 S.

100.1.4.1911.105 8, 62, 385

[I] [Z. 1–2 wie vorh. Z. 3–4] | Karl Vorländer | 3. Auflage (7.–9. Tausend) | I. Band | Altertum, Mittelalter und Übergang zur Neuzeit | [Reihensignet] | Der Philosophischen Bibliothek | Band 105 | Leipzig · Verlag von Felix Meiner · 1911

XII, 368 S.

Titelaufl.

100.1.5.1913.105 6, 20, 21, 64, 128

[I] [Z. 1–3 ebs.] | 4. Auflage (10.–12. Tausend) | [Z. 5–9 ebs.] | Leipzig · Verlag von Felix Meiner · 1913

XII, 368 S.

100.2. Geschichte der Philosophie II

100.2.1.1903.106 A, 18, 20, 38, 61

[I] Philosophische Bibliothek | Band 106. || Geschichte der Philosophie | von | Dr. Karl Vorländer. | II. Band. | Philosophie der Neuzeit. | [Vlgssignet] | Leipzig, | Verlag der Dürr'schen Buchhandlung. | 1903.

VIII, 539 S., (2 Bl., jw. bds. Vlgsanz.)

100.2.2.1908.106 5, 17, 43

[I] [Z. 1–4 ebs.] | Karl Vorländer. | 2. Auflage (4.–6. Tausend). | [Z. 7–11 wie vorh. Z. 6–10] | 1908.

VIII, 512 S., (4 Bl., jw. bds. Vlgsanz.)

100.2.3.1911.106 6, 43, 51

[I] [Z. 1–5 ebs.] | 3. Auflage (7.–9. Tausend). | [Z. 7–9 ebs.] | Leipzig. | [Z. 11 ebs.] | 1911.

VIII, 524 S.

Ex. 51 ist ein *Meiner'scher* PhB-Kat. von 1910/11 eingebunden.

100.2.4.1911.106 8, 38, 62, 385

[I] [Z. 1–2 wie vorh. Z. 3–4] | Karl Vorländer | 3. Auflage (7.–9. Tausend) | II. Band | Philosophie der Neuzeit | [Reihensignet] | Der Philosophischen Bibliothek | Band 106 | Leipzig · Verlag von Felix Meiner · 1911

VIII, 524 S.

Titelaufl.

100.2.5.1913.106 20, 21, 64, 128

[I] [Z. 1–3 ebs.] | 4. Auflage (10.–12. Tausend) | [Z. 5–9 ebs.] | Leipzig · Verlag von Felix Meiner · 1913

VIII, 533 S., (1 od. 5 Bl., jw. bds. Vlgsanz.)

100.3. Immanuel Kants Leben

100.3.1.1911.126 12, 20, 43, 51, 61, 62, 107, 468, UB Salzburg

[I] Immanuel Kants Leben | dargestellt von | Karl Vorländer | o | 1.–3. Tausend | [Reihensignet] | Band 126 | Leipzig · Verlag von Felix Meiner · 1911

Bl. 1a Philosophische Bibliothek | Band 126 | Kants Leben

1 Bl., Frontispiz, XI, 223 S.

In Ex. 20, 43, 51 und 468 fehlt jw. das Frontispiz.
In Ex. 107 zwischen Frontispiz und Haupttitelbl. noch ein WW-Titelbl. gebunden.
In Ex. 43 sind die S. III–XI fälschlich vor das Haupttitelbl. gebunden.
Das 1. Bl. mit Schmutztitel auf S. a hat nur Ex. 12.

100.3.2.1921.126 A, 6, 8, 18, 38, 61, 121, 168, 188, 361, 385

[I] IMMANUEL | KANTS LEBEN | DARGESTELLT VON | KARL VORLÄNDER | [Reihensignet] | 2. AUFLAGE (4.–6. TAUSEND) | DER PHILOSOPHISCHEN BIBLIOTHEK BAND 126 || LEIPZIG 1921 / VERLAG VON FELIX MEINER

Frontispiz, XI, 223 S., (2 Bl., jw. bds. Vlgsanz.)

In Ex. 18, 38, 168 und 188 fehlt jw. das Frontispiz, in anderen Exn ist es vor ein WW-Titelbl. (z. B. Ex. 6, 61 und 385) gebunden.

100.3.3.1974.126 A, 61 (2 Exe), 121, 385

[III] [Z. 1 wie vorh. Z. 4 auf S. I] | Immanuel Kants Leben | Neu herausgegeben von | RUDOLF MALTER | FELIX MEINER VERLAG | HAMBURG

[IV] PHILOSOPHIE [sic!] BIBLIOTHEK BAND 126 | [2 Z. Aufl.-Hinweise] | 1974 Dritte, unveränderte Auflage. Mit neuer Einleitung, | Auswahlbibliographie und Quellentexten heraus- | gegeben von Rudolf Malter

[I] [Reihensignet]

[II] [Kant-Bildnis]

XXVII, 240 S., 1 Bl. (bds. Vlgsanz.)

Z. 1 auf S. IV hat einen Druckfehler.

101.
Stephan Witasek
1870–1915

101.1. Grundlinien der Psychologie

Nach der 1. Aufl. von 1908 und einer Meiner'schen Titelaufl. von ca 1911 erschien die ›Zweite unveränderte Ausgabe‹ 1923 zwar noch bei Meiner, aber nicht mehr im Rahmen der PhB, sondern als Bd 14 der Reihe ›Wissen und Forschen‹.

101.1.1.1908.115 A, 4, 24, 61, 62, 107

[I] Philosophische Bibliothek | Band 115. || Grundlinien | der | Psychologie. | Von | Dr. Stephan Witasek, | Tit. a. Universitätsprofessor in Graz. | Mit 15 Figuren im Text. | [Vlgssignet] | Leipzig. | Verlag der Dürr'schen Buchhandlung | 1908.

VIII, 392 S.

In den Exn 4 und 107 ist der Erscheinungsvermerk mit einem Schildchen überklebt: »Leipzig. | Verlag von Felix Meiner.«
Den Exn 4, 62 und 107 ist ein Meiner'scher PhB-Kat. vom Sept. 1919 eingebunden.

101.1.2.(1911).115 36, 38, 61, Dü10

[I] [Z. 1–2 wie vorh. Z. 3–4] | Psychologie | [Z. 4–5 wie vorh. Z. 6–7] | Tit. a. Universitätsprofessor in Graz | Mit 15 Figuren im Text | [Reihensignet] | Band 115 | Leipzig · Verlag von Felix Meiner

VIII, 392 S.

Titelaufl., zwischen 1911–13 entstanden.
Dem Ex. Dü10 ist ein PhB-Prospekt von 1910/11, dem Ex. 36 ein PhB-Kat. vom Sept. 1913, dem Ex. 61 ein PhB-Kat. vom Aug. 1917, dem Ex. 38 einer vom Sept. 1921 eingebunden.

102.
[Wörterbuch]

102.1. Wörterbuch der philosophischen (Grund-)Begriffe (Kirchner, Michaëlis, Hoffmeister)

Dieses Wörterbuch hatte im Laufe der Jahrzehnte 3 verschiedene Verfasser bzw. Bearbeiter/Hrsg., wobei sich 2 mal die PhB-Nr änderte:

Aufl.	Verf./Hrsg.	hier
1. Aufl. 1886, PhB 94	Kirchner	102.1.1
2. Aufl. 1890, PhB 94	Kirchner	102.1.2
3. Aufl. 1897, PhB 94	Kirchner	102.1.3
3. Aufl. 1897, PhB 67	Kirchner (Dürr'sche Titelaufl.)	102.1.4
4. Aufl. 1903, PhB 67	Kirchner/Michaëlis	102.1.5
5. Aufl. 1907, PhB 67	Kirchner/Michaëlis	102.1.6
6. Aufl. 1911, PhB 67	Kirchner/Michaëlis	102.1.7
Neuausg. 1944, PhB 225	Hoffmeister	102.1.8
2. Aufl. 1955, PhB 225	Hoffmeister	102.1.9

102.1.1.1886.94 A, 7, 20, 29, 36, 294

Bl. 3a Wörterbuch | der | Philosophischen Grundbegriffe. || Von | Lic. Dr. Fr. Kirchner. || Heidelberg 1886. | GEORG WEISS, Verlag.

Bl. 2b Philosophische Bibliothek | oder | Sammlung | der | Hauptwerke der Philosophie | alter und neuer Zeit. || Begonnen | unter Mitwirkung namhafter Gelehrten | von | J. H. v. Kirchmann. || Vierundneunzigster Band. | Kirchner, Wörterbuch der philosophischen | Grundbegriffe. || Heidelberg 1886. | GEORG WEISS, Verlag.

4 Bl. (Bl. 1 bds. Vlgsanz.), 460 S.

Bis auf Ex. A fehlt allen Exn das 1. Bl.

102.1.2.1890.94 25, UB Wien

Bl. 2a [Z. 1–5 wie vorh. auf Bl. 3a] | Zweite durchgesehene und vermehrte Auflage. | Heidelberg 1890. | Georg Weiss, Verlag.

Bl. 1b [Z. 1–13 wie vorh. auf Bl. 2b] | Zweite Auflage. || Heidelberg 1890. | Georg Weiss, Verlag.

3 Bl., 500 S.

102.1.3.1897.94 3, 15, Ka13

Bl. 2a [Z. 1–4 ebs.] | Lic. Dr. Friedr. Kirchner, | Professor am Kgl. Realgymn. zu Berlin. | Dritte verbesserte und vermehrte Auflage. || Berlin 1897. | Dr. R. Salinger Verlag.

Bl. 1b [Z. 1–13 ebs.] | Dritte Auflage. || Berlin 1897. | Dr. R. Salinger Verlag.

3 Bl., 508 S.

Das aus 3 entliehene Ex. stammte aus der Bibl. des Kathol. Oberseminars in Naumburg/Saale.

102.1.4.1897.67 22

Bl. 1a Philosophische Bibliothek. | Band 67. || [Z. 3–7 wie vorh. Z. 1–5 auf Bl. 2a] | Professor am Kgl. Realgymnasium zu Berlin. | [Z. 9 wie vorh. Z. 7 auf Bl. 2a] | [Vlgssignet] | LEIPZIG, | VERLAG DER DÜRR'SCHEN BUCHHANDLUNG. | 1897.

2 Bl., 508 S.

Rückdatierte Titelaufl., zwischen 1900–06 entstanden.

102.1.5.1903.67 A, 90, 385

[I] [Z. 1–5 wie vorh. auf Bl. 1a] | Von | Lic. Prof. Dr. Friedr. Kirchner. || Vierte neubearbeitete Auflage | von | Dr. Carl Michaëlis. | [Vlgssignet] | Leipzig, | Verlag der Dürr'schen Buchhandlung. | 1903.

VII, 587 S., (1 od. 2 Bl., jw. bds. Vlgsanz.)

102.1.6.1907.67 A, 7, 25, 38, 51, 121, 294

[I] Philosophische Bibliothek | [Z. 2 ebs.] || Kirchner's | [Z. 4–6 wie vorh. Z. 3–5] || Fünfte Auflage. || Neubearbeitung | von | Dr. Carl Michaëlis. | [Vlgssignet] | Leipzig. | [Z. 13 ebs.] | 1907.

VII, 708 S.

102.1.7.1911.67 A, 38, 61, 708, M36a

[I] [Z. 1 ebs.] | Band 67 || [Z. 3–5 ebs.] | Philosophischen Grundbegriffe || Sechste Auflage || Dritte Neubearbeitung | von | Dr. Carl Michaëlis || Leipzig 1911 | Verlag von Felix Meiner

VII, 1124 S., (4 Bl., jw. bds. Vlgsanz.)

102.1.8.1944.225 A, 4, 18, 31, 62, 294

[I] [Z. 1–2 wie vorh. Z. 4–5] | philosophischen Begriffe | Begründet von | Friedrich Kirchner und Carl Michaëlis | Vollständig neu bearbeitet | herausgegeben von | Johannes Hoffmeister | [Reihensignet] || FELIX MEINER VERLAG · LEIPZIG

[II] DER PHILOSOPHISCHEN BIBLIOTHEK BAND 225 | Erschienen im Jahre 1944

VIII, 776 S.

Ex. 18 fehlen S. 775–6, Ex. 31 S. 771–4.

102.1.9.1955.225 A, 38, 121

[III] [Z. 1–3 wie vorh. auf S. I] | HERAUSGEGEBEN | VON | [Z. 6 wie vorh. Z. 8 auf S. I] | ZWEITE AUFLAGE || VERLAG VON FELIX MEINER | IN HAMBURG

[IV] 1955

[I] [Reihensignet]

VIII, 687 S.

Die PhB-Nr findet sich nur auf dem Buchrücken und dem Schutzumschlag.
Der Ausg. lag auch ein Corrigenda-Zettel bei: »[. . .] Im lebenden Kolumnentitel der Seite 561 müssen die Stichwörter »Sittengesetz« und »Sitz der Seele« heißen. [. . .]«.

102.1.10.(1958).225 A, 294

[III] [ebs.]

[IV] [Copyright-Zeichen] | FELIX MEINER | 1955 | [. . .]

[I] [ebs.]

VIII, 687 S.

Dieser ungekennzeichnete Nachdruck von 1958 unterscheidet sich vom 1955er Druck durch dreierlei:

1. durch die Impressumseite, deren Druckvermerk aber auch hier das Jahr ›1955‹ gibt;
2. durch die hier ausgeführte Korrektur auf S. 561;

3. durch die Anzeige auf S. [688], die einen Gesamtüberblick über die PhB gibt, mit Bezug auf das 1958 90jährige Jubiläum der PhB.

Ein weiterer ungekennzeichneter Nachdruck von 1967 ist unterscheidbar durch die nun weiße S. [688].

102.1.11.(1970).225 A, 385

[III] [ebs.]

[IV] PHILOSOPHISCHE BIBLIOTHEK BAND 225 | [Z. 2–4 wie vorh. Z. 1–3] | [. . .]

[I] [ebs.]

VIII, 687 S.

S. [688] ist auch hier weiß.
Von dieser Ausg. gibt es 3 weitere ungekennzeichnete Nachdrucke.

103.
Christian Wolff
1679–1754

103.1. Rede über die praktische Philosophie der Chinesen

103.1.1.1985.374

[III] CHRISTIAN WOLFF | Oratio de Sinarum philosophia practica | Rede über die praktische Philosophie | der Chinesen | Übersetzt, eingeleitet und | herausgegeben von | MICHAEL ALBRECHT | LATEINISCH-DEUTSCH | FELIX MEINER VERLAG | HAMBURG

[IV] PHILOSOPHISCHE BIBLIOTHEK BAND 369 [sic]

[I] [Reihensignet]

CVI, 324 S., 1 Bl. (bds. Vlgsanz.)

Bei der Angabe der PhB-Nr auf S. [IV] handelt es sich um einen Druckfehler. Die richtige PhB-Nr 374 findet sich im CIP-Vermerk sowie auf dem Schutzumschlag.

103.2. Wolffsche Begriffsbestimmungen

103.2.1.1910.122 A, 5, 12, 17, 20, 25, 38 (2 Exe), 61

[I] Philosophische Bibliothek | Band 122. || Wolffsche | Begriffsbestimmungen. | Ein Hilfsbüchlein | beim Studium Kants. || Zusammengestellt | von | Julius Baumann | ordentlichem Professor der Philosophie in Göttingen. | [Vlgssignet] | Leipzig. | Verlag der Dürr'schen Buchhandlung. | 1910.

IV S., 1 Bl., 54 S.

Das 1 Bl. enthält Inhalts- und Abkürzungsverzeichnis und befindet sich bei Ex. 5, 12 und 17 am Schluß des Bds.
Die Exe 25 und 38 haben einen Meiner-Einband.

2.4 Bibliographie der Neuen PhB

N1.
Maurice Joly
1831–1878

N1.1. Gespräche in der Unterwelt zwischen Machiavelli und Montesquieu

N1.1.1948.1 5, 6, 38, 60

[I] *Maurice Joly* | Gespräche in der Unterwelt | zwischen | Machiavelli und Montesquieu | oder | *Der Machiavellismus im XIX. Jahrhundert* | [Vlgssignet] || RICHARD MEINER VERLAG HAMBURG

[II] NEUE PHILOSOPHISCHE BIBLIOTHEK BAND 1 | Übersetzung aus dem Französischen | von | Univ.-Professor Dr. Dr. Hans Leisegang | 1948

X, 218 S.

1968 veranstaltete der Deutsche Taschenbuch-Vlg, München, eine gekürzte Lizenzausg. unter dem Titel ›Macht contra Vernunft‹ mit einem Vorwort von Joachim Christian Horn.
1979 erschien im Meiner-Vlg die um ein Vorwort von Herbert Weichmann erweiterte 2. Aufl. der Ausg. von 1948, ein weiterer Nachdruck 1981.
Wiedergabe von S. I der Ausg. 1948 als Abb. 15 auf S. 250.

N2.
Arnold Geulincx
1624–1699

N2.1. Ethik, oder Über die Kardinaltugenden

N2.1.1948.2 168, 294, 385

[I] ARNOLD GEULINCX | ETHIK | ODER | ÜBER DIE KARDINALTUGENDEN | (FLEISS, GEHORSAM, GERECHTIGKEIT UND DEMUT) | Übersetzt und eingeleitet | von | GEORG SCHMITZ | [Vlgssignet] | RICHARD MEINER VERLAG HAMBURG

[II] Neue Philosophische Bibliothek Band 2 | 1948

XVI, 72 S.

2.5 Bibliographie der Feldausgaben der PhB

Die FA sind im Krieg von 1917 bis 1918 in 15 Heften erschienen. Das DBV verzeichnet die FA unter dem Titel ›Taschenausgaben‹; DBV 4 (1915–1920), 272a, heißt es: »Ein Tl. d. Hefte ersch. währ. d. Krieges u. d. Untertitel: Feldausgaben.« (›Feldausgabe‹ ist hier als Untertitel zum Haupt-Reihentitel ›PhB‹ verstanden.)
Die bibliographische Verzeichnung erfolgt nach denselben Regeln wie die der TA.
Umrahmungen des Titelseitentextes gibt es bei den FA nicht.
Auf allen Titelseiten der FA befindet sich ganz unten ein Signet des Völkerschlachtdenkmals als Kriegsausfuhrzeichen.
Weitere ›Aufl.‹ einer FA als TA sind angegeben.
Die Ausg.-Sigle ist hier mit 4 Tln analog zu der der TA gebildet; nur steht hier zu Beginn ein ›FA‹ (für ›Feldausgabe‹).
Zu den FA siehe auch hier S. 71–74 mit Abb. 30 auf S. 268.

FA1.
Johann Wolfgang von Goethe
1749–1832

FA1.1. Kunstphilosophie

FA1.1.1918.11 — 12, 60, 101, 107

Bl. 1a FELDAUSGABEN DER | „PHILOSOPHISCHEN BIBLIOTHEK" | HEFT XI | Goethes | Kunstphilosophie | [Reihensignet] || VERLAG VON FELIX MEINER IN LEIPZIG | [Kriegsausfuhrzeichen]

Bl. 1b Sonderausgabe aus: | Goethes Philosophie aus seinen Werken. | Mit ausführlicher Einleitung herausgegeben von Max | Heymacher. Leipzig 1905. Preis M. 3.60. („Philosophische Bibliothek" Band 109.)

1 Bl., S. [241]–329

Erscheinungsjahr 1918 nach DBV 4, 271b.
1922 folgte eine weitere ›Aufl.‹ als TA (TA4.1).
In Z. 4 auf Bl. 1b müßte es ›Heynacher‹ statt »Heymacher« heißen.

FA2.
Georg Wilhelm Friedrich Hegel
1770–1831

FA2.1. Der Staat

FA2.1.1918.12 101

Bl. 1a FELDAUSGABEN DER | „PHILOSOPHISCHEN BIBLIOTHEK" | HEFT XII | Hegel | Der Staat | [Reihensignet] || VERLAG VON FELIX MEINER IN LEIPZIG | [Kriegsausfuhrzeichen]

Bl. 1b Sonderausgabe aus: | Hegels Grundlinien der Philosophie | des Rechts. | Herausgegeben von Georg Lasson. Leipzig 1911. | Preis M. 5.40. („Philosophische Bibliothek" Band 124.)

1 Bl., S. [195]–279

Erscheinungsjahr 1918 nach DBV 4, 271b.
Es folgten 2 weitere ›Aufl.‹ als TA (TA5.5–6).

FA2.2. Über die englische Reformbill

FA2.2.1918.6 12, 101, 107

Bl. 1a FELDAUSGABEN DER | „PHILOSOPHISCHEN BIBLIOTHEK" | HEFT VI | Hegel | Über die englische Reformbill | [Reihensignet] || VERLAG VON FELIX MEINER IN LEIPZIG | [Kriegsausfuhrzeichen]

Bl. 1b Sonderausgabe aus: | Hegel. Schriften zur Politik und Rechts- | philosophie. Mit ausführlicher Einleitung heraus- | gegeben von Georg Lasson. 1913. Preis M. 7.– | („Philosophische Bibliothek" Band 144.)

1 Bl., S. [285]–326, 507–508

Erscheinungsjahr 1918 nach DBV 4, 271b.
Von dem beigebundenen Bl. mit S. 507–508 sind auf S. 507 die ersten 15 Z. überklebt; es folgen bis S. 508 Bemerkungen »zur Feststellung des Textes« über die englische Reformbill.
1922 folgte eine weitere ›Aufl.‹ als TA (TA5.7).

FA3.
Johann Gottfried Herder
1744–1803

FA3.1. Ideen zur Philosophie der Geschichte der Menschheit

FA3.1.1917.2 12, 101

Bl. 1a FELDAUSGABEN DER | „PHILOSOPHISCHEN BIBLIOTHEK" | HEFT II | Herder | Ideen zur Philosophie der | Geschichte der Menschheit | [Reihensignet] || VERLAG VON FELIX MEINER IN LEIPZIG | [Kriegsausfuhrzeichen]

Bl. 1b Sonderausgabe aus: | Herders Philosophie. Ausgewählte Denkmäler | aus der Werdezeit der neuen deutschen Bildung. Mit | ausführlicher Einleitung herausgegeben von Horst | Stephan. Leipzig 1906. Preis M. 3.60. („Philo- | sophische Bibliothek" Band 112.)

1 Bl., S. [87]–176

Erscheinungsjahr 1917 nach DBV 4, 271b.
1922 folgte eine weitere ›Aufl.‹ als TA (TA6.1).

FA3.2. Religionsphilosophie

FA3.2.1918.7 12, 16, 17, 101

Bl. 1a FELDAUSGABEN DER | „PHILOSOPHISCHEN BIBLIOTHEK" | HEFT VII | Herders | Religionsphilosophie | [Reihensignet] || VERLAG VON FELIX MEINER IN LEIPZIG | [Kriegsausfuhrzeichen]

Bl. 1b Sonderausgabe aus: | Herders Philosophie. Ausgewählte Denkmäler | aus der Werdezeit der neuen deutschen Bildung. Mit | ausführlicher Einleitung herausgegeben von Horst | Stephan. 1906. Preis M. 3.60. („Philosophische | Bibliothek" Band 112.)

1 Bl., S. [177]–257

Erscheinungsjahr 1918 nach DBV 4, 271b. Abb. von Bl. 1a auf S. 268.
1920 folgte eine weitere ›Aufl.‹ als TA (TA6.2).

FA3.3. Sprachphilosophie

FA3.3.1918.13 101, 107, 385

Bl. 1a FELDAUSGABEN DER | „PHILOSOPHISCHEN BIBLIOTHEK" | HEFT XIII | Herders | Sprachphilosophie | [Reihensignet] || VERLAG VON FELIX MEINER IN LEIPZIG | [Kriegsausfuhrzeichen]

Bl. 1b Sonderausgabe aus: | Herders Philosophie. Herausgegeben von Horst | Stephan. Leipzig 1906. Preis M. 3.60. („Philo- | sophische Bibliothek" Band 112.)

1 Bl., 86 S.

Erscheinungsjahr 1918 nach DBV 4, 271b.
1922 folgte eine weitere ›Aufl.‹ als TA (TA6.3).

FA4.
Wilhelm von Humboldt
1767–1835

FA4.1. Über die Aufgabe des Geschichtsschreibers. Betrachtungen über die bewegenden Ursachen der Weltgeschichte. Latium und Hellas

FA4.1.1917.3 12, 101

[79] FELDAUSGABEN DER | „PHILOSOPHISCHEN BIBLIOTHEK" | HEFT III | W. v. Humboldt | Über die Aufgabe des Geschichtsschreibers / | Betrachtungen über die bewegenden Ursachen | der Weltgeschichte / Latium und Hellas | Sonderausgabe aus: | Humboldts ausgewählte philosophische Schriften | Herausgegeben v. Joh. Schubert. („Philosophische Bibliothek " Band 123.) | [Reihensignet] || VERLAG VON FELIX MEINER IN LEIPZIG | [Kriegsausfuhrzeichen]

S. [79]–134

Erscheinungsjahr 1917 nach DBV 4, 271b.
1932 und 1946 erschienen weitere ›Aufl.‹ als TA (TA7.4–5).

FA5.
Immanuel Kant
1724–1805

FA5.1. Idee zu einer allgemeinen Geschichte in weltbürgerlicher Absicht

FA5.1.1917.4 12, 101

Bl. 1a FELDAUSGABEN DER | „PHILOSOPHISCHEN BIBLIOTHEK" | HEFT IV | Imm. Kant | Idee zu einer allgemeinen Geschichte | in weltbürgerlicher Absicht | [Reihensignet] || VERLAG VON FELIX MEINER IN LEIPZIG | [Kriegsausfuhrzeichen]

Bl. 1b Sonderausgabe aus: | Kant. Kleinere Geschichten [sic] zur Geschichtsphilo- | sophie, Ethik und Politik. Mit ausführlicher Einleitung | herausgegeben von Karl Vorländer. Leipzig 1913. | Preis M. 3.– („Philosophische Bibliothek" Band 47I.)

1 Bl., 20 S.

Erscheinungsjahr 1917 nach DBV 4, 271b.
1919 und 1929 erschienen weitere ›Aufl.‹ als TA (TA11.12–13).
In Z. 2 von Bl. 1b muß es ›Schriften‹ statt »Geschichten« heißen.

FA5.2. Theorie und Praxis (Über den Gemeinspruch)

FA5.2.1918.8 12, 101

Bl. 1a FELDAUSGABEN DER | „PHILOSOPHISCHEN BIBLIOTHEK" | HEFT VIII | Kant | Theorie und Praxis | [Reihensigent] || VERLAG VON FELIX MEINER IN LEIPZIG | [Kriegsausfuhrzeichen]

Bl. 1b Sonderausgabe aus: | Imm. Kant. Kleinere Schriften zur Geschichts- | philosophie, Ethik und Politik. Mit ausführlicher Ein- | leitung herausgegeben von Karl Vorländer. 1913. | Preis M. 3.– („Philosophische Bibliothek" Band 47I.)

1 Bl., S. [65]–113

Erscheinungsjahr 1918 nach DBV 4, 271b.
1919 und 1944 erschienen weitere ›Aufl.‹ als TA (TA11.17-18). Bei der TA-Ausg. von 1919 haben 3 Exe die Umschläge der FA.
Diese FA hat als S. [65]–[66] noch 1 Bl. mit einem Zwischentitel auf S. [65], das noch von PhB 47I stehengeblieben ist; bei der TA fehlt dieses Bl.

FA6.
Gottfried Wilhelm Leibniz
1646–1716

FA6.1. Die Vernunftprinzipien der Natur und der Gnade. Die Monadologie

FA6.1.1918.14 35, 101

Bl. 1a FELDAUSGABEN DER | „PHILOSOPHISCHEN BIBLIOTHEK" | HEFT XIV | Leibniz | Die Vernunftprinzipien der Natur | und der Gnade / Die Monadologie | [Reihensignet] || VERLAG VON FELIX MEINER IN LEIPZIG | [Kriegsausfuhrzeichen]

Bl. 1b Sonderausgabe aus: | Leibniz' Hauptschriften zur Grundlegung | der Philosophie. | Herausgegeben und mit Erläuterungen versehen von | Dr. A. Buchenau und Dr. E. Cassirer. Band II. | Preis M. 5.40 („Philosophische Bibliothek" Band 108.)

1 Bl., S. [423]–456

Erscheinungsjahr 1918 nach DBV 4, 271b.
1920 und 1929 erschienen weitere ›Aufl.‹ als TA (TA12.1–2).

FA7.
Gotthold Ephraim Lessing
1729–1781

FA7.1. Ernst und Falk (Gespräche für Freimaurer). Die Erziehung des Menschengeschlechts

FA7.1.1917.5 12, 101, 107

Bl. 1a FELDAUSGABEN DER | „PHILOSOPHISCHEN BIBLIOTHEK" | HEFT V | Lessing | Ernst u. Falk (Gespräche für Freimaurer) | Die Erziehung des Menschengeschlechts | [Reihensignet] || VERLAG VON FELIX MEINER IN LEIPZIG | [Kriegsausfuhrzeichen]

Bl. 1b Sonderausgabe aus: | Lessings Philosophie. Denkmäler aus der Zeit | des Kampfes zwischen Aufklärung und Humanität in | der deutschen Geistesbildung. Herausgegeben von | Paul Lorentz. Leipzig 1909. Preis M. 4.50. („Philo- | sophische Bibliothek" Band 119.)

1 Bl., S. [177]–228

Erscheinungsjahr 1917 nach DBV 4, 271b.
1922 und 1932 erschienen weitere ›Aufl.‹ als TA (TA13.2–3).

FA7.2. Religionsphilosophie und theologische Streitschriften

FA7.2.1918.9 23, 101, 107, 211

[63] FELDAUSGABEN DER | „PHILOSOPHISCHEN BIBLIOTHEK" | HEFT IX | Lessings | Religionsphilosophie und | theologische Streitschriften | [Reihensignet] || VERLAG VON FELIX MEINER IN LEIPZIG | [Kriegsausfuhrzeichen]

[64] Sonderausgabe aus: | Lessings Philosophie. Denkmäler aus der Zeit | des Kampfes zwischen Aufklärung und Humanität in | der deutschen Geistesbildung. Herausgegeben von | Paul Lorentz. 1909. Preis M. 4.50. („Philosophische | Bibliothek" Band 119.) | [Beginn des Lessing-Textes]

S. [63]–176

Erscheinungsjahr 1918 nach DBV 4, 271b.
1922 erschien eine weitere ›Aufl.‹ als TA (TA13.4).

FA8.
Platon
427–347

FA8.1. Gesetze, Buch X

FA8.1.1918.15 101, 107

[395] FELDAUSGABEN DER | „PHILOSOPHISCHEN BIBLIOTHEK" | HEFT XV | Platon | Gesetze. X. Buch | Sonderausgabe aus: | Platons Gesetze. Übersetzt und erläutert von Otto | Apelt. Zwei Bände. („Philosophische Bibliothek" | Band 159/160.) | [Reihensignet] || VERLAG VON FELIX MEINER IN LEIPZIG | [Kriegsausfuhrzeichen]

S. [395]–438

Erscheinungsjahr 1918 nach DBV 4, 271b.
1945 erschien eine weitere ›Aufl.‹ als TA (TA15.1).
Der Text ist Bd 2 (PhB 160) der PhB-Edition der ›Gesetze‹ entnommen.

FA9.
Friedrich von Schiller
1759–1805

FA9.1. Über Anmut und Würde

FA9.1.1917.1 12, 101

Bl. 1a FELDAUSGABEN DER | „PHILOSOPHISCHEN BIBLIOTHEK" | HEFT I | Schiller | Über Anmut und Würde | [Reihensignet] || VERLAG VON FELIX MEINER IN LEIPZIG | [Kriegsausfuhrzeichen]

Bl. 1b Sonderausgabe aus: | Schillers Philosophische Schriften | und Gedichte. | Zur Einführung in seine Weltanschauung. | Mit ausführlicher Einleitung herausgegeben von | Eugen Kühnemann. Zweite Auflage. Leipzig 1910. | Preis M. 4.50. („Philosophische Bibliothek" Band 103.)

1 Bl., S. [95]–157

Erscheinungsjahr 1917 nach DBV 4, 271b.
1919 und 1944 folgten weitere ›Aufl.‹ als TA (TA17.1–2).

FA9.2. Über die ästhetische Erziehung des Menschen

FA9.2.1918.10 101, Beu1

[157] FELDAUSGABEN DER | „PHILOSOPHISCHEN BIBLIOTHEK" | HEFT X | Schiller | Über die ästhetische | Erziehung des | Menschen | Sonderausgabe aus | „Philosophische Bibliothek" Band 103. | [Reihensignet] || VERLAG VON FELIX MEINER IN LEIPZIG | [Kriegsausfuhrzeichen]

S. [157]–271

Erscheinungsjahr 1918 nach DBV 4, 272a.
1919, 1928 und 1933 folgten weitere ›Aufl.‹ als TA (TA17.3–5).
Bei PhB-Bd 103 handelt es sich um die von Eugen Kühnemann hrsg. 2. Aufl. von ›Schillers philosophische Schriften und Gedichte‹ (87.1.2–3).

2.6 Bibliographie der Taschenausgaben der PhB

Kein Heft der TA trägt ein Erscheinungsjahr. Alle diesbezüglichen Unterlagen des Felix Meiner Vlgs sind bei einem Bombenangriff am 4. Dezember 1943 verbrannt. Auch bibliographisch lassen sich nur wenige Ausg. mit Erscheinungsjahren zuverlässig im DBV nachweisen; aber auch in diesen Fällen entsteht ein Datierungsproblem nur dann nicht, wenn es nur 1 Ausg. (bzw. ›Aufl.‹ einer Ausg.) gibt. Bei der dadurch bedingten Datierungsproblematik der überwiegenden Mehrzahl der Hefte der TA steht die Titelblattgestaltung der Hefte im Vordergrund. Cum grano salis lassen sich bis 1945 5 Hauptformen unterscheiden (das folg. ist selbstverständlich auch schon Ergebnis einer Vergleichung datierungswichtiger Faktoren):

1. 1919(/20):
Unmittelbar nach dem Krieg wurden aus den ›Feldausgaben‹ die ›Taschenausgaben‹. Das Titelbl. dieser TA ist dem der FA völlig ähnlich, ja meist – bis auf das Wort ›Feldausgaben‹ und das Kriegsausfuhrzeichen – identisch:
1.1 Z. 2 steht in „ ”: „PHILOSOPHISCHEN BIBLIOTHEK”
1.2 die Heftzählung in Z. 3 ist römisch
1.3 der Titelseitentext ist nicht umrahmt; über der letzten Z. mit Orts- und Vlgsangabe stehen 2 Leisten
1.4 Autorennamen- und Titelangabe stehen in Fraktur
Beispiele: TA2.2–2, TA4.2, TA14.7

2. 1920(/21):
Die Titelbl. dieser ›Zwischenphase‹ sind denen der folg. Phase (1922–25) sehr ähnlich:
2.1 Z. 2 steht in » «
2.2 die Heftzählung in Z. 3 ist römisch
2.3 der gesamte Titelseitentext ist umrahmt, die Heftangabe in Z. 3 ist in einer Leiste gemittelt
2.4 auch hier stehen Autorennamen- und Titelangabe in Fraktur
Soweit wir sehen, gibt es hiervon nur 4 Ausg., die alle (laut Druckvermerk jw. auf S. b des Titelbl.) bei der Otto Wigand'schen Buchdruckerei in Leipzig gedruckt wurden: TA6.2, TA12.1, TA12.4, TA19.2.

3. 1922–25:
Die meisten, bibliographisch im DBV belegten Hefte der TA stammen aus dieser Zeit. Die Titelblattgestaltung ist gegenüber der vorh. nur wenig verändert:
3.1 Z. 2 steht wieder in „ ”
3.2 die Heftzählung in Z. 3 ist nun arabisch
3.3 die Umrahmung des gesamten Titelseitentextes bleibt bestehen
3.4 Autorennamen- und Titelangabe stehen auch hier in Fraktur
Beispiele: TA1.1–4, TA3.1, TA4.1, TA18.1. Siehe Abb. 31 von TA4.3 auf S. 268.

4. 1928–34:
Der signifikanteste Unterschied zu den vorh. und späteren Ausg. bildet die Umrahmung des Titelseitentextes:
4.1 Z. 2 steht in „ "
4.2 die Heftzählung bleibt arabisch
4.3 die Umrahmung von Titelseitentext erstreckt sich nun nur noch von Z. 3 bis zur Leiste über der letzten Z. der Titelseite mit Orts- und Vlgsangabe
4.4 Autorennamen- und Titelangabe auch hier in Fraktur
Beispiele: TA2.3, TA5.2–3, TA12.2, TA17.5
Ausnahme: TA2.4 ist wohl 1940 oder 1944 erschienen, hat aber noch die Titelblattgestaltung der Jahre 1928–34.

5. 40er Jahre:
Die Titelblattgestaltung kehrt zu der der Jahre 1922–25 zurück:
5.1 Z. 2 steht wieder in „ " (Ausnahme z. B.: TA11.21)
5.2 die Heftzählung in Z. 3 bleibt arabisch
5.3 Umrahmung wieder wie 1922–25: der gesamte Titelseitentext ist umrahmt
5.4 Autorennamen- und Titelangabe stehen nun in Antiqua-Versalien
Beispiele: TA2.5, TA5.9, TA7.3, TA14.6, TA17.2

Natürlich gibt es Abweichungen von diesen 5 Haupt-Titelblattformen, wie TA14.5 (Abb. 32 auf S. 268).

Neben diesen 5 Haupt-Titelblattformen (die selbst auch wieder nur das Ergebnis einer Vergleichung anderer Faktoren sind) können hier als datierungswichtige Faktoren gelten: die Katalogisate des DBV; die Vlgsanz. auf Seiten, die zum Buchblock gehören; Vlgsanz. auf eingebundenen Vlgsprospekten (meist 2blättrig und orangefarbig) – wobei diese (wenn überhaupt) nur einen terminus ad quem abgeben können – und (nur in seltenen Fällen) Angaben über den PhB-Bd, nach der das betr. Heft der TA gedruckt wurde.
Datierungen von Bibliotheken (entsprechend auch in Bibliothekskatalogen, wie z. B. dem NUC) sind hierbei sehr unzuverlässig (mit Ausnahme der Deutschen Bücherei in Leipzig); krasse Fehldatierungen sind nicht selten: 294 z. B. datiert eine Ausg. von 1946 auf 1919 (vermutlich weil die Ausg. mit diesem Jahr in DBV 4, 271b, verzeichnet ist: TA7.3); 17 datiert eine Ausg. von 1945 auf 1919 (TA11.4); 1a, 115, 385 datieren eine Ausg. von 1944 auf 1928 (TA14.10). Diese TA lassen sich also rein bibliographisch nicht datieren.
Beschaffungen bestimmter Ausg./Exe in einer Bibliothek können also bes. dann mit Schwierigkeiten verbunden sein, wenn es mehrere ›Aufl.‹ einer Ausg. in einer Bibliothek gibt, und diese ›Aufl.‹ dort falsch datiert sind.
Bei dieser Sachlage sind Fehldatierungen auch in vorl. Bibliographie natürlich möglich; einige Datierungen müssen vage bleiben (siehe bes. TA2.4 und TA17.6–8).

Die folg. bibliographische Verzeichnung erfolgt nach denselben Regeln wie die der PhB. D. h. auch: Von den Titelseitenumrahmungen werden hier nur die waagerechten Linien/Leisten (mit dem doppelten Zeilenbruchzeichen: ||) wiedergegeben. Der Deutlichkeit halber ist bei einigen Ausg. die Umrahmung in einer Bemerkung beschrieben.
Ist nicht schon auf Titel- oder Impressumseite des betr. Heftes beschrieben, welchem PhB-Bd die Schrift entnommen ist bzw. ist dies unklar, so ist dies in einer Be-

merkung klargestellt. Bei Ausg., deren Texte nur in den TA zugänglich waren (also nicht – wie bei der überwiegenden Mehrzahl der TA – einem PhB-Bd entnommen sind), ist dies angegeben.
Im Gegensatz zur Verzeichnung der PhB sind hier bei den TA der Genauigkeit halber *alle* Z. der Impressumseite genannt, d. h. auch Druckvermerke (wenn auch nicht diplomatisch wiedergegeben).
Einige Exe der TA haben noch die Umschläge der FA; dies ist bei den betr. Ausg. angegeben. Wenn es vor einer TA eine FA gegeben hat, so ist dies vermerkt.
Beginnt ein Heft nicht mit ›1 Bl.‹ (= Titelseite und Impressumseite) sondern mit einer unpaginierten Seite als Titelseite, so beginnt auf der folg. (geraden) Seitenzahl der betr. Text. Der Herkunfthinweis der TA-Ausg. (nach welchem PhB-Bd das betr. Heft der TA gedruckt ist) steht in diesen Fällen meist auf der Titelseite (sonst – bei 1 Bl. – meist auf der Impressumseite).
Die Ausg.-Sigle hat hier 4 Tle:
1. die Ziffer des Autors mit vorangestelltem ›TA‹ (für ›Taschenausgabe‹)
2. der numerus currens für die Ausg. eines Autors (nicht: eines Textes)
3. das Erscheinungsjahr
4. die Heft-Nr
Zu den TA siehe auch hier S. 74–77 und Abb. 31–33 auf S. 268.

TA1.
Aristoteles
384–322

TA1.1. Die Freundschaft und ihre Formen

TA1.1.1922.32 17, 101, B772

Bl. 1a || TASCHENAUSGABEN DER | „PHILOSOPHISCHEN BIBLIOTHEK" | – HEFT 32 – | Aristoteles | Die Freundschaft | und ihre Formen | [Reihensignet] || VERLAG VON FELIX MEINER IN LEIPZIG ||

Bl. 1b Sonderausgabe aus: | Aristoteles. Nikomachische Ethik. | Neu übersetzt und erläutert von | Dr. theol. Eugen Rolfes. | (Der Philosophischen Bibliothek Band 5.)

1 Bl., S. [161]–208

Erscheinungsjahr 1922 nach DBV 7, 120b.

TA1.2. Lust und Glückseligkeit als Ziele des Menschen

TA1.2.1922.34 6, 12, 17, 64, 101, 385

Bl. 1a || TASCHENAUSGABEN DER | „PHILOSOPHISCHEN BIBLIOTHEK" | – HEFT 34 – | Aristoteles | Lust und Glückseligkeit | als Ziele des Menschen | [Reihensignet] || VERLAG VON FELIX MEINER IN LEIPZIG ||

Bl. 1b Sonderausgabe aus: | Aristoteles. Nikomachische Ethik. | Neu übersetzt und erläutert von | Dr. theol. Eugen Rolfes. | (Der Philosophischen Bibliothek Band 5.) | [9 Z. zu Aristoteles]

1 Bl., S. [209]–228, 1 Bl. (bds. Vlgsanz.)

Erscheinungsjahr 1922 nach DBV 7, 121a.

TA1.3. Recht und Gerechtigkeit

TA1.3.1922.33 12, 64, 101

Bl. 1a || TASCHENAUSGABEN DER | „PHILOSOPHISCHEN BIBLIOTHEK" | – HEFT 33 – | Aristoteles | Recht und Gerechtigkeit | [Reihensignet] || VERLAG VON FELIX MEINER IN LEIPZIG ||

Bl. 1b Sonderausgabe aus: | Aristoteles. Nikomachische Ethik. | Neu übersetzt und erläutert von | Dr. theol. Eugen Rolfes. | (Der Philosophischen Bibliothek Band 5.) | [9 Z. zu Aristoteles]

1 Bl., S. [89]–115, 1 Bl. (bds. Vlgsanz.)

Erscheinungsjahr 1922 nach DBV 7, 121a.

TA1.4. Von den Prinzipien und Ursachen der Substanzen

TA1.4.1922.31 101, 385

[1] || TASCHENAUSGABEN DER | „PHILOSOPHISCHEN BIBLIOTHEK" | – HEFT 31 – | Aristoteles | Von den Prinzipien und | Ursachen der Substanzen | [Reihensignet] || VERLAG VON FELIX MEINER IN LEIPZIG ||

[2] Sonderausgabe aus: | Aristoteles' Metaphysik. | Neu übersetzt und erläutert von | Dr. theol. Eugen Rolfes. | (Der Philosophischen Bibliothek Bd. 2/3.) | [11 Z. zu Aristoteles]

24 S.

Erscheinungsjahr 1922 nach DBV 7, 121a.
Bei dem Text handelt es sich um Buch 12 (= Buch Lambda) der ›Metaphysik‹, der Bd 2 der PhB-Edition (PhB 3) entnommen ist (3.3.5). Rhodes Vermutung (Nr 135) ist damit bestätigt (offenbar hatte sie kein Ex. der Ausg. vorliegen).

TA2.
René Descartes
1596–1650

TA2.1. Abhandlung über die Methode

TA2.1.1919.26 101, 107

[I] TASCHENAUSGABEN DER | „PHILOSOPHISCHEN BIBLIOTHEK“ | HEFT XXVI | Descartes | Abhandlung über die | Methode | [Reihensignet] || VERLAG VON FELIX MEINER IN LEIPZIG

[II] Sonderausgabe aus: | Descartes, René. Philosophische Werke. | Neu übersetzt und mit Einleitungen und Gesamt- | register versehen von Dr. Artur Buchenau. | :: (Philosophische Bibliothek. Band 26–29.) ::

XII, 70 S.

Erscheinungsjahr 1919 nach DBV 4, 271a.

TA2.2–5. Meditationen über die Grundlagen der Philosophie

Zwischen 1911 und 1919 gab es die ›Meditationen‹ Descartes' im Meiner-Vlg in 6 verschiedenen Ausg., siehe 21.6.6.

TA2.2.1919.21 45, 101, He76

Bl. 1a TASCHENAUSGABEN DER | „PHILOSOPHISCHEN BIBLIOTHEK“ | HEFT XXI | Descartes | Meditationen über die Grundlagen | der Philosophie | [Reihensignet] || VERLAG VON FELIX MEINER IN LEIPZIG

Bl. 1b Sonderausgabe aus: | René Descartes. Meditationen über die | Grundlagen der Philosophie mit den sämt- | :: lichen Einwänden und Erwiderungen. :: | In vierter Auflage zum erstenmal vollständig übersetzt | von Dr. Artur Buchenau. 1915. XIV, 493 Seiten. | Preis M. 6.–. („Philosophische Bibliothek“ Band 27).

1 Bl., 78 S.

Erscheinungsjahr 1919 nach DBV 4, 271a.

TA2.3.1928.21 Rot2

Bl. 1a [Z. 1 ebs.] | »PHILOSOPHISCHEN BIBLIOTHEK« | – HEFT 21 – | [Z. 4 ebs.] | Meditationen | über die | Grundlagen der Philosophie | [Z. 8–9 wie vorh. Z. 7–8]

Bl. 1b [Z. 1–3 ebs.] | lichen Einwänden und Erwiderungen. | Zum erstenmal vollständig übersetzt | von Dr. Artur Buchenau. 1915. XIV, 493 Seiten. | („Philosophische Bibliothek“ Band 27.)

1 Bl., 78 S.

Die Ausg. ist höchstwahrscheinlich 1928 entstanden.
Auf der neugesetzten Titelseite sind die Z. 3–8 umrahmt.
Dem Ex. ist ein Prospekt von 1929 eingebunden.

TA2.4.1944.21 4, 60, (77), 101, 115

[1] [Z. 1–3 wie vorh. auf Bl. 1a] | René Descartes' | [Z. 5 wie vorh. auf Bl. 1a] | über die Grundlagen der Philosophie | *übersetzt von* | *Dr. Artur Buchenau* | [Z. 9–10 wie vorh. Z. 8–9 auf Bl. 1a]

[2] [1 Z.] || Sonderausgabe lediglich des Textes der Meditationen aus René | Descartes ,,Meditationen über die Grundlagen der Philosophie | mit den sämtlichen Einwänden und Erwiderungen" | (Philosophische Bibliothek Band 27)

78 S., 1 Bl. (bds. Vlgsanz.)

Die Ausg. stammt entweder von 1940 (die Vlgsanz. des letzten Bl. stammen von spätestens 1940) oder von 1944 (DBV 23, 877b, verzeichnet eine »Sonderausg. ⟨'44.⟩«).
Auch hier trägt die Titelseite eine Umrahmung, und zwar der Z. 3–9.
Ex. 77 fehlt das Titelbl.
In Ex. 115 weist ein Korrekturzettel darauf hin, daß S. 7 und 11 miteinander vertauscht wurden.

TA2.5.1948.21 A, 3, 6, 70, 75, 77, 89, 101, 131, 211, 290, 291, 385, B726, Tr2

[I] || [Z. 1–3 wie vorh. auf S. 1] | RENÉ DESCARTES | MEDITATIONEN | ÜBER DIE GRUNDLAGEN DER PHILOSOPHIE | ÜBERSETZT VON | DR. ARTUR BUCHENAU | [Z. 9–10 wie vorh. auf S. 1] ||

[II] [Z. 1–5 wie vorh. auf S. 2] | [2 Z. Druckvermerk und Lizenznr]

VIII, 78 S., 1 Bl. (bds. Vlgsanz.)

Erscheinungsjahr 1948 nach DBV 23, 877b.
Im Gegensatz zur vorh. Ausg. ist der gesamte Titelseitentext umrahmt.

TA3.
Johann Gottlieb Fichte
1762–1814

TA3.1. Wesen und Aufgabe der Universität

TA3.1.1924.61 101, 211, 385

Bl. 1a || TASCHENAUSGABEN DER | „PHILOSOPHISCHEN BIBLIOTHEK" | – HEFT 61 – | Fichte | Wesen und Aufgabe der Universität | [Reihensignet] || VERLAG VON FELIX MEINER IN LEIPZIG ||

Bl. 1b Sonderausgabe aus: | Über das Wesen der Universität | Drei Aufsätze von | Joh. Gottl. Fichte. Friedr. Schleiermacher, | Henrik Steffens aus den Jahren 1807–1809 | Herausgegeben von Eduard Spranger | (Der „Philosophischen Bibliothek" Band 120)

1 Bl., 104 S., 1 Bl. (bds. Vlgsanz.)

Erscheinungsjahr 1924 nach DBV 7, 955a.

TA4.
Johann Wolfgang von Goethe
1749–1832

TA4.1. Kunstphilosophie

Die ›1. Aufl.‹ erschien 1918 als FA; siehe FA1.1.
1922 folgte die ›2. Aufl.‹ als TA, die im folg. verzeichnet ist.

TA4.1.1922.11 211

Bl. 1a || TASCHENAUSGABEN DER | „PHILOSOPHISCHEN BIBLIOTHEK" | – HEFT 11 – | Goethe | Kunstphilosophie | [Reihensignet] || VERLAG VON FELIX MEINER IN LEIPZIG ||

Bl. 1b Sonderausgabe aus: | Goethes Philosophie | aus seinen Werken. | Herausgegeben von Max Heynacher. | (Der Philosophischen Bibliothek Band 109.)

1 Bl., S. [131]–219

Die Ausg. ist höchstwahrscheinlich 1922 entstanden.

TA4.2–3. Naturphilosophie

TA4.2.1919.16 12, 101

Bl. 1a TASCHENAUSGABEN DER | ,,PHILOSOPHISCHEN BIBLIOTHEK" | HEFT XVI | Goethes | Naturphilosophie | [Reihensignet] || VERLAG VON FELIX MEINER IN LEIPZIG

Bl. 1b Sonderausgabe aus: | Goethes Philosophie aus seinen Werken. | Mit ausführlicher Einleitung herausgegeben von | Max Heynacher. Leipzig 1905. Preis M. 3.60. | (,,Philosophische Bibliothek" Band 109.)

1 Bl., S. [157]–241

Erscheinungsjahr 1919 nach DBV 4, 271b.

TA4.3.1922.16 A, 77, 211

Bl. 1a || [Z. 1–2 ebs.] | – HEFT 16 – | Goethe | [Z. 5–7 ebs.] ||

Bl. 1b [Z. 1 ebs.] | Goethes Philosophie | aus seinen Werken. | Herausgegeben von Max Heynacher. | (Der Philosophischen Bibliothek Band 109).

1 Bl., S. [47]–131

Die Ausg. ist höchstwahrscheinlich 1922 entstanden. Wiedergabe von Bl. 1a siehe Abb. 31 auf S. 268.
Im Gegensatz zur vorh. Ausg. ist hier der gesamte Titelseitentext umrahmt.

TA4.4. Philosophie der Farben

TA4.4.1922.35 6, 101

Bl. 1a || TASCHENAUSGABEN DER | ,,PHILOSOPHISCHEN BIBLIOTHEK" | – HEFT 35 – | Goethe | Philosophie der Farben | [Reihensignet] || VERLAG VON FELIX MEINER IN LEIPZIG ||

Bl. 1b Sonderausgabe aus: | Goethes Philosophie | aus seinen Werken. | Herausgegeben von Max Heynacher. | (Der Philosophischen Bibliothek Band 109.)

1 Bl., S. [219]–268, (1 Bl., bds. Vlgsanz.)
Erscheinungsjahr 1922 nach DBV 7, 1247a.

TA5.
Georg Wilhelm Friedrich Hegel
1770–1831

TA5.1. Die Bildung

TA5.1.1922.37 A, 77, 101, 385

Bl. 1a || TASCHENAUSGABEN DER | „PHILOSOPHISCHEN BIBLIOTHEK" | – HEFT 37 – | Hegel | Die Bildung | [Reihensignet] || VERLAG VON FELIX MEINER IN LEIPZIG ||

Bl. 1b Sonderausgabe aus: | HEGEL. | Phänomenologie des Geistes (1807). | Herausgegeben und eingeleitet von | Dr. phil. h. c. Georg Lasson. | (Der Philosophischen Bibliothek Band 114.) | [7 Z. zu Hegel]

1 Bl., S. [319]–343

Erscheinungsjahr 1922 nach DBV 8, 143b.

TA5.2. Einleitung in die Ästhetik

TA5.2.1934.67 101

Bl. 1a TASCHENAUSGABEN DER | »PHILOSOPHISCHEN BIBLIOTHEK« | – HEFT 67 – | Hegel | Einleitung in die Ästhetik | [Reihensignet] || VERLAG VON FELIX MEINER IN LEIPZIG

Bl. 1b Sonderausgabe aus: | Georg Wilhelm Friedrich Hegel | Vorlesungen über die Ästhetik | Erster Halbband | Nach den erhaltenen Quellen | neu herausgegeben von | Georg Lasson | („Philosophische Bibliothek" Band 164)

1 Bl., 136 S., 2 Bl. (jw. bds. Vlgsanz.)

Erscheinungsjahr 1934 nach DBV 17, 1168b.

TA5.3. Philosophie der griechischen Religion

TA5.3.1934.68 77, 101

Bl. 1a TASCHENAUSGABEN DER | »PHILOSOPHISCHEN BIBLIOTHEK« | – HEFT 68 – | Hegel | Philosophie der | griechischen Religion | [Reihensignet] || VERLAG VON FELIX MEINER IN LEIPZIG

Bl. 1b Sonderausgabe aus: | Georg Wilhelm Friedrich Hegel | Vorlesungen über die Philosophie der Religion | Zweiter Teil, 2. Kapitel: | Die Religionen der geistigen Individualität | Nach den vorhandenen Manuskripten | vollständig neu herausgegeben von | Georg Lasson | („Philosophische Bibliothek" Band 61)

1 Bl., S. [111]–192

Erscheinungsjahr 1934 nach DBV 17, 1168b.

TA5.4. Die Sittlichkeit

TA5.4.1922.38 A, 101

[287] || TASCHENAUSGABEN DER | „PHILOSOPHISCHEN BIBLIOTHEK" | – HEFT 38 – | Hegel | Die Sittlichkeit | Sonderausgabe aus: HEGEL. | Phänomenologie des Geistes. | [Reihensignet] || VERLAG VON FELIX MEINER IN LEIPZIG ||

S. [287]–315, 1 Bl. (bds. Vlgsanz.)

Erscheinungsjahr 1922 nach DBV 8, 143b.

TA5.5–6. Der Staat

Die ›1. Aufl.‹ erschien 1918 als FA; siehe FA2.1.
1919 und 1923 folgten weitere ›Aufl.‹ als TA, die im folg. verzeichnet sind.

TA5.5.1919.12 107, M36a

Bl. 1a TASCHENAUSGABEN DER | „PHILOSOPHISCHEN BIBLIOTHEK" | HEFT XII | Hegel | Der Staat | [Reihensignet] || VERLAG VON FELIX MEINER IN LEIPZIG

Bl. 1b Sonderausgabe aus: | Hegels Grundlinien der Philosophie | des Rechts. | Herausgegeben von Georg Lasson. Leipzig 1911. | Preis M. 5.40. („Philosophische Bibliothek" Band 124.) | [1 Z. Druckvermerk]

1 Bl., S. [195]–279

Die Ausg. erschien wohl 1919.

TA5.6.1923.12 77, 385

Bl. 1a || [Z. 1–2 ebs.] | – HEFT 12 – | [Z. 4–7 ebs.] ||

Bl. 1b [Z. 1–2 ebs.] | des Rechts | Herausgegeben von Georg Lasson | 2. Auflage. Leipzig 1921 | (Der „Philosophischen Bibliothek" Band 124) | [5 Z. zu Hegel]

1 Bl., S. [195]–279

Die Ausg. ist höchstwahrscheinlich 1922 oder (eher) 1923 entstanden.
Im Gegensatz zur vorh. Ausg. ist hier der gesamte Titelseitentext umrahmt.

TA5.7. Über die englische Reformbill

Die ›1. Aufl.‹ erschien 1918 als FA; siehe FA2.2.
1922 folgte die ›2. Aufl.‹ als TA, die im folg. verzeichnet ist.

TA5.7.1922.6 3

Bl. 1a || TASCHENAUSGABEN DER | „PHILOSOPHISCHEN BIBLIOTHEK" | – HEFT 6 – | Hegel | Über die englische | Reformbill | [Reihensignet] || VERLAG VON FELIX MEINER IN LEIPZIG ||

Bl. 1b Sonderausgabe aus: | Hegel. Schriften zur Politik und Rechtsphilosophie | Mit ausführlicher Einleitung herausgegeben von | Georg Lasson | („Philosophische Bibliothek" Band 144) | [7 Z. zu Hegel]

1 Bl., S. [285]–326

Die Ausg. ist höchstwahrscheinlich 1922 entstanden.

TA5.8–10. Vom wissenschaftlichen Erkennen

TA5.8.1922.36 101, 385

[1] || TASCHENAUSGABEN DER | „PHILOSOPHISCHEN BIBLIOTHEK" | – HEFT 36 – | Hegel | Vom | wissenschaftlichen Erkennen | [Reihensignet] || VERLAG VON FELIX MEINER IN LEIPZIG ||

[2] Sonderausgabe aus : | HEGEL. | Phänomenologie des Geistes (1807). | Herausgegeben und eingeleitet von | Dr. phil. h. c. Georg Lasson. | (Der Philosophischen Bibliothek Band 114.) | [7 Z. zu Hegel]

49 S., 1 Bl. (bds. Vlgsanz.)

Erscheinungsjahr 1922 nach DBV 8, 143b.

TA5.9.1949.36 A, 38, 101, 131, 294, 361, 385

[7] || [Z. 1 wie vorh. auf S. 1] | »PHILOSOPHISCHEN BIBLIOTHEK« | [Z. 3 wie vorh. auf S. 1] | G. W. F. HEGEL | VOM | WISSENSCHAFTLICHEN | ERKENNEN | [Z. 8–9 wie vorh. Z. 7–8 auf S. 1] ||

[8] [Z. 1 wie vorh. auf S. 2] | G. W. F. HEGEL, Phänomenologie des Geistes. | Nach dem Texte der Original-Ausgabe herausgegeben von | Johannes Hoffmeister. (»Philosophische Bibliothek« Band 114) | [24 Z. »INHALT«] | [3 Z. Druckvermerk und Lizenznr]

S. [7]–59, 1 Bl. (bds. Vlgsanz.)

Erscheinungsjahr 1949 nach DBV 24, 503a. Möglicherweise entstand die Ausg. aber auch schon 1948: Die Lizenznr datiert von 1947.

TA5.10.1964.36 A, 61, 352

[7] [Z. 1 wie vorh. Z. 4] | Vom wissenschaftlichen | Erkennen | FELIX MEINER VERLAG HAMBURG

[8] TASCHENAUSGABEN DER PHILOSOPHISCHEN BIBLIOTHEK | Heft 36 | Sonderdruck aus: G. W. F. Hegel PHÄNOMENOLOGIE | DES GEISTES. Nach dem Text der Originalausgabe herausgegeben | von Johannes Hoffmeister. 1952. PhB 114. | [24 Z. »INHALT«] | [2 Z.]

S. [7]–59

Die Ausg. entstand 1964.
Ein ebenfalls ungekennzeichneter Nachdruck von 1968 hat am Schluß 1 Bl. mit bds. Vlgsanz., die mit »Frühjahr 1968« datiert sind (Ex. in 17).

TA6.
Johann Gottfried Herder
1744–1803

TA6.1. Ideen zur Philosophie der Geschichte der Menschheit

Die ›1. Aufl.‹ erschien 1917 als FA; siehe FA3.1.
Ca 1922 folgte die ›2. Aufl.‹ als TA, die im folg. verzeichnet ist.

TA6.1.1922.2 A, 211, 385

Bl. 1a || TASCHENAUSGABEN DER | „PHILOSOPHISCHEN BIBLIOTHEK" | – HEFT 2 – | Herder | Ideen zur Philosophie der | Geschichte der Menschheit | [Reihensignet] || VERLAG VON FELIX MEINER IN LEIPZIG ||

Bl. 1b Sonderausgabe aus: | Herders Philosophie. Ausgewählte Denkmäler | aus der Werdezeit der neuen deutschen Bildung. Mit | ausführlicher Einleitung herausgegeben von Horst | Stephan. („Philosophische Bibliothek" Band 112.)

1 Bl., S. [87]–176

Die Ausg. ist um 1922 entstanden.

TA6.2. Religionsphilosophie

Die ›1. Aufl.‹ erschien 1917 als FA; siehe FA3.2.
Ca 1920 folgte die ›2. Aufl.‹ als TA, die im folg. verzeichnet ist.

TA6.2.1920.7 A, 93

Bl. 1a || TASCHENAUSGABEN DER | »PHILOSOPHISCHEN BIBLIOTHEK« | – HEFT VII – | Herders | Religionsphilosophie | [Reihensignet] || VERLAG VON FELIX MEINER IN LEIPZIG ||

Bl. 1b Sonderausgabe aus: | Herders Philosophie. | Ausgewählte Denkmäler aus der Werdezeit | der neuen deutschen Bildung. | Mit ausführlicher Einleitung herausgegeben | von Horst Stephan. | („Philosophische Bibliothek" Band 112.) | [7 Z. zu Herder] | [1 Z. Druckvermerk]

1 Bl., S. [177]–257

Die Ausg. entstand vermutlich 1920.

TA6.3. Sprachphilosophie

Die ›1. Aufl.‹ erschien 1918 als FA; siehe FA3.3.
1922 folgte die ›2. Aufl.‹ als TA, die im folg. verzeichnet ist.

TA6.3.1922.13 A, 211, 385

Bl. 1a || TASCHENAUSGABEN DER | „PHILOSOPHISCHEN BIBLIOTHEK" | – HEFT 13 – | Herders | Sprachphilosophie | [Reihensignet] || VERLAG VON FELIX MEINER IN LEIPZIG ||

Bl. 1b Sonderausgabe aus: | Herders Philosophie. Herausgegeben von Horst | Stephan. Leipzig 1906. („Philosophische Bibliothek" | Band 112.)

1 Bl., 86 S.

Die Ausg. entstand wohl 1922.

TA7.
Wilhelm von Humboldt
1767–1835

TA7.1–3. Über das vergleichende Sprachstudium

TA7.1.1919.17 12, 93, 101, 107, 127

Bl. 1a TASCHENAUSGABEN DER | „PHILOSOPHISCHEN BIBLIOTHEK" | HEFT XVII | Humboldt | Über das vergleichende | Sprachstudium | [Reihensignet] || VERLAG VON FELIX MEINER IN LEIPZIG

Bl. 1b Sonderausgabe aus: | W. v. Humboldts ausgewählte philosophische | Schriften. | Herausgegeben von Johannes Schubert. Leipzig 1910. | Preis M. 3.40 :: („Philosophische Bibliothek" Band 123.)

1 Bl., S. [135]–157

Erscheinungsjahr 1919 nach DBV 4, 271b.

TA7.2.1922.17 64, 361, M36a

Bl. 1a || [Z. 1–2 ebs.] | – HEFT 17 – | [Z. 4–8 ebs.] ||

1 Bl., S. [135]–157

Die Ausg. ist um 1922 entstanden.
Im Gegensatz zur vorh. Ausg. ist hier der gesamte Titelseitentext umrahmt. Bl. 1b ist vacat.

TA7.3.1946.17 A, 1a, 6, 30, 60, 64, 75, 77, 290, 291, 294, 385, Tr2

[1] [Z. 1–3 wie vorh. auf Bl. 1a] | WILHELM VON HUMBOLDT | ÜBER DAS | VERGLEICHENDE SPRACHSTUDIUM | IN BEZIEHUNG AUF DIE VERSCHIEDENEN | EPOCHEN DER SPRACHENTWICKLUNG | [Z. 9–10 wie vorh. Z. 7–8 auf Bl. 1a] ||

[2] Dieser am 29. Juni 1820 in der Berliner Akademie gelesene | Aufsatz eröffnet Humboldts sprachwissenschaftliche Arbeiten | und gibt einen Umriß seines Programms. | [2 Z. Verlagsarchiv-Nr und Druckvermerk]

25 S.

Die Ausg. ist 1946 entstanden.

TA7.4–5. Über die Aufgabe des Geschichtschreibers

Die ›1. Aufl.‹ erschien 1917 als FA; siehe FA4.1.
Um 1932 folgt die ›2. Aufl.‹ als TA, die im folg. verzeichnet ist.

TA7.4.1932.3 211, 385

[79] TASCHENAUSGABEN DER | »PHILOSOPHISCHEN BIBLIOTHEK« | – HEFT 3 – | W. v. Humboldt | Über die Aufgabe | des Geschichtschreibers / Betrachtungen | über die bewegenden Ursachen der | Weltgeschichte / Latium und Hellas | Sonderausgabe aus: | Humboldts Ausgewählte Philosophische Schriften | Herausgegeben v. Joh. Schubert („Philosophische Bibliothek" Band 123) | [Reihensignet] || VERLAG VON FELIX MEINER IN LEIPZIG

S. [79]–134, 1 Bl. (bds. Vlgsanz.)

Die Ausg. erschien um 1932 oder später.
Der Humboldt-Text beginnt auf S. [80].

TA7.5.1946.3 A, 6, 36, 52, 64, 70, 77, 101, 291, 385

[1] || [Z. 1 wie vorh. auf S. 79] | „PHILOSOPHISCHEN BIBLIOTHEK" | [Z. 3 wie vorh. auf S. 79] | WILHELM VON HUMBOLDT | ÜBER DIE AUFGABE DES | GESCHICHTSCHREIBERS | [Z. 7–8 wie vorh. Z. 12–13 auf S. 79] ||

[2] Inhalt | [30 Z. Inhaltsverzeichnis mit Textbemerkungen] | [2 Z. Verlagsarchiv-Nr und Druckvermerk]

60 S.

Die Ausg. erschien 1946.
Im Gegensatz zur vorh. Ausg., bei der Z. 3–12 der Titelseite umrahmt sind, ist hier der gesamte Titelseitentext umrahmt.

TA7.6. Über die deutsche Verfassung

TA7.6.1919.22 101, 361

[1] TASCHENAUSGABEN DER | „PHILOSOPHISCHEN BIBLIOTHEK" | HEFT XXII | Humboldt | Über die deutsche Verfassung | Denkschriften an Freiherrn v. Stein | und Friedrich v. Gentz | (1813/14) | [Reihensignet] || VERLAG VON FELIX MEINER IN LEIPZIG

26 S.

Erscheinungsjahr 1919 nach DBV 4, 271b.
Auf S. [2] unten befindet sich 1 Z. Druckvermerk.
Dieser Humboldt-Text war nur in den TA zugänglich, nicht auch in der PhB selbst.

TA8.
David Hume
1711–1776

TA8.1–2. Untersuchung über den menschlichen Verstand

Siehe die Bemerkung zu 43.5.7.

TA8.1.1919.23 101, 107, 361

[I] TASCHENAUSGABEN DER | „PHILOSOPHISCHEN BIBLIOTHEK" | HEFT XXIII | Hume | Untersuchungen [sic] über den | menschlichen Verstand | [Reihensignet] || VERLAG VON FELIX MEINER IN LEIPZIG

VIII, 223 S.

Erscheinungsjahr 1919 nach DBV 4, 271b.
S. [II] ist vacat.

TA8.2.1921.23 6, 38, 64, 101

[I] [Z. 1–4 ebs.] | Eine Untersuchung | über den menschlichen Verstand | Herausgegeben von | Raoul Richter | [Z. 9–10 wie vorh. Z. 7–8]

VIII, 223 S.

Die Ausg. erschien wohl später (1921?) als die hier zuerst genannte.
Auf S. [II] unten findet sich 1 Z. Druckvermerk.

TA8.3. Von den ersten Grundsätzen der Regierung. Absolutismus und Freiheit. Die Politik: eine Wissenschaft

TA8.3.1919.28 12, 17, 101, 211, 294

Bl. 1a TASCHENAUSGABEN DER | „PHILOSOPHISCHEN BIBLIOTHEK" | HEFT XXVIII | Hume | Von den ersten Grundsätzen der | Regierung. / Absolutismus und Frei- | heit. / Die Politik: eine Wissenschaft. | [Reihensignet] || VERLAG VON FELIX MEINER IN LEIPZIG

1 Bl., S. [23]–51

Erscheinungsjahr 1919 nach DBV 4, 271b.
Die hier vereinigten Hume-Texte waren nur in den TA zugänglich, nicht auch in der PhB selbst.

TA8.4. Von der Freiheit der Presse. Von der Unabhängigkeit des Parlaments. Von Parteien überhaupt

TA8.4.1919.27 12, 38, 101, 211, 294

Bl. 1a TASCHENAUSGABEN DER | „PHILOSOPHISCHEN BIBLIOTHEK" | HEFT XXVII | Hume | Von der Freiheit der Presse. / Von | der Unabhängigkeit des Parlaments. | Von Parteien überhaupt. | [Reihensignet] || VERLAG VON FELIX MEINER IN LEIPZIG

1 Bl., 22 S.

Erscheinungsjahr 1919 nach DBV 4, 271b.
Die hier vereinigten Humboldt-Texte waren nur in den TA zugänglich, nicht auch in der PhB selbst.

TA9.
Jean Paul
(Johann Paul Friedrich Richter)
1763–1825

TA9.1. Das Genie und seine poetischen Kräfte

TA9.1.1923.51 A, 3, 101, 361, 385

Bl. 1a || TASCHENAUSGABEN DER | „PHILOSOPHISCHEN BIBLIOTHEK" | – HEFT 51 – | Jean Paul | Das Genie und seine | poetischen Kräfte | [Reihensignet] || VERLAG VON FELIX MEINER IN LEIPZIG ||

Bl. 1b Sonderausgabe aus: | Jean Paul. Vorschule der Ästhetik | Neu herausgegeben von Josef Müller | (Der Philosophischen Bibliothek Band 105) | [9 Z. zu Jean Paul]

1 Bl., S. [19]–60, 2 Bl. (jw. bds. Vlgsanz.)

Erscheinungsjahr 1923 nach DBV 9, 25.

TA10.
Julian
(Flavius Claudius Julianus)
331–363

TA10.1–2. Rede gegen die ungebildeten Hunde

TA10.1.1919.18 12, 25, 107

Bl. 1a TASCHENAUSGABEN DER | „PHILOSOPHISCHEN BIBLIOTHEK" | HEFT XVIII | Kaiser Julians | Rede gegen die ungebildeten | Hunde | [Reihensignet] || VERLAG VON FELIX MEINER IN LEIPZIG

Bl. 1b Sonderausgabe aus: | Kaiser Julians Philosophische Werke. | Herausgegeben von Rudolf Asmus. Leipzig 1908. | Preis M. 5.40. („Philosophische Bibliothek" Bd. 116.)

1 Bl., S. [45]–79

Erscheinungsjahr 1919 nach DBV 4, 271b.

TA10.2.1923.18 77, 211

Bl. 1a || [Z. 1–2 ebs.] | – HEFT 18 – | [Z. 4–8 ebs.] ||

Bl. 1b [Z. 1–3 ebs.] | (Der Philosophischen Bibliothek Band 116.) | [4 Z. zu Julian]

1 Bl., S. [45]–79

Die Ausg. erschien um 1923.
Im Gegensatz zur vorh. Ausg. ist hier der gesamte Titelseitentext umrahmt.

TA11.
Immanuel Kant
1724–1804

TA11.1–7. Ausgewählte kleine Schriften

1914 erschien die Ausg.:
Kant, Immanuel: Ausgewählte kleine Schriften. Für den Schulgebrauch und zum Selbststudium mit einer ausführlichen Einleitung in die Kantische Philosophie und in das philosophische Denken überhaupt hrsg. von Hermann Hegenwald. Leipzig: Meiner 1914. LVI, 125 S., 1 Bl.
= Meiners Volksausgaben, Bd I

Diese Ausg. (Exe in 38, 131, M4) enthielt ein Vorwort (S. III–IV), eine Einleitung (S. VII–LV), Literaturhinweise (S. LVI) und 8 Schriften Kants mit Anmerkungen am Schluß des Bds (S. 117–125):
1. Beantwortung der Frage: Was ist Aufklärung?
2. Was heißt: Sich im Denken orientieren?
3. Idee zu einer allgemeinen Geschichte in weltbürgerlicher Absicht
4. Rezension von J. G. Herders Ideen zur Philosophie der Geschichte der Menschheit. Teil 1–2
5. Mutmaßlicher Anfang der Menschengeschichte
6. Das Ende aller Dinge
7. Verkündigung des nahen Abschlusses eines Traktates zum ewigen Frieden in der Philosophie
8. Aus Kants Briefwechsel.

(Schrift Nr 3 erscheint später auch selbständig als Heft 4 der FA bzw. TA; siehe hier FA5.1, TA11.12–13).
Die Schriften 3–5 »sind ein genauer Abdruck aus der von Karl Vorländer besorgten Ausgabe von Kants kleineren Schriften zur Geschichtsphilosophie, Ethik und Politik (Philosophische Bibliothek Bd. 47^I, Verlag F. Meiner, Leipzig 1913). Es sind nur einige Anmerkungen fortgelassen worden, weil sie dem Zweck einer ersten Einführung nicht förderlich gewesen wären.« (Vorwort S. IV)
1919 wurde dieser Bd I der ›Meiners Volksausgaben‹ als Heft 24 in die TA übernommen (hier TA11.1), wobei der Hrsg. nicht mehr auf der Titelseite genannt wurde; bei der 1921/22 hergestellten Titelaufl. (hier TA11.2) wird der Hrsg. auf der Titelseite wieder genannt.
1924 folgte eine Ausg. (hier TA11.3) nur der Kant-Schriften 1, 2 und 5–7 der vorh. Ausg.; da also die fast 50seitige Einleitung des bisherigen Hrsg. dieser Ausg. fehlte, ließ man sinnvollerweise auch den Namen des Hrsg. auf der Titelseite wieder weg.
Eine Ausg. von 1945 (hier TA11.4) »ist ein um die letzte Nummer gekürzter Wie-

derabdruck der gleichnamigen Ausgabe des Jahres 1914«, wobei auch Anmerkungen entfielen und »einige Kürzungen« vorgenommen wurden (Editionshinweis auf Bl. 1b).
Ein Nachdruck von 1947 ist nur durch den Druckvermerk zu unterscheiden; ein Nachdruck von 1949 (hier TA11.5) unterscheidet sich von den beiden früheren Drucken von 1945 und 1947 neben dem Druckvermerk auch durch die neugesetzte, textlich aber identische Bemerkung auf der Impressumseite (Bl. 1b).
Die Ausg. 1965 (TA11.6) bringt wieder den ungekürzten Text der ersten 7 Schriften der Ausg. von 1914.

TA11.1.1919.24 51, 101

[I] TASCHENAUSGABEN DER | ,,PHILOSOPHISCHEN BIBLIOTHEK" | HEFT XXIV | Kant | Ausgewählte kleine | Schriften | [Reihensignet] || VERLAG VON FELIX MEINER IN LEIPZIG

LVI, 125 S., 1 Bl. (bds. Vlgsanz.)

Erscheinungsjahr 1919 nach DBV 4, 271b, und NUC 289, 322a, Nr 0033156; Nr 0033155 datiert eine ›Taschenausgabe‹ auf 1914 fälschlich.

TA11.2.1922.24 107, 121

[I] || [Z. 1–2 ebs.] | – HEFT 24 – | [Z. 4–6 ebs.] | Mit ausführlicher Einleitung und | Anmerkungen herausgegeben von | Dr. Hermann Hegenwald | [Z. 10–11 wie vorh. Z. 7–8] ||

LVI, 125 S., 1 Bl. (bds. Vlgsanz.)

Die Ausg. ist 1921 oder 1922 erschienen.
Im Gegensatz zur vorh. Ausg. ist hier der gesamte Titelseitentext umrahmt.
S. [II] ist hier vacat.
Der Vorderdeckel des Exs 107 hat den gleichen Text und ist genauso gesetzt wie die Titelseite der Ausg. von 1919.

TA11.3.1924.24 385

Bl. 1a || [Z. 1–6 wie vorh. auf S. I] | [Z. 7–8 wie vorh. Z. 10–11 auf S. I] ||
Bl. 1b [9 Z. zu Kant]

2 Bl., 64 S.

Erscheinungsjahr 1924 nach DBV 8, 487b.

TA11.4.1945.24 3, 6, 17, 61, 64, 77, 101, 132, M36a

Bl. 1a || [Z. 1 ebs.] | »PHILOSOPHISCHEN BIBLIOTHEK« | [Z. 3 ebs.] | IMMANUEL KANT | AUSGEWÄHLTE | KLEINE SCHRIFTEN | [Z. 7–8 ebs.] ||

Bl. 1b INHALT. || [11 Z.] || Dieses Heft ist ein um die letzte Nummer gekürzter Wieder- | abdruck der gleichnamigen Ausgabe des Jahres 1914. Auch die An- | merkungen, auf die die Ziffern im Text verweisen, mußten der | Rücksicht auf die Gewichtsgrenze zum Opfer gebracht werden. | Der Text der Nummern III–VI ist ein getreuer Abdruck aus | Band 47 I der Philosophischen Bibliothek (Herausgeber Karl Vor- | länder), nur einige Anmerkungen blieben fort. In den anderen Stükken | wurden einige Kürzungen vorgenommen und Satzbau und Inter- | punktion (mit Rücksicht auf die Absicht, die erste Einführung in | Kant zu erleichtern) vereinfacht. | [2 Z. Druckvermerk]

1 Bl., 102 S.

Zur Bemerkung auf Bl. 1b: Bei der dort genannten »gleichnamigen Ausgabe des Jahres 1914« handelt es sich nicht um die ›Taschenausgabe‹, sondern um Bd I von ›Meiners Volksausgaben‹, die allerdings den gleichen Hauptsachtitel trägt. Auch ist der Abdruck von 1945 gegenüber der Ausg. von 1914 nicht nur um die letzte Nr (›Aus Kants Briefwechsel‹) gekürzt, sondern auch um Vorwort und die fast 50seitige Einleitung.

Von der 1945er Ausg. gab es 2 Nachdrucke: 1947 und 1949 (Erscheinungsjahre jw. nach DBV 24, 960b). Die Drucke von 1945 und 1947 sind nur durch den Druckvermerk auf Bl. 1b zu unterscheiden:

Ausg. 1945 hat einen 2zeiligen Druckvermerk: »Printed in Germany | Druck von Max Edlich, Leipzig O 27«.

Ausg. 1947 hat einen erweiterten 2zeiligen Druckvermerk: »Printed in Germany | (M 159) Druck: Buchdruckerei Max Edlich, Leipzig O 27 – A.-Nr. 178 ⟨Liz.-Nr. 162⟩«.

Der Nachdruck von 1949 hat einen 3zeiligen Druckvermerk, und die Bemerkung zur Ausg. auf Bl. 1b ist neu gesetzt, siehe TA11.5.

Ex.-Nachweise für die Ausg. 1947: 1a, 61, 101, 291

Ex.-Nachweise für die Ausg. 1945 siehe oben.

TA11.5.1949.24 A, 38, 361, 385

Bl. 1a [ebs.]

Bl. 1b [Z. 1–12 ebs.] || Dieses Heft ist ein um die letzte Nummer gekürzter Wiederabdruck | der gleichnamigen Ausgabe des Jahres 1914. Auch die Anmerkungen, | auf die die Ziffern im Text verweisen, mußten der Rücksicht auf die | Gewichtsgrenze zum Opfer gebracht werden. | [Z. 17–19 ebs.] | wurden einige Kürzungen vorgenommen und Satzbau und Interpunk- | tion (mit Rücksicht auf die Absicht, die erste Einführung in Kant | zu erleichtern) vereinfacht. | [3 Z. Druckvermerk]

1 Bl., 102 S.

Erscheinungsjahr 1949 nach DBV 24, 960b.

Gegenüber den Drucken von 1945 und 1947 ist hier der Text auf Bl. 1b neu gesetzt, und der Druckvermerk ist nun 3zeilig: »Printed in Germany | (M 159) Druck: Buchdruckerei Willy Kolbe, Leipzig O 27 – A.-Nr. 284/49 | Liz.-Nr. 162. Gen.-Nr. 5381/49 – 5391/49«.

TA11.6.1965.24 A, 180

Bl. 1a [Z. 1 wie vorh. Z. 4] | Ausgewählte | kleine Schriften | VERLAG VON FELIX MEINER | HAMBURG

Bl. 1b TASCHENAUSGABEN DER PHILOSOPHISCHEN BIBLIOTHEK | Heft 24 | 1965

2 Bl., 116 S.

Auf Bl. 2b heißt es: »[. . .] Der Text einzelner Schriften, der in den vorangegangenen Auflagen an einigen Stellen gekürzt worden war, wird nunmehr wiederum vollständig geboten. Herr Dr. Rudolf Drieschner, dem der Verlag für seine Arbeit zu danken verpflichtet ist, hat den bisherigen Text nochmals mit dem Text der Akademie-Ausgabe verglichen, die Orthographie nach Duden modernisiert, jedoch die alten Wortformen beibehalten. Die Interpunktion erfolgte nach der Akademie-Ausgabe. Der Verlag«

TA11.7.1969.24 A, 61, 361, 385

Bl. 1a [Z. 1–3 ebs.] | FELIX MEINER VERLAG | [Z. 5 ebs.]

Bl. 1b [Z. 1–2 ebs.] | Unveränderter Nachdruck 1969 | der Neuausgabe von 1965

2 Bl., 116 S.

Es gibt einen ungekennzeichneten Nachdruck dieser Ausg.

TA11.8. Beobachtungen über das Gefühl des Schönen und Erhabenen

TA11.8.1924.56 A, 77, 101, 385

[1] || TASCHENAUSGABEN DER | „PHILOSOPHISCHEN BIBLIOTHEK" | – HEFT 56 – | Kant | Beobachtungen über das Gefühl | des Schönen und Erhabenen | [Reihensignet] || VERLAG VON FELIX MEINER IN LEIPZIG ||

[2] Sonderausgabe aus: | IMMANUEL KANT | Vermischte Schriften | Herausgegeben von Karl Vorländer | (Der „Philosophischen Bibliothek" Band 50) | [10 Z. zu Kants Text]

55 S.

Erscheinungsjahr 1924 nach DBV 8, 487b.

TA11.9. Dialektik der reinen praktischen Vernunft

TA11.9.1922.44 12, 64, 101, 385

[137] || TASCHENAUSGABEN DER | „PHILOSOPHISCHEN BIBLIOTHEK" | – HEFT 44 – | Immanuel Kant | Dialektik der | reinen praktischen Vernunft | Sonderausgabe aus: | IMMANUEL KANT. | Kritik der praktischen Vernunft. | [Reihensignet] || VERLAG VON FELIX MEINER IN LEIPZIG ||

S. [137]–188, 2 Bl. (jw. bds. Vlgsanz.)

Erscheinungsjahr 1922 nach DBV 8, 488a.

TA11.10. Einleitung zur Kritik der Urteilskraft

TA11.10.1948.69 A, 38, 101, 291

[5] || TASCHENAUSGABEN DER | PHILOSOPHISCHEN BIBLIOTHEK | – HEFT 69 – | IMMANUEL KANT | EINLEITUNG | ZUR KRITIK | DER URTEILSKRAFT | [Reihensignet] || VERLAG FELIX MEINER IN LEIPZIG ||

[6] (Aus der Ausgabe der Kr. d. U. in der „Philosophischen Bibliothek" S. 6–36) | [Beginn des Kant-Textes]

S. [5]–36

Erscheinungsjahr 1948 nach DBV 24, 960b.

TA11.11. Der Fortschritt des Menschengeschlechts

TA11.11.1922.41 12

[123] || TASCHENAUSGABEN DER | „PHILOSOPHISCHEN BIBLIOTHEK" | – HEFT 41 – | Immanuel Kant | Der Fortschritt | des Menschengeschlechts | Sonderausgabe aus: | IMMANUEL KANT. | Zur Logik und Metaphysik. | [Reihensignet] || VERLAG VON FELIX MEINER IN LEIPZIG ||

S. [123]–142, 1 Bl. (bds. Vlgsanz.)

Erscheinungsjahr 1922 nach DBV 8, 488 a.
Vorl. Text bildet den 2. Abschnitt der Kant-Schrift ›Der Streit der Fakultäten‹, die sich in der 4. Abt. der Neuedition der Ausg. ›Zur Logik und Metaphysik‹ befindet (hier 50.13.3–4).

TA11.12–13. Idee zu einer allgemeinen Geschichte in weltbürgerlicher Absicht

Die ›1. Aufl.‹ erschien 1917 als FA; siehe FA5.1. Ca 1919 erschien die ›2. Aufl.‹ als TA (sie ist im folg. verzeichnet), deren Titelseite bis auf als Wort ›Taschenausgaben‹ in der 1. Z. und dem Kriegsausfuhrzeichen mit der der FA von 1917 identisch ist.

TA11.12.1919.4 51, 84, 107

[1] TASCHENAUSGABEN DER | ,,PHILOSOPHISCHEN BIBLIOTHEK" | HEFT IV | Imm. Kant | Idee zu einer allgemeinen Geschichte | in weltbürgerlicher Absicht | [Reihensignet] || VERLAG VON FELIX MEINER IN LEIPZIG

[2] Sonderausgabe aus: | Kant. Kleinere Geschichten [sic!] zur Geschichtsphilo- | sophie, Ethik und Politik. Mit ausführlicher Einleitung | herausgegeben von Karl Vorländer. Leipzig 1913. | Preis M. 3,–. (,,Philosophische Bibliothek" Band 47I.)

20 S.

Die Ausg. erschien um 1919.
In Z. 2 auf S. [2] muß es ›Schriften‹ statt »Geschichten« heißen.
Ex. 107 ist noch der Umschlag der FA eingebunden.

TA11.13.1929.4 77

[1] [Z. 1 ebs.] | »PHILOSOPHISCHEN BIBLIOTHEK« | – HEFT 4 – | Kant | [Z. 5–7 ebs.] || [Z. 8 ebs.]

[2] [Z. 1 ebs.] | Immanuel Kant. Kleinere Schriften zur Ge- | schichtsphilosophie, Ethik und Politik. Mit aus- | führlicher Einleitung herausgegeben von | Karl Vorländer. | (Der ,,Philosophischen Bibliothek" Band 47I) | [15 Z. zum Kant-Text]

18 S., 3 Bl. (jw. bds. Vlgsanz.)

Die Ausg. erschien um 1929.
Im Gegensatz zur vorh. Ausg. sind hier die Z. 3–7 der Titelseite umrahmt.

TA11.14–16. Pflicht und Lebensgenuß

TA11.14.1919.19 6,12

Bl. 1a TASCHENAUSGABEN DER | ,,PHILOSOPHISCHEN BIBLIOTHEK" | HEFT XIX | Kant | Pflicht und Lebensgenuß | [Reihensignet] || VERLAG VON FELIX MEINER IN LEIPZIG

Bl. 1b Sonderausgabe aus: | Imm. Kant. Kritik der praktischen Vernunft. | 6. Auflage. Mit ausführlicher Einleitung herausge- | geben von Karl Vorländer. 1916. Preis M. 2,80. | (,,Philosophische Bibliothek" Band 38.)

1 Bl., S. [93]–115

Erscheinungsjahr 1919 nach DBV 4, 271b.

TA11.15.1923.19 385

Bl. 1a || [Z. 1–2 ebs.] | – HEFT 19 – | Immanuel Kant | Pflicht | und Lebensgenuß | [Z. 7–8 wie vorh. Z. 6–7] ||

Bl. 1b [Z. 1 ebs.] | IMMANUEL KANT | KRITIK DER PRAKTISCHEN VERNUNFT | Herausgegeben von Karl Vorländer | (Der Philosophischen Bibliothek Bd. 38) | [7 Z. zu Kant]

1 Bl., S. [93]–115

Die Ausg. erschien 1923.
Im Gegensatz zur vorh. Ausg. ist hier der gesamte Titelseitentext umrahmt.

TA11.16.1944.19 A, 8, 36, 38(401), 101, 291, 384, 385, M36a

Bl. 1a [Z. 1 ebs.] | PHILOSOPHISCHEN BIBLIOTHEK | [Z. 3 ebs.] | IMMANUEL KANT | PFLICHT | UND LEBENSGENUSS | [Reihensignet] || VERLAG FELIX MEINER IN LEIPZIG ||

Bl. 1b [Z. 1 ebs.] | Immanuel Kant. Kritik der praktischen Vernunft. | [Z. 3 wie vorh. Z. 4] | („Philosophische Bibliothek" Band 38) | [2 Z. Druckvermerk]

1 Bl., S. [84]–104

Erscheinungsjahr 1944 nach DBV 24, 961b.

TA11.17–18. Über den Gemeinspruch (Theorie und Praxis)

Die ›1. Aufl.‹ erschien 1918 als FA; siehe FA5.2.
Ca 1919 (vielleicht auch schon 1918) erschien die ›2. Aufl.‹ als TA (sie ist im folg. verzeichnet), deren Titelseite bis auf das Wort ›Taschenausgaben‹ in der 1. Z. und dem Kriegsausfuhrzeichen mit der der FA von 1917 identisch ist.

TA11.17.1919.8 A, 84, 107, 703

Bl. 1a TASCHENAUSGABEN DER | „PHILOSOPHISCHEN BIBLIOTHEK" | HEFT VIII | Kant | Theorie und Praxis | [Reihensignet] || VERLAG VON FELIX MEINER IN LEIPZIG

Bl. 1b Sonderausgabe aus: | Imm. Kant. Kleinere Schriften zur Geschichts- | philosophie, Ethik und Politik. Mit ausführlicher Ein- | leitung herausgegeben von Karl Vorländer. 1913. | Preis M. 3,–. („Philosophische Bibliothek" Band 47I.)

1 Bl., S. [67]–113

Die Ausg. erschien um 1919.
Die Exe A, 107 und 703 haben einen Umschlag der FA (mit dem Kriegsausfuhrzeichen).

TA11.18.1944.8 A, 4, 17, 18, 30, 77, 101, 132, 291, H161

Bl. 1a || [Z. 1–2 ebs.] | – HEFT 8 – | Kant | Über den Gemeinspruch: | Das mag in der Theorie richtig sein, | taugt aber nicht für die Praxis | [Z. 8–9 wie vorh. Z. 6–7] ||

Bl. 1b [Z. 1–3 ebs.] | leitung herausgegeben von Karl Vorländer. | („Philosophische Bibliothek" Band 47I.)

1 Bl., S. [69]–113

DBV 24, 961a, datiert die Ausg. mit 1948. Da die vorl. Exe aber weder eine Liz.- noch eine Gen.-Nr haben, ist wohl die Datierung von 101 mit »Plattendr. 1944« eher zutreffend.
Im Gegensatz zur vorh. Ausg. ist hier der gesamte Titelseitentext umrahmt.

TA11.19. Über die Form und die Prinzipien der Sinnen- und der Verstandeswelt

TA11.19.1922.40 12, 84, 101

Bl. 1a || TASCHENAUSGABEN DER | „PHILOSOPHISCHEN BIBLIOTHEK" | – HEFT 40 – | Immanuel Kant | Über die Form und die Prinzipien | der Sinnen- und der Verstandeswelt | [Reihensignet] || VERLAG VON FELIX MEINER IN LEIPZIG ||

Bl. 1b Sonderausgabe aus: | IMMANUEL KANT. | Zur Logik und Metaphysik. | Herausgegeben von Karl Vorländer. | (Der Philosophischen Bibliothek Bd. 46.) | [17 Z. zu Kant und dem vorl. Kant-Text]

1 Bl., S. [89]–132, 1 Bl. (bds. Vlgsanz.)

Erscheinungsjahr 1922 nach DBV 8, 488a.
Vorl. Text entstammt der 2. Abt. der Neuedition der Ausg. ›Zur Logik und Metaphysik‹ (hier 50.11.4).

TA11.20–21. Über Pädagogik

Bibliographisch sind 2 Ausg. von 1924 und 1944 nachzuweisen. Die Datierung von Exn beider Ausg. durch Bibliotheken ist nicht selten falsch.

TA11.20.1924.57 3, 31, 93, 101, 131

[1] || TASCHENAUSGABEN DER | „PHILOSOPHISCHEN BIBLIOTHEK" | – HEFT 57 – | Kant | Über Pädagogik | [Reihensignet] || VERLAG VON FELIX MEINER IN LEIPZIG ||

[2] Sonderausgabe aus: | IMMANUEL KANT | Vermischte Schriften | Herausgegeben von Karl Vorländer | (Der „Philosophischen Bibliothek" Band 50) | [11 Z. zu Kants Text]

62 S., 1 Bl. (bds. Vlgsanz.)

Erscheinungsjahr 1924 nach DBV 8, 489a.

TA11.21.1944.57 A, 1a, 17, 64, 77, 101, 132, 385

Bl. 1a [Z. 1 wie vorh. auf S. 1] | PHILOSOPHISCHEN BIBLIOTHEK | [Z. 3 wie vorh. auf S. 1] | IMMANUEL KANT | ÜBER PÄDAGOGIK | [Reihensignet] || VERLAG FELIX MEINER IN LEIPZIG ||

Bl. 1b [Z. 1 wie vorh. auf S. 2] | Immanuel Kant. Vermischte Schriften. | [Z. 3 wie vorh. Z. 4 auf S. 2] | („Philosophische Bibliothek" Band 50) | [2 Z. Druckvermerk]

1 Bl., 62 S.

Erscheinungsjahr 1944 nach DBV 24, 961b.

TA11.22. Von den Grundsätzen der reinen praktischen Vernunft

TA11.22.1922.43 A, 12, 64

Bl. 1a || TASCHENAUSGABEN DER | „PHILOSOPHISCHEN BIBLIOTHEK" | – HEFT 43 – | Immanuel Kant | Von den Grundsätzen der reinen | praktischen Vernunft | [Reihensignet] || VERLAG VON FELIX MEINER IN LEIPZIG ||

Bl. 1b Sonderausgabe aus: | IMMANUEL KANT. | Kritik der praktischen Vernunft. | Herausgegeben von Karl Vorländer. | (Der Philosophischen Bibliothek Band 38.) | [9 Z. zu Kant]

1 Bl., S. [23]–74, 1 Bl. (bds. Vlgsanz.)

Erscheinungsjahr 1922 nach DBV 8, 488a.

TA11.23. Von der Macht des Gemüts

TA11.23.1922.42 A, 12

Bl. 1a || TASCHENAUSGABEN DER | „PHILOSOPHISCHEN BIBLIOTHEK" | – HEFT 42 – | Immanuel Kant | Von der | Macht des Gemüts | [Reihensignet] || VERLAG VON FELIX MEINER IN LEIPZIG ||

Bl. 1b Sonderausgabe aus: | IMMANUEL KANT. | Zur Logik und Metaphysik. | Herausgegeben von Karl Vorländer. | (Der Philosophischen Bibliothek Bd. 46.) | [10 Z. zu Kants Text]

1 Bl., S. [143]–166

Erscheinungsjahr 1922 nach DBV 8, 488b.
Vorl. Text bildet den 3. Abschnitt der Kant-Schrift ›Der Streit der Fakultäten‹, die sich in der 4. Abt. der Neuedition der Ausg. ›Zur Logik und Metaphysik‹ befindet (hier 50.13.3–4).

TA11.24. Von einem neuerdings erhobenen vornehmen Ton in der Philosophie

TA11.24.1922.39 12, 101, 385

[1] ‖ TASCHENAUSGABEN DER | „PHILOSOPHISCHEN BIBLIOTHEK" | – HEFT 39 – | Immanuel Kant | Von einem neuerdings erhobenen | vornehmen Ton | in der Philosophie | [Reihensignet] ‖ VERLAG VON FELIX MEINER IN LEIPZIG ‖

[2] Zuerst veröffentlicht im Mai-Heft 1796 der | Berlinischen Monatsschrift. Seite 387–426. ‖ Sonderausgabe aus: | IMMANUEL KANT. | Zur Logik und Metaphysik. | Herausgegeben von Karl Vorländer. | (Der Philosophischen Bibliothek Band 46.) | [8 Z. zu Kants Schrift]

26 S.

Erscheinungsjahr 1922 nach DBV 8, 489a.
Der Kant-Text befindet sich in der 4. Abt. der Neuedition der Ausg. ›Zur Logik und Metaphysik‹ (hier 50.13.3–4).

TA12.
Gottfried Wilhelm Leibniz
1646–1716

TA12.1–2. Die Vernunftprinzipien der Natur und der Gnade. Die Monadologie

Die ›1. Aufl.‹ erschien 1918 als FA; siehe FA6.1.
Ca 1920 erschien die ›2. Aufl.‹ als TA, die im folg. verzeichnet ist.

TA12.1.1920.14 107, M36a

Bl. 1a ‖ TASCHENAUSGABEN DER | »PHILOSOPHISCHEN BIBLIOTHEK« | – HEFT XIV – | Leibniz | Die Vernunftprinzipien der Natur | und der Gnade / Die Monadologie | [Reihensignet] ‖ VERLAG VON FELIX MEINER IN LEIPZIG ‖

Bl. 1b Sonderausgabe aus: | C. [sic] W. Leibniz, Hauptschriften | zur Grundlegung der Philosophie. | Herausgegeben und mit Erläuterungen versehen von | Dr. A. Buchenau und Dr. E. Cassirer. Band II. | („Philosophische Bibliothek" Band 108.) | [6 Z. zu Leibniz] | [1 Z. Druckvermerk]

1 Bl., S. [423]–456

Die Ausg. erschien um 1920.
Dem Ex. 107 ist noch der vordere Umschlag der FA eingebunden.

TA12.2.1929.14 A, 17

Bl. 1a [Z 1–2 ebs.] | – HEFT 14 – | [Z. 4–5 ebs.] | und der Gnade | Die Monadologie | [Reihensignet] || [Z. 9 wie vorh. Z. 8]

Bl. 1b *Sonderausgabe aus:* | *G. W. Leibniz: Hauptschriften* | *zur Grundlegung der Philosophie* | [Z. 4 ebs.] | Dr. A. Buchenau und Dr. E. Cassirer. Band II | (Philosophische Bibliothek, Band 108) | [5 Z. zu Leibniz]

1 Bl., S. [423]–456, 2 Bl. (jw. bds. Vlgsanz.)

Die Ausg. erschien vermutlich 1929.
War bei der vorh. Ausg. noch der gesamte Titelseitentext umrahmt, so sind es hier nur noch die Z. 3–8.

TA12.3–4. Von der Weisheit. Über die Freiheit

TA12.3.1919.29 P, 6, 101

Bl. 1a TASCHENAUSGABEN DER | ,,PHILOSOPHISCHEN BIBLIOTHEK" | HEFT XXIX | Leibniz | Von der Weisheit / Über die Freiheit | [Reihensignet] || VERLAG VON FELIX MEINER IN LEIPZIG

Bl. 1b Sonderausgabe aus: | G. W. Leibniz. Hauptschriften zur Grundlegung der | Philosophie. Band II. | Übersetzt von A. Buchenau. Herausgegeben von E. Cassirer. | Leipzig 1906. 580 S. M. 5.40. (,,Philosophische Bibliothek" Bd. 108.)

1 Bl., S. [491]–503

Erscheinungsjahr 1919 nach DBV 4, 271b.

TA12.4.1920.29 12, 385

Bl. 1a || [Z. 1 ebs.] | »PHILOSOPHISCHEN BIBLIOTHEK« | [Z. 3–7 ebs.] ||

Bl. 1b Sonderausgabe aus | C. [sic] W. Leibniz, Hauptschriften | zur Grundlegung der Philosophie. | Herausgegeben und mit Erläuterungen versehen von | Dr. A. Buchenau und Dr. E. Cassirer. Band II. | (,,Philosophische Bibliothek" Band 108.) | [6 Z. zu Leibniz] | [1 Z. Druckvermerk]

1 Bl., S. [491]–503

Die Ausg. erschien um 1920.
Im Gegensatz zur vorh. Ausg. ist hier der gesamte Titelseitentext umrahmt.

TA13.
Gotthold Ephraim Lessing
1729–1781

TA13.1. Abhandlungen zur Philosophie

TA13.1.1922.46 12, 17, 64, 101, 385

Bl. 1a || TASCHENAUSGABEN DER | ,,PHILOSOPHISCHEN BIBLIOTHEK" | – HEFT 46 – | Lessing | Abhandlungen zur | Philosophie | [Reihensignet] || VERLAG VON FELIX MEINER IN LEIPZIG ||

Bl. 1b Sonderausgabe aus: | Lessings Philosophie. | Denkmäler aus der Zeit des Kampfes | zwischen Aufklärung und Humanität in | der deutschen Geistesbildung. | Herausgegeben von Paul Lorentz. | (Der Philosophischen Bibliothek Band 119.)

1 Bl., 23 S.

Erscheinungsjahr 1922 nach DBV 8, 864a.

TA13.2–3. Ernst und Falk (Gespräche für Freimaurer). Die Erziehung des Menschengeschlechts

Die ›1. Aufl.‹ erschien 1917 als FA; siehe FA7.1.
Es folgten 2 weitere ›Aufl.‹ als TA um 1922 und 1932, die im folg. verzeichnet sind.

TA13.2.1922.5 43

Bl. 1a || TASCHENAUSGABEN DER | ,,PHILOSOPHISCHEN BIBLIOTHEK" | – HEFT 5 – | Lessing | Ernst u. Falk (Gespräche für Freimaurer) | Die Erziehung des Menschengeschlechts | [Reihensignet] || VERLAG VON FELIX MEINER IN LEIPZIG ||

Bl. 1b Sonderausgabe aus: | Lessings Philosophie. Denkmäler aus der Zeit | des Kampfes zwischen Aufklärung und Humanität in | der deutschen Geistesbildung. Herausgegeben von | Paul Lorentz. Leipzig 1909. Preis Gz. 6. (,,Philo- | sophische Bibliothek" Band 119.)

1 Bl. S. [177]–228

Die Ausg. erschien um 1922.

TA13.3.1932.5 77, 385

Bl. 1a [Z. 1 ebs.] | »PHILOSOPHISCHEN BIBLIOTHEK« | [Z. 3–4 ebs.] | Ernst und Falk | (Gespräche für Freimaurer) | [Z. 7–8 wie vorh. Z. 6–7] || [Z. 9 wie vorh. Z. 8]

Bl. 1b [Z. 1–4 ebs.] | Paul Lorentz . . . . 4,–, Ganzleinen 5,– | („Philosophische Bibliothek" Band 119)

1 Bl., S. [177]–228, 1 Bl. (bds. Vlgsanz.)

Die Ausg. ist um 1932 erschienen.
War bei der vorh. Ausg. noch der gesamte Titelseitentext umrahmt, so sind es hier nur noch Z. 3–8.

TA13.4. Religionsphilosophie und theologische Streitschriften

Die ›1. Aufl.‹ erschien 1918 als FA; siehe FA7.2.
Ca 1922 folgte die ›2. Aufl.‹ als TA, die im folg. verzeichnet ist.

TA13.4.1922.9 A, 6

[63] || TASCHENAUSGABEN DER | „PHILOSOPHISCHEN BIBLIOTHEK" | – HEFT 9 – | Lessings | Religionsphilosophie und | theologische Streitschriften | [Reihensignet] || VERLAG VON FELIX MEINER IN LEIPZIG ||

[64] Sonderausgabe aus: | Lessings Philosophie. Denkmäler aus der Zeit | des Kampfes zwischen Aufklärung und Humanität in | der deutschen Geistesbildung. Herausgegeben von | Paul Lorentz. 1909. („Philosophische Bibliothek" | Band 119.) | [Beginn des Lessing-Textes]

S. [63]–176

Die Ausg. erschien um 1922.

TA13.5. Schriften zur Religionsphilosophie

TA13.5.1922.45 6, 12, 64, 101

[23] || TASCHENAUSGABEN DER | „PHILOSOPHISCHEN BIBLIOTHEK" | – HEFT 45 – | G. E. Lessing | Schriften | zur Religionsphilosophie | [Reihensignet] || VERLAG VON FELIX MEINER IN LEIPZIG ||

S. [23]–64

Erscheinungsjahr 1922 nach DBV 8, 865a.
Vorl. Ausg. ist mit S. [23]–64 identisch mit denselben S. der Ausg. ›Lessings Philosophie‹ (57.2.1.) und enthält u. a. die Schrift ›Gedanken über die Herrnhuter‹ und Auszüge aus ›Leibniz, Von den ewigen Strafen‹.

TA14.
Rudolph Hermann Lotze
1817–1881

TA14.1. Apriorismus und Empirismus

TA14.1.1928.65 12, 27, 101

[523] TASCHENAUSGABEN DER | »PHILOSOPHISCHEN BIBLIOTHEK« | – HEFT 65 – | Lotze | Apriorismus und Empirismus | *Sonderausgabe aus* | *Hermann Lotze: Logik* | [Reihensignet] || VERLAG VON FELIX MEINER IN LEIPZIG

S. [523]–547, 1 Bl. (bds. Vlgsanz.)

Erscheinungsjahr 1928 nach DBV 13, 1001a.

TA14.2. Das Dasein der Seele

TA14.2.1923.54 3, 17, 38, 101, 385

Bl. 1a || TASCHENAUSGABEN DER | ,,PHILOSOPHISCHEN BIBLIOTHEK" | – HEFT 54 – | Lotze | Das Dasein der | Seele | [Reihensignet] || VERLAG VON FELIX MEINER IN LEIPZIG ||

Bl. 1b Sonderausgabe aus: | R. H. LOTZE, MIKROKOSMOS | Mit ausführlicher Einleitung herausgegeben | von Dr. Raymund Schmidt | (Der Philosophischen Bibliothek Band 185/7) | [12 Z. zu Lotze]

1 Bl., S. [159]–187

Erscheinungsjahr 1923 nach DBV 8, 935a.

TA14.3. Die Formen der Definition

TA14.3.1928.64 101, 385

[191] TASCHENAUSGABEN DER | »PHILOSOPHISCHEN BIBLIOTHEK« | – HEFT 64 – | Lotze | Die Formen der Definition | *Sonderausgabe aus* | *Hermann Lotze: Logik* | [Reihensignet] || VERLAG VON FELIX MEINER IN LEIPZIG

S. [191]–211, 1 Bl. (bds. Vlgsanz.)

Erscheinungsjahr 1928 nach DBV 13, 1001a.

TA14.4. Der Grund des Lebens

TA14.4.1923.53 A, 101, 211, 385

Bl. 1a || TASCHENAUSGABEN DER | ,,PHILOSOPHISCHEN BIBLIOTHEK" | – HEFT 53

– | Lotze | Der Grund des | Lebens | [Reihensignet] || VERLAG VON FELIX MEINER IN LEIPZIG ||

Bl. 1b Sonderausgabe aus: | R. H. LOTZE, MIKROKOSMOS | Mit ausführlicher Einleitung herausgegeben | von Dr. Raymund Schmidt | (Der Philosophischen Bibliothek Band 185/7) | [12 Z. zu Lotze]

1 Bl., S. [57]–84, 1 Bl. (bds. Vlgsanz.)

Erscheinungsjahr 1923 nach DBV 8, 935a.

TA14.5. Die Ideenwelt

Der vorl. Text bildet das 2. Kap. des 3. Buches (›Vom Erkennen (Methodologie)‹) von Lotzes ›Logik‹. 1944 gab man das 3. Kap. (›Apriorismus und Empirismus‹) dazu und erweiterte die Ausg. so zu Heft 65/66 (siehe TA14.6).

TA14.5.1928.66 A, 101

Bl. 1a TASCHENAUSGABEN DER | »PHILOSOPHISCHEN BIBLIOTHEK« | – HEFT 66 – | Lotze | Die Ideenwelt | *Sonderausgabe aus* | *Hermann Lotze: Logik* | [Reihensignet] || VERLAG VON FELIX MEINER IN LEIPZIG

1 Bl., S. [505]–523, 1 Bl. (bds. Vlgsanz.)

Erscheinungsjahr 1928 nach DBV 13, 1001a. Wiedergabe von Bl. 1a als Abb. 32, des Vorderumschlags als Abb. 33 auf S. 268.

TA14.6. Die Ideenwelt. Apriorismus und Empirismus

Vgl. die Vorbemerkung zur vorh. Ausg.

TA14.6.1944.65/66 A, 1a, 64, 83, 101, 211, 385

[1] || TASCHENAUSGABEN DER | „PHILOSOPHISCHEN BIBLIOTHEK" | – HEFT 65/66 – | HERMANN LOTZE | DIE IDEENWELT | APRIORISMUS UND | EMPIRISMUS | [Reihensignet] || VERLAG VON FELIX MEINER IN LEIPZIG ||

[2] Sonderausgabe aus: | Hermann Lotze. Logik. Drei Bücher vom Denken, | vom Untersuchen und vom Erkennen. | („Philosophische Bibliothek" Band 141) | Die hier als Einzeldruck gebotenen beiden Stücke bilden | das zweite und dritte Kapitel des Dritten Buches: | Vom Erkennen (Methodologie). | [2 Z. Druckvermerk]

48 S.

Erscheinungsjahr 1944 nach DBV 24, 1595a.

TA14.7–8. Der Instinkt

TA14.7.1919.25 101, 385

[1] TASCHENAUSGABEN DER | „PHILOSOPHISCHEN BIBLIOTHEK" | HEFT XXV | Lotze | Der Instinkt | Eine psychologische Analyse | [Reihensignet] || VERLAG VON FELIX MEINER IN LEIPZIG

33 S.

Erscheinungsjahr 1919 nach DBV 4, 271b.
Dieser Lotze-Text war nur in den TA zugänglich, nicht auch in der PhB selbst.

TA14.8.1925.25 6, 17

[1] || [Z. 1–2 ebs.] | – HEFT 25 – | [Z. 4–8 ebs.] ||

33 S.

Die Ausg. erschien um 1925.

TA14.9–10. Die Lehre vom Begriffe

TA14.9.1928.63 101, 385, Ne1

[13] TASCHENAUSGABEN DER | »PHILOSOPHISCHEN BIBLIOTHEK« | – HEFT 63 – | Lotze | Die Lehre vom Begriffe | *Sonderausgabe aus* | *Hermann Lotze: Logik* | [Reihensignet] || VERLAG VON FELIX MEINER IN LEIPZIG

S. [13]–56

Erscheinungsjahr 1928 nach DBV 13, 1001a.

TA14.10.1944.63 A, 1a, 51, 64, 77, 84, 101, 115, 385 (3 Exe)

[1] || [Z. 1 wie vorh. auf S. 13] | „PHILOSOPHISCHEN BIBLIOTHEK " | [Z. 3 wie vorh. auf S. 13] | HERMANN LOTZE | DIE LEHRE | VOM BEGRIFFE | [Z. 7–8 wie vorh. Z. 8–9 auf S. 13] ||

[2] Sonderausgabe aus: | Hermann Lotze. Logik. Drei Bücher vom Denken, | vom Untersuchen und vom Erkennen. | („Philosophische Bibliothek" Band 141) | „Die Lehre vom Begriffe" bildet das erste Kapitel | des Ersten Buches: Vom Denken (reine Logik). | [2 Z. Druckvermerk]

48 S.

Erscheinungsjahr 1944 nach DBV 24, 1595a.
Waren bei der vorh. Ausg. nur Z. 3–8 des Titelseitentextes umrahmt, so ist es hier der gesamte Titelseitentext.

TA14.11. Natur und Vermögen der Seele

TA14.11.1923.55 17, 38, 101, 132, 385, Walb1

[187] || TASCHENAUSGABEN DER | „PHILOSOPHISCHEN BIBLIOTHEK" | – HEFT 55 – | Lotze | Natur und Vermögen | der Seele | Sonderausgabe aus: | R. H. LOTZE, MIKROKOSMOS | Mit ausführlicher Einleitung herausgegeben | von Dr. Raymund Schmidt | (Der Philosophischen Bibliothek Band 185/7) | [Reihensignet] || VERLAG VON FELIX MEINER IN LEIPZIG ||

S. [187]–216, 1 Bl. (bds. Vlgsanz.)

Erscheinungsjahr 1923 nach DBV 8, 935a.

TA14.12. Der Streit der Naturansichten

TA14.12.1923.52 17, 64, 101, Walb1

[1] || TASCHENAUSGABEN DER | „PHILOSOPHISCHEN BIBLIOTHEK" | – HEFT 52 – | Lotze | Der Streit | der Naturansichten | [Reihensignet] || VERLAG VON FELIX MEINER IN LEIPZIG ||

[2] Sonderausgabe aus: | R. H. LOTZE, MIKROKOSMOS | Mit ausführlicher Einleitung herausgegeben | von Dr. Raymund Schmidt | (Der Philosophischen Bibliothek Band 185/7) | [12 Z. zu Lotze]

31 S.

Erscheinungsjahr 1923 nach DBV 8, 935a.

TA14.13. Über Bedingungen der Kunstschönheit

TA14.13.1924.59 7, 101, He76

[1] || TASCHENAUSGABEN DER | „PHILOSOPHISCHEN BIBLIOTHEK" | – HEFT 59 – | Lotze | Über Bedingungen der | Kunstschönheit | [Reihensignet] || VERLAG VON FELIX MEINER IN LEIPZIG ||

[2] [11 Z. zu Lotze und dessen Text, unterzeichnet mit:] | Dr. Raymund Schmidt.

79 S.

Erscheinungsjahr 1924 nach DBV 8, 935a.
Dieser Lotze-Text war nur in den TA zugänglich, nicht auch in der PhB selbst.

TA14.14. Über den Begriff der Schönheit

TA14.14.1924.58 101, He76

[1] || TASCHENAUSGABEN DER | „PHILOSOPHISCHEN BIBLIOTHEK" | – HEFT 58

– | Lotze | Über den Begriff der | Schönheit | [Reihensignet] || VERLAG VON FELIX MEINER IN LEIPZIG ||

[2] [17 Z. zu Lotze und dessen Text, unterzeichnet mit:] | Dr. Raymund Schmidt.

59 S.

Erscheinungsjahr 1924 nach DBV 8, 935a.
Dieser Lotze-Text war nur in den TA zugänglich, nicht auch in der PhB selbst.

TA15.
Platon
427–347

TA15.1. Gesetze, Buch X

Die ›1. Aufl‹ erschien 1918 als FA; siehe FA8.1.
1945 folgt die ›2. Aufl.‹ als TA, die im folg. verzeichnet ist.

TA15.1.1945.15 A, 26, 64, 75, 77, 101, 136, 211 (2 Exe), 291, 294

[395] || TASCHENAUSGABEN DER | „PHILOSOPHISCHEN BIBLIOTHEK" | – HEFT 15 – | Platon | Gesetze. X. Buch | Sonderausgabe aus: | Platons Gesetze. Übersetzt und erläutert von Otto | Apelt. Zwei Bände. („Philosophische Bibliothek" | Band 159/160) | [Reihensignet] || VERLAG VON FELIX MEINER IN LEIPZIG ||

S. [395]–438

Die Ausg. erschien höchstwahrscheinlich 1945.
Der Text ist Bd 2 (PhB 160) der PhB-Edition der ›Gesetze‹ entnommen.

TA16.
Friedrich Wilhelm Joseph von Schelling
1775–1854

TA16.1. Über das Verhältnis der bildenden Künste zu der Natur

TA16.1.1924.60 101, 385

[1] || TASCHENAUSGABEN DER | „PHILOSOPHISCHEN BIBLIOTHEK" | – HEFT 60 – | Schelling | Über das | Verhältnis der bildenden Künste | zu der Natur | [Reihensignet] || VERLAG VON FELIX MEINER IN LEIPZIG ||

[2] [19 Z. zu Schelling und dessen Schrift, unterzeichnet mit:] | Dr. Raymund Schmidt.

45 S., 1 Bl. (bds. Vlgsanz.)

Erscheinungsjahr 1924 nach DBV 9, 456a.

TA17.
Friedrich von Schiller
1759–1805

TA17.1–2. Über Anmut und Würde

Die ›1. Aufl.‹ erschien 1917 als FA; siehe FA9.1.

Ca 1919 folgte die ›2. Aufl.‹ als TA, 1944 ein weiterer Druck, die im folg. verzeichnet sind.

NUC 525, 659c verzeichnet 2 Ausg.: eine mit »⟨1910⟩« und eine weitere mit »⟨1922?⟩«; diese Datierungen orientieren sich an den PhB-Ausg., denen die Texte entnommen und nach denen die TA gedruckt wurden, und sind damit nicht richtig.

TA17.1.1919.1 385, Kn41

Bl. 1a TASCHENAUSGABEN DER | ,,PHILOSOPHISCHEN BIBLIOTHEK" | HEFT 1 | Schiller | Über Anmut und Würde | [Reihensignet] || VERLAG VON FELIX MEINER IN LEIPZIG

Bl. 1b Sonderausgabe aus: | Schillers Philosophische Schriften | und Gedichte | Zur Einführung in seine Weltanschauung. | Mit ausführlicher Einleitung herausgegeben von | Eugen Kühnemann. Zweite Auflage. Leipzig 1910. | Preis M. 4.50. (,,Philosophische Bibliothek" Band 103.)

1 Bl., S. [95]–157, (1 Bl., bds. Vlgsanz.)

Die Ausg. erschien ca 1919.

TA17.2.1944.1 A, 4, 6, 52, 64, 77, 101, 211, 291

Bl. 1a || [Z. 1–2 ebs.] | – HEFT 1 – | [Z. 4–7 ebs.] ||

Bl. 1b [Z. 1–3 ebs.] | Zur Einführung in seine Weltanschauung | [Z. 5 ebs.] | Eugen Kühnemann. (,,Philosoph. Bibliothek" Bd. 103)

1 Bl., S. [95]–157, 1 Bl. (S. a Vlgsanz.)

Die Ausg. erschien ca 1944.

Im Gegensatz zur vorh. Ausg. ist hier der gesamte Titelseitentext umrahmt.

TA17.3–5. Über die ästhetische Erziehung des Menschen

1918 erschien die ›1. Aufl.‹ als FA; siehe FA9.2.
Ca 1919, 1928 und 1933 folgten weitere ›Aufl.‹ als TA, die im folg. verzeichnet sind.

TA17.3.1919.10 107

[157] TASCHENAUSGABEN DER | „PHILOSOPHISCHEN BIBLIOTHEK" | HEFT X | Schiller | Über die ästhetische | Erziehung des | Menschen | Sonderausgabe aus | „Philosophische Bibliothek" Band 103. | [Reihensignet] || VERLAG VON FELIX MEINER IN LEIPZIG

S. [157]–217

Die Ausg. erschien um 1919.
Dem Ex. 107 ist noch der Vorderumschlag der FA eingebunden.

TA17.4.1928.10 A, 52, 77, 211, 291

[157] [Z. 1 ebs.] | »PHILOSOPHISCHEN BIBLIOTHEK« | – HEFT 10 – | [Z. 4 ebs.] | Ueber die | ästhetische Erziehung | des Menschen | *Sonderausgabe aus: Schillers Philosophische* | *Schriften und Gedichte. Herausgegeben Eugen* [sic] | *Kühnemann (Philosophische Bibliothek* | *Band 103).* | [Reihensignet] || [Z. 13 wie vorh. Z. 11]

S. [157]–271

Die Ausg. erschien um 1928.
Im Gegensatz zur vorh. Ausg. sind hier die Z. 3–12 der Titelseite umrahmt.

TA17.5.1933.10 294, 385

[157] [Z. 1–4 ebs.] | Über die | [Z. 6–7 ebs.] | *Sonderausgabe aus* | *Schillers Philosophischen Schriften* | *Herausg. von Eugen Kühnemann* | [Z. 11–12 wie vorh. Z. 12–13]

S. [157]–271

Die Ausg. erschien um 1933.
Titelseitentextumrahmung wie bei der vorh. Ausg.

TA17.6–8. Über naive und sentimentalische Dichtung

Es konnten 3 Ausg. in 3 Exn nachgewiesen werden. Die Datierung des Exs 12 scheint mit DBV 4, 272a, auf 1919 als gesichert. Sehr problematisch ist die Datierung der Exe 385 und 77:
Ex. 385 hat eine den FA von 1917–18 und dem Ex. 12 völlig entsprechende Titel-

blattgestaltung; ihm ist aber ein 2blättriger Prospekt mit Vlgsanz. von spätestens 1933 (!) eingebunden. Daß erheblich spätere Prospekte in Exe eingebunden werden, ist so lange kein Problem, als es nicht Ausg. gibt, die zeitlich *nach* der vorh. Ausg. aber *vor* dem eingebundenen Prospekt datieren, – wie es hier der Fall ist:
Ex. 77 entspricht in der Titelblattgestaltung den Ausg. der Jahre 1922–25; auf der (zum Bogen gehörigen) S. [412] aber heißt es unterhalb von Vlgsanz. von spätestens 1914: »In den Preisen sind die Ende 1920 [!] in Geltung befindlichen Teuerungsaufschläge des Verlages inbegriffen.«
Andererseits sind die Bemerkungen zu dem PhB-Bd, nach dem die TA gedruckt ist, bei Ex. 12 und 77 in 4 Z. identisch, bei Ex. 385 sind sie um 2 Z. erweitert.
Hier kann die Datierung der Exe 385 und 77 *nur* nach der Titelblattgestaltung erfolgen (in anderen Fällen erfolgt sie ggf. *auch* danach).

TA17.6.1919.20 12

[313] TASCHENAUSGABEN DER | „PHILOSOPHISCHEN BIBLIOTHEK" | HEFT XX | Schiller | Über naive und sentimentalische | Dichtung | Sonderausgabe aus: | Schillers Philosophische Schriften und Gedichte. | Herausgegeben von Eugen Kühnemann. | :: („Philosophische Bibliothek" Band 103.) :: | [Reihensignet] || VERLAG VON FELIX MEINER IN LEIPZIG

S. [313]–411

Erscheinungsjahr 1919 nach DBV 4, 272a.
Ex. 12 ist ein 2blättriger Prospekt von Anfang 1918 eingebunden.

TA17.7.1921.20 385

[313] [Z. 1–7 ebs.] | Schillers Philosophische Schriften und Gedichte | [Z. 9–10 ebs.] | (Zuerst gedruckt in den „Horen" 1795, Stück 11 und 12, | und 1796 Stück 1.) | [Reihensignet] || [Z. 14 wie vorh. Z. 12]

S. [313]–411

1920/21 oder 1933 erschienen?
Ex. 385 ist ein 2blättriger Prospekt mit Vlgsanz. von spätestens 1933 eingebunden.

TA17.8.1927.20 77

[313] || [Z. 1–2 ebs.] | – HEFT 20 – | [Z. 4–7 ebs.] | Schillers Philosophische Schriften und Gedichte. | [Z. 9–10 ebs.] | [Z. 11–12 wie vorh. Z. 13–14] ||

S. [313]–411

1927 erschienen? (Sicher zwischen 1922–29.)
Im Gegensatz zur vorh. Ausg. ist hier der gesamte Titelseitentext umrahmt

TA18.

Lucius Annaeus Seneca
4 v. Chr. – 65 n. Chr.

TA18.1. Tod und Todesfurcht

TA18.1.1924.62 101, 211

[1] || TASCHENAUSGABEN DER | „PHILOSOPHISCHEN BIBLIOTHEK" | – HEFT 62 – | L. A. Seneca | Tod | und Todesfurcht | [Reihensignet] || VERLAG VON FELIX MEINER IN LEIPZIG ||

[2] Sonderausgabe aus: | LUCIUS ANNAEUS SENECA | PHILOSOPHISCHE SCHRIFTEN | III. u. IV. Bd.: BRIEFE AN LUCILIUS | Übersetzt von Otto Apelt | (Der „Philosophischen Bibliothek" Bd. 189/90) | [17 Z. zu Seneca]

69 S.

Erscheinungsjahr 1924 nach DBV 9, 676a.

TA19.

Shaftesbury
(Anthony Ashley Cooper, Earl of Shaftesbury)
1671–1713

TA19.1–2. Religion und Tugend

TA19.1.1919.30 38, 77

Bl. 1a TASCHENAUSGABEN DER | „PHILOSOPHISCHEN BIBLIOTHEK" | HEFT XXX | Shaftesbury | Religion und Tugend | [Reihensignet] || VERLAG VON FELIX MEINER IN LEIPZIG

Bl. 1b Sonderausgabe aus: | Shaftesbury. Untersuchung über die Tugend. | Herausgegeben von Paul Ziertmann. Leipzig 1905. | Preis M. 2.50. („Philosophische Bibliothek" Band 110.)

1 Bl., 48 S.

Erscheinungsjahr 1919 nach DBV 4, 272a.

TA19.2.1920.30 75, 101, 211, 385

Bl. 1a [Z. 1 ebs.] | »PHILOSOPHISCHEN BIBLIOTHEK« | [Z. 3–6 ebs.] || [Z. 7 ebs.]

Bl. 1b [Z. 1 ebs.] | Shaftesbury, Untersuchung über die Tugend. | [Z. 3 ebs.] | („Philosophische Bibliothek" Band 110.) | [4 Z. zu Shaftesbury] | [1 Z. Druckvermerk]

1 Bl., 48 S.

Die Ausg. erschien um 1920.
Im Gegensatz zur vorh. Ausg. ist hier der gesamte Titelseitentext umrahmt.

TA20.
Benedict von Spinoza
1632–1677

TA20.1. Prophetie und Propheten

TA20.1.1922.47 12, 38(401), 101

Bl. 1a || TASCHENAUSGABEN DER | „PHILOSOPHISCHEN BIBLIOTHEK" | – HEFT 47 – | Spinoza | Prophetie und Propheten | [Reihensignet] || VERLAG VON FELIX MEINER IN LEIPZIG ||

Bl. 1b Sonderausgabe aus: | SPINOZA. | Theologisch-Politischer Traktat. | Herausgegeben und eingeleitet von | Carl Gebhardt. | (Der Philosophischen Bibliothek Band 93.)

1 Bl., S. [15]–57

Erscheinungsjahr 1922 nach DBV 9, 764b.

TA20.2. Staat und Recht

TA20.2.1922.50 6, 12, 64, 75, 101

Bl. 1a || TASCHENAUSGABEN DER | „PHILOSOPHISCHEN BIBLIOTHEK" | – HEFT 50 – | Spinoza | Staat und Recht | [Reihensignet] || VERLAG VON FELIX MEINER IN LEIPZIG ||

Bl. 1b Sonderausgabe aus: | SPINOZA. | Theologisch-Politischer Traktat. | Herausgegeben und eingeleitet von | Carl Gebhardt. | (Der Philosophischen Bibliothek Band 93.)

1 Bl., S. [273]–291

Erscheinungsjahr 1922 nach DBV 9, 764b.

TA20.3. Theologie, Vernunft und Glaube

TA20.3.1922.49 12, 38(401), 64, 101, ÖNB Wien

Bl. 1a || TASCHENAUSGABEN DER | „PHILOSOPHISCHEN BIBLIOTHEK" | – HEFT 49 – | Spinoza | Theologie, Vernunft | und Glaube | [Reihensignet] || VERLAG VON FELIX MEINER IN LEIPZIG ||

Bl. 1b Sonderausgabe aus: | SPINOZA. | Theologisch-Politischer Traktat. | Herausgegeben und eingeleitet von | Carl Gebhardt. | (Der Philosophischen Bibliothek Band 93.)

1 Bl., S. [249]–272

Erscheinungsjahr 1922 nach DBV 9, 764b.

TA20.4. Von den Wundern

TA20.4.1922.48 6, 12, 38(401), 64, 101

[109] || TASCHENAUSGABEN DER | „PHILOSOPHISCHEN BIBLIOTHEK" | – HEFT 48 – | Spinoza | Von den Wundern | Sonderausgabe aus: SPINOZA. | Theologisch-Politischer Traktat. | [Reihensignet] || VERLAG VON FELIX MEINER IN LEIPZIG ||

S. [109]–132

Erscheinungsjahr 1922 nach DBV 9, 764b.

3. Register

3.1 Register zu Vorwort und Kapitel 1

3.1.1 Namenregister

Dieses Register enthält Namen von Personen und Verlagen der Seiten XI–XVI und 1–216, in wenigen Fällen auch aus Kap. 1.7. Bibliographien, die unter Personennamen zitiert werden (Bucholtz, Heinsius, Kayser), sind nicht in das Namenregister aufgenommen. Vornamen sind abgekürzt; in einigen Fällen (z. B. bei ›Heimann, H.‹, ›Heimann, M.‹ oder ›Meiner, A.‹) können sich verschiedene Personen hinter derselben Abkürzung verbergen. Nicht jede Namenserwähnung ist im Register verzeichnet, z. B. nicht in bloßen (tabellarischen) Auflistungen oder in Familiengenealogien (S. 47–49, 66 f.).

3.1.2 Sachregister zu Vorwort und Kapitel 1

3.2 PhB-Band- und Heftnummern vor 1900

3.2.1 Register der PhB-Bandnummern

PhB-Nr	Verfasser- und Titelangabe
1	Kirchmann: Die Lehre vom Wissen
2	Kant: Kritik der reinen Vernunft
3	Kirchmann: Erl. z. Kants Kr. d. r. V.
4	Spinoza: Ethik
5	Kirchmann: Erl. z. Spinozas Ethik
6	Schleiermacher: Monologen
7	Kant: Kritik der praktischen Vernunft
8	Kirchmann: Erl. z. Kants Kr. d. p. V.
9	Kant: Kritik der Urteilskraft
10	Kirchmann: Erl. z. Kants Kr. d. U.
11	Kirchmann: Die Grundbegriffe d. Rechts u. d. Moral
12	Berkeley: Abhandl. üb. d. Prinzipien d. menschl. Erkenntnis
13	Hume: Untersuchungen üb. d. menschl. Verstand
14	Kant: Anthropologie
15	Grotius: Üb. d. Recht d. Krieges u. Friedens I
16	Grotius: Üb. d. Recht d. Krieges u. Friedens II
17	Kant: Die Religion
18	Spinoza: Kurzgef. Abhandl. v. Gott
19	Aristoteles: Poetik
20	Kirchmann: Erl. z. Kants Anthropologie
21	Kirchmann: Erl. z. Kants Religion
22	Kant: Prolegomena
23	Kant: Logik
24	Schleiermacher: Philos. Sittenlehre
25(I)	Descartes: Abhandl. üb. d. Methode
25(II)	Descartes: Meditationen
26(I)	Descartes: Prinzipien d. Philosophie
26(II)	Descartes: Üb. d. Leidenschaften d. Seele
27	Platon: Staat
28	Kant: Grundlegung z. Met. d. Sitten
29	Kant: Metaphysik d. Sitten
30	Hegel: Enzyklopädie
31	Condillac: Abhandl. üb. d. Empfindungen
32	Bacon: Neues Organon
33	Kant: Klein. Schriften z. Logik u. Met.
34	Rosenkranz: Erl. z. Hegels Enzyklopädie
35	Spinoza: Theolog.-polit. Abhandlung
36	Kirchmann: Erl. z. Spinozas Theolog.-polit. Abhandl.
37	Kant: Klein. Schriften z. Ethik u. Rel.philos.

PhB-Nr	Verfasser- und Titelangabe
38	Aristoteles: Metaphysik I
39	Aristoteles: Metaphysik II
40	Joh. Scotus Eriugena: Üb. d. Einteil. d. Natur
41	Spinoza: Descartes' Prinzipien d. Philos.
42	Kirchmann: Erl. z. Spinozas Bearb. v. Descartes
43	Aristoteles: Üb. d. Seele
44	Spinoza: Abhandl. üb. d. Verbess. d. Verstandes
45	Kirchmann: Erl. z. Spinozas Abhandl. üb. d. Verstand
46	Spinoza: Briefwechsel
47	Kirchmann: Erl. z. Spinozas Briefwechsel
48	Fichte: Versuch einer Kritik aller Offenbarung
49	Kant: Klein. Schriften z. Naturphilos.
50	Locke: Versuch üb. d. menschl. Verstand I
51	Locke: Versuch üb. d. menschl. Verstand II
52	Kirchmann: Erl. z. Lockes Versuch üb. d. Verstand
53	Bruno: Von der Ursache
54	Kirchmann: Erl. z. Kants Logik
55	Kirchmann: Erl. z. Kants Prolegomena
56	Leibniz: Neue Abhandlungen
57	Kant: Vermischte Schriften u. Briefe
58	Kirchmann: Erl. z. Kants Klein. Schr. üb. Logik u. Met.
59(I)	Kirchmann: Erl. z. Kants Grundlegung u. Met. d. Sitten
59(II)	Kirchmann: Erl. z. Kants Schriften z. Ethik u. Rel.philos.
60	Kirchmann: Erl. z. Kants Schriften z. Naturphilos.
61	Kirchmann: Erl. z. Kants Verm. Schriften u. Briefwechsel
62	Cicero: Üb. d. höchste Gut u. Übel
63	Cicero: Üb. d. Natur d. Götter
64	Cicero: Lehre d. Akademie
65	Schaarschmidt: Erl. z. Leibniz' Neuen Abhandlungen
66	Noack: Johannes Scotus Eriugena
67	LaMettrie: Der Mensch eine Maschine
68	Aristoteles: Nikomachische Ethik
69	Kirchmann: Erl. z. Aristoteles' Nikomach. Ethik
70	Aristoteles: Organon I–II: Kategorien. Hermeneutica
71	Kirchmann: Erl. z. Aristoteles' Organon I–II
72	Aristoteles: Organon III: Erste Analytiken
73	Kirchmann: Erl. z. Aristoteles' Organon III
74	Sextus Empiricus: Pyrrhoneïsche Grundzüge
75	Hume: Dialoge üb. natürl. Religion
76(I)	Kant: Physische Geographie
76(II)	Kant: Die vier lat. Dissertationen
77	Aristoteles: Organon IV: Zweite Analytiken
78	Kirchmann: Erl. z. Aristoteles' Organon IV
79	Leibniz: Theodizee
80	Kirchmann: Erl. z. Leibniz' Theodizee
81	Leibniz: Kleinere philos. Schriften

PhB-Nr	Verfasser- und Titelangabe
82	Kirchmann: Erl. z. Leibniz' Klein. philos. Schriften
83	Platon: Gastmahl
84	Aristoteles: Politik
85	Kirchmann: Erl. z. Aristoteles' Politik
86	Pappenheim: Erl. z. Sextus Empiricus' Pyrrh. Grundz.
87	Platon: Theaitet
88	Platon: Parmenides
89	Aristoteles: Organon V: Topik
90	Kirchmann: Erl. z. Aristoteles' Organon V
91	Aristoteles: Organon VI: Sophist. Widerlegungen
92	Kirchmann: Erl. z. Aristoteles' Organon VI
93	Locke: Üb. d. richtigen Gebrauch d. Verstandes
94	Wörterbuch d. philos. Grundbegriffe

3.2.2 Register der 1. Heftzählung vor 1900

3.2.2.1 Register nach Heftnummern

Siehe dazu Kap. 1.5.3. Die Heftnumern 301–319 sind in beiden Zählungen dieselben.

Heft-Nr	Verfasser- und Titelangabe
1	Kirchmann: Die Lehre vom Wissen
2	Kant: Kr. d. r. V. 1. Heft
3	Spinoza: Ethik. 1. Heft
4	Kant: Kr. d. r. V. 2. Heft
5	Spinoza: Ethik. 2. Heft
6	Kant: Kr. d. r. V. 3. Heft
7	Schleiermacher: Monologen
8	Spinoza: Ethik. 3. u. letztes Heft
9	Kant: Kr. d. r. V. 4. Heft
10	Kant: Kr. d. r. V. 5. Heft
11	Kant: Kr. d. r. V. 6. u. letztes Heft
12	Kirchmann: Erl. z. Kants Kr. d. r. V.
13	Kirchmann: Erl. z. Spinozas Ethik. 1. Heft
14	Kirchmann: Erl. z. Spinozas Ethik. 2. u. letztes Heft
15	Kant: Kr. d. p. V. 1. Heft
16	Kant: Kr. d. p. V. 2. u. letztes Heft
17	Kant: Kr. d. U. 1. Heft
18	Kirchmann: Grundbegr. d. Rechts u. d. Moral. 1. Heft
19	Kirchmann: Grundbegr. d. Rechts u. d. Moral. 2. u. letztes Heft
20	Kant: Kr. d. U. 2. Heft
21	Kant: Kr. d. U. 3. Heft
22	Hume: Unters. üb. d. menschl. Verstand. 1. Heft
23	Berkeley: Abhandl. üb. d. Prinz. d. menschl. Erkenntnis
24	Kant: Kr. d. U. 4. u. letztes Heft
25	Hume: Unters. üb. d. menschl. Verstand. 2. u. letztes Heft
26	Kirchmann: Erl. z. Kants Kr. d. p. V.
27	Kirchmann: Erl. z. Kants Kr. d. U.
28	Kant: Anthropologie. 1. Heft
29	Grotius: Üb. d. Recht d. Krieges u. Friedens. Bd 1. 1. Heft
30	Kant: Anthropologie. 2. Heft
31	Kant: Anthropologie. 3. u. letztes Heft
32	Grotius: Üb. d. Recht d. Krieges u. Friedens. Bd 1. 2. Heft
33	Grotius: Üb. d. Recht d. Krieges u. Friedens. Bd 1. 3. Heft
34	Grotius: Üb. d. Recht d. Krieges u. Friedens. Bd 1. 4. Heft
35	Kant: Die Religion. 1. Heft
36	Grotius: Üb. d. Recht d. Krieges u. Friedens. Bd 1. 5. u. letztes Heft

Heft-Nr	Verfasser- und Titelangabe
37	Kant: Die Religion. 2. Heft
38	Grotius: Üb d. Recht d. Krieges u. Friedens. Bd 2. 1. Heft
39	Kant: Die Religion. 3. u. letztes Heft
40	Grotius: Üb. d. Recht d. Krieges u. Friedens. Bd 2. 2. Heft
41	Grotius: Üb. d. Recht d. Krieges u. Friedens. Bd 2. 3. Heft
42	Grotius: Üb. d. Recht d. Krieges u. Friedens. Bd 2. 4. Heft
43	Schleiermacher: Philos. Sittenlehre. 1. Heft
44	Grotius: Üb. d. Recht d. Krieges u. Friedens. Bd 2. 5. u. letztes Heft
45	Schleiermacher: Philos. Sittenlehre. 2. Heft
46	Schleiermacher: Philos. Sittenlehre. 3. Heft
47	Kirchmann: Erl. z. Kants Anthropologie
48	Schleiermacher: Philos. Sittenlehre. 4. Heft
49	Spinoza: Kurzgef. Abhandl. v. Gott
50	Kirchmann: Erl. zu Kants Religion
51	Aristoteles: Poetik
52	Schleiermacher: Philos. Sittenlehre. 5. Heft
53	Kant: Prolegomena. 1. Heft
54	Kant: Prolegomena. 2. u. letztes Heft
55	Kant: Logik. 1. Heft
56	Kant: Logik. 2. u. letztes Heft
57	Schleiermacher: Philos. Sittenlehre. 6. Heft
58	Schleiermacher: Philos. Sittenlehre. 7. u. letztes Heft
59	Descartes: Abhandl. üb. d. Methode
60	Platon: Staat. 1. Heft
61	Kant: Grundlegung z. Met. d. Sitten
62	Platon: Staat. 2. Heft
63	Platon: Staat. 3. Heft
64	Descartes: Meditationen. 1. Heft
65	Descartes: Meditationen. 2. u. letztes Heft
66	Kant: Met. d. Sitten. 1. Heft
67	Kant: Met. d. Sitten. 2. Heft
68	Platon: Staat. 4. Heft
69	Platon: Staat. 5. Heft
70	Descartes: Prinzipien d. Philos. 1. Heft
71	Descartes: Prinzipien d. Philos. 2. Heft
72	Platon: Staat. 6. u. letztes Heft
73	Kant: Met. d. Sitten. 3. Heft
74	Hegel: Enzyklopädie. 1. Heft
75	Hegel: Enzyklopädie. 2. Heft
76	Descartes: Prinzipien d. Philos. 3. Heft
77	Descartes: Prinzipien d. Philos. 4. u. letztes Heft
78	Condillac: Abhandl. üb. d. Empfindungen. 1. Heft
79	Condillac: Abhandl. üb. d. Empfindungen. 2. Heft
80	Condillac: Abhandl. üb. d. Empfindungen. 3. u. letztes Heft
81	Kant: Met. d. Sitten. 4. u. letztes Heft
82	Descartes: Üb. d. Leidenschaften d. Seele. 1. Heft

Heft-Nr	Verfasser- und Titelangabe
83	Descartes: Üb. d. Leidenschaften d. Seele. 2. u. letztes Heft
84	Hegel: Enzyklopädie. 3. Heft
85	Hegel: Enzyklopädie. 4. Heft
86	Hegel: Enzyklopädie. 5. Heft
87	Bacon: Neues Organon. 1. Heft
88	Hegel: Enzyklopädie. 6. u. letztes Heft
89	Bacon: Neues Organon. 2. Heft
90	Bacon: Neues Organon. 3. Heft
91	Bacon: Neues Organon. 4. Heft
92	Kant: Klein. Schriften z. Logik u. Met. 1. Heft
93	Kant: Klein. Schriften z. Logik u. Met. 2. Heft
94	Kant: Klein. Schriften z. Logik u. Met. 3. Heft
95	Kant: Klein. Schriften z. Logik u. Met. 4. Heft
96	Bacon: Neues Organon. 5. u. letztes Heft
97	Spinoza: Theolog.-polit. Abhandlung. 1. Heft
98	Rosenkranz: Erl. z. Hegels Enzyklopädie. 1. Heft
99	Rosenkranz: Erl. z. Hegels Enzyklopädie. 2. u. letztes Heft
100	Kant: Klein. Schriften z. Logik u. Met. 5. Heft
101	Kant: Klein. Schriften z. Logik u. Met. 6. Heft
102	Kant: Klein. Schriften z. Logik u. Met. 7. Heft
103	Kant: Klein. Schriften z. Logik u. Met. 8. u. letztes Heft
104	Spinoza: Theolog.-polit. Abhandlung. 2. Heft
105	Kant: Klein. Schriften z. Ethik u. Rel.philos. Abt. 1. 1. Heft
106	Kant: Klein. Schriften z. Ethik u. Rel.philos. Abt. 1. 2. Heft
107	Joh. Scotus Eriugena: Üb. d. Eint. d. Natur. Abt. 1. 1. Heft
108	Spinoza: Theolog.-polit. Abhandlung. 3. Heft
109	Spinoza: Theolog.-polit. Abhandlung. 4. u. letztes Heft
110	Kant: Klein. Schr. z. Ethik u. Rel.phil. Abt. 1. 3. u. letztes Heft
111	Kirchmann: Erl. z. Spinozas Theolog.-polit. Abhandlung
112	Aristoteles: Metaphysik. Bd 1. 1. Heft
113	Aristoteles: Metaphysik. Bd 1. 2. Heft
114	Aristoteles: Metaphysik. Bd 1. 3. Heft
115	Aristoteles: Metaphysik. Bd 1. 4. Heft
116	Aristoteles: Metaphysik. Bd 1. 5. u. letztes Heft
117	Aristoteles: Metaphysik. Bd 2. 1. Heft
118	Aristoteles: Metaphysik. Bd 2. 2. Heft
119	Spinoza: Descartes' Prinzipien d. Philos. 1. Heft.
120	Spinoza: Descartes' Prinzipien d. Philos. 2. u. letztes Heft
121	Aristoteles: Metaphysik. Bd 2. 3. Heft
122	Aristoteles: Metaphysik. Bd 2. 4. Heft
123	Aristoteles: Metaphysik. Bd 2. 5. u. letztes Heft
124	Kirchmann: Erl. z. Spinozas Bearb. v. Descartes. 1. Heft
125	Kirchmann: Erl. z. Spinozas Bearb. v. Descartes. 2. u. letztes Heft
126	Aristoteles: Üb. d. Seele. 1. Heft
127	Aristoteles: Üb. d. Seele. 2. Heft
128	Spinoza: Abhandlung üb. d. Verb. d. Verstandes. 1. Heft

Heft-Nr	Verfasser- und Titelangabe
129	Spinoza: Abhandlung üb. d. Verb. d. Verstandes. 2. u. letztes Heft
130	Joh. Scotus Eriugena: Üb. d. Eint. d. Natur. Abt. 1. 2. Heft
131	Aristoteles: Üb. d. Seele. 3. u. letztes Heft
132	Fichte: Versuch e. Kritik aller Offenbarung. 1. Heft
133	Fichte: Versuch e. Kritik aller Offenbarung. 2. u. letztes Heft
134	Kirchmann: Erl. z. Spinozas Abh. üb. d. Verstand. 1. Heft
135	Kirchmann: Erl. z. Spinozas Abh. üb. d. Verstand. 2. u. letztes Heft
136	Spinoza: Briefe. 1. Heft
137	Spinoza: Briefe. 2. Heft
138	Kant: Klein. Schr. z. Ethik u. Rel.phil. Abt. 2. 1. Heft
139	Kant: Klein. Schr. z. Ethik u. Rel.phil. Abt. 2. 2. u. letztes Heft
140	Spinoza: Briefe. 3. Heft
141	Spinoza: Briefe. 4. u. letztes Heft
142	Kirchmann: Erl. z. Spinozas Briefwechsel
143	Kant: Klein. Schriften z. Naturphilos. Abt. 1. 1. Heft
144	Kant: Klein. Schriften z. Naturphilos. Abt. 1. 2. Heft
145	Kant: Klein. Schriften z. Naturphilos. Abt. 1. 3. Heft
146	Kant: Klein. Schriften z. Naturphilos. Abt. 1. 4. u. letztes Heft
147	Locke: Versuch üb. d. menschl. Verstand. Bd 1. 1. Heft
148	Locke: Versuch üb. d. menschl. Verstand. Bd 1. 2. Heft
149	Locke: Versuch üb. d. menschl. Verstand. Bd 1. 3. Heft
150	Locke: Versuch üb. d. menschl. Verstand. Bd 1. 4. Heft
151	Bruno: Von d. Ursache. 1. Heft
152	Bruno: Von d. Ursache. 2. u. letztes Heft
153	Locke: Versuch üb. d. menschl. Verstand. Bd 1. 5. Heft
154	Locke: Versuch üb. d. menschl. Verstand. Bd 1. 6. u. letztes Heft
155	Kirchmann: Erl. z. Kants Logik. 1. Heft
156	Kirchmann: Erl. z. Kants Logik. 2. u. letztes Heft
157	Joh. Scotus Eriugena: Üb. d. Eint. d. Natur. Abt. 1. 3. Heft
158	Joh. Scotus Eriugena: Üb. d. Eint. d. Natur. Abt. 1. 4. Heft
159	Kirchmann: Erl. z. Lockes Versuch üb. d. Verstand. 1. Heft
160	Kirchmann: Erl. z. Lockes Versuch üb. d. Verstand. 2. Heft
161	Kirchmann: Erl. z. Kants Prolegomena. 1. Heft
162	Kirchmann: Erl. z. Kants Prolegomena. 2. u. letztes Heft
163	Joh. Scotus Eriugena: Üb. d. Eint. d. Natur. Abt. 1. 5. u. letztes Heft
164	Kant: Klein. Schriften z. Naturphilos. Abt. 2. 1. Heft
165	Kant: Klein. Schriften z. Naturphilos. Abt. 2. 2. Heft
166	Kant: Klein. Schriften z. Naturphilos. Abt. 2. 3. Heft
167	Kant: Klein. Schriften z. Naturphilos. Abt. 2. 4. Heft
168	Kant: Klein. Schriften z. Naturphilos. Abt. 2. 5. Heft
169	Kant: Klein. Schriften z. Naturphilos. Abt. 2. 6. u. letztes Heft
170	Kant: Vermischte Schriften u. Briefe. 1. Heft
171	Kant: Vermischte Schriften u. Briefe. 2. Heft
172	Kant: Vermischte Schriften u. Briefe. 3. Heft
173	Kant: Vermischte Schriften u. Briefe. 4. Heft
174	Kant: Vermischte Schriften u. Briefe. 5. Heft

Heft-Nr	Verfasser- und Titelangabe
175	Kant: Vermischte Schriften u. Briefe. 6. Heft
176	Kant: Vermischte Schriften u. Briefe. 7. u. letztes Heft
177	Locke: Versuch üb. d. menschl. Verstand. Bd 2. 1. Heft
178	Locke: Versuch üb. d. menschl. Verstand. Bd 2. 2. Heft
179	Leibniz: Neue Abhandl. üb. d. menschl. Verstand. 1. Heft
180	Leibniz: Neue Abhandl. üb. d. menschl. Verstand. 2. Heft
181	Kirchmann: Erl. z. Kants Schr. üb. Logik u. Met. 1. Heft
182	Kirchmann: Erl. z. Kants Schr. üb. Logik u. Met. 2. Heft
183	Kirchmann: Erl. z. Kants Schr. üb. Logik u. Met. 3. u. letztes Heft
184	Leibniz: Neue Abhandl. üb. d. menschl. Verstand. 3. Heft
185	Leibniz: Neue Abhandl. üb. d. menschl. Verstand. 4. Heft
186	Locke: Versuch üb. d. menschl. Verstand. Bd 2. 3. Heft
187	Locke: Versuch üb. d. menschl. Verstand. Bd 2. 4. Heft
188	Locke: Versuch üb. d. menschl. Verstand. Bd 2. 5. Heft
189	Locke: Versuch üb. d. menschl. Verstand. Bd 2. 6. u. letztes Heft
190	Joh. Scotus Eriugena: Üb. d. Eint. d. Natur. Abt. 2. 1. Heft
191	Leibniz: Neue Abhandl. üb. d. menschl. Verstand. 5. Heft
192	Leibniz: Neue Abhandl. üb. d. menschl. Verstand. 6. Heft
193	Kirchmann: Erl. z. Lockes Versuch üb. d. Verstand. 3. Heft
194	Kirchmann: Erl. z. Lockes Versuch üb. d. Verstand. 4. u. letztes Heft
195	Joh. Scotus Eriugena: Üb. d. Eint. d. Natur. Abt. 2. 2. Heft
196	Joh. Scotus Eriugena: Üb. d. Eint. d. Natur. Abt. 2. 3. Heft
197	Leibniz: Neue Abhandl. üb. d. menschl. Verstand. 7. Heft
198	Leibniz: Neue Abhandl. üb. d. menschl. Verstand. 8. Heft
199	Leibniz: Neue Abhandl. üb. d. menschl. Verstand. 9. u. letztes Heft
200	Cicero: Üb. d. höchste Gut u. Übel. 1. Heft
201	Cicero: Üb. d. höchste Gut u. Übel. 2. Heft
202	Cicero: Üb. d. höchste Gut u. Übel. 3. Heft
203	Cicero: Üb. d. höchste Gut u. Übel. 4. Heft
204	Cicero: Üb. d. höchste Gut u. Übel. 5. u. letztes Heft
205	Joh. Scotus Eriugena: Üb. d. Eint. d. Natur. Abt. 2. 4. Heft
206	Joh. Scotus Eriugena: Üb. d. Eint. d. Natur. Abt. 2. 5. Heft
207	Joh. Scotus Eriugena: Üb. d. Eint. d. Natur. Abt. 2. 6. u. letztes Heft
208	Cicero: Üb. d. Natur d. Götter. 1. Heft
209	Cicero: Üb. d. Natur d. Götter. 2. Heft
210	Cicero: Üb. d. Natur d. Götter. 3. Heft
211	Cicero: Üb. d. Natur d. Götter. 4. u. letztes Heft
212	Cicero: Lehre d. Akademie. 1. Heft
213	Cicero: Lehre d. Akademie. 2. Heft
214	Cicero: Lehre d. Akademie. 3. u. letztes Heft
215	Schaarschmidt: Erl. z. Leibniz' Neuen Abhandl. 1. Heft
216	Schaarschmidt: Erl. z. Leibniz' Neuen Abhandl. 2. u. letztes Heft
217	Schaarschmidt: Einl. z. Leibniz' Neuen Abhandlungen
218	LaMettrie: Der Mensch eine Maschine
219	Kirchmann: Erl. z. Kants Grundl. u. Met. d. Sitten. 1. Heft
220	Kirchmann: Erl. z. Kants Grundl. u. Met. d. Sitten. 2. Heft

Heft-Nr	Verfasser- und Titelangabe
221	Kirchmann: Erl. z. Kants Grundl. u. Met. d. Sitten. 3. u. letztes Heft
222	Kirchmann: Erl. z. Kants Schr. z. Ethik u. Rel.philos.
223	Aristoteles: Nikomachische Ethik. 1. Heft
224	Aristoteles: Nikomachische Ethik. 2. Heft
225	Aristoteles: Nikomachische Ethik. 3. Heft
226	Aristoteles: Nikomachische Ethik. 4. Heft
227	Aristoteles: Nikomachische Ethik. 5. u. letztes Heft
228	Kirchmann: Erl. z. Aristoteles' Nikomach. Ethik. 1. Heft
229	Kirchmann: Erl. z. Aristoteles' Nikomach. Ethik. 2. Heft
230	Kirchmann: Erl. z. Aristoteles' Nikomach. Ethik. 3. u. letztes Heft
231	Aristoteles: Kategorien. Hermeneutica. 1. Heft
232	Aristoteles: Kategorien. Hermeneutica. 2. u. letztes Heft
233	Noack: Johannes Scotus Eriugena
234	Kirchmann: Erl. z. Aristoteles' Kat. u. Hermeneut. 1. Heft
235	Kirchmann: Erl. z. Aristoteles' Kat. u. Hermeneut. 2. u. letztes Heft
236	Aristoteles: Erste Analytiken. 1. Heft
237	Aristoteles: Erste Analytiken. 2. u. letztes Heft
238	Kirchmann: Erl. z. Aristoteles' Ersten Analytiken. 1. Heft
239	Kirchmann: Erl. z. Aristoteles' Ersten Analytiken. 2. Heft
240	Kirchmann: Erl. z. Aristoteles' Ersten Analytiken. 3. Heft
241	Kirchmann: Erl. z. Aristoteles' Ersten Analytiken. 4. u. letztes Heft
242	Sextus Empiricus: Pyrrhoneïsche Grundzüge. 1. Heft
243	Sextus Empiricus: Pyrrhoneïsche Grundzüge. 2. Heft
244	Sextus Empiricus: Pyrrhoneïsche Grundzüge. 3. Heft
245	Sextus Empiricus: Pyrrhoneïsche Grundzüge. 4. u. letztes Heft
246	Hume: Dialoge üb. natürl. Religion. 1. Heft
247	Hume: Dialoge üb. natürl. Religion. 2. Heft
248	Hume: Dialoge üb. natürl. Religion. 3. u. letztes Heft
249	Kant: Physische Geographie. 1. Heft
250	Kant: Physische Geographie. 2. Heft
251	Kant: Physische Geographie. 3. Heft
252	Kant: Physische Geographie. 4. Heft
253	Kant: Physische Geographie. 5. u. letztes Heft
254	Kirchmann: Erl. z. Kants Schriften z. Naturphilos. 1. Heft
255	Kirchmann: Erl. z. Kants Schriften z. Naturphilos. 2. Heft
256	Kirchmann: Erl. z. Kants Schriften z. Naturphilos. 3. u. letztes Heft
257	Aristoteles: Zweite Analytiken. 1. Heft
258	Aristoteles: Zweite Analytiken. 2. u. letztes Heft
259	Kirchmann: Erl. z. Kants Verm. Schr. u. Briefen. 1. Heft
260	Kirchmann: Erl. z. Kants Verm. Schr. u. Briefen. 2. u. letztes Heft
261	Kant: Die vier lat. Dissertationen. 1. Heft
262	Kant: Die vier lat. Dissertationen. 2. u. letztes Heft
263	Kirchmann: Erl. z. Aristoteles' Zweiten Analytiken. 1. Heft
264	Kirchmann: Erl. z. Aristoteles' Zweiten Analytiken. 2. Heft
265	Kirchmann: Erl. z. Aristoteles' Zweiten Analytiken. 3. u. letztes Heft
266	Leibniz: Theodicee. 1. Heft

Heft-Nr	Verfasser- und Titelangabe
267	Leibniz: Theodicee. 2. Heft
268	Leibniz: Theodicee. 3. Heft
269	Leibniz: Theodicee. 4. Heft
270	Leibniz: Theodicee. 5. Heft
271	Leibniz: Theodicee. 6. Heft
272	Leibniz: Theodicee. 7. Heft
273	Leibniz: Theodicee. 8. Heft
274	Leibniz: Theodicee. 9. u. letztes Heft
275	Kirchmann: Erl. z. Leibniz' Theodicee. 1. Heft
276	Kirchmann: Erl. z. Leibniz' Theodicee. 2. u. letztes Heft
277	Leibniz: Klein. philos. Schriften. 1. Heft
278	Leibniz: Klein. philos. Schriften. 2. Heft
279	Leibniz: Klein. philos. Schriften. 3. Heft
280	Leibniz: Klein. philos. Schriften. 4. u. letztes Heft
281	Kirchmann: Erl. z. Leibniz' Klein. philos. Schriften. 1. Heft
282	Kirchmann: Erl. z. Leibniz' Klein. philos. Schriften. 2. Heft
283	Kirchmann: Erl. z. Leibniz' Klein. philos. Schriften. 3. u. letztes Heft
284	Platon: Gastmahl. 1. Heft
285	Platon: Gastmahl. 2. u. letztes Heft
286	Aristoteles: Politik. 1. Heft
287	Aristoteles: Politik. 2. Heft
288	Aristoteles: Politik. 3. Heft
289	Aristoteles: Politik. 4. Heft
290	Aristoteles: Politik. 5. u. letztes Heft
291	Kirchmann: Erl. z. Aristoteles' Politik. 1. Heft
292	Kirchmann: Erl. z. Aristoteles' Politik. 2. u. letztes Heft
293	Platon: Theaitet. 1. Heft
294	Platon: Theaitet. 2. Heft
295	Platon: Theaitet. 3. u. letztes Heft
296	Pappenheim: Erl. z. Sextus Empiricus' Pyrrh. Grundz. 1. Heft
297	Pappenheim: Erl. z. Sextus Empiricus' Pyrrh. Grundz. 2. Heft
298	Pappenheim: Erl. z. Sextus Empiricus' Pyrrh. Grundz. 3. Heft
299	Pappenheim: Erl. z. Sextus Empiricus' Pyrrh. Grundz. 4. Heft
300	Pappenheim: Erl. z. Sextus Empiricus' Pyrrh. Grundz. 5. u. letztes Heft
301	Platon: Parmenides. 1. Heft
302	Platon: Parmenides. 2. Heft
303	Platon: Parmenides. 3. u. letztes Heft
304	Aristoteles: Topik. 1. Heft
305	Aristoteles: Topik. 2. Heft
306	Aristoteles: Topik. 3. Heft
307	Aristoteles: Topik. 4. u. letztes Heft
308	Kirchmann: Erl. z. Aristoteles' Topik. 1. Heft
309	Kirchmann: Erl. z. Aristoteles' Topik. 2. Heft
310	Aristoteles: Sophistische Widerlegungen. 1. Heft
311	Aristoteles: Sophistische Widerlegungen. 2. u. letztes Heft
312	Kirchmann: Erl. z. Aristoteles' Sophist. Widerlegungen

Heft-Nr	Verfasser- und Titelangabe
313	Locke: Üb. d. richtigen Gebrauch d. Verstandes
314	Wörterbuch d. philos. Grundbegriffe. 1. Heft
315	Wörterbuch d. philos. Grundbegriffe. 2. Heft
316	Wörterbuch d. philos. Grundbegriffe. 3. Heft
317	Wörterbuch d. philos. Grundbegriffe. 4. Heft
318	Wörterbuch d. philos. Grundbegriffe. 5. Heft
319	Wörterbuch d. philos. Grundbegriffe. 6. u. letztes Heft

3.2.2.2 Register der 1. Heftzählung vor 1900 nach Autoren (mit Angabe der PhB-Bandnummern)

Aristoteles: Metaphysik. Bd 1 (Bd 38): Heft 112–116
Aristoteles: Metaphysik. Bd 2 (Bd 39): Heft 117, 118, 121–123
Aristoteles: Nikomachische Ethik (Bd 68): Heft 223–227
Aristoteles: Organon I–II: Kategorien. Hermeneutica (Bd 70): Heft 231, 232
Aristoteles: Organon III: Erste Analytiken (Bd 72): Heft 236, 237
Aristoteles: Organon IV: Zweite Analytiken (Bd 77): Heft 257, 258
Aristoteles: Organon V: Topik (Bd 89): Heft 304–307
Aristoteles: Organon VI: Sophistische Widerlegungen (Bd 91): Heft 310, 311
Aristoteles: Poetik (Bd 19): Heft 51
Aristoteles: Politik (Bd 84): Heft 286–290
Aristoteles: Üb. d. Seele (Bd 43): Heft 126, 127, 131
Bacon: Neues Organon (Bd 32): Heft 87, 89–91, 96
Berkeley: Abhandl. üb. d. Prinz. d. menschl. Erkenntnis (Bd 12): Heft 23
Bruno: Von d. Ursache (Bd 53): Heft 151, 152
Cicero: Lehre d. Akademie (Bd 64): Heft 212–214
Cicero: Üb. d. höchste Gut u. Übel (Bd 62): Heft 200–204
Cicero: Üb. d. Natur d. Götter (Bd 63): Heft 208–211
Condillac: Abhandl. üb. d. Empfindungen (Bd 31): Heft 78–80
Descartes: Abhandl. üb. d. Methode (Bd 25(I)): Heft 59
Descartes: Meditationen (Bd 25(II)): Heft 64, 65
Descartes: Prinzipien d. Philos. (Bd 26(I)): Heft 70, 71, 76, 77
Descartes: Üb. d. Leidenschaften d. Seele (Bd 26(II)): Heft 82, 83
Fichte: Versuch e. Kritik aller Offenbarung (Bd 48): Heft 132, 133
Grotius: Üb. d. Recht d. Krieges u. Friedens. Bd 1 (Bd 15): Heft 29, 32–34, 36
Grotius: Üb. d. Recht d. Krieges u. Friedens. Bd 2 (Bd 16): Heft 38, 40–42, 44
Hegel: Enzyklopädie (Bd 30): Heft 74, 75, 84–86, 88
Hume: Dialoge üb. natürl. Religion (Bd 75): Heft 246–248
Hume: Unters. üb. d. menschl. Verstand (Bd 13): Heft 22, 25
Joh. Scotus Eriugena: Üb. d. Eint. d. Natur. Abt. 1 (Bd 40(I)): Heft 107, 130, 157, 158, 163
Joh. Scotus Eriugena: Üb. d. Eint. d. Natur. Abt. 2 (Bd 40(II)): Heft 190, 195, 196, 205–207
Kant: Anthropologie (Bd 14): Heft 28, 30, 31
Kant: Grundlegung z. Met. d. Sitten (Bd 28): Heft 61
Kant: Klein. Schriften z. Ethik u. Rel.philos. Abt. 1. (Bd 37(I)): Heft 105, 106, 110
Kant: Klein. Schriften z. Ethik u. Rel.philos. Abt. 2. (Bd 37(II)): Heft 138, 139
Kant: Klein. Schriften z. Logik u. Met. (Bd 33): Heft 92–95, 100–103
Kant: Klein. Schriften z. Naturphilos. Abt. 1. (Bd 49(I)): Heft 143–146
Kant: Klein. Schriften z. Naturphilos. Abt. 2. (Bd 49(II)): Heft 164–169
Kant: Kr. d. p. V. (Bd 7): Heft 15, 16
Kant: Kr. d. r. V. (Bd 2): Heft 2, 4, 6, 9–11
Kant: Kr. d. U. (Bd 9): Heft 17, 20, 21, 24

Kant: Logik (Bd 23): Heft 55, 56
Kant: Met. d. Sitten (Bd 29): Heft 66, 67, 73, 81
Kant: Physische Geographie (Bd 76(I)): Heft 249–253
Kant: Prolegomena (Bd 22): Heft 53, 54
Kant: Die Religion (Bd 17): Heft 35, 37, 39
Kant: Vermischte Schriften u. Briefe (Bd 57): Heft 170–176
Kant: Die vier lat. Dissertationen (Bd 76(II)): Heft 261, 262
Kirchmann: Erl. z. Aristoteles' Nikomach. Ethik (Bd 69): Heft 228–230
Kirchmann: Erl. z. Aristoteles' Kat. u. Hermeneut. (Bd 71): Heft 234, 235
Kirchmann: Erl. z. Aristoteles' Ersten Analytiken (Bd 73): Heft 238–241
Kirchmann: Erl. z. Aristoteles' Zweiten Analytiken (Bd 78): Heft 263–265
Kirchmann: Erl. z. Aristoteles' Topik (Bd 90): Heft 308, 309
Kirchmann: Erl. z. Aristoteles' Sophist. Widerlegungen (Bd 92): Heft 312
Kirchmann: Erl. z. Aristoteles' Politik (Bd 85): Heft 291, 292
Kirchmann: Erl. z. Kants Anthropologie (Bd 20): Heft 47
Kirchmann: Erl. z. Kants Grundl. u. Met. d. Sitten (Bd 59(I)): Heft 219–221
Kirchmann: Erl. z. Kants Kr. d. p. V. (Bd 8): Heft 26
Kirchmann: Erl. z. Kants Kr. d. r. V. (Bd 3): Heft 12
Kirchmann: Erl. z. Kants Kr. d. U. (Bd 10): Heft 27
Kirchmann: Erl. z. Kants Logik (Bd 54): Heft 155, 156
Kirchmann: Erl. z. Kants Prolegomena (Bd 55): Heft 161, 162
Kirchmann: Erl. z. Kants Religion (Bd 21): Heft 50
Kirchmann: Erl. z. Kants Schr. üb. Logik u. Met. (Bd 58): Heft 181–183
Kirchmann: Erl. z. Kants Schr. z. Ethik u. Rel.philos. (Bd 59(II)): Heft 222
Kirchmann: Erl. z. Kants Schr. z. Naturphilos. (Bd 60): Heft 254–256
Kirchmann: Erl. z. Kants Verm. Schr. u. Briefen (Bd 61): Heft 259, 260
Kirchmann: Erl. z. Leibniz' Klein. philos. Schriften (Bd 82): Heft 281–283
Kirchmann: Erl. z. Leibniz' Theodicee (Bd 80): Heft 275, 276
Kirchmann: Erl. z. Lockes Versuch üb. d. Verstand. Abt. 1 (Bd 52(I)): Heft 159, 160
Kirchmann: Erl. z. Lockes Versuch üb. d. Verstand. Abt. 2 (Bd 52(II)): Heft 193, 194
Kirchmann: Erl. z. Spinozas Abhandl. üb. d. Verstand (Bd 45): Heft 134, 135
Kirchmann: Erl. z. Spinozas Bearb. v. Descartes (Bd 42): Heft 124, 125
Kirchmann: Erl. z. Spinozas Briefwechsel (Bd 47): Heft 142
Kirchmann: Erl. z. Spinozas Ethik (Bd 5): Heft 13, 14
Kirchmann: Erl. z. Spinozas Theolog.-polit. Abhandlung (Bd 36): Heft 111
Kirchmann: Die Grundbegr. d. Rechts u. d. Moral (Bd 11): Heft 18, 19
Kirchmann: Die Lehre vom Wissen (Bd 1): Heft 1
LaMettrie: Der Mensch eine Maschine (Bd 67): Heft 218
Leibniz: Klein. philos. Schriften (Bd 81): Heft 277–280
Leibniz: Neue Abhandlungen (Bd 56): Heft 179, 180, 184, 185, 191, 192, 197–199
Leibniz: Theodicee (Bd 79): Heft 266–274
Locke: Üb. d. richtigen Gebrauch d. Verstandes (Bd 93): Heft 313
Locke: Versuch üb. d. menschl. Verstand. Bd 1 (Bd 50): Heft 147–150, 153, 154
Locke: Versuch üb. d. menschl. Verstand. Bd 2 (Bd 51): Heft 177, 178, 186–189
Noack: Johannes Scotus Eriugena (Bd 66): Heft 233
Pappenheim: Erl. z. Sextus Empiricus' Pyrrh. Grundz. (Bd 86): Heft 296–300
Platon: Gastmahl (Bd 83): Heft 284, 285

Platon: Parmenides (Bd 88): Heft 301–303
Platon: Staat (Bd 27): Heft 60, 62, 63, 68, 69, 72
Platon: Theaitet (Bd 87): Heft 293–295
Rosenkranz: Erl. z. Hegels Enzyklopädie (Bd 34): Heft 98, 99
Schaarschmidt: Einl. z. Leibniz' Neuen Abhandlungen (Teil v. Bd 56): Heft 217
Schaarschmidt: Erl. z. Leibniz' Neuen Abhandlungen (Bd 65): Heft 215, 216
Schleiermacher: Monologen (Bd 6): Heft 7
Schleiermacher: Philos. Sittenlehre (Bd 24): Heft 43, 45, 46, 48, 52, 57, 58
Sextus Empiricus: Pyrrhoneïsche Grundzüge (Bd 74): Heft 242–245
Spinoza: Abhandlung üb. d. Verb. d. Verstandes (Bd 44): Heft 128, 129
Spinoza: Briefwechsel (Bd 46): Heft 136, 137, 140, 141
Spinoza: Descartes' Prinzipien d. Philos. (Bd 41): Heft 119, 120
Spinoza: Ethik (Bd 4): Heft 3, 5, 8
Spinoza: Kurzgef. Abhandl. v. Gott (Bd 18): Heft 49
Spinoza: Theolog.-polit. Abhandlung (Bd 35): Heft 97, 104, 108, 109
Wörterbuch d. philos. Grundbegriffe (Bd 94): Heft 314–319

3.2.3 Register der 2. Heftzählung vor 1900 nach Heftnummern

Siehe dazu Kap. 1.5.3. Von der zweiten Heftzählung konnten nicht alle Heftnummern ermittelt werden. * bedeutet: erschlossen. Die Erschließung/Vermutung geht davon aus, daß bei den autoptisch gesicherten Heftnummern auf die Nr des Textes die Nr einer (vorhandenen) Erläuterung folgt.

Die Heftnummern 301–319 sind mit der ersten Zählung (Register 3.2.2.1) identisch.

	Heft-Nr	Verfasser- und Titelangabe
	1	Kirchmann: Die Lehre vom Wissen
	2–4	Spinoza: Ethik
*	5.6	Kirchmann: Erl. z. Spinozas Ethik
	11.12	Kirchmann: Grundbegriffe d. Rechts u. d. Moral
	17a.b	Berkeley: Abhandl. üb. d. Prinzipien d. Erkenntnis
	18–20	Condillac: Abhandl. üb. d. Empfindungen
	21.22a.b	Hume: Untersuchung üb. d. menschl. Verstand
	30–32	Kant: Anthropologie
	33	Kirchmann: Erl. z. Kants Anthropologie
*	34–36	Platon: Theaitet
	38–42	Grotius: Üb. d. Recht d. Krieges u. Friedens I
	43–47	Grotius: Üb. d. Recht d. Krieges u. Friedens II
	48a.b	Spinoza: Kurzgef. Abhandl. v. Gott
	49–53	Aristoteles: Nikomachische Ethik
*	54–56	Kirchmann: Erl. z. Aristoteles' Nikomach. Ethik
	57–59	Kant: Die Religion
	60	Kirchmann: Erl. z. Kants Religion
	63–67	Cicero: Üb. d. höchste Gut u. Übel
	68	LaMettrie: Der Mensch eine Maschine
	69.70	Aristoteles: Organon I–II: Kategorien. Hermeneutica
	71.72	Kirchmann: Erl. z. Aristoteles' Kategorien u. Hermeneutica
	73–75	Hume: Dialoge üb. natürl. Religion
*	76–81	Hegel: Enzyklopädie
	82.83	Rosenkranz: Erl. z. Hegels Enzyklopädie
	84.85	Aristoteles: Organon III: Erste Analytiken
	86–89	Kirchmann: Erl. z. Aristoteles' Ersten Analytiken
	90–94	Kant: Klein. Schriften z. Ethik u. Rel.philos.
	95	Kirchmann: Erl. z. Kants Schriften z. Ethik u. Rel.philos.
	96–99	Spinoza: Theolog.-polit. Abhandlung
	100	Kirchmann: Erl. z. Spinozas Theolog.-polit. Abhandlung
	101	Descartes: Abhandl. üb. d. Methode

Heft-Nr	Verfasser- und Titelangabe
102.103	Kant: Prolegomena
* 104.105	Kirchmann: Erl. z. Kants Prolegomena
106–108	Cicero: Lehre d. Akademie
109–112	Sextus Empiricus: Pyrrhoneïsche Grundzüge
113–117	Pappenheim: Erl. z. Sextus Empiricus' Pyrrh. Grundz.
118–122	Kant: Physische Geographie
123	Schleiermacher: Monologen
124.125	Aristoteles: Organon IV: Zweite Analytiken
* 126–128	Kirchmann: Erl. z. Aristoteles' Zweiten Analytiken
129.130	Kant: Die vier lat. Dissertationen
137.138	Kant: Logik
* 139.140	Kirchmann: Erl. z. Kants Logik
143	Kant: Grundlegung z. Met. d. Sitten
144–147	Kant: Met. d. Sitten
148–150	Kirchmann: Erl. z. Kants Grundlegung z. Met. d. Sitten
* 151–156	Kant: Kr. d. r. V.
157	Kirchmann: Erl. z. Kants Kr. d. r. V.
* 164–171	Kant: Klein. Schriften z. Logik u. Met.
172–174	Kirchmann: Erl. z. Kants Schr. üb. Logik u. Met.
175–179	Aristoteles: Metaphysik I
180.181	Spinoza: Descartes' Prinzipien
* 182.183	Kirchmann: Erl. z. Spinozas Bearb. v. Descartes
184.185	Platon: Gastmahl
186–190	Aristoteles: Metaphysik II
191–193	Aristoteles: Üb. d. Seele
194–198	Joh. Scotus Eriugena: Üb. d. Eint. d. Natur I
* 199.200	Spinoza: Abhandl. üb. d. Verb. d. Verstandes
201.202	Kirchmann: Erl. z. Spinozas Abhandl. üb. d. Verstand
* 208–211	Kant: Klein. Schriften z. Naturphilos. I
212–214	Kirchmann: Erl. z. Kants Schr. z. Naturphilos.
* 215–220	Locke: Versuch üb. d. menschl. Verstand I
223–228	Kant: Klein. Schriften z. Naturphilos. II
229–235	Kant: Vermischte Schriften u. Briefe
236.237	Kirchmann: Erl. z. Kants Verm. Schr. u. Briefen
238.239	Bruno: Von d. Ursache
240.241	Kant: Kr. d. p. V.
242	Kirchmann: Erl. z. Kants Kr. d. p. V.
* 252–260	Leibniz: Neue Abhandlungen
261.262	Schaarschmidt: Erl. z. Leibniz' Neuen Abhandlungen
263.264	Descartes: Meditationen
265–270	Joh. Scotus Eriugena: Üb. d. Eint. d. Natur II
271	Noack: Johannes Scotus Eriugena
* 272–280	Leibniz: Theodizee
281.282	Kirchmann: Erl. z. Leibniz' Theodizee
283–286	Leibniz: Klein. philos. Schriften
287–289	Kirchmann: Erl. z. Leibniz' Klein. philos. Schriften

Heft-Nr	Verfasser- und Titelangabe
290–294	Aristoteles: Politik
295.296	Kirchmann: Erl. z. Aristoteles' Politik
297–300	Descartes: Prinzipien d. Philos.

3.3 Register der PhB-Ausgaben 1868–1985

3.3.1 Register nach Bandnummern

Dieses Register führt alle Bandnummern der in Kap. 2.3 verzeichneten Einzelausgaben auf, d. h. der von 1868 bis zum 30. Juni 1985 erschienenen PhB-Bände. Die PhB-Nummern der Neuerscheinungen vom 1.7.1985 bis zum 31.12.1990 sind im Anhang Seite 971 ff. zu ersehen.

Daß viele Nummern zwei oder mehrere Male vorkommen, liegt an den verschiedenen Bandzählungen (vor 1900 und nach 1900), die es in der PhB gegeben hat (siehe dazu Kap. 1.5.4).

Aufgeführt sind nur die PhB-Nummern von Einzelbänden, nicht auch die von Sammel- bzw. Werkeausgaben.

PhB-Nr	Ausg.-Sigle	Verfasser- und Titelangabe
1	3.14.3–4	Aristoteles: Poetik
1	52.33.1–4	Kirchmann: Lehre v. Wissen
2	3.2.2–6	Aristoteles: Metaphysik I
2	50.18.1–7	Kant: Kr. d. r. V.
3	3.3.2–6	Aristoteles: Metaphysik II
3	52.15.1–4	Kirchmann: Erl. z. Kr. d. r. V.
4	3.16.2–5	Aristoteles: Über d. Seele
4	95.6.1–5	Spinoza: Ethik
5	3.4.2–7	Aristoteles: Nikomach. Ethik
5	52.30.1–2	Kirchmann: Erl. z. Ethik
6	3.13.1	Aristoteles: Parva naturalia
6	52.1.2	Kirchmann: Erl. z. Nik. Ethik
6	88.8.1	Schleiermacher: Monologen
7	3.15.2–9	Aristoteles: Politik
7	50.17.1–4	Kant: Kr. d. p. V.
8	3.7.1–3	Aristoteles: Organon I
8	52.8.2	Kirchmann: Erl. z. Politik
8	52.14.1–2	Kirchmann: Erl. z. Kr. d. p. V.
8–9	3.6.4–7	Aristoteles: Organon I–II
9	3.6.2–3	Aristoteles: Organon I–II
9	3.8.1–3	Aristoteles: Organon II
9	50.19.1–2	Kant: Kr. d. U.
10	3.9.2–7	Aristoteles: Organon III
10	52.16.1–2	Kirchmann: Erl. z. Kr. d. U.
11	3.10.2–6	Aristoteles: Organon IV
11	52.32.1–2	Kirchmann: Grundbegr. d. Rechts u. d. Moral
12	3.11.2–7	Aristoteles: Organon V
12	7.2.1–2	Berkeley: Prinz. d. menschl. Erkenntnis

PhB-Nr	Ausg.-Sigle	Verfasser- und Titelangabe
13	3.12.2–7	Aristoteles: Organon VI
13	43.5.1–4	Hume: Üb. d. menschl. Verstand
14	50.2.1–3	Kant: Anthropologie
14	52.3.2	Kirchmann: Erl. z. Organon I–II
15	33.1.1	Grotius: Recht d. Krieges u. Friedens I
15	52.4.2	Kirchmann: Erl. z. Organon III
16	33.2.1	Grotius: Recht d. Krieges u. Friedens II
16	52.5.2	Kirchmann: Erl. z. Organon IV
17	50.25.1–2	Kant: Rel. innerh. d. Grenzen
17	52.6.2	Kirchmann: Erl. z. Organon V
18	52.7.2	Kirchmann: Erl. z. Organon VI
18	95.7.1–2	Spinoza: Kurze Abh. v. Gott
19	3.14.1–2	Aristoteles: Poetik
19	5.1.2	Bacon: Neues Organon
20	7.2.3–10	Berkeley: Prinz. d. menschl. Erkenntnis
20	52.10.1–2	Kirchmann: Erl. z. Anthropologie
21	11.1.3–7	Bruno: Von d. Ursache
21	52.19.1	Kirchmann: Erl. z. Rel. innerh.
22	14.4.2	Cicero: Höchstes Gut u. Übel
22	50.24.1–3	Kant: Prolegomena
23	14.5.2	Cicero: Natur d. Götter
23	50.20.1–2	Kant: Logik
24	14.2.2	Cicero: Lehre d. Akademie
24	88.10.1	Schleiermacher: Philos. Sittenlehre
25	18.1.2–4	Condillac: Üb. d. Empfindungen
25(I)	21.2.1	Descartes: Üb. d. Methode (dt.)
25(II)	21.6.1–2	Descartes: Meditat. (dt.)
26	21.2.2–5	Descartes: Üb. d. Methode (dt.)
26(I)	21.9.1–2	Descartes: Prinz. d. Philos.
26(II)	21.5.1–2	Descartes: Leidenschaften d. Seele
26a	21.2.6–14	Descartes: Üb. d. Methode (dt.)
26a	21.10.1–3	Descartes: Regeln. Erforsch. d. Wahrheit
26b	21.10.4–9	Descartes: Regeln. Erforsch. d. Wahrheit
27	21.6.3–11	Descartes: Meditat. (dt.)
27	77.24.1	Platon: Staat
27I	21.7.1–3	Descartes: Meditat. (dt.)
28	21.9.3–10	Descartes: Prinz. d. Philos.
28	50.8.1–2	Kant: Grundleg. z. Met. d. Sitten
29	21.5.3–4	Descartes: Leidenschaften d. Seele
29	50.21.1	Kant: Met. d. Sitten
30	9.1.1	Boström: Grundl. e. neuen philos. Syst.
30	29.30.2	Fichte: Kritik aller Offenbarung
30	36.9.1	Hegel: Enzyklopädie
31	18.1.1	Condillac: Üb. d. Empfindungen
31	33.1.2	Grotius: Recht d. Krieges u. Friedens I
32	5.1.1	Bacon: Neues Organon

PhB-Nr	Ausg.-Sigle	Verfasser- und Titelangabe
32	33.2.2	Grotius: Recht d. Krieges u. Friedens II
33	36.9.2–11	Hegel: Enzyklopädie
33(a)	50.10.1	Kant: Logik u. Met. I
33(b)	50.11.1	Kant: Logik u. Met. II
33(c)	50.12.1	Kant: Logik u. Met. III
33(d)	50.13.1	Kant: Logik u. Met. IV
34	83.1.1–3	Rosenkranz: Erl. z. Hegels Enzykl.
35	43.5.5–15	Hume: Üb. d. menschl. Verstand
35	95.9.1–2	Spinoza: Theol.-polit. Traktat
36	43.2.3–7	Hume: Dial. üb. natürl. Rel.
36	52.31.1	Kirchmann: Erl. z. Theol.-polit. Abh.
37	50.18.8–12	Kant: Kr. d. r. V.
37(I)	50.9.1	Kant: Ethik u. Rel.philos.
37(II)	50.3.1	Kant: Beweisgrund
37a	50.18.13–25	Kant: Kr. d. r. V.
37b	81.1.1–4	Ratke: Handlexikon z. Kr. d. r. V.
38	3.2.1	Aristoteles: Metaphysik I
38	50.17.5–18	Kant: Kr. d. p. V.
39	3.3.1	Aristoteles: Metaphysik II
39	50.19.3–6, 50.19.8	Kant: Kr. d. U.
39a	50.19.7, 50.19.9–12	Kant: Kr. d. U.
39b	50.6.1–3	Kant: Erste Einl. in d. Kr. d. U.
40	50.24.4–14	Kant: Prolegomena
40(I)	48.1.1	Joh. Scotus Eriugena: Einteil. d. Natur I
40(II)	48.2.1	Joh. Scotus Eriugena: Einteil. d. Natur II
41	50.8.3–15	Kant: Grundleg. z. Met. d. Sitten
41	95.5.1–2	Spinoza: Descartes' Prinz.
42	50.21.2–10	Kant: Met. d. Sitten
42	52.28.1	Kirchmann: Erl. z. Bearb. v. Descartes
43	3.16.1	Aristoteles: Über d. Seele
43	50.20.3–7	Kant: Logik
44	50.2.4–7	Kant: Anthropologie
44	95.2.1–2	Spinoza: Verbess. d. Verstandes
45	50.25.3–13	Kant: Rel. innerh. d. Grenzen
45	52.27.1	Kirchmann: Erl. z. Abh. üb. Verbess.
46	95.4.1–2	Spinoza: Briefwechsel
46(a)	50.10.2	Kant: Logik u. Met. I
46(b)	50.11.2	Kant: Logik u. Met. II
46(c)	50.12.2	Kant: Logik u. Met. III
46(d)	50.13.2	Kant: Logik u. Met. IV
46,46a	50.10.3–4	Kant: Logik u. Met. I
46b	50.11.3–4	Kant: Logik u. Met. II
46c	50.12.3–4	Kant: Logik u. Met. III
46d	50.13.3–4	Kant: Logik u. Met. IV

PhB-Nr	Ausg.-Sigle	Verfasser- und Titelangabe
47	52.29.1	Kirchmann: Erl. z. Briefwechsel
47(I)	50.9.2	Kant: Ethik u. Rel.philos.
47I	50.9.3–7	Kant: Ethik u. Rel.philos.
47II	50.3.2–6	Kant: Beweisgrund
48	29.30.1	Fichte: Kritik aller Offenbarung
48	50.14.3–4	Kant: Naturphilos. I
48a	50.14.5	Kant: Naturphilos. I
48b	50.15.4	Kant: Naturphilos. II
48b	50.22.1	Kant: Met. Anfangsgr. d. Naturwiss.
49	50.15.2–3	Kant: Naturphilos. II
49	50.16.1	Kant: Naturphilos. III
49(I)	50.14.1–2	Kant: Naturphilos. I
49(II)	50.15.1	Kant: Naturphilos. II
50	50.28.3–5	Kant: Verm. Schr.
50	60.3.1–2	Locke: Üb. d. menschl. Verstand I
51	50.23.2–4	Kant: Phys. Geographie
51	60.4.1	Locke: Üb. d. menschl. Verstand II
52	50.4.1	Kant: Briefwechsel
52	50.29.2–4	Kant: Vier lat. Diss.
52(I)	52.24.1	Kirchmann: Erl. z. Vers. üb. menschl. Verstand I
52(II)	52.25.1	Kirchmann: Erl. z. Vers. üb. menschl. Verstand II
52a	50.4.2	Kant: Briefwechsel
52a–b	50.4.4	Kant: Briefwechsel
52b	50.4.3	Kant: Briefwechsel
53	11.1.1–2	Bruno: Von d. Ursache
53	24.1.1–2	Diogenes Laertios: Leben u. Mein. ber. Philosophen I
53	52.15.5	Kirchmann: Erl. z. Kr. d. r. V.
53–54	24.3.1	Diogenes Laertios: Leben u. Mein. ber. Philosophen I–II
54	24.2.1	Diogenes Laertios: Leben u. Mein. ber. Philosophen II
54	52.14.3	Kirchmann: Erl. z. Kr. d. p. V.
54	52.17.1	Kirchmann: Erl. z. Logik
55	10.21.1–4	Brentano: Ursprung sittl. Erkenntnis
55	52.16.3	Kirchmann: Erl. z. Kr. d. U.
55	52.18.1	Kirchmann: Erl. z. d. Proleg.
56	36.38.1–8	Hegel: Wiss. d. Logik I
56	52.10.3	Kirchmann: Erl. z. Anthropologie
56	56.9.1	Leibniz: Neue Abh.
57	36.39.1–8	Hegel: Wiss. d. Logik II
57	50.28.1–2	Kant: Verm. Schr.
57	52.19.2	Kirchmann: Erl. z. Rel. innerh.
58	36.17.1–2	Hegel: Jenaer Systementwürfe II
58	52.12.1	Kirchmann: Erl. z. Schr. üb. Log. u. Met.
58	52.18.2	Kirchmann: Erl. z. d. Proleg.
59	36.26.1–4	Hegel: Philos. d. Rel. I
59	52.17.2	Kirchmann: Erl. z. Logik
59(I)	52.11.1	Kirchmann: Erl. z. Grundlegung

PhB-Nr	Ausg.-Sigle	Verfasser- und Titelangabe
59(II)	52.13.1	Kirchmann: Erl. z. Schr. z. Eth. u. Rel.phil.
59–60	36.30.1–2	Hegel: Philos. d. Rel. I
60	36.27.1–3	Hegel: Philos. d. Rel. II–1
60	52.11.2	Kirchmann: Erl. z. Grundlegung
60	52.20.1	Kirchmann: Erl. z. Schr. z. Naturphilos.
61	36.28.1–3	Hegel: Philos. d. Rel. II–2
61	52.12.2	Kirchmann: Erl. z. Schr. üb. Log. u. Met.
61	52.21.1	Kirchmann: Erl. z. Verm. Schr.
61, 63	36.31.1–2	Hegel: Philos. d. Rel. II
62	14.4.1	Cicero: Höchstes Gut u. Übel
62	36.10.1	Hegel: Erste Druckschr.
62	52.13.2	Kirchmann: Erl. z. Schr. z. Eth. u. Rel.phil.
62a	36.7.1	Hegel: Differenzschr.
62b	36.11.1	Hegel: Glauben u. Wissen
63	14.5.1	Cicero: Natur d. Götter
63	36.29.1–3	Hegel: Philos. d. Rel. III–1
63	52.20.2	Kirchmann: Erl. z. Schr. z. Naturphilos.
64	14.2.1	Cicero: Lehre d. Akademie
64	36.23.1–3	Hegel: Beweise v. Dasein Gottes
64	52.21.2	Kirchmann: Erl. z. Verm. Schr.
65	52.33.5	Kirchmann: Lehre v. Wissen
65	55.1.1	Lasson, G.: Einf. in Hegels Rel.philos.
65	85.1.1	Schaarschmidt: Erl. z. Leibniz
66	52.32.3	Kirchmann: Grundbegr. d. Rechts u. d. Moral
66	73.1.1	Noack: Joh. Scotus Eriugena
66a	41.1.1	Hoffmeister: Goethe u. d. dt. Idealismus
66b	36.15.1	Hegel: Jenenser Realphilos. I
67	36.16.1–3	Hegel: Jenenser Realphilos. II
67	54.1.1	La Mettrie: Mensch e. Maschine
67	102.1.4–7	Wörterb. phil. Begr.
68	3.4.1	Aristoteles: Nikomach. Ethik
68	54.1.2–3	La Mettrie: Mensch e. Maschine
69	52.1.1	Kirchmann: Erl. z. Nik. Ethik
69	56.9.2–6	Leibniz: Neue Abh.
70	3.6.1	Aristoteles: Organon I–II
70	85.1.2–3	Schaarschmidt: Erl. z. Leibniz
71	52.3.1	Kirchmann: Erl. z. Organon I–II
71	56.11.2–5	Leibniz: Theodizee
72	3.9.1	Aristoteles: Organon III
72	52.23.2	Kirchmann: Erl. z. Theodizee
72a	34.1.1	Hartmann, E. v.: Kategorienlehre I
72b	34.2.1–2	Hartmann, E. v.: Kategorienlehre II
72c	34.3.1	Hartmann, E. v.: Kategorienlehre III
73	52.4.1	Kirchmann: Erl. z. Organon III
73	56.7.2	Leibniz: Kl. philos. Schr.
73	90.1.1	Seneca: Philos. Schr. I

PhB-Nr	Ausg.-Sigle	Verfasser- und Titelangabe
74	52.22.2	Kirchmann: Erl. z. Kl. philos. Schr.
74	90.2.1	Seneca: Philos. Schr. II
74	91.1.1	Sextus Empiricus: Pyrrhon. Grundzüge
75	43.2.1–2	Hume: Dial. üb. natürl. Rel.
75	60.3.3–5, 60.3.7	Locke: Üb. d. menschl. Verstand I
75–76	60.3.6	Locke: Üb. d. menschl. Verstand I
76	60.4.2–4, 60.4.6	Locke: Üb. d. menschl. Verstand II
76(I)	50.23.1	Kant: Phys. Geographie
76(II)	50.29.1	Kant: Vier lat. Diss.
77	3.10.1	Aristoteles: Organon IV
77	52.24.2	Kirchmann: Erl. z. Vers. üb. menschl. Verstand I
78	52.5.1	Kirchmann: Erl. z. Organon IV
78	52.25.2	Kirchmann: Erl. z. Vers. üb. menschl. Verstand II
79	56.11.1	Leibniz: Theodizee
79	60.2.2–4	Locke: Richt. Gebrauch d. Verstandes
80	52.23.1	Kirchmann: Erl. z. Theodizee
80	77.24.2–12	Platon: Staat
81	56.7.1	Leibniz: Kl. philos. Schr.
81	77.8.2–11	Platon: Gastmahl
82	52.22.1	Kirchmann: Erl. z. Kl. philos. Schr.
82	77.25.2–8	Platon: Theaitet
83	77.8.1	Platon: Gastmahl
83	77.17.2–5	Platon: Parmenides
84	3.15.1	Aristoteles: Politik
84	88.8.2–4	Schleiermacher: Monologen
85	52.8.1	Kirchmann: Erl. z. Politik
85	88.7.1	Schleiermacher: Grundriß d. philos. Ethik
85	88.10.2	Schleiermacher: Philos. Sittenlehre
86	48.1.2–3	Joh. Scotus Eriugena: Einteil. d. Natur I
86	75.1.1	Pappenheim: Erl. z. Sext. Empir.
86–87	48.3.1	Joh. Scotus Eriugena: Einteil. d. Natur
87	48.2.2–3	Joh. Scotus Eriugena: Einteil. d. Natur II
87	77.25.1	Platon: Theaitet
88	73.1.2–3	Noack: Joh. Scotus Eriugena
88	77.17.1	Platon: Parmenides
89	3.11.1	Aristoteles: Organon V
89	91.1.2	Sextus Empiricus: Pyrrhon. Grundzüge
90	52.6.1	Kirchmann: Erl. z. Organon V
90	75.1.2	Pappenheim: Erl. z. Sext. Empir.
91	3.12.1	Aristoteles: Organon VI
91	95.7.3–9	Spinoza: Kurze Abh. v. Gott
92	52.7.1	Kirchmann: Erl. z. Organon VI
92	95.6.6–18	Spinoza: Ethik
93	60.2.1	Locke: Richt. Gebrauch d. Verstandes

PhB-Nr	Ausg.-Sigle	Verfasser- und Titelangabe
93	95.9.3–10	Spinoza: Theol.-polit. Traktat
94	95.5.3–7	Spinoza: Descartes' Prinz.
94	102.1.1–3	Wörterb. phil. Begr.
95	95.2.3–7	Spinoza: Verbess. d. Verstandes
96	95.4.3	Spinoza: Briefwechsel
96a	95.4.4–5	Spinoza: Briefwechsel
96b	95.8.1–2	Spinoza: Lebensbeschreib. u. Gespräche
97	33.3.1	Grotius: Freiheit d. Meeres
97	52.30.3	Kirchmann: Erl. z. Ethik
98	52.28.2	Kirchmann: Erl. z. Bearb. v. Descartes
98	53.1.1	Krause: Entwurf e. europ. Staatenbundes
99	8.2.1–3	Bolzano: Paradoxien d. Unendl.
99	52.31.2	Kirchmann: Erl. z. Theol.-polit. Abh.
100	52.27.2–3	Kirchmann: Erl. z. Abh. üb. Verbess.
100	98.3.1–2	Thomas von Aquin: Philosophie
101	52.29.2–3	Kirchmann: Erl. z. Briefwechsel
101	58.1.1	Libanios: Apologie d. Sokrates
102	7.4.1–3	Berkeley: Dial. zw. Hylas u. Philonous
103	87.1.1–4	Schiller: Philos. Schr. u. Ged.
104	86.6.1–2	Schelling: Münchener Vorl.
105	46.1.1	Jean Paul: Vorschule d. Ästhetik
105	100.1.1–5	Vorländer: Gesch. d. Philos. I
106	26.1.1	Elyot: Buch v. Führer
106	100.2.1–5	Vorländer: Gesch. d. Philos. II
107	56.5.1–5	Leibniz: Grundleg. d. Philos. I
108	56.6.1–5	Leibniz: Grundleg. d. Philos. II
109	32.1.1–2	Goethes Philos.
110	92.2.1–2	Shaftesbury: Üb. d. Tugend
111	92.1.1–2	Shaftesbury: Üb. d. Enthusiasmus
112	38.1.1	Herders Philos.
113	16.1.1–5	Cohen: Komm. z. Kants Kr. d. r. V.
114	36.19.1–9	Hegel: Phänomenologie
115	101.1.1–2	Witasek: Grundl. d. Psychol.
116	49.1.1–2	Julian: Philos. Werke
117	88.14.1	Schleiermacher: Weihnachtsfeier
118	69.1.1–2	Messer: Einf. in d. Erk.theorie
119	57.2.1	Lessings Philos.
120	99.1.1–2	Fichte, Schleiermacher, Steffens: Über d. Wesen d. Univ.
121	57.1.1	Lessing: Briefwechsel
122	103.2.1	Wolff: Begriffsbestimmungen
123	42.1.1–2	Humboldt, W. v.: Ausgew. philos. Schr.
124	36.12.1–3	Hegel: Grundl. d. Philos. d. Rechts
124a	36.12.4–7	Hegel: Grundl. d. Philos. d. Rechts
124b	36.8.1	Hegel: Randbem. z. Rechtslehre
125	20.1.1	Damaskios: Leben d. Isidoros
126	100.3.1–3	Vorländer: Kants Leben

PhB-Nr	Ausg.-Sigle	Verfasser- und Titelangabe
127	29.1.1–4	Fichte: Werke 1
127a	29.29.1–3	Fichte: Begriff d. Wiss.lehre
127b	29.8.1–3	Fichte: Grundlage d. ges. Wiss.lehre
127c	29.10.1–2	Fichte: Grundriß d. Eigentüml. d. Wiss.lehre
127d	29.30.3–4	Fichte: Kritik aller Offenbarung
127e	29.21.1	Fichte: Einige Vorl. üb. d. Best. d. Gelehrten
128	29.1.5–8	Fichte: Werke 2
128a	29.9.1–2	Fichte: Grundlage d. Naturrechts
128b	29.27.1–2	Fichte: Syst. d. Sittenlehre (1798)
129	29.1.9–12	Fichte: Werke 3
129a	29.31.1–4	Fichte: Neue Darst. d. Wiss.lehre
129b	29.14.1–3	Fichte: Schr. z. Atheismusstreit
129c	29.4.1–5	Fichte: Best. d. Menschen
129d	29.7.1–4	Fichte: Geschloßner Handelsstaat
129e	29.24.1–2	Fichte: Sonnenklarer Bericht
129f	29.6.1–3	Fichte: Friedr. Nicolais Leben
130	29.1.13–16	Fichte: Werke 4
130a	29.5.1	Fichte: Darst. d. Wiss.lehre (1801)
130a	29.32.1	Fichte: Wiss.lehre 1801 u. 1804
130b	29.11.1–4	Fichte: Grundz. d. gegenw. Zeitalters
130c	29.33.1	Fichte: Wiss.lehre (1804)
131	29.1.17–20	Fichte: Werke 5
131a	29.18.1–2	Fichte: Üb. d. Gelehrten
131a	29.19.1	Fichte: Üb. d. Wesen d. Gelehrten
131b	29.2.1–3	Fichte: Anw. z. sel. Leben
131c	29.17.1–4	Fichte: Reden an d. dt. Nation
131d	29.20.1	Fichte: Fünf Vorl. üb. d. Best. d. Gelehrten
132	29.1.21–23	Fichte: Werke 6
132a	29.26.1–2	Fichte: Syst. d. Sittenlehre (1812)
132b	29.28.1–2	Fichte: Transz. Logik
132c	29.25.1–2	Fichte: Staatslehre
133	86.1.1, 86.1.4	Schelling: Werke 1
133a	86.11.1	Schelling: Vom Ich
133b	86.5.1	Schelling: Philos. d. Natur
133c	86.12.1	Schelling: Von d. Weltseele
133d	86.4.1	Schelling: Einl. z. Naturphilos.
134	86.1.2, 86.1.5	Schelling: Werke 2
134a	86.9.1	Schelling: Syst. d. transz. Idealismus
134b	86.3.1	Schelling: Darst. e. Syst. d. Philos.
134c	86.2.1	Schelling: Bruno
134d	86.13.1	Schelling: Methode d. akad. Studiums
135	86.1.3, 86.1.6	Schelling: Werke 3
135a	86.8.1	Schelling: Zur Philos. d. Kunst

PhB-Nr	Ausg.-Sigle	Verfasser- und Titelangabe
135b	86.14.1	Schelling: Wesen d. menschl. Freiheit
135c	86.7.1	Schelling: Pos. Philos.
136	88.1.1–3	Schleiermacher: Werke 1
136a	88.6.1–3	Schleiermacher: Kr. d. bish. Sittenlehre
136b	88.2.1–3	Schleiermacher: Abhandlungen
137	88.1.4–5	Schleiermacher: Werke 2
138	88.1.6–8	Schleiermacher: Werke 3
138a	88.11.1–3	Schliermacher: Pred. üb. d. christl. Hausstand
139	88.1.9–10	Schleiermacher: Werke 4
139a	88.13.1–2	Schleiermacher: Üb. Univ. im dt. Sinne
139b	88.12.1–6	Schleiermacher: Üb. d. Religion
139c	88.9.1–2	Schleiermacher: Monologen. Weihnachtsfeier
140a	1.1.1	d'Alembert: Einl. z. Enzyklopädie
140b	39.1.1	Hirschberg: Erl. z. d'Alembert
141	61.4.1–2	Lotze: Logik
142	61.5.1	Lotze: Metaphysik
143	7.7.1	Berkeley: Neue Theor. d. Gesichtswahrn.
144	36.20.1–2	Hegel: Schr. z. Pol. u. Rechtsphilos.
144a	36.21.1	Hegel: Syst. d. Sittlichkeit
145	77.20.1–3	Platon: Philebos
146	37.1.1	Herbart: Einl. i. d. Philos.
147	77.18.1–5	Platon: Phaidon
148	77.11.1–4	Platon: Gorgias
149	7.6.1	Berkeley: Siris
150	77.23.1–2	Platon: Sophistes
151	77.21.1–2	Platon: Politikos
152	77.19.1–2	Platon: Phaidros
153	77.16.1–5	Platon: Menon
154	30.1.1	Ficinus: Üb. d. Liebe
155	17.1.1	Comte: Geist d. Positivismus
156	7.3.1	Berkeley: Alciphron
157	40.1.1–3	Hobbes: Elem. d. Philos. I
158	40.2.1–5	Hobbes: Elem. d. Philos. II–III
159	77.9.1–3	Platon: Gesetze I
160	77.10.1–3	Platon: Gesetze II
161	56.3.1	Leibniz: Dt. Schr. I
162	56.4.1	Leibniz: Dt. Schr. II
163	29.1.24	Fichte: Werke, Erg.-Bd
163a	29.36.1	Fichte: Zurückford. d. Denkfreiheit
163b	29.3.1	Fichte: Beitr. z. Bericht. d. Urteile
163c	29.13.1–2	Fichte: Patriotismus
163d	29.12.1–3	Fichte: Machiavell
163e	29.16.1	Fichte: Rechtslehre
163f	29.15.1	Fichte: Polit. Fragmente
164	36.22.1	Hegel: Ästhetik
165	36.18.1	Hegel: Nürnberger Schr.

PhB-Nr	Ausg.-Sigle	Verfasser- und Titelangabe
166	36.24.1–4	Hegel: Gesch. d. Philos., Einl.
171a	36.33.1–11	Hegel: Philos. d. Weltgesch. I
171b	36.34.1–5	Hegel: Philos. d. Weltgesch. II
171b–d	36.37.1–2	Hegel: Philos. d. Weltgesch. II–IV
171c	36.35.1–5	Hegel: Philos. d. Weltgesch. III
171d	36.36.1–5	Hegel: Philos. d. Weltgesch. IV
171e	55.2.1	Lasson, G.: Hegel als Gesch.philosoph
172a	77.12.1–3	Platon: Hippias I–II. Ion
172b	77.2.1–3	Platon: Alkibiades I–II
173	77.4.1–2	Platon: Briefe
174	77.13.1–2	Platon: Kratylos
175	77.22.1–3	Platon: Protagoras
176	77.6.1–3	Platon: Euthydemos
177	77.5.1–2	Platon: Charm. Lysis. Menex.
178	77.14.1–3	Platon: Laches. Euthyphron
179	77.26.1–2	Platon: Timaios
180	77.3.1–5	Platon: Apologie. Kriton
181	2.2.1	Apelt: Vorw. u. Einl. z. Platon
182	2.1.1–2	Apelt: Platon-Index
183	4.1.1	Augustinus: Vom sel. Leben
184a	64.2.1–2	Maimonides: Führer d. Unschlüssigen I
184b	64.3.1	Maimonides: Führer d. Unschlüssigen II
184b–c	64.3.2	Maimonides: Führer d. Unschlüssigen II–III
184c	64.4.1	Maimonides: Führer d. Unschlüssigen III
185	61.1.1	Lotze: Mikrokosmos I
186	61.2.1	Lotze: Mikrokosmos II
187	61.3.1	Lotze: Mikrokosmos III
188	63.1.1–3	Machiavelli: Der Fürst
189	90.3.1	Seneca: Philos. Schr. III
190	90.4.1	Seneca: Philos. Schr. IV
191	98.1.1–2	Thomas von Aquin: Fünf Fragen
192	10.12.1–3	Brentano: Psychol. I
193	10.13.1–3	Brentano: Psychol. II
194	10.18.1–3	Brentano: Üb. d. Erkenntnis
195	10.19.1–2	Brentano: Vier Phasen d. Philos.
196	7.5.1	Berkeley: Philos. Tagebuch
197	86.14.2	Schelling: Wesen d. menschl. Freiheit
198	79.1.1	Plutarch: Moral. Schr. I
199	43.6.1–4	Hume: Üb. d. Prinz. d. Moral
200a	93.1.1	Smith: Theorie d. eth. Gefühle I
200a–b	93.3.1–2	Smith: Theorie d. eth. Gefühle I–II
200b	93.2.1	Smith: Theorie d. eth. Gefühle II
201	10.22.1–3	Brentano: Wahrheit u. Evidenz
202	70.1.1	Mill: Die Freiheit
203	10.9.1–4	Brentano: Kategorienlehre
204	29.17.5–8	Fichte: Reden an d. dt. Nation

PhB-Nr	Ausg.-Sigle	Verfasser- und Titelangabe
205	79.2.1	Plutarch: Moral. Schr. II
206	79.3.1	Plutarch: Moral. Schr. III
207	10.14.1–4	Brentano: Psychol. III
208	86.2.2–3	Schelling: Bruno
209	10.16.1–2	Brentano: Zukunft d. Philos.
210	10.20.1–3	Brentano: Vom Dasein Gottes
211a	78.1.1–2	Plotin: Schriften 1
211a	78.7.1–3	Plotin: Studienausg. 1
211b	78.1.3	Plotin: Schriften 1
212a	78.2.1–2	Plotin: Schriften 2
212b	78.2.3	Plotin: Schriften 2
213a	78.3.1–2	Plotin: Schriften 3
213b	78.3.3	Plotin: Schriften 3
214a	78.4.1–2	Plotin: Schriften 4
214b	78.4.3	Plotin: Schriften 4
215a	78.5.1–2	Plotin: Schriften 5
215a	78.8.1	Plotin: Studienausg. 2
215b	78.5.3	Plotin: Schriften 5
215c	78.5.4	Plotin: Schriften 5
216	72.1.2–5	Nikolaus von Kues: Schriften 1
216a	72.1.1	Nikolaus von Kues: Schriften 1
217	72.2.1	Nikolaus von Kues: Schriften 2
218	72.3.1–4	Nikolaus von Kues: Schriften 3
219	72.4.1–2	Nikolaus von Kues: Schriften 4
220	72.5.1–2	Nikolaus von Kues: Schriften 5
221	72.6.1–3	Nikolaus von Kues: Schriften 6
222	72.7.1	Nikolaus von Kues: Schriften 7
223	72.8.1	Nikolaus von Kues: Schriften 8
224	29.10.3–4	Fichte: Grundriß d. Eigentüml. d. Wiss.lehre
225	102.1.8–11	Wörterb. phil. Begr.
226	29.4.6–10	Fichte: Best. d. Menschen
227	28.1.1	Feuerbach: Philos. Schr.
228	72.10.1	Nikolaus von Kues: Schriften 10
229	72.9.1	Nikolaus von Kues: Schriften 9
230	27.1.1	Engels: Ludwig Feuerbach
231	72.11.1–2	Nikolaus von Kues: Schriften 11
232	72.12.1–2	Nikolaus von Kues: Schriften 12
233	72.13.1–2	Nikolaus von Kues: Schriften 13
234	29.2.4–6	Fichte: Anw. z. sel. Leben
235	36.3.1–3	Hegel: Briefe I
236	36.4.1–3	Hegel: Briefe II
237	36.5.1–3	Hegel: Briefe III
238	36.6.1–3	Hegel: Briefe IV
238a	36.6.4	Hegel: Briefe IV
238b	36.6.5	Hegel: Briefe IV
239	29.31.5–9	Fichte: Neue Darst. d. Wiss.lehre

PhB-Nr	Ausg.-Sigle	Verfasser- und Titelangabe
240	36.2.1	Hegel: Berl. Schr. 1818–1831
242	1.1.2–3	d'Alembert: Einl. z. Enzyklopädie
243	84.1.1–5	Rousseau: Zur Kulturkritik
244	17.1.2–4	Comte: Geist d. Positivismus
245	36.40.1	Hegel: Hegel in Ber. s. Zeitgenossen
246	29.8.4–7	Fichte: Grundlage d. ges. Wiss.lehre
247	29.11.5–6	Fichte: Grundz. d. gegenw. Zeitalters
248	38.2.1–3	Herder: Sprachphilos. Schr.
249	89.3.1–2	Schopenhauer: Wurzel d. Satzes v. Grund
250	21.8.1	Descartes: Meditat. (lat.-dt.)
250a	21.8.2–3	Descartes: Meditat. (lat.-dt.)
251	50.5.1–3	Kant: De mundi
252	50.26.1–2	Kant: Streit d. Fakultäten
253	56.12.1–3	Leibniz: Vernunftprinz. Monadol.
254	86.9.2–3	Schelling: Syst. d. transz. Idealismus
255	88.12.7–9	Schleiermacher: Üb. d. Religion
256	29.9.3–5	Fichte: Grundlage d. Naturrechts
257	29.27.3–4	Fichte: Syst. d. Sittenlehre (1798)
258	97.1.1	Tetens: Sprachphilos. Versuche
259	8.1.1–2	Bolzano: Grundleg. d. Logik
260	56.8.1–3	Leibniz: Met. Abh.
261	21.3.1–3	Descartes: Üb. d. Methode (frz.-dt.)
262a	21.11.1	Descartes: Regeln (lat.-dt.)
262b	21.12.1–2	Descartes: Regeln (dt.)
262c	21.13.1	Descartes: Regeln (lat.)
263	72.14.1	Nikolaus von Kues: Schriften 14
264a	72.15.1–3	Nikolaus von Kues: Schriften 15a
264b	72.16.1–2	Nikolaus von Kues: Schriften 15b
264c	72.17.1	Nikolaus von Kues: Schriften 15c
265	77.23.3–4	Platon: Sophistes
266	24.4.1	Diogenes Laertios: Leben u. Mein. ber. Philosophen. Buch X
267	72.18.1–2	Nikolaus von Kues: Schriften 16
268	72.19.1	Nikolaus von Kues: Schriften 17
269	77.7.1	Platon: Euthyphron
270	77.15.1	Platon: Laches
271	21.7.4–5	Descartes: Meditat. (dt.)
272	66.1.1	Malebranche: Erforsch. d. Wahrheit
273	14.1.1	Cicero: Üb. Tod u. Unsterblichkeit
274	29.23.1	Fichte: Pflichten d. Gelehrten
275	86.13.2	Schelling: Methode d. akad. Studiums
276	78.6.1	Plotin: Schriften 6
277	31.2.1–2	Frege: Logik u. Sprachphilos.
278	77.16.6–7	Platon: Menon
279	77.17.6	Platon: Parmenides
280	44.2.1–3	Husserl: Erfahrung u. Urteil
281	76.1.1	Peirce: Vorl. üb. Pragmatismus

PhB-Nr	Ausg.-Sigle	Verfasser- und Titelangabe
282	29.3.2	Fichte: Beitr. z. Bericht. d. Urteile
283	43.4.1	Hume: Üb. d. menschl. Natur
283a	43.4.2	Hume: Üb. d. menschl. Natur
283b	43.4.3	Hume: Üb. d. menschl. Natur
284	29.33.2	Fichte: Wiss.lehre (1804)
285	72.9.2	Nikolaus von Kues: Schriften 9
286	50.27.1	Kant: Träume e. Geistersehers
287	25.1.1	Du Bois-Reymond: Üb. Philos. u. Gesellschaft
288	71.1.1	Nelson: Selbstvertrauen d. Vernunft
289	60.1.1	Locke: Brief üb. Toleranz
290	44.6.1	Husserl: Fünfte Log. Unters.
291	44.1.1	Husserl: Cartes. Meditationen
292	44.5.1–2	Husserl: Krisis d. europ. Wiss.
293	10.11.1	Brentano: Unters. z. Raum, Zeit
294a	96.1.1	Suarez: Üb. d. Individualität
294b	96.1.2	Suarez: Üb. d. Individualität
295	72.2.2	Nikolaus von Kues: Schriften 2
296	65.1.1	Maine de Biran: Tagebuch
297	45.1.1	James: Pragmatismus
298	50.7.1	Kant: Geograph. Schr.
299	82.1.1	Reinhold: Fundam. d. philos. Wissens
302	29.5.2	Fichte: Darst. d. Wiss.lehre (1801)
303	10.3.1	Brentano: Arist. u. s. Weltansch.
304	10.2.1	Brentano: Arist. Lehre v. Urspr. d. Geistes
305	89.1.1	Schopenhauer: Üb. d. Freiheit d. Willens
306	89.2.1	Schopenhauer: Üb. d. Grundlage d. Moral
307	3.2.7–8	Aristoteles: Metaphysik I
308	3.3.7–8	Aristoteles: Metaphysik II
309	10.7.1–2	Brentano: Grundleg. u. Aufbau d. Ethik
310	10.15.1	Brentano: Rel. u. Philos.
311	10.10.1	Brentano: Lehre v. richt. Urteil
312	10.8.1	Brentano: Grundzüge d. Ästhetik
313	10.5.1	Brentano: Gesch. d. griech. Philos.
314	10.1.1–2	Brentano: Abkehr v. Nichtrealen
315	10.17.1	Brentano: Untersuch. z. Sinnespsychol.
316	29.7.5	Fichte: Geschloßner Handelsstaat
317	67.1.1	Mendelssohn: Phädon
318	7.5.2	Berkeley: Philos. Tagebuch
319a	36.13.1	Hegel: Jenaer krit. Schr. I
319b	36.14.1	Hegel: Jenaer krit. Schr. II
320	43.1.1	Hume: Abriß e. neuen Buches
321	31.1.1	Frege: Briefwechsel
322	22.1.1	Dietrich von Freiberg: Üb. d. Intellekt
323	10.6.1	Brentano: Gesch. d. mittelalt. Philos.
324	12.1.1	Burke: Ideen v. Erhab. u. Schönen
325	21.4.1	Descartes: Gespräch m. Burman

PhB-Nr	Ausg.-Sigle	Verfasser- und Titelangabe
326	29.16.2	Fichte: Rechtslehre
327	15.1.1	Cieszkowski: Proleg. z. Historiosophie
328	59.1.1	Litt: Das Allgemeine
330	98.2.1	Thomas von Aquin: Gottesbeweise
332	36.17.3	Hegel: Jenaer Systementwürfe II
334	88.4.1	Schleiermacher: Brouillon z. Ethik
335	88.5.1	Schleiermacher: Ethik (1812/13)
336	29.35.1	Fichte: Wiss.lehre nova methodo
337	29.28.3	Fichte: Transz. Logik
338	56.2.1	Leibniz: Allg. Unters.
339	56.10.1	Leibniz: Specimen Dynamicum
340	51.1.1	Kierkegaard: Begriff Angst
341	43.3.1	Hume: Naturgesch. d. Rel.
342	64.1.1	Maimonides: Acht Kapitel
343	47.1.1	Jochmann: Rückschritte d. Poesie
344	86.10.1	Schelling: Verh. d. bild. Künste
345	21.5.5	Descartes: Leidenschaften d. Seele
346	72.20.1	Nikolaus von Kues: Schriften 18
347	35.1.1	Hartmann, N.: Erkenntnis im Lichte d. Ontol.
348	44.3.1	Husserl: Grundprobl. d. Phänomenol.
349	10.4.1	Brentano: Deskr. Psychol.
350	95.3.1	Spinoza: Algebr. Berechnung
351	6.2.1	Baumgarten: Grundleg. d. Ästhetik
352	6.1.1	Baumgarten: Philos. Betracht.
353	29.34.1	Fichte: Wiss.lehre (1805)
354	29.30.5	Fichte: Kritik aller Offenbarung
355	6.3.1	Baumgarten: Theoret. Ästhetik
356	14.3.1	Cicero: Topik
357	68.1.1	Merleau-Ponty: Auge u. Geist
358	80.1.1	Pseudo-Mayne: Üb. d. Bewußtsein
362	44.7.1	Husserl: Inn. Zeitbewußtsein
363	74.1.1	Ockham: Summe d. Logik
365	88.3.1	Schleiermacher: Ästhetik. Begr. d. Kunst
368	30.1.2	Ficinus: Üb. d. Liebe
369	44.4.1	Husserl: Konstit. d. geist. Welt
370	23.1.1	Dilthey: Wesen d. Philos.
371	19.1.1	Croce: Die Geschichte
372	13.1.1	Cassirer: Symbol, Technik, Sprache
373	94.1.1	Solovjev: Sinn d. Liebe
374	103.1.1	Wolff: Chinesenrede
379	62.1.1	Lullus: Neue Logik

3.3.2 Chronologisches Register der PhB-Ausgaben

Das folgende Register verzeichnet die in der Bibliographie 2.3 aufgeführten Ausgaben chronologisch nach Jahren (innerhalb der Jahre ist nach den Ausgabe-Siglen sortiert). Vier Jahre sind nicht besetzt (1885, 1895, 1896, 1899), weil in ihnen kein PhB-Band erschien.

Diejenigen Ausgaben, die nicht auf ein Jahr datiert werden konnten (meist Titelauflagen), sind Zeiträumen zugeordnet (1900–03, 1900–06, 1904–09).

Da die Jahresangaben auf dem Titelblatt (incl. Impressumseite) nicht bei allen Ausgaben mit dem tatsächlichen Erscheinungsjahr übereinstimmen, gibt die 2. Spalte das Jahr auf dem Titelblatt bzw. auf der Impressumseite. Verfasser- und Titelangabe sind stark verkürzt: sie sollen nur eine Register-Kurzinformation geben.

Nicht jede der verzeichneten Ausgaben ist zunächst in einem PhB-Verlag als PhB-Ausgabe erschienen.

Zur Problematik dieser chronologischen Verzeichnung siehe einleitenden Text zu Register 3.3.3

Sigle	Jahr	PhB-Nr	Verfasser- und Titelangabe
1868			
50.18.1	1868	2	Kant: Kr. d. r. V.
52.33.1	1868	1	Kirchmann: Lehre v. Wissen
88.8.1	1868	6	Schleiermacher: Monologen
95.6.1	1868	4	Spinoza: Ethik
1869			
3.14.1	1869	19	Aristoteles: Poetik
7.2.1	1869	12	Berkeley: Prinz. d. menschl. Erkenntnis
33.1.1	1869	15	Grotius: Recht d. Krieges u. Friedens I
33.2.1	1869	16	Grotius: Recht d. Krieges u. Friedens II
43.5.1	1869	13	Hume: Üb. d. menschl. Verstand
50.2.1	1869	14	Kant: Anthropologie
50.17.1	1869	7	Kant: Kr. d. p. V.
50.19.1	1869	9	Kant: Kr. d. U.
50.20.1	1869	23	Kant: Logik
50.24.1	1869	22	Kant: Prolegomena
50.25.1	1869	17	Kant: Rel. innerh. d. Grenzen
52.10.1	1869	20	Kirchmann: Erl. z. Anthropologie
52.14.1	1869	8	Kirchmann: Erl. z. Kr. d. p. V.
52.15.1	1869	3	Kirchmann: Erl. z. Kr. d. r. V.
52.16.1	1869	10	Kirchmann: Erl. z. Kr. d. U.
52.19.1	1869	21	Kirchmann: Erl. z. Rel. innerh.

Sigle	Jahr	PhB-Nr	Verfasser- und Titelangabe
1869			
52.30.1	1869	5	Kirchmann: Erl. z. Ethik
52.32.1	1869	11	Kirchmann: Grundbegr. d. Rechts u. d. Moral
95.7.1	1869	18	Spinoza: Kurze Abh. v. Gott
1870			
5.1.1	1870	32	Bacon: Neues Organon
18.1.1	1870	31	Condillac: Üb. d. Empfindungen
21.2.1	1870	25(I)	Descartes: Üb. d. Methode (dt.)
21.5.1	1870	26(II)	Descartes: Leidenschaften d. Seele
21.6.1	1870	25(II)	Descartes: Meditat. (dt.)
21.9.1	1870	26(I)	Descartes: Prinz. d. Philos.
36.9.1	1870	30	Hegel: Enzyklopädie
48.1.1	1870	40(I)	Joh. Scotus Eriugena: Einteil. d. Natur I
50.1.1–4	1870		Kant: Werke
50.8.1	1870	28	Kant: Grundleg. z. Met. d. Sitten
50.9.1	1870	37(I)	Kant: Ethik u. Rel.philos.
50.10.1	1870	33(a)	Kant: Logik u. Met. I
50.11.1	1870	33(b)	Kant: Logik u. Met. II
50.12.1	1870	33(c)	Kant: Logik u. Met. III
50.13.1	1870	33(d)	Kant: Logik u. Met. IV
50.17.2	1870	7	Kant: Kr. d. p. V.
50.18.2	1870	2	Kant: Kr. d. r. V.
50.21.1	1870	29	Kant: Met. d. Sitten
52.15.2	1870	3	Kirchmann: Erl. z. Kr. d. r. V.
77.24.1	1870	27	Platon: Staat
83.1.1	1870	34	Rosenkranz: Erl. z. Hegels Enzykl.
88.10.1	1870	24	Schleiermacher: Philos. Sittenlehre
95.6.2	1870	4	Spinoza: Ethik
95.9.1	1870	35	Spinoza: Theol.-polit. Traktat
1871			
3.2.1	1871	38	Aristoteles: Metaphysik I
3.3.1	1871	39	Aristoteles: Metaphysik II
3.16.1	1871	43	Aristoteles: Über d. Seele
29.30.1	1871	48	Fichte: Kritik aller Offenbarung
50.3.1	1871	37(II)	Kant: Beweisgrund
52.27.1	1871	45	Kirchmann: Erl. z. Abh. üb. Verbess.
52.28.1	1871	42	Kirchmann: Erl. z. Bearb. v. Descartes
52.30.2	1871	5	Kirchmann: Erl. z. Ethik
52.31.1	1871	36	Kirchmann: Erl. z. Theol.-polit. Abh.
52.33.2	1871	1	Kirchmann: Lehre v. Wissen
95.1.1–2	1869		Spinoza: Werke
95.2.1	1871	44	Spinoza: Verbess. d. Verstandes
95.4.1	1871	46	Spinoza: Briefwechsel
95.5.1	1871	41	Spinoza: Descartes' Prinz.

Sigle	Jahr	PhB-Nr	Verfasser- und Titelangabe
1872			
11.1.1	1872	53	Bruno: Von d. Ursache
21.1.1	1872		Descartes: Werke
50.1.5–9	1872		Kant: Werke
50.2.2	1872	14	Kant: Anthropologie
50.14.1	1872	49(I)	Kant: Naturphilos. I
50.18.3	1872	2	Kant: Kr. d. r. V.
50.19.2	1872	9	Kant: Kr. d. U.
52.17.1	1872	54	Kirchmann: Erl. z. Logik
52.26.1	1872		Kirchmann: Erl. z. Spinoza
52.29.1	1872	47	Kirchmann: Erl. z. Briefwechsel
60.3.1	1872	50	Locke: Üb. d. menschl. Verstand I
1873			
50.15.1	1873	49(II)	Kant: Naturphilos. II
50.28.1	1873	57	Kant: Verm. Schr.
52.12.1	1873	58	Kirchmann: Erl. z. Schr. üb. Log. u. Met.
52.18.1	1873	55	Kirchmann: Erl. z. d. Proleg.
52.24.1	1873	52(I)	Kirchmann: Erl. z. Vers. üb. menschl. Verstand I
52.32.2	1873	11	Kirchmann: Grundbegr. d. Rechts u. d. Moral
56.9.1	1873	56	Leibniz: Neue Abh.
60.4.1	1873	51	Locke: Üb. d. menschl. Verstand II
1874			
14.2.1	1874	64	Cicero: Lehre d. Akademie
14.4.1	1874	62	Cicero: Höchstes Gut u. Übel
14.5.1	1874	63	Cicero: Natur d. Götter
48.2.1	1874	40(II)	Joh. Scotus Eriugena: Einteil. d. Natur II
52.25.1	1874	52(II)	Kirchmann: Erl. z. Vers. üb. menschl. Verstand II
85.1.1	1874	65	Schaarschmidt: Erl. z. Leibniz
95.7.2	1874	18	Spinoza: Kurze Abh. v. Gott
1875			
3.14.2	1875	19	Aristoteles: Poetik
43.5.2	1875	13	Hume: Üb. d. menschl. Verstand
50.25.2	1875	17	Kant: Rel. innerh. d. Grenzen
52.11.1	1875	59(I)	Kirchmann: Erl. z. Grundlegung
52.13.1	1875	59(II)	Kirchmann: Erl. z. Schr. z. Eth. u. Rel.phil.
54.1.1	1875	67	La Mettrie: Mensch e. Maschine
1876			
3.4.1	1876	68	Aristoteles: Nikomach. Ethik
3.6.1	1876	70	Aristoteles: Organon I–II
50.1.11	1876		Kant: Werke
50.20.2	1876	23	Kant: Logik
50.24.2	1876	22	Kant: Prolegomena

Sigle	Jahr	PhB-Nr	Verfasser- und Titelangabe
1876			
52.1.1	1876	69	Kirchmann: Erl. z. Nik. Ethik
52.3.1	1876	71	Kirchmann: Erl. z. Organon I–II
52.14.2	1876	8	Kirchmann: Erl. z. Kr. d. p. V.
73.1.1	1876	66	Noack: Joh. Scotus Eriugena
1877			
3.9.1	1877	72	Aristoteles: Organon III
3.10.1	1877	77	Aristoteles: Organon IV
43.2.1	1877	75	Hume: Dial. üb. natürl. Rel.
50.1.10	1877		Kant: Werke
50.18.4	1877	2	Kant: Kr. d. r. V.
50.23.1	1877	76(I)	Kant: Phys. Geographie
52.4.1	1877	73	Kirchmann: Erl. z. Organon III
52.20.1	1877	60	Kirchmann: Erl. z. Schr. z. Naturphilos.
91.1.1	1877	74	Sextus Empiricus: Pyrrhon. Grundzüge
95.6.3	1877	4	Spinoza: Ethik
1878			
50.29.1	1878	76(II)	Kant: Vier lat. Diss.
52.5.1	1878	78	Kirchmann: Erl. z. Organon IV
52.21.1	1878	61	Kirchmann: Erl. z. Verm. Schr.
52.33.3	1878	1	Kirchmann: Lehre v. Wissen
1879			
7.2.2	1879	12	Berkeley: Prinz. d. menschl. Erkenntnis
52.22.1	1879	82	Kirchmann: Erl. z. Kl. philos. Schr.
52.23.1	1879	80	Kirchmann: Erl. z. Theodizee
56.7.1	1879	81	Leibniz: Kl. philos. Schr.
56.11.1	1879	79	Leibniz: Theodizee
1880			
3.15.1	1880	84	Aristoteles: Politik
43.5.3	1880	13	Hume: Üb. d. menschl. Verstand
50.2.3	1880	14	Kant: Anthropologie
52.8.1	1880	85	Kirchmann: Erl. z. Politik
77.8.1	1880	83	Platon: Gastmahl
77.25.1	1880	87	Platon: Theaitet
1881			
50.18.5	1881	2	Kant: Kr. d. r. V.
52.15.3	1881	3	Kirchmann: Erl. z. Kr. d. r. V.
75.1.1	1881	86	Pappenheim: Erl. z. Sext. Empir.
1882			
3.11.1	1882	89	Aristoteles: Organon V

Sigle	Jahr	PhB-Nr	Verfasser- und Titelangabe
1882			
21.6.2	1882	25(II)	Descartes: Meditat. (dt.)
50.17.3	1882	7	Kant: Kr. d. p. V.
52.9.1–2	o.J.		Kirchmann: Erl. z. Kant
52.16.2	1882	10	Kirchmann: Erl. z. Kr. d. U.
77.17.1	1882	88	Platon: Parmenides
1883			
3.5.1	1883		Aristoteles: Organon
3.12.1	1883	91	Aristoteles: Organon VI
52.2.1	1883		Kirchmann: Erl. z. Organon
52.6.1	1883	90	Kirchmann: Erl. z. Organon V
52.7.1	1883	92	Kirchmann: Erl. z. Organon VI
60.2.1	1883	93	Locke: Richt. Gebrauch d. Verstandes
1884			
50.1.14–21	o.J.		Kant: Werke
50.18.6	1884	2	Kant: Kr. d. r. V.
1886			
52.33.4	1886	1	Kirchmann: Lehre v. Wissen
95.1.3–4	o.J.		Spinoza: Werke
95.6.4	1886	4	Spinoza: Ethik
102.1.1	1886	94	Wörterb. phil. Begr.
1887			
21.1.2	o.J.		Descartes: Werke
21.9.2	1887	26(I)	Descartes: Prinz. d. Philos.
1888			
43.5.4	1888	13	Hume: Üb. d. menschl. Verstand
95.2.2	1888	44	Spinoza: Verbess. d. Verstandes
1889			
11.1.2	1889	53	Bruno: Von d. Ursache
1890			
102.1.2	1890	94	Wörterb. phil. Begr.
1891			
21.5.2	1891	26(II)	Descartes: Leidenschaften d. Seele
50.18.7	1891	2	Kant: Kr. d. r. V.
1892			
50.14.2	o.J.	49(I)	Kant: Naturphilos. I
95.5.2	o.J.	41	Spinoza: Descartes' Prinz.

Sigle	Jahr	PhB-Nr	Verfasser- und Titelangabe
1892			
95.9.2	o.J.	35	Spinoza: Theol.-polit. Traktat
1893			
50.24.3	1893	22	Kant: Prolegomena
52.10.2	1893	20	Kirchmann: Erl. z. Anthropologie
52.15.4	1893	3	Kirchmann: Erl. z. Kr. d. r. V.
95.1.5–6	1893		Spinoza: Werke
95.6.5	o.J.	4	Spinoza: Ethik
1894			
43.2.2	1894	75	Hume: Dial. üb. natürl. Rel.
60.3.2	1894	50	Locke: Üb. d. menschl. Verstand I
1897			
50.1.22–30	o.J.		Kant: Werke
50.8.2	1897	28	Kant: Grundleg. z. Met. d. Sitten
50.17.4	1897	7	Kant: Kr. d. p. V.
95.4.2	1897	46	Spinoza: Briefwechsel
102.1.3	1897	94	Wörterb. phil. Begr.
1898			
50.28.2	1898	57	Kant: Verm. Schr.
1900			
7.2.3	1900	20	Berkeley: Prinz. d. menschl. Erkenntnis
50.20.3	1876	43	Kant: Logik
50.25.3	1875	45	Kant: Rel. innerh. d. Grenzen
52.19.2	1900	57	Kirchmann: Erl. z. Rel. innerh.
52.30.3	1900	97	Kirchmann: Erl. z. Ethik
56.9.2	1873	69	Leibniz: Neue Abh.
77.8.2	1900	81	Platon: Gastmahl
95.1.7–8	1893		Spinoza: Werke
95.9.3	1900	93	Spinoza: Theol.-polit. Traktat
1900–03			
3.9.2	1877	10	Aristoteles: Organon III
50.8.3	1897	41	Kant: Grundleg. z. Met. d. Sitten
50.10.2	o.J.	46(a)	Kant: Logik u. Met. I
50.11.2	o.J.	46(b)	Kant: Logik u. Met. II
50.12.2	o.J.	46(c)	Kant: Logik u. Met. III
50.13.2	o.J.	46(d)	Kant: Logik u. Met. IV
50.17.5	1897	38	Kant: Kr. d. p. V.
50.21.2	1870	42	Kant: Met. d. Sitten
50.23.2	1877	51	Kant: Phys. Geographie
50.24.4	1893	40	Kant: Prolegomena

Sigle	Jahr	PhB-Nr	Verfasser- und Titelangabe
1900–03			
95.5.3	o.J.	94	Spinoza: Descartes' Prinz.
95.6.6	o.J.	92	Spinoza: Ethik
95.7.3	1874	91	Spinoza: Kurze Abh. v. Gott
1900–06			
3.4.2	1876	5	Aristoteles: Nikomach. Ethik
3.5.2	1883		Aristoteles: Organon
3.6.2	1876	9	Aristoteles: Organon I–II
3.10.2	1877	11	Aristoteles: Organon IV
3.11.2	1882	12	Aristoteles: Organon V
3.12.2	1883	13	Aristoteles: Organon VI
3.14.3	1875	1	Aristoteles: Poetik
3.15.2	1880	7	Aristoteles: Politik
3.16.2	1871	4	Aristoteles: Über d. Seele
5.1.2	1870	19	Bacon: Neues Organon
14.2.2	1874	24	Cicero: Lehre d. Akademie
14.4.2	1874	22	Cicero: Höchstes Gut u. Übel
14.5.2	1874	23	Cicero: Natur d. Götter
18.1.2–3	1870	25	Condillac: Üb. d. Empfindungen
21.2.2	1870	26	Descartes: Üb. d. Methode (dt.)
21.5.3	1891	29	Descartes: Leidenschaften d. Seele
21.6.3	1882	27	Descartes: Meditat. (dt.)
21.9.3	1887	28	Descartes: Prinz. d. Philos.
29.30.2	1871	30	Fichte: Kritik aller Offenbarung
33.1.2	1877	31	Grotius: Recht d. Krieges u. Friedens I
33.2.2	1869	32	Grotius: Recht d. Krieges u. Friedens II
43.2.3	1894	36	Hume: Dial. üb. natürl. Rel.
48.1.2	1870	86	Joh. Scotus Eriugena: Einteil. d. Natur I
48.2.2	1874	87	Joh. Scotus Eriugena: Einteil. d. Natur II
50.2.4	1899	44	Kant: Anthropologie
50.9.2	o.J.	47(I)	Kant: Ethik u. Rel.philos.
50.14.3	o.J.	48	Kant: Naturphilos. I
50.15.2	1873	49	Kant: Naturphilos. II
50.28.3	1898	50	Kant: Verm. Schr.
50.29.2–3	1878	52	Kant: Vier lat. Diss.
52.1.2	1876	6	Kirchmann: Erl. z. Nik. Ethik
52.2.2	1883		Kirchmann: Erl. z. Organon
52.3.2	1876	14	Kirchmann: Erl. z. Organon I–II
52.4.2	1877	15	Kirchmann: Erl. z. Organon III
52.5.2	1878	16	Kirchmann: Erl. z. Organon IV
52.6.2	1883	17	Kirchmann: Erl. z. Organon V
52.7.2	1883	18	Kirchmann: Erl. z. Organon VI
52.8.2	1880	8	Kirchmann: Erl. z. Politik
52.9.3–4	o.J.		Kirchmann: Erl. z. Kant
52.10.3	1893	56	Kirchmann: Erl. z. Anthropologie

Sigle	Jahr	PhB-Nr	Verfasser- und Titelangabe
1900–06			
52.11.2	1875	60	Kirchmann: Erl. z. Grundlegung
52.12.2	1873	61	Kirchmann: Erl. z. Schr. üb. Log. u. Met.
52.13.2	1875	62	Kirchmann: Erl. z. Schr. z. Eth. u. Rel.phil.
52.14.3	1876	54	Kirchmann: Erl. z. Kr. d. p. V.
52.15.5	1893	53	Kirchmann: Erl. z. Kr. d. r. V.
52.16.3	1882	55	Kirchmann: Erl. z. Kr. d. U.
52.17.2	1872	59	Kirchmann: Erl. z. Logik
52.18.2	1873	58	Kirchmann: Erl. z. d. Proleg.
52.20.2	1877	63	Kirchmann: Erl. z. Schr. z. Naturphilos.
52.21.2	1878	64	Kirchmann: Erl. z. Verm. Schr.
52.22.2	1879	74	Kirchmann: Erl. z. Kl. philos. Schr.
52.23.2	1879	72	Kirchmann: Erl. z. Theodizee
52.24.2	1873	77	Kirchmann: Erl. z. Vers. üb. menschl. Verstand I
52.25.2	1874	78	Kirchmann: Erl. z. Vers. üb. menschl. Verstand II
52.26.2	1872		Kirchmann: Erl. z. Spinoza
52.27.2	1871	100	Kirchmann: Erl. z. Abh. üb. Verbess.
52.28.2	1871	98	Kirchmann: Erl. z. Bearb. v. Descartes
52.29.2	1872	101	Kirchmann: Erl. z. Briefwechsel
52.31.2	1871	99	Kirchmann: Erl. z. Theol.-polit. Abh.
52.32.3	1873	66	Kirchmann: Grundbegr. d. Rechts u. d. Moral
52.33.5	1886	65	Kirchmann: Lehre v. Wissen
54.1.2	1875	68	La Mettrie: Mensch e. Maschine
56.1.4	1879	71	Leibniz: Werke
56.7.2	1879	73	Leibniz: Kl. philos. Schr.
56.11.2–3	1879	71	Leibniz: Theodizee
60.2.2	1883	79	Locke: Richt. Gebrauch d. Verstandes
60.3.3	1894	75	Locke: Üb. d. menschl. Verstand I
73.1.2–3	1876	88	Noack: Joh. Scotus Eriugena
75.1.2	1881	90	Pappenheim: Erl. z. Sext. Empir.
77.17.2	1882	83	Platon: Parmenides
77.25.2	1880	82	Platon: Theaitet
83.1.2	1870	34	Rosenkranz: Erl. z. Hegels Enzykl.
85.1.2	1874	70	Schaarschmidt: Erl. z. Leibniz
88.10.2	1870	85	Schleiermacher: Philos. Sittenlehre
91.1.2	1877	89	Sextus Empiricus: Pyrrhon. Grundzüge
95.2.3	1888	95	Spinoza: Verbess. d. Verstandes
95.4.3	1897	96	Spinoza: Briefwechsel
102.1.4	1897	67	Wörterb. phil. Begr.
1901			
7.4.1	1901	102	Berkeley: Dial. zw. Hylas u. Philonous
50.18.8	1901	37	Kant: Kr. d. r. V.
60.4.2	1901	76	Locke: Üb. d. menschl. Verstand II
77.24.2	1901	80	Platon: Staat

Sigle	Jahr	PhB-Nr	Verfasser- und Titelangabe
1902			
11.1.3	1902	21	Bruno: Von d. Ursache
21.6.4	1902	27	Descartes: Meditat. (dt.)
43.5.5	1902	35	Hume: Üb. d. menschl. Verstand
50.3.2	1902	47II	Kant: Beweisgrund
50.19.3	1902	39	Kant: Kr. d. U.
86.6.1	1902	104	Schelling: Münchener Vorl.
87.1.1	1902	103	Schiller: Philos. Schr. u. Ged.
88.8.2	1902	84	Schleiermacher: Monologen
1903			
50.25.4	1903	45	Kant: Rel. innerh. d. Grenzen
100.1.1	1903	105	Vorländer: Gesch. d. Philos. I
100.2.1	1903	106	Vorländer: Gesch. d. Philos. II
102.1.5	1903	67	Wörterb. phil. Begr.
1904			
3.2.2	1904	2	Aristoteles: Metaphysik I
3.3.2	1904	3	Aristoteles: Metaphysik II
21.1.3	o.J.		Descartes: Werke
21.6.5	1904	27	Descartes: Meditat. (dt.)
50.20.4	1904	43	Kant: Logik
56.1.1	1904	107	Leibniz: Werke
56.1.3	1904	69	Leibniz: Werke
56.5.1	1904	107	Leibniz: Grundleg. d. Philos. I
56.9.3	1904	69	Leibniz: Neue Abh.
1904–09			
3.9.3	1877	10	Aristoteles: Organon III
1905			
21.2.3	1905	26	Descartes: Üb. d. Methode (dt.)
32.1.1	1905	109	Goethes Philos.
36.9.2	1905	33	Hegel: Enzyklopädie
43.2.4	1905	36	Hume: Dial. üb. natürl. Rel.
50.10.3	1905	46,46a	Kant: Logik u. Met. I
50.11.3	1905	46b	Kant: Logik u. Met. II
50.12.3	1905	46c	Kant: Logik u. Met. III
50.13.3	1905	46d	Kant: Logik u. Met. IV
50.23.3	1905	51	Kant: Phys. Geographie
50.24.5	1905	40	Kant: Prolegomena
92.2.1	1905	110	Shaftesbury: Üb. d. Tugend
95.1.9–10	o.J.		Spinoza: Werke
95.6.7–8	1905	92	Spinoza: Ethik

Sigle	Jahr	PhB-Nr	Verfasser- und Titelangabe
1906			
7.2.4	1906	20	Berkeley: Prinz. d. menschl. Erkenntnis
21.10.1	1906	26a	Descartes: Regeln. Erforsch. d. Wahrheit
38.1.1	1906	112	Herders Philos.
50.8.4	1906	41	Kant: Grundleg. z. Met. d. Sitten
50.17.6	1906	38	Kant: Kr. d. p. V.
50.18.9	1906	37	Kant: Kr. d. r. V.
56.1.2	1906	108	Leibniz: Werke
56.6.1	1906	108	Leibniz: Grundleg. d. Philos. II
1907			
16.1.1	1907	113	Cohen: Komm. z. Kants Kr. d. r. V.
36.19.1	1907	114	Hegel: Phänomenologie
43.5.6	1907	35	Hume: Üb. d. menschl. Verstand
50.1.31–39	o.J.		Kant: Werke
50.15.3	1907	49	Kant: Naturphilos. II
50.21.3	1907	42	Kant: Met. d. Sitten
77.24.3	1907	80	Platon: Staat
86.1.1	1907	133	Schelling: Werke 1
86.1.2	1907	134	Schelling: Werke 2
86.1.3	1907	135	Schelling: Werke 3
95.2.4	1907	95	Spinoza: Verbess. d. Verstandes
95.5.4	1907	94	Spinoza: Descartes' Prinz.
95.7.4	1907	91	Spinoza: Kurze Abh. v. Gott
102.1.6	1907	67	Wörterb. phil. Begr.
1908			
21.1.4–5	o.J.		Descartes: Werke
21.9.4	1908	28	Descartes: Prinz. d. Philos.
29.1.5	1908	128	Fichte: Werke 2
29.1.13	1908	130	Fichte: Werke 4
29.9.1	1908	128a	Fichte: Grundlage d. Naturrechts
29.11.1	1908	130b	Fichte: Grundz. d. gegenw. Zeitalters
29.27.1	1908	128b	Fichte: Syst. d. Sittenlehre (1798)
29.32.1	1908	130a	Fichte: Wiss.lehre 1801 u. 1804
49.1.1	1908	116	Julian: Philos. Werke
85.1.3	1908	70	Schaarschmidt: Erl. z. Leibniz
88.14.1	1908	117	Schleiermacher: Weihnachtsfeier
95.1.11–12	o.J.		Spinoza: Werke
95.9.4	1908	93	Spinoza: Theol.-polit. Traktat
100.1.2	1908	105	Vorländer: Gesch. d. Philos. I
100.2.2	1908	106	Vorländer: Gesch. d. Philos. II
101.1.1	1908	115	Witasek: Grundl. d. Psychol.
1909			
50.14.4	1909	48	Kant: Naturphilos. I

Sigle	Jahr	PhB-Nr	Verfasser- und Titelangabe
1909			
54.1.3	1909	68	La Mettrie: Mensch e. Maschine
57.2.1	1909	119	Lessings Philos.
69.1.1	1909	118	Messer: Einf. in d. Erk.theorie
92.1.1	1909	111	Shaftesbury: Üb. d. Enthusiasmus
1910			
29.1.9	1910	129	Fichte: Werke 3
29.1.17	1910	131	Fichte: Werke 5
29.2.1	1910	131b	Fichte: Anw. z. sel. Leben
29.4.1	1910	129c	Fichte: Best. d. Menschen
29.6.1	1910	129f	Fichte: Friedr. Nicolais Leben
29.7.1	1910	129d	Fichte: Geschloßner Handelsstaat
29.14.1	1910	129b	Fichte: Schr. z. Atheismusstreit
29.17.1	1910	131c	Fichte: Reden an d. dt. Nation
29.24.1	1910	129e	Fichte: Sonnenklarer Bericht
29.31.1	1910	129a	Fichte: Neue Darst. d. Wiss.lehre
42.1.1	1910	123	Humboldt, W.v.: Ausgew. philos. Schr.
57.1.1	1910	121	Lessing: Briefwechsel
87.1.2	1910	103	Schiller: Philos. Schr. u. Ged.
88.1.1	1910	136	Schleiermacher: Werke
88.1.6	1910	138	Schleiermacher: Werke
95.6.9	1910	92	Spinoza: Ethik
99.1.1	1910	120	Über d. Wesen d. Univ.
103.2.1	1910	122	Wolff: Begriffsbestimmungen
1911			
3.2.3	(1904)	2	Aristoteles: Metaphysik I
3.3.3	o.J.	3	Aristoteles: Metaphysik II
3.4.3	1911	5	Aristoteles: Nikomach. Ethik
3.16.3	1911	4	Aristoteles: Über d. Seele
20.1.1	1911	125	Damaskios: Leben d. Isidoros
21.1.6	o.J.	26–26a	Descartes: Werke
21.1.7–8	o.J.		Descartes: Werke
21.2.4–5	1911	26	Descartes: Üb. d. Methode (dt.)
21.5.4	1911	29	Descartes: Leidenschaften d. Seele
21.9.5–6	1911	28	Descartes: Prinz. d. Philos.
21.10.2	o.J.	26a	Descartes: Regeln. Erforsch. d. Wahrheit
29.1.1–2	1911	127	Fichte: Werke 1
29.8.1–2	1911	127b	Fichte: Grundlage d. ges. Wiss.lehre
29.10.1	1911	127c	Fichte: Grundriß d. Eigentüml. d. Wiss.lehre
29.18.1–2	o.J.	131a	Fichte: Üb. d. Gelehrten
29.29.1–2	1911	127a	Fichte: Begriff d. Wiss.lehre
29.30.3	1911	127d	Fichte: Kritik aller Offenbarung
36.9.3	1905	33	Hegel: Enzyklopädie
36.12.1	1911	124	Hegel: Grundl. d. Philos. d. Rechts

Sigle	Jahr	PhB-Nr	Verfasser- und Titelangabe
1911			
36.19.2	1907	114	Hegel: Phänomenologie
43.5.7	1911	35	Hume: Üb. d. menschl. Verstand
50.3.3	1911	47II	Kant: Beweisgrund
50.17.7	1906	38	Kant: Kr. d. p. V.
50.21.4	(1907)	42	Kant: Met. d. Sitten
50.24.6	1905	40	Kant: Prolegomena
50.29.4	o.J.	52	Kant: Vier lat. Diss.
52.27.3	o.J.	100	Kirchmann: Erl. z. Abh. üb. Verbess.
52.29.3	o.J.	101	Kirchmann: Erl. z. Briefwechsel
56.5.2	o.J.	107	Leibniz: Grundleg. d. Philos. I
56.6.2	o.J.	108	Leibniz: Grundleg. d. Philos. II
60.4.3	1911	76	Locke: Üb. d. menschl. Verstand II
69.1.2	o.J.	118	Messer: Einf. in d. Erk.theorie
77.24.4	(1907)	80	Platon: Staat
77.25.3–4	1911	82	Platon: Theaitet
86.2.1	1911	134c	Schelling: Bruno
86.3.1	1911	134b	Schelling: Darst. e. Syst. d. Philos.
86.4.1	1911	133d	Schelling: Einl. z. Naturphilos.
86.5.1	1911	133b	Schelling: Philos. d. Natur
86.7.1	1911	135c	Schelling: Pos. Philos.
86.8.1	1911	135a	Schelling: Zur Philos. d. Kunst
86.9.1	1911	134a	Schelling: Syst. d. transz. Idealismus
86.11.1	1911	133a	Schelling: Vom Ich
86.12.1	1911	133c	Schelling: Von d. Weltseele
86.13.1	1911	134d	Schelling: Methode d. akad. Studiums
86.14.1	1911	135b	Schelling: Wesen d. menschl. Freiheit
87.1.3	o.J.	103	Schiller: Philos. Schr. u. Ged.
88.1.2	o.J.	136	Schleiermacher: Werke 1
88.1.7	o.J.	138	Schleiermacher: Werke 2
88.1.9–10	1911	139	Schleiermacher: Werke 3
88.2.1–2	1911	136b	Schleiermacher: Abhandlungen
88.6.1–2	1911	136a	Schleiermacher: Kr. d. bish. Sittenlehre
88.7.1	1911	85	Schleiermacher: Grundriß d. philos. Ethik
88.9.1–2	1911	139c	Schleiermacher: Monologen. Weihnachtsfeier
88.11.1–2	1911	138a	Schleiermacher: Pred. üb. d. christl. Hausstand
88.12.1–2	1911	139b	Schleiermacher: Üb. d. Religion
88.13.1–2	1911	139a	Schleiermacher: Üb. Univ. im dt. Sinne
100.1.3–4	1911	105	Vorländer: Gesch. d. Philos. I
100.2.3–4	1911	106	Vorländer: Gesch. d. Philos. II
100.3.1	1911	126	Vorländer: Kants Leben
101.1.2	o.J.	115	Witasek: Grundl. d. Psychol.
102.1.7	1911	67	Wörterb. phil. Begr.
1912			
1.1.1	1912	140a	d'Alembert: Einl. z. Enzyklopädie

Sigle	Jahr	PhB-Nr	Verfasser- und Titelangabe
1912			
3.15.3	1912	7	Aristoteles: Politik
7.7.1	1912	143	Berkeley: Neue Theor. d. Gesichtswahrn.
29.1.6	o.J.	128	Fichte: Werke 2
29.1.10	o.J.	129	Fichte: Werke 3
29.1.14	o.J.	130	Fichte: Werke 4
29.1.18	o.J.	131	Fichte: Werke 5
29.1.21	1912	132	Fichte: Werke 6
29.4.2	o.J.	129c	Fichte: Best. d. Menschen
29.6.2	o.J.	129f	Fichte: Friedr. Nicolais Leben
29.7.2	o.J.	129d	Fichte: Geschloßner Handelsstaat
29.14.2	o.J.	129b	Fichte: Schr. z. Atheismusstreit
29.25.1	1912	132c	Fichte: Staatslehre
29.26.1	1912	132a	Fichte: Syst. d. Sittenlehre (1812)
29.28.1	1912	132b	Fichte: Transz. Logik
29.31.2	o.J.	129a	Fichte: Neue Darst. d. Wiss.lehre
36.9.4	1911	33	Hegel: Enzyklopädie
37.1.1	1912	146	Herbart: Einl. i. d. Philos.
39.1.1	1912	140b	Hirschberg: Erl. z. d'Alembert
43.2.5	o.J.	36	Hume: Dial. üb. natürl. Rel.
50.2.5	1912	44	Kant: Anthropologie
61.4.1	1912	141	Lotze: Logik
61.5.1	1912	142	Lotze: Metaphysik
77.8.3	1912	81	Platon: Gastmahl
77.20.1	1912	145	Platon: Philebos
86.1.4	o.J.	133	Schelling: Werke 1
86.1.5	o.J.	134	Schelling: Werke 2
86.1.6	o.J.	135	Schelling: Werke 3
92.2.2	o.J.	110	Shaftesbury: Üb. d. Tugend
95.1.13–14	o.J.		Spinoza: Werke
95.2.5	(1907)	95	Spinoza: Verbess. d. Verstandes
95.6.10	o.J.	92	Spinoza: Ethik
95.7.5	(1907)	91	Spinoza: Kurze Abh. v. Gott
1913			
7.2.5	o.J.	20	Berkeley: Prinz. d. menschl. Erkenntnis
7.6.1	1913	149	Berkeley: Siris
16.1.2	1907	113	Cohen: Komm. z. Kants Kr. d. r. V.
21.6.6	1913	27	Descartes: Meditat. (dt.)
36.19.3	1911	114	Hegel: Phänomenologie
36.20.1	1913	144	Hegel: Schr. z. Pol. u. Rechtsphilos.
50.1.40–49	o.J.		Kant: Werke
50.8.5	o.J.	41	Kant: Grundleg. z. Met. d. Sitten
50.9.3	1913	47I	Kant: Ethik u. Rel.philos.
50.18.10	1913	37	Kant: Kr. d. r. V.
50.19.4	1913	39	Kant: Kr. d. U.

Sigle	Jahr	PhB-Nr	Verfasser- und Titelangabe
1913			
50.24.7	1913	40	Kant: Prolegomena
60.3.4	1913	75	Locke: Üb. d. menschl. Verstand I
77.18.1	1913	147	Platon: Phaidon
88.1.4	1913	137	Schleiermacher: Werke 2
95.5.5	(1907)	94	Spinoza: Descartes' Prinz.
100.1.5	1913	105	Vorländer: Gesch. d. Philos. I
100.2.5	1913	106	Vorländer: Gesch. d. Philos. II
1914			
21.10.3	o.J.	26a	Descartes: Regeln. Erforsch. d. Wahrheit
29.1.3	o.J.	127	Fichte: Werke 1
30.1.1	1914	154	Ficinus: Üb. d. Liebe
50.20.5	o.J.	43	Kant: Logik
50.22.1	1914	48b	Kant: Met. Anfangsgr. d. Naturwiss.
77.11.1	1914	148	Platon: Gorgias
77.16.1	1914	153	Platon: Menon
77.19.1	1914	152	Platon: Phaidros
77.21.1	1914	151	Platon: Politikos
77.23.1	1914	150	Platon: Sophistes
88.8.3	1914	84	Schleiermacher: Monologen
95.1.15–17	1914		Spinoza: Werke
95.4.4	1914	96a	Spinoza: Briefwechsel
95.8.1	1914	96b	Spinoza: Lebensbeschreib. u. Gespräche
1915			
3.3.4	(1904)	3	Aristoteles: Metaphysik II
3.5.3	o.J.		Aristoteles: Organon
3.6.3	o.J.	9	Aristoteles: Organon I–II
3.11.3	o.J.	12	Aristoteles: Organon V
3.12.3	o.J.	13	Aristoteles: Organon VI
7.3.1	1915	156	Berkeley: Alciphron
17.1.1	1915	155	Comte: Geist d. Positivismus
21.6.7	1915	27	Descartes: Meditat. (dt.)
40.1.1	1915	157	Hobbes: Elem. d. Philos. I
50.17.8	1915	38	Kant: Kr. d. p. V.
50.25.5	o.J.	45	Kant: Rel. innerh. d. Grenzen
56.1.5	o.J.	107	Leibniz: Werke
56.1.6	o.J.	108	Leibniz: Werke
56.1.7–8	1915	69	Leibniz: Werke
56.1.9	o.J.	71	Leibniz: Werke
56.5.3	o.J.	107	Leibniz: Grundleg. d. Philos. I
56.6.3	o.J.	108	Leibniz: Grundleg. d. Philos. II
56.9.4	1915	69	Leibniz: Neue Abh.

Sigle	Jahr	PhB-Nr	Verfasser- und Titelangabe
1916			
29.4.3	1916	129c	Fichte: Best. d. Menschen
29.11.2	o.J.	130b	Fichte: Grundz. d. gegenw. Zeitalters
29.17.2	1916	131c	Fichte: Reden an d. dt. Nation
56.3.1	1916	161	Leibniz: Dt. Schr. I
56.4.1	1916	162	Leibniz: Dt. Schr. II
77.9.1	1916	159	Platon: Gesetze I
77.10.1	1916	160	Platon: Gesetze II
77.24.5	1916	80	Platon: Staat
1917			
7.2.6	1917	20	Berkeley: Prinz. d. menschl. Erkenntnis
11.1.4	o.J.	21	Bruno: Von d. Ursache
16.1.3	1917	113	Cohen: Komm. z. Kants Kr. d. r. V.
36.33.1	1917	171a	Hegel: Philos. d. Weltgesch. I
48.1.3	o.J.	86	Joh. Scotus Eriugena: Einteil. d. Natur I
48.2.3	o.J.	87	Joh. Scotus Eriugena: Einteil. d. Natur II
50.8.6	1917	41	Kant: Grundleg. z. Met. d. Sitten
95.6.11	1917	92	Spinoza: Ethik
1918			
3.12.4	1918	13	Aristoteles: Organon VI
29.12.1	1918	163d	Fichte: Machiavell
29.13.1	1918	163c	Fichte: Patriotismus
40.2.1	1918	158	Hobbes: Elem. d. Philos. II–III
77.2.1	1918	172b	Platon: Alkibiades I–II
77.4.1	1918	173	Platon: Briefe
77.5.1	1918	177	Platon: Charm. Lysis. Menex.
77.6.1	1918	176	Platon: Euthydemos
77.12.1	1918	172a	Platon: Hippias I–II. Ion
77.13.1	1918	174	Platon: Kratylos
77.14.1	1918	178	Platon: Laches. Euthyphron
77.17.3	o.J.	83	Platon: Parmenides
77.22.1	1918	175	Platon: Protagoras
1919			
3.11.4	1919	12	Aristoteles: Organon V
21.2.6	1919	26a	Descartes: Üb. d. Methode (dt.)
29.17.3	1919	131c	Fichte: Reden an d. dt. Nation
29.36.1	1919	163a	Fichte: Zurückford. d. Denkfreiheit
33.3.1	1919	97	Grotius: Freiheit d. Meeres
36.34.1	1919	171b	Hegel: Philos. d. Weltgesch. II
50.18.11	1919	37	Kant: Kr. d. r. V.
50.21.5	1919	42	Kant: Met. d. Sitten
50.25.6	1919	45	Kant: Rel. innerh. d. Grenzen
50.28.4	o.J.	50	Kant: Verm. Schr.

Sigle	Jahr	PhB-Nr	Verfasser- und Titelangabe
1919			
77.3.1	1919	180	Platon: Apologie. Kriton
77.8.4	1919	81	Platon: Gastmahl
77.17.4	1919	83	Platon: Parmenides
77.26.1	1919	179	Platon: Timaios
95.6.12	1919	92	Spinoza: Ethik
99.1.2	1919	120	Über d. Wesen d. Univ.
1920			
2.1.1	1920	182	Apelt: Platon-Index
2.2.1	1920	181	Apelt: Vorw. u. Einl. z. Platon
3.2.4–5	1920	2	Aristoteles: Metaphysik I
3.7.1	1920	8	Aristoteles: Organon I
3.8.1	1920	9	Aristoteles: Organon II
7.2.7	1920	20	Berkeley: Prinz. d. menschl. Erkenntnis
8.2.1	1920	99	Bolzano: Paradoxien d. Unendl.
16.1.4	1920	113	Cohen: Komm. z. Kants Kr. d. r. V.
21.10.4	1920	26b	Descartes: Regeln. Erforsch. d. Wahrheit
29.1.7	o.J.	128	Fichte: Werke 2
29.1.11	o.J.	129	Fichte: Werke 3
29.1.15	o.J.	130	Fichte: Werke 4
29.1.19	o.J.	131	Fichte: Werke 5
29.1.22	o.J.	132	Fichte: Werke 6
29.16.1	1920	163e	Fichte: Rechtslehre
29.31.3	1920	129a	Fichte: Neue Darst. d. Wiss.lehre
36.9.5	1920	33	Hegel: Enzyklopädie
36.32.1–3	o.J.	171a,171e	Hegel: Philos. d. Weltgesch.
36.32.4–5	o.J.	171b–d	Hegel: Philos. d. Weltgesch.
36.32.7–8	o.J.	171a,171e	Hegel: Philos. d. Weltgesch.
36.32.10	o.J.	171b–d	Hegel: Philos. d. Weltgesch.
36.33.2	1920	171a	Hegel: Philos. d. Weltgesch. I
36.35.1	1920	171c	Hegel: Philos. d. Weltgesch. III
36.36.1	1920	171d	Hegel: Philos. d. Weltgesch. IV
43.5.8	1920	35	Hume: Üb. d. menschl. Verstand
50.1.50–59	o.J.		Kant: Werke
50.8.7	1920	41	Kant: Grundleg. z. Met. d. Sitten
50.17.9	1920	38	Kant: Kr. d. p. V.
50.20.6–7	1920	43	Kant: Logik
50.24.8	1920	40	Kant: Prolegomena
52.2.3	o.J.		Kirchmann: Erl. z. Organon
53.1.1	1920	98	Krause: Entwurf e. europ. Staatenbundes
55.2.1	1920	171e	Lasson, G.: Hegel als Gesch.philosoph
60.2.3	1920	79	Locke: Richt. Gebrauch d. Verstandes
77.1.1–7	o.J.		Platon: Sämtl. Dialoge
77.8.5	1920	81	Platon: Gastmahl
77.18.2	1920	147	Platon: Phaidon

Sigle	Jahr	PhB-Nr	Verfasser- und Titelangabe
1920			
77.24.6	1920	80	Platon: Staat
83.1.3	o.J.	34	Rosenkranz: Erl. z. Hegels Enzykl.
86.6.2	o.J.	104	Schelling: Münchener Vorl.
88.12.3–4	1920	139b	Schleiermacher: Üb. d. Religion
98.3.1	1920	100	Thomas von Aquin: Philosophie
1921			
3.3.5	1921	3	Aristoteles: Metaphysik II
3.4.4	1921	5	Aristoteles: Nikomach. Ethik
3.14.4	1921	1	Aristoteles: Poetik
10.21.1	1921	55	Brentano: Ursprung sittl. Erkenntnis
24.1.1–2	1921	53	Diogenes Laertios: Leben u. Mein. ber. Philosophen I
24.2.1	1921	54	Diogenes Laertios: Leben u. Mein. ber. Philosophen II
29.2.2	1921	131b	Fichte: Anw. z. sel. Leben
29.4.4	1921	129c	Fichte: Best. d. Menschen
29.6.3	o.J.	129f	Fichte: Friedr. Nicolais Leben
29.17.4	1921	131c	Fichte: Reden an d. dt. Nation
29.19.1	1921	131a	Fichte: Üb. d. Wesen d. Gelehrten
29.20.1	1921	131d	Fichte: Fünf Vorl. üb. d. Best. d. Gelehrten
36.12.2–3	1921	124	Hegel: Grundl. d. Philos. d. Rechts
36.19.4	1921	114	Hegel: Phänomenologie
50.10.4	1921	46,46a	Kant: Logik u. Met. I
50.11.4	1921	46b	Kant: Logik u. Met. II
50.12.4	1921	46c	Kant: Logik u. Met. III
50.13.4	1921	46d	Kant: Logik u. Met. IV
77.2.2	1921	172b	Platon: Alkibiades I–II
77.4.2	1921	173	Platon: Briefe
77.12.2	1921	172a	Platon: Hippias I–II. Ion
77.25.5	1921	82	Platon: Theaitet
95.9.5	1921	93	Spinoza: Theol.-polit. Traktat
100.3.2	1921	126	Vorländer: Kants Leben
1922			
3.1.1–3	o.J.		Aristoteles: Werke
3.5.4	o.J.		Aristoteles: Organon
3.9.4	1922	10	Aristoteles: Organon III
3.10.3	1922	11	Aristoteles: Organon IV
3.11.5	1922	12	Aristoteles: Organon V
3.12.5	1922	13	Aristoteles: Organon VI
3.15.4	1922	7	Aristoteles: Politik
3.16.4	1922	4	Aristoteles: Über d. Seele
21.1.9–10	o.J.		Descartes: Werke
21.2.7	1922	26a	Descartes: Üb. d. Methode (dt.)

Sigle	Jahr	PhB-Nr	Verfasser- und Titelangabe
1922			
21.9.7	1922	28	Descartes: Prinz. d. Philos.
29.1.4	o.J.	127	Fichte: Werke 1
29.1.8	o.J.	128	Fichte: Werke 2
29.1.12	o.J.	129	Fichte: Werke 3
29.1.16	o.J.	130	Fichte: Werke 4
29.1.20	o.J.	131	Fichte: Werke 5
29.1.23	o.J.	132	Fichte: Werke 6
29.3.1	1922	163b	Fichte: Beitr. z. Bericht. d. Urteile
29.5.1	1922	130a	Fichte: Darst. d. Wiss.lehre (1801)
29.7.3	1922	129d	Fichte: Geschloßner Handelsstaat
29.8.3	1922	127b	Fichte: Grundlage d. ges. Wiss.lehre
29.9.2	1922	128a	Fichte: Grundlage d. Naturrechts
29.10.2	1922	127c	Fichte: Grundriß d. Eigentüml. d. Wiss.lehre
29.11.3	1922	130b	Fichte: Grundz. d. gegenw. Zeitalters
29.14.3	o.J.	129b	Fichte: Schr. z. Atheismusstreit
29.21.1	1922	127e	Fichte: Einige Vorl. üb. d. Best. d. Gelehrten
29.22.1	o.J.		Fichte: Drei Schr. üb. d. Gelehrten
29.24.2	1922	129e	Fichte: Sonnenklarer Bericht
29.25.2	1922	132c	Fichte: Staatslehre
29.26.2	1922	132a	Fichte: Syst. d. Sittenlehre (1812)
29.27.2	1922	128b	Fichte: Syst. d. Sittenlehre (1798)
29.28.2	1922	132b	Fichte: Transz. Logik
29.30.4	1922	127d	Fichte: Kritik aller Offenbarung
29.33.1	1922	130c	Fichte: Wiss.lehre (1804)
32.1.2	1922	109	Goethes Philos.
42.1.2	1910	123	Humboldt, W.v.: Ausgew. philos. Schr.
49.1.2	1908	116	Julian: Philos. Werke
50.1.60–69	o.J.		Kant: Werke
50.2.6	1922	44	Kant: Anthropologie
50.3.4	1922	47II	Kant: Beweisgrund
50.4.1	1922	52	Kant: Briefwechsel
50.9.4	1922	47I	Kant: Ethik u. Rel.philos.
50.14.5	1922	48a	Kant: Naturphilos. I
50.15.4	1922	48b	Kant: Naturphilos. II
50.16.1	1922	49	Kant: Naturphilos. III
50.17.10	1922	38	Kant: Kr. d. p. V.
50.18.12	1922	37	Kant: Kr. d. r. V.
50.19.5	1922	39	Kant: Kr. d. U.
50.21.6	1922	42	Kant: Met. d. Sitten
50.23.4	1922	51	Kant: Phys. Geographie
50.25.7	1922	45	Kant: Rel. innerh. d. Grenzen
50.28.5	1922	50	Kant: Verm. Schr.
58.1.1	1922	101	Libanios: Apologie d. Sokrates
77.3.2	1922	180	Platon: Apologie. Kriton
77.5.2	1922	177	Platon: Charm. Lysis. Menex.

Sigle	Jahr	PhB-Nr	Verfasser- und Titelangabe
1922			
77.6.2	1922	176	Platon: Euthydemos
77.8.6	1922	81	Platon: Gastmahl
77.11.2	1922	148	Platon: Gorgias
77.13.2	1922	174	Platon: Kratylos
77.14.2	1922	178	Platon: Laches. Euthyphron
77.16.2	1922	153	Platon: Menon
77.17.5	1922	83	Platon: Parmenides
77.19.2	1922	152	Platon: Phaidros
77.20.2	1922	145	Platon: Philebos
77.21.2	1922	151	Platon: Politikos
77.22.2	1922	175	Platon: Protagoras
77.23.2	1922	150	Platon: Sophistes
77.26.2	1922	179	Platon: Timaios
87.1.4	1922	103	Schiller: Philos. Schr. u. Ged.
95.1.18–23	o.J.		Spinoza: Werke
95.2.6	1922	95	Spinoza: Verbess. d. Verstandes
95.5.6	1922	94	Spinoza: Descartes' Prinz.
95.6.13	1922	92	Spinoza: Ethik
95.7.6	1922	91	Spinoza: Kurze Abh. v. Gott
95.9.6	1922	93	Spinoza: Theol.-polit. Traktat
1923			
2.1.2	1923	182	Apelt: Platon-Index
4.1.1	1923	183	Augustinus: Vom sel. Leben
9.1.1	1923	30	Boström: Grundl. e. neuen philos. Syst.
11.1.5	1923	21	Bruno: Von d. Ursache
29.2.3	1923	131b	Fichte: Anw. z. sel. Leben
34.1.1	1923	72a	Hartmann, E.v.: Kategorienlehre I
34.2.1–2	1923	72b	Hartmann, E.v.: Kategorienlehre II
34.3.1	1923	72c	Hartmann, E.v.: Kategorienlehre III
36.9.6	1923	33	Hegel: Enzyklopädie
36.17.1	1923	58	Hegel: Jenaer Systementwürfe II
36.19.5	1923	114	Hegel: Phänomenologie
36.20.2	1923	144	Hegel: Schr. z. Pol. u. Rechtsphilos.
36.32.6	o.J.	171b–d	Hegel: Philos. d. Weltgesch.
36.32.11–12	o.J.	171b–d	Hegel: Philos. d. Weltgesch.
36.34.2	1923	171b	Hegel: Philos. d. Weltgesch. II
36.35.2	1923	171c	Hegel: Philos. d. Weltgesch. III
36.36.2	1923	171d	Hegel: Philos. d. Weltgesch. IV
36.38.1	1923	56	Hegel: Wiss. d. Logik I
36.39.1	1923	57	Hegel: Wiss. d. Logik II
46.1.1	1923	105	Jean Paul: Vorschule d. Ästhetik
61.1.1	1923	185	Lotze: Mikrokosmos I
61.2.1	1923	186	Lotze: Mikrokosmos II
61.3.1	1923	187	Lotze: Mikrokosmos III

Sigle	Jahr	PhB-Nr	Verfasser- und Titelangabe
1923			
64.2.1	1923	184a	Maimonides: Führer d. Unschlüssigen I
77.1.8–14	o.J.		Platon: Sämtl. Dialoge
77.8.7	1923	81	Platon: Gastmahl
77.18.3	1923	147	Platon: Phaidon
77.24.7	1923	80	Platon: Staat
77.25.6	1923	82	Platon: Theaitet
90.1.1	1923	73	Seneca: Philos. Schr. I
90.2.1	1923	74	Seneca: Philos. Schr. II
1924			
3.13.1	1924	6	Aristoteles: Parva naturalia
10.12.1	1924	192	Brentano: Psychol. I
50.1.70–79	o.J.		Kant: Werke
50.4.2	1924	52a	Kant: Briefwechsel
50.4.3	1924	52b	Kant: Briefwechsel
50.19.6	1924	39	Kant: Kr. d. U.
56.5.4	1924	107	Leibniz: Grundleg. d. Philos. I
56.6.4	1924	108	Leibniz: Grundleg. d. Philos. II
63.1.1	1924	188	Machiavelli: Der Fürst
64.3.1	1924	184b	Maimonides: Führer d. Unschlüssigen II
64.4.1	1924	184c	Maimonides: Führer d. Unschlüssigen III
90.3.1	1924	189	Seneca: Philos. Schr. III
90.4.1	1924	190	Seneca: Philos. Schr. IV
98.1.1	1924	191	Thomas von Aquin: Fünf Fragen
1925			
3.1.4–6	o.J.		Aristoteles: Werke
3.7.2	1925	8	Aristoteles: Organon I
3.8.2	1925	9	Aristoteles: Organon II
10.13.1	1925	193	Brentano: Psychol. II
10.18.1	1925	194	Brentano: Üb. d. Erkenntnis
16.1.5	1925	113	Cohen: Komm. z. Kants Kr. d. r. V.
29.1.24	o.J.	163	Fichte: Werke, Erg.-Bd
29.12.2	o.J.	163d	Fichte: Machiavell
29.13.2	o.J.	163c	Fichte: Patriotismus
29.15.1	1925	163f	Fichte: Polit. Fragmente
36.25.1	o.J.		Hegel: Philos. d. Rel.
36.26.1	1925	59	Hegel: Philos. d. Rel. I
50.8.8	1925	41	Kant: Grundleg. z. Met. d. Sitten
56.11.4	1925	71	Leibniz: Theodizee
86.14.2	1925	197	Schelling: Wesen d. menschl. Freiheit
1926			
7.1.1–3	1926		Berkeley: Werke
7.4.2	1926	102	Berkeley: Dial. zw. Hylas u. Philonous

Sigle	Jahr	PhB-Nr	Verfasser- und Titelangabe
1926			
64.2.1	1923	184a	Maimonides: Führer d. Unschlüssigen I
10.19.1	1926	195	Brentano: Vier Phasen d. Philos.
29.29.3	1926	127a	Fichte: Begriff d. Wiss.lehre
50.18.13	1926	37a	Kant: Kr. d. r. V.
56.1.10	o.J.	107	Leibniz: Werke
56.1.11	o.J.	108	Leibniz: Werke
56.1.12	o.J.	69	Leibniz: Werke
56.1.13	o.J.	71	Leibniz: Werke
56.1.14	o.J.	161–162	Leibniz: Werke
56.9.5	1926	69	Leibniz: Neue Abh.
77.8.8	1926	81	Platon: Gastmahl
79.1.1	1926	198	Plutarch: Moral. Schr. I
79.2.1	1926	205	Plutarch: Moral. Schr. II
79.3.1	1926	206	Plutarch: Moral. Schr. III
93.1.1	1926	200a	Smith: Theorie d. eth. Gefühle I
93.2.1	1926	200b	Smith: Theorie d. eth. Gefühle II
1927			
36.25.3	o.J.		Hegel: Philos. d. Rel.
36.27.1	1927	60	Hegel: Philos. d. Rel. II–1
36.28.1	1927	61	Hegel: Philos. d. Rel. II–2
50.6.1	1927	39b	Kant: Erste Einl. in d. Kr. d. U.
88.1.5	1927	137	Schleiermacher: Werke
88.1.8	1927	138	Schleiermacher: Werke
88.11.3	1927	138a	Schleiermacher: Pred. üb. d. christl. Hausstand
1928			
3.1.7–9	o.J.		Aristoteles: Werke
3.2.6	1928	2	Aristoteles: Metaphysik I
3.3.6	1928	3	Aristoteles: Metaphysik II
10.14.1	1928	207	Brentano: Psychol. III
21.2.8	o.J.	26a	Descartes: Üb. d. Methode (dt.)
36.10.1	1928	62	Hegel: Erste Druckschr.
36.19.6	1928	114	Hegel: Phänomenologie
43.5.9	1928	35	Hume: Üb. d. menschl. Verstand
61.4.2	1928	141	Lotze: Logik
70.1.1	1928	202	Mill: Die Freiheit
86.2.2	1928	208	Schelling: Bruno
88.1.3	1928	136	Schleiermacher: Werke
88.2.3	1928	136b	Schleiermacher: Abhandlungen
88.6.3	1928	136a	Schleiermacher: Kr. d. bish. Sittenlehre
1929			
10.16.1	1929	209	Brentano: Zukunft d. Philos.
10.20.1	1929	210	Brentano: Vom Dasein Gottes

Sigle	Jahr	PhB-Nr	Verfasser- und Titelangabe
1929			
36.29.1	1929	63	Hegel: Philos. d. Rel. III–1
43.6.1	1929	199	Hume: Üb. d. Prinz. d. Moral
50.1.80–89	o.J.		Kant: Werke
50.17.11	1929	38	Kant: Kr. d. p. V.
81.1.1	1929	37b	Ratke: Handlexikon z. Kr. d. r. V.
1930			
10.22.1	1930	201	Brentano: Wahrheit u. Evidenz
36.8.1	1930	124b	Hegel: Randbem. z. Rechtslehre
36.9.7	1930	33	Hegel: Enzyklopädie
36.12.4	1930	124a	Hegel: Grundl. d. Philos. d. Rechts
36.23.1	1930	64	Hegel: Beweise v. Dasein Gottes
36.25.2	o.J.		Hegel: Philos. d. Rel.
36.25.4–5	o.J.		Hegel: Philos. d. Rel.
36.32.9	o.J.	171a,171e	Hegel: Philos. d. Weltgesch.
36.33.3	1930	171a	Hegel: Philos. d. Weltgesch. I
50.18.14	1930	37a	Kant: Kr. d. r. V.
55.1.1	1930	65	Lasson, G.: Einf. in Hegels Rel.philos.
78.1.1	1930	211a	Plotin: Schriften 1
1931			
26.1.1	1931	106	Elyot: Buch v. Führer
36.16.1	1931	67	Hegel: Jenenser Realphilos. II
36.22.1	1931	164	Hegel: Ästhetik
50.18.15	o.J.	37a	Kant: Kr. d. r. V.
88.12.5	o.J.	139b	Schleiermacher: Üb. d. Religion
1932			
36.15.1	1932	66b	Hegel: Jenenser Realphilos. I
36.38.2	1932	56	Hegel: Wiss. d. Logik I
41.1.1	1932	66a	Hoffmeister: Goethe u. d. dt. Idealismus
1933			
3.4.5	1933	5	Aristoteles: Nikomach. Ethik
10.9.1	1933	203	Brentano: Kategorienlehre
50.8.9	1933	41	Kant: Grundleg. z. Met. d. Sitten
1934			
10.21.2	1934	55	Brentano: Ursprung sittl. Erkenntnis
29.4.5	1934	129c	Fichte: Best. d. Menschen
36.39.2	1934	57	Hegel: Wiss. d. Logik II
1935			
77.12.3	1935	172a	Platon: Hippias I–II. Ion

Sigle	Jahr	PhB-Nr	Verfasser- und Titelangabe
1936			
72.1.1	1936	216a	Nikolaus von Kues: Schriften 1
78.2.1	1936	212a	Plotin: Schriften 2
78.3.1	1936	213a	Plotin: Schriften 3
1937			
3.16.5	1937	4	Aristoteles: Über d. Seele
36.19.7	1937	114	Hegel: Phänomenologie
50.1.90–99	o.J.		Kant: Werke
50.25.8	1937	45	Kant: Rel. innerh. d. Grenzen
77.2.3	1937	172b	Platon: Alkibiades I–II
78.4.1	1937	214a	Plotin: Schriften 4
78.5.1	1937	215a	Plotin: Schriften 5
1938			
10.18.2	o.J.	194	Brentano: Üb. d. Erkenntnis
36.18.1	1938	165	Hegel: Nürnberger Schr.
72.2.1	1938	217	Nikolaus von Kues: Schriften 2
1939			
77.16.3	1939	153	Platon: Menon
1940			
3.10.4	1940	11	Aristoteles: Organon IV
36.24.1	1940	166	Hegel: Gesch. d. Philos., Einl.
50.24.9	1940	40	Kant: Prolegomena
63.1.2	1940	188	Machiavelli: Der Fürst
72.3.1	1940	218	Nikolaus von Kues: Schriften 3
77.1.15–21	o.J.		Platon: Sämtl. Dialoge
77.3.3	1940	180	Platon: Apologie. Kriton
77.9.2	1940	159	Platon: Gesetze I
77.10.2	1940	160	Platon: Gesetze II
1941			
63.1.3	1941	188	Machiavelli: Der Fürst
77.24.8	1941	80	Platon: Staat
1942			
72.3.2	1942	218	Nikolaus von Kues: Schriften 3
72.4.1	1942	219	Nikolaus von Kues: Schriften 4
72.5.1	1942	220	Nikolaus von Kues: Schriften 5
1943			
3.15.5	1943	7	Aristoteles: Politik
29.7.4	1943	129d	Fichte: Geschloßner Handelsstaat
29.11.4	1943	130b	Fichte: Grundz. d. gegenw. Zeitalters

Sigle	Jahr	PhB-Nr	Verfasser- und Titelangabe
1943			
29.12.3	1943	163d	Fichte: Machiavell
29.17.5	1943	204	Fichte: Reden an d. dt. Nation
72.6.1	1943	221	Nikolaus von Kues: Schriften 6
72.8.1	1943	223	Nikolaus von Kues: Schriften 8
1944			
3.9.5	1944	10	Aristoteles: Organon III
21.6.8	1944	27	Descartes: Meditat. (dt.)
29.4.6	1944	226	Fichte: Best. d. Menschen
29.10.3	1944	224	Fichte: Grundriß d. Eigentüml. d. Wiss.lehre
29.17.6	1944	204	Fichte: Reden an d. dt. Nation
29.31.4	1944	129a	Fichte: Neue Darst. d. Wiss.lehre
36.24.2	1944	166	Hegel: Gesch. d. Philos., Einl.
36.33.4–5	1944	171a	Hegel: Philos. d. Weltgesch. I
36.34.3–4	1944	171b	Hegel: Philos. d. Weltgesch. II
36.35.3–4	1944	171c	Hegel: Philos. d. Weltgesch. III
36.36.3–4	1944	171d	Hegel: Philos. d. Weltgesch. IV
50.17.12	1944	38	Kant: Kr. d. p. V.
50.18.16	1944	37a	Kant: Kr. d. r. V.
72.1.2	1944	216	Nikolaus von Kues: Schriften 1
72.4.2	1944	219	Nikolaus von Kues: Schriften 4
72.5.2	1944	220	Nikolaus von Kues: Schriften 5
77.11.3	1944	148	Platon: Gorgias
77.16.4	1944	153	Platon: Menon
77.18.4	1944	147	Platon: Phaidon
77.24.9	1944	80	Platon: Staat
77.25.7	1944	82	Platon: Theaitet
88.12.6	o.J.	139b	Schleiermacher: Üb. d. Religion
102.1.8	1944	225	Wörterb. phil. Begr.
1945			
29.4.7	1945	226	Fichte: Best. d. Menschen
50.8.10	1945	41	Kant: Grundleg. z. Met. d. Sitten
50.21.7	1945	42	Kant: Met. d. Sitten
77.3.4	1945	180	Platon: Apologie. Kriton
77.9.3	1945	159	Platon: Gesetze I
77.10.3	1945	160	Platon: Gesetze II
77.14.3	1945	178	Platon: Laches. Euthyphron
1946			
72.7.1	1946	222	Nikolaus von Kues: Schriften 7
1947			
27.1.1	1947	230	Engels: Ludwig Feuerbach
50.8.11	1947	41	Kant: Grundleg. z. Met. d. Sitten

Sigle	Jahr	PhB-Nr	Verfasser- und Titelangabe
1947			
72.9.1	1947	229	Nikolaus von Kues: Schriften 9
1948			
3.5.5–6	1948		Aristoteles: Organon
3.6.4	1948	8–9	Aristoteles: Organon I–II
3.7.3	1948	8	Aristoteles: Organon I
3.8.3	1948	9	Aristoteles: Organon II
3.9.6	1948	10	Aristoteles: Organon III
3.10.5	1948	11	Aristoteles: Organon IV
3.11.6	1948	12	Aristoteles: Organon V
3.12.6	1948	13	Aristoteles: Organon VI
3.15.6	1948	7	Aristoteles: Politik
21.2.9	1948	26a	Descartes: Üb. d. Methode (dt.)
21.10.5	1948	26b	Descartes: Regeln. Erforsch. d. Wahrheit
36.38.3	1948	56	Hegel: Wiss. d. Logik I
36.39.3	1948	57	Hegel: Wiss. d. Logik II
50.19.7	1948	39a	Kant: Kr. d. U.
72.6.2–3	1948	221	Nikolaus von Kues: Schriften 6
1949			
36.9.8	1949	33	Hegel: Enzyklopädie
36.19.8	1949	114	Hegel: Phänomenologie
40.1.2	1949	157	Hobbes: Elem. d. Philos. I
40.2.2	1949	158	Hobbes: Elem. d. Philos. II–III
43.5.10	o.J.	35	Hume: Üb. d. menschl. Verstand
72.10.1	1949	228	Nikolaus von Kues: Schriften 10
95.6.14	o.J.	92	Spinoza: Ethik
1950			
28.1.1	1950	227	Feuerbach: Philos. Schr.
50.25.9	1950	45	Kant: Rel. innerh. d. Grenzen
1951			
36.38.4	1951	56	Hegel: Wiss. d. Logik I
36.39.4	1951	57	Hegel: Wiss. d. Logik II
50.17.13	1951	38	Kant: Kr. d. p. V.
50.24.10	1951	40	Kant: Prolegomena
77.3.5	1951	180	Platon: Apologie. Kriton
77.16.5	1951	153	Platon: Menon
77.18.5	1951	147	Platon: Phaidon
1952			
10.7.1	1952	309	Brentano: Grundleg. u. Aufbau d. Ethik
21.2.10	1952	26a	Descartes: Üb. d. Methode (dt.)
36.3.1	1952	235	Hegel: Briefe I

Sigle	Jahr	PhB-Nr	Verfasser- und Titelangabe
1952			
36.19.9	1952	114	Hegel: Phänomenologie
50.8.12	1952	41	Kant: Grundleg. z. Met. d. Sitten
50.17.14	1952	38	Kant: Kr. d. p. V.
50.18.17	1952	37a	Kant: Kr. d. r. V.
72.11.1	1952	231	Nikolaus von Kues: Schriften 11
72.12.1	1952	232	Nikolaus von Kues: Schriften 12
72.13.1	1952	233	Nikolaus von Kues: Schriften 13
1953			
21.7.1	1953	27I	Descartes: Meditat. (dt.)
36.4.1	1953	236	Hegel: Briefe II
1954			
10.15.1	1954	310	Brentano: Rel. u. Philos.
21.6.9	1954	27	Descartes: Meditat. (dt.)
29.2.4	1954	234	Fichte: Anw. z. sel. Leben
29.4.8	1954	226	Fichte: Best. d. Menschen
29.31.5	1954	239	Fichte: Neue Darst. d. Wiss.lehre
36.5.1	1954	237	Hegel: Briefe III
50.19.8	1954	39	Kant: Kr. d. U.
50.21.8	1954	42	Kant: Met. d. Sitten
72.1.3	1954	216	Nikolaus von Kues: Schriften 1
86.2.3	1954	208	Schelling: Bruno
1955			
1.1.2	1955	242	d'Alembert: Einl. z. Enzyklopädie
8.2.2	1955	99	Bolzano: Paradoxien d. Unendl.
10.12.2	1955	192	Brentano: Psychol. I
10.21.3	1955	55	Brentano: Ursprung sittl. Erkenntnis
21.7.2	1955	27I	Descartes: Meditat. (dt.)
21.9.8	1955	28	Descartes: Prinz. d. Philos.
21.10.6	1955	26b	Descartes: Regeln. Erforsch. d. Wahrheit
29.17.7	1955	204	Fichte: Reden an d. dt. Nation
36.12.5	1955	124a	Hegel: Grundl. d. Philos. d. Rechts
36.33.6	1955	171a	Hegel: Philos. d. Weltgesch. I
43.5.11	1955	35	Hume: Üb. d. menschl. Verstand
43.6.2	1955	199	Hume: Üb. d. Prinz. d. Moral
77.6.3	1955	176	Platon: Euthydemos
77.11.4	1955	148	Platon: Gorgias
77.20.3	1955	145	Platon: Philebos
77.25.8	1955	82	Platon: Theaitet
84.1.1	1955	243	Rousseau: Zur Kulturkritik
95.6.15	1955	92	Spinoza: Ethik
95.9.7	1955	93	Spinoza: Theol.-polit. Traktat
102.1.9	1955	225	Wörterb. phil. Begr.

Sigle	Jahr	PhB-Nr	Verfasser- und Titelangabe
1956			
10.10.1	1956	311	Brentano: Lehre v. richt. Urteil
17.1.2	1956	244	Comte: Geist d. Positivismus
21.8.1	1956	250	Descartes: Meditat. (lat.-dt.)
29.8.4	1956	246	Fichte: Grundlage d. ges. Wiss.lehre
29.11.5	1956	247	Fichte: Grundz. d. gegenw. Zeitalters
36.2.1	1956	240	Hegel: Berl. Schr. 1818–1831
50.18.18	1956	37a	Kant: Kr. d. r. V.
50.25.10	1956	45	Kant: Rel. innerh. d. Grenzen
56.12.1	1956	253	Leibniz: Vernunftprinz. Monadol.
77.22.3	1956	175	Platon: Protagoras
78.1.2	1956	211a	Plotin: Schriften 1
78.1.3	1956	211b	Plotin: Schriften 1
78.7.1	1956	211a	Plotin: Studienausg. 1
1957			
7.2.8	1957	20	Berkeley: Prinz. d. menschl. Erkenntnis
21.2.11	1957	26a	Descartes: Üb. d. Methode (dt.)
50.8.13	1957	41	Kant: Grundleg. z. Met. d. Sitten
50.24.11	1957	40	Kant: Prolegomena
86.9.2	1957	254	Schelling: Syst. d. transz. Idealismus
89.3.1	1957	249	Schopenhauer: Wurzel d. Satzes v. Grund
1958			
3.6.5	1958	8–9	Aristoteles: Organon I–II
3.15.7	1958	7	Aristoteles: Politik
21.7.3	1958	27I	Descartes: Meditat. (dt.)
50.5.1	1958	251	Kant: De mundi
56.8.1	1958	260	Leibniz: Met. Abh.
72.3.3	1958	218	Nikolaus von Kues: Schriften 3
78.5.4	1958	215c	Plotin: Schriften 5
88.12.7	1958	255	Schleiermacher: Üb. d. Religion
102.1.10	o.J.	225	Wörterb. phil. Begr.
1959			
10.8.1	1959	312	Brentano: Grundzüge d. Ästhetik
10.13.2	1959	193	Brentano: Psychol. II
21.8.2	1959	250a	Descartes: Meditat. (lat.-dt.)
21.10.7	1959	26b	Descartes: Regeln. Erforsch. d. Wahrheit
36.9.9	1959	33	Hegel: Enzyklopädie
36.24.3	1959	166	Hegel: Gesch. d. Philos., Einl.
40.2.3	1959	158	Hobbes: Elem. d. Philos. II–III
50.9.5	1959	47I	Kant: Ethik u. Rel.philos.
50.17.15	1959	38	Kant: Kr. d. p. V.
50.19.9	1959	39a	Kant: Kr. d. U.
50.21.9	1959	42	Kant: Met. d. Sitten

Sigle	Jahr	PhB-Nr	Verfasser- und Titelangabe
1959			
50.26.1	1959	252	Kant: Streit d. Fakultäten
95.7.7	1959	91	Spinoza: Kurze Abh. v. Gott
1960			
21.2.12	1960	26a	Descartes: Üb. d. Methode (dt.)
21.3.1	1960	261	Descartes: Üb. d. Methode (frz.-dt.)
21.7.4	1960	271	Descartes: Meditat. (dt.)
29.9.3	1960	256	Fichte: Grundlage d. Naturrechts
36.6.1	1960	238	Hegel: Briefe IV
38.2.1	1960	248	Herder: Sprachphilos. Schr.
50.5.2	1960	251	Kant: De mundi
50.18.19	1960	37a	Kant: Kr. d. r. V.
77.8.9	1960	81	Platon: Gastmahl
78.5.2	1960	215a	Plotin: Schriften 5
78.5.3	1960	215b	Plotin: Schriften 5
78.7.2	1960	211a	Plotin: Studienausg. 1
78.8.1	1960	215a	Plotin: Studienausg. 2
1961			
21.9.9	1961	28	Descartes: Prinz. d. Philos.
29.8.5	1961	246	Fichte: Grundlage d. ges. Wiss.lehre
29.31.6	1961	239	Fichte: Neue Darst. d. Wiss.lehre
36.3.2	1961	235	Hegel: Briefe I
36.4.2	1961	236	Hegel: Briefe II
36.5.2	1961	237	Hegel: Briefe III
36.6.2	1961	238	Hegel: Briefe IV
43.5.12	1961	35	Hume: Üb. d. menschl. Verstand
50.25.11	1961	45	Kant: Rel. innerh. d. Grenzen
77.24.10	1961	80	Platon: Staat
88.12.8	1961	255	Schleiermacher: Üb. d. Religion
1962			
3.6.6	1962	8–9	Aristoteles: Organon I–II
10.22.2	1962	201	Brentano: Wahrheit u. Evidenz
21.10.8	1962	26b	Descartes: Regeln. Erforsch. d. Wahrheit
29.4.9	1962	226	Fichte: Best. d. Menschen
36.7.1	1962	62a	Hegel: Differenzschr.
36.11.1	1962	62b	Hegel: Glauben u. Wissen
36.12.6	1962	124a	Hegel: Grundl. d. Philos. d. Rechts
43.6.3	1962	199	Hume: Üb. d. Prinz. d. Moral
50.8.14	1962	41	Kant: Grundleg. z. Met. d. Sitten
50.18.20	1962	37a	Kant: Kr. d. r. V.
72.1.4	1962	216	Nikolaus von Kues: Schriften 1
78.2.2	1962	212a	Plotin: Schriften 2
78.2.3	1962	212b	Plotin: Schriften 2

Sigle	Jahr	PhB-Nr	Verfasser- und Titelangabe
1962			
86.9.3	1962	254	Schelling: Syst. d. transz. Idealismus
1963			
8.1.1	1963	259	Bolzano: Grundleg. d. Logik
10.5.1	1963	313	Brentano: Gesch. d. griech. Philos.
29.27.3	1963	257	Fichte: Syst. d. Sittenlehre (1798)
36.33.7	1963	171a	Hegel: Philos. d. Weltgesch. I
36.38.5	1963	56	Hegel: Wiss. d. Logik I
36.39.5	1963	57	Hegel: Wiss. d. Logik II
50.3.5	1963	47II	Kant: Beweisgrund
50.19.10	1963	39a	Kant: Kr. d. U.
95.6.16	1963	92	Spinoza: Ethik
1964			
7.2.9	1964	20	Berkeley: Prinz. d. menschl. Erkenntnis
21.3.2	1964	261	Descartes: Üb. d. Methode (frz.-dt.)
38.2.2	1964	248	Herder: Sprachphilos. Schr.
43.5.13	1964	35	Hume: Üb. d. menschl. Verstand
50.9.6	1964	47I	Kant: Ethik u. Rel.philos.
72.14.1	1964	263	Nikolaus von Kues: Schriften 14
72.15.1	1964	264a	Nikolaus von Kues: Schriften 15a
78.3.2	1964	213a	Plotin: Schriften 3
78.3.3	1964	213b	Plotin: Schriften 3
84.1.2	1964	243	Rousseau: Zur Kulturkritik
1965			
3.15.8	1965	7	Aristoteles: Politik
21.6.10	1965	27	Descartes: Meditat. (dt.)
21.9.10	1965	28	Descartes: Prinz. d. Philos.
50.8.15	1965	41	Kant: Grundleg. z. Met. d. Sitten
50.18.21	1965	37a	Kant: Kr. d. r. V.
50.24.12	1965	40	Kant: Prolegomena
81.1.2	1965	37b	Ratke: Handlexikon z. Kr. d. r. V.
95.7.8	1965	91	Spinoza: Kurze Abh. v. Gott
95.9.8	1965	93	Spinoza: Theol.-polit. Traktat
1966			
10.1.1	1966	314	Brentano: Abkehr v. Nichtrealen
17.1.3	1966	244	Comte: Geist d. Positivismus
21.10.9	1966	26b	Descartes: Regeln. Erforsch. d. Wahrheit
36.23.2	1966	64	Hegel: Beweise v. Dasein Gottes
36.24.4	1966	166	Hegel: Gesch. d. Philos., Einl.
36.26.2–3	1966	59	Hegel: Philos. d. Rel. I
36.27.2	1966	60	Hegel: Philos. d. Rel. II–1
36.28.2	1966	61	Hegel: Philos. d. Rel. II–2

Sigle	Jahr	PhB-Nr	Verfasser- und Titelangabe
1966			
36.29.2	1966	63	Hegel: Philos. d. Rel. III–1
36.30.1	1966	59–60	Hegel: Philos. d. Rel. I
36.31.1	1966	61,63	Hegel: Philos. d. Rel. II
36.33.8	1966	171a	Hegel: Philos. d. Weltgesch. I
36.39.6	1966	57	Hegel: Wiss. d. Logik II
40.2.4	1966	158	Hobbes: Elem. d. Philos. II–III
50.5.3	1966	251	Kant: De mundi
50.21.10	1966	42	Kant: Met. d. Sitten
50.25.12	1966	45	Kant: Rel. innerh. d. Grenzen
56.5.5	1966	107	Leibniz: Grundleg. d. Philos. I
56.6.5	1966	108	Leibniz: Grundleg. d. Philos. II
1967			
24.3.1	1967	53–54	Diogenes Laertios: Leben u. Mein. ber. Philosophen I–II
29.9.4	1967	256	Fichte: Grundlage d. Naturrechts
29.31.7	1967	239	Fichte: Neue Darst. d. Wiss.lehre
36.12.7	1967	124a	Hegel: Grundl. d. Philos. d. Rechts
36.16.2	1967	67	Hegel: Jenenser Realphilos. II
36.17.2	1967	58	Hegel: Jenaer Systementwürfe II
36.21.1	1967	144a	Hegel: Syst. d. Sittlichkeit
36.38.6	1967	56	Hegel: Wiss. d. Logik I
40.1.3	1967	157	Hobbes: Elem. d. Philos. I
50.17.16	1967	38	Kant: Kr. d. p. V.
50.18.22	1967	37a	Kant: Kr. d. r. V.
72.3.4	1967	218	Nikolaus von Kues: Schriften 3
72.16.1	1967	264b	Nikolaus von Kues: Schriften 15b
72.20.1	1967	346	Nikolaus von Kues: Schriften 18
77.23.3	1967	265	Platon: Sophistes
78.4.2	1967	214a	Plotin: Schriften 4
78.4.3	1967	214b	Plotin: Schriften 4
95.6.17	1967	92	Spinoza: Ethik
1968			
3.11.7	1968	12	Aristoteles: Organon V
3.12.7	1968	13	Aristoteles: Organon VI
10.9.2	1968	203	Brentano: Kategorienlehre
10.14.2	1968	207	Brentano: Psychol. III
10.16.2	1968	209	Brentano: Zukunft d. Philos.
10.19.2	1968	195	Brentano: Vier Phasen d. Philos.
10.20.2	1968	210	Brentano: Vom Dasein Gottes
24.4.1	1968	266	Diogenes Laertios: Leben u. Mein. ber. Philosophen. Buch X
36.33.9	1968	171a	Hegel: Philos. d. Weltgesch. I
36.34.5	1968	171b	Hegel: Philos. d. Weltgesch. II

Sigle	Jahr	PhB-Nr	Verfasser- und Titelangabe
1968			
36.35.5	1968	171c	Hegel: Philos. d. Weltgesch. III
36.36.5	1968	171d	Hegel: Philos. d. Weltgesch. IV
36.37.1	1968	171b–d	Hegel: Philos. d. Weltgesch. II–IV
43.2.6	1968	36	Hume: Dial. üb. natürl. Rel.
50.19.11	1968	39a	Kant: Kr. d. U.
56.11.5	1968	71	Leibniz: Theodizee
60.3.5	1968	75	Locke: Üb. d. menschl. Verstand I
60.4.4	1968	76	Locke: Üb. d. menschl. Verstand II
66.1.1	1968	272	Malebranche: Erforsch. d. Wahrheit
77.7.1	1968	269	Platon: Euthyphron
78.7.3	1968	211a	Plotin: Studienausg. 1
1969			
10.21.4	1969	55	Brentano: Ursprung sittl. Erkenntnis
14.1.1	1969	273	Cicero: Üb. Tod u. Unsterblichkeit
21.3.3	1969	261	Descartes: Üb. d. Methode (frz.-dt.)
29.27.4	1969	257	Fichte: Syst. d. Sittenlehre (1798)
36.3.3	1969	235	Hegel: Briefe I
36.4.3	1969	236	Hegel: Briefe II
36.5.3	1969	237	Hegel: Briefe III
36.9.10	1969	33	Hegel: Enzyklopädie
36.16.3	1969	67	Hegel: Jenenser Realphilos. II
36.39.7	1969	57	Hegel: Wiss. d. Logik II
50.24.13	1969	40	Kant: Prolegomena
56.12.2	1969	253	Leibniz: Vernunftprinz. Monadol.
1970			
10.18.3	1970	194	Brentano: Üb. d. Erkenntnis
29.2.5	1970	234	Fichte: Anw. z. sel. Leben
29.8.6	1970	246	Fichte: Grundlage d. ges. Wiss.lehre
36.33.10	1970	171a	Hegel: Philos. d. Weltgesch. I
36.40.1	1970	245	Hegel: Hegel in Ber. s. Zeitgenossen
50.6.2	1970	39b	Kant: Erste Einl. in d. Kr. d. U.
72.15.2	1970	264a	Nikolaus von Kues: Schriften 15a
72.18.1	1970	267	Nikolaus von Kues: Schriften 16
77.15.1	1970	270	Platon: Laches
88.12.9	1970	255	Schleiermacher: Üb. d. Religion
89.3.2	1970	249	Schopenhauer: Wurzel d. Satzes v. Grund
102.1.11	o.J.	225	Wörterb. phil. Begr.
1971			
10.13.3	1971	193	Brentano: Psychol. II
21.2.13	1971	26a	Descartes: Üb. d. Methode (dt.)
29.23.1	1971	274	Fichte: Pflichten d. Gelehrten
31.2.1	1971	277	Frege: Logik u. Sprachphilos.

Sigle	Jahr	PhB-Nr	Verfasser- und Titelangabe
1971			
36.6.3	o.J.	238	Hegel: Briefe IV
36.38.7	1971	56	Hegel: Wiss. d. Logik I
50.18.23	1971	37a	Kant: Kr. d. r. V.
56.9.6	1971	69	Leibniz: Neue Abh.
72.19.1	1971	268	Nikolaus von Kues: Schriften 17
78.6.1	1971	276	Plotin: Schriften 6
84.1.3	1971	243	Rousseau: Zur Kulturkritik
97.1.1	1971	258	Tetens: Sprachphilos. Versuche
1972			
3.4.6	1972	5	Aristoteles: Nikomach. Ethik
21.6.11	1972	27	Descartes: Meditat. (dt.)
21.12.1	1972	262b	Descartes: Regeln (dt.)
43.6.4	1972	199	Hume: Üb. d. Prinz. d. Moral
44.2.1	1972	280	Husserl: Erfahrung u. Urteil
50.4.4	1972	52a–b	Kant: Briefwechsel
64.2.2	1972	184a	Maimonides: Führer d. Unschlüssigen I
64.3.2	1972	184b–c	Maimonides: Führer d. Unschlüssigen II–III
77.16.6	1972	278	Platon: Menon
77.17.6	1972	279	Platon: Parmenides
81.1.3	1972	37b	Ratke: Handlexikon z. Kr. d. r. V.
1973			
10.12.3	1973	192	Brentano: Psychol. I
21.11.1	1973	262a	Descartes: Regeln (lat.-dt.)
21.13.1	1973	262c	Descartes: Regeln (lat.)
29.3.2	1973	282	Fichte: Beitr. z. Bericht. d. Urteile
36.23.3	1973	64	Hegel: Beweise v. Dasein Gottes
43.4.1	1973	283	Hume: Üb. d. menschl. Natur
43.5.14	1973	35	Hume: Üb. d. menschl. Verstand
50.9.7	1973	47I	Kant: Ethik u. Rel.philos.
72.9.2	1973	285	Nikolaus von Kues: Schriften 9
76.1.1	1973	281	Peirce: Vorl. üb. Pragmatismus
77.8.10	1973	81	Platon: Gastmahl
77.24.11	1973	80	Platon: Staat
1974			
3.6.7	1974	8–9	Aristoteles: Organon I–II
10.9.3	1974	203	Brentano: Kategorienlehre
10.14.3	1974	207	Brentano: Psychol. III
10.22.3	1974	201	Brentano: Wahrheit u. Evidenz
25.1.1	1974	287	Du Bois-Reymond: Üb. Philos. u. Gesellschaft
36.26.4	1974	59	Hegel: Philos. d. Rel. I
36.27.3	1974	60	Hegel: Philos. d. Rel. II–1
36.28.3	1974	61	Hegel: Philos. d. Rel. II–2

Sigle	Jahr	PhB-Nr	Verfasser- und Titelangabe
1974			
36.29.3	1974	63	Hegel: Philos. d. Rel. III–1
36.30.2	1974	59–60	Hegel: Philos. d. Rel. I
36.31.2	1974	61,63	Hegel: Philos. d. Rel. II
50.3.6	1974	47II	Kant: Beweisgrund
50.17.17	1974	38	Kant: Kr. d. p. V.
50.19.12	1974	39a	Kant: Kr. d. U.
86.13.2	1974	275	Schelling: Methode d. akad. Studiums
100.3.3	1974	126	Vorländer: Kants Leben
1975			
1.1.3	1975	242	d'Alembert: Einl. z. Enzyklopädie
3.9.7	1975	10	Aristoteles: Organon III
8.2.3	1975	99	Bolzano: Paradoxien d. Unendl.
29.10.4	1975	224	Fichte: Grundriß d. Eigentüml. d. Wiss.lehre
29.31.8	1975	239	Fichte: Neue Darst. d. Wiss.lehre
29.33.2	1975	284	Fichte: Wiss.lehre (1804)
36.9.11	1975	33	Hegel: Enzyklopädie
36.38.8	1975	56	Hegel: Wiss. d. Logik I
36.39.8	1975	57	Hegel: Wiss. d. Logik II
38.2.3	1975	248	Herder: Sprachphilos. Schr.
44.6.1	1975	290	Husserl: Fünfte Log. Unters.
50.26.2	1975	252	Kant: Streit d. Fakultäten
50.27.1	1975	286	Kant: Träume e. Geistersehers
56.8.2	1975	260	Leibniz: Met. Abh.
60.1.1	1975	289	Locke: Brief üb. Toleranz
71.1.1	1975	288	Nelson: Selbstvertrauen d. Vernunft
1976			
3.10.6	1976	11	Aristoteles: Organon IV
10.11.1	1976	293	Brentano: Unters. z. Raum, Zeit
21.7.5	1976	271	Descartes: Meditat. (dt.)
36.37.2	1976	171b–d	Hegel: Philos. d. Weltgesch. II–IV
44.2.2	1976	280	Husserl: Erfahrung u. Urteil
50.18.24	1976	37a	Kant: Kr. d. r. V.
50.24.14	1976	40	Kant: Prolegomena
60.3.6	1976	75–76	Locke: Üb. d. menschl. Verstand I
72.12.2	1976	232	Nikolaus von Kues: Schriften 12
95.1.25–26	o.J.		Spinoza: Werke
95.6.18	1976	92	Spinoza: Ethik
95.9.9	1976	93	Spinoza: Theol.-polit. Traktat
96.1.1	1976	294a	Suarez: Üb. d. Individualität
96.1.2	1976	294b	Suarez: Üb. d. Individualität
1977			
10.1.2	1977	314	Brentano: Abkehr v. Nichtrealen

Sigle	Jahr	PhB-Nr	Verfasser- und Titelangabe
1977			
10.3.1	1977	303	Brentano: Arist. u. s. Weltansch.
11.1.6	1977	21	Bruno: Von d. Ursache
21.8.3	1977	250a	Descartes: Meditat. (lat.-dt.)
29.5.2	1977	302	Fichte: Darst. d. Wiss.lehre (1801)
36.6.4	1977	238a	Hegel: Briefe IV
40.2.5	1977	158	Hobbes: Elem. d. Philos. II–III
44.1.1	1977	291	Husserl: Cartes. Meditat.
44.3.1	1977	348	Husserl: Grundprobl. d. Phänomenol.
44.5.1	1977	292	Husserl: Krisis d. europ. Wiss.
45.1.1	1977	297	James: Pragmatismus
50.6.3	1977	39b	Kant: Erste Einl. in d. Kr. d. U.
65.1.1	1977	296	Maine de Biran: Tagebuch
72.1.5	1977	216	Nikolaus von Kues: Schriften 1
72.2.2	1977	295	Nikolaus von Kues: Schriften 2
72.16.2	1977	264b	Nikolaus von Kues: Schriften 15b
72.17.1	1977	264c	Nikolaus von Kues: Schriften 15c
93.3.1	1977	200a–b	Smith: Theorie d. eth. Gefühle I–II
95.1.29–31	o.J.		Spinoza: Werke
95.2.7	1977	95	Spinoza: Verbess. d. Verstandes
95.4.5	1977	96a	Spinoza: Briefwechsel
95.8.2	1977	96b	Spinoza: Lebensbeschreib. u. Gespräche
98.1.2	1977	191	Thomas von Aquin: Fünf Fragen
98.3.2	1977	100	Thomas von Aquin: Philosophie
1978			
3.2.7	1978	307	Aristoteles: Metaphysik I
8.1.2	1978	259	Bolzano: Grundleg. d. Logik
10.7.2	1978	309	Brentano: Grundleg. u. Aufbau d. Ethik
21.2.14	1978	26a	Descartes: Üb. d. Methode (dt.)
29.11.6	1978	247	Fichte: Grundz. d. gegenw. Zeitalters
29.17.8	1978	204	Fichte: Reden an d. dt. Nation
31.2.2	1978	277	Frege: Logik u. Sprachphilos.
43.4.2	1978	283a	Hume: Üb. d. menschl. Natur
43.4.3	1978	283b	Hume: Üb. d. menschl. Natur
50.25.13	1978	45	Kant: Rel. innerh. d. Grenzen
60.2.4	1978	79	Locke: Richt. Gebrauch d. Verstandes
72.13.2	1978	233	Nikolaus von Kues: Schriften 13
82.1.1	1978	299	Reinhold: Fundam. d. philos. Wissens
84.1.4	1978	243	Rousseau: Zur Kulturkritik
88.8.4	1978	84	Schleiermacher: Monologen
89.1.1	1978	305	Schopenhauer: Üb. d. Freiheit d. Willens
95.1.28	o.J.		Spinoza: Werke
95.5.7	1978	94	Spinoza: Descartes' Prinz.

Sigle	Jahr	PhB-Nr	Verfasser- und Titelangabe
1979			
7.2.10	1979	20	Berkeley: Prinz. d. menschl. Erkenntnis
7.5.2	1979	318	Berkeley: Philos. Tagebuch
10.17.1	1979	315	Brentano: Untersuch. z. Sinnespsychol.
17.1.4	1979	244	Comte: Geist d. Positivismus
21.12.2	1979	262b	Descartes: Regeln (dt.)
29.4.10	1979	226	Fichte: Best. d. Menschen
29.7.5	1979	316	Fichte: Geschloßner Handelsstaat
29.8.7	1979	246	Fichte: Grundlage d. ges. Wiss.lehre
29.9.5	1979	256	Fichte: Grundlage d. Naturrechts
36.13.1	1979	319a	Hegel: Jenaer krit. Schr. I
67.1.1	1979	317	Mendelssohn: Phädon
72.15.3	1979	264a	Nikolaus von Kues: Schriften 15a
77.24.12	1979	80	Platon: Staat
89.2.1	1979	306	Schopenhauer: Üb. d. Grundlage d. Moral
1980			
3.3.7	1980	308	Aristoteles: Metaphysik II
7.4.3	1980	102	Berkeley: Dial. zw. Hylas u. Philonous
10.2.1	1980	304	Brentano: Arist. Lehre v. Urspr. d. Geistes
10.6.1	1980	323	Brentano: Gesch. d. mittelalt. Philos.
10.20.3	1980	210	Brentano: Vom Dasein Gottes
12.1.1	1980	324	Burke: Ideen v. Erhab. u. Schönen
22.1.1	1980	322	Dietrich von Freiberg: Üb. d. Intellekt
29.16.2	1980	326	Fichte: Rechtslehre
31.1.1	1980	321	Frege: Briefwechsel
36.33.11	1980	171a	Hegel: Philos. d. Weltgesch. I
43.1.1	1980	320	Hume: Abriß e. neuen Buches
43.2.7	1980	36	Hume: Dial. üb. natürl. Rel.
50.2.7	1980	44	Kant: Anthropologie
59.1.1	1980	328	Litt: Das Allgemeine
72.11.2	1980	231	Nikolaus von Kues: Schriften 11
92.1.2	1980	111	Shaftesbury: Üb. d. Enthusiasmus
95.1.24	o.J.		Spinoza: Werke
95.7.9	o.J.	91	Spinoza: Kurze Abh. v. Gott
1981			
3.15.9	1981	7	Aristoteles: Politik
15.1.1	1981	327	Cieszkowski: Proleg. z. Historiosophie
36.6.5	1981	238b	Hegel: Briefe IV
60.3.7	1981	75	Locke: Üb. d. menschl. Verstand I
60.4.6	1981	76	Locke: Üb. d. menschl. Verstand II
64.1.1	1981	342	Maimonides: Acht Kapitel
77.8.11	1981	81	Platon: Gastmahl
81.1.4	1981	37b	Ratke: Handlexikon z. Kr. d. r. V.
88.4.1	1981	334	Schleiermacher: Brouillon z. Ethik

Sigle	Jahr	PhB-Nr	Verfasser- und Titelangabe
1981			
88.5.1	1981	335	Schleiermacher: Ethik (1812/13)
1982			
3.2.8	1982	307	Aristoteles: Metaphysik I
10.4.1	1982	349	Brentano: Deskr. Psychol.
11.1.7	1982	21	Bruno: Von d. Ursache
21.4.1	1982	325	Descartes: Gespräch m. Burman
29.28.3	1982	337	Fichte: Transz. Logik
29.35.1	1982	336	Fichte: Wiss.lehre nova methodo
35.1.1	1982	347	Hartmann, N.: Erkenntnis im Lichte d. Ontol.
36.17.3	1982	332	Hegel: Jenaer Systementwürfe II
44.5.2	1982	292	Husserl: Krisis d. europ. Wiss.
47.1.1	1982	343	Jochmann: Rückschritte d. Poesie
50.18.25	1982	37a	Kant: Kr. d. r. V.
56.2.1	1982	338	Leibniz: Allg. Unters.
56.10.1	1982	339	Leibniz: Specimen Dynamicum
56.12.3	1982	253	Leibniz: Vernunftprinz. Monadol.
72.18.2	1982	267	Nikolaus von Kues: Schriften 16
77.16.7	1982	278	Platon: Menon
95.1.32	o.J.		Spinoza: Werke
95.3.1	1982	350	Spinoza: Algebr. Berechnung
98.2.1	1982	330	Thomas von Aquin: Gottesbeweise
1983			
6.1.1	1983	352	Baumgarten: Philos. Betracht.
6.2.1	1983	351	Baumgarten: Grundleg. d. Ästhetik
6.3.1	1983	355	Baumgarten: Theoret. Ästhetik
14.3.1	1983	356	Cicero: Topik
18.1.4	1983	25	Condillac: Üb. d. Empfindungen
29.2.6	1983	234	Fichte: Anw. z. sel. Leben
29.30.5	1983	354	Fichte: Kritik aller Offenbarung
36.14.1	1983	319b	Hegel: Jenaer krit. Schr. II
48.3.1	1983	86–87	Joh. Scotus Eriugena: Einteil. d. Natur
80.1.1	1983	358	Pseudo-Mayne: Üb. d. Bewußtsein
84.1.5	1983	243	Rousseau: Zur Kulturkritik
86.10.1	1983	344	Schelling: Verh. d. bild. Künste
1984			
3.3.8	1984	308	Aristoteles: Metaphysik II
19.1.1	1984	371	Croce: Die Geschichte
21.5.5	1984	345	Descartes: Leidenschaften d. Seele
23.1.1	1984	370	Dilthey: Wesen d. Philos.
29.31.9	1984	239	Fichte: Neue Darst. d. Wiss.lehre
29.34.1	1984	353	Fichte: Wiss.lehre (1805)
30.1.2	1984	368	Ficinus: Üb. d. Liebe

Sigle	Jahr	PhB-Nr	Verfasser- und Titelangabe
1984			
43.3.1	1984	341	Hume: Naturgesch. d. Rel.
43.5.15	1984	35	Hume: Üb. d. menschl. Verstand
44.4.1	1984	369	Husserl: Konstit. d. geist. Welt
51.1.1	1984	340	Kierkegaard: Begriff Angst
68.1.1	1984	357	Merleau-Ponty: Auge u. Geist
74.1.1	1984	363	Ockham: Summe d. Logik
88.3.1	1984	365	Schleiermacher: Ästhetik. Begr. d. Kunst
95.1.27	o.J.		Spinoza: Werke
95.9.10	1984	93	Spinoza: Theol.-polit. Traktat
1985			
3.4.7	1985	5	Aristoteles: Nikomach. Ethik
10.9.4	1985	203	Brentano: Kategorienlehre
10.14.4	1985	207	Brentano: Psychol. III
13.1.1	1985	372	Cassirer: Symbol, Technik, Sprache
44.2.3	1985	280	Husserl: Erfahrung u. Urteil
44.7.1	1985	362	Husserl: Inn. Zeitbewußtsein
50.7.1	1985	298	Kant: Geograph. Schr.
50.17.18	1985	38	Kant: Kr. d. p. V.
56.8.3	1985	260	Leibniz: Met. Abh.
62.1.1	1985	379	Lullus: Neue Logik
77.23.4	1985	265	Platon: Sophistes
93.3.2	1985	200a–b	Smith: Theorie d. eth. Gefühle I–II
94.1.1	1985	373	Solovjev: Sinn d. Liebe
103.1.1	1985	374	Wolff: Chinesenrede

3.3.3 Chronologische Ausgabenstatistik

Das folgende Verzeichnis gibt eine chronologisch sortierte Statistik der von 1868 bis Juni 1985 erschienenen PhB-Ausgaben – aber ohne die Feld- und Taschenausgaben – nach vier Kriterien. Diese vier Kriterien sind hier in vier Spalten realisiert:

1. die Ausgaben (eines Jahres) insgesamt
2. die Sammelausgaben (die auch WW-Ausgaben sein können)
3. die Neuauflagen/Neueditionen
4. Erstausgaben der PhB (unter Ausschluß der Spalten 2 und 3).

Die Liste ist nach Verlagen eingeteilt und gibt auch die Gesamtzahlen der vier Spalten für die jeweiligen Verlage. Bei der Dürr'schen Buchhandlung ist zwischen datierten und un-/rückdatierten Ausgaben unterschieden, wobei es sich bei den letztgenannten meist um rückdatierte Titelauflagen (siehe S. 152 und 190 f.) handelt.

Obwohl der Fritz Eckardt Verlag kein PhB-Verlag war, ist er hier aufgenommen, weil Meiner immerhin 32 Ausgaben von ihm übernommen hat.

Weitere Übernahmen aus anderen Verlagen sind in Fußnoten angegeben.

Die Ausgaben-Zahlen sind aufgrund der Bibliographie, d. h. nach dem dort angewandten bibliographischen Regelwerk ermittelt. Das bedeutet, daß diese chronologische Ausgabenstatistik ihre Präferenz im Bibliographischen hat, nicht in der verlegerischen Leistung: Weder verzeichnet diese Liste ungekennzeichnete Nachdrucke, noch zeigt sie, daß z. B. die völlige Neuedition eines in der PhB bereits vorhandenen Titels erheblich arbeits- und kostenintensiver sein kann als die Einführung eines gänzlich neuen Titels in die PhB. Siehe auch Anm. 64 und 67 auf S. 166.

Um welche Ausgaben pro Jahr es sich bei den hier aufgeführten Ausgabenzahlen handelt, kann im Register 3.3.2 nachgesehen werden.

	Jahr	Ausg. insg.	Sammelausg. (die auch WW-Ausg. sein können)	Neuauflagen/ Neueditionen	Erstausgaben (ohne Sp. 2 und 3)
Heimann (1868–1872):					
	1868	4	–	–	4
	1869	19	–	–	19
	1870	27	4	4	19
	1871	15	2	2	11
	1872	11	6	1	4
insgesamt:		76	12	7	57

	Jahr	Ausg. insg.	Sammelausg. (die auch WW-Ausg. sein können)	Neuauflagen/ Neueditionen	Erstausgaben (ohne Sp. 2 und 3)
Koschny (1872–1881):					
	1872	4	–	2	2
	1873	8	–	1	7
	1874	7	–	1	6
	1875	6	–	3	3
	1876	9	1	3	5
	1877	10[1]	–	2	7
	1878	4	–	1	3
	1879	5	–	1	4
	1880	6	–	2	4
	1881	3	–	2	1
insgesamt:		62	1	18	42
Weiss (1882–1891):					
	1882	7	2	3	2
	1883	6	2	–	4
	1884	9	8	1	–
	1885	–	–	–	–
	1886	5	2	2	1
	1887	2	1	1	–
	1888	2	–	2	–
	1889	1	–	1	–
	1890	1	–	1	–
	1891	2	–	2	–
insgesamt:		35	15	13	7

[1] Mitgerechnet hierbei ist Ausg. 50.1.10: keine Sammel-, wenn auch eine WW-Ausg., aber mit WW-Titelbl. als regulärem Titelblatt.

	Jahr	Ausg. insg.	Sammelausg. (die auch WW-Ausg. sein können)	Neuauflagen/ Neueditionen	Erstausgaben (ohne Sp. 2 und 3)
Salinger (1892–1899):					
	1892	3	–	3	–
	1893	6	2	4	–
	1894	2	–	2	–
	1895	–	–	–	–
	1896	–	–	–	–
	1897	13	9	4	–
	1898	1	–	1	–
	1899	–	–	–	–
insgesamt:		25	11	14	0
Dürr (1900–1911), datierte Ausgaben:					
	1900	5	–	5	–
	1901	4	–	3	1
	1902	8	–	6	2
	1903	4	–	2	2
	1904	9	3	5	1
	1905	15	2	11	2
	1906	8	1	4	3
	1907	19	9	8	2
	1908	10	2	5	3
	1909	5	–	2	3
	1910	6	–	2	4
	1911	3	–	3	–
		96	17	56	23
un- und rückdatierte Ausgaben:					
	1900	5	2	3	–
	1900–03	13	–	13	–
	1900–06	83	6	77	–
	1904–09	1	–	1	–
		102	8	94	0
insgesamt:		198	25	150	23

	Jahr	Ausg. insg.	Sammelausg. (die auch WW-Ausg. sein können)	Neuauflagen/ Neueditionen	Erstausgaben (ohne Sp. 2 und 3)
Eckardt (1907–1911):					
	1907	3	–	–	3
	1908	6	–	–	6
	1910	12	–	–	12
	1911	11	–	–	11
insgesamt:		32			32
Meiner (1911 ff.):					
	1911	64	3	45	16
	1912	34	2	21	11
	1913	27	10	13	4
	1914	16	3	5	8
	1915	19	6	10	3
	1916	8	–	4	4
	1917	8	–	7	1
	1918	13	–	2	11
	1919	16	–	11	5
	1920	64	26	27	11
	1921	26	–	21	5
	1922	92	23	62	7
	1923	39	10	14	15
	1924	23	10	5	8
	1925	17	4	8	5
	1926	20	8	5	7
	1927	7	1	3	3
	1928	16	3	10	3
	1929	16	10	1	5
	1930	13	4	4	5
	1931	5	–	2	3
	1932	3	–	1	2
	1933	3	–	2	1
	1934	3	–	3	–
	1935	1	–	1	–
	1936	3	–	–	3
	1937	16	10	4	2
	1938	3	–	1[2]	2

[2] Es handelt sich um die Ausg. 10.18.2 mit Academia-Erscheinungsvermerk.

Meiner (1911 ff.):

Jahr	Ausg. insg.	Sammelausg. (die auch WW-Ausg. sein können)	Neuauflagen/ Neueditionen	Erstausgaben (ohne Sp. 2 und 3)
1939	1	–	1	–
1940	15	7	6	2
1941	2	–	2	–
1942	3	–	1	2
1943	7	–	5	2
1944	25	–	25	–
1945	7	–	7	–
1946	1	–	–	1
1947	3	–	1	2
1948	16	3	13[3]	–
1949	7	–	6	1[4]
1950	2	–	1	1
1951	7	–	7	–
1952	10	–	5	5[5]
1953	2	–	–	2
1954	10	–	8	2[5]
1955	20	–	19	1
1956	13	–	8	5[5]
1957	6	–	5	1
1958	9	–	7	2
1959	13	–	11	2[5]
1960	13	–	9	4
1961	11	–	11	–
1962	14	–	12	2
1963	9	–	7	2[5]
1964	10	–	8	2
1965	9	–	9	–
1966	20	2[6]	17	1[7]
1967	18	–	15	3[8]

[3] Ausg. 72.6.3 ist hier nicht mitgerechnet, da sie eine Parallelausg. des Richard Meiner Verlages zur Ausg. 72.6.2 ist.

[4] Ausg. des Richard Meiner Verlages.

[5] Bei 1 Titel handelt es sich um eine Übernahme aus dem Francke-Verlag, Bern.

[6] Es handelt sich bei den Ausg. 36.30.1 und 36.31.1 strenggenommen nicht um Sammelausg., sondern um Sammeldrucke.

[7] Es handelt sich um eine Übernahme aus dem Francke-Verlag, Bern.

[8] Bei 1 Titel handelt es sich um eine Übernahme aus dem Kerle-Verlag, Heidelberg.

Meiner (1911 ff.):

Jahr	Ausg. insg.	Sammelausg. (die auch WW-Ausg. sein können)	Neuauflagen/ Neueditionen	Erstausgaben (ohne Sp. 2 und 3)
1968	21	1[9]	17	3
1969	12	–	11	1
1970	12	–	9	3
1971	12	–	7	5
1972	11	–	9	2
1973	12	–	8	4
1974	16	2[9]	13	1
1975	16	–	12	4
1976	15	–	13	2
1977	26	–	18	8[10]
1978	18	–	16	2
1979	14	–	10	4
1980	18	–	11	7
1981	10	–	6	4
1982	19	–	10	9
1983	12	–	4	8
1984	16	–	7	9
1985[11]	14	–	8	6

[9] Bei den Ausg. 36.37.1 sowie 36.30.2 und 36.31.2 handelt es sich strenggenommen nicht um Sammelausg., sondern um Sammeldrucke.

[10] Bei 1 Titel handelt es sich um eine Übernahme aus dem Nijhoff-Verlag, Den Haag.

[11] Januar – Juni 1985.

3.4 Register der Feld- und Taschenausgaben

3.4.1 Register nach Heftnummern

Heft-Nr	Sigle	Verfasser- und Titelangabe
1	FA9.1	Schiller: Üb. Anmut u. Würde
2	FA3.1	Herder: Ideen z. Philos. d. Gesch. d. Menschheit
3	FA4.1	Humboldt, W. v.: Aufgabe d. Geschichtschreibers
4	FA5.1	Kant: Idee z. e. allg. Gesch.
5	FA7.1	Lessing: Ernst u. Falk
6	FA2.2	Hegel: Üb. d. engl. Reformbill
7	FA3.2	Herder: Religionsphilosophie
8	FA5.2	Kant: Üb. d. Gemeinspruch
9	FA7.2	Lessing: Rel.philos. u. theol. Streitschr.
10	FA9.2	Schiller: Ästhet. Erziehung d. Menschen
11	FA1.1	Goethe: Kunstphilosophie
12	FA2.1	Hegel: Der Staat
13	FA3.3	Herder: Sprachphilosophie
14	FA6.1	Leibniz: Vernunftprinz. d. Natur u. Gnade
15	FA8.1	Platon: Gesetze, Buch X
1	TA17.1	Schiller: Üb. Anmut u. Würde
1	TA17.2	Schiller: Üb. Anmut u. Würde
2	TA6.1	Herder: Ideen z. Philos. d. Gesch. d. Menschheit
3	TA7.4	Humboldt, W. v.: Aufgabe d. Geschichtschreibers
3	TA7.5	Humboldt, W. v.: Aufgabe d. Geschichtschreibers
4	TA11.12	Kant: Idee z. e. allg. Gesch.
4	TA11.13	Kant: Idee z. e. allg. Gesch.
5	TA13.2	Lessing: Ernst u. Falk
5	TA13.3	Lessing: Ernst u. Falk
6	TA5.7	Hegel: Üb. d. engl. Reformbill
7	TA6.2	Herder: Religionsphilosophie
8	TA11.17	Kant: Üb. d. Gemeinspruch
8	TA11.18	Kant: Üb. d. Gemeinspruch
9	TA13.4	Lessing: Rel.philos. u. theol. Streitschriften
10	TA17.3	Schiller: Ästhet. Erziehung d. Menschen
10	TA17.4	Schiller: Ästhet. Erziehung d. Menschen
10	TA17.5	Schiller: Ästhet. Erziehung d. Menschen
11	TA4.1	Goethe: Kunstphilosophie
12	TA5.5	Hegel: Der Staat
12	TA5.6	Hegel: Der Staat
13	TA6.3	Herder: Sprachphilosophie
14	TA12.1	Leibniz: Vernunftprinz. d. Natur u. Gnade
14	TA12.2	Leibniz: Vernunftprinz. d. Natur u. Gnade

Heft-Nr	Sigle	Verfasser- und Titelangabe
15	TA15.1	Platon: Gesetze, Buch X
16	TA4.2	Goethe: Naturphilosophie
16	TA4.3	Goethe: Naturphilosophie
17	TA7.1	Humboldt, W. v.: Üb. d. vergleich. Sprachstudium
17	TA7.2	Humboldt, W. v.: Üb. d. vergleich. Sprachstudium
17	TA7.3	Humboldt, W. v.: Üb. d. vergleich. Sprachstudium
18	TA10.1	Julian: Rede gegen d. ungebild. Hunde
18	TA10.2	Julian: Rede gegen d. ungebild. Hunde
19	TA11.14	Kant: Pflicht u. Lebensgenuß
19	TA11.15	Kant: Pflicht u. Lebensgenuß
19	TA11.16	Kant: Pflicht u. Lebensgenuß
20	TA17.6	Schiller: Naive u. sentimental. Dichtung
20	TA17.7	Schiller: Naive u. sentimental. Dichtung
20	TA17.8	Schiller: Naive u. sentimental. Dichtung
21	TA2.2	Descartes: Meditationen
21	TA2.3	Descartes: Meditationen
21	TA2.4	Descartes: Meditationen
21	TA2.5	Descartes: Meditationen
22	TA7.6	Humboldt, W. v.: Üb. d. dt. Verfassung
23	TA8.1	Hume: Unters. üb. d. menschl. Verstand
23	TA8.2	Hume: Unters. üb. d. menschl. Verstand
24	TA11.1	Kant: Ausgew. kleine Schriften
24	TA11.2	Kant: Ausgew. kleine Schriften
24	TA11.3	Kant: Ausgew. kleine Schriften
24	TA11.4	Kant: Ausgew. kleine Schriften
24	TA11.5	Kant: Ausgew. kleine Schriften
24	TA11.6	Kant: Ausgew. kleine Schriften
24	TA11.7	Kant: Ausgew. kleine Schriften
25	TA14.7	Lotze: Der Instinkt
25	TA14.8	Lotze: Der Instinkt
26	TA2.1	Descartes: Abhandlung üb. d. Methode
27	TA8.4	Hume: Freiheit d. Presse
28	TA8.3	Hume: Erste Grundsätze d. Regierung
29	TA12.3	Leibniz: Von d. Weisheit. Üb. d. Freiheit
29	TA12.4	Leibniz: Von d. Weisheit. Üb. d. Freiheit
30	TA19.1	Shaftesbury: Religion u. Tugend
30	TA19.2	Shaftesbury: Religion u. Tugend
31	TA1.4	Aristoteles: Prinz. u. Ursachen d. Substanzen
32	TA1.1	Aristoteles: Die Freundschaft u. ihre Formen
33	TA1.3	Aristoteles: Recht u. Gerechtigkeit
34	TA1.2	Aristoteles: Lust u. Glücksel. als Ziele
35	TA4.4	Goethe: Philos. d. Farben
36	TA5.8	Hegel: Vom wiss. Erkennen
36	TA5.9	Hegel: Vom wiss. Erkennen
36	TA5.10	Hegel: Vom wiss. Erkennen
37	TA5.1	Hegel: Die Bildung

Heft-Nr	Sigle	Verfasser- und Titelangabe
38	TA5.4	Hegel: Die Sittlichkeit
39	TA11.24	Kant: Neuerdings erhob. vornehmer Ton
40	TA11.19	Kant: Form u. Prinz. d. Sinnen- u. Verstandeswelt
41	TA11.11	Kant: Fortschritt d. Menschengeschlechts
42	TA11.23	Kant: Von d. Macht d. Gemüts
43	TA11.22	Kant: Grundsätze d. reinen prakt. Vernunft
44	TA11.9	Kant: Dialektik d. reinen prakt. Vernunft
45	TA13.5	Lessing: Schriften z. Rel.philos.
46	TA13.1	Lessing: Abhandlungen z. Philosophie
47	TA20.1	Spinoza: Prophetie u. Propheten
48	TA20.4	Spinoza: Von d. Wundern
49	TA20.3	Spinoza: Theologie, Vernunft u. Glaube
50	TA20.2	Spinoza: Staat u. Recht
51	TA9.1	Jean Paul: Das Genie
52	TA14.12	Lotze: Streit d. Naturansichten
53	TA14.4	Lotze: Der Grund d. Lebens
54	TA14.2	Lotze: Das Dasein d. Seele
55	TA14.11	Lotze: Natur u. Vermögen d. Seele
56	TA11.8	Kant: Gefühl d. Schönen u. Erhabenen
57	TA11.20	Kant: Üb. Pädagogik
57	TA11.21	Kant: Üb. Pädagogik
58	TA14.14	Lotze: Begriff d. Schönheit
59	TA14.13	Lotze: Bedingungen d. Kunstschönheit
60	TA16.1	Schelling: Verhältnis d. bild. Künste z. Natur
61	TA3.1	Fichte: Wesen u. Aufgabe d. Univ.
62	TA18.1	Seneca: Tod u. Todesfurcht
63	TA14.9	Lotze: Lehre v. Begriffe
63	TA14.10	Lotze: Lehre v. Begriffe
64	TA14.3	Lotze: Formen d. Definition
65	TA14.1	Lotze: Apriorismus u. Emipirismus
65–66	TA14.6	Lotze: Die Ideenwelt. Apriorismus u. Empirismus
66	TA14.5	Lotze: Die Ideenwelt
67	TA5.2	Hegel: Einl. i. d. Ästhetik
68	TA5.3	Hegel: Philos. d. griech. Religion
69	TA11.10	Kant: Einl. i. d. Kritik d. Urteilskraft

3.4.2 Chronologisches Register der Feld- und Taschenausgaben

Sigle	Heft-Nr	Verfasser- und Titelangabe
1917		
FA3.1	2	Herder: Ideen z. Philos. d. Gesch. d. Menschheit
FA4.1	3	Humboldt, W. v.: Aufgabe d. Geschichtschreibers
FA5.1	4	Kant: Idee z. e. allg. Gesch.
FA7.1	5	Lessing: Ernst u. Falk
FA9.1	1	Schiller: Üb. Anmut u. Würde
1918		
FA1.1	11	Goethe: Kunstphilosophie
FA2.1	12	Hegel: Der Staat
FA2.2	6	Hegel: Üb. d. engl. Reformbill
FA3.2	7	Herder: Religionsphilosophie
FA3.3	13	Herder: Sprachphilosophie
FA5.2	8	Kant: Üb. d. Gemeinspruch
FA6.1	14	Leibniz: Vernunftprinz. d. Natur u. Gnade
FA7.2	9	Lessing: Rel.philos. u. theol. Streitschr.
FA8.1	15	Platon: Gesetze, Buch X
FA9.2	10	Schiller: Ästhet. Erziehung d. Menschen
1919		
TA2.1	26	Descartes: Abhandlung üb. d. Methode
TA2.2	21	Descartes: Meditationen
TA4.2	16	Goethe: Naturphilosophie
TA5.5	12	Hegel: Der Staat
TA7.1	17	Humboldt, W. v.: Über das vergleichende Sprachstudium
TA7.6	22	Humboldt, W. v.: Üb. d. dt. Verfassung
TA8.1	23	Hume: Unters. üb. d. menschl. Verstand
TA8.3	28	Hume: Erste Grundsätze d. Regierung
TA8.4	27	Hume: Freiheit d. Presse
TA10.1	18	Julian: Rede gegen d. ungebild. Hunde
TA11.1	24	Kant: Ausgew. kleine Schriften
TA11.12	4	Kant: Idee z. e. allg. Gesch.
TA11.14	19	Kant: Pflicht u. Lebensgenuß
TA11.17	8	Kant: Üb. d. Gemeinspruch
TA12.3	29	Leibniz: Von d. Weisheit. Üb. d. Freiheit
TA14.7	25	Lotze: Der Instinkt
TA17.1	1	Schiller: Üb. Anmut u. Würde
TA17.3	10	Schiller: Ästhet. Erziehung d. Menschen

Sigle	Heft-Nr	Verfasser- und Titelangabe
1919		
TA17.6	20	Schiller: Naive u. sentimental. Dichtung
TA19.1	30	Shaftesbury: Religion u. Tugend
1920		
TA6.2	7	Herder: Religionsphilosophie
TA12.1	14	Leibniz: Vernunftprinz. d. Natur u. Gnade
TA12.4	29	Leibniz: Von d. Weisheit. Üb. d. Freiheit
TA19.2	30	Shaftesbury: Religion u. Tugend
1921		
TA8.2	23	Hume: Unters. üb. d. menschl. Verstand
TA17.7	20	Schiller: Naive u. sentimental. Dichtung
1922		
TA1.1	32	Aristoteles: Die Freundschaft u. ihre Formen
TA1.2	34	Aristoteles: Lust u. Glücksel. als Ziele
TA1.3	33	Aristoteles: Recht u. Gerechtigkeit
TA1.4	31	Aristoteles: Prinz. u. Ursachen d. Substanzen
TA4.1	11	Goethe: Kunstphilosophie
TA4.3	16	Goethe: Naturphilosophie
TA4.4	35	Goethe: Philos. d. Farben
TA5.1	37	Hegel: Die Bildung
TA5.4	38	Hegel: Die Sittlichkeit
TA5.7	6	Hegel: Üb. d. engl. Reformbill
TA5.8	36	Hegel: Vom wiss. Erkennen
TA6.1	2	Herder: Ideen zur Philosophie der Geschichte der Menschheit
TA6.3	13	Herder: Sprachphilosophie
TA7.2	17	Humboldt, W. v.: Über das vergleichende Sprachstudium
TA11.2	24	Kant: Ausgew. kleine Schriften
TA11.9	44	Kant: Dialektik d. reinen prakt. Vernunft
TA11.11	41	Kant: Fortschritt d. Menschengeschlechts
TA11.19	40	Kant: Form u. Prinz. d. Sinnen- u. Verstandeswelt
TA11.22	43	Kant: Grundsätze d. reinen prakt. Vernunft
TA11.23	42	Kant: Von d. Macht d. Gemüts
TA11.24	39	Kant: Neuerdings erhob. vornehmer Ton
TA13.1	46	Lessing: Abhandlungen z. Philosophie
TA13.2	5	Lessing: Ernst u. Falk
TA13.4	9	Lessing: Rel.philos. u. theol. Streitschriften
TA13.5	45	Lessing: Schriften z. Rel.philos.
TA20.1	47	Spinoza: Prophetie u. Propheten
TA20.2	50	Spinoza: Staat u. Recht
TA20.3	49	Spinoza: Theologie, Vernunft u. Glaube
TA20.4	48	Spinoza: Von d. Wundern

Sigle	Heft-Nr	Verfasser- und Titelangabe
1923		
TA5.6	12	Hegel: Der Staat
TA9.1	51	Jean Paul: Das Genie
TA10.2	18	Julian: Rede gegen d. ungebild. Hunde
TA11.15	19	Kant: Pflicht u. Lebensgenuß
TA14.2	54	Lotze: Das Dasein d. Seele
TA14.4	53	Lotze: Der Grund d. Lebens
TA14.11	55	Lotze: Natur u. Vermögen d. Seele
TA14.12	52	Lotze: Streit d. Naturansichten
1924		
TA3.1	61	Fichte: Wesen u. Aufgabe d. Univ.
TA11.3	24	Kant: Ausgew. kleine Schriften
TA11.8	56	Kant: Gefühl d. Schönen u. Erhabenen
TA11.20	57	Kant: Üb. Pädagogik
TA14.13	59	Lotze: Bedingungen d. Kunstschönheit
TA14.14	58	Lotze: Begriff d. Schönheit
TA16.1	60	Schelling: Über das Verhältnis der bildenden Künste zur Natur
TA18.1	62	Seneca: Tod u. Todesfurcht
1925		
TA14.8	25	Lotze: Der Instinkt
1927		
TA17.8	20	Schiller: Naive u. sentimental. Dichtung
1928		
TA2.3	21	Descartes: Meditationen
TA14.1	65	Lotze: Apriorismus u. Emipirismus
TA14.3	64	Lotze: Formen d. Definition
TA14.5	66	Lotze: Die Ideenwelt
TA14.9	63	Lotze: Lehre v. Begriffe
TA17.4	10	Schiller: Ästhet. Erziehung d. Menschen
1929		
TA11.13	4	Kant: Idee z. e. allg. Gesch.
TA12.2	14	Leibniz: Vernunftprinz. d. Natur u. Gnade
1932		
TA7.4	3	Humboldt, W. v.: Über die Aufgabe des Geschichtschreibers
TA13.3	5	Lessing: Ernst u. Falk
1933		
TA17.5	10	Schiller: Ästhet. Erziehung d. Menschen

Sigle	Heft-Nr	Verfasser- und Titelangabe
1934		
TA5.2	67	Hegel: Einl. i. d. Ästhetik
TA5.3	68	Hegel: Philos. d. griech. Religion
1944		
TA2.4	21	Descartes: Meditationen
TA11.16	19	Kant: Pflicht u. Lebensgenuß
TA11.18	8	Kant: Üb. d. Gemeinspruch
TA11.21	57	Kant: Üb. Pädagogik
TA14.6	65–66	Lotze: Die Ideenwelt. Apriorismus u. Empirismus
TA14.10	63	Lotze: Lehre v. Begriffe
TA17.2	1	Schiller: Üb. Anmut u. Würde
1945		
TA11.4	24	Kant: Ausgew. kleine Schriften
TA15.1	15	Platon: Gesetze, Buch X
1946		
TA7.3	17	Humboldt, W. v.: Üb. d. vergleich. Sprachstudium
TA7.5	3	Humboldt, W. v.: Aufgabe d. Geschichtschreibers
1948		
TA2.5	21	Descartes: Meditationen
TA11.10	69	Kant: Einl. i. d. Kritik d. Urteilskraft
1949		
TA5.9	36	Hegel: Vom wiss. Erkennen
TA11.5	24	Kant: Ausgew. kleine Schriften
1964		
TA5.10	36	Hegel: Vom wiss. Erkennen
1965		
TA11.6	24	Kant: Ausgew. kleine Schriften
1969		
TA11.7	24	Kant: Ausgew. kleine Schriften

3.5 Register der Werke nach Autoren

Alle vier Teile der Bibliographie (2.3–2.6) sind jeweils wie folgt aufgebaut bzw. sortiert:

1. nach den Autorennamen alphabetisch
2. nach den Text-/Werktiteln alphabetisch
3. chronologisch nach dem Erscheinungsjahr der Ausgaben.

Für die Autoren und Texttitel sind Zahlensiglen vergeben.[1] Eine *Autorsigle* erhalten nur die Autoren im eigentlichen Sinne, also keine Herausgeber o. ä. In zwei Fällen[2] wurden Ausgaben unter dem Titel verzeichnet, wobei die Autoren dieser Ausgaben entweder schon in der PhB vertreten[3] oder durch die ›Autor‹-Sigle der Ausgabe selbst mitgezählt sind.[4] Die Ausgabe ›Hegel in Berichten seiner Zeitgenossen‹ wurde unter ›Hegel‹ subsumiert (36.34). Als Autor im eigentlichen Sinne kann man noch Porphyrios ansehen, der hier aber keine eigene Sigle erhält, weil seine beiden Schriften sich nur in Ausgaben anderer Autoren finden. Somit hat die PhB mit Porphyrios bis zum Juni 1985 104 Autoren aufzuweisen.

Die *Textsigle* (nach der Autorsigle) soll den Text eines Autors kennzeichnen. Um die Übersichtlichkeit zu wahren, handelt es sich bei der Textsigle in einigen Fällen aber – wie z. B. bei Werkeausgaben oder mehrbändigen Textausgaben – weniger um die Sigle eines Textes als um die Sigle einer Ausgabe[5], manchmal auch, um unterschiedliche Ausgaben desselben Textes in verschiedenen Auflagen mit variierendem Teileumfang nicht zu vermischen[6] oder Sammelausgaben eines Textes von Ausgaben der Text*teile* unterscheiden zu können.[7] Im übrigen ist in der PhB selbst die Teilezählung von Ausgaben[8] unterschiedlich: Sie kann sich sowohl auf den Text beziehen als auch bloß äußerliche Bandkennzeichnung sein.[9]

[1] Diese beiden Zahlensiglen bilden Position 1 und 2 der Ausgabensigle. Siehe S. 275 f.

[2] 99: Über das Wesen der Universität. Drei Schriften von Fichte, Schleiermacher, Steffens. 102: Wörterbuch der philosophischen Begriffe (Kirchner, Michaëlis, Hoffmeister).

[3] Fichte, Schleiermacher, Hoffmeister; hierzu finden sich Verweise.

[4] Kirchner, Steffens. Michaëlis gilt als Bearbeiter, nicht als Autor.

[5] Z. B. 21.6–8, 21.10–13.

[6] Z. B. 36.23–26, 36.27–31.

[7] Z. B. 3.4–9, 52.2, 52.9, 52.26.

[8] Röm.: I, II, III etc., oder arab.: 1, 2, 3, etc.

[9] Z. B. 36.26, 36.31.

Siglen Verfasser- und Titelangabe

3.5.1 PhB

1.	**d'Alembert, Jean Le Rond (1717–1783)**
1.1	Einleitung zur Enzyklopädie von 1751
2.	**Apelt, Otto (geb. 1845)**
2.1	Platon-Index
2.2	Vorwort und Einleitung zur Gesamtausgabe von Platons Dialogen
3.	**Aristoteles (384–322)**
3.1	Werke
3.2	Metaphysik I
3.3	Metaphysik II
3.4	Nikomachische Ethik
3.5	Organon (Sammelausg.)
3.6	Organon I–II: Kategorien. Hermeneutica
3.7	Organon I: Kategorien (PhB 8, 1920–48)
3.8	Organon II: Hermeneutica (Lehre vom Satz) (PhB 9, 1920–48)
3.9	Organon III: Erste Analytiken (Lehre vom Schluß)
3.10	Organon IV: Zweite Analytiken (Lehre vom Beweis)
3.11	Organon V: Topik
3.12	Organon VI: Sophistische Widerlegungen
3.13	Parva naturalia
3.14	Poetik
3.15	Politik
3.16	Über die Seele
4.	**Augustinus, Aurelius (354–430)**
4.1	Vom seligen Leben
5.	**Bacon, Francis (1561–1626)**
5.1	Neues Organon
6.	**Baumgarten, Alexander Gottlieb (1714–1762)**
6.1	Philosophische Betrachtungen über einige Bedingungen des Gedichtes
6.2	Texte zur Grundlegung der Ästhetik
6.3	Theoretische Ästhetik
7.	**Berkeley, George (1685–1753)**
7.1	Werke
7.2	Eine Abhandlung über die Prinzipien der menschlichen Erkenntnis
7.3	Alciphron
7.4	Drei Dialoge zwischen Hylas und Philonous
7.5	Philosophisches Tagebuch
7.6	Siris
7.7	Versuch einer neuen Theorie der Gesichtswahrnehmung
8.	**Bolzano, Bernard (1781–1848)**
8.1	Grundlegung der Logik
8.2	Paradoxien des Unendlichen

Siglen	Verfasser- und Titelangabe
9.	**Boström, Christopher Jacob (1797–1866)**
9.1	Grundlinien eines philosophischen Systems
10.	**Brentano, Franz (1838–1917)**
10.1	Die Abkehr vom Nichtrealen
10.2	Aristoteles' Lehre vom Ursprung des menschlichen Geistes
10.3	Aristoteles und seine Weltanschauung
10.4	Deskriptive Psychologie
10.5	Geschichte der griechischen Philosophie
10.6	Geschichte der mittelalterlichen Philosophie
10.7	Grundlegung und Aufbau der Ethik
10.8	Grundzüge der Ästhetik
10.9	Kategorienlehre
10.10	Die Lehre vom richtigen Urteil
10.11	Philosophische Untersuchungen zu Raum, Zeit und Kontinuum
10.12	Psychologie vom empirischen Standpunkt I
10.13	Psychologie vom empirischen Standpunkt II
10.14	Psychologie vom empirischen Standpunkt III
10.15	Religion und Philosophie
10.16	Über die Zukunft der Philosophie
10.17	Untersuchungen zur Sinnespsychologie
10.18	Versuch über die Erkenntnis
10.19	Die vier Phasen der Philosophie
10.20	Vom Dasein Gottes
10.21	Vom Ursprung sittlicher Erkenntnis
10.22	Wahrheit und Evidenz
11.	**Bruno, Giordano (1548–1600)**
11.1	Von der Ursache, dem Prinzip und dem Einen
12.	**Burke, Edmund (1729–1797)**
12.1	Philosophische Untersuchung über den Ursprung unserer Ideen vom Erhabenen und Schönen
13.	**Cassirer, Ernst (1874–1945)**
13.1	Symbol, Technik, Sprache
14.	**Cicero, Marcus Tullius (106–43)**
14.1	Gedanken über Tod und Unsterblichkeit
14.2	Lehre der Akademie
14.3	Topik
14.4	Über das höchste Gut und Übel
14.5	Über die Natur der Götter
15.	**Cieszkowski, August Graf von (1814–1894)**
15.1	Prolegomena zur Historiosophie
16.	**Cohen, Hermann (1842–1918)**
16.1	Kommentar zu Immanuel Kants Kritik der reinen Vernunft
17.	**Comte, Auguste (1798–1857)**
17.1	Rede über den Geist des Positivismus
18.	**Condillac, Etienne Bonnot de (1715–1780)**
18.1	Abhandlung über die Empfindungen

Siglen	Verfasser- und Titelangabe
19.	**Croce, Benedetto (1866–1952)**
19.1	Die Geschichte auf den allgemeinen Begriff der Kunst gebracht
20.	**Damaskios (ca 458–533)**
20.1	Das Leben des Philosophen Isidoros
21.	**Descartes, René (1596–1650)**
21.1	Werke
21.2	Abhandlung über die Methode (dt.)
21.3	Abhandlung Über die Methode (franz.-dt.)
	Die Erforschung der Wahrheit durch das natürliche Licht. Siehe 21.10: Regeln zur Leitung des Geistes.
21.4	Gespräch mit Burman
21.5	Die Leidenschaften der Seele
21.6	Meditationen (dt.), ab 1915 mit den sämtlichen Einwänden und Erwiderungen: PhB 25(II), 27
21.7	Meditationen (dt.) (ab 1953): PhB 27/I, 271
21.8	Meditationen (lat.-dt) (ab 1956): PhB 250, 250a
21.9	Die Prinzipien der Philosophie
21.10	Regeln zur Leitung des Geistes. Die Erforschung der Wahrheit durch das natürliche Licht
21.11	Regeln zur Ausrichtung der Erkenntniskraft (lat.-dt.)
21.12	Regeln zur Ausrichtung der Erkenntniskraft (dt.)
21.13	Regeln zur Ausrichtung der Erkenntniskraft (lat.)
22.	**Dietrich von Freiberg (Theodoricus Teutonicus de Vriberg; ca 1250– nach 1310)**
22.1	Abhandlung über den Intellekt und den Erkenntnisinhalt
23.	**Dilthey, Wilhelm (1833–1911)**
23.1	Das Wesen der Philosophie
24.	**Diogenes Laertius (2./3. Jh.)**
24.1	Leben und Meinungen berühmter Philosophen I
24.2	Leben und Meinungen berühmter Philosophen II
24.3	Leben und Meinungen berühmter Philosophen I–II
24.4	Leben und Meinungen berühmter Philosophen. Buch X
25.	**Du Bois-Reymond, Emil (1818–1896)**
25.1	Vorträge über Philosophie und Gesellschaft
26.	**Elyot, Thomas (1490–1546)**
26.1	Das Buch vom Führer
27.	**Engels, Friedrich (1820–1895)**
27.1	Ludwig Feuerbach und der Ausgang der klassischen deutschen Philosophie
28.	**Feuerbach, Ludwig (1804–1872)**
28.1	Kleine philosophische Schriften
29.	**Fichte, Johann Gottlieb (1762–1814)**
29.1	Werke
29.2	Die Anweisung zum seligen Leben
29.3	Beitrag zur Berichtigung der Urteile des Publikums über die Französische Revolution

Siglen	Verfasser- und Titelangabe
29.4	Die Bestimmung des Menschen
29.5	Darstellung der Wissenschaftslehre (1801) (PhB 130a, 302)
	Deduzierter Plan einer zu Berlin zu errichtenden höhern Lehranstalt. Siehe 99: Über das Wesen der Universität.
	Erste und zweite Einleitung in die Wissenschaftslehre. Siehe 29.31: Versuch einer neuen Darstellung der Wissenschaftslehre.
29.6	Friedrich Nicolais Leben und sonderbare Meinungen
29.7	Der geschloßne Handelsstaat
29.8	Grundlage der gesamten Wissenschaftslehre
29.9	Grundlage des Naturrechts
29.10	Grundriß des Eigentümlichen der Wissenschaftslehre
29.11	Die Grundzüge des gegenwärtigen Zeitalters
29.12	Machiavell
29.13	Der Patriotismus und sein Gegenteil
29.14	Die philosophischen Schriften zum Atheismusstreit
29.15	Politische Fragmente
29.16	Rechtslehre
29.17	Reden an die deutsche Nation
29.18–23:	Schriften über den Gelehrten
29.18	Über den Gelehrten
29.19	Über das Wesen des Gelehrten (1805)
29.20	Fünf Vorlesungen über die Bestimmung des Gelehrten (1811)
29.21	Einige Vorlesungen über die Bestimmung des Gelehrten (1794)
29.22	Drei Schriften über den Gelehrten
29.23	Von den Pflichten der Gelehrten
29.24	Sonnenklarer Bericht über das eigentliche Wesen der neuesten Philosophie
29.25	Die Staatslehre, oder Über das Verhältnis des Urstaates zum Vernunftreiche
29.26	System der Sittenlehre (1812)
29.27	Das System der Sittenlehre nach den Prinzipien der Wissenschaftslehre (1798)
29.28	Über das Verhältnis der Logik zur Philosophie, oder Transzendentale Logik
29.29	Über den Begriff der Wissenschaftslehre
29.30	Versuch einer Kritik aller Offenbarung
29.31	Versuch einer neuen Darstellung der Wissenschaftslehre (Erste und zweite Einleitung in die Wissenschaftslehre)
29.32	Wissenschaftslehre 1801 und 1804
29.33	Wissenschaftslehre (1804)
29.34	Wissenschaftslehre (1805)
29.35	Wissenschaftslehre nova methodo
29.36	Zurückforderung der Denkfreiheit
30.	**Ficinus, Marsilius (1433–1499)**
30.1	Über die Liebe, oder Platons Gastmahl

Siglen	Verfasser- und Titelangabe
31.	**Frege, Gottlob (1848–1925)**
31.1	Briefwechsel
31.2	Schriften zur Logik und Sprachphilosophie
32.	**Goethe, Johann Wolfgang von (1749–1832)**
32.1	Goethes Philosophie aus seinen Werken
33.	**Grotius, Hugo (1583–1645)**
33.1	Drei Bücher über das Recht des Krieges und Friedens I
33.2	Drei Bücher über das Recht des Krieges und Friedens II
33.3	Von der Freiheit des Meeres
34.	**Hartmann, Eduard von (1842–1906)**
34.1	Kategorienlehre I
34.2	Kategorienlehre II
34.3	Kategorienlehre III
35.	**Hartmann, Nicolai (1882–1950)**
35.1	Die Erkenntnis im Lichte der Ontologie
36.	**Hegel, Georg Wilhelm Friedrich (1770–1831)**
36.1	Werke
36.2	Berliner Schriften 1818–1831
36.3	Briefe I
36.4	Briefe II
36.5	Briefe III
36.6	Briefe IV
36.7	Differenz des Fichte'schen und Schelling'schen Systems der Philosophie
36.8	Eigenhändige Randbemerkungen zu Hegels Rechtsphilosophie
36.9	Enzyklopädie der philosophischen Wissenschaften im Grundrisse
36.10	Erste Druckschriften
36.11	Glauben und Wissen
36.12	Grundlinien der Philosophie des Rechts
36.13	Jenaer Kritische Schriften I
36.14	Jenaer Kritische Schriften II
36.15	Jenenser Realphilosophie I
36.16	Jenenser Realphilosophie II (Jenaer Realphilosophie)
36.17	Jenaer Systementwürfe II: Logik, Metaphysik und Naturphilosophie (PhB 58, 332)
36.18	Nürnberger Schriften
36.19	Phänomenologie des Geistes
36.20	Schriften zur Politik und Rechtsphilosophie
36.21	System der Sittlichkeit
36.22	Vorlesungen über die Ästhetik: Die Idee und das Ideal
36.23	Vorlesungen über die Beweise vom Dasein Gottes
36.24	Vorlesungen über die Geschichte der Philosophie, Einleitung
36.25–31:	Vorlesungen über die Philosophie der Religion
36.25	Vorlesungen über die Philosophie der Religion, WW Bd 12–14
36.26	Vorlesungen über die Philosophie der Religion, Teil I: Begriff der Religion

Siglen	Verfasser- und Titelangabe
36.27	Vorlesungen über die Philosophie der Religion, Teil II (Die bestimmte Religion), Kap. 1: Die Naturreligion
36.28	Vorlesungen über die Philosophie der Religion, Teil II (Die bestimmte Religion), Kap. 2: Die Religionen der geistigen Individualität
36.29	Vorlesungen über die Philosophie der Religion, Teil III, 1. Hälfte: Die absolute Religion
36.30	Vorlesungen über die Philosophie der Religion, Bd I (2. Aufl.)
36.31	Vorlesungen über die Philosophie der Religion, Bd II (2. Aufl.)
36.32–37:	Vorlesungen über die Philosophie der Weltgeschichte
36.32	Vorlesungen über die Philosophie der Weltgeschichte, WW Bd 8,1 und 8,2 bzw. Bd 8–9
36.33	Vorlesungen über die Philosophie der Weltgeschichte I
36.34	Vorlesungen über die Philosophie der Weltgeschichte II
36.35	Vorlesungen über die Philosophie der Weltgeschichte III
36.36	Vorlesungen über die Philosophie der Weltgeschichte IV
36.37	Vorlesungen über die Philosophie der Weltgeschichte II–IV
36.38	Wissenschaft der Logik I
36.39	Wissenschaft der Logik II
36.40	Hegel in Berichten seiner Zeitgenossen
37.	**Herbart, Johann Friedrich (1776–1841)**
37.1	Lehrbuch zur Einleitung in die Philosophie
38.	**Herder, Johann Gottfried (1744–1803)**
38.1	Herders Philosophie
38.2	Sprachphilosophische Schriften
39.	**Hirschberg, Eugen (geb. 1848)**
39.1	Erläuterungen zu d'Alemberts Einleitung in die französische Enzyklopädie von 1751
40.	**Hobbes, Thomas (1588–1679)**
40.1	Elemente der Philosophie I: Vom Körper
40.2	Elemente der Philosophie II: Vom Menschen. Vom Bürger
41.	**Hoffmeister, Johannes (1907–1955)**
41.1	Goethe und der deutsche Idealismus
	Siehe auch 102: Wörterbuch der philosophischen (Grund-) Begriffe.
42.	**Humboldt, Wilhelm von (1767–1835)**
42.1	Ausgewählte philosophische Schriften
43.	**Hume, David (1711–1776)**
43.1	Abriß eines neuen Buches. Brief eines Edelmannes
43.2	Dialoge über natürliche Religion
43.3	Die Naturgeschichte der Religion. Über Aberglaube und Schwärmerei. Über die Unsterblichkeit der Seele. Über Selbstmord
43.4	Ein Traktat über die menschliche Natur
43.5	Eine Untersuchung über den menschlichen Verstand
43.6	Untersuchung über die Prinzipien der Moral

Siglen | Verfasser- und Titelangabe

44. **Husserl, Edmund (1859–1938)**
44.1 Cartesianische Meditationen
44.2 Erfahrung und Urteil
44.3 Grundprobleme der Phänomenologie 1910/11
44.4 Die Konstitution der geistigen Welt
44.5 Die Krisis der europäischen Wissenschaften
44.6 V. Logische Untersuchung
44.7 Texte zur Phänomenologie des inneren Zeitbewußtseins
45. **James, William (1842–1910)**
45.1 Der Pragmatismus
46. **Jean Paul (Johann Paul Friedrich Richter; 1763–1825)**
46.1 Vorschule der Ästhetik
47. **Jochmann, Carl Gustav (1789–1830)**
47.1 Die Rückschritte der Poesie
48. **Johannes Scotus Eriugena (ca 810–877)**
48.1 Über die Einteilung der Natur I
48.2 Über die Einteilung der Natur II
48.3 Über die Einteilung der Natur I–II
Jones, William (1746–1794): Essay on the Arts, commonley called imitiative. Siehe 47.1: Jochmann, Die Rückschritte der Poesie.
49. **Julian (Flavius Claudius Julianus; 331–363)**
49.1 Philosophische Werke
50. **Kant, Immanuel (1724–1804)**
50.1 Werke
50.2 Anthropologie in pragmatischer Hinsicht
50.3 Der einzig mögliche Beweisgrund zu einer Demonstration des Daseins Gottes (Kleinere Schriften zur Ethik und Religionsphilosophie II)
50.4 Briefwechsel
50.5 De mundi sensibilis atque intelligibilis forma et principiis (Über die Form und die Prinzipien der Sinnen- und Geisteswelt)
50.6 Erste Einleitung in die Kritik der Urteilskraft
50.7 Geographische und andere naturwissenschaftliche Schriften
50.8 Grundlegung zur Metaphysik der Sitten
50.9 Kleinere Schriften zur Ethik und Religionsphilosophie, bzw. zur Geschichtsphilosophie, Ethik und Politik (I)
50.10–13: (Kleinere Schriften) zur Logik und Metaphysik
50.10 (Kleinere Schriften) zur Logik und Metaphysik I
50.11 (Kleinere Schriften) zur Logik und Metaphysik II
50.12 (Kleinere Schriften) zur Logik und Metaphysik III
50.13 (Kleinere Schriften) zur Logik und Metaphysik IV
50.14–16: Kleinere Schriften zur Naturphilosophie
50.14 Kleinere Schriften zur Naturphilosophie I
50.15 Kleinere Schriften zur Naturphilosophie II
50.16 Kleinere Schriften zur Naturphilosophie III
50.17 Kritik der praktischen Vernunft

Siglen	Verfasser- und Titelangabe
50.18	Kritik der reinen Vernunft
50.19	Kritik der Urteilskraft
50.20	Logik (Jäsche)
50.21	Metaphysik der Sitten
50.22	Metaphysische Anfangsgründe der Naturwissenschaft
50.23	Physische Geographie
50.24	Prolegomena zu einer jeden künftigen Metaphysik, die als Wissenschaft wird auftreten können
50.25	Die Religion innerhalb der Grenzen der bloßen Vernunft
50.26	Der Streit der Fakultäten
50.27	Träume eines Geistersehers. Der Unterschied der Gegenden im Raume
50.28	Vermischte Schriften (und Briefwechsel)
50.29	Die vier lateinischen Dissertationen
51.	**Kierkegaard, Sören (1813–1855)**
51.1	Der Begriff Angst
52.	**Kirchmann, Julius Hermann von (1802–1884)**
52.1–8:	Erläuterungen zu Aristoteles
52.1	Erläuterungen zur Nikomachischen Ethik
52.2	Erläuterungen zum Organon
52.3	Erläuterungen zu den Kategorien und den Hermeneutiken (Organon I–II)
52.4	Erläuterungen zu den Ersten Analytiken (Organon III)
52.5	Erläuterungen zu den Zweiten Analytiken (Organon IV)
52.6	Erläuterungen zur Topik (Organon V)
52.7	Erläuterungen zu den Sophistischen Widerlegungen (Organon VI)
52.8	Erläuterungen zur Politik
52.9–21:	Erläuterungen zu Kant
52.9	Erläuterungen zu Kants Schriften (Sammelausg.)
52.10	Erläuterungen zur Anthropologie in pragmatischer Hinsicht
52.11	Erläuterungen zur Grundlegung zur Metaphysik der Sitten und zur Metaphysik der Sitten
52.12	Erläuterungen zu den Kleineren Schriften über Logik und Metaphysik
52.13	Erläuterungen zu den Kleineren Schriften zur Ethik und Religionsphilosophie
52.14	Erläuterungen zur Kritik der praktischen Vernunft
52.15	Erläuterungen zur Kritik der reinen Vernunft
52.16	Erläuterungen zur Kritik der Urteilskraft
52.17	Erläuterungen zur Logik
52.18	Erläuterungen zu den Prolegomena
52.19	Erläuterungen zur Religion innerhalb der Grenzen der bloßen Vernunft
52.20	Erläuterungen zu den Schriften zur Naturphilosophie
52.21	Erläuterungen zu den Vermischten Schriften und Briefwechsel
52.22–23:	Erläuterungen zu Leibniz

Siglen	Verfasser- und Titelangabe
52.22	Erläuterungen zu den Kleineren, philosophisch wichtigeren Schriften
52.23	Erläuterungen zur Theodizee
52.24–25:	Erläuterungen zu Locke
52.24	Erläuterungen zum Versuch über den menschlichen Verstand I
52.25	Erläuterungen zum Versuch über den menschlichen Verstand II
52.26–31:	Erläuterungen zu Spinoza
52.26	Erläuterungen zu Spinozas Schriften (Sammelausg.)
52.27	Erläuterungen zur Abhandlung über die Verbesserung des Verstandes und zur Politischen Abhandlung
52.28	Erläuterungen zur Bearbeitung der Prinzipien der Philosophie des René Descartes
52.29	Erläuterungen zum Briefwechsel
52.30	Erläuterungen zur Ethik
52.31	Erläuterungen zur Theologisch-politischen Abhandlung
52.32	Die Grundbegriffe des Rechts und der Moral
52.33	Die Lehre vom Wissen
	Kirchner, Friedrich (1848–1900). Siehe 102: Wörterbuch der philosophischen (Grund-) Begriffe.
53.	**Krause, Karl Christian Friedrich (1781–1832)**
53.1	Entwurf eines europäischen Staatenbundes
54.	**La Mettrie, Julien Offroy de (1709–1751)**
54.1	Der Mensch eine Maschine
55.	**Lasson, Georg (1862–1932)**
55.1	Einführung in Hegels Religionsphilosophie
55.2	Hegel als Geschichtsphilosoph
56.	**Leibniz, Gottfried Wilhelm (1646–1716)**
56.1	Werke
56.2	Allgemeine Untersuchungen über die Analyse der Begriffe und Wahrheiten
56.3	Deutsche Schriften I
56.4	Deutsche Schriften II
56.5	Hauptschriften zur Grundlegung der Philosophie I
56.6	Hauptschriften zur Grundlegung der Philosophie II
56.7	Die kleineren, philosophisch wichtigeren Schriften
56.8	Metaphysische Abhandlung
56.9	Neue Abhandlungen über den menschlichen Verstand
56.10	Specimen Dynamicum
56.11	Theodizee
56.12	Vernunftprinzipien der Natur und der Gnade. Monadologie
57.	**Lessing, Gotthold Ephraim (1729–1781)**
57.1	Briefwechsel mit Mendelssohn und Nicolai
57.2	Lessings Philosophie
58.	**Libanios (314 – ca 393)**
58.1	Apologie des Sokrates

Siglen	Verfasser- und Titelangabe
59.	**Litt, Theodor (1880–1962)**
59.1	Das Allgemeine im Aufbau der geisteswissenschaftlichen Erkenntnis
60.	**Locke, John (1632–1704)**
60.1	Ein Brief über Toleranz
60.2	Über den richtigen Gebrauch des Verstandes
60.3	Versuch über den menschlichen Verstand I
60.4	Versuch über den menschlichen Verstand II
61.	**Lotze, Rudolph Hermann (1817–1881)**
61.1	Mikrokosmos I
61.2	Mikrokosmos II
61.3	Mikrokosmos III
61.4	System der Philosophie I: Logik
61.4	System der Philosophie II: Metaphysik
62.	**Lullus, Raimundus (1235–1316)**
62.1	Die neue Logik
63.	**Machiavelli, Niccolò (1469–1527)**
63.1	Der Fürst
64.	**Maimonides, Moses (Rabbi Mose ben Maimon; 1135–1204)**
64.1	Acht Kapitel
64.2	Führer der Unschlüssigen I
64.3	Führer der Unschlüssigen II
64.4	Führer der Unschlüssigen III
65.	**Maine de Biran (Marie François Pierre Gouthier de Biran; 1766–1824)**
65.1	Tagebuch
66.	**Malebranche, Nicole (1638–1715)**
66.1	Von der Erforschung der Wahrheit
	Mayne, Zachary (18. Jh.). Siehe 80: Pseudo-Mayne.
67.	**Mendelssohn, Moses (1729–1786)**
67.1	Phädon
	Siehe auch 57.1: Lessings Briefwechsel mit Mendelssohn und Nicolai über das Trauerspiel.
68.	**Merleau-Ponty, Maurice (1908–1961)**
68.1	Das Auge und der Geist
69.	**Messer, August (1867–1937)**
69.1	Einführung in die Erkenntnistheorie
70.	**Mill, John Stuart (1806–1873)**
70.1	Die Freiheit
71.	**Nelson, Leonard (1882–1927)**
71.1	Vom Selbstvertrauen der Vernunft
	Nicolai, Friedrich (1733–1811): Abhandlung vom Trauerspiele. Siehe 57.1: Lessings Briefwechsel mit Mendelssohn und Nicolai.
72.	**Nikolaus von Kues (1401–1464)**
72.1	Schriften 1: Der Laie über die Weisheit
72.2	Schriften 2: Über den Beryll

Siglen	Verfasser- und Titelangabe
72.3	Schriften 3: Vom verborgenen Gott
72.4	Schriften 4: Von Gottes Sehen
72.5	Schriften 5: Der Laie über Versuche mit der Waage
72.6	Schriften 6: Sichtung des Alkorans I
72.7	Schriften 7: Sichtung des Alkorans II
72.8	Schriften 8: Über den Frieden im Glauben
72.9	Schriften 9: Über das Können-Ist. (Vom Gipfel der Betrachtung)
72.10	Schriften 10: Der Laie über den Geist
72.11	Schriften 11: Mathematische Schriften
72.12	Schriften 12: Vom Nichtanderen
72.13	Schriften 13: Vom Globusspiel
72.14	Schriften 14: Die Jagd nach Weisheit
72.15	Schriften 15a: Die belehrte Unwissenheit I
72.16	Schriften 15b: Die belehrte Unwissenheit II
72.17	Schriften 15c: Die belehrte Unwissenheit III
72.18	Schriften 16: Kompendium
72.19	Schriften 17: Mutmaßungen
72.20	Schriften 18: Über den Ursprung
73.	**Noack, Ludwig (1819–1885)**
73.1	Johannes Scotus Eriugena
74.	**Ockham, Wilhelm von (ca 1285–1347/50)**
74.1	Summe der Logik
75.	**Pappenheim, Eugen (1831–1901)**
75.1	Erläuterungen zu des Sextus Empiricus Pyrrhoneïschen Grundzügen
76.	**Peirce, Charles Sanders (1839–1914)**
76.1	Vorlesungen über Pragmatismus
77.	**Platon (427–347)**
77.1	Sämtliche Dialoge
77.2	Alkibiades I/II
77.3	Apologie. Kriton
77.4	Briefe
77.5	Charmides. Lysis. Menexenos
77.6	Euthydemos
77.7	Euthyphron
77.8	Gastmahl
77.9	Gesetze I
77.10	Gesetze II
77.11	Gorgias
77.12	Hippias I/II. Ion
77.13	Kratylos
77.14	Laches. Euthyphron
77.15	Laches
77.16	Menon
77.17	Parmenides
77.18	Phaidon

Siglen	Verfasser- und Titelangabe
77.19	Phaidros
77.20	Philebos
77.21	Politikos
77.22	Protagoras
77.23	Sophistes
77.24	Staat
77.25	Theaitet
77.26	Timaios. Kritias
78.	**Plotin (ca 205–270)**
78.1	Schriften 1, 1a–b
78.2	Schriften 2, 2a–b
78.3	Schriften 3, 3a–b
78.4	Schriften 4, 4a–b
78.5	Schriften 5, 5a–c
78.6	Schriften 6
78.7	Studienausgabe 1
78.8	Studienausgabe 2
79.	**Plutarch (ca 46–125)**
79.1	Moralische Schriften I
79.2	Moralische Schriften II
79.3	Moralische Schriften III
	Porphyrios von Tyros (ca 233–304):
	Einleitung in die Kategorien des Aristoteles. Siehe 3.6–7: Aristoteles, Kategorien.
	Über Plotins Leben. Siehe 78.5: Plotin, Schriften 5, 5c.
80.	**Pseudo-Mayne (18. Jh.)**
80.1	Über das Bewußtsein
81.	**Ratke, Heinrich**
81.1	Systematisches Handlexikon zu Kants Kritik der reinen Vernunft
82.	**Reinhold, Karl Leonhard (1758–1823)**
82.1	Über das Fundament des philosophischen Wissens. Über die Möglichkeit der Philosophie
83.	**Rosenkranz, Johann Karl Friedrich (1805–1879)**
83.1	Erläuterungen zu Hegels Enzyklopädie
84.	**Rousseau, Jean-Jacques (1712–1778)**
84.1	Schriften zur Kulturkritik
85.	**Schaarschmidt, Karl Max Wilhelm von (1822–1909)**
85.1	Erläuterungen zu Leibniz' Neuen Abhandlungen über den menschlichen Verstand
86.	**Schelling, Friedrich Wilhelm Joseph von (1775–1854)**
86.1	Werke
86.2	Bruno
86.3	Darstellung eines Systems der Philosophie
86.4	Einleitung zu dem Entwurf eines Systems der Naturphilosophie. Allgemeine Deduktion des dynamischen Prozesses
86.5	Ideen zu einer Philosophie der Natur

Siglen	Verfasser- und Titelangabe
86.6	Münchener Vorlesungen: Zur Geschichte der neueren Philosophie.
	Darstellung des philosophischen Empirismus
86.7	Positive Philosophie in Auswahl
86.8	Schriften zur Philosophie der Kunst
86.9	System des transzendentalen Idealismus
86.10	Über das Verhältnis der bildenden Künste zu der Natur
86.11	Vom Ich als Prinzip der Philosophie
86.12	Von der Weltseele
86.13	Vorlesungen über die Methode des akademischen Studiums
86.14	Das Wesen der menschlichen Freiheit
87.	**Schiller, Friedrich von (1759–1805)**
87.1	Philosophische Schriften und Gedichte
88.	**Schleiermacher, Friedrich Daniel Ernst (1768–1834)**
88.1	Werke
88.2	Abhandlungen, gelesen in der Königlichen Akademie der Wissenschaften
88.3	Ästhetik (1819/25). Über den Begriff der Kunst (1831/32)
88.4	Brouillon zur Ethik (1805/06)
88.5	Ethik (1812/13)
	Gelegentliche Gedanken über Universitäten im deutschen Sinn: Siehe 88.13 und 99.
88.6	Grundlinien einer Kritik der bisherigen Sittenlehre
88.7	Grundriß der philosophischen Ethik
88.8	Monologen
88.9	Monologen. Weihnachtsfeier
88.10	Philosophische Sittenlehre
88.11	Predigten über den christlichen Hausstand
88.12	Über die Religion
	Über die wissenschaftliche Behandlung des Tugendbegriffs. Siehe 88.2: Schleiermacher, Abhandlungen
88.13	Über Universitäten im deutschen Sinne. (Siehe auch 99: Über das Wesen der Universität.)
88.14	Weihnachtsfeier
89.	**Schopenhauer, Arthur (1788–1860)**
89.1	Preisschrift über die Freiheit des Willens
89.2	Preisschrift über die Grundlage der Moral
89.3	Über die vierfache Wurzel des Satzes vom zureichenden Grunde
90.	**Seneca, Lucius Annaeus (4 v. Chr. – 65 n. Chr.)**
90.1	Philosophische Schriften I
90.2	Philosophische Schriften II
90.3	Philosophische Schriften III
90.4	Philosophische Schriften IV
91.	**Sextus Empiricus (2./3. Jh.)**
91.1	Pyrrhoneïsche Grundzüge

Siglen	Verfasser- und Titelangabe
92.	**Shaftesbury (Anthony Ashley Cooper, Earl of Shaftesbury; 1671–1713)**
92.1	Ein Brief über den Enthusiasmus. Die Moralisten
92.2	Untersuchung über die Tugend
93.	**Smith, Adam (1723–1790)**
93.1	Theorie der ethischen Gefühle I
93.2	Theorie der ethischen Gefühle II
93.3	Theorie der ethischen Gefühle I–II
94.	**Solovjev, Vladimir Sergejevitsch (1853–1900)**
94.1	Der Sinn der Liebe
95.	**Spinoza, Benedict von (1632–1677)**
95.1	Werke
95.2	Abhandlung über die Verbesserung des Verstandes. Abhandlung vom Staat
95.3	Algebraische Berechnung des Regenbogens. Berechnung von Wahrscheinlichkeiten
95.4	Briefwechsel
95.5	Descartes' Prinzipien der Philosophie
95.6	Ethik
95.7	Kurze Abhandlung von Gott, dem Menschen und seinem Glück
95.8	Lebensbeschreibungen und Gespräche
95.9	Theologisch-politischer Traktat
	Steffens, Henrik (1773–1845): Siehe 99: Über das Wesen der Universität.
96.	**Suarez, Francisco (1548–1617)**
96.1	Über die Individualität und das Individuationsprinzip
97.	**Tetens, Johannes Nikolaus (1736–1807)**
97.1	Sprachphilosophische Versuche
98.	**Thomas von Aquin (1225–1274)**
98.1	Fünf Fragen über die intellektuelle Erkenntnis
98.2	Die Gottesbeweise
98.3	Die Philosophie des Thomas von Aquin
99.	**Über das Wesen der Universität. Drei Aufsätze von Fichte, Schleiermacher, Steffens**
	Vico, Giambattista (1668–1744): Von der poetischen Weisheit. Siehe 47.1: Jochmann, Die Rückschritte der Poesie.
100.	**Vorländer, Karl (1860–1928)**
100.1	Geschichte der Philosophie I
100.2	Geschichte der Philosophie II
100.3	Immanuel Kants Leben
101.	**Witasek, Stephan (1870–1915)**
101.1	Grundlinien der Psychologie
102.	**Wörterbuch der philosophischen (Grund-) Begriffe (Kirchner, Michaëlis, Hoffmeister)**
103.	**Wolff, Christian (1679–1754)**
103.1	Rede über die praktische Philosophie der Chinesen
103.2	Wolffsche Begriffsbestimmungen

Siglen	Verfasser- und Titelangabe

3.5.2 Neue PhB

N1.	**Joly, Maurice (1831–1878)**
N1.1	Gespräche in der Unterwelt zwischen Machiavelli und Montesquieu
N2.	**Geulincx, Arnold (1624–1699)**
N2.1	Ethik, oder Über die Kardinaltugenden

3.5.3 Feldausgaben der PhB

FA1.	**Goethe, Johann Wolfgang von (1749–1832)**
FA1.1	Kunstphilosophie
FA2.	**Hegel, Georg Wilhelm Friedrich (1770–1831)**
FA2.1	Der Staat
FA2.2	Über die englische Reformbill
FA3.	**Herder, Johann Gottfried (1744–1803)**
FA3.1	Ideen zur Philosophie der Geschichte der Menschheit
FA3.2	Religionsphilosophie
FA3.3	Sprachphilosophie
FA4.	**Humboldt, Wilhelm von (1767–1835)**
FA4.1	Über die Aufgabe des Geschichtsschreibers. Betrachtungen über die bewegenden Ursachen der Weltgeschichte. Latium und Hellas
FA5.	**Kant, Immanuel (1724–1805)**
FA5.1	Idee zu einer allgemeinen Geschichte in weltbürgerlicher Absicht
FA5.2	Theorie und Praxis (Über den Gemeinspruch)
FA6.	**Leibniz, Gottfried Wilhelm (1646–1716)**
FA6.1	Die Vernunftprinzipien der Natur und der Gnade. Die Monadologie
FA7.	**Lessing, Gotthold Ephraim (1729–1781)**
FA7.1	Ernst und Falk (Gespräche für Freimaurer). Die Erziehung des Menschengeschlechts
FA7.2	Religionsphilosophie und theologische Streitschriften
FA8.	**Platon (427–347)**
FA8.1	Gesetze, Buch X
FA9.	**Schiller, Friedrich von (1759–1805)**
FA9.1	Über Anmut und Würde
FA9.2	Über die ästhetische Erziehung des Menschen

Siglen	Verfasser- und Titelangabe

3.5.4 Taschenausgaben der PhB

TA1.	**Aristoteles (384–322)**
TA1.1	Die Freundschaft und ihre Formen
TA1.2	Lust und Glückseligkeit als Ziele des Menschen
TA1.3	Recht und Gerechtigkeit
TA1.4	Von den Prinzipien und Ursachen der Substanzen
TA2.	**Descartes, René (1596–1650)**
TA2.1	Abhandlung über die Methode
TA2.2–5	Meditationen über die Grundlagen der Philosophie
TA3.	**Fichte, Johann Gottlieb (1762–1814)**
TA3.1	Wesen und Aufgaben der Universität
TA4.	**Goethe, Johann Wolfgang von (1749–1832)**
TA4.1	Kunstphilosophie
TA4.2–3	Naturphilosophie
TA4.4	Philosophie der Farben
TA5.	**Hegel, Georg Wilhelm Friedrich (1770–1831)**
TA5.1	Die Bildung
TA5.2	Einleitung in die Ästhetik
TA5.3	Philosophie der griechischen Religion
TA5.4	Die Sittlichkeit
TA5.5–6	Der Staat
TA5.7	Über die englische Reformbill
TA5.8–10	Vom wissenschaftlichen Erkennen
TA6.	**Herder, Johann Gottfried (1744–1803)**
TA6.1	Ideen zur Philosophie der Geschichte der Menschheit
TA6.2	Religionsphilosophie
TA6.3	Sprachphilosophie
TA7.	**Humboldt, Wilhelm von (1767–1835)**
TA7.1–3	Über das vergleichende Sprachstudium
TA7.4–5	Über die Aufgabe des Geschichtschreibers
TA7.6	Über die deutsche Verfassung
TA8.	**Hume, David (1711–1776)**
TA8.1–2	Untersuchung über den menschlichen Verstand
TA8.3	Von den ersten Grundsätzen der Regierung. Absolutismus und Freiheit. Die Politik: eine Wissenschaft
TA8.4	Von der Freiheit der Presse. Von der Unabhängigkeit des Parlaments. Von Parteien überhaupt
TA9.	**Jean Paul (Johann Paul Friedrich Richter; 1763–1825)**
TA9.1	Das Genie und seine poetischen Kräfte
TA10.	**Julian (Flavius Claudius Julianus; 331–363)**
TA10.1–2	Rede gegen die ungebildeten Hunde
TA11.	**Kant, Immanuel (1724–1804)**
TA11.1–7	Ausgewählte kleine Schriften
TA11.8	Beobachtungen über das Gefühl des Schönen und Erhabenen

Siglen	Verfasser- und Titelangabe
TA11.9	Dialektik der reinen praktischen Vernunft
TA11.10	Einleitung zur Kritik der Urteilskraft
TA11.11	Der Fortschritt des Menschengeschlechts
TA11.12–13	Idee zu einer allgemeinen Geschichte in weltbürgerlicher Absicht
TA11.14–16	Pflicht und Lebensgenuß
TA11.17–18	Über den Gemeinspruch (Theorie und Praxis)
TA11.19	Über die Form und die Prinzipien der Sinnen- und der Verstandeswelt
TA11.20–21	Über Pädagogik
TA11.22	Von den Grundsätzen der reinen praktischen Vernunft
TA11.23	Von der Macht des Gemüts
TA11.24	Von einem neuerdings erhobenen vornehmen Ton in der Philosophie
TA12.	**Leibniz, Gottfried Wilhelm (1646–1716)**
TA12.1–2	Die Vernunftprinzipien der Natur und der Gnade. Die Monadologie
TA12.3–4	Von der Weisheit. Über die Freiheit
TA13.	**Lessing, Gotthold Ephraim (1729–1781)**
TA13.1	Abhandlungen zur Philosophie
TA13.2–3	Ernst und Falk (Gespräche für Freimaurer). Die Erziehung des Menschengeschlechts
TA13.4	Religionsphilosophie und theologische Streitschriften
TA13.5	Schriften zur Religionsphilosophie
TA14.	**Lotze, Rudolph Hermann (1817–1881)**
TA14.1	Apriorismus und Empirismus
TA14.2	Das Dasein der Seele
TA14.3	Die Formen der Definition
TA14.4	Der Grund des Lebens
TA14.5	Die Ideenwelt
TA14.6	Die Ideenwelt. Apriorismus und Empirismus
TA14.7–8	Der Instinkt
TA14.9–10	Die Lehre vom Begriffe
TA14.11	Natur und Vermögen der Seele
TA14.12	Der Streit der Naturansichten
TA14.13	Über Bedingungen der Kunstschönheit
TA14.14	Über den Begriff der Schönheit
TA15.	**Platon (427–347)**
TA15.1	Gesetze, Buch X
TA16.	**Schelling, Friedrich Wilhelm Joseph von (1775–1854)**
TA16.1	Über das Verhältnis der bildenden Künste zu der Natur
TA17.	**Schiller, Friedrich von (1759–1805)**
TA17.1–2	Über Anmut und Würde
TA17.3–5	Über die ästhetische Erziehung des Menschen
TA17.6–8	Über naive und sentimentalische Dichtung
TA18.	**Seneca, Lucius Annaeus (4 v. Chr. – 65 n. Chr.)**
TA18.1	Tod und Todesfurcht

Siglen	Verfasser- und Titelangabe
TA19.	**Shaftesbury (Anthony Ashley Cooper, Earl of Shaftesbury; 1671–1713)**
TA19.1–2	Religion und Tugend
TA20.	**Spinoza, Benedict von (1632–1677)**
TA20.1	Prophetie und Propheten
TA20.2	Staat und Recht
TA20.3	Theologie, Vernunft und Glaube
TA20.4	Von den Wundern

3.6 Namenregister – der Herausgeber, Übersetzer und Mitarbeiter der PhB-Ausgaben (1868–1985) – zu Kapitel 2

Dieses Register enthält von Kapitel 2 (Bibliographie) alle Namen von Personen auf Titel- und Impressumseiten, die an der betr. Ausgabe beteiligt sind, also z. B. Herausgeber, Übersetzer, Kommentatoren, Ersteller von Bibliographien/Literaturhinweisen, Bearbeiter, Vorredner. (Es gibt auch Ausgaben ohne solche Namen, z. B. 29.4.6, 29.19.1, 43.5.5.) Nicht verzeichnet sind Verfassernamen, die in der Bibliographie selbst aufgenommen sind (oder nur als Verweisung in Register 3.5), Namen von Briefadressaten und Herausgebern von zugrundeliegenden Ausgaben sowie Namen in den Bemerkungen zu den Ausgaben. Nicht aufgenommen ist auch der Name Kirchmanns, soweit er bei den älteren Ausgaben (bis 1900) nur auf der Reihentitelseite als Herausgeber der PhB genannt ist.

Da es sich bei den FA immer, bei den TA meist um Separatausgaben aus PhB-Bänden handelt, sind deren Namen nicht nochmals in das vorl. Register aufgenommen. Bei den TA, die *keine* Separatausgaben aus PhB-Bänden, sondern reguläre, eigenständige Ausgaben sind, wurden solche Namen – falls vorhanden – in das Register übernommen.

In einem Fall (Schneider, P. K.) wurden zwei verschiedene Namensformen vereinheitlicht, weil es sich um dieselbe Person handelt.

Name	Ausg.-Siglen
Aichelin, J.	56.10.1
Albrecht, M.	103.1.1
Apelt, O.	24.1.1–2; 24.2.1; 24.3.1; 24.4.1; 58.1.1; 77.1.1–21; 77.2.1–3; 77.3.1–5; 77.4.1–2; 77.5.1–2; 77.6.1–3; 77.8.7–11; 77.9.1–3; 77.10.1–3; 77.11.1–4; 77.12.1–3; 77.13.1–2; 77.16.1–7; 77.17.4–5; 77.18.1–5; 77.20.1–3; 77.21.1–2; 77.22.1–3; 77.23.1–4; 77.24.5–12; 77.25.3–8; 77.26.1–2; 79.1.1; 79.2.1; 79.3.1; 90.1.1; 90.2.1; 90.3.1; 90.4.1
Arndt, H. W.	21.4.1; 68.1.1
Asmus, R.	20.1.1; 49.1.1–2
Baensch, O.	95.1.9–32; 95.6.7–18
Barth, P.	7.7.1
Bartuschat, W.	95.5.7
Bassenge, Fr.	12.1.1
Bauer, J.	88.1.1–10; 88.11.1–3
Baumann, J.	103.2.1
Baumanns, P.	29.31.8–9
Beierwaltes, W.	11.1.6–7; 48.3.1
Bernet, R.	44.7.1
Beutler, R.	78.2.2–3; 78.3.2–3; 78.4.2–3; 78.5.2–3; 78.6.1; 78.8.1

Name	Ausg.-Siglen
Fleischmann, K.	72.2.1
Frischeisen-Köhler, M.	40.1.1–3; 40.2.1–5; 92.1.1–2
Fuchs, E.	29.4.10; 29.11.6; 29.34.1; 29.35.1
Funke, G.	65.1.1
Gabriel, G.	31.1.1; 31.2.1–2
Gäbe, L.	21.2.12–14; 21.3.1–3; 21.7.4–5; 21.8.2–3; 21.11.1; [21.12.1–2
Garewicz, J.	15.1.1
Gawlick, G.	40.2.3–5; 43.2.6–7; 93.3.1–2; 95.9.9–10
Gebhardt, C.	95.1.11–32; 95.2.4–7; 95.4.4–5; 95.7.6–9; 95.8.1–2; 95.9.4–10
Gedan, P.	50.1.31–99; 50.23.3–4
Geijer, R.	9.1.1
George, R.	10.2.1
Gerloff, H.	9.1.1
Giesserow, G.	95.2.2–3
Giesserow, H.	43.5.4
Gliwitzky, H.	29.34.1
Gudeman, A.	3.1.1–9; 3.14.4
Gulyga, A.	94.1.1
Häntsch, K.	37.1.1
Hagen, B. v.	77.14.1–3
Hahn, H.	8.2.1–2
Hajek, H.	27.1.1
Hammacher, K.	21.5.5; 95.2.7
Happ, W.	72.19.1
Harder, R.	78.1.1–3; 78.2.1–3; 78.3.1–3; 78.4.1–3; 78.5.1–4; 78.6.1; 78.7.1–3; 78.8.1
Hasse, K. P.	30.1.1–2
Hecht, A.	7.1.1–3; 7.5.1
Hedwig, K.	10.6.1
Heins, A.	1.1.2–3
Heintel, E.	38.2.1–3; 97.1.1
Henry-Hermann, G.	71.1.1
Herring, H.	56.8.1–3; 56.12.1–3
Herrmann, Chr.	86.2.2–3; 86.14.2
Hessen, J.	4.1.1
Heynacher, M.	32.1.1–2
Hildebrandt, K.	77.1.1–21; 77.8.3–6
Hiller, K.	29.28.3
Hinske, N.	50.24.14
Hirsch, H.	29.7.5
Hirschberg, E.	1.1.1
Höffe, O.	3.10.6
Höfler, A.	8.2.1–2
Hölscher, G.	72.6.1–3; 72.7.1
Hösle, V.	62.1.1

Name	Ausg.-Siglen
Krois, J. M.	13.1.1
Kronauer, U.	47.1.1
Kühnemann, E.	87.1.1–4
Kuhnekath, N.	72.2.2
Kulenkampff, J.	43.1.1; 43.5.15
Kunze, P.	74.1.1
Landgrebe, L.	44.2.1–3
Landmann, M.	89.3.1–2
Lange, M. G.	28.1.1
Lasson, A.	11.1.1–7
Lasson, G.	36.7.1; 36.8.1; 36.9.2–7; 36.10.1; 36.11.1; 36.12.1–4; 36.17.1–2; 36.19.1–6; 36.20.1–2; 36.21.1; 36.22.1; 36.23.1–3; 36.25.1–5; 36.26.1–4; 36.27.1–3; 36.28.1–3; 36.29.1–3; 36.30.1–2; 36.31.1–2; 36.32.1–12; 36.33.1–5; 36.34.1–5; 36.35.1–5; 36.36.1–5; 36.37.1–2; 36.38.1–8; 36.39.1–8
Lauth, R.	29.4.10; 29.5.2; 29.17.8; 29.23.1; 29.28.3; 29.33.2
Lehmann, G.	7.1.3; 28.1.1; 50.6.1–3
Lehnerer, Th.	88.3.1
Leisegang, H.	N1.1
Lichtenberger, H.	56.10.1
Lipps, Th.	43.4.1–3
Lohr, Ch.	62.1.1
Lorentz, P.	57.2.1
Lucas, H.-Chr.	95.3.1
Maier, Joh.	64.2.2; 64.3.2
Malter, R.	50.2.7; 50.4.4; 100.3.3
Marg, W.	78.5.4
Martin, O.	60.2.3–4
Mauersberger, A.	77.22.3
Maul, H. J.	56.10.1
Mayer-Hillebrand, Fr.	10.1.1–2; 10.5.1; 10.7.1–2; 10.8.1; 10.10.1; 10.14.2–4; 10.15.1; 10.18.3; 10.19.2
Medicus, F.	29.1.1–23; 29.2.1–5; 29.4.1–5; 29.4.8–10; 29.5.1; 29.6.1–3; 29.7.1–5; 29.8.1–5; 29.9.1–5; 29.10.1–4; 29.11.1–5; 29.14.1–3; 29.17.1–4; 29.17.7; 29.18.1–2; 29.20.1; 29.21.1; 29.22.1; 29.24.1–2; 29.25.1–2; 29.26.1–2; 29.27.1–4; 29.28.1–2; 29.29.1–3; 29.30.3–4; 29.31.1–9; 29.32.1; 29.33.1
Menzel-Rogner, H.	72.5.1–2; 72.10.1
Meyer, J. B.	60.2.1–2
Michaëlis, C.	102.1.5–7
Misch, G.	61.4.1–2; 61.5.1
Mohler, L.	72.8.1
Mojsisch, B.	22.1.1
Most, G. W.	56.10.1

Name	Ausg.-Siglen
Schmied-Kowarzik, W.	56.3.1; 56.4.1
Schmitz, G.	N2.1
Schneider, G.	77.1.1–21; 77.14.1–3
Schneider, P. K.	29.5.2; 29.23.1; 29.28.3; 29.33.2
Schöndörffer, O.	50.4.2–4
Schottky, R.	29.3.2; 29.16.2
Schottlaender, R.	95.6.15–18
Schrader, W. H.	82.1.1; 92.1.2
Schrastetter, R.	77.15.1
Schröder, E. Chr.	21.8.1
Schubert, J.	42.1.1–2
Schulz, H.	29.1.24; 29.12.1–3; 29.13.1–2; 29.16.1–2
Schulz, W.	86.9.2–3
Schupp, F.	56.2.1
Schweizer, H. R.	6.2.1; 6.3.1
Sebrecht, Fr.	17.1.1
Seidl, H.	3.2.7–8; 3.3.7–8; 98.2.1
Senger, H. G.	72.15.2–3; 72.16.2; 72.17.1
Siegert, C. Th.	60.4.2; 77.24.2–4
Sommer, M.	44.4.1
Specht, R.	96.1.1–2
Spranger, E.	29.4.7–9; 29.17.5–6; 99.1.1–2
Springmeyer, H.	21.11.1; 21.13.1
Stallmach, J.	35.1.1
Steiger, L.	72.9.2
Steiger, R.	72.9.2
Stephan, H.	38.1.1
Stockhammer, M.	56.11.5
Strecker, R.	29.1.24; 29.3.1; 29.15.1; 29.36.1
Ströker, E.	44.1.1; 44.5.1–2; 44.6.1
Strube, W.	12.1.1
Studniczka, H.	26.1.1
Sziborsky, L.	86.10.1
Theiler, W.	78.2.2–3; 78.3.2–3; 78.4.2–3; 78.5.2–3; 78.6.1; 78.8.1
Thiel, Chr.	31.1.1
Tielsch, E.	89.3.1–2
Ueberweg, Fr.	3.14.1–3; 7.1.1–3; 7.2.1–10
Valentiner, Th.	50.1.31–58; 50.1.60–99; 50.18.8–12
Verweyen, H.	29.2.6; 29.30.5
Volkelt, J.	46.1.1
Vorländer, K.	50.1.31–99; 50.2.5–7; 50.8.4–15; 50.9.3–7; 50.10.3–4; 50.11.3–4; 50.12.2–4; 50.13.3–4; 50.17.6–18; 50.18.23–25; 50.19.3–12; 50.21.3–10; 50.24.5–14; 50.25.4–13; 50.27.1; 50.28.5
Walther, E.	76.1.1
Walther, M.	95.4.5; 95.8.2

Anhang

Neuerscheinungen in der ›Philosophischen Bibliothek‹ vom 1.7.1985–31.12.1992

Abaelard, Peter: Theologia Summi boni. Tractatus de unitate et trinitate divina. Abhandlung über die göttliche Einheit und Dreieinigkeit. Lateinisch-deutsch. Übersetzt und mit Einleitung und Anmerkungen herausgegeben von Ursula Niggli. PhB 395. 1989. CXLIX, 296 S.

Anonymos: Traktat über die drei Betrüger. Traité des trois imposteurs (L'esprit de Mr. Benoit de Spinosa). Französisch-deutsch. Kritisch herausgegeben, übersetzt, kommentiert und mit einer Einleitung versehen von Winfried Schröder. PhB 452. 1992. LII, 168 S.

Aristoteles: Physik. Vorlesung über Natur. Griechisch-deutsch. Übersetzt, mit einer Einleitung und mit Anmerkungen herausgegeben von Hans Günter Zekl. Erster Halbband (Bücher I–IV). PhB 380. 1987. LII, 272 S.

–: Physik. Vorlesung über Natur. Griechisch-deutsch. Übersetzt, mit einer Einleutung und mit Anmerkungen herausgegeben von Hans Günter Zekl. Zweiter Halbband (Bücher V–VIII). PhB 381. 1988. LII, 331 S.

Bacon, Francis: Neues Organon (Novum Organon). Lateinisch-deutsch. Herausgegeben und mit einer Einleitung von Wolfgang Krohn. Lateinischer Text nach der Ausgabe James Spedding, Robert Leslie Ellis und Douglas Denon Heath, deutscher Text nach der Ausgabe Manfred Buhr in der Übersetzung von Rudolf Hoffmann und Gertraud Korf; Anmerkungen von Wolfgang Krohn. Teilband 1. Vorrede. Erstes Buch. PhB 400a. 1990. LVIII, 276 S.
Teilband 2. Zweites Buch. PhB 400b. 1990. IX, (277–629) 354 S.

Bergson, Henri: Materie und Gedächtnis. Eine Abhandlung über die Beziehung zwischen Körper und Geist. Mit einer Einleitung von Erik Oger. PhB 441. 1991. LIX, viii, 256 S.

Berkeley, George: Versuch über eine neue Theorie des Sehens und Die Theorie des Sehens oder der visuellen Sprache . . . verteidigt und erklärt. Übersetzt und herausgegeben von Wolfgang Breidert unter Mitwirkung von Horst Zehe. PhB 399. 1987. XLI, 193 S.

Blondel, Maurice: Der Ausgangspunkt des Philosophierens. Drei Aufsätze. Übersetzt und herausgegeben von Albert Raffelt und Hansjürgen Verweyen unter Mitarbeit von Ingrid Verweyen. PhB 451. 1992. XXIX, 131 S.

Boethius, Anicius Manlius Severinus: Die Theologischen Traktate. Lateinisch-deutsch. Übersetzt, eingeleitet und mit Anmerkungen versehen von Michael Elsässer. PhB 397. 1988. XXXVI, 142 S.

Bonaventura: Quaestiones disputatae de scientia Christi. Vom Wissen Christi. Lateinisch-deutsch. Übersetzt, kommentiert und mit Einleitung herausgegeben von Andreas Speer. PhB 446. 1992. LXII, 252 S.

Brentano, Franz: Über Aristoteles. Nachgelassene Aufsätze. Herausgegeben von Rolf George. PhB 378. 1986. XXVII, 594 S.

–: Geschichte der Philosophie der Neuzeit. Aus dem Nachlaß herausgegeben und eingeleitet von Klaus Hedwig. PhB 359. 1987. XLIII, 392 S.

Bruno, Giordano: Von den heroischen Leidenschaften. Übersetzt und herausgegeben von Christiane Bacmeister. Mit einer Einleitung von Ferdinand Fellmann. PhB 398. 1989. XL, 233 S.

–: Über die Monas, die Zahl und die Figur als Elemente einer sehr geheimen Physik, Mathematik und Metaphysik. Mit einer Einleitung herausgegeben von Elisabeth von Samsonow. Kommentar von Martin Mulsow. PhB 436. 1991. L, 282 S.

Burleigh, Walter: Von der Reinheit der Kunst der Logik. Erster Traktat. Von den Eigenschaften der Termini. Lateinisch-deutsch. Übersetzt und herausgegeben von Peter Kunze. PhB 401. 1988. XLVII, 269 S.

Cassirer, Ernst: Rousseau, Kant, Goethe. Herausgegeben und eingeleitet sowie mit Anmerkungen versehen von Rainer A. Bast. PhB 440. 1991. XXXVII, 204 S.

Clarke, Samuel: Der Briefwechsel mit G. W. Leibniz von 1715/16. A Collection of Papers which passed between the late learned Mr. Leibniz and Dr. Clarke in the years 1715 and 1716 relating the principles of natural philosophy and religion. Übersetzt und herausgegeben von Ed Dellian. PhB 423. 1990. CXXVII, 183 S.

Comenius, Johann Amos: Die Pforte der Dinge. Janua rerum. Eingeleitet, übersetzt und mit Anmerkungen versehen von Erwin Schadel. PhB 402. 1989. CVI, 283 S.

Copernicus, Nikolaus: Das neue Weltbild. Drei Texte. Commentariolus, Brief gegen Werner, De revolutionibus I. Lateinisch-deutsch. Übersetzt und herausgegeben von Hans Günter Zekl. PhB 300. 1990. LXXXIV, 254 S.

Dingler, Hugo: Aufsätze zur Methodik. Herausgegeben von Ulrich Weiß. PhB 403. 1987. XXXVIII, 175 S.

Fichte, Johann Gottlieb: Die Principien der Gottes-Sitten und Rechtslehre. Februar und März 1805. Herausgegeben von Reinhard Lauth. PhB 388. 1986. XIX, 146 S.

Frege, Gottlob: Die Grundlagen der Arithmetik. Eine logisch mathematische Untersuchung über den Begriff der Zahl. Auf der Grundlage der Centenarausgabe herausgegeben von Christian Thiel. PhB 366. 1988. XXII, 144 S.

al-Ghazālī, Abū-Ḥamid Muḥammad: Die Nische der Lichter. Miškāt al-anwār. Aus dem Arabischen übersetzt, mit einer Einleitung, mit Anmerkungen und Indices herausgegeben von ʿAbd-Elṣamad ʿAbd-Elḥamīd Elschazlī. PhB 390. 1987. XXXIV, 146 S.

–: Der Erretter aus dem Irrtum. al-Munqiḏ min aḍ-ḍalāl. Aus dem Arabischen übersetzt, mit einer Einleitung, mit Anmerkungen und Indices herausgegeben von ʻAbd-Elṣamad ʻAbd-Elḥamīd Elschazlī. PhB 389. 1988. XLV, 211 S.

Gorgias von Leontinoi: Reden, Fragmente und Testimonien. Griechisch-deutsch. Herausgegeben mit Übersetzung und Kommentar von Thomas Buchheim. PhB 404. 1989. LXII, 225 S.

Hegel, Georg Wilhelm Friedrich: Jenaer Kritische Schriften (III). Glauben und Wissen oder die Reflexionsphilosophie der Subjektivität, in der Vollständigkeit ihrer Formen, als Kantische, Jacobische und Fichtesche Philosophie. Nach dem Text von G. W., Bd. 4 neu herausgegeben von Hans Brockard und Hartmut Buchner. PhB 319c. 1986. XXV, 156 S.

–: Jenaer Systementwürfe I. Das System der spekulativen Philosophie. Fragmente aus Vorlesungsmanuskripten zur Philosophie der Natur und des Geistes. Nach dem Text von G. W., Bd. 6 neu herausgegeben von Klaus Düsing und Heinz Kimmerle. PhB 331. 1986. XXXVII, 286 S.

–: Jenaer Systementwürfe III. Naturphilosophie und Philosophie des Geistes. Nach dem Text von G. W., Bd. 8 neu herausgegeben von Rolf-Peter Horstmann. PhB 333. 1987. XXXVII, 319 S.

–: Wissenschaft der Logik. Erster Band. Die objektive Logik. Erstes Buch. Das Sein (1812). Nach dem Text von G. W., Bd. 11 neu herausgegeben von Hans-Jürgen Gawoll mit einer Einleitung von Friedrich Hogemann und Walter Jaeschke. PhB 375. 1986. LIII, 320 S.

–: Wissenschaft der Logik. Erster Band. Die objektive Logik. Zweites Buch. Die Lehre vom Wesen (1813). Nach dem Text G. W., Bd. 11 neu herausgegeben von Hans-Jürgen Gawoll mit einer Einleitung von Walter Jaeschke. PhB 376. 1992. XLIII, 225 S.

–: Wissenschaft der Logik. Erster Teil. Die objektive Logik. Erster Band. Die Lehre vom Sein (1832). Nach dem Text von G. W., Bd. 21 neu herausgegeben von Hans-Jürgen Gawoll mit einer Einleitung von Friedrich Hogemann und Walter Jaeschke. PhB 385. 1990. XLI, 509 S.

–: Phänomenologie des Geistes. Nach dem Text von G. W., Bd. 9 neu herausgegeben von Hans Friedrich Wessels und Heinrich Clairmont. Mit einer Einleitung von Wolfgang Bonsiepen. PhB 414. 1988. XC, 631 S.

Herz, Markus: Betrachtungen aus der spekulativen Weltweisheit. Herausgegeben von Heinrich P. Delfosse, Birgit Nehren und Elfriede Conrad. PhB 424. 1990. XL, 141 S.

Hume, David: Politische und ökonomische Essays. Übersetzt von Susanne Fischer. Herausgegeben und eingeleitet von Udo Bermbach. Teilband 1. PhB 405a. 1988. LXII, 173 S.

–: Politische und ökonomische Essays. Übersetzt von Susanne Fischer. Herausgegeben und eingeleitet von Udo Bermbach. Teilband 2. PhB 405b. 1988. VI, 195 S.

Husserl, Edmund: Die Idee der Phänomenologie. Fünf Vorlesungen. Text nach »Husserliana«, Bd. II. Eingeleitet und herausgegeben von Paul Janssen. PhB 392. 1986. XLIV, 88 S.

–: Die Phänomenologie und die Fundamente der Wissenschaften. Text nach »Husserliana«, Bd. V. Eingeleitet und herausgegeben von Karl-Heinz Lembeck. PhB 393. 1986. XXXV, 114 S.

–: Ding und Raum. Vorlesungen 1907. Text nach »Husserliana«, Bd. XVI. Herausgegeben von Karl-Heinz Hahnengress und Smail Rapic mit einer Einleitung von Smail Rapic. PhB 437. 1991. LXXXII, 316 S.

Hutcheson, Francis: Eine Untersuchung über den Ursprung unserer Ideen von Schönheit und Tugend. Über moralisch Gutes und Schlechtes. Aus dem Englischen übersetzt und mit einer Einleitung herausgegeben von Wolfgang Leidhold. PhB 364. 1986. LXXXIV, 198 S.

Iḫwān aṣ-Ṣafā: Mensch und Tier vor dem König der Dschinnen. Aus den Schriften der Lauteren Brüder von Basra. Aus dem Arabischen übersetzt und herausgegeben von Alma Giese. PhB 433. 1990. XLVII, 231 S.

Jean Paul: Vorschule der Ästhetik. Herausgegeben und eingeleitet von Wolfhart Henckmann. PhB 425. 1990. LIX, 532 S.

Kant, Immanuel: Metaphysische Anfangsgründe der Rechtslehre. (Metaphysik der Sitten. Erster Teil). Neu herausgegeben von Bernd Ludwig. PhB 360. 1986. LIV, 224 S.

–: Metaphysische Anfangsgründe der Tugendlehre. (Metaphysik der Sitten. Zweiter Teil). Mit einer Einführung »Kants System der Pflichten in der Metaphysik der Sitten« von Mary Gregor neu herausgegeben und eingeleitet von Bernd Ludwig. PhB 430. 1990. LXX, 169 S.

–: Über den Gemeinspruch: Das mag in der Theorie richtig sein, taugt aber nicht für die Praxis. – Zum ewigen Frieden. Ein philosophischer Entwurf. Mit Einleitung und Anmerkungen, Bibliographie und Registern kritisch herausgegeben von Heiner F. Klemme. PhB 443. 1992. LXXXIV, 149 S.

–: Immanuel Kant in Rede und Gespräch. Herausgegeben und eingeleitet von Rudolf Malter. PhB 329. 1990. XIV, 630 S.

Kierkegaard, Sören: Philosophische Bissen. Übersetzt, mit Einleitung und Kommentar herausgegeben von Hans Rochol. PhB 417. 1989. XL, 172 S.

Lambert, Johann Heinrich: Texte zur Systematologie und zur Theorie der wissenschaftlichen Erkenntnis. Herausgegeben von Geo Siegwart. Textbearbeitung von Horst D. Brandt. PhB 406. 1988. CI, 159 S.

La Mettrie, Julien Offray de: L'homme machine. Die Maschine Mensch. Französisch-deutsch. Übersetzt und herausgegeben von Claudia Becker. PhB 407. 1990. XXV, 157 S.

Lotze, Rudolf Hermann: Logik. Erstes Buch. Vom Denken. (Reine Logik). Text der Ausgabe von Georg Misch. Mit einer Einleitung »Lotze und die Entstehung der modernen Logik bei Frege« neu herausgegeben von Gottfried Gabriel. PhB 421. 1989. XXXIV, 149 S.

–: Logik. Drittes Buch. Vom Erkennen. (Methodologie). Text der Ausgabe von Georg Misch. Mit einer Einleitung »Objektivität: Logik und Erkenntnistheorie bei Lotze und Frege« neu herausgegeben von Gottfried Gabriel. PhB 408. 1989. XXXIV, 149 S.

Manetti, Giannozzo: Über die Würde und Erhabenheit des Menschen. (De dignitate et excellentia hominis). Aus dem Lateinischen von Hartmut Leppin. Eingeleitet und herausgegeben von August Buck. PhB 426. 1990. XXXVIII, 150 S.

Maupertuis, Pierre Louis Moreau de: Sprachphilosophische Schriften. Philosophische Betrachtungen über den Ursprung der Sprachen und die Bedeutung der Wörter. Abhandlung über die verschiedenen Mittel, deren sich die Menschen bedient haben, um ihre Vorstellungen auszudrücken. Mit zusätzlichen Texten von A. R. J. Turgot und E. B. de Condillac übersetzt und herausgegeben von Winfried Franzen. PhB 410. 1988. LXIV, 99 S.

Meinong, Alexius: Über Gegenstandstheorie. Selbstdarstellung. Mit Einleitung, Bibliographie und Registern herausgegeben von Josef M. Werle. PhB 361. 1988. XXXVI, 138 S.

Newton, Isaac: Mathematische Grundlagen der Naturphilosophie. Ausgewählt, übersetzt, eingeleitet und herausgegeben von Ed Dellian. PhB 394. 1988. XLII, 254 S.

Nicolaus von Autrecourt: Briefe. Lateinisch-deutsch. Neu herausgegeben von Ruedi Imbach und Dominik Perler. Übersetzt und eingeleitet von Dominik Perler. PhB 413. 1988. LXXIII, 105 S.

Nietzsche, Friedrich: Ecce auctor. Die Vorreden von 1886. Herausgegeben und eingeleitet von Claus-Artur Scheier. PhB 422. 1990. CXXV, 68 S.

Nikolaus von Kues: Die höchste Stufe der Betrachtung. De apice theoriae. Lateinisch-deutsch. Nach dem Text der historisch-kritischen Edition übersetzt und mit Einleitung, Kommentar und Anmerkungen herausgegeben von Hans Gerhard Senger. Schriften des Nikolaus von Kues in deutscher Übersetzung, Heft 19. PhB 383. 1986. XXVIII, 176 S.

–: Der Laie über die Weisheit. Idiota de sapientia. Lateinisch-deutsch. Nach dem Text der historisch-kritischen Ausgabe neu übersetzt und mit Einleitung und Anmerkungen herausgegeben von Renate Steiger. Schriften des Nikolaus von Kues in deutscher Übersetzung, Heft 1. PhB 411. 1988. XXXVIII, 166 S.

–: Sichtung des Korans. Cribratio Alkorani. Lateinisch-deutsch. Auf der Grundlage des Textes der kritischen Ausgabe neu übersetzt und mit Einleitung und Anmerkungen herausgegeben von Ludwig Hagemann und Reinhold Glei.
Erstes Buch. Schriften des Nikolaus von Kues in deutscher Übersetzung, Heft 20a. PhB 420 a. 1989. XIX, 138 S.
Zweites Buch. Schriften des Nikolaus von Kues in deutscher Übersetzung, Heft 20b. PhB 420 b. 1990. VIII, 111 S.

Peirce, Charles Sanders: Vorlesungen über den Pragmatismus. Mit Einleitung und Anmerkungen neu herausgegeben von Elisabeth Walther. PhB 435. 1991. XIX, 193 S.

Pico della Mirandola, Giovanni: Über die Würde des Menschen. (De dignitate hominis). Lateinisch-deutsch. Übersetzt von Norbert Baumgarten.

Herausgegeben und eingeleitet von August Buck. PhB 427. 1990. XXVII, 91 S.

Platon: Phaidon. Griechisch-deutsch. Übersetzt und herausgegeben von Barbara Zehnpfennig. PhB 431. 1991. LVII, 217 S.

–: Timaios. Griechisch-deutsch. Herausgegeben, übersetzt, mit einer Einleitung und mit Anmerkungen versehen von Hans Günter Zekl. PhB 444. 1992. LXXXIII, 245 S.

Plotin: Seele – Geist – Eines. Enneade IV 8, V 4, V 1, V 6 und V 3. Griechisch-deutsch. Herausgegeben von Klaus Kremer. Ausgewählte Einzelschriften, Heft 3. PhB 428. 1990. XLIII, 145 S.

–: Geist – Ideen – Freiheit. Enneade V 9 und VI 8. Griechisch-deutsch. Herausgegeben von Werner Beierwaltes. Ausgewählte Einzelschriften, Heft 4. PhB 429. 1990. XLVIII, 97 S.

Pomponazzi, Pietro: Abhandlung über die Unsterblichkeit der Seele. (Tractatus de immortalitate animae). Lateinisch-deutsch. Übersetzt und mit einer Einleitung herausgegeben von Burkhard Mojsisch. PhB 434. 1990. XXXV, 269 S.

Schelling, Friedrich Wilhelm Joseph: Das Tagebuch 1848. Philosophie der Mythologie und demokratische Revolution. Unter Mitwirkung von Alexander Pechmann und Martin Schraven aus dem Berliner Nachlaß herausgegeben von Hans Jörg Sandkühler. PhB 367. 1990. LXIV, 341 S.

–: Urfassung der Philosophie der Offenbarung. Herausgegeben von Walter E. Ehrhardt.
Teilband 1. PhB 445a. 1992. X, 399 S.
Teilband 2. PhB 445b. 1992. X, (401–785) 386 S.

–: System des transzendentalen Idealismus. Mit einer Einleitung von Walter Schulz. Herausgegeben von Horst D. Brandt und Peter Müller. PhB 448. 1992. XLVI, 310 S.

Schlegel, Friedrich: Transcendentalphilosophie. Eingeleitet und mit Erläuterungen Versehen von Michael Elsässer. PhB 416. 1991. XLV, 127 S.

Schleiermacher, Friedrich D. E.: Dialektik (1811). Herausgegeben von Andreas Arndt. PhB 386. 1986. LXXIV, 115 S.

–: Dialektik (1814/15). Einleitung zur Dialektik (1833). Herausgegeben von Andreas Arndt. PhB 387. 1988. XXXIV, 177 S.

Thomas von Aquin: Von der Wahrheit. De veritate. (Questio I). Lateinisch-deutsch. Ausgewählt, übersetzt und herausgegeben von Albert Zimmermann. PhB 384. 1986. XLII, 97 S.

–: Über den Lehrer. De magistro. Lateinisch-deutsch. Herausgegeben, übersetzt und kommentiert von Gabriel Jüssen, Gerhard Krieger und Jakob Hans Josef Schneider. PhB 412. 1988. LVI, 189 S.

–: Über Seiendes und Wesenheit. De ente et essentia. Lateinisch-deutsch. Mit Einleitung, Übersetzung und Kommentar herausgegeben von Horst Seidl. PhB 415. 1988. LXII, 134 S.

Troxler, Ignaz Paul Vital: Naturlehre des menschlichen Erkennens oder Metaphysik. Herausgegeben von Hans Rudolf Schweizer. PhB 382. 1985. XXI, 337 S.

Vico, Giovanni Battista: Prinzipien einer neuen Wissenschaft über die gemeinsame Natur der Völker. (Scienza nuova). Übersetzt und herausgegeben von Vittorio Hösle und Christoph Jermann.
Teilband 1. PhB 418a. 1990. CCXCIV, 158 S. u. 1 Falttafel.
Teilband 2. PhB 418b. 1990. XIV, (159–638) 480 S.

Wilhelm von Osma: De Consequentiis. Über die Folgerungen. Lateinisch-deutsch. Textkritisch herausgegeben, übersetzt, eingeleitet und kommentiert von Franz Schupp. PhB 438. 1991. LIII, 107 S.

Wolff, Christian: Rede über die praktische Philosophie der Chinesen. Oratio de Sinarum philosophia practica. Lateinisch-deutsch. Übersetzt und mit einer Einleitung herausgegeben von Michael Albrecht. PhB 374. 1985. CVI, 324 S.

York von Wartenburg, Graf Paul: Bewußtseinsstellung und Geschichte. Ein Fragment. Mit einer Einleitung und einem Nachwort herausgegeben von Iring Fetscher. PhB 442. 1991. LII, 209 S.